アフリカ学事典
Encyclopedia of African Studies

日本アフリカ学会 編
Japan Association for African Studies

昭和堂

刊行にあたって

　このたび『アフリカ学事典』が刊行されることになりました。まことに喜ばしいことです。大変なご苦労をおかけしました創立50周年記念事業実施委員会，『アフリカ学事典』編集委員会および執筆者の皆様に感謝を申しあげます。日本アフリカ学会は1964年4月に創立されました。本年は創立50周年の記念すべき年です。会員の皆様とともに50周年を慶びたいと思います。本書の刊行は創立50周年記念事業のひとつです。50周年記念事業実施委員会のもとに『アフリカ学事典』編集委員会が設置され，編集委員会は最もふさわしい会員に執筆を依頼しています。その意味で，本書の内容は最高の水準を示しています。

　日本アフリカ学会は「アフリカ大陸及びその周辺地域の自然・人文・社会についての研究及び調査の推進をはかり，日本におけるアフリカ研究の発展に努めることを目的」としています。日本アフリカ学会は多様な学問分野の研究者（アフリカに「関心を有する者」を含む）から構成される学際的研究団体です。学会はアフリカ研究全体を牽引する役割を果たしています。会員は専攻分野において研究に取り組んでいます。日本アフリカ学会はアフリカ研究の発展のために努力し，「アフリカ学」の創造を目指しています。

　本学会は活動のひとつとして，日本におけるアフリカ研究の動向を整理し，将来の研究を展望する作業をしています。米山俊直・伊谷純一郎編『アフリカハンドブック』(1983)は創立20周年記念事業として刊行され，アフリカについての主要事項について解説をしています。創立20周年記念事業として編集された「日本におけるアフリカ研究の回顧と展望」(『アフリカ研究』第25号，1984)は，1960年代から1980年代までの約20年間の日本におけるアフリカ研究の動向を整理・紹介しています。「21世紀のアフリカ研究」(『アフリカ研究』第57号，第58号，第59号，2001)は1980年代から2000年までのアフリカ研究の動向を整理し，アフリカ研究の将来を展望しています。創立40周年記念事業として，「日本アフリカ学会創立40周年記念特別号」(『アフリカ研究』，2004)が刊行されました。

　『アフリカ学事典』は本学会創立50周年を記念して，半世紀にわたる日本におけるアフリカ研究の全体を回顧し，将来の研究への指針を提示しています。本書は「ここ半世紀における日本人を中心としたアフリカ研究の成果を紹介し，これまでのアフリカ研究の俯瞰的見取り図を与えるとともに，最新の学術情報を盛り込み，これからのアフリカ研究の手引きとなる出版物」の刊行を目的としています。この50年間，日本におけるアフリカ研究は量的にも質的にも大きく前進しています。研究分

野は大幅に拡大しています。それは本書の目次に一目瞭然です。日本におけるアフリカ研究は大きな頂（到達点）にあるといっても過言ではありません。現在までの日本におけるアフリカ研究，アフリカ学のエッセンスが本書一冊に凝縮されています。それは将来のアフリカ研究に引き継がれます。アフリカ研究者にとっても，アフリカ関心者にとっても，必読座右の書です。

　アフリカに関心を有する皆さん。本書はアフリカについての知見を求める際に大いに役立ちます。まず自分にとって興味のある項目の解説を読んでみてください。そうすればアフリカではこんなことがあるのかとその内容を知り，それについてどのような調査や研究があるのかを認識することができます。各項目の解説には参考文献が添付されていますから，次に，いくつかの参考文献を選んで読んでみてください。そこまで進めば，アフリカが面白くなります。アフリカを知ることが楽しみになります。

　アフリカ研究を志す学生や院生の皆さん。本書はアフリカ研究をする際の必読書になります。自分がやりたいと考えている分野のアフリカ研究について，これまでどのような調査や研究がなされてきたのか，本書によって理解することができるでしょう。これについては研究がなされてきたが，あれについてはまだ研究がなされていない，ということがわかります。本書はアフリカ研究志望者にとっては常備の案内書です。アフリカ研究は学際的ですから，専攻分野以外の領域についても広く関心を持っていただきたいと思います。

　半世紀前，揺籃期のアフリカ研究を開拓した先輩会員（研究者）は，文献研究であろうが，現地調査であろうが，手探りの状態から研究と調査に挑戦しました。そのころ，アフリカ研究の案内書はわずかしかありませんでした。それでも「何でも見てやろう」という精神が日本社会にはありました。アフリカ研究の萌芽期にパイオニア精神あるいは探検の気概が横溢していました。たとえば，1960年代の京都大学アフリカ学術調査隊では，若手の学生や院生が調査現場にいきなり投入され，自分のやり方で調査してくださいと指導されました。さまざまな障害に遭遇しながらも，かれらは立派な調査結果を研究業績として残しています。そうした先輩会員の進取の気象，探検の気概，汗と無駄を惜しまない心意気，悪戦苦闘の努力のなかから，日本におけるアフリカ研究は国際的な水準の成果を世界に発信することができました。その礎があって，今日の日本アフリカ学会の存在があります。先輩会員の調査研究活動に敬意を表し，学会への貢献に感謝をする次第であります。

　アフリカを知れば世界がわかります。アフリカに行けば，またアフリカに来たくなります。アフリカ人と日本人の共生が求められます。日本とアフリカの交流が深まるなか，アフリカについての適切な理解が必要です。国際化の時代，アフリカ研

究の国際化は重要です。それには同時に，日本社会でアフリカ研究が認知されねばなりません。アフリカ人の発展に寄与する，そして日本人が理解できる「アフリカ学」の創造が求められています。

　本書の刊行にあたっては，多くの方々のご協力とご援助をいただきました。出版を引き受けられた昭和堂と編集を担当された松井久見子さん，編集作業全般を担当された本学会理事の寺嶋秀明さん，編集委員会の委員の皆さん，多忙のなか原稿を引き受けられた執筆者の皆さん，さらに本書の刊行に関係されたすべての皆さんにお礼を申し上げます。ありがとうございます（アサンテ　サーナ）。

　　2014年3月

日本アフリカ学会前会長　川端正久

編集にあたって

　日本アフリカ学会の創立は1964年であるが，それに先立つこと6年前の1958年，今西錦司と伊谷純一郎の2人が日本人としてはじめて学術目的のアフリカ旅行をおこなった。旅の後，今西錦司は次のような文章を残している。「私はどうやらアフリカの魅力に，取りつかれてしまったらしい。なにも私ばかりではない。伊谷もやはりそのようである。いったいアフリカのどこがよいのだろうか……雑然として，騒然として……そこにあるのは不調和の調和である……アフリカへはぜひもう一度行ってみたい」（『ゴリラ』あとがきより）。

　そのような不思議なアフリカの魅力に導かれ，今日まで数多くの日本人研究者がアフリカの土を踏み，さまざまな分野で独創的な研究に取り組んできた。その研究の軌跡と成果を広く伝えようと，アフリカ学会の創立50周年を記念する事業のひとつとして本書が企画された。

　本書はその題名のように，アフリカにはどのような学問的課題があり，これまでどのような研究がなされてきたのかじっくりと解説している。またこれからのアフリカ研究や各種の活動はどのように進めたらよいのか，その手引きとなるような最新の学術情報を盛り込んでいる。アフリカのことについて深く知りたい人，いつかアフリカに行ってみたい人，現在研究に取り組んでいる人，あるいはこれから学ぼうとする人のための事典である。そして一般の日本人にはまだまだ遠い大陸であるアフリカについて，その具体的な姿を提示し，大いに興味と関心を持ってもらい，身近に感じてもらうための事典である。

　本書の構成は次のようになっている。まず全体を「人文科学」「社会科学」「自然科学」「複合領域」の4つの大分野に分けた。各大分野には中分野が5～6つずつ含まれている。各中分野の冒頭には「総説」をおいたが，そこでは当該研究分野の歴史や方法論，一般的知識とアフリカにおける研究の特性を述べ，そして日本人研究者による成果について総合的に解説をしている。総説の執筆は当該学問分野に関して豊富な研究歴と経験，広い学識を持った，アフリカ研究の第一線で活躍されてきた方々にお願いした。総説はすべてで23本になるが，それらをじっくり読んでいただくとアフリカに関する日本人の学術的な取り組みの全貌が明らかになるだろう。

　各総説の下におかれた「項目」では，総説との重複を避けながらその専攻分野について特記すべき内容を2～4頁の分量で解説している。項目数は全部で104となる。項目の執筆にはベテランに交えて，なるべく多く新進気鋭の研究者を選出した。アフリカ研究の実践状況を若く新鮮な観点から描き出してほしいからである。ここ

では自分自身の研究への積極的な言及もあり，アフリカ学の現在を知るには格好の情報源になるだろう。

　執筆者は基本的に日本アフリカ学会会員として活躍されている方々である。本事典は，一般の事典（辞典）のように，アフリカに関する知識全般について網羅的に解説することを第一目的とするものではない。あくまで日本のアフリカ研究者および彼らと共同で研究に携わってきた現地の研究者たちが展開してきたアフリカ研究の姿を伝えることを主眼としている。そのために，学問分野によっては項目数の多いところと少ないところがある。

　このことは一見弱点のように思われるかもしれないが，類書とは一線を画する本書の強みとなる点でもある。すなわち本書の各項目の記載はすべて，文献研究だけのものではなく，日本のアフリカ研究のすぐれた伝統であるフィールドワーク，すなわちアフリカの現地に足を運び，幾多の現地の人々や自然，現地のさまざまな姿にじかに触れ，共感し合った経験に基づいた記載だからである。読者は，執筆者の豊かな実体験を通してアフリカの声を聞き，アフリカの風を感ずることができるだろう。どこを開いてもアフリカの顔の見える事典となっているはずだ。

　ところで今日，事典作りは昔の流儀で押し通すことはとてもできない時代になっている。その理由はインターネットの発達である。かつては本書のような事典には各国の面積，人口，経済力，政治体制，歴史的出来事などのさまざまなデータを載せることが不可欠であった。しかし現在ではそれらのデータは自宅，学校，オフィス，ときにはフィールドに居ながらにして簡単に入手できるものとなっている。専門的用語の意味なども検索ひとつですぐにわかる。たんなる知識の羅列では事典出版の意義もおぼつかなくなっている。したがって本書ではそれらのデータは割愛した。

　もちろん本書でも十分多くの話題・分野をカバーしていることは，目次や索引を見てもらえば一目瞭然であり，「引く事典（辞典）」としても十分活用できるものと考えているが，上記のようなアフリカの顔の見える事典として座右におき，興味の赴くままに読んでもらえるならば本望である。本書が日本のアフリカ学の実態と水準を知ると同時にアフリカの限りない魅力を味わうための事典として親しんでもらえることを願ってやまない。

　最後に，執筆者の皆様には編集委員会から多々無理なお願いもしたが，快くご協力をいただいた。昭和堂編集部の松井久見子さんには，原稿の取りまとめから校正，索引作成にいたるまで多大のご尽力をいただき，ここにめでたく完成を見ることができた。編集委員会を代表してあつく感謝申し上げたい。

　　2014年3月

編集委員代表　寺嶋秀明

アフリカ学事典 ――――――目次
Encyclopedia of African Studies

I 人文科学 ……1

1-1-0 宗教・思想 総説 ……2
- 1-1-1 伝統宗教 ……12
- 1-1-2 キリスト教 ……16
- 1-1-3 エチオピアのキリスト教 ……20
- 1-1-4 イスラーム ……22
- 1-1-5 思想 ……26

1-2-0 芸術学 総説 ……30
- 1-2-1 染織 ……40
- 1-2-2 民族音楽 ……42
- 1-2-3 ポピュラー音楽 ……46
- 1-2-4 民衆造形 ……50
- 1-2-5 アフリカ研究と博物館 ……54
- 1-2-6 舞踊 ……58

1-3-0 アフリカ文学 総説 ……60
- 1-3-1 ポストコロニアル文学 ……72
- 1-3-2 スワヒリ文学 ……76
- 1-3-3 アフリカ人作家と日本 ……80
- 1-3-4 南アフリカと文学 ……84
- 1-3-5 口承文学 ……88
- 1-3-6 フランス語によるアフリカ文学 ……92

1-4-0 言語・言語学 総説 ……96
- 1-4-1 ピジン・クレオール ……108
- 1-4-2 都市言語 ……110
- 1-4-3 ボンゴ・フレーバのタンザニア若者ことば ……114
- 1-4-4 手話 ……116

1-5-0 アフリカ史 総説 ……120
- 1-5-1 先史学・考古学 ……132
- 1-5-2 歴史遺産学 ……136
- 1-5-3 前植民地期 ……140
- 1-5-4 奴隷貿易 ……144
- 1-5-5 植民地支配 ……148
- 1-5-6 アフリカ人とディアスポラ ……152
- 1-5-7 日本とアフリカの関係史 ……154
- 1-5-8 日本に住むアフリカ人の暮らし ……158

1-6-0 文化人類学 総説 ……162
- 1-6-1 家族と親族 ……174
- 1-6-2 戦争と和解の人類学 ……176
- 1-6-3 王制と無頭制 ……178
- 1-6-4 呪術 ……182
- 1-6-5 都市と農村の人類学 ……186
- 1-6-6 髪型 ……188
- 1-6-7 衣装 ……190
- 1-6-8 物質文化 ……192
- 1-6-9 酒造り ……196
- 1-6-10 食文化 ……198

II 社会科学 203

2-1-0 政治学・国際関係　総説 204
- 2-1-1 紛争と平和構築 214
- 2-1-2 民族と国家 218
- 2-1-3 アパルトヘイト 222
- 2-1-4 アフリカ国際関係 224
- 2-1-5 地域機構, 移動する人々 228

2-2-0 経済学　総説 230
- 2-2-1 実証ミクロ経済研究 244
- 2-2-2 企業研究 246
- 2-2-3 経済開発と経済政策 248
- 2-2-4 アフリカとグローバル経済 252

2-3-0 農業経済・農村社会学　総説 256
- 2-3-1 農業経済学 270
- 2-3-2 地域社会学 272
- 2-3-3 農業と農村社会 276
- 2-3-4 漁業と漁村社会 280
- 2-3-5 フェアトレード 282

2-4-0 地域開発・国際協力　総説 286
- 2-4-1 国際協力──ODAとNGO 298
- 2-4-2 障害者 302
- 2-4-3 先住民運動 304

2-5-0 教育学　総説 306
- 2-5-1 教育援助 318
- 2-5-2 初等教育 322
- 2-5-3 中等教育 326
- 2-5-4 高等教育 330

2-6-0 ジェンダー　総説 332
- 2-6-1 文学とジェンダー 344
- 2-6-2 歴史とジェンダー 346
- 2-6-3 人類学とジェンダー 350
- 2-6-4 リプロダクティブヘルスとジェンダー──エイズとFGM 354
- 2-6-5 政治とジェンダー 358
- 2-6-6 開発とジェンダー 360

III 自然科学 365

3-1-0 地質学　総説 366
- 3-1-1 地震活動 386
- 3-1-2 火山活動 390
- 3-1-3 動物化石 394

3-2-0 自然地理学　総説 398
- 3-2-1 熱帯アフリカの気候と環境の変動 406
- 3-2-2 アフリカ大地溝帯 410
- 3-2-3 サバンナ 414
- 3-2-4 熱帯林 416
- 3-2-5 砂漠と砂漠化 420
- 3-2-6 シロアリ塚 424

3-3-0 生物学・生態学 総説 ……… 428
- 3-3-1 昆虫 ……… 440
- 3-3-2 動物による種子散布 ……… 444
- 3-3-3 生物多様性ホットスポット ……… 448

3-4-0 霊長類学 総説 ……… 450
- 3-4-1 チンパンジーの文化的行動 ……… 460
- 3-4-2 ボノボ ……… 462
- 3-4-3 ゴリラ ……… 464
- 3-4-4 オナガザル属と混群 ……… 466

3-5-0 古人類学 総説 ……… 468
- 3-5-1 猿人 ……… 478
- 3-5-2 化石と同位体分析 ……… 480

IV 複合領域 ……… 485

4-1-0 医学・保健医療 総説 ……… 486

4-2-0 生態人類学 総説 ……… 510
- 4-2-1 狩猟採集活動の生態 ……… 520
- 4-2-2 農耕活動の生態 ……… 524
- 4-2-3 牧畜活動の生態 ……… 528
- 4-2-4 漁撈活動の生態 ……… 532
- 4-2-5 地球環境問題と生態人類学 ……… 536
- 4-2-6 エスノサイエンス ……… 540
- 4-2-7 ヒューマンエコロジー ……… 544
- 4-2-8 インタラクション研究 ……… 546

4-3-0 農学 総説 ……… 550
- 4-3-1 土壌 ……… 562
- 4-3-2 栽培植物 ……… 566

4-4-0 地域研究 総説 ……… 570
- 4-4-1 東アフリカ――牧畜と社会変容 ……… 584
- 4-4-2 東アフリカ――農村と開発 ……… 586
- 4-4-3 北東アフリカ ……… 588
- 4-4-4 南部アフリカ ……… 590
- 4-4-5 中部アフリカ ……… 594
- 4-4-6 西アフリカ ……… 596
- 4-4-7 北アフリカ ……… 598

4-5-0 人文地理学 総説 ……… 602

4-6-0 自然保護 総説 ……… 614
- 4-6-1 野生動物観光 ……… 624
- 4-6-2 自然保護区と世界自然遺産 ……… 626
- 4-6-3 野生動物の違法取引とサンクチュアリ ……… 630

索 引 ……… 633

I 人文科学

1-1-0 総説 ── 宗教・思想
Religion and Philosophy

近藤英俊

　近年アフリカ各地で宗教活動がさかんになっている。それとともにアフリカ宗教研究も欧米を中心に活況を呈している。この研究動向の顕著な特徴は，アフリカの宗教の意義を，グローバルな社会変化に対するローカルな文化的対応のなかに見ていることである。だが，それはこの動向の魅力であると同時に限界を示すものである。この隘路を打開する潜在力が，日本のアフリカ宗教研究にあると考えられる。イスラーム，キリスト教，伝統宗教の実証的研究面で，日本の研究者はめざましい成果を上げてきただけでなく，少なからぬ研究者が，近年の研究動向では見過ごされてきた宗教の本質に関わる問題を探究してきた。一方アフリカの思想研究においても，日本の研究者は固定観念に囚われないユニークな研究を続けている。

沸騰する宗教

　ナイジェリア最大の都市ラゴスの宗教活動は訪問者を圧倒せずにはおかない。それは視覚的のみならず聴覚的にもだ。早朝，ラゴスは宗教の音で溢れる。まだ夜明けのだいぶ前だというのに，ペンテコステ派教会では礼拝が始まっている。ドラム，電子楽器，手拍子や歌声の混成を賑やかと呼ぶのには物足りない。5時ごろ，今度はイスラームの礼拝の合図と，それに続く導師イマームの説教がスピーカーを通して聞こえてくる。やがて街路はオレンジ色に染まり，頭上に品物を載せた人々が行き交うようになる。そのなかにハンドベルを鳴らし，声高に祈る白装束の姿がある。アラドゥラ派教会の信者である。そして聖なる音のフーガに最後に加わるのは，掃除や洗濯をしながら人々が口ずさむ讃美歌だろう。

　今日アフリカ各地で宗教活動がさかんである。かつてアフリカ社会の代名詞だった民族的多様性は，宗教を前に今や霞んで見える。宗教は村のもめごとから大統領選挙にいたる，そしてマーケットマミーの商売から国際的な商取引にいたる政治と経済の動向をも左右している。おそらくこうした事態を反映して，アフリカ宗教研

ラゴス北部の街並み

究は欧米を中心にブームといえるほどの活況を呈している。ここでは近年のアフリカ宗教研究の動向を概観し，それと対比する形で日本のアフリカ宗教研究の特徴と可能性を探っていきたい。アフリカのイスラーム，キリスト教，伝統宗教のそれぞれの現況，歴史，研究動向については各論を参照されたい。

またアフリカは19世紀末から今日にいたるまで数々の思想家を輩出してきた。彼らの思想はアフリカ内外の知識人はもとより，アフリカの一般民衆に対しても直接的・間接的な影響を与えてきたと考えられる。このアフリカの諸思想の概要と研究動向についても各論を参照されたい。

宗教とモダニティ

欧米のアフリカ宗教研究史上，過去20年ほどの動向は，研究量の多さだけでなく，テーマや理論の均質性においても注目に値する。その中心的テーマはアフリカの宗教をモダニティとの関係において研究することにある。すなわちこれらの研究は，従来の多くの研究のように，アフリカの宗教をローカルな現象として捉えるのではなく，グローバル化した社会制度や文化との相関関係において理解する。それらはまたアフリカの宗教を変化のない伝統と見なすのではなく，植民地化以降の歴史的文脈のなかに位置づける。とりわけ多くの研究が注目するのが，宗教と，資本主義経済および近代国家システムの進展に伴う，社会的不平等や疎外との関係である。基調となる論点の1つは，アフリカの宗教がこれらの社会変化を理解し，それらに対処する文化的手段であるというものである。アフリカの宗教がローカル・グローバ

アラドゥラ派教会の礼拝

ルのさまざまな文化要素によって構成されている点に着目するのも，これらの研究の特徴だろう。まずはその研究例を少しだけ詳しく述べてみたい。取り上げるのは，オランダ人の研究者メイヤーによるガーナ南東部のペンテコステ派教会と消費文化に関する研究である（Meyer 1998）。

この論考はペンテコステ派教会の伝道師のエピソードから始まる。「ある日，近くの市場で下着のパンツを買った。以来私は，美しい女性たちとセックスする淫らな夢を見るようになった。やがてそれが買った下着のせいであることに気づき，下着を捨てたところ，夢に煩わされることなく安眠できるようになった」。教会において伝道師はこの話をするだけでなく，こうした問題への対処法も教えている。それは家に入る前，買った商品に対し，無言の短い祈りをあげることである。そうすれば商品に入り込んだ悪霊の力が無効になり，単なる商品として使用できるようになるという。この商品の悪魔化を，メイヤーはグローバル化した資本主義経済のローカルなレベルでの理解の表れとみる。

メイヤーの調査地はカカオ産業の不振から貧困が蔓延していた。1980年代後半，構造調整が導入されるが，それは一部のエリートを潤すだけだった。一方テレビやビデオのドラマを通し，人々は欧米の豊かな消費生活を知ることになった。この1980年代，ペンテコステ派教会は急速に成長する。顕著な特徴は，神の力による病の平癒や商売の成功と，それを阻む悪魔との対決を重視している点である。そして教会がとくに悪魔の影響を危惧するものに商品がある。商品は人を虜にする。それはまた誰がどう作ったのかもわからない，得体の知れぬものである。したがって信者にしてみれば，商品は悪魔の手先マミワタが，海底の住居で科学者に作らせているという話には，信憑性がある。

メイヤーの分析が面白いのは，教会による商品のフェティッシュ化を，「疎外」と結びつけている点である。人々は商品と市場で出遭うのであって，生産過程に関与しそれをコントロールすることはできない。しかしそれは資本主義の本質，疎外に

ほかならない。つまり疎外というグローバルな現実が、ローカルなレベルでは悪魔の仕業として理解されている。しかもそれは対処可能と見なされる。祈りが商品を脱フェティッシュ化するのだ。グローバル資本主義を悪魔化すると同時に手なずける。ここにペンテコステ派教会の存在意義がある。

こうした研究潮流が生まれるにあたり、オランダのアフリカ宗教研究が果たした役割は大きい。1980年代オランダでは、ファンビンズバーゲンやスコーフェラーズらを中心に、構造主義的なマルクス主義の立場からアフリカ宗教の研究が進んだ（Van Binsbergen & Schoffelers 1985）。これらの研究はアフリカの現代社会を、外来の資本主義的生産様式と、血縁関係を核とする土着の生産様式の節合と捉え、両者の媒介項として宗教を分析した。この延長線上にゲシーレによるマイルストーン的研究 *The Modernity of Witchcraft* がある（Geschiere 1997）。この研究はカメルーンの妖術現象について、植民地化以降の富の蓄積に対応した妖術（いわゆるゾンビ労働）言説の形成、妖術告発の裁判制度への侵入など、新たな事態について詳細に報告している。

研究潮流のもう1つの源はアメリカにある。研究を先導したのはシカゴ大学のコマロフ夫妻と門下の研究者たちである。トレンドをつくるきっかけとなったのは、彼らの論集 *Modernity and Its Malcontents* である（Comaroff & Comaroff 1993）。この序文でコマロフは、アフリカの宗教儀礼を、モダニティの負の側面に対応した創造的な「意味づけの実践」と定義している。次いでグラクマン記念講演において、コマロフ（Comaroff & Comaroff 1999）は新自由主義的資本主義がもたらす世代間の貧富の格差と、南アフリカにおける呪術的実践の活性化との関わりについて論じている。

ゲシーレやコマロフらの研究に触発され、1990年代後半からアフリカの宗教研究が相次いで出版されるようになった。そしてこの勢いは今日も続いている。日本からも欧米の研究動向の批判を試みた『呪術化するモダニティ』が出版されている（阿部他編 2007）。またこれらの研究はアフリカ以外の地域の宗教・呪術研究にも刺激を与えていると見られる。こうした研究動向に、これまでのところパラダイム的転換は起きていない。しかしながらその研究手法には、根本的な問題があるように思われる。

研究の多くは一部の人間だけが裕福になるという「事実」を、アフリカの人々は呪術によって理解すると見なす。しかし彼らが呪術や神秘的力を思うのは、一部の人間だけ裕福になることがいかにも理不尽で不可解だからではないだろうか。その現象が当たり前でないこと、つまり日常的な必然性が見出せないことこそ、彼らを宗教的想念に誘う契機となっている可能性がある。この点に関して、イギリスの社会人類学者エヴァンズ＝プリチャードやリーンハートの古典的研究からはまだ学ぶものがある。

エヴァンズ゠プリチャード (2000) が，南スーダンのアザンデ人のマング（妖術）研究において主張したのは，アザンデ人がマングを取り沙汰するのは，西洋人なら偶然として片づけてしまうような状況に端を発しているということである。その状況とは，災いがある特定の個人に起こったこと，関わりのない2つの事象の出遭いによって起こったことである。それは普段アザンデ人がしているように，合理的・実証的には説明できない，彼らにしても不可解な状況だといえる。現象学的スタンスからリーンハート (Lienhardt 1961) は，南スーダンのディンカ人が神ニアリチの力を懸念するようになるのは，何か不可解な事態や異常なものと遭遇したときだと明言している。彼らは何をしても病気が治らないとき，異常に巨大なカボチャを見つけたとき，ニアリチの仕業ではないかと疑う。したがって，そうなる必然性がない不可解な状況を，それでもなお理解し，それに対処しようとするとき，アザンデ人やディンカ人は神秘的力を思う。それは神秘的力による再必然化・再秩序化の試みである。近年の研究はこの点を見落としている。そしてまさに不可解な領域と宗教の関係の探究において，日本のアフリカ宗教研究は大いなる可能性を秘めている。

混沌と秩序の間 —— 日本のアフリカ宗教研究から

日本のアフリカ宗教研究には半世紀ほどの歴史がある。その研究史に顕著な特徴や共通の理論的基盤を見出すことは難しい。しかし今日の欧米の研究潮流と対比すると，少なからぬ日本の研究者が，エヴァンズ゠プリチャードやリーンハートの研究に直結する問題群に関心を寄せていることがわかる。その問題群とは，混沌と秩序，分離と境界，死と再生，不可知性，不可視性，代替不可能な個，不確定性，恣意性，出来事といった互いに関係しあったテーゼによって構成される。以下，代表的な研究をいくつか振り返ってみたい。

第1に取り上げたいのは，日本におけるアフリカ宗教研究の草分けの1人，阿部年晴の『アフリカ創世神話』である（阿部1965）。この研究はアフリカ各地の神話を比較分析するもので，日本初の本格的なアフリカ神話研究である。創世神話は世界が生まれる過程を描く。阿部がまず注目するのは原初の混沌である。それはあらゆる存在が捕えがたい流動性を帯びた闇の世界である。それはまた天と地が接近した状態であり，神と半神半人的な人間の始祖が天地を往来しつつ，死も苦もなく暮らしている。しかし些細なことをきっかけに神は怒り，天とともに大地から永久に離れてしまう。この天地分離こそ，阿部が重視する世界創出の瞬間である。人間は大地に置き去りにされ，苦と死が訪れる。その一方で人間は自由と独立を獲得し，社会と秩序を生み出していく。また阿部は，アフリカの神が本質的に不可解な「知ら

イファ託宣で使う道具，イキン（中央の小型のヤシの実）とオペレ（その左のネックレス状のもの）

れざる神」である点にも注意を喚起している。混沌は今なお世界の根底にあってこれを支えている。それはドゴン人の老人の言葉に集約されている。「秩序の存在のために必要なのは明白な無秩序である」。秩序と混沌，昼と夜，豊穣と不毛といった阿部が「双極性」と呼ぶ関係性が，アフリカ各地の神話に見られる。神話は一面合理的・思惟的であると阿部はいう。しかし神話が本領を発揮するのは，日常生活における合理的な秩序形成が限界に達したとき，不条理な現実に直面し，すべてが固定的な意味づけを失う混沌が顕在化したときである。それでもなお人間は体験を統一しようとして神話を仰ぐ。神話は混沌を聖なるものとして形象化し，そして人は聖なる祖先を模して「永遠の現在」を生きることになる。

　この共通の神話上のテーマをより認識論的観点から探究しているのが，山口昌男である（山口 1971）。山口が『アフリカの神話的世界』のなかで注目するのは，神話の影の主役ともいえる「トリックスター」である。それは動物であることが多いが，アザンデ人の神話に登場するトゥレ（蜘蛛）のように人物としてイメージされる場合もある。トリックスターは第 1 にいたずら者である。人々が彼らの話で最もわくわくするのも彼らの詐術のくだりである。トゥレは天空の巨人と偽りの義兄弟の契りを交わし，天空から食糧を盗む。それが発覚してしっぺ返しを受けるが，最終的には食糧を大量に盗み取り，下界で飢えに苦しむ人間たちに分け与える。ヨルバ人の神話に登場するエシュ（エス）は仲のいい人々を巧みに騙して争わせ，ときに殺し合いまでさせる。したがってトリックスターとは英雄であり，悪者である。彼らは日常的な秩序を逸脱した，捉えどころのない両義的な存在である。山口の論点は，効

用性の支配する日常的な秩序が混沌ぬきには存在しえないことを，両者を媒介するトリックスターの逸話が示唆していることにある。それはエシュの一見無意味なふるまいにも現れている。エシュは人々をそそのかし神の秩序を破らせる。神は復讐として災いをもたらすが，人々は災いの原因がわからない。彼らはその原因を神託の神イファに訊ね，託宣を通して秩序を再建する。

　日本のアフリカ宗教研究は，日常生活における宗教経験や儀礼の研究においても目覚ましい成果を上げている。特筆すべきは，日本の研究者が早い段階から，アフリカの宗教実践を病や災と関連づけ，災因論や治療儀礼について研究している点である。その主導的役割を果たしたのが，長島信弘と，長島を隊長とするケニア調査隊である（長島 1983, 1987）。ここではこの調査隊にも参加した上田将の研究について触れたい。上田（1992）はケニア中央部のカンバ人の儀礼や呪術的実践のいたるところに見出せる不可知論について報告している。これらの実践の源となる神秘的力をカンバ人はキャマと呼ぶ。キャマはまず言葉そのものの力である。発話した言葉の内容はときに現実化する。特定のふるまいや仕草にもキャマがある。妖術としてのキャマが原因とされる病気の治療儀礼において，呪医は妖術師が使ったと思しき言葉や仕草を再現しなければならない。それに続く過程では，「死者の家」のなかに患者を入れ，その傍らで複数の焼いた石を瓢箪の器の水で冷やしていく。ここで上田が重視するのは，呪医は病気の原因となった妖術師や邪術師のキャマを特定できない，つまり治療のために何を再現すべきかわからないことにある。そこで呪医は考えられるさまざまなキャマを次々に試していく。こうした不可知性を帯びた治療は賭博的要素があるともいえよう。

　死と再生はアフリカ各地の儀礼に見られるモチーフである。渡辺公三によると，ザイール（当時）中部のクバ人の場合，それは自己の他者性の問題にも現れている（渡辺 2009）。クバ人は母系と父系の社会的グリッドのなかで自己を同一化する。しかし彼らは人は死者の生まれ変わりだとも考えている。一般にクバ人は自分が誰の再生か知らない。ところがnshaangと呼ばれる病を患う子どもは，死者を特定し他界に追い払わないかぎり，二重の自己を生きていくことになる。そうした人々は死者の生前の記憶を持っており，生前の死者のようにふるまうことがあるという。渡辺は，自己（私）とは他者（あなた）の自由な反転であるという見解に依拠し，クバ人は自己の他者性を死者再生の出来事に仮託し，物語化していると見る。一方渡辺は，神秘的力との自己同一化が，代替不可能な病気の経験，つまり「個のモード」において起きることに注目する。これによって個人の不可解な受苦の経験は，他の村人たちと共有できる経験に変換される。しかし以下の研究が示唆するように，神秘的力との自己同一化による秩序の回復は，恒常性に欠けるようである。

慶田勝彦の研究（1994）は，ケニア東部ギリアマ人の妖術告発の詳細な事例研究である。ある男の2人の子どもが相次いで死んだ。男はこの不自然な死が，妖術使いの噂が絶えない従兄の仕業ではないかと疑い，妖術告発の最終手段とされるパパイヤのキラホに訴えた。これによって嘘をついた者はパパイヤを食べた直後口が腫れ，放っておくと死ぬことになる。ところが大方の様相に反し，口が腫れたのは告発した男の方だった。以降，話題は子どもの死に結びつくような男の落ち度に向かう。慶田によれば，このキラホの判定ですら暫定的なものにすぎず，「真の原因」について，さらに言説が生み出される可能性があるという。この不確定性の背景として慶田が着目するのが，妖術使いの代替不可能性である。妖術使いについては世間一般のイメージが存在する。しかし妖術使いは精霊と異なり独立した実体を持たない。それは特定の個人として存在する。そして妖術告発では個人が問題となる。この一般的イメージによって固定化されない個人の代替不可能性と，その具体的で複雑な人間関係が，妖術使いの自己同一化を不確定なものにしているという。

　不確定性と自己は，花渕馨也のコモロ諸島における精霊憑依研究の中心テーマでもある（花渕 2005）。花渕は精霊憑依と不確定性を密接不可分なものと見ている。それは憑依の発端となる病の経験とともに現れる。精霊が原因として疑われる病とは，病院でも治らない不可解な病である。そうした病は憑依の始まりと見なされるが，なぜ精霊が病人に憑いたのかは不明なことが多い。それは「ジニ（精霊）に訊いてみないとわからない」とされる。憑依儀礼を通し病気経験は組織化され，新たな自己と身体の関係が生まれる。しかし精霊のふるまいは一貫性に欠け人々を翻弄する。精霊憑依はハプニングと即興に満ちており，そのつど行われる一回限りの出来事の様相を呈している。精霊憑依は人間たちだけでなく，彼らに憑依した精霊たちが交流する場でもある。ところが人間同士の関係が精霊同士の関係としばしば複雑に交錯し，ふるまいの主体が精霊なのか人間なのか確定しがたくなるという。この主体帰属の不確定な揺れ動きこそ，花渕が精霊憑依の本質と考えるものである。

　慶田や花渕が指摘する，神秘的存在との自己同一化の不確定性，儀礼行為の一回限りの出来事性は，浜本満の見解に依拠すれば，行為とそのコンテクストとの結びつきの根源的な恣意性に由来するということになろう。浜本の研究（2001）は，ケニア東部のドゥルマ人の「儀礼」的行為，「ドゥルマのやり方」に見られる秩序の二面性について考究する。葬儀の「なまの弔い」の最後に寡婦（夫）はよそ者と無言の性交をする。彼らはそれによって「死を投げ捨てる」。そうしないと死は屋敷のなかに残り，人々が死んでいくという。彼らにとってそこには問答無用の必然性がある。だが語り口と実際の行為との関係は明らかに恣意的である。「死を投げ捨てる」ことが無言の性交を意味する根拠はない。浜本によれば，こうした語り口は，比喩的であ

りながら比喩が示すはずの事象を持たないという。いいかえれば行為の正当性を判断する基準が存在しない。その結果，具体的な行為の進め方は人によって異なり，状況によっても変わってしまう。そして行為の正しさは結果によって後づけに決定されがちになる。

　以上のように，これらの研究は共通の問題関心を持っているといってよかろう。ここでそれを掘り下げる余裕はないが，3点だけ触れたい。①これらの研究は日常的秩序と表裏一体となった混沌，不可知性，不確定性，恣意性といった領域を重視している。②これらの研究はアフリカの宗教の本質を，この領域が秩序に侵入するかそれが懸念されたとき発動するもの，神秘的力による再秩序化・自己同一化に見出している。③しかし研究が強調するのは再秩序化が不確定性を伴うことである。それは現実をそのつど生き直すものとして出来事化する。ここには儀礼がさらなる儀礼を導く構造がある。

　今後の研究課題はこうした共通の基盤をより明瞭化し深化させることだろう。それは宗教研究に新たなパラダイムをもたらすかもしれない。それはまた宗教とモダニティの関わりについても新たな研究視角を与えるだろう。上記のアフリカ宗教の根本的な特徴と現代アフリカの社会文化変化は，弁証法的にどう規定しあっているのか。資本主義経済はこうした宗教構造にどのような影響をもたらし，逆に宗教構造は資本主義のあり方をどう変えているのだろうか。

　日本の研究者が混沌，不確定性，恣意性といったテーマに関心を寄せるのは，それ自体興味深いテーマである。それは研究者たちが阿部や山口が取り組んだ課題を引き継いだということもあろう。あるいはこうしたテーマへの感受性の高さは，「無常」「縁」といった概念を特別視してきた日本の文化風土とも関係しているかもしれない。それは調査手法と関係しているのも間違いない。数十年にわたってカンバ社会を調査している上田を筆頭に，日本の研究者の多くは現地の人々と親しい関係を築き，長期的なフィールドワークを続けている。不確定性の問題はこうした調査だからこそ浮き彫りになったテーマともいえる。いずれにしてもこれらは日本のよき「伝統」といえるだろう。

[参考文献]

阿部年晴 1965『アフリカの創世神話』紀伊國屋書店。
阿部年晴・小田亮・近藤英俊編 2007『呪術化するモダニティ——現代アフリカの宗教的実践から』風響社。
上田将 1992「神秘的力と儀礼的行為——カンバのキャマについて」日野編『アフリカの文化と社会』勁草書房。
エヴァンズ＝プリチャード，E 2000『アザンデ人の世界』向井元子訳，みすず書房。

慶田勝彦 1994「ギリアマにおける妖術告発とパパイヤのキラホをめぐる噂」『国立民族学博物館研究報告』19（2）。
ターナー，V・W 1996『儀礼の過程』冨倉光雄訳，新思索社。
長島信弘 1983「序（ケニアの 6 社会における死霊と邪術 —— 災因論研究の視点から）」『一橋論集』90（5）。
長島信弘 1987『死と病の民族誌 —— ケニア・テソ族の災因論』岩波書店。
花渕馨也 2005『精霊の子供 —— コモロ諸島における憑依の民族誌』春風社。
浜本満 2001『秩序の方法 —— ケニア海岸地方の日常生活における儀礼的実践と語り』弘文堂。
山口昌男 1971『アフリカの神話的世界』岩波書店。
渡辺公三 2009『アフリカのからだ』言叢社。
Comaroff, J. & J. Comaroff（eds.）1993 *Modernity and Its Malcontents*. Chicago UP.
Comaroff, J. & J. Comaroff 1999 Occult economies and the violence of abstraction: Notes from the south african postcolony. *American Ethnologist* 26（2）.
Geshiere, P. 1997 *The Modernity of Witchcraft: Politics and the Occult in Postcolonial Africa*. UP of Virginia.
Lienhardt, G. 1961 *Divinity and Experience: The Religion of the Dinka*. Oxford UP.
Meyer, B. 1998 Commodities and the power of prayer: Pentecostalist attitudes towards consumption in contemporary Ghana. *Development and Culture* 29.
Turner, V. W. 1967 *The Forest of Symbols: Aspects of Ndembu Ritual*. Cornell UP.
Van Binsbergen, W. & M. Schoffellers（eds.）1985 *Theoretical Explorations in African Religions*. Kegan Paul International.

1-1-1 伝統宗教
Traditional Religion

花渕馨也

キーワード：原始宗教，異種混淆性，神，妖術，精霊憑依

アフリカの諸社会は宗教的な世界観に基づいて秩序づけられており，日常生活のあらゆる場面で信仰や儀礼が重要な意味を持っている。しかし，アフリカの伝統宗教といっても1つの固有な宗教が存在しているわけではない。広大なアフリカには相互に浸透し合う多種多様な信仰と儀礼的実践が存在しており，また，それらは固定的なものではなく古来より外部との接触による影響を受け，創造と変化を遂げてきた歴史的産物である。アフリカの伝統宗教とは，そのような多様性と流動性のダイナミズムのなかに見出される現象である。

暗黒大陸の原始宗教

アフリカの伝統宗教は，まず西欧によって未開社会の野蛮な，原始的宗教として発見された。15世紀の大航海時代以降，アフリカに進出した西欧の商人や宣教師，探検家などは，各地で目にした土着の信仰や儀礼について記録するようになる。彼らにとってアフリカの諸信仰は，西欧のキリスト教との対比において，野蛮な劣った宗教であり，誤った迷信であるとされた。そうした自文化中心主義的な見方が，アフリカを「文明の伝道」によって救済すべきとする植民地主義のイデオロギーを生み出し，現地の諸信仰を弾圧する植民地政策を導いた。

18〜19世紀には，アフリカの宗教は研究対象となり，博物学や宗教学，人類学などによって社会進化主義的な視点から「未開の宗教」論がさかんに議論されるようになる。C・ド・ブロスは，物に宿る呪術的力についての西アフリカの信仰を「フェティシズム」と名づけ，最も原始的な宗教形態として論じた。E・タイラーは『原始社会』において，アフリカの宗教を一神教や多神教よりも原始的な宗教形態である「アニミズム」として分類した。さらに，R・マレットはアフリカの採集狩猟民社会の宗教をより原始的な超自然的な力についての信仰である「マナイズム」とした。

こうした議論がアフリカの宗教を唯一神の信仰が登場する以前の原始宗教や宗教以前の呪術的信仰と見なしたのに対し，神の信仰を最古の人類普遍的な信仰と考えるA・ラングやW・シュミットが主張する「原始一神教説」では，アフリカには至高神に対する信仰も残されているが，多くは多神教や呪術信仰などに退化したと論じられた。

このように，アフリカの伝統宗教は20世紀に入るまでもっぱら西欧において分類され，翻訳され，語られる対象となってきた。それゆえ，アフリカの伝統宗教に関する記述の多くが，個々の社会の宗教的実践とは異なる次元で，外部から語られてきた言説であることに十分に留意する必要がある。

単一性と多様性

アフリカの伝統宗教といっても地域や民族によって多種多様であり，それらは異種混淆を繰り返してきた歴史を持つ。また，現在アフリカにはキリスト教とイスラーム教の多様

な宗派が広く浸透しているが，その歴史は古く，土着の文化と混ざり合うことで独自な宗教文化を形成してきた。そのため，アフリカの宗教を単純に「原始宗教」といった分類に押し込める初期の議論はもとより，その多様性や異種混淆性，歴史的流動性を無視し，古来より変わらぬ単一なものとして語ることはできない。

しかし，アフリカの宗教の多様性のなかには多くの類似性が存在することも確かである。アフリカの宗教の統一性や本質的な同一性を強く主張する議論が，とくにL・サンゴールなどアフリカ出身の知識人によって植民地時代から行われてきた。そうした議論は，西洋の学者によって一方的に行われてきたアフリカ研究に対する批判から，アフリカ人自身によるアフリカの神学や哲学を確立しようとする試みであり，反植民地主義運動としてアフリカの統一性を主張するパン・アフリカニズムや，アフリカに独自な精神性やアフリカ的価値の復権をかかげるネグリチュードといった運動の思想と深く結びついている。

また，アフリカの宗教の統一性については，とくに，唯一の至高神についての信仰が存在するかどうかに焦点が当てられ，イスラーム教やキリスト教の影響を受ける以前のアフリカに，西欧の一神教における「神」（Supreme BeingやGod）にあたる観念が存在したかどうかが議論されてきた。ベルギー人神父P・テンペルや，アフリカ出身のA・カガメ，J・ムビティ，B・イドウなどの神学者や哲学者は，アフリカには独自な至高神についての信仰や一神教的な神学が伝統的に存在していたと考える。

それに対し，ウガンダの詩人であるO・ビテックやマリの哲学者P・ウントンジなどは，アフリカの神とされる現地語は，聖書を現地語に翻訳した宣教師などによって誤訳されたものであり，アフリカの伝統宗教を一神教とする議論は，西欧に対抗しようとして西欧の宗教概念を流用した議論であると批判している。

至高神と諸神格

アフリカの宗教が全て基本的に一神教の特徴をもつとはいえないが，エチオピアのオロモ社会のワーカ，スーダンのヌエル社会のクオス，ガーナのアカンやアシャンティ社会のオニャンコポン，ボツワナのサン社会のカアング，ケニアのキクユ社会や東海岸部諸社会のムルング，マダガスカルのザナハリなど，世界を創造した創造主や万能である至高神に関する信仰は，多くの社会の神話や儀礼のなかに見出すことができる。

至高神についての観念は，口承伝承としての神話群や儀礼のなかに見出される。M・グリオールによって紹介されたマリ共和国のドゴン社会の創世神話では，宇宙は創造神アンマの言葉から生じたとされ，月や大地，ユングやノンモという精霊，人間，穀物などが創造された宇宙の秩序が語られている。村落や家の形態や，親族組織，農業，ライフサイクルなど人々の社会生活全般が神話によって秩序づけられており，とくに60年周期で行われる祖霊を祀るシギの祭りなどの儀礼では神話的世界を再現するような仮面ダンスが行われる。

しかし，多くの社会では至高神の信仰は宗教的実践の中心にはなっておらず，至高神が人間と直接に関わりを持つことは少ない。人々の日常生活においてより重要な位置を占めるのは，その他の多様な諸神格や諸精霊である。ナイジェリアのヨルバ社会では，オリシャと呼ばれる神々のパンテオンのなかに，天界の至高神オロルン，またはオロドゥマレが存在しているが，それ以外に占いの神オルンミラ，善悪両面を持つトリックスター的神エス，戦いと鉄の神オグン，雷雨を起こす神のジャクタとサンゴなど，人々の日常生活で

関わりの深い多様な神格の1700あまりの神々が存在している。

また、アフリカの神々は一神教の神と同様な善や人格的性質を持つものと考えるべきではない。リーンハートはスーダンのディンカ社会にける創造主であるニアリチ、人間に関わる諸神格ヤト、そして非人格的な力ジョクといった観念について詳細に検討し、それらの存在が日常生活のなかでディンカ人の経験を組織化する働きは、Godやspiritといった語では翻訳し難い内容を持っていると主張している。

卜占と妖術

アフリカの多くの社会では、事故や病気などさまざまな不幸や災いが、祖霊や精霊などの干渉、呪詛やタブーの違反、妬みや嫉妬を持った誰かの妖術などによってもたらされるとする信仰が広く見られる。そうした不幸や災いの原因を探る方法として、占い師や霊媒による占いや託宣が重要な働きをしている。

E・エヴァンズ＝プリチャードは『アザンデ人の世界――妖術・託宣・呪術』で、スーダンのアザンデ人社会において、日常生活のあらゆる不幸が占いの対象となっているという。こすり板託宣や、蟻塚託宣などさまざまな占い方法があるが、最終的には鶏にベンゲという毒を与えてその生死によって占う毒託宣によって最終判定がくだされる。

アザンデ社会の災因論において不幸をもたらす最も一般的な原因は、妖術師による妖術（ウィッチクラフト）である。マングという妖物を遺伝的に体内に持っている妖術師が誰かに嫉妬すると、本人が意識せずとも自動的にマングが発動され、嫉妬の対象である人物に病気や死などの不幸をもたらすのだと信じられている。そして、不幸を解決するには妖術告発によって妖術師を見つけ出し、妖術を解くための施術を行わなければならない。

アフリカの近代化が進むなかでも、妖術告発がむしろさかんになっている地域もあり、各地で大規模な反妖術師運動がしばしば発生し、カリスマ的な施術師の主導による妖術師狩りによって多くの犠牲者が出ることもある。90年代からアフリカのモダニティやグローバル化と呪術的信仰の関係についての議論がさかんになり、J・コマロフ夫妻やP・ゲシーレは、アフリカにおける呪術的なオカルト的信仰の隆盛を、近代国家の導入や20世紀の千年紀資本主義による社会変化を反映した現象として解釈する。

これに対し、阿部年晴・小田亮・近藤英俊共編『呪術化するモダニティ』では、そうした議論が呪術的実践を近代というコンテクストの表象と見なすことで、妖術という想像力に媒介された実践自体がいかに現実を構成しているかという問題を解決していないことが指摘されている。グローバル化により新たな

コモロ社会のトランプ占い

オカルト的想像力の空間が開かれる可能性があるなかで，アフリカの諸社会において依然として妖術という物語が人々を呪縛する仕組みや，妖術に関する信念が維持され続ける仕組みについて解明することは，まだ重要な課題として残されている。

精霊憑依と外部性

　精霊が人間にとり憑き，病気や不幸をもたらしたり，その心や身体を操ったりするという精霊憑依の信仰や，霊的な職能者が神や精霊と交信することで占いや病気治療を行うというシャーマニズムはアフリカ全土に広く見られる。

　アフリカの精霊憑依は多様であるが，その特徴の1つは越境的な広がりを持つ信仰が見られることである。エジプト，エチオピアからセネガルまで北〜西アフリカに広く見られるザール信仰，西アフリカのハウサやフラニ，トゥアレグ社会などのボリ信仰，東アフリカ海岸部のイスラーム社会に広がるジンやシェタニなど，類似した精霊の信仰が広い地域で流通し，特定の精霊による憑依現象が複数の民族集団や地域に広がるという流行現象も見られる。

　また，周辺の民族の名前や特徴を持つ霊や，白人の霊や飛行機の霊など，外部から入ってきた新奇な事物や民族を模倣したかのような異邦の精霊が登場してくるという現象も見られる。G・リンドブロムは20世紀初頭のカンバ社会におけるペポという異邦の憑依霊の種類としてマサイやムズングについて報告している。マサイという憑依霊はマサイ人の持つ槍や赤い装飾品を要求し，ムズングという白人の憑依霊は西欧の品物を要求するという。

　このように，憑依という現象は外部世界についての想像力によって媒介された柔軟な創造性を持った現象であり，アフリカの精霊憑依信仰には他民族との接触や植民地化といっ

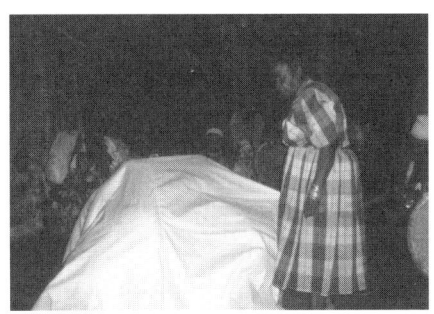

コモロ社会における憑依治療儀礼の一場面

た歴史的経験が反映されたものも多く見られる。近年では，妖術と同様にアフリカ社会におけるモダニティへの独自な反応として精霊憑依現象を解釈する議論が出てきている。

日本における研究動向

　日本におけるアフリカの伝統宗教に関する研究は，1960年代に山口昌男や阿部年晴によるアフリカの神話研究を先駆けとして，大森元吉による宗教と社会組織に関する研究，長島信弘による災因論研究など人類学を中心として本格的なフィールド研究が始まった。

　その後は，死霊と祖霊信仰，呪詛とタブー，妖術と呪術，儀礼と象徴性，精霊憑依などといったさまざまなテーマに関して，アフリカ各地におけるフィールドワークに基づく個別社会の詳細な民族誌的研究が行われてきた。

　日本におけるアフリカの伝統宗教研究の特徴は，イギリス人類学の影響を受けた初期の研究者から，綿密なフィールドワークに基づき，ローカルな文脈を慎重に読み解く民族誌的研究が行われてきた点にある。安易に理論的一般化に流されることなく，民族誌的事実を積み重ねる地道な研究は，欧米の学説とは一定の距離をとり，それを批判的に相対化する立場から独自な研究を切り拓いてきた。

　　⇒呪術，キリスト教，イスラーム，思想

1-1-2 キリスト教
Christianity

小泉真理

キーワード：キリスト教ミッション，文明化，独立教会，ペンテコステ主義

キリスト教は，西欧からアフリカに伝えられてから200年以上が経過し，今ではアフリカ社会を構成する重要な要素となっている。キリスト教の普遍性を追求すべく始まった研究は，次第にアフリカの独自性に注目するようになっていった。歴史的分析を通して，キリスト教受容のメカニズムも明らかにされてきた。そして21世紀になりグローバル化の波がアフリカに押し寄せると，キリスト教はアフリカの人々の精神世界を支える文化的装置としてだけでなく，民族や国を超えてつながる社会的装置となっている。その新たな役割と意味を明らかにする必要性が生じている。

アフリカのキリスト教研究

アフリカへのキリスト教の伝道は15世紀にさかのぼり，ポルトガル帝国の拡大とともにカトリック教会によって西アフリカや東南部アフリカの沿岸部に伝えられた。その後，19世紀の植民地時代には，イギリスやドイツなどのプロテスタント系キリスト教会が積極的に宣教師をアフリカ各地に派遣し，キリスト教は植民地政策の一翼を担いながら急速に広がっていった。2010年，アフリカには4億9千万人のキリスト教徒がいるとされ，これは全世界のキリスト教徒人口の約21％にあたる（World Christian Database, http://www.worldchristiandatabase.org/wcd)。アフリカにおける信徒数の増加は，近年勢いを増している。

アフリカのキリスト教は，主に3つの歴史的局面で理解され，それぞれに研究テーマが認められる。第1期は西欧諸国による植民地化とともに宣教活動が進んだ時期である。この初期の宣教活動について，史家や神学者が西欧文化の優越性のもとで宣教研究を行い，また文化人類学者が改宗や社会変容に関する研究をしている。第2期は，植民地期末期から独立期を頂点にキリスト教のアフリカ化が進んだ時期である。ミッション系教会から分離したアフリカ人によって設立された独立教会の発生とその社会文化的分析が行われている。第3期は，これまでのミッション系主流派教会や独立教会とは異なる新しいタイプのキリスト教が発展した時期である。とくに1990年代以降，宗派や国境を超えてアフリカ各地で活発化した新しいタイプのキリスト教の宗教的実践やその拡大の理由に関する研究が進み，現代アフリカにおけるキリスト教の姿が明らかにされている。

これらのキリスト教研究のほとんどは欧米人によって行われ，日本人による研究はきわめて少ない。それは，西洋人にとってキリスト教は文化的基盤であり，彼らがキリスト教をアフリカに伝えた当事者であるからである。一方，日本人のアフリカ研究者にとっては，アフリカ本来の文化でないキリスト教は研究対象となってこなかった。以下，主な研究テーマに焦点を当て，海外の研究動向と日本人によるキリスト教研究について述べる。

植民地主義とキリスト教受容のプロセス

キリスト教は，アフリカ人の「文明化」と

いう名のもとにアフリカ大陸で拡大し，植民地政府の保護と協力によって恒久的な宣教基地が各地に建設された。植民地主義とキリスト教の関係性に関する研究は，植民地主義に無反省的なもの，中立的にキリスト教ミッションを論じるもの，そして文化人類学者ベイドルマンのように，キリスト教ミッションは植民地主義の傲慢さを体現していたと論じるものなど多様である。

　加えて，この宣教初期のアフリカにおけるキリスト教の文化的受容について研究されている。その代表的な研究に，1970年代のR・ホートンによる改宗研究がある。彼は，アフリカ人は植民地化により変化した社会を伝統的な宗教体系で説明できなくなったために，キリスト教の至高神を受け入れたと論じている。キリスト教受容に関する初期の研究の多くは，キリスト教的思考に基づく宗教進化論の枠組みのなかで，アフリカ人の改宗を土着宗教から世界宗教への移行として論じている。後に，キリスト教の普遍性を実証的に語るのではなく，アフリカという文脈を重視したキリスト教とアフリカ文化の対話的関係性を論じる研究が行われていった。

　日本では，これらのテーマについて，1953年に神学者倉松功が，植民地時代末期の南アフリカ連邦における人権問題とキリスト教会の役割を批判的に論じている。その後，1970年代に文化人類学者の中林が，1990年代には小泉がキリスト教受容に関する研究を行っている。中林（1991）は，1970年代から西ケニアのイスハ社会で調査を行い，西ケニアのイスハ人の宗教性を論じ，「改宗」でなく「帰依」という言葉を用いてキリスト教受容に新たな視座を示している。そこでは，キリスト教の受容は「過去の因習」からの決別であり，新しい世界観へのコミットメントであると論じられている。さらに，中林（2000）はイスハ人キリスト教徒の意識や価値観を分析して，西洋的近代の象徴であるキリスト教イデオロギーとイスハ宗教イデオロギーの間で葛藤する人々を明らかにしながら，アフリカ文化に根差したキリスト教化の多様性を指摘している。

　1990年代初めからタンザニア南西部のキンガ社会のキリスト教化について文化人類学的調査を行っている小泉は（2002）は，キンガ社会のキリスト教受容のプロセスを研究するなかで，初期のキンガ人の改宗が必ずしも信仰そのものの転換を意味していなかったことを明らかにしている。そして，キンガ社会ではキリスト教的善悪観や道徳観がローカルな文脈で理解され，その受容のプロセスにおいてミッションキリスト教や土着主義に傾倒することなく，新しい規範が創造されていったと論じている。

　さらに小泉（2011）は，宣教師，植民地者，アフリカ人という3つの主体とその動きに注目して，20世紀初頭のタンガニーカにおける三者の視点のズレを検証しながら，植民地主義とキリスト教について研究している。そこでは，宣教師がキリスト教を伝えることで「未開な」現地人を救済しようとする一方で，キリスト教を土地の部族抗争において政治化し，その実利性を追求した強かな現地人の姿が明らかにされている。

キリスト教のアフリカ化

　植民地期にミッション教会による布教が進むなか，早くは19世紀末からアフリカのキリスト教は西欧社会とは異なる独自の発展をしていった。それは，アフリカ人聖職者による，アフリカ人のための独立教会の発生である。そこでは，アフリカの宗教的，社会的伝統を西欧キリスト教との関係に位置づけ，教会組織だけでなく，神学上のアフリカ化が進んでいった。1950年代から60年代にサドクラーなどの欧米人学者による研究が進み，独立教会は植民地主義の抑圧への政治的抵抗として論じられたり，植民地主義のもとに高まった文化的，心理的緊張や不安に対する反応

として論じられた。80年代には、マクガーフィー（MacGaffey 1983）がベルギーコンゴ領に設立されたアフリカ最大の独立教会の1つであるキンバング教会について研究し、独立教会の発生は奴隷制を有してきたコンゴ社会の内部構造に起因していると論じた。また、コマロフ（Comaroff 1985）は南ア共和国のツィディ社会でザイオニスト教会に関する文化人類学的研究を行い、独立教会の発生を植民地経済から疎外された人々による文化的抵抗として論じている。この研究は、政治経済的変化が進むツィディ社会における土着宗教とメソジスト派キリスト教の相互作用を歴史的に分析することで、新たな文化として形成されていく独立教会の姿を明らかにしている。

日本では、中林（1979）が西ケニアのイスハ社会におけるアフリカ聖霊教会に注目し、その成り立ちについてイスハ社会の内部的要因を論じている。西欧起源の社会制度の浸透に合わせ、ミッション教会が説いた新しい価値観はイスハ社会の現実との間に隔たりを生んだことが明らかにされている。彼は、その矛盾した状況に対して、独立教会は伝統的な社会関係の拘束からの離脱を実現し、現実を理想に近づける装置となったと分析している。最近では、落合（2009）が、60年代にJ・ピールが研究したナイジェリアのアラドゥラ教会の新宗派として教勢を拡大しているセレ・チャーチの組織や宗教的実践について報告し、現代アフリカ社会という文脈での独立教会の社会的、文化的理解の必要性を指摘している。また海野（2007）は、19世紀初頭にキリスト教を受け入れた南ア共和国のグリクワ社会で独立教会がグリクワの「文化的中核」となり、キリスト教が人々の営みに不可欠なものとなっていることを明らかにしている。

新しいタイプのキリスト教の広がり

1990年代に入り、これまでのミッション系教会を起源とする主流派教会、独立教会、ペンテコステ派教会とは異なる、ボーン・アゲインやバロコーレなどと形容される新しいタイプのキリスト教が各地で勢力を拡大していった。それらは、世界的な広がりを見せるペンテコステ主義運動の影響を受けながら、アフリカ各地で多様な発展をしている。この研究の第一人者であるP・ギフォード（Gifford 1998）は、アフリカ社会が80年代以降に経験した厳しい現実に対して、人々がキリスト教に新たな機能を求めた結果、この新しいタイプのキリスト教が発生したと述べている。彼は、それを新しいペンテコステ的キリスト教と呼び、共通する特徴として、霊的な力の重視と個人の成功と繁栄をあげている。

日本では、70年代末から継続的にキリス教研究をしてきた中林（2003）が、イスハ社会のキリスト教の宗教的多元性を論じるなかで1990年代の新しいキリスト教を「カリスマ派」と形容して論じている。彼は、ペンテコステ派教会と異なるカリスマ派キリスト教が出現し、各地で広がる「リバイバル・クルセード」と称するマス・エバンジェリズムや信仰集会は個人主義や都市化の表徴ではないかと考察している。中林に続き、小泉（2007）は、新しいタイプのキリスト教の発生を「形ばかりの改宗」から信仰の内在化へむけたプロセスという視点で分析している。そしてそのプロセスにおいて、世界各地に拡がるペンテコステ主義のグローバルな動きが、タンザニアのキンガ社会の文化概念を再充当しながらローカルに発展している状況を明らかにしている。さらに、そうした現象のなかでタンザニアのペンテコステ主義運動は新しいタイプの共同体を形成し、人々に西欧人と同じ世界の一員としての意識を作り出していると論じている。

将来の研究課題

アフリカのキリスト教は、これまで人々の

世界観や価値観に影響を与える文化的装置として機能し，今やアフリカ文化の一部とさえなっている。そして近年，グローバルに展開する新しいタイプのキリスト教は，アフリカの人々を外部世界につなげる社会的装置ともなっている。

キリスト教に距離をおく日本人は，こうした状況に，西欧人と異なる視点を提供できると考えられる。近年，政治学や社会学的視点から南ア共和国の政治とキリスト教の関係性を論じる研究がいくつかある。阿部（2007）は，現地調査に基づき真実和解委員会の活動とキリスト教の関係を分析し，その活動がキリスト教的な価値観に偏向しているという指摘があるなかで，活動の実態を明らかにしている。その結果，キリスト教化が進んだアフリカ社会にキリスト教的価値観の浸透を認める一方で，和解活動に法的な客観性とキリスト教に限定されない象徴的な効果としての宗教性を考察している。

さらに，新しい研究テーマとして，社会支援組織としてのキリスト教NGOの活動があげられる。キリスト教組織がNGOとして政府や国際協力組織と連携しながら，エイズや貧困などの問題に積極的に取り組んでいる。そうした宗教的NGOの特徴や現代アフリカ社会への影響などについて明らかにしていくことは，これからの課題である。またアフリカ社会ではイスラム教の影響力が近年増しており，2つの宗教の関係性を政治的な視点からだけでなく，社会的，文化的視点からくわしく研究していく必要もある。これまでアフリカのキリスト教を研究する日本人は少なかったが，2000年代に入りキリスト教を取り上げる研究は増加している。今後，日本においても若手を中心に研究の進展が望まれる。

タンザニア，マケテ県タンダラ村にあるタンザニア福音ルーテル教会（2011年8月撮影）

阿部利洋 2007『紛争後社会と向き合う——南アフリカ真実和解委員会』京都大学学術出版会／海野るみ 2007「〈歴史〉を営む——南アフリカのグリクワ独立教会における〈歴史〉の共有」阿部・小田・近藤編『呪術化するモダニティ——現代アフリカの宗教的実践から』風響社／落合雄彦 2009「天上のキリスト教会——ナイジェリアのアラドゥラ教会」落合編『スピリチュアル・アフリカ』晃洋書房／小泉真理 2002「アフリカ社会におけるキリスト教化の意味——キンガ社会の信仰覚醒運動からの考察」杉本編『福音と文明化の人類学的研究』国立民族学博物館調査報告31／小泉真理 2007「グローバリゼーションとしてのペンテコステ主義運動——タンザニアのキリスト教徒たち」阿部・小田・近藤編，前掲書／小泉真理 2011「20世紀初頭タンガニーカのトリオロジー——大英帝国，伝道会，そして植民地の人びと」井野瀬・北川編『アフリカと帝国』晃洋書房／中林伸浩 1979「独立教会について——西ケニア・イスハ族の場合」『アフリカ研究』18／中林伸浩 1991「アフリカの宗教とキリスト教」『アフリカ研究』38／中林伸浩 2000「キリスト教文化とアフリカ農民——20世紀の西ケニア」『金沢大学文学部論集 行動科学，哲学編』20／中林伸浩 2003「イスハ諸教会の分布と宗教的多元性——キリスト教とアフリカ農民」『金沢大学文学部論集 行動科学，哲学編』23／Comaroff, J. 1985 *Body of Power Spirit of Resistance*. Chicago UP／Gifford, P. 1998 *African Christianity: Its Public Role*. Hurst & Company／MacGaffey, Wyatt 1983 *Modern Kongo Prophets Religion in a Plural Society*. Indiana UP

⇒アフリカ史，伝統宗教

1-1-3 エチオピアのキリスト教
Christianity in Ethiopia

石川博樹

キーワード：宗教，一神教，文化，歴史

エチオピアの高原部には，4世紀にキリスト教が伝わった。現在でもエチオピアの北西部に居住する住民の多くは，エチオピア正統テワヒド教会と呼ばれるキリスト教会の信徒である。エチオピア正統テワヒド教会は非カルケドン派諸教会の1つであり，食物禁忌をはじめとするユダヤ教的慣習の遵守など他のキリスト教会には見られない独特の慣習を有する。エチオピア正統テワヒド教会は現在でも多数の信徒を擁し，エチオピアにおいて重要な宗教的・社会的役割を担っている。

エチオピアのキリスト教

4世紀に伝えられたキリスト教信仰を継承し，現在エチオピアで最も多くの信徒を擁するのがエチオピア正統テワヒド教会である。「テワヒド」という語はゲエズ語（古典エチオピア語）の単語で，受肉後のキリストにおける神性と人性の統合を意味する。エチオピアのキリスト教会の内部では教義論争が繰り返され，19世紀に主流派としての地位を確立したのがエチオピア正統テワヒド教会である。

19世紀以降エチオピアにおいてもプロテスタント諸派やローマ・カトリックによる布教活動が行われるようになり，また1974年の社会主義政権の成立によってキリスト教は国教としての地位を失った。しかしエチオピア正統テワヒド教会の信徒が大きく減少することはなかった。現在エチオピア国内における同教会の信徒数は3000万人を超え，これはエチオピアの総人口の約40％にあたる。ヨーロッパ人による宣教活動の結果ではなく，古代に伝えられたキリスト教がこのように多くの人々に信仰されていることは，アフリカ大陸において異例のことである。

なお1993年のエリトリアの独立に伴い，エチオピア正統テワヒド教会からエリトリア正統テワヒド教会が分離して現在にいたっている。

信仰上の特色

エチオピア正統テワヒド教会は451年のカルケドン教会会議においてキリスト論をめぐってカルケドン派と袂を分かった非カルケドン派に属する。この教義上の特質に加え，『旧約聖書』の影響を受けたユダヤ教的慣習が見られることもエチオピアのキリスト教信仰の特徴である。エチオピア正統テワヒド教会の信徒は，『旧約聖書』に記されている食物禁忌を遵守し，また日曜日に加え，ユダヤ教徒と同様に土曜日も安息日とする。十戒が刻まれた石版などを収めた「聖櫃」が教会行事において重要な意味を持つことも特色である。このほかに，エチオピア正統テワヒド教会の信徒の間では，朝から午後3時まで食事を口にしない，あるいは肉や乳製品の摂取を避けるといった食事制限が年間250日近く行われ，また13の月で構成され，グレゴリオ暦とは7ないし8年の差があるエチオピア暦を用いるといった独特の慣習が守られている。

研究史概説

エチオピア正統テワヒド教会の聖職者・信

徒は，日常語としてアムハラ語を，典礼語としてゲエズ語を用いている。19世紀以降，多くの西欧人がエチオピアを訪れるようになり，多数のゲエズ語・アムハラ語手稿がヨーロッパにもたらされた。その多くはキリスト教関連文献であり，それらのなかには旧約聖書外典の『エノク書』のように，ゲエズ語でしか全体が伝わっていない貴重な文献も含まれていた。

19世紀末以降，I・グイディ，C・コンティ・ロッシニ，E・A・W・バッジといった研究者によってこれらの手稿の翻刻・翻訳がさかんに行われるようになった。ゲエズ語・アムハラ語文献に基づいた研究の結果，エチオピアのキリスト教会が長らくエジプトのコプト教会より派遣された聖職者を長として戴いてきたとはいえ，内部で独自に教義論争を繰り返し，独特の教義を醸成してきたこと，食物禁忌といったユダヤ教的な慣習を保持していることが，E・ウレンドルフ（1968）をはじめとする研究者によって明らかにされた。また文学，音楽，絵画，建築など，エチオピアのキリスト教に関わる多様なテーマについての研究が進められた。

文献研究に加え，20世紀半ば以降，D・N・レヴィン（1965）をはじめとする研究者によってエチオピア正統テワヒド教会の聖職者・信徒を対象とする現地研究も行われるようになった。その結果，同教会の信徒の信仰生活，ハイレ・セラシエ帝政期や社会主義政権期のエチオピア社会における同教会の社会的役割などに関する研究が公刊されるようになった。

日本人による研究

日本国内におけるエチオピアのキリスト教に関する研究蓄積は厚いとはいえない。まず概説としては，村岡（1982）と石川（2012）の論考があげられる。宗教・キリスト教研究において直接エチオピアのキリスト教を対象とした研究は見られないものの，その他の分野における関連研究としては，住民の多くがキリスト教徒であるエチオピアの北部の街ゴンダールを主なフィールドとする川瀬慈による映像人類学研究，ティグライの岩窟教会などを対象とする三宅理一らによる建築学研究，キリスト教徒が住民の大半を占めたソロモン朝エチオピア王国に関する石川の歴史学研究をあげることができる。

このように日本国内における研究は活発であるとは言い難いものの，1500年以上の伝統を誇るエチオピアのキリスト教は，宗教研究上，キリスト教研究上きわめて重要な研究対象であることはいうまでもない。またその理解は，キリスト教が依然として重要な社会的な役割を果たしているエチオピアの社会や文化を研究する上でも欠かせない。日本国内におけるエチオピアのキリスト教に関する研究の進展が強く望まれる。

*日本ではエチオピアのキリスト教を「エチオピア正教」と呼ぶことが多い。エチオピア正統テワヒド教会の英語による自称はEthiopian Orthodox Tewahedo Churchであるため，この呼称は誤りとはいえない。しかし同教会がカルケドン派の東方正教会に属しているわけではないという点に留意する必要があろう。

石川博樹 2012「エチオピア正統テワヒド教会」三代川編『東方キリスト教諸教会――基礎データと研究案内』SOIAS Research Paper Series 8，上智大学アジア文化研究所イスラーム地域研究機構／村岡崇光 1982「エチオピア教会」前嶋・杉・護編『渦巻く諸宗教』オリエント史講座3巻，学生社／Levine, D. N. 1965 *Wax & Gold: Tradition and Innovation in Ethiopian Culture.* Chicago UP／Ullendorff, E. 1968 *Ethiopia and the Bible: The Schweich Lectures of the British Academy 1967.* Oxford UP

⇒キリスト教，前植民地期，歴史遺産学

1-1-4 イスラーム
Islam

坂井信三

キーワード：交易，都市，スーフィズム，ジハード

イスラームは，今日キリスト教と並んでアフリカ大陸の最も重要な宗教の1つであり，その教勢は現在も拡大中である。信徒数の正確な把握は困難だが，2010年現在でアフリカ大陸の人口の約40％にあたる4億2200万人を数え，キリスト教と拮抗するという統計もある。イスラーム諸国の国際機関である「イスラーム協力機構」には，アフリカ大陸全体の56ヵ国中オブザーバーを含めて26ヵ国が加盟している。ここでは主としてサハラ以南におけるイスラーム普及のプロセスと現状について解説し，あわせて海外および日本の研究動向と今後の課題に言及する。

伝播の過程

西暦7世紀初めにアラビア半島に出現したイスラームはエジプトから北アフリカまで軍事的に進出したが，サハラ以南に向かっては，西暦10世紀ごろから15世紀ごろにかけてサハラ砂漠とインド洋の交易路を通してゆっくりと浸透していった。その結果サハラ以南アフリカの諸社会は，宗教，経済，社会，文化にわたる文明としてのイスラームと出会うことになった。

サハラ砂漠に接する西アフリカ内陸のステップ地帯とインド洋に面する東アフリカの海岸線は古くからそれぞれ「サヘル」「スワヒリ」と呼ばれてきたが，それらはともにアラビア語の「サーヒル」（「縁，岸辺」）という語に由来する。中世アラビア語の世界では，砂漠は海に，ラクダは船になぞらえられていた。だから旅するムスリムたちにとって，インド洋の岸辺もサハラ南縁の草原も，同じく「サーヒル」だったのである。

だが両者でのイスラーム普及と定着のパターンは歴史的にかなり異なっている。西アフリカでは，サハラ越え交易によってイスラーム世界と接触したサヘル地帯には10世紀前後から国家的統合が出現し始め，13世紀から16世紀にはマリ，ソンガイ，カネムなどの広域国家が成立してくる。それらの国家の上層部は当時の世界文明としてイスラームを受容し，西アフリカ内陸はイスラーム世界の周辺部に組み込まれていく。イスラームの主たる担い手はイスラームに改宗した現地の商人集団で，彼らはサヘルの広域国家の権威の及ばない南のサバンナ地帯に向かってさらに交易網を広げていった。ただ，交易網の展開がそのままイスラームの普及をもたらしたとはいえない。というのも在地の政治権力者たちにとって，宗教としてのイスラームの受容は社会的・政治的な諸慣行に変更を迫るものだったからである。そこで彼らはムスリム商人に一定の貢納と引き替えに交易の自由と交易都市の自治権を与え，それに対してムスリム商人の側も彼らに権力を補強する物資や情報を提供しながら在来の宗教には干渉しないという，一種の棲み分けによる共存のパターンが生まれてくる。このパターンは，各地でムスリムによる国家建設運動が始まる19世紀まで維持されていた。

東アフリカでは，インド洋の季節風を利用

する南アラビアやペルシャなどの交易者と現地のバントゥー系住民との出会いから,南北3000kmにわたる海岸線にモガディシオ,ラム,ペンバ,ザンジバル,キルワ,ソファラなどの交易都市が点々と成立してくる。それらの都市に住むバントゥー系の人々は外来者と婚姻関係を結んで交易パートナーとなり,14～15世紀ごろまでにはイスラームとともにアラブやペルシャの言語・文化を受容してスワヒリと呼ばれる独自のアイデンティティを形成していく。だが彼ら自身は内陸に向けて交易網を展開することはなかった。彼らは海岸部にとどまって内陸の住民とインド洋交易者とを仲介するミドルマンの役割を果たしたのである。その結果,イスラームの普及は19世紀まで海岸部の限られた地帯にとどまった。またスワヒリ諸都市は基本的に交易をめぐって相互に競争関係にあったので,東アフリカではイスラームの受容が広域国家の出現につながることがなかった。

宗教的スペクトル

イスラームの伝播の過程にはこのような地域差があるが,その受容形態には共通する特徴もある。それはイスラームの存在様態が,知的・学問的な形態から儀礼的・感性的な形態まで,幅広いスペクトルを示しているということである。

イスラームの信仰は,イスラーム法学を通して個人と共同体の社会生活において実践される。だからムスリムの社会には法学に通じた学者(ウラマー)による教育研究活動がつねに伴っている。法学派としては西アフリカではマーリキー派,東アフリカではシャーフィイー派が歴史的に有力だったが,学派の違いにかかわらず,そうした宗教のあり方は文字を持たないサハラ以南アフリカ諸社会のなかに,ムスリム独自の知識・情報の蓄積様態を生み出した。ムスリムの都市には高等教育機関を併設するモスクが必ずあり,そこでは中東の聖地への巡礼・遊学,外来の学者の到来などによってつねに維持・更新される高度なイスラーム文化が蓄積される。たとえば西アフリカでは,マリ時代にさかのぼる学問都市トンブクトゥでモスクを中心に高度なイスラーム諸学の研究教育が行われ,16～17世紀には『スーダン年代記』などのアラビア語年代記が生み出された。同様に東アフリカでも『キルワ年代記』のような歴史書が生み出されたのである。

一方,イスラームの主たる担い手はムスリム商人とその家族たちだった。彼らはウラマーたちに支えられてイスラームの宗教儀礼と商慣行を遵守するだけでなく,衣服の着用,ハラールの食習慣,沐浴・剃髪・香の燻蒸などの衛生,基礎的な文字学習,街区構造を持つ密集した都市的居住形態などにおいて,イスラーム的な都市民の生活様式を生み出した。たとえば西アフリカ・マリの交易都市ジェンネやタンザニアのザンジバルは,熱帯アフリカの在来文化とイスラーム的な生活慣習の融合した独自のイスラーム都市を形成した。

しかし都市のイスラームが周辺の地域社会に浸透していく過程には,また違った様相が現れる。イスラームにはスーフィズムと呼ばれる神秘主義的な信仰実践がある。これはイスラーム法学とは異なって感性と身体を通して宗教経験を得ようとするものであり,奇跡を起こす聖者や病をもたらすジン(精霊)などの信仰も含んでいる。そういう意味でこのタイプの信仰は,人々が生活のなかで出会うさまざまな出来事に対する対処法を提供してくれる実践的な信仰である。西アフリカでは16世紀ごろからカーディリー教団のスーフィズムが伝播し,東アフリカでは同教団と並んでシャーズィリー教団が活動してきた。スーフィズムはイスラーム的な呪術や護符の使用,ジンの信仰,音楽や憑依を伴う儀礼などを介

して，多様な文化的背景を持つ人々の間に必ずしも改宗を伴わずにイスラームの宗教表象が浸透していく有力なチャンネルとなったのである。

近代化と植民地化

以上のような歴史的な経過をとって伝播・定着したイスラームは，その後近代化や植民地化に伴う時代の変化と深く連動して変化してきており，それはグローバル化のもとで現在も進行中である。

19世紀のアフリカ大陸は内外の大きな政治的変動に見舞われていたが，なかでも古くからイスラームが定着していたセネガルからスーダンにいたるサヘルの各地で，ジハードの形をとった一連のイスラーム国家建設運動が起こったことが注目される。セネガルからマリに及んだハージ・オマルのトゥクロール帝国，ナイジェリアのウスマン・ダン・フォディオによるソコト・カリフ国，スーダンのムハンマド・アフマドによるマフディー運動などである。これらは西欧勢力の進出が迫る植民地化直前のアフリカ大陸で，旧来の政治体制の変革を目指す政治運動においてイスラームの政治思想が重要な役割を果たしたことを示唆している。

それらのジハード運動は，20世紀初頭には西欧勢力による征服と大陸分割によって抑え込まれてしまったが，とくに西アフリカでは，征服に続く植民地化はむしろイスラーム普及を促進する効果を持った。すなわち植民地支配と資本主義経済の浸透とともに，換金作物の生産による伝統的な農村の解体，都市部への労働者の流出，交通手段の発達などによって社会的流動性が増大するとともに，イスラームはそれまでなかった勢いで大衆の間に普及し始め，その動きは独立後現在にいたるまで一貫して続いている。西アフリカでは，イスラームは今や最も重要な政治勢力を構成しているといっていいだろう。他方そのことは，独立以後の西アフリカ諸国にとって国民統合の困難の一因にもなっている。イスラームは歴史的に北から南に浸透したが，植民地化とともに導入されたキリスト教は反対に南の海岸部から北の内陸部へ普及した。その結果，現代のコートジボワール，ガーナ，ナイジェリアなどでは2つの宗教が北南で勢力を分け合い，経済力や教育条件の格差などとも相まって政治問題の火種を形成することになったのである。

一方東アフリカでは少し状況が違う。スワヒリ海岸に深く根を下ろしていたイスラームが内陸諸民族に普及し始めるのは，19世紀にオマーンのブー・サイード朝がザンジバルを中心に奴隷交易網を内陸に向かって伸ばしていった時期だった。だが沿岸部のムスリムによる内陸への経済的・政治的影響力は，20世紀初頭のイギリス，ドイツによる植民地化によって終わりを告げる。さらに第二次大戦後，英領東アフリカ植民地がケニア，タンガニーカ，ウガンダなどとして独立すると，海岸部のムスリムたちは国家単位で見れば少数派の地位に転落することになった。たとえばケニアでは政治と経済の中心は標高が高く気候条件のよい内陸におかれ，独立後はキリスト教化した内陸部の諸民族が白人の地位を受け継いで優位に立った。その結果，政治，経済，教育における格差に目覚めたスワヒリ・ムスリムのなかからは，従来のイスラームを改革しようとする動きが生まれてくる。だがムスリムのおかれた状況は国家の政治経済的構造に起因するもので，容易に改善しえない。そうした状況下で，1990年代にはイランのイスラーム革命やアラブのサラフィー主義に刺激を受けた若い世代のなかから過激な事件を起こす者も現れてきた。

グローバル化と現代アフリカのイスラーム

21世紀に入り，とくにアフガン紛争以降世界のムスリムの間では欧米主導の国際秩序に対する反感が高まり，アル・カーイダに代表されるように世界各地のイスラーム主義運動は過激化しかつグローバル化している。そうした過激な運動が貧困や民族対立，政治的腐敗などの火種を持つアフリカ諸国に飛び火した場合，イスラームは21世紀のアフリカの政治社会において新たな焦点になるかもしれない。たとえば2012年春に起こったマリの政治的混乱は，明らかにこれまでになかったグローバルな様相を示している。

しかしグローバル化の進展は否定的な側面を持つだけではない。現代アフリカのイスラームは，世界のNGOやNPOの活動と連携しながら，さまざまな分野で新しい社会運動の母体になっている。長い歴史のなかでアフリカの社会と文化に深く根を下ろしたイスラームが激動の19世紀に社会の旧弊を変革する活力源になったように，21世紀のアフリカにおいてイスラームの持つ重みはさらに大きくなっていくだろう。

研究動向と今後の課題

西欧におけるアフリカのイスラーム研究は，植民地支配におけるイスラーム政策との関わりで始まった。フランスではマルティー（1920）がその代表的存在である。仏領西アフリカ全域に及ぶ彼の調査研究は，今なお20世紀初頭のイスラームの姿を伝える貴重なモノグラフである。一方東アフリカを中心にキリスト教の宣教に従事したイギリスのトリミンガムは，イスラーム普及のプロセスに関心を寄せ，アフリカのイスラームを一線的な「イスラーム化」の観点から記述する研究枠組みを作った（1962）。しかし交易に注目したレヴツィオン（1973）やジハード運動の事例研究を深化させたロビンソン（1985）らの実証的な歴史研究が進展するにしたがってその見方は修正され，2000年にはレヴツィオンらによってアフリカ全体にわたる偏りのない通史が書かれるようになっている。

一方日本におけるアフリカのイスラーム研究は，歴史学ではなく主に人類学の分野で展開してきた。1960年代にスワヒリ海岸やサヘル地帯でフィールドワークを始めた日野舜也，和崎洋一，川田順造らは，イスラームが現地社会の重要な構成要素であることに気づいた。それを受けて，1980～90年代に仏語圏西アフリカをフィールドとする一群の人類学者（赤阪賢，小川了，坂井信三，嶋田義仁，竹沢尚一郎，和崎春日）が本格的なイスラーム研究を開始した。同世代にはスワヒリ交易史を研究した歴史学の富永智津子もいる。

これら日本の研究者による研究は現地社会の文脈に立脚した視点が優勢だが，実は今も昔もアフリカのムスリムは広く北アフリカや中東イスラーム世界との交流に開かれている。今後，アラビア語の運用能力を身につけた研究者によって，アフリカのイスラーム研究を歴史的文脈でもグローバリズムの文脈でも，拡大・深化させていくことが期待される。

小杉泰編 2010『イスラームの歴史2 イスラームの拡大と変容』山川出版社／坂井信三 2003『イスラームと商業の歴史人類学——西アフリカの交易と知識のネットワーク』世界思想社／嶋田義仁 1995『牧畜イスラーム国家の人類学』世界思想社／Levtzion, N. 1973 *Ancient Ghana and Mali*. Methuen & Co／Levtzion, N. & R. L. Powels (eds.) 2000 *The History of Islam in Africa*. Ohio UP／Marty, P. 1920 *Etude sur l'islam et les tribus du Soudan*. 4 vols. Leroux ／ Robinson, D. 1985 *Holy War of Umar Tall*. Clarendon Press／Trimingham, J. S. 1962 *A History of Islam in West Africa*. Clarendon Press

⇒キリスト教，前植民地期，植民地支配

1-1-5 思想
Philosophy

・落合雄彦

キーワード：パン・アフリカニズム，ナショナリズム，アフリカ的社会主義，黒人意識，ディアスポラ

アフリカの思想は，19世紀末以降，アフリカ圏外のアフリカン・ディアスポラとアフリカ圏内のアフリカ人によって紡ぎ出されてきた近代的な思想の潮流である。その主流は，パン・アフリカニズム，ナショナリズム，アフリカ的社会主義といった，アフリカ人の連帯やアフリカ的な価値を強調するイデオロギーといえる。これに対して，暴力主義を標榜するファノンの思想や，アフリカ人だけではなくカラードやインド人をも「黒人」として位置づける反アパルトヘイト思想としての「黒人意識」は，アフリカにおける思想のいわば傍流を形成してきた。今日，そうした思想的な主流・傍流をめぐる固定的な捉え方の見直しや，それらに必ずしも包摂されないミクロで多様な思想の知的な発掘作業が進められている。

主流としてのパン・アフリカニズム，ナショナリズム，アフリカ的社会主義

アフリカの思想は，19世紀末以降，アフリカ圏外のアフリカン・ディアスポラとアフリカ圏内のアフリカ人によって紡ぎ出されてきた近代的な思想の潮流である。その内容や主張は多様であって，けっして一枚岩的ではない。しかしそれは，少なくとも伝統的には，アフリカ人としての連帯の促進，アフリカの否定的なイメージへの異議申立てと拒絶，植民地主義や人種差別主義への抵抗，アフリカ人としての民族的な誇りの復権などをその重要な礎石として形成・展開されてきた。

そうしたアフリカ思想の一起源ともいえるのが，パン・アフリカニズムである。パン・アフリカニズムについては，日本では小田英郎（1971）による先駆的な研究成果がある。パン・アフリカニズムとは，「アフリカ人，アフリカ系人の主体性の回復，およびアフリカの歴史的復権，アフリカの独立と統一」を目指すイデオロギー運動をいう（小田 1989: 37）。小田（1971，1989）は，1897年にロンドンでアフリカ系人の連帯促進を謳ったアフリカ協会を創設し，1900年にパン・アフリカ会議（Pan-African Conference）を主宰したカリブ海トリニダード出身の弁護士H・シルヴェスター＝ウィリアムズ，1919年から1945年にかけてヨーロッパ各地で計5回のパン・アフリカ会議（Pan-African Congress）を組織し，アメリカ黒人論の古典的名著『黒人のたましい』を著したアメリカの社会学者W・E・B・デュボイス，そして，アメリカを主な舞台にアフリカ帰還運動を唱え，「黒いモーセ」と呼ばれたジャマイカ出身の活動家M・ガーヴィーの，それぞれの思想や行動を詳細に検証した。そうした小田によるパン・アフリカニズム研究の1つの大きな特徴は，それまでのアメリカ研究あるいはアメリカ黒人研究のなかで総じて低い評価しか与えられてこなかったガーヴィーに注目し，彼を大西洋の対岸（アフリカ研究）の視点から高く再評価した点にある。

パン・アフリカニズムが19世紀末以降アフリカ圏外を主な舞台にして形成されたのに対

して，アフリカ圏内で20世紀に台頭したのがナショナリズムとアフリカ的社会主義である。民族と民族との，あるいは植民地人民と宗主国人民などとの関係性を問う概念であるナショナリズムと，主に階級と階級との関係を問う社会主義とは，本来，異和的であり，ときに対立的でさえある。ところが両者は，少なくともアフリカの文脈においては親和的な関係にあるとされてきた。この点について山口圭介（1992: 168）は，「アフリカの社会主義は，ナショナリズムのアフリカ的変種（ヴァリアント）である。より端的にいうと，アフリカ的社会主義はアフリカ的ナショナリズムである」と述べている。

アフリカのナショナリズムは，ヨーロッパ列強からの植民地の解放と独立を目指す植民地ナショナリズムである。そこでは，1つの植民地に内包された多様なエスニック集団を1つの人民／国民として統合するとともに，ヨーロッパ人によって否定されてきた自らの歴史や存在を復権し，アフリカ人としての主体性を回復する作業が必要になる。そのための概念として登場してきたのが，ギニアの初代大統領となったS・トゥーレやガーナの初代首相となったK・ンクルマらが唱えた「アフリカの個性」であり，西インド諸島マルティニークの詩人・政治家であるA・セゼールやセネガルの初代大統領となったL・S・サンゴールらがパリで起こした文芸運動の中核的概念としての「ネグリチュード」であった。それらを含むアフリカ・ナショナリズム研究については，欧米ではD・アプターやJ・S・コールマンらをはじめとして数多くの研究者による優れた先駆的業績があり，日本では西野照太郎，百々巳之助，宍戸寛，中村弘光がその先駆者といえる。

他方，アフリカ的社会主義は，主に1950年代から1980年代にかけて台頭した，アフリカの独立と独立後のネイション・ビルディングのための開発型社会主義を指す。ギニアのトゥーレ大統領の「共同体主義」，セネガルのサンゴール大統領が唱えた「社会主義的人道主義」，タンザニア大統領のJ・K・ニエレレが「ウジャマー（家族的な愛）」というスワヒリ語を中核に据えて唱えた「ウジャマー社会主義」などがそれに含まれる。とくにタンザニアのウジャマー社会主義に関しては，G・ハイデンや吉田昌夫らの研究が知られている。

傍流としてのファノン，カブラル，ビコ

パン・アフリカニズム，ナショナリズム，アフリカ的社会主義をアフリカ思想の主流として位置づけるならば，それに必ずしも含まれない傍流的な思想もある。その代表例といえるのが，異彩を放つ思想家・活動家であるF・ファノンの革命思想であろう。

1925年にカリブ海マルティニークに生まれ，セゼールの影響を受けてネグリチュードに一時傾倒したこともあるファノンは，第二次世界大戦中にC・ドゴールの自由フランスの運動に合流し，志願兵として各地を転戦する。戦後，フランスで精神医学を修めたのち，1953年にアルジェリアに渡って精神科病院に医師として勤務した。その一方，アルジェリア渡航前から執筆活動を開始し，『黒い皮膚・白い仮面』（1952），『革命の社会学』（1959），『地に呪われたる者』（1961）という3つの著作を生前に出版している。1954年，アルジェリアで独立戦争が始まると，ファノンはやがて病院の職を辞して独立解放闘争に身を投じ，アルジェリア民族解放戦線の機関紙などを通じて過激な革命的メッセージを国内外に発信するようになる。しかしファノンは，1961年，アルジェリアの独立を目前にして病死してしまう。「ファノニズム」ともいわれる彼の思想は，植民地主義の暴力から植民地人民を解放する革命のために暴力の使用を称揚するという過激なものであり，日本では

海老坂武（2006）による研究成果が知られている。

　ファノンの過激な革命思想を部分的に継承しながらも，それを批判的に乗り越えようとしたのが，西アフリカの思想家・活動家A・カブラルである。カブラルは，1924年にポルトガル領ギニア（ギニアビサウ）で生まれ，1956年にギニア・カボベルデ独立アフリカ人党を創設し，1963年から武装闘争を開始した。しかし，ギニアビサウの独立を目前にして1973年に暗殺されてしまう。その姿は，アルジェリア独立を見届けることなく病死したファノンのイメージとどことなく重なり合う。カブラルの思想をファノンとの比較で分析した川端正久（1978）によれば，ファノンは，アフリカの農民を革命的勢力として高く評価したのに対して，カブラルは，それを物理的勢力ではあっても革命的勢力ではないと見なしていた。また，ファノンがアフリカ都市部のルンペン・プロレタリアートを「最もラジカルな革命的勢力」とし，その革命性に期待していたのに対して，カブラルは，都市人口のなかで正規の職業についていないルンペン・プロレタリアートを「デクラセ」と呼び，それを浮浪者や失業者といった革命性のないグループと，農村部から都市部に移住してきた，革命性を持つ若者のグループに冷静に区別して透徹に論じていた。要するに，ファノンは，アフリカの現実に十分に立脚していない過激な革命思想家にすぎなかったのに対して，カブラルは，アフリカ社会に関する正確な知見を有した優れた思想家であり，その意味でカブラルはファノンをはるかに超えている，と川端はカブラルを高く評価した。そうしたカブラルの思想と行動については，海外ではP・シャバルらによる研究がある。

　ファノンやカブラルとはかなり異なるが，やはりアフリカ思想の主流とは一線を画す思想といえるのが，南アフリカの反アパルトヘイト思想としての「黒人意識」であり，その重要な精神的支柱となったのが活動家S・ビコである。南アフリカにおける「黒人意識」とは，アフリカ人だけではなくカラードやインド人をも含めて「黒人」という1つの集団と見なす思想であり，そうした人種的包摂性は，アフリカ人性や黒さを強調し，アフリカ人やそのディアスポラの連帯や主体性の回復を謳うアフリカ思想の主流とはかなり異なっている。「黒人意識」を思想的な基盤とする運動のことを黒人意識運動と呼び，それは，反アパルトヘイト諸組織の活動が南アフリカ国内で総じて低調であった1960年代から1970年代にかけて台頭した。しかし，黒人意識運動に対する従来からの評価は，抵抗運動の灯を消すことなく1980年代の本格的な闘争へと橋渡し的な役割を果たしたという，総じて控えめなものであった。これに対して，その再評価を試みたのが牧野久美子（1997）である。「黒人意識」やその運動は，反アパルトヘイト闘争の単に橋渡し的な役割だけではなく，アパルトヘイト体制下で発展した黒人神学と融合して南アフリカ社会のさまざまな側面に大きな影響を及ぼしたと牧野は結論づけ，その思想的な重要性と波及力の大きさを高く評価している。

ブラック・アトランティックとその後

　アフリカの思想を考える上で看過できない重要な著作といえるのが，P・ギルロイの大著『ブラック・アトランティック』（2006）である。同書は，ジャズやヒップホップといった黒人音楽，デュボイスやアメリカ黒人作家R・ライトの著作や行動の分析などを通じて，ブラック・アトランティックの文化に見られる，いわば「変わっていく同じもの」というべきエスニックな同一性と差異性の関係性をみごとに描写してみせた。それはすなわち，大西洋という海をしばしば強制的に移

動させられ，その後さまざまな交流や流転を繰り返しながら各地に形成されてきたアフリカン・ディアスポラという存在が，一方でアフリカを共通の起源としながらも，他方でけっして同質的ではなく，そこには驚くほどの多様性と流動性が見られるということを明らかにしたのであり，アフリカの思想もまた，その例外ではないことを鮮やかに描き出している。

そうしたギルロイの切り拓いた間大西洋的な眺望に知的刺激を受けて日本で編まれたのが，真島一郎編『二〇世紀〈アフリカ〉の個体形成』(2011)という大部の論集である。同論集では，ケニアの首都ナイロビで暮らす無名のコンゴ難民といった市井の人から世界的に著名なボクサーM・アリ，そして，旧コンゴ（現コンゴ民主共和国）の初代首相となったP・ルムンバにいたるまで，24名の同時代的なアフリカ人あるいはそのディアスポラの思想と行動が克明に記録・分析されている。同書は，けっしてアフリカ思想に関する研究書ではない。が，そこからは，アフリカの思想を過度にマクロに，そして，しばしば本質主義的あるいは固定的に捉えがちであったこれまでの研究のあり方を相対化する必要性と，アフリカ人とそのディアスポラのミクロで多様かつ流動的な思想にあえて注目し，それらに真摯に傾聴するという知的営為の重要性を看取することができる。

海老坂武 2006『フランツ・ファノン』みすず書房／小田英郎 1971『現代アフリカの政治とイデオロギー』新泉社／小田英郎 1989『アフリカ現代政治』東京大学出版会／川端正久 1978「カブラルのアフリカ社会論――上・下」『思想』(650・651)／ギルロイ, P 2006『ブラック・アトランティック――近代性と二重意識』上野俊哉・毛利嘉孝・鈴木慎一郎訳，月曜社／セゼール, A 2004『帰郷ノート――植民地主義論』砂野幸稔訳，平凡社／デュボイス, W・E・B 1992『黒人のたましい』木島始・鮫島重俊・黄寅秀訳，岩波書店／西野照太郎 1955『鎖を断つアフリカ』岩波書店／ビコ, S 1990『俺は書きたいことを書く――黒人意識運動の思想』峯陽一・前田礼・神野明訳，現代企画室／ファノン, F 1998『黒い皮膚・白い仮面』海老坂武・加藤晴久訳，みすず書房／牧野久美子 1997「南アフリカの黒人意識運動――社会運動論の視点から」『アフリカ研究』(50)／真島一郎編 2011『二〇世紀〈アフリカ〉の個体形成――南北アメリカ・カリブ・アフリカからの問い』平凡社／山口圭介 1992『ナショナリズムと現代』改訂版，九州大学出版会

⇒南アフリカと文学，フランス語表現のアフリカ文学，植民地支配，アフリカ人とディアスポラ，アパルトヘイト

1-2-0 総説 ── 芸術学
Art Studies

──────────────────────────────── 吉田憲司

当該の社会に「アート」「芸術」に相当する語があるか否かにかかわらず，創造性に満ちた営みとその所産を広く「アート」「芸術」と呼ぶなら，間違いなくアフリカにも古くから「アート」「芸術」は存在する。さらに，音楽，演劇，舞踊を含めた現代におけるアフリカの「アート」の展開は，世界をリードする様相も見せている。本事典のこの章では，アフリカの人々の創造的な営みを等しく「アート」「芸術」と捉えて，それに対する種々の学的アプローチを，国内外を含めて俯瞰することにする。

「芸術」「芸術学」という枠組み

芸術学の分野におけるアフリカ研究というとき，あらかじめ2つの点で留保が必要になる。まず1つは，大学・大学院における芸術学（美学・美術史学，音楽学，演劇学などを含む）の講座でアフリカの芸術の研究・教育を講座名やコース名の形で制度化している例は，日本国内に存在しないという点である。我が国の芸術研究は，基本的に西洋および東洋の芸術の研究を中心的課題としており，アフリカ芸術の研究は周縁的にしか位置づけられてこなかった。この点は，たとえば，芸術学部のなかの美術史専攻を分野横断的なアフリカ研究プログラムと結びつけている米国のインディアナ大学や，美術史学・考古学の専攻のなかにアフリカ美術史のコースを設けている英国ロンドン大学東洋アフリカ学院（SOAS），世界芸術・芸術史学部のなかにアフリカ美術・考古学センターを設けた，同じく英国のイースト・アングリア大学など，欧米のアカデミックな環境とは大きく異なっている。日本においては，美術史学や芸術学，音楽学，演劇学，あるいは文化人類学，生態人類学を専門とする研究者が，それぞれの講座に属しながら，独自に「芸術」現象の研究・教育を行っているというのが現状である。

いま1つの留意点は，アフリカの言語に「アート」もしくは「芸術」「美術」と完全に符合する用語はもともと存在しなかったという点がある。もとより，そのこ

と自体は，アフリカに「アート」が存在しないということにはならない。

　日本に関していえば，「芸術」という語はすでに8世紀末の『続日本紀』のなかで学問・技術の意で用いられているが，それを「文章，書画等百般の技術」として用いたのは西周の『人智論』(1878)が最初である。一方，日本語のなかに，「美術」という語が初めて導入されたのは，1873年のウィーン万博への参加に際しての出品規約の翻訳作業を通じてのことであった。それ以前，現在の意でいう「芸術」「美術」は日本にはなかったという議論には，多くの読者は賛同しないであろう。それは「日本美術史」の大部分を否定することにしかならないからである。

　当該の社会に「アート」「芸術」に相当する語があるか否かにかかわらず，創造性に満ちた営みとその所産を広く「アート」「芸術」と呼ぶなら，間違いなくアフリカにも古くから「アート」「芸術」は存在する。

　ただここで，「アート」「芸術」という語彙とそれにまつわる諸観念が，西洋とその思想的影響下で成立したものだという事実が，看過しえない要素として，アフリカの「アート」の認知に影響を及ぼしてくる。アフリカで生み出された仮面や彫像は，20世紀の初め，ピカソやマティスら，当時の前衛的芸術家によって突如「アート」として見出され，「アール・ネーグル」（ニグロ・アート／ニグロ美術）と呼ばれるようになった。アフリカの「アート」はその後，プリミティヴ・アート（未開美術），トライバル・アート（部族美術），エスニック・アート（民族美術），アフリカン・アート（アフリカ美術）とその呼び名を変えながら，ヨーロッパから見た「アート」の文脈に取り込まれてきた。地域や文化の別にかかわらず「アート」「芸術」の普遍性を声高に唱える動きがある一方で，しかし，アフリカの「アート」が限定詞なしに「アート」と呼ばれることは，残念ながらこれまでなかった。そこには，西洋と非西洋，自己と他者の間の根深い区別が影を落としている。

　本事典のこの章は，西洋の「アート」，とりわけ「ファイン・アート」の基準に見合うものだけを取り上げ，それに対する学的なアプローチを紹介しようというものではない。西洋と非西洋，芸術のため芸術として制作されたものと人々の生活の用に供するものといった区別をいったん取り払い，アフリカの人々の創造的な営みを等しく「アート」「芸術」と捉えて，それに対する種々の学的アプローチを俯瞰してみようというのが，この章での試みである。そこでは，有形・無形の「アート」を広く視野に入れることになろう。すなわち，「アフリカン・アート」の代表のように捉えられることの多い仮面や彫像などの造形芸術だけでなく，染織，音楽，舞踊など，広範なジャンルの営みが取り上げられることになる。

　なお，この章で取り上げる，これら，創造性に満ちた多様な表現活動を総称するものとして，とくに英語圏では，「アート」という語をあえて避けて，「表現文化

(Expressive Culture)」という語を用いることがある。この語を用いていえば，この章でいう「芸術学」とは，その「表現文化」への学的探求を指すものといってもよい。

　この章でいう意味でのアフリカの「アート」の学的探求＝「表現文化」への学的探求は，19世紀後半，成立したばかりの民族学の分野における物質文化や造形芸術の研究から始まった。そこでは，主として伝統的な社会生活のなかで見出される芸術活動に焦点が当てられた。時を経て，アフリカ諸国が植民地支配を脱していっせいに独立していく1960年の「アフリカの年」以降，アフリカの「アート」自体も大きく変貌し，それに応じてその研究も1つの画期を迎える。それまで，植民地経営と一体化した形で現地に設けられた研究機関で限られた数の研究者の手で進められていた研究が，より多くの研究者による，より多様な対象の研究へと急速に展開し始める。本章の各項目で述べられる染織の研究，「伝統的」民族音楽からポップ・ミュージックの研究への拡大，舞踊の研究の活性化などは，いずれもこうした動きのなかで生起してきたものといってよい。それらの分野の研究動向の詳細は，それぞれの項に譲ることにし，この総説では，それに先行する「アート」の研究，とくに造形芸術や物質文化を中心とする研究の動向を追うことから始めることにする。

欧米におけるアフリカ「芸術研究」の草創期

　「物質文化（material culture）」という語は，アメリカの歴史家ウィリアム・ヒックリング・プレスコットがその著『メキシコ征服史』（1843）のなかで初めて用いたとされる（Prescott 1843）。おりしもその出版年は，ロンドンで民族学会（後に人類学会と改称）が設立された年である。当時の民族学・人類学は，社会進化論に依拠して，人間の身体の計測をもとに，道徳性の度合い，文化の進化の度合いを測ることを第一の課題としていた。そして，その進化の度合いの指標として用いられたのが，ほかならぬ「物質文化」である。当然，その「物質文化」の収蔵と展示の装置が必要となる。植民地支配の拡大によって，すでに世界の諸民族を広く見渡すだけの収集品は蓄積されていた。1860年代以降，欧米各地で民族学博物館がぞくぞくと設立される。草創期において，民族学・人類学の成立と民族学博物館の設立は一体になったものだったのである。

　この時期，まだ，アフリカの産物は「アート」と呼ばれるにはいたっていない。アフリカで生み出されたモノが「アート」と呼ばれるのは，1897年，イギリスの討伐遠征隊がベニン王国を征服し，王宮に納められていた真鍮製の彫刻品が大量にヨーロッパにもたらされた折のことである。きわめて自然主義的な造形をもつ王母の頭像や人像の数々を目にして，当時のヨーロッパ人はそれを「アート」と呼ばざるを

えなくなる。しかし，それゆえに，当時，それらベニンの彫刻はアフリカで制作されたものとは信じられず，ルネサンス期のポルトガルで作られたものが，交易によってベニンにもたらされたと主張されたのであった。

　20世紀に入ると，人類学は，急速に進化論や伝播論から離れて，構造・機能主義，さらには構造主義へと展開を見せてゆく。そこでは，研究の主眼は社会組織や象徴的思考の体系性に置かれ，モノの形態上の比較などは表層的な研究として敬遠されて，モノは意味を媒介する記号としてのみ取り上げられるようになっていく。20世紀の大部分を通じて，人類学の分野での「物質文化」あるいは「アート」の研究は，久しく周縁に置かれてきたといわなければならない。それはまた，民族学博物館における民族誌展示が，民族学・人類学の動向とは直接関わらぬ存在として，等閑視されていく過程でもあった。

　しかしながら，実のところ，民族学博物館における展示も人類学の動向と無縁のものではありえなかった。英国における構造・機能主義，米国における文化相対主義の影響下で，個々の民族の文化の体系性，まとまりを強調する展示が築かれ，展示物には，他の民族の手になる器物と区別が容易なモノが意図的に選定されていく。結果的に，一民族一様式，すなわち，1つの民族では1つの様式を持った器物だけが制作され，使用されるかのようなイメージが作り上げられ，民族集団の枠を超えた共通の文化の広がりや文化の交流が視野の外に置かれる結果を招いた。

「アール・ネーグル」の発見と20世紀

　一方で，20世紀初頭，ピカソやマティスら，パリの前衛的な芸術家たちが，パリ・トロカデロの民族誌博物館やロンドンの大英博物館で，アフリカの仮面や彫像に出会い，それを「アール・ネーグル」（ニグロ美術）と呼んで自ら収集を始める。そして，それをきっかけに，アフリカで生み出されたものの「アート」としての歴史，美術史学の対象としての歴史が始まっていく。

　ピカソに代表されるキュビスム，マティスに代表されるフォービスムに続くシュルレアリスムの作家たちは，「ニグロ美術」の精神性に着目し，創作活動とともに，マルセル・グリオールやミシェル・レリスらの民族学者と連携を強めながら，展覧会活動や，『ドキュマン』『ミノトール』などの雑誌の出版活動を展開していった。こうした動きに合わせて，ポール・ギョームやシャルル・ラトンといったパリの美術商も活動の範囲を広げ，「ニグロ美術」の市場は海を渡ったアメリカへと急速に拡大していく。そして，1934年，ギョームやラトンらのコレクションを集めた「アフリカ・ニグロ美術展」が開設後間もないニューヨークの近代美術館（MoMA）で開催さ

れる。「近代美術館」で「ニグロ美術」の展覧会が開かれるのはこれが初めてであった。総計603点に及ぶ展示物は，サハラ以南のほぼ全域にまたがる諸民族の所産を覆い，今日「アフリカ美術の傑作」とされる作品が一通りそろっている。実のところ，それら諸民族の造形は，むしろこの展覧会に出品されたことで「アフリカ美術の傑作」となり，その後の博物館・美術館による「アフリカ美術」のコレクションのモデルとなったのである。全出品作品中，9割以上が仮面や像など，立体的な木製品で占められていることも特筆すべき点である。展示を企画した美術史家のジェイムズ・スウィーニーは，同展のカタログのなかで「ニグロ・アフリカの芸術は彫刻家の芸術である。……われわれは，彫刻としてアフリカ美術をうけとめなければならない」と述べている。キュビスム（立体派）に影響を与えたというだけに，「アフリカ美術」が彫刻に代表され，立体的な造形を特徴とするという一般的なイメージも，このころから定着していくことになる。

　なお，この展示は，「ニグロ美術」への一般の関心を明らかに高める結果となった。アフリカやオセアニアの造形のモダン・アートへの影響を論じたロバート・ゴールドウォーターの著『近代絵画におけるプリミティヴィズム』が出版されるのは，その4年後，1938年のことである（Goldwater 1938）。

　こののち，MoMAでの「アフリカ・ニグロ美術展」で展示された作品の多くを収容する形で，1957年，同じくニューヨークに「ミュージアム・オブ・プリミティヴ・アート（未開美術館）」が開館する。この美術館のコレクションは，1978年にメトロポリタン美術館に寄贈され，1982年のマイケル・ロックフェラー・ウィングの開設とともに，常設展示に供されることになる。そのオープンにあたって，同館は，「プリミティヴ・アート」がついに「アート（美術）」と認められ，世界の諸美術と同じ地位を占めることができたと高らかに歌い上げた。その同じ宣言は，およそ20年を経て，2006年，パリのルーヴル美術館に「アフリカ・アジア・オセアニア・南北アメリカ」美術の展示場が開設された際にも，そのまま繰り返されることになる。

　しかし，先にも見た通り，アフリカの美術は，どこまでも「アフリカ美術」であり，限定詞なしに「アート（美術）」と呼ばれることはなかった。そして，そこでの収集・展示の対象は，すべて「伝統的」なアフリカの造形に限られ，西洋との接触の結果，人々の手で新たに生み出された造形――たとえば，ガーナで制作されている死者の職業や性格にちなんだ形象をもつ棺桶やセネガルのガラス絵など――や，世界のアート・シーンで活躍し始めたアフリカ出身のアーティストたちの作品などは，視野の外に置かれてきた。それらの対象が博物館・美術館の収集・展示の対象に加えられ，その分野の研究が始まるのは，以下の項の川口幸也の説明にもある通り，20世紀も末の時期を待たなければならない。

一方で，アフリカ美術の研究そのものは，その少し前，「アフリカの年」と呼ばれるアフリカ諸国の独立前後の時期に1つの転機を迎えている。アメリカにおけるアフリカ美術史研究の創始者といわれるロイ・シーバーがインディアナ大学にポストを得たのが1962年である。同じ年，インディアナ大学には，フォークロア・民族音楽学の専攻が創設され，以後，同大学はアメリカにおける，美術・音楽・パフォーマンスを含めたアフリカ芸術研究の中心拠点となっていく。一方，イギリスにおけるアフリカ美術研究は，ウィリアム・ファッグが1938年に大英博物館の民族誌部門のアシスタント・キーパーに任じられてから着実な蓄積を見せていたが，ファッグの著作が矢継ぎ早に出版され，同部門がイギリスにおけるアフリカ美術・物質文化研究の拠点としての存在感を示していくのは，やはり1960年前後からのことである。ファッグの研究は，アフリカの造形を生み出した作者個々人に注目するところに特徴がある。それは，集団としてのまとまりを重視する人類学の立ち場からは等閑視されることの多いテーマである。ファッグのこのような態度は，英国社会人類学とつながりつつも，上述のパリの美術商シャルル・ラトンや，ジェイコブ・エプシュタイン，ヘンリー・ムーアら美術作家，ロランド・ペンローズら美術史家との交流のなかで育まれてきたものであった。1962年には，フランス・パリにおいても，1931年のパリ国際植民地博覧会を機に設立された植民地美術館が，当時の文化大臣アンドレ・マルローの手によってアフリカ・オセアニア美術館と改称され，アフリカ・オセアニア美術の展示・研究の機関として改組されている（同館のコレクションは，2006年のケ・ブランリー美術館開館とともに同館に吸収されることになる）。これら，1960年前後のアフリカ美術をめぐる新たな動きは，アフリカ諸国における独立の動き，そしてアメリカにおける公民権運動の展開など，人種や民族による差別・抑圧からの解放への動きと軌を一にしたものであった。

日本におけるアフリカ芸術研究

　周知のように，日本のアフリカ研究は，今西錦司・伊谷純一郎によって組織された1958年から60年にかけての日本モンキーセンターアフリカ類人猿調査隊（一〜三次）と，それに続いて1961年に開始されて1967年まで続く京都大学アフリカ類人猿学術調査隊（KUAPE），京都大学アフリカ学術調査隊（KUASE）から始まった。霊長類学の調査から始まった一連の研究は，KUAPE第一次隊発足のころから社会人類学や文化人類学の分野を含む総合研究の色を濃くする。そして，この第一次隊から参加した富川盛道・富田浩造，さらに第二次隊に参加した梅棹忠夫の手で，タンザニアの牧畜民ダトーガや狩猟採集民ハッツァの間で，社会構造の研究のかたわら，

物質文化の調査が進められた（今西・梅棹編 1968）。

　日本のアフリカ研究において，物質文化あるいは「芸術」が直接の調査対象とされたのは，1967年から1968年にかけて実施された京都大学大サハラ学術探検隊（隊長・山下孝介）を嚆矢とする。探検隊は植物班，農耕文化班，美術考古班，言語班，人類班，マリ班，オートボルタ支班と，医学班，報道・写真班からなる総勢26名からなる大部隊であった。このうち美術考古班が言語班とともに自動車隊（隊長・木村重信，京都市立美大・当時）を組み，アルジェリア，マリ，ニジェール，ダホメー，ナイジェリア，スーダン，エチオピアを走破し，美術考古班の木村重信と西村滋人が，サハラ砂漠に点在する先史岩面画や，ガーナやマリ，メロエの諸遺跡，マリの民族ドゴンの仮面舞踊・岩面画，エチオピアにおけるキリスト教美術の調査をおこなった（石毛1969）。そこで得られた調査資料は，いずれも現在にいたるまでアフリカ芸術研究の第一次資料として，その価値を失っていない。

　木村はこれ以前，1956年から57年にかけてフランス・ソルボンヌ大学の先史考古・民族学者アンドレ・ルロア＝グーランのもとに留学し，ラスコーやアルタミラなど，ヨーロッパの先史岩面画の研究に従事していた。それが，この大サハラ学術探検隊で現代に生きるドゴンの人々の仮面や岩面画に接して以降，世界諸民族の生み出す同時代の造形の研究に足を踏み入れる。その延長上に，先史時代から現代まで，そしてアジア，ヨーロッパからアフリカ，オセアニアまで，世界の美術を視野に収めた「世界美術史」が構想され，その研究組織として民族藝術学会が創設されるのは，下って1984年のことである。

　1964年に東京外国語大学にアジア・アフリカ言語文化研究所（AA研）が開設されると，1960年代の京都大学アフリカ学術調査隊に参加していた富川盛道が同研究所に加わり，日野舜也，端信行，和田正平らを交えて，独自の立場から民族の枠を超えた地域社会や都市社会の調査研究を進めていく。都市・村落の構造的関係に研究の焦点は当てられているが，その議論の際に当該社会の物質文化への的確な目配りがなされているのも，当時のこの研究グループの特徴である。一連の研究の成果は，1980年刊行の富川盛道編『アフリカ大サバンナ学術調査プロジェクト報告　アフリカ社会の形成と展開──地域・都市・言語』にまとめられる（富川編1980）。

　AA研には，すでに1960年代半ばからオートボルタ（現在のブルキナファソ）のモシ社会で調査を積み重ねてきた川田順造が1970年に加わる。川田の研究は，モノに対する博物学的ともいえる広範な関心と，その逆に（あるいは，それがゆえの）モノや文字を介さない伝達や表象の様式，すなわち口頭伝承や音楽に関する深い洞察を特徴とする。そして，その双方の領域に通底しているのが，人間の身体への常なる顧慮である。川田は，「美術」や「工芸」を捉えるときも，常に人間が身体を媒介として

自然に働きかける，そのあり方に細やかな目を向ける。人間の身体を介した自然への働きかけを問題とするとき，その研究が「声」や「口頭伝承」そして「音文化」へと展開していったのは，1つの必然であったように思われる。

1970年に大阪千里で万国博覧会が催され，その閉幕後，万博の跡地に1977年に国立民族学博物館が開館する。アフリカを含む世界の物質文化・「芸術」の生の資料の収蔵・展示・研究の施設が誕生したことは，我が国におけるアフリカ芸術研究の展開にとっても1つの画期をなすものといわなければならない。

国立民族学博物館では，その開館と前後して，和田正平を中心に，アフリカの物質文化に関する共同研究（「黒アフリカにおける物質文化の比較研究」(1976〜)，「アフリカ諸民族の技術誌の整理と分析」(1985〜87)）が組織され，それと並行して，1978年度から84年まで，隔年4次にわたって「熱帯アフリカにおける物質文化の比較民族誌的調査」と題する海外調査が，トーゴとカメルーンで実施された。この調査により，トーゴでは，和田によるタンベルマの住居形態，江口一久と森淳によるモバの土器文化，カメルーンでは端信行によるマンコンの仮面文化，森淳によるバメッシングの土器製作技法，和崎春日によるバムンでの家造りや真鍮鋳造技法の調査が進む。この学術調査は，地域は限定されるものの，我が国におけるアフリカの物質文化の体系的研究に先鞭をつけるものとなった。共同研究には，その後80年代に入って，井関和代（ナイジェリアのハウサやエウェの染織），渡辺公三（コンゴ・クバの衣文化），栗田和明（タンザニア・ニャキュウサの住居），吉田憲司（ザンビア・チェアの仮面文化）も加わり，研究の対象は，地域的にも，また分野の上でも，拡大していく。それにあわせて，国立民族学博物館がアフリカ各地で収集した資料も急速に充実の度を増していく（和田編 1987, 1990）。

この80年代前半は，音楽の分野で塚田健一が，また以下で「舞踊」の項目を執筆している遠藤保子が，それぞれの分野でのフィールドワークを開始した時期でもある。奇しくも，アフリカをはじめとする非西洋世界の「芸術」を対象とした民族藝術学会（会長・木村重信）が設立されたのも，1984年のことである。物質文化の研究から始まった，この分野の日本のアフリカ研究が，広く「芸術」の世界を視野に入れ始めた時期だったといえるかもしれない。

アフリカ芸術研究の現在

1984年は，世界の芸術研究にとっても，大きな転換点となった年であった。欧米のモダンアートと，アフリカやオセアニアの造形を併置し，その親縁性を問おうとした展示「20世紀美術におけるプリミティヴィズム──モダンなるものと部族的な

るものとの親縁性」と題する展示がニューヨークの近代美術館（MoMA）で開かれ，それまで自明とされてきた西洋のアートと非西洋の器物，近代美術館と民族学博物館，美術史学と人類学，自己と他者の区別をめぐって，ジェイムズ・クリフォードをはじめ多くの論者を巻き込んだ熱い論争が巻き起こったのが，この年であった（Rubin 1984）。以後，博物館や美術館はモノを通じた文化の表象の装置として批判的な検討にさらされていくようになる。1986年には，同じくクリフォードとジョージ・マーカスの編になる『ライティング・カルチャー』が刊行され，参与観察により客観的に対象社会を捉えようとしてきた人類学の営みが，対象社会を他者化するという思考から抜け切れていないことが暴露されて，人類学の分野に「ライティング・カルチャー・ショック」とでもいうべき衝撃を与える（Clifford & Marcus eds. 1986）。今から思えば，それらの動きは，知的営為とその時々の社会との分かち難い相互作用が広く認識されるようになり，それを前提とした知的探求が求められるという，人文科学全体を覆ったパラダイムの転換の，モノや芸術の研究分野における一断面であった。こうした動きと時を同じくして，久しく人類学の周縁部に置かれてきたモノの研究の分野にも，モノそのものや，モノが意味するところではなく，モノ・「アート」と人との関係性，あるいはモノ・「アート」の媒介によって生成される人と世界の関係性に焦点を当てようとする動きが生まれ始める（Appadurai 1986, Miller 1987, Gell 1998）。マテリアリティの研究と総称されるそれらの動きは，改めて自己のまわりにある消費社会に目を向けると同時に，その同じまなざしを他者の社会に投げかけることで，自他の根深い区別を乗り越えつつ，モノ・「アート」に関する研究そのものを社会との関係性のなかに位置づけなおそうという試みであったといってよい。

　現在，アフリカにおける物質文化・芸術の研究は，同じ問題系を共有するなかで，美術史学や人類学，博物館研究（ミュージアム・スタディーズ），あるいはカルチュラル・スタディースといった，既成の学問分野の枠を超えて展開されている。また，その研究が，アフリカにおける物質文化・「芸術」を現地において集積する，アフリカ各地の博物館・美術館との間の共同作業のなかで進められていることが多いのも，顕著な特徴である。

　文化人類学・社会人類学の分野からは，阿久津昌三によるガーナ・アシャンティ王国における宮廷芸術の研究，亀井哲也による南アフリカ・ンデベレのビーズ細工の研究，佐々木重洋によるカメルーン・エジャガムの仮面の研究，慶田勝彦によるケニア・ミジケンダの彫刻キガンゴの研究，飯田卓によるマダガスカル・ザフィマニリの木彫の研究などが進められている。このうち後の二者の研究は，UNESCOによる世界遺産・世界無形文化遺産指定というグローバルな制度とアフリカの在来の物質文化・「芸術」との関係に関わるものである。生態人類学の分野からは，都留

泰作や分藤大翼によるカメルーンのバカ・ピグミーの仮面パフォーマンスに関する研究，金子守恵によるエチオピア・アリの土器つくりの研究が見られる。美術史の分野では，川口幸也による同時代美術の研究，米倉立子によるエチオピア・岩窟教会堂壁画の研究などがある。また，儀礼的パフォーマンスを対象とした映像記録を用いた研究も，川瀬慈や分藤大翼によって進められている。その映像は，研究のための手段というだけでなく，それ自体が芸術的表現行為として，一個の研究対象ともなりうる存在である。

　ここで名をあげたのは，いずれも，氷山の一角ともいうべき，ごく一部の研究者とその研究だけであり，これらの研究者に続く多くの若手の研究者が，活発な研究活動を展開しつつある。世界的なマテリアリティ研究全体の隆盛にあわせて，我が国におけるアフリカの物質文化・芸術の研究も，かつてない沃野を築きつつあるといってよい。

[参考文献]

石毛直道 1969「京都大学大サハラ学術探検隊調査概要」『アフリカ研究』8。
今西錦司・梅棹忠夫編 1968『アフリカ社会の研究――京都大学アフリカ学術調査隊報告』西村書店。
富川盛道編 1980『アフリカ大サバンナ学術調査プロジェクト報告　アフリカ社会の形成と展開――地域・都市・言語』東京外国語大学アジア・アフリカ言語文化研究所。
吉田憲司 1999『文化の「発見」』岩波書店。
和田正平編 1987『アフリカ――民族学的研究』同朋舎。
和田正平編 1990『アフリカ民族技術の伝統と変容』国立民族学博物館研究報告別冊12，国立民族学博物館。
Appadurai, A. 1986 *The Social Life of Things: Commodities in Cultural Perspective*. Cambridge UP.
Clifford, J. & G. E. Marcus eds. 1986 *Writing Cultures: The Politics and Poetics of Ethnography*. University of California Press.
Gell, A. 1998 *Art and Agency: An Anthropological Theory*. Oxford UP.
Goldwater, R. 1938 *Primitivism in Modern Painting*. Random House.
Miller, D. 1987 *Material Culture and Mass Consumerism*. Basil Blackwell.
Prescott, W. H. 1843 *History of the Conquest of Mexico*. Harper & Brothers.
Rubin, W. ed. 1984 *"Primitivism" in 20th Century Art: Affinity of the Tribal and the Modern*. Museum of Modern Art.
Visona, M. et al. eds. 2007 *A History of Art in Africa*. Laurence King Publishing.

1-2-1 染織
Dyeing and Weaving

井関和代

キーワード：宗首国，博物館，樹皮布，ラフィア織布，木綿布

アフリカの人々は，かつて，農耕民や牧畜民の儀礼のときの姿や，狩猟採集民のいでたちを捉えて，「裸族」のように紹介されてきた。しかし，20世紀初頭ごろから本格的な染織調査研究が行われるようになり，その製作の実態や王制を持つ民族集団における衣料の役割などが明らかになってきた。とくに，西アフリカのフルベ，ハウサ，ヨルバなどに伝承されてきた高度な染織技術の存在が知られるようになってきた。さらに近年，普及した洋装化に刺激を受けて，各民族集団が独自の民族衣裳で装い，自文化のアイデンティティの発信に用いることも少なくない。

アフリカの染織とその研究

現在，確認されている世界最古の織布は，エジプト・ファイユム遺跡（B.C.4200）出土の麻布断片であるが，サハラ以南における布の存在を示す発掘品は，東アフリカからは紀元前後，西アフリカからは10世紀以降のものしか見つかっていない。また，アフリカの衣料史の情報も11世紀以降のアラブの文人や16世紀以降のヨーロッパの航海士たちの旅行記などと限られる。しかし，19世紀末から20世紀初頭の探検・調査報告書のなかに，多くの風俗写真とともに織作業や籠つくりなどの記録があり，各地の具体的な様相を窺うことができる。また当時，ヨーロッパに運ばれた染織品は，かつての宗主国の博物館に収蔵されている。たとえば，ベルギー・ブリュッセル，テルヴューレンの王立中央アフリカ博物館では，現コンゴ民主共和国のさまざまな工芸品とともにラフィア織布の衣料などを収蔵・展示している。

アフリカの伝統的細幅木綿布の生産は，東アフリカのエチオピア，西アフリカの諸国に集中する。1970年以降になるとそれらを扱う研究が数多く報告されるようになったが，多くは社会学や文化人類学の研究者による物質文化のテーマのひとつとして著されたものであり，点在するアフリカの染織品を総体的視点から考察したものはわずかである。一方，ヨーロッパ各国の博物館・美術館などでは，植民地時代の膨大な染織品資料と前述した民族誌をもとにした研究が進められてきた。なかでもベルリン博物館のB・メンゼルやバーゼル民族学博物館のR・B・サリヴァクセヴァニの研究が知られる。またイギリスのV・ラムは，夫君とともに現地に滞在して西アフリカ染織品を自ら調査・研究し，多くの染織品に関する報告を著した。J・ピクトンとJ・マックはロンドンの人類学博物館（現大英博物館アフリカ・オセアニア・南北アメリカ部門）の『アフリカの染織展』のカタログを作成し（Picton & Mack 1979），これはピクトン自身の現地調査と，英国がかつて宗主国として君臨したアフリカ各国から収集した膨大な染織品資料がベースとなっている。出版後30年以上を経た現在でも，アフリカ染織を学ぶ人にとっては，資料と情報量の豊かさから必見の手引書となっている。日本でも1991年に同館の収蔵品の一部が京都国立近代美術館での『大

カメルーン・バメンダ高原の枠機によるラフィア織りの作業（1986年）

英博物館所蔵品によるアフリカの染織展』において紹介された。

また，ここ数十年の間に米国でも多くの研究者を輩出し，なかでもミネソタ大学の研究グループの活躍が知られる。ほかにも取り上げるべき資料には枚挙のいとまがない。

日本人による染織文化へのアプローチ

1968年，ウガンダ大学で教鞭をとっていた森淳がガンバの居住地に入り，専門である陶芸調査の際に，儀礼用樹皮布の製作工程を観察した（井関1998）。日本人研究者とアフリカ染織の最初の出会いである。その後，1979年から始まった国立民族学博物館（代表・和田正平）の「第二次西アフリカにおける物質文化の比較民族誌的調査」（1979～82）に参加して染織調査に着手した井関は，以後，樹皮布・木綿機・ラフィア機・藍染めなどの各国の技術誌的調査研究を今日まで継続させている。また，この間には東京外国語大学（代表・川田順造）や京都大学（代表・重田眞義他）などが，社会学や生態人類学的観点から研究対象に染織品を取り上げて調査を行い，次第にアフリカの染織の実態が明らかになりつつある。

現状と将来の展望

近年，これまでの伝統的染織品の製作に加えて，自国産のワタから工業製布地を生産する国々が増え，何処にあっても男性のシャツとズボン姿，女性のプリント布地の衣裳が普及し，また洋装化を受けて，多くの各民族集団がこれまで高位者のみに限られていた独自の民族衣裳を，自文化のアイデンティティの発信として装うようになった事例も少なくない。さらにはマリの泥染めや細幅木綿布などのように，伝統的な染織技術を用いて絵画的表現を行い芸術活動を展開するグループも誕生している。

工業製布地の生産に刺激を受けて，むしろ現代になってさかんとなった各国の伝統的染織品の生産が，今後，どのように継承されていくのか，注目していかなければならない。

井関和代 1998「祖先の布——アフリカの樹皮布の様相」『民族藝術』12／井関和代 2000『アフリカの布』河出書房新社／川田順造 1997『ニジェール川大湾曲部の自然と文化』東京大学出版会／Picton, J. & J. Mack 1979 *African Textiles*. London: British Museum

⇒衣裳，前植民地期，イスラーム

1-2-2 民族音楽
Ethnic Music

松平勇二

キーワード：音文化，芸能，芸術，儀礼，宗教，政治，歴史

アフリカの多くの社会は久しく無文字社会であった。人々は文字によらない方法，つまり岩絵などの図像や，音楽や言語などの音情報を用いて空間的，時間的情報伝達を行ってきた。そのため，アフリカでは音を用いた文化，すなわち口頭伝承や音楽が非常に発達している。さらに，音楽は宗教儀礼とも深く関わる。儀礼における音楽は人々の宗教思想を反映するものである。このような背景から，アフリカの音楽は文字テキストと同様に，歴史や宗教思想などを理解する上での重要な研究対象とされてきた。今日，文字やその他さまざまな情報技術が普及するなかで，アフリカ民族音楽の音楽的，文化的動態が注目される。

日本におけるアフリカ民族音楽の研究

川田順造は日本におけるアフリカ音楽研究の草分けである。川田は西洋近代に誕生した「音楽」という概念にとらわれず，「音文化」という概念を提唱してきた。欧米で発展した民族音楽学が，西洋の音楽理論による非西洋音楽の研究を出発点とするのに対し，音文化は，「音声言語や身体表現も包括する，表現とコミュニケーションを探求するための概念」として，日本で発展した。音文化には言語音，非言語音，楽器音などの，音を用いた音行為（sound activity）が含まれ，「音楽」はその一部として位置づけられる。川田はブルキナファソのモシ王国を中心に研究を行ってきた。モシ王国の数百年にわたる歴史は宮廷楽師による瓢箪太鼓「ベンドレ」の演奏とともに伝承されてきた。ベンドレ奏者は王国の歴史を口頭だけではなく，言語の韻律的特徴を表現した太鼓音で継承する。太鼓の打奏には，音量の面から空間的遠隔伝達性があるだけでなく，運動記憶として情報の時間的遠隔伝達性をより確実にする効果がある。川田はモシ王国の事例から，無文字社会の歴史が音によっていかに伝承されてきたかを明らかにした（川田 1988，1992）。これまでの川田の音文化研究の成果は *Cultures Sonores D'afrique* という国内外の研究者による論集にまとめられており，現在5巻まで刊行されている。

塚田健一は，川田順造とともに日本のアフリカ音文化研究を牽引してきた。塚田の調査地域は，ザンビアやガーナなどアフリカ諸国をはじめ，台湾やパプアニューギニアなど，世界各地にわたる。多くの日本人研究者は，音楽の歌詞分析や文化的背景の調査に重きを置きがちであるが，塚田は文化的背景のみならず，音楽学的な分析を行ってきた。塚田は，アフリカ音楽のリズム構造や歌唱の音楽的構造を分析し，アフリカ音楽の特徴を論じた。塚田が指摘する特徴としては，「呼唱・答唱形式」（コール・アンド・レスポンス），複数の異なるリズムが同時進行する「ポリリズム」，和音を用いた「平行唱法による多声合唱」，などがある（藤井編 1992）。

その他，アフリカ音文化に関する研究の一部をあげると，鷹木恵子による北アフリカ，チュニジアの黒人儀礼集団の研究，分藤大翼

によるカメルーンのバカ・ピグミーのポリフォニーの研究，池谷和信による南部アフリカ，アンゴラのチョクウェ社会，ボツワナのサン社会における「親指ピアノ」文化とその分布・伝播についての研究，鶴田格の東アフリカのダンス結社とジャズバンドについての研究，映像人類学者，川瀬慈によるアフリカ東北部，エチオピアの音楽職能集団の研究などがある。舞踊に関しては遠藤保子の研究があり，仮面芸能やパフォーマンスに関する研究としては吉田憲司や佐々木重洋の研究がある。また，口承文芸は音楽と深い関わりがある。昔話，なぞなぞなどには挿入歌や擬声語（オノマトペ）が用いられ，言葉と音楽の密接な関係を表す。江口一久らはアフリカの豊かな言語表現を分析している（江口編 1990）。

アフリカの楽器

アフリカの民族楽器は4つに分類することができる（ンケティア 1989）。すなわち体鳴楽器（idiophone），膜鳴楽器（membranophone），弦鳴楽器（chordphone），気鳴楽器（aerophone）である。この分類はC・ザックスらによる，楽器の発音原理に基づいた分類法に由来する。

体鳴楽器とは，弾性を持つ固形の材料が，皮や弦などを用いずに発音する楽器である。体鳴楽器の例としては，鈴，マラカス，鉦，木琴などがある。アフリカ特有の体鳴楽器として，いわゆる「指ピアノ」がある。この楽器は，共鳴器（板）に取り付けられた植物製もしくは金属製の「薄板，層」（lamella）が発音することから，「ラメラフォン」と呼ばれる。代表的なものとして，ショナ人の「ンビラ（ムビラ）」やゴゴ人の「リンバ」などがある。日本の民族雑貨店や楽器店などで販売されている「カリンバ」もこの一種である。なお，「ピアノ」は弦鳴楽器であるため，「親指ピアノ」は楽器分類上，誤った表現である。

膜鳴楽器は，動物の皮などでできた膜の振動を発音源とする，太鼓に代表される楽器群である。例としては，今日世界的に普及しつつある「ジェンベ」（日本では「ジャンベ」「ジンベ」などとも呼ばれる）などがある。ジェンベは，ギニア，マリ，セネガル，ガンビアなどのマンデ文化圏を中心に演奏される楽器である。ジェンベの胴はゴブレット型で，鉄のリングとロープを使って，ヤギまたはラクダの皮が胴の片面に張られる。ジェンベ同様に，アフリカ各地では膜鳴楽器の文化が非常に発達しており，地域固有の祝祭，宗教儀礼や宮廷音楽ではもちろん，キリスト教会の霊拝などでも演奏される。

弦鳴楽器は弦の振動を発音源とする楽器である。いわゆる弦楽器はそのひとつである。アフリカの弦楽器にはゴゴ人の「ンドノ」など，一弦のシンプルなものから，マンデ文化圏の「コラ」など20弦を超えるものがある。奏法は指で直接演奏されるもの，琴爪で演奏されるもの，バイオリンのように弓でこするよ

ショナ人のラメラフォン「ンビラ」

うに演奏されるものなどがある。サハラ砂漠の南縁地域にはアジアやヨーロッパの弦楽器と共通点を持つ楽器が分布する。たとえばエチオピアからコンゴ民主共和国にかけては，古代ギリシアの代表的楽器であった「リラ」に酷似した楽器が使用されている。これらアフリカのリラは，アジアもしくはギリシアから，エジプトを通じてエチオピアに伝来し，周辺地域に伝播したといわれている（藤井・山口・月渓編 1988）。

気鳴楽器は空気の振動を発音源とする楽器で，いわゆる管楽器である。リードのあるものやないもの，唇を震わせて演奏するホルンや，吹き口と風の摩擦で発音する笛やオカリナなど，さまざまなタイプのものがある。2010年の南アフリカワールドカップで有名になったブブゼラは，本来動物の角でできたホルンであった。ジンバブエ共和国のショナ人にとっても角笛は一般的な楽器である。ショナ語では「角笛」を意味する「ミマンジ」がそのまま英語のmusicの訳語として用いられる。

音楽と儀礼

東アフリカの広い地域で話されるスワヒリ語には「ンゴマ」という語がある。「ンゴマ」は，楽器としての太鼓，太鼓の叩かれる儀礼，そこで演じられる踊りや歌など，芸能や儀礼を包括的に意味する。つまり，人々にとって，芸能と儀礼は切り離せないものである。

芸能と一体になった儀礼には割礼などの通過儀礼や治療を目的とした憑依儀礼などがある。通過儀礼では教育的目的で歌がうたわれる事例が見られる。チェワ社会の成女儀礼「チナムワリ」では，成人としての礼儀作法や性生活が歌と踊りによって教育される（吉田1992）。ルヴァレ社会の男子割礼が行われる「ムカンダ儀礼」では，儀礼の準備段階から終了にいたるまで，さまざまな聴覚的演出がなされる。たとえば儀礼が近づくと，ブル・ロアラーが演奏される。ブル・ロアラーは紐の先に木片が取り付けられた楽器で，虫笛のように頭上で振り回すように演奏される。ブル・ロアラーの音はライオンの鳴き声を模倣したものとされ，その音が村にムカンダ儀礼の開始を予告する。ムカンダ儀礼では，儀礼参加者がさまざまな場面で歌をうたう。塚田によれば，同じ儀礼で割礼を受けた者同士は，儀礼中の共同生活や合唱を通じて結束力を強める（塚田 1991）。

憑依儀礼においても歌や踊り，楽器の演奏は重要な儀礼的要素となっている。『シャーマニズムの諸相』（嶋田編 2011）では，アフリカの憑依儀礼について3事例が示されている。今村薫によれば，ボツワナのサンが行うヒーリング・ダンスには，手拍子と多声合唱が伴う。歌には詞がない。ヨーデルのようなこぶしをきかせた声が，重なるようにたたみかけ，手拍子がリズムを刻む。さらにヒーラーの足に取り付けられた鈴が，ステップとともに軽快に鳴る。このような音環境のなかでヒーラーは脱魂状態になり，彼らの神である「ガマ」と接触する。ヒーラーは病気の根源であるガマを説得し，患者の病気を取り除くという。松平が報告したショナ社会の憑依を伴う雨乞い儀礼では，「ンビラ」（ラメラフォン）が演奏される。ンビラは短い旋律を繰り返し，それにマラカスがリズムを加える。儀礼参加者は踊りながら手拍子や足踏みでリズムを刻む。数十分から数時間に及ぶ演奏のなかで祖霊や精霊が霊媒師に憑依する。人々は霊媒師を通じて祖先と会話し，雨を乞う。また，中村亮によれば，スワヒリ社会では，霊媒師がトランス状態に入るためには，楽師の存在が必要とされる。キルワ島の憑依儀礼では，太鼓，タンバリン，マラカス，鈴などの楽器の組み合わせによって，霊媒師に憑依する精霊が異なる。人々は音の組合せによって，救済を求める精霊を選択する。

音楽と社会

音文化は政治的影響力をもつ。川田が研究を行うブルキナファソをはじめ，西アフリカの王権は宮廷楽師（グリオ）と密接な関係を持つ。グリオは王国の歴史を伝承する歴史家である。王権の正当性はグリオによって証明されるといっても過言ではない。

南部アフリカのジンバブエのショナ社会では，霊媒師のもとで芸能が行われてきた。ショナ社会において，霊媒師は宗教のみならず政治の指導者でもあった。霊媒師は楽器演奏のなかで祖霊もしくは精霊に憑依される。そして神聖王として宗教と政治を主導した。

ジンバブエの国民的歌手トーマス・マプフーモはショナの儀礼音楽をもとに独自のポップスを確立した。ジンバブエ独立以前の1970年代には人種差別政策下にある人々の困難や貧しさをうたい，また独立闘争に向かう黒人兵士を鼓舞した。しかしジンバブエが独立を果たした1980年以降，政治経済の混乱のなかで，彼は黒人政権の汚職や失政をうたった。その結果，マプフーモはジンバブエ政府からの政治的圧力を受け，2000年にアメリカに亡命した。

このように，アフリカの音文化は宗教や政治と密接な関わりを持つ。アフリカの人々は人生の通過点や，困難な問題に陥ったとき，歌や踊りの行われる儀礼を開催する。人々は成人儀礼などの通過儀礼を通して，聴衆としてではなく演者として，うたい，踊る。参加者は，みずから音楽的行為を行うことで，社会の一員となるべく教育を受け，同時に儀礼参加者との結束力を強める。また，歌や踊り，楽器の演奏を用いて霊的世界とつながり，超自然的力による救済を求める。芸能にまつわる場としての「ンゴマ」，そしてあらゆる音行為を含む「音文化」の概念が示すように，音楽はアフリカ社会を支える重要な文化だといえるだろう。

マラウイ系ジンバブエ人の仮面舞踊「チグレ」

江口一久編1990『ことば遊びの民族誌』大修館書店／川田順造1988『サバンナの音の世界』白水社／川田順造1992『口頭伝承論』河出書房新社／嶋田義仁編2011『シャーマニズムの諸相』アジア遊学141，勉誠出版／塚田健一1991「『ムカンダ』の儀礼と音楽」藤井編『儀礼と音楽Ⅱ』東京書籍／藤井知昭編1992『民族音楽概論』東京書籍／藤井知昭・山口修・月渓恒子編1988『楽の器』弘文堂／メリアム，A・P 1980『音楽人類学』藤井知昭・鈴木道子訳，音楽之友社／吉田憲司1992『仮面の森』講談社／ンケティア，クゥベナ 1989『アフリカ音楽』龍村あや子訳，晶文社

⇒伝統宗教，口承文学

1-2-3 ポピュラー音楽
Popular Music

....鈴木裕之

キーワード：音楽産業, 混成音楽, レゲエ, ラップ, ワールドミュージック

豊かな音楽文化が発達しているアフリカであるが，近代化とともに音楽産業が誕生し，音楽マーケットに商品として流通するポピュラー音楽（ポップス）が興隆を見せている。その歴史は，一部地域では独立以前から始まるが，ほとんどの地域では独立後の国家建設のなか，マスメディアの発達に伴って流入した外国音楽と現地の伝統音楽とを混成させて新しい音楽を形成してきた。近年ではレゲエやラップといった若者音楽が人気を博し，グローバル化のなかでワールドミュージックのマーケットで国際的に活躍する音楽家も多い。

文化のなかのポピュラー音楽

アフリカ社会において音楽が重要な位置を占めていることは周知の事実であり，そのことは研究者であれ旅行者であれ，アフリカの地を踏んだ者であれば誰しもが実感するであろう。それは基本的に無文字であるというアフリカ社会の成り立ちに起因する特徴であろうが，そこにおける音楽活動はたんに「音楽」と呼ぶにはあまりにも深く広い存在である。川田は音に関するあらゆる文化的事象を含む「音文化」という概念を提唱し，狭義の音楽はそこに含まれる全体のなかの一部であるという視点を示したが（川田 1992），アフリカの「音の世界」をよりよく理解するためには，このようなより広い視野が必要となってくる。

アフリカ社会において音楽活動は伝統的な儀礼や娯楽などの社会活動に組み込まれており，それぞれの社会的文脈において特定の意味を持っている。であるから，こうした活動を個々の社会的文脈から切り離して包括的に指示する現地タームは存在しない。しかしアカデミズムでは，こうした音楽活動を便宜的に「伝統音楽」と呼んでいる。「伝統」と呼ばれてはいるが，アフリカ社会では伝承されてきた歌や踊りが共同体の儀礼や祭礼のなかで生き生きと演奏され，なおかつ近隣の民族やマスメディアなどからの影響を受けつつ変容を続けており，そこに「遅れた」「停滞した」といったイメージを持ってはならない。

一方，植民地時代から都市部において西洋音楽の影響を受けた新しい音楽が誕生し始め，さらに独立後には西洋式の音楽産業（ショウ・ビジネス）が形成され，その枠内で商品として流通する音楽が誕生した。これはそれ以前のアフリカ社会には存在しなかった新しい状況であり，それまでの社会的文脈とは性質を異にしている。このように西洋音楽の影響を受け，音楽産業との関連で生まれた音楽は「ポピュラー音楽」あるいは「ポップス」と呼ばれる（どちらの語も同じ意味で使用されるが，以下では「ポピュラー音楽」に統一）。

このようにアフリカ音楽を，共同体の音楽である「伝統音楽」と商品として流通する「ポピュラー音楽」に分類することができる。もちろん，ポピュラー音楽として流通する曲のなかには伝統音楽をベースにしたものも多いし，逆に伝統音楽がポピュラー音楽の要素を取り込む場合もあるだろう。アフリカにおい

コートジボワールのラップ・グループR.A.S.

ては両者の距離がきわめて近いのであるが，そうしたアフリカ音楽のダイナミズムを理解しながらも，音楽産業のなかで消費されることを第一義的な目的として制作される音楽を「ポピュラー音楽」と呼ぶことは可能であり，それは現代アフリカ社会の現実を反映した社会的・文化的認識であるといえよう。

アフリカのポピュラー音楽研究

アフリカのポピュラー音楽に関する学術的研究は国際的に見てもけっして十分とはいえず，音楽そのものの多様性とヴァイタリティに対応できる状況にはほど遠い。日本においては，ごく少数の文化人類学者による研究があるほかに，他分野の研究者ではあるが豊富な現地滞在経験を有する愛好家による著述が若干存在する。以下，アフリカのポピュラー音楽史の簡単な流れに沿って，日本人研究者による研究やエッセイを中心に紹介してゆこう。

[独立前]

アフリカにおけるポピュラー音楽形成の歴史は大きく独立前と独立後に分けられ，独立後はグローバル化前と後に分けることができる。独立前の植民地期，西洋からもたらされたギターがアフリカ各地に普及してゆくなかでギニア湾沿岸の港町では「パームワイン音楽」と呼ばれる混成音楽が生まれ，ガーナではブラス・バンドを取り入れた「ハイライフ」が誕生し，さらにナイジェリアではハイライフをもとに「ジュジュ」が生まれることになった。ハイライフ研究ではコリンズ (John Collins)，ジュジュ研究ではウォーターマン (Christopher Alan Waterman) らが有名であるが，日本では塚田が独立後のガーナにおいて，ファンティ社会の伝統的な宮廷太鼓合奏にハイライフが与えた影響について論じている (塚田 2002)。

ギターはアフリカ中部にも普及し，1950年代にはベルギー領コンゴ（現コンゴ民主共和国）でキューバ音楽を「コンゴ化」したルン

バが発生した。その多くがリンガラ語で歌われることから日本では「リンガラ音楽」と呼ばれているが、これは独立後のアフリカで最大のポピュラー音楽に発展し、西アフリカから東アフリカにかけて圧倒的な影響力を誇ることになる。リンガラ音楽については、経済学者である大林の先駆的な紹介本があるほか（大林 1986）、昆虫学者である八木繁美が数々のエッセイを書いている（多摩アフリカセンター編 2007）。

独立前の南アフリカではアメリカ黒人音楽からの影響を強く受け、「タウンシップ・ジャズ」その他の音楽が誕生している。この分野ではコープラン（David B. Coplan）やアールマン（Veit Erlmann）らによる優れた研究があるが、日本では南アフリカ研究者の数は比較的多いものの、音楽に関する研究は皆無である。

また、19世紀、あるいはそれ以前に起源を持つとされるカーボ・ヴェルデの歌謡モルナについて、青木敬（京都大学大学院）が調査・研究を進めている。

[独立後]

独立後は各国が独自の音楽を発達させてゆくが、そのなかにナショナリズムと結びついて発展したポピュラー音楽がいくつかある。鈴木はギニアの国家建設において、セク・トゥレ大統領による独裁体制のもとでマンデ系グリオの伝統を中心に新しいポピュラー音楽が誕生するプロセスを研究し（鈴木 2007）、鶴田は植民地期のタンザニアでジャズクラブを中心に発展してきたダンスバンドが、独立後のナショナリズムの文脈にどう対応し変化していったかを明らかにしている（鶴田 2002）。また松平勇二（名古屋大学大学院）は、ジンバブエ独立期に誕生・発展したチムレンガについて調査・研究している。

独立後の特徴として、マスメディアの発達に伴う外国音楽からの影響の増大があげられる。植民地期の外国音楽のトレンドはキューバ音楽であったが、独立後はロックやソウルなどアメリカ音楽の比重が高まり、1970年代半ば以降にはジャマイカのレゲエがアフリカの若者の心を捉えた。とくにコートジボワールと南アフリカ共和国で多くのレゲエ・ミュージシャンが活躍するが、鈴木はコートジボワールの大都市アビジャンにおけるストリート文化とレゲエの結びつきを、徹底的なフィールドワークにも基づいて明らかにしている（鈴木 2000）。

アフリカ・ポピュラー音楽史上、忘れてはならないのはナイジェリアのフェラ・クティである。彼はヨルバの音楽をファンクやジャズの要素と融合して「アフロ・ビート」という独自のスタイルを作り出し、1970年代から80年代にかけてそのリズムに過激な政治的メッセージをのせて歌った。学術書ではないが、彼の元側近による興味深い伝記が翻訳されている（イドウ 1998）。

[ワールドミュージックとラップ]

1980年代になるとパリ、ロンドンを中心に、西洋のコンピュータ化されたテクノロジ

サリフ・ケイタのアルバム『ソロ』

ーと第三世界の音楽を結びつけた新しい音楽が生み出されるようになり，1987年以降「ワールドミュージック」という名で国際マーケットに流通するようになった。これは本格的なグローバル化のなかで形成されたポピュラー音楽であり，1990年代半ばまで欧米や日本で一大ブームを引き起こした。多くのアフリカ系ミュージシャンがこのブームの一翼を担い，そのなかからナイジェリアのキング・サニー・アデ，マリのサリフ・ケイタ，ギニアのモリ・カンテ，セネガルのユッスー・ンドゥールなどのスーパースターが誕生している。ワールドミュージック期におけるアフリカ音楽については，鈴木がギニアのグリオとワールドミュージックとの関係を研究しているほか，若干のエッセイが見受けられるくらいである（多摩アフリカセンター 2007，塚田 2000：213-232）。日本語で読める文献としては，むしろフランス人ジャーナリスト，リーによるルポルタージュがパリにおけるアフリカ音楽発展の状況を記していて興味深い（リー 1992）。

21世紀のアフリカにおいて注目すべきは，ラップの普及であろう。ラップは1990年代からアフリカ諸都市で流行し始め，現在ではレゲエと並んでアフリカの若者に最も人気のあるポピュラー音楽となっている。セネガルのダカールをはじめ，多くの大都市で若者の世界観を反映させたローカルなラップが発達しているが，他国に比べていちはやくラップが流行したコートジボワールのアビジャンについて鈴木がストリート文化との関連で研究しているほか（鈴木 2000），矢野原佑史（京都大学大学院）がカメルーンのラップの調査・研究を進めている。

以上，アフリカのポピュラー音楽の歴史と日本人による研究・エッセイを簡単に紹介してきたが，学術研究に関しては質・量ともにまったく「お粗末」であることは明らかである。問題は圧倒的な人材不足であるが，若いアフリカ研究者がポピュラー音楽研究に魅力を感じるような研究蓄積がこれから重ねられることが肝要であり，また，外国の研究書の翻訳・紹介も積極的になされる必要があるだろう。

イドウ，マビヌオリ・カヨデ 1998『フェラ・クティ —— 戦うアフロ・ビートの伝説』鈴木ひろゆき訳，晶文社／大林稔 1986『愛しのアフリカン・ポップス —— リンガラ音楽のすべて』ミュージック・マガジン／川田順造 1992「文化人類学と音楽」『西の風・南の風 —— 文明論の組みかえのために』河出書房新社／鈴木裕之 2000『ストリートの歌 —— 現代アフリカの若者文化』世界思想社／鈴木裕之 2007「ギニアの国家建設 —— セク・トゥレによるユニークな文化政策」池谷・佐藤・武内編『朝倉世界地理講座 大地と人間の物語11 アフリカI』朝倉書店／多摩アフリカセンター編 2007『アフリカン・ポップスの誘惑』春風社／塚田健一 2000『アフリカの音の世界 —— 音楽学者のおもしろフィールドワーク』新書館／塚田健一 2002「ハイライフとフォントフロム —— ンクルマの文化政策とガーナ宮廷音楽の変容」『アフリカ研究』60／鶴田格 2002「広域的な文化動態のなかでのポピュラー音楽 —— タンザニアにおける20世紀を通したダンス・バンドの発展」『アフリカ研究』60／リー，E 1992『アフリカン・ロッカーズ —— ワールド・ビート・ドキュメント』鈴木ひろゆき訳，JICC出版

⇒民族音楽，舞踊，都市言語，アフリカ人とディアスポラ，アフリカとグローバル経済

1-2-4 民衆造形
Popular Art

川口幸也

キーワード：「マジシャン・ドゥ・ラ・テール」展，同時代美術，スーヴェニア・アート，アートワールドの外側，庶民生活

1990年代，アフリカの同時代美術は，民衆造形も含めて世界的な注目を浴びた．だがその後，欧米のアートワールドの関心は，専門の美術教育を受けたアーティストの造形に移っていき，民衆画や棺桶，ガラス絵，看板，おもちゃなどの民衆造形は次第に忘れられていった．しかも，ここ数年は最新の電子媒体の浸透により，その領分はいっそう狭まっているかに見える．けれども，これらの多彩な造形群は，美術館や美術展といったアートワールドの制度の外側で，庶民の生活に深く根差しながら，しなやかに，そして逞しく生き続けているのである．

変わりゆくアフリカの同時代美術

1990年代以降，アフリカの同時代美術をめぐる状況は大きく変わった．その転機となったのは，1989年にパリのポンピドゥ・センターほかで開かれた「マジシャン・ドゥ・ラ・テール」展であった．ヨーロッパの展覧会の歴史において事実上初めて，アジア，アフリカ，オセアニアなど非西洋圏の同時代の造形が，欧米や日本の現代美術の作品と一緒にモダンな展示室に並んだのである．このときサハラ以南のアフリカからも総計17人のアーティストが招かれたが，そのすべてが美術の専門教育とは無縁な，いわゆる職人であった．ザイール（現コンゴ民主共和国）のシェリ・サンバを先頭に，彼らのうちの何人かが，これ以後，現代アフリカ美術の旗手として一躍時代の寵児となったのは周知の通りである．

このようなアフリカの同時代美術への関心は，さすがに一時期ほどではなくなったが，基本的には今日も続いているといっていい．ただ，その様相はかつてとは少し違ってきている．というのは，近年脚光を浴びているのは，大学などで専門の美術教育を受けたアーティストが大半を占めているからである．その代表がガーナ出身でナイジェリア在住の彫刻家エル・アナツイだ．廃品に過ぎない，酒瓶のキャップやアルミシールを縫い合わせた，彼の布状の彫刻の大作は，今や欧米の名だたる美術館，博物館の常設展示で見ることができる．

ところで，このようなアートワールドの内部におけるアフリカの同時代美術をめぐる新しい流れとは別に，「マジシャン・ドゥ・ラ・テール」展の際にはアートとして遇されながら，その後忘れられていった造形群，また，そもそもこれまでほとんどアートワールドからは招集されなかった造形たちは，現在どうなっているのだろうか．前者には，たとえばガーナの職人たちが造る棺桶や，コンゴ民主共和国の絵かきたちが描くポップな雰囲気を持ち味とする絵，ナイジェリアのサンディ・ジャック・アクパンの墓標彫刻などがある．一方後者には，床屋やバー，レストランといった店みせの看板，あるいはおもちゃ，さらにはセネガルやマリで見られるガラス絵など，要はスーヴェニア・アートとして括ることのできる一群の造形がある．

これまでに，こうした民衆造形と正面から

取り組んだ例は欧米ではいくつか散見される。ただ、いわゆるアートに関する研究に比べれば、量的には少ない。そのうちのいくつかを以下に紹介しておこう。わりと早い時期のものとしては、1973年に初版が出たマウントの『1920年以後のアフリカ美術』がある。アフリカ大陸25ヵ国を踏査して書かれたこの労作では、スーヴェニア・アートに一章が割かれ、民衆造形も紹介されている。マウントをふまえて、同時代のアフリカ美術の全体像の概説と分類を、文化人類学に軸足を置きながら行ったのがスーザン・ヴォーゲルの『アフリカ・エクスプローアズ』である。ブチオー＝ンジャイは『セネガルのガラス絵』でセネガルのガラス絵の歴史と拡がりを論じた。さらに、スクレタンはガーナの装飾棺桶の歴史的な展開を紹介し、アレンとメアリーのロバーツ夫妻はやはりセネガルのイスラムの一派であるスーフィー教の多様な絵に注目した。またドリューワルは西アフリカから中央アフリカにかけて街なかの壁画や看板で幅広く見かけるマミ・ワタの歴史と現況を論じた（参考文献参照）。

しかしながら、管見によれば、国内ではいまのところ川口によるもの以外には見当たらない。

「マジシャン・ドゥ・ラ・テール」展の余波

では、次にこれら民衆造形の現状をたどってみたい。

まず、コンゴ民主共和国の首都キンシャサの下町を地盤に、都市生活の断片をポップな筆致でカンヴァスに綴る絵かき職人たちがいる。彼らの多くは看板かきや車体装飾などを生業にする一方、売り絵も描いている。絵はパンチュール・ポピュレール（民衆画）と呼ばれることが多い。絵かきの1人シェリ・サンバが「マジシャン・ドゥ・ラ・テール」展で人気を博すと、彼らの存在は一気に知れわたり、ほかにもモケをはじめ数人が欧米のアートワールドの注目を浴びた。わけてもシェリ・サンバは別格で、今やその作品はニューヨークの近代美術館やパリのポンピドゥ・センターのコレクションにも納まっている。とはいえ、シェリ・サンバと並び称されたモケは2001年にこの世を去り、やがてしばらくするとパンチュール・ポピュレールそのものが話題になることも少なくなっていった。

さて、キンシャサのパンチュール・ポピュレールの絵かきたちは今、どうしているのだろうか。彼らは以前と変わらず繁華街に粗末な工房を構え、看板や車体の装飾を手がけながら、都市に生きる庶民の生活を、ユーモアを交えて地道に描き続けているのである。

ナイジェリアのサンディ・ジャック・アクパンは、はじめはナイジェリアのニジェール川デルタ地帯にある小さな町で、コンクリート・ブロックを使って人がたの墓標を造っていた。ところが「マジシャン・ドゥ・ラ・テール」展に参加してから環境が一変し、1990年代には、欧米や日本のアートワールドから相次いで声がかかるようになった。各国の展覧会に出品すると同時に、作品も美術館、博物館に収蔵され、ついに2001年には現代美術の祭典ヴェネツィア・ビエンナーレに招待される。だが、そんな彼の名前も昨今はあまり聞こえてこない。後継者が現れて彼の造形が大きな流れを成しているという話も耳にしない。老境を迎えた彼は、まだブームになる前と同じように黙々と仕事に励んでいるのだ。

「マジシャン・ドゥ・ラ・テール」展で突然脚光を浴びた造形といえば、ほかにもガーナの装飾棺桶がある。首都アクラの近郊テシの棺桶職人カネ・クウェイの造る、ベンツや野菜を象った棺桶がアフリカの「現代美術」としてパリで話題を呼んだのである。彼自身は1992年に他界したが、息子や弟子たち数人が、今もテシとその近辺で自前の工房を開い

て，動物や植物，飛行機，聖書，コーラ瓶などさまざまなデザインの棺桶を造って販売している。デザインの多様性，意外性，そして巧まざるユーモアは年々ますます豊かになっている。

とくに注目されるのはカネ・クウェイの直弟子の1人パー・ジョーである。彼の造る棺桶は，他の工房の棺桶に比べて明らかに仕上がり具合が違う。パー・ジョーによれば，欧米の博物館，美術館から注文があるときは，とくに念入りに仕上げるのだという。現在，彼が造る棺桶は地元の住民に棺桶として使われているだけではなく，主に外国人向けに美術品や工芸品を売るモダンなギャラリーで販売されてもいる。しかも，驚いたことに，原寸大の棺桶とは別に長さ50cmほどのミニチュア版もあるのだ。もちろん意表をつくデザインや鮮やかな色彩は本物の棺桶と変わらない。パー・ジョーの棺桶は，スーヴェニア・アートとして新しいマーケットを開拓することに成功したのである。

床屋の看板

アフリカの都市を歩いていると必ず目につくのが，ベニヤ板に描かれた床屋やパーマ屋の看板だ。髪型の見本が描かれたこれらは，客に流行のヘアスタイルを知らせる役割も担っている。アフリカの同時代の造形をめぐる展覧会が欧米や日本で開かれた1990年代には，こうした看板が展示されてしばしば話題を呼び，一部は博物館や美術館に展示，収蔵されたりもした。ごく最近のダカールやラゴスの中心部では，パリやロンドン並みの美容院が現れ始め，この種の看板はやや影が薄いように感じられる。だが，ひとたび路地裏に入れば昔ながらのベニヤ板にトタン屋根，布きれを扉代わりにした床屋やパーマ屋はまだまだ健在である。

看板はこれに限らない。バーやレストラン，ディスコ，薬屋，生地屋，土産物屋など，街なかに軒を連ねる店みせは，それぞれに意匠を凝らした看板を掲げている。これらも近年は，ピザやハンバーガー，フライドチキンといったファストフードのチェーン店の進出に伴い，先進国と変わらぬ派手なネオンサインにやや押され気味だ。しかしここでも，ユーモアたっぷりに描かれた看板は，アフリカの都市に生きる庶民の暮らしに潤いをもたらす癒しのしかけとして，静かに存在感を保っている。

おもちゃとガラス絵 —— スーヴェニア・アート

スーヴェニア・アートといえば，アフリカならどこの国でも見られるものにおもちゃがある。物資が乏しいアフリカでは，生活用具から車の部品にいたるまで，身辺に転がっている板や木片，ブリキ，ネジなどを器用に使い回しては再利用する習慣がある。おもちゃはそうして作られるものの筆頭格である。板きれや木片，廃品のブリキなどを使っては自転車や自動車，トラックから飛行機，ヘリコプターまで何でも作る。しかもそれらは，外国人旅行客向けのお土産としてあちこちの店や道ばたの屋台で売られているのだ。最近の特徴は，お土産としての価値を上げるべく，文字や色づけなどの仕上げがていねいになってきているという点である。たとえば実際に存在するトラックやタンクローリー車にそっくりのおもちゃが店先に並んでいるのだ。現金収入を得るためのささやかな，しかし確実な手段になっているのである。

セネガルのガラス絵もスーヴェニア・アートの代表例だ。あらかじめできあがった下絵に基づいて，図柄をガラスの表ではなく裏に描くガラス絵は，透き通った画質と素朴な情調を特徴としている。それは，暮らしを彩る装飾品としてセネガルの人々に長らく愛されてきただけではなく，お土産として外国人旅行客の人気を集めてもきた。だが意外なこと

に，1990年代以降のアフリカ美術への国際的な関心の高まりのなかでは，アートワールドからはあまり注目されなかったのである。

1998年のダカール・ビエンナーレの際に大規模な展覧会が行われて再評価への動きが出てきたが，それでも周辺の事情が劇的に変わったというわけではなかった。現在，美術学校で専門教育を受けたアーティストの一部が新しい表現手段としてガラス絵に着目している。他方，昔と変わらずイスラム教の題材やポートレート，あるいは都市や農村の風俗などを描く職人たちがいて，彼らの絵は店や往来で，主に旅行客向けに商われている。ガラス絵は，アートとスーヴェニアの2つの流れに分かれ，たがいに棲み分けている，ということができるのかもしれない。

新しいうねり

そのセネガルでは，スーヴェニア・アートに新しいうねりが起きている。ツーリスト絵画とでもいうべき絵が，大量に生産されて観光客相手に売られているのだ。場所は世界遺産として知られるゴレ島である。かき手はたいてい独学の職人で，主として綿布にアクリル絵の具で絵を描く。かつて独立直後の1960年代から70年代半ばにかけて，サンゴール大統領の庇護を受けて幅を利かせたエコール・ド・ダカールの画家たちの絵を髣髴とさせる半抽象の絵柄を，赤や青，黄色といった色で鮮やかに描き出すのだ。たぶん彼らは，画集などを参考にして，エコール・ド・ダカールの画家たちの作品を見よう見まねで再現しているつもりらしい。それらがゴレ島のいたるところで木や壁に吊るされて，1点あたり日本円にして数千円見当で売られているのである。歴史の彼方に消えていったエコール・ド・ダカールが21世紀に甦り，ツーリスト絵画という大輪の花を咲かせつつある，ということなのだろうか。生きていくために，アートでさえもしたたかに換骨奪胎していこうとする彼らの野太さには脱帽するしかない。

以上に通覧した造形群は，一言で括れば美術館や美術展から排除された造形といえるのかもしれない。しかし，逆にいえば，あえて意図的に美術館や美術展という制度を忌避した造形ともいえるのではないか。アートワールドという欧米を中心とする特権的なヒエラルキーの片隅で，アフリカン・アートとして細々と生き延びていくのではなく，市井の人々の日々の暮らしに深く根を下ろして養分をたっぷりと吸いこみ，時と場合に応じて姿を変えてはしなやかに，しかし堂々と生きていく途を択んだものたち——民衆の造形とは，たとえていえばそういうものなのだろう。

あいかわらず高いとはいえない庶民の識字率，一方で氾濫する安価な中国製品，そして徐々に人々の生活にも浸透しつつあるインターネットやスマートフォンなどの最新の電子媒体。変わらぬアフリカと変わりゆくアフリカに挟まれながら，庶民の生活に根差した造形は今後も逞しく生き続けていくに違いない。

川口幸也他編 2010『彫刻家エル・アナツイのアフリカ』(展覧会図録)，読売新聞社，美術館連絡協議会／川口幸也 2011『アフリカの同時代美術——複数の「かたり」の共存は可能か』明石書店／Bouttiaux-Ndiaye, A.-M. 1994 *Senegal Behind Glass: Images of Religious and Daily Life.* (exh. cat.), Prestel ／ Drewal, H. J. 2008 *Mami Wata: Arts for Water Spirits in Africa and Its Diasporas.* (exh. cat.), Regents of the University of California／Mount, M. W. 1973 *African Art: The Years since 1920.* Indiana UP／Roberts, A. F. & M. N. Roberts 2003 *A Saint in the City: Sufi Arts of Urban Senegal*, Regents of the University of California ／ Secretan, T. 1995 *Going into Darkness: Fantastic Coffins from Africa.* Thames & Hudson／Vogel, S. ed. 1991 *Africa Explores: 20th Century African Art.* Prestel

⇒宗教・思想，アフリカ史，文化人類学

1-2-5 アフリカ研究と博物館
Museum and African Studies

———————————————————————————————————————吉田憲司

キーワード：驚異の部屋，万国博覧会，植民地経営，他者表象と自己表象

アフリカの産物の収集は，16世紀から17世紀にかけてヨーロッパ各地の王侯貴族が築いた珍品陳列室に始まり，その後18世紀の博物学の成立に呼応して生まれた博物館の手で進められていく。日本でアフリカで生み出されたものが集積され，展示されるのは，それから大幅に遅れ，1920年代まで待たなければならない。一方で，19世紀以降，植民地経営の進展とともに，アフリカ各地でも博物館が建設されていく。20世紀の後半になると，諸民族の「自己の文化」への認識の深まりとともに，民族単位の博物館建設が活発化する。博物館は今，展示する側と展示される側（＝文化の担い手）との共同作業の場となっている。

ヨーロッパにおける博物館とアフリカ

博物館が収集と展示，研究の装置であることは今さらいうまでもない。

アフリカの産物がヨーロッパ人の手で収集された最古の例としては，現在，フィレンツェの銀器美術館に収められているコンゴ製のオリファント（アフリカゾウの象牙製の笛）と，同じくフィレンツェの人類学民族学博物館蔵に所蔵されている，先端に皮が巻かれたもう1本のオリファントがあげられる。いずれも，フィレンツェのメディチ家出身でトスカナの大公となったコジモ1世のコレクションの1553年の資財目録にその記載が見える。1491年のポルトガル人によるコンゴ上陸以降，コンゴの王アフォンソ1世は自らキリスト教に改宗する一方，数度にわたって教皇に使者を送っている。おそらくは，メディチ家出身の教皇レオ10世（在位1515～21）ないしクレメンス7世（在位1527～34）に贈られたものが，メディチ家のコレクションに入ったものと推定される。

16世紀から17世紀にかけて，メディチ家に限らず，ヨーロッパの王侯貴族は，競って世界の珍品を集め，「珍品陳列室（cabinets of curiosities, cabinets de curieux）」あるいは「驚異の部屋（Wunderkammer）」と呼ばれる部屋を築いていった。しかし当時，異国の品がどこからもたらされたものかには，ほとんど注意が払われなかった。上述のオリファントも，目録にコンゴの産物という記載はない。その表面の文様が，コンゴ王国周辺で制作されるラフィア椰子の繊維を編んだ布の文様と一致するところから，近年になってコンゴの産品と判断されたものである。

18世紀に入り博物学が成立するとともに，その「標本」の収蔵と展示に特化した装置として博物館が設立されるようになる。医師ハンス・スローンの博物学コレクションを英国政府が買い上げ，初めての公共博物館として大英博物館が開館するのは1759年のことである。スローンのコレクションのなかにも，コンゴのラフィア椰子の繊維製の刺繍布やガーナの太鼓など，数は少ないながらアフリカの産物が含まれていた。

19世紀半ば，欧米諸国の植民地経営の拡大とともに，欧米の政治的・経済的支配のもと

に入った世界を総覧しようとする博覧会が欧米各地で開催されるようになる。そして、そこで展示された異文化の産物を、博覧会終了後、恒久的に収蔵・展示する施設として、欧米各地で民族学博物館が開設されていく。大英博物館の民族誌コレクションも、第1回の万国博覧会、すなわち1851年の「大博覧会」を機に大きく充実している。1878年のパリ万博は、トロカデロ民族誌博物館——後の人類博物館。そのコレクションは現在のケ・ブランリー美術館に継承されている——の設立の直接の契機となった。1931年から2年間にわたりマルセル・グリオールを隊長としてアフリカ大陸を縦断したダカール・ジブチ調査隊が、ドゴンをはじめ西アフリカ各地で収集した民族誌資料を収容するのは、この博物館である。また現在、ブリュッセルにある王立中央アフリカ博物館は、1897年のブリュッセル万博を機に設立されたコンゴ博物館を前身としている。

日本における博物館とアフリカ

日本において、アフリカで生み出されたものが集積され展示されたのは、管見の及ぶ限り、神戸・住吉の海運業主・岸本五兵衛が、大正末から当時の「南洋」の神像や玩具を集め、自邸で「子寿里庫」と名づけて公開したのが最も早い例だと思われる。そのコレクションのなかに、100点以上のアフリカの彫像や仮面が含まれていた。岸本のコレクションは、戦災で多くが失われ、岸本自身も終戦直後の1946年に他界するが、消失をまぬかれたコレクションは、まもなく産経新聞の創業者、前田久吉の手に渡る。その前田が、1955（昭和30）年、バンドンで行われたアジアアフリカ会議に合わせて、東京の産経会館で「アジアアフリカ珍奇人形展」という展覧会を開くことになる。その展覧会に、アフリカの「人形」100点余が展示された。アフリカの彫像や仮面が国内において、この規模で展示され

たのは、これを嚆矢とするといってよい（川口2011）。

前田久吉は、この展覧会の終了直後、1955年7月に手持ちの岸本コレクション計4167点を天理参考館に寄贈する。天理参考館は、天理教の布教に合わせ、天理教2代真柱中山正善が現地で「日々の生活上使用するもの」の収集のために1930（昭和5）年に設けた「海外事情参考室」を前身とする。戦前にはアジア、太平洋地域の資料を中心としていたコレクションに、この段階でアフリカのものが加わる。

その後、1960年には、開設されてまもない東京の国立近代美術館で「現代の眼——原始美術から」展という展覧会が開催され、さまざまな所蔵者のコレクションを集めて、オセアニアやアジア、北米の仮面や神像、生活用具が「原始美術」の名のもとで展観されるが、アフリカに関する展示物はわずか2点しか含まれていない。

日本において、戦前から存在する「異文化」の産物のコレクションといえば、ここでふれたもの以外に、東京国立博物館（東博）の「民俗資料」——長く「土俗品」と呼ばれてきた のコレクションや、旧東京帝国大学人類学教室の資料、それに澁澤敬三が創始した旧アチック・ミューゼアム・コレクションがあげられる。東博のコレクションは、現在約6500件を数えるが、華族人類学会のメンバーであった旧紀州徳川家の徳川頼倫のコレクションのほか、日本の旧植民地であった朝鮮、中国、台湾、南洋群島などの資料が大半を占め、アフリカのものは21点を数えるにすぎない。旧東京帝国大学の資料は、台湾、アイヌ、オセアニアの資料が目立ち、アフリカの資料は6点しか含まれていない。一方、アチック・ミューゼアムのコレクションは、当初、日本各地の生活用具の収集から始まったが、そのコレクションが日本民族学会附属民

族学博物館に寄贈されて以降，台湾や朝鮮半島，ミクロネシアなどの資料が加わり，さらに戦後には東南アジア稲作民族文化総合調査団の収集品が追加されるが，アフリカの資料は1点も含まれていない。これら，旧東京帝国大学人類学教室の資料と，アチック・ミューゼアムの資料は，その後，1974年の国立民族学博物館の創設をもって，同博物館のコレクションに組み入れられることになる。

1970年の大阪万博は，日本の国民が，国家規模で初めて異文化と接触した機会と位置づけられる。その折チーフプロデューサーを務めた岡本太郎の構想に基づいて，テーマ館に世界各地の民族誌資料を展示し，人類の過去・現在・未来を提示することが計画され，泉精一・梅棹忠夫を中心に世界民族資料収集団（EEM）が組織されて，世界各地の民族誌資料計2600点が収集された。うち499点がアフリカの資料で占められている。戦前に形成された上述の3つのコレクションと比べて，これまで集められることのなかった南北アメリカやアフリカを含め，世界各地からまんべんなく資料が集められたところに特徴がある。EEMが収集した民族誌資料のコレクションは，日本の歴史のなかで初めてのグローバルな収集であったといってよい。そして，このEEMの資料も，上述の旧東京帝国大学人類学教室の資料とアチック・ミューゼアムの資料とともに，国立民族学博物館に収められることになる。

国立民族学博物館（民博）は，1973年にその創設準備室が開設され，大阪万博の跡地に1977年に開館することになる。民博は，万博での展示物を1つの核にして設立されるという，欧米の民族学博物館の成立のパターンを，およそ100年の後に踏襲したことになる。

開館当初の民博の収蔵品点数は，約4万5000点，うちアフリカ関係資料は4000点。2013年4月現在の民博の収蔵点数は，34万点，うちアフリカ関係資料は4万点を数える。その規模は，もとより大英博物館やベルリンの民族学博物館には及ばないが，20世紀後半以降に形成された民族誌資料のコレクションとしては世界最大規模のものとなっている。

なお，大阪万博開催にあたっては，この民博の計画と並行する形で，名古屋鉄道の手で，万博の展示物を転用し，世界の諸民族の住居を集めた野外民族学博物館を作ろうという構想も進んでいた。泉精一がその計画の中心にいたが，梅棹忠夫もその計画を支援していた。野外民族学博物館リトルワールドの開館は1983年までずれ込むが，2つの博物館は，その構想の経緯から見て，双生児の関係にあるといってもよい。いずれにしろ，大阪と名古屋に，アフリカを含む世界の物質文化，「芸術」の生の資料の収蔵と展示の施設が誕生したことは，アフリカ芸術研究の展開にとって1つの画期をなすものといわなければならない。

アフリカ内の博物館

アフリカ大陸の内部でも，博物館設立の動きは，すでに植民地期から始まっていた。博物館は植民地経営のための重要な装置であった。

アフリカで最も早い時期に開設された博物館は，1825年に南アフリカのケープタウンに開館した南アフリカ博物館である。自然史・考古学標本を中心に民族誌資料など，現在では150万点の資料を収蔵するが，200年に及ぶ歴史のなかで，その収集の範囲は，南アフリカ連邦（1910年成立）に加え，南アフリカ会社（1889年設立）が経営したローデシアにまで及ぶ。このため，そのコレクションには，たとえば，グレート・ジンバブエの遺跡から出土したソープ・ストーン製の鳥の像なども含まれている。南アフリカ博物館に隣接する南アフリカ国立美術館（ナショナル・ギャラリー）は，アフリカの美術館には珍しく，アフリカだけでなく，イギリス，オランダ，フラ

ンス,それにフランドルの絵画や彫刻を含むコレクションを蔵している。現在の美術館の祖形となる美術展はすでに1851年に開催されているが,美術館が実際に開館するのは1930年を待たなければならない。

南アフリカ博物館に続いて,1835年には,エジプト考古学博物館(通称カイロ博物館)が開館している。ツタンカーメンの黄金製マスクやラムセス2世のミイラなど,古代エジプトの遺品を多く所蔵する。現在の建物は1902年の建設であるが,老朽化と狭隘化が進み,この館の所蔵品は現在,ギザのピラミッド近くに建設中の大エジプト博物館に引き継がれることになっている。

20世紀に入ると,1908年にウガンダ博物館が開館。1910年にはケニア国立博物館の前身となる東アフリカ・ウガンダ博物学協会の博物館が開設され,1930年に元ケニア総督ロバート・コリンドンの名をとってコリンドン博物館と改称される。同館がケニア国立博物館に改組されるのは,1963年になってからのことである。この間,1934年にダルエスサラーム国立博物館(タンザニア国立博物館の前身),1934年には当時の北ローデシア(現在のザンビア)にデイヴィッド・リヴィングストン記念博物館(現在のリヴィングストン博物館の前身)が開館している。ナイジェリアでは,1945年にエシエに最初の博物館が設置されている。1952年には,ノクで発見されたテラコッタの遺物を収蔵するため,ジョスに最初の国立博物館が建設される。

この後,ガーナ国立博物館はガーナの独立の年,1957年に開設されている。多くの国が独立し,「アフリカの年」といわれる1960年以降,各国で国立博物館が設立され,さらに国内諸地域にも博物館が設けられて,そのネットワーク化が進んでいく。1980年代以降になると,さらに新たな動きが生起してくる。個々の民族,個々の地域での「自己の文化」「自己の歴史」に対する関心の高まりとともに,ザンビア,カメルーンをはじめ,アフリカの多くの国で,民族単位やコミュニティ単位での博物館建設競争が展開されるようになる。それは,文化の展示の権利,ひいては文化遺産の管理の権利を,文化の担い手の側へ取り戻そうという動きといってもよい。

現状と展望

2000年前後を境に,世界の博物館を取り巻く状況は大きく変化しつつある。上で見た,個々の民族による「自文化」の展示の活況はその1つであるが,このことは,アフリカ内外の大規模博物館の運営にも大きな影響を与えた。すなわち,従来の一方的な展示にかわり,展示される側=文化の担い手との共同作業による展示の実現が,大規模な博物館にとっての展示の基本的な要件となってきている。

国立民族学博物館でも,2009年のアフリカ地域展示の更新にあたり,アフリカの8ヵ国の博物館専門家・研究者をアドヴァイザーに迎え,共同で新たな展示の実現を図った。完成した展示は,その評価や部分的改善の作業も共同で実施することを通じて,日本とアフリカの研究者を結ぶ継続的なネットワークのプラットフォームとしての役割を果たしている。

博物館は今,これまでのように単にモノを貯蔵し,一方的に情報を発信する装置でなく,立場を異にするさまざまな人々がそこに集い,相互の交流と啓発を重ねるなかで,過去の文化を創造的に継承し,新たな文化と社会を構築する装置として見直され,積極的に活用されてきている。

川口幸也 2011「珍奇人形から原始美術へ――非西洋圏の造形に映った戦後日本の自己像」『国立民族学博物館研究報告』36(1)／吉田憲司 1999『文化の「発見」』岩波書店

⇒文化人類学,先史学・考古学,物質文化

1-2-6 舞踊
Dance

遠藤保子

キーワード：文化，多中心性，ひと流れ，伝承，デジタル記録

アフリカ（サハラ沙漠以南）では，文字に記すよりも舞踊（音楽含む）が情報伝達手段として発達し，人々はさまざまな祭りや人生の節目において神に祈りを捧げ，人と集い楽しむために踊ってきた。アフリカの舞踊を研究することは，舞踊とは何かを知る上で，またアフリカの舞踊と関わっている現代の舞踊（ジャズやストリートダンスなど）のルーツを探る上で重要である。その研究は，19世紀後半頃から始められ，1960〜70年代以降，舞踊を中心とする本格的な調査研究が行われるようになった。今日では，外部世界との関わりにより，舞踊の意味，特徴，伝承法は，急速に変化し消失しつつある。

アフリカの舞踊とその研究

アフリカの舞踊は，19世紀後半頃から欧州人により「プリミティブ」な舞踊として記述され，徐々に欧米の文化人類学者や民族音楽研究者が，社会や文化を知るために舞踊を研究するようになった。C・ザックスは，当時としては画期的な『世界舞踊史』を著し，アフリカの舞踊にも言及しているが，西洋中心的な見方をもとにしたものであった。

1960〜70年代以降，アフリカの舞踊を中心にした調査研究が本格的に行われるようになった。アフリカ全体に関しては，H・ギュンター他が，ドイツのフィルム百科の映像をもとにアフリカの舞踊の特徴を分類し，多中心性（身体の部位を隔離して動かすことによって動きの中心が複数あること）などを指摘した。西アフリカに関しては，P・ハーパーが，ナイジェリアの日常動作と舞踊の特徴について詳細に分析し，J・ケアリノホモクが，ナイジェリアの舞踊とアフロアメリカンの舞踊を比較し，J・L・ハンナ（1979）は，ナイジェリアの南部イボでフィールドワークを行い，ウバカラの世界観と舞踊を考察しながら動態的な社会のなかにおける舞踊を考察した。東アフリカに関しては，T・バダシが，エチオピアでフィールドワークを行い，とくにアムハラ人とグラゲ人の舞踊を比較検討し，G・セノガ－ザケは，ケニアにおけるさまざまな民族の歌，ゲーム，舞踊の意味や特徴などを論じている。最近の研究に関しては，A・ウドカ（2007）が，ナイジェリアの舞踊をデジタル記録する方法（遠藤・八村実施）とその有効性などについて述べている。

日本人による舞踊人類学的アプローチ

遠藤保子は，1980〜82年にはナイジェリアで，2001〜02年にはケニアで長期フィールドワークを行い，舞踊と自然，社会，文化（宗教，生業形態など）との関わりを舞踊人類学的な観点から考察し，2005年以降は，アフリカの舞踊家を日本へ招へいし，八村広三郎他とともにモーションキャプチャを利用して舞踊をデジタル記録し，舞踊動作の特徴を抽出しながらフィールドワークの成果をふまえて多面的な研究を行っている。

1990年代後半以降，若手研究者がアフリカ

で短期フィールドワークを行い，研究成果を公表している。池田章子は，エチオピアの舞踊と生業形態や生活のリズムとの関係性を検討し，高橋京子は，ナイジェリアの疱瘡神サポナの儀礼で踊られる舞踊動作の特徴を分析している。上野千佳子は，マリのマンデ文化における舞踊にみられる伝統とモダン的な要素について考察し，相原進（遠藤・八村との共同研究）は，デジタル記録したナイジェリアとガーナの舞踊動作の特徴を検討し，フィールドワークの成果をもとにさまざまな観点から考察を行っている。

これらの研究の特徴は，舞踊人類学的観点からの研究が多いことである。つまり，舞踊現象の核を，動き，イメージ，リズムの融合した「ひと流れの動き」と捉え，その核は自然，社会，文化とどのように関わっているのか，を考察している。また，近年開始された舞踊のデジタル記録により，新たな舞踊研究が期待できる状況にある。

舞踊の伝承とデジタル記録

アフリカの舞踊は，地域社会で育まれ親から子へ口頭で受け継がれてきたが，今日では外部世界との関わりによって，舞踊を伝承することが困難になってきた。新たな動きとして，個人的にはプロの舞踊家がレッスン場を開設して舞踊を教え，国家的には政府が国立舞踊団（ガーナ，ナイジェリア，エチオピアなど）を結成し舞踊を保存，伝承させている。技術的にはモーションキャプチャを利用してデジタル記録が可能になり，見たい動作をマルチアングルで何度でも再現することができ，スティックフィギュアで再現することによって身体の内部がイメージしやすく動作を伝えるポイントが明確になり，動作をさまざまな観点から数値化することで，より科学的な分析が可能になった。2006年以降，遠藤・相原・高橋は，ナイジェリアやガーナにおいてデジタル記録の研究成果を公表し，現地研究者などから舞踊の伝承や研究に有益である，と高く評価されている。

現状と将来の展望

現在のアフリカの舞踊を取り巻く環境は，都市化，情報化，グローバル化などにより大きく変化してきている。ナイジェリアやガーナでの聞取調査によると，多くの若者が欧米の舞踊に価値を見出し，逆に自分たちの舞踊に興味がなくなってきた，という。また2006年，ナイジェリア国立舞踊団CEO（当時）のA・イェーリマは，我々がどこから来てどこへ行くのかを知るためにも舞踊をデジタルアーカイブ化し，後世に伝えることが重要である，と指摘している。地域社会において舞踊を伝承するシステムが機能しなくなっている現在，いかに舞踊を記録，伝承するのかが課題になっている。現地研究者や舞踊関係者が舞踊の未来をどのように描くのかに注目しつつ，将来的にはデジタル記録を通して舞踊の伝承に寄与するとともに，学校における舞踊の教材開発や博物館における無形文化財の展示の仕方などに応用することが考えられる（遠藤他編著 2014）。

遠藤保子 2002『舞踊と社会――アフリカの舞踊を事例として』文理閣／遠藤保子・相原進・高橋京子編著 2014『無形文化財の伝承・記録・教育――アフリカの舞踊を事例として』，文理閣／Hanna, J. L. 1979 *To Dance is Human: A Theory of Nonverbal Communication*. Austin: Texas UP／Ugolo, C. E. 2007 *Perspectives in Nigerian Dance Studies*. Nigeria: Caltop Publications Limited

⇒民族音楽，呪術

1-3-0　総説 ──アフリカ文学
African Literature

砂野幸稔

　あらゆる学問は自らの出自について自覚的であるべきであるが、とりわけ文学研究は、自らのよって立つ場所についての問い直しを忘れたとき、硬直と貧困化を余儀なくされる分野である。文学の衰退が語られ、大学の文学部という名称も改組改名によって次々に消滅し、英文学科、仏文学科、独文学科などという国名を冠した専攻が消えていくなかで、「アフリカ文学」という地域名称を冠した研究領域はどのような意味を持ちうるのだろうか。

アフリカ文学という研究領域

　近代の「文学 (literature)」は、それまでの上流層の楽しむ「文芸 (fine letters, belles lettres)」とも、民衆の共同体に根差す口承文芸とも根本的に異なるものとして登場している。それは、一方では、近代が生み出した「個人」による徹底的に個人的な営為でありながら、同時に、ドイツ・ロマン主義に典型的に見られるようにナショナルなものと密接につながったものとして生み出されているのである。

　1947年にアリウヌ・ジョップによってパリに設立されたプレザンス・アフリケーヌ社、1962年にチヌア・アチェベを編集顧問としてスタートしたハイネマン・アフリカ人作家シリーズなどによって、20世紀後半に1つのうねりを生み出した英語・フランス語で書かれた「アフリカ文学」は、「個人」としてのアフリカ人知識人の文学的営為が「アフリカ」というナショナルな眺望に直結する、まさにそのようなものとして登場している。ヨーロッパ文学を通して「人間」を発見したアフリカ人知識人は、そのヨーロッパ文学のなかでは植民地支配と人種差別によってゆがめられ、不在の刻印を打たれていたアフリカの「人間」を、自らの「文学」を生み出すことによって回復するのである。

　そのような「アフリカ文学」を前にして生まれた「アフリカ文学研究」という研究領域は、必然的に「アフリカ文学」の持つナショナルな展望に呼応するものだった。

1962年に『七人のアフリカ人作家たち』を出版したイギリスのジェラルド・ムーア（Moore 1962），1963年に『フランス語黒人作家たち──ひとつの文学の誕生』を出版したリリアン・ケステロート（Kesteloot 1963），そして1965年にコロラド大学でアフリカ人作家の作品を取り上げた講義を開設し，1972年に『アフリカ小説の出現』を出版したアメリカのチャールズ・ラーソン（Larson 1972）らアフリカ文学研究のパイオニアが注目したのは，奴隷貿易，人種主義，植民地支配によって「人間」の埒外におかれていたアフリカ人が自ら示すアフリカの「人間」だった。欧米のアフリカ文学研究は，自ら声を上げ始めた「アフリカ」に目を見張ったのである。

　近代文学が「かけがえのない個人／私」を生み出したということも1つの大きなポイントである。「普遍的」な価値に埋没させられることのない，かけがえのない「個人」が意味づけられたからこそ，アフリカ文学は生まれた。アフリカ小説の父といわれるナイジェリアのチヌア・アチェベは，ヨーロッパ人の文明観を問う作品として高名なジョゼフ・コンラッドの『闇の奥』を読んで，「自分は蒸気船に乗ってコンゴ川をさかのぼっていくマーロウではなく，河岸で飛び跳ねている野蛮人の1人である」（Achebe 2009）ということに気づいて愕然とした，という。小説のなかに「私」でもある「人間」を見出そうとしたからこそ不在とカリカチュアは際立つのである。

　「個人」が，ナショナルなもの，つまり，ヨーロッパとは異質であり，かつヨーロッパによって不可視化されていた共通の経験に結びつけられる限りにおいて，アフリカ文学は1つの実体でありえた。しかし，出版，流通，消費のあり方が，この文学を徐々に変質させてゆく。独自の出版，流通，消費の場をある程度確立している南アフリカの場合を除いて，イギリス，フランス，アメリカなどの出版センターに出版も流通も依存しているだけでなく，作家本人もそうした文化センターを生活圏とすることが少なくないアフリカ人作家の作品は，1960年代，70年代の大きなナショナルなうねりが徐々に背景に退いていくとともに，それぞれの文学／文化センターの文化消費に依存することが多くなってゆく。それらの作品は，ブッカー賞，ゴンクール賞，さらにはノーベル賞などの文学賞を受賞することで，かつてのように特異な周辺的文学としてではなく，まさに世界文学として注目されるようになった。もはや注目されるのは「アフリカ」という共通の経験ではなく，個々の作家の異質な経験と語りである。実際，ベン・オクリのように「アフリカ文学」としてカテゴリー化されることを拒否するアフリカ人作家は，今では少なくない。

　1975年に結成され，現在も活発に活動を続けるアメリカ合衆国のアフリカ文学会や，南アフリカ，ナイジェリアなどの英語圏諸国の大学において行われているアフリカ文学研究は，この研究領域が今ではアカデミズムのなかにゆるぎない位置を占めているという印象を与える。実際，毎年生み出される学位論文の数は，膨大な数

に上る。しかし、そのあり方は、イギリス文学、フランス文学などという国名を冠した文学がたどった道に似始めているようにも思える。アフリカ人作家の作品は、他の旧植民地などの周縁世界出身の作家たちの作品とともに、衰退し始めていた英語やフランス語の文学世界に新たな活力を与えているが、それはもはや「アフリカ」という1つの枠でくくることを許さないものとなっているのである。

　近代文学を特徴づけるのは小説というジャンルの優位である。そこでは、王でも王妃でもなく、また英雄でも殉教者でもない、ただの市井の人間の物語が語られ、読者は、道徳的なステレオタイプとしての善人でも悪人でもない、自分と同じただの「人間」と出会い、その「内面」を見出す。もともと不道徳な娯楽と見なされていた小説が、社会的に高い地位を確立していったのは19世紀末以降のことである。それは、小説が「人間」の「真実」を描くことを目指したことによって、ある知的、道徳的な価値を付与されるようになったことによる。さらに、制度としての「国民文学」の成立によって、それは「国民文化」のカノンにまで祭り上げられることになるのだが、「人間の真実」を描くものとしての「文学」の知的、道徳的価値は、作家を鼓舞し、それが優れた文学作品を生み出してきた。

　しかし、文学がそのようなものとして存在していたのは1970年代ごろまでのことであろう。「近代文学の終り」を語ったのは柄谷行人（柄谷 2005）だけではない。イギリスでもフランスでもアメリカ合衆国でも、「文学の終り」は前世紀の終わりごろからしきりに語られるようになっている。アフリカ文学研究は、「文学」が人間と社会についての理解だけでなく、その変革にも寄与しうるものであると考えられていた時代に始まっている。今、「文学」と「文学研究」の衰退が語られるなかで、日本におけるアフリカ文学研究がどのような意味を持ちうるのか、それを問い直すために、過去半世紀にわたる日本におけるアフリカ文学への関心のあり方を振り返って見ることは無駄ではないだろう。

「独立アフリカ」への注目 ── アジア・アフリカ連帯と黒人研究

　日本においてアフリカの文学が語られるようになったのは1960年代のことである。第二次世界大戦後のアジア諸国の欧米植民地支配からの独立に続いて、1950年代になるとアフリカにおける脱植民地化の動きが日本でも注目されるようになっていた。多くの独立国が誕生し、「アフリカの年」といわれた1960年を経て、アルジェリア、ケニアなどで続く植民地独立戦争、南アフリカにおける反アパルトヘイト運動への弾圧が報じられ、一部知識人の間に限られていたとはいえ、アフリカへの関心が高まっていた。それは、かつての植民地帝国と米ソ両大国の支配する世界に新たな人

間の解放の息吹を伝えるものとしての期待を担っていたのである。

　同時に，当時「文学」がどれほどのものを担っていたのか，それを想起しておく必要がある。「人間」の解放を語り社会の変革を語る「大きな物語」が人々に抱かれていた時代，「文学」はそのなかでも重要な位置を占めていた。「文学」は思想であり，世界理解への枢要な道筋だったのである。

　そうしたなかでのアフリカ文学への関心の1つの経路は，堀田善衛，野間宏などの作家が中心となって展開したアジア・アフリカ作家会議（以下，AA作家会議）の運動だった。植民地支配のくびきを脱しつつあるアジア・アフリカ諸国の文学者の連帯と，それを通じた「人民のたたかい」の推進を目指したAA作家会議運動は，1960年代は中ソ対立，日本共産党との関係をめぐる路線対立などの問題を抱えながらも，雑誌『新日本文学』などを通して，アジア・アフリカの文学の紹介に一定の役割を果たした。『新日本文学』は，1958年にタシュケントで開かれた第1回AA作家会議を受けて，1959年2月に「アジア・アフリカの文学」という特集を組んで以来，1967年（ベイルート），1970年（ニューデリー），1973年（アルマアタ）などの大会の報告とともに，アジア・アフリカ文学に関する特集を組んでいる。さらに，1974年にアジア・アフリカ作家会議の運動を引き継ぐ形で野間宏を議長として発足した日本AA作家会議は，数度にわたってアジア・アフリカの作家たちを日本に招いて国際会議を開催している。

　アフリカ文学に対する持続的な関心のもう1つの軸となったのは，アメリカ黒人問題の研究者であった神戸市外国語大学の貫名美隆らを中心に1954年に結成された「黒人研究の会」である。「黒人研究の会」は，1950年代末からアフリカの動きについても関心を示し，1960年に南アフリカのアラン・ペイトンの『泣け愛する祖国よ』の紹介記事が会報に掲載されたのをはじめとして，1960年代の早い時期から，貫名美隆のほか，古川博巳，小林信次郎などが南アフリカなどの英語圏を中心に紹介記事を書いている。ちなみに貫名美隆は，1965年に南アフリカのエゼキエル・ムファーレレ（エスキア・ムパシェーレ）の『わが苦悩の町二番通り』の翻訳を，当時アフリカ関係文献の翻訳を相次いで刊行していた理論社から出版し，後に古川博巳はチヌア・アチェベの『崩れゆく絆』（門土社，1977）を，小林信次郎はグギ・ワ・ジオンゴの『一粒の麦』（門土社，1981）を翻訳刊行している。ただ，バジル・デビッドソンの『アフリカの過去』（1967）や『アフリカ文明史』（1975，ともに理論社）の翻訳も手がけるなどアフリカ史にも造詣の深かった貫名美隆をのぞけば，基本的にアメリカ文学研究者であったこれら訳者たちは，作品への思いはあっても作品の文化的社会的背景についての理解に関しては残念ながら十分であったとはいえない。

　連帯の思いだけでなく，作品の背景への十分な理解に基づいた研究，紹介を行っ

たのは少数の個人である。こうした動きのなかで，アフリカ文学の研究と紹介に重要な足跡を残した主要な人々について見ておこう。

　最も早い時期からアフリカ人作家の作品を読み始めていたのは，おそらく，アメリカ文学研究者であり優れたアメリカ黒人文学の紹介者であった橋本福夫だろう。橋本は，1962年にエイモス・チュツオーラの『ジャングル放浪記』（後に『ブッシュ・オブ・ゴースツ』と翻訳タイトルを変更）の翻訳を新潮社から刊行しているが，同年，先述の黒人研究の会の会報誌に寄稿して，南アフリカのピーター・エイブラハムズの *Mine Boy, Tell Freedom* を紹介しているほか，『近代文学』誌上では，木島始，大橋健三郎，山室静，埴谷雄高らと「黒人文学を語る」という座談会で，南アフリカの黒人文学について語っている。

　もう1人の先駆的紹介者は，当時一橋大学の大学院生であったロシア思想史研究者の藤井一行である。藤井は，日本共産党の出版部門であった新日本出版社の「世界革命文学選」シリーズのなかで，センベーヌ・ウスマンの小説『セネガルの息子』を1963年に，『神の森の木々』を1965年に翻訳出版している。どちらもロシア語からの重訳だが，優れた翻訳となっているだけでなく，植民地期から独立直後にいたるセネガルの政治社会，文化的背景を的確に把握した解説が添えられている。1964年には，やはり日本共産党系の『文化評論』に「現代アフリカ文学の動向――文化的独立の問題についての一試論」（藤井 1964）という論文を寄せ，ネグリチュードの貢献と限界を指摘した上で，アフリカ人作家の言語選択のジレンマに触れ，いち早くシェク＝アンタ・ジョップの思想を紹介して主要なアフリカ諸言語による文学の可能性についても語っている。ただ，藤井は2つの翻訳を刊行したあとはアフリカ文学からは離れている。

　AA作家会議の運動に深くコミットした作家であった竹内泰宏は，1966年にカイロで開かれた第3回AA作家会議（ベイルート）の準備会に派遣されて，南アフリカの亡命ズールー語詩人マジシ・クネーネと知り合い，クネーネが1970年に解放闘争資金を募るために来日した際に再会して以来，クネーネの思想と作品の熱心な紹介者となった。竹内は詩人の高良留美子とともにアジア・アフリカのさまざまな文学作品を紹介しながら，クネーネがズールー語から英語に訳した長編詩を『太陽と生の荒廃から』（アンヴィエル，1980），『アフリカ創成の神話』（人文書院，1992）で翻訳紹介している。

　アジア・アフリカ人民のたたかいとの連帯という文化運動的な側面が色濃く現れていた藤井や竹内のアプローチとは異なり，商業出版メディアを通して「アフリカ文学の専門家」として自己形成したのが土屋哲である。英文学研究者であった土屋哲は，J・ガンサーの『アフリカの内幕』（1957）やC・ホプキンスの『コンゴ独立

史』（1966，ともにみすず書房）などの翻訳者としてアフリカに関心を持ち，おそらく橋本福夫による紹介が1つの契機となってアフリカ文学を読み始めたのであろう。土屋は1970年にチュツオーラの『やし酒飲み』（晶文社，1970），1975年にリチャード・リーブの『戒厳令下の愛』（鷹書房，1975）を翻訳出版し，同じ1975年にはナディン・ゴーディマによるアフリカ黒人文学論を『現代アフリカの文学』（岩波新書，1975）として翻訳している。1977年には，それまでもいくらか紹介されていた南アフリカの作家だけでなく，ナイジェリアのチヌア・アチェベ，ケニアのグギ・ワ・ジオンゴなど，英語圏の20名あまりのアフリカ人作家の短編を集めた『現代アフリカ文学短編集Ⅰ，Ⅱ，Ⅲ』（鷹書房，1977）を刊行し，その翌年には日本語で書かれた最初の包括的なアフリカ文学紹介書である『近代化とアフリカ』（土屋1978）を刊行している。土屋はその後もクネーネの『偉大なる帝王シャカ』（岩波書店，1979）やゴーディマの『戦士の抱擁』（晶文社，1985）などの作品を翻訳しながら，『アフリカのこころ』（岩波ジュニア新書，1989），『アフリカ抱擁』（サイマル出版会，1990），『現代アフリカ文学案内』（土屋1994）などでアフリカ文学を論じ続けた。

　土屋には，AA作家会議運動などの人民連帯という視点はないが，アフリカ文学に対するある種のロマン主義的な思い入れは，60年代から70年代にかけてアフリカ文学に関わった人々に共通しているように思える。土屋は，西欧化しすぎた日本にとって，アフリカが再生の希望を指し示していると考え，解放運動観などを偏狭なものとして退けて，文化的アイデンティティの回復と「内なる近代化」がアフリカにとっての最重要な課題であると力説する。ただ，独自のアフリカ観に基づいて日本文化とアフリカ文化の親近性を語る一方で，日本がアフリカの手本になるという先輩意識も見え隠れしている。土屋はアフリカ各国を訪れて多くのアフリカ人作家と会っているだけでなく，専門家としての自負から話題にのぼる作品は傾向と関わりなく幅広く目を通していたが，個々の作家や作品を深く読み込むよりも，しばしば独自のアフリカ観，アフリカ文学観に基づいてやや独断的に行われる作家論や作品論には，ときに首をかしげざるをえないものもある。しかし，土屋が日本におけるアフリカ文学研究に大きな貢献をなしたことだけは間違いない事実である。

　藤井一行の場合を除いて，AA作家会議関係も黒人研究の会の場合も，媒介言語はすべて英語だが，フランス語系の知識人も日本におけるアフリカ文学研究に早い時期から少なからぬ貢献をしていることも，指摘しておく必要があるだろう。

　1950年代から60年代にかけて，アルジェリアの独立戦争をはじめとするフランスの植民地問題は，当時フランス語を学んでいた者たちにとって遠い話題ではなかった（1958年には東京にアルジェリア民族解放戦線の極東代表部が置かれ，それには東京大学などのフランス語系学生が協力している）。また，当時絶大な影響力を及ぼしていたサルト

ルが論じた植民地問題は，フランス語系の学生や若手研究者にアフリカの文学と文化問題についての問題意識を与えることになった。アフリカ文学との関係でとりわけ重要なのは，サルトルが1947年にサンゴール編『ニグロ・マダガスカル新詩歌集』の序文として書いた「黒いオルフェ」と，サルトルを通して知られるようになったフランツ・ファノンである。

「黒いオルフェ」（サルトル 1964）はサルトル全集第10巻『シチュアシオンIII』に収められる形で，鈴木道彦と海老坂武によって訳され，さらにフランツ・ファノンの『地に呪われたる者』（みすず書房，1969）が鈴木道彦，浦野衣子によって，『黒い皮膚 白い仮面』（みすず書房，1970）が海老坂武，加藤晴久によって翻訳されている。これらの翻訳と訳注を見ると，言及されているアフリカ人作家の作品とその背景について，訳者たちが高い水準の知識を得ていることがわかる。AA作家会議運動にも参加していた鈴木道彦は，堀田善衞とともに「アジア・アフリカにおける文化の問題」という論文を『岩波講座現代10』（岩波書店，1964）に寄せているが，ファノンの議論を紹介するだけでなく，前年に出版されたばかりのリリアン・ケステロートの博士論文『フランス語黒人作家たち——ひとつの文学の誕生』をすでに読んでおり，ベルナール・ダディエの『パリの黒人』などの作品にも触れている。他方，加藤晴久は日本アフリカ学会第3回大会（1966）で「L・S・サンゴールとネグリチュード」という口頭発表を行っている。翌年発表された同名の論文を見ると（加藤 1967），サンゴールのネグリチュードを「静的な本質主義」と批判する議論を，サルトルやファノンだけでなく，ケステロートの『フランス語黒人作家たち』をはじめとして，関連文献をしっかりと読み込んで展開している。

ただ，これらの研究者たちは藤井一行と同じく，それ以降はアフリカ文学研究からは遠ざかっている。

研究領域としての形成

1960年代から70年代にかけて先駆的にアフリカ文学を研究紹介した人々は，土屋哲を除いて，基本的に他の専門分野や関心事を持ちながらアフリカ文学「にも」関わるという形が多かったが，70年代後半になるとアフリカ文学を主要な専門分野とする研究者たちが現れてくる。

そのなかでとくに重要な位置を占めるのが宮本正興と楠瀬佳子である。さらに宮本は，学術研究としてのアフリカ文学研究という領域をアフリカ地域研究のなかに位置づける上でも主要な役割を果たしている。

宮本も楠瀬もともに黒人研究の会に参加していたが，アメリカ黒人研究を中心と

する活動に飽きたらず，1973年，『アフリカ文学通信 Chem Chemi』の発行を開始している。当初，宮本の個人誌として発行され，センベーヌやグギの紹介，スワヒリ語やその他のアフリカ諸言語の民話や伝承の紹介を行っていた Chem Chemi は，その後，楠瀬佳子のほか，貫名美隆など黒人研究の会関係者や，片岡幸彦，岡倉登志，川端正久など，当時の若手アフリカ研究者を執筆者として迎え，民話から現代文学まで幅広くアフリカの文学，文化を論じて1978年まで発行された。

1976年末には，宮本と楠瀬を中心として，G・C・ムアンギ，神野明，根本利通などが参加して京都に「アフリカ文学研究会」が結成され，まもなく元木淳子と砂野幸稔が参加している。結成後まもない1978年には，アジア・アフリカ作家会議を主催者として京都で「アフリカ文学から何を学ぶか」という集会が開催されたが，そこでは橋本福夫，竹内泰宏，土屋哲などとともに，宮本，神野，元木らアフリカ文学研究会のメンバーが研究成果を報告している。「アフリカ文学研究会」は個別の研究を発表する学会形式ではなく，個々の作品と作家について討議を通じて理解を深めてゆく共同研究方式で運営されていたが，参加者が就職などで京都を離れて定期的な会合が困難になってからは，会報誌 Mwenge を中心とする活動に移行し，現代文学を中心に最新の論考を掲載するとともに，関連情報を提供している。同会による学術誌『アフリカ文学研究』は1994年の第4号以降中断しているが，会報誌 Mwenge は現在までに41号を数えている。

アフリカ文学研究会は，1981年に日本AA作家会議が主催したアジア・アフリカ・ラテンアメリカ文化会議で来日したアレックス・ラグーマ，グギ・ワ・ジオンゴなどを招いて京都で交流集会を行ったのをはじめとして，1992年にはウリ文化研究所と共催で，グギ，南アフリカのチナ・ムショーペ，デニス・ブルータス，タンザニアのサイド・アフメド・モハメドなどを招いて「私たちと第三世界──アジア・アフリカ文学者会議」を開催，2000年には，グギとジンバブエのコミュニティ・シアターなどを招いて国際シンポジウム「文化と開発──21世紀のアフリカ」を開催するなど，多くのアフリカ人作家，研究者との交流を重ねている。

研究会創設者の宮本の文学観は，AA運動的な文化運動観と橋本福夫から学んだ抑圧され疎外された個人への共感の眼差しを重視するやや古典的なものである。しかし，スワヒリ語とスワヒリ文化への深い造詣と，アフリカの社会，文化，歴史への幅広い知識，そしてグギをはじめとする多くのアフリカ人作家，知識人との交流に裏打ちされた宮本の研究は，土屋の仕事が一方通行の解釈と紹介の水準にとどまっていたのに対して，研究の水準をアフリカ人作家，研究者や欧米の研究者と議論しうるレベルにまで引き上げたといえよう。また，ギクユ語で執筆するというグギの選択をはじめ，アフリカ諸語による文学の可能性とその意義を高く評価する姿勢

も，それまでの英語，フランス語などを通してのみ行われてきたアフリカ文学研究に1つの転機をもたらすものだった。歴史，文化，言語を含め多岐にわたる宮本の業績のうち，アフリカ現代文学関連の主要なものは（スワヒリ語とスワヒリ文学関連については別項で触れられるので，ここでは省く），『文学から見たアフリカ』(1989)，『文化の解放と対話——アフリカ地域研究への言語文化論的アプローチ』(2002，ともに第三書館）などにまとめられている。翻訳も多いが，そのなかでも，アフリカ文学研究だけでなく言語，文化を論じる多くの領域に大きな影響を与えたのは，楠瀬との共訳で1987年に出版され，現在も版を重ねているグギの『精神の非植民地化——アフリカ文学における言語の政治学』(第三書館，1987)であろう。

もう1人の中心メンバーである楠瀬も，宮本とともに多くの作家たちと交流し，毎年アメリカのアフリカ文学会に参加して作家，研究者たちとの交流を続けており，とくに南部アフリカの状況に深くコミットしながら，とりわけ女性作家について優れた研究を数多く上梓している。ベッシー・ヘッド，ミリアム・トラーディなどの作品の翻訳のほか，『南アフリカを読む——文学・女性・社会』(1994)，『わたしの南アフリカ』(2010，ともに第三書館）などの著書があり，『ベッシー・ヘッド——拒絶と受容の文学』(第三書館，1999)は優れた作家論となっている。

また，宮本と楠瀬は，朝日，読売，毎日などの全国紙，共同通信などの配給記事でアフリカ文学，アフリカ文化をめぐる最新の動向を伝え続けており，日本におけるアフリカ文学，文化に関する一般理解にも大きく寄与している。

元木淳子と砂野幸稔もアフリカ文学を専門領域とし，*Mwenge*や『アフリカ文学研究』のほか，アフリカ学会や後述の『季刊aala』や『グリオ』などで主にフランス語圏アフリカ文学に関する論考を発表するとともに，アフリカ研究関連の単行本にアフリカ文学に関する論考を寄せている。

アフリカ文学研究会以外では，1983年から97年まで発行された日本アジア・アフリカ作家会議の『季刊aala』が，宮本，砂野，元木，福島富士男などのアフリカ文学に関する論考を掲載している。また，片岡幸彦が中心となって，1991年から95年まで発行された『グリオ』1～10号（現代世界と文化の会，平凡社）では，アジア，アフリカ，ラテンアメリカの現代文学についての評論と作品の翻訳が掲載され，アフリカ文学については，片岡，楠瀬，砂野，元木などのほか黒人研究の会の古川，小林などなどが翻訳や論考を寄せているほか，市之瀬敦がポルトガル語圏のアフリカ文学の紹介を行っている。なお，片岡は，センベーヌ・ウスマンの『消えた郵便為替』(青山社，1983)，『帝国の最後の男』(新評論，1988)の翻訳も行っている。

福島富士男は，1989年に講談社の野間アフリカ出版を受賞したチェンジェライ・ホーヴェの『骨たち』(講談社，1990)の翻訳を手がけた後，ナディン・ゴーディマの

作品を相次いで翻訳紹介したほか，語学教材出版のスリーエーネットワークで南部アフリカの作品を中心に『アフリカ文学叢書』を企画し，福島のほか，くぼたのぞみ，赤岩隆などの訳でゴーディマ，クッツェー，ホーヴェのほか，ベッシー・ヘッド，ジャブロ・ンデベレ，エレン・クズワヨなどの作品を紹介している。福島は叢書を総括する形で，南部アフリカの文学の歴史的，文化的背景を『アフリカ文学読みはじめ』（スリーエーネットワーク，1999）で紹介している。

開発経済学の峯陽一によるシンディウェ・マゴナの『母から母へ』（現代企画室，2002）の翻訳，文化人類学の真島一郎によるアマドゥ・クルマの『アラーの神にもいわれはない』（人文書院，2003）の翻訳も，文学を専門としない研究者が文学作品の紹介を行った例として興味深い。それぞれの専門領域からこぼれ落ちるものを，文学によって補おうとしているのだろうか。

また，現在も活動を続けている「黒人研究の会」でも，アフリカ文学の研究，紹介はかつてほど活発ではないが続けられており，2004年に会が編纂した『黒人研究の世界』（青磁書房，2004）にはアチェベ，クッツェー，ケン・サロウィワなどについての論考が収められている。

拡散してゆく？　アフリカ文学研究

アフリカ文学研究は，1980年代から90年代にかけて，アフリカ学会においてだけでなく一般にもある程度の社会的認知を得たといえるだろう。それは商業出版におけるアフリカ人作家の文学作品の翻訳の数にも表れている。無論，紹介されているのは一部にすぎないとはいえ，大手の書店にアフリカ文学のコーナーが置かれるようなことは1970年代には考えられなかった。

しかし，アフリカ文学を主題とする博士論文が日本の大学に提出されるようになった一方で，1960年代から1970年代にかけて存在していた「アフリカ文学」に対するある種の「熱」のようなものは拡散してしまったようにも感じる。

アフリカ文学の翻訳出版については当初から2つの流れがあった。1つは欧米で賞を取るなどして評判になった作品が，大手出版社からプロの翻訳者などによって翻訳される「世界文学」としての紹介であり，もう1つは，AA作家会議運動やアフリカ文学研究会などに関わった作家や研究者のように，アフリカから発信される声を伝えることにあくまでも重点を置こうとするものである。

実は，アフリカ文学の認知はその多くを前者に負っている。後者の出版は再版もなかなか難しく，アチェベの『崩れゆく絆』やグギの『一粒の麦』でさえ今では絶版になっている。最初期の橋本や土屋によるチュツオーラの翻訳も，訳者の思いと

は別に，新潮社や晶文社という大手出版社が欧米で評判になっているチュツオーラに注目したことで可能になったものであったし，1968年にフランスでルノドー賞を受賞したヤンボ・ウォロゲムの『暴力の義務』(岡谷公二訳，新潮社，1970)，1979年にフランスで出版されると同時にアフリカのマジカル・リアリズム作品として注目されたソニー・ラブ＝タンシの『ひとつ半の生命』(樋口裕一訳，新評論，1992)の場合も同様である。ナディン・ゴーディマについても，土屋の紹介は1974年にイギリスのブッカー賞を受賞した後であり，相次いでその作品が翻訳されるようになったのは1991年のノーベル文学賞受賞以降である。J・M・クッツェーも，1983年と99年のブッカー賞受賞，そして2003年のノーベル文学賞受賞が相次ぐ翻訳出版の背景にある。

　講談社が1979年に創設した野間アフリカ出版賞は，大手出版社による初めてのアフリカ人作品を対象とした賞として画期的な意味を持ち，第1回受賞作のマリアマ・バーの『かくも長き手紙』(講談社，1981)をはじめとして，第5回受賞作のジャブロ・ンデベレの『愚者たち』(1990)，第10回受賞作のチェンジェライ・ホーヴェの『骨たち』(1995，ともにスリーエーネットワーク『アフリカ文学叢書』)などの翻訳出版のきっかけとなったが，多くの受賞作は翻訳されておらず，また，賞自体も2009年の第30回が最後となった。

　アカデミズムにおけるアフリカ文学研究についても，宮本，楠瀬，元木，砂野らがアフリカ学会に軸足を置く活動をしているが，より若い世代は，多くが英文学関係などの既存のアカデミズムを研究と発表の場としており，英文学関係の新領域としてのジェンダー，ポストコロニアルや仏文学関係のフランコフォニーなど，一般的により注目度の高いテーマに向かう傾向が認められる。多くの場合，発表媒体がそれぞれの専門領域に限られるので全体像は補足しにくいが，アフリカという地域は1つの要素にすぎないものとなっているようにも思える。

　宮本正興はある場所で次のようなことを書いている。

> 　アフリカ文学は「南」の世界と我々との関係を問い直し，人類の全体的可能性の実現への道を模索することを要求している。アフリカ文学を通して，意識の隔絶状況を根底から問い直し，断ち切られた南北の糸を一本ずつ繋いでいくことができれば，それこそがアフリカ文学受容の歴史的意義であるといえるだろう。アフリカ文学の研究と翻訳は，この挑戦に立ち向かうべきであると思う(宮本2002：290)。

　AA運動を引き継ぐようなこうした姿勢はもう古いのかもしれない。たしかに，イギリス文学研究，フランス文学研究などの国名を関した「文学」研究の場合であれ

ば，トランスボーダー，ポストコロニアルなどの新しい潮流（流行）によってナショナルな枠組みの融解が起こっても，強靭な「国民文化」「国語」信仰と19世紀末以来100年を超える文学アカデミズムの制度的蓄積が，漫然と研究の土台を既存の価値にゆだねることを可能にしてくれるだろう。しかし，アフリカ文学という，言語も文学制度も多くを欧米に依存し，アフリカ諸言語による文学がいまだ多くの困難を抱え続けている領域においては，アフリカという枠組みにどのような意味づけを行うのか，繰り返し問い続けることがなければ瞬く間に研究の足場は融解してゆくであろう。

アフリカ学会第41回大会（2004）では，楠瀬，竹村景子，砂野，村田はるせ，峯陽一，真島一郎による「文学フォーラム」が「地域研究としてのアフリカ文学研究」というテーマで組織されているが，そうした問題意識がこれからも継承されてゆくことを期待したい。

本稿では，スワヒリ文学研究や口承文学研究については触れていない。どちらの分野においても，宮本によるスワヒリ文学研究，江口一久によるフルベ口承文芸研究を筆頭として，世界水準の研究が行われているが，それについては，続く別稿を参照されたい。

[参考文献]

加藤晴久　1967「L・S・サンゴールと〈ネグリチュード〉」『明治学院論叢』125。
柄谷行人　2005『近代文学の終り』インスクリプト。
サルトル，J・P　1964「黒いオルフェ」鈴木道彦・海老坂武訳『シチュアシオンⅢ』人文書院。
ジオンゴ，グギ・ワ　1987（2010）『精神の非植民地化　アフリカ文学における言語の政治学』宮本正興・楠瀬佳子訳，第三書館。
砂野幸稔　2001「アフリカ文学研究 ── 回顧と展望」『アフリカ研究』57。
土屋哲　1978『近代化とアフリカ』朝日選書。
土屋哲　1994『現代アフリカ文学案内』新潮選書。
藤井一行　1964「現代アフリカ文学の動向 ── 文化的独立の問題についての一試論」『文化評論』28。
宮本正興　1989『文学から見たアフリカ』第三書館。
宮本正興　2002『文化の解放と対話 ── アフリカ地域研究への言語文化論的アプローチ』第三書館。
Achebe, C. 2009 *The Education of a British-Protected Child*. Knopf.
Kesteloot, L. 1963 *Les Écrivains Noirs de Langue Française: Naissance d'une Littérature*. Éditions de l'Université de Bruxelles.
Larson, C. 1972 *The Emergence of African Fiction*. Indiana UP.
Moore, G. 1962 *Seven African Writers*. Oxford UP.

1-3-1 ポストコロニアル文学
Postcolonial African Literature

　　　　　　　　　　　　　　　　　　　　　　　　　　　　　　神田麻衣子

キーワード：ネオ・コロニアリズム，ディアスポラ，雑種性（ハイブリッド性），戦略的本質主義，代弁・表象，共犯関係

「ポストコロニアル」あるいは「ポストコロニアリズム」は，1990年代以降，文学研究で使用されるようになった概念である。植民地経験に焦点を当てることで，旧植民地の文学を広く範疇に収めるこの視座の登場により，アフリカ文学は，アフリカ研究者による地域研究を基盤とする文学研究とポストコロニアル研究，両者の関心が重なり合う研究領域となった。ここでは，「ポストコロニアル」とはそもそもどのような志向を持つものなのかを今一度概説的に確認することから，日本におけるポストコロニアル研究，次いでアフリカ文学研究の様相を追っていきたいと思う。

「ポスト」の2つの意味

「ポストコロニアル（postcolonial）」という用語自体は，文化・文学研究分野のみに限定されたものではない。この分野で用いられる以前から社会科学系の学問分野では，前植民地期（pre-colonial），植民地期（colonial）に次ぐ植民地支配以後の時代区分を指すものとして使用されていた。このとき，「ポスト」が示す「〜以後」という意味──植民地という地位から1つの独立国としての主権を得た，ある特定の年月日「以後」──には疑問の余地がないように見える。しかし，当然のことながら，その日を境に植民地支配という過去から完全に断絶された新たな様式で社会が始動するわけではない。そこに見られるのは断絶ではなく，むしろ継続である。このような「以後の世界」における植民地支配の継続に着目するのが，ポストコロニアリズムの基本的関心である。

こうした関心に基づくなら，「ポスト」の意味する時間性は何かの終結というより，その始まりをも視野に収めるものとなる。この語を文化・文学批評用語として一躍広めることとなった，アッシュクロフト他による『ポストコロニアルの文学』では，ポストコロニアルを「植民地化された時点から現在にいたるまで，帝国主義のプロセスにさらされてきた文化全体を指す言葉」（アッシュクロフト他 1998：12）と定義している。もちろんこの場合も，保護領化や植民地化といった統治制度としての正確な始点に焦点化するというより，それに先行するキリスト教の布教や民間会社の開発事業などにおける，帝国と植民地との漸次的な「出会い」の瞬間も「ポスト」のなかに含み込んでいるといえよう。

さらに，ポストコロニアルの「ポスト」には，ポストモダニズムがモダニズムを乗り越えようとする試みであったのと同様に，「乗り越える，越える」という意味を見出すことができる。このような「コロニアルなもの」の乗り越えを表す語として先に地歩を固めているのは，「脱植民地化」だろう。また，先述した植民地支配の継続への注視を表す語としては，「ネオ・コロニアリズム（新植民地主義）」が先行する。植民地宗主国の支配者に代わり，独立後の国政を引き継いだ植民地エリート層が欧米の多国籍企業などと癒着することによって起こる権力構造，搾取構造の継続

を意味するのが、ネオ・コロニアリズムである。これらの語が主に政治的、経済的な問題を論じる際に使われてきたことをふまえ、スチュアート・ホールは「支配及び権力と搾取のシステムとしての植民地化と、知と表象のシステムとしての植民地化との虚偽の無意味な区別化こそ、いまここで否定されている」（ホール 2002：130）として、ポストコロニアル的な「乗り越え」を文化主義的なものではなく、社会全体を視野に収めた包摂的なものとして提示している。

ポストコロニアル文学と批評理論

　上記のような観点から、「ポストコロニアル文学」というカテゴリーは、第一義的には、西欧の植民地帝国によって支配されていたインドやアフリカ諸国、カリブ地域といった旧植民地の文学を総称するものである。しかしながら、アメリカやカナダ、オーストラリア、ニュージーランドといった移住者植民地の文学や、「コロニアル」な移動に端を発するディアスポラ状況から生み出される文学も含まれることから、この分類は場所に固定された地理的なものというより、歴史的経験に基づくものであるといえよう。

　先にも述べたように、「ポストコロニアル文学」という語を広めたのは、1989年に出版されたアッシュクロフト他による『ポストコロニアルの文学』である。だが、この分野の先鞭をつけたのは、「オリエント」がいかにヨーロッパの欲望のもとに構築されていったかを、表象・言説分析から明らかにしたエドワード・サイードの『オリエンタリズム』（1978）である。サイードのほかに、植民地支配の過程で支配者、被支配者の双方に避けがたく起こる現象として雑種性（ハイブリッド性）の概念を深めたホミ・バーバ、二重に抑圧された被支配者の声を拾い上げる手段として、戦略的本質主義を唱えたガヤトリ・スピヴァックの2人をこの分野の中心的な牽引役としてあげることができる。また、この分野の基盤を準備した先駆者として、人種的に劣った他者として扱われる経験が、いかに植民地主体を内面的に分裂させるかを説いたフランツ・ファノンをあげることができよう。

日本におけるポストコロニアル批評の広がり

　海外でのポストコロニアル批評の発展が、帝国主義時代のテクストを軸とする比較文学・文化研究だったことを受けて、日本でも欧米文学の研究者を主体としてこの分野の研究が進められた。1990年代にポストコロニアル研究に着手した研究者たちに特徴的に見られたのは、それぞれの専攻分野に軸足を置きながらも、帝国であったと同時に敗戦国でもある（それゆえにポストコロニアル国家ともいえる）日本の歴史をポストコロニアル的な視点から眺め直し、自己の立ち位置を顧みようとする自己省察的な姿勢だったといえよう。たとえば、正木恒夫『植民地幻想』（1995）や、姜尚中と岡真理による「ポストコロニアルとは何か」と題された『思想』897号（1999）での対談にそうした姿勢が顕著に見られる。

　2000年以降、「ポストコロニアル」は用語として十分な認知を得るにいたり、西欧の文学テクストにおける表象・言説分析から、ポストコロニアル文学テクストにおける抵抗言説の分析へと、本格的にその裾野を広げた。木村茂雄編『ポストコロニアル文学の現在』（2004）は、理論解説だけでなく、アフリカ、インド、カリブ、そして移住者植民地のポストコロニアル英語文学、さらに植民地化を契機とする英語の多様化という言語状況までを幅広く扱った点で、この研究の射程の広さを具体的に示すものといえよう。アフリカを扱った章では、ナイジェリアのエイモス・トゥトゥオラ（チュツオーラ）、チヌア・アチェベ、ウォレ（ウォーレ）・ショインカ、ベン・オク

リ，ケニアのグギ・ワ・ジオンゴ，南アフリカ共和国のナディン・ゴーディマ，J・M・クッツェーという，国際的に名を知られた7人の作家に焦点が当てられている。2007年に出版された中井亜佐子『他者の自伝』は，サルマン・ラシュディ，V・S・ナイポール，エドワード・サイード，クッツェーという4人のポストコロニアル作家・批評家を精緻に論じるものであるが，ここに日本国内におけるポストコロニアル文学研究の成熟が見られるといっても過言ではないだろう。

日本のアフリカ文学研究と「ポストコロニアル」

「ポストコロニアル」という語がすでに定着した2004年，日本アフリカ学会において文学フォーラム「アフリカ地域研究としてのアフリカ文学研究」が開催された。このタイトルが逆説的に表しているのは，アフリカ文学が「ポストコロニアル文学」の一角を占めるものとして，「英語文学」や「フランス語文学」という旧宗主国語中心のカテゴリーに回収されてしまうことに対する懸念だといえるだろう。

日本のアフリカ文学研究は，地域研究の一環として発展した。それゆえ，「現場」の言語に精通し，その場所と言語に根差した文学の様相を観察してきた地域研究の伝統からすれば，植民地経験に焦点を当てることで，植民地支配による宗主国語の強制や民族語・文化の抑圧をある種「言祝ぐ」かのように展開するポストコロニアル批評の越境的性格が，エリート主義的で抑圧的なものとして受け止められた。また，独立後も「コロニアル」な搾取構造のなかに組み込まれ続ける民衆の経験や感情を，世界に向けて代弁・表象しようとするアフリカ人作家の創作活動に立ち会ってきたアフリカ研究者にとっては，「ポストコロニアル」の「ポスト」が瞬時に与える「〜以後」という意味が実感にそぐわなかったということも，ポストコロニアル批評に対する懐疑の背景にあっただろう。

このように後発のポストコロニアル研究を厳しく見極めようとする地域研究の側からは，回収の動きとして同じく警戒されるかもしれないが，ポストコロニアル研究はこれまでのアフリカ文学研究の成果を否定するものではない。たとえば，英語で作家としてのキャリアを始めながら，自身の母語であるギクユ語へと創作言語の転換を図ったグギ・ワ・ジオンゴは，アフリカだけでなく，ポストコロニアル文学を論じる上で非常に重要な作家である。翻訳も含む，宮本正興によるグギについての論考は，言語の二重化した場所と時代に根差したポストコロニアル状況を正面から捉えようとするものであり，作家への共感ゆえに引き継がれた政治的な緊迫感は，ポストコロニアル研究が陥りがちなある種の文化主義的無関心に対する「戒め」となるものといえよう。

ポストコロニアル文学研究の課題

上に述べたような地域研究からの懐疑に対し，「ポストコロニアル」を標榜する文学研究の側がまず向き合わなければならないのは，言語の問題だろう。現在，ポストコロニアル文学研究が主に対象としているのが，旧宗主国語による文学テクスト，文学理論であることは否定できず，現地語・民族語による文学を排除しているという批判をかわしきれない状況にある。また，ポストコロニアリズムが志向する「当事者」による語りへの関心が，ポストコロニアル地域出身の知識人による理論や批評実践への言及に替えられてしまうことで，アカデミズムとは無縁の被支配者による語りを再び抑圧してしまう可能性を無視することはできない。ポストコロニアリズムと旧来の文学制度とのこのような共犯関係を「越える」ために，現在のポストコロニアル文学

研究に求められているのは、現地語・民族語の文学テクストを分析の対象としてできるかぎり取り入れること、あるいは、少なくともその存在を常に意識することではないだろうか。この点において、アフリカ文学研究に学ぶところは多く、連携を図ることも視野に入れるべきだろう。

アフリカ文学の新たな展開

近年、アフリカ文学は、文学制度や文学批評の存在を前提としたテクストが生み出される局面を迎えている。そうしたテクストの代表例としてJ・M・クッツェーのテクスト群があげられるが、中井は、クッツェーのテクストが示す文学批評理論との極端なまでの親和性について、テクストの読解を文学共同体内に閉じ籠った「空疎なゲーム」にしてしまう不安を呼び起こすものだと指摘している（中井 2007：244）。また、チママンダ・ンゴズィ・アディチェ（アディーチェ）の短編「ジャンピング・モンキー・ヒル」（『明日は遠すぎて』所収）で軽妙にしかし辛辣に描かれているのは、「アフリカ文学」というカテゴリーだけでなく、「現実のアフリカ」を形作り、世界に向けて発信するのは、結局のところ旧宗主国の「アフリカニスト」であること、また、文学テクストがそのようなものとして消費財となっているグローバリゼーション時代の現実を見定めながら、作家たちがそれぞれ自分の位置する場所からアフリカの自己表象を戦略的に模索する姿である。これらのテクストが意識しているのは、文学研究につきまとう権力性や政治性、またその閉鎖性だといえるだろうが、それはまた、ポストコロニアル文学批評が「コロニアル」なテクストを分析する際の主要な関心事でもあった。批評と二重写しの状態で存在する、これらの自意識的なポストコロニアル文学テクストを、単なるコロニアル言説分析の反復に陥ることなく、それ

チママンダ・ンゴズィ・アディチエ（アディーチェ）の短編集『ザ・シング・アラウンド・ユア・ネック（The Thing Around Your Neck）』の表紙。「ジャンピング・モンキー・ヒル」が収められている

を「越えた」向こう側に位置づけることは果たして可能なのか。ポストコロニアル文学研究がテクストから問われているのは、理論として権威化された領域に安住することなく、絶えず変化し続ける現実に歩調を合わせながら「ポスト」を志向し続ける姿勢だといえるだろう。

アッシュクロフト，B他 1998『ポストコロニアルの文学』木村茂雄訳，青土社／アディーチェ，C・N 2012『明日は遠すぎて』くぼたのぞみ訳，河出書房新社／サイード，E 1993『オリエンタリズム』板垣雄三・杉田英明監修，今沢紀子訳，平凡社／ジオンゴ，グギ・ワ 2010『増補新版 精神の非植民地化 アフリカ文学における言語の政治学』宮本正興・楠瀬佳子訳，第三書館／スピヴァック，G・C 1998『サバルタンは語ることができるか』上村忠男訳，みすず書房／バーバ，H・K 2005『文化の場所』本橋哲也他訳，法政大学出版局／ファノン，F 1998『黒い皮膚・白い仮面』海老坂武・加藤晴久訳，みすず書房／ホール，S 2002「『ポストコロニアル』とはいつだったのか？──境界にて思考すること」小笠原博毅訳，『思想』933

⇒南アフリカと文学，フランス語によるアフリカ文学

1-3-2 スワヒリ文学
Swahili Literature

……竹村景子

キーワード：スワヒリ語，スワヒリ地方，エドワード・スティア，サイド・アフメド・モハメド

アフリカ大陸固有の言語は2000以上存在するといわれているが，そのなかで世界的に最も知られているのはスワヒリ語であろう。欧米諸国，中国，韓国，日本でも高等教育機関において「スワヒリ語専攻」が存在し，ラジオ放送でも使用されているからである。しかし，アフリカ大陸では「メジャー言語」であるスワヒリ語であっても，その言語で伝えられた・書かれた「文学」があって，それらが学ぶに値する水準のものであるとは，日本ではほとんど認識されていない。ここでは日本におけるスワヒリ文学研究の現状を紹介するとともに，スワヒリ文学をはじめとするアフリカ固有の言語による文学の研究が，アフリカ文学研究の今後の発展にとって必要不可欠であることを述べていきたい。

スワヒリ地方とスワヒリ語
── スワヒリ文学研究を概観する前に

本稿では，スワヒリ文学を「スワヒリ語で伝えられた・書かれた文学」のことであると定義する。スワヒリ語は，ユネスコの推計によれば1億人ほどの話者がいるとされるが，その話者すべてがスワヒリ語を母語としているわけではなく，おそらく80％ほどの人々が第二言語，第三言語，あるいは第四，第五言語として習得し，用いている。植民地時代以前に開拓されたアラブ人の隊商ルートに従ってスワヒリ語の通用範囲も広がり，また，欧米の宣教団の布教活動においてもスワヒリ語が用いられたことでさらに通用範囲が広がった。いわゆる母語話者が住んでいるのは，「スワヒリ地方」と呼ばれるソマリア南部からモザンビーク北部にかけての細長いベルト地帯（海岸から約30～50kmの幅）およびインド洋に浮かぶ島嶼部である。

先行研究によれば，スワヒリ語には24ほどの地域方言があるとされているが，それら地域方言の下位変種，また，各地の民族語との接触により新たに生み出された地域変種，教育の有無や階級の違いによって生じる社会的変種など，さまざまな変種が存在すると考えられる。これら多くの変種を「統合」しているのが「標準スワヒリ語」であり，少なくとも「書かれた文学」はこの標準語，もしくはそれに近い変種によるものと考えて差し支えない。ただし，母語話者がその書き手であった場合は自らが母語とする変種の表現をあえて用いることがあり，外国人や他の民族語を母語とする人々にとってはそういった表現を理解するのは非常に困難であるといわざるをえない。現代文学に限っていえば，その作品を生み出しているのはほとんどがタンザニアとケニア出身の作家である。スワヒリ地方出身の作家もいれば，内陸部出身の作家もいる。作品を読めば，作家の出身地域によって「異なるスワヒリ語」が用いられていることがわかってとても興味深い。

口承文学から現代文学まで

ここでは，スワヒリ文学を大まかに「口承

文学」「古典詩」「現代文学」に分け，それぞれについて押さえておきたいポイントを紹介しておこう。

　他のあらゆる言語においてもそうであるように，スワヒリ語にも昔話，ことわざ，なぞなぞなど，さまざまな口承文学が存在する。他のほとんどのアフリカ諸語と同様に，スワヒリ語も固有の文字は持たなかった。そのため，こういった口承文学を最初に記述したのはヨーロッパ人であり，有名なものとして，宣教師であったエドワード・スティアの *Swahili Tales, as told by natives of Zanzibar, 1870*（スワヒリ語原文からの日本語訳は『スワヒリの昔話』（宮本・鈴木訳 1982）などがある。これまでに少なからぬ口承文学が蒐集されて研究され，ヨーロッパ諸語や日本語などにも翻訳されているが，現在では口承文学の社会的機能が失われ，継承が困難な状況になりつつある。そこで，ザンジバル国立大学では，口承文学研究の重要性を認識し，ザンジバル島やペンバ島の語り手がいなくなってしまう前に，多くの地域方言での「語り」を収集・保存しようとプロジェクトを展開している。

　次に，おそらくは17世紀以降だと考えられているが，アラビア文字を用いて多くの古典詩や年代記が書かれるようになった。『魂の覚醒』などの叙事詩や，『ムゥナ・クポナの訓戒』などのイスラーム的教訓詩などの詩歌が生み出され，『キルワ年代記』『パテ年代記』『ラム年代記』などの年代記が著された。『魂の覚醒』はスワヒリ叙事詩のなかで世界的に最も知られたものであるといわれ，ヨーロッパの研究者が「ダンテやミルトンに匹敵するものがある」とさえ評価しているものである。宮本（2009：366）はこの時代の詩について，「今日残存している長詩は，いずれも17世紀以前にはさかのぼらないものと推察されているが，これは，それよりも古い時代にスワヒリ語の詩が書かれなかったということを意味しているのではない。反対に，これらの作品にひんぱんに現われる警句的表現（mafumbo），また，『ダンテさえ冷笑できないであろう』と称賛されるほどの詩が存在していることは，その当時，すでに詩人たちが豊かで多彩な伝統のなかで仕事をしており，スワヒリ文学の土壌がすでにじゅうぶん成熟していたことの確実な証拠であろう」と述べている。

　最後に，いわゆる「書かれた文学」であるスワヒリ現代文学についてだが，このジャンルを知るためにまず読んでおくべきだと思われるのは，イタリアのスワヒリ文学研究者であるエレーナ・ベルトンチーニの『スワヒリ文学を概観する』(1989)である。本書は2009年に第2版が出されたが，著者も複数となり，ボリュームアップされている（Bertoncini et al. 2009）。この第2版には，索引1に総勢324名の作家の名とその主な作品名があげられている。それらの作家のなかでとくに数頁ずつを割いて紹介されているのは，スワヒリ現代文学の祖と称されるシャアバン・ビン・ロバート（Shaaban bin Robert 1909-62），スワヒリ語推理小説作家の草分け的存在であるムハンマド・サイド・アブドゥラ（Muhammad Said Abudulla 1918-91），演劇論を学び，戯曲の執筆においては世界的に高い評価を受けているエブラヒム・フセイン（Ebrahim Hussein 1943-），「現代スワヒリ文学に携わる者で彼の影響を受けていない者はいない」と評されるユーフレイズ・ケジラハビ（Euphrase Kezilahabi 1944-），現在最も精力的な執筆活動を行い，長編・短編小説，戯曲，詩集など多彩に執筆できるサイド・アフメド・モハメド（Said Ahmed Mohamed 1947-），文学評論も手がけつつ自身もさまざまな作品を生み出し，スワヒリ語テキストも執筆するキャロ・ワディ・ワミティラ（Kyaro Wadi Wamitila 1966-）などである。

　なお，同書の索引2には690作品（長編小説，短編集，戯曲などあらゆるジャンルを含む）

が解説付で掲載されているが，残念ながらそのほとんどは英語などでの翻訳がなく，スワヒリ語が読めて理解できなければ手に取ることができない。

日本におけるスワヒリ文学研究の歴史と現状

日本におけるスワヒリ文学研究の礎を築いたのは宮本正興であり，今なおその功績を上回る者が現われていないといっても過言ではない。宮本は，当初は言語学的見地からスワヒリ語を研究しようとしていたが，アフリカ地域研究の重要性を認識するにいたってからは，スワヒリ文化，文学に対する深い理解が必要であると考え，口承文学の蒐集・翻訳・紹介と書承文学の研究を手がけるようになる。「アフリカ文学研究会」を立ち上げて，楠瀬佳子，砂野幸稔，元木淳子らとともにアフリカ文学研究の道筋を作ったことは総説で触れられている通りだが，そこでの研究対象は英語やフランス語で書かれた現代文学だけではなかった。宮本がスワヒリ語・スワヒリ文化に深い造詣があり，アフリカ大陸の個々の民族語で伝えられた・書かれた文学の重要性を認識していたからこそ，エブラヒム・フセインの『時の壁（*Wakati Ukuta*）』（フセイン1977）の対訳本を出版できたのであり，研究会の学術誌『アフリカ文学研究』にも会報誌*Mwenge*にも，スワヒリ文学をはじめとするアフリカの民族語の文学に関する論考を掲載できているのである。

宮本の業績は膨大であり，スワヒリ文学を理解するためだけでなく，スワヒリ地域研究を志すのであれば必ず読んでおかねばならない論文，評論の類はあげればきりがない。それだけの業績をここで紹介するのは不可能なので，先にあげた「口承文学」「古典詩」「現代文学」の区分それぞれに関する論考が同時に読めるものとして，『スワヒリ文学の風土——東アフリカ海岸地方の言語文化誌』（宮本2009）をあげておきたい。とくに，同書の第II部「現代文学の出発——シャアバン・ビン・ロバート論」においては，スワヒリ現代文学の祖と称されるシャアバンに関するいくつかの論考が読める。ここでは，宮本がスワヒリ語を駆使してシャアバンの親族とも交流したからこそ得られた，シャアバンの手書き原稿などの貴重な資料も目にすることができる。シャアバンの人間観や詩論について深く掘り下げた論考は，世界的に見ても重要な研究であるといえる。宮本はまた，先にあげた『スワヒリの昔話』のように口承文学の和訳も精力的に行っており，いわゆる「児童書」として子ども向けに平易な日本語で翻訳した昔話・民話の書籍も手がけている（宮本1983, 1991）。このことは，「アフリカ」という日本から遠く未知であるとされる地の人々の営みを日本の子どもたちに伝える上で，非常に大きな意味があるといえる。

宮本が教鞭を取った大阪外国語大学（現大阪大学外国語学部）のスワヒリ語専攻では，宮本の「アフリカ文学」の講義を受講して感化され，現代アフリカ社会を理解する手立てとして文学研究を志した者も何人か存在する。ただ，そのなかには英語で書く作家の作品を取り扱った者も含まれるため，スワヒリ文学研究に限っていえば数えるほどしか業績が残っておらず，学部生および大学院生の学位論文などのなかで修正した後に公刊されたものが5点あるのみである。また，非常に残念ながら，それらの業績を残した者たちすべてが現在も研究を続けているわけではなく，竹村がかろうじて宮本から託されたバトンを落とさないように，次の走者が現われるまで走り続けねばならないというのが現状（竹村1995, 2002を参照）である。

なお，日本アフリカ学会員ではなく，大阪外国語大学の卒業生でもないが，ダルエスサ

ラーム大学大学院で学んだ木村映子は，スワヒリ語による推理小説をテーマに全編スワヒリ語で修士論文を書いている（Kimura 1992）。このように意欲的で挑戦的な研究活動を志す後進が待たれるところである。

アフリカ文学研究，
ひいてはアフリカ地域研究の発展のために

　西欧諸国による植民地支配以前から「書かれた文学」が存在していたスワヒリ文学は，他のアフリカ諸語による文学とは異なる歴史を持っているといってよい。しかし，スワヒリ語を言語学的に研究した五島忠久でさえ，「世界に誇るべき大文学ではない……散文は，民話・伝説あるいは回教の色彩の強い宗教的物語の域を出ない幼稚なもの……いずれもとりあげるにたる価値のないもの」（宮本 2009：350）と評した。おそらく，一般的な日本人の多くが「読んで理解できない」ためにそのような偏見を抱くことは現在でもあるだろう。

　しかし，現代文学の作家として最も精力的に作品を生み出しているといえるサイド・アフメド・モハメドは，「自らの母語であり同胞たちに直ちに理解してもらえるスワヒリ語で書くことが作家としての使命であり，また，英語やフランス語で書けることはスワヒリ語でも十分書ける，それを自分は証明したい」と言い切っている（竹村 1995）。そして実際に彼の作品を読めば，確かに私たちに向けて強烈な一撃が放たれていると感じる。「さあ，眠っていないでしっかり世界のことに目を向け，考えろ！」と。そのサイドの代表作の1つ『離散（*Utengano*）』が守野庸雄によって和訳されている（モハメド 2003）。先の偏見を払拭する意味で，貴重な業績である。

　宮本は教え子たちに向けて，「自分の小さな関心分野だけが孤立して存在しているわけではない。アフリカのすべての問題はたがいに有機的に関連しあっている。言語や文学の問題が，もしかすれば失業やスラムの形成と関わっていることもありうるのだ」と述べた（宮本 2009：324）。まさに，アフリカ文学を読むことはアフリカの抱えるさまざまな問題を理解する1つの重要な手立てであり，また，自分自身のアフリカへの向き合い方を考える上で必要なことでもある。そして，個別民族語の文学作品を読むことは，当該民族の歴史や社会のあり方など，さまざまな事象を理解することにつながる。スワヒリ語だけでなく，アフリカ諸語それぞれの文学を理解することは，今後の日本におけるアフリカ文学研究のみならずアフリカ地域研究の発展にとって，大きな意味を持つといえるのではないだろうか。

スティア，エドワード 1982『スワヒリの昔話』宮本正興・鈴木優梨子訳，同朋舎／竹村景子 1995「スワヒリ語作家サイド・アフメド・モハメドに聞く」『世界文学1』大阪外国語大学／竹村景子 2002「サイド・アフメド・モハメド作『砂まじりのキトゥンブア（*Kitumbua Kimeingia Mchanga*）』を読む」*Mwenge* 30／フセイン，エブラヒム 1977『時の壁』宮本正興，和崎洋一，G・C・ムワンギ訳，昭和堂／宮本正興 1983『うさぎのかしこい商売』小峰書店／宮本正興 1991『タンザニアのむかし話――ザンジバル島につたわる話』偕成社／宮本正興 2009『スワヒリ文学の風土――東アフリカ海岸地方の言語文化誌』第三書館／モハメド，サイド・アフメド 2003『離散』守野庸雄訳，東京外国語大学アジア・アフリカ言語文化研究所／Bertoncini, E. Z., Mikhaili D. Gromov, Said A. M. Khamis & Kyallo Wadi Wamitila 2009 *Outline of Swahili Literature: Prose Fiction and Drama, Second Edition, Extensively Revised and Enlarged*. Brill／Kimura, E. 1992 *Mabadiliko ya Kijamii na Riwaya ya Upelelezi Tanzania*. ILCAA, Tokyo University of Foreign Studies

⇒口承文学，アフリカ人作家と日本，言語・言語学

1-3-3 アフリカ人作家と日本
African Writers and Japan

……………………………………………………………………………………………宮本正興

キーワード：日本アジア・アフリカ作家会議，来日作家，クネーネ・ショック，野間(アフリカ出版)賞

2013年3月，「現代アフリカ文学の父」と呼ばれた1930年生まれのナイジェリアの作家チヌア・アチェベが逝去した。「私の作品は現代アフリカの歴史を言い換えたもので，そこには重要な政治的意図が含まれる。私の作品には意味がある。民衆との繋がりがある。個人の内面の追求に明け暮れる西欧現代文学には，世界の変革さえ望めない空虚さが漂っている」と彼は述べた。その死は，20世紀アフリカ文学の輝かしい1つの時代の「終わりの始まり」を示している。アフリカ文学はこれからどうなるのか。我々日本人は「世界の変革を望む」アフリカ文学の遺産とどう切り結ぶことができるだろうか。20世紀アフリカ文学をどう受け継ぐことができるだろうか。

来日作家たち

この50年ほどの間に，20世紀アフリカ文学を世界の檜舞台に押し上げた作家の多くが来日した。主な名前だけでも，南アからマジシ・クネーネ，アレックス・ラ・グーマ，ナディン・ゴーディマ，J・M・クッツェー，リチャード・リーブ，ジャブロ・ンデベレ，チナ・ムショーペ，デニス・ブルータス，ジンバブエからチェンジェライ・ホーベ，ナイジェリアからウォーレ・ショインカ，チヌア・アチェベ，コーレ・オモトショ，ケニアからグギ・ワ・ジオンゴ，グギ・ワ・ミリエ，ミシェレ・ムゴ，セネガルからセンベーヌ・ウスマンなどである。

このほか，旧南ローデシアに長く住んだノーベル賞作家ドリス・レッシングも来日しているが，「自分はイギリス文学の作家で，その文学伝統の中で書いている」と明言した。彼女だけでなく，ゴーディマやクッツェーを含めて，ノーベル賞受賞の白人作家が自分の営為を「アフリカ文学」に所属させているかどうかは疑問だ。他方，ある国際会議で，エジプトのナワル・エル・サーダウィは，宮本正興作成の「日本語に翻訳されたアフリカ文学」のリストに自分の名前があがってないことを責めた。どうやら「アフリカ文学」「アフリカ人作家」の定義は難しいが，ここでは立ち入らない。

来日経験のある作家だけでも，ゆうに100人を上回るだろう。しかし，作品に「日本」を取り入れる例はほとんどない。日本文学や日本文化への関心についても，情報はきわめて限られている。

日本側の対応

アチェベ，ンデベレ，ショインカ，オモトショ，ミシェレ・ムゴらは，大手新聞社が関与した国際集会への参加である（たとえば，ショインカは毎日新聞社他主催の国際シンポジウム「新地球文化を求めて――人類の創造力は永遠か」に出席。1987年，大阪）。ラ・グーマやグギ・ワ・ジオンゴは，1970年代から二十数年間，活発に活動した日本アジア・アフリカ作家会議（前身は1959年創立のアジア・アフリカ作家会議日本協議会。初代事務局長は堀田善衞）の招聘による。日本アジア・アフ

リカ作家会議（1974年結成，97年解散）の初代議長は野間宏で，大江健三郎，小田実，堀田，中野重治，針生一郎などが発起人であった。これは，ネール首相などの提唱で招集された1956年の「第1回アジア作家会議」（ニューデリー），これにアフリカ諸国の参加を決定した58年の「第1回アジア・アフリカ作家会議」（タシケント）の精神を支柱としている（石川達三，伊藤整，加藤周一，遠藤周作，木下順二，武田泰淳，安部公房，長谷川四郎らが順次参加）。文学を通じたこの国際連帯運動の目標は「時代の客観的リアリティを反映し，あらゆる形の国家的または人種上の差別・社会的不平等・帝国主義者の侵略や浸透に反対する戦闘的気風を表現し激励することであり，よりよい生活に対する人民の願望を鼓舞激励すること」とされた。ラ・グーマ，センベーヌ，グギ・ワ・ジオンゴ，アチェベなどが同会議の最高の栄誉である「ロータス賞」を受けている（日本では，野間，堀田，小田が受賞）。

1976年結成のアフリカ文学研究会（砂野幸稔，楠瀬佳子，宮本正興らが参加）が独自に招聘したのが，グギ・ワ・ジオンゴ，ブルータス，ムショーペ，ウィリー・コシツィーレ（ボツワナ）などである（「わたしたちと第三世界――アジア・アフリカ文学者会議」1992年，京都）。同研究会は，2000年にも，亡命先のジンバブエからグギ・ワ・ミリエが率いるコミュニティ劇団15名を招いて，京都，大阪，東京での公演を主催した。同時に「アフリカに関する国際シンポ――文化と開発」（京都）を主催したが，このとき，内外の17名のパネラーのほか，グギ・ワ・ジオンゴがアメリカから参加し，「文化・開発・アフリカ諸言語」と題する基調講演を行った。彼は，小田らが組織した「韓国問題緊急国際集会」（1976年，東京）で初来日している。ミシェレ・ムゴは，日本アフリカ学会第41回大会（中部大学）の基調報告者の1人として再来日した。英語で書くピーター・パランギョ（タンザニア）は在東京の大使館員として，南スーダンのタバン・ロ・リヨンは国立民族学博物館の客員研究員として来日，スワヒリ語で書くタンザニアのサイド・アフメド・モハメドは大阪外国語大学で長く教えた。

なお，1979年，講談社が創業70周年を記念して創設した「野間（アフリカ出版）賞」が，アフリカ人作家の間に定着した。アフリカ諸国の出版社と著者の活動を奨励することを目的にしたものであったが，30回（1980〜2009年）で終了した。この間，第1回目受賞のマリアマ・バーの小説『かくも長き手紙』など特選，選外佳作を含めて全部で180作品が対象となった。ここには文芸創作品が多数含まれている。

アフリカ人作家からの問い

さて，学会創立と重なる50年ほど前といえば，ベトナム戦争の渦中，北爆が始まったころである。岩波書店編集部が「戦争と平和の問題」について，世界の指導的な政治家・思想家・神学者などから意見を求めることがあった。亡命中の南ア文壇の大御所E・ムバシェーレが，アフリカを代表してこれに回答を寄せた。曰く「良心のゆえに，お手伝いできません」と。

「あなたの国の人々は，南アの白人圧制者と通商条約を結んで，彼らの繁栄をいっそう進めるための投資に加担している。南アの状況は世界平和を乱すほど燃え上っている。300年間の白人支配がどんなに野蛮であったかは，私の心に最も強く生きている現実であり，これは，世界平和や冷戦についての抽象的談義ではない。日本人が南アの白人政府を富ませ，彼らが武器を購入してわが民衆を射倒すことを可能にしてい

る残酷な現実を前に，これ以外の世界平和に関することは，単にアカデミックな抽象的なことに過ぎない。私が言及した通商条約に対して，日本ではどんな反対の世論がありますか。あなたの出版社はそれに抗議しましたか」。

この挑戦的な返事を知って，宮本は自分にアフリカ（文学）と関わる資格がないと思った。泣き面に蜂という。1970年に初来日したクネーネは，知識人や，左翼政党からの対談要請に対して「あなた方との文化談義の必要よりも，まず南アの黒人解放運動を進めるための武器購入の資金を援助してほしい。日本は，南ア黒人解放運動に対して何の寄与もしていない」と述べた。この衝撃は，いわゆる進歩的文化人の間で「クネーネ・ショック」として長く記憶されることになった。80年代には，アフリカ文学研究会が京都へ招いたグギ・ワ・ジオンゴが，多くの日本人アフリカ研究者を前に語った。「アフリカは皆さんから援助を受けているのではない。本当をいえば，アフリカは与え手であり，欧米・日本は受け手なのだ。援助とは10枚の毛布を奪った側が，1枚を返してやるといった偽善である。この不平等な関係を廃絶するたたかいのなかで，日本の皆さんと連帯できると思う」。

いずれも「世界新秩序」以前の話だ。そのころ，グギ・ワ・ジオンゴは，三島由紀夫，安部公房，夏目漱石などには興味を示さず，藤森成吉，小林多喜二，宮本百合子など，いわゆるプロレタリア小説に関心を寄せていた。「一般民衆を扱った小説こそが，自分の身辺の問題と関わる」という。当時の彼は，ナイロビ大学で韓国の獄中詩人金芝河の作品を読んでいた。最初のギクユ語小説『十字架の上の悪魔』は，金芝河の『五賊』に通底するものがある。彼の場合，『血の花弁』以降の作品に「日本」が出ることが多いが，クワメ・ンクルマの著作のタイトルを借りれば，「新植民地主義——帝国主義の最終段階」にある欧米先進資本主義国の一員，それも有力な一員として引き合いに出されるのである。

アフリカの作家・日本の作家

井上ひさし，李恢成らは，グギ・ワ・ジオンゴの民族語での執筆やコミュニティ演劇に深い共感を示した。竹内泰宏はクネーネの詩的想像力，円環的世界などアフリカ的象徴に関心を寄せた。大江は「森の思想」との関連から，アモス・トゥトゥオラの神話的世界や，チムレンガ（民衆蜂起）の伝統を掘り起こすホーベへの興味を語ったことがある。

一方，来日アフリカ人作家はどのようなメッセージを残したか。主なものを列挙しておこう。

a)「アフリカ文化・文明が，長い間日本において，西欧のメディアを介してしか紹介されなかったことは非常に悲劇的なことだ。西欧は，アフリカを植民地化してきたので，植民地主義の観点からアフリカを偏見視している。つぎに，西欧は，自分自身の尺度でアフリカを測る。アフリカは，人類学などという形で歪められて表現されている。このようにアフリカ文化・文明についての紹介が日本において歪められているのと同様に，われわれに対する日本の紹介も西欧メディアによって歪められていると思う」（クネーネ 1970）。

b)「私自身，植民地支配によって文化とは英国がすべてであり，母国を含めてそれ以外は存在し得なかった。それが英国の図書館で日本の『能』の本を読み，わがアフリカのヨルバ文化が決して孤立したものでないことを感じた。それほど能とヨルバの儀式劇には類似性があった」（ショインカ 1987）。

c)「日本とアフリカとの間には共通のものを

見出せる。たとえば，神道の起源などは，アフリカにおける祖先崇拝と非常に似ている。たんに現象的に似ているというのでなく，それぞれの土地における社会的諸価値の完成形態としてある」（クネーネ 1970）。
d) ブルータスは，英文俳句ともいえる短い詩を多く遺した。その1例。
Birdcalls at dawn in
Wynberg arouse and enlarge
the age-shrunken heart.
（Wynberg 1991）
ワインバーグの夜明け
鳥の声
老いに撓えた心，醒めて膨らむ
（ワインバーグ［ケープタウンの一角］1991）

アフリカ文学の主体性・批評の視座

グローバル化の現在，20世紀アフリカ文学の世界とその遺産は，足早に遠景に退いていくように見える。植民地支配は過去のものとなり，冷戦も鎮まった。だが，今度は「世界新秩序」なるものを支配する3つの中心（西ヨーロッパ，中国，最強の「帝国」北アメリカ）がはっきりと立ち現われてきた。それぞれが，新植民地的衛星国を周辺に従えながら互いに対抗関係にあるが，協同して世界支配の調整に努めてもいる。日本は，東アジアに位置しながらも，「帝国」と一体となって，それを支える最重要な衛星国の1つである。アフリカの国家群は，これら3つの中心（のどれか）に従属を求められている。

この現実を知ると，堀田が80年代に述べた言葉が，とりわけアフリカ人作家にとって今も意義を失っていないように思われる。

「私はこの数年，日本を離れてスペインに住んでおりますが，このヨーロッパの一角からはアジアとアフリカとラテンアメリカが歴史を通じて1つにつながって見えると思うことがあります。第三世界は独立した考え，独立した文化，そして独立した政治をつくらなければならないでしょう」。

これを要するに，アフリカ（文学）研究の今日的意義，人類史的・思想史的意義，あわせて文学批評の独自の視座が，改めて問われるであろう。

「アフリカ文学」「アフリカ人作家」という用語の曖昧さに挑戦するかのように，「コモンウェルス」「アングロフォン」「フランコフォン」「ポストコロニアル」といったコンセプトが提唱されてすでに久しい。個別文学の伝統が拠って立つ民族性，地域性，独自な歴史性を問うよりは，共時的・平面的で，むしろ無機的なPost-Colonialityの理論に回収しようとの動きもある。これらは，硬直した20世紀左翼批評の代替物として登場した趣もあるが，文学の枢軸をあくまでも西洋に置いて，袋小路に陥った西洋の文学（批評）の伝統の延命をはかろうとするものでもあるだろう。「日本文学」や「中国文学」の場合には，独自な長い伝統と言語の障壁から，西洋軸への回収を容易には許さないであろう。しかし，「アフリカ文学」の場合はどうか。アフリカ人作家は，堀田が期待したような「独立した」主体性を，はたして手にすることができるだろうか。

竹内泰宏 1991『第三世界の文学への招待　アフリカ・アラブ・アジアの文学と文化』御茶の水書房／日本アジア・アフリカ作家会議 1982『民衆の文化が世界を変えるために――アジア・アフリカ・ラテンアメリカ文化会議の記録』恒文社／宮本正興 1989『文学から見たアフリカ――アフリカ人の精神史を読む』第三書館／Achebe, C. 1988 *Hopes and Impediments, Selected Essays 1965-87*. Heinemann／Ngugi wa Thiong'o 2012 *Globalectics-Theory and the Politics of Knowing*. Columbia UP

⇒南アフリカと文学

1-3-4 南アフリカと文学
Literature in South Africa

———楠瀬佳子

キーワード：アパルトヘイト，抵抗と抗議，英語文学，作家，翻訳

アフリカは20世紀の間に長年の植民地支配を経て独立への道を歩んだ。この間に「アフリカ文学」が登場し，文学が人間と社会をトータルに描き，激動するアフリカの歴史の証人であった作家たちの文学営為は重要な役割を果たした。とくに南アフリカでは人種により文学の発展は異なった。19世紀末に作品を発表したオリーブ・シュライナーらの白人文学や，20世紀初めに登場したソール・プラーキーなどの黒人文学は，大きなインパクトを与えた。アパルトヘイト時代には，人種にとらわれず，作家たちはこぞって社会の矛盾を描き，人間尊厳のありかを問うた。こうした作家たちの作品がどのように日本で紹介されてきたかを辿ってみる。

アフリカは，20世紀の間に長きにわたる植民地支配を経て独立への道を歩んだ。この間に「アフリカ文学」が登場し，文学が人間と社会をトータルに描き，世界現代史の貴重なドキュメントとなった。作家の文学営為は重要な役割を果たした。

初期の南アフリカ文学

とりわけ南アフリカでは，植民地支配とアパルトヘイト政策のもと，白人，アフリカ人，カラード，アジア人の4つの人種別文学を発展させてきた。古くは主にオランダからの白人入植者（アフリカーンス文学）とイギリスからの入植者（英語文学）の2つの系譜があり，子弟の教育とも大いに関係して，これらの伝統を受け継いだ。20世紀初頭には，宣教師から教育を受け，キリスト教徒に改宗したアフリカ人が，地域新聞を発行し，文学作品を書き始めた。南アフリカ文学は複雑な歴史背景を持ちながら，アフリカ民族語，アフリカーンス語，英語による文学の発展があった。

最も初期の作品としては，白人という特権階級にいたオリーブ・シュライナーが『アフリカ農園の物語』(1883)を発表し，自らの生活模様を描き，人種や宗教，女性の問題に目を向けた。アフリカ人としては，ツワナ民族のソール・プラーキーが『ムーディ』(1920)を書き上げたが，出版は10年後になった。ズールの王シャカが率いる軍隊とツワナの人との出会いの物語を描いた。さらにソト民族のトーマス・モフォロも『シャカ』を1931年にソト語で書いた（後に，ダニエル・クネーネが1981年に英語訳をし，ハイネマン社のアフリカ作家シリーズに収録した）。マジシ・クネーネはシャカについてズール語で書き，1979年に自ら英語訳をハイネマン社から出版した。日本ではマジシ・クネーネの『偉大なる帝王シャカ』I・II（岩波書店，1979，土屋哲訳）として紹介されている（原著の発行年は，書名の直後に表記し，その後に日本で翻訳されものについては出版社，発行年，訳者名を記入した）。

アパルトヘイト時代の文学

日本では，児童文学の翻訳家として知られる村岡花子により，アラン・ペイトンの『叫べ，愛する国よ』(1948)（聖文社，1962）が南

アフリカ文学として初めて紹介された。1950年代は、雑誌『ドラム』誌に集まる作家の活動が現代南アフリカ文学を形成してきた。主として都会で暮らすアフリカ人の生活、ジャズやもぐりの酒場での人間模様、アパルトヘイトの不正義、差別と抑圧の矛盾を短編小説にして描いた。主な作家に、エスキア・ムパシェーレ、ルイス・ンコシ、ナット・ナカサ、カン・テンバなどがいた。ヘンリー・クマロのようなジャーナリストの活躍も注目に値する。この時代には民衆の声を代弁して文字にし、社会状況に対する抗議活動を行った。

ナット・ナカサは後に文芸雑誌『クラッシック』誌を発行し、カン・テンバの「スーツ」を掲載した。ここに投稿された作品は南アフリカ文学の古典として評価された。

エスキア・ムパシェーレは、自伝的長編小説『わが苦悩の町二番通り──アパルトヘイト下の魂の記録』(1959)(理論社、1965年、貫名美隆訳)を発表し、大きな衝撃を与えた。

1960年代にはアパルトヘイト政策が激化し、アレックス・ラ・グーマら多くの作家たちが検閲と発禁処分、投獄などを経験し、表現の自由が奪われた。ラ・グーマは、ANC(アフリカ民族会議)のメンバーとして解放運動に関わり、自身の作品を通して南アフリカの抑圧された人々の状況を暴露した。投獄、自宅拘禁、全著作の禁止処分などを受け、1966年にはロンドンに亡命した。

リチャード・リヴも『ドラム』誌に関わり、短編を書いた。アレックス・ラ・グーマやジェームズ・マシューズらとともに『現代アフリカ短編集』を編集し、ハイネマン社のアフリカ作家シリーズに加えた。1964年にはシャープビル事件を扱った『戒厳令下の愛』(1964)(鷹書房、1975、土屋哲訳)を出版した。

この時代には、アンドレ・ブリンクやブライテン・ブライテンバッハがアフリカーンス語で小説を書いた。彼らは読者層を拡げるために自らの作品を英語訳した。

1970年代、スティーブ・ビコらによる黒人意識運動が高まるなか、南アフリカ文学はアパルトヘイト反対運動の政治的メッセージをさらに拡げる場となった。演劇や詩は直接観客に訴えかけた。シポ・セパムラ、オズワルド・ムチャーリ、マフィカ・グワラらが活躍した。76年の「ソウェト蜂起」をきっかけに、モンガン・ウォーリ・セローテは、詩の分野で頭角をあらわし、朗読会で聴衆に語りかけた。最初の小説『生まれてくるものたちへ』(1979)(スリーエーネットワーク、1998、山田裕康訳)は、混沌とした時代にありながら、新たに生まれてくる解放闘士たちへの期待が込められている。

同じく小説の分野ではミリアム・トラーディがソウェト蜂起を扱った小説『アマンドラ──ソウェト蜂起の物語』(1980)(現代企画室、1989、佐竹純子訳)を発表した。トラーディは、自伝的小説『2つの世界のはざまで──メトロポリタン商会のミュリエル』(1979)(新水社、1990、楠瀬佳子訳)を1969年に書き上げたが、政府から検閲にあい、完成版が出版されたのは10年後だった。作家たちは発禁、投獄、亡命を余儀なくされた時代だった。

アンドレ・ブリンクの『アフリカの悲劇』(1973)(三宝書房、1977、越智道雄訳)はアフリカーンス語文学の最初の発禁書となった。

1980年代には、民主化運動の闘いが激化し、政府は非常事態宣言を出した。ジャブロ・ンデベレは、『愚か者たち』(1983)(講談社、1985、中野康司訳)を出版し、翌年には講談社の野間(アフリカ出版)賞を受賞した。『愚か者たち』はポスト・アパルトヘイト時代の1997年に、ラマダン・スレマン監督、ベキジズウェ・ピーターソンとの共同脚本により映画化された。

ポスト・アパルトヘイト時代の文学

1990年代は,アパルトヘイト廃絶への道を踏み出し,社会が大きく変化する時代となった。ナディン・ゴーディマが1991年度ノーベル文学賞を受賞し,南アフリカ文学は世界の注目を浴びた。日本でも1990年に『女が集まる——南アフリカに生きる』(現代企画社,1990,楠瀬佳子・山田裕康訳)が翻訳され,チナ・ムショーペ,ベッシー・ヘッドなどにより南アフリカの女性がおかれた状況が明らかにされた。また,アンドレ・ブリンクの作品『白く乾いた季節』(1979)(集英社,1990,大熊栄訳)は映画化され話題を呼んだ。

1994年には人種差別のない,性差別のない民主主義を基盤とする国民国家へと歩み出すことになり,文学界も一変した。詩人で劇作家でもあるゼイクス・ムダは,長年亡命していたが,ウィットウォーターズランド大学に客員教授として帰国し,後進の指導にあたった。ポスト・アパルトヘイトの現実に触れ,小説を書き始めた。第1作『死に方』(1995)で,葬儀屋の目を通して暴力が蔓延する現実社会を描いた。アパルトヘイト体制による人種主義から解放されたとはいえ,人種社会の暴力性を克明に描かざるをえなかった。ムダにとって,アパルトヘイトの終焉は作家に自由な想像力と自由な発言を許す状況を意味した。女性の生き方にも焦点を当て,過去の題材を扱いながら,現在をどう捉えるかということに意識を向けた。

ムダは,コーサ民族の女予言者で,歴史上の人物として知られるノングワセに触発され,キリスト教徒と非キリスト教徒の物語を『赤熱の心』(2000)に描いた。『エクセルシアのマドンナ』(2002)は異人種間の性的関係を禁じた背徳法の問題を取り上げた。『クジラ呼び師』(2005),『末裔』(2007),『ブラック・ダイアモンド』(2009)と長編小説を出版し続けるが,日本では翻訳が一冊もない。自伝『時々空虚になる——部外者の記憶』(2011)もある。

1991年にナディン・ゴーディマがノーベル文学賞を受賞したことで,日本の出版界もゴーディマの小説に関心を示し,次々と翻訳書を出版するようになった。『ゴーディマ短編小説集JUMP』(1991)(岩波書店,1994,ヤンソン柳沢由実子訳),『ブルジョワ世界の終わりに』(1966)(スリーエーネットワーク,1994,福島富士男訳),『バーガーの娘』Ⅰ・Ⅱ(1979)(みすず書房,1996,福島富士男訳),『マイ・サンズ・ストーリー』(1990)(スリーエーネットワーク,1997,赤岩隆訳),『この道を行く人なしに』(1994)(みすず書房,2001,福島富士男訳),『いつか月曜日にきっと』(1988)(みすず書房,2005,福島富士男訳)などがある。

また,女性作家ベッシー・ヘッドの作品も日本で紹介されるようになった。短編集『宝を集める人』(1977)(創樹社,1992,酒井格訳),小説『力の問題』(1974)(学藝書林,1993,中村輝子訳),『マル——愛と友情の物語』(1971)(学藝書林,1995,楠瀬佳子訳),短編集『優しさと力の物語』(1991)(スリーエーネットワーク,1996,くぼたのぞみ訳)などがある。ベッシー・ヘッドは,1960年代にケープタウンでジャーナリストとして作品を書いていたが,ボツワナに亡命してから自伝的小説を書き始めた。自らの状況や女性のおかれた状況を描くことで,自らの生を支えた。その意味でフェミニズム文学の先駆けとなった。

2003年度ノーベル文学賞受賞者J・M・クッツェーは,1983年の『マイケル・K』(筑摩書房,1989,くぼたのぞみ訳)と,1999年の『恥辱』(早川書房,2000,鴻巣友季子訳)で2度のブッカー賞を受賞し,イギリス文学界で高い評価を得ていた。日本では彼の作品の大半は翻訳されている。『敵あるいはフォー』

(1986)（白水社，1992，本橋哲也訳），『ダスクランド』(1974)（スリーエーネットワーク，1994，赤岩隆訳），『石の女』(1990)（スリーエーネットワーク，1997，村田靖子訳），『鉄の時代』(1990)（河出書房出版，2008，くぼたのぞみ訳），『ペテルブルグの文豪』(1994)（平凡社，1997，本橋たまき訳），『少年時代』(1997)（みすず書房，1999，くぼたのぞみ訳），『動物のいのち』(1999)（大月書店，2003，森祐希子・尾関周二訳），『エリザベス・コステロ』(2003)（早川書房，2005，鴻巣友季子訳），『遅い男』(2005)（早川書房，2011，鴻巣友季子訳）などがある。現在オーストラリアに移住して創作活動を続ける。

ジャブロ・ンデベレは，『ウィニー・マンデラの叫び』(David Philip Publishers, 2003)が2004年度の野間（アフリカ出版）賞の栄誉賞にノミネートされた。冒頭に「ヨーロッパの人々の視線の恐怖に耐え，死んでからも冒涜され，ついに祖国に帰国して永眠したサラ・バートマンに捧ぐ」とある。ンデベレは，この小説でサラ・バートマンをアフリカ人女性のシンボルとして使い，サラ・バートマンの南アフリカ帰還の意味を再認識し，反アパルトヘイト闘争の戦士ウィニー・マンデラの苦悩を明らかにした。4世代の女性を登場させ，夫や恋人の「帰還」を待ち続けた「女たちの物語」が語られる。これらの物語は女たちの歴史そのものであり，ウィニー・マンデラの「叫び」にもつながる。ゼイクス・ムダと同様に，作品を通して書かれていないアフリカ人の歴史を再構築しようとした。

女性作家ゾイ・ウィカムもまた，女性の視点から人種とは何かを問うた。ウィカムは『デイヴィッドの物語』(2000)（大月書店，2012，くぼたのぞみ訳）で，「カラード」と一括りにされてきた先住民グリクワの歴史をたどり，現代史のなかに蘇らせた。

この時代の特徴は，埋もれた歴史の掘り起こしを通して，人間の有り様を描いたことだ。ウィカムは作家という立場から歴史を文学として捉えた。第2作『光の中で戯れて』(2006)では，アパルトヘイトが生み出した人種カテゴリーに規定された家族の悲劇を描き，民族のアイデンティティの問題を扱った。

若い世代の，フレッド・クマロ，ズキスワ・ワナー，コパノ・マツルワなどは，過去にとらわれず，新たな作品世界を構築する。

南アフリカには，どの世代の作家にも書くべきものがあり，多彩な才能を持つ多様な作家がいる。しかし作品を出版する機会はまだまだ困難である。11の言語が公用語になり，教育の現場でアフリカ諸語によるテキストの必要性は叫ばれているが，それらの作品の出版は財政的裏づけがなく，依然として困難な状況にある。そのなかで，『母から母へ』(1998)（現代企画室，2002，峯陽一，アリーン・コザ訳）で本格的小説を書いたシンディウェ・マグナは，最近ではコーサ語による『私の子どもたちの子どもたちへ』(2006)を，詩人のジェームズ・マシューズが主催するリアリティズ社から出版した。

作家たちの目を通して描かれる南アフリカ社会は，文学研究だけではなく地域研究の視点からもまだまだ有効である。文学作品はそこに生きる人々の生活や文化や社会の縮図であるからだ。

楠瀬佳子 1999『ベッシー・ヘッド拒絶と受容の文学』第三書館／楠瀬佳子 2001『南アフリカを読む 文学・女性・社会（増補改訂）』第三書館／楠瀬佳子 2010『わたしの南アフリカ──ケープタウン生活日誌から』第三書館／土屋哲 1994『現代アフリカ文学案内』新潮社／宮本正興 1989『文学から見たアフリカ』第三書館

⇒アフリカ人作家と日本，言語・言語学

1-3-5 口承文学
Oral Literature

若狭基道

キーワード：フィールドワーク, 原語テキスト, グロス

アフリカの諸言語は，一部の例外を除き，比較的近年までその話者自身によって文字に書かれることがなかった。現在でもその大半はまったく書かれることがないか，ごく限られた特殊な場面で書かれるのみである。したがって，アフリカ文学において，口から口へと語り継がれてきた口承文学の占める位置は無視できない。実際にその種類と量の豊かさには驚嘆を禁じえない。そのようなアフリカ口承文学を丹念に採集し公刊する作業が，日本人研究者によっても少しずつではあるが行われてきている。

アフリカ口承文学のテキスト公刊

口承文学は耳で聞いて愉しむのが本来の姿ではあろう。だが，それを研究するとなると，文字化という作業を避けては通れない。語り手自身に正確に書いて貰うことは，たいていの場合，望めないであろう。したがって，研究者がフィールドワークの現場で録音（録画）をした上で，それを何度も聞き直し，ネイティブの話者の協力も得ながら文字に書き起こす，すなわち原語テキストを作成していくことになる。並行して，文法に忠実に，微細な語彙や表現の違いにも注意を払いつつ，意味を正確に掴む作業も行わなければならない（ただし，古くからの決まり文句などは話者たち自身も意味を把握していない場合も多い）。そして，公刊をするのであれば，適切でこなれた翻訳を，必要に応じて註を附することになる。

以上は，「何となく粗筋が掴めればよい」というレベルを超えて，文学を学術研究の対象として取り扱うならば避けては通れない作業である。だが，これを実際にやってみると非常に困難で，時間もかかる作業であることがわかる。そのためか，現在にいたるまで，文字化されたテキスト資料の形で公刊されたアフリカの口承文学はきわめて少ない。これは非常に残念な話であるし，現在のアフリカ研究の喫緊の課題でもあるのだが，このような難題に果敢に立ち向かってきた日本人研究者が何人もいるのも事実である。

民話の研究では，江口一久が群を抜いた第一人者である。厖大な著作を遺したが，なかでも北部カメルーンのフルベ人の民話を収めた江口（1996～2000）は大作で，原語テキストと和訳に加え解説も充実している。

江口の他に民話の原語テキストと翻訳を掲

地方都市にも開発の波は押し寄せている。若狭のフィールド（エチオピア南西部のウォライタ）もあっというまに様変わりしたが，こうした環境でもちょっとその気になれば口承文学の採集が可能である

載した単行本としては，和田正平によるタンザニアのイラク人（中東のアラビア語圏の人々ではない）のものがあり，他人の集めた資料を元にしてはいるが松下周二によるハウサ人のものもある。中野暁雄はソマリアや下エジプトの民話集を出版しているが，原語テキストのみで訳や註がないのは残念である。

民話，物語のみが口承文学ではない。なぞなぞ，ことわざ，歌，人名などもここに含まれる。この分野では梶茂樹によるコンゴ民主共和国（旧ザイール）のテンボ人の人名，レガ人のことわざに関する一連の研究に実例が豊富に紹介されていて興味深い。柴田他編（1984, 1995）は全世界を対象にしたものであり，すべてがフィールドワークの成果に基づいたものでもないが，何人ものアフリカ研究者がそれぞれアフリカのなぞなぞとことわざの実例を数多く紹介している。江口編（1990）は言葉遊びを扱ったものだが，これも見逃せない。

以上，主として単行本レベルでの研究書として体裁の整ったもの，すなわち原語テキストをも収録したものに限り，管見に入ったものを紹介した。このほかにも，紙幅の関係で列挙はできないが，雑誌論文の形態で，あるいは単行本の一部として原語テキストとその訳を紹介したものもそれなりの数にのぼる。日本語訳を紹介しただけのものや海外の著作の翻訳，児童書の類まで含めるとその数はさらに多くなる。日本にいながらにしてアフリカの口承文学（のごく一部）に触れるのは，もはや決して難しいことでもないのである。

アフリカ口承文学に基づいた研究

口承文学研究においては，まずはその正確な文字化と内容の把握がなされなければならないが，それで研究が終わるものでもない。そこからさらに論考を深めることが求められるし，実際にそうしたことに挑戦した日本人のアフリカ研究者もいる。

若狭のメイン・インフォーマントを務めて下さっているアセラ・グジュボ氏。若狭の泊っているホテルの客室に机を運び込んで調査をすることが多かったが，その際の記念写真の一枚。氏には他人の語った（歌った）録音資料の分析においてもご助力いただいた

上述した江口編（1990）で，江口一久は音形式，意味上のそれぞれの技法に関して言及しているし，黒川洋は言葉遊びがなぜ面白いのか，その理由にまで踏み込んでいる。いずれもごく簡単なものであるのが惜しまれるが，文学の一般理論研究に対する寄与が期待される分野である。そのほか，スワヒリ語のことわざに美意識の象徴としての愛用形式を探ろうとした守野庸雄，イラク人の民話からその社会学的モデルを構想しようとした米山俊直，ナイジェリアを例に伝承に基づいた言語史再構成の問題点を論じた松下周二，アフリカの複数の説話間の関連やスワヒリの民話とそれに対応するインドの寓話との異同に着目した宮本正興（その他，スワヒリ語による口承文学の研究に関しては「スワヒリ文学」の項を参照されたい），フルベ人の出生順による名に与えられた社会的評価とその伝統的相続方法との関連を指摘した小川了，など，少なからぬ研究者がいる。鈴木裕之は一連のポピュラー音楽の研究で歌詞や使用言語に着目しているが，これも一種のアフリカ口承文学研究であろう。川田（1992）はブルキナファソのモシ人のことわざやなぞなぞにおける反復の役割を考察したり，現実と昔話の価値観の関

Nenaa-ra	oott-ikke.
貴方.斜格-と(共格後置詞)	働く-否定.未完了.一人称単数

「私は君とは仕事をしない」

係を問題として提起したり、伝承の類型化を試みたりしているが、これは口承文学の枠を超えた射程の広い議論の一環でもある。

なお、アフリカ口承文学の概説・総説としては江口(1985)が優れている。

アフリカ口承文学研究の今後

上で述べたアフリカ口承文学のいわば応用研究は、今後の発展が期待される分野であることは間違いない。そのためには、まずは正確なテキスト作成が必要となるのはいうまでもない。この基礎作業こそが今後しばらくのアフリカ口承文学研究の最重要課題であろう。

口承文学研究には特有の困難がある。口承文学をよく知っている話者にアクセスすること、綿密に音声を聞き取ること、話者による変種が見られた場合の校訂の仕方、といったこともあろうが、今や発表・公刊の方法を考えるべきときが来ていると思われる。換言すれば、現在までの公刊方法の是非である。

原語によるテキストの必要性は何度か繰り返したが、一方で原語の「理に適った音韻表記」なるものから抜け落ちてしまうものはあまりにも多い。とくに民話の場合、声の大きさ、高さ、速さ、息継ぎのタイミング、表情、等々、文字化するのが困難で、しかも実際の語りの場では重要な要素となっているものが多い。CDや映像を提供すれば少しは解消されるかもしれないが、それとて完全な解決策にはなりえないだろう。

翻訳にも問題があり、誤訳ではなくとも翻訳だけ見ていると誤解してしまう場合がなくはない。さらには言語には他の言語には訳せない要素もあり、ときとして非常に重要な位置を占める。内容よりもリズムの良さ、押韻の面白さを重視している詩の類はとくにそうである。こうしたものは、果たして他言語に翻訳する必要があるのかとさえ思えてしまう。

これらの問題には決定的な解決策が存在しないと思われるが、外国の口承文学の公刊に際しては常に肝に銘じなければならないことであろう。

その一方、注意さえすればすぐにでも改善できる問題点もある。それは原語テキストに対するグロスを附することである。すなわち、単語(あるいは「形態素」と呼ばれる、意味を有する最小単位)ごとに、語義やその形がどの活用形なのかといった文法に関する情報を言語テキストに隣接する行に訳文とは別に与えていくことである。たとえば、上表のごとくである。最上段が原語テキスト、2段目がグロス、最後が通常の訳文である。

文法に関する用語は長くて煩わしくなることもあるので、たとえば「一人称単数」を「1SG」とするように、略号を使ってもよい。このよ

若狭のフィールドノート。テキスト本文に加えて疑問点を尋ねたときの書き込みやら何やらがある。だが、自明のことと思っていた点にも盲点はあるかもしれない。公刊にはまだまだ時間がかかりそうである

ホテル併設のレストランでお茶を飲みながら談笑する若狭の友人たち。こうした輪に加わることによっても、なぞなぞなどの短い口承文学の採集が可能である

うにグロスを付けることは言語学では当たり前のことである。とくにあまり知られていない言語の場合には、原文と訳文だけあっても的を射た議論には発展しない場合も多い。

翻って、上述したアフリカ口承文学研究のうち、グロスを採用しているものはほとんどない。確かに文学を研究する以上、当該言語に通じる必要があり、そうした人にとってはグロスなど（さらには訳文も）不要なのかもしれない。だがそうした態度では、幅広い研究者・読者からの意見を期待することはできまい。たとえば、日本語訳では受身形にした方が自然だからそうしたが、原語では能動形を一貫して使っている、といったようなことが技巧を論じる際に重要になるかもしれないのに、グロスがなければそうしたことはその言語に通じている人以外には気づくことすら叶わないのである。また、グロスを付ける作業をすることで、わかった気になる、わかったふりをすることが避けられるのも発表する側にとっての大きな利点である。グロスを付けると誤魔化しが許されなくなるのである。逆にいえば、意地悪な見方かもしれないが、グロスが付いていないのはグロスを付けるだ

けの語学力や慎重さがないからではないか、と推測することも不可能ではないのである。

最後に、宮本（1984）がアフリカ文学出版をめぐる環境に関し、研究者・翻訳者の資質、出版社の姿勢に対し辛辣な批判を展開していることを紹介したい。これは書かれた文学を対象とした発言であるが、今後のアフリカ口承文学の公刊においても注意すべき点が含まれている。宮本の言う通り、「全時間を傾注して研究」する姿勢はアフリカの人々に対する「最小の敬意」でもある。

江口一久 1985「アフリカの口承文芸」『アフリカ研究』27／江口一久編 1990『ことば遊びの民族誌』大修館書店／江口一久 1996～2000『北部カメルーン・フルベ族の民間説話集Ⅰ～Ⅴ』松香堂／川田順造 1992『口頭伝承論』河出書房新社（後に平凡社ライブラリー所収）／柴田武・谷川俊太郎・矢川澄子編 1984『世界なぞなぞ大事典』大修館／柴田武・谷川俊太郎・矢川澄子編 1995『世界ことわざ大事典』大修館／宮本正興 1984「日本におけるアフリカ文学の研究——現状と問題点」『アフリカ研究』25

⇒言語・言語学，スワヒリ文学

1-3-6 フランス語によるアフリカ文学
African Literature in French

村田はるせ

キーワード：ネグリチュード，同化，フランス語公用語圏，人種差別，植民地支配，紛争

この項で取り上げるのは，1930年代にパリで黒人知識人が起こしたネグリチュード運動を起源とし，現在までにアフリカ人がフランス語で生み出してきた文学の潮流である。ここでは日本の研究者の成果を参照しつつ，まず，黒人・アフリカ人という意識に導かれたこの文学の誕生を跡づける。次に，こうした誕生の契機が枠づけてきた創作とそれに対する批評・研究の動向について述べる。最後に，この文学に寄り添い，作家が経験や自身を取り巻く社会的・思想的状況から形象する世界を読み解こうとしてきた日本人研究者の仕事について紹介する。

フランス語によるアフリカ文学と黒人の自己表明

フランスやベルギーの植民地だったアフリカ諸国は，独立後もフランス語を公用語，教育言語として使用し，いわばフランス語公用語圏アフリカといえる地域を形成している。植民地期以来，この地域出身のアフリカ人がフランス語で紡ぎ出してきたのが「フランス語によるアフリカ文学」である。

フランス語で書くアフリカ人が現れたのは，植民地化された地域にヨーロッパ式の学校教育が導入されてからのことで，1920年代以降である。その後1930年代には，それまでのフランス文学伝統の模倣とは一線を画し，黒人としての明確な意識に導かれ，人種差別や植民地支配への異議申し立てを表明する文学が生まれた。その誕生のあり方は，今日もこの文学創作と研究に重要な意味を持ち続けていると考えられる。このため，まず，このときの黒人としての自覚とは何であったのか，文学誕生とどう関わっていたかをあらためておきたい。

フランス語によるアフリカ文学は，ネグリチュードという文学運動を起源としている。ネグリチュードは「黒人であること」を意味する造語である。運動の中心にいたのはマルチニークのエメ・セゼール，セネガルのレオポール・セダール・サンゴール，ギアナのレオン＝ゴントラン・ダマスら，異なる植民地から集まってきた在仏留学生だった。彼らは1934年にパリで『黒人学生』誌を発行すると，出身地の隔たりなく，「黒人」として敢然と自己表明を行っていった。フランスの植民地の知識人エリートだった彼らはこのとき，自分たちは教育を通して徹底してフランス文化への同化を強いられ，黒人の歴史や文化を否定する白人の価値観を介した，歪んだ自己意識を持つと認め，このような同化に拒否を突きつけたのである。砂野幸稔は，アフリカ文学は，西欧の国民国家形成過程で文学が多様な人間の集団に国民としての一体感を意識させるイデオロギー装置として機能したように，多様なアフリカ人に呼びかけ，「黒人あるいはアフリカ人としての「国民／民族(ネイション)」を形成」（砂野2001：9）しようとするなかで誕生したと見ている。この時期，カリブ海やアフリカにあった植民地の現実は黒人に西欧流の進歩や歴史の主体になる余地など与えてい

なかった。ネグリチュードの作家たちはそうしたなか,黒人・アフリカ人であるという自覚を,「我々も人間である」と存在主張するための拠り所にしようとしたことを,砂野の見方は浮き彫りにする。そして,そのときに書かれたネグリチュードの表現は,植民地支配や人種差別を正当化し,黒人自身をも縛っていた支配者のディスクールを突き破る最初の「叫び」(酒井・西谷 2004：197)であり,それは「詩」になるしかなかったという西谷修の見方も,黒人・アフリカ人である自身について語り出すことが当時持っていた意味,そしてその表現を見出すことの困難さを理解させてくれる。

研究・批評の動向

　フランス語によるアフリカ文学の歴史はこうして始まった。しかし諸国の独立後もフランス語公用語圏アフリカでは,アフリカ諸語よりもフランス語で多くの文学作品が書かれてきた。しかもそのため,多数のアフリカ人はフランス語を理解できないために読者にはなれず,出版・流通は主にフランスの出版産業に依存しているという矛盾を抱えている。このような状況で書いている作家に含まれるのは,アフリカ出自で,アフリカで執筆する作家だけではない。たとえばコートジボワール人の父,フランス人の母を持ち,フランス語を母語としながら,アフリカ人として書くことを明確に表明しているヴェロニク・タジョのような作家も含まれる。また政治的・経済的事情などから出身国を離れ,フランスを中心とした欧米諸国に拠点を置いて書く,少なからぬ作家も含まれる。しかしそれでもこれらの作家の多くは,上述のネグリチュード運動の作家たちが開始した,黒人・アフリカ人自身がアフリカ社会の主体になるという課題を引き継ぎ,アフリカの現実を作品に書くことを通してこの課題の実現を模索している。

アマドゥ・クルマ『アラーの神にもいわれはない』
(Kourouma 2000)

そして批評・研究も,そのような文学創作のあり方に付き添うように進められてきたと考えられるのである。

　この文学の最初の批評は,フランス人哲学者サルトルによるものだった。サンゴールが編集し,ネグリチュード詩を初めて世に知らしめた1948年出版の『フランス語ニグロ・マダガスカル新詞華集』に序文「黒いオルフェ」を寄せたサルトルは,白人にだけ自己表明の特権があった時代に,これらの詩は黒人が黒人に向かって人種の自覚を呼びかけていると,いよいよ上がった声の意義を読み取っていた。

　その後ベルギー人のL・クステロートは1960年代初頭,フランス語によるアフリカ文学の研究に先鞭をつけた。それはこの文学の展開を,ネグリチュードに先立つ欧米とカリブ海の文学状況,思想,社会情勢にまで遡ってたどるものだった。ケステロートのものも含め,旧フランス領アフリカ諸国独立前後に行われた研究は,第二次世界大戦後にこの地域でもナショナリズムが高揚するなか,植民地のアフリカ人作家やネグリチュード作家たちが生み出した文学批評に共鳴するものだった。それは独立を前にした植民地の社会情勢

や思想状況に呼応しており、作家たちはアフリカ解放のために文学を通して役割を果たそうとしていたと、ケステロートは後に書いた（Kesteloot 2001）。

だが、やがて英語で書くアフリカ人作家や、フランス語で書くアフリカ人作家自身から、「人種・文化主義的イデオロギー」（Kesteloot 2001: 263）となったネグリチュードへの批判が起こり、批評傾向も転換に向かった。この時期フランス人のB・ムラリスは『文学と発展』（1984）で、作家も批評家もアフリカ文化の固有性という考えに取りつかれ、それを「本質的な構成要素」（Mouralis 1984: 7）として文学テクストに探し出そうとしてばかりいると述べ、この文学の実践と文体の多様性を見落とさないようにすべきだと指摘した。すでにコートジボワール作家のアマドゥ・クルマの小説『独立の太陽』（1968）を手始めに、作家たちは人種の主張やアフリカの解放という主題を離れ、独立後の多様な社会や、一党独裁体制強化や汚職といった新たな問題を書くようになっていた。ムラリスの主張はこれらに答えるものだったと見ることができる。1980年代以降には、欧米の多様な文学理論を参照したアフリカ人による研究が行われていった。それはテクストの内側だけにとどまる研究ではなく、たとえばセネガル人のS・ガジゴによる、植民地期末に多く書かれた自伝的小説の研究は、就学経験や学校教育導入がもたらした社会変化に関わる表現を詳細に読み込んだもので、植民地システムとそれが独立後教育に与えた影響を、支配を受けた側の視点から包括的に浮かび上がらせるものである（Gadjigo 1990）。

1980年代以降アフリカ諸国では経済危機への対策として、世界銀行やIMFの支援のもと、構造調整政策が導入された。しかしそれは生活苦や社会の不安定化をもたらすという負の側面も持ち合わせていた。また1990年代以降のサハラ以南アフリカでは、シエラレオネ、リベリア、ルワンダなどで大規模な被害を出す紛争が勃発し、地域によっては紛争が長期化している。フランス人のO・カズナヴらは2011年出版の著書で、このような事態を背景にアフリカ人作家たちが社会的・政治的問題への関心をより鮮明にして書くようになったこと、創作だけでなく、現実の出来事に対して積極的に発信・発言していることを指摘した（Cazenave & Célérier 2011）。アフリカ諸国独立前後のナショナリズムの時代に作家が感じていたような、文学が持つ社会変革の力を、もはや現代のアフリカ人作家たちは信じてはいない。しかしカズナヴらによると、たとえばルワンダでの1994年のジェノサイドの後に、この出来事の記憶を書き残そうと、「記憶する義務によって書く」というプロジェクトが組織され、アフリカ人作家たちに参加が呼びかけられたとき、作家たちは第三者という立場を乗り越えて当事者の経験を書くため、表現の模索を行った。するとそのことがルワンダ人作家に、自らの経験やトラウマを書くよう促していったという。英語圏のポストコロニアル批評に対抗するように、フランスではフランス語表現の文学を「フランコフォニー（フランス語圏）文学」として囲い込む動きが強い。しかし筆舌に尽くしがたい経

マリアマ・バー『かくも長き手紙』(Bâ 1998)。写真は1998年版だが、作品の初版は1979年

験を、アフリカ人全体の問題として、それでも書こうとする態度や、それによって作家間に生まれる共感関係を明らかにするこの研究は、いまだアフリカ人としての意識が創作の強い原動力として働き、このような囲い込みをはねのける力となっていることを明らかにしているのではないだろうか。

日本における研究

　日本では、セゼールが書いたネグリチュードの代表詩「帰郷ノート」(1939)の翻訳と、セゼールを軸にしてネグリチュード運動の意義と歴史的・思想的背景、今日までの影響を論じた「エメ・セゼール小論」が砂野によって手がけられ、フランス語によるアフリカ文学を学ぶ上で不可欠の文献となっている(セゼール 2004)。また元木淳子は、いずれも邦訳がある小説『アフリカの子』(1953)で知られるギニア作家カマラ・ライ、『アラーの神にもいわれはない』(2000)のコートジボワール作家アマドゥ・クルマ、『かくも長き手紙』(1979)のセネガル作家マリアマ・バー女性作家、2009年にフランスのゴンクール賞を受けたマリー・ンディアイなど、著名な作家たちの作品について、作家の生い立ち、批評、作品が書かれた時代や社会、文化をていねいに参照した研究を順次発表してきた。これら日本人研究者の成果には、語り出すことで未来を主体的に選択できる場を作り出そうとする、アフリカ人の試みに寄り添う意図が感じられる。たとえば元木の女性作家研究では、社会状況に応じて作家が周到に行う表現の選択という、欧米の研究が見落としている側面が読み取られている(元木 1996)。また、現コンゴ共和国のソニー・ラブ・タンシの研究では、現地での聞き取りによって、きわめて暴力的な政権下で表現の権利を守ろうとする作家同士の連帯が拾い上げられている(元木 1995)。

　フランス語によるアフリカ文学の研究は、砂野が「地域研究」と位置づけるように(砂野 2001)、作品に書き込まれた多様な人々の文化、歴史、社会的経験などを明らかにする仕事でもある。そして同時に、それらすべてについて理解する努力をしなければ作品を理解できない。そのためにも、アフリカ諸語そのものや、アフリカ諸語によって書かれた文学に関する知識も持ち合わせることがこの分野の研究には求められている。また、日本でのアフリカ文学研究全体を長年率いてきた宮本正興が述べるように(宮本 1989)、一方的にアフリカから学ぶのでなく、アフリカと自己の関係を問い続けることが、この大陸の人々への真摯な態度だといえるだろう。

酒井直樹・西谷修 2004『増補〈世界史〉の解体──翻訳・主体・歴史』以文社／砂野幸稔 2001「アフリカ文学研究──回顧と展望」『アフリカ研究』57／セゼール, A 2004『帰郷ノート／植民地主義論』砂野幸稔訳、平凡社／宮本正興 1989「アフリカ文学の問いかけるもの」『文学から見たアフリカ』第三書館／元木淳子 1995「1980年代のコンゴの状況と文学──ソニー・ラブ・タンシを中心に」『フランス語フランス文学研究』67／元木淳子 1996「アフリカの女たちの語り──フランス語公用語圏諸国の女性作家を中心に」大阪外国語大学女性研究者ネットワーク編『地球のおんなたち──女から女へ、女を語る』嵯峨野書院／Bâ, M. 1998 *Une Si Longue Lettre*. NEAS／Cazenave, O. & P. Célérler 2011 *Contemporary Francophone African Writers and the Burden of Commitment*. Virginia UP／Gadjigo, S. 1990 *Ecole blanche Afrique noire: l'école coloniale dans le roman d'Afrique noire francophone*. L'Harmattan／Kesteloot, L. 2001 *Histoire de la littérature négro-africaine*. Karthala／Kourouma, A. 2000 *Allah n'est pas obligé*. Seuil／Mouralis, B. 1984 *Littérature et développement: essai sur le statut, la fonction et la représentation de la littérature négro-africaine d'expression française*. Silex

⇒ポストコロニアル文学、スワヒリ文学

1-4-0 総説 ── 言語・言語学
Languages and Linguistics

小森淳子・米田信子

　SILインターナショナルがウェブで公開している「エスノローグ」(2013年版) を見ると，世界の言語数は7105であり，そのうちアフリカの言語は2146となっている。言語の数というのは正確に言い表すことのできないものであるが，おおまかに見てアフリカには世界の言語の3分の1弱が存在するといえる。アフリカ言語研究の歴史は，この膨大な数の言語を記述し，分類することに費やされてきた。日本においては1960年代以降，現地調査に基づく記述研究が始まり，現在では最も豊富な研究蓄積のあるバントゥ諸語のみならず，他の語族の研究も着実に進展している。個別言語の記述研究に加えて，言語と社会の関係に着目する社会言語学的研究や，新たに形成される都市言語やピジン語，また手話の研究など，アフリカ言語研究の分野は多様な方向に発展しつつある。

アフリカの言語と日本の研究者

　日本が誇る言語学の百科全書である『言語学大辞典』(三省堂) には「アフリカの諸言語」という項目がある。200頁にも及ぶその解説のなかで，執筆者である清水紀佳はアフリカのすべての言語名を日本語でリストアップするという偉業を成しているが，彼が示した言語の総数は1827である (清水 1988)。言語というのは，それ自体が1つ，2つと数えられるような性質のものではなく，たとえば「言語」と「方言」の区別をとっても，その区別は言語学的な基準以上に，民族や国家など言語以外の要素が大きく関係するので，正確な言語数を示すことは不可能であるが，概略的にアフリカには約2000の言語があると理解しておいてよいだろう。

　ヨーロッパからもたらされた言語 (アフリカーンス語も含まれる) やオーストロネシア語族に属するマダガスカル語をのぞくと，アフリカ大陸の言語は系統的に大きく4つに分類される。①ニジェール・コンゴ語族，②アフロアジア語族，③ナイル・サハラ語族，④コイサン諸語である。これはアメリカの言語研究者であるグリーンバーグ (J. Greenberg) が1950年代から60年代にかけて示した分類がもとになってい

る。19世紀以降のヨーロッパ人による語彙収集や文法研究，言語分類の試みの集大成と位置づけられるグリーンバーグの分類は，現代のアフリカ言語研究のスタート地点と見なすことができる。また，グリーンバーグの分類が示された時期は，日本でアフリカ学会が創設され，東京外国語大学にアジア・アフリカ言語文化研究所（以下ILCAA）が附置された時期とほぼ同じであり，日本人によるアフリカ言語研究の本格的なスタート地点でもある。

グリーンバーグ以降，それぞれの下位分類についてさまざまな改訂がなされ，現在では次に見るような分類が定番となっている。以下，4つの分類とその下位分類を示しながら，それぞれに属する言語を日本の研究者による主な研究業績とともに紹介する。

① ニジェール・コンゴ語族

4つの語族のうちで最大のものであり，サハラ以南のほぼ全域に広がっている。日本人研究者による記述研究はこの語族において研究者数，言語数ともに最多であるが，地域的には東・南部アフリカ（言語的にはバントゥ諸語）に偏っており，西・中部アフリカの記述研究はまだ手薄である。語族の下の分類を「語派」と呼ぶが，日本の研究者に馴染みのある主な語派には西から順に以下のようなものがある。

①-1　大西洋語派

大西洋岸の西域に分布する語派で，サヘル地帯に沿って大陸中央部まで広く分布するフルフルデ語やセネガルで広く普及しているウォロフ語などがあげられる。フルフルデ語はフルベ民族の言語で，江口一久が膨大な数の民話を収集し，語彙集などを編纂している（Eguchi 1986）。またウォロフ語はILCAAで言語研修が行われたことがあり，梶茂樹がテキストを編纂している。

①-2　マンデ語派

マリのバンバラ語，セネガルのソニンケ語，ギニアのスス語，シエラレオネのメンデ語，リベリアのクペレ語，コートジボワールのジュラ語などがあげられる。原口武彦がジュラ語の語彙集を編纂している。

①-3　グル語派

ブルキナファソを中心に，マリからナイジェリアにかけてのサヘル地帯に分布する語派で，90余りの言語があげられる。川田順造がその歴史を記述したモシ王国の言語であるモシ語は，この語派で最も話者数の多い言語である。

①-4　クワ語派

コートジボワールからガーナ，トーゴ，ベナンにかけての大西洋岸に分布する語派である。近年，若手の言語研究者たちによって，ガーナのアカン語やエヴェ語の記述研究が行われている。

アフリカの言語分布図

凡例:
① ⧅ ニジェール・コンゴ語族
② □ アフロアジア語族
③ ■ ナイル・サハラ語族
④ ▨ コイサン諸語

①-5　アダマワ・ウバンギ語派

ナイジェリア北東部から中央アフリカにかけて東西に長く延びた分布をしており，西のアダマワ語群と東のウバンギ語群に分けられる。アダマワ語群の言語には，清水紀佳が包括的な文法記述を行ったムムイェ語（Shimizu 1979），文化人類学の日野舜也が語彙集を編纂したカメルーンのンブム語などがある。ウバンギ語群には，中央アフリカの共通語となっているサンゴ語などがある。

①-6　ベヌエ・コンゴ語派

ニジェール・コンゴ語族のなかでも最大の語派で，言語数は語族全体の3分の2を占める。ベヌエ・コンゴ語派はまず西と東に大きく分けられるが，西ベヌエ・コンゴはかつてクワ語派に分類されていた言語群である。その主要な言語はナイジェリアのヨルバ語とイボ語であるが，ヨルバ語についてはILCAAの言語研修がこれまでに2回行われている。言語研修のために編纂された清水紀佳や小森淳子らによるテキストのほか，塩田勝彦による入門書（塩田 2011）が出版されるなど，日本人による研究がかなり進んでいる言語である。

東ベヌエ・コンゴはさらに，中央ナイジェリア諸語とバントイドに分かれる。中央ナイジェリア諸語のジュクン語は清水紀佳が包括的な文法記述を行っている

(Shimizu 1980)。バントイドにはナイジェリア東部からカメルーンにかけての少数言語と，いわゆる「狭義のバントゥ諸語」（以下バントゥ諸語）が含まれる。

バントゥ諸語はカメルーン南部からケニアにかけてのライン以南の全域に広がる言語群で，言語数は500〜600を数える。この広大な地域にこれだけ多くの言語が分布しているにもかかわらず，これらの言語は互いによく似ており，非常に近い系統関係をなす語群であることは明らかである。「名詞クラス」と「動詞の膠着的構造」という二大特徴を顕著に持つことで知られており，欧米においても，そして日本においても，最も多くの研究がなされている語群である。

日本におけるバントゥ諸語の言語研究の先駆けとなったのは，湯川恭敏，加賀谷良平，梶茂樹らによる調査・研究で，その業績は膨大である。個別言語の語彙集としては，*Bantu Vocabulary Series*（全15巻）に含まれるムェニ語，ンコヤ語，ルバ語，ニランバ語（湯川），レンジェ語，ルング語，バクエリ語，パレ語（加賀谷）の他，テンボ語，ハヤ語，ニャンコレ語（梶）などの語彙集がILCAAから発行されている。多数のバントゥ諸語の記述研究が行われてきたが，そのなかでもとくに声調に関する研究は世界でも高く評価されている（湯川1995など）。

湯川が基礎的な語彙と文法の調査を行ったバントゥ諸語の数は100以上にものぼる。湯川はそれらの基礎語彙の比較からバントゥ諸語間の遠近関係を判定し，バントゥ諸語の分岐の歴史に関する仮説を提示している（湯川2011）。特定の現象について数多くのバントゥ諸語の調査をしてきた湯川の研究とは対称的に，1つの言語に時間をかけて総括的な記述を目指してきたのが梶によるテンボ語に関する一連の研究である（梶1984，1985）。バントゥ諸語研究の先駆者たちの教えを受けた第2世代の言語研究者たちは，個別言語の記述研究で博士論文を提出しており，日本におけるバントゥ諸語研究の広がりを見せている（マテンゴ語：米田2000，マリラ語：角谷2003，ケレウェ語：小森2003，ベンデ語：阿部2006，バツァ語：神谷2006，ルッ語：品川2008）。

バントゥ諸語のなかでも最も話者数の多いスワヒリ語については，同じくILCAAの守野庸雄の研究から始まり，長くスワヒリ語研究・教育に携わってきた中島久との共編である『スワヒリ語辞典』（全6巻）がその蓄積としてある。パイオニア的アフリカニストの業績として，和崎洋一の『スワヒリ語・日本語辞典』もあげられる。

② アフロアジア語族

アフロアジア語族は中東から北アフリカ一帯，そして東アフリカにかけて分布している言語群であり，歴史的には古代エジプト語などの大文明言語を擁した語族である。古代より文字の歴史を有し，現在ではアラビア文字や，古典語であったゲエズ語からの流れをくむエチオピア文字が用いられており，いわゆる「無文字社会」

の歴史が長かったサハラ以南アフリカの他の語族とは一線を画している。

　現在のアフリカに見られるアフロアジア語族には，以下のような語派と言語が見られる。北アフリカからエチオピアにかけて分布しているセム語派（アラビア語，アムハラ語，ティグリニア語など），エリトリアからエチオピア，ソマリア，ケニア，タンザニア北部にかけて分布しているクシ語派（ベジャ語，アファル語，オロモ語，ソマリ語，シダーマ語，イラク語など），エチオピア南部のオモ語派（ウォライタ語，アリ語，バスケト語など），ナイジェリア北部を中心としてサヘル地域に広がるチャド語派（ハウサ語など），そして，北アフリカに点在するベルベル語群である。

　アフロアジア語族の第一世代の研究者として，ILCAAの石垣幸雄（エチオピア諸語やソマリ語の研究），中野暁雄（アラビア語の諸方言やベルベル語，エチオピア諸語，ソマリ語などを広範囲に研究した第一人者），松下周二（ハウサ語をはじめとするチャド諸語の研究）をあげることができる。その後，柘植洋一（アムハラ語，ゲエズ語，アリ語など），乾秀行（バスケト語など），若狭基道（ウォライタ語，アムハラ語）（Wakasa 2008），河内一博（シダーマ語）（Kawachi 2007）などがエチオピアの諸言語について精力的に研究を行っており，また塩田勝彦はハウサ語やブラ語などチャド語派研究を引き継いでいる（塩田 2010）。なお，文化人類学の和田正平が語彙集を編纂したタンザニアのイラク語もこの語族（南クシ語群）の言語である。

③　ナイル・サハラ語族

　名前の通り，ナイル川流域とサハラ砂漠に分布する言語群であり，おおまかに見て西部にはニジェール川大湾曲部のソンガイ語，中部にはチャドあたりのサハラ語派（カヌリ語など），中央スーダン語派（サラ語など），東部にはスーダンからケニアにかけての東スーダン語派があり，中部と東部の間にその他の小さな語派や言語が分布している。東スーダン語派にはエジプト・スーダン国境に分布するヌビア語，そしてナイル川を遡って南スーダンからヴィクトリア湖東岸域にかけて分布するナイル諸語がある。話者人口の観点から見れば，ナイル・サハラ語族全体の半分近くをナイル諸語話者が占める。ナイル諸語の主な言語には，南スーダンから南にディンカ語，ヌエル語，アチョリ語，テソ語，ルオ語，カレンジン語群，マサイ語，ダトーガ語などがある。

　日本ではナイル系民族の文化人類学的研究はさかんであるが，言語研究はそれほど進んでいない。ナイル諸語の研究では稗田乃によるウガンダのクマム語やアチョリ語の研究が有名である（Hieda 2011）。また，河内一博はウガンダのナイル諸語であるクプサビニィ語の研究を行っている。

④　コイサン諸語

　コイサン諸語は南部アフリカの「ブッシュマン」や「ホッテントット」の言語であり，飛び地のタンザニアにあるハッザ語やサンダウェ語を含めて，約30の言語が数えられる。コイサン諸語の目立つ特徴はクリック子音（吸着音）を持つことであり，ズールー語やコサ語など近隣のバントゥ諸語にも影響を及ぼしている特徴である。

　コイサン諸語全体が1つの系統関係にあるかどうかは不明であり，現在のところ系統関係が明らかなのは，おおまかに中部のコエ・クワディ語族，北部のカー語族，南部のトゥー語族であり，それ以外にタンザニアの2言語があるという位置づけである。このうちコエ・クワディ語族が言語数，話者数とも最も多く，主な言語にナミビアのコエコエ語，ダマラ語，ボツワナのグイ語，ガナ語，ナロ語などがある。日本におけるコイサン諸語の先駆的研究者は加賀谷良平で，国際的評価の高い代表的業績にナロ語クリックの音響音声学的考察（Kagaya 1978）とサンダウェ語彙研究（Kagaya 1993）があげられる。

　日本の研究グループによって，ボツワナ・カラハリ地域のブッシュマンを対象とした人類学的研究が継続的に行われているが，そのなかで言語研究を精力的に行っているのが中川裕であり，カラハリ・コエ諸語などの音声学・音韻論的研究（Nakagawa 2006, 2013）や類型論的研究（Nakagawa 2012）が評価されている。また大野仁美もともにグイ語研究を行っている（Ono 2010）。生態人類学者らによる植物や昆虫，文化語彙などの語彙集も出されており，ブッシュマン研究の第一人者である田中二郎はグイ・ガナ語の語彙集を編纂している。

日本におけるアフリカ言語研究の2つの拠点

　すでに述べた通り，日本アフリカ学会が創立された1964年に東京外国語大学に全国共同利用研究所としてILCAAが附置された。五島忠久による研究などわずかな例外もあるが，実質的には日本におけるアフリカ言語研究はこのILCAAの設立によってスタートする。

　設立当時から石垣幸雄によるエチオピア諸語，中野暁雄によるアフロアジア諸言語，松下周二によるハウサ語およびナイジェリアの諸言語，守野庸雄によるスワヒリ語の研究など，所員による研究が進められ，70年代後半からは，湯川恭敏・加賀谷良平・梶茂樹によるバントゥ諸語の研究，2000年代になってからは稗田乃によるナイル・サハラ語族の研究が加わった。言語学を専門とする所員だけでなく，文化人類学の研究者によっても語彙や民話収集が行われてきた。前節であげた業績からもわかるように，アフリカ言語に関する数多くの出版物がILCAAから刊行されて

おり，海外のアフリカ言語研究機関にも必ずそれらが並んでいる。ILCAA創立以降の日本におけるアフリカ言語研究の業績は加賀谷と米田がまとめているが（Kagaya & Yoneda 2006），そこには30名以上のアフリカ学会員の名前があがっており，対象となっている言語も四大語族すべてにわたる。

　ILCAAは，所員による研究だけでなく国内のアフリカ言語研究の拠点として，若手研究者の育成，研究会の組織・開催を積極的に行ってきた。多くの若手研究者をメンバーとするアフリカ言語研究会（AFLANG）は1998年にILCAAで始められた。のちに拠点は関西に移ったが，AFLANGは現在も続いており，アフリカ言語研究者の育成に貢献している。

　アフリカ言語研究のもう1つの拠点は，旧大阪外国語大学，現在の大阪大学外国語学部スワヒリ語専攻だろう。1981年にアラビア語専攻のなかにスワヒリ語が副専攻語として加えられ，1986年に学部教育の専門課程としては国内で初めてとなるスワヒリ語専攻が設立された。設立当初の教師陣は宮本正興，中島久であり，以来スワヒリ語教育と研究の拠点となっている。スワヒリ語の教育と研究が行われる環境のなかで，中島による文法書（中島2000），小森淳子や竹村景子によるテキスト（小森2009, 竹村2010）が出版された。スワヒリ語はバントゥ諸語の1つであり，ILCAAでも研究は行われていたが，旧大阪外国語大学にスワヒリ語専攻ができたことで，バントゥ諸語研究からは独立した「スワヒリ語学」が確立したように思われる。さらに近年では，バントゥ諸語の国際ワークショップを開催するなど，スワヒリ語学だけでなくバントゥ諸語を中心としたアフリカ諸語全般の研究拠点としての役割を担っている。

日本におけるアフリカ言語研究の特徴

　［記述研究］
　日本におけるアフリカ言語研究の中心は，現地調査に基づいた個別言語の記述研究である。アフリカの言語のほとんどがいわゆる「未知の言語」であり，まずその言語の全体像を知るところから言語研究を始める必要があることを考えれば，記述研究が中心になるのは当然であろう。

　これまでに多数の個別言語の文法記述が行われてきた。これらの研究成果の多くは若手研究者の博士論文という形でまとめられている。また2012年には個別言語の記述研究のエッセンスをまとめた『アフリカ諸語文法要覧』が出版された（塩田編2012）。これは若手研究者たちによる研究対象言語の文法スケッチを編纂したもので，ここでは20のアフリカ諸語が扱われている。

総括的な記述研究以外では，先に述べた通り声調に関する研究がよく知られているが，その他にも多様な音韻現象や文法現象が個別テーマとして研究されている。さまざまな言語理論の例にアフリカ言語のデータが用いられることはこれまでにもあったが，当該言語をほとんど知らずにデータを用いている場合が多いなか，その言語の全体像を知る研究者によるデータの提供は，一般言語学に大きく貢献している。個別テーマの研究から日本語との対照研究や類型論的研究といった分野への広がりも見られる。米田信子によるマテンゴ語の情報構造に関する研究（Yoneda 2011）やバントゥ諸語の名詞修飾節に関する研究（米田 2014）は，日本語の視点からバントゥ諸語の分析を試みた研究である。一方，品川大輔による言語の膠着性に関する研究は，バントゥ諸語の視点から日本語について検討しようとするものである（品川 2012）。いずれも日本語研究の視点を積極的に取り入れた，日本語を母語とする研究者ならではの新しいアフリカ言語研究である。これまでのアフリカ諸語の研究はほとんどが欧米言語の視点からのものであり，その結果見逃されてきた現象も少なくない。従来のアフリカ言語研究にはなかった非欧米言語の視点からのアプローチは，アフリカ言語学に新しい地平を切り拓く可能性を持っている。

　また最近では，「名詞修飾構文」「動詞構造」「イベント要素の統合パターン」といった1つのテーマについてアフリカ諸語を横断的に見ようとする共同研究もさかんである。これらの共同研究は2013年現在も進行中であり，今後が期待されるところである。

［社会言語学の研究］
　アフリカ言語研究で忘れてはならないのが，社会言語学的研究である。既述のとおりアフリカ大陸では約2000の言語が話されているといわれている。国の数は五十数ヵ国であるから，いうまでもなくアフリカ諸国は多言語国家である。1つの地域社会や国において何十，何百という数の民族語が存在し，その上の層には民族を超えて周辺地域で用いられる地域共通語，さらにその上の層には国の「公用語」として英語やフランス語といったヨーロッパ諸語が君臨している。つまり水平的に並ぶ多言語と同時に，異なる社会的価値を持った言語が重層的にも存在する多言語社会である。この重層的な多言語状況のなかで暮らす人々には状況に応じて言語を使い分けることが求められるが，誰もが各層の言語を自在に操れるというわけではない。「公用語」と呼ばれる言語も，決してその国の多くの人々に用いられている言語というわけではなく，むしろ圧倒的多数の人々にとっては「外国語」である。

　言語自体だけでなく，その言語が話されているアフリカ諸国のこのような言語状況について記述することも，アフリカ言語学の重要な仕事である。多くのアフリカ

日本人研究者による言語関係の書籍(一部)

言語研究者によって，調査国あるいは調査言語の話者コミュニティにおける言語使用の実態や言語態度，支配的言語によって言語取り替えが起きている少数言語の状況といった社会言語学調査が行われてきた。論文としても数多く発表されている。宮本・松田編（2002）に収録された言語関係の論文では，アフリカにおける言語の社会的階層性とそこに見られる言語のダイナミズムが論じられている。稗田編（2002）や梶編（2003）では具体的な事例を通してアフリカにおける言語取り替えのプロセスが示されている。また，『アフリカのことばと社会』（梶・砂野編 2009）は，言語研究者がそれぞれ長年調査を行ってきた調査地における言語状況を調査観察した成果であり，アフリカ諸国の社会言語学的状況を長い時間にわたるフィールドワークに基づいて記述したすぐれた研究業績である。さらにこの研究は，これまでヨーロッパの事情を中心に作られてきた言語のあり方の「常識」に疑問を投げかけることになった。その結果，ヨーロッパ，アジア，アフリカの多言語状況を議論する研究会が生まれ，その成果として出版されたのが『多言語主義再考』（砂野編 2012）である。ここに収められたアフリカ関係の論文は，これまで世界的価値観として考えられてきた多言語主義の価値をアフリカの現状から問い直す，画期的なものである。

新しい研究対象と今後の可能性

人々が移動し，言語を異にする者たちが常に接触する現代社会のなかでは，当然ながら言語接触が起きる。社会的に立場の弱い言語は接触する支配的な言語に使用領域を侵食され，最終的に言語取り替えが起きることも珍しくない。しかし言語接触によって導き出されるのは言語取り替えばかりではなく，新たな言語が生まれる

こともある。共通語を持たない集団が接触するときに，限られたコミュニケーションのためにピジンが生まれ，それがやがてコミュニティの言語としてクレオールになる。また多民族が共存する都市の生活では新たな変種として「都市言語」が生まれ，若者の文化のなかからは「若者ことば」が生まれる。

　かつての言語研究では，ある民族の母語として，またある地域の共通語として用いられている民族語を対象とするのがほとんどであったが，最近では都市言語や若者ことばといった新たに生まれる言語も対象となってきた。また音声言語だけでなく手話の研究も言語学の世界では近年さかんに行われるようになってきたが，これはアフリカ言語研究においても例外ではない。都市言語にしても，若者ことばにしても，手話にしても，研究の対象が，民族を中心としたコミュニティで話される言語から，民族以外のコミュニティで話されている言語に広がってきたということである。これらの研究については独立した項目を設けたのでそちらを参照されたい。

　このように，日本におけるアフリカ言語研究は，その方向性からも，対象とする言語の範囲も，大きな広がりを見せている。この広がりは今後さらに拡大していくものと思われるが，同時に日本のアフリカ言語研究が担うべき役割も大きくなるはずである。アフリカ言語の研究者は，国外を見てもその数は決して多くない。アフリカ大陸の言語数を考えれば，研究ネットワークを広げ，国際的な共同研究を展開することが必須である。また一般言語学においても，言語理論の構築にアフリカ諸語のデータは不可欠である。日本におけるアフリカ言語研究の成果の発信は近年少しずつ積極的になってきている。今後の若手研究者によるさらなる発展が期待できる。

[参考文献]

阿部優子 2006「ベンデ語（バントゥF.12, タンザニア）の記述研究 —— 音韻論，形態論を中心に」博士論文，東京外国語大学。

梶茂樹 1984「テンボ語動詞の形態論的構造」『アジア・アフリカ言語文化研究』28。

梶茂樹 1985「テンボ語の動詞の活用」『アジア・アフリカ言語文化研究』29。

梶茂樹編 2003『地方語と共通語における借用語の動態関係 —— アフリカとインドネシアの場合』科学研究費補助金特定領域研究（A）「環太平洋の『消滅に瀕した言語』にかんする緊急調査研究」成果報告書。

梶茂樹・砂野幸稔編 2009『アフリカのことばと社会 —— 多言語状況を生きるということ』三元社。

角谷征昭 2003「マリラ語の記述的研究」博士論文，広島大学。

神谷俊郎 2006「バツァ語の記述研究 —— その音声，音韻，文法」博士論文，東京外国語大学。

小森淳子 2003「ケレウェ語の記述研究 —— 文法・接触による変容・言語文化」博士論文，

京都大学。
小森淳子 2009『スワヒリ語』世界の言語シリーズ 1, 大阪大学出版会。
塩田勝彦 2010『ハウサ語基礎文法』大阪大学出版会。
塩田勝彦 2011『ヨルバ語入門』大阪大学出版会。
塩田勝彦編 2012『アフリカ諸語文法要覧』渓水社。
品川大輔 2008「ルゥ語（Bantu, E61）動詞形態論――記述言語学的研究」博士論文, 名古屋大学。
品川大輔 2012「キリマンジャロ・バントゥ諸語から見た日本語の膠着性」丹羽編『日本語はどのような膠着語か』笠間書院。
清水紀佳 1988「アフリカの諸言語」亀井他編『言語学大辞典』第 1 巻, 三省堂。
砂野幸稔 2007『ポストコロニアル国家と言語――フランス語公用語国セネガルのことばと社会』三元社。
砂野幸稔編 2012『多言語主義再考――多言語状況の比較研究』三元社。
竹村景子 2010『ニューエクスプレス　スワヒリ語』白水社。
中島久 2000『スワヒリ語文法』大学書林。
稗田乃編 2002『言語間の接触において生じる言語現象』科学研究費補助金特定領域研究（A）「環太平洋の『消滅に瀕した言語』にかんする緊急調査研究」成果報告書。
宮本正興・松田素二編 2002『現代アフリカの社会変動――ことばと文化の動態観察』人文書院。
守野庸雄・中島久編 1990～97『スワヒリ語辞典』1～6 巻, ILCAA。
湯川恭敏 1995『バントゥ諸語動詞アクセントの研究』ひつじ書房。
湯川恭敏 2011『バントゥ諸語分岐史の研究』ひつじ書房。
湯川恭敏 2014『バントゥ諸語の一般言語学的研究』ひつじ書房。
米田信子 2000「マテンゴ語の記述研究――動詞構造を中心に」博士論文, 東京外国語大学。
米田信子 2014「バントゥ諸語における名詞修飾節の形式と意味」益岡編『日本語複文構文の研究』ひつじ書房。
米田信子・若狭基道・塩田勝彦・小森淳子・亀井伸孝 2011「アフリカ講座　アフリカの言語」『アフリカ研究』78。

Eguchi, P. K. 1986 *An English-Fulfulde Dictionary*. ILCAA.

Hieda, O. 2011 *Kumam Vocabulary with Grammatical Notes*. ILCAA.

Kagaya, R. 1978 Soundspectrographic analysis of Naron clicks. *Annual Bulletin of the Research Institute of Logopedics and Phoniatrics* 12, University of Tokyo.

Kagaya, R. 1993 *A Classified Vocabulary of the Sandawe Language*. ILCAA.

Kagaya, R. & N. Yoneda 2006 *Bibliography of African Language Study: ILCAA 1964-2006*. ILCAA.

Kawachi, K. 2007 *A Grammar of Sidaama (Sidamo), a Cushitic Language of Ethiopia*. PhD thesis, Buffalo, State University of New York.

Nakagawa, H. 2006 *Aspects of the Phonetic and Phonological Structure of the G|ui Language*. PhD thesis, University of Witwatersrand.

Nakagawa, H. 2012 The importance of TASTE verbs in some Khoe languages. *Linguistics* 50 (2).

Nakagawa, H. 2013 Ch.4 Phonetics and phonology, ||Gana subgroup, Ch.5 Tonology, ||Gana subgroup: |Gui, Ch.7 Syntax, ||Gana subgroup: |Gui. In R. Vossen (ed.), *The Khoesan Languages*. Routledge.

Ono, H. 2010 /Gui kinship verbs?: nouns and verbs in /Gui and linguistic differences found among its kinship terms. In M. Brenzinger & C. König (eds.), *Khoisan Languages and Linguistics*. Köln: Rüdiger köppe.

Shimizu, K. 1979 *A Comparative Study of the Mumuye Dialects: (Nigeria)*. D. Reimer.

Shimizu, K. 1980 *A Jukun Grammar*. Afro-Pub.

Yoneda, N. 2011 Word order in Matengo (N13): Topicality and informational roles. *Lingua* 121-5.

Yukawa, Y. & S. J. Hachipola, R. Kagaya 1987 *Studies in Zambian Languages* (Bantu linguistics vol.1). ILCAA.

Yukawa, Y. & R. Kagaya, R. M. Besha 1989 *Studies in Tanzanian Languages* (Bantu linguistics vol.2). ILCAA.

Yukawa, Y. & R. Kagaya, S. Kaji 1992 *Studies in Cameroonian and Zairean languages* (Bantu linguistics vol.3). ILCAA.

Wakasa, M. 2008 *A Descriptive Study of the Modern Wolaytta Language*. PhD theisis, University of Tokyo.

1-4-1 ピジン・クレオール
Pidgins and Creoles

仲尾周一郎

キーワード：言語接触, 植民地主義, リンガフランカ, ジュバ・アラビア語

アフリカには,「ピジン」あるいは「クレオール」と呼ばれる多様な言語群が存在する。ピジン・クレオールは, かつて「未開人の話す, 支配者の言語が崩れたもの」と見なされたが, 言語学的・社会史的に興味深い事実を提示する言語群として, とくに言語学の分野において研究が進められてきた。さらに, 学問的なテーマとしてのみならず, アフリカにおけるピジン・クレオールには国民統合の機能を担いうるものも見受けられ, 実践的な価値が見出されつつある。

ピジン・クレオールとは

複数の言語が接触した結果, 分岐的な言語系統に位置づけにくい言語変種が発生するという事例が存在する。たとえば, ある言語の語彙体系と別の言語の文法体系を備えた「混成言語 (mixed language)」は, 2言語以上の系統を持つ言語変種といえる。これらに対し, ベースとなった言語と比べて極端に簡略化・再構成された文法を持ち, いずれの言語系統とも認定しがたい言語変種が存在する。

言語学上の慣習として, こうした言語変種のうち, 限定的な場面 (異なる言語集団間での意思疎通など) でのみ使用され, 安定した言語構造を持たないものは「ピジン (pidgin)」, 何らかの集団の母語となり, 比較的安定した言語構造を持つものは「クレオール (creole)」と定義される。また, 安定した言語構造を持つが, 母語としてよりもリンガフランカ (地域共通語) としての性質が顕著なものもあり, 近年では「ピジンクレオール (pidgincreole)」と呼ばれることがある。

ピジン・クレオール研究は19世紀にはすでに開始され, 現在にいたるまで数多くの研究蓄積を持つ。この結果, 多種多様な仮説や見地が提示されており, 広くコンセンサスが得られている定義や定説といったものはほぼ皆無である。端的な例として, ピジン・クレオールの発生要因に関する議論がある。上層言語 (ピジン・クレオールのベースとなった支配者側の言語) との共通性や, 基層言語 (ピジン・クレオール話者集団の伝統的な母語) との混合性が議論されてきたほか, クレオールの発生過程は言語普遍性を反映しているとする「バイオプログラム仮説」は言語学の諸分野で注目を集めた。しかし現在では, あくまで個々のピジン・クレオール諸語に関する緻密な記述言語学的・文献的研究に基づいた上で, これら複数の要因がその個々の歴史に対していかに反映されているかを検討する研究姿勢が推進されている。

アフリカにおけるピジン・クレオール

アフリカで話されるピジン・クレオールには, 多言語が共存する社会言語学的背景を受け, リンガフランカ, つまり「ピジンクレオール」として使用されているものが多い。

大まかに, アフリカ西部にはアメリカ大陸との奴隷交易以来の歴史的背景から, 英語やポルトガル語ベースのものが多い。とくに英系クレオールであるシエラレオネのクリオ

語は，アメリカ大陸から移住した解放奴隷の言語であったものがリンガフランカへと拡大した典型例である。また，アフリカ中部や南部にはバントゥ諸語をベースに発生したものが多いが，これらのピジン・クレオールの発生・拡大には，植民地行政が深く関わっている。すなわち，ベースが西欧諸語であれアフリカ諸語であれ，いずれも植民地主義の産物としての側面が強いのである。ピジン・クレオールが暴力的な経緯を経て発生したという事実や，「崩れた言語」と見なされてきたという事実は，現代アフリカにおいて多くのピジン・クレオールが公的な地位を欠くという状況の一因となっている。

なお，アフリカ諸語と関わりを持つピジン・クレオールを包括的に扱った日本人研究者としては西江雅之が著名であり，西江（2009）所収の諸論考はピジン・クレオールを概観する上で便利である。また，市之瀬（2010）はこの分野の最先端の議論を捉えた上で，ピジン・クレオールを平易に概説した好著である。

南スーダンのジュバ・アラビア語

以上のほか，アフリカ東部・中部には，アラビア語ベースのピジン・クレオールが存在する。代表的なものとして，南スーダンでリンガフランカとして話されるジュバ・アラビア語が知られる（仲尾 2012）。この言語は，19世紀にエジプトが現在のスーダン地域へと侵攻した際，徴兵された南スーダン周辺出身の解放奴隷らが共通語として発生させたピジンの末裔と位置づけられている。後にこの軍隊はウガンダやケニアで植民地軍に組み入れられたが，その末裔は現在ヌビ人と呼ばれる集団をなし，ヌビ語と呼ばれているジュバ・アラビア語と類似したクレオールを話す。

ジュバ・アラビア語は，アフリカ諸語の影響が強く，アラビア語が持つ複雑な形態論的特徴を持たないなど，典型的な「アラビア語」のイメージからは程遠い。一方で，一部の話者にとってはあくまで「アラビア語」の一種と見なされており，2度の内戦の一因であった北部スーダンによるアラビア語化・イスラーム化政策を想起させる。このため，現時点では積極的に言語政策へ取り込む動きはなく，出版物もほぼ皆無である。

しかし，多言語国家である南スーダンにおいて中立的かつ大衆的な性質を持ち，かつ同国固有の言語である点で，ジュバ・アラビア語の潜在的可能性は高い（栗本 2002）。実際，草の根レベルでは関心は高まりつつあり，2012年ロンドン開催の世界シェークスピア祭でのジュバ・アラビア語公演やポピュラー音楽，ウェブ上での積極的な使用からは，「我々の言語」としての関心が見て取れる。また，難民受入国では，南スーダン系難民向けにジュバ・アラビア語の出版物が利用されている。

こうした草の根レベルでのピジン・クレオールへの関心は，南スーダン以外にナイジェリアでも観察されている（塩田 2009）。今後のアフリカの言語動向を見る上で，ピジン・クレオールは1つのキーワードとなりうる可能性を秘めている。

市之瀬敦 2010『出会いが生む言葉——クレオール語に恋して』現代書館／栗本英世 2002「英語，アラビア語，ジュバ・アラビア語」宮本・松田編『現代アフリカの社会変動——ことばと文化の動態観察』人文書院／塩田勝彦 2009「言語の命を支える民族のアイデンティティ——言語大国・ナイジェリアのケース」梶・砂野編『アフリカのことばと社会——多言語状況を生きるということ』三元社／仲尾周一郎 2012「ジュバ・アラビア語」塩田編『アフリカ諸語文法要覧』溪水社／西江雅之 2009『アフリカのことば——アフリカ・言語ノート集成』河出書房新社

⇒都市言語，アフリカ人とディアスポラ，奴隷貿易

1-4-2 都市言語
Urban Languages

品川大輔

キーワード：都市，共通語，混成言語，多言語状況，シェン語

近年の著しい都市化と歩調を合わせるように，今世紀に入って都市言語の研究がアフリカ諸語研究の世界で脚光を浴び始めている。典型的な多言語環境である都市空間にあって，外来，土着の別を問わずさまざまな言語要素を取り込んで生成される都市言語のなかには，文法的にも独自の発達の兆候を見せるものもある。民族的な出自を架橋する都市民としてのアイデンティティを背景に，都市言語は絶えず変化を続けている。

都市言語の発生

アフリカは，多様な民族集団が共存し，さまざまな形の接触，衝突，融合の歴史を繰り返してきた舞台である。民族集団の接触が起これば，当然そこには言語接触が生じることになる。そのダイナミズムは，ある言語を消滅に追いやることもあれば，新たな言語が生じる契機にもなった。植民地期以降はこの接触の舞台にヨーロッパの言語が加わり，さまざまなピジンやクレオールが生み出された。さらに宗主国からの独立を果たした1960年代以降，都市への急激な人口流入に象徴される都市化の進展に伴い，公用語としての言語威信を保つヨーロッパ諸語，広域共通語（lingua franca），そしてさまざまな民族語が接触し，混成言語（syncretic language）的な性質を持つ都市言語（urban language）が各地で生み出されている。

都市で生きること，あるいは都市を生きるということは，そのまま，民族的出自とは別の，都市民としてのアイデンティティの形成を促す。言語（使用）行為がアイデンティティの表現行為でもあることをふまえれば，都市言語は，この種のトランス・エスニックなアイデンティティを反映した言語コードであるということもできる。

都市言語の分類

このような形で生成した都市言語は，次のような類型に分類される。まず，その歴史的な成立過程から，植民都市形成期以前の，主に交易拠点となる都市において発達した「伝統的都市言語（"old" urban languages，以下OUL）」と，アフリカ諸国の独立後の，各国内における自立的な都市化の過程で成立した「新興都市言語（new urban languages，以下NUL）」に二分される。そして後者のうち，とくに若者世代の使用によって特徴づけられるものが「都市若者言語（urban youth languages，以下UYL）」である（Beck 2010）。

伝統的都市言語 —— OUL

OULは，典型的には交易都市における商業活動の仲介者たちがその発達に貢献した言語であり，具体的には西アフリカのハウサ語（Hausa），ヨルバ語（Yoruba），コンゴ川中流域で発達したリンガラ語（Lingala），そして，東アフリカではインド洋交易の拠点都市で発達したスワヒリ語（Swahili）がまさに該当する。ただ，これらを都市言語という文脈で扱った研究はさほど多くないようである。

ハウサ語およびヨルバ語のナイジェリアに

おける社会言語学的状況および歴史的な発展過程については塩田（2009）の概説がある。また同論文には，特定の都市を特徴づける言語ではないものの，ギニア湾岸に広く流通する「西アフリカ英語クレオール」の一変種に位置づけられるというナイジェリアピジン英語（Nigerian Pidgin English）についても歴史的背景をふまえた解説がある。リンガラ語，およびコンゴ民主共和国（旧ザイール）東部（とりわけ民族混交の著しかったカタンガ州（旧シャバ州）の銅山地域）で発達したスワヒリ語変種キングァナ語（Kingwana）については，それぞれ梶（1992），梶（1988）に言語学的な解説がある。さらにスワヒリ語に関しては，近年注目されているダルエスサラーム（タンザニア）の都市変種 Lugha ya Mitaani（「ストリートのことば」の意）について阿部（Abe 2009）による分析があるが，これはむしろ以下のUYLに位置づけられるものである。

都市若者言語 ── UYL

アフリカのUYLに関する研究の全体的な展望を示したキースリングとマウス（Kießling & Mous 2004）は，UYLの重要な基本特徴として次のような点をあげている。①ピジン・クレオールとは異なり，コミュニケーション媒介となる（都市）言語が用意されている環境で，それを文法基盤として発達した言語変種であること，②外来の語彙や文法要素（供給元はヨーロッパ語でも民族語でもありうる）の導入，また意味拡張や，音位転換などの意識的な形式操作が顕著であること，そして，ことアフリカのUYLに関しては，③（都市名などを用いた呼称ではなく）独自の言語名を持つことをあげている。現代アフリカにおける代表的なUYLとしては，アビジャン（コートジボワール）のヌシ語（Nouchi），ヤウンデなど（カメルーン）のカムフラングレ語（Camfranglais），ブラザビル（コンゴ共和国）およびキンシャサ（コンゴ民主共和国）のインドゥビル語（Indoubil），ヨハネスブルグ（南ア）のツァムト語（Iscamtho），そしてナイロビ（ケニア）のシェン語（Sheng）などがあげられる。

これらのうち，ヌシ語については，鈴木（2009）が使用文脈や社会的背景をふまえた具体的な言語形式の分析を提示し，その生成過程を活写している。シェン語については，その成立過程や社会的機能に関する動態が，小馬徹の一連の研究（小馬2005など）に鮮やかに描き出されている。これらは，いずれも文化／社会人類学者の手になる論考であるが，都市言語のダイナミズムを理解する上で人類学的なアプローチが重要な知見をもたらすことを説得的に示している。

シェン語の言語学的分析

一方で，UYLの言語形式面に関する言語学プロパーの研究については，おそらく最も研究の蓄積が多い部類のシェン語であっても，本格的な研究成果が発表されるようになったのは，この10年内外のことである。以下では，品川による（Shinagawa 2007）記述内容を中心に，上述のUYLの3つの基本的な特徴にしたがって，シェン語の言語構造の概観を示す。

[言語名]

シェン語という言語名称の由来は，一般に理解されているところでは，SwahiliのSとH，そしてEnglishの初頭音節ENGの合成からなるというものであるが，これはシェン語がスワヒリ語と英語の混合言語であるという素朴な解釈に基づくものである（Mbaabu & Nzuga 2003）。たしかに，シェン語に文法基盤を提供するのはケニアの内陸部で広く話されるケニアピジンスワヒリ語（KPS）であるが，語彙の供給元は，KPS，英語のみならず，ギクユ語，カンバ語などのバントゥ系民族語やナ

イロート系のルオ語など，ナイロビの多言語状況を反映して多岐にわたっており，その意味ではややミスリーディングな解釈である。これに対して小馬（2009）は，シェン語の一般的な造語法である音位転換を用いてEnglishの初頭音節（ENG）と末子音（SH）を倒置させた名称とする解釈を提示している。

[外来要素の導入と形式操作]

文法基盤を提供する言語とは異なる言語からの語彙形式の導入に関しては，通常の借用語のような，言語体系上の要請から生じる意味的なズレあるいは音形上の調整にとどまらず，意図的な意味拡張や，音韻論的，また造語法上の形式的操作を伴うものが少なくない。以下に，バーブとンズガ（Mbaabu & Nzuga 2003）などの調査から得られたデータを示す（言語名略称：ス＝スワヒリ語，英＝英語，ギ＝ギクユ語，グ＝グジャラート語）。

意味拡張の例としては次のようなものがあげられる：*choma*「マリファナを吸う」＜ス. *choma*「焼く」，*igoro*「上（へ），空中（で），天国」＜ギ. *igūrū*「上へ」，*chori*「職業，雇われ仕事」＜グ. *cōra*「泥棒」

代表的な音韻論的な操作である音位転換は，次のような例で確認される：*bwaku*「大きい」＜ス. *kubwa*, *dibre*「パン」＜英. *bread*, *kibuta*「本」＜ス. *kitabu*, *kimbeko*「コップ」＜ス. *kikombe*.

さらに造語法上の操作としては，語幹（の一部）に接尾辞（suffix）{-o}（*chap-o*「チャパティ」＜ス. *chapati*）や接周辞（circumfix）{o- -o}（*o-der-o*「運転手」＜ス. *dereva*）を付加する形式が特徴的である。これら接辞は何らの文法概念や派生概念を表示しない，いわば「ダミー接辞」であるが，類似の余剰的な造語法として，複数（plural）概念の二重表示があげられる（*ma-gan-z*「銃（複）」：*ma-*＜ス. 複数接辞, *gan*＜英. *gun*, *-z*＜英. 複数接辞）。

[文法基盤]

既述のとおり，シェン語の文法基盤はKPSによって提供されているが，KPSの統辞法では説明のつかない，つまりシェン語が独自に発達させている文法現象も，部分的にではあれ見出すことができる。その1つが，関係節（名詞修飾節）構造に関するものである。標準スワヒリ語の関係節標示の方略には，次の3つがある（例文はいずれも「歌っている／歌う人」の意。CMはクラス呼応接辞の略。関係節標識を下線で，先行詞（被修飾名詞）を下点線で示す）。

(a) 自立語*amba*-CMによる分析的標示：
[m̤tu]人 [*amba-ye*] [*a-na-imba*] 主語接辞－現在－歌う（語幹）

(b) CMを動詞語幹前に接合する統合的標示：
m̤tu *a-na-ye-imba*

(c) CMを動詞語幹後に接合する統合的標示：
m̤tu *a-imba-ye*

KPSの関係節構造は，これらのうちでは(a)か，さもなければ関係節標示そのものを欠く（ゼロ標示）というものである。これは混成言語に広く認められる分析的構造への指向性（文法概念を接辞によって語中に埋め込むのではなく，別々の語に分離して表現する傾向）とも合致する。

一方，シェン語で書かれた雑誌記事を対象にした分析（Shinagawa 2007）では，ゼロ標示こそ広く認められるものの，(a)の分析的構造を明らかに欠くというデータが得られた。実際に確認された構造には次のものがある。

(b) CMを動詞語幹前に接合する統合的標示：
[m̤to]川 [*u-na-o-pitia*] 主語接辞－現在時制－CM－〜を通る（語幹） *karibu na brewery*
「醸造所の近くを通っている川」

(d) 遠称指示詞CM-*le*（「あの」）を関係節標識として用いた分析的標示：*Si hao ni* [*wa-le*]

あの (人たち) [*wasee*] 連中 [*ulikuwa unaniambia*]
あなたが私に言っていた

「あなたが私に言っていた連中が彼らではないのか」

(e) 所有関係詞CM-*enye*(「～を持った」)を単純関係節標識として用いた分析的標示：
<u>*Kariuki Chotara*</u>[*mw-enye*] ～を持った [*alikuwa pande ya Nakuru*] 彼はナクルの方にいた

「ナクル（地名）の方にいたカリウキ・チョタラ（人名）」

まず注目されるのは，KPSでは原則として回避される(b)の統合的な構造が，少なからず確認されたという点である。そして，関係節標識の構造について，データに現れなかった(a)は〔語幹（amba-）-CM〕という辞順になっている一方で，(b)を含む確認された構造のいずれもが〔CM-語幹〕という形態論的なテンプレートに従っているという点である。

つまりこれらのデータが示唆するのは，分析的構造への指向性という（KPSを含む）混成言語に広く認められる一般傾向に加え，あるいはそれと拮抗する形で，CMを語幹前に配置する（CMの語幹後置を回避する）という，KPSとは異なる統辞原理がシェン語において新たに萌芽しているという可能性である。

今後の展望

こういったUYLの文法研究は端緒についたばかりであるが，アフリカ言語研究や一般言語学研究の観点からも興味深いテーマを提供しているということはいえよう。そして，都市言語（とりわけUYL）を動態として，あるいは都市空間における生活実践として把捉しようとする昨今の研究動向を顧みるに，文化／社会人類学的な，とりわけ都市人類学や都市社会学といった分野との領域横断的な協働が，より重要性を増してくるだろうことは強調しておく必要があろう。

梶茂樹1988「キングァナ語」亀井・河野・千野編『言語学大辞典　第1巻　世界言語編（上）』三省堂／梶茂樹1992「リンガラ語」亀井他編『言語学大辞典　第4巻　世界言語編（下-2）』三省堂／小馬徹2005「グローバル化の中のシェン語」梶・石井編『アジア・アフリカにおける多言語状況と生活文化の動態』東京外国語大学アジア・アフリカ言語文化研究所／塩田勝彦2009「言語の命を支える民族のアイデンティティ――言語大国・ナイジェリアのケース」梶・砂野編『アフリカのことばと社会――多言語状況を生きるということ』三元社／鈴木裕之2009「ストリートで生成するスラング―コート・ジボワール，アビジャンの都市言語」梶・砂野編，前掲書／Abe, Y. 2009 The Use of -ag- in Colloquial Swahili in Tanzania: Report of a preliminary survey conducted in 2008. In Y. Kawaguchi, M. Minegishi & J. Durand (eds.), *Corpus Analysis and Variation in Linguistics* (*Tokyo University of Foreign Studies, Studies in Linguistics 1*). Amsterdam: John Benjamins ／ Beck, R. M. 2010 Urban languages in Africa. *Africa Spectrum* 45 (3), German Institute of Global and Area Studies (GIGA) Institute of African Affairs ／ Kießling, R. & M. Mous 2004 Urban Youth Languages in Africa. *Anthropological Linguistics* 46 (3)／Mbaabu, I. & K. Nzuga 2003 *Sheng-English Dictionary: Deciphering East Africa's Underworld Language*. Taasisi ya Uchunguzi wa Kiswahili, Chuo Kikuu cha Dar es Salaam ／ Shinagawa, D. 2007 Notes on the morphosyntactic bias of verbal constituents in Sheng texts. *HERSETEC: Journal of Hermeneutic Study and Education of Textual Configuration* 1 (1), Graduate School of Letters, Nagoya University

⇒スワヒリ文学，ピジン・クレオール，ボンゴ・フレーバのタンザニア若者ことば

1-4-3 ボンゴ・フレーバのタンザニア若者ことば
Tanzanian Youth Swahili in Bongo Flava

阿部優子

キーワード：言語変化, スワヒリ語, バントゥ諸語, 大衆音楽

タンザニアの首座都市ダルエスサラームを中心として発展した，新しい世代の音楽ジャンル「ボンゴ・フレーバ（Bongo Flava, BF）」。タンザニアでは1990年代のマスメディアの自由化とその急速な発展に伴い，BFのアーティストがさまざまな社会問題，若者特有の問題をスワヒリ語で歌う。BFの人気とともに，その歌詞に乗ってタンザニアの若者ことばは，タンザニア国内のみならずスワヒリ語圏東アフリカ諸国に広がりを見せている。若者ことばは，言語変化の一現象として，一般言語学的にも興味深い材料を提供する。

BFの定義とその研究

Bongo FlavaのBongoとはダルエスサラームないしタンザニアを指す愛称，Flavaは英語のflavorからの借用，つまりBFは「ダルエスサラーム／タンザニア風の音楽」という意味である。狭義にはアメリカ発のヒップホップ・ミュージックのスワヒリ語版，それもダルエスサラームから発信されるラップ・ミュージックのみを指すが，時代とともに，またアーティストによって定義は異なる。広義にはスワヒリ語を使う東アフリカのポピュラー・ミュージック全般を指す。

BFは2000年代以降，さまざまな分野で研究対象となり，社会人類学・経済学，文学，音楽学，一般言語学で取り上げられている。ヒップホップというアメリカ文化のスワヒリ化は，現代タンザニア社会を映す鏡でもある。詳細は，小川（2008），オマリ（Omari 2009）の社会学・文学的研究を参照されたい。

"非"標準スワヒリ語研究

スワヒリ語には，地域，社会ごとにさまざまな変種がある。タンザニアは，イギリス領東アフリカ領土間言語委員会で1930年に制定された「標準スワヒリ語」を国家語とした。標準スワヒリ語はザンジバル方言をもとに作られているが，海岸地方には古い形を保つスワヒリ語変種（方言）が多くある。コンゴ民主共和国のキングァナ語，ケニアのシェン語もスワヒリ語の変種だが，詳細は「都市言語」の項を参照されたい。

タンザニア都市の若者による新しいスワヒリ語は，ケニアやコンゴ民主共和国のスワヒリ語のように英語やフランス語など多言語との接触の結果生まれたのではなく，標準スワヒリ語を第一言語（母語）とする者が，標準スワヒリ語をもとに発展させたものである。ロイスター・ヤーンとキースリング（Reuster-Jahn & Kießling 2006）はこれを「ストリートのことば（Lugha ya Mitaani, LyM）」と呼ぶ。1990年代，国内のマスメディアの自由化以降，LyMはテレビ・ラジオで流れるBFを媒体とした音声言語として，またタブロイド紙で描かれるコミックを媒体とした書記言語として，国内に広く浸透することとなった。BFの新語が乗合バスに流れ，バス路線とともに広まっていく様子は木村（1999）に記されている。ロイスター・ヤーンとキースリング

（Reuster-Jahn & Kießling 2006）の網羅的研究では，メディア別・場面別のLyMの語彙特徴が記述されている。

BFの言語的特徴

BFに映し出されるLyMは，語彙，音韻，動詞派生に特徴がある。

2000年代前半，BFは難解な隠喩やスラングを多用することで，LyMの語彙を爆発的に増やし，伝播させた。ダルエスサラームのテメケ地区とウパンガ地区の若者の間では，ラップによることばの抗争がさかんに行われ，国中の若者の注目を集めた。抗争のなかで多くの新語が生まれ，若者の間で広まった。しかし2000年代後半，抗争がおさまるのと同時にBFが大衆化した結果，歌詞は激しいスラングを避けるようになった。こうしてBFの造語力は低下した一方，語彙以外の分野で別の言語変化が進んだ。

音節数の増減は日本語の大衆音楽の歌詞でも観察される音韻現象であるが（例：3モーラ語の「ぜ.ん.ぶ」をzem.buと2つの音符にのせて歌う），BFでも音符の数に合わせて歌詞の音節数を頻繁に増減させる。たとえばnshampata「ぼくはもう手に入れた」は，標準語ならni.me.sha.m.pa.taと6音節だが，iやmeを略し，mpaを1音節にすることで，実際にはnsha.mpa.taと3音節（3音符）に短縮する。

また動詞接尾辞の-gaを，スワヒリ語以外のバントゥ諸語から取り込んだ（Marten 2013）。かつて-gaといえば，標準スワヒリ語を知らない田舎者が使う口語表現であった。たとえば標準語のNakupenda（君が好き）を，Nakupenda-ga（ずっと君が好き）とするのは，地方出身者だったのだが，新たに「格好よさ」という要素が加わった。スマ・リー，2011年のヒット曲「Hakunaga（ちっともない）」は，-gaの用法をさらに拡大させた。本来は動詞につける接尾辞を，Hakuna（〜がない）という動詞でない語につけて，「格好よく」表現したのだ。

今後の研究動向

タンザニアのLyMの最大の特徴は，1990年代のマスメディアの自由化に伴い起こった急激な言語変化であった。約20年間，その言語変化の大きな牽引力となったのは，BFという音の大衆文化であった。

LyMは基本的に「話しことば」であり，言語研究の対象とするには文字情報が少ないという問題がある。東京外国語大学グローバルCOEの「スワヒリ語話しことばコーパスプロジェクト」では，自然会話のLyMが文字化されており，今後，話しことばの分析，研究成果が待たれる。

また最近では，インターネットや携帯電話の普及に伴い，ネットスラングの発達がめざましい。ネット上では，Vp?←Vipi?（調子はどうだい?），2po←Tupo（ぼくらはいる。2＝英語でtwo）といった短縮・省略が多いが，日本語や英語との比較など，文字のLyMの研究はこれからの注目分野であろう。

小川さやか 2008「ウジャンジャの競演／共演空間としてのタンザニアのポピュラー音楽『ボンゴ・フレーバ』」『くにたち人類学研究』3／木村映子 1999「生きたスワヒリ語は都市の喧噪のなかから」北川編《〈南〉から見た世界03 アフリカ》大月書店／Marten, L. 2013 "Linguistic Variation, Language Contact and the New Comparative Bantu." Inaugural Lecture, SOAS／Omari, S. 2009 *Tanzanian Hip hop Poetry as Popular Literature*. Unpublished Ph. D. Thesis, University of Dar es Salaam／Reuster-Jahn, U. & R. Kießling 2006 "Lugha ya Mitaani in Tanzania." (http://www.ifeas.uni-mainz.de/SwaFo/SF_13.pdf)

⇒都市言語

1-4-4 手話
Sign Language

亀井伸孝

キーワード：ろう者, ろう者コミュニティ, ろう教育, アンドリュー・フォスター, ろう者のためのキリスト教ミッション(CMD)

手話（手話言語）とは，世界各地の耳の聞こえない人々（ろう者）が共有し伝承する視覚的自然言語の総称である。アフリカには32種類の手話言語が分布していることが知られているが，未記載の手話も多いと見られる。アメリカ手話など，アフリカ域外から伝播した手話の影響を受けて成立した接触手話言語が広く用いられていることも，アフリカの特徴のひとつである。言語政策の側面では，ウガンダや南アフリカの憲法で手話が公認されるなど，世界的にも新しい取り組みが見られる。アフリカの音声言語の研究と並び，手話言語の研究のいっそうの振興と知見の蓄積が期待される。

アフリカに分布する手話言語数

アフリカに何種類の手話言語が分布しているかは，まだ明らかになっていない。言語データベース「エスノローグ」によれば，世界には137種類の手話言語が分布しているとされ，そのうち25種類がアフリカの手話言語である。この他に7つの手話言語の存在が文献で確認されており（アジア・アフリカ手話言語情報室），それらを加えれば計32言語となる。もっとも，手話の調査が行われていない国・地域も多く，実際にはこの数を上回るであろうと考えられる。また，これら諸言語の系統関係は明らかにされていない。

すでに命名されている32種類の手話言語のうち，25種類は，「ケニア手話」「ナミビア手話」など，国名を冠した言語名を持っている。一般に，ろう者は親が話している音声言語とは関わりなく，聞こえない人どうしで集まって手話言語集団を作る。ろう学校やろう者協会の人脈を核とした集まりが主に都市部に形成され，そこで地域特有の手話が共有されるため，アフリカの民族諸語の多様性を反映して手話言語集団が細分化されている様子は見られない。成立過程が音声言語と必ずしも一致していないことが，国名を冠した言語名が多いことの背景にある。

ただし，国名と一致する手話言語名を持つことが，その国の手話言語状況が均質であることを意味しているとは限らない。1つの国に複数の手話言語が分布している例（たとえばナイジェリアにおけるナイジェリア手話，ハウサ手話，ブラ手話），1つの手話言語内に多様な方言を含む例（たとえば南アフリカ手話）などがある。とくに，南アフリカ手話の方言の多様性は，アパルトヘイト時代の人種別隔離ろう教育との関係が指摘されており（Van Cleve ed. 1987），手話言語名が言語の実態を反映しているかどうかについては，別に検討が必要である。

アフリカの手話の歴史

手話は単一の起源を持つ諸言語ではなく，各地の聞こえない人たちの集まりで自然発生し，伝承されてきた言語であると考えられている。アフリカにも，ガーナのアダモロベ手話のように，アフリカ域外からの影響を受け

ず，地域で生じたと考えられる手話言語があるが，その全容と歴史はまだ明らかになっていない。

文献としては，19世紀半ば以降の英領ケープ植民地の記録がある。イギリス系，オランダ系の白人ろう児のためにそれぞれろう学校が設立され，白人宣教師らによりアイルランド手話がもたらされたとされる（Van Cleve ed. 1987）。しかし，20世紀半ばまでにろう学校が設立されていたのは，今日の国名でいう南アフリカ，エジプト，アルジェリアの3地域に限られていた（Higgins 1948）。

20世紀後半，サブサハラアフリカのろう教育の空白を埋めるべく事業に取り組んだのが，アフリカ系アメリカ人のろう者宣教師アンドリュー・フォスター（1925〜87）が設立した「ろう者のためのキリスト教ミッション（CMD）」である。ナイジェリアのイバダンを拠点としたCMDは，アフリカ13ヵ国にろう学校を設立，23ヵ国の教員に対する研修を行うなどの国際事業を展開した（亀井 2006a）。

この事業のなかで，フォスターらが用いたアメリカ手話が，アフリカの広い範囲に伝播した。ガーナ手話，ナイジェリア手話，フランス語圏アフリカ手話など，とりわけ西・中部アフリカで話されている手話は，その後の変容を見ながらも，今日もアメリカ手話との間に多くの共通語彙を持つ様子が見られる。

ケニア，ウガンダ，タンザニアなどの東アフリカ諸国では，北欧のろう者団体や援助機関が手話の調査と振興に関わってきた。東アフリカのろう者コミュニティは，これら北欧諸国のろう者が話す手話（スウェーデン手話，フィンランド手話，デンマーク手話，ノルウェー手話）に触れる機会があり，語彙の上で影響が及んだとの指摘がある（エスノローグ）。

ろう者の言語意識

西・中部アフリカ諸国を事例に，ろう者たちの言語意識を見てみたい。CMDの教育事業によってアメリカ手話が導入され，それと近縁なガーナ手話やナイジェリア手話が生まれた。さらに，1974年以降，コートジボワールにおけるろう学校設立を皮切りに，アメリカ手話は西・中部アフリカのフランス語圏11ヵ国に導入され，音声フランス語との接触のなかで広域的な共通手話言語が生まれた（フランス語圏アフリカ手話）。

手話は音声言語とは関わりなく成立すると先に述べたが，教育言語の影響は大きいという面を指摘する必要がある。一般にアフリカ諸国のろう学校では生徒たちに民族諸語を教えることがなく，当該国の公用語である英語やフランス語を教え，かつその言語で教科を教えている。その結果，書記言語として，また口の形や動きとして，英語やフランス語がろう者たちの手話に影響を及ぼしてきた。

フランス語圏諸国でろう者と調査を行っていると，しばしば「あの人は英語圏から来たろう者だ」などと，音声公用語の分布によって自他を区別する語りに出会う。アメリカ手話に由来する共通語彙を持っていても，教育言語が異なるために，それぞれ音声言語から借用している語彙や文法が異なる様子が観察される。

フランス語圏西・中部アフリカ諸国のろう者は，「国境を越えて，アメリカ手話とフランス語の両方の要素を含む共通の手話を話している」という意識を共有している。この言語観に沿った命名として，「フランス語圏アフリカ手話」という言語名が，現地のろう者たちによって用いられ始めている（亀井 2009）。

外来手話をめぐる議論

アフリカ域外から導入された手話をめぐっては，とくに各地に教育や開発援助を通じて欧米の手話がもたらされ，地域の手話が軽んじられるという問題が指摘されている

(Okombo 1991)。一部の地域では，外来手話に対するろう者たちの反発が起こるなど，ろう者のアイデンティティに関わる言語選択の問題がさかんに議論されている。

英仏二言語を公用語とするカメルーンでは，英語圏諸州のろう学校がアメリカ手話を，フランス語圏諸州のろう学校がフランス手話を導入し，ろう者コミュニティにおける対立を生む要因となるなど，社会問題化しているケースがある。

このような状況を見聞したトーゴやコートジボワールのろう者は，フランス手話の新たな導入にきっぱりと拒絶の行動をとるなど，外来手話言語に対して明確な意思表示をしている例もある。

また，ケニアでは，アメリカ手話の語彙と，地域固有の手話語彙のどちらを用いて手話辞典を編纂するか，どちらによって教育を行うかをめぐる議論が続けられてきた(Gilchrist et al. 2009)。

外来手話に対するろう者たちの反応は一様でなく，単純な「外来手話排斥運動」に限らないさまざまなスタンスが見られている(亀井 2006a，2009)。

手話の法的地位と研究の進展

1995年，ウガンダはフィンランドと並んで，世界に先駆けて憲法で手話を認知した国として知られることとなった。翌1996年には，アパルトヘイト撤廃後の南アフリカ共和国新憲法で，多くのアフリカ諸語と並んで手話が公用語に準ずる地位を持つこととされた。2010年にはケニアの新憲法で手話が認知され，フランス語圏諸国においてもそれに続こうとする動きが見られている。

これらの新しい動きは，世界的に手話が政府や自治体によって法的に認知され公用語となるという潮流と密接に関連している。また，そのような潮流を背景としたアフリカ域外，とりわけ欧米の開発援助が影響をもたらしている面もある。

しかし，最も重要な要因として，アフリカの各地で，欧米への留学を経験したろう者(ケニア，ナイジェリア，ガーナ)，手話言語学の研究者としての素養を持つろう者(ウガンダ)，国会議員や公務員，政策顧問などとして立法や行政の重要な局面に関与しうるろう者(ウガンダ，コートジボワール，ナイジェリア)など，教育の普及によって学識経験をそなえたろう者の人材の層が厚くなってきたことがあげられるであろう。

高等教育機関としては，フリーステート大学(南アフリカ)，ナイロビ大学(ケニア)，アディスアベバ大学(エチオピア)，オヨ連邦教育大学(ナイジェリア)などで，各国の手話の講義や研究が行われている。また，国際的な共同研究を通じて，手話のコーパス構築などの基礎研究から，手話の標準化，辞典編纂，ろう教育への提言などの応用まで，研究のすそ野は広がっている。

アフリカ言語・教育会議(LEA)，世界アフリカ言語学会議(WOCAL)など，アフリカの言語一般を扱う学術会議においても，研究テーマに手話言語を含めるほか，大会組織委員会が手話通訳者を配置し，アフリカのろう者が手話で研究発表や基調講演を行う光景も珍しくなくなってきた(亀井 2006b，亀井・米田 2009)。

日本とアフリカのろう者との関わり

研究面では，亀井伸孝が1997年からカメルーン，コートジボワールほか西・中部アフリカの8ヵ国においてろう者コミュニティおよび手話の現地調査を行ってきた。また，宮本律子・森壮也によるケニア手話の調査とろう者の研究者育成事業，箕浦信勝によるマダガスカル手話の調査，吉田(古川)優貴によるケニアのろう学校での調査などがある。

2008年，東京外国語大学アジア・アフリカ言語文化研究所で，カメルーンのろう者を講師とした言語研修「フランス語圏アフリカ手話」が開催された。日本の大学の事業として，アフリカの手話が初めて公式に紹介された機会となった。

開発援助の分野では，国際協力機構（JICA）による研修事業のなかで，アフリカ諸国のろう者たちが来日し，研修で得た成果を自国のろう者団体の活動などに活かしている事例がある。

民間の援助，交流事業として，日本財団の奨学金を受給したアフリカのろう者たちが来日して行事を行ったり，世界ろう連盟の理事であったウガンダのろう者が来日して講演したり，日本のろう者が個人旅行でアフリカ諸国を訪問したり，小規模ながらも国際交流が行われている。

今後の課題

地域間における研究の蓄積の格差の解消が懸案であろう。とくに，英語圏以外においては研究が皆無の国も多く，実態の解明が急務である。あわせて，アフリカ出身のろう者の研究者が発言力を増しつつある今日，アフリカ域外の研究者らの姿勢や調査倫理を鋭く問うろう者たちの主張も見られるようになってきている。

最近のできごととして，地域のろう者たちの頭越しにアラブ地域の手話の統一を図ろうとする動きがあり，世界ろう連盟が批判的見解を示すなど，手話を話すろう者たちの意向が十分に尊重されない調査や言語計画が行われる事例もある（World Federation of the Deaf 2009）。

アフリカの場合は，ヨーロッパにおける国民国家形成とは異なる歴史的経緯と言語政策が存在するため，ナショナリズムを前提とした「一国一手話」の研究と言語計画が適切であるかどうかは議論の余地があろう。しかし，当該の話者による言語使用，言語観，歴史観を尊重した，現地での共同研究の振興が望ましいことはいうまでもない。さまざまな課題を抱えつつも，アフリカのろう者自身が中心となったダイナミックな研究の進展の萌芽が各地で見られている。

亀井伸孝 2006a『アフリカのろう者と手話の歴史——A・J・フォスターの「王国」を訪ねて』明石書店／亀井伸孝 2006b「アフリカ言語・教育研究の現在——ノルウェー，オスロにおけるLEA2006会議報告」『アフリカ研究』69／亀井伸孝 2009「アメリカ手話とフランス語の接触が生んだ手話言語——フランス語圏西・中部アフリカ」梶・砂野編『アフリカのことばと社会——多言語状況を生きるということ』三元社／亀井伸孝・米田信子 2009「理解と進歩のためのアフリカ言語学——第6回世界アフリカ言語学会議（WOCAL6）参加報告」『アフリカ研究』75／Gilchrist, S., A. Otieno & E. Namasaka 2009 Standardisation in Kenyan Sign Language Led by Deaf Teachers, Workshop on Sign Languages in Africa during World Congress of African Linguistics（WOCAL）6（August 18, 2009, Cologne, Germany）／Higgins, F. C. 1948 Schools for the deaf in the world. *American Annals of the Deaf* 93（1）／Okombo, O. 1991 Obstacles to the development of African Sign Languages. World Federation of the Deaf ed. *Equality and Self-Reliance. Proceedings of the XI World Congress of the World Federation of the Deaf*. Tokyo, Japan, 2-11 July 1991／Van Cleve, J. V.（ed.）1987 *Gallaudet Encyclopedia of Deaf People and Deafness*. vol.1-3. New York: McGraw-Hill Inc.／アジア・アフリカ手話言語情報室（http://aasl.aacore.jp/wiki/）／Ethnologue（http://www.ethnologue.com/）／World Federation of the Deaf 2009 "Open Letter with regard the unification project of Sign Languages in the Arab region（October 7, 2009, Helsinki, Finland）"（http://www.wfdeaf.org/pdf/Open%20Letter%20FINAL.doc）

⇒都市言語，ピジン・クレオール，障害者，教育援助，キリスト教

1-5-0 総説 ── アフリカ史
History of Africa

北川勝彦

日本のアフリカ史研究は，かつて山口昌男（1969）が「アフリカ史の専門家が皆無で，大学にアフリカ史の講義が設けられたことのない学問的環境で，万遍なくアフリカ史へのコントリビューションを考えることは笑止の沙汰」（山口 1969：224）と語ってから半世紀，その後，吉國恒雄（2001）が「アフリカ歴史学は日本においてほとんど存在しない，少なくとも学問的制度としては確立していない」（吉國 2001：37）と嘆じてから10年を超える。しかし，この間，日本のアフリカ史研究がまったく進展しなかったわけでない。アフリカ大陸諸国を含めて諸外国のアフリカ史研究の動向をふまえ，日本における歴史学研究の独自の問題視角にたって研究が進められてきた面を見逃してはならない。本稿では，第1に1960年代から今日にいたるまでの日本のアフリカ史研究の進展を回顧する。第2に，どのようなアフリカ史の時期区分と地域区分が提示されてきたかを検討する。第3に，アフリカ史研究の記述と史料について考察する。第4に，アフリカ史と世界史（歴史学）の関わりについてどのような議論が展開され，現在，どのような新しいアフリカ史研究の課題が提起されているかを紹介する。

アフリカ史研究の動向

まず，1960年代には欧米文献の翻訳などへの依存状態から次第に脱却し，現地調査の知見をふまえてアフリカ人の問題意識を吸収して独自の研究が始まろうとしていた。1954年の西野照太郎の『鎖を断つアフリカ』（岩波書店）の出版をはじめ，1960年前後のバジル・デヴィッドソンの著作の翻訳（デヴィッドソン 1959, 1964），文化人類学者やジャーナリストの研究成果，欧米の文献に依拠した研究，アジア・アフリカ連帯運動の一環としてのアフリカ史研究，帝国主義・ナショナリズム・パンアフリカニズムの立場にたった研究などが見られた（宮治 1984）。

1970年代のアフリカ史研究については，現地調査の体験が共同研究の成果を生む。人類学や経済学から出発した地域研究者が歴史研究の成果を出した。東京外国語大

学アジア・アフリカ言語文化研究所の富川盛道（1971，1973）や川田順造（1976）の研究が公刊された。そうした成果のなかからアフリカ史の概説書として山口昌男の『黒い大陸の栄光と悲惨』（1977）が出版される。同時に，アフリカ地域研究者の成果として『アフリカ現代史』全5巻の出版が開始された（星・林1978，吉田1978，宮治1978，中村1982，小田1986）。この通史に加

西野照太郎
『鎖を断つアフリカ』

デヴィッドソン
『アフリカの目覚め』

えて，特定の時期を取り上げた地域の比較史研究も現れた（宮治1979）。他方，1960年代と同様にデヴィッドソンの著作の翻訳（デヴィッドソン1978a，1978b，1978c）が刊行され，分割された側の視点からアフリカ史を捉えようとした通史として岡倉登志『ブラック・アフリカの歴史』（1979）が出版されている。これに加えて重要なのは，浦野起央（1979）の手で膨大な資料集の編纂が始まったことである。

1980年代には，植民地宗主国側の一次史料と同時代の文献を利用した研究が始まった。20世紀最大の成果としてケンブリッジ版（1975～1986）に加えてUNESCO版（1981～93）の『アフリカの歴史』が相次いで刊行され始めた。その後，残念ながら未完の事業となったUNESCO版の著作の翻訳（1988，1990，1992）が刊行された。アフリカの主体性を強調し，アフリカ人の手で書かれた歴史を日本語で共有できる意義は大きい。アフリカ史理解の根本的問題――文字史料と遺跡および編年史と時代区分――を提起した川田順造の『黒人アフリカの歴史世界』（1987）が現れた。森川純（1988）の『南アフリカと日本』など，アフリカと非アフリカとの交流史ないし関係史の研究への取り組みも始められた。

1990年代には，ヨーロッパ中心史観を克服し，アフリカ人史家が書いたアフリカ人を主体とする歴史も批判的研究対象とされるようになる。異文化間の交渉（交流）史（岡倉・北川1993，青木1993），社会人類学からのアフリカ史への接近（赤阪賢・福井勝義・大塚和夫1999）が試みられた。富永智津子（1996）は，アフリカ史研究において官制ではない新しい史料の発掘と利用によって歴史のディテ

UNESCO版『アフリカの歴史』

イルを埋めていくことがアフリカ史の課題であると指摘した。日本人の手になる新しい通史として宮本正興と松田素二によって『新書アフリカ史』(1997) が編集され，吉田昌夫は『東アフリカ社会経済論』(1997) を著した。また，歴史学と人類学の研究者による共同作業として栗本英世と井野瀬久美惠によって『植民地経験』(1999) の研究が現れる。

2000年代に入ると，富永智津子と永原陽子 (2006) によって女性・ジェンダーの視点からアフリカ史像の再考を迫る研究書が公刊された。また，アフリカ史を人類史のなかに正当に位置づけ，世界史のなかでどのように中心化するか，という観点からアフリカ史の連続性に関わる環境史，人類史および考古学の研究が著され，アフリカ史の接続性に関わるディアスポラ史，地域史ないし地域間関係史の研究が現れてきた (川端・落合 2012)。加えて，アフリカ史記述の方法と史料の研究を試みたものとして，たとえば，文字史料の得られるところと得られないところで，力関係を異にする複数の文化や集団が接触し交渉する場で歴史が生まれ創られる過程の研究が永原陽子 (2011) によって編集され，帝国の語りと記述を集大成したイギリス議会資料 (BPP) を用いてアフリカの植民地期を再考した研究書が井野瀬久美惠と北川勝彦 (2011) によって編集されている。この間，アフリカ史に関する資料調査と文献考証も進んだ。さらに，今日，日本人アフリカニスト史家としてアフリカ史に接近する上でどのような独自の問題が立てられるかについて，永原陽子 (2000, 2009, 2011, 2012) によって，アフリカ史とアジア史の複眼的同時代認識，「植民地責任」の方法態度と「真実と和解」の歴史哲学に立つ世界史とアフリカ史の認識，アフリカ史における植民地期と前植民地期をつなぐ連続的動態史観など，21世紀後半の展望を切り拓くアフリカ史研究の課題が提起されている。

アフリカ史の時期区分と地域区分

かつて星昭 (1976) は次のように述べた。「アフリカ史においては，ヨーロッパ史におけるような制度的先行関係によって系統的に立てられる歴史の発展段階を認めることが仲々容易でなく，アフリカ史研究は，極端にいえば，先史学と現代史研究としてしか成立しなくなる」(星 1976：427)。したがって，もし現代史が歴史学ではないということになれば，もはや固有のディシプリンとしてのアフリカ史はほとんど無に等しい存在となってしまう。

また，星昭（1985）は，「周知の通りアフリカは無文字社会であるため，その歴史の解明は文献学的研究にのみ依拠しえず，殊に植民地化以前の事象については編年的記述がはなはだしく困難であり，従って，アフリカ史における時代区分は他大陸の歴史研究におけるほど容易ではない」（星1985：375）と語りつつ，次のような暫定的な時期区分を提案したことがあった。すなわち，アフリカ史を，①「黄金貿易時代」（17世紀まで），②「奴隷貿易時代」（17～19世紀初期），③「伝道通商時代」（1870年代末まで），④植民地的従属時代（1880年代～20世紀中葉），⑤「新興独立時代」（20世紀中葉）の5つの時期である（星・林1978）。

　「人類学的歴史学」の立場から日本において初めてアフリカの通史を書いたのは，山口昌男（1977）であった。今日の水準から見ても，人類の起源から説き起こし，古代エジプトをはじめサバンナと大湖地方の諸王国について語り，アフリカの「黄金伝説」，奴隷貿易，東海岸の交易都市の繁栄，南アフリカの諸王国の盛衰，ヨーロッパによる植民地化とその過程で生まれた抵抗，そして最後に両大戦間期と戦後の独立への動きが順次記述されている点で『黒い大陸の栄光と悲惨』はまとまった通史である。

　1980年代前半まで，17世紀の奴隷貿易拡大期以前のアフリカは「古王国時代」あるいは「アフリカの古代」と称されるか，または，王国成立の基盤が黄金の王室独占とイスラーム商人との結びつきにあったと考えて「黄金貿易時代」として一括する時期区分が行われた。これに対して川田順造（1993）は8世紀を大きな転機とする時期区分を試みている。すなわち，川田は，アフリカ史を①アフリカ諸文化の基層形成の時代（人類の始原から紀元後1000年まで），②大規模な通商国家および都市の発達と，長距離交易を媒介とするアフリカ大陸内部の広範な文化交流の時代（8世紀から16世紀末），③ヨーロッパ勢力の進出と，それに伴うアフリカ社会の変動，さまざまな地域における政治的統合の成立（15世紀後半から19世紀初め），④ヨーロッパによる植民地化と，独立後の新しいアフリカへの模索の時代（19世紀後半から現在まで）の4期に区分した。林晃史（1991）はこれまでの時期区分を踏襲したが，宮本正興と松田素二の編著（1997）においては，イスラームの侵入と奴隷貿易を経て植民地化が始まるまでの時期を「外世界交渉のダイナミズム」として設定しており，これは，アフリカ史研究の動向を反映したものである。

　次に，これまで試みられてきたアフリカ史の地域区分について記しておく。アフリカ大陸は外見上文化的背景や社会構造に類似性と同質性があり，1つの総体として捉えることも可能であるが，その存在形態は多様であり，異なる特徴を持つ数多くの小さな地域に区分することも可能である。古くからの固有の内的構造と新たに加えられた外的衝撃との相互作用によって生まれたダイナミズムがアフリカ史とい

う現象を形成してきたとすれば，それを理解する上でも一定の共通性を持った地域を区分することは，特定の時間設定の下で地域間比較を行う上で有益であろう。1970年代に出版された『アフリカ現代史』(山川出版社) は，アフリカ大陸の地理的特徴に基づいて東，西，南，北，中部の地域ごとの5巻本として出版された。これまで出版されたアフリカ史の概説書のなかで興味深い地域区分が行われたものとして宮本正興と松田素二の編著 (1997) をあげることができる。同書では，「川世界」と「外世界交渉」という地域概念が示され，両者の歴史形成およびそのダイナミズムが語られている。これは，外部との接触と内部の歴史形成のリズムによって展開されてきたアフリカ史を理解する上で独自の地域概念を提示したものであった。最近，川田順造 (2009) によって編集された『アフリカ史』では，文化が共通する地域を基本とする「文化領域」，文化の伝播を要因とする「文化圏」などのこれまでの議論を検討した結果，アフリカは6つの地域に分類されている。すなわち，東・北東アフリカ，東アフリカ沿岸部，インド洋西海域，西アフリカ，バントゥ・アフリカ，南部アフリカである。このなかでアフリカ史の理解に大陸部だけではなく，沿岸部ないし島嶼部，および大洋を視野に入れている点は，世界史とアフリカ史という大きなテーマを考える上で，陸に加えて海 (sea) と洋 (ocean) を視野に入れる展望を拓いたといえる。

アフリカ史の記述と史料

　アフリカ史研究においては，史料に通じていることはいうに及ばず，その史料を批判的に評価できるように歴史の理論や歴史研究の核心をなす史料批判の方法にも通じていなければならない。アフリカニストの歴史家は，アフリカの歴史を記述するにあたって，植民地化以前の時代については，数少ない記述史料を批判的に研究し，新たな史料を探すのにも熱心に取り組んできた。アフリカ史家は，非文字社会と文書史料の間に身をおき，対象とする社会に何が生じたのかを読み解くことを自らの任務とする。したがって，散在している史料から意味のあるデータを抽出するためには，史料批判の確かな技術と方法の修得が求められる。

　アフリカ史研究を回顧するとき，3つの共存するアフリカ史についての記述と史料があった。第1はアフリカにおけるキリスト教化の歴史から残された記述と史料である。19世紀にヨーロッパ人ミッショナリが出現する以前にはキリスト教はアフリカでは知られなかったというのは1つの神話である。北アフリカやナイル渓谷の人々は，新たな宗教の最初の改宗者として，また，神の教えを発展させる道を開いた神学者として重要な役割を演じたのである。現在ヨーロッパとして定義される地

域の多くの地方にキリスト教徒の社会が生まれるはるか前に北アフリカの諸都市，たとえばアレキサンドリアやカルタゴにキリスト教徒がいた。しかし，宗教上の教理をめぐる対立や分裂のために北アフリカとナイル渓谷のキリスト教は他の地方のキリスト教とは異なる軌跡を描いて発展した。コプト教会（Coptic church）やエチオピアのキリスト教会には多くの歴史の記述が残されている（石川 2009）。

　第 2 はイスラーム化の歴史から残された記述と史料がある。イスラームは，世界で最も豊かな宗教的伝統の 1 つであり，アラビア半島の誕生の地を越えて拡大することに成功し，世界のあらゆる地方の人々や文化との相互交流を遂げた。アフリカへのイスラームの拡大は 2 つの局面で生じた。第 1 は，イスラームの北アフリカへの急速な拡大であり，第 2 はイスラームの西アフリカのサバンナへの拡大であった。イスラーム国家の建設と支配は，イスラームへの改宗に続いて行われた。アラビア語を話す人々が北アフリカのエジプト人やベルベル人の地域に流入してくると，宗教だけでなく文化にも変化が生じた。西アフリカのサバンナと地中海に面する北アフリカの広大な帝国は，サハラ砂漠を越える交易を通して互いに結ばれていた（苅谷 2012，私市 2004）。

　たとえば，イブン・ハルドゥン（Ibn Khaldun）の著作は，近代的歴史学の方法に先鞭をつけ，20 世紀にいたるまでマグレブの歴史の解釈に影響を及ぼした。マリ帝国の歴史に今も残る記録の断片は，ハルドゥンに負うところが大きい。イスラームの学者は，西アフリカ社会について多くの研究成果を残した。そのなかには，17 世紀のティンブクトゥで生まれた『スーダン年代記』（Tarikh al-Sudan）や『研究者による年代記』（Tarikh al-Fattash），18 世紀に書かれた『カノ年代記』（Kano Chronicle）や『ゴンジャ年代記』（Gonja Chronicle）があった。東アフリカでは，『キルワ年代記』（Kilwa Chronicle）が残されている。

　第 3 はグリオ（griot）の語りがアフリカ史の記述と史料となる。口頭伝承と歴史の語りに関して高度な訓練を受けた語り部がグリオであった。彼らの語りは，過去と現在を結び，集団的世界観とアイデンティティを構築し，若者を教育し，政治的見解を表明し，時にはエンターテインメントを提供する。西アフリカでは 1000 年前にグリオは出現し，その後，彼らは，系譜を語るものや歴史家という役割以外にも，首長や社会の有力者への助言，交渉や仲介，通訳，儀式の運営など多種多様な役割を演じてきたのである（川端・落合 2012，宇佐美 1996）。

　今日では，公刊されたものや未公刊の形で文書館に収蔵されているアラビア語の文書があり，貴重な文書コレクションの目録や文書類の手引書も作成されている。また，アフリカを訪問した初期のヨーロッパ人旅行者，商人，および宣教師が書き残した文書史料がある。そのなかには，土地の言語と人々を熟知した人物によって書

かれたものもあれば，ごく短期間の滞在者が書いたものもある。後年，復刊，編集，翻訳が行われた史料も多い。確かに文書史料は豊富な情報を含むが，後世の人々が書き継いできた写本も多い。アフリカ史家には，眼前の史料が何を知り，どのような目的で利用できるのか，熟慮することが期待されている。

史料が作られ，伝えられる過程や解釈には政治性がつきまとう。史料を読み解こうとする歴史家にはこの資料の生まれた「政治の磁場」を研究する力量が求められる。たとえば，植民地期の文書史料を批判的かつ創造的に読み，その記述の連続性，欠落および変更の考証に基づいて植民地期およびその後のアフリカの歴史を考察する必要がある。この作業は，目立たない地味なものであるが，アフリカの過去を読み解き，現在への認識を深め，未来を語る上で欠くことのできないものである（永原 2011）。

アフリカ史と世界史

地中海やインド洋に面したアフリカは，ヘロドトスの『歴史』をはじめとして南西アジアの年代記，地理書，歴史書にも記録されていた。現在のエチオピア高地にあたるアクスムの支配者は，紀元後最初の1000年期の中ごろには紅海とアラビア半島の一部を支配し，この地方は，8世紀以降13世紀にいたるまでイスラーム世界の中心となっていた。イスラームの地理学者，イブン・ハルドゥンは，西アフリカのニジェール川上流とスワヒリ海岸について報告し，イスラームの交易ネットワークと征服がイベリア半島，中央アジア，フィリピンにまで達していたことを報告している。初期のヨーロッパ人キリスト教徒は，15世紀にアフリカ大陸の大西洋岸で出会ったアフリカ人について敬意をもって記録している。

ところが，18世紀末の近代ヨーロッパ人は，哲学者のヘーゲルの表現に見られるように，アフリカを「歴史のない」大陸と考えた（ヘーゲル 1994）。19世紀末から20世紀初頭の植民地期には，彼らは超科学的な人種的神話の下で，「最暗黒のアフリカ」には人類の誕生以来変わることのない化石のような人間がいるところと説明したのである。

20世紀の始まりからアフリカ系人ディアスポラとしてのアフリカ系アメリカ人の歴史家や思想家が，自己のアイデンティティを模索する過程で外部者の捏造したアフリカ人イメージを壊し始めた。その場合，北東アフリカでは古代エジプト文明の栄光と軍事力の強さ，13世紀と14世紀のガーナ，マリ，ソンガイの諸王国，南東アフリカのジンバブエなどを「アフリカ的」として強調した。しかし，ディアスポラがアフリカ（志向）的であるという視点からアフリカ自体がもともとディアスポラ

的であったという視点に発想を転換させるにはいたらなかったように思われる。

近年のディアスポラ研究は，グローバル・ヒストリーのヨーロッパ中心主義に異議を唱え，アフリカ史をグローバル化する道を拓きつつある。かつて奴隷貿易史研究の焦点は，奴隷の人数とアフリカ，ヨーロッパ，およびアメリカに対する経済的インパクトについてであった。ポール・ギルロイ（Paul Gilroy）の『ブラック・アトランティック』（2006），それを批判的に発展させた真島一郎（2011）の『20世紀〈アフリカ〉の個体形成——南北アメリカ・カリブ・アフリカからの問い』は，ヨーロッパの創造物（Eurogenic creation）としての大西洋世界の概念を再構築する可能性を拓いた。アフリカ系人ディアスポラという現象は，大西洋システムに限られたわけではなかった。インド洋西海域へのアフリカ系人の移動を視野に入れた研究の展開が求められる（北川 2009，富永 2001，2008）。

20世紀末には「世界史」再考の波が1960年代以降のアフリカとアジアで持続した脱植民地化の動きとともに現れた。台頭してきた諸民族（国家）を広く包摂する世界史の試みが行われるようになり，世界史とアフリカ史の関係を問う研究が現れるようになった。とはいえ，世界史においてアフリカを犠牲者とするイメージが支配的であったし，ときにはそれが弁明的に語られたりした。学校教育の教科書でも，アフリカ大陸の歴史は限られたプレゼンスしかなかった（富永 2002，永原 2001）。

21世紀に入ると，アフリカ史を世界史のなかで周辺化するのではなく中心に置こうというオルタナティブなビジョンが生まれてきた。このビジョンの下で，近代的個人，制約のない競争と物的消費，近代産業技術のもたらす環境と資源の収奪，人間生活（地球の居住性）の破壊，原子・生物兵器の暴力性，が問われることになった。アフリカ史と世界史は，進歩史観の鋳型から距離を置き，人間の活動の統合，コミュニティとその保全の持つ価値，紛争や対立の解決策としての制裁から和解への移行，に思いをめぐらす知的営為の場に変わっていった。たとえば，一世紀にわたる人種隔離の後に取り組まれたポストノパルトヘイトの「真実と和解」という哲学ないし思想の実践は，「人々こそが富であり，人々こそが力である」という考え方にたつアフリカ人研究者の間で強く意識されるようになった「社会的関係性」（social relatedness）を重視する方法態度の表れである（永原 2000，2009）。こうしたエトスは，人々の価値は彼らがコミュニティにもたらす知識と経験によるのであって，女性こそこの価値ある互恵関係を象徴する存在であるとの認識を導き出した。また，小規模なコミュニティとその持続性は世界史の基礎となると考えられるようになったのである（富永・永原 2006）。

アフリカニスト史家には，植民地支配によって陥落する前のアフリカをあたかも「エデンの園」のように捉え，植民地支配の下で健全な環境経営の力が殺がれたこと

を批判するナショナリストの「良きアフリカ・パースペクティブ」(merrie Africa perspective) と，ヨーロッパ人のもたらした環境に関する知識，経営，政策がアフリカ人の行ってきた環境に対して不健全な農業と牧畜に恩恵をもたらしたと主張するインペリアリストの「黙示録的パースペクティブ」(apocalyptic perspective) の二項対立が潜んでいたように思われる。しかし，今日，環境史家は，環境の変化には複雑性と矛盾が内包されており，アフリカ史のそれぞれの時期に生じた環境の変化には，肯定と否定の両面があったと主張する。環境史の研究は，アフリカ史が人間と住居，自然と社会，歴史と地理の複雑な相互作用を含むダイナミックなプロセスとして理解される方法を再構築する道を拓いた（池谷・佐藤・武内 2008）。

アフリカは，人類誕生の地であり，人類が世界に散らばっていった出自の場所であった。近年の考古学や遺伝子の研究から生物学的人種概念は神話にすぎないことが明らかにされ，アフリカが人類史の心臓部に位置していることが確かとなった。アフリカ大陸は，人類が最も長く暮らし，多くの変化と革新を成し遂げ，近代の人類にその社会生活をもたらした場として認識しなければならない。このような人類史の長期的な見方は，グローバル・ヒストリーのなかにアフリカを再中心化する機会をアフリカ史家に与えた。過去5000年の記録された歴史にアフリカ史研究を限定するのは誤りかもしれない。それはせいぜい 2 世紀半前にグローバルな覇権を握ったヨーロッパ史の軌跡にアフリカ史と世界史を包み込んでしまうのと同じことである。近代人の出現以来の人類史を再構築することは，記述された史料やオーラル史料に基づく歴史学の方法が役に立たないために途方もなく困難なことは確かである。したがって，アフリカ史研究には考古学をはじめ，古生物学，進化生物学，生態学，疫学，人類学，歴史言語学などの諸分野の共同作業が求められる。

今日，アフリカ史研究は，歴史学の研究対象の広がりに見られるように，空間と時間の多様な設定と並んで，グローバルな連関性を見ることを課題としなければならない時代に立っている。それゆえに，日本人アフリカニスト史家は，世界と世界における日本の位置を十分に認識しながら，世界史およびアフリカ史の研究と教育の世界的運動に対して自覚的に関わらなければならない。

[参考文献]
青木澄夫 1993『アフリカに渡った日本人』時事通信社。
赤阪賢・福井勝義・大塚和夫 1999『世界の歴史24　アフリカの民族と社会』中央公論社。
アドゥ・ボアヘン，A 編 1988『ユネスコ・アフリカの歴史　第 7 巻　植民地支配下のアフリカ——1880年から1935年まで』同朋舎出版。
池谷和信・佐藤廉也・武内進一編 2008『アフリカⅠ・Ⅱ』朝倉世界地理講座　大地と人間の物語，朝倉書店。

石川博樹 2009『ソロモン朝エチオピア王国の興亡 —— オロモ進出後の王国史の再検討』山川出版社.
井野瀬久美惠・北川勝彦編 2011『アフリカと帝国 —— コロニアリズム研究の新思考にむけて』晃洋書房.
宇佐美久美子 1996『アフリカ史の意味』山川出版社.
浦野起央編 1979『資料体系　アジア・アフリカ国際関係政治社会史　第4巻　アフリカ』パピルス出版.
岡倉登志 1979『ブラック・アフリカの歴史』三省堂.
岡倉登志・北川勝彦 1993『日本 − アフリカ交流史 —— 明治期から第二次世界大戦期まで』同文館.
小田英郎 1986『アフリカ現代史5　中部アフリカ』山川出版社.
苅谷康太 2012『イスラームの宗教的・知的連関 —— アラビア語著作から読み解く西アフリカ』東京大学出版会.
川田順造 1976『無文字社会の歴史 —— 西アフリカ・モシ族の事例を中心に』岩波書店.
川田順造 1993『アフリカ』地域からの世界史9, 朝日新聞社.
川田順造編 1987『黒人アフリカの歴史世界』民族の世界史12, 山川出版社.
川田順造編 2009『アフリカ史』新版世界各国史10, 山川出版社.
川端正久・落合雅彦編 2012『アフリカと世界』晃洋書房.
私市正年 2004『サハラが結ぶ南北交流』世界史リブレット60, 山川出版社.
北川勝彦 2009「移行期のインド洋経済圏におけるアフリカ人の移動」橋本編『海の回廊と文化の出会い —— アジア・世界をつなぐ』関西大学出版部.
北川勝彦 2012「アフリカ史のグローバル化と人類史の再構築」川端・落合編『アフリカと世界』晃洋書房.
キーゼルボ, J編 1990『ユネスコ・アフリカの歴史　第1巻　方法論とアフリカの先史時代』宮本正興・市川光雄日本語版責任編集, 同朋舎出版.
ギルロイ, P 2006『ブラック・アトランティック —— 近代性と二重意識』上野俊哉・毛利嘉孝・鈴木慎一郎訳, 月曜社.
栗本英世・井野瀬久美惠編 1999『植民地経験 —— 人類学と歴史学からのアプローチ』人文書院.
デヴィッドソン, B 1959『アフリカの目覚め』西野照太郎訳, 岩波書店.
デヴィッドソン, B 1964『アフリカ史案内』内山敏訳, 岩波書店.
デビッドソン, B 1978a『アフリカの過去 —— 原典集　古代から現代まで』貫名美隆訳, 理論社.
デビッドソン, B 1978b『ブラック・マザー —— アフリカ　試練の時代』内山敏訳, 理論社.
デビッドソン, B 1978c『アフリカ文明史 —— 西アフリカの歴史　1000年〜1800年』貫名美隆・宮本正興訳, 理論社.
富川盛道 1971『アフリカ部族社会の特質をめぐって』東京外国語大学アジア・アフリカ言語文化研究所.
富川盛道 1973『アフリカ社会の地域性』東京外国語大学アジア・アフリカ言語文化研究所.

富永智津子 1996「アフリカ」『史学雑誌』106（5）。
富永智津子 2001『ザンジバルの笛 —— 東アフリカ・スワヒリ世界の歴史と文化』未來社。
富永智津子 2002「歴史認識の枠組みとしてのアフリカ地域 —— 世界史との接点を探る」『地域研究論集』4（1）。
富永智津子 2008『スワヒリ都市の盛衰』世界史ブックレット103，山川出版社。
富永智津子・永原陽子編 2006『新しいアフリカ史像を求めて —— 女性・ジェンダー・フェミニズム』東京外国語大学アジア・アフリカ言語文化研究所。
永原陽子 2000「歴史としてのアパルトヘイト ——『真実和解委員会』と南アフリカにおける歴史認識」歴史学研究会編『シリーズ歴史学の現在 歴史における「修正主義」』青木書店。
永原陽子 2001「アフリカ史・世界史・比較史」平野編『アフリカ比較研究 —— 諸学の挑戦』研究双書412号，アジア経済研究所。
永原陽子編 2009『「植民地責任」論 —— 脱植民地化の比較史』青木書店。
永原陽子 2011「「韓国併合」と同時代の世界，そして現代 —— アフリカ史の視点から」国立歴史民俗博物館編『「韓国併合」100年を問う —— 2010年国際シンポジウム』岩波書店。
永原陽子編 2011『生まれる歴史，創られる歴史 —— アジア・アフリカ史研究の最前線から』東京外国語大学アジア・アフリカ言語文化研究所。
永原陽子 2012「植民地研究の現在 —— アフリカ史の場合」『歴史評論』752。
中村弘光 1982『アフリカ現代史4 西アフリカ』山川出版社。
ニアヌ，D・T編 1992『ユネスコ・アフリカの歴史 第4巻 12世紀から16世紀までのアフリカ』宮本正興日本語版責任編集，同朋舎出版。
西野照太郎 1954『鎖を断つアフリカ』岩波書店。
林晃史編 1991『アフリカの21世紀 第1巻 アフリカの歴史』勁草書房。
ヘーゲル，G・W・F 1994『歴史哲学講義』長谷川宏訳，岩波書店。
星昭 1976「アフリカ」国際歴史学会議日本国内委員会編『日本における歴史学の発達と現状』IV，東京大学出版会。
星昭 1985「アフリカ」国際歴史学会議日本国内委員会編『日本における歴史学の発達と現状』VI，山川出版社。
星昭・林晃史 1978『アフリカ現代史1 総説・南部アフリカ』山川出版社。
真島一郎編 2011『20世紀〈アフリカ〉の個体形成 —— 南北アメリカ・カリブ・アフリカからの問い』平凡社。
宮治一雄 1978『アフリカ現代史3 北アフリカ』山川出版社。
宮治一雄 1979「アフリカ史における両大戦間期 —— 四地域の比較研究 序」『アフリカ研究』(18)。
宮治一雄 1984「日本におけるアフリカ史研究」『アフリカ研究』25。
宮本正興・松田素二編 1997『新書アフリカ史』講談社。
森川純 1988『南アフリカと日本 —— 関係の歴史・構造・課題』同文館。
山口昌男 1969『岩波講座世界歴史 第22巻 帝国主義とアフリカ』岩波書店。
山口昌男 1977『黒い大陸の栄光と悲惨』世界の歴史6，講談社。

吉國恒雄 2001「アフリカを史学する立場 —— 『歴史（あるいは歴史学）の終わり』の奔流の中で」『アフリカ研究』58。
吉田昌夫 1978『アフリカ現代史 2　東アフリカ』山川出版社。
吉田昌夫 1997『東アフリカ社会経済論 —— タンザニアを中心として』古今書院。
The Cambridge History of Africa. 8 Vols, Cambridge UP, 1975-1986.
UNESCO, General History of Africa. 8 Vols, 1981-1993.

1-5-1 先史学・考古学
Prehistory and Archaeology

竹沢尚一郎

キーワード：農耕の起源，冶金の起源，国家の起源，長距離交易，前イスラーム社会

多くが無文字社会であったサハラ以南アフリカの過去を明らかにするには，考古学・先史学の発展が不可欠である。過去にはアフリカでの考古学発掘は，テーマの点でも頻度の点でも限定されていた。しかし，1970年代以降各地で発掘調査が進んだことで，さまざまなテーマに光があてられると同時に，アフリカ史の書き直しが進められている。

アフリカ考古学の遅れ

多くが無文字社会であったサハラ以南アフリカの過去を明らかにするには，考古学・先史学の発展が不可欠である。栽培作物と牧畜の起源，鉄や銅などの冶金の起源，都市と国家の起源といった数千〜千年前の主要な出来事だけでなく，植民地化以前のアフリカ諸社会の解明という数百年前のテーマであっても，考古学研究が果たしうる役割には大きなものがある。

しかし，アフリカ考古学の講座が存在しない日本はもちろん，アフリカ諸国や欧米諸国においても，熱帯アフリカの考古学研究は立ち遅れている。その理由は，アフリカ大陸に豊かな歴史が存在するとは思われてこなかったこと，多雨量の地域では遺跡や遺物の解体が進みやすいこと，南アフリカやナイジェリアなどをのぞいて，アフリカの国家の多くは資金と人材を必要とする考古学研究に手が回らなかったこと，などである。

しかし1970年代を境に，各地で考古学発掘があいつぐと同時に，より正確な情報を可能にする放射性炭素年代測定と層位分析が普及したことで，歴史の書き直しが進んでいる。とくに1975〜86年に刊行されたケンブリッジ版『アフリカ史』8巻は，考古学の成果を大幅に取り入れることで，アフリカ史記述の質を高めることに成功している。

農耕の起源

アフリカ大陸でいつごろ農耕が始まったのか。ナイル川から西のサハラ砂漠にかけては現在は乾燥地帯に属するが，BC3000年ごろまでは豊かな草地が拡がっていたことは，各地の岩壁画に残るキリンやカバなどの野生動物や牛の飼育の姿が示している。この地域での牛と土器の出現はBC7000年前後とされており，これは世界でも最古の1つである。ナイル川流域でのそれはBC6000年以前にさか

アルジェリア南部のタッシリ・ナジールの岩壁画
(Lhote 1958)

のぼることはないので，土器製造と牛の飼育がサハラ地域で独立に開始されたことは明らかである。

一方，栽培作物の起源については多くの課題が残されている。熱帯アフリカが，世界で初めて農耕が行われた西アジアの「肥沃な三日月地帯」から作物を受け取っていないこと，冬作である西アジアの農業に対しアフリカ・サバンナの作物は夏作であること，アフリカ原産とされるソルガムやシコクビエがBC2500年のインドで栽培化されていることなどを理由に，中尾佐助は1969年にアフリカの農業がBC4000年までに独立に起源したと主張した。

ところが考古学的には，西アフリカで発見された最古の穀物は，ガーナのキンタンポ遺跡やマリのカリカリチンカット遺跡のBC2000～1500年であり，それより古い農業の痕跡は，エチオピアをのぞいてサハラ以南で発見されていない。アフリカでは野生種が豊富なので，牧畜と採集を並行して行うことで十分な食料を確保できたために，作物の栽培化が遅れたというのが，これまでに与えられてきた解釈である。

冶金技術の起源

アフリカにおける冶金技術の起源と拡散もまた，多くの論争の対象となってきた。現在のスーダン北部を本拠とし，高い製鉄技術を有したメロエ王国を経由してアフリカに鉄が伝えられたという説が，過去には有力であった。しかし，メロエの製鉄はBC4世紀以降でしかないのに対し，ナイジェリア，コンゴ，カメルーンなど，アフリカの各地でBC5世紀以前の製鉄遺構が発見されている。そのため，サハラ以南での独立起源説が今では有力になっている。

伝播説を唱える研究者の多くは，アフリカで銅の生産が製鉄に先行していないことを重く見て，カルタゴを経由した製鉄技術の伝播を主張する。しかし，近年モーリタニアやニジェールでBC2000年期の銅の精錬が確認されていること，サハラ砂漠の民であるトゥアレグ人やモール人のもとでは製鉄技術が存在しないことなどから，この説は根拠が弱くなっている。

一般に富と権力の象徴とされる銅合金に対し，鉄は武器や農具として活用されることで，アフリカ諸社会の変化に大きく貢献した。アフリカ大陸の大部分は，過去には大木のしげる森林地帯であったと考えられており，森を切り開いて農地や牧草地を拡大するのに，鉄製道具の威力は大であったはずだ。

都市と国家の起源と長距離交易

アフリカでどのようにして都市と国家が成立したかという問いは，アフリカ考古学の最大のテーマの1つであった。実際，アフリカで最初に手掛けられた発掘の多くは，ガーナ王国の首都とされるクンビ・サレー，南部アフリカのグレートジンバブエ，東アフリカのキルワをはじめとするスワヒリ交易都市など，石造の建築遺構が残る地域で行われた。

これらの発掘からは，経済格差の存在を示唆する大小の住居跡や，ビーズを含めたガラス製品や地中海・中国の陶磁器などの長距離交易の産品が大量に出土している。それらは，都市と階層化社会が存在した証拠として重要視されてきたのである。

これらの遺跡は長距離交易の痕跡が顕著であるため，グレートジンバブエがそうであったように，外部の影響が過度に強調されてきた。しかし，広域の調査研究の結果，これらの遺構が孤立した現象ではなく，広範囲にわたる農耕や冶金の発展に基づいていることが今日では明らかにされている。そうした経済的基盤の上に，長距離交易の産品が加わることで富と権力の偏在が生じ，社会の階層化を促したと考えられているのだ。

考古学の近年の傾向

アフリカの先史・考古学史上，重要な2つの発掘を取り上げる。1つは，ニジェール川河口付近のイグボ・ウクウでの発掘である。9～10世紀とされるこの遺跡からは，15万点を超えるガラス製ビーズと，ロストワックス法で製造された見事な青銅器数十点が発見されている。後者は，その技術や形象がアフリカで他に類を見ないことと，サハラの長距離交易ルートから遠く離れた地点で発見されたことから，謎とされてきた。近年の成分分析の結果，材料の銅や錫が西アフリカ起源であることが確実視されており，これらの製品が誰の手でどのように製造されたかは，いまだに決着がついていない。

一方，ニジェール川中流域のジェンネ＝ジェノ遺跡で1970年代から行われてきた発掘からは，異なる光が与えられている。ここではBC3世紀からAD1400年までの居住が確認されたほか，BC3～AD3世紀に鉄の原料が400km以上離れたところから運ばれていたこと，AD8世紀前後には人口が1万を超える都市的規模に達していたことが示されている。その一方で，サハラ交易の産品が少ないこと，富の格差の象徴というべき大規模建造物が存在しないことも確認されている。ここから発掘を指揮したマッキントッシュらは，広範な経済成長が実現されたにもかかわらず，権力の格差が生じなかったことを，西アフリカ・サバンナ社会の特徴と見なしている。

この成果と，私たちの発掘の成果を比較するのは興味深い。私たちはジェノ遺跡の北東800kmのガオ市で発掘を行ったが，そこからは10世紀につくられた総石造りの大規模建造物と，2万点を超えるビーズやガラス製品，1000点以上の銅製品，北アフリカ製の陶器や中国製の磁器片が発見された。私たちはこれが王宮跡と考えているが，もし王宮であるとすれば，これまでにアフリカで「中世」の王宮が発見されたことはないので，大航海以前のアフリカの諸社会の実態を解明する手がかりとして，貴重な発見ということができる。

わが国の現状と今後の課題

ジェノ遺跡であれ，イグボ・ウクウ遺跡であれ，グレートジンバブエであれ，文字史料は何も語っていない。そうした未知の領域に光を投げかけている点で，考古学研究はアフリカ史理解の深化のために大きな可能性を持

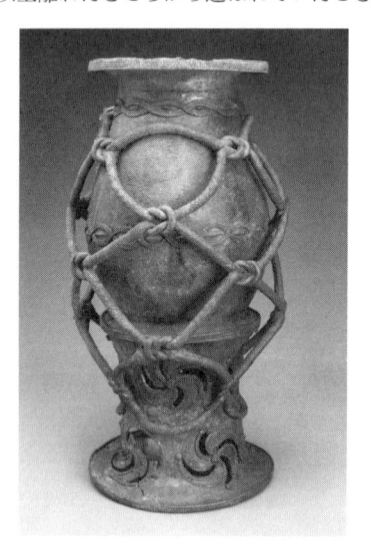

ニジェール川河口近くのイグボ・ウクウで発掘された青銅器。誰の手で製造されたかは依然謎である
(Valvee du Niger, Editions de la réunion des musées nationaux, 1993)

ガオ市で私たちが発掘した10世紀の大規模建造物(幅50m以上，奥行き14m)

近年主要な考古学発掘の行われた遺跡

っている。

　アフリカの過去に関する文字史料の多くは，8～16世紀のアラブ人交易者や地理学者，15世紀以降のヨーロッパ人航海者や植民地行政官などの外部の人間の手で書かれてきた。そのため，アフリカ諸社会が実現した内在的発展より，長距離交易や技術伝播などの外部の影響を過大視する傾向がある。しかし，過去の産業や人々の暮らしぶりを明らかにする考古学研究を通じて，文字の語らない時代と地域についての私たちの理解は深められてきたのである。

　アフリカ考古学はアフリカ史記述の補助分野ではなく，主役の1つになる可能性を持っている。たとえば歴史学では近年，大西洋の歴史を統一的に捉えるアトランティック・ヒストリーへの関心が高まっている。そこにおいて考古学は，ガーナのエル・ミナのような居留地におけるアフリカ人とヨーロッパ人の生活形態や相互交渉を調査し，その知見をアメリカ大陸における黒人奴隷の生活形態と比較することで，アフリカ人の視点に立った世界史記述に貢献できると考えられる。

　残念なことに，日本にはアフリカ史の講座もアフリカ考古学の講座も存在しないので，これらの分野の理解はあまり進んでいない。アフリカを深く理解するためにも，これらの分野の制度化と研究の進展が強く望まれる。

コナー, G 1993『熱帯アフリカの都市化と国家形成』近藤義郎・河合信和訳, 河出書房新社／竹沢尚一郎, ママドゥ・シャ 2008「西アフリカ最古の王宮の発見」『アフリカ研究』73／中尾佐助 1969『ニジェールからナイルへ——農業起源の旅』講談社／Lhote, H. 1958 *A la Découverte des fresques du Tassili*. Arthaud ／ Shaw, T. 1970 *Igbo-Ukwu: An Account of Archaeological Discoveries in Eastern Nigeria*. North-western UP ／ McIntosh S. K. & R. J. McIntosh 1980 *Archaeological and Historical Background and the Excavations at Jenne-Jeno*. BAR International Series 89

⇒アフリカ史，前植民地期，王制と無頭制，アフリカ人とディアスポラ

1-5-2 歴史遺産学
Historical Buildings in Ethiopia

三宅理一

キーワード：アクスム様式，岩窟聖堂，円形聖堂，ヒドモ，組積造，ゲガル

エチオピアの発祥は古代アクスム王国にあるといわれ，4世紀半ばにキリスト教を受け入れた後，単性論派のエチオピア正教会のもとで独自のキリスト教文化を発展させていく。中世以降，ザグウェ朝，ソロモン朝へと王朝が交替していくなかで，周囲のイスラーム諸侯国との抗争を繰り返し，19世紀にいたってそれらを併合した後は，一気に南部諸地域に領土を拡張していった。それゆえ，民族，宗教，言語，生活文化のいずれをとっても多種多様であることは論を待たないが，ここでは紙幅の制限もあり，対象を歴史文化が濃い密度で残る北部地域に絞り，古代から20世紀にいたる建築の流れを概観してみたい。

歴史遺産研究の流れ

エチオピアの建築研究の始まりは，1906年のエンノ・リットマン率いるドイツ考古学調査団によるアクスムの発掘にある。やや遅れて英仏の調査団が入り，一連の仕事を通して「エチオピア考古学」なるジャンルが成立した。イタリア占領期を経たハイレセラシエ帝の時代，フランス考古学ミッション（今日のフランス・エチオピア研究センター：CFEE）が1955年に設置され，ジュール・ルロワ師らが古文書学を駆使して中世教会研究を行う。ハイレセラシエ1世大学では1963年にエチオピア学研究所（IES）が設立され，所長の英国人学者リチャード・パンカーストが同国の文物に対して広範な研究を開始する。さらに日本人研究者も，1967年に木島安史が同大学の建築学科の設立に関わり，今日まで建築・都市計画領域でその流れが継続している。1974年の社会主義政権成立後は，研究活動は鈍るものの，イデオロギー形成という側面もあってエチオピア固有の文化財に注目が集まり，1980年以降，ユネスコ世界遺産登録の動きが始まった。同政権崩壊後は，都市研究，遺産研究が再開され，アジスアベバ大学やメケレ大学に都市建築遺産研究のための新組織が設立される。

アクスムの古代遺跡

アクスム王国時代の遺構は限られているが，その最たるものが，「エザナ王のオベリスク」（4世紀）に代表されるオベリスク群である。20世紀初頭からの一連の発掘作業を通して，今日のアクスムの地に王墓，宮殿，邸宅などの存在が明らかになった。なかでも宮殿（もしくは大邸宅）と目される2件の建造物は，共通した構法的特徴を有しており，その後のエチオピア建築の流れを知る上で貴重な知見を提供する。1つは4世紀，他の1つは6〜7世紀の建立とされ，矩形の敷地に中庭を介して中央部に建つ主屋は石の基壇，厚い壁，凹凸のついた壁面を特徴とする。構法的には組積造であるが，上下に一定間隔で木の梁を置いて石を整え，さらにそれと噛み合う繋ぎ材の端部（モンキーヘッド）を露出させて装飾的に扱う手法は他に例がなく，アクスム建築の典型とされる。

アクスムの邸宅（6〜7世紀）

　アクスム朝の後半には多数の教会・僧院が北部諸地域に建てられた。現存する最大のものが、6世紀創建の名刹デブレ・ダモ修道院のアブナ・アレガウィ聖堂で、アクスム様式をじかに伝えている。聖堂の平面形式は、東側にマクダス（至聖所）、西側にケデスト（身廊）を配して矩形に収め、地中海型のバシリカ式聖堂とは一線を画す。この僧院自体が、険しい岩稜（アンバ）上に位置して要害堅固であり、外部からの侵略を受けずに古式を保ってきた。エチオピア正教の正統性を示す上で圧倒的な影響力を有しており、その形式が後世の教会建築の規範になっていく。

ゲラルタ地方の岩窟聖堂とラリベラ

　エチオピア建築を特色づける岩窟聖堂はアクスム朝後期に登場し、遅くとも14〜15世紀までの数百年にわたって建設が続いていた。岩塊の内部を鑿で割り貫いて、通常の組積造建築とまったく同じ空間と装飾に仕立てたものであり、山岳修道制が一般化するにつれ、特殊技能を有する石工集団が広汎に活動していた痕跡を窺うことができる。

　ティグレ地方東南部のゲラルタ一帯にはこの種の岩窟聖堂群が集中している。最奥部にマクダスを配し、手前のケデストは柱を切り残して柱列によって空間をいくつもの廊に分ける多廊式であることが多い。入口にはケネ・マフレット（玄関廊）が設けられる。柱と天井にはアクスム式の装飾が施され、壁画と呼応して堂内の象徴性を高める。巡礼聖堂として名高いアブラハ・アツバハ修道院はその代表格である。聖堂は10世紀以降の建立と推定され、この地域に分布する同種の空間形式の聖堂、たとえばチャルコス・ウクロ修道院聖堂やミカエル・アンバ修道院聖堂もほぼ同時期の建造と考えられている。

　アクスム朝に代わって登場したザグウェ朝の君主たちはイムルハンナ・クリストス王に示されるように自らが修道僧となり、王宮に代わって僧院を居所となし、各地に岩窟僧院を創建した。同王の寄進になるイムルハンナ・クリストス修道院（12世紀）では、巨大な洞窟のなかにデブレ・ダモを直写した組積造の聖堂が建つ。同様にラリベラ王もアシャテン山の中腹にアシャテン・マリアム修道院を建立して起居していたが、やがて山の麓のロハの地にエルサレムを再現した壮大な岩窟聖堂群を造営した。ヨルダン川（洗礼）、ゴルゴタ（磔刑）などキリストにまつわる表象に対応して11の聖堂が4グループに分けて配置される。なかでも十字形平面の基壇となってそそ

ラリベラ、ギョルギス聖堂（12世紀）

りたつギョルギス聖堂は、構築性においても象徴性においても異色である。後にこの「僧院都市」は王の名をとってラリベラと呼ばれるようになる。

ゴンダール期の城館と教会

大航海時代にインド洋の覇権を握ったポルトガルはエチオピアと外交関係を結び、イエズス会士により17世紀初めにはタナ湖北岸にカトリック教会や邸館などが建設された。カトリックに脅威を感じた正教会勢力の圧力で皇帝ファシリダスはイエズス会士の追放を命じるが、その一方で、ポルトガル人の力を使ってゴンダールの地に宮殿を建設し、そこに貴族層を集めることで恒久的な都となした（1636年）。それまでの天幕による移動宮廷方式に終止符を打ち、1855年にデブレ・タボールに遷都がなされるまでの2世紀余り、ゴンダールは都であり続けた。城壁で囲まれた城内には、18世紀の女帝メンテワブまでの各皇帝が城館を増築し、大規模な城館群を形成する。

ファシリダス城館の建設にあたっては、ゴアからインド人建築家アブダル・ケリムが派遣された。この過程でエチオピアに新たな技術移転がなされ、それまでこの国に存在しなかった石造アーチなどの技術がもたらされるとともに、隅部に櫓を配したインド＝ポルトガル風の意匠ができあがる。謁見の間、閲兵のためのバルコニーというしつらえも、この国では初めてのことであった。その後のイヤス1世期にはエチオピア人職人頭ウォルデ・ギョルギスが全工事を統括する。ファシリダス帝からイヤス帝にいたる半世紀は、建築的に多産な時期であり、教会も数多く建設されたが、19世紀後半にスーダンから侵入したマハディストによって徹底的に破壊され、今日残る当時の遺構はデブレ・ビルハン・セラシエ聖堂1件に限られる。

ゴンダール期には、帝室の寄進によってタナ湖一帯に数多くの僧院が創建された。アクスム様式とは異なり、土着的な円形聖堂が主体であり、中央に置かれた方形平面のマクダスの外側はケデストとケネ・マフレットが同心円状に配される。壁面および天井は原色の絵画で全面装飾され、この時期独特の人物表現、聖人像、象徴などが空間を圧倒する。ウラ・キダネ・メヘレト修道院聖堂（16世紀と推定）、ナルガ・セラシエ修道院聖堂（18世紀）などがゴンダール様式の典型としてよく知られている。

メケレの宮殿建設

1872年に皇帝となったヨハンネス4世は、戴冠以前から出身地のティグレ東南部のメケレに新たな都の建設を企図し、自身の宮殿の建設を開始する。円形の敷地を城壁で囲み、大城館と帝の私室を擁した小城館が並ぶ（1872

ゴンダール、ファシリダスの城館（1636）

メケレ、ヨハンネス宮殿(1872)、1930年代の写真
(Luce A.O. より)

年竣工)。とくに前者は、広い謁見の間（アデラシュ）を介して玉座に上り詰める空間構成など、従来にない室内空間をそなえた。それゆえ、玉座の制作者であるイタリア人大工の関与も議論されてはいるが、基本となる建築形態は伝統的な石造構法に則っていて、熟達したティグレの石工集団の存在は自明である。

メケレは、土地の起伏を利用して居住区が分散するゴンダールとは異なり、宮殿を中心として家臣の居住区が放射状に広がる形となり、この地方独特の凝った組積造建築とあいまって端正な石造りの市街を生み出している。貴族、有力者の住まいはヒドモと呼ばれる矩形の石造住居が基本となり、石壁で囲まれた彼らの広い地所が連担して街並みが構成される。当初はヒドモの間の単なる隙間にすぎなかった都市の共有空間が、人口増加と商業の拡大によって街路とそれに伴う沿道型の住居形式に移っていくのは、20世紀の初めになってからである。

イスラーム都市ハラール

世界遺産都市ハラールは、イスラーム文化圏に属す。1887年にメネリク2世によってエチオピアに併合されるまで、この町はスルタンやエミールの治める侯国の都であった。紅海の港町ゼイラとエチオピア高原をつなぐ交易ルートの要に位置し、コーヒー、毛皮、象牙から奴隷にいたるまで、さまざまな交易品を扱うことで繁栄した。中世以来、イスラーム神学が興隆し、町中に82件のモスクや102件の聖者廟が建立されているのも特筆に値する。今日の城壁は16世紀に建設され、そのなかに中世から今日にいたる各種の建造物が混じる。

この町の歴史的建造物として注目すべきは、段状の広間（ギディル・ガル）を中心に家族部屋や中二階を設けた「ゲガル」と呼ばれるハラール特有の伝統住宅である。古いものは400～500年の歴史を持ち、中心街の多くはこのタイプの住居で占められている。この街並みが変化するのは、エチオピア併合後、インドや中東の商人がこの町に移り住み、インド＝アラビア風の商館を多々構えるようになってからである。この新タイプの商館は、組積造と木造を組み合わせて2～3階となし、正面にテラスを設け破風や庇を強調する洋館仕立ての意匠を纏う。仏領ジブチからの鉄道が開通し、鉄板やガラス、輸入家具などが簡単に輸送できるようになったことが大きく関係した。ムハマッド・アリ邸（1910／11）、ハイレセラシエ帝のハラール総督期の邸宅たるタファリ・マコネン邸（1910／11）など、町の随所にこれらの装飾的な邸館を眼にすることができる。

Miyake, R. et al. 2011 Studies on the living condition and the housing problem in Central Gondar, Ethiopia. *Bulletin of Fuji Women's University* 48, Ser.II／Okazaki, R. & R. Miyake 2012 A Study on the Living Environment of Harar Jugol, Ethiopia. *Journal of Architecture and Planning* 77（674）／Ramos, J. M. & I. Baovida 2004 *The Indigenous and The Foreign in Christian Ethiopian Art: On Portuguese-Ethiopian Contacts in the 16th-17th Centuries.* Ashgate Pub Ltd. Surrey

⇒エチオピアのキリスト教、イスラーム、先史学・考古学

1-5-3 前植民地期
Pre-colonial Period

北川勝彦

キーワード：イスラーム，キリスト教，スワヒリ，奴隷貿易

アフリカのように広大で多様性に富む大陸のなかにあるどの地域を取り上げても妥当するような1つの時期区分を設定することは著しく困難である。しかし，7世紀におけるイスラームの流入は，アフリカ大陸の多くの地域に影響を及ぼしたために1つの新しい時代の到来を知らせるものであった。その後15世紀末のアフリカ大陸沿岸へのヨーロッパ人の出現と16世紀のオスマンによる北アフリカの征服は，やはり同じ理由でアフリカ史の転換点であったと考えられる。これらの2つの影響と並んで重要であったのは，アフリカ各地で社会的文化的変動が現れたことであった。前植民地期を19世紀前半の植民地化前夜に限定するのではなく，7世紀から19世紀までの長い時期をとることにした。

イスラームの拡大

外部との接触がアフリカ大陸の歴史のいくつかの側面を形成してきた。7世紀以前の注目すべき接触は北アフリカを主としたものであった。すなわち，フェニキア，ギリシャ，ローマとの接触は地中海に面するアフリカの思想，技術，交易の拡大につながった。7世紀以降，アラブ人の北アフリカ征服に伴い，イスラームはアフリカの各地に広がった。640年，アラブ人はエジプトを征服した。それ以来エジプトではイスラームが支配的となり，イスラームの法律が深く根を張り，アラビア語が国民（民族）の言語となった。

イスラームは，教育を通じてアラビア語やアラビア文学，政治思想，ターバンの着用など生活文化の変化をもたらしただけでなく，商人の活動を通じて1つの広域経済圏を生み出した。各都市の商人間で発展した交易は多くの富を生み出した。西アフリカ産の金は，750年以後サハラ縦断交易の急速な成長を支えた交易品となった。金は，北アフリカ首長国間の覇権争いの武器となり，ヨーロッパとの交易関係で北アフリカを優位にしたものでもあった（私市 2004）。

次いで，イスラームはエジプトからナイル川をさかのぼって広がり，現在のスーダンの北部に達した。当初，イスラームはナイル川のキリスト教王国を打ち負かすにはいたらなかったが，アラブ人がエジプトから持続的にスーダンの砂漠に入り，ナイル渓谷をアラブ化するにつれてイスラームが広まった。1317年にはヌビアのマクラの王国の支配者がイスラームとなっている。しかし，1500年ごろまでキリスト教はヌビアでは存続した。エチオピアの高地にはキリスト教国が，低地ないし海岸部にはイスラームの小さな首長国が形成された。

このようにエチオピア高地は，北東アフリカでキリスト教の存続した土地であった。ゲエズ語で書かれた年代記，ポルトガル語で書かれたイエズス会史料を利用して13世紀のソロモン朝エチオピア王国の誕生から19世紀末の近代エチオピア帝国の成立までを記述した研究が著された。ソロモン朝エチオピア王国

はムスリム軍やオロモにより版図を喪失したが，16・17世紀の財政，統治体制，軍事の改革はキリスト教王国の再建に貢献したことが明らかにされた（石川 2006, 2008, 2009）。

さらに，エジプト西方の北アフリカで支配力を得たイスラームはサハラ越えの交易を通じて西アフリカに広がっていった。西アフリカのニジェール川デルタ内部でジュンネ・ジェロのような都市が400年ごろから生まれており，1000年ごろには農業，漁業，牧畜，狩猟，金属加工，陶器製造，織物業などに専門化したコミュニティが形成されていた。食糧，塩，鉄，織物，銅，コーラ・ナッツ，金などが交易品として流通していた。次第に交易が発展すると内陸部の諸都市が結ばれ，ガーナとカネムなどの巨大な帝国が現れた。11世紀と12世紀には気候変動のために人口の移動が生じた。フルベがセネガルから東へ移動してニジェールデルタを経てボルヌへ移動した。トアレグがニジェール川湾曲部の南方に入り，主要な政治の中心が南に移る。こうしてマリ王国，モシ王国，ボルヌ王国が生まれた。

社会人類学，イスラーム史，アフリカ史という3つのアプローチを統合的に利用して西アフリカ内陸サバンナ地方の歴史，文化，社会のなかで独自の姿をとって具体化されたイスラームの様相を明らかにした研究が刊行されている。17世紀から19世紀にいたる時期は，近代ヨーロッパ世界システムが成長していく時代であり，世界を構造化する資本主義経済が地球上の諸社会を1つのシステムに巻き込んでいく時代である。その過程で，大西洋交易に接した西アフリカ諸社会は大きな変化を経験した。10世紀から伝播していたイスラームも当然変容した。また，この時期には，西アフリカの奴隷制も大きく変化した。

東アフリカの交易都市キルワの大モスク（カスール 2002:58）

大西洋奴隷貿易には新大陸の奴隷制が関わりを持っていたが，それと並行して同じ時期に西アフリカでもムスリムによる奴隷制の強化と経済の資本主義化が進んだ。したがって，西アフリカ内陸部に数世紀来育まれてきた独自の複合的な社会文化システムが，18世紀にはそれらを内側から変革しつつ，新たなシステムを生み出そうとする動きが見られた。かくして，19世紀になると，西アフリカには戦争を通して大量の奴隷を還流させるイスラームと非イスラームの軍事国家が成立し，潤沢に供給される奴隷労働を利用してムスリム商業民は社会全体を資本主義的な市場に変えていく動きを起こしたのである（坂井 2003, 苅谷 2012）。

スワヒリ都市の社会と文化

イスラームは，インド洋海岸部の都市国家に暮らしていたアラブ人の交易民の活動によって東アフリカにまで広がった。ヨーロッパ人の到来する以前の10世紀から14世紀の間，東アフリカの沿岸にはマリンディ，モンバサ，キルワなど数多くの都市が出現し，新しい文化も繁栄していた。それはスワヒリ文化として知られ，今日にいたるまで存続している。スワヒリはアラビア語のサワーヒルに

グレートジンバブエの城砦壁 (カスール 2002:52)

由来し，海に面した海岸を意味する。スワヒリ都市は，アフリカ大陸内部の玄関となり，アジア，アラビア，ペルシャ湾から商人や来訪者をひきつける国際交易市場として発展した。スワヒリ社会は東アフリカの人々の居住する地域に出現したが，宗教と文化がイスラームで，その人口はアフリカ人とアラブ人からなり，その都市社会は交易の文化と経済によって発展した。スワヒリ世界や内陸部では，象牙や奴隷の取引に忙しくたちまわるインド人やアラビア半島の商人の活動が見られ，熱帯産品に魅了されたアメリカやヨーロッパの商人，さらには奴隷の救済に奔走するキリスト教宣教師たちの姿を描き出した研究が著されている（富永 1990, 2001, 2008）。

奴隷貿易と奴隷制

ポルトガルの船がセネガル川河口に入ったのは1444年であった。これはアフリカ人にとっては新しい出来事であったが，奴隷制や奴隷貿易は新しい現象ではなかった。アフリカにおいて奴隷制はポルトガル人の到来以前に存在したであろうし，アフリカ人社会には少数の奴隷が存在した。少数ではあってもアフリカ人奴隷がサハラ砂漠を渡って北の地中海に送られていた。しかし，16世紀以降，アフリカ大陸の東西両海岸を包み込むようにヨーロッパ人の手で展開された奴隷貿易については，アフリカから輸送された奴隷の数，アフリカ側に対する影響などをめぐって論争が続けられてきた。とくに多数のアフリカ人を奴隷として輸出するには人々を奴隷にかえてしまうような軍事構造や内陸から沿岸に奴隷を運搬する交易システムの発展がアフリカ内部で生じたことを考えるとその影響は大きなものであった（小川 2002，北川 2009，鈴木 2007）。

東南アフリカの歴史世界

グレートジンバブエ国家の成立と石の家の伝統の歴史など，東南アフリカの歴史世界の基本的な成り立ちを明らかにする研究が著された（吉國 1999）。カラハリ砂漠の東からモザンビークの海岸平野，南アフリカのトランスバールからザンベジ渓谷にかけての地域には石の遺跡が多数存在する。グレートジンバブエは，このなかで卓越したものであった。13世紀末から15世紀にかけて，グレートジンバブエには金の輸出などインド洋交易によって繁栄し，東南アフリカ一帯で覇権を唱えた王国の首都があった。東南アフリカでは紀元前後に鉄器農耕社会が始まり，900年後には都市と国家の形成が顕著になった。この地域では，社会の流動と分散を起こす諸力，大規模統合と階級的編成に向かう諸力，これらが影響しあい共存する世界が展開されたのである。同じころ，コンゴ川沿いのサバンナにも遠隔地交易のネットワークが生まれ，ジンバブエ産の金，奴隷，象牙，材木，鉄，織物，ビーズ，などの商品が取り引きされていた。この交易は，短距離をつなぎながら商品を送る「リレー・トレード」に依存していた。しかし，17世紀から18世紀には，マラウイ湖のヤオ，西中央タンザニアのニャムウェジなど

は，象牙を海岸部まで運ぶようになった。やがて 19 世紀になると大規模なキャラバン交易が展開されたことが明らかにされている（土井 1987）。

　アフリカは多様な環境と生態的条件の下にあり，それぞれの環境には人間にとって利益となる特質と制約となる特質が存在する。人々は当然のことながら後者を避けて前者を活用する道をとった。各環境の下で人々の文明への足取りは意外に早く始まり，栽培や家畜の飼育あるいは鉄の精錬など，後の文明化の道への歩みは，紀元前に始まっていた。また，集落→町→都市への歩みは考古学資料に基づいて「王宮」あるいは都市の復元的考察から知られる。生産性の高い土地の少数者による占拠，その少数者による地域内交易の把握と長距離交易の掌握による富の蓄積と住民支配，そして国家形成への歩みが明らかにされるようになった。長距離交易のなかで広まったイスラーム文化，キリスト教とヨーロッパ文化の影響について知られるようになった。しかし，アフリカ各地の発展の歴史には内在的な力が大きく関わり，アフリカの内発力を否定ないし軽視することはアフリカ史の理解にとって適当ではない，と指摘されている（コナー 1993）。

＊なお，西アフリカのイスラーム化に関してはトリミンガムの著作の解釈をめぐって論争が展開された。「西アフリカにおけるイスラーム化は 11 世紀に開始されたが，18 世紀以降の『聖戦』によってその様相はかわった。それ以前にイスラームはマリやガオの大帝国の支配者に広まったが，農民層には広がらなかった。イスラームはインペリア・カルトに過ぎず，国家の伝統的構造への寄与もアフリカ人の生活の変化ももたらさなかった。19 世紀のフルベの行った『聖戦』はイスラームの深化と大衆化をもたらした」（竹沢 1988, 1990，嶋田 1988, 1991）。

石川博樹 2006「オロモ進出期に於けるエチオピア北部の牛税ケイマ」『アフリカ研究』69／石川博樹 2008「北部エチオピアのキリスト教王国に於ける民族移動とその結果──ゴンダール期のダモトのジャウィを中心に」『アフリカ研究』72／石川博樹 2009『ソロモン朝エチオピア王国の興亡──オロモ進出後の王国史の再検討』山川出版社／小川了 2002『奴隷商人ソニエ──18世紀フランスの奴隷交易とアフリカ社会』山川出版社／カスール, S 2002『アフリカ大陸歴史地図』（大陸別世界歴史地図5），向井元子訳, 東洋書林／苅谷康太 2012『イスラームの宗教的・知的連関網──アラビア語著作から読み解く西アフリカ』東京大学出版会／私市正幸 2004『サハラが結ぶ南北交流』(世界史リブレット60), 山川出版社／北川勝彦 2009「移行期のインド洋経済圏におけるアフリカ人の移動」橋本編『海の回廊と文化の出会い──アジア・世界をつなぐ』関西大学出版会／コナー, G 1993『熱帯アフリカの都市化と国家形成』近藤義郎・河合信和訳, 河出書房新社／坂井信三 2003『イスラームと商業の歴史人類学──西アフリカの交易と知識のネットワーク』世界思想社／嶋田義仁 1988「西アフリカ・イスラーム化パターンの3類型と『フルベ族の聖戦』── S. Tringham の西アフリカ・イスラム史論をめぐって」『アフリカ研究』33／嶋田義仁 1991「西アフリカのイスラーム化と交易── Trimingham 説再論」『アフリカ研究』38／鈴木英明 2007「インド洋西海域と『近代』──奴隷の流通を事例として」『史学雑誌』116（7）／竹沢尚一郎 1988「西アフリカのイスラーム化にかんする一考察──歴史主義批判」『アフリカ研究』32／竹沢尚一郎 1990「ジハード史観を脱却すべきではないか──嶋田氏の批判に答える」『アフリカ研究』36／上井茂則 1987「東アフリカの長距離交易について」『アフリカ研究』30／富永智津子 1990「東部アフリカをめぐる王権と商業──ザンジバルの笛」板垣他編『シリーズ世界史への問い3　移動と交流』岩波書店／富永智津子 2001『ザンジバルの笛──東アフリカ・スワヒリ世界の歴史と文化』未來社／富永智津子 2008『スワヒリ都市の盛衰』(世界史ブックレット103), 山川出版社／吉國恒雄 1999『グレートジンバブウェ──東南アフリカの歴史世界』講談社

⇒奴隷貿易，イスラーム，植民地支配，アフリカ人とディアスポラ

1-5-4 奴隷貿易
Slave Trade

鈴木英明

キーワード：奴隷，変容仮説，経済，アフリカ史

奴隷貿易は人間が人間を売買するという特殊性によって注目されがちであるが，この貿易の重要性はそれだけにとどまらない。アフリカからの奴隷輸出をその重要な要素として成立する大西洋の三角貿易が広く知られているように，この貿易はアフリカ大陸と他大陸とをつなぎあわせる上で無視することのできない要因として歴史上機能してきた。また，奴隷貿易は，ある地域の人口動態や民族編成の変化にも大きな影響を及ぼしてきた。これに加えて，この貿易をめぐる記憶は，アフリカ大陸の内外で折に触れてさまざまな形で思い返され，ときとして政治的な問題にも発展し，現在と切り離された過去の出来事として扱うことのできない現在性をも兼ね備えている。

奴隷貿易とその研究

アフリカ史研究において，奴隷貿易というトピックは，アフリカという対象をより広い空間軸から捉える上で最も有効な題材の1つであるといえよう。大西洋の三角貿易——鉄や布地などのイギリスをはじめとする西ユーラシアの工業製品がアフリカ大陸西岸において奴隷と交換され，その奴隷が後述する中間航海を経て南北アメリカ大陸やカリブ海に送られ，彼らがそこで生産した砂糖が西ユーラシアへと運ばれる——を好例として，このトピックは，アフリカ大陸がそのほかの諸大陸と密接に関連し合って歴史を紡いできたことを如実に私たちに教えてくれる。

近年，奴隷貿易研究は，輸送奴隷数の総数把握や利潤率の計算といった数量的な分析から，その研究対象を拡大してきている。奴隷貿易によって引き起こされたカリブ海，南北アメリカ大陸へのアフリカ人の拡散を「ディアスポラ」の概念で捉えようとするアフリカ系ディアスポラ研究などによって，奴隷貿易研究は，文学をはじめとする文化・芸術などこれまで関わりの薄かった研究領域へも接触を深めている。また，奴隷貿易といえば，大西洋の事例が一般に思い浮かび，実際に，その研究蓄積は非常に厚い。しかし，アフリカ大陸が関わる奴隷貿易は大西洋だけに存在したわけではない。サハラ砂漠・地中海をまたいだ貿易網，あるいは，インド洋をまたいだ貿易網は大西洋の事例よりも古くから存在してきた。とくに近年，研究の進展が見られるのは，インド洋に関する研究である。アフリカ系ディアスポラなど大西洋やカリブ海を事例にした研究から萌芽した概念や枠組みを柔軟に応用する一方で，G・キャンベルらによって，大西洋の奴隷貿易を一般化することの危険性を実証的にも，理論的にも説得的に指摘し，より世界史的な規模で奴隷貿易を捉えようとする研究が展開されている（Campbell 2003）。

これに加えて，奴隷貿易がときとして現代的な問題関心として立ち上がることにも注意しなくてはならない。最近の事例としては，イギリス議会における奴隷貿易廃止から200周年を迎えた2007年は，ニュースや新聞で奴隷貿易がひんぱんに取り上げられた年であ

った。この年にはいくつかの大規模な奴隷貿易，奴隷制に関わる国際研究集会が開催されたほか，イギリスを中心にして，博物館や美術館でも常設展や特別展が設けられた。井野瀬久美惠が論じるように奴隷貿易は，植民地主義や帝国主義と重なり合いながら，現代に生きる私たちにも直接的に関わってくる問題であり続けており，奴隷貿易は狭義の歴史学だけの研究対象ではもはやなくなっている（井野瀬 2007）。

奴隷貿易の中間航海

奴隷貿易に関する一般的な関心の焦点の1つに中間航海（Middle Passage）がある。中間航海とは元来，大西洋奴隷貿易に関連する語で，その語源については諸説あるが，いずれにしても，アフリカ大陸と南北アメリカ大陸，カリブ海島嶼との間の海上輸送を意味する。この中間航海には常に悲惨なイメージがつきまとう。動き回る隙間もなく詰め込まれ，食料や水も十分に与えられないなかで多くの奴隷が命を落とし，また生き残った者たちも大変な苦しみを味わったというイメージは，かなり人口に膾炙しているといえよう。

こうしたイメージは，必ずしも完全な誤りとは言い切れないものの，18世紀後半からイギリスなどで広がった反奴隷制運動のなかで，かなり特殊な事例が一般化されていたり，話が過度に脚色されている部分がある点には注意をしなくてはならない。オールドフィールド（Oldfield 1998）などによる奴隷制廃止運動そのものに関する研究や，とりわけカーティン（Curtin 1969）やクライン（Klein 1978）など，1960年代以降，こんにちまで著しく進展してきた数量的研究によって，このような奴隷貿易に関する旧来の言説の妥当性は実証的かつ批判的に検証されてきている。たとえば，反奴隷制運動のなかから生じた初期の奴隷貿易研究では，奴隷の売却価格が低いために，奴隷商人は一隻に大量の奴隷を積み込み，それによって中間航海における死亡率の増加を引き起こしたという解釈がなされ，これが中間航海について一般に流布する悲惨なイメージの学問的な裏づけとなってきた。しかし，現実には奴隷は低価格の商品ではなかったことが現在では常識的な知識として研究者間で定着しており，また，一隻の積載奴隷数と死亡率との相関性を証明する数値データも現在までのところ研究者から提出されていない。

奴隷貿易の数量研究については，インド洋奴隷貿易においては十分に網羅的なデータ収集がいまだ行われていないが，大西洋奴隷貿易においては，D・エルティスとM・ハルバートが中心となり1990年代より断続的に大規模なプロジェクトを立ち上げ，長期間にわたって網羅的に収集したデータとその統計がインターネット上で公開されている（www.slavevoyages.org）。それによれば，一度の航海は32〜33日程度，中間航路における死亡率の標準偏差は14.7％という統計結果が出ている。

変容仮説

日本においては，後述するように，いわゆる「ウィリアムズ・テーゼ」が奴隷貿易研究ではたびたび議論されてきた。しかし，アフリカ史を考える上では，P・ラヴジョイによる変容仮説により注目すべきだろう（Lovejoy 1983）。この仮説は，アフリカ社会において，いつ，どのようにして，奴隷制が中心的な社会制度となったのかという疑問を出発点にしている。彼によれば，アフリカの奴隷制とは，元来，周縁的で，親族ベースの隷属関係であったが，それが時代の推移とともに，確立した生産様式に転じていった。ラヴジョイは，アフリカ外への奴隷貿易との密接な関係を重要視した上で，1600年から1800年に変容の重要な画期を見出している。大西洋奴隷貿易が

全盛を迎えたこの時期に、新たな奴隷獲得手段と新たな商業システムの発達によって、アフリカ内部でもより広範な奴隷利用が見られるようになっていった。また、この奴隷制の拡張は、真の意味でのアフリカの経済発展の遅延をもたらし、同時に、武力的な為政者の伸長と政治的統一性の解体を招いたとする。そして、1800年以降については、アフリカ外部への奴隷貿易は縮小していくが、従来の奴隷収奪地における人口枯渇などの理由から収奪地は地理的に拡大し、また、植民地支配などに伴って導入されたプランテーション制は奴隷に依存する生産様式を確立し、アフリカ経済を根本から変容させていった。

この変容仮説に対しては、出版直後からアフリカ史関連各誌の書評で取り上げられたり、D・エルティスやJ・ソーントンによる反論が発表されるなどし、賛否両論が巻き起こったが、それに応える形で、ラヴジョイはその後、ラヴジョイ (Lovejoy 1983) の内容を増補し、第2版 (2000)、第3版 (2012) として出版している。ラヴジョイの議論では、奴隷制の変容がアフリカの政治経済全体を歴史的に見渡す1つのレンズとして用いており、また、アフリカ外への奴隷貿易をこの変容の重要な要素と見なしている。これらの点で、アフリカ史をより広い空間のなかで考察する際に奴隷貿易や奴隷制という研究対象が持つ有効性と豊かな可能性を明確に示唆しているといえよう。

日本における奴隷貿易、およびそれに関連する研究

日本における奴隷貿易研究の展開は、ごく最近まで、主として、経済史の分野で行われ、実証的な研究よりも、研究史の整理や海外の研究の紹介に多くの労力が割かれてきた。また、経済史といっても、アフリカを焦点に据えるというよりも、北米やイギリスを主眼に収めた研究がこんにち、なお優勢である。こうした経済史的研究における1つの重要な焦点は、いわゆる「ウィリアムズ・テーゼ」の検討である。西インド諸島の砂糖プランテーションでの労働力需要の増大が、イギリスの奴隷貿易の急速な発展の誘因となり、奴隷貿易と奴隷に依存した経済の利潤がイギリス産業革命を起こしたとするエリック・ウィリアムズの『資本主義と奴隷制』(ウィリアムズ 2004) で示されたこのテーゼは、日本語では布留川正博や小林和夫などの論者によって検討が加えられてきている (布留川 1991、小林 2009)。

実証的な研究が日本人研究者の手によって行われるようになるのは、2000年代に入ってからであり、経済史に限らず、西洋史や人類学を専門にする研究者たちによって開拓されてきた。藤井真理は、フランス・インド会社によるセネガル奴隷貿易の制度的基盤と実務の実態を解明し (藤井 2001)、小川了は17世紀のフランス人奴隷商人の記録を主たる資料にしてセネガンビアにおける奴隷貿易と社会変容の実態を描いた (小川 2002)。また、インド洋海域に関しては、鈴木英明が奴隷貿易廃止への圧力とそれを存続させようとする貿易者たちとの関わり合いについて各地の文書館資料を突き合わせた研究を展開している (鈴木 2007)。

現状と将来の展望

奴隷貿易研究の対象は、こんにち、時間的にも、空間的にも拡大し、さまざまな角度から研究が行われてきている。また、アフリカ系ディアスポラ研究などの台頭によって、さまざまな研究領域との融合も図られつつある。

資料的な側面についていえば、大西洋奴隷貿易に関する統計データベースがよりいっそう充実する一方で、近年では、数量データ以外の新たな可能性も模索されている。水中考

古学の分野では，沈没した奴隷船の研究もカリブ海を中心にして試みられるようになってきた（Webster 2008）。また，研究者たちは奴隷たちの肉声が聞こえてくるような資料の発掘と利用方法の確立に精力を注いでいる。そうした資料のなかには，各地の領事館報告に断片的に残されている奴隷の語りが含まれているし，あるいは，アフリカ人奴隷商人の記録といった文字資料にとどまらず，舞踏や音楽などから奴隷貿易の記憶をどのように汲み上げるのかについての議論も交わされている（Bellagamba et al. 2013）。とくに非文字資料の活用可能性を追求することは，研究の進展が著しく乏しいアフリカ大陸内部の奴隷貿易の解明に寄与するだろう。

　この分野で活躍する日本人研究者はいまだに多くはないが，彼らの一次資料を駆使した研究は着実に世界的な評価を得るようになっている。ひと昔前までは，日本を拠点に研究をする場合，何よりも一次資料へのアクセスにおいて圧倒的に不利であったが，こんにちでは，奴隷貿易に関連するいくつものデータベースがインターネットを通して一般にも公開されており，また，英国議会文書データベースも日本の大学図書館のいくつかでは利用可能になっている。このように，資料的な制約の壁は徐々に低くなってきている。

　今後，奴隷貿易研究は世界史的視座に立った上でのアフリカ各社会の位置づけ，そして，どのようなアプローチをどのような資料に基づいて行うのかという創造性がきわめて重要視されていくだろう。

池本幸三・布留川正博・下山晃 1995『近代世界と奴隷制——大西洋システムの中で』人文書院／井野瀬久美惠 2007『興亡の世界史16　大英帝国という経験』講談社／ウィリアムズ，E 2004『資本主義と奴隷制——経済史から見た黒人奴隷制の発生と崩壊』山本伸訳，明石書店／エルティス，D & J・ウォルヴィン 2010『奴隷制を生きた男たち』池田年穂訳，水声社／小川了 2002『奴隷商人ソニエ——18世紀フランスの奴隷交易とアフリカ社会』山川出版社／小林和夫 2009「ウィリアムズ・テーゼと奴隷貿易研究」『パブリック・ヒストリー』6／鈴木英明 2007「インド洋西海域と『近代』——奴隷流通を事例にして」『史学雑誌』116（7）／藤井真理 2001『フランス・インド会社と黒人奴隷貿易』九州大学出版会／布留川正博 1991「ウィリアムズ・テーゼ再考——イギリス産業革命と奴隷制」『社会科学（同志社大学）』46／リチャードソン，D 2012『環大西洋奴隷貿易歴史地図』増井志津代訳，東洋書林／Bellagamba, A. et al. ed. 2013 *African Voices on Slavery and the Slave Trade: Volume 1, the Sources*. Cambridge UP／Black, J. ed. 2006 *The Atlantic Slave Trade*. 4vols. Ashgate Publishing／Campbell, G. ed. 2003 *Structure of Slavery in Indian Ocean Africa and Asia*. Routledge／Curtin, P. D. 1969 *The Atlantic Slave Trade: A Census*. Wisconsin UP／Eltis, D. et al. 2011 *The Cambridge World History of Slavery*. 4vols. Cambridge UP／Klein, H. S. 1978 *The Middle Passage: Comparative Studies in the Atlantic Slave Trade*. Princeton UP／Oldfield, J. R. 1998 *Popular Politics and British Anti-Slavery: The Mobilisation of Public Opinion against the Slave Trade, 1787-1807*. Manchester UP／Lovejoy, P. 1983 *Transformations in Slavery: A History of Slavery in Africa*. Cambridge UP／Webster, J. 2008 Slave Ships and Maritime Archaeology: An Overview. *International Journal of Historical Archaeology* 12（1）

⇒アフリカ人とディアスポラ，植民地支配，戦争と和解の人類学

1-5-5 植民地支配
Colonial Rule

溝辺泰雄

キーワード：アフリカ分割,「白人の責務」, ナショナリズムと独立運動, パン・アフリカニズム, 脱植民地化

アフリカにおける植民地支配は, 主として19世紀末から20世紀後半にかけて行われた。現地の文脈とは無関係に画定された境界線や, 植民地分業制の一部を担う形で導入された歪な経済構造だけでなく, 言語や文化, さらにジェンダー概念など人々の内面にいたるまで, 植民地支配はアフリカの各地域に大きな影響を与え, 現在も直接・間接に人々の生活のさまざまな局面にその影を残している。多くの国々が独立後半世紀を迎える近年においても, 一部地域においては政治的混乱などの形で植民地支配が遺した矛盾は顕在化しており, そのさらなる分析が求められている。

植民地支配の現在性

ヨーロッパ諸国によるサハラ以南アフリカの植民地化は, 19世紀初頭もしくはそれ以前から西アフリカや南部アフリカの海岸地域の一部で行われていた。しかし, 支配が大陸全土に拡大していくのは1870年代から始まる「アフリカ分割期」以降のことである。20世紀初頭にはエチオピアとリベリアを除くすべての地域が, ヨーロッパ諸国（イギリス, フランス, ポルトガル, ドイツ, ベルギー, スペイン）の植民地となり, その後半世紀以上にわたって, 各植民地の住民は政治的主権をヨーロッパの宗主国に奪われることになった。

しかし, 第二次世界大戦後のアジア諸国の相次ぐ独立は, アフリカのナショナリズム運動にも勢いを与え, 1957年にイギリス領黄金海岸が「ガーナ」としてサハラ以南アフリカで最初に政治的独立を果たした。そして, 1960年にはフランス領植民地を中心に17ヵ国が一気に独立し, 同年は「アフリカの年」と呼ばれるにいたった。こうしたことから, アフリカ史の時代区分における「植民地支配の時代」は, 19世紀末から1960年代までを指すことが多い。

その一方で, 本国の右派政権が頑強に植民地維持に拘ったポルトガル領植民地の独立は1970年代半ばまでずれ込み, 白人入植者がアフリカ系住民の権利を制限し続けた（南）ローデシアが「ジンバブエ」として独立を勝ちえたのは1980年であった。さらに, 南アフリカの白人政権に信託統治領として事実上の支配下に置かれていた南西アフリカ（ナミビア）にいたっては, 独立を得たのは1990年である。加えて, エチオピア中央政府の支配下に置かれていたティグライ人の分離独立運動がエリトリアの独立として結実したのは1993年であり, 南アフリカが全人種参加の総選挙を行い, 新生南アフリカ共和国が誕生したのは1994年のことである。

さらに加えれば, スーダンの独立以降, 北部のムスリム政権の支配下に置かれていた南部のアフリカ系住民が「南スーダン」として独立を果たしたのは2011年である。このスーダンの問題も, 宗主国によって恣意的に画定された植民地境界線を独立時にそのまま引き継がざるをえなかったことに原因の一端があ

り，植民地支配と切り離して考えることはできない。このように，アフリカの植民地支配は，過去の歴史事実であるのと同時に，きわめて現在的問題であるともいえる。

植民地支配研究の流れ ── ヨーロッパの統治史からアフリカの抵抗史・独立史へ

アフリカの植民地支配に関する考察は，統治が開始されてまもない20世紀初頭から，F・ルガードをはじめとするヨーロッパ人行政官などによって行われていた。しかしそこでの議論は，いわゆる「白人の責務（White Man's Burden）」論に象徴される，植民地支配を「未開の地（＝アフリカ）の文明化」の手段として正当化する「植民地近代化論」に終始するものであった。この立場は，アフリカ史が1つの学問領域として確立しつつあった20世紀半ばになっても，主に欧米の研究者によって引き継がれた。

1969年から74年にかけて，米国のフーヴァー研究所のL・H・ガンとP・ダイグナンが編集した5巻本（『アフリカにおける植民地主義1870～1960年』）は，その象徴的研究である。植民地期の政治史を扱った第1巻と第2巻に収録された全29章のうち，アフリカ出身の歴史家が執筆したのはわずか2章（イバダン大学のJ・A・F・アジャイとガーナ大学のA.A.ボアヘン）のみで，残りの27章の執筆者はすべて欧米の研究者であった。しかもそれらの章は，アフリカ分割を欧州国家間の国際関係史として捉え，植民地支配を宗主国の統治機構分析として検討し，植民地支配のアフリカ社会への影響を植民地近代化論の立場から考察している。

一方，1960年代以降，欧米の研究者のなかからも，アフリカ側の視点を重視する「アフリカニスト史家」が登場する。B・ディビッドソンやT・O・レインジャーなどをはじめとするアフリカニスト史家は，アフリカ出身の歴史研究者とともに「アフリカ側の主体性」に着目した。独立期の熱狂とあいまって盛り上がりを見せたアフリカニスト史家による研究は，それまで支配的であった欧米中心の植民地「統治史」をアフリカの「抵抗史・独立史」に書き替えるべく，宗主国側の侵略や支配に果敢に立ち向かった「アフリカ側の英雄たち」を主たる記述の対象とした。

アフリカ内部の重層性への視点

しかし，独立の熱狂が冷め始めた1970年代に入ると，アフリカニスト史家による抵抗史・独立史に対して批判が提示されるようになる。「抵抗側」とされるアフリカ側にもその内部には重層的な関係性が存在しており，「支配」と「抵抗」の二項対立的構図では，実際の社会内部の動態が掴めないという批判である。1980年代にアフリカ出身の歴史研究者が中心となって出版された『ユネスコ　アフリカの歴史　第7巻』（Boahen ed. 1985）は，それまでの抵抗史・独立史の二項対立的歴史記述を超えて，「対抗，協調，交渉」などアフリカ側の多様な対応のすべてを「アフリカ側の主体性」と捉える立場を示した。

こうした研究に加え，近年では，ジェンダーの視点から植民地支配の影響を捉え直す研究も数多く発表されてきている。たとえば，ナイジェリア人研究者O・オイェウミは，その著書『女性の創出』において，植民地支配を通してもたらされた西洋的ジェンダー観念が，ナイジェリアのヨルバ人社会に新たな「女性」性を創り出した過程を明らかにしている。

ナショナリズムへの関心から始まった戦後日本の植民地支配研究

日本のアフリカ史研究は歴史が浅いといわれる。しかし，明治開国以降の西洋対抗意識を背景に，アフリカにおける植民地支配は「同時代的問題」として，戦前期より本邦の研

究の主たる関心の1つとなっていた。ところが，第二次世界大戦の勃発を機に日本とアフリカの政治的・経済的関係は断絶し，それに伴い，日本のアフリカ研究自体も完全に中断することとなる。

　戦後のアフリカ研究は，アフリカとの通商関係が復活した1950年代後半になってようやく再開する。西野照太郎など戦前期の研究の有用性を認めていた研究者も存在したが，戦後のアフリカ研究は戦前期の調査研究から距離を置き，白紙の状態からの再出発を選択した。

　再出発後のアフリカ研究においても，アフリカの「歴史」に対する関心は希薄であった。しかし，1955年のバンドン会議を1つの頂点とするアジア・アフリカ諸地域におけるナショナリズムの高まりと，その後に相次いだアフリカ諸国の独立は，「同時代問題」としての植民地支配への関心を日本のアフリカ研究者にも喚起した。この時期の研究の主な対象となったのは，パン・アフリカニズム，南部アフリカ諸国を中心とした植民地解放闘争，そして南アフリカにおけるアパルトヘイト問題であった。

　初期の研究を牽引した野間寛二郎による一連の研究（野間 1969, 1970）に促されるように，1960年代後半以降，日本人研究者による独自の研究も数多く発表されるようになった。パンアフリカニズムについては政治学者の小田英郎が1920年代の運動萌芽期から50年代以降の「パンアフリカニズムのアフリカ化」への流れを考察し，植民地解放闘争に関しては川端正久がポルトガル領植民地の事例を広範な資料を収集・整理の上，独自の視点から論究した。さらにアパルトヘイト問題については，アジア経済研究所の林晃史らによって，とくに経済的側面から土地問題，賃金労働制度の考察・分析が進められた。

植民地経済史研究の進展

　アパルトヘイト問題に限らず，本邦の植民地支配研究の深化に，経済学者および経済史家の果たした役割は大きい。英領東アフリカに関する吉田昌夫の研究（Yoshida 1984）は，植民地政府が導入した農産品流通政策がアフリカ人の主体的かつ自由な経済活動を阻害したことについて，一次史料を用いて明らかにした。

　西アフリカの事例では，室井義雄による「連合アフリカ会社（UAC）」に関する一連の研究が重要である（室井 1992）。植民地企業として絶大な影響力を誇ったUACを軸に，その活動の丹念な検証にとどまらず，農産品の生産者としてだけでなく製品の消費者としてもUACの活動に関わりを持つにいたった現地社会の人々の動態にも考察を加えており，植民地体制下における経済的支配構造の解明に大きな役割を果たした。

　南部アフリカの事例では，北川勝彦が現地社会内部の労働問題を，イギリス帝国史研究の枠組みに日本＝アフリカ関係史の視座を加えて考察した。

近年の日本の研究における対象と視点の深化と拡がり

　植民地支配に対する現地の人々の抵抗（対応）については，早くから岡倉登志が現地王国の「抵抗」に焦点を当てて研究を進めてきた。1988年に宮本正興らによって『ユネスコ アフリカの歴史　第7巻』の邦語訳が出版されたころには，日本においても現地社会の重層性に着目する研究が行われるようになる。富永智津子によるタンザニアにおける「マジマジ闘争」の研究（富永 1991）は，キリスト教宣教団と現地首長の関係に着目し，現地社会における利害関係の差異が「支配側」への対応を変化させたことを明らかにした。

　1990年代以降になると，国家単位の大きな

歴史から地域社会単位の，よりミクロな研究の深化が進んだ。なかでも吉國恒雄による一連の植民地期ジンバブエ都市社会史は，白人入植植民地の都市形成の動態，現地アフリカ系住民の労働移住や運動組織体の形成過程，さらに当局による都市住民政策とその影響などを，豊富な聞き取り調査と文書史料の検証などに基づき明らかにした（吉國 2005）。

このように近年の植民地支配研究は，統治体制や経済システムなどの制度面の分析から，一般の人々の生活・行動規範など，ミクロな領域への影響を「関係性」の視点から考察する立場へと展開しつつある。栗本・井野瀬（1999）は，現地・宗主国を問わず「植民地」におけるさまざまな主体の関わりの総体を「植民地経験」と位置づけ，歴史学と人類学の協働によってその解明を試みた。また，井野瀬・北川（2011）は，植民地支配の構造を支配と被支配の一方向的な関係性としてではなく，両者の間の相互作用のなかに見出されることを指摘している。

改めて問われる「アフリカの植民地支配」への視座

2001年，南アフリカのダーバンで「国連・反人種主義世界会議（ダーバン会議）」が開催され，奴隷貿易や植民地支配など，過去のアフリカにおいて行われた「罪」の問題が改めて国際社会で問われることになった。このダーバン会議の議論は本邦のアフリカ史研究にも影響を与え，永原陽子らによる「植民地責任」論の展開を促した（永原 2009）。

この「植民地責任」論は，近年，旧植民地諸国において改めて植民地支配の「責任」を問う声が高まりつつある状況を，旧植民地側の人々による主体的な歴史意識の再構成という，1つの脱植民地化過程と捉える。さらにこの立場は，植民地支配の問題を「アフリカ」という一地域の事象に限定するのではなく，同様の経験を持つ他の地域の事例との比較の視座から考察することも重視している。

19世紀末から20世紀にかけての「帝国主義の時代」を他地域との連関のなかで捉え直し，「アフリカの植民地支配」を相対化することは，従来のアフリカ史研究が捉えられなかった植民地支配の構造や関係性を浮き彫りにするためにも必要な作業である。その点からも，植民地支配に関する今後の研究は，現地の一次史料に立脚した精緻な調査研究を深化させるとともに，他の地域との比較の視座を採り入れつつ，アフリカを含めた世界各地域の研究者との真摯な対話を通して行っていくことが求められている。

井野瀬久美恵・北川勝彦編 2011『アフリカと帝国——コロニアリズム研究の新思考にむけて』晃洋書房／栗本英世・井野瀬久美恵編 1999『植民地経験——人類学と歴史学からのアプローチ』人文書院／富永智津子 1991「キリスト教伝道と東アフリカ社会」林編『アフリカの21世紀1 アフリカの歴史』勁草書房／永原陽子 2009『「植民地責任」論——脱植民地化の比較史』青木書店／野間寛二郎 1969『差別と叛逆の原点——アパルトヘイトの国』理論社／野間寛二郎 1970「パン・アフリカニズムからアフリカ革命へ——アフリカにおける解放思想の発展（上・下）」『思想』543/544／室井義雄 1992『連合アフリカ会社の歴史——1879年〜1979年』同文館／吉国恒雄 2005『アフリカ人都市経験の史的考察——初期植民地期ジンバブウィ・ハラレの社会史』インパクト出版会／Boahen, A. A. ed. 1985 *UNESCO General History of Africa, vol.7, Africa under Colonial Domination*. UNESCO/Heinemann（ボアヘン，A・A編 1988『ユネスコアフリカの歴史 第7巻 植民地支配下のアフリカ——1880〜1935年』宮本正興監訳，同朋舎出版）／Yoshida, M. 1984 *Agricultural Marketing Intervention in East Africa, A Study in the Colonial Origins of Marketing Policies, 1900-1965*. Institute of Developing Economies

⇒歴史とジェンダー，アパルトヘイト，民族と国家，日本とアフリカの関係史

1-5-6　アフリカ人とディアスポラ
Africans and African Diasporas

荒木圭子

キーワード：故郷，アイデンティティ，文化，開発

「ディアスポラ」という用語は，「離散」を意味するギリシア語を語源とする。元来はパレスチナから離散したユダヤ人を指すものであったが，1950年代になると，主に英米の研究者の間で，アフリカから離散したアフリカ（系）人に対しても用いられるようになった。アフリカン・ディアスポラの捉え方は研究者によってさまざまであるが，奴隷貿易によって強制的に移住させられ，象徴としての「アフリカ」にルーツを求める古典的なディアスポラと，20世紀に入ってから自発的に離散し，特定の国や地域にルーツをたどることのできる新しいディアスポラの2つに大別できる。

アフリカン・ディアスポラ研究

アフリカン・ディアスポラに関する研究は，とくに多文化主義が台頭する公民権運動後のアメリカで，歴史学を中心に発展してきた。ロビン・コーエンは，さまざまなディアスポラのありようを犠牲者，交易，帝国，労働，文化の5つに分類しているが，初期のアフリカン・ディアスポラ研究の多くは，奴隷貿易によってアフリカ大陸から強制的に連れ出され，その後も継続的に人種差別に苦しんできた「犠牲者」としての古典的なディアスポラを想定していた。ここでは抑圧の経験と記憶および「故郷アフリカ」を共通の基盤とする，国境を越えた黒人コミュニティが研究対象とされた。

これに対し，1990年代に入ると，ポール・ギルロイなどの文化研究者を中心に，アフリカン・ディアスポラを所与の同一的集団として固定化すべきでないとする議論が高まり，エスニシティ，ジェンダー，階級といったディアスポラ個人のさまざまなアイデンティティが構築／再構築される局面を動的に捉えながら，集団内部に見られる流動性や重層性を明らかにしようとする研究が目立つようになった。現在では，集団としてのアフリカン・ディアスポラに見られる同一性と多様性の間でどう折り合いをつけるかが重要なテーマとなっている。

アフリカン・ディアスポラ研究の主たる射程は大西洋地域であるが，近年では，インド洋におけるアフリカ－アジア間の交易のなかで離散したアフリカ人についても研究が進められている。インド洋地域においても「奴隷」としての移動が大部分を占めたが，「奴隷」に対してプランテーション労働だけではないさまざまな役割が与えられていたほか，イスラム改宗者は保護されるなど，大西洋地域に比べて自由度の高い制度が展開された。このようなインド洋地域におけるアフリカ人の存在は，アフリカン・ディアスポラのあり方をより多様にしている。

従来，アフリカン・ディアスポラ研究は人文科学の分野を中心に進められてきたが，近年においては後述のようなアフリカ開発に関連した社会科学分野の研究も増えてきている。

日本における研究動向

1960年代から，小田英郎はパン・アフリカ

ニズムの歴史を中心に，アフリカとディアスポラの関係を明らかにしてきた。しかしながら，日本におけるアフリカ研究が，国家や地域といったミクロ的視点に立った研究を主流に進展していくなか，アフリカ研究者によるマクロ的なアフリカン・ディアスポラ研究は大きな発展を遂げてこなかった。日本におけるディアスポラ研究は，赤尾・早尾（2012）などに見られるように，文化研究やポストコロニアル研究の分野で発展し，実体的なアフリカはいわば不在であった。

日本のアフリカ研究者の間でディアスポラ概念が使用されるようになったのは最近のことである。真島（2011）は，これまでの多くのディアスポラ研究で象徴的にしか存在してこなかった「アフリカ」をはじめとする「南」に視座に置き，そこに現存した個人に焦点を当てて，ギルロイの提示した「ブラック・アトランティック」の全体像を捉え直す試みを行っている。また，小倉・駒井（2011）は，奴隷貿易時代から現在までのアフリカ大陸における労働者，商人，難民などの移動を多角的に紹介することで，多様なディアスポラのあり方を提示している。

アフリカの発展とディアスポラ

冷戦後，内戦や貧困などにより，高度な知識や技術を有する多くのアフリカ人エリートが先進諸国へ移住してディアスポラ化し，アフリカ各国に深刻な「頭脳流出」問題をもたらすようになった。その一方で，かれらによる投資や送金がアフリカ各国の経済に大きく寄与していることから，近年ではディアスポラを国家開発に積極的に取り入れようとする動きが強まっている。たとえば1990年代に内戦と虐殺を経験したルワンダでは，外務省内にディアスポラ総局が設置され，政府主導でディアスポラの投資や帰国を促進しようとしている。エチオピアでは，イスラエルやインドで実施されているディアスポラ債を導入し，国内のインフラ整備に充てる試みがなされている。

世界銀行によれば，ディアスポラによるサハラ以南アフリカ諸国への送金額は2012年には推定310億ドルに上り，政府開発援助に取って代わる勢いで成長している。このようなアフリカ開発におけるディアスポラの有用性から，世界銀行は2007年9月に，アフリカ連合（AU）や各地のディアスポラ・コミュニティと提携し，ディアスポラによるアフリカ経済の発展促進を目的とするアフリカン・ディアスポラ・プログラムを立ち上げた。

2002年に発足したAUは，アフリカン・ディアスポラを「市民権や国籍に関係なく，アフリカ大陸外に居住するアフリカ出自の人々で，アフリカ大陸の発展とAUの確立に貢献しようとしている人々」と定義し，アフリカ開発に取り込もうとしている。2012年5月には南アフリカで，AU加盟54ヵ国とカリブ海および南米諸国の代表によるグローバル・アフリカン・ディアスポラ・サミットが初めて開催され，アフリカ人とディアスポラが政治・経済・社会諸分野においてパートナーシップを確立することが宣言された。

赤尾光春・早尾貴紀 2012『ディアスポラの力を結集する――ギルロイ・ボヤーリン兄弟・スピヴァク』松籟社／小倉充夫・駒井洋 2011『ブラック・ディアスポラ』明石書店／ギルロイ，P 2006『ブラック・アトランティック――近代性と二重意識』上野俊哉・毛利嘉孝・鈴木慎一郎訳，月曜社／コーエン，R 2012『新版グローバル・ディアスポラ』駒井洋訳，明石書店／真島一郎 2011『20世紀〈アフリカ〉の個体形成――南北アメリカ・カリブ・アフリカからの問い』平凡社／矢内原勝・小田英郎 1989『アフリカ・ラテンアメリカ関係の史的展開』平凡社

⇒奴隷貿易，地域機構，移動する人々

1-5-7 日本とアフリカの関係史
Historical Relationship between Japan and Africa

……………………………………………………………………青木澄夫

キーワード：アフリカ情報，邦語アフリカ文献，在留邦人，日本商品の市場，貿易

現在でも一般的に，「アフリカは遠い」と捉えられがちである。確かに地理的には遠いアフリカだが，1869年に刊行された福澤諭吉の『世界國盡』の地理編5巻のうち，アフリカが1巻を占めるほど，明治時代の日本人はアフリカにも関心を払っていた。そこにはヨーロッパ諸国による植民地化への関心や，金やダイヤモンドへの魅力があったとはいえ，明治人が入手していたアフリカ情報は他の地域に比べて見劣りはしない。第二次世界大戦後，アフリカ諸国の独立とともに日本はアフリカと初めて関係を持ったかのように思われるが，思いのほか長い歴史を有しているのである。

第二次世界大戦以前

日本がアフリカに関心を持ち始めたのは，明治維新の混乱が収まり，日本が朝鮮，台湾に政治的な関心を持ち始めたときと符合する。アフリカ大陸は，1885年のベルリン会議で分割され，そのほとんどがヨーロッパ諸国の植民地となった。政府は，ロンドンの公使館に命じ，南アフリカで発生したズールー戦争（1879）の情報を収集し，陸軍は第二次ボア戦争（1899）に軍人を派遣して観戦させた。

アフリカを探検したスタンレーやリビングストンの探検記，南アフリカのセシル・ローズやクルーガー，スーダンのゴードンなど，ヨーロッパ人為政者の著作や伝記が次々に翻訳刊行された。一方，アフリカを舞台にしたヨーロッパ人の小説や物語も，草野宜隆（『王子羅西拉斯傳記』1986），井上勤（『亜弗利加内地三十五日間　空中旅行』1888），宮井安吉（『大寶窟』1896），黒岩涙香（『人外境』1897），長田秋濤（『西部阿非利加探検』『金剛石の原野』1900），菊池幽芳（『大探険』1900，『二人女王』1903）などの文学者が訳出し，1910年前後には押川春浪などの冒険作家がアフリカで活動する日本人を主人公にした小説を書いている。

からゆきさんたちがザンジバルなどのアフリカの東海岸から南アフリカに進出したのは1880年ごろのことと思われる。少し遅れて南アフリカのケープタウン（古谷駒平）やマダガスカル（赤崎傳三郎），セーシェル（大橋申廣）などでは，日本商店や写真館が開店した。1902年には在シンガポール領事久水三郎が南アフリカの経済・移民調査を行い，1904年には農商務省が実業練習生を南アフリカに派遣した。1908年から始まったブラジル移民船の南アフリカ寄港に伴い，移民関係者による南部アフリカ報告や，横浜商人などによる南アフリカ報告も散見されるようになる。日本人初のアフリカ旅行記『亞弗利加一周』が中村直吉によって刊行されたのは，中村が東南アフリカを訪問して7年たった1910年で，在リヨン領事木島孝蔵がマダガスカルを移民候補地として調査したのは1912年だった。久水や木島は，日本人の移民地としてアフリカ地域は不適切と判断したが，その後も南アフリカは移民の候補地としてたびたび名前があがった。

第一次世界大戦が発生し，ヨーロッパから東南アジアへの商品が滞ると日本の関心は東南アジアや委任統治領となった南洋に向か

現在でも読み継がれて，映画化もされたハガードの『ソロモンの洞窟』の訳本『大寶窟』

タンザニアのタンガで写真館を経営していたK. Tagawa（田川）作成の絵葉書（1910年の消印）

セーシェルの大橋申廣は1903年から写真絵葉書を販売した。この絵葉書の消印は1907年（上下とも筆者蔵）

い，アフリカへの関心は著しく低下した。明治時代には，東南アジア関連書籍をその数で凌駕していたアフリカ関連刊行物も減少した。

1920年代後半になり，世界経済が低迷し，欧米諸国で日本商品への輸入規制が厳しくなると，アフリカは新たな日本商品の市場として再び浮上した。三綿と呼ばれた日本綿花，東洋棉花，江商はウガンダに事務所を置いて綿花の買い付けを行い，兼松や三井物産は南アフリカの羊毛を輸入した。鈴木商店はガラスの原料となるケニアの天然ソーダを買い付けた。

1926年に大阪商船が神戸・ダーバン航路を開設した時期に合わせ，政府は大型経済調査団を，また日本商業会議所は日本商品の市場開拓をねらって各種調査団を東南アフリカ地域に送った。東南アジアで発生した日本商品排斥の影響を受け，シンガポール海域で活動していた漁業労働者も一時期東アフリカ海岸で漁業を行った。

1933年，大阪商船は西アフリカ航路を開設し，それまで外国船によってもたらされていた西アフリカ地域にも日本商品が直接搬入されるようになった。日本商品は綿製品，雑貨，陶器，硝子類などが中心だったが，その品質は悪く，アフリカ在住欧米諸国人や富裕者層からの評価は低かったが，「安かろう，悪かろう」の日本商品は次第に勢力を伸ばしていった。そのため，地域によっては厳しい輸入規制をかけられることになった。

独立国が少なかったアフリカでは，外交交渉はヨーロッパの在外公館を通じて行われていたが，政府は1918年，ケープタウンにサブサハラ・アフリカで初の領事館を開設した（37年にプレトリア公使館に昇格）。その結果，アフリカ在住日本人の状況が限定的ではあったが，ようやく把握されるようになった。1919年末に在ケープタウン領事館が報告した在留邦人数は，南アフリカに男8名，女2名の計10名，東および西アフリカに男8名，女7名の計13名で，総人口は23名だった。1932年にはモンバサに領事館が開設され，このころか

『月刊アフリカ』創刊号
(1961年6月10日)

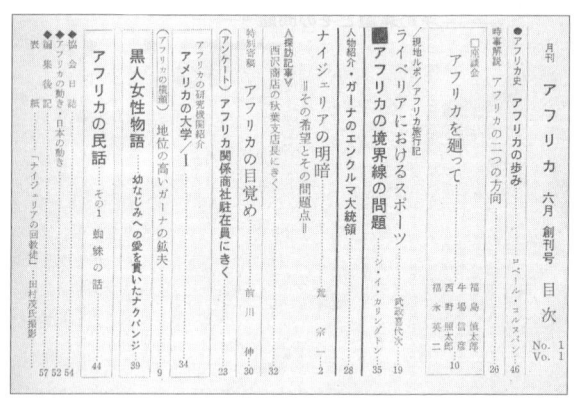

『月刊アフリカ』創刊号の目次

ら，領事館や調査団による報告書類が相次いで刊行された。大阪商船も映画『アフリカ』や小冊子『アフリカの旅』を作成してアフリカ渡航や貿易を勧奨し，広報誌『海』でもアフリカ紹介記事を掲載した。

1931年にエチオピア外務大臣ヘルイが初めてのアフリカ要人として訪日して以来，エチオピアは，日本商品の新たな市場として関心が高まった。母国で著作もある知識人ヘルイの言動は，それまで日本人が描いていた「野蛮なアフリカ人」のイメージを一新し，帰国後にヘルイが執筆した『大日本』も日本で刊行され好評だった。イタリアによるエチオピア侵攻が本格化した1935年には，エチオピア支援をうたった雑誌，書籍やパンフレット類が多数刊行され，戦況理解のためにエチオピア地図も数種類発行されている。しかし，エチオピアブームともいえるこの状況は，イタリアのエチオピア占拠とともにすぐに終息した。1936年に首都アジスアベバに日本政府は公使館を開設したが，エチオピアの敗北とともに閉館した。

1940年10月1日当時の在外邦人調査では，サブサハラ・アフリカでは，エチオピアに男2名，女3名の計5名，南アフリカに男31名，女24名の計55名，英領東アフリカに男30名，女18名の計48名の日本人が在住していたことが記録されている。これらの人々のほとんどは第二次世界大戦の開戦とともに，日本への引き揚げを余儀なくされた。

第二次世界大戦後

1957年にガーナが独立を果たし，1960年に多数のアフリカ諸国が新たに国際社会に参加すると，報道機関はアフリカに特派員を派遣して，アフリカの息吹を伝えた。1960年のローマ，64年の東京と，2つのオリンピックでマラソン連覇を成し遂げたエチオピアのアベベの軽快な走りに，新しいアフリカの躍動を感じた日本人は多かった。

1959年に創立された財団法人アフリカ協会は，61年から『月刊アフリカ』（発行編集人・福永英二）を刊行し，まだアフリカについて発表する機会に恵まれなかったアフリカニストたちに執筆の機会を与えた。1960年ごろから時事通信社や理論社が，アフリカの独立当時の指導者だったンクルマやルムンバなどの著作を次々に刊行し，アフリカ人の声を届けた。その中心になったのは野間寛二郎で，理論社社主の小宮山量平が野間を支援した。

アフリカへの関心が高まるなか，64年に日本アフリカ学会が創設された。創設者の1

人，国会図書館専門調査員だった西野照太郎は，日本アフリカ関係・交流史の研究を先導した。西野は，1964年に「明治期における日本人のアフリカ観」を発表し，『史学雑誌』の「回顧と展望」で同年に新設されたアフリカ部門を担当した。日本アフリカ学会の中心会員だった飯塚浩二，浦野起央，中村弘光，山田秀雄とともに，明治以降に刊行されたアフリカ関係文献目録「日本におけるアジア・アフリカ研究の現状と課題　文献目録・解題　アフリカ」(1966)をとりまとめ，その後も「南アフリカ像の成立過程——明治期の日本語刊行物」などを発表している。

白石（1981）は，それまでほとんど知られていなかったアフリカに在住したからゆきさんの存在を浮き彫りにし，岡倉と北川は経済交流に重点を置いて日本とアフリカの関係史を明らかにした（岡倉・北川1993）。青木（1993）は，第二次世界大戦以前にアフリカに在住した日本人や市民のアフリカ体験を紹介した。北川（1997）には「領事報告」をもとにした日本と南アフリカの通商関係史研究が，青木（2000）には市民レベルの交流の続編がある。森川（1988）は，南アフリカと日本の関係を政治経済面から解き明かし，藤田（2005）は，江戸時代からのアフリカ像の変遷を明らかにした。近年では日本とエチオピアの関係史を古川哲史やクラーク（Clarke 2011）が，第二次世界大戦中の日本とガーナの関係史を溝辺泰雄が，日本とカメルーンの関係史を和崎春日が精力的に研究している。

日本語のアフリカ関係文献目録は，西野たちによるもののほかに，京都大学霊長類研究所が作成した『アフリカ関係文献目録』や，青木による「明治期日本におけるサブサハラ・アフリカへの関心（書籍目録）——TICAD4を前にしてアフリカとの関係を振り返るによる」などがあるが，いずれも不十分なものである。

近年，国会図書館は所蔵書籍を電子化し，

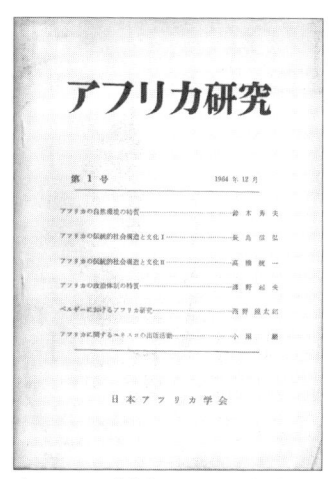

日本アフリカ学会『アフリカ研究』創刊号（1964年12月）

また外務省外交史料館も50年を過ぎた史資料を積極的にインターネットで公開している。新たな資料の発掘や，アフリカ諸国や旧宗主国に残された史資料をもとに，日本と各国の個別の関係史の構築が今後は期待される。

青木澄夫1993『アフリカに渡った日本人』時事通信社／青木澄夫2000『日本人のアフリカ「発見」』山川出版社／青木澄夫2011「日本－アフリカ交流史——日本の近代化とアフリカ観（19世紀末〜1970年代）」舩田編『アフリカ学入門』明石書店／岡倉登志・北川勝彦1993『日本・アフリカ交流史——明治期から第二次世界大戦期まで』同文舘出版／北川勝彦1997『日本－南アフリカ通商関係史研究』国際日本文化研究センター／白石顕二1981『ザンジバルの娘子軍』冬樹社／日本アフリカ学会創立50周年記念事業実施委員会編2013『日本アフリカ学会の創立に関わった諸団体と人々』日本アフリカ学会／藤田みどり2005『アフリカ「発見」——日本におけるアフリカ像の変遷』岩波書店／森川純1988『南アフリカと日本——関係の歴史・構造・課題』同文舘出版／Clarke, J. C. III 2011 *Alliance the Colored People, Ethiopia & Japan before World War II*. James Currey

⇒日本に住むアフリカ人の暮らし，植民地支配

1-5-8 日本に住むアフリカ人の暮らし
Africans Living in Japan

和崎春日

キーワード: 在日・滞日アフリカ人, アソシエーション, 移民, ホスト社会, 中古自動車業

1980年代頃まで, 日本に住むアフリカ人は, 生活実感としても多くなかった。東京の山の手線にアフリカ人の姿は, ほとんどなかった。だが近年, 一挙に, 在日・滞日のアフリカ人の数が増えた。差別や文化摩擦の問題はあるものの, かつてのように身を隠す風は大きくない。留学生や大使館勤務といった限られたエリートだけではなく, 中古自動車業や芸能などを職とするアフリカ各国の大衆層も来日するようになった。帰国して日本経験を有するアフリカ人がアフリカと日本の交流協会を母国で設立し, その次の世代が日本に来る時代になっている。来日アフリカ人の数も増加し, その職業階層と種類も多様に広がっている。

在日・滞日アフリカ人の構成

日本に住むアフリカ人の数が増えるにしたがって, 在日アフリカ人のアソシエーションが何ヵ国にも認められるようになった。1000人オーダーを超えるナイジェリア人, ガーナ人, エジプト人のほかにも, 南ア人, ケニア人, ウガンダ人, セネガル人, マリ人, ブルキナファソ人, カメルーン人などのアソシエーションが認められる。それほど, 日本に在留ないしは滞留するアフリカ人が増えてきた。日本で正式に登録されてカウントできるアフリカ人は, 1万2000人強である（2013年3月）。ナイジェリア人, ガーナ人が正式登録者数2000人ほどで, 3位のエジプトが1000人台である。その次の南ア人になると, 一挙に500人台のオーダーに減少する。とはいえ, 各国人の正式登録者数の10倍ほど, それぞれ無登録やオーバーステイにずれ込んだアフリカ人が日本に暮らしているとよくいわれる。在日登録ナイジェリア人が約2000人だから, 実際は2万人ほどナイジェリア人が滞日していると見られている。

日本にいる人数が多ければ多いほど, その文化的な独自性は細分化して強調されるので, ナイジェリア人の在日アソシエーションは, 出身の各州に分けられている。多いのは, ナイジェリアを構成する, 3つのメジャーなエスニックグループのうち, イボ人のアソシエーションである。在日イボ人は多いが, 在日ハウサ人や在日ヨルバ人は多くない。イボ社会は, ナイジェリアにおいても, 各州が村連合的な政治単位を構成している。アビア州, アナンブラ州, イモ州などは自立的な政治単位を有している。そこに, チーフ・首長がいて, その下に伝統的な政治指導者であるエゼがいる。

したがって, 在日アナンブラ州人の政治集会や在日イモ州人の政治集会が開かれている。こうした集会は, 日本にいるイボ人が居住する東京, 名古屋, 大阪など各都市で開かれるのだが, 年に一度日本全国規模につないだ全体会も開催される。たとえば, 名古屋在住のアナンブラ州出身でアフリカ雑貨を販売している男性Mとアフリカンヘアーと化粧ファッション関係の仕事をしている女性Nは, 東京池袋で開かれた在日アナンブラ州人の年次総会に出席する。

アフリカ人同士の日本での協力の形

　アフリカ母国における社会・政治関係が，そのまま日本に持ち込まれる場合がある。また，ホスト社会の日本や日本人との関係で，アフリカでの諸関係そのままでは，集合の人数が充分でなく効力が発揮できない場合がある。そこで，日本社会でより広いアフリカ人の集合を創り上げ，アフリカ人の尊厳が認められたりその経済的な利益が上がったりするようにする。この場合，アフリカで分かれていた政治文化単位が共同して，新たなユニットをつくって日本でやっていく。

　ガーナ人は，自国の経済危機のときに，多くがナイジェリアに出稼ぎをした。ナイジェリア人から冷たい視線を浴びせられたこともある。だが，日本にこの両国人が来ると，ともに「アフリカ人」と括られてしまうことが多く，国別で対処するより協力した方が利益に預かれることが多い。

　名古屋でキリスト教の教会活動を基軸に集まるアフリカ人の集合がある。ここでは，賛美の活動が東アフリカのスワヒリ語でなされ，その集合がケニア・ウガンダ・タンザニア，ときにルワンダ・ブルンジの人々を含んでグループ化される。そこからはじき出される残余として，英語圏のナイジェリア人やガーナ人が集合化される。こうして，ナイジェリア人とガーナ人には，「あの東アフリカ人」「私たち西アフリカ人」という認識が生まれる。

　言語のほかに，宗教を核として，アフリカ人が協力し合う場合もある。セネガルでは，イスラームの祈り方や宗派にそって，主に3つのグループがある。まず，イスラーム聖者アマドゥ・バンバの反植民地運動にも関連する奇跡譚を信じるムリッド教団がある。その集まりをダイラと呼ぶ。東京の代々木モスクにこのダイラがある。あと2つは，もう少し温厚な宗教的態度を有するティジャーン，漁業民レブーを中心としたラーイェンである。

同じセネガル人でも，六本木ではムリッドが協力していることが多く，歌舞伎町ではティジャーンが多い。

　代々木モスクの祈りも，3つ別だったが，今は，交通事故で亡くなった在日セネガル人のためを契機に，合同で集っている。アフリカのどの国に送るかにもよるが，日本からの遺体搬送には約200万円かかる。

在日アフリカ人協会の活動
── カメルーンを例に

　カメルーン人の日本での相互扶助の協会活動は，正月の第3日曜日から始まる。在日カメルーン人協会（Association de Camerounais au Japon）である。茨城県，埼玉県，千葉県には，アフリカ人が関わる越谷，蕨，野田など多くの自動車オークション会場や中古自動車の解体工場（ヤード）がある。その1つでは，経営者Eが解体工場と商人や労働者が宿泊するプレハブの簡易宿舎を設営している。そして，この近くに，在日のカメルーン人やアフリカ人，そしてアフリカに縁ある近隣の日本人たちがくつろぐアフリカンレストランも経営している。

　正月第2週の土曜日，在日カメルーン人協会の年頭の月例会が開かれる。これは，2年周期を持ち，年頭の第1回で会長など役員を選ぶ。2年に1回の在日カメルーン人協会の総会である。普段は，10～20名の参加だが，総会には53名が参加した（2007）。これには，在留資格を持ったカメルーン人も，2ヵ月の商業ビザで来日しているカメルーン人も，オーバーステイのカメルーン人も参加した。ここで，会長と幹事4名が選ばれる。

　在日カメルーン人協会の役員構成は，カメルーンの社会・政治構造を反映している。カメルーンは，1970年にフランスから独立した。翌1971年に西に隣接する旧イギリス植民地領の一部が「国民投票」を行って連合し，

カメルーン連合共和国となった。国土の80%ほどを占める東側のカメルーンは旧フランス領の仏語圏、国土の20%ほどの西側は旧イギリス領の英語圏である。

日本に来ているカメルーン人は、英語圏の西カメルーン出身者が圧倒的に多い。2011年時点で確認しえた在日カメルーン人の人数は、西カメルーン出身者48名、東カメルーン出身者11名である。西カメルーンにいるティカール系の諸民族は、「移動の民族であり根っからの商人だ」という理由づけを行う者もいる。また、西カメルーンは飛行場や道路の建設など国土開発や国家行政のなかで何かと後回しにされているという、国内における政治構造、不利益やマイノリティ状況が海外にチャンスを求めさせるのだ、という説明もある。英語圏のこうした状況から、2007年の総会では、在日カメルーン人協会の規約がフランス語版しかないことに不満が出て、英語版の規約も編纂することになった。

この英語圏の西カメルーン出身者たちは、多くがその最大都市バメンダ出身、またはバメンダを経由して日本にやってきている。都市バメンダは、政治文化的には単一ではなく、4つの伝統王国（首長領）の結び目に成り立っており、4つの政治文化がある。それは、バメンダの北にバフツ王国、西にンクウェン王国、東にマンコン王国、南にバリ王国である。この4王国の出身者は、それぞれの王国伝統にのっとって年中行事や祖先崇拝を行う。さまざまな救済や儀礼や社会的共同もそれぞれの王国単位でなされることが多い。日本への就業紹介や保障あるいは情報入手も、この伝統王国単位のネットワークでなされることが多い。

したがって、在日カメルーン人協会では、日本での役員の選抜にも、主要メンバーが多い西カメルーンの4王国の単位が、勘案される。在日カメルーン人協会の会長AFが、4つの1つ、マンコン王国から選出されたので、4幹事のうち3つのシートは、都市バメンダを構成する残りの3王国で埋められる。そして残り1つの幹事職には、英語圏の主要王国はすでに満たしたので、フランス語圏のバンガンテ出身のBが選ばれた。このように、アフリカ母国の社会背景が、日本における在日アフリカ人の協会のあり方に関わっている。

在日アフリカ人の生業

在日アフリカ人の生業として、上にあげた中古自動車業やそれをめぐる貿易業は、日本の各大都市にかなり多く認められる。また、東京・池袋や名古屋・大須のように、ナイジェリア人やガーナ人がヒップホップ系の服飾雑貨を商う店を出していることも多い。名古屋では、今日のナイジェリア人が多数を占める前から、ウガンダ人がより古くより多く住んできた。タンザニア人も多く住んでいた。

こうしたウガンダ人、タンザニア人のなかでは、中古自動車を中心として電化製品など機器の貿易業を行う者が多い。自動車や部品を扱うアフリカ人貿易商は、「良い品」があれば全国どこにでも行く。オークション会場、港湾、解体工場ヤードなど。首都圏と自動車産業のさかんな名古屋圏をはじめ、全国を行き来する。名古屋に地盤を置くウガンダ人中古自動車業者も、ひんぱんに茨城県の港湾やヤードと行き来して自動車やパーツを購入する。それを20トン積める20フィート・コンテナーや30トン積める40フィート・コンテナーに詰めて、多くは兄弟などが待つ母国に送る。東アフリカなら1ヵ月半、西アフリカなら2ヵ月で着く。1台のコンテナーから生み出される利益は、品にもよるが、およそ100〜200万円である。

在日アフリカ人のもう1つの特色ある職業様態は、芸能である。西アフリカでは、とくにマンデ系諸民族の名声が高い。ミュージシャン

の特別の家系として「グリオ」と呼ばれる人たちがいる。伝統音楽を組織して，ギニア，セネガルでは国立の音楽学校さえある。このマンデ系のグリオは，セネガル，ガンビア，ギニア，マリ，コートジボワール，ブルキナファソにまたがって分布している。だが，音楽のグリオとして最も威信を持つのが，ギニアとマリのグリオである。ガーナ出身の在日ミュージシャンもいるが，在ギニア，在マリ経験を語ることが多い。マンデ系音楽の楽器として，伝統的太鼓のジェンベが最も有名だが，他にも大太鼓のドゥンドゥン，中太鼓のサンバ，小太鼓のケンケニがあり，その在日アフリカ人奏者もいる。伝統的な西アフリカの宮廷音楽には，プロの語り部がハープシュートのコラや木琴のバラフォンを用いて，マリ帝国の建設伝承や特別な家系の賛歌をうたう。上記のジェンベ太鼓などは，むしろ一般の農作業や人生儀礼などに使用されてきた。このジェンベを習おうとする日本人もおり，ジェンベ教室が在日アフリカ人の生業になることもよくある。芸能では，他にセネガルのダンス音楽サバール教室も開かれている。中古自動車業で日本に在留資格を持って事業を拡大させている者の多くが，配偶者に日本人を得ている。芸能者の場合も，日本への定着者は，配偶者が日本人であることが多い。結婚したアフリカ人男性の事情で，ガーナへ渡った日本人夫人もいる。交流がアフリカと日本の往来の歴史を刻むということである。

ホスト社会のアフリカ人受け入れ

通婚をはじめ，日本のホスト社会のアフリカ人の受け入れのあり方も，広がりを持つようになってきた。地域的に見ても，日本－アフリカの交流は，東京，大阪，名古屋といった大都市だけではない広がりを見せている。全国に活動のネットワークを持つ，アフリカとの交流・協力のNPO，NGOも増えた。愛知県のあま市，熊本市などでは，毎年，市民の堅実な努力で，アフリカに関わるフェスティバルを実現させている。

熊本の活動「アフリカの子どもの日」は，熊本県ユニセフ協会による日本－アフリカ交流の催しで，2012年すでに20年の歴史を刻んだ。毎年，地元の多くの中学高校生と市民を集め，在日本のアフリカ大使の1人が順番で「国づくり」やアフリカ－日本交流のあり方について講演している。昨年では北海道から九州まで日本各地から集まった20ヵ国の在日アフリカ人留学生とともに，水俣へのスタディ訪問を含め，持続可能な「開発」，教育，報道のあり方，日本がアフリカから学ぶスタンス，音楽や食文化などのテーマをめぐって，熱い議論と交流を繰り広げている。第1回65名の参加者からスタートし，今や1300人もの参加者が集い交流するようになった。多くの在日アフリカ人の口から，アフリカといえば「クマモト」という名が聞かれるようになっている。アフリカンフェスタのように在日アフリカ大使館連合や外務省が主催・協力して運営されているのも心強い。だがそれ以上に，「地方」の，民間の，「なんでもないオバちゃんたち」と自称する人々が20年もの間アフリカ－日本の交流を紡いできたことが尊い。アフリカ－日本の交流はそのように「歴史」と呼べるほどに分厚くなってきた。こうした日本－アフリカ双方からの交流エネルギーがいっそう増大していこうとしている現在なのだといえる。

和崎春日 2009「中古自動車業を生きる滞日アフリカ人の生活動態」『地域研究』9（1）／和崎春日編 2008『来住アフリカ人の相互扶助と日本人との共生に関する都市人類学的研究』平成16～18年度科研費報告書（16202024）

⇒民族音楽，ポピュラー音楽，アフリカ人とディアスポラ，日本とアフリカの関係史

1-6-0 総説 ── 文化人類学
Cultural Anthropology

.... 松田素二

　日本の研究者によるアフリカ社会の文化人類学的研究は、欧文での公刊点数は少ないものの、質量ともに世界トップレベルにあることは間違いない。その方法は、きわめてユニークな特徴を有している。その最大の特徴は、1つの小社会において超長期間フィールドワークを継続する点だろう。20年から30年、なかには40年近いフィールドとの交通・交感によってアフリカ社会の激動の時代を「下から」描写する試みは、日本の文化人類学的アフリカ研究が確立した手法である。第2に、現地語の習得と欧米言語を介さないフィールドワークの実践である。クリック言語やトーン言語も身につけて自在に操る能力に関しては、日本の文化人類学のフィールドワーカーは際立っている。第3の特徴は、フィールドにおける名もなき普通の人々の世界に寄り添う「草の根」力である。有力者やエリートが主導する「表の世界」ではなく、「常民」の日常のなかに基点を定めてフィールドワークを行ってきたのである。

　近年、こうした特徴を身につけた若手中堅の文化人類学者は、積極的にアフリカや欧米で開催される学会や研究集会に参加し成果を報告するようになった。また欧文での成果発信とあいまって、国際的な文化人類学的アフリカ研究ネットワークのなかでも重要な位置を占めている。

　本章では、こうした日本の文化人類学的アフリカ研究の歴史的展開（発展）の過程を検討することで、その特徴の基礎を明らかにしてみたい。それは、第二次世界大戦後から本格的に始まった。とりわけ組織的体系的な研究が開始されるのは、アフリカ諸国がヨーロッパの旧宗主国から独立を勝ち取り「アフリカの時代」を迎える1960年代初頭であり、日本でアフリカ学会が設立される（1964年）時代前後のことだった。

1960〜70年代の「東の個人調査」の系譜

　1960年代初頭、日本においてアフリカの文化人類学的研究が誕生し始めたとき、その流れを強力に牽引した2つのエンジンがあった。長島信弘や米山俊直の言葉を

借りれば，それは「東の個人調査」西の「集団調査」と特徴づけられるだろう。

「東の個人調査」は泉靖一をリーダーとする「アフリカ研究会」のメンバーによって推進された。アフリカ研究会は，泉のほかに，村武精一，高橋統一，山口昌男，川田順造，長島信弘，阿部年晴，大森元吉など，以後20世紀後半の日本のアフリカ研究のみならず，文化人類学を主導する気鋭の研究者によって構成されていた。初期の成果はアジア経済研究所から『ニグロ・アフリカの伝統的社会構造』など3冊の報告書として刊行され，この時代のアフリカ学徒の最良の入門書，概説書となった。

リーダーの泉は1970年に急逝するが，メンバーはそれぞれ個々人で自らのフィールドを開拓し日本の文化人類学的アフリカ研究の発展の礎を築いた。川田はパリ第五大学を経由して1962年には当時のオートボルタ（現ブルキナファソ）のモシ社会を対象に長期の本格的フィールドワークを行い，数多くの斬新で奥深い成果を刊行した。その代表的業績としては『無文字社会の歴史』『口頭伝承論』などがある。山口は1963年には1960年に独立したばかりのナイジェリアのイバダン大学の客員講師として赴任し，ジュクンなどでフィールドワークを実施した。山口はこうした民族誌調査だけでなく『道化の民俗学』『文化と両義性』など，より幅広い社会・文化理論の構築によって日本の知的世界に大きな影響を与えた。長島はオックスフォード大学を経て1968年からウガンダのテソ社会をフィールドにして緻密で野心的な独自の民族誌調査を実施し，当時の人類学者予備軍のバイブルとなった『テソ民族誌』を著した。

大森は1968年，日本学術振興会のナイロビ事務所長としてケニアに滞在し，隣国ウガンダのチガ社会の動態的調査を実施，阿部もライデン大学を経由してガーナの神話，宗教意識調査にとりかかった。阿部はその後，ケニアに転進してケニアのルオ社会の研究に道を開いた。また同時期，中林伸浩もケンブリッジ大学からウガンダのソガ社会の精緻な調査を行ったし（中林は後に西ケニア・イスハ社会の長期調査をもとに，今も多くの研究者から引用される『国家を生きる社会』を刊行），少し時代が進み1970年代に入ると松園万亀雄がエチオピアのアリ社会，ケニアのグシイ社会を対象に精確で包括的な優れた社会人類学的研究を開始したが，同じ時期に，上田将と上田冨士子によるケニアのカンバ社会の調査も着手される。この調査は，その後今日にいたるまで30年以上継続され，長期調査を特色とする日本の文化人類学者のなかでも，最も長期間継続的に1つのコミュニティの変貌を捉えており，日本のアフリカ研究の貴重な財産となっている。さらに1961年の早稲田大学アフリカ大陸縦断隊に参加した西江雅之は，エチオピア，ソマリア，ケニアなどの庶民の日常社会を描写し，それまでアフリカを知らなかった多くの日本の読者にアフリカとの「地続き感」をもたらした（『花のある遠景』）。宮治美枝子もまたこの時代のアルジェリアにおいてフィ

ールドワークを実施し，マグレブの人類学のパイオニアとなった。

1970年代後半になると，従来の研究者1人1人がそれぞれフィールドを決めて自由な個人調査を行うという「東の個人調査」に変化が生まれてくる。その原因はもちろん海外調査のための研究助成金システムの変化である。それまでの「東の個人調査」は，個々人が欧米の人類学系の大学院に留学して，そこからアフリカの各フィールドに出かけるというパターンを踏襲してきた。その背景にあったのは，当時，海外調査を文部省から研究助成を受けて実施することはきわめて困難だったことがあげられる。しかし1970年代に入ると，日本の経済成長と社会の豊かさを背景にして，海外学術調査のための科学研究費が増額され，複数の調査チームがアフリカでフィールドワークをすることが可能になった。こうした変化を受けて，1975年には一橋大学東アフリカ学術調査団が組織され，長島のもと，阿部，中林，上田，松園，小馬徹などをメンバーにしたチーム調査が行われるようになった。ただ，その組織法は，「西の集団調査」の伝統とは大きく異なるものだった。長島たちは，研究室の教授を隊長に助教授，助手，大学院生といった序列関係を活用し，教授と同じか近いテーマと地域を共有して実施する「タテ社会的な」調査組織（それが「西の集団調査」の典型的な組織論だった）を採用しなかった。それとは逆に，同世代の独立した研究者がそれぞれ自分のフィールドを自由に選択し，相互の成果をつきあわせるという手法を意図的に採用した。もちろん「東西」どちらかの組織法が「正しい」というわけではない。互いに長所と短所を持っているからだ。しかし「東の個人調査」の伝統は，以後も継続して今日にいたっている。

1960〜70年代の「西の集団調査」

「東の個人調査」のリーダーが泉靖一であったのに対して，「西の集団調査」のリーダーは今西錦司だった。今西は戦前のポナペ島，大興安嶺，白頭山などの学術探検調査あるいは戦後1950年代のマナスル，チョゴリザなどのヒマラヤ山岳踏査隊など，すでに多くの人々を組織して共同で大事業を成功させる実績とノウハウを持っていた。その今西は1958年からアフリカに霊長類共同調査隊を送り込み，自らも伊谷純一郎とともにベルギー領コンゴ（現在のコンゴ民主共和国）においてゴリラ調査を実施した。そこで今西は人類進化という問題を解明するために，霊長類社会だけでなく狩猟採集民，牧畜民社会までを「連続的」に射程にいれるという方針を定め，そのために霊長類学者だけでなく人類学者も含めた大調査隊を組織することになった。1961年からは文部省の海外調査支援を受け，1967年まで6次にわたる共同調査隊が組織された。

今西自身は「霊長類」研究班を指揮したが，「人類」調査班には梅棹忠夫を中心に京都大学人文科学研究所に集う人類学的発想を共有するメンバー，川喜田二郎，中尾佐助，富川盛道，藤岡喜愛，岩田慶治，和崎洋一，谷泰，米山俊直などが参加した。主なフィールドはタンザニア北部のエヤシ湖畔の諸社会，狩猟採集民ハッザ，牧畜民ダトーガ，半農半牧民イラク，それに小都市社会マンゴーラなどで，彼らの活発な研究活動の成果はまとめとして『アフリカ社会の研究――京都大学学術調査隊報告』，多彩な各個研究の論考として Kyoto University African Studies（全10巻）が英文で刊行された。1960年代に精力的に推進されたこのアフリカ学術調査チームは，その後の日本のアフリカ研究を牽引することになる，当時学生・院生だった多くの若手研究者の卵を育成する母体となった。そこから巣立った研究者としては，端信行，石毛直道，福井勝義，田中二郎，日野舜也，和田正平，富田浩造などがいる。とくに田中二郎は，1966年から単身で独立直後のボツワナに渡り，カラハリ砂漠の狩猟採集民「ブッシュマン」社会のフィールドワークに従事し，のちの日本における生態人類学の基礎を築いた。

続く1970年代は文部省の海外学術調査のための研究助成が拡大したため，多くの研究チームが組織され集団調査を発展させていった。1960年代にタンザニアで共同調査の経験を身につけた気鋭の若手研究者たちは，成長して「西の集団調査」の系譜を継承し，多くの人類学的研究プロジェクトを花開かせていった。こうして彼らは質量ともに日本の文化人類学的アフリカ研究をリードしていった。

伊谷，原子令三，市川光雄，丹野正，田中二郎たちは1970年代に「ピグミー」「ブッシュマン」「ドロボー」などの狩猟採集社会および「トゥルカナ」「ガブラ」などの北ケニア乾燥地帯の牧畜民社会に対する組織的調査を開始した。また東京外国語大学アジア・アフリカ言語文化研究所を拠点として，富川盛道，日野舜也は1969年以降「アフリカ部族社会の比較調査」を組織し，カメルーン，ナイジェリアを中心にフィールド調査を実施した。その成果の一部は『アフリカ社会の形成と展開――地域・都市・言語』にまとめられた。また米山もこの時期ザイール（現在のコンゴ民主共和国）を対象にして「赤道アフリカ森林地帯におけるエスノサイエンスと生態人類学の研究」プロジェクトをたちあげ，和田正平，掛谷誠，赤阪賢，原子令三，寺嶋秀明，梶茂樹，安渓遊地，末原達郎などのメンバーとともに多くの成果を上げた。

共同調査の拡大深化 ―― 1980〜90年代

1970年代に文部省からの海外学術調査に対する科学研究費が増額され定着するようになると，多くのアフリカ研究者がテーマ，地域，関心をともにする調査チーム

を組んでアフリカ調査に乗り出すことになった。こうした状況は，日本の文化人類学的アフリカ調査の特徴を規定していった。それは以下の3点である。第1の特徴は，継続的な共同調査である。2～3年を1つの区切りとする調査プロジェクトをメンバーを入れ替えながら継続していくことで，1つの共通テーマに対して，幅広い多様な視座から時間的変化を射程にいれてフィールドワークを積み重ねていくことが可能になった。このことは同時に，メンバーの新陳代謝を活性化させることで，この共同研究を継承する次世代の優れた研究者を養成することにもつながっていった。第2の特徴は，1人の調査者が特定のフィールドに長期間関わることで，対象社会への単なる学術上の関係以上に深く関与し（それ自体の功罪はあるものの），自身のライフサイクル，ライフステージと対象社会の人々のそれとを連動させながら研究することである。そして第3の特徴としては，第1，第2の特徴と関連することだが，文化人類学の知的世界の覇権を握ってきた北米西欧の学界ではなく，アフリカ社会の現場に強くコミットしていることだ。それはたとえば現地語を自在に操るフィールドワーカーの著しく高い比率に表れている。こうしたスタイルは，PhD取得のため人生の若い時期に一度だけ長期のフィールド調査を行い，その後にいくつかのフィールドを対象にしながら，覇権国家の学界やNGOで理論的にも実践的にも活動するスタイルとは大きく異なっている。

　このスタイルは，1980年代以降，アフリカにおける共同調査が数的にも質的にも拡大深化するなかで確立していくことになる。1970年代以前は，今西，泉といった突出したリーダーによる少数のプロジェクト中心だったが，この時期になると，さまざまな代表者によって多様なプロジェクトが組織され多くの成果を上げていった。とりわけこの時期の顕著な特徴としては，特定の大きな研究テーマを掲げて，数次にわたる継続調査が実施されていることだろう。たとえば，北東アフリカ社会の民族関係と生業システムについて，福井勝義は「北東アフリカの民族の相克と生成に関する実証的研究」（1992～93）など5次にわたる調査チームを継続して組織している。福井のプロジェクトと重なるように佐藤俊は東アフリカ北部の牧畜社会の動態変化を解明する共同調査を同じく5次（たとえば1990～92年は「東アフリカ北部における生業牧畜と地域商業網に関する人類学的研究」）にわたって実施している。このような共同調査は『認識と文化』（福井1991），『人類にとって戦争とは』（福井他1999），『レンディーレ——北ケニアのラクダ遊牧民』（佐藤1992）など，数多くの独創的な成果を上げた。

　福井や佐藤の牧畜社会研究と同様に，狩猟採集民研究においても，継続的共同調査が精力的に押し進められた。たとえば市川を代表として「ピグミー」社会を対象とした「狩猟採集文化の伝統と将来像に関する比較研究」（1997～99）や，寺嶋を代

表として狩猟採集民と周囲の農耕民の民族共生社会を解明しようとする「アフリカ熱帯雨林における多民族共存に関する人類学的研究」(1996〜98) はその一例である。さらに南部アフリカの狩猟採集民「ブッシュマン」を対象にした共同研究も田中や菅原和孝らによってこの時期5次にわたって継続的に実施された。たとえば菅原を代表とする「変容するカラハリ狩猟採集民サンの生態と社会に関する人類学的研究」(1992〜94) では中川裕，池谷和信，大野仁美，大崎雅一，野中健一などが参加して人類学，言語学，生態学，地理学，作物学などの学際的研究として発展させていった。

　この時期の狩猟採集民研究の成果としては，市川による『森の狩猟民――ムブティ・ピグミーの生活』(1982)，寺嶋らの『共生の森――熱帯林の世界』あるいは田中の『ブッシュマン――生態人類学的研究』(1990)，『最後の狩猟採集民』(1994) や，菅原の『身体の人類学』(1993)，『会話の人類学』(1998)，あるいは田中，大崎，野中などの『カラハリ狩猟採集民』(2001) などがある。

　この時期，狩猟採集民，牧畜民以外にもさまざまなジャンルの文化人類学的共同研究が開花していった。その代表的なものをいくつか紹介してみよう。まず最初は1960年代に日本のアフリカ文化人類学研究を創設し以後も圧倒的な迫力で独自のジャンルを開拓してきた川田である。川田は「無文字社会の歴史」以降，歴史叙述のさまざまなモードに関心を抱いてきたが，この時期，「音」と「声」に着目して民族社会を超えて形成されるより大きな地域文明単位のなかでその特徴を解明しようとする共同研究を継続してきた。たとえば1986〜87年の「ニジェール川大湾曲部諸文化の生態学的基盤及び共生関係の文化人類学的研究」や，1994〜96年に実施された「アフリカにおける音文化の比較研究」などはその一例である。こうした研究の一部はより音楽人類学的な塚田健一を代表とする共同研究「動態としてのアフリカ『音文化』の研究」へと拡張していった。この研究の系譜の成果としては，川田『声』(1988)，『サバンナの音の世界』(1988)，川田らの『ニジェール大湾曲部の自然と文化』(1997)，『音，ことば，人間』(1980) や，塚田『アフリカの音の世界』(2000) などがあげられる。

　川田らの研究プロジェクトに続いて取り上げるのは，日野がリーダーとなって組織したアフリカ都市研究の共同研究である。それまで日本のアフリカの文化人類学的研究の主流は，人類進化の問題意識に基づいた狩猟採集民や牧畜社会研究あるいはイギリス社会人類学の「トライバル・スタディーズ」の伝統を継承した民族社会研究だった。これに対してアフリカ社会の新しいフィールドとして，とりわけ国家と民族，多民族状況，階級と民族といった観点から「都市」が注目を集めるようになった。日野は1960年代からタンザニアの地方都市ウジジをフィールドにして都市

人類学に挑戦してきたが，1980年代以降，4次にわたる大規模な都市人類学共同調査隊を組織して，アフリカ都市社会の生成と変貌に光をあてた。1986年からは「アフリカにおける都市化の総合調査」を実施して，アフリカ各地における過剰都市化の比較研究を行い，1993〜95年には，アフリカの伝統都市の変容に焦点を絞った「アフリカにおける伝統都市の社会変化の比較調査」を行い，東西アフリカの都市形成のダイナミズムが伝統文化とどのように接合して生成されるのかを明らかにした。その成果は東京外国語大学AA研から *African Urban Studies* 全4巻として刊行されている。

日野の都市人類学研究を継承し発展させていったのが嶋田義仁である。嶋田はフランスの社会科学高等研究院で民族学の学位を取得するが，宗教学，哲学と人類学をドッキングさせた独特な世界を築いた。嶋田はこの時期，カメルーンのレイブーバ王国や西アフリカのイスラム都市研究の調査成果を『牧畜イスラーム国家の人類学』（1995），『優雅なアフリカ──一夫多妻の超多部族イスラーム王国を生きる』（1998）などにまとめている。また共同調査としても，「西アフリカ内陸イスラム都市の比較研究」（1990），「アフリカにおける伝統王国の社会変化の比較研究」（1998〜99）を組織している。

1980〜90年代の日本の文化人類学的アフリカ研究を主導したのは，東西2つの大規模な共同研究会だった。東のセンターは，富川・日野を代表とする東京外国語大学AA研の共同研究会であり，そこから組織された共同調査隊だったが，西のセンターは1977年に梅棹忠夫館長のもとで創設された国立民族学博物館であった。1980年代以降，民博では和田正平をリーダーにしてアフリカニストの文化人類学的フィールドワーカーを網羅した大規模な共同研究会が共通テーマを変えながら長期間持続した。その成果は『アフリカ──民族学的研究』（1987），『アフリカ女性の民族誌』（1996），『現代アフリカの民族関係』（2001）などにまとめられている。和田は富川・日野と同様，共同研究を母体にして「アフリカ諸社会における女性の比較研究」（1992〜94）や，「アフリカにおける民族芸術の文化人類学的研究」（1995〜97）といった5つの共同調査を組織した。また同じ民博の江口一久は西アフリカ・フルベ社会での長期にわたるフィールドワークに基づき，言語学と民族学を融合させた独自のジャンルを開拓し，数次にわたって共同研究会をたちあげ，「西アフリカ，英・仏語圏における言語政策による文化変容に関する民族学的研究」（1991〜92）などの共同調査も主導した。こうした活動の成果の一端は『北部カメルーン・フルベ族の民間説話集　1〜4』（1996〜99）に収められている。

狩猟採集民，牧畜民，都市民と並んで，この時期，アフリカにおける農村農民研究も共同調査の実施によって飛躍的に発展していった。こうした共同調査を牽引し

たのは，農学部出身のアフリカニスト・文化人類学者たちだった。1980年代には坂本慶一，米山俊直らがそれぞれ「赤道アフリカにおける伝統農業の技術・経済・社会の構造」(1986～87)，「アフリカ・イスラームにおける都市－農村関係の動態比較」(1989～91) といった共同調査を組織し，1990年代に入るとそのメンバーだった末原達郎，池上甲一がそれぞれ「アフリカにおける食糧生産とその社会経済的背景に関する研究」(1992～94)，「東・南部アフリカにおける食糧生産の商業化がもたらす社会再編の比較研究」(1996～98) を実施した。また1970年代以降，米山の共同調査者としてマリやザイール（現在のコンゴ民主共和国）で農村部の市場調査などを行ってきた赤阪賢も，「アフリカ農村社会における市場経済の浸透と文化変化」(1995～97) という共同調査を組織した。こうした農村農民研究の成果は，米山の『アフリカ農耕民の世界観』(1990) や末原による『赤道アフリカの食糧生産』(1990) などとして結実している。

1960年代～70年代のアフリカの文化人類学的研究を牽引した「東の個人調査」経験者たちは，先述した70年代後半に長島が組織した西ケニア・環ヴィクトリア地域の共同調査をふまえて，この時代，さらに精緻な共同調査を組織し始めた。たとえば阿部は「西ケニア諸民族の社会変化に関する比較研究」(1987～88)，松園は「東アフリカにおける国家主導の社会・文化変化と地域的適応に関する動態論的研究」(1997～99)，長島は「環インド洋西域諸社会における伝統の継承と創出 —— アジア・アフリカ・アラブ文化の同化と差異」(1995～97) を実施した。彼らはこの時期，共同調査のなかで蓄積してきた個人調査の成果を優れた民族誌として次々に公刊している。長島の『死と病いの民族誌 —— ケニア・テソ族の災因論』(1987)，松園の『グシイ —— ケニア農民のくらしと倫理』(1990)，中林の『国家を生きる社会 —— 西ケニア・イスハの氏族』(1991) は今日ではアフリカだけでなく日本の文化人類学の古典として高い評価が確定している。

他にも吉田禎吾をリーダーとしてケニアのインド洋岸社会をフィールドにした共同調査「ケニア海岸地方ミジケンダ諸族における『病気の文化』の比較研究」(1989, 1993～95) も実施され，上田冨士子や浜本満，慶田勝彦などが参加した。浜本は後にその成果として理論的インパクトの高い民族誌『秩序の方法 —— ケニア海岸地方の日常生活における儀礼的実践と語り』(2001) を著している。

多様化・拡散化する研究領域とグローバル化 —— 2000年代以降の展開

1960年代に本格的に開始された文化人類学的アフリカ研究は，1970年代に共同調査方式が定着し，1980年代，90年代とその方式が拡大・充実することによって質

的にも量的にも，世界でも有数の研究成果のレベルに達したといってよいだろう。21世紀に入ってもその傾向は発展的に継続し，1990年代の「失われた10年」を乗り越えたアフリカ社会のグローバル化の進展と経済的成長を背景にして，研究領域はいっそう多様化専門化されていった。

　まずこれまで民族誌的調査が蓄積されてきた既存の研究領域においても，グローバル化の文脈を取り込む共同研究が次々と誕生した。まず牧畜民社会研究の領域では，国家，開発，環境よりひろい地域社会形成と関連させた共同調査が組織された。福井による「国家・開発政策をめぐる環境変化と少数民族の生存戦略 —— 北東アフリカ諸社会の比較研究」(2001～04)，佐藤による「東アフリカ遊牧圏における生活安全網と地域連環の統合的研究」(2003～06)，太田至を代表とする「アフリカ牧畜社会におけるローカル・プラクティスの復権／活用による開発研究の新地平」(2007～10)などがその一例である。さらに北東アフリカの牧畜民社会の紛争・暴力を研究してきた栗本は，国家における内戦と平和構築，難民問題まで射程を広げる共同調査「難民をめぐる社会・政治的諸力の相互作用 —— アフリカ北東部・大湖地方における強制移住，国家，国際機関・NGO」(2001～04)，「スーダンにおける戦後復興と平和構築の研究」(2005～08)を組織した。その成果は *Displacement Risks in Africa*（by Ohta, 2005），*Engaging Monyomiji: Bridging the Governance Gap in East Bank of Equatoria*（by Kurimoto, 2011）などに収められている。

　狩猟採集民研究の領域においても同じように，グローバル化の文脈のなかで（食肉）の市場化，先住民の権利などを検討する共同調査が出現する。「ピグミー」社会研究では，市川による「熱帯アフリカにおける野生獣肉の利用に関する総合的研究」(2005～08)や，竹内潔による「アフリカ熱帯森林帯における先住民社会の周縁化に関する比較研究」(2006～08)などがあり，「ブッシュマン」社会研究においては，身体あるいは身体化された心という新たな概念を駆使する菅原の「身体資源の構築と配分における生態，象徴，医療の相互連関」(2002～06)および「身体化された心の人類学的解明」(2008～11)の共同調査が指摘できる。こうした領域の成果としては，『身体資源の共有』(2007)，『身体化の人類学』(2013)などが刊行されている。

　農村農民研究の領域でも同様の変化発展を確認できる。掛谷誠は農村開発に実践的に寄与する人類学のあり方を提示するプロジェクト「地域研究を基盤としたアフリカ型農村開発に関する総合的研究」(2004～07)を立ち上げた。重田眞義はそうした方向をさらに肉づけしてエチオピア南部の農村社会をフィールドに「アフリカ型生業システムの環境保全機能に関する地域研究」(2003～06)，「アフリカ在来知の生成とそのポジティブな実践に関する地域研究」(2007～10)を成功させた。杉村和彦は坂本，米山の農業農民研究を発展させ，農民が創造し運用するモラル・エコノミ

ーをキーワードにして「赤道アフリカ農村におけるモラル・エコノミーの特質と変容に関する比較研究」(2003～06),「アフリカ・モラル・エコノミーを基調とした農村発展に関する比較研究」(2010～14) を組織した。こうした研究のとりまとめの一例として,杉村『アフリカ農民の経済——組織原理の地域比較』(2004) などがある。

都市研究の領域では日野の共同研究会を母体に多くの研究者が排出し,魅力的な都市民族誌を発表した。アビジャンのストリート文化を活き活きと伝える『ストリートの歌——現代アフリカの若者文化』(2000) を著した鈴木裕之,ヤウンデの巨大なインフォーマル世界を活写した『アフリカ都市の民族誌』(2005) の野元美佐,ムワンザの古着商人の創造的で人間的な世界を描いた小川さやかの『都市を生きぬくための狡知』(2011) などはその代表的作品だろう。1980年代～90年代に日野のもとで都市人類学を学んだ和崎春日や嶋田たちは新たな方向に都市人類学を拡張していった。和崎はアフリカから外に出て活動するアフリカ人都市民を対象とする共同研究「滞日アフリカ人の生活戦略と日本社会における多民族共生に関する都市人類学的研究」(2007～09) および「在日・在中アフリカ人の生活戦略と日中アフリカ関係の都市人類学的研究」(2011～13) を組織した。嶋田は,都市研究からより高次の文明研究にシフトして,「アフリカ・イスラーム圏における白色系民族と黒色系民族の紛争と共存の宗教人類学研究」(2006～08) および「牧畜文化解析によるアフロ・ユーラシア内陸乾燥地文明とその現代的動態の研究」(2009～14) という共同研究プロジェクトを立ち上げた。その成果としては嶋田による『黒アフリカ・イスラーム文明論』(2010) と『砂漠と文明——アフロ・ユーラシア内陸乾燥地文明論』(2012) があげられるだろう。

「東の個人調査」の系譜を引く諸研究も,21世紀に入ってさらに視野を拡張し理論的インパクトを増大させていった。川田はこの時期になっても以前とまったく変わらない知的好奇心とエネルギーで,グローバル化時代におけるアフリカの無形文化財研究を進め,「アフリカ音文化における伝統の形成と変容——その社会的要因の研究」(2000～02),「アフリカの地域社会における無形文化財のありかた——継承の未来を探る」(2005～07),「アフリカ現代社会における無形文化遺産の役割」(2012～15) といった一連の共同調査を組織している。この時期川田はこれまでの知的軌跡をまとめた著作も刊行している。たとえば,『文化の三角測量——川田順造講演集』(2008),『文化を交叉させる——人類学者の眼』(2010) などである。グローバル化のなかで激動するアフリカ社会を見続けてきた松園や中林もその変動を捉える共同調査を組織してアフリカ研究に大きな貢献をした。松園の共同研究は「東アフリカにおけるグローバル化過程と国民形成に関する地域民族誌的研究」(2000～03),中林のプロジェクトは「東部および南部アフリカにおける自由化とエスノナショナ

リズムの波及」(2005〜07)である。

　以上見てきた共同調査共同研究は，1980年代以降，継続してその内実を深化発展させてきた研究領域だったのに対して，この時代にとくに顕著に出現した新しい共同調査の領域も少なくなかった。これらの領域の存在は，研究領域の多様化をもたらし，文化人類学的アフリカ研究のウィングを拡げる原動力となった。

　たとえば竹沢尚一郎は，「アフリカ史」のジャンルの立ち上げに文化人類学者として関わるべく学際的プロジェクト「西アフリカの古王国の歴史人類学的研究 —— 社会人類学，古学，作物学の観点から」(2002〜03)および「世界の中のアフリカ史の再構築」(2012〜16)を組織した。坂井信三も同じく「西アフリカの歴史的文明の形成と展開過程に関する歴史人類学的研究」(2006〜07)を組織し，アフリカ史を研究領域として確立する動きを支援した。「アフリカ史」にアプローチする竹沢同様，子どもにアプローチする高田明の共同調査「教育・学習の文化的・生態学的基盤 —— リズム，模倣，交換の発達に関する人類学的研究」(2012〜16)や，亀井伸孝の「ろうあ者」を対象とする共同研究「ろう者の人間開発に資する応用言語人類学的研究 —— アフリカ諸国の手話言語と社会の比較」(2009〜13)，さらには記憶に関わる調査チームとしては，真島一郎が組織した「仏領西アフリカの植民地統治をめぐる住民側の記憶とその文字化保存に向けた調査」(2002〜05)や，マダガスカルをフィールドにした深沢秀夫の「地方独立制移行期マダガスカルにおける資源をめぐる戦略と不平等の比較研究」(2002〜05)，あるいは宮本律子が開拓しつつある女性のエンパワーメント研究「現代アフリカ女性の開発プログラム参加と言語選択に関する学際的研究」(2000〜03)などが出現した。こうした新しい研究の成果はすでに上がっており，今後もいっそう充実することが期待される。たとえば竹沢の『人類学的思考の歴史』(2007)，亀井の『アフリカのろう者と手話の歴史』(2006)，真島による『20世紀〈アフリカ〉の個体形成 —— 南北アメリカ・カリブ・アフリカからの問い』(2011)などである。

　また太田はアフリカ社会が外世界との折衝のなかで生成してきた紛争解決の智慧と制度を「アフリカ潜在力」と名づけ，それを人類の未来社会の資産として整序するための野心的な大型共同研究「アフリカの潜在力を活用した紛争解決と共生の実現に関する総合的地域研究」(2011〜16)を立ち上げ，アフリカ各地で現地の研究者，政府関係者，NGOと議論するフォーラムを開催している。こうした研究の成果の一端は，すでに佐川徹『暴力と歓待の民族誌 —— 東アフリカ牧畜社会の戦争と平和』(2011)などで著されているが，英文でも刊行されることになっている。

　このように日本の文化人類学的研究には，多くの新たな研究テーマを解明する研究群が誕生し，全体として研究領域の豊饒化，多様化，拡大化が急激に進んでいる

ということができる。本章においては，こうした多様化拡大化の具体的諸相をさらに分野別に取り上げて報告していきたい。その構成は 2 つに分かれている。1 つのまとまりは，21世紀を迎えた現代アフリカ社会の動態を捉えようとする人類学の試みに関する諸領域である。それらは一見，50年前の「独立」の時代から一貫して人類学の研究対象であった領域だが，現代社会の新たな文脈で捉え直す必要があるものだ。たとえば伝統的政治システムが現代の国民国家システムのなかで再定位されている現象を取り上げる「王制と無頭制」，21世紀に入ってアフリカ各地で再勃興しつつあると指摘されている「伝統的」呪術や邪術をネオリベラリズムの統治の浸透のなかで位置づけようとする議論を検討する「呪術と近代」，さらに「都市と農村」「家族と親族」「戦争と和解」などの「定番の人類学的課題」が，グローバル化のただなかにある現代アフリカ社会の変化として捉えようとする現代人類学の営みとして報告される。

　もう 1 つのまとまりは，人類学のテーマの拡散化，脱中心化，それに日常化を象徴する研究領域である。ここでは，「髪型」「衣装」「物質文化」「酒造り」「食文化」を取り上げて研究成果を検討してみることにしよう。人類学的アフリカ研究が現代性と日常性の領域にウィングを拡大し，今日のアフリカ社会と文化を理解するために大きな貢献をしていることがわかるはずである。

[参考文献]
市川光雄 1982『森の狩猟民 —— ムブティ・ピグミーの生活』人文書院。
小川さやか 2011『都市を生きぬくための狡知 —— タンザニアの零細商人マチンガの民族誌』世界思想社。
川田順造 1976『無文字社会の歴史 —— 西アフリカ・モシ族の事例を中心に』岩波書店。
佐川徹 2011『暴力と歓待の民族誌 —— 東アフリカ牧畜社会の戦争と平和』昭和堂。
嶋田義仁 2010『黒アフリカ・イスラーム文明論』創成社。
菅原和孝 2004『ブッシュマンとして生きる —— 原野で考えることばと身体』中央公論社。
田中二郎 1971『ブッシュマン —— 生態人類学的研究』思索社。
長島信弘 1972『テソ民族誌 —— その世界観の探求』中央公論社。
中林伸治 1991『国家を生きる社会 —— 西ケニア・イスハの氏族』世織書房。
野元美佐 2005『アフリカ都市の民族誌』明石書店。
日野舜也 1984『アフリカの小さな町から』筑摩書房。
日野舜也 1984「アフリカ研究の回顧と展望 —— 社会学」『アフリカ研究』25。
福井勝義 1991『認識と文化 —— 色と模様の民族誌』東京大学出版会。
松園万亀雄 1991『グシイ —— ケニア農民のくらしと倫理』弘文堂。
米山俊直 1984「アフリカ研究の回顧と展望 —— 文化人類学」『アフリカ研究』25。
科学研究費助成事業データベース http://kaken.nii.ac.jp/

1-6-1 家族と親族
Family and Kinship

··上田冨士子

キーワード：父系／母系出自，クラン，多様な家族関係，家族誌

アフリカでは一般的に，父系，母系の出自がはっきりしている社会が多く，人は生まれると，父系社会では父親の，母系社会では母親の属する家族，リニィジ，クランの成員となる。人々にとって，自分の属するリニィジおよびクランは，家族親族内のもめごとや紛争を解決し，いろいろな手助けや助言，経済的援助などをしあう相互扶助の，人生を通して最も重要な親族集団である。

アフリカの家族

アフリカの家族といった場合，それは実に多様であるが，伝統的に多く見られるのは，父系で一夫多妻制の社会における大家族である。1人の男性を中心にして，彼と彼の兄弟たち，彼らの息子たち，孫息子たち，および，これら男性の妻たちと未婚の子どもたちからなる3ないし4世代にまたがる拡大家族である。一方，コンゴ民主共和国，ザンビア，タンザニアなどアフリカ中部地帯には母系社会も多い。母系家族では，子どもは母親および母親の兄弟との関係が基本となる。たとえば，子どもの養育や教育など子どもに対する権利・義務は母親の兄弟が担っており，いわゆる父親は親しい友達的存在である。また，熱帯雨林地帯やカラハリ砂漠地帯に住む狩猟採集の民は複数の家族からなるバンド（移動性小集団）を形成して移動生活を送る。このバンドに見られる家族の形は夫婦とその子どもたちからなる，いわゆる小さな家族である。

多様な家族関係

アフリカでは，たとえばケニアのカンバ社会においては，親と子の間には敬い，一定の距離をおいて接するという畏敬関係が強調される。一方，祖父母と孫の間には冗談を言い，ふざけあうという冗談関係が強調される。祖父母と孫の間には，この冗談を言い，ふざけあうなかで，たがいに同一人物になったり，夫婦になったり，兄弟姉妹になるという，多様な人間関係が見られる（上田1986）。家族親族の研究には，このようなアフリカの人々の人間観の研究がもっと必要であろう。

人々は食糧を求め，あるいは，商いや交易で，あるいは，病気治療のため呪医や医者を求めて，自分の民族とは異なった民族の地へもよく出かけ，旅をする。このような場合，人は滞在する地にて自分を受け入れてくれる人と親子関係や兄弟関係を儀礼的に結ぶことが多い。このような親子関係や兄弟関係を結ぶことにより人々は異なった民族の地へも安心して出かけ，仕事をし，滞在することができるのである。なかには何度も出かけているうちにその地に移住する人も結構いたようである。このような親子関係や兄弟関係は近隣の異なった民族の人々とはもちろん，外国の人々とも結ばれる。日本人研究者のなかには調査地においてこのような関係を結ぶことによりフィールドワークを深めていった人たちもいる。

近代化と家族の変化

　20世紀後半，アフリカの国々は植民地支配から独立し，アフリカ社会にも近代化の波がおしよせた。それは移動の民の定住化をもたらし（田中 2008，丸山 2010），人々の地方から都市への流入に拍車をかけていった。とくに貨幣経済の浸透と学校教育の普及は，好むと好まざるとにかかわらず，家族のあり方や家族観をも変えていったといえる。男性は学校を終えると現金収入を得るために都市へと出かけていった。子どもを母親に預け，都市で働く女性，妻や子どもを呼び寄せて都市で働く男性も増えている。むらを訪ねると，かつては賑やかだった大家族も，年寄りと女性，子どもたちだけとなり，残った者たちで農業や牧畜を営み，夫や息子は都市に出て働き，家族へ仕送りをし，時々帰ってくるという形が多い。しかし都市で働くかれらの生活の基盤，よりどころはむしろむらにあり，いえの建て替えや新築，あるいは，畑を広げ，家畜を増やしたりするのは，働いている都市ではなく，家族の住むむらであり，老後住むのも，死後先祖として祀られるのも，むらの家族のもとである。また，その一方で，都市に移り住み，その都市が生活基盤となっている家族も増えている。

最近の研究と課題

　日本人によるアフリカの家族親族研究において，最近とくに注目されるのは，「家族の歴史」「性」「家族親族の紛争」といったテーマである。松田（2003）はケニアに住む，ある一族の4世代にまたがる人々の生活誌を描き出している。また，カンバ社会では親たちは自分たちの先祖について10〜12世代前の先祖たちの始祖までさかのぼり，それぞれの先祖およびその家族がどのような生活を送っていたかについて子どもへと語り伝えている。人々の自分の家族の歴史についての語りや伝承は彼らの歴史認識であり，アフリカの家族親族の伝統と変化，現代のありようを明らかにする上で重要である。アフリカでは，民族によっては家族の儀礼や病気治療において「性」はものごとを成就し，回復する力となる。また，性に関するタブーも多く，タブーを破ると人に不幸をもたらしたり，家族が崩壊したりする。このような性に関する研究は家族親族の研究において重要である。性についての調査は難しいものではあるが，性，性的なものについての調査研究もなされてきている（松園編 2003，椎野 2008）。また，家族親族の争いや紛争の研究も重要である。親子，夫婦，妻同士の争いから，離婚や死者の埋葬地をめぐっての妻方夫方親族の争いにいたるまで，いろいろな紛争が見られる。これら紛争およびクラン会議や法廷での紛争処理のなかに，慣習法や規範の伝統と変化および現代の家族のありようや家族観が如実に示されており，この分野の調査研究も行われるようになってきた。

　アフリカ社会における家族親族の研究，とくに日本人研究者による家族の歴史，性，紛争とその処理といったテーマの最近の研究はアフリカ社会においてはもちろん，「家族」がゆらいでいる現代の日本社会においても大変重要な研究であるといえよう。フィールドワークによるアフリカ社会のくわしい家族誌が1つでも多く出ることが期待される。

上田冨士子 1986「アフリカ・カンバの家族」原編『家族の文化誌』弘文堂／椎野若菜 2008『結婚と死をめぐる女の民族誌』世界思想社／田中二郎 2008『ブッシュマン，永遠に』昭和堂／松園万亀雄編 2003『性の文脈』雄山閣／松田素二 2003『呪医の末裔』講談社／丸山淳子 2010『変化を生きぬくブッシュマン』世界思想社

⇒食文化，呪術，都市と農村の人類学

1-6-2 戦争と和解の人類学
Anthropology of War and Reconciliation

栗本英世

キーワード：牧畜民, 民族間関係, 内戦, 周辺化, 暴力

アフリカにおける戦争の人類学的研究は, 北東・東アフリカにおける牧畜民や農牧民の間の家畜や牧草地, 水場などの資源をめぐる武力紛争の研究から始まった。その後, 植民地化以降の歴史や国民国家における周辺化といった時間と空間軸のなかに社会の暴力性を位置づける方向に展開し, さらに紛争状況下でも存在する集団の境界を越えた紐帯に注目する個人レベルに視点を置いた研究が現れた。こうした研究の蓄積と発展は, 地域社会における和解の実現と平和構築の推進にも貢献することが期待される。

牧畜民社会における戦い

エチオピア西南部のオモ川下流域は, 日本における戦争の人類学的研究の揺籃の地である。1970年代前半にこの地域でスルマ系（Surmic）, オモ系（Omotic）や東ナイル系（Eastern Nilotic）の言語を母語とする牧畜民や農牧民のフィールドワークに従事していた福井勝義や欧米の人類学者たちは, 集団間で戦いが頻発し, その結果家畜が掠奪されたり死傷者が発生したりする現象を見聞していた。戦いには, 武装強盗といってもよいような数名の男たちによる家畜キャンプの襲撃から, 数百名の部隊による遠征, さらには牧畜民による農耕民の一方的殺戮まで, さまざまな規模と種類のものが含まれている。それぞれの民族集団において, および民族集団間の関係において戦いが持つ意味合いに対する関心の共有は, 論文集『東アフリカの牧畜民における戦争』（Fukui & Turton 1979）に結実した。エチオピア西南部だけでなく, ケニアやタンザニアの牧畜民の事例研究も含むこの論文集は, 北東アフリカと東アフリカにおけるその後の研究の礎となるとともに, 世界規模でも戦争や紛争の人類学的研究の古典の1つとなっている。

1970年代から80年代にかけての理論的関心は, 牧畜民の男性を戦いに駆り立てる, 社会や文化に内在する固有のイデオロギーや制度, あるいは「文化装置」（福井勝義）を探求することにあった。

未開の戦争？──国家と歴史という要因

牧畜民を戦いに駆り立てる固有で内在的な論理を求める志向は「牧畜民は戦うように運命づけられている」という本質主義的な決定論に陥る危険がある。1990年代以降, 視点を空間的・時間的に拡大することによって, この陥穽を克服しようとする研究が登場した（栗本 1996, 宮脇 2006）。それは, 一方では19世紀末以降に進展したエチオピア帝国あるいは植民地国家であるスーダンやウガンダ・ケニアへの包摂の過程のなかに, 他方では現代の国家体制下における政府との関係において, 牧畜社会を位置づけ, 暴力的状況を説明しようとするものだった。それは, 北東・東アフリカにおける牧畜民の戦いは, 典型的な「未開の戦争」ではないことを論証する試みでもあった。

牧畜民や農牧民の間の戦いが繰り広げられているエチオピア西南部からスーダン南部，およびウガンダ北東部とケニア北部にわたるひと続きの地域は，アフリカ大陸のなかでも国家の支配の浸透度が最も低い地域の1つである。1974年までのエチオピアは帝国であったから植民地国家ではないが，西南部はいわば国内植民地のような状況に置かれていた。これらの地域は，それぞれの国家のなかで周辺化された辺境に位置している。こうした状況下で，牧畜民や農牧民の社会は自律性をかなりの程度維持できたのであった。その結果，家畜の掠奪や人間の殺戮は，警察や司法といった国家権力による介入の対象にはならず，放置されることが多かった。他方で国家による支配がこの周辺化された空間に現前する場合，軍隊や警察による懲罰的遠征に典型的に見られるような，むきだしの暴力という様相を呈した。

社会の暴力性は，こうした暴力的な国家との相互作用のなかで構築されてきたものであった。その現代的な展開は，スーダンやエチオピアにおける内戦と民族集団間・内関係の動態的連関に見てとることができる（栗本 1996）。

集団から個人へ

A社会とB社会はおたがいに殺し合うべき不倶戴大の敵同士であると当事者双方が認めているときでさえも，個人レベルでは両社会の間にさまざまな関係のネットワークが存在する。21世紀になってから発表された新たな研究が明らかにしたのは，こうした重要なポイントであった（河合 2004，佐川 2011）。この認識の深化は，分析の視点を集団から個人に移行することによって可能になった。ウガンダ北東部，ケニア北西部，南スーダン南東部からエチオピア西南部にまたがる地域の諸民族集団間に，交易，婚姻，集団間の歴史的関係の記憶などに基づく「境界を越えた紐帯」が存在する。

こうした紐帯は，集団間の暴力的な紛争が継続する一方で，地域社会にある程度の法と秩序が維持されていることを説明可能にするだけでなく，家畜の掠奪や旱魃によって生計維持手段を失い，飢餓の危険に直面した人々が生き残っていく上でも，つまりサバイバル戦略にとっても重要である。近年の研究の進展は，紛争を理解するには，集団と個人両方の視点の併用が不可欠であることを示している。

和解と平和構築という課題

内戦や武力紛争によって複雑に敵／味方に分断された地域社会においていかに和解を達成し，永続的な平和を実現するかは，人々自身にとって，そして政府や国際機関にとって緊急の課題である。この課題に関するまとまった人類学的研究はまだ存在しないが，戦争に関する研究の蓄積がある人類学が貢献できる可能性は高い。とくに紛争状況下でも存在する境界を越えた紐帯に着目することは，「下からの平和」や「内生的な平和」の実現にとって重要であると考えられる。和解と平和構築の人類学的研究は，今後の進展が期待される領域である。

河合香吏 2004「ドドスにおける家畜の略奪と隣接集団間の関係」田中他編『遊動民——アフリカの原野に生きる』昭和堂／栗本英世 1996『民族紛争を生きる人びと——現代アフリカの国家とマイノリティ』世界思想社／佐川徹 2011『暴力と歓待の民族誌——東アフリカ牧畜社会の戦争と平和』昭和堂／宮脇幸生 2006『辺境の想像力——エチオピア国家支配に抗する少数民族ホール』世界思想社／Fukui, K. & D. Turton 1979 *Warfare among East African Herders*. Senri Ethnological Studies No.3, National Museum of Ethnology

⇒紛争と平和構築，民族と国家

1-6-3 王制と無頭制
Monarchy and Acephalous Society

……阿久津昌三

キーワード：原初的な国家，国家なき社会，植民地政策，エスニシティ，排除と包摂

アフリカの王制，首長制，無頭制などの政治システムの概念は植民地政策のなかで創成されたものである。植民地政策には「直接統治」と「間接統治」を組織原理とするものがある。たとえば，「間接統治」の植民地政策では「原初的な国家」を中心として，周縁の「国家なき社会」を支配と従属関係のなかで植民地支配の構造に包摂してきた経緯がある。王制，首長制，無頭制などの政治システムの概念は，1940年代には機能主義を理論モデルとする人類学的実践，1960年代にはアフリカ諸国の独立とともに安定的な統治をめざすための政治学的実践として脚光を浴びたが，1990年代以降はヨーロッパ近代の枠組みのなかで創造されたもの（いわゆる「創られた伝統」）として再検討されている。国境を越えた地域紛争はエスニシティとは何かを問い直す異議申し立てでもある。たとえば，ガーナやウガンダを事例に王制や無頭制とは何かを問うことは現代的政治の意義がある。

王制，首長制，無頭制

王制と無頭制は政治システムの形態において対立する概念である。無頭制と対立する概念には王制のほかに首長制という政治システムの形態がある。王制とは王が統治する政治制度であるのに対して，首長制とは首長が統治する政治制度であると定義することができる。無頭制とは王とか首長のような頭のいない制度のことである。無頭制は狩猟採集や遊牧を生業とする諸民族に多く見られる。王制や首長制が階層分化を伴う垂直的な構造を持っているのに対して，無頭制は階層分化を伴わない水平的な構造を持っている。また，王制，首長制の社会が王制社会，首長制社会と呼ばれるのに対して，無頭制の社会は無頭制社会と呼ばれている。

生態系の移行地点と王制社会

アフリカの王制社会は，海とか川とか砂漠などの「縁」に関係ある場所に発生した。アフリカの王制社会のなかには，サハラ砂漠の南縁を東西にのびる砂漠の「縁」と東アフリカを南北にのびるインド洋の「縁」に形成されたものがある。これらの「縁」は，サハラ交易と環インド洋交易やそれに連なる内陸サバンナ交易，さらには森林地帯の交易と結びついている。また，たとえば，ニジェール川流域やナイル川流域に代表されるように，川という「縁」にも王制社会が形成された。さらに，王制社会は，砂漠地帯，サバンナ地帯，森林地帯との間の生態系の移行地点にも形成された。これらは生態系の移行地点という「縁」に発生したものである。

西アフリカ内陸部に栄えた広域支配の王制社会には，11世紀から14世紀ごろまで，ガーナ帝国，マリ帝国，ガオ帝国の王国群がある。サハラ砂漠という「砂の海」（ラクダという「砂漠の船」）を越えて交易で栄えた王国群である。14世紀から15世紀にかけて，これらの王国群とは異なるタイプの王国群が誕生した。これらは，ポルトガル，スペインなどとの交易に始まり，地中海に結びついた南ヨ

ーロッパの勢力衰退とともに，オランダ，イギリスなどとの交易に見る北ヨーロッパの勢力の拡大という歴史の「大転換」のなかで発生したものである。この意味では，新しい王制社会は，大西洋のギニア湾という「縁」を中心として形成されたものであるという特質がある。

第15代アサンテ王，オボク・ワレ2世（在位1970～99）

ギニア湾沿岸部の森林国家

ヨーロッパ諸国との交易が，ギニア湾沿岸部の王国群のその後の発展に重要な役割を果たしたことは確かである。ギニア湾沿岸部にはアサンテ王国の興亡以前にもいくつかの王国群が存在していた。アサンテ王国はヨーロッパ勢力の進出後の18世紀から19世紀にかけて形成されたものであるが，考古学的な史料によれば，森林地帯の「縁」にはすでにアカンの王国群があったことが報告されている。つまり，アサンテ王国は，アカン系の王国群のなかで最後にそして最強のものをこの地域に成立させたのである。だが，ギニア湾沿岸部には，アサンテ，ダホメー，ベニン，ヨルバなどの諸王国が形成されて繁栄を遂げるという転換が起きたことも事実である。これらの王国群は，サバンナ地帯と森林地帯，さらにはギニア湾沿岸部とを結ぶ交易の中心として発達した森林国家という特徴がある。また，これらの王国群は大西洋ギニア湾の「城塞」を拠点とするヨーロッパ勢力にとってイスラームという「海」を後背地を立地条件のもとに形成されたものである。

サバンナ地帯の王国群

ジャック・グディは，ヨーロッパによる植民地化以前のアフリカには，「生産力」や「生産手段」はないという前提に立って，国家形成の基盤としては馬や鉄砲という「破壊手段」がきわめて重要な役割を果たしたと述べている。つまり，「破壊手段」という概念を用いて，アフリカ諸王国の国家形成において，内陸サバンナ地帯では「馬」が，ギニア湾沿岸部の森林地帯では「鉄砲」が重要な役割を果たしたことを示唆している。これはサバンナ地帯の「騎馬国家」と森林地帯の「鉄砲国家」としても対比されている。「馬」と「鉄砲」という国家形成の基盤を対比させてみると，モシ，マンプルシ，ダゴンバ，ゴンジャなどの内陸部サバンナ地帯の王国群が広域的な支配を行ったのに対して，アサンテ，ヨルバなどのように，ギニア湾沿岸部の森林地帯の王国群は集権的な支配を行ったとして分類される（Goody 1971）。

環ヴィクトリア湖地域の王国群

アフリカの都市のなかには，サハラ砂漠の南縁を東西にのびる砂漠の「縁」と東アフリカを南北にのびるインド洋の「縁」に形成されるものがある。これらの「縁」は「アラブ人から見て彼らの活動範囲のフロンティアという意味でつけられた名称で，サハラを越えてラクダのキャラバンの行き着く『縁』は『サーヘル』，インド洋西部の季節風を利用してアラビア半島から船で往来できる『縁』は『スワーヒル』（サーヘルの複数形）とよばれたもの」を意味する（川田 1993：91）。東アフリカの「縁」は，環インド洋交易やそれに連なる内陸サバンナ交易，さらに森林地帯の交易と結びついている。

王宮のなかの太鼓打ち(アサンテ)

環ヴィクトリア湖地域には，西アフリカや中部アフリカとはまったく異なるタイプの王国が形成された。北方起源のナイル系の牧畜民が南下して，バントゥ系の農耕民を支配して形成された王国群である。植民地期末のウガンダの諸王国を見ると，ガンダ王国，ニョロ王国，アンコレ王国，ソガ王国，トロ王国などの王国群があった。

アフリカの王制社会とその研究

王制社会については植民地期から多数の研究者が調査を行ってきた。M・フォーテスとE・E・エヴァンズ＝プリチャードが，『アフリカの政治システム』のなかで，「原初的国家」と「国家なき社会」に分類した（Fortes & Evans-Pritchard 1940）。前者は，集権化された権威，行政機関，司法制度などを持つ社会で「国家を持つ社会」である。後者は，集権化された権威，行政機関，司法制度などを持たない社会で「国家なき社会」である。これらの分類には「間接統治」という植民地政策のイデオロギーが背後にある。これらをモデルとして1940年代には王制社会に関する民族誌が数多く出版されている。無頭社会に関しては，J・ミドルトンとD・テイトが『支配者なき諸部族』（1958）を編集し，アフリカ諸社会の分節システムを取り上げて，無頭社会という分析概念を作業仮説として提示している（Middleton & Tait 1958）。

アメリカを代表する政治学者D・イーストンが「政治人類学」（1959）という論文を書いている。この論文は，独立前後のアフリカ諸国の政治変動を解読するためには，人類学者たちが研究してきた民族集団の政治システムがどのようなものなのかを政治学者が知らなければ政治変革のメカニズムを理解することはできないという認識のもとに書かれている。1960年は独立を遂げた国々が多かったことから「アフリカの年」と呼ばれているが，その前後に独立を遂げた国家のなかで王制，首長制，無頭制などの政治システムがどのように機能しているのかを理解することが必要となったのである。1960年代になるとフォーテスとエヴァンズ＝プリチャードの分類を多系的な進化論的発展図式のなかで提示する政治システム論が展開されるようになった。S・N・アイゼンシュタットは「未開の政治システム」の理論を展開している（Eisenstadt 1959）。また，A・W・サウゾールは「原初的な国家」と「国家なき社会」の中間形態としての「分節国家」の概念を提示した。さらに，ウガンダのアルアを対象として「分節国家」「連合国家」「連邦国家」と分類している（Southall 1965）。

日本人による王制社会の研究

フォーテスとエヴァンズ＝プリチャードの『アフリカの政治システム』（1940）が日本語に翻訳されたのは1972年である。大森元吉（広島大学），星昭，安藤勝美，吉田昌夫，細見真也，林晃史，石井明（アジア経済研究所）（いずれも当時）によって『アフリカの伝統的政治体系』というタイトルで出版された。す

でにアジア経済研究所では，1960年代から70年代までアフリカの農業と土地慣習法に関する調査が行われていたという経緯がある。村武精一がナイジェリアのヌペの土地慣習法についてまとめている。また，G・バランディエの『政治人類学』（中原喜一郎訳，合同出版，1971），J・マケの『アフリカ──その権力と社会』（小田英郎訳，平凡社，1976），G・ルクレールの『人類学と植民地主義』（宮治一雄・宮治美江子訳，平凡社，1976）が翻訳された。アフリカの政治システムは未開と文明，伝統と近代という二項対立の枠組みのなかで認識されていた。

人類学者による王制社会の研究は，山口昌男の『アフリカの神話的世界』（岩波書店，1971），川田順造の『無文字社会の歴史──西アフリカ・モシ族の事例を中心に』（岩波書店，1976）の民族誌を嚆矢とする。山口昌男が1963年からナイジェリアのイバダン大学で教職のかたわらヨルバ，ジュクンなどの王制社会の調査を始めた。「道化」「いたずら者」「両性具有」などのトリックスター論を展開した。また，川田順造は1971年にオートボルタ（現在のブルキナファソ）のモシ王国の形成と展開についての学位論文をパリ第五大学（ソルボンヌ）に提出後，1972年から現在まで約40年間にわたって調査を行っている。日野舜也のカメルーンのブーム，中林伸浩のウガンダのソガ，和崎春日のカメルーンのバムンの調査が始まったのもこの時期である（アミン政権の崩壊によってウガンダの調査は不可能となる。ウガンダ調査が再開されたのは約30年後である）。1980年代になると，嶋田義仁のカメルーンのレイ・ブーバ，渡部重行のナイジェリアのヨルバ，阿久津昌三のガーナのアサンテなどの王制社会に関する調査が行われるようになった（阿久津2007）。

この時期，東京外国語大学アジア・アフリカ言語文化研究所（東外大AA研），国立民族学博物館（民博）を研究拠点として調査研究が展開したことは重要である。東外大AA研では，富川盛道，日野舜也，山口昌男，川田順造，民博では和田正平をリーダーとする海外学術調査が編成されることになった。たとえば，1970年代から1980年代まで，東外大AA研の共同研究プロジェクト「アフリカ学術調査」（研究代表者・富川盛道）では，部族，地域，都市・村落関係を主題として，アフリカの異なる諸地域の研究をゆるやかに結んで，比較研究を行ってきた。そして，「アフリカにおける都市化の比較研究」（研究代表者・日野舜也）に継承された。また，民博では，1980年代後半から1990年代前半にかけて，文部省科学研究費補助金「東・西部アフリカにおける伝統的政治構造と近代化の比較研究」「アフリカ諸社会における女性の比較研究──性差の伝統的構造と現代的対応」（研究代表者・和田正平）の海外学術調査が実施された。これらは和崎春日，嶋田義仁の共同研究プロジェクトに継承された。

阿久津昌三 2007『アフリカの王権と祭祀──統治と権力の民族学』世界思想社／川田順造 1993『アフリカ』朝日新聞社／Fisenstadt, S. N. 1959 Primitive political systems: A preliminary comparative analysis. *American Anthropologist* 61／Fortes. E. & E. E. Evans-Pritchard eds. 1940 *African Political Systems*. Oxford UP（フォーテス，E & E・E・エヴァンズ＝プリチャード 1972『アフリカの伝統的政治体系』大森元吉他訳，みすず書房）／Goody, J. 1971 *Technology, Tradition and the State*. Cambridge UP／Middleton, J. & D. Tait eds. 1958 *Tribes without Rulers: Studies in African Segmentary Systems*. Routledge & Kegan Paul／Southall, A. W. 1965 A critique of the typology of states and political systems. In M. Banton（ed.）, *Political Systems and Distribution of Power*. Tavistock Publications

⇒前植民地期

1-6-4 呪術
Magic

……………………………………………………………………佐々木重洋

キーワード：呪術，妖術，邪術，技術的行為，科学，近代

アフリカの呪術は当初，近代西欧人にとって「前近代的」な「未開人」あるいは「野蛮人」に特徴的な，宗教以前，科学以前の思考や実践として主題化された。その後，とくに妖術をめぐる問題は，社会における道徳観念や倫理体系，社会統制をめぐる微視政治学，社会的葛藤の表明や解消などの観点から注目されるようになる。1990年代以降，呪術を開かれた世界システムやグローバル経済との関連において捉え直すとともに，これらを複数の近代を構成するものとして位置づけようとする試みがさかんになった。今日，アフリカの呪術研究は，近代西欧の科学主義と合理主義，主知主義を脱構築する上で依然として豊かな研究領域であり続けている。

用語としての「呪術」──その功罪

呪術（magic）という用語は，近代西欧の成立とともに，彼らが考えた社会進化論と結びつきながら次第に流通するようになったものである。ジェイムズ・フレイザーが『金枝篇』で提唱した，呪術から宗教を経て科学にいたる進歩説はよく知られている（Frazer 1959）。マックス・ウェーバーにとっては，呪術は近代以前の人類社会に特徴的な思考であり，それは近代資本主義が浸透し，人々が合理的思考を身につける過程でいずれ消滅していくはずのものであった（Weber 1930）。いずれにしても，呪術という語は，近代西欧人から見れば宗教以前，科学以前の，いわば「前近代的」な「未開人」あるいは「野蛮人」に特有の思考や実践を言い表わすものであった。

近代西欧人は，自分たちだけが自然科学に通じており，諸々の出来事に合理的で首尾一貫した説明を与えることができると信じていたため，彼らが植民地化の過程で出会ったアフリカの人々は，異質な他者の典型に映った。植民地行政官やキリスト教の宣教師たちにとっては，アフリカの人々は呪術を信じる「野蛮人」そのものであり，教化啓蒙すべき対象であったし，彼らの呪術は根絶すべき遅れた悪習以外の何ものでもなかった。

「アフリカの呪術」が，当初このような歴史的文脈において近代西欧人に見出され，主題化されたことは，現在の私たちが向き合わざるをえない負の遺産の1つといえる。呪術とは，人間がある状況に対して何らかの結果を期待して具体的に働きかける行為以外の何ものでもないのだが，この用語に今なお近代西欧的偏見がつきまとうことは否定できない。他方，植民地期前後に，いわば異質な他者理解の鍵として呪術が注目され，アフリカの人々の思考と実践における諸特徴に関心が寄せられたことが，その後の人類学，宗教学，政治学などの分野に豊かな研究対象をもたらしたことは確かであった。

妖術，託宣，呪術

西欧人の多くが，アフリカの呪術を遅れた「未開人」の宗教とか，誤った科学と見なしていた時代に，英国社会人類学のエヴァンズ＝プリチャード（以下，E=P）は，現在も評価と

批判の対象たりえる画期的な民族誌を出版した（Evans-Pritchard 1937）。E=Pは，アザンデ社会でのフィールドワークに基づいて，アザンデ人がマングと呼ぶ概念に妖術という訳語を便宜的に付し，その実態を詳細に記述・分析した。E=Pは，アザンデ人にとってのマングが彼らの文脈においては日常的な存在であることを指摘するとともに，アザンデ社会にとっては西欧人のいうところの自然／超自然という区分が無意味であることを強調した。また，妖術と邪術（sorcery）は区別されており，前者がアザンデの平民層で見られる生得的な，意図的でないものであるのに対し，後者は貴族層で見られる意図的なものとされていること，そして妖術や妖術師を特定するための託宣，他人の妖術による攻撃への対抗手段である呪術などが一体となって，アザンデ人の災難や不幸に対するある程度首尾一貫した説明体系が構築されていることを示したのである。

妖術，託宣，呪術などは，先述したように問題をはらむ用語であるが，E=Pにとってこれらはあくまでもアザンデ民族誌の記述と分析を進めるための便宜的な訳語にすぎず，彼の狙いは，近代科学とは別の説明体系の存在を具体的に提示することにあった。後に「知識の社会学」とか「思考体系の研究」と称されたこの手法と態度は，アフリカの呪術研究を近代西欧的偏見から解放する可能性を秘めたものであった。また，事例とその解釈の多様性や，対象社会の歴史への配慮も見られる。E=Pや，ゴドフリー・リーンハート（Lienhardt 1961）によるディンカ社会の妖術や宗教的観念に関する一連の研究は，もちろんその時代的制約は考慮されなければならないものの，

オバシンジョム（「呪薬の神」）の託宣によって発見された「悪い呪薬」（葉の上に捕らえられた鶏のなかに仕込まれている）。前を横切り，託宣の妨害をしたアヒルも疑われる

初期アフリカ呪術研究の最良の遺産といえる。

アフリカの呪術研究の展開

E=Pによって先鞭がつけられた呪術研究は，英国における彼の後進たちの手でその後，独自の展開を見せた。1950年代から60年代にかけて，アフリカの呪術研究は英国社会人類学の主要テーマの1つとなった。呪術を疑似科学や非合理的行為と見ないための努力が投じられたが，とりわけ妖術をめぐる問題は，社会における道徳観念や倫理体系，社会統制をめぐる微視政治学，社会的葛藤の表明や解消など，さまざまな観点から注目された（Douglas 1970他）。ただし，この過程で，E=P的な妖術と邪術の区別はあまり意識されなくなり，どちらかといえば呪術の下位概念的な扱いで，邪術も含めた妖術が主題化されるようになっていった。

日本における研究も，こうした英国における趨勢と直接的，間接的に連動しながら展開した。E=Pやリーンハートらに直接師事した経験を持つ長島信弘や，早い時期からアフリカの宗教的世界観やアフリカ的思考に関心を寄せていた阿部年晴らが中心となり，1977年

鶏から「悪い呪薬」が取り出され、解体されるところ（写真はいずれもクロス川流域のエジャガム社会）

には、ケニアを中心とした東アフリカ調査隊が組織された。このなかから、長島（テソ）や阿部（ルオ）、中林伸浩（イスハ）、小馬徹（キプシギス）らによる研究が次々と公表された。京都のアフリカ研究では、当初は霊長類学と生態人類学が先行していたが、次第に社会／文化人類学的な関心を持つ研究者が増え、たとえばナイル系諸民族に共通するジュオク（juok）概念に関する分析などが現れている（栗本 1988）。これら以外にも、機能主義、象徴論、構造主義などへの関心の高まりとともに、表題としては呪術を主題化してはいないものの、内容的には呪術的実践に言及している研究は着実に蓄積されていった。

呪術と近代

1980年代後半に入ると、アフリカの呪術研究は新たな展開を見せる。欧米の研究者の一部が、かつてのウェーバーの予測とは異なり、近代化されたはずのアフリカで、呪術が消滅するどころか、むしろ増殖していると感じたことにより、アフリカの呪術は再び脚光を浴びることになったのである。これらの研究者が腐心したのは、呪術を開かれた世界システムやグローバル経済との関連において捉え直すことと、アフリカの呪術を西欧近代的偏見から解放し、これらを複数の近代を構成するものとして位置づけることであった。

これらの意図自体は、ごく良心的で正当なものである。しかし、たとえばコマロフ夫妻らがいうように、アフリカの妖術師は近代に対する典型的な造反者なのだろうか（Comaroff & Comaroff 1993）。あるいは、仮に妖術をめぐる語りが増殖しているとして、それらは近代に対する不満や批判としてなのだろうか。確かに、近代の影響力が絶大であったことは疑いない。しかしその一方、アフリカの呪術はそれ以前から、開かれた社会状況のなかで変化しつつ存在していた。妖術の近代を論じる者たちは、近代と千年紀資本主義を特別視し、その政治経済的、文化的影響力を過大評価している感がある。出口顕がマリット・ブレンドベッケン（Brendbekken 2002）を引用しつつ指摘するように、妖術の近代論者たちが、彼らの意図に反して、強固な合理主義的かつ科学的な主知主義的立場を再創造している可能性は否定できない（出口 2007）。

今日のアフリカでは、新聞、ラジオやテレビなどのマスメディアを通じて呪術的な逸話や物語がさかんに、しかも広範囲に流通している。カメルーンでは、裁判所で妖術が審議され、妖術を扱う刑法も存在する。伝統医（呪医）を、医学や薬学の観点から再評価する動きも一部で見られる。アフリカの人々自身も、英語やフランス語で呪術、妖術、超自然などの用語を用いて雄弁に語る。呪術を、閉じた社会の伝統と見る視点はとうに脱構築されているはずであるが、それでも「呪術が増

殖している」という物言いが、「アフリカは近代化したはずなのになぜ？」といった疑問から生じているとすれば、それはかつての社会進化論的発想と無縁ではない。日本でも、これら欧米の動向をふまえつつ、たとえば慶田勝彦（ミジケンダ諸社会、とくにギリアマのウツァイ）、近藤英俊（カドゥナの呪医）、石井美保（ガーナ開拓移民社会の〈超常現象〉）、田中正隆（ベナンのヴォドン信仰）らによって、妖術の近代論の批判とその乗り越えが試みられつつある。

これからの呪術研究と日本的立場

アフリカでも呪術という用語が流通している現在、その用語が帯びる負の遺産に由来する諸問題を意識しつつ、私たちはこれをどのように記述、分析すればよいのだろうか。

阿部は、呪術をこの世界に何らかの変化を生じさせることを目的とする技術的行為の一種と見なすべきであるとあらためて主張する（阿部 1997）。ムーアとサンダースは、アフリカの「妖術とオカルト」は、この世界がなぜこのようなあり方で存在し、なぜ今、このようなかたちで変動を遂げているのかを説明しようとする営為であるという点で、欧米の社会科学と酷似する側面を持つと指摘する。社会科学は、価値観や発展について、また消費や権力、個人と共同体の生活に及ぼす世界の影響などについて関心を寄せるが、それはアフリカの妖術が最も関わる部分でもあるというわけである（Moore & Sanders 2001）。

日本人研究者の多くは、キリスト教的世界観と一定の距離を保っていることもあり、そのアフリカの呪術を見るまなざしは西欧の神学的立場よりは中立的であったといえる。また、日本は万物に霊的存在を認める発想と、修験道や陰陽道など呪術的と呼びうる思考と実践に馴染みのある歴史を持っている。これらを利点として活かすことができれば、日本人研究者による呪術研究は、欧米のそれとは異なる独自の視座と方法論をもたらす可能性を持つ。人文科学としてのこの作業は、近代西欧の科学主義と合理主義、主知主義を脱構築し、それに代わる新たな思想を探求することにつながる。ほかならぬ西欧で、自分たちはじつは決して近代人ではなかったという内省的考察（Latour 1997）が現れている現在、日本人によるアフリカ呪術研究は、西欧近代科学主義を経由しない呪術理解と記述のあり方を、彼らに先んじて示す時期に来ている。

阿部年晴 1997「日常生活の中の呪術——文化人類学における呪術研究の課題」『民族學研究』62 (3) ／栗本英世 1988「ナイル系パリ族における jwok の概念——『超人間的力』の民族誌」『民族學研究』52 (4) ／出口顕 2007「E＝P を読み直す——オカルトエコノミー論を超えて」近藤・小田・阿部編『呪術化するモダニティ——現代アフリカの宗教的実践から』風響社／長島信弘 1987『死と病の民族誌——ケニア・テソ族の災因論』岩波書店／Brendbekken, M. 2002 Beyond vodou and anthropology in the dominican-haitian borderlands. In B. Kapferer (ed.), *Beyond Rationalism: Rethinking Magic, Witchcraft and Sorcery*. Berghahn ／ Comaroff, J. & J. L. Comaroff 1993 *Modernity and its Malcontents: Ritual and Power in Postcolonial Africa*. Chicago UP ／ Douglas, M. ed. 1970 *Witchcraft Confessions and Accusations*. Routledge ／ Evans-Pritchard, E. E. 1937 *Witchcraft, Oracles, and Magic among the Azande*. Oxford UP ／ Frazer, J. G. 1959 (1890) *The Golden Bough*. Anchor Books ／ Latour, B. 1997 *Nous N'avons Jamais Été Modernes: Essai d'anthropologie Symétrique*. La Decouvert ／ Lienhardt, G. 1961 *Divinity and Experience: The Religion of the Dinka*. Oxford UP ／ Moore, H. L. & T. Sanders 2001 *Magical Interpretations, Material Realities: Modernity, Witchcraft and the Occult in Postcolonial Africa*. Routledge ／ Weber, M. 1930 *The Protestant Ethic and the Spirit of Capitalism*. Chicago UP

⇒伝統宗教，キリスト教，イスラーム，思想

1-6-5 都市と農村の人類学
Anthropology of Urban-Rural Connection

平野(野元)美佐

キーワード：都市化，労働移動

サハラ以南のアフリカ諸国が続々と独立した1960年代，そこには人口100万を超える都市は存在しなかった。しかし現在，1000万人を超えるといわれるラゴスを筆頭に，キンシャサ，アビジャン，ナイロビなどいくつもの都市があがる。サハラ以南アフリカの都市化率は4割弱で世界的には低いが，都市化のスピードは急速である。農村から，よりよい暮らしを求めて都市に出，厳しい現実を前にUターンする者も増えたという。しかし，都市の急速な人口増加を主に支えているのは，依然として農村からやってくる人々である。農村から都市に移住した人々は，さまざまな形で農村とつながりながら，都市を生きる。

都市と農村の結びつき

文化人類学は，学問の成立期から伝統（あるいは未開）社会への関心が強く，アフリカ研究も例外ではなかった。しかし，植民地期以降の農村から都市への労働移動を追うように，一部の人類学者は都市をフィールドとし，その社会の変容を解明しようとした。さらには個人レベルの「都市化」も注目され，1950年代～60年代には，農村から都市に来た人々がいかに都市へ適応するかが注目された。

都市の整備が人口流入に追いつかず，雇用も圧倒的に不足するなか，その「適応」方法は助け合いであった。人々が取り結んだ相互扶助のネットワークは多様であるが，その主要な軸の1つは農村であった。たとえば，同村出身者同士で相互扶助組織をつくり都市生活を安定させ，故郷の農村に仕送りを行ったり，さらには，農村の開発事業（学校，道路建設など）に取り組む組織もあった。

アフリカ都市居住者の特徴は，このような農村との強い紐帯の維持だといわれる。しかしそもそも，アフリカの自生的都市の形成過程を見れば，農村など周辺地域と分かちがたく発展してきたところが多い。都市と農村を二項対立的に捉える西欧とは異なり，アフリカ都市は過去も現在も，シティファームに象徴されるように，都市と農村を結びつける実践が息づいてきたのである（cf. 松田 1996: 50-52）。

地域社会のなかの都市

農村とつながる実践の数々は，都市への「適応」を超えた都市の生活文化であり，アフリカ都市の魅力の1つでもある。その魅力をいち早く発見し，日本に知らしめたのが日野舜也である。日野は，富川盛道の「地域人類学」を継承，発展させ，都市＝農村関係を含む地域の文脈で都市を研究した。1964年，タンザニア内陸の都市ウジジで長期調査を開始した日野は，詳細なウジジ研究を手がかりに，東アフリカのスワヒリ社会全体を逆照射していった。同じく長年調査したカメルーンの伝統都市ンガウンデレ研究では，近隣の小村バングブームと関連づけながら，この地域のイスラーム社会の動態を明らかにした。

和崎洋一もまた，富川の地域人類学の流れを汲み，地域のなかで，都市的集落のありよう

を捉えた。和崎はタンザニアの開拓村マンゴーラで、複数の部族が母村との紐帯を保ちつつ、融和的、開放的に共生している多部族混成社会のありようを明らかにした。そして、そのような開放的多部族社会は、この地域全体の部族社会の特徴でもあると論じた。

米山俊直は、ザイール（当時）東部のブランビカの定期市やマリ南部のウェレセブグを調査し、農村を都市へと変容させる市の役割を見出した。米山はまた、モロッコの古都フェスの研究でも知られている。赤阪賢は、米山と同様、ウェレセブグにおいて調査を行い、とくに長期の継続調査により、都市的集落の発展過程を具体的に明らかにした。

アフリカには、王国や首長制社会などの「伝統」国家が残され、影響を持ち続けている地域がある。このような伝統王国と王都の研究は、地域社会の文脈に位置づけて行われてきた。和崎春日は、カメルーン、バムン王国の王都フンバンで長年調査を行い、農村を含む王国全体や近代国家のなかで、王都の都市性と現代性を描いている。伝統王国や伝統都市を地域のなかで扱ったほかの人類学的研究としては、阿久津昌三のアサンテ王国研究、川田順三のモシ王国研究、嶋田義仁のレイ・ブーバ王国とサハラ南縁のイスラーム都市研究、端信行のマンコン王国研究などがあげられる。

大都市と農村のつながり

アフリカには、地元の人が築き上げた伝統都市以外に、植民地時代にヨーロッパによって建設された植民地都市が多くある。独立後、首都になった都市は、グローバル化の影響を受け、国家や地域の社会・経済状況を直接的に反映している。

植民地都市から首都となった大都市で、本格的にフィールドワークを行った日本で最初の研究者は松田素二である。ナイロビの出稼ぎ民集住地区で詳細な調査を行った松田は、都市の周縁に置かれた出稼ぎ民の新しい都市文化の創造過程と抵抗を描き出し、そこからアフリカ国家の政治や経済の矛盾をあぶりだすなど、アフリカ都市研究に新たなパラダイムをもたらした。松田は、出稼ぎ民が都市と農村を包摂することで、大都市に飲み込まれず、逆に都市を「飼い慣らす」していることを説得的に論じた。

農村や地域の関係を視野に入れたほかの大都市研究として、小川了は、ダカール居住者の生活戦略やインフォーマル・セクターの実態を、イスラーム教団の動きや地域、国家体制のなかで国家誌として描いた。西真如は、アジスアベバのグラゲ道路建設協会が都市と農村社会を結び、新たな社会関係を創出していく様子を明らかにし、鶴田格は、ダルエスサラームで植民地期に発展したザラモ人民族組織から都市＝農村関係の動態を描いた。平野（野元）美佐は、ヤウンデのバミレケ移住民が、農村にカネを回すことでつながりと距離をつくり出していることを指摘した。

新しい都市文化研究

都市＝農村関係を直接的に論じていないものの、農村から来た人を包摂する都市のストリート文化を扱ったものに、鈴木裕之によるアビジャンの若者文化研究、小川さやかによるタンザニア、ムワンザの零細商人研究などがあげられる。農村からの人口を受け入れ続けるアフリカ都市では、日々新しい文化がうまれている。それとともに、今後も新たな人類学的研究が、多様に展開していくに違いない。

嶋田義仁・松田素二・和崎春日編2001『アフリカの都市的世界』世界思想社／松田素二1996『都市を飼いならす――アフリカの都市人類学』河出書房新社／松田素二1999『抵抗する都市――ナイロビ　移民の世界から』岩波書店

⇒農業と農村社会

1-6-6 髪型
Hairstyles and Hairdressing

織田雪世

キーワード：記号，通過儀礼，身体認識，グローバル化，ジェンダー，BoPビジネス

アフリカでは，多様な髪の装いが行われてきた。髪型関連の研究には，民族，ジェンダー，年齢に応じた髪型を紹介したものや，通過儀礼における髪の役割を民族誌の中で検討したもの，結髪過程から身体認識を分析したもの，整髪技術の変化を女性の経済活動やジェンダーとの関係で論じたものなどがある。近代的技術の普及に伴い，民族独自の髪型は失われつつあるが，髪型や関連業界の展開は，グローバル化が進む現代アフリカの人々の営みを理解する切り口の1つとなっている。

髪型文化の多様性と豊かさ

アフリカ人の髪は細かく縮れた球状毛が多く，房状にもつれやすい一方で，手をかければ独創的で多様な造形美を生み出すことができる。各地の髪型や髪に関わるさまざまな慣行は，17世紀以降，アフリカを訪れたヨーロッパ人商人，宣教師，植民地行政官らによって知られるようになった。17世紀初頭に西アフリカ沿岸部を訪れたオランダ人商人マレースや，18世紀に既刊の旅行記をとりまとめたアストリーらは，当時の人々が金，珊瑚，貝，ビーズ，油脂，土，香料，植物繊維などの現地産や外国製の素材を用い，髪を編んだり結ったり染めたり剃ったりすることに情熱を傾けていたことを記している。

19世紀以降は，ラトレイなどの人類学者が，アフリカの諸社会に関する民族誌的記述のなかで，本人の属性・場面に応じた髪型の存在や，通過儀礼における髪の役割などを論じた。髪型や髪に関わる文化は，写真や仮面，櫛などにも残されており，2000年にはニューヨークなどで，これらをとりまとめた「アフリカの芸術・文化における髪」展が開催された。

日本では，アフリカの髪型を正面から扱った研究は少ない。1994～95年に板坂真季がブルキナファソで髪の結髪過程と身体認識に関する文化人類学的調査を，2000～04年には織田雪世が，ジェンダーと経済活動の観点から，ガーナ女性の髪型と美容師に関する調査を行った。文化人類学の分野では，民族誌や葬儀研究，妖術研究などのなかで，年齢階層に応じた髪型の違いや，髪の神秘性に言及するものがある。また，阿毛香絵がセネガルの髪型文化を各側面から描写し，板垣真理子や三島禎子が，西アフリカの髪型文化の魅力をいきいきと紹介している。

髪が表現するもの

髪型は変化をつけやすい上，外見への影響も大きい。アフリカの諸社会では，民族，ジェンダー，年齢，ライフサイクル，社会的地位や通過儀礼などに応じてさまざまな髪型がなされ，本人の属性や状態を表すラベルとして機能してきた。逆に，装わない髪は，呪術師や精神障害者，寡婦など，本人が「特別」で「危険」な状態にあることを示すこともあった（Sieber & Herreman eds. 2000，織田2011）。

髪は身体の一部でありながら切られたり抜

け落ちたりと，身体の境界物としての性格を持つほか，基本的には再生可能で，かつ腐りにくい。髪はこの性質ゆえに，生命力や特別な力と結びつけられたり，本人の代用に用いられたりする場合もあった。たとえば，阿久津昌三は，遺族が髪を剃り死者への贈物とする慣行に，石井美保は，妖術師が髪を剃られた例に言及している。このほか，乳児の髪を切る儀式や，遠方で死んだ人の髪を遺体代わりに故郷へ搬送した例も報告されている。

現代の髪型文化

現在，各民族に独自の髪型や慣行は失われつつあるが，その一方で，所属集団や準拠集団に髪型で同調することは，現代的な文脈で引き続き行われている。

髪型はファッションの一部であり，人々は社会経済変化のなかで，常に新たな流行や技術を独自の文脈で取り入れ，変化させてきた。たとえばガーナ都市部では，1980年代以降の貿易自由化や海外渡航の増加，外国企業のビジネス戦略などを背景に，ヘア・リラクシングと呼ばれる一種のストレート・パーマ技術が普及した。この技術は20世紀前半〜中ごろのアメリカで，髪質や肌の色に基づく人種差別を生き抜くアフリカ系アメリカ人の努力のなかから生まれたものだが，ガーナ女性はこの技術をアフリカ系アメリカ人とは異なる観点で評価し，身体的・経済的負担を伴うにもかかわらず積極的に取り入れた。新技術はヘアサロンへの需要を喚起し，女性が美容師として生計を立て，専門職化や新たなジェンダー関係を追求することを可能にした。最近は美容師間の競争が激化し，ビジネスの見通しが不透明となりつつあるものの，上記の動きは，人々がグローバル化や新技術の導入に巻き込まれると同時に，それを逞しく活用してもいることを示している（織田 2011）。

現在のアフリカ都市部ではさらに，つけ毛

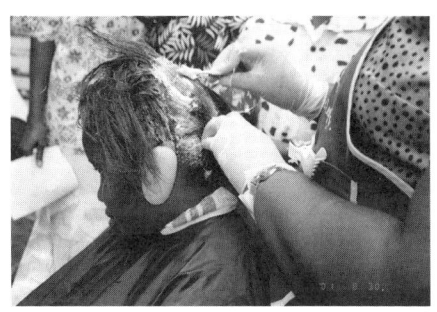

ヘア・リラクシングを行う様子

の使用が拡大し，日本や韓国，中国，アメリカ，アフリカ諸国などの企業により，国境を越えたビジネスが成立している。アフリカの髪型をめぐる動きは，グローバル化や社会経済変化の進む現代アフリカの人々の営みを理解するための身近な切り口であり，人々が新技術やビジネスとどう関わり，自らの文脈に取り入れていくのか，そこにどのような文化や社会経済状況が現れているのかが注目される。

近年は持続的開発や企業進出の文脈で，BoP（Base of the Economic Pyramid）ビジネスと呼ばれる，低所得者層向けビジネスで開発途上国の社会問題解決への貢献も行うものが注目されている。アフリカの髪型は，国境を越えた広がりやファッションとしてのダイナミズムに加え，低所得層が消費者・事業者双方の立場で関わっており，BoPビジネス研究としても魅力的な糸口を提供している。

板坂真季 1996『髪型と身体認識の連関性——ブルキナファソ西部の女性の事例から』京都大学修士論文／織田雪世 2011『髪を装う女性たち——ガーナ都市部におけるジェンダーと女性の経済活動』松香堂書店／Astley, T. 1968 *A New General Collection of Voyages and Travel. Vols. I-IV*. Frank Cass and Company Ltd. ／Sieber, R. & F. Herreman eds. 2000 *Hair in African Art and Culture*. Museum for African Art

⇒呪術，奴隷貿易，衣装，ジェンダー

1-6-7 衣装
Dress

遠藤聡子

キーワード：裸族文化と衣服文化，財・権力，植民地支配，布，アフリカン・ファッション

アフリカの衣装は，植民地期から独立期にかけて大きな変化を遂げた。この時期を境に，衣服を身につける習慣が現在のように広く行き渡ったのである。それ以前に最も普及していた身体装飾の方法は，裸の身体を基調にして腰みのや装飾を身につける，直接身体に傷痕をつけるなどであった。布や衣服を纏う習慣は一部の人々に限られ，財や権力の象徴とされることもあった。今日のアフリカでは，洋服のアフリカ的装いや，カンガやパーニュという布の装いが広く見られる。近年はこれらの実践も含めアフリカ独自のファッションに注目する研究が増えている。

裸族文化と衣服文化

アフリカ，とりわけサハラ以南アフリカの国々では，20世紀前半ごろまで，布の衣服を身につける人と，裸の身体を基調にして装飾を身につける人が隣り合わせに暮らし，とりわけ後者が多かった。着衣の習慣はイスラーム化した人々や権力者などに限られていた。嶋田に従って前者を「衣服文化」，後者を「裸族文化」と呼ぶが，裸族文化についてのくわしい研究には和田（1994他）がある。裸族の「自然裸体」の観念の考察を通して，裸族文化の再評価とともに，脱ぐことによって裸になる「脱衣裸体」の西欧的文化を再検討している。嶋田（1990）もまた裸族文化の技術の複雑さに言及しているが，嶋田はむしろ裸族文化と衣服文化の差異を強調する。嶋田によれば，西アフリカ内陸社会における裸族文化から衣服文化へ向かう変容過程は，王権国家の形成と不可分であり，イスラーム・衣服文化複合として捉えられる。嶋田はイスラーム王国や首長国の政治的な支配体制のなかで，衣服給付が重要な制度であったこと，衣服や布が貨幣として流通していたことをあげながら，衣服文化が文明の根幹に関わる文化であると主張する。王権社会における衣装の意味を扱った研究にはまた，渡辺公三の研究がある。ザイール（現コンゴ民主共和国）中央部のクバ王国の王権体系における衣装に焦点を当て，衣装が装置として用いられることで王権が成り立つ様子を明らかにしている。

現代の衣装

植民地支配期における西洋文化との接触や，アフリカ諸国の独立を契機として，サハラ以南アフリカ諸国に衣服文化が広くゆきわたった。今日のアフリカ諸国では，洋服が広く身につけられているほか，西アフリカ内陸部などではイスラームと結びついて広まった，ブーブーなどと呼ばれる貫頭衣式衣服が，その他地域では工場生産された更紗（プリント更紗）を用いた装いが普及している。プリント更紗には，主に東アフリカを中心に身体に巻いて着用されるカンガと呼ばれるものと，西アフリカ沿岸部や中央アフリカを中心に，衣服に仕立てて身につけられるパーニュと呼ばれるものがある。西洋文化との接触がアフ

リカにおける衣服文化に果たした役割は大きく、これまでアフリカの衣服への西洋文化の影響がよく言及され、アフリカの伝統文化の喪失と見なされていた。しかし研究が進むにつれて、植民地支配を契機として、衣服文化が広まり、また洋服も浸透したが、西洋文化は創造的に受け入れられたという見方が強まっている。アフリカの人々は、西洋文化を受け入れつつ、それによって彼ら独自のスタイルをより豊かにしているというのである。

日本人研究者による成果には、まず京都大学アフリカ学術調査隊の調査における日野のスワヒリの服装文化の報告（1968）がある。タンガニーカ湖畔のウジジで調査を実施した日野は、スワヒリの人々の服装に見られるスワヒリ的要素と西欧的要素の折衷、あるいは調和的な用法を例示している。洋服をそのまま受け入れている民族との違いとして、日野は、イスラーム文化のアフリカ型であるスワヒリ文化がすでに西洋文化到来以前に、「西欧的近代文化を併立的に受容できるだけの超部族レベルの文化的伝統」を持っていたことを指摘している。

民族衣装が廃れ、衣服文化の西洋化が著しい現代の世界的傾向のなかで、民族の範囲を超えて日常的に身につけられるプリント更紗、東アフリカのカンガ、西アフリカのパーニュについても複数の研究がある。カンガについては、竹村景子がタンザニアの工場での生産および女性の意識調査を実施し、また深沢太香子他がケニアにおいてその歴史的背景を明らかにしつつ生理学的観点から分析して、その装いが今なお普及する背景を分析している。パーニュを用いた衣服の成立とその普及についてブルキナファソでの調査結果から述べた遠藤（2013）は、西欧的要素を取り入れながらも地域特有である衣服のデザインと、地域の小規模産業における衣服生産、流行情報の循環について明らかにしている。

アフリカン・ファッション

これまで、ファッションという現象は西洋近代特有のシステムであり、それ以外の地域には存在しないと論じられてきた。洋服が次のシーズンに向けて先を急ぎ、「絶え間ない未来」を連想させるのに対し、その他多くの地域の衣服は「民族学的現在時制」にとどまっているというのである。これに対し、近年の研究ではアフリカ独自のファッションに着目し、異なる見方が提示されている。アフリカのローカルなファッションの実践や、短期間で移り変わるスタイルの生産状況が描き出され、アフリカン・ファッションがオートクチュールからローカルな経済にまで存在すること、国際的なスタイルのアイディアを取り入れながら、しかし常に明確にローカルであり続けていることが指摘されている。日本の研究者では、遠藤（2013）が、パーニュを仕立てて作られる西アフリカ特有の衣服について、洋服と同様に形がひんぱんに変わる一時性を持つことを実証的に明らかにし、そのファッション生産のしくみについて叙述している。これらの研究は、アフリカン・ファッションのありようを描き出すとともに、西洋近代特有と捉えられているファッションについて、その再定義を迫っている。

遠藤聡子 2013『パーニュの文化誌──現代西アフリカ女性のファッションが語る独自性』昭和堂／嶋田義仁 1990「裸族文化から衣服文化へ──西アフリカ内陸社会における『イスラム・衣服文化複合』の形成」和田編『国立民族学博物館研究報告12　アフリカ民族技術の伝統と変容』／日野舜也 1968「スワヒリ人の服装文化」今西・梅棹編『アフリカ社会の研究──京都大学アフリカ学術調査隊報告』西村書店／和田正平 1994『裸体人類学──裸族からみた西欧文化』中公新書

⇒髪型，染織，植民地支配，前植民地期

1-6-8 物質文化
Material Culture

金子守恵

キーワード：人と環境との関わりの結果，消えゆく物質文化，創り出される物質文化，身体技法の技術的側面，商品としての「もの」

日本人によるアフリカの物質文化研究の多くは，衣食住に関わる物質文化を対象にして進められてきた。それらの研究の特色は少なくとも3点ある。①人と環境との関わりの結果としての物質文化研究，②消えゆく物質文化研究，③創り出される物質文化研究。それらは特定の課題について対立的に議論を進めてきたというよりも，それぞれの関心領域から接近し，結果としてアフリカの物質文化を相補的に理解することに貢献してきた。80年代後半からは，「もの」が人の行為に作用しているととらえる見方に注目が集まり，商品としての「もの」も対象に含めてその研究が進展している。

人と環境との関わりの結果としての物質文化

日本人によるアフリカの物質文化についての研究は，京都大学大サハラ探検隊（1967年開始）に参加した石毛直道による台所用品の研究に始まったといってよいだろう。人類学において食文化研究（「食文化」の項目参照）という領域を確立した石毛は，調査した8つの社会の台所用品を手がかりにして，ある特定地域の食文化について検討し，文化的な行為としての食について，ノミナル・スケール（名義尺度）をもちいて通文化的な比較研究を行った（石毛1970）。これらの研究のなかで，台所用品は，食料の獲得から胃袋におさめるまでの一連の過程において，食事文化とよばれる文化的な行為をなりたたせる役割を担っていた。

一方，生態人類学的な研究（総説「生態人類学」参照）においては，生態学的な条件に強い関心をよせて物質文化をとらえたものが少なくない。丹野（Tanno 1981）は，熱帯雨林に暮らすムブティ・ピグミーの生活用具を網羅的に調査し，彼らが利用しているもののうち約70％が植物性の素材であること，またムブティがそれらのものをその場で即製して使用し，用が済めば使い捨てにする品目が非常に多いことを明らかにした（ケニヤのドロボーも使い捨てにするものの割合が高いことが報告されている（Kurita 1983））。その上で，動物性材料の比重の置き方と生息環境の乾湿の度合いとの関係性があることを指摘した。これらの研究では，物質文化の素材や利用方法について詳細なデータが蓄積されたと同時に，その後は物質文化がそれぞれの地域集団の文化的な変異を表す指標としても用いられている。

消えゆく物質文化
——物質文化と原初的な技術

アフリカの土器や織物をはじめとした工芸品は日常的に利用されてもいるが，その一方でプラスチック製品などの工業製品に取って代わられ急速に消えてなくなりつつもある。また，それらをつくりだす技術は，世界の陶芸技術や染織技術のなかでも原初的な特質を持っていることが指摘されている。日本人によるアフリカの物質文化を対象にした研究に

おいて特徴的なことは，自らも製作活動にたずさわってきた経験者が調査研究に従事していたことであり，彼らは物質文化と同様に消えゆく可能性のある技術について記録することも重要視してきた。

1968年にウガンダ工科大学で陶芸技術を教えた森は，講義のかたわらウガンダの伝統的な土器の製作技術を調査しはじめ，その後トーゴやベナンなど西アフリカへと調査地を広げ，民族集団もしくは地域別に土器つくりの技法的な変異について報告した（森1992）。井関（2000）は，カメルーン，ガーナ，トーゴ，マリなど中央，西アフリカを中心に，伝統的にまとわれてきた布やそれを作り出す染織技術について，おもに技術の伝播に注目しながら調査研究を行っている（「染織」の項目参照）。

おそらく文化人類学や民族誌的な記述に関心をよせる人にとって，これらの報告はつくり方の手順を記録したにすぎず，人々の生活における物質文化の記述や，それを作る人や使う人の記述が浅薄である印象を受けるかもしれない。だが，製作者の目線にたって撮影された写真や，論考にまとめられている技術的な特徴は，アフリカ以外の地域で利用される物質文化やその製作技術とアフリカのそれを比較することを可能にすると同時に，物質文化における生態学的な条件を理解するうえでの重要な要素を提示している。

その一方で，前述したような民族誌的な記述の浅薄さは，物質文化の製作技術の実践を社会文化的な実践としてとらえきれていないことと結びついている。その背景として，原初的な特質をそなえたアフリカの物質文化や製作技術をとらえなおす新たな視点を確立しきれなかったことを指摘できる。和田は，1978年から国立民族学博物館においてアフリカの物質文化やその民族技術の比較に関する共同研究を組織した。これら一連の共同研究会の成果集（和田1987）は，土器や布のほか，住居，ヒョウタン，酒など，耐久財から消費財までさまざまな対象があつかわれている。また，その議論も多岐にわたっているが，その成果集がそれらを包括的にとらえる枠組みを明瞭に提示しているとはいいがたい。これは，アフリカの物質文化研究の広がりを示すというよりも，物質文化の社会文化的な側面を，技術的な実践を含めて議論することの困難さを示すものでもある。

創り出される物質文化
——形と身体技法の結びつき

欧米の人類学的な研究動向のなかにあっても，日本人によるアフリカの物質文化研究の特徴の1つとして指摘できるのは，物質文化を身体技法と結びつけて調査研究を進めてきたことだ。この研究を主導した川田は，西アフリカのニジェール川大湾曲部諸社会を対象にして，生業活動や生活に関わる道具（たとえば，土器，農具，織物など）のほか，音具（「民族音楽」の項目参照）や馬具などを対象に，自然人類学と文化人類学の両方から包括的な調査研究を進めた（川田1997）。物質文化を作り出す身体技法の技術的側面についての研究は，技術人類学という研究分野が確立していたフランスにおいても十分な進展が見られなかったテーマだったこともあり，川田の研究プロジェクトは欧米の研究者の間でも高い関心が寄せられていた（François 1994: 440）。

これら一連の研究において物質文化は，外部世界との接触を含めた歴史と生態的な条件と密接に結びついたものとして位置づけられている（川田1997: 47）。物質文化研究において身体技法は，一定の大きさのものを作り出す身体的な記憶をもっており，反復的な学習によってある社会の習慣的な動作を次の世代へと伝達する役割を担うと見なされていた。それゆえ，物質文化と身体技法を結びつける

ことによって，物質文化の形態的な機能とその作業姿勢における文化的な制約との関連性について論じることが可能になった。その際身体技法は，集合的な性格をもったものとして位置づけられる傾向がある。川田は，身体技法が硬直していて変化が不可能なわけではないことを，マリの土器職人による改良カマド製作の事例から指摘し，（職人の）開放的で積極的な（川田1997: 329-330）精神が，今度は別の身体技法の連鎖を形成するために，そこに革新をもたらしうると述べる。

金子（2011）は，エチオピア西南部の農耕民が土器の部位の大きさに留意して土器を命名し使いわけている点に注目し，利用者からの注文など社会的な関係を契機にして新しい大きさの土器が創り出されていることを指摘した。職人たちの技法の革新が，社会関係によって発揮されることの背景には，利用者が職人の技法的な差異に留意して土器を求めていると同時に，個々の職人も素材や自然環境にあわせた自分の「手（＝成形の仕方）」を追求していることも指摘している。金子（2011）によれば，職人たちは，たとえ人の家の台所にあったり，破片になってしまった土器であっても，自分の「手」にあわせた手順で成形した土器を「私の土器」として識別する。職人たちの間で，共通の（だれにとっても）よい手順はなく，それぞれの職人たちは自らの手順の独自性を確立し，互いにその独自性に敬意を表している。

製作物に自己を投影することは，アフリカの物質文化の研究において十分に議論されてきたとはいいがたい。それは，アフリカの物質文化がきわめて集合的な性格をおびたものとしてあつかわれてきたこととも関係している。たとえば，アフリカの仮面にもそれと同様のことを見てとることができる。アフリカの仮面は，欧米の芸術家の創作に刺激を与えたものとして世界の市場において高い価値を付与され，アフリカの民族芸術品として注目をよせられつづけている（総説「芸術学」参照）。だがそれは，特定の作家による芸術品として評価される機会は少なく，特定の民族集団の芸術品として紹介される場合が多い。

人－「もの」関係をめぐる新たな見方

日本人によるアフリカの物質文化についての研究は，1960年代後半から始まり，その後，人と環境との関わりの結果としての物質文化研究，消えゆく物質文化研究，そして創り出される物質文化研究，といった3点に整理することができる。それらは，物質文化の形態に終始して研究を進めるのではなく，むしろ利用や製作といった人の行為の世界へといざなう手がかりとして物質文化をあつかってきたといいかえることもできる。研究が本格的に着手されてからおよそ50年がすぎようとしているが，物質文化に関する研究は，以下の2点において，世界的に見ても多くの研究者の関心を集め続けている。

1つめは，物質文化（以下「もの」）と人を同じ行為体としてとらえようとする見方が主張されはじめたことである。1980年代後半から，人が一方向的にはたらきかける対象として「もの」をとらえるのではなく，さまざまな関係性のなかで「もの」が人の行為を規定する側面があるという見方に関心を寄せる人類学者が現れ始めた。

そしてもう一点は，商品としての「もの」も研究対象に含めるようになったことである。前述した観点にたつと，外部世界から流入してくる「もの」もまた，人の行為に作用する行為体として位置づけることができる。現代のアフリカでは，伝統的な「もの」に限らず，自転車，車，ソーラーパネルなど，さまざまな「もの」が人々の日常生活のなかで不可欠な存在となり，人々の行為や生活に作用し始めている。日本アフリカ学会の学術雑

エチオピア西南部農耕民アリの女性職人による土器成形の様子（2008年撮影）

誌『アフリカ研究』においても，2010年以降には，井上真悠子によるタンザニアの土産物製作についての研究や，牛久晴香による国際市場に流通し始めたガーナのバスケットとそれをめぐる人々を対象にした研究など，商品としての「もの」に注目しそれに関わる行為や「もの」を介してつながる人々の関係性に関心を寄せる研究が現れてきている。

「もの」の研究対象は確実に広がっている。そしてまた，この対象は，調査に入ったばかりで言語によるコミュニケーションが十分にとれないときにも，徹底的な観察を続けることで確実な情報を提供してくれる。これに加えて「もの」を追跡し，それに関わる人々にインタビューすることで，時間や空間を超えることも可能になる。アフリカの「もの」研究には，その見方，対象の広がり，調査方法など，さまざまな点において興味深い課題と可能性が広がっている。研究対象にするなら今がまさに旬である。

石毛直道 1970「台所文化の比較研究」『季刊人類学』1(3)／井関和代 2000『アフリカの布――サハラ以南の織機その技術的考察』河出書房新社／金子守恵 2011『土器つくりの民族誌』昭和堂／川田順造 1997『ニジェール川大湾曲部の自然と文化』東京大学出版会／森淳 1992『アフリカの陶工』中央公論社／和田正平編 1987『アフリカ』同朋社／François, S. 1994 Technology. In T. Ingold (ed.), *Companion Encyclopedia of Anthropology*. London and New York: Routledge ／Kurita, K. 1983 Material culture of the Pokot in Kenya: With special reference to circulation of articles. *African Study Monographs* 3／Tanno, T. 1981 Plant utilization of the Mbuti Pygmies: With special reference to their material culture and use of wild vegetable food. *African Study Monographs* 1

⇒食文化，生態人類学，染織，芸術学

1-6-9 酒造り
Brewing and Distilling Alcoholic Drinks

坂梨健太

キーワード：自然環境，農業，労働力利用，社会変容

砂漠から熱帯までを網羅する気候帯と多様な民族を有する広大なアフリカで造られる酒は，当然，多種多様なものとなる。それは，製法や味覚の観点のみならず，人々の日常生活と密接に関わっている点で，栄養学，微生物学から人類学まで，文理問わず幅広い分野で研究されてきた。現在，グローバリゼーションの影響の下，ビールなどの画一化されたアルコール製品が浸透し，これまで注目されてきた「伝統的」な酒造りや酒の飲み方が後退していると指摘される。一方で，完全に消失せずに新たな位置を獲得した酒もある。アフリカ社会の変容を示す1つの指標として酒を見ることができる。

アフリカの多様な酒

安渓貴子（1987）は，サハラ以南の酒を技術的な側面からまとめている。

第1に糖分を主原料とする酒である。野生の果実やハチミツなどが自然発酵によって醸造される。発酵のための天然酵母の扱い方に地域独自の特色，すなわち文化があると，安渓は指摘している。

第2にデンプンを主原料とする酒である。モロコシ，シコクビエ，トウジンビエ，トウモロコシといった穀物を発芽させ，その糖化力を利用して発酵させた酒が代表的であるが，唾液の糖化力を利用した口噛み酒も報告されている。

第3に蒸留酒がある。廃糖蜜を蒸留したラム酒や，醸造酒を蒸留した酒が各地で報告されている。また，熱帯雨林では，泡盛のようにカビを利用した蒸留酒も見られる。たとえばコンゴ民主共和国では，発芽させたトウモロコシにカビをつけて，キャッサバ粉を糖化，醗酵させ，蒸留した酒が造られる。アフリカにおけるカビを用いた酒の存在はこれまでの研究のなかでも皆無で，安渓による大きな発見である。

人類学，農学，霊長類学の専門家もそれぞれのフィールドで出会った酒について描写している。たとえば，世界の酒を扱った『酒づくりの民族誌』のなかでは，塙狼星（ヤシ酒），重田眞義（エンセーテ酒），山極寿一（バナナ酒）らがアフリカの興味深い事例を提示してくれる。

自然環境に依存した酒だけでなく，都市部でもさまざまな酒が見られる。地理学者の寺谷亮司は，ケニアの首都ナイロビのスラム地区において，ハーブを加えて造られる酒を紹介し，さらに南アフリカやモーリシャスでは，ワイン，ビール，ラム酒の製造工場や消費傾向について詳細な調査を行っている。

農村社会における酒の役割

ヤシ酒などの醸造酒は豊富なビタミンを有し，住民の貴重なエネルギー源の1つである。しかし，酒はそれだけに留まらない，さまざまな役割を担っている。とくに労働力の利用や現金収入と密接に関わってきた。

端信行（1980）は，カメルーン北部に居住

するドゥルのモロコシ酒の利用について経済人類学的な考察を行った。モロコシ酒が飲まれるのは、結婚の宴、現金による購入、「酒の仕事」とされるモロコシの脱穀作業のみであった。ドゥルにとって、モロコシ酒の利用は貨幣の利用同様に外部社会との接触、つまり非日常的な出来事として捉えられた。

1980年代からザンビアにおけるベンバ女性の研究を行ってきた杉山祐子は、シコクビエ酒の醸造、販売の役割について論じている。とくに女性世帯にとってシコクビエ酒は、単なる現金収入のみならず、得られた現金によって男性労働力を確保し、食糧用の畑を造成することを可能にする重要なものである。杉山は、酒が比較的貧しい女性世帯にも現金と労働力を行き渡らせ、ベンバ社会において富の平準化を推し進める機能を有していると指摘する（たとえば、杉山 2007）。

換金作物が浸透していった地域では経済的な格差が生じ、それが酒造りや利用に影響を与える。坂梨健太は、『森棲みの社会誌』の論集のなかで、カメルーン南部のカカオ生産地域でヤシ酒やキャッサバとトウモロコシを原料とした蒸留酒が、カカオ収穫や焼畑伐開のための労働力確保に役立っていることを明らかにした。カカオ生産者は、近隣に暮らす狩猟採集民バカへ酒を渡し続けることで、人手が必要な作業の際に労働を依頼することができる。カカオ畑が大きく、資金に余裕のある者は、大量の酒を造ったり、購入したりすることで、労働力確保を容易にする。一方、十分な資金を持たない者は自分自身の労働力に頼らざるをえない。共同労働や労働交換といった、現地でわずかながら維持されている労働慣行においても、酒の提供は必要不可欠である。もし、用意できなければ、人々を十分に集めることができないのである。

酒をめぐる問題と今後の課題

現金が浸透していくことによって、あらゆる場で商品化されたアルコールが手に入るようになった。林耕次・大石高典（2012）は、カメルーン東南部において、定住化してカカオ生産を自ら行っている狩猟採集民バカと嗜好品との関わりについて議論している。同じ地域に暮らすバンツー系のバクウェレ社会では飲酒に規制があるが、バカは老若男女を問わず多くの者が酩酊するという。要因として、定住化によってかつて交換物であった農作物を自ら作るようになり、嗜好品の重要性が増していったことや外来嗜好品の移入などがあげられる。この結果、アルコール依存症や暴力などの問題が生じている。

酒をめぐる問題は、今日に始まったことではない。植民地時代から、酒造りは管理され、課税される対象となったり、労働力動員のために利用されてきた（Bryceson 2002）。それぞれの地域の歴史をふまえつつ、現金経済や国家の影響に加え、年齢、ジェンダー、社会階層、民族などが絡む複雑な社会変容を垣間見せるものとして、アフリカの酒は捉えられるべきであり、そのような視角によって、より魅力的な研究対象になるだろう。

安渓貴子 1987「中央アフリカ・ソンゴーラ族の酒つくり」和田編『アフリカ――民俗学的研究』同朋舎／杉山祐子 2007「焼畑農耕民社会における『自給』のかたちと柔軟な離合集散」『アフリカ研究』70／端信行 1980「北カメルーン、ドゥル族社会における貨幣経済について」『アフリカ研究』19／林耕次・大石高典 2012「狩猟採集民バカの日常生活におけるたばこと酒」『人間文化』30／Bryceson, D. F. ed. 2002 *Alcohol in Africa.* Heinemann

⇒農業経済・農村社会学，ジェンダー，地域研究，植民地支配

1-6-10 食文化
Food Ways

安渓貴子

キーワード：家畜，栽培植物，雑穀，根栽類，バナナ，キャッサバ，狩猟採集

アフリカの食文化は多様である。日本の80倍以上という広さ，砂漠を含む乾燥気候から熱帯雨林まで，低地だけでなくエチオピアやケニアなどの高地は気候的には冷涼である。このような自然環境の多様性を背景として，農耕文化も多様であり，植民地となる以前の王国の存在や，植民地支配を受けた時代など歴史の多様性，外来の栽培植物の導入，都市を中心とした近代化，そして何より人々のしなやかな生き方の多様性が展開しているのである。

モザイクの大陸――
素材の違いによる食文化の地域性と多様性

アフリカ大陸の日常的な食を作物からおおまかに捉えると，「地中海地域のムギ」「サヘル地域の雑穀」「中央部の根栽」「東南部地域のトウモロコシ」「西海岸とマダガスカルのコメ」と，多様な主作物のモザイクになっている。なかでも「サヘル地域の雑穀」と，「中央部の根栽」の地域の存在が特徴的といえるだろう。

アフリカ大陸原産の雑穀の固粥と乳製品のサヘル

サハラ砂漠の南に広がるサヘルの乾燥が厳しい砂漠・半砂漠地域ではラクダ，サバンナではヤギ・ヒツジ・ウシの飼養が行われている。食事は家畜の生乳や乳酸発酵させた酸乳・バターなど乳製品，家畜の血と，多くはないが小型家畜の肉を食べる（佐藤 1986）。しかし牧畜民のほとんどがアフリカ原産のモロコシ・トウジンビエ・シコクビエといった雑穀を育てており，粉にして熱湯に入れてこねた固い粥（あるいは柔らかい餅と表現してもよい）にして食べる。また，野生植物の採集活動が日常的にも行われ，大旱魃に際しても人々は，遊牧・農耕・採集のバランスを移動させてしなやかに生き延びてきた（石本 2012）。

大陸東南部は農牧民が中心

アフリカ大陸東南部のサバンナや乾燥林地帯は，ウシ・ヒツジ・ヤギといった家畜飼養を伴った農牧民が暮らす。作物をトウジンビエ・シコクビエ・モロコシから，アメリカ大陸原産のトウモロコシと後述のキャッサバに変えてきたが，サヘルの地域と同様に粉にして熱湯に入れて捏ねた固粥「ウガリ」をスープや煮込み料理とともに食べる。モロコシやシコクビエもいくらか栽培していて酒の原料としても重要である（掛谷 1996）。

根栽類から食文化を見る

根栽類は，根や茎が肥大する作物で，種でなく根分け，株分け，挿芽などによって繁殖する栄養繁殖作物であり，ヤマノイモの仲間，サトイモの仲間や，キャッサバ，さらにバナナ・エンセーテの仲間も含まれる。

これら根栽類はギニア湾沿岸から中央アフリカにかけての熱帯林とその周辺で焼畑につくり，茹でたり蒸したりしたのち，そのままでも食べるが，搗き潰してフーフーなどと呼

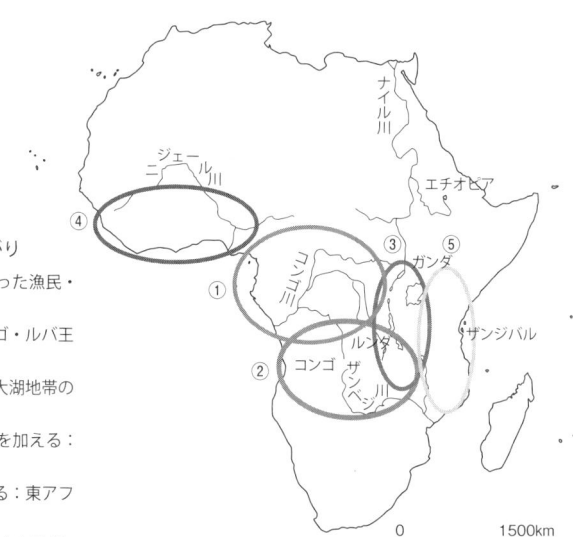

キャッサバをめぐる食文化の広がり
① 嫌気発酵・ちまき：コンゴ川に沿った漁民・交易民の道
② 嫌気発酵・粉食：サバンナのコンゴ・ルバ王国が飢饉にそなえて広めた道
③ カビの好気発酵など固有の技術：大湖地帯の諸王国
④ 原産地南米のすり下ろし法に発酵を加える：西アフリカ
⑤ 穀類の補いに無毒品種だけを食べる：東アフリカ

出典）安渓（2003）をもとに改変。

ばれる柔らかい餅のようにして，つけあわせのソースや煮込み料理とともに食べてきた。地域によって作物の組み合わせやバランスが異なるが，多種類，多品種の作物を組み合わせ，年間飢えることなく食べるための工夫をしている。生活の中心となる作物や食事の組み合わせこそが，その地域，その民族の「食文化」であるといえる。

バナナ食の3区分

バナナは紀元前後にアジアからアフリカに持ち込まれ広がったとされる。最近の生物学・考古学・言語学・民族学の総合的な研究によるとアフリカには3つの種類のバナナ文化があり，これらは栽培システムの大区分とも対応している（小松2010）。アフリカ東部ではバナナは副次的な存在である。アフリカ中部から西部地域は，料理用のプランテンバナナを主食として食べる。甘くなる前の未熟果を茹でたり煮たりして，そのままか搗き潰して柔らかい餅のようになったものを食べる。3つ目は大湖地帯周辺で，アジアには見られ

ないタイプの料理用・醸造用品種があり，長時間蒸した柔らかいバナナを食べることがよしとされ，生活全体がバナナを中心に展開している（佐藤2011）。これらに加えてエチオピアには，アフリカ原産で，バナナと同じバショウ科のエンセーテの，果実ではなく葉柄や根に蓄える澱粉を，発酵を活用して食べるエンセーテ中心の食文化がある（重田2002）。

キャッサバと毒抜き法

現在アフリカで最も広く食べられている根栽はキャッサバ（マニオク，マンジョーカともいう）である（写真1）。キャッサバは青酸という毒を持つが，旱魃に耐え，痩せ地でも育ち，獣害・虫害に強く，収量も高いことから，熱帯地域では最も有望視されている作物である。南米原産で，アフリカには16世紀以降ヨーロッパ人による奴隷貿易に伴う食料として持ち込まれた。

キャッサバの毒抜き法を整理してみると，まとまった地理的分布を示す（図参照）。

図の番号順に，芋を①水に浸けて嫌気発酵

で毒抜きし，湿ったままのペーストを葉などに包んで蒸すちまき（写真2）。②は①と同じ嫌気発酵で毒抜きした後，乾燥し粉にして，これを熱湯でこねるウガリやフーフー。③カビによる好気醗酵で毒抜きし乾燥して粉にし熱湯でこねる黒いウガリ（写真3）。④生芋をすり下ろしてから容器に入れて数日間の嫌気発酵により毒抜きと酸味風味をつけ，絞って水切りし，粒状にしてから加熱するガリやアチェケ。⑤毒が少ない品種を日光で乾燥，粉にして熱湯で捏ねるウガリ。⑥茹でてから薄切りにして流水で毒を溶出するルマタ，などが代表的なものである。

外来のキャッサバがアフリカに持ち込まれ毒抜き法を工夫しながら拡散・定着したルートが分布図から見てとれる。順に①赤道直下の湿潤な熱帯林を流れるコンゴ川に沿った漁民・交易民の道，②その南には季節林やサバンナ地帯に君臨したコンゴやルバの王国が飢饉に備えて広めた道，③ガンダなどの諸王国の大湖地帯，④アメリカからの解放奴隷の子孫が毒抜き法を持ち帰り発酵で風味を加えて定着した西アフリカ海岸部。これに加えて，⑤東アフリカは，毒が少ない品種を主に食べている。⑥は狩猟採集民の野生植物の毒抜き法につらなる方法で，点在するので地図上のまとまりにはならない。この分布図は，恣意的な調理を許さない有毒作物であればこそ，文化史復元への確かな手がかりとなることを示している（安渓 2003）。また分布図は先に述べたバナナ文化とも重なる部分がある。

根栽であるキャッサバは，もともと根栽文化圏であった①の地域だけでなく，毒抜きによって粉にすることができたため，また栽培が乾燥に耐えるため，雑穀類の粉でつくる固粥を食べてきた人々②③⑤の地域にも受け入れ可能となり，広域で食べられる結果となった。さらに最近の研究では，紛争により移住したカラハリウッドランドの厳しい環境で，毒が強い方が痩せ地や乾燥に耐えることもあって，移住を余儀なくされた人々が新たな農法の開発に挑んでいることが報告されている（村尾 2012）。

西アフリカの米食

ニジェール川の大湾曲部は，アフリカイネ（*Oryza glaberrima* Stued.）が栽培化された場所である。現在もアフリカイネはここに暮らす農耕民・漁民・遊牧民にとって大切な食べ物である（竹沢 1993）。魚や豆の発酵調味料を使った煮込み料理などとともに食べる。アジアイネの栽培と消費も広がっており，セネガルではタイやパキスタンからの輸入品のくだけ米が広く食べられている（小川 2004）。

狩猟採集の食文化

食素材を野生の動植物に大きく依存している人々は熱帯林と半砂漠というまったく異なる環境に住んできた。しかし両者には共通点がいくつも見られる。いずれも狩猟よりは採集の方が確実で，植物食により依存している。採集した植物性食物は調理することなくそのまま食べる場合も多い。狩猟によって得られた肉は猟に参加した人の間でまず分配され，村に持ち帰って調理するが，食べるまでに再分配されて共同体の皆に行き渡り，不思議なほど平等な結果となる（市川 1982，今村 2010）。また食事はすべて単品で食べる。たとえば森に住むピグミーの人々はたまに象を倒すと，数日間は肉ばかりを満喫し歌い踊る。蜂蜜の季節には蜂蜜ばかりを大量に食べる。そんなピグミーは同じ森に住む農耕民と相互依存の関係にあり，肉や労働の提供をして交換に農産物を得て食べてきた（市川 1982）。

カラハリ砂漠に暮すブッシュマンは著しく乾燥した自然環境に適応した狩猟採集生活を送っていたが（田中 1971），政府が進める定住化政策のために，作物栽培や現金の使用など

①物々交換市に並んだキャッサバ芋　②①の「ちまき」の蒸す前(右)と後(左) 　③ ②の白い芋と③の黒い芋

伝統的な生活様式を変容させつつある。食生活も配給のトウモロコシ粉や豆をとり入れ，食文化そのものも変容しつつある（今村 2010）。

将来の展望・研究の動向

　日本人によるアフリカのフィールドワークの開始から半世紀，研究者がしだいに長期間フィールドに出られるようになり，アフリカへの敬意と共感に根差したていねいな調査研究も増えてきた（たとえば今村 2010，石本 2012，佐藤 2011，村尾 2012 など）。近代化や紛争といった，激しい変化の波のなかに生きる人々をも見据えた研究がさらに展開されることを期待したい。

安渓貴子 2003「キャッサバのきた道──毒抜き法の比較によるアフリカ文化史の試み」吉田・堀田・印東編『イモとヒト──人類の生存を支えた根栽農耕』平凡社／石本雄大 2012『サヘルにおける食糧確保──旱魃や虫害への適応および対処行動』京都大学アフリカ地域研究資料センター／市川光雄 1982『森の狩猟民──ムブティ・ピグミーの生活』人文書院／今村薫 2010『砂漠に生きる女たち──カラハリ狩猟採集民の日常と儀礼』どうぶつ社／小川了 2004『世界の食文化11　アフリカ』農山漁村文化協会／掛谷誠 1996「焼畑農耕社会の現在──ベンバの村の10年」市川・太田・田中・掛谷編『続自然社会の人類学』アカデミア出版会／小松かおり 2010「中部アフリカ熱帯雨林の農耕文化史」木村・北西編『森棲みの生態史』京都大学学術出版会／佐藤俊 1986「レンディーレ族の遊牧生活」伊谷・田中編『自然社会の人類学──アフリカに生きる』アカデミア出版会／佐藤靖明 2011『ウガンダ・バナナの民の生活世界』京都大学アフリカ地域研究資料センター／重田眞義 2002「根栽型作物からみたアフリカ農業の特質──バナナとエンセーテの民族植物学的比較」『アジア・アフリカ地域研究』2／竹沢尚一郎 1993「ニジェール川の漁民ボゾの生活」川田編『アフリカ論（改訂版）』放送大学教育振興会／田中二郎 1971『ブッシュマン──生態人類学的研究』思索社／村尾るみこ 2012『創造するアフリカ農民──紛争国周辺を生きる生計戦略』昭和堂

⇒農耕活動の生態，狩猟採集活動の生態

II 社会科学

2-1-0 総説 ── 政治学・国際関係
Politics and International Relations

.... 遠藤貢

　日本において，アフリカにおける多層的な「政治」のあり方を描き出す試みは，政治学に限らず文化人類学を含むさまざまなディシプリンにおいて試みられてきた作業であり，その成果は枚挙にいとまがない。また，政治学と文化人類学の垣根を越える共同研究が1980年代以降アフリカを取り巻く状況変化（とりわけ民族の捉え方や武力紛争をめぐる問題に関わる形で）に対応する形で展開してきたことも1つの特徴として記すことができる。こうした点をふまえつつ，ここでは，文化人類学が主な対象とするミクロな政治実践ではなく，主にナショナルなレベルの政治を描くとともに，その国際関係的な展開を見据えた著作にも言及しながら，この50年の日本における研究の歩みを，この過程のなかで影響力を持ってきたと考えられる海外の著作とも一部関連づけながら跡づけてみたい。なお，本稿の最後に，他の分野では取り上げられにくいものの一定の重要性を有してきたと考えられる法律の分野における日本国内の成果についても一部言及を加える。

　日本における本分野の研究の特徴は以下のようにまとめられる。黎明期における本分野の研究の特徴は，欧米諸国の研究の紹介を中心としていた。日本におけるこの領域の研究における問題関心も時代状況の変化とともに変化してきたが，欧州やアフリカの一部の知識人のそれらとの間に違いを求めるならば，それはポリティカル・エコノミーの視角の援用をめぐる相違といえる面を持っている。欧州やアフリカの研究において，とくに1970年代から80年代にかけての研究にも見られてきたようなマルクス主義的な解釈に基づいてしばしば言及される政治エリートの役割，クラス（階級）の概念は，日本における政治研究においてはむしろ希薄であり，限定的であった。これを植民地支配との関わり方の違い，歴史的経験の差異と見ることもできるが，むしろ本分野における研究者のディシプリンの相違に求めることができるかもしれない。なお，1980年代末以降に関しては，アメリカだけに限らず，イギリスやフランスにおける新たな政治研究の潮流の影響を受け，諸外国のアフリカ政治研究や国際関係研究にも触発される形で，理論研究をも射程に含める研究も現わ

アフリカ連合の建物

れる傾向が見られるようになってきた。

黎明期の研究群

　この分野における日本における初期の研究の発展に制約を課したのは，なにより物理的な距離であり，アフリカ現地での調査研究はもとより，欧州諸国との研究交流も十分ではなかった。その結果，アフリカの年を前後して研究関心そのものは大いに高まり，新興アフリカ諸国の指導者たち（たとえばクワメ・(エ)ンクルマ，セク・トゥーレ）の著作が相次いで翻訳・紹介されたものの，この段階でのアプローチとしては文献研究にとどまらざるをえなかった点は，1つの限界といわざるをえなかった。

　そうした初期の著作の1つが百々巳之助（1959）であり，翌年に上梓された百々（1960）とともに，アフリカの政治・国際関係をめぐる主要な論点を提示した。これらと同時期に発表されたのが西野照太郎（1960）で，その前年に翻訳・出版したデヴィドスン（1959）とともに一般向け啓発書となり，それは西野（1967）にも結びついている。なお，百々と西野は「アフリカの研究」と題された日本国際政治学会編（1962）にも寄稿している。

　また，関連資料の収集・整理という点で特筆しなければならないのは浦野（1964）であろう。アフリカ協会から出版された同書は，政治的独立を遂げたアフリカ諸国に関する基礎資料を翻訳・採録したもので，その後の研究に道筋をつけた。浦野によるこうした取り組みは世界の途上国・地域について進められたが，とくにアフリ

カの国際関係分野における成果といえるのが浦野（1975）であった。また浦野（1992）は，その著作集の第5巻にあたるもので，これも一連の取り組みの延長上に位置づけられる。

アフリカ政治・国際関係研究の展開

　この分野におけるパイオニアは小田英郎であり，その著作である小田（1971）が以後の研究の基点となった。1960年代半ばから発表してきた研究成果を土台として上梓されたのが同書であり，その書名は小田英郎が日本アフリカ学会の機関誌『アフリカ研究』第7号（1968年12月）に発表した論文のタイトルでもある。アフリカ・ナショナリズム，パン・アフリカニズム，アフリカ社会主義，軍部支配，アパルトヘイトなど以後の研究における主要トピックが取り上げられており，それは「発展途上国にあっては，程度の差こそあれ，政治発展が国家発展とくに経済発展の推進力ないし牽引力として最も重要な役割を担う」（小田1982：4）という認識に基づくものであった。小田（1989）は上述のトピックをさらに深めるとともに，ネイション・ビルディングについても2章を割いており，後年台頭する国家をめぐる議論を先取りしている。そして，この著作は日本におけるアフリカ政治のテキストとしての地位を占めることとなった。

　小田はアジア経済研究所の共同研究会でも主査を務め，その成果として小田編（1981）をとりまとめた。当時，焦点となっていた南部アフリカをめぐる共同研究が同研究所の林晃史らによって継続され，1980年代以降その動向が広く国際的な関心を引くこととなったアパルトヘイト体制のもとで動揺し始めた南アフリカ共和国を中心としたこの地域の民主化の動きについての継続的な共同研究が実施された。その成果は林編の一連の論集（林編1984, 1993, 1995, 1997）として生み出されたほか，林自身の研究の集大成として林（1999）が著されている。

　こうした共同研究の「場」のあり方にも如実に表れているように，関東を中心とした政治学・国際関係分野に関わる研究の共同研究の拠点としてはアジア経済研究所がその中核を担い，以下で述べるように，関西を中心とした研究の拠点は龍谷大学の社会科学研究所が担うという傾向が見られるようになる。

冷戦後の国際社会とアフリカ

　冷戦期から冷戦後にかけての時期に生じてきた政治経済的な新課題への関心も広く日本人研究者のなかで共有されるようになった。たとえば，経済危機や冷戦の終

南スーダンでアフリカ人を指導する中国人

焉を契機とする国際社会との関わりの変化に注目した林編（1988, 1996）が上梓されている。こうした研究関心はさらに広く共有されることになり，小田が編集を担当した「現代アフリカの政治と国際関係」と題された日本国際政治学会編（1988）にも寄稿した川端正久，佐々木建をはじめとする研究者たちが，日本の対応にも言及する形で共同研究を行い，川端・佐々木編（1992），川端・佐藤編（1994, 1996）などの成果を次々と発表した。とくにこうした一連の研究に見られた特徴の1つはTICADの開催など，アフリカへの新たな関与が観察されるようになってきた日本の役割に注目したことであり，上述の著作のほか川端編（1994）もそうした問題意識を前面に掲げている。こうした一連の研究のなかにおいて，とくに南アフリカとの関係を企業の関与のあり方と結びつけながら批判的に分析してきたのが森川純であり，森川（1988）さらにMorikawa（1997）として世に問われることになった。

　構造調整や民主化を経たアフリカ諸国の政治や国際関係に生じた変化は，川端が編集して「転換期のアフリカ」と題された日本国際政治学会編（2000）所収の論考にも反映されている。なかでも佐藤誠や遠藤貢による市民社会論の援用・展開は，川端による序論「21世紀アフリカと新たな視座」を示唆するもので，1990年代以降本格化したと考えられているアフリカ諸国の体制移行現象としての民主化への関心に裏づけられるものであった。ただし，市民社会に関わる議論の背景には，その後何度か来日経験を持つシャバルが編集した論文集とそこに掲載されたバヤールの論文の存在を指摘しておく必要があろう（Chabal ed. 1986）。こうした政治体制の移行過程における国民会議に着目する岩田（2004）のような実証研究も現れた。実は，こうした新たな視座に関わる研究の背後には，バヤールらが中心となって確立してきたフ

ランスにおける「下からの政治」研究の一派の影響も見られる（Bayart 1989, 1993を参照）。

武力紛争への視座

　他方，国家の枠組みに生じたゆらぎに注目した研究者たちは，1990年代アフリカ大陸において多発することとなった武力紛争研究へと議論を展開させた。武内進一編（2000）は，アジア経済研究所内の社会科学研究者と外部の文化人類学者の共同研究として進められた，日本国内におけるこの分野の先陣を切ることになった研究成果である。この背景には，文化人類学者が入るフィールドにまでアフリカにおける紛争が影を落とし，調査地の村が消滅するという悲劇を目の当たりにしたり，調査国が内戦に陥り，その地での農村調査が困難になり国外退去を余儀なくされる，などアフリカの紛争を直接の体験として肌で感じる機会を持つ研究者たちが集う場として，学問の垣根を越えた総合研究が要求されたことがあった。編者の武内の論考においては，その後のアフリカ紛争を考える上でのキーワード（たとえば「大衆化」や「外注化」）が包括的に提示された。こうした研究と並行的に進められた総合研究開発機構（NIRA）の予防外交に関する研究成果である横田編（2001）は，アフリカにおける紛争とその対応に関して網羅的な情報を提供するものであった。

　アフリカ諸国の武力紛争に注目した研究は，その後も重要分野として位置づけられ，武内編（2003, 2008），佐藤編（2007, 2012），川端・武内・落合編（2010）のように比較の視座から取り組まれるもののほか，武内（2009）や落合編（2011）など，それぞれルワンダやシエラレオネなどの特定国に焦点を当てた研究成果が次々と著わされるようになってきた。とくに武内（2009）は，1994年に発生したルワンダにおける大量虐殺の要因を歴史，政治，国際関係など多面的な角度から分析したきわめて包括的な地域研究として評価される成果であった。

　この武内（2009）において，アフリカの武力紛争がアフリカにおける国家（とその変容）の問題ときわめて密接に関わるといった論点にも示されてきたように，また，欧米の研究潮流においても，たとえばハーブストの研究（Herbst 2000）や近年でもヤングの研究（Young 2012）にも示されてきたように，アフリカにおける国家像を問う研究も継続的に行われている。川端・落合編（2006）や佐藤編（2007）にも見られるような国家論の領域に関わる一連の研究は改めて確認しておくべきであろう。ただし，佐藤編（2007）が扱うのは，国家そのものというよりも，アフリカ政治研究における重要な概念としてジャクソンとロスバーグ（Jackson & Rosberg 1982）によって提起された「個人支配」（Personal Rule）である。紛争に関する切り口として，ジェンダー

の観点を明示的に盛り込む形で著されたテキストとして戸田（2008）をあげておく必要もあろう。

政治体制研究の新課題

2004年度にアジア経済研究所で実施された「『民主化』とアフリカ諸国」研究会（主査：津田みわ）の研究成果は，『アジア経済』（2005）の特集号（第46巻11・12合併号）として出版されており，ザンビア，ケニア，ナイジェリア，コートジボワールを事例とした批判的視座からの「民主化」の再検討が行われている。

政治体制評価に関しては，アフロバロメーター（Afrobarometer）やモー・イブラヒム指標（Mo Ibrahim Index）などさまざまな指標が整理され，こうしたデータを用いた計量分析をはじめとした比較研究もアメリカでは主流になりつつあり，ブラットンらの研究（Bratton et al. 2005）などに見られるように，世論調査データを用いた新しい分析手法に基づく研究も現れてきた。日本国内でも一部の若手研究者によるラージN研究も行われているが，まだ緒についたばかりである。遠藤（2012）はこうした新しいデータを紹介するとともに比較政治学の分野における体制変動に関する研究展開やアフリカにおける政治体制評価に関わる新たな論点を提起している。

アフリカと国際社会をめぐる新動向

1994年に国連開発計画の報告書が端緒となった「人間の安全保障」は，2012年の国連総会においてその内容について国際的な合意形成がなされるとともに，日本の外交政策の柱の1つと位置づけられている概念でもある。この概念自体が，広く研究対象とされてきた経緯もあるが，アフリカをめぐっても望月克哉編（2005）に見られるように，実践領域を含む問題系として，研究上の課題として位置づけられるようになってきた。類似の検討は，「人道的介入」（国際法学においては「人道的干渉」）（Humanitarian Intervention）や「保護する責任」（Responsibility to Protect）といった政策領域に関わる問題とも連動する形で行われるようになっている。こうした分野の研究は，武力紛争の経験とも深く関連しており，武内編（2008）に収められているような武装解除／動員解除／社会統合（DDR），「移行期正義」（Transitional Justice）などのテーマから構成される平和構築分野の課題が存在している。「移行期正義」については，社会学者の阿部（2007, 2008）が真実和解委員会の取り組みを検証している。

また，遠藤貢が編集して「グローバル化の中のアフリカ」と題された日本国際政治学会編（2010）は，従来の研究の流れをふまえつつ，リージョナリゼーション，地

方分権化といった新しいトピックが寄稿されている。グローバル化のなかでのアフリカをめぐる政治・国際関係の展開を見てゆく上での切り口が模索されている。上記のアフリカにおける武力紛争の問題とも連動するが、こうした問題を問う背景には、改めて国際関係における国家概念の問い直しという課題が存在している。この点は、クラプハムがその重要な著作（Clapham 1996）において注目したアフリカにおける国家、あるいは国家性の問題に連なっている。とくにアフリカの場合、領域、領民をコントロールする行政機構、「アイディアとしての国家」、国際的な承認、という3つの要件を満たす「神話としての国家」(myth of the state) と、現実に存在している国家との乖離があまりに大きいことが、クラプハムの最大の問題関心を構成しているといってよい。いいかえるとアフリカでは、この3要件を満たす国家が存在しないのではないかということでもある。この延長線上に、改めて国際関係の中心概念の1つである「主権」概念の問い直しという関心が共有されてきたということでもある。

なお、「グローバル化の中のアフリカ」において扱われた問題の1つである地方分権をめぐっては、岩田（2010）が、地方分権に焦点を当てた政治学分野での実証研究の1つであり、斎藤による研究（Saito 2003）は開発研究の立場から地方分権化の問題を検討したこの分野においては比較的初期のものである。

また、アフリカと世界のつながりをより多角的に検証しようとする作業も行われてきた。その1つは遠藤貢が編集に関わった『地域研究』（第9巻第1号）の総特集「アフリカ——〈希望の大陸〉のゆくえ」であり、ここではアフリカの「内」と「外」における変容が扱われているほか、日本に息づくアフリカ人の現状分析も取り上げられている。また、たとえば川端・落合編（2012）もまた、アフリカの「主体性」を取り戻すという類似の問題意識を体現した論文集といえるだろう。編者の川端がその序論「『アフリカと世界』に関する包括的理解に向けて」において述べているように、これまでの国際関係論が一貫してアフリカを無視してきたと告発するとともに、クラプハム（Clapham 1996）の先駆性に触れ、アフリカ国際関係（理論）が国家領域と非国家領域から構成されているという理解を示したことにあることを高く評価する。

国際的な研究水準と問題関心を共有しながら、本分野もさらなる研究展開の必要性が求められているところである。

アフリカをめぐる法学研究の系譜

アフリカにおける法律体系に関する研究も世界的には1つの分野として確立され

ており，代表的なジャーナルとしては *Journal of African Law* があげられるが，日本国内においては，法学研究の成果は，他の分野と比べてもきわめて限定的であった。その背景としては，冒頭にも述べたような物理的な遠さに加え，アフリカに関しては制度よりも状況への関心が専攻してきた面もあると考えられる。こうしたなかで，比較的早い段階から，アフリカにおける憲法や政治制度に着目してきた希有な研究者として中原精一をあげることができる。1970年代以降短い論考を『アフリカ研究』などにも掲載してきたが，その成果は，中原（1996, 2001）にまとめられており，憲法の紹介だけではなくアフリカ憲法の研究視座や実践面などの成果にも言及されている。アフリカにおける民主化の今後の進展において，憲法に関わる問題は新たな研究領域としてアフリカ政治研究者の間でも関心を集め始めており，こうした関心に先駆ける研究成果と位置づけることが可能である。

　また，民法の観点からアフリカの土地法に関する研究を行ってきた雨宮洋美も国内ではきわめてユニークな問題領域を扱ってきた。その成果の一部は雨宮（2003）として公刊されている。

[参考文献]

阿部利洋 2007『紛争後社会と向き合う――南アフリカ真実和解委員会』京都大学出版会。
阿部利洋 2008『真実委員会という選択――紛争後社会の再生のために』岩波書店。
雨宮洋美 2003「タンザニアの共同体的土地所有――『1999年村土地法』の考察」『アフリカ研究』63。
岩田拓夫 2004『アフリカの民主化移行と市民社会論――国民会議研究を通して』国際書院。
岩田拓夫 2010『アフリカの地方分権化と政治変容』晃洋書房。
浦野起央 1964『アフリカ政治関係文献・資料集成』アフリカ協会。
浦野起央 1975『アフリカ国際関係資料集』有信堂。
浦野起央 1992『アフリカの国際関係』南窓社。
エンクルマ，クワメ 1961『わが祖国への自伝　アフリカ解放の思想』野間寛二郎訳，理論社。
遠藤貢 2012「アフリカにおける『民主化』経験と政治体制評価の新課題」日本比較政治学会『現代民主主義の再検討』（年報第14号），ミネルヴァ書房。
小田英郎 1971『現代アフリカの政治とイデオロギー』新泉社。
小田英郎 1982『増補　現代アフリカの政治とイデオロギー』慶応通信。
小田英郎 1989『アフリカ現代政治』東京大学出版会。
小田英郎編 1981『70年代南部アフリカの政治・経済変動――南ア共和国・ローデシア・ナミビアを中心に』アジア経済研究所。
落合雄彦 2011『アフリカの紛争解決と平和構築――シエラレオネの経験』昭和堂。
川端正久編 1994『アフリカと日本』勁草書房。
川端正久・落合雄彦編 2006『アフリカ国家を再考する』晃洋書房。

川端正久・落合雄彦編 2012『アフリカと世界』晃洋書房。
川端正久・佐々木建編 1992『南部アフリカ――ポスト・アパルトヘイトと日本』勁草書房。
川端正久・佐藤誠編 1994『新生南アフリカと日本』勁草書房。
川端正久・佐藤誠編 1996『南アフリカと民主化――マンデラ政権とアフリカ新時代』勁草書房。
川端正久・武内進一・落合雄彦編 2010『紛争解決――アフリカの経験と展望』ミネルヴァ書房。
佐藤章編 2007『統治者と国家――アフリカの個人支配再考』研究双書564,アジア経済研究所。
佐藤章編 2012『紛争と国家形成――アフリカ・中東からの視角』研究双書598,アジア経済研究所。
武内進一 2009『現代アフリカの紛争と国家――ポストコロニアル家産制国家とルワンダ・ジェノサイド』明石書店。
武内進一編 2000『現代アフリカの紛争――歴史と主体』研究双書500,アジア経済研究所。
武内進一編 2003『国家・暴力・政治――アジア・アフリカの紛争をめぐって』研究双書534,アジア経済研究所。
武内進一編 2008『戦争と平和の間――紛争勃発後の国際社会とアフリカ』研究双書573,アジア経済研究所。
デヴィドソン,B 1959『アフリカの目覚め』西野照太郎訳,岩波書店。
トゥーレ,セク 1961『アフリカの未来像――黒アフリカの個性』小出峻・野沢協訳,理論社。
戸田真紀子 2008『アフリカと政治――紛争と貧困とジェンダー』御茶の水書房。
百々巳之助 1959『アフリカの政治』有信堂。
百々巳之助 1960『現代のアフリカ』学文社。
中原精一 1996『アフリカ憲法の研究』成文堂。
中原精一 2001『アフリカの法と政治――付・旅と余話(憲法論集)』成文堂。
西野照太郎 1960『アフリカ読本』時事通信社。
西野照太郎 1967『岐路に立つアフリカ』国際問題研究所。
日本国際政治学会編 1962「アフリカの研究」『国際政治』18。
日本国際政治学会編 1988「現代アフリカの政治と国際関係」『国際政治』88。
日本国際政治学会編 2000「転換期のアフリカ」『国際政治』123。
日本国際政治学会編 2010「グローバル化の中のアフリカ」『国際政治』159。
林晃史 1999『南部アフリカ政治経済論』研究双書497,アジア経済研究所。
林晃史編 1984『フロントライン諸国と南部アフリカ解放』研究双書323,アジア経済研究所。
林晃史編 1988『アフリカ援助と地域自立』研究双書371,アジア経済研究所。
林晃史編 1993『南部アフリカ諸国の民主化』研究双書437,アジア経済研究所。
林晃史編 1995『南アフリカ――民主化の行方』アジア経済研究所。

林晃史編 1996『冷戦後の国際社会とアフリカ』研究双書457，アジア経済研究所。
林晃史編 1997『南部アフリカ —— 民主化後の課題』研究双書478，アジア経済研究所。
望月克哉編 2005『人間の安全保障の射程 —— アフリカにおける課題』研究双書550，アジア経済研究所。
森川純 1988『南アフリカと日本 —— 関係の歴史・構造・課題』同文舘出版。
横田洋三編 2001『アフリカの国内紛争と予防外交』国際書院。
Bayart, Jean-François 1989 *L'Etat en Afrique: La Politique du Venture*. Paris: Fayard.
Bayart, Jean-François 1993 *The State in Africa: The Politics of Belly*. London: Longman.
Bratton, M. et al. 2005 *Public Opinion, Democracy and Market Reform in Africa*. Cambridge: Cambridge UP.
Chabal, P. ed. 1986 *Political Domination in Africa*. Cambridge: Cambridge UP.
Clapham, C. 1996 *Africa and the International System: The Politics of the State Survival*. Cambridge: Cambridge UP.
Herbst, J. 2000 *States and Power in Africa: Comparative Lessons in Authority and Control*. Princeton: Princeton UP.
Jackson, R. & C. Rosberg 1982 *Personal Rule in Black Africa: Prince, Autocrat, Prophet, Tyrant*. Los Angeles: California UP.
Morikawa, J. 1997 *Japan and Africa: Big Business and Diplomacy*. London: Hurst.
Saito, F. 2003 *Decentralization and Development Partnerships: Lessons from Uganda*. Tokyo: Springer-Verlag.
Young, C. 2012 *The Postcolonial State in Africa: Fifty Years of Independence, 1960-2010*. Madison: Wisconsin UP.

2-1-1 紛争と平和構築
Armed Conflicts and Peacebuilding

武内進一

キーワード：暴力，国家，和解，国際社会，地域研究

アフリカの紛争と平和構築に関する研究は，1990年代以降に世界的に活発化した。日本においても同じ時期，とくに紛争研究において多くの成果が生まれた。その特徴は，人類学をはじめ地域研究のスタンスに基づく成果が多いことである。緻密な現地調査に基づいてアフリカの紛争や平和の問題にアプローチする日本の研究は，国際的にも高い水準にある。今後は，ミクロレベルの分析をマクロレベルの分析と結びつけて理論化し，国際的に発信していくことが求められる。

紛争と平和構築

紛争とはきわめて幅広い概念だが，平和構築との関連で問題化されるときには，甚大な暴力が行使される武力紛争を指すと理解してよい。そのように定義しても，アフリカの紛争は著しく多様である。ソマリアやルワンダの内戦など国家レベルの紛争もあれば，土地紛争や家畜略奪などの形を取ってローカルなレベルで起こるものもある。アフリカの紛争は，とくに冷戦終結以降，国際社会の重要課題と認識されてきた。冷戦終結によって平和への期待が世界的に高まるなか，アフリカでは逆に深刻な紛争が多発したからである。こうした紛争のほとんどは内戦であり，アフリカにおける「国家の破綻」が国際的な注目を集めた。

平和構築という概念は，比較的新しい。その言葉が広く用いられるようになるのは，1992年に国連事務総長のブトロス＝ガリが『平和への課題』と題する報告書を安全保障理事会に提出して以降のことである。平和構築は，単なる武力紛争の不在に留まらず，永続的な平和の基盤を形成するための試みとして理解され，『平和への課題』の整理に従えば，交渉を通じて紛争当事者間の緊張緩和を図る平和創造（peacemaking）や，紛争当事者間に成立した和平合意の遵守と維持を図る平和維持（peace-keeping）とは区別して捉えられる。具体的には，脆弱国家を再建する国家建設や，国民和解を達成するための移行期正義（transitional justice）の取り組みなどが重要視されてきた。

アフリカの紛争研究

紛争は人類の歴史とともにある普遍的な現象である。アフリカにおいても，当然古くから紛争はあったし，それに応じて研究もなされてきた。1940年に刊行された人類学の古典『ヌアー族』（エヴァンズ＝プリチャード著）には家畜をめぐる紛争に関する記述が頻繁に登場するし，1950年代の「マウマウの反乱」（ケニア），1960年代のコンゴ動乱やビアフラ戦争など，一国を揺るがす紛争についての研究も蓄積されてきた。

1990年代に入ると，アフリカの紛争研究は質的，量的に変化する。ソマリア，ルワンダ，シエラレオネ，リベリアなどアフリカ各地で頻発する紛争が世界的な注目を集め，と

のように平和を確立するかという問題意識とセットになって研究が進んだためである。深刻な紛争多発を受けて実務家・研究者の関心が高まっただけでなく、国際機関や各国政府は対策を講じるために研究を積極的に支援した。紛争の研究は平和の研究と表裏一体となって進展したのである。

この文脈で、紛争研究の学際性が強まった。従来の紛争研究にあった、牧畜民社会の紛争については人類学者、国家レベルの紛争については歴史学者や政治学者といった形での棲み分けは意味を失った。ナショナルな紛争とローカルな紛争はいろいろな意味で結びついており、両者を分けて分析する必要はない。また、分析手法の変化と政策的要請を背景にして、多様なバックグラウンドを持つ研究者が紛争と平和構築の研究に参入してきた。代表的なものは、経済学者による計量的手法を用いた紛争分析であろう。世界銀行で紛争研究を率いたポール・コリアをはじめとして、こうした手法は紛争を分析する視角に大きなインパクトを与えた。

アフリカの平和構築とその研究

平和構築についても、1990年代以降国際社会による実践が積み重ねられてきた。当初、紛争終結後に実施される選挙や地雷処理の支援が平和構築の具体的な方策と見なされることが多かった。その後、1990年代の経験を通じて、大規模な武力紛争は国家の機能不全に由来するという考え方が共有され、9・11事件の衝撃とも相まって、脆弱国家への支援、すなわち国家建設の取り組みが平和構築の核心と捉えられるようになった。具体的には、治安部門改革（SSR）や民主化支援、法制度支援などの制度構築が国家建設の中核と考えられた。

一方、アフリカの紛争はほとんどの場合国内紛争であるから、持続的な平和をつくるために、過去の対立を克服し、国民和解を達成することが不可欠と考えられた。その方策として議論を呼んだのが、紛争時に遂行された大量の犯罪をめぐる移行期正義の問題であった。こうした犯罪は裁判を通じて裁くべきなのか、真実委員会などの形で記憶するだけに留めるのか、あるいは何もせず忘却させるのか、議論は収束していない。そのなかで、南アフリカの真実和解委員会（TRC）をはじめ、アフリカの経験についても多くの研究が蓄積されてきた。

紛争を経験した国々が政策の立案・実施や資金の面で大きな制約を抱えるなか、平和構築の主導権は、多くの場合、国際機関や各国援助機関が握った。そこでは、経済の市場化と民主主義を進めることが平和の確立に資するという自由主義的平和構築（liberal peacebuilding）の考え方が主流となったが、性急な政治経済の自由化や国際社会が主導する平和構築の手法に対しては批判も多い。平和構築は地域住民の生活との接点が多く、その深い理解を欠いては成功しえないが、従来の実践や研究の関心がどちらかといえば国レベルの法制度改革に集中し、人々の暮らしに関わる視点が希薄だったことは否定できない。こうした批判をふまえて最近では、たとえば土地問題など、人々が日常的に直面する安全保障への関心が高まりつつある。

日本におけるアフリカの紛争研究

日本の紛争研究では、アフリカ東部・北東部をフィールドとする人類学者による研究が強い存在感を発揮している。これは京都大学をベースとする人類学の研究グループが、この地域に多数の研究者を送り込んできたことに由来する。このグループの開拓者と呼びうるのは福井勝義で、エチオピア南部のボディ社会を研究対象として数多くの世界的研究を発表するとともに（Fukui & Markakis eds. 1994），

幾多の後進研究者を育成した。今日，日本におけるアフリカ紛争研究の主要な牽引者である栗本英世も，福井の強い影響下に研究活動を開始した1人である。自身のフィールドである南部スーダンのパリ社会が内戦の前線となった経験をふまえて，栗本は人類学者としてミクロレベルのフィールドワークに基盤を置きつつ，それを国家や国際関係の文脈に位置づけて分析した。そのため，栗本（1996）をはじめ，彼の著作は人類学を超えたインパクトを与えている。

東部および北東部アフリカに関しては，栗本の他にも太田至，河合香吏，曽我亨，増田研，松田凡，宮脇幸生らの人類学者が徹底したフィールドワークに基づいて，家畜略奪や民族間の紛争に関する研究を発表してきた。佐川徹（2011）は，その流れを受け継ぐ近年の秀作である。

政治学をはじめとする社会科学において，戦争や革命は古くから主要なテーマの1つである。日本でも，1960〜70年代にはすでに，アルジェリアに関する淡徳三郎や，アンゴラに関する芝生瑞和の著作が現れている。これらは，解放闘争という切り口でアフリカの紛争を扱ったものである。

他方，1970年代になると，小田英郎や林晃史を中心とするグループが成果を生み出していく。このグループは，武力紛争を直接の研究対象とするというよりは，政治学の枠組みで，とくに南部アフリカ解放に関わるテーマを中心に研究に取り組んだところに特色がある。紛争問題に関しても，アンゴラに関する青木一能，ジンバブエに関する井上一明の研究など，重要な成果がこのグループから生まれている。

社会科学を専門としても，あまり理論的分析に走らず，地域研究の性格を強く打ち出すことは日本のアフリカ紛争研究の特徴だろう。その後の世代にあっても，武内進一（2009）に見られるように，同じ地域を継続的に調査し，独自のデータや土地勘を活かした紛争分析を行うことが多い。この傾向は，遠藤貢，落合雄彦，佐藤章，津田みわなどの研究においても共通している。これらの研究では，国家・社会関係，エリート間関係，あるいは国際関係などに分析の焦点が当てられてきた。加えて，これらの研究は，今日の紛争を生み出した歴史的経緯を重視するという問題意識を歴史学と共有してきた。その代表的な成果である舩田クラーセンさやか（2007）や永原陽子編（2009）は，今日のアフリカの紛争を考える上で不可欠の視点を提供している。

こうした研究の流れからは幾分離れたところで，しかしこれらの研究を十分咀嚼して登場したのが，阪本拓人（2011）である。コンピュータ・シミュレーションという方法を用いて，国家の分裂と統合を予測するという研究は，一見すると地域研究から遠く隔たっているように思える。しかし，北東アフリカ諸国に対象を絞り，先行研究を入念に読み込んでモデルやデータに取り入れた本研究は，地域研究者にとってきわめて示唆に富んでいる。

アフリカの平和構築に関する日本の研究

アフリカの平和構築に関する研究は，日本においてそれほど蓄積されているわけではない。世界的な傾向として，平和構築に関する研究は実務に精通した研究者によってなされることが多いが，日本にはそうした人材が少ないことが一因であろう。そのなかで，落合編（2011）は，シエラレオネ一国を対象として紛争後の取り組みをさまざまな角度から論じており，平和構築研究に対する重要な貢献となっている。武内編（2008）は，アフリカの紛争に対する国際社会の関与を分析した論集だが，DDRや移行期正義など平和構築について扱った論文も所収している。

平和構築に関するこれまでの研究では，国

際社会やナショナル・アクターに焦点を当てた政治分析が多い。そうした分析ももちろん重要だが，日本のアフリカ研究の強みを活かすという点では，ミクロレベルのアクター分析をふまえた平和構築研究がもっと出現してよい。紛争の具体的様態や現地社会の対応がわからなければ，意味のある平和構築活動を行うことはできない。その意味で，地域研究に根差した日本人の紛争研究は，平和構築活動への重要な貢献をなしうる。近年欧米では，平和構築活動が国家の制度づくりに偏りすぎているとして，ローカルの論理や実践を重視すべきだと議論が高まっているが，こうした議論は，栗本英世が「下からの平和」という言葉を用いて以前から主張してきたことと基本的に同じである。

日本のアフリカ研究の強みを活かした平和構築への接近は，すでに始まっている。たとえば，アパルトヘイトの処理をめぐって南アフリカ社会が直面する苦悩や希望を誠実に描き出した阿部（2007）は，現地社会に密着しその論理を理解しようとする姿勢に支えられている。東アフリカ牧畜民社会に対する武装解除を批判的に検討し，望ましい政策を考察する佐川徹や波佐間逸博らのスタンスも同様といえよう。

学際的研究の試みと課題

日本のアフリカ研究においては，先述した1990年代以降の研究潮流を受けて，しばしば紛争や平和構築に関わる学際的な研究が取り組まれてきた。武内編（2000）はその1つであり，人類学者と社会科学に立脚するアフリカ研究者が，アフリカの紛争というテーマの下で議論を戦わせた成果である。2011年度から京都大学アフリカ地域研究資料センターが中心となって実施している研究プロジェクト「アフリカの潜在力を活用した紛争解決と共生の実現に関する総合的地域研究」では，「紛争と共生」を共通課題とする共同研究がより大きな規模で進められている。紛争にせよ，平和構築にせよ，単独の学問分野では扱いきれない広範かつ複雑な社会現象であるから，学際的な共同研究の意義は大きい。

アフリカの紛争と平和構築に関する日本の研究には，緻密な現地調査に根差した強みがある。それを国際的に発信し，アフリカ現地はもとより欧米のアフリカ研究者と議論を深める必要がある。それによって，研究水準のさらなる向上が可能になるであろう。紛争と平和構築に関わる問題は，ローカル社会の分析と国家や国際社会の分析とを組み合わせなければ解を得られない。ミクロとマクロの双方を視野に入れた研究体制の構築が求められる。

阿部利洋 2007『紛争後社会と向き合う――南アフリカ真実和解委員会』京都大学学術出版会／落合雄彦編 2011『アフリカの紛争解決と平和構築――シエラレオネの経験』昭和堂／栗本英世 1996『民族紛争を生きる人々――現代アフリカの国家とマイノリティ』世界思想社／阪本拓人 2011『領域統治の統合と分裂――北東アフリカ諸国を事例とするマルチエージェント・シミュレーション分析』書籍工房早山／佐川徹 2011『暴力と歓待の民族誌――東アフリカ牧畜社会の戦争と平和』昭和堂／武内進一 2009『現代アフリカの紛争と国家――ポストコロニアル家産制国家とルワンダ・ジェノサイド』明石書店／武内進一編 2000『現代アフリカの紛争――歴史と主体』アジア経済研究所／武内進一編 2008『戦争と平和の間――紛争勃発後のアフリカと国際社会』アジア経済研究所／永原陽子編 2009『「植民地責任」論――脱植民地化の比較史』青木書店／舩田クラーセンさやか 2007『モザンビーク解放闘争史――「統一」と「分裂」の起源を求めて』御茶の水書房／Fukui, K. & J. Markakis eds. 1994 *Ethnicity and conflict in the Horn of Africa*. James Curry

⇒植民地支配，戦争と和解の人類学，民族と国家，地域機構，移動する人々

2-1-2 民族と国家
Nation, Ethnic-group and State

佐藤章

キーワード：ナショナリズム, イデオロギー, 紛争, 民主化

サハラ以南アフリカの国々は独立とともに, 多様な民族が暮らす多元社会を1つの主権国家のもとで安定的に統治するという課題に直面した。新興国家の国民を束ねる統合原理をどのように定めるか。これをいかなる政治組織が担い, 国家の制度として確立するか。国民の一体性や統合を促進するために, いかなる政策を実施するか。独立時に浮上したこれらの問題は, 現在もなお国家としての存続に関わる中核的な課題となっている。さらに, 民族と国家をめぐる問題状況は, 民主化や紛争などの近年の政治変動と相互作用しながら, 刻一刻と変化を続けている。民族と国家は, アフリカ政治の過去, 現在, 未来に関わる中核的な主題の1つといえる。

新興アフリカ諸国のナショナリズムをめぐって

「植民地主義者が全大陸を分割して作ったぶざまな加工品」(ザンビア初代大統領カウンダ) という発言に端的に見られる通り, アフリカ諸国の独立を担った指導者たちは, 植民地を前身とする自分たちの国家が大きな課題を内包していることを認識していた。その課題とは, 民族的に多様な国民を1つの国家のもとにまとめ上げることである。このため当時の多くの指導者たちは, 国民を束ねる統合原理を確立して集権的な統治を実現することを目指し, ナショナリズム運動を推進した。

同時に国によっては, 一方に, 民族的な基盤に立脚して展開される政治運動——当時の用語法でいうトライバリズム——があり, また他方では, 国境を越えた連帯を目指すパン・アフリカニズムの運動も存在していた。これらの異なる志向性の相克は, 国際的な勢力の関与も呼び込みながら, 独立まもないアフリカ諸国の政治を大きく左右し, なかにはコンゴ民主共和国のように紛争にまで発展した国もあった。民族と国家は, 独立直後から大きな政治的問題として浮上したのである。

ナショナリズムをめぐる研究
——1950年代末から1970年代初め

この問題をめぐる研究は日本でも活発に展開された。研究動向は大きく3つに整理できる。第1は, 独立という政治的激変下にあるアフリカ諸国について, その歴史的背景にある植民地支配の実態, 独立を牽引した指導者たちの主張, 政党や結社の動向, 社会経済的 (ないしは階級的) 基盤などを広く取り上げた, 包括的なナショナリズム研究である。代表的な成果に, 10ヵ国あまりについて詳細な情報を整理した宍戸編 (1962, 1963) がある。また中村弘光は, 同書への寄稿をはじめとして, ナイジェリアに焦点を当て民族を基盤とした国内の分断傾向について詳細な研究を行った。

第2は, 前述した異なる志向性の相克を分析モデルに据えた考察である。世界経済調査会『アフリカの研究』(1961) は, アフリカ諸国が直面する問題の筆頭に「国づくりの政治的基盤」をあげ, その鍵を握るのがナショナリ

ズム，トライバリズム，パン・アフリカニズムの趨勢だとして詳細な考察を加えている。西野（1961）は，トライバリズムとの相克のなかでナショナリズムの運動が一党独裁傾向を強めるという，アフリカ政治の展開過程に関する理論的な指摘を行っている。また，ビアフラ戦争は民族的分断の表れとする見地から関心を呼び，岡倉登志，寺本光朗，細見眞也らが考察を行った。

第3は，新興アフリカ諸国にとってイデオロギーが持つ重要性に着目したもので，その1つの到達点が小田（1971）である。ここで小田は，ナショナリズム，パン・アフリカニズム，アフリカ社会主義について詳細な分析を行い，現代アフリカのイデオロギー的潮流が，「伝統的価値志向性」と「イデオロギー的脱植民地化への志向性」を持ち，「いちじるしくアフリカ性の濃度を高めている」との指摘を行っている。

研究テーマの専門化と多様化
――1980年代までの研究動向

1970年代から1980年代にかけては，「ネイション・ビルディングの諸問題」は引き続き現代アフリカ政治の基本問題として位置づけられた（小田 1988）。ただその一方で，民族と国家という大きなテーマを直接扱う代わりに，同時代の政治情勢に関する実証的な研究が1つの方向性として台頭した。注目が集まった主要なテーマとしては，タンザニアをはじめとするアフリカ社会主義の動向（犬飼一郎，岡倉登志，小倉充夫，中村弘光，林晃史など），旧ポルトガル領（川端正久），旧ローデシア（井上一明），ナミビア（青木一能，林晃史など）の解放闘争，アンゴラ内戦（青木一能），オガデン戦争（小田英郎）などがあげられる。以前より資料・情報が入手しやすくなったことを背景に，一国を取り上げた詳細な記述・分析を行う手法がこの時期に確立され

たといえる。日本のアフリカ政治研究が政治学的な専門化を深め，研究テーマもより個別具体的なものへと多様化を遂げる傾向のなかで，民族と国家をめぐる問題は，直接の検討対象というよりは，個別研究を成立させる背景へと，やや位置づけが変化したといえる。

政治研究と人類学の対話

1970年代から1980年代にかけてはむしろ，アフリカ諸国における民族と国家の問題は，人類学との応答のなかで研究上の問題意識として確立されていった。この問題意識とは，「アフリカの社会的・文化的基層単位ともいうべき部族の問題を，現代アフリカの民族あるいは国民国家の形成との関連でどのようにとらえるか」（吉田 1986：269）という表現に集約されるものである。この問題意識はかねてより日本のアフリカ研究者の間で議論されていたものだが，この問題を正面から取り上げた原口（1975）によって，改めてのちの議論への糸口が提示された。同書はとりわけ，部族と呼ばれる集団範疇の生成において，植民地政策がもたらした影響に注目し，詳細な検討を行ったことが特筆される。

また，人類学者からも，「民族・部族をどうとらえるか――アフリカの事例から」（川田・江口・福井・上田・日野 1984）をはじめとして問題提起が行われた。このなかで川田は，サハラ以南アフリカにおける民族と国家をめぐる問題が，アフリカ諸国の固有の状況に関わるものであると同時に，折しも欧米諸国において地域主義・移民問題・地域統合などをめぐって浮上していた，国民国家の相対化という問題に連結することを試みている。また川田編（1987）は，独立後も視野に入れ，民族を歴史記述の1つの視軸として提起したものだが，人類学者中心の執筆陣に加え小田英郎が一章を寄稿している。民族と国家をめぐり日本のアフリカ研究の場で行われてきた，

民主化と紛争の時代における国家と民族
——1990年代以降

　冷戦終結と国内外での民主化運動の高まりを背景に，1990年代のアフリカでは，一党制・軍事政権から複数政党制への体制転換が雪崩を打ったように展開した。また，1980年代末にエチオピア，ソマリア，リベリアで内戦が発生したのに続き，多くの国々が武力紛争を経験することとなった。「民主化」と武力紛争が政治研究にとって重要な研究課題となるのと同時に，民族と国家は，改めて重要な研究主題として浮上した。

　とりわけこの問題は，紛争をめぐる考察のなかで探究された。この時期に国際プレスなどを通して拡散されたステレオタイプ的な「部族対立」観を批判し，民族という集団範疇が歴史的に再編されてきたことや，とりわけ植民地化以降の近代国家による統治のもとで構築されてきたという知見に依拠することにより，紛争ならびにそこに関与するとされる民族の実態について，より正確な理解を追究する一連の研究が行われた。いち早くこの論点を提示したのは，真島（1993），栗本（1996），松田（1999）などの人類学者の業績である。これに続いて，問題意識を共有した政治研究者による研究も着手され，人類学者と政治研究者の共同研究成果として武内編（2000）が発表された。同書では，現代の紛争を研究する上でも，植民地期さらには植民地期以前にさかのぼる民族の歴史的形成過程を検討することの重要性が確認され，また紛争過程の詳細な分析を通して，そこで浮上してくる民族がけっして一枚岩的な主体ではないことが強調された。

民族が介在する政治をめぐる研究

　1990年代以降，政治研究者の間では，「民主化」と紛争に代表されるアフリカ諸国の政治的激変を目の当たりにして，カレントな情勢に関する研究が以前にも増して活発に発表された。これは，アフリカ諸国から発信される情報の飛躍的増大（「民主化」に伴うメディアの自由化の産物）とインターネット時代の到来により，大きく後押しされたものでもある。カレントな政治情勢は各国各様の形で民族的な要素としばしば結びついているため，この時期の研究の多くは，民族と国家に関わる研究の広い一環をなすといえる。そのなかでもとくに，民族と国家をめぐる問題意識を明示的に持った研究としては，民族間関係，国民統合，言語政策などに注目した独立後のザンビアに関する研究（小倉充夫），コートジボワールの選挙結果に関する民族の観点からの分析（原口武彦），ならびに同国でのエスノナショナリズムと政党政治の関係の分析（佐藤章），先住性の政治化という着眼点からの複数政党制後ケニアの国内紛争の分析（津田みわ），国内の民族的多様性と不可分に展開されたナイジェリアでの連邦制の進展過程の分析（落合雄彦），アフリカにおける多極共存主義の実践と問題点に関する研究（戸田真紀子）などをあげることができる。

民族と国家をめぐる民族誌

　国家との相克ないし緊張関係という問題意識に裏打ちされた民族誌がぞくぞくと生み出されていることは，2000年代に入って顕著に見られる特徴である。その研究の代表的なものとして，ボツワナ政府からの強い政策的圧力のもとにあるブッシュマンに関する研究（丸山淳子），政治的民主化と地方分権化政策のもとで牧畜民社会に生まれた政治的アイデンティティに関する研究（内藤直樹），近代国家への併合過程で牧畜社会が経験した変化を

歴史的に記述した研究（宮脇幸生，佐川徹）などをあげることができる。これらの研究は，近代国家のもとで中央政府による分配の恩恵を十分に享受してこなかった人々に焦点を当て，統治上の介入が当該社会にもたらしてきた変化を見据えることによって，国家を逆に照らし出すものである。これらの研究は，中央政界を主たる対象としている政治研究の盲点をあぶりだす重要な問題提起を含み，独自の分野を形成しつつあるといえる。

来たるべき研究展望

　以上のレビューに明瞭に見られる通り，アフリカの民族と国家をめぐる日本での過去50年の研究は，まず政治研究者の間では，政治学ないし比較政治研究の世界的な動向を背景にして，政治学的な専門化が進展してきた。他方，人類学は従来からの問題提起を通して政治研究に大きな刺激を与えつつ，また独自の発展を遂げてきた。政治研究と人類学それぞれの専門化と対話を通して，研究が進展を遂げてきたといえるだろう。これが，ディシプリン横断的に編成されている日本アフリカ学会という場の特長に多くを負っていることは間違いなく，今後もこの方向性のもとでの発展が大いに期待される。

　今後さらに新しい研究の進展が期待される論点としては，歴史的な和解や承認をめぐる問題がある。これは永原編（2009）でのナミビアとケニアの事例研究を通して問題提起がなされている。紛争後の平和構築でも和解が焦点となる近年の状況に鑑みるに，和解や承認の問題が，民族と国家を考察する重要な着眼点となることは間違いない。また，国民統合とやや位相を異にしながらも無視できない問題として，移民の社会統合の問題がある。これはかねてより原口武彦がコートジボワールを事例に研究を行ってきたほか，近年では阿部利洋が南アフリカを事例に研究に着手している。また，移民とは逆に国外に逃れた難民やディアスポラの人々が，近隣諸国や出身国での政情に何らかの形で関与する現象も，今後の新たな研究分野となることが期待される。

小田英郎 1971『現代アフリカの政治とイデオロギー』新泉社／小田英郎 1988「現代アフリカの政治と国際政治」『国際政治』88／川田順造編 1987『黒人アフリカの歴史世界』山川出版社／川田順造・江口一久・福井勝義・上田将・日野舜也 1984「民族・部族をどうとらえるか――アフリカの事例から」『民族学研究』48（4）／栗本英世 1996『民族紛争を生きる人びと――現代アフリカの国家とマイノリティ』世界思想社／宍戸寛編 1962, 1963『アフリカのナショナリズムの発展』全2巻, アジア経済研究所／武内進一編 2000『現代アフリカの紛争――歴史と主体』アジア経済研究所／永原陽子編 2009『「植民地責任」論――脱植民地化の比較史』青木書店／西野照太郎 1961「アフリカ・ナショナリズムの動向」日本国際政治学会編『アフリカの研究』／原口武彦 1975『部族――その意味とコート・ジボワールの現実』アジア経済研究所／真島一郎 1993「リベリア内戦の展開」『アフリカ研究』43／松田素二 1999『抵抗する都市――ナイロビ　移民の世界から』岩波書店／吉田昌夫 1986「アフリカ」『アジア経済』27（9-10）

⇒紛争と平和構築，地域機構，移動する人々，先住民運動，戦争と和解の人類学

2-1-3 アパルトヘイト
Apartheid

――――牧野久美子

キーワード：人種差別，リベラル－ネオ・マルクス派論争，反アパルトヘイト運動，民主化

南アフリカで1990年代の初めまで続いたアパルトヘイト体制のもとでは，白人が社会階層の頂点に位置づけられ，他の人種（アフリカ人，カラード，インド系）に分類された人々は政治的権利を奪われ，経済・社会生活の全般にわたるさまざまな差別を受けた。本稿では，日本におけるアパルトヘイト研究について，アパルトヘイトの起源と性質，および反アパルトヘイト運動に関するものに分けて紹介し，最後に民主化と体制移行に関する研究状況について簡単に触れる。

アパルトヘイトの起源と性質

アパルトヘイトに関する研究は，南アフリカの資本主義的経済発展と，人種差別体制との関係を，どのように捉えるかという問いを中心として発展してきた。学説史的には，この問いに対する立場は，リベラル派とネオ・マルクス派の陣営に大きく分けられる。前者の見解は，アパルトヘイトは工業主義と矛盾しており，工業化の進展につれて非合理的な人種差別は解消していくというものであった。リベラル派の研究を参照しつつ，アパルトヘイトとアフリカーナー・ナショナリズムの関係を日本でいち早く論じたのは小田英郎であった。他方，ネオ・マルクス派は1970年代以降，工業化と人種差別が相互補完的な関係にあることを主張してリベラル派の見解に挑戦した。林晃史は，こうした海外の研究潮流をふまえて南アフリカの経済や労働問題に関して幅広く研究を行い，『アフリカ研究』や『アジア経済』誌上で数次にわたって両陣営の主な論点，相互の批判や論争の経緯を紹介した（林晃史の研究履歴および主要著作リストは林（2007）を参照）。

アパルトヘイトは南アフリカという一国内の問題にとどまらず，周辺国の政治経済とも密接に関連していた。林晃史がフロントライン諸国の南アフリカへの従属構造の解明に取り組んだほか，小倉充夫が周辺国社会の視点から，労働力移動に焦点を当てて南部アフリカ地域構造を動態的に捉える研究を行った。

さまざまな経済部門のなかでも，出稼ぎ労働システムを生み出した鉱業部門の発展は，人種差別制度の形成にとりわけ密接に関わっていた。日本では佐伯尤が，南アフリカ金鉱業の発展史を詳細に論じている。土地の剥奪により窮乏化し，低賃金労働力の供給源となったアフリカ人農村社会については，佐藤千鶴子がリベラル－ネオ・マルクス派論争における位置づけ，さらには農民の主体性を重視する社会史家の研究をもふまえた考察を行っている。1930年代以降，南アフリカ経済において重要性を増した製造業については，西浦昭雄が鉄鋼業や衣料産業の発展史や産業政策の変遷について整理しているほか，個々の企業やビジネスグループの詳細な分析も行っている。産業構造が高度化するにつれ，熟練労働力不足に直面した産業界はアパルトヘイト政策の改革を求めるようになったが，こうし

た産業界の要請を背景として1970年代末から1980年代にかけて検討・実施された労働市場改革に関しては，それが黒人労働者の分断と新たな管理方法を生み出すものであったことを峯陽一が指摘した（峯1991）。

反アパルトヘイト運動

アパルトヘイト体制に対しては，1912年のアフリカ民族会議（ANC）創設以来，ANCから分裂して1959年に結成されたパンアフリカニスト会議（PAC），1970年代に学生を中心に大きな影響力を持った黒人意識運動（BCM），1980年代に多様な市民社会組織が共同戦線を張った統一民主戦線（UDF）など，さまざまな抵抗運動が組織されてきた。

こうした抵抗運動に関して，同時代に日本で発表されてきた著作の多くは，アパルトヘイト体制に立ち向かう人々に共感し，連帯しようとする立場から書かれたものであった。その嚆矢となったのが，日本の反アパルトヘイト運動の創始者として知られる野間寛二郎の『差別と叛逆の原点』（野間1969）である。野間はこの本のなかで，白人支配体制への南アフリカの人々の抵抗の歴史と，体制による過酷な弾圧のありさまを鮮やかに描き出した。野間の没後，東京の反アパルトヘイト運動のリーダーとなった楠原彰は，「南アフリカの黒人の自由と解放は，日本人の自由と解放の問題である」という上原専禄の言葉を胸に刻んで運動に臨み，その批判の矛先は，「名誉白人」の地位を諾々と受け入れ，アパルトヘイト体制を支えている日本社会へと向けられた（楠原1988）。同様の問題意識に立ち，南アフリカと日本の関係を批判的に検討した研究として森川（1988），また20世紀前半にまで遡って南アフリカと日本の経済関係を検証した北川勝彦の一連の研究をあげることができる。

数々の翻訳書も出版され，日本においてアパルトヘイト問題の理解が深まることに貢献した。代表的なものとして，英連邦賢人調査団の報告書（笹生博夫他訳），黒人意識運動の指導者スティーヴ・ビコの『俺は書きたいことを書く』（峯陽一他訳）などがある。また，楠瀬佳子や佐竹純子が，アパルトヘイト体制のもとで生きる人々の息遣いを伝える黒人女性作家（ベッシー・ヘッド，ミリアム・トラーディら）の作品を翻訳し日本に紹介した。

民主化と体制移行

1980年代には抵抗運動が激しさを増し，国際社会からの制裁も強化されてアパルトヘイト体制は危機に陥った。1990年にネルソン・マンデラが釈放されると南アフリカは民主化に向かって大きく動き出し，1994年にはANCを与党第一党とする国民統合政府が成立した。

1990年代初めから新体制発足直後の時期にかけては，民主化の過程や体制移行後の課題に関して，川端正久，佐藤誠，林晃史，平野克己らをリーダーとする多くの共同研究が組織された。スムーズな体制移行に貢献したとされる，国民統合政府や真実和解委員会などの国民融和・和解のための制度枠組みについては，峯陽一，永原陽子，阿部利洋らの研究がある。アパルトヘイト後の経済社会構造の変革に関しては，牧野久美子，佐藤千鶴子らが共同研究を実施した。

楠原彰 1988『アパルトヘイトと日本』亜紀書房／野間寛二郎 1969『差別と叛逆の原点――アパルトヘイトの国』理論社／林晃史 2007「退職記念講演 アフリカ研究と私」『敬愛大学国際研究』19／峯陽一 1991「南アフリカ都市労働市場論――リッカート委員会報告をめぐって」『スワヒリ＆アフリカ研究』2／森川純 1988『南アフリカと日本』同文舘

⇒南アフリカと文学，紛争と平和構築，民族と国家，アフリカ国際関係

2-1-4 アフリカ国際関係
International Relations

遠藤貢

キーワード：パン・アフリカニズム，パクス・アフリカーナ，非同盟，冷戦，国家

アフリカを取り巻く国際関係に関しては，独立の動きが見られた当初からパン・アフリカニズムや非同盟の問題が取り上げられるとともに，1970年代には南部アフリカの解放に焦点を当てた事例研究が多く見られた。また，アフリカの地域統合の問題とも関わる形で冷戦期のパクス・アフリカーナに関わる議論もなされてきた。その一方で日本の対アフリカ政策へも一定の関心が示されてもきた。冷戦後，さらにはグローバル化という文脈において，紛争への国際的な関与，国家論といった新たな問題関心が示されるようになってきたほか，従来の記述的な研究から，より理論研究との架橋を意識した研究展開がなされてきた。

アフリカを取り巻く国際関係の変容

「アフリカの年」（1960）から半世紀以上の時間を経過した時点におけるアフリカは，きわめて大きな変容のもとにある現代世界において，どのような位置にあると考えればよいのだろうか。冷戦終焉の一時期によく聞かれた悲観論としてのアフロペシミズムは，すでに妥当しない状況にあると考えられる趨勢が生まれてきた。また，2015年を最終年としている国連ミレニアム開発目標（MDGs）実現の道のりにおいてアフリカは大きな遅れをとっているとも見られている。しかし，近年のアフリカは，とりわけ中国の経済進出に象徴される形で，資源開発の波とともに，その姿を大きく変えようとしている。むろん，アフリカは均質ではなく，そこに多様性がある以上，「アフリカ」と総括して論じることにもそもそも無理があるが，ここでは日本において国際関係のなかにアフリカがどのように位置づけられてきたかに関する研究の系譜を検討することとしたい。

アフリカ国際関係研究の黎明と継承

アフリカを取り巻く政治研究は新興独立国のナショナリズムに焦点を当てた研究が先行する形で展開し，国際関係や国際政治に関わるテーマが本格的に扱われるようになるのは，冷戦の影響が明確な形でアフリカにも影響が及ぶことになる1970年以降である。しかし，日本国際政治学会の和文ジャーナル『国際政治』は1962年刊行の18号において『アフリカの研究』というアフリカ特集号を編み，その編集を担当した百々巳之助の遺稿「国際関係とアフリカ」は，その黎明といえる。ここにおいて，百々は「今日におけるアフリカ問題の位置を設定し，国際社会におけるアフリカの投影を眺めることが，現代的時点において要請された課題といわなくてはならない。それは，たんに現代アフリカ世界の開幕を告げるばかりでなく，国際社会におけるアフリカ世界の主体化を意味し，かつ今後におけるアフリカの来たるべき方向を示唆するものだからである」（百々 1962：1）と記し，国際社会のなかにアフリカを意味づける必要を提起している。そして，その「主体化」の事例と

して，パン・アフリカニズムや非同盟の問題があげられる。

この分野において百々を継承して，より体系的にアフリカ国際関係分野を開拓したのが浦野起央（1975）であろう。浦野は，同時期に発刊した『アフリカ国際関係資料集』を皮切りに，この時期以降アフリカの国際関係に関わる一連の資料を編集したことでも知られている。この著作においては，百々と連続する問題関心から，アフリカにおける地域統合の問題をパン・アフリカニズムの思想との関わりにおいて論じるとともに，「列国」（ここには，旧宗主国，アメリカ，中国，ソ連，日本などが含まれる）のアフリカとの関係が論じられるほか，当時ローデシア問題を中心に大きな岐路に立っていた南部アフリカの国際関係が扱われている。

冷戦期おける研究展開

パン・アフリカニズム，非同盟，南部アフリカの解放といった問題は，日本におけるアフリカの国際関係を扱う議論のなかで広く，かつ1980年代末にいたるまで繰り返し扱われるテーマとなった。1988年に刊行された『国際政治』88号では，18号以来26年ぶりにアフリカが特集され，『アフリカの政治と国際関係』というタイトルが付されている。編集を担当した小田英郎の「序論　現代アフリカの政治と国際政治」でも，改めて上記の問題がアフリカを取り巻く国際政治の問題系として提起されている。さらに，同論文集のなかには，アフリカにおける紛争との関わりにおけるパクス・アフリカーナという理念（アフリカ自身の手によるアフリカの秩序）の問題も扱われている（金子絵美「コンゴ紛争とパクス・アフリカーナ」）。ここには，パクス・アフリカーナを指向する形で1963年に設立されたアフリカ統一機構（OAU）の課題も提起されている。また，同論集では新しい問題視角としてのアフリカ政府の外交政策に関する考察が含まれている（望月克哉「ナイジェリアの対外関係——1965〜1980」）。

冷戦期にかかるアフリカ国際関係を含む1つの整理として執筆されたのが，『国際政治』88号の編集に関わった小田によるテキストである（小田1989）。その第8章では，アフリカにおける国際紛争が扱われ，第9章ではパン・アフリカニズムとパクス・アフリカーナの課題が整理されている。冷戦期におけるアフリカ国際関係のまとめとしての意味を持つ著作である。

冷戦後の国際関係とアフリカ

冷戦後においては，新たな国際関係のなかでの対アフリカ政策や，従来の記述的な研究から，紛争研究や国際政治の理論研究を意識した研究へと新たな展開が見られてきた。林晃史編（1996）はアジア経済研究所の共同研究の成果の1つだが，冷戦後の主要国，国際金融機関の対アフリカ政策を整理・検討したものである。また，1993年に日本政府を中心として始まったアフリカ開発会議（TICAD）に関しても，歴史的に見た日本のアフリカ政策について川端正久を中心とした日本とアフリカの関係をテーマとした共同研究の成果の一部が著わされている。これ以降も，片岡貞治，佐藤誠，望月克哉らによって日本の対アフリカ政策は継続的に検討が加えられてきたが，そのなかでも森川純の研究は，とくに南アフリカとの関係を企業の関与のあり方と結びつけながら批判的な考察を行ってきた点においてきわめて特徴的である。

21世紀を迎える段階にいたると，主要国による対アフリカ政策が『国際問題』などの政策指向の強いジャーナルにおいて取り上げられてきたほか，1990年代に多くの紛争を経験したこととの関わりにおいて，国際社会のアフリカの紛争対応や，アフリカにおける紛争

対応が研究対象として重要性を帯びる形となった。ルワンダおよびコンゴ民主共和国（武内進一），西アフリカ（落合雄彦），アンゴラ（青木一能）などのほか，武内進一編（2008）では，紛争勃発後の国際社会のアフリカへのさまざまな関与が描かれている。

アフリカの変容とアフリカを分析する新たな視座

21世紀におけるアフリカを捉える新たな視座を模索することを大きなテーマとして川端正久が編集した『国際政治』123号（2000年刊行）は，「転換期のアフリカ」というタイトルが付されている。そこには，新たな可能性を秘めた大陸としてのアフリカをどのように考えるのかという方向性が示されている。日本で開催されてきたTICADにおいても，第4回（2008）では「元気なアフリカを目指して」，そして第5回（2013）では「躍動するアフリカと手を携えて」というキャッチフレーズが用いられたように，アフリカはその姿を大きく変えようとしている。

こうした変容にも目を向けようとする試みとして，遠藤貢が編集した『地域研究』のアフリカ総特集号（2009年刊行）は「アフリカ――〈希望の大陸〉の行方」と題され，変貌するアフリカの様態と，そのアフリカへの「外」の対応が検討されている。ここには，変容するスーダン（栗田禎子），ジンバブエ（井上一明），ケニア（津田みわ）といった「内」なる変容に加え，フランス（加茂省三）などの「国際社会」の新たな関与のあり方への検討がなされている。同じく遠藤が編集した『国際政治』159号（2010年刊行）は「グローバル化の中のアフリカ」と題され，その序論においては，「アフリカ研究と国際政治学を架橋する」ことに関する強い指向性が示されている。遠藤は，ほぼ同時期に日本国際政治学会における50周年記念事業として編集された論文集に寄せた論考においても「マクロな国際政治学と，『下からの視座』のもとでの研究における認識上のズレを調整する上で，アフリカ政治研究が持ちうる意味は少なくない」と記し，その問題意識を記述している（遠藤2009）。

こうした研究のなかで関心の1つの中心となってきたのがアフリカの国家に関わる問題である。龍谷大学社会科学研究所における一連の共同研究においても，この問題が中心的に取り上げられ，川端・落合編（2006）は，まさにこの問題を中心的に掲げた研究成果であった。同じく龍谷大学での共同研究の成果として出版された川端・落合編（2012）も，アフリカを国際関係のなかに位置づける研究であり，今後の展望もうかがわせる問題を扱っている。ここに提起された研究課題として，第一に，川端がその序論「『アフリカと世界』に関する包括的理解に向けて」で述べるように，これまでの国際関係論が一貫してアフリカを無視してきたと告発するとともに，クラプハム（Clapham 1996）が指摘したアフリカ国際関係（理論）が国家領域と非国家領域から構成されているという理解に基づく2つの領域間の関係に関わる問題系がある。第2に，現実の動向として旧宗主国やアメリカなどとも対置される「中国のアフリカ政策の歴史と諸相」（落合雄彦）であり，急激にプレゼンスを増すアフリカにおける中国を中心とした新興国の動向である。そして最後にアフリカを取り巻くさまざまな人の移動に関わる問題系である。ここには，移民，難民，さらにはディアスポラとも表現される人々とアフリカの開発と政治の関係がある。先にあげた「アフリカ――〈希望の大陸〉の行方」でも日本に息づくアフリカ人を短い特集で扱っているが，グローバルな人の移動に関わる問題も，アフリカを取り巻く国際関係の重要な研究課題となっていくと考えられる。

アフリカを取り巻く政策環境と国際関係

1994年に国連開発計画の報告書が端緒となった「人間の安全保障」は，2012年の国連総会においてその内容について国際的な合意形成がなされるとともに，日本の外交政策の柱の1つと位置づけられている概念である。この概念自体が，広く研究対象とされてきた経緯もあるが，アフリカをめぐっても望月克哉編（2005）に見られるように，実践領域を含む問題系として，研究上の課題として位置づけられるようになってきた。類似の検討は，「人道的介入」（国際法学においては「人道的干渉」）（Humanitarian Intervention）や「保護する責任」（Responsibility to Protect: R2P）といった政策領域に関わる問題とも連動する形で行われるようになっている。

また，たとえば武内編（2008）にも収められているように，いわゆる平和構築や国家建設という実践的な課題に関わる領域に関して，アフリカ研究者が個別課題にくわしい研究者との間で共同研究を行う傾向も強まっている。こうした領域に含まれるテーマとしては，治安部門改革（SSR），武装解除／動員解除／社会統合（DDR），「移行期正義」（Transitional Justice）などがあり，アフリカにおける「移行期正義」の研究としては，真実和解委員会に関する阿部（2007）などが存在する。こうした研究動向のなかには，アフリカをめぐる政治や国際関係の研究が，実務面や政策面においても必要とされ始めているという政策環境の変化を見て取ることができる。

今後の課題 —— 未知なる対象と手法

2013年1月16日に北アフリカのアルジェリアの南東部イナメナス近郊の天然ガス精製プラントにおいて発生した，イスラーム系武装勢力による人質拘束・襲撃事件は，計37名に上る犠牲を伴う結果となり，国際社会に大きな衝撃を与えた。化学プラントの建造に実績のある日揮関係者10名がこの事件の犠牲者になったことから，日本社会が受けた衝撃もきわめて甚大なものとなった。しかしこの事件の真相は依然として闇のなかである。その意味では，不安定化する「サヘル・アフリカ」をめぐる現象は今後政策的にも十分検討されるべき課題の1つともなろう。

こうした状況に日本人が巻き込まれるような形で，本分野の黎明期には想像だにできなかったほどに時空は圧縮されている。そしてこうした空間のなかで生じる現象もアフリカの「内」と「外」が不断に相互循環する形で生起しているのである。そこに生起する多様な現象は，ネット上に多くの情報が氾濫しているにもかかわらず，必ずしも検討しきれない。そこには新たな黎明の時代が訪れているのかもしれない。

阿部利洋 2007『紛争後社会と向き合う —— 南アフリカ真実和解委員会』京都大学学術出版会／浦野起央 1975『アフリカ国際関係論』有信堂／遠藤貢 2009「アフリカと国際政治 —— 国家変容とそのフロンティア」国分・酒井・遠藤編『日本の国際政治学3　地域から見た国際政治』有斐閣／小田英郎 1989『アフリカ現代政治』東京大学出版会／川端正久・落合雄彦編 2006『アフリカ国家を再考する』晃洋書房／川端正久・落合雄彦編 2012『アフリカと世界』晃洋書房／武内進一編 2008『戦争と平和の間 —— 紛争勃発後のアフリカと国際社会』アジア経済研究所／百々巳之助 1962「国際関係とアフリカ」『国際政治』18／林晃史編 1996『冷戦後の国際社会とアフリカ』アジア経済研究所／望月克哉編 2005『人間の安全保障の射程 —— アフリカにおける課題』アジア経済研究所／Clapham, C. 1996 *Africa and the International System: The Politics of the State Survival*. Cambridge: Cambridge UP

⇒紛争と平和構築，地域機構，移動する人々，民族と国家，日本に住むアフリカ人の暮らし，アフリカ人とディアスポラ

2-1-5 地域機構, 移動する人々
Regional Organizations, People on the Move

………………………………………………望月克哉

キーワード：人の移動, 移民, 難民

アフリカにおいて地域機構が果たしてきた役割の大きさにもかかわらず，それらに対する日本における関心は高まらなかった。時代が下り，アフリカで頻発するようになった地域紛争への対処において，その役割が注目されるに及び，ようやく研究関心も喚起された観がある。これらとは対照的に，人々の移動に関わる研究，すなわち国際移動の研究は，その当初から研究者の関心を惹きつけてきた。移民あるいは難民といった研究対象を包括した概念である「移動する人々（people on the move）」を援用することにより，さらに研究は深まることになった。それらの学際的研究の深化の可否がいま問われている。

地域機構

アフリカ統一機構（OAU）の役割に関する文書・資料を翻訳・採録したのが浦野（1989）である。OAUに関する国外の研究動向をまとめた論文として金子（1992）があったものの，単行書としてまとめられた成果はなく，後継のアフリカ連合（AU）についても事情は同じである。

サブ・リージョナルな機構の研究としては，まず通貨問題をめぐって仏語圏アフリカ諸国を論じた岡田（1985）や西アフリカ諸国経済共同体（ECOWAS）に注目した室井（1985）が発表された。

これらに続くものとして，アジア経済研究所の共同研究の成果である林編（1988）があり，仏語圏諸国が組織した西アフリカ経済共同体（CEAO），中部アフリカ関税・経済同盟（UDEAC）などを含む主要な地域機構の役割についての整理と分析を行っている。

しかしながら，アフリカ研究者の強い関心を惹きつけたものは，地域紛争への対処において地域機構が果たす役割であった。総合研究開発機構（2000）を皮切りに，南部アフリカ開発共同体（SADC）に注目した林（2001，2002）などが相次いで発表された。近年は若手研究者のなかからも，政府間開発機構（IGAD）を取り上げた阪本（2010），国連の平和維持活動（PKO）を視野に入れた井上（2011）など，切り口の鋭い論考が次々に発表されるようになった。

人の移動——移民, 難民

矢内原（1980）をはじめとする経済学者の著作は，労働移動という視点から移民に注目していた。南部アフリカ諸国の鉱山労働はもとより，アフリカ各地における農園労働など，すでに植民地期から移民労働者に依存した経済開発が進められてきたからである。

これに対して国際関係学の研究者たちは，国際政治学あるいは国際社会学の視点から，人々のトランス・ナショナルな動きに注目して分析を行った。百瀬・小倉編（1992）はその初期における成果の1つだが，これに続く研究ではアフリカを含むさまざまな地域を視野に入れた成果がもたらされた。これらの研究は学際的な展開を見せ，小倉編（1997）に

は三島禎子など人類学者も参画している。また，移動先あるいは送り出し国において移民の果たす役割に注目した佐藤編（2010）も上梓されている。さらにディアスポラという視点が見直されたことにより，宮治編（2010）あるいは小倉・駒井編（2011）といった成果も発表されることになった。

他方，同じ人の移動というトピックでも難民に関する研究の様相は大きく異なっていた。こうした研究の展開において大きな契機になったのが1980年代にサヘル地域で頻発した早魃と，それらが引き起こした飢餓であった。なかでも研究を刺激したのはアフリカ大陸に駐在したジャーナリストたちであり，伊藤編（1984）や篠田（1985），あるいは毎日新聞外信部（1985）といったルポルタージュが現地の深刻な情勢を伝えたことから，世界的な飢餓救済キャンペーンともあいまって，アフリカの飢餓と難民の問題に研究関心を惹きつけることになった。

難民研究に展開をもたらしたもう1つの契機は，アフリカ諸国における紛争であったと考えられている。下って1990年代に入ると，地域紛争への対処につき国連を中心とした国際社会の取り組みが求められるようになり，予防外交，人間の安全保障といった新しい概念とともに難民問題が改めて論じられるようになった。峯・畑中編（2000），望月編（2006）といった論文集に寄せられた研究成果には，かつてとは異なる視角から「移動する人々」の姿が描き出されている。さらに，佐藤（2012）など新たな成果が生まれており注目される。

伊藤正孝編 1984『アフリカ難民——悲しみの大地から』ほるぷ出版／井上実佳 2011「アフリカの安全保障と国連——国連の平和維持活動（PKO）における地域機構との関連を中心に」『国連研究』12／浦野起央編 1989『資料体系アジア・アフリカ国際関係政治社会史 第4巻』パピルス出版／岡田昭男 1985『フラン圏の形成と発展——フランス・フランを機軸とする通貨圏と経済統合の諸問題』早稲田大学出版部／小倉充夫編 1997『国際移動論——移民・移動の国際社会学』三嶺書房／小倉充夫・駒井洋編 2011『ブラック・ディアスポラ』明石書店／金子絵美 1992「アフリカ統一機構研究の現状と展望——欧米・アフリカの研究を中心に」『アフリカ研究』40／阪本拓人 2010「『混沌圏』の秩序——IGADとアフリカの角」『国際政治』159／佐藤誠編 2010『越境するケア労働——日本・アジア・アフリカ』日本評論社／佐藤千鶴子 2012「アフリカ人の国際移動とアフリカ開発の可能性」川端・落合編『アフリカと世界』晃洋書房／篠田豊 1985『苦悶するアフリカ』岩波書店／総合研究開発機構 2000「予防外交——アフリカに見るその課題」『NIRA政策研究』13（6）／林晃史 2001「南部アフリカにおける地域機構と紛争」『敬愛大学国際研究』7／林晃史 2002「南部アフリカ開発共同体の現状と展望——地域経済協力機構と安全保障機構としての役割」『国際研究』（中部大学国際地域研究所）18／林晃史編 1988『アフリカ援助と地域自立』アジア経済研究所／毎日新聞外信部「アフリカを考える」取材班編 1985『アフリカ飢えの構図』三一書房／峯陽一・畑中幸子編 2000『憎悪から和解へ——地域紛争を考える』京都大学学術出版会／宮治美江子編 2010『中東・北アフリカのディアスポラ』明石書店／室井義雄 1985「西アフリカ諸国経済共同体（ECOWAS）の『通貨の交換性』問題について」『アジア経済』26（2）／望月克哉編 2006『人間の安全保障の射程——アフリカにおける課題』アジア経済研究所／百瀬宏・小倉充夫編 1992『現代国家と移民労働者』有信堂高文社／矢内原勝 1980『アフリカの経済とその発展——農村・労働移動・都市』文眞堂

⇒紛争と平和構築，アフリカとグローバル経済，アフリカ人とディアスポラ

2-2-0 総説 ── 経済学
Economics

高橋基樹

アフリカの経済研究には普遍的な理論と現実の乖離，共同体や国家などの非経済的要素の強さ，データの不十分さという3つの困難がある。独立当初のアフリカ研究の主要な対象は，従属論の影響を受けて，旧宗主国の収奪と支配の影響など外部との関係だったが，その関心は徐々に内的なメカニズムに移っていった。1980年代になると，主流派経済学の考え方にしたがい，新古典派的な画一的論理でアフリカ諸国の経済を理解しようとする傾向が強まった。その後，主流派経済学の理論的枠組みが新しい展開を遂げ，ミクロ経済学の側面でより現実に即した分析がなされるようになっている。マクロ的分析においては，発達した計量分析の手法を用いて非経済的要因，制度の歴史的な形成過程，政治経済的メカニズムなどを定量的分析に組み入れる論考が増えてきた。研究の担い手は，最初は欧米の人々が主流であったが，次第にアフリカ人のなかから優れた研究者が生まれてくるようになっている。日本のアフリカ経済研究は，限られた数の人々によって担われてきた。当初は，マルクス主義の影響を大きく受けていたが，その後，援助政策や世界的な経済学の潮流とはやや離れたところで，個々の現地調査を重視するかたちで研究が進展した。近年では経済学の世界的な新しい展開をふまえ，またアフリカの現実に積極的に関わりながら研究を積み重ねていこうとする努力が始まっている。

アフリカの経済を研究するということ

経済学の対象には，個々人の経済活動から世界全体まで多様な領域が含まれている。ここで取り上げる経済分野の研究業績は，とくにアフリカという地域を対象とするものである。といっても，そこには個別の人々，世帯（家計），企業を単位とするミクロ的な経済活動から，一国全体のマクロ的経済現象，国境を越える経済取引，さらには世界経済におけるアフリカの位置づけなど，多岐にわたる研究対象が含まれる。

成長するアフリカ。21世紀初頭からの経済回復を象徴するケニア・ナイロビの近代的景観

　こうした多様さのなかで，アフリカ経済研究に共通したいくつかの難しさがある。意識するとしないとにかかわらず，その難しさと関わり，それを乗り越えようとしてきたのが，アフリカ経済研究の歴史であったといってよいだろう。その難しさのうち，主なものを 3 つ指摘することができる。

　その第 1 は，普遍的な理論とアフリカの現実との乖離である。経済学の多くは，学派の違いにかかわらず，世界全体への適用を想定した，体系的な理論を基礎に置いている。そして，その経済学の理論は，まず欧米先進国の経済の歴史と現実を写し取ったものとして作られてきた。しかし，アフリカの実情は，歴史的にも，また今日においても欧米からかけ離れている。したがって，経済学の理論を適用してアフリカを理解することには，往々にして落とし穴が待ちうけることになる。この点に関連して日本のアフリカ経済研究を牽引した 1 人である矢内原は，早い時期に次のように述べている。

　「(アフリカの) 家計 (中略) の性格は，現代の経済学が仮定しているようなものとは大幅に異なっている。アフリカ国民も合理的行動をとることは今日一般に認められているが，この合理性はそのおかれた枠組内での合理性であって，枠組み (ママ) 自体は近代社会のそれとはなお異なっているのである」(矢内原 1971：20)。

　ここでいわれている「家計」を個人をはじめとする経済主体，「近代社会」を欧米先進国といいかえれば，矢内原の指摘は現在でも通用するだろう。主流派経済学が一般的に前提としているのは経済主体の自己利益追求 (消費者の場合は効用の最大化，生産者の場合は利潤の最大化) に基づく合理性であるが，アフリカの経済主体の行動を説明する場合，先進国の経済主体と共通の自己合理性に基づく「普遍的」論理で説明

できる側面と、アフリカ社会固有の状況のなかに置かれているためにそこから乖離してしまう側面とがある。この点をどのように捉え説明するかが、アフリカ経済研究にとって課題であり続けている。

　以上の第1のことと関連して、第2に、経済現象に影響を与えるさまざまな非経済的要素を扱うことの難しさがある。その典型が共同体や国家である。家族・親族あるいは村落社会のような共同体では、共同体全員ないし他の成員の利益をはかるように経済主体が行動すると見られており、そうであれば主流派経済学の自己合理性に基づく想定とは異なる状況が生ずることになる。そして、共同体内の行動原理は、文化や宗教などの非経済的要素と分かちがたく結びついている。アフリカでは、そうした共同体の論理の強さが、経済学が想定するものとは異なる行動を促すものと、しばしば強調されてきた。

　また、マクロ経済学が、ミクロ経済学と並んで経済学の二大分野となっていることに現れているように、経済学の主要な対象のひとつは各国の国家レベルで展開する経済現象である。ここで、「国家」という枠組みはそもそも権力、地理的範囲、国民意識などの非経済的要素によって成り立っており、マクロ経済学はそうした要素を前提にせざるをえない。とくにこのことに注意しなければならないのは、アフリカの国々が、欧米や東アジアの国々と違って、植民地分割によって著しく外生的な形で作られたからである。したがって、マクロ経済学が通常想定している国のあり方を当然の前提とすることは、アフリカでは適切ではない。

　第3に、データの問題がある。アフリカでは一般的にいって、国家の浅い歴史のために行政機構による民間の経済活動の捕捉力が弱いことが原因となって、政府によるデータの収集が粗放、かつ不定期である。先進国で見られるような生産や消費の多様化に対応したデータはもちろん、経済主体に関する悉皆（全数）的なデータも収集されていないことが多く、多数の推計値を用いて代替しているのが実情である。国際機関の支援などもあって、近年状況は改善されており、とりわけ後述のように家計などのミクロレベルのデータは、さまざまな形で収集されるようになっている。しかし、貨幣価値で測ることのできない自給自足など非市場的な経済活動がアフリカには多く、これらはその性質上、定量的なデータとして正確に記録することが難しい。こうしたことのために、通常の経済学が想定するような精度で経済の動向の計測をすることはかなわない。そして、多数のデータを積み上げて集計されるマクロ的な経済指標は、先進国と同じ確度では信頼できない。

　以下、これらの3つの困難をふまえながら、アフリカ経済研究の軌跡を振り返っていこう。

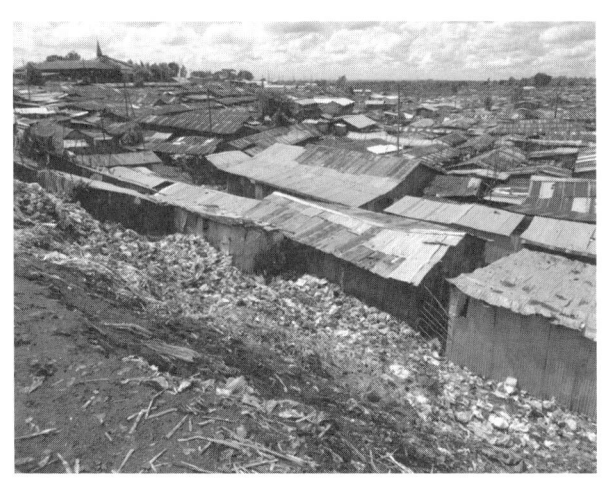

停滞するアフリカ。ナイロビ市内のスラム・キベラ。近代的ビル群との対照は貧富の格差を象徴する

アフリカの国家建設と経済研究

　アフリカ諸国が独立した1960年代，欧米先進国にとってアフリカの経済的な重要性は低かった。また，この時期には上で述べたような経済研究上の困難がとくに著しかった。とりわけ市場経済や行財政機構は未発達であり，緻密な経済分析を可能にするようなデータは整備されておらず，実証的な経済研究は容易でなかったのである。このために，欧米経済学の主流から見れば，アフリカの研究は周縁的なものであった。

　独立後のアフリカ諸国での現地調査が可能になるにつれ，若手研究者を中心に事例研究などは行われるようになった。しかし，早い時期のアフリカ経済のミクロ的な研究では，普遍的な経済学の理論に反するように見えるアフリカの農民の保守的な行動を非理性的なものと解釈するなど議論は十分に深められなかった。むしろ，研究者自身による綿密な資料・情報の収集に依拠する，歴史学，人類学，社会学，農学などが経済的事象に関わる豊かな知見を蓄積していった。

　独立後しばらくの時期，経済学でさかんな議論を展開したのは，いわば反主流に属するマルクス経済学，あるいは従属理論に依拠する人々である。職業的な研究者でない人々にまず注目すると，独立後のアフリカ諸国のあり方を植民地支配の延長として捉えたファノンらの新植民地主義論は，アフリカの経済的自立を目指す開発理念と共鳴しながら，多数の人々の問題意識を喚起した。ファノンのアフリカ国家

の支配構造と階級間関係についての捉え方は，カブラルのギニア・ビサウに関する分析の基本的枠組みを提供し，さらには主流派経済学と方法論を共有するベイツの新政治経済学的分析にまで影響を及ぼした。

他方，経済史学者ロドネーは，奴隷貿易以降のアフリカの歴史を分析し，ヨーロッパとの関係のなかでアフリカが低開発化されていく過程を描き出して，従属論的なアフリカ経済観に歴史学の面から根拠を与えようとし，やはり後の議論に大きな影響を与えた。独立運動の指導者であるカブラルをはじめ，ファノン，ロドネーらは実践活動に深く関わったが，より純粋な研究者の間でも従属論や新植民地主義論の影響は大きく，アミンやウォーラースタインは，これらをふまえ，アフリカと外部との関係性に関心を広げて，国際政治経済を包括的に説明する「世界システム論」を築き上げていった。

1960年代以降しばらく，南アフリカの白人大学などを除けば，アフリカの高等教育機関は概して未発達であった。必然的にアフリカ人で社会科学・経済学を学んだ人々の数は少なく，早い時期の研究は，主に欧米や域外の人々によって担われた。上で述べた人々も，カブラルやアミンを除いて，アフリカ大陸外の出身である。ファノン，ロドネー，すぐ次に述べるルイスも，アフリカ系ではあるが，カリブ海地域の出身で，欧米の高等教育機関で学んでいる。

独立後の早い時期の主流派経済学者のアフリカとの関わりとして重要なことは，多数が，アフリカの国家建設を支援し，またその状況を観察するためにアフリカを訪れたことである。その代表的な存在が，ノーベル経済学賞受賞者ルイスであり，ルイスは新生アフリカの旗手であったンクルマ率いるガーナ政府の経済政策顧問を務めた。また多くの若い研究者が新しく創設されたアフリカ諸国の大学に教員や研究員として滞在した。情報の経済学の構築を通じて開発研究の進展にも貢献し，やはり後にノーベル経済学賞を受賞するスティグリッツ，途上国経済研究に広く影響を与える農村－都市間の労働移動モデルを提示したトダロはともにケニアに滞在した。

日本における初期のアフリカ経済研究

日本におけるアフリカ経済研究の初期の課題は，まずもってほとんど知られていないアフリカ諸国の経済について理解することであった。そこで，入手の容易な貿易などのデータや旧宗主国に蓄積された資料，また欧米あるいはソ連など社会主義国の先行研究の成果を用いて研究が行われた。そうしたなか，早い時期に世界経済調査会（1961）などの概説書が刊行された。

日本のアフリカ経済研究の黎明期から中心的な役割を担ったのが，アジア経済研

究所（現・日本貿易振興機構アジア経済研究所）の研究チームであった。アジア経済研究所は，アフリカ内の各地域の研究者を擁し，彼らをアフリカ各地に派遣して，経済の実情に関する調査において他の組織の追随を許さない業績を残していった。

　他方で，この時期の日本の経済学界では，マルクス経済学と唯物史観が強い影響力をふるっていた。そのなかで，1960年代の半ばから，アフリカ経済の考察では，大きく2つの視角が分化していったといってよいだろう。一方は，植民地支配やその後の国際経済・先進国との関係性のなかで生じたアフリカ経済の変容や状況に注目するものであり，他方は，外部からの影響とは区別されるべきアフリカ経済独自の内的なメカニズムに迫ろうとするものである。

　前者の視角は，当時の国際政治経済体制への批判的な政治的立場と結びつきやすく，新植民地主義論や従属論が全盛であった国際的な思潮を強く反映して，アジア・アフリカ研究所編（1965）などが出版された。また，そうした特定の政治的立場からは一線を画しつつ，マルクス主義的歴史観を下敷きにしながら，植民地時代以来のアフリカの土地や労働の市場の変動を考察することで，アフリカ経済の状況に迫ろうとする山田編（1969，1975），星編（1973）などの著作が現れた。

　後者の視角に立つ研究の主な関心は，当時の有力な普遍的理論である，唯物史観の発展段階説に立ってアフリカを歴史的に位置づけようとするものであった。これは同じ時期の欧米の研究者にも見られる傾向で，そのなかでもとりわけ共同体が分化を開始し専制君主による支配があらわれた「アジア的生産様式」をアフリカ経済の分析枠組みとするアプローチが大きな影響を与えていた。他方，ロドネーなどは，ヨーロッパとの接触以前のアフリカ経済における共同体の卓越を指摘した。こうした思潮の影響を間接的に受けながら，経済史学の泰斗，大塚久雄の直接の薫陶を受けた赤羽は，よりいっそう共同体の重要性を強調し，西欧近代ともアジアとも異なる特有の概念「アフリカ的人間類型」を提起した（赤羽1971）。同人間類型は，極端に低い生産力の下で血縁共同体のなかに埋没している原初的なものとされ，赤羽はこうした人間類型が解体されない限り，アフリカは近代化できないと主張した。赤羽の所説は，欧州の経済史のなかで前近代的な村落共同体のなかからどのように近代的個人が立ち現れるのかを考究した大塚史学をアフリカに敷衍しようとしたもので，もともと人間のなかにある自己合理性が，アフリカ農村固有の枠組みによって封じ込められていると捉えて，アフリカ農民の保守性に社会構造的な説明を与えようとしたものである。アフリカでの現地調査を経ずに打ち出された赤羽の「アフリカ的人間類型」であったが，アフリカの経済的停滞の内的なメカニズムを説明する際のシンプルで典型的な参照軸として，日本において長く影響を与えることになった。

赤羽の著作の直後から，アジア経済研究所を中心に現地調査をふまえ，農村社会の実情に迫ろうとする研究が積み重ねられていく。そこで行われた吉田，池野，高根などの綿密な農村調査は，アフリカ的人間類型とは異なる，より多様な人間関係，より開放的で流動的な村落社会のあり方を明らかにしていくことになる。

　1970年代にかけて，日本においても入手が可能な貿易やマクロ経済データを用いて，アフリカ各国の状況の分析が進められていった。そのなかで，とくに深くアフリカ経済研究に関わった人々によって，1980年代初めまでに犬飼（1976），矢内原（1980），岩城（1982）などの包括的な学術書が生み出されていった。それなりの発展を遂げた日本のアフリカ経済研究であるが，欧米に比べても経済学のなかでは傍流であり，携わる人々の数も少なかった。

経済停滞および構造調整の時代と日本の研究

　1970年代から80年代にかけ，アフリカの多くの国では，経済成長が停滞した。そのなかで，経済政策を立案し，行財政を担わなければならない人材の層の薄さが露呈した。国有化を通じて現地化（アフリカ化）した企業の経営の非効率性も問題となった。アジアやラテンアメリカなどの他の地域に比べてアフリカ経済のマクロ的停滞は際立っていた。そして，アフリカ諸国は，対外債務の負担に苦しみ，西側先進国と国際機関の援助への依存を深めていった。

　他方，多くの実証研究が，貧困・飢餓，生活の不安定に苦しみつつも，変動する状況に対応し，活発に，しかも多彩に活動する農民や都市民などミクロの経済主体の実相を明らかにしていった。国際労働機関（ILO）のケニア調査に結集した，ハートやさらに若い世代のマコーミックらアフリカ内外の研究者によるインフォーマル・セクターの役割の再評価とくわしい調査などが，典型的な例としてあげられる。また，そうしたなかで，従属論や新植民地主義論など外部との結びつきや普遍的な歴史的発展段階論に基づくアプローチは，次第に説得力を失っていった。むしろ，とくに欧州出身の研究者の関心は，欧米とは大きく異なるアフリカの国家の内的メカニズムに向かい，政治学と密接に連動しながら，ヒデーンの「情の経済」，メダールらの「新家産制国家」などの概念を生み出し，後の研究に大きな影響を与えることになる。

　同時期に世界的に影響力を強めたのは，論理実証主義を旨とし，個々人の自己利益追求を原理とする合理的な選択と行動を分析枠組みの前提とする新古典派経済学である。新古典派経済学は，ミクロの理論の次元では主流派経済学の中心であった。さらに，1970年代から80年代にかけては，ケインズ経済学に代わって多くの先進

国のマクロ経済政策の基本的発想にも影響を与えるようになり，世銀など国際開発金融機関による途上国への開発支援の理論的枠組みともなった。こうしてアフリカやその他の途上国で実施されるようになったのが，構造調整政策である。新古典派経済学は，歴史的発展段階の違いという概念を基本的に持たず，市場が少なくとも潜在的には遍在するものと想定し，完全競争市場の機能を阻害するものとしての政府の規制介入を問題視した。こうした考えは，先験的にアフリカを原初的な（あるいは一番遅れた）段階にあると決めつける弊を免れていたが，他方で，それぞれの国の経済の特殊な背景や固有の状況，いいかえれば矢内原がいう意味での先進国とは異なる「枠組み」をかえりみないという，別の深刻な問題を抱えていた。そのために，構造調整政策はどの国においても画一的なものとなり，マクロ政策としては十分な成果を上げられなかった。しかし，社会主義体制の崩壊と連動しつつ，構造調整政策はアフリカを含む開発途上世界全域における市場経済の拡大という世界史的事態の一翼を担って，大きな影響を及ぼしていった。

　こうした状況のなかで日本におけるアフリカ経済の研究は，一種の停滞に陥ったといってよい。アフリカ諸国自体で経済の自立化への政治的意志が弛緩して援助依存が進み，唯物史観や従属論の説得力が低下したことは，日本の研究者に，アフリカへの眼差しの転換を求めた。こうした停滞にもかかわらず，個人の努力によるところの大きい実証的な経済史の研究などは北川，室井らによって営々と積み重ねられていった。また，アフリカ現地の事態に触れることの多いフィールドワーカー，とくにアジア経済研究所の研究者の関心は，アフリカの停滞や貧困・飢餓の原因，そしてそれを解決するための政策に向かっていった。1980年代後半に日本がドルベースでのアフリカ向け援助額を急増させたことは，経済学者をはじめアフリカに関わる社会科学者の関心を開発と援助へと向かわせ，吉田編（1987），林編（1988）などの研究成果が上梓された。ただ，1980年代において日本のアフリカ学界全般を見ると，アフリカにおいて大きな争点となっていた構造調整政策への理解と関心は十分ではなかった。この時期，日本のアフリカ経済研究が，アフリカ諸国の政府当局者だけではなく，日本政府の開発援助政策策定とも一線を画したところで進められていたことが，その一因であろう。同時に日本の経済研究は主流派経済学の国際的動向とは密接に連動せず，新古典派的な問題点を免れる一方で，以下に述べる主流派の革新へのキャッチアップが課題となった。

主流派経済学の革新とアフリカ経済研究の新しい地平

　構造調整政策をめぐる議論のかたわらで，主流派経済学では1980年代になると，

徐々に積み重ねられてきた実証的調査によるデータの利用可能性の拡大，また統計分析手法の向上を通じて，ミクロ的な経済活動の研究が活発に行われるようになった。しかしこうした展開は，単にデータや分析手法の改善によるものではなく，主流派経済学の方法論の大きな変化が関係していただろう。第1に，主流派経済学が個人間の差異に注目するようになったという理念の変化があげられよう。新しい理念を代表するものが，個々人のエンタイトルメント（さまざまな財の集合に対する権原）や潜在能力に注目するセンの考え方であろう。センの考えをもとにして考案された国連開発計画の人間開発指標は，経済研究者にも広く参照されるようになった。また，センはエンタイトルメントの概念を飢饉・飢餓の研究に応用し，アフリカの食料問題研究に革新をもたらした。第2に，主流派経済学は，新古典派の限界を超えて，情報の非対称，取引コスト，リスクや不確実性の存在，そしてそれらを補完する制度の不在による市場の不完備性などの状況を理論的に認めるようになった。さらには，経済主体間の関係に影響を及ぼす信頼，評判，そして社会関係資本などの概念も取り入れられるようになった。第3に，主流派は経済主体をより多面的に捉える考察の枠組みを備えるようになった。たとえば，消費し，余暇を求め，また多様な所得源を持つ複合的な経済主体として家計を捉える，ファフシャンらのハウスホールド・モデルは，農家を単なる農業生産者と捉えた場合には非理性的で保守的とされた農家の選択と行動にも，効用と利潤の最大化の前提に沿った合理的な説明を与えられると注目された。とくに第2，第3の点は，普遍的理論とアフリカのミクロ的現実の間のずれを，普遍的理論の説明手段を豊富化することを通じて相当程度埋めることを可能にしたといってよいだろう。

以上のような理論的枠組みの新展開は，1990年代以降，アフリカ経済に関するミクロ的な研究の活発化を促した。世銀をはじめとする援助供与側の問題関心が，個々の経済主体の状態の把握に収斂していくのに伴って，多数の企業や家計に関する，ミクロ的な個票データの記録・収集が行われるようになった。他方で経済学者自身の現地調査によるミクロ的なデータ収集も進んだ。こうしてアフリカのミクロ経済研究は活況を呈するようになった。かつてのアフリカ研究の周縁的状況とは打って変わって，この分野は，現在では経済学全体のなかでも最もさかんに成果を量産しているものの1つといっても過言ではないだろう。

一方で，1990年代には，より包括的な視点からアフリカ諸国の経済状況を説明しようとするマクロ的研究もさかんとなった。これらに共通するのは，技術的に発達した計量経済学の手法を用いて，多種多様な各国の定量的データを成長率や所得水準を決定する要因として検証しようとするアプローチである。それらの要因として経済的なものばかりでなく非経済的な要因も考慮され，アフリカ各国の経済状況の

計量分析は，狭い経済学の枠を超えて，より多面的なものに発展していった。こうして1990年代以降にさかんになった新しいマクロ分析アプローチのなかで主なものを3つあげるとすれば，その最初の流れは，アフリカ経済の停滞を，非経済的な要因を組み入れて説明しようとする経済成長分析である。もう1つは，アフリカの国家や政治の特殊性に注目した政治経済学的分析である。最後は，制度的，歴史的な要因をさらに包括的な観点から捉えようとするものである。

第1のマクロ成長分析はサックス，イースタリー，コリアーなどに牽引された。彼らの手法は，アフリカを含む多くの諸国ごとの定量的データを統計分析に投入し，低成長などの原因を特定しようとするものであった。彼らが見出した要因として，植民地分割の影響による内陸国の多さ，民族言語多様性，資源の豊富さの悪影響（「資源の呪い」），ガバナンスの劣悪さなどがあり，それぞれの当否に関してさかんな議論が展開された。内陸国の多さや民族言語多様性は，次に述べる歴史的な要因への注目とも共通するものである。

第2の政治経済学的分析の主な関心は，アフリカの国々の経済停滞などの望ましくない結果がもたらされるメカニズムを国家や政治のあり方のなかに探ろうとするものである。政治経済学的な研究が進展していった背景には，単に自由放任政策によって市場の万全な機能を期待するだけでは不十分で，国家の正負の役割の直視が経済開発の考察において不可欠であるという認識の転換を背景にしている。そこでは，構造調整を必要とするようなアフリカ諸国の失敗，あるいは開発や構造調整に主体的に取り組めない国々の政治の問題性が多くの研究者の関心をひいた。こうした研究の先鞭をつけた1人が社会集団と政府の間の経済的利害のせめぎあいに注目したベイツであり，資源配分の歪みをもたらす政府の市場への介入とその背景にある政治経済メカニズムへの彼の視座は，上記のマクロ成長分析を含むその後の研究に大きな影響を与えた。1990年代になると，マウロらをはじめとする研究者が，汚職が経済成長を低迷させることを実証しようとする論考を，汚職を測る指標の改良を重ねつつ多く発表していった。アフリカの停滞の分析の文脈における汚職への強い関心は，アフリカの国家のあり方を「情の経済」「新家産制」といった概念を通じて捉える欧州出身の研究者の関心と通底していたといってよい。

第3の制度的，歴史的な要因の重視は，いわば歴史を顧みなかった新古典派以前の包括的関心を再生させるものといってもよい。こうした流れには，歴史的与件と制度の関係を重視したプラトーが含まれるだろう。プラトーは自身のミクロ的な研究もふまえて，人口希少で資本蓄積が困難であった要素賦存状況や，困難な生存条件の下で人々の革新的行動や個人的蓄積を制約する平等化の圧力などの，歴史学・人類学的知見を応用しつつ，アフリカの停滞を説明しようとした。またアセモグル

らは，植民地化以前に豊かであった地域，あるいはヨーロッパ人が生存し難かった地域では，植民地時代に搾取的な制度が作られたという歴史的要因によりアフリカ諸国などの貧困状況を説明できるとした。これは冷戦後，植民地支配に対して，より客観的な評価が可能になったことも手伝い，過去の植民地支配の影響を重視する考え方を，主流派経済学の立場から復活させたものと見なすことができるだろう。

上で述べたようなマクロ研究の進展は，アフリカ各国の経済が他と異なってとくに停滞してきた原因を，データの渉猟・工夫を重ね，非経済的要因も交えて説明しようとするものであり，その意味で本稿の冒頭で述べた困難を正面から乗り越えようとするものだといってよいだろう。

こうした進展とともに，独立後の教育の普及と整備の賜として，アフリカ出身で経済学を学んだ人々が増え，そのなかから経済政策を担い，研究の先端を切り開く人々が登場してきた。タンザニアのンドゥル，ガーナのアリーティーなどはその代表的な人物であり，彼らの研究は，まさにアフリカの現実そのものと日々向き合うなかで深められている。

日本のアフリカ経済研究の新しい展開

日本においても1990年代になると，アフリカの経済への関心が徐々に再び強まった。それは日本が政府開発援助の最大の供与国となり，アフリカ経済の低迷を受けて世界の援助がこの地域へ集中していったことと密接に関連している。

この時期の日本では，援助の拡大とともに東アジア諸国の経済の勃興もあって，アジアの途上国を主な対象とする開発経済研究が大きく進展した。そして，「日本の経験」「アジアの経験」を産業政策などにおける政府の役割が有効かつ重要だったものとして解釈し，新古典派的な構造調整政策と対置しようとする動きが生まれた。そのときに暗黙のうちに念頭に置かれていたのは，新古典派と日本型のどちらのアプローチが，アフリカを含む東アジア以外の国々の開発にとって有効か，ということである。

そうした状況のなかで，日本の指導的な研究者のなかでも，より包括的な視点から，アフリカをも考察に含めようという志向性が見られた。石川滋，速水佑次郎などがあげられるが，とくに，寺西重郎は，ベイツの所説を援用し，その政治経済分析の枠組みをラテンアメリカやアジアにも拡大する超地域的な比較論の仮説的枠組みを構築した。これは比較制度分析を世界的に主導する青木昌彦によってゲーム論的国家論へとさらに発展させられた。

また，大塚啓二郎を中心とするグループは，上述のようにさかんとなってきた開

発ミクロ経済研究のなかで国際的に確固たる位置を占め，山野峯・櫻井武司らのようにアフリカの農村における技術普及の研究，あるいは園部哲史らのような都市の中小零細製造業のクラスター研究において先端的な業績を上げていった。

　他方で，1990年代には，アフリカを大きく変えようとした構造調整や援助一般が，日本のアフリカ地域研究者の関心も強く引くようになった。構造調整については，犬飼や坂元浩一がその理解と評価のために研究者として日本において先駆的な役割を果たした。原口編（1995）や末原編（1998）は，ともに構造調整のアフリカ農業に与える影響に地域研究者の立場から注目したもので，前者が主にアジア経済研究所のメンバー，後者がアフリカの農村社会のフィールドにおける調査に従事してきた研究者によるものである。

　その後，日本の地域研究者のなかからも，欧米およびアフリカにおける経済研究の革新の状況をふまえて，それに呼応し，あるいはそれを批判的に取り入れる形で，アフリカ経済研究を進展させようという動きが生まれてきた。峯（1999）はそのための先鞭をつけた学説史研究である。また，アジア経済研究所の平野克己の主導による，平野編（2003, 2005）は，日本におけるアフリカ経済研究の再構築と，国際水準へのキャッチアップを明確に意識し，多くの実証的研究を含んで編まれたものであった。一連のアフリカ経済研究の進展を反映し，アフリカ経済を包括的に論じたものとして平野（2002）などが上梓された。さらに，平野（2009）や高橋（2010）は，世界のアフリカ経済研究史を批判的に検討しつつ，そのなかに研究を位置づけようという問題意識の下で書かれたものである。

　1990年代以降，日本のアフリカへの開発援助が拡大していくと，その援助実施のための調査や，援助そのものを対象とする研究が進展した。実務機関だけでなく，国際的な市民社会の成員としての研究者がその一翼を担う兆しも現れた（大林・石田2006参照）。研究に携わる者の絶対数が少ないという問題は変わらなかったが，そのことは個々の経済研究者にアフリカとの学際的・多面的な知的関わりを求めたともいえる。その延長上に深化したのが，「人間の安全保障」をめぐる議論である。「人間の安全保障」は，国家の利害から離れ，個々人の生活を多面的な悪化のリスクをはらむものとして捉えるアプローチで，アフリカ研究の1つの到達点といえよう。この点で，勝俣編（2001）はアフリカ研究者が編んだ先駆的業績であり，アフリカを念頭に人間の安全保障の理念的特徴を掘り下げたものとして峯（2006）がある。

課題と展望

　現在のアフリカにおけるミクロ的経済研究は，実験経済学の手法を積極的に取り

入れながら新しい次元で展開しようとしている。クレマーやマサチューセッツ工科大学を中心とするグループは，医学・疫学で発展したランダム化比較試験の手法による研究をアフリカの経済現象の分析に広く応用している。その他実験経済学は，広くアフリカに適用され，自己合理性だけでは説明できない，経済主体の選択と行動の複雑さを実証的根拠に基づいて次々と明らかにしつつある。このようにミクロ的研究の進展は著しいが，課題はマクロ的研究をはじめとする，より包括的な観点との接合であろう。

マクロ的研究も一国経済に関するデータの整備が進むにしたがって，21世紀になって経済成長率が上昇し始めたアフリカ経済の変化などについても，分析の精度を上げていくものと期待される。残されたマクロ的研究の最大の課題は非経済的要因と経済的現象の関連についての説明であろう。現在までのように，国横断的なデータを実証的根拠とする分析の成否は多数の国に共通のデータを利用できるかどうかにかかっており，そうした分析における要素間の因果関係などの関連性の説明は，個々のアフリカ諸国のそれぞれの状況を十分に反映していないことが多い。

おそらく今後の研究がアフリカ経済の現実にさらに肉薄していくためには，個別の国や地域社会に関し，その自然条件や歴史的背景をふまえ，「枠組み」のはたらきを常に念頭に置きながら，事象の時系列的な展開をていねいに跡づけるような研究が必要であろう。そこでは，経済学の枠を超えた学際的な知識も当然用いられなければならず，定量化にそぐわない知見も積極的に考慮に入れる必要がある。その意味で日本の研究者がとってきたアフリカの現実に即した多面的見地は重要性を失わないであろうし，今後否応なく専門化が進んでいくとしても，そうした長所は個人の努力および研究者間の連携を通じて，維持され続ける必要があろう。同時に，アフリカの現実の考察を通して既存の理論の適用可能性を問い，事象の定型化や法則化によって理論の新しい展開に貢献するべきであろう。いいかえれば，普遍性との緊張に満ちた実証研究を進めることが，アフリカ経済研究者に求められているのである。

[参考文献]

赤羽裕 1970『低開発経済分析序説』岩波書店。
アジア・アフリカ研究所編 1965『アジア・アフリカ研究入門』江口朴郎・岡倉古志郎・蝋山芳郎監修，青木書店。
池野旬 2010『アフリカ農村と貧困削減——タンザニア 開発と遭遇する地域』京都大学学術出版会。
池野旬編 1999『アフリカ農村像の再検討』アジア経済研究所。
犬飼一郎 1976『アフリカ経済論』大明堂。

岩城剛 1982『アフリカの自立化と経済』日本国際問題研究所。
大林稔・石田洋子 2006『TICAD市民社会フォーラム・アフリカ政策市民白書2005 —— 貧困と不平等を超えて』晃洋書房。
勝俣誠 2001『グローバル化と人間の安全保障 —— 行動する市民社会』日本経済評論社。
北川勝彦 2001『南部アフリカ社会経済史研究』関西大学出版部。
末原達郎編 1998『アフリカ経済』世界思想社。
世界経済調査会編 1961『アフリカの研究』世界経済調査会。
高根務 1999『ガーナのココア生産農民』アジア経済研究所。
高橋基樹 2010『開発と国家 —— アフリカ政治経済分析序説』勁草書房。
林晃史編 1988『アフリカ援助と地域自立』アジア経済研究所。
原口武彦編 1995『構造調整とアフリカ農業』アジア経済研究所。
平野克己 2009『図説アフリカ経済』日本評論社。
平野克己 2009『アフリカ問題 —— 開発と援助の世界史』日本評論社。
平野克己編 2003『アフリカ経済学宣言』アジア経済研究所。
平野克己編 2005『アフリカ経済実証分析』アジア経済研究所。
星昭編 1973『アフリカ植民地化と土地労働問題』アジア経済研究所。
峯陽一 1999『現代アフリカと開発経済学』日本評論社。
峯陽一 2006「人間の安全保障とダウンサイド・リスク」西川・高橋・山下編『国際開発とグローバリゼーション』日本評論社。
室井義雄 1992『連合アフリカ会社の歴史1879〜1979年 —— ナイジェリア社会経済史序説』同文舘出版。
矢内原勝 1971「経済学」『アフリカ研究』11。
矢内原勝 1980『アフリカの経済とその発展 —— 農村・労働移動・都市』文眞堂。
山田秀雄編 1969『植民地社会の変容と国際関係』アジア経済研究所。
山田秀雄編 1975『アフリカ植民地における資本と労働』アジア経済研究所。
吉田昌夫編 1987『80年代アフリカ諸国の経済危機と開発政策』アジア経済研究所。
吉田昌夫 1997『東アフリカ社会経済論』古今書院。

2-2-1 実証ミクロ経済研究
Empirical Microeconomic Studies

……………………………………………………福西隆弘

キーワード：行動モデル，個票データ，政策評価，統計的推定

　個人や家計，企業などの行動とその集合としての市場の仕組みを分析するのがミクロ経済研究である。これらの経済主体の行動は，社会学，農学，人類学など他の分野でも研究されているが，理論的には効用最大化や利潤最大化という原理に基づいた行動モデルを基礎とする点に，実証的には個票データをもとに統計的推定を重視する点にミクロ経済研究の特徴がある。開発経済学の発展とともに，発展途上国における経済主体の行動への関心が高まっており，アフリカにおいても，多サンプルの個票データを利用した研究の蓄積が急速に進んでいる。

農村経済の研究

　アフリカ諸国を対象とした実証ミクロ経済研究は，まず農村経済の分野において展開された。アフリカの農業は，気候条件などから収穫リスクが高い，家族経営が中心で労働雇用が少ない，個人が耕作地の所有権を持っていない，といった特徴が一般的に見られるが，これらが，農業および農業以外の生産活動への取り組み，コミュニティ内での生産物の配分などにどのように影響しているかを分析する研究が数多く行われた。とくに1990年代は，消費者としての小農の行動も考慮するハウスホールド・モデルを利用した実証研究がさかんに行われた。農村研究は農学や人類学による厚い蓄積があったが，多サンプルの家計データを利用した実証研究は，小農の行動を合理性に基づく原理で説明できうることを示した。

　たとえば，ハウスホールド・モデルによる分析は，消費者としての小農が効用の最大化を図る結果，農業への資本や労働の投入量が利潤最大化という点から過少となることを示している。また，アフリカの農民にとって，安定した消費水準を維持するために天候や市場のリスクに備えることが重要であるが，このことを現在から将来にわたる利潤や効用の最大化という視点から理解する枠組みを提供している。

　農村経済に関する日本語による文献としては，大塚・櫻井（2007）があげられ，東アフリカ諸国などで実施した農村家計調査をもとに，農業・非農業所得の変動が農家の収入に与えた影響を分析している。

企業，インフォーマル・セクターの研究

　ほとんどのサブサハラ・アフリカ諸国では企業のセンサス調査が行われていなかったため，企業レベルの実証研究は遅れていた。しかし，世界銀行がアフリカの数ヵ国で企業データの収集を始めたことにより，1990年代半ばから一定のサンプル数を有する企業データが利用できる環境が整った。これを利用して，企業の生産性や，信用と投資，輸出市場への参入，新規参入と退出，エスニック・ネットワークの実態などについての研究が行われた。それらは，産業の持続的な成長に必要な生産性の成長が見られないこと，エスニック・ネットワークがビジネス環境の高いリス

クを軽減する役割を果たしていることなどを示唆している。

ファフシャン（Fafchamps 2004）は，小農や企業，商人などのミクロデータを利用した研究から各経済主体の行動を包括的に捉えた成果である。園部と大塚（Sonobe & Otsuka 2011）は，インフォーマルの製造業の特徴を分析している。また，ミクロレベルでの研究成果のレビューからマクロ経済の成長を説明する試みとしてコリアとガニング（Collier & Gunning 1999）がある。経営学的な視点が中心であるが，西浦（2008）は，南アフリカの公開企業情報から企業行動を分析している。

政策評価と実験に基づく研究

援助の効率性を重視する潮流を反映して，近年，開発プロジェクトのインパクト評価に関する研究が増えている。開発プロジェクトには，その便益が大きい人ほどすすんで参加する傾向にあり，受益者と非受益者の特徴に偏りが生じる。そこで，受益者を無作為に選択して，両者の比較から効果を推定するRandomized Controlled Trial（RCT）という手法がとられる。対象となるプロジェクトは多岐にわたり，マイクロクレジット，現金給付，保健・医療サービス，学校教育，農業技術指導などがあげられる。

RCTは，開発プロジェクトの政策評価だけでなく，計量経済分析の手法としても応用される。たとえば，研究者が無作為に選んだ農家に対して天候保険をオファーし，オファーしていない農家と比較すれば，収穫リスクと生産行動の関係を推定することができる。実証ミクロ経済研究では，近年，被説明変数と説明変数の間の因果関係をより厳密に検証する傾向が強くなっており，それに適した手法としてRCTの利用が増えている。

また，実験を通じて一般的には観察が難しい現象の因果関係を探ろうとする研究も増えている。例としては，他者との協調や利他的行動に影響する要因を探るために，協調や利他的行動が選択肢として含まれるゲームを実施し，参加者の特徴と選択の関係を推定する研究がある。こうした人間の行動様式を探る研究は行動経済学と呼ばれるが，アフリカ研究にも応用されることがあり，紛争の経験が人々の協調行動に与える影響が分析された例などがある。

今後の展望

経済学における実証研究では，厳密に因果性を検証する指向性が今後も続くと考えられ，アフリカにおける経済研究もその傾向を深めていくであろう。信頼性の高い因果関係を発見することは経済主体の行動の理解に不可欠であるが，発見された因果関係がアフリカの開発にどのように役立つのかという検討も同様に不可欠である。RCTや実験の実施しやすい地域としてアフリカを選択する研究が増えるならば，アフリカ開発への貢献は限定的であろう。

大塚啓二郎・櫻井武司編 2007『貧困と経済発展――アジアの経験とアフリカの現状』東洋経済新報社／西浦昭雄 2008『南アフリカ経済論――企業研究からの視座』日本評論社／Collier, P & J. W. Gunning 1999 Explaining African Economic Performance. *Journal of Economic Literature* 37 (1)／Fafchamps, M. 2004 *Market Institutions in Sub-Saharan Africa: Theory and Evidence*. Massachusetts: The MIT Press／Sonobe, T. & K. Otsuka 2011 *Cluster-based Industrial Development: A Comparative Study of Asia and Africa*. Basingstoke: Palgrave Macmillan

⇒企業研究，経済開発と経済政策，農業経済学

2-2-2 企業研究
Study on Enterprises

……………………………………………………………………西浦昭雄

キーワード：企業，インフォーマル・セクター，直接投資

独立以降，概して政府主導の経済開発を行ったアフリカ諸国は，国営企業や公社といった公企業を数多く誕生させた。しかし，1980年代から1990年代前半にかけて導入された構造調整政策によって，公企業の民営化が実施されてきた。さらに，2000年代以降にアフリカ諸国への直接投資が増加したことで，アフリカの民間企業に関する研究ニーズが高まった。アフリカの企業を対象とした研究は比較的新しい分野であることから，欧米やアジア地域と比べても研究蓄積が少ない。そのなかで，社会的な影響力を持つ企業を対象にした研究は南アフリカの企業に関するものが多いが，インフォーマル（非公式）セクターを対象とする研究は他のアフリカ諸国においても広く見られる。

公企業の研究

公企業のなかには，農産物の流通管理を行うマーケティング・ボードといった植民地時代につくられたものや，独立後に設置または国営化された公社も含まれる。アフリカの政治経済を論じる際に公企業について言及されることは少なくないが，公企業そのものを扱った日本人の研究となると限定される。そのなかで，細見眞也はガーナの農業に関する著書（細見 1992）のなかで，「ココア・マーケティング・ボード」の機能について紹介している。また，大倉三和はその博士学位請求論文のなかで「ケニア紅茶開発公社」に焦点を当て，同公社と小農との間の契約栽培事業に関する詳細な分析を行っている。

民間企業の研究

ここでは民間企業のなかでも社会的な影響力を持つ企業に関する研究を紹介する。南アフリカにおいて社会経済史的なアプローチからの研究は，比較的多く存在する。なかでも世界有数の鉱業会社であるアングロ・アメリカン社とその創業者に関する研究はさかんであった。1960年代にはT・グレゴリーによる先駆的業績が出され，1970年代にはA・ホッキングやE・ジェサップ，1980年代にはD・イネスやD・パリスターらの意欲的な研究が発表された。1950年代ごろまでのアフリカーナー企業発展過程や政治との関係についてはD・オメーラによる研究が秀逸である。いくつかの企業については社史や創業者に関する伝記ものが発刊されている。

南アフリカの金鉱業史研究に取り組んできた日本人研究者が佐伯尤である。同国金鉱業の重要性は広く知られていることであるが，通史的にまとめられた日本語書籍はなかった。佐伯（2003）は，鉱業金融商会を金鉱業資本の担い手として捉え，金鉱業と国家の関係について留意したところに特徴がある。さらに佐伯（2004）では鉱業金融商会の再編成に注目し，南アフリカにおけるビジネス・グループ研究の先駆けとなった。

社会経済史的なアプローチという点では共通するものの，外資系企業に関する研究では室井義雄の優れた業績がある。室井（1992）は，ナイジェリア最大の外国企業であり続け

た「連合アフリカ会社」の経済活動を通し，過去1世紀間に及ぶ同国経済史を描き出している。

21世紀に入ったころから，外国資本によるアフリカ投資が注目されるようになってきた。南アフリカ企業によるアフリカ進出に関する代表的な研究に，南アフリカ国際問題研究所が発刊した10冊に及ぶ報告書がある。日本人研究者による成果では，平野編（2006）が南アフリカ企業と中国企業によるアフリカ展開を豊富な事例を交えながら分析している。

インフォーマル・セクターに関する研究

アフリカ各地で一般的に見られるインフォーマル・セクターを扱った研究の先駆けとなったのは，1972年に発刊されたケニアに関する国際労働機関（ILO）による報告書であった。その後，ケニアにおいてはナイロビ大学開発研究所を中心にインフォーマル・セクター研究がさかんに行われ，その他のアフリカ諸国でも政策的ニーズから世界銀行などによる研究成果が蓄積されていった。

日本におけるアフリカのインフォーマル・セクター研究は，池野・武内編（1998）に代表される。同書はインフォーマル・セクターを多角的に理解できるよう工夫しており，カバーしている国は，ケニア，コンゴ共和国，ザンビア，タンザニア，エチオピア，コートジボソールに及ぶ。

現状と将来の展望

1990年代の半ばごろから活発になってきたのは，アフリカ企業の行動原理や製造業企業の成長を阻害しているミクロ的な要因について明らかにしようとする研究である。アフリカ企業を分析する上での課題であるデータの不備を世界銀行などが大規模なパネル企業調査で補い，それを計量経済学の手法で分析しているものである。日本人では福西隆弘がケニアやマダガスカルにおける縫製企業の個別データを使った分析を行っており，興味深い研究成果を生み出している。今後データの整備と蓄積に伴い，こうした研究がさかんになっていくと考えられる。

アフリカ企業研究では，零細やインフォーマル・セクター企業と，外資系・旧国営企業を中心とする大企業の間にある中規模企業の数が少ないこと（ミッシング・ミドルと呼ばれる）が指摘されてきた。研究蓄積は乏しく，なぜ多数のインフォーマル・セクター企業が存在しながら，企業組織として大きくなっていないかという疑問に対して十分に答えられていない。こうしたなか，ザンビアのザムビーフ社（食品），ケニアのナクマット社（スーパーマーケット）やBIDCO社（食用油），ウガンダのブリタニア社（飲料），タンザニアのバクレサ・グループ（食品），ナイジェリアのショアライン社（インフラ）など，他国に進出するまでに成長した企業が散見されるようになってきた。そうした企業を対象とする研究が深化することで，アフリカ企業が抱える課題とそれを克服していった要因を見出すことが可能となり，アフリカの経済を展望する上で重要な視座を提供するものになるだろう。

池野旬・武内進一編 1998『アフリカのインフォーマル・セクター再考』アジア経済研究所／佐伯尤 2003『南アフリカ金鉱業史——ラント金鉱発見から第二次世界大戦勃発まで』新評論／佐伯尤 2004『南アフリカ金鉱業の新展開——1930年代新鉱床探査から1970年まで』新評論／平野眞己編 2006『企業が変えるアフリカ——南アフリカ企業と中国企業のアフリカ展開』アジア経済研究所／細見眞也 1992『アフリカの農業と農民——ガーナの事例研究』同文舘出版／室井義雄 1992『連合アフリカ会社の歴史1879〜1979年——ナイジェリア社会経済史序説』同文舘出版

⇒実証ミクロ経済研究，地域社会学

2-2-3 経済開発と経済政策
Economic Development and Economic Policies

……………………高橋基樹

キーワード：開発，自立化，構造調整，制度，歴史

経済開発はアフリカ各国にとっても国際社会にとっても長い間共通の課題であり，アフリカで開発が語られない日はない，といってよいだろう。ただ，何をもって経済開発の目標とし，それをどのように達成するかについての考え方は，時代状況や政治的・理念的立場によって異なっている。同時に，アフリカ諸国は歴史が浅く，貯蓄が乏しいために開発援助に深く依存してきた。そのためもあって，先進国・国際機関で影響力を持った経済理念がアフリカ諸国の経済政策にも大きな影響を与えてきた。本稿では，とくに経済開発研究と国家レベルの政策との関わりに注目し，その変遷について概観する。

アフリカの経済開発をめぐる研究の推移

1960年代前後に独立を果たした際，アフリカ諸国の最大の政策的な課題は，独立を経済的な内実を伴ったものにすることであった。この時代の研究では，経済的な自立の希求と呼応しながら，ファノンらの考え方を継承し，植民地支配と新植民地主義，あるいは外国への従属をアフリカの低開発の原因として批判する議論が広がりを見せた。さらに，より長期的視点から，奴隷貿易に始まるヨーロッパの関与にアフリカの低開発の原因を求めるロドネーらの考えも影響力を持った。

実際の政策では，外国系・非アフリカ系の企業の現地化・アフリカ化，政府の全体的な開発計画の下での積極的公共投資や輸入代替工業化を図る国家主導の開発政策が進められた。こうした一連の政策の策定には，当時の国際経済開発思潮のなかで，ケインズ経済学や社会主義的な経済計画重視が強い影響力を持っており，それが国際援助を通じてアフリカに持ち込まれたという面があった。1980年には，アフリカ諸国が相互に連携して経済共同体の創設を目指すという集団的自立・地域統合の理念をうたった「ラゴス行動計画」が，ほぼすべてのアフリカ諸国が属するアフリカ統一機構によって採択された。輸入代替工業化や相互連携による地域統合の発想には，プレビッシュらラテンアメリカの経済学者が唱えた開発論の影響が見られる。

1970年代から80年代にかけて，アフリカ諸国が輸出する一次産品の国際市況が著しく悪化し，アフリカ諸国の多くは深刻な停滞に陥った。国家主導の開発政策は，人材の乏しさ，政府の能力の低さや，腐敗の蔓延などによって計画倒れとなり，所期の成果を上げられなかった。各国政府の関心は，経済的自立よりも，眼前の経済危機の克服に移らざるをえなかった。その一方で，東アジアをはじめとする一部の途上国で工業化が成功し，新興工業経済地域（NIES）が登場した。こうした状況のなかで，次第に従属論や世界システム論の影響力は低下していった。外部との関係性を指摘するだけでは，アフリカと他の途上国の違いを説明するのに十分ではなかったのである。

また，先進国およびアフリカやラテンアメリ

カ諸国では財政赤字や債務問題が深刻化し，ケインズ経済学が勧めるような積極的な財政政策をとる余地がなくなった。

1980年代にかけて従属論やケインズ経済学に代わって新古典派経済学を基礎とする新自由主義的な政策理念が，国際的な影響力を増していった。「小さな政府」の下，市場競争原理に基づき，民間の主体が経済活動を担い，経済を対外的に開放することによってこそ，効率的な資源配分が達成され，経済成長が促されるというのが，新自由主義的な政策の骨子である。そして，アフリカで現地化・輸入代替工業化などの国家主導の政策がとられたことが経済危機を生んだとされ，政府が全体的な計画の下に開発を主導する考え方は忌避された。これらの新自由主義的な考え方は必ずしもアフリカ側の賛同を得られたわけではない。しかし，1980年代には，アフリカ諸国の大半が，経済危機が深まるなか援助側に対する立場の弱化のために，援助側の中心である国際通貨基金（IMF）や世界銀行（世銀）が巨額の融資と引き換えに提案する新自由主義的な構造調整政策を受け入れざるをえなかった。

世銀は構造調整政策の開始にあたり，とくにアフリカについて上のような考え方を集約した報告書を発表した。これは，主な執筆者の名を冠してバーグ報告書と呼ばれている。同報告書以降も世銀はアフリカの経済開発に関する報告書を多く公刊し，また内部の研究者の論文を通じて，開発研究上の国際的な議論を喚起する役割を今日まで果たしてきている。

開始後しばらく経つと，既得権益層や都市住民から多くの抵抗が生じ，構造調整がIMF・世銀が求める通りには実施されないケースが目立つようになった。経済は期待されたようには成長せず，債務は膨張し，援助依存が深まった。そして，構造調整に対して開発政策としての妥当性・有効性に疑問が投げかけられた。国連アフリカ経済委員会は，独立以来の伝統を引き継ぎ，アフリカが外部への依存から自立できるような構造変革を進めるべきであり，国際機関からの押しつけではない，人々の参加による政策の策定を求めた。また，国連児童基金（ユニセフ）に集う研究者たちは，構造調整に伴う緊縮政策が貧困層に打撃を与え，教育や保健をないがしろにすることが，「人間の顔」を持たない調整であるとの批判を浴びせた。

他方で，世銀の側からも，アフリカの政府の能力や意思を軽視して政策の処方箋を押しつけることへの反省が生まれ，政策実施の政治的な背景，開発とガバナンス（権力行使のあり方）の関係に対する関心が広がっていった。そうしたなかで主流派の経済学と前提や方法論を共有しつつ，アフリカ諸国の経済政策の背後にある，国家権力と階級間の政治的力関係を分析しようとするベイツの議論が注目を浴びた。

1990年代には冷戦の終焉，打ち続くアフリカの経済停滞，経済学の理論や実証的手法の進化を背景として，アフリカの経済開発政策とその研究に大きな変化が生じた。世銀は，従来の市場原理の偏重を軌道修正して，市場の失敗を補完する範囲での政府の役割を認めるマーケット・フレンドリー・アプローチを掲げるようになった。それは，リスク・不確実性，情報の非対称，取引コストなど，市場の完全な機能を妨げる問題についての新しい経済学上の知見に裏づけられていた。こうした知見に基づいて，アフリカでは未発達である市場を機能させるための制度の構築が，政策的に大きな課題として浮き彫りとなった。

他方で，1990年代には，開発経済学の進展と関心領域の拡大を反映し，計量経済分析に，非経済的要因を含む多様な変数を投入して，アフリカの経済停滞の要因を解明しようとする研究が多数現れるようになった。サッ

クスとワーナーの研究はアフリカ諸国の政策の失敗や内陸国の多さ、イースタリーとレヴィーンの研究は民族言語の多様性にアフリカ諸国の経済成長が他と比べて低い要因を見出せると主張した。コリアーらはアフリカ諸国の長期停滞の原因として、天然資源が豊富であることの逆説的な悪影響、すなわち「資源の呪い」やガバナンスの劣悪さなどを強調した。

さらにアセモグルらは、超長期の歴史の重要性への視点を復活させ、ヨーロッパの支配を通じて、私的な権利を保護する制度が持ち込まれたか否かが、その後の開発に影響を与えたと主張した。彼らによれば、奴隷貿易から植民地支配にいたるアフリカへのヨーロッパの関与は収奪的であり、経済制度がその影響を受けて現代のアフリカの停滞に帰結したという。

1990年代は、開発についての考えが再び大きく転換する時代でもあった。センの個々の人々の自由を重んずる考えを基盤として、国連開発計画などが提唱した人間開発の概念は、国連ミレニアム開発目標の採択に象徴される教育や保健の普及を中心とする貧困削減の主流化をもたらした。こうした潮流は、アフリカ各国が債務救済や援助の条件として貧困削減戦略を作成するようになるなど、開発政策にも色濃く反映されるようになった。そして人間開発は、国家よりも個人への注目を強調した人間の安全保障の概念へとつながっていく。

他方で、アフリカにおける開発の停滞は、開発援助の効果に対する疑問を生んだ。カッセンらの研究に代表される援助効果の研究はアフリカを主な対象として展開され、相互に調整されないまま援助が供与される「援助の氾濫」など援助の失敗への反省が高まった。また、1990年代には、主にアフリカを念頭に置きつつ、受入国の制度や政策が高い開発の効果が上がるための条件であるという見方が世銀のエコノミストを中心に広まった。

こうした状況のなかで、アフリカなど途上国側の政策や制度の改革を促しつつ、援助の供与のあり方をより受入国の政府が吸収し活用しやすいものにしようと、「援助協調」の考え方が強まった。

21世紀初頭から、多分に外生的な要因でアフリカ諸国の経済成長率が急激に上昇した。また、21世紀になり民主化の進展や人材の成長もあって、アフリカ諸国の主体性の尊重は理念として定着しつつあるが、中国を含む外国からの援助への依存は変わっていない。世界経済との関係を検討することの重要性が改めて明らかになると同時に、以前に指摘された停滞要因を超えて、成長を持続的なものとし貧困削減につなげられるかどうかが政策課題として浮き彫りになっている。とくに、経済成長の陰で、自給的農業や製造業は停滞しており、これらの産業の振興はアフリカ諸国にとって重要な課題となっている。

日本におけるアフリカの経済開発・経済政策に関する研究

日本における経済開発と経済政策に関わる研究は、アフリカ各国における議論や状況に即した形で進展してきた。比較的早い時期のアフリカ経済に関する包括的な研究では、自立化を主題とした岩城（1982）のみならず、犬飼（1976）もアフリカ化政策を重視して議論している。しかし、1980年代に経済危機が深まり、アフリカ諸国の政策選択の自由度が失われていくと、その経済政策への関心も次第に減退していった。それを補ったのが、アジア経済研究所の研究者による、危機の下のアフリカ諸国の個別的な開発政策を実証的に捉えようとした吉田編（1987）などの一連の研究である。そのなかで林編（1988）は、地域統合とともに当時強まり始めた外国援助への関心を反映し、その後政府開発援助に関わ

る人々によって進められる研究の嚆矢の1つとなった。外生的にアフリカに持ち込まれた構造調整の考察は，やや遅れて，1990年代に犬飼，坂元浩一らによって行われるようになった。アジア経済研究所を中心に行われた構造調整の実証的検証の一端は原口編（1995）にまとめられている。

他方，1990年代までに，欧米における開発経済学の進展，援助の拡大および東アジア諸国の高度経済成長と呼応しつつ，日本においても開発研究は大きな進展を遂げた。その成果をふまえながら，アジアとは異なるアフリカの条件を視野に収めた研究の方向性を模索する動きが生まれた。そのなかで，石川滋は構造調整政策の背後にある，市場の発展への視点の欠如を批判し，速水佑次郎は，要素賦存の違いとそれを変化させる人口増加や農業発展の重要性への注目を提唱した。また，寺西（1995）は日本の経済史学に伝統的な農工二部門モデルとベイツの政治経済学的分析とを組み合わせて，アフリカとアジア・ラテンアメリカの発展過程を比較する包括的な仮説を提唱した。寺西の仮説は比較制度分析を国際的に牽引する青木昌彦によってゲーム論を用いた国家論の枠組みへと発展させられた。

国際的な開発経済学の新しい展開は，峯（1999）や福西隆弘のサーベイによって紹介され，さらに独自に開発政策論を議論する新しい研究につながった。平野編（2003, 2005），平野（2009）はその例である。他方で大塚啓二郎らのグループは，フィールドワークを中心とした開発ミクロ経済学的分析で国際的にも広く認知されているが，その成果に基づいてアフリカの開発政策に対しても提言が行われるようになっている。

欧米においては，アフリカ向けを中心とした援助の失敗や援助協調の新しい動向をふまえ，多くの研究が生み出されたが，日本においては，この分野の研究蓄積は限られており，高橋（2009）など数点があげられるのみである。アフリカにとっての主要ドナーである日本での援助研究の進展が強く期待される。

今後の経済開発政策に関わる研究は，日本のアフリカ研究が総体として蓄積してきたアフリカの国々や地域社会の個別性に即した知見を大いに活用していくべきだろう。開発政策の形成や影響についての分析には，各国固有の政治や制度の動態に関する歴史的な視点が欠かせないが，それらは本来アフリカ研究が中心になって担うべきものである。そうしたことをふまえつつ，さらに，アジアに位置する国として，過去のアジアの産業発展の過程とアフリカとの比較をより詳細に行い，アフリカの産業振興を含む開発に役立つ知見を掘り起こしていくことも，日本のアフリカ研究が果たしうる独自の役割であろう。同時に地域社会での人々の暮らしへのまなざしは，人間の安全保障の理念と通底するものであり，ここにもアフリカ研究の大きな貢献の可能性がある。

犬飼一郎 1976『アフリカ経済論』大明堂／岩城剛 1982『アフリカの自立化と経済』日本国際問題研究所／高橋基樹 2009「日本の貧困国援助の比較論的考察――援助レジームの変遷をめぐって」『国際開発研究』18（2）／寺西重郎 1995『経済開発と途上国債務』東京大学出版会／林晃史編 1988『アフリカ援助と地域自立』アジア経済研究所／原口武彦編 1995『構造調整とアフリカ農業』アジア経済研究所／平野克己 2009『アフリカ問題――開発と援助の世界史』日本評論社／平野克己編 2003『アフリカ経済学宣言』アジア経済研究所／平野克己編 2005『アフリカ経済実証分析』アジア経済研究所／峯陽一 1999『現代アフリカと開発経済学』日本評論社／吉田昌夫編 1987『80年代アフリカ諸国の経済危機と開発政策』アジア経済研究所

⇒経済学，アフリカとグローバル経済，実証ミクロ経済研究，企業研究

2-2-4 アフリカとグローバル経済
Africa and Global Economy

正木響

キーワード：従属理論，地域経済統合，通貨統合，自由貿易，新興国の台頭

アフリカが明確にグローバル経済に統合されたのはヨーロッパの大航海時代が始まった15世紀とされるが，それ以前においてもアフリカは決して世界から隔絶された暗黒大陸ではなかった。また，ウォーラーステインによる世界システム論では，アフリカは中心から搾取される周辺として位置づけられているが，かといってグローバル経済を消極的に受容し，それにただ翻弄されるのみの存在というわけでもなかった。実際，グローバル経済と対峙する手段として地域経済統合の動きは活発であり，アフリカ産の金や石油資源は，昔も今もグローバル経済に大きな影響を与えている。近年は，西欧との関係のみならず，アジアとの関係でアフリカを論じる向きも強まっており，これと同時に，従来の「欧米に従属するアフリカ」という視方からの脱却も始まっている。

グローバル経済とアフリカ

アフリカ大陸から北アフリカやインド，そして新大陸へ奴隷として強制的に運ばれた人たちがいる。このうち，大西洋を横断して西インド諸島および新大陸に運ばれたアフリカ人は過酷な環境下で換金作物栽培のための強制労働に従事した。アフリカから連れ出された有為な若者によって作り出された換金作物はヨーロッパの産業化と近代化を促し，そしてアメリカ合衆国繁栄の礎を築いた。西インド諸島に運ばれた奴隷とイギリス本国の繁栄の関係を論じたものに，1944年に発表されたエリック・ウィリアムズによる「ウィリアムズ・テーゼ」が存在する。布留川は，このテーゼを，「周辺」諸国の犠牲の上に「中心」諸国の繁栄があることを強調する従属理論を先取りしていると評価する（布留川 1991：3）。実は，グローバル経済との関係でアフリカを論じた本邦の研究は，こうしたウィリアムズ・テーゼやS・アミン，そしてA・G・フランクといった従属理論の影響を受けたものが少なくない。しかし，こうした視方を一面的と批判する研究者も少なくなく，この点についての議論は，川端（2012）がくわしい。これ以外に，自由貿易主義が帝国主義とあいまって，アフリカ分割にいたる複雑なプロセスを政治経済学の視点でまとめた竹内（2003）と，巨大商社のナイジェリアでの展開が現地社会に与えた変化を明らかにした室井（1992）が，日本人研究者によるこの分野での数少ない研究になる。

グローバル経済に対峙する手段としての地域経済統合

19世紀末に西欧列強によってアフリカ大陸は分割され，宗主国によって公用語，通貨，法律が異なる地域が複雑に配置された。これにより，独立の際にエスニックグループの地理的分布を考慮しない国境線が引かれ，制度の異なる小国の乱立は国民国家や国民経済形成の障害となった。さらに国民経済の規模が小さければ工業化のコストも大きくなる。そこで，関税や非関税障壁を撤廃して域内交易を増やし，インフラ建設や大規模工業開発を協力して推進する

ことで地域開発を促進することが必然と考えられた。主な地域経済統合の形成過程については，林編（1988）がくわしい。

他方，アフリカ大陸レベルの政治統合も模索され，その方法をめぐってさまざまな軋轢が発生するも，最終的には1963年のアフリカ統一機構（OAU）設立という形で収拾がつけられた。このOAUは，2002年に，アフリカ連合（AU）に改組されたが，これに先駆けて，1991年6月に調印されたアブジャ条約（1994年5月発効）では，発効後34年（つまり2028年）までにアフリカ経済共同体（African Economic Community，以下AEC）を形成することが，具体的には，まずは8つの地域で地域経済統合を行い，それらを統合させる形で，最終的には大陸レベルの経済通貨同盟，そして大陸議会創設が謳われている。

通貨統合をめぐる議論

通貨統合が目指されるのは，為替の差損といった取引費用を削減し，経済統合内での経済取引の活発化が期待されるからである。ただし，通貨の共有は各国の金融政策の放棄を意味する。まったく異なる経済条件を持つ国との通貨統合は，ときとして，経済を不安定化させるリスクを持つ。先に見たように，アフリカ大陸でも，大陸レベルの共通通貨誕生が謳われている。しかし，昨今のユーロ危機に見るように，通貨圏の規模が大きくなればなるほど，その管理と調整，そして通貨価値の維持に必要なコストも大きくなる。

実は，アフリカ大陸には，ユーロよりも古い歴史を持つ共通通貨が2つ存在する。どちらも略称はCFAフランであり，旧フランス領西アフリカと旧フランス領赤道アフリカを母体とする植民地時代の遺産である。このフラン圏の研究については，日本においては，岡田（1985）が先鞭をつけた。これらの国は，アフリカ諸国の外貨準備のかなりの割合をフランス国庫に預ける代わりに，アフリカの通貨をフランスフラン（ユーロ誕生後はユーロ）に固定レートで維持することをフランス国庫が無制限に保証するという特殊な制度の下で成り立っている。このように，旧宗主国による保証を前提に成り立つ通貨圏はユーロ危機のようなリスクを最小化させるが，他方で，これは政治的に独立しても経済的には旧宗主国に従属したままであることを意味する。また，旧宗主国あっての通貨統合は，それを他のアフリカ諸国に拡げることを困難にしており，フランスがアフリカの旧植民地への関与を弱めるに伴い，今後，見直される可能性は高い。

自由貿易がアフリカ経済に与える影響の考察

行き過ぎた市場メカニズムや自由貿易への懸念は強いものの，近年，アフリカでも大陸外の地域もしくは国との間で自由貿易協定もしくは経済連携協定を結ぶ動きが見られる。たとえば，EUは，ロメ協定，コトヌ協定を発展的に解消させる形で，アフリカ大陸内の各地域経済協力機構と個別に経済連携協定を結ぶことを目指している。ヨーロッパに比べて出遅れた感のあったアメリカも，ここにきて，ケニア，ガーナ，モザンビーク，そして南部アフリカ関税同盟（SACU）との自由貿易協定に意欲的である。インドや中国も成長著しいSACUと自由貿易協定締結に強い関心を持っており，現在，交渉が進められている。

こうした自由貿易協定がアフリカの経済社会に与える影響については，表面には見えてこない経済効果に目配りした上で総合的に考えなければならない。今後は，すでに他地域の研究で培われた手法を用いて自由貿易の効果を数量的に計測する研究や，アフリカの地域社会に目を向け，人類学や社会学のアプローチを用いて，地域社会の質的変化を検証する研究の蓄積が期待される。

IT技術がもたらす新たな関係性

　IT技術の発展とそれに伴う情報取得コストの低下は，情報の非対称性下でこれまで不当に搾取されていたアフリカの人々に大きな力を与えつつある。最近では，携帯電話を用いて作物の育成に関する指導を受けたり，世界市場で一次産品価格を直接調べて主体的に売り手を探したりする農民も珍しくはなくなった。

　安価で性能の良い携帯電話の出現は，世界の情報を瞬時にアフリカに伝えるとともに，大陸外に散らばるディアスポラとアフリカとのつながりも強化する。携帯電話を用いた送金システムが，域外からの送金を容易にし，今や，援助受給額を上回る所得移転を域外から得ている国も出現しつつある。

アジアの発展とアフリカの経済

　独立当時，一次産品輸出で相応の外貨を稼げたアフリカの1人あたりGDPはアジアのそれを上回る水準にあった。しかし，一次産品価格の低下とともにアフリカ経済は危機的状況に陥ることとなった。そして1980年代から1990年代にかけて，両者の関係はほぼ逆転してしまう。資源を持たず，人口稠密で1人当たりの土地面積の小さいアジア諸国が経済成長を達成できたのは，まずは農業部門の生産性を上げ，そこで生まれた余剰労働が安い賃金労働者を創出し，低賃金を武器に域内の先進国で比較劣位となった産業を積極的に誘致し，労働集約製品を輸出して稼いだ外貨で基盤産業をより付加価値の高い産業に移行させるという輸出志向型工業化政策がとられたからである。他方，1人当たりの土地面積が大きく，豊かな資源を持つアフリカは，そうであるがゆえに経済発展できないという矛盾を露呈することとなった。農業の土地生産性は依然として低く，天然資源がオランダ病や紛争を招くからである。

　もっとも，これらアジア諸国に刺激され，1990年代半ばには，アフリカ諸国のなかにも率先して域外から直接投資を受け入れる国が現れた。これはかつての帝国主義のように外から強制されたものではなく，自ら主体的に市場経済メカニズムを選択したことを意味する。この流れは，多くの議論を喚起しつつも，2001年のNEPAD（New Partnership for Africa's Development：アフリカ開発のための新パートナーシップ）の宣言とともにアフリカ大陸全体で受け入れられることとなった。また，2003年以降，アフリカは，一次産品の価格上昇に伴う外貨収入の増加と直接投資流入の増大によって，世界でも高い経済成長を遂げる地域となり，今や，アフリカとグローバル経済を語る際に，かつて幅をきかせた帝国主義論や従属論は鳴りを潜めたといってもよかろう。しかし，かつてのように，一部のエリートのみがその果実を手にし，大半の人々が貧困状態に取り残されるのであれば，真の経済発展は依然として困難なままであるに違いない。

新興国とアフリカの経済

　21世紀に入って以降，中国とアフリカの政治経済関係に注目が集まっている。もっとも，中国とアフリカとの関係は，なにも近年になって始まったことではない。1964年の周恩来によるアフリカ歴訪以降，中国は，帝国主義に蹂躙された経験を等しく持つ仲間に，資金援助や留学生の受け入れといった支援を積極的に展開してきた。今や，留学生の多くは官僚として，もしくは中国とアフリカの間を行き来するビジネスマンとして，両国の関係作りに貢献している。なお，栗田（2011）では，中国を含む成長著しいアジアとアフリカの間を行き交うタンザニア人というミクロの主体を通じて，世界的な人の動き（マクロ）が描き出されている。今後，グローバルな人の動きはより活発化すると思われ，ディアス

ポラや移民に焦点を当てた研究の深化も期待される。

中国に続いて,インドとアフリカの経済関係に対する関心も高まっている。そもそも,インド洋を挟んで対置するインドとアフリカ,とりわけ東海岸諸国は,イスラーム商人を介在としながらかなり古い時代から交易を行ってきた。さらに,ともに欧米列強に支配された歴史を持つ両地域は,これらヨーロッパ諸国を介在として,経済的な相互依存関係,続いて競争関係を形成した。たとえば,当初,アフリカの人々はヨーロッパ産綿布よりもインド産綿布の入手を望んだため,ヨーロッパ商人たちは自分たちが望む奴隷や金,そして換金作物を入手するために,インドからインド産綿布をアフリカに運んだ。このように,グローバルヒストリーの視点からも,アジア・アフリカ関係を掘り下げる余地は残されている。

また,同じ英連邦内の植民地間での人々の移動は珍しくなく,東アフリカではインド人コミュニティが形成され,その子孫たちは,今や東南部アフリカ経済の重要な担い手でもある。こうしたインド人ネットワークが,今後,環インド洋の貿易と投資を活発化させる可能性は高い。実際,インドに進出する代表的な日本企業(たとえばスズキ)は,当面のところは南アジアとアセアン市場をターゲットとしているが,将来的にはアフリカ市場進出を視野に入れてインドでの工場建設に積極的であるという。

同様に,ブラジルから,同じポルトガル語圏のアンゴラやモザンビークへの投資も活発化している。これら新興国のアフリカ進出は,これまでの欧米から見たアフリカ経済観に新たな視座を創出すると思われる。

本分野での日本人による研究の特徴と今後に向けた期待

奴隷貿易,植民地化といった古典的なテーマはもちろんのこと,アフリカをグローバル経済との関わりで論じている研究は少なくない。しかし,日本人研究者によるものを探してみると,本稿に見るように,海外の研究の紹介,実体経済やその制度の説明,一般市民向けの概説などに留まる傾向にあり,世界に新たな知見を発するものは決して多くはない。

その理由として,これまでアフリカと強い垂直関係を形成していた欧米の研究が本邦の学会でも支配的であったことがあげられよう。また,日本人研究者の多くが,こうした欧米の研究を日本語で日本社会に紹介することで満足する傾向がないわけでなかったことも,自戒を込めて明記したい。しかし,近年,中国やインドのアフリカ大陸進出も顕著であり,それゆえに,世界の論壇でも,アジア・アフリカ関係の構造やその行く末に関心が高まっている。今後は,アジアとの水平関係を通じてアフリカ経済を捉える動きがいっそう高まるに違いない。その際に,日本の研究者の知見がより積極的に世界に発信されることを期待したい。

岡田昭男 1995『フラン圏の形成と発展』早稲田大学出版部／川端正久 2012「「アフリカと世界」に関する包括的理解に向けて」川端・落合編『アフリカと世界』晃洋書房／栗田和明 2011『アジアで出会ったアフリカ人』昭和堂／竹内幸雄 2003『自由貿易主義と大英帝国』新評論／林晃史編 1988『アフリカ援助と地域自立』アジア経済研究所／布留川正博 1991「ウィリアムズ・テーゼ再考――イギリス産業革命と奴隷制」『社会科学』46, 同志社大学人文科学研究所／室井義雄 1992『連合アフリカ会社の歴史1879～1979』同文館／Williams, E. 1944 *Capitalism and Slavery*. Chapel Hill: North Carolina UP (ウィリアムズ, E 2004『資本主義と奴隷制』山本伸監訳,明石書店)

⇒日本とアフリカの関係史,植民地支配,奴隷貿易,アフリカ国際関係,経済開発と経済政策,アフリカ人とディアスポラ

2-3-0 総説 ── 農業経済・農村社会学
Rural Economics and Rural Sociology

末原達郎

日本でアフリカ研究が開始されたとき,アフリカの農業経済学・農村社会学に関する研究は多くはなかった。しかし現在,この分野の研究は,アフリカ学会のなかでも大きなウェイトを占めてきている。2008年の『アフリカ研究』第72号から2013年の第81号までの5年間10冊のなかには,全部で24本の論文が掲載されているが,そのうち農業経済・農村社会学に分類できるものは,8本に及んでいる。アフリカ研究自体が,基礎研究からより直接的な援助や経済変動を扱ったテーマへと移行しており,農業経済・農村社会学的アプローチが実際に必要となり,研究が拡大しているためだと考えられる。農業経済学や農村社会学そのものの研究もあるが,むしろ,食料生産や経済援助のしくみを分析するなかで,より具体的なアフリカの地域社会,とくに農村社会での実態研究を推し進めた結果,農業経済や農村社会の研究成果として発表される場合が多くなっている。

第1期 日本におけるアフリカ農業経済・農村社会研究の黎明期
── 1960年代〜1980年

日本におけるアフリカ農業経済・農村社会研究の分野の研究の歴史は,大きく分けると3つの時期に分けられる。第1の時期は1960年代から1980年までの時期,第2の時期は1980年から1995年までの時期,第3の時期は1995年以降現在までである。

日本アフリカ学会が創立された1964年に,『アフリカ研究』の創刊号が出版される。このとき,社会人類学の長島信弘と高橋統一が,それぞれ「アフリカの伝統的社会構造と文化」について論考を加えている。同じ号に,経済学者の藤田弘二がクレイトンの『原住民経済における農業開発 ── ケニアの教訓』の抄訳と解説を載せ,岩城剛はハウスマン編の『アフリカにおける経済開発』の抄訳と解説を載せている。いずれも,学会の設立当初から,人類学と経済学の側から,農村社会や農業経済の研究に関心があったことがわかる。

しかし，日本の研究者による実態調査の成果がまとまってくるのは，翌1965年に入ってからである。第2回アフリカ学会は1965年名古屋大学で行われたが，このとき，細見真也は「ガーナのココア農業における労働雇用について」を，梅津和郎が「西アフリカ諸国の計画調整とその意義」を，岩城剛が「アフリカ人経済の構造変化」を発表し，アフリカの農業経済に関する報告を行っている。これらは，基本的に文献研究に基づいていた。

　一方，農村研究の実態調査は，文化人類学により開始される。第2回アフリカ学会においても，和崎洋一が「バンツー農耕部族社会に関する考察 ── chamaとtembea」を，富田浩造が「東アフリカ・タンザニアにおける開拓部落の生活構造について」を発表し，梅棹忠夫や富川盛道も，文化人類学と農村社会研究の境界域の研究報告を行っている。『アフリカ研究』第2号には，小堀巌による「サハラのオアシスと農業 ── Tidikeltの場合」が発表される。

　このように1960年代の日本のアフリカ研究の黎明期においても，農業経済・農村社会研究の源流となる研究が，すでに開始されていた。これらの研究は，大きく分けると2つの研究群に分かれることがわかる。1つは，経済学的研究から農業経済を中心に研究し，蓄積されていった研究群である。もう1つは，文化・社会人類学的研究から農村研究へと展開していった研究群であり，今西錦司と梅棹忠夫によって編成された京都大学アフリカ学術調査隊（1961〜67）がフィールド研究の最初の担い手となっていた。

農業経済研究 ── 1960年代〜1970年代

　一方，農業経済研究としてのアフリカは，貿易論や植民地経済研究から開始されたものが多い。1960年代には，アフリカ諸国の独立が相次ぎ，植民地の経済が独立前後でどのように構造変化するのか，とくに植民地経済とともに発展してきた貿易構造や産業構造を明らかにし，その変化の可能性を問う研究が行われた。

　たとえば，1960年代の矢内原勝や山田秀雄の諸論文は，世界全体の経済構造とアフリカ諸国との経済関係に重点を置いたアプローチであった。矢内原は，1950年代から1960年代にかけて『三田学会雑誌』にココア経済に関する論文を掲載するが，それらはやがて日本評論社から『金融的従属と輸出経済 ── ガーナ経済研究』として出版される。矢内原は『アフリカ研究』第11号の「特集　アフリカ研究，現状と展望」において，「日本におけるアフリカ研究」の「経済学」を担当している。そのなかでは，山田秀雄編の『植民地社会の変容と国際関係』（アジア経済研究所，1969）や西川潤の『現代資本主義論』（筑摩書房，1970）があげられており，これらは農業経

済研究と深く結びついていた。赤羽裕の「ブラック・アフリカにおける伝統的農業生産様式の基本形態」の一部も，山田の編著のなかに含まれていたが，後に赤羽裕『低開発経済分析序説』(岩波書店，1971) となる。矢内原は，後にこうした文献に基づく西アフリカ各地の農業と農村の研究を『アフリカ経済とその発展——農村・労働移動・都市』(文眞堂，1980) として集大成している。

アジア経済研究所 (以下，アジ研と略す) では，アフリカの農業経済に関する文献研究が，実態調査に先行して行われていた。たとえば，藤田弘二編『アフリカ諸国の経済発展』(アジ研，1966) や同『アフリカの農業と農業政策』研究参考資料第121集 (アジ研，1967) である。いずれも，海外の文献を翻訳，紹介したものである。一方，岩城剛と深沢八郎は，『東アフリカの貿易と流通組織 (I) (II) (III)』(アジ研，1967, 1968) を出版した。岩城剛は，その後の研究の成果を，『アフリカの自立化と経済』(日本国際問題研究所，1982) として出版する。細見真也は，『ガーナ経済と貿易』(アジ研，1966) と『ガーナ経済の歩み』(アジ研，1969) を発表し，矢内原と共著で『ココア経済——輸出経済国の経済発展・ガーナを事例として』(日本国際問題研究所，1969) を出版する。

この時期，アジ研のメンバーは，アフリカ各国で地域経済研究を行っており，その後さらに一歩踏み込んで農村調査や地域農業研究を行っていくことになる。当時，アフリカの国々の多くは，現在よりも農業に重心があり，農業や食料に焦点を当てた経済学的研究も開始されていった。とくに，北アフリカでは宮治一雄が，西アフリカでは細見真也，原口武彦，島田周平が，東アフリカでは吉田昌夫が，南アフリカでは林晃史が，農業経済の調査と研究を進めていった。くわしくは，アフリカの農業経済学を参照のこと。

文化人類学・人類学からの農村研究 —— 1960年代〜1970年代

フィールド研究は，今西錦司と梅棹忠夫によって編成された京都大学アフリカ学術調査隊 (1961〜67) を中心に推進され，今西錦司・梅棹忠夫編『アフリカ社会の研究——京都大学アフリカ学術調査隊報告』(西村書店，1968) として出版されたほか，全10冊の英文の報告書 *Kyoto University African Studies* として結実していく。このなかには，現在では農業経済学や農村社会学の分野に属する論文が含まれていた。たとえば，米山俊直「イラク族の生活と社会」，和崎洋一「マンゴーラ村の部族について」，石毛直道「マンゴーラ村における4つの生活様式」，和田正平「イラク地域集団の形成と変動——土地占有の諸問題」，端信行「トングウェ地方における湖岸集落の形成とダガー漁業」，日野舜也「アフリカ人都市における生業文化」，福井勝義

「ハナン山麓の自然とイラク族の生活形態 —— 半農半牧をめぐって」などである。こ
れらの諸論文は，長期のフィールドワークに基づき，文化人類学の視点から行われ
たアフリカ農村社会と生業経済の研究であった。

和崎洋一は，1960年代から開始された実態調査に基づく研究を『スワヒリの世界
にて』（日本放送出版会，1977）として出版している。ここでは，マンゴーラ村におけ
る部族混淆が日常生活レベルで描かれており，民族間関係の視点に立って論考され
ている。

その後，京都大学を中心に，大サハラ学術探検隊が組織された。このなかには，栽
培植物学，農耕文化，人類学の研究班が含まれており，『アフリカ研究』に掲載され
た論文も少なくない。赤阪賢はマリ農村における市場の分析を「マリ南部の市場集
落の形成」として第10号に載せている。また，中尾佐助は大サハラ探検隊での経験
をもとに，農耕起源研究と農耕文化複合の分析を『ニジェールからナイルへ農耕起
源を訪ねる旅』として1969年に出版しており，現在では『中尾佐助著作集　第Ⅲ巻
探検博物学』（北海道大学出版会，2004）に収録されている。

端信行は，富川を中心とする東京外大アフリカ大サバンナ学術調査隊のメンバー
として，カメルーンの調査を行っており，とくにヤムイモと雑穀農業を行うドゥル
の農耕文化と農村について研究し，「ドゥル族の村落社会 —— アフリカ農村社会学
序章」を加藤泰安・中尾佐助・梅棹忠夫編『探検　地理　民族誌』（中央公論社，1978）
に載せている。一連の成果の上に『サバンナの農民』（中央公論社，1981）がまとめあ
げられた。社会人類学からの農村研究としては，大森元吉がウガンダのチガの農村
を対象とした「チガ族農民生活のダイナミックス —— ウガンダブハラ村の事例」を
『アフリカ研究』第8号に報告している。

生態人類学的研究としても農業経済学的研究としても，ユニークな研究の1つは，
掛谷誠による「トングウェ族の生計維持機構 —— 生活環境・生業・食生活」（『季刊
人類学』第5巻3号，1974）である。焼畑農耕民トングウェの社会における人々の経
済原則を最小努力の法則として提示した。掛谷の研究は，当初は生態人類学的研究
として開始されたが，やがて在来農業をめぐる研究へと展開し，さらにはアフリカ
の農村発展に関する研究へと結びついていく。この時代，伊谷純一郎とその研究グ
ループは，今西錦司と開始した霊長類学を基盤とする人類進化の研究を，生態人類
学の方法論をもって，アフリカの自然と人々の生活の研究へと拡大していった。そ
の中心は，狩猟採集民研究にあったが，農耕民研究や牧畜民研究の成果も少なくな
い。これらについては，生態人類学の総説を参照のこと。

1970年代に入ると，アジ研のメンバーを中心とする研究も，各国別の研究成果を
蓄積していっている。文献研究も継続され，矢内原勝編による『「アフリカナイゼー

ション」の意味と現実』（アジ研，1973）や，山田秀雄編による『アフリカ植民地における資本と労働』『アフリカ植民地における資本と労働（続）』（アジ研，1975，1976），星昭編『アフリカ植民地化と土地労働問題』（アジ研，1973），細見真也編『アフリカの食糧問題と農民』（アジ研，1978）などが，相次いで出版された。

経済学の分野では，犬飼一郎『アフリカ経済論』（大明堂，1976）が出版された。これはアフリカ経済を冠し，実際のアフリカでの調査に基づいた最初の単行本の1つである。犬飼は，技術変化と開発という視点から「農業開発と生産技術の変化——ケニアとタンザニアとの比較」と「タンザニアの農村工業開発」を『アジア経済』第22巻10号（1981）に載せている。

北アフリカでは，宮治一雄が『アルジェリア社会主義と自主管理農場』（アジ研，1978）や『ECとマグレブの経済関係』（アジ研，1979）を出版した。

1970年代は，アフリカにおける食料不足と飢餓が，一般のマスコミなどによっても大きく報道された時代でもあった。西川潤は『飢えの構造——近代と非ヨーロッパ世界』（ダイヤモンド社，1974）によって，アジアやアフリカで起きている飢餓が構造的なものであり，人口の増加が原因ではなく，ヨーロッパによる非ヨーロッパ世界の近代化と深く結びついていることを明らかにした。

第2期　農業経済学研究・農村社会学研究の成果の拡大
—— 1980〜95年

この時期は，1970年代から加速されたフィールドワークに基づく，あるいはアフリカ各国での長期滞在に基づく調査研究が，豊かな成果を生み出した時代である。

米山俊直は伊谷純一郎と共同で，1970年代後半，コンゴ民主共和国（当時ザイール）を中心とした文化人類学と生態人類学の調査グループを編成するが，そのなかから，フィールドワークに基づく農業経済研究が生まれた。その成果は，米山俊直・伊谷純一郎編『アフリカ文化の研究』（アカデミア出版会，1984）として，結実する。このなかで，末原達郎は「テンボ族の焼畑農業」を論じ，焼畑農業に関する農耕技術，休閑体系，土地利用，農業経営の全体構造を分析した。その後「テンボ族の労働組織」を『民族学研究』第48巻2号（1983）に発表し，地域比較をしたものを末原達郎『赤道アフリカの食糧生産』（同朋舎，1990）にとりまとめている。生態人類学からアフリカの農業経済に焦点を当てたものには，安渓遊地の「ソンゴーラ族の農耕生活と経済活動——中央アフリカ熱帯降雨林下の焼畑農耕」（『季刊人類学』第12巻1号，1981）がある。緻密で莫大な情報を内包した研究は，生態人類学に基づく経済研究のあり方を提示した。さらに，生態人類学の佐藤弘明の「ボイェラ族の生計活動

——キャッサバの利用と耕作」や，安渓遊地の「〈原始貨幣としての魚〉中央アフリカ・ソンゴーラ族の物々交換市」も『アフリカ文化の研究』に含まれていた。

この時代，狩猟採集民研究，農民研究，牧畜民研究との間で相互の議論がなされており，たとえば伊谷純一郎・田中二郎編『自然社会の人類学——アフリカに生きる』(アカデミア出版会, 1986) で伊谷純一郎が提出した「平等主義社会」をめぐる概念と議論は，その後も他の生業社会と比較した農民社会の特色を考える上でも，最も根底的な議論として継続され，寺嶋秀明編『平等と不平等をめぐる人類学的研究』(ナカニシヤ出版, 2004) や寺嶋秀明『平等論』(ナカニシヤ出版, 2011) において理論的な展開がなされている。

その後，米山俊直は坂本慶一と赤道アフリカの農業経済的調査を継続する。その結果は Sakamoto 編による英文報告書 *Agriculture and Land Utilization in the Eastern Zaire and the Southern Sudan, Comparative Studies of the Agricultural Production in Equatorial Africa*, *The Structure of Technique, Economy and Society of Traditional Agriculture in Equatorial Africa* (京都大学農学部, 1984, 1986, 1988) の3冊となって報告された。後になってこのときの経験から，坂本慶一は「アフリカ農業の内発的発展」を，米山俊直は「アフリカ農耕社会の伝統と変容」を高村奉樹・重田眞義編『アフリカ農業の諸問題』(京都大学学術出版会, 1998) に載せている。

また，この研究調査のなかから，杉村和彦は「『混作』をめぐる熱帯焼畑農耕民の価値体系」(『アフリカ研究』第31号, 1987)，「富者と貧者——そのクム人的形態」(『アフリカ研究』第49号, 1996) を発表し，これらは『アフリカ農民の経済——組織原理の地域比較』(世界思想社, 2004) としてまとまる。

この調査に参加した池上甲一はジンバブエおよび南アフリカの商業化の農業を取り上げ，池上甲一『東・南部アフリカにおける食糧生産の商業化がもたらす社会再編の比較研究』(近畿大学, 1999) として発表している。

一方，松田凡は，福井勝義の調査研究に加わり「オモ河下流低地の河岸堤防農耕——エチオピア西南部カロの集約的農法」を『アフリカ研究』第32号 (1988) に発表する。藤本武は「品種分類に映し出される人々と植物との関わり——エチオピア西南部の農耕民マロの事例から」『アフリカ研究』第51号 (1997) を発表していく。

米山，末原，杉村，池上，松田 (凡) らの研究は，農学研究，農業経済学研究，農村社会学研究としての問題意識を持った最初のアフリカ農村・農業の研究群だといえるだろう。

文化・社会人類学における農村社会研究の蓄積

　一方，東京外国語大学の富川盛道を中心とした研究グループでは，都市と農村との関係をめぐる研究が行われ，富川盛道編『アフリカ社会の形成と展開——地域・都市・言語』（同朋舎, 1980）として出版された。このなかには，富川盛道・富田浩造「タンザニアにおける開拓部落の成立と形成」，日野舜也「アダマワ地域社会における都市と村落」，和崎春日「バムン族の王権と村落支配」，宮治美江子「国民社会の形成と都市——農村関係の変化」が含まれている。富川や日野，和田の研究は，北海道大学における農村社会学，都市社会学の研究をふまえたアフリカ社会研究であった。

　和田正平は，国立民族学博物館を中心とした文化人類学的研究のうち，アフリカでの調査の中心を1980年代から担うことになったが，その共同研究のなかには，生業を中心とした農業経済や農村社会研究が含まれていた。和田は，大著，和田正平編『アフリカ——民族学的研究』（同朋舎, 1987）をとりまとめる。そのなかでは「スーダン・サバンナ帯における生業形態の特質——半農半牧タンベルマ族の事例」を論じている。

　竹沢尚一郎は『季刊人類学』第5巻1号に「アフリカの米」（1984）を載せ，「西アフリカ史のなかのメマ——ガーナ王国とマリ帝国を支えた経済活動」を『アフリカ研究』第66号（2005）に発表している。西アフリカのボゾの漁業に関しては，『サバンナの河の民——記憶と語りのエスノグラフィ』（世界思想社, 2008）としてまとめている。

　松園万亀雄は，1970年代からケニアの農民世界の社会人類学的調査を積み重ねていたが，モノグラフとしては『グシイ——ケニア農民のくらしと倫理』（弘文堂, 1991）を発表している。農民世界の全体像を理解するのに，わかりやすい。

　一方，中林伸浩も，文化人類学からケニアのイスハの研究を続けてきた。『国家を生きる社会——西ケニア・イスハの氏族』（世織書房, 1991）には，氏族の土地利用制度と組合的結合のあり方を示し，国家とは異なる視点から，国家との対抗関係を明らかにしている。

　川田順造は『アフリカ入門』（新書館, 1999）を編集しているが，そのなかには，生業研究や文化人類学研究から農耕民研究に触れたものが少なくない。これらの視点は，アフリカの農業経済研究や農村社会研究が，経済学からの分析とともに，文化・社会人類学の生業研究から成り立っていることを示している。

アジア経済研究所の農業経済研究 ── 1980年代

　アジ研における農業経済的研究もフィールド調査を行った結果が，1980年代に数多く出版された。ケニアにおいては，池野旬が「東部ケニアの半乾燥地における土地登記と土地所有 ── 土地取得・処分手段を中心に」(『アフリカ研究』第27号，1986)を発表し，その後，カンバにおける詳細な農村調査の結果明らかにした土地・労働分析に基づく小農経営を，『ウカンバニ ── 東部ケニアの小農経営』(アジ研，1989)としてまとめた。

　同じケニアで，児玉谷史朗は社会学の分野と農業経済学の分野の両方にまたがった仕事をしているが，「ケニアの小農場部門における農民の階層分化」を『アジア経済』第22巻11／12号 (1981) に載せ，「ケニアにおける小農の換金作物の発展と小農の階層分化」を『アフリカ研究』第26号 (1985) に発表している。くわしくは，地域社会学の解説を参照。

　タンザニアでは，吉田昌夫が，1970年代から実態調査に基づいた農業経済学的研究を行っていく。その成果としての「タンザニア・ルフィジ河下流平野の農業調査」(『アフリカ研究』第16号，1978) は，農家経済に踏み込んだ調査研究である。吉田は1960年代から文献的調査，吉田昌夫編『アフリカ農耕民と土地保有』(アジ研，1975)を積み重ねていくが，徐々に実態調査に基づく研究蓄積が増えていった。吉田の研究の全体像は，吉田昌夫『東アフリカ社会経済論 ── タンザニアを中心として』(古今書院，1997) として集大成される。東アフリカの農業経済・農村社会を学ぶ場合の必読書のひとつである。

　西アフリカでは，島田周平が「南部ナイジェリアの食糧生産増大過程に関する一考察」(『アジア経済』第9巻12号，1976) や，「70年代以降ナイジェリア農村変容の一断面 ── 労働力利用にみるエビヤ村の事例から」(『人文地理』第41巻4号，1989) などの論文を発表し，1990年以降のポリティカル・エコロジー研究の基盤となる研究を行っていた。また，細見眞也は，細見自身のガーナ研究の集大成として，『アフリカの農業と農民 ── ガーナの事例研究』(同文館，1992) を出版している。

　北アフリカでは，宮治一雄が『アフリカ現代史Ⅴ　北アフリカ』(山川出版社，1978) を出版し，マグレブにおける脱植民地化とヨーロッパの関係を明らかにした。

　南アフリカでは，林晃史が『現代南部アフリカの経済構造』(アジ研，1979) など，歴史および政治・経済からの研究を数多く行っていた。また林は，『アフリカ農村社会の再編成』(アジ研，1989) を編集している。このなかには，タンザニアにおける農村再編成 (吉田昌夫，香月敏孝)，モザンビーク (林晃史)，ケニア (半澤和郎)，ザンビア

（児玉谷史朗），ナイジェリア（室井義雄），コンゴ民主共和国（旧ザイール）（武内進一）の諸論文が含まれていた。

中部アフリカでは，武内進一がコンゴ民主共和国で研究を進展させた。「キンシャサ周辺農村の土地問題」（『アジア経済』第29巻7・8号，1988）や「ベルギー領コンゴにおけるパーム産業の形成」（『アジア経済』第31巻5号，1988）を発表しているが，やがて，コンゴ民主共和国や大湖地方で起きる紛争のなかから，生存に直接関係する紛争研究と，それが食料生産や土地制度とどう関わるかという研究へとつながっていくことになる。

第3期　構造調整とアフリカの食料・農業問題 ── 1995〜2013年

第3期の1995年以降の特徴は，世界経済の影響が小さな農村社会にまで，強い影響を及ぼした時代だといえるだろう。これは，IMFと世界銀行が1980年代から行った構造調整政策が，1990年代に大きくアフリカの社会を変動させていったからである。市場経済化が直接アフリカの国家の政策や制度を変更し，独立以来続いてきた食料・農業政策は一変することになった。このことは，アフリカの農民，農村に強い影響を及ぼしただけでなく，農業経済・農村社会研究自体もそれを反映したものになっていかざるをえなかった。これは，現在までも続いている状況である。

アジ研からは，児玉谷史朗編『アフリカにおける商業的農業の発展』(1993)，原口武彦編『構造調整とアフリカ農業』(1995)，細見真也・島田周平・池野旬著『アフリカの食糧問題 ── ガーナ・ナイジェリア・タンザニアの事例』(1996)，池野旬・武内進一編『アフリカのインフォーマル・セクター再考』(1998) など，一連の研究が相次いで出版された。児玉谷編には，小農と商業的農業，国家を対象とした論文をはじめ，武内の「ザイール川河口地域のキャッサバ生産に関する一考察」が含まれている。原口編では，構造調整を直接分析しており，坂元浩一の「構造調整とマラウイ農業」や望月克哉の「構造調整とナイジェリア農業」，高根務の「ガーナの構造調整とココア部門」，原口武彦の「構造調整とコートジボワール農業」などが，池野・武内編には，武内進一「コンゴの食糧流通と商人 ── 市場構造と資本蓄積」が含まれている。

池野旬は『アフリカ農村像の再検討』(アジ研, 1999) を編集するが，このなかには，吉田昌夫「東アフリカの農村変容と土地制度変革のアクター」，武内進一「ガボン北部農村の人口流出」，児玉谷史朗「ザンビアの慣習法地域における土地制度と土地問題」，島田周平「新しいアフリカ農村研究を求めて ── ポリティカル・エコロジー論との交差から」，池野旬「タンザニア，北パレ平地村の水利組織」などが含まれて

いる。なお池野はこれまでの研究のまとめとして,『アフリカ農村と貧困削減——タンザニア 開発と遭遇する地域』(京都大学学術出版会, 2010) を発表している。

構造調整を大きな世界経済による農村社会に対する政治・経済的強制として捉えたのが,末原達郎編の『アフリカ経済』(世界思想社, 1998) である。東アフリカ (池上・辻村),西アフリカ (高根),中部アフリカ (武内・大林),南部アフリカ (辻村) に分け,構造調整が各地域でどのように実施されたかを確認しながら,とくに農業生産と市場経済化との関係を,学部学生にもわかりやすく分析したものである。

大林稔は,大林編『アフリカ——第三の変容』(昭和堂, 1998) を出版しており,このなかには,児玉谷の「ザンビアにおける農業流通」,辻村の「タンザニアにおける農村共同組合育成手段の変容」,末原の「市場経済と社会変容」が含まれている。また,大林は2000年以降のアフリカとのパートナーシップについて,『アフリカの挑戦——NEPAD (アフリカ開発のための新パートナーシップ)』(昭和堂, 2003) を出版している。

北川勝彦・髙橋基樹編の『アフリカ経済論』(ミネルヴァ書房, 2004) は,アフリカ経済全般を対象とし,アフリカ学会の経済研究者の多くが参加して執筆した大学生用の教科書である。現在でも,バランスがとれ新規の研究テーマを加え,優れたアフリカ経済学入門書となっている。このなかで,平野克己は「農業と食糧生産」を担当し,豊富な資料を駆使し,アフリカ農業の問題点を独自に明らかにしている。

平野はその理論の基盤を,平野克己『図説 アフリカ経済』(日本評論社, 2002) および,平野編『アフリカ経済学宣言』(アジ研, 2003) で明らかにしている。平野は,さらに『アフリカ経済実証分析』(アジ研, 2005) を編集しており,このなかで,アフリカにおける地域研究を計量実証分析から解き明かす試みを行っている。櫻井武司は「アフリカにおける『緑の革命』の可能性」で西アフリカにおける稲作導入の計量分析を試み,髙橋基樹は「アフリカの農業停滞と政府の役割」でアフリカ各国の農業政策を計量分析から論じている。櫻井武司はミクロ経済学からアフリカ農業にアプローチし,「西アフリカにおける低湿地の土地所有制度と水管理技術への投資」を『農業経済研究』第76巻4号 (2005) に,「戦乱ショック,貧困,土壌劣化——ブルキナファソの農家家計データを用いた実証」を『農業経済研究』第78巻1号 (2006) に載せている。

農業協同組合,フェアトレード他,研究の拡大1 —— 1995〜2013年

アフリカにおける協同組合の研究は,佐藤誠によって南部アフリカから開始された。1980年代の飢餓と食料不足のなか,ジンバブエ農業と協同組合を調査した『飢

餓からの解放──南部アフリカの自立と協同組合運動』（芽ばえ社, 1984）は, 強いインパクトを与えた.

佐藤千鶴子は,「南部アフリカにおけるアフリカ人農村研究の課題」を『アフリカ研究』第51号（1997）に載せている. さらに佐藤誠編の『南アフリカの政治経済学──ポスト・マンデラとグローバリゼーション』（明石書店, 1998）に「土地開発と農業開発」を載せ, やがて佐藤千鶴子『南アフリカの土地改革』（日本経済評論社, 2009）として, とりまとめている.

南部アフリカでは, 吉国恒雄が現代史学の立場から,「ジンバブウェ農業の成功と小農の躍進」を, 川端正久・佐々木建編『南部アフリカ──ポスト・アパルトヘイトと日本』（勁草書房, 1992）に寄せている. 吉国は, ジンバブウェの小農の歴史的, 理論的研究である『燃えるジンバブウェ──南部アフリカにおける「コロニアル」・「ポストコロニアル」経験』（晃洋書房, 2008）として集大成している.

東アフリカでは, 辻村英之が協同組合を対象とした農業経済学的研究をタンザニアで積み重ねており, 構造調整の与えた影響を『南部アフリカの農村協同組合──構造調整政策下における役割と育成』（日本経済評論社, 1999）として発表している. その後, 辻村は『コーヒーと南北問題──「キリマンジャロ」のフードシステム』（日本経済評論社, 2004）を発表し, このなかでは, 構造調整政策と自由化, 協同組合の変化, 日本とタンザニアのフードシステムを論じ, さらに貧困問題については「タンザニア農村における貧困問題と農家経済経営」（野田公夫編『生物資源問題と世界』京都大学学術出版会, 2007）を, フェアトレードについては『おいしいコーヒーの経済論』（太田出版, 2009）を発表している. くわしくはフェアトレードの項を参照.

農村開発援助研究, モラル・エコノミー他, 研究の拡大2
── 1995～2013年

ウガンダについては, 住民参加型の開発に関して, 斎藤文彦編『参加型開発──貧しい人々が主役となる開発へ向けて』（日本評論社, 2002）がある. ここには, アフリカ以外の参加型開発事例も含まれていて参考になる.

京都大学アジア・アフリカ地域研究研究科を中心とした本では, 先述の『アフリカ農業の諸問題』のなかに, 小川了が「牧畜民フルベ社会での農耕」を, 重田眞義が「アフリカ農業研究の視点」を, 太田至が「アフリカ開発援助と社会変容」を論じていて, これらは, 人類学研究と農学研究, 社会経済研究との境界領域に属する開発研究である. 農耕民に関する掛谷誠編『アフリカ農耕民の世界──その在来性と変容』（京都大学学術出版会, 2002）では, 掛谷自身が「アフリカ農耕民研究と生態

人類学」で両者の関係とその変遷を論じている。重田眞義は「アフリカにおける持続的な集約農業の可能性」で，エチオピアにおけるエンセーテを中心とした在来農業の意味を論じている。

　その後，アジア・アフリカ地域研究研究科では生態人類学と農村開発研究とを組み合わせて行うようになり，新しい研究の地平を切り開きつつある。その成果は，掛谷誠・伊谷樹一編『アフリカ地域研究と農村開発』（京都大学学術出版会，2011）として出版された。そのなかで，掛谷は「アフリカ的発展とアフリカ型農村開発の視点とアプローチ」を論じている。くわしくは農耕活動の生態の項を参照のこと。

　開発実践をめぐる新しい研究群は，『アフリカ研究』にも，数多く見られる。

　高橋隆太「農業開発と農業融資事業をめぐるセイフティーネット ── セネガル川下流域における農民組合の活動と稲作振興策」（第74号，2009）や，黒崎龍悟「タンザニア南部マテンゴ高地における農村開発の展開と住民の対応 ── 参加型開発プロジェクトの『副次効果』分析から」（第77号，2010）はそうした新たな研究の 1 つである。

　カカオ生産，焼畑農業，狩猟を組み合わせた農民の研究を，坂梨健太は「カメルーン南部熱帯雨林におけるファンの農耕と狩猟活動」として第74号（2009）に発表している。従来は農耕への依存が増すほど狩猟活動からは離れると考えられていたが，両者が相乗的に活動を活発化させている例から，現代の生業複合と世界経済との関係を論じている。

　農業普及に関しては，南谷貴史が「ネリカ普及の現状と課題 ── ギニアにおけるプロジェクトを事例として」を第77号（2010）で発表しており，エンパワーメントに関しては，西真如が「住民組織におけるエンパワーメントの政治実践 ── エチオピアのグラゲ道路建設協会の経験」（『アフリカ研究』第72号，2008）で，浅野史代が農村女性に関して「『エンパワーメント』の問題に関する一考察 ── ブルキナファソ農村における女性グループの活動推移を例として」（『アフリカ研究』第73号，2008）で論じている。

　北アフリカのチュニジアでは，鷹木恵子が『マイクロクレジットの文化人類学』（世界思想社，2007）を出版している。また，宮治一雄・宮治美江子編『マグリブへの招待』（大学図書出版，2008）では，宮治がアルジェリアの，鷹木がチュニジアの農村生活を紹介している。くわしくは，北アフリカの項を参照。

　アフリカ学会でのシンポジウム「開発のインパクトを問いなおす ── 地域住民の視点から」は，杉村和彦・浅野史代・坂井真紀子・内藤直樹・黒崎龍悟によって，『アフリカ研究』第78号（2011）において，とりまとめられている。

　島田周平は，地理学を中心にアフリカの経済と開発研究を積み重ねてきたが，島

田周平『現代アフリカ農村——変化を読む地域研究の試み』(古今書院, 2007),『アフリカ・可能性を生きる農民——環境・国家・村の比較生態研究』(京都大学学術出版会, 2007) を出版した。

高根務は『現代アフリカにおける国家, 市場, 農村社会』(アジ研, 2000),『アフリカの政治経済変動と農村社会』(アジ研, 2001),『アフリカとアジアの農産物流通』(アジ研, 2003) を編集している。津田みわの「ケニアにおける政治変動と農村」, 児玉由佳の「エチオピアの経済自由化政策と社会変容」, 上田元の「タンザニアの経済自由化と農村零細企業の形成過程」, 高根務の「現代アフリカと農村社会」が含まれる。

児玉由佳は,『現代アフリカ農村と公共圏』(アジ研, 2009) を編集し, そのなかには, 松村圭一郎「エチオピア農村社会における公共圏の形成」や上田元の「東アフリカ農村社会における森林資源管理と生計安全保障」, 杉村和彦の「新しい公共圏の創生と消費の共同体」などが含まれている。

西川芳昭・吉田栄一編『地域振興の多様性と課題』(アジ研, 2009) は, アフリカだけを扱ったものではないが, コミュニティ振興と政府との関係に関して論じており, 西川芳昭「地域振興の制度構築を考えるとはどういうことか」が興味深い。また, 吉田栄一は「マラウイ一村一品運動における産品マーケティング」を, 原島梓は,「マラウイの農産物生産者組合お活動が地域や農家に与える影響」を報告している。

杉村和彦は, 鶴田とともにアフリカ・モラル・エコニミーの研究を推進してきている。『アフリカ研究』第70号 (2003) には, 杉村和彦「アフリカ・モラル・エコノミーの現代的視角」「消費の世界とアフリカ・モラル・エコノミー」, 鶴田格「モラル・エコノミーから見たアフリカ農民経済」, 杉山祐子「焼畑農耕民社会における『自給』のかたちと柔軟な離合集散」, 松村圭一郎「市場経済とモラル・エコノミー」, 池谷和彦「カラハリ砂漠における生業と分配」などが載せられている。くわしくは, アフリカの農業と農村社会の項を参照。

以上のように, アフリカの農村社会研究, 農業経済学研究は, 実は隣接する諸科学, すなわち文化・社会人類学, 生態人類学, 経済学, 開発論などに強く影響を受けながらも, 独自の発展をしてきたところに特徴がある。それゆえに, 経済学の農業分野への適応としての農業経済学からだけでは捉えきれない側面を持つ。むしろ, アフリカの農村や農業経済から, 人間社会の基本構造や経済現象に対する根底的な問題提起が生み出されるところに, この分野の特徴があるように思える。あるいは, 自然と人間の営みから, 農業や農村社会の持つ役割や意味を根元から考えなおすことができるだろう。そのためには, 単に, 農業経済学や農村社会学という学問的枠組みのなかに限定してアフリカでの研究を見るのではなく, 細分化された学問領域

を超えて，人間の社会における農業，村落，経済の意味を問う根底的な研究を行うところに，この分野の魅力があり可能性があるといえるだろう。

[参考文献]

池野旬 2010『アフリカ農村と貧困削減 —— タンザニア　開発と遭遇する地域』京都大学学術出版会。
今西錦司・梅棹忠夫編 1968『アフリカ社会の研究 —— 京都大学アフリカ学術調査隊報告』西村書店。
掛谷誠編 2002『アフリカ農耕民の世界 —— その在来性と変容』京都大学学術出版会。
掛谷誠・伊谷樹一編 2011『アフリカ地域研究と農村開発』京都大学学術出版会。
北川勝彦・高橋基樹編 2004『アフリカ経済論』ミネルヴァ書房。
末原達郎 1990『赤道アフリカの食糧生産』同朋舎。
末原達郎編 1998『アフリカ経済』世界思想社。
杉村和彦 2004『アフリカ農民の経済 —— 組織原理の地域比較』世界思想社。
富川盛道編 1980『アフリカ社会の形成と展開 —— 地域・都市・言語』同朋舎。
吉田昌夫 1997『東アフリカ社会経済論 —— タンザニアを中心として』古今書院。
米山俊直 1990『アフリカ農耕民の世界観』弘文堂。
米山俊直・伊谷純一郎編 1984『アフリカ文化の研究』アカデミア出版会。

2-3-1 農業経済学
Agricultural Economics

高根務

キーワード：国家と農村，構造調整，地域研究，計量経済学

アフリカの農村経済は，「小規模で自給自足的な農業生産」といった単純な図式では捉えられない。アフリカ農民は古くから世界経済と密接に結びつき，また国の政策変化の影響を直接受けながら常に変化を遂げてきた。また農民の経済活動は，地域固有の歴史や社会制度と不可分の関係にある。したがってアフリカを対象とした農業経済学的な研究も，単なる農業生産の分析にとどまらず，政策研究，国家論，国際経済論，制度論，歴史研究など，他分野の研究を包摂する形で深化・発展を遂げてきた。

アフリカの農業経済学の展開

アフリカを対象とした農業経済学の研究は，1980年代を境に大きく変化した。一党独裁政権や軍事政権が多かった1980年代以前のアフリカ諸国では，外国の研究者や研究機関が農村に入って調査することが困難であったため，農業経済学的分析に不可欠な詳細な一次データがほとんどなかった。またこの時期は多くの国で農業に関する政府の統制が強く，農業経済のあり方は必然的に国家のあり方と密接に結びついていた。このような状況のもとでアフリカの農業経済に関する研究も，国家と農村の関係を論じたものが中心となっていた。G・ハイデンによる「（国家に）捕捉されない農民」論や，R・ベイツによる農業政策の政治的側面に関する研究が，このような時代背景のもとで生まれた。

その後1980〜90年代にかけてアフリカ各国が採用した構造調整政策と経済自由化政策の結果，状況は大きく変化した。まず政府による農業部門への介入が大幅に削減され，経済自由化のもとでの農村経済の実態解明が重要な研究テーマとして取り上げられた。次に，援助機関の資金援助のもとで各国が大規模な家計調査や農村調査を定期的に実施するようになり，そのデータを内外の研究者が利用できるようになった。さらに経済自由化とともに進展した政治的民主化のもとで，外国の研究者が独自に農村調査を行えるようになり，詳細なデータをもとにした綿密な農業経済学的研究が多く発表されるようになった。

日本人による農業経済学分野の研究

日本人によるアフリカの農業経済学研究には，大きく2つのアプローチがある。第1は，特定地域の農村経済の特徴を総体的に理解しようとする地域研究からのアプローチである。このアプローチに基づく研究の先駆的なものは，池野（1989）である。池野はアフリカ農村経済についてのくわしいデータがまだ少なかった1980年代前半に，ケニアでフィールドワークを行って農家世帯レベルの詳細なデータを収集し，農村世帯の経営多角化や階層分化の実態を論じた。数値データのみならず，地域の歴史や土地制度などの社会的文脈も視野に入れてアフリカ農業経済の特徴を明らかにした池野の研究アプローチは，その後の児玉谷（1993）や高根（2007）などの研

究に受け継がれた。他方，コンゴ民主共和国（旧ザイール）のクム人の経済を検討した杉村（2004）の研究も，地域研究的な志向を持つ。ただし杉村の研究は農村経済における消費の側面に着目し，そこからアフリカ農村社会の組織原理にまで議論を発展させて，東南アジアなど他の地域の農村経済との違いを考察したところに大きな特徴があった。

第2のアプローチは，家計調査データに基づくミクロ計量経済学的な分析によって，アフリカ農村の動態や貧困の要因を検討しようとするものである。前述の通り1980年代までのアフリカ農村経済については，綿密な計量経済学的分析に耐えうるような良質なデータがほとんどなかった。しかし1990年代以降に詳細な家計調査データが収集されるようになると，計量経済学的手法を用いたアフリカ農村経済の分析が活発に行われるようになった。このような研究の成果は，大塚啓二郎，櫻井武司，山野峰，木島陽子らによって主に英文で発表されている。

アフリカの農業経済学の今後

アフリカを対象とした農業経済学的研究は，以下のような分野で今後さらに深化・拡大していくであろう。まず，ミクロの世帯・家計レベルでの，農民の戦略とその変化に関する研究である。この点に関する地域研究的なアプローチからの研究では，経済活動と社会制度の関係，農業と非農業経済活動との関係，地域経済の動向や人の移動と生計戦略との関係などについての分析が深化していくと予想される。他方でミクロ計量経済学的な分析においては，これまで少なかったパネルデータ（同じ家計に対して違う年に複数回調査した時系列データ）が収集されるようになるにつれて，農村経済の動態と変化の方向性に関する研究が深化するであろう。

一国レベルのマクロな視点からの研究では，

エチオピアの主要穀物であるテフの刈り取り作業

国全体の農村経済と貧困動向の関係，政策と農村経済の関係，農業部門と非農業部門の相互関係などの研究がさらに進展するだろう。さらにグローバル経済とアフリカ農村の関係については，これまでも行われてきたコーヒー・カカオ・綿といった「伝統的」輸出作物に関する研究に加え，生鮮野菜や花卉といった「非伝統的」輸出作物の生産と流通や，フェアトレードに関する研究も注目される。さらに，世界市場における穀物貿易や経済大国の資源確保戦略の動向と連動する形で顕在化する，国際資本によるアフリカの土地利用と農村経済との関係も重要な研究課題である。今後のアフリカの農業経済学の研究は，特定地域の農業生産の現状の分析だけでなく，アフリカの社会経済全体の動向を視野に入れたものになっていくであろう。

池野旬 1989『ウカンバニ――東部ケニアの小農経営』アジア経済研究所／大塚啓二郎・櫻井武司編 2007『貧困と経済発展――アジアの経験とアフリカの現状』東洋経済新報社／児玉谷史朗編 1993『アフリカにおける商業的農業の発展』アジア経済研究所／杉村和彦 2004『アフリカ農民の経済――組織原理の地域比較』世界思想社／高根務 2007『マラウイの小農――経済自由化とアフリカ農村』アジア経済研究所

⇒経済開発と経済政策，地域社会学，農業と農村社会，フェアトレード

2-3-2 地域社会学
Community Sociology

児玉谷史朗

キーワード：農村社会学，都市社会学，地域社会，地域開発政策

地域社会学は地域社会を対象とする社会学で，全体社会のなかでの地域社会の特質と諸問題，地域開発政策の解明を目指す学問である。日本のアフリカ研究においては（地域）社会学を標榜する研究者は少ないが，地域社会学的な研究は近年増加している。農村社会学的な研究としては，杉村の小農研究，松村の土地所有の研究がある。小倉と島田はザンビアの村を定点観測して労働移動や農業の変化を国家やグローバルな関係のなかに跡づけた。都市社会学的な研究としては，野元のバミレケ商人の研究がある。アフリカにおける経済自由化，民主化の進展，開発や環境保護における住民参加の重視や地域振興といった動きを背景として，新たなトピックや視角からの研究が登場している。灌漑事業区についての石井の研究，公共性や公共圏の概念を援用した西や児玉の研究，野生動物保護についての西崎の研究や地域振興についての吉田の研究などである。都市住民と出身農村との関係は多くの研究で取り上げられてきた。小倉，西，野元の研究は都市農村関係の研究でもある。

地域社会学の定義

地域社会学とは地域の社会学とも地域社会の学とも解することができるが，地域，地域社会ともに多義的な用語である（森岡編 2008）。日本で一般的な地域社会学の定義は，「社会学の一分野で，地域社会を対象とする社会学である」（『新社会学事典』「地域社会学」の項目．蓮見音彦執筆）。日本では起源的には，農村社会学と都市社会学を統合するものとして1960年代に使われるようになったが，それは両者の統合にとどまらず，現代社会における地域社会の特質とそれに規定された諸問題の解明を目指す学問であり，全体社会のなかでの地域と住民生活のあり方を追究するものである。今日では全体社会にグローバルな枠組みを加えるのが適切であろう。また地方自治体が行う行政と地域社会の関係に注目し，地域開発政策などの公共政策を研究する。

日本のアフリカ研究における社会学

日本の地域社会学がアフリカの社会の研究に直接応用されることはほとんどなかった。日本のアフリカ研究においては，地域社会学に限らず，社会学を自らの研究方法や理論的枠組みとして標榜している研究者は少なかった（日野 1984, 松田 2001）。日本の研究者がアフリカ社会を研究するときは，先進国社会を対象に発達してきた社会学よりも，非欧米の諸社会を主な対象としてきた人類学によることが多かった。あるいは地域研究として学際的なアプローチがとられた。

本稿が対象とする地域社会学的研究

自ら（地域）社会学を標榜するアフリカ研究者は少数であったとしても，近年のアフリカ研究のなかで地域社会学的研究成果と見なせる研究は少なくない。アフリカ各国において，近年グローバル化を背景として，政治・経済の両面で，市場経済化，地方分権化，学

校教育，携帯電話の普及などを通じて，「近代社会」的要素が増えるとともに，全体社会と地域社会の関係は拡大・深化しており，アフリカにおいても地域社会学的研究の意義は高まっているといえよう。本稿では，上述のような地域社会学の定義に関連する研究成果を取り上げる。また1990年代までの時期については，日野（1984）と松田（2001）に譲り，2001年以降の研究を主な対象とする。

農村社会研究
── 消費の共同体とモラル・エコノミー

杉村（2004）は，アフリカの農民経済，小農論について理論的・実証的に研究した浩瀚な力作であり，村落組織，組織原理，「共食」など農村社会学的な考察を含んでいる。アフリカの小農社会を「消費の共同体」と特徴づけるなど，アフリカ農村社会の新たな見方を提示した。杉村はさらに，アフリカ小農研究に大きな影響を与えたハイデンの「情の経済」論に着目し，「アフリカ・モラル・エコノミー論」として再登場させた。モラル・エコノミー論は農村経済学，経済人類学だけでなく，農村社会学，政治学などにも関連する。杉村は，アフリカ農村を日本のイエ・ムラ論やブルデューのハビトゥスとも関連づけて論じており，日本の農村社会学などとも関連させて議論を展開している。

農村社会研究 ── 土地所有

松村（2008）は，エチオピア農村社会の土地と富をめぐる力学を動態的な視点から探究した。本書は先行研究における法の一元的秩序・権威による説明と個人間の主体的な交渉という説明を両極端として排し，法や慣習といった制度的枠組みがもたらす規則性と，その規則性を支える「拘束性＝力」に注目し，規則性と不規則性が交錯する状況を具体的に描いている。

農村社会研究 ── 小倉の国際社会学と島田のポリティカル・エコロジー

2000年代の日本人アフリカ研究者の地域社会学的研究として，2人のアフリカ研究の泰斗による成果を無視できない。自らの研究を社会学の研究としてきた数少ないアフリカ研究者の小倉充夫と人文地理学を専門とする島田周平である。2人は，ほぼ同時期の1990年前後から農村を定点観測的に調査して研究成果を出した。小倉（1995）は，1980年代を中心とした時期におけるザンビアの農村・都市間の労働移動を都市，農村双方での調査に基づき研究した成果である。小倉（2009）は，1989年以来毎年のように調査してきたザンビア東部州の農村とその住民の姿を通じて南部アフリカ農村社会の変容を跡づけている。小倉は村というミクロの世界を継続的に定点観測しながら，それをザンビアという国家的枠組み，南部アフリカという地域的枠組み，さらにはグローバルな枠組みのなかに位置づけ，関連させながら，その変容を論じている。

ポリティカル・エコロジー論を日本に紹介してきた島田は，島田（2007a）と島田（2007b）を出版した。前者は，1つの村に焦点を当て，アフリカの農村社会がグローバル化や民主化のなかで遂げつつある変容を明らかにしている。同書は地理学と地域研究を橋渡しする試みとして位置づけられている。島田は，地域研究の手法によりながらも，地域の総体的把握に存在価値を見出す地域研究には懐疑的である。島田のこの立場は，『可能性を生きる農民』（島田 2007b）においてより明示的に展開されている。島田は，一地域の農業を見る場合，地域研究的手法で詳細に観察し，その後でその結果をより広い時間的・空間的広がりのなかで再検討する必要があるとしている。そのための仕掛けとして，『可能性を生きる農民』はナイジェリアとザンビアの農村社会を比較するという地域間比較研究を取り入れ

た。また外部世界とのつながりのなかで農村社会や農民の行動を理解するために，ポリティカル・エコロジー論を分析視点としている。

都市社会研究

野元（2005）は，カメルーンの首都ヤウンデの都市居住者，とくにバミレケという「商売の民」を対象に，人々が貨幣をどのように動かしているのか，またそれが都市居住者の出身農村との関係にどのような影響を与えているのかを明らかにしようとした。本書は都市社会と農村社会の関係の両義性を明らかにしている点で評価できる。都市居住者のバミレケは，村での死者祭宴，村の家の建築，同郷会活動などさまざまな形で出身農村との関係を維持しているが，同時にこれらは個人的な再分配の義務や親族に対する連帯の義務から解放されるための仕組みであり，村と距離を置くためのものであるという。

地方都市の研究としてタンザニアのムワンザで古着を売る零細商人を扱った小川さやかの一連の研究成果がある。小川（2011）にいたる一連の研究は，地方都市の下層住民の生活をいきいきと描き出している。

都市社会と農村社会の関係

都市社会と農村社会の関係の究明は野元（2005）に限らず，小倉（1995），西（2009）においても中核的な位置を占めている。小倉は主に労働移動に注目して都市・農村関係を研究してきた。野元（2005）と西（2009）はともに都市住民の農村での開発活動を扱っているが，対象事例の実態の違いと研究者の関心の違いの双方から，異なった特徴が描かれている。これまで多くのアフリカ研究が都市社会と農村社会の関係に関心を持ってきた。古くは植民地時代のザンビアにあって人類学・社会学研究の拠点であったローズ・リヴィングストン研究所の研究において農村・都市間人口移動あるいは労働移動は重要な研究課題であった。ザンビアの鉱山都市の都市生活を人類学的・社会学的に研究したファーガソン（Ferguson 1999）は，同研究所の労働移動研究の再検討を含め，都市・農村間関係を多面的に検討している。アフリカ都市人類学・都市社会学の今や古典ともいえる松田（1996）でも，都市住民の出身農村との関係が詳細かつ多面的に描かれている。

公共圏・公共性の研究

1980年代からの経済自由化政策，90年代の民主化，開発や環境保護における住民参加の重視といった，アフリカを取り巻く政治，経済，援助の新たな動きは都市住民や農村部の地域社会に大きな影響を与えた。またこれらに関連した新たなトピックや視角からの研究が現れている。

政治学関連では，公共圏や公共性の研究がアフリカについても行われている。先駆的な研究として，西（2009）がある。西は，アフリカ社会を引き裂いてきた2つの公共性，すなわち共同体的な価値観に基づくエスニシティとリベラルな市民社会の正義・公正，この両者間にどう折り合いをつけ，いかに結びつけるかという課題を理論的に検討する。その上でエチオピアのグラゲを事例に，都市住民が故郷の村に道路や学校を建設するために組織した住民組織と都市の葬儀講を取り上げる。前者においては帝国支配に対抗する社会関係の創出，都市の市民社会と農村の伝統社会の連携を検討し，後者については「排除と配慮」の葛藤を扱っている。関連して，児玉編（2009）は公共圏の概念を切り口にアフリカ農村社会の変容に迫っている。

農村社会研究 ―― 入植地，民営化

石井（2007）は，ケニアのムエア灌漑事業区を舞台にその入植地としての開発計画の歴

史を跡づけ，民営化の波に直面する国家事業と農民たちの生活実践を描いている。従来の人類学がどちらかといえば，伝統的な農村社会を対象とすることが多かったとすれば，本書は国営の灌漑事業地という近代的な事業をフィールドにしており，また民営化，民主化という新たな環境における人々の実践を明らかにしている。

環境と開発，参加型開発

環境の分野では，住民を排除して国立公園や森林保護区を設定する「要塞型」の自然保護が批判され，住民主体の自然資源管理や共同管理が導入されつつある。開発の実践においても参加型開発が主流となってきている。とすれば，その住民あるいは地域社会についての研究が重要性を増す。この領域での研究成果として，西﨑（2009）や白石編（2009）がある。

参加型開発に関連した研究として荒木美奈子の研究がある（Araki 2007）。

地域振興，地域開発

日本では地域社会学の成立当初から地域開発政策や地域振興は重要な研究課題であるが，日本のアフリカ研究においては研究業績はまだ少ない。吉田栄一（2009）はその数少ない研究の1つである。掛谷・伊谷編（2011）は地域の資源を活用した住民参加による農村開発の可能性を探究している。

石井洋子 2007『開発フロンティアの民族誌——東アフリカ・灌漑計画のなかに生きる人々』お茶の水書房／小川さやか 2011『都市を生き抜くための狡知——タンザニアの零細商人マチンガの民族誌』世界思想社／小倉充夫 1995『労働移動と社会変動——ザンビアの人々の営みから』有信堂／小倉充夫 2009『南部アフリカ社会の百年——植民地支配・冷戦・市場経済』東京大学出版会／掛谷誠・伊谷樹一編 2011『アフリカ地域開発と農村開発』京都大学学術出版会／児玉由佳編 2009『現代アフリカ農村と公共圏』アジア経済研究所／島田周平 2007a『現代アフリカ農村——変化を読む地域研究の試み』古今書院／島田周平 2007b『アフリカ　可能性を生きる農民——環境‐国家‐村の比較生態研究』京都大学学術出版会／白石壮一郎編 2009「アフリカ地域社会における資源管理とガバナンスの再編——住民の生計戦略をめぐる協働とコンフリクト」*Kyoto Working Papers on Area Studies* 84／杉村和彦 2004『アフリカ農民の経済——組織原理の地域比較』世界思想社／杉村和彦他 2007「特集　アフリカ・モラル・エコノミーの現代的視角」『アフリカ研究』70／地域社会学会編 2011『新版キーワード地域社会学』ハーベスト社／西真如 2009『現代アフリカの公共性——エチオピア社会にみるコミュニティ・開発・政治実践』昭和堂／西﨑伸子 2009『抵抗と協働の野生動物保護——アフリカのワイルドライフ・マネージメントの現場から』昭和堂／松元美佐 2005『アフリカ都市の民族誌——カメルーンの「商人」バミレケのカネと故郷』明石書店／日野舜也 1984「アフリカ研究の回顧と展望——社会学」『アフリカ研究』25／松田素二 1996『都市を飼い慣らす』河出書房新社／松田素二 2001「社会学とアフリカ研究」『アフリカ研究』59／松村圭一郎 2008『所有と分配の人類学——エチオピア農村社会の土地と富をめぐる力学』世界思想社／森岡清志編 2008『地域の社会学』有斐閣／吉田栄一 2009「マラウイ一村一品運動における産品マーケティング」西川・吉田編『地域の振興』アジア経済研究所／Araki, M. 2007 Local notions of participation and diversification of group activities in southern Tanzania. *African Study Monographs Supplementary Issue* #36／Ferguson, J. 1999 *Expectations of Modernity: Myths and Meanings of Urban Life on the Zambian Copperbelt*. California UP

⇒農業経済学，農業と農村社会，フェアトレード

2-3-3 農業と農村社会
Agriculture and Rural Society

杉村和彦・鶴田格

キーワード：生業複合，流動性，捕捉されない農民，成長しない農業，モラル・エコノミー

アフリカ大陸は，栽培作物や農耕文化の主要な発祥地の1つである。サハラ以南のアフリカ各地では，農耕と牧畜・狩猟採集など他の生業形態とが並存しながら，豊かで多様な農村文化の展開を見せてきた。近代以降，アフリカに独特の柔軟な生業複合や非定住的な農村社会のあり方は，その粗放的な技術とともに時代遅れのものと批判される一方で，そうした在来の技術・知識・社会・文化のあり方に独自の論理を見出そうとする研究が人類学の分野を中心になされてきた。他方で近代国家や市場経済の影響を大きく蒙るようになった現在の農業・農村社会についても，経済学・政治学・社会学などの分野からさまざまな実証的・理論的研究が展開されている。

アフリカの農業・農村社会とその研究

アフリカ大陸の多様な自然環境と歴史を反映して，その農業や農村社会も地域ごとにさまざまな形態をとっている。だが他方で，それをアジアやヨーロッパなどほかの地域の重層的な定住農耕社会と比較するとき，アフリカに特有の共通点がいくつか浮かび上がってくる。その1つは農村社会の「流動性」である。近年までアフリカの農村社会は（一部地域をのぞき）きわめて流動的であった。現在では高まる人口圧や，国家の定住政策などにより定住化が進んでいるとはいえ，今でも人口希薄な地域への移住が一定程度続いている。こうした流動的な農耕社会の典型として焼畑農耕民の研究がさかんに行われてきた。

社会の流動性は焼畑など農耕技術のあり方と切り離せない関係を持つとともに，他方で「生業の流動性」とも深い関連を持つ。アフリカ農耕民の特徴の1つは，所与の自然環境に適応して柔軟に農耕と農耕以外の生業——すなわち狩猟採集や牧畜，漁撈など——を組み合わせて自給生活を営むことであり，こうした点に着目する研究も多い。同時にその社会・生業の流動性は，「分与の経済」といわれるような狩猟採集社会や牧畜社会とも通底する平等主義志向の社会的ネットワークにも支えられてきた。

他方で，植民地期以降は地域によってはコーヒーやカカオ，綿花など商品作物の生産が進展し，こうした動きに鋭敏に反応し換金作物生産に従事するアフリカ人農民は初期のころから存在した。現在，市場経済の農村への浸透はさらに加速しており，きわめて企業的な農家が次々と出現する一方で，そのすぐ隣には自給自足的な農民が暮らしているのがアフリカの現状である。こうした現代的な変動は社会経済学の分野からの研究のみならず，人類学の研究でも取り上げられるようになっており，全体として「成長しない」と指摘されてきたアフリカ農業の停滞の原因を探るとともに，単なる近代化論を乗り越える新たな農村・農業発展論も模索されている。

日本人による生態人類学的な農村社会研究

日本人によるアフリカ農業・農村の研究は，1960年代の今西錦司・梅棹忠夫らをリーダー

とする京都大学を中心としたアフリカ調査隊に始まる。人類進化論的視点を持ちつつ行われたその研究では，タンザニア北東部の狩猟採集民・牧畜民の調査とともに，半農半牧のイラク人の研究が行われた。この研究には富川盛道，和田正平，福井勝義，米山俊直らが参画し，農民でありながらむしろ「牧」の世界に高い価値を置くような農牧民的世界，あるいは農民と牧畜民が共生するような世界を描き出した（今西・梅棹編 1968）。

その後，今西らの研究を引きついだ伊谷純一郎をリーダーとする生態人類学のなかからは，タンガニーカ湖畔に住むトングウェ人を詳細に調査した掛谷誠の焼畑農耕民研究が生まれる。掛谷は，トングウェなど自然社会に生きるアフリカの農民は農耕だけを専門とせず広く狩猟や採集，漁撈にも従事する自然利用のジェネラリストであることを強調した。掛谷は，他の社会の集約的農業と対比して焼畑農業を「非集約的（extensive）」農業と位置づけ，その概念を農民の価値観や世界観を含めた生活様式全体にまで拡大して「非集約的生活様式」とはいかなる特質を持つのかを考察した。さらに比較文明史の観点からアフリカ内陸部のフロンティア論を展開し，低人口型の社会と民族生成や非集約的生活様式との関連について議論している（掛谷・伊谷編 2011：1-28）。

掛谷の開始した農耕社会の生態人類学的研究は，その後，杉山祐子，大山修一，伊谷樹一らによって，ザンビアのベンバ社会，タンザニアのマテンゴ社会などを舞台に文理融合の地域研究として展開した（掛谷・伊谷編 2011）。そこでは，多様なアフリカ在来農業の実態をふまえた上でのアフリカ型農村開発の可能性が議論されている。他方でコンゴ盆地やその周辺の湿潤アフリカでは安渓遊地，塙狼星，小松かおりが熱帯焼畑農業・農村の克明な民族誌を生態人類学的な視点から生み出してきた。

1980年代の旧ザイール農村では，世帯をこえた「共食」の慣行が飢えのない生存維持を志向する社会を可能にしていた（杉村撮影）

日本人による社会経済学的な農業・農村社会研究

それまで単に伝統的で素朴な段階に留まっていると考えられてきたアフリカ農村も，1960年代にアフリカ諸国が独立して以降，しだいに国家・市場といった外部の諸制度に取り込まれていくようになる。こうした事情を反映して，アジア経済研究所を中心にアフリカ農業・農村の政治経済的な動きに注目する研究がさかんに行われるようになった。

1960年代には比較経済史の分野から，アフリカ農村を舞台とした赤羽裕の農業共同体論が生み出された（赤羽 1971）。しかし赤羽自身はアフリカの地を踏んだことがなかった。赤羽の理論的研究に対して，実証的見地からその枠組みを越えようとするアジア経済研究所出身の吉田昌夫，島田周平，児玉谷史朗，池野旬らによるフィールド研究が主に1970年代以降展開されてきた。こうした農村域での実証的研究は，アフリカのマクロな政治経済的構造そのものの実態を追求するとともに，それとミクロな社会構造すなわち農村の社会経済構造との関連を描き出そうとするもので，アフリカ農業・農村の動態論に多大な貢献を果たしてきた（吉田 1997，池野 2010 など）。

またアジア経済研究所におけるアフリカ以

近年，タンザニア中部の農牧民の間では従来はなかった牛耕がさかんに行われるようになった（鶴田撮影）

外の地域の研究との比較を念頭に，アフリカ各国の農業生産や農村の動向に関する国民経済的な立場からの実証的研究も数多くなされてきた。さらに同研究所主催の研究会を中心に，現代アフリカ農村の新しい動きや研究視点が主題化され，適正技術，人間の安全保障，紛争，公共圏などに関する重要な成果が生み出されてきたことは特筆に価するであろう。

人類学と社会経済学の融合 —— アフリカ・モラル・エコノミー研究の展開

京都大学農学部を中心とするグループから，上記の2つの流れを融合し，さらにアフリカ農業・農村に特有の価値体系を取り出そうとする研究が，坂本慶一，米山俊直，末原達郎，杉村和彦によって1980年代に開始された。末原は旧ザイールの農村を舞台に，農民の生産構造の基盤となる土地と労働に焦点を当て，それらが父系の出自集団や姻戚などの親族ネットワークによってゆるやかに統制されていることを明らかにした（末原1990）。同じく旧ザイールの森林地帯の焼畑農耕民を調査した杉村は，流動的なアフリカ農村では土地への支配より人々への支配が重要であり，物的生産よりもむしろ消費など社会の再生産につながる活動に高い価値づけがなされるとともに，そうした価値観の背景には伝統的な「消費の共同体」とそれに基づく分与の経済があることを示した（杉村2004）。

杉村の研究は，アメリカの政治学者ゴラン・ハイデンの提唱した「情の経済論」などの研究視点を再評価し取り込む形で，アフリカ農業・農村の内発的発展を志向するアフリカ・モラル・エコノミー研究として展開している（杉村他2007）。ハイデンは，停滞するアフリカ農業・農村の背景には，「他の社会階級に捕捉されたことがない」アフリカ農民のユニークさがあり，そこに独自の「情の経済」が展開していると論じた。この議論はアフリカの地域的多様性を考慮していない点で限界もあるが，アフリカ以外の重層的で定住的な農業社会を対象としてきたこれまでの農民論には収まりきらないアフリカ農民の特質に関する新しい論点を切り開いている（Hyden 1980）。

こうしたハイデンの議論を出発点にした杉村らのアフリカ・モラル・エコノミー研究の特徴の1つは，アフリカ農村のユニークさを浮き彫りにするためにアフリカ以外の地域との「地域間比較」の観点を打ち出していることである。日本や東南アジア農村での調査経験を持つ池上甲一，鶴田格らがこうした比較を試みている。第2の特徴は，ハイデンにはなかった「生業間比較」や「生業複合」の視点をとりいれるために，農耕社会研究の末原達郎と杉山祐子に加え，牧畜社会研究の嶋田義仁，狩猟採集社会研究の池谷和信，どの生業にも特化しない典型的な生業複合社会を調査してきた松田凡らが参画していることである。これに加えて開発学の阪本公美子がモラル・エコノミーの視点から内発的発展論を深化させる作業に取り組んでいる。

杉村のアフリカ・モラル・エコノミー研究

では，2010年より（アフリカに独特の自給的な生業複合様式に従事する人々として）タンザニア中部の農牧民ゴゴを対象とする現地調査を行い，モラル・エコノミーを基調とする農村の内発的発展の可能性を検討してきた。

グローバルな経済成長から取り残されてきたアフリカ農村は「南のなかの南」として位置づけられてきたが，近年ではさらにアフリカ農村の内部にも大きな地域格差が生まれている。こうした状況のなかで，天候不順で飢饉が常襲する地域に住む農牧民ゴゴの村は，東アフリカのなかでも「成長しない」「緑の革命を拒否する」アフリカ的な農村の1つの典型として位置づけられるだろう。

しかし，もしこの厳しい自然条件のもとに生活する農牧民の内発的発展の道筋をモラル・エコノミーを軸に構想することができるとしたら，それはとりもなおさずアフリカ農村・農業の最も深刻な「停滞」の核心部から逆説的に内発的発展の可能性が浮かび上がってくるということになる。

1980年代の旧ザイール農村における「混作畑」の風景
（杉村撮影）

「緑の革命」を拒否する世界と新たな可能性

アフリカ農村のなかに広く見られる自給自足的あるいは生存維持的な農業・農村のあり方は，これまでの開発の視点からは近代化・商業化になじまないものとして否定的に捉えられてきた。しかし，アフリカ農村の開発の現場では，自然環境や歴史文化的ポテンシャルに対する配慮を欠いたこれまでの開発の視点そのものが問われている。さらに内発的発展論や持続的発展論というような，これまでの生産力至上主義的な開発理念の転換，具体的には在来農業のポテンシャルの再評価というような動きが展開し始めている。たとえばアフリカの「成長しない農業」の世界で展開する典型的な農法の1つに，1つの畑に多種類の作物を少量ずつ栽培する混作農法がある。しかし商品化にはなじまない混作技術も，防虫害や雑草対策，地力維持という側面から見ると生産上の大きな効用がある上に，自然との共存を可能にする農法と位置づけられる。

近代化論の立場から，アフリカ農業に投げかけられてきた否定的な言説がある。しかし今それを超えて，自然と人間の共存を可能にする「もう1つの緑の革命」とそれを支える価値規範を，アフリカ農村の現実の生活のあり方から探り出す作業が求められている。

赤羽裕 1971『低開発経済分析序説』岩波書店／池野旬 2010『アフリカ農村と貧困削減』京都大学学術出版会／今西錦司・梅棹忠夫編 1968『アフリカ社会の研究』西村書店／掛谷誠・伊谷樹一編 2011『アフリカ地域研究と農村開発』京都大学学術出版会／末原達郎 1990『赤道アフリカの食糧生産』同朋舎／杉村和彦 2004『アフリカ農民の経済』世界思想社／杉村和彦他 2007「特集アフリカ・モラル・エコノミーの現代的視角」『アフリカ研究』70／吉田昌夫 1997『東アフリカ社会経済論』古今書院／Hyden, G. 1980 *Beyond Ujamaa Tanzania*. London: Heinemann

⇒生態人類学，農学，地域開発・国際協力

2-3-4 漁業と漁村社会
Fishing and Communities

飯田卓

キーワード：多様性，食糧，小規模生産，産業化，資源

漁撈は，特別な道具を用いず行う単純なものから，大がかりな機械を用いる複雑なものまで，さまざまなタイプがある。アフリカ地域では，とりわけそのバリエーションが広い。また，海面だけでなく，内水面での漁撈に従事する者も多い。アフリカの漁業者の多くは，個人や家族などで操業する小規模生産者だが，人口増大に応じた食糧増産が求められるなか，彼らの活動の発展をどのように漁業そのものの振興に結びつけるかが問題となっている。それを考察することは，漁撈／漁業研究の実践的課題であるのみならず，理論化をはかるためにも重要な手続きと考えられる。

さまざまな漁撈

アフリカでは，農業人口にくらべると漁業人口が大きくない。「アフリカ的農業」ならぬ「アフリカ的漁業」が問題になりにくいのも，1つはそれが理由だろう。しかし，それだけではない。さまざまな学問分野で論じられてきた漁撈が，それぞれの関心に基づく異なるタイプだったということも，もう1つの理由である。

このことは，日本のアフリカ研究者が漁撈や漁業（漁撈活動を中心に組織された職業ないし産業）に目を向け始めた1980年代に顕著である。当時，アフリカ諸国は独立20年を迎えるようになり，研究者もあらたなテーマを模索していた。そうしたなか，漁撈は目新しいテーマだったが，学問分野ごとに興味をひく漁撈のタイプが異なり，漁業研究という大きな流れを形作るにはいたっていない。

たとえば生態人類学では，1970年代後半に調査を始めた安渓遊地（ザイール川）や，1980年代前半に調査した市川光雄や今井一郎ら（バングウェル・スワンプ）が，内水面漁撈に着目した。宗教人類学でも，民間信仰や漁業権の問題に関わって，竹沢尚一郎（1989）がニジェール川の内水面漁撈を論じた。一方，経済地理学では，藤井宏志がモーリタニアの産業的な沿岸漁業を『アフリカ研究』で論じた。さらに歴史学に基づく海域世界研究では，長い時間にわたる文化交流をふまえて展開する漁撈として，チュニジアの小規模沿岸漁撈を家島彦一（1984）が論じた。

その後，30年ほどの歳月が経ち，一部の分野では，幅広いタイプの漁撈を扱うようになった。しかし，漁撈／漁業研究という場で研究者間の対話が進むにはいたっていない。沿岸漁撈と内水面漁撈，小規模漁業と産業的漁業，動力化漁業と無動力漁業，パートタイム漁撈とフルタイム漁撈，定住漁民と移動漁民など，いくつもの次元における相違は，容易な比較を許さないのが実情である。

漁民人口の増大と資源管理

とはいえ現在，アフリカ漁業をめぐっては，多様な対象の統一的理解という認識的課題とは別に，実践的課題の早急な解決が求められている。アフリカ地域全体で見られる人口の増加に対応して，タンパク源の供給量をいっそう高めるため，各国の漁業を振興すること

が求められているからである。

　漁船の動力化によって増産をはかることも、そのための一手段であろう。しかし、この方向性で近代化をなしとげた日本の漁業は、1990年代に国連海洋法条約が発効するのに伴って、沿岸漁業に回帰することを余儀なくされた。また、アフリカ諸国では一般に国家財政規模がそれほど大きくなく、海外からの投資も鉱山開発など特定の産業部門にかぎられており、あらたな水域の開拓には限界がある。

　そこで、既存の小規模漁撈を振興していくことを考えなければならない。そのために解決しなければならない点は、少なくとも2つあろう。1つは、さまざまな水面利用と漁場利用とを調整することである。とりわけ沿岸地域は、観光産業が発達しやすいため、海面のレジャー的利用と漁場利用の調整が不可欠である。港湾に適した場所では、さまざまな施設を建設・維持していくために、漁場利用を制限しなければならないかもしれない。さらに、同じ漁場利用でも、養殖などを新規に始める場合には、制約を受ける在来の漁撈活動との間で調整が必要である。このことに加えて、漁業者同士の調整が必要な場合もある。漁業振興策が効を奏した場合などには、個々の漁業者が漁獲拡大を目指したり、漁撈人口が増えたりして、水産資源をめぐる競争が過熱するからである。

漁撈研究の役割

　小規模漁撈を振興するためには、もう1つ、漁業者をとりまくさまざまな社会環境が明らかになっている必要がある。たとえば、農耕社会のマイノリティとしての漁業者と、漁村社会の一成員としての漁業者とでは、おのずから期待する漁業発展も異なってくる。同じ漁村でも、海上交易の拠点が近くにある場合とそうでない場合とでは、漁獲流通のあり方や、市場の需要への対応、さらには経済発展

マダガスカル南西部での水揚げ（2010年撮影）

の筋道が異なる（飯田 2012）。つまり、小規模漁撈を振興するための、一般的な処方箋があるわけではない。漁業発展の理論を編み出してから現実に向きあうのではなく、歴史に根差した対象社会の特性を見つめつつ、解決策を講じなければならないのである。

　このように考えると、アフリカにおける漁撈／漁業研究の役割は、多様な漁撈や漁業をアフリカ的漁業としてまとめあげることではなく、逆に個々の特性を見極め、類型の差異化を進めていくことだといえる。無数のローカル漁撈の特性が深いレベルから明らかになって初めて、先行研究を生かしつつ理論を組み立て、それが及ぶ範囲を確定することが可能となろう。

飯田卓 2012「漁師と船乗り——マダガスカルとモザンビークにおける漁村伝統の対照性」松井・野林・名和編『生業と生産の社会的布置——グローバリゼーションの民族誌のために』岩田書院／竹沢尚一郎 1989「『水の精霊』とイスラム——ボゾ族における社会変化と宗教変化」『国立民族学博物館研究報告』13（4）／家島彦一 1984「チュニジア・ガーベス湾をめぐる漁撈文化——地中海世界史の視点から」家島・渡辺編『イスラム世界の人びと4　海上民』東洋経済新報社

⇒イスラーム、経済開発と経済政策、農業と農村社会、漁撈活動の生態

2-3-5 フェアトレード
Fair Trade

辻村英之

キーワード：交易条件，南北問題，経済開発，ケイパビリティ，貧困削減，アフリカ農村の価値観

1989年に設立された世界フェアトレード機構（WFTO）は，フェアトレード（公正貿易）を次のように定義づけている。「対話・透明性・尊敬に基づいて，貿易におけるより大きな公平さを追求する交易パートナーシップである。社会的に排除された，特に南の生産者や労働者に対して，よりよい交易条件を提供し，彼らの権利を保障することによって，持続的発展に貢献する」。

97年に設立された国際フェアトレードラベル機構（FLO）は，フェアトレード商品の国際認証制度を確立し，この「よりよい交易条件」を具体化した。小農民生産の場合，長期の安定した取引関係，代金の一部の前払い，の基準に加え，下記の2つの価格形成の基準が規定されている。

①最低価格の保障。生産者が生産・生計を持続できる最低価格を保障する。市場価格が降下しても，生産者はそれに翻弄されず，セーフティーネットを得られる。

②フェアトレード・プレミアムの支払。地域社会の開発（教育・医療面の開発，農業生産性・品質の改善など）のために利用される割増金を支払う。生産者の社会・経済・環境条件が改善する。

フェアトレードの分析枠組み①
——「不公正さ」を改善する力

FLOのフェアトレード認証基準は，食品についてはバナナ，カカオ，コーヒー，生鮮果物・野菜，砂糖（さとうきび），茶類など，非食品については綿，花・植物などにそなえられており，基準を満たせば，世界共通のフェアトレードラベルを貼付できる。

一次産品（原料用農産物）に限れば，その貿易の不公正さの分析は，60年代の南北問題論（一次産品の対製造業製品交易条件悪化論）にまでさかのぼる。しかし南北問題論は，抽象度の高い一般論に終始した。それを一要因として，同論に基づいて国連貿易開発会議（UNCTAD）が主導した下記の南北問題運動とともに，力を失うことになったと考える。

それゆえ，フードシステム分析によって解明できる品目ごとの貿易の「不公正さ」を，フェアトレード（とくに上記の2つの価格形成）が除去・回避できるか否かで，その具体的な意義と課題を導くことが重要になる（辻村2009）。

アフリカの経済開発とフェアトレード
——南北問題・WTO体制の下での位置づけ

植民地支配によって商業経済（一次産品の生産）が植え付けられ，伝統的な生業経済との二重構造が生じた途上国経済にとって，独立後の経済開発の最大の課題は，①輸入代替工業化により，少数の一次産品に特化する（商業）経済構造（モノカルチャー）から脱却すること，②一次産品の劣悪な交易条件を改善すること，にあった。

1964年に設立されたUNCTADは，「援助よりも貿易を」のスローガンの下で，②の課題のために生産国同盟や国際商品協定を促

し，各生産国の輸出量を少なめに統制することで，一次産品の輸出価格の引き上げに努めた。

しかしながら，80年代半ば以降のGATT（関税及び貿易に関する一般協定）強化や95年のWTO（世界貿易機関）体制確立により，市場メカニズム・自由貿易が絶対視されるようになった。世界共通の緊急課題「途上国の貧困削減」につながろうとも，価格支持政策は嫌われるようになり，石油を除いて，生産国同盟・国際商品協定による価格引き上げ策は撤廃された（コーヒーについては，国際コーヒー協定の経済条項が1989年に停止）。

しかしアフリカ諸国においては，近年の高い経済成長率の下で経済構造が変わり始めてはいるものの，タンザニアなどの最貧国においては十分な工業化にいたっていない。もはや「一次産品特化」とはいえないが，いまだに外貨獲得や，国民経済レベルの開発促進（開発資金獲得）のために，原料用農産物が重要な地位にある。フェアトレードによる原料用農産物価格の引き上げは，それらの課題に貢献できる。

たとえばコーヒーについて，現在の過小なフェアトレードのシェア（日本においては約0.4％）では，ほぼすべてのコーヒーの輸出価格を価格安定帯（80年代においては120～140cents/pound）に収めようとした，国際コーヒー協定に太刀打ちできない。しかし今後，フェアトレードの普及が進めば，その最低価格保障（当初は121cents/poundの最低輸出価格が設定されたが，現在は140centsに引き上げられている）が，国際コーヒー協定の役割を受け継ぐかもしれない。

フェアトレードの分析枠組み②
——「公正さ」を実現する力

分析枠組み①の，「不公正さ」を改善する力に着目する相対的な「公正さ」の評価で終え

最低価格保障で再生しつつあるコーヒー・バナナ畑

てしまうと，目指すべき「目的地」やそこまでの「距離」がわからない。「不公正さ」をどの程度改善できれば「公正」なのか，見当がつかない。

そこで辻村は，アマルティア・センの「ケイパビリティ（選択可能機能）」の概念を援用した，フェアトレード評価を試みている。2つの価格形成が，生産者にとって望ましい機能・状態（生き方・在り方）を実現できるか否かの評価である（辻村2009）。

センは貧困についても，所得の制約ではなく，「ケイパビリティ」の制約として捉えている。たとえばタンザニアのキリマンジャロコーヒーの生産者にとって，コーヒー生産の最大の目標は，すべての子どもに十分な教育を受けさせることである。この状態を実現するために必要な機能を生産者が選択できるか，それらの機能に必要な所得や能力を生産者がそなえているか，社会制度はそれらの機能・所得・能力を促進できるかなどが，貧困分析の内容になる。

この場合，キリマンジャロコーヒーのフェアトレードによる貧困削減の力（かつ「公正さ」を実現する力）は，①「最低（輸出）価格の保障」により子どもたちの教育費を十分に確保できるか，②「フェアトレード・プレミアムの支払」により地元に十分な教育施設を整備できるか，などによって評価される。

フェアトレード・プレミアムで建設が進む中学校

アフリカの貧困削減とフェアトレード研究

「特化した少数の一次産品」生産の経営を，主にアフリカ小農民が行う「小農輸出経済型」生産国と，主に入植者が行う「鉱山・プランテーション型」生産国がある。「小農輸出経済型」生産国の場合，フェアトレードによる原料用農産物の価格引き上げは，既述の国民経済レベルの開発のみならず，小農民の貧困削減にも貢献する。

上記のタンザニア産コーヒーの分析に加え，児玉（2007）によるエチオピア産コーヒーや，白木・岩附（2011）によるガーナ産カカオの分析を，この貧困削減の研究として位置づけることができる。児玉と白木・岩附は，本稿で強調している2つの価格形成の基準に加え，民主的に運営される生産者組織（協同組合など）の存在という基準が，生産者に与える影響についても解明しようとしている。

「プランテーション型」生産国の場合，あるいは「小農輸出経済型」生産国における少数派のプランテーション生産の場合，貧困分析の対象は農場労働者になる。FLO認証制度の下では，農場労働者は2つの価格形成の恩恵を，最低賃金・労働基準の保障，フェアトレード・プレミアムによる社会開発という形で受ける。経営者を媒介する間接的な影響になるため，下記のような社会開発についての経営者の理念も，フェアトレードによる貧困削減の力を規定することになる。

既述の商業経済と生業経済の二重構造が顕著であり，農地再分配が強く求められている南アフリカにおいて，その再分配を受けて設立された共有農場でのオレンジのフェアトレードを，池上（2014）が分析している。同農園においては，経営能力不足を補うため，民間企業に経営管理を委託している。そしてこの民間企業は，委託契約が義務づける社会開発の資金源として，フェアトレード・プレミアムを位置づけてしまっている。

吉田（2011）は，大企業所有の大農場における，マラウイ産紅茶のフェアトレードを分析している。そしてCSR（企業の社会的責任）事業として従来から実施されてきた社会開発の一部が，フェアトレード・プレミアムで代替されているに過ぎないことを解明している。

アフリカ農村の価値観とフェアトレード研究

既述の「ケイパビリティ」概念の下でのフェアトレードの評価は，「生産者にとって望ましい生き方・在り方」に基づく分析になる。つまりアフリカ農村における，生産者の価値観やそれに依拠する行動の解明により，「アフリカ型」フェアトレードを探求することが重要な課題になる。

池上（2012）は，アフリカ小農民の行動原理として，共同体内部の互酬性と生存優先戦略をあげる。しかしフェアトレードのヘゲモニー争いもあって，タンザニア・キリマンジャロ州の協同組合が分裂してしまった。これを互酬性の弱体化だと捉え，しかし小農社会にフェアトレードを根づかせるためには，それらの行動原理に再度依拠すべきだと主張している。

また鶴田（2012）は，タンザニア，タイ，フィリピンのフェアトレード生産農家を比較分析し，自給的な食料生産や世帯間での財交換への依存度が高いという，アフリカ農村の

サブシステンスの特質を解明している。そしてフェアトレードは，この市場からの自立性の基盤を破壊しないよう，配慮すべきだと主張している。

キリマンジャロ山中の農村においても，この互酬性，生存優先性，自給性重視の価値観・行動を確認できる。

換金作物であるコーヒーなどは「男性産物」と呼ばれ，利益最大化が追求される。しかしそれに特化することはない。主食であるバナナなどを「女性産物」と呼んで同等に重視し，それによって自給性，家計安全保障を追求する。また「男性産物」の販売収入は，教育経費に優先的に向けられるが，さらに剰余金があれば，相互扶助システムの資金源としてそれを利用するのが「プライド」であるという（辻村 2012）。

キリマンジャロコーヒーのフェアトレードは，「男性産物」による利益最大化の経営目標を満たすのみならず，「女性産物」による自給性の確保や家計安全保障の経営目標にも配慮することで「アフリカ型」になる。また生産者たちの相互扶助システムのなかに，消費者との協働に基づくフェアトレード・プロジェクトを巧みに位置づけることも，「アフリカ型」フェアトレードであるといえよう（辻村 2013）。

キリマンジャロ山中の「家庭畑」（「男性産物」コーヒー・林木と「女性産物」バナナ・豆の複合経営）

池上甲一 2012「アフリカ小農社会におけるモラルエコノミーの変容——農業開発事業とフェアトレードによる影響」『農林業問題研究』48（2）／池上甲一 2014「南アフリカにおけるフェアトレードの展開と生産者組合型フェアトレードの意義」池上（研究代表者）『フェアトレードによる貧困削減と徳の経済の構築に向けた理論的・実証的研究 科学研究費補助金 研究成果報告書』／児玉由佳 2007「エチオピアのコーヒー生産者とフェアトレード——コーヒー協同組合の事例から」重冨編『グローバル化と途上国の小農』アジア経済研究所／白木朋子・岩附由香 2011「クアパココ（ガーナ）調査報告」『フェアトレードで世界を変えよう——平成23年度外務省NGO研究会「フェアトレードを通じた国際協力」研究会報告書』外務省国際協力局民間援助連携室／辻村英之 2009『おいしいコーヒーの経済論——「キリマンジャロ」の苦い現実』太田出版／辻村英之 2012「キリマンジャロの農家経済経営とフェアトレード——利益最大化と家計安全保障」『農林業問題研究』48（2）／辻村英之 2013『農業を買い支える仕組み——フェア・トレードと産消提携』太田出版／鶴田格 2012「フェア・トレード商品の生産農家の多様性に関する一試論——地域間比較とサブシステンスの視点から」『農林業問題研究』48（2）／吉田栄一 2011「紅茶産業のフェアトレード参入と地域社会支援」佐藤編『フェアトレードを学ぶ人のために』世界思想社

⇒経済開発と経済政策，アフリカ国際関係，農業と農村社会，地域開発・国際協力

2-4-0 総説 ── 地域開発・国際協力
Rural Development and
International Cooperation

.... 荒木美奈子

　いまやアフリカのどこに行こうとも,「開発」に関わる現象や支援事業,それらに携わるアクターに遭遇する。本稿では,マクロやナショナルなレベルではなく,地域の,草の根のレベルにおける「開発」をめぐる研究や実践に着目し,人々の目線から「開発」がどのように捉えられてきたのかを中心に過去の足跡を振り返っていきたい。開発実践を含む分野であることから,学術的な論文や著作のみならず,現場での体験に基づく著作にも触れ,地域社会に影響を及ぼすマクロの開発政策・理念の動向や海外の文献を織り交ぜながら,①開発援助や開発実践を対象とした研究や現場からの報告,②主に人類学者による「開発」をめぐる研究,③内発的発展・地域開発,の3つの柱に沿って概観していく。なお,「開発」をめぐる研究や実践は,政治学,経済学,人類学,農学,農業経済・農村社会学,教育学,ジェンダー,医学・保健医療,自然保護など多くの分野において領域横断的に取り組まれていることから,これら関連分野の総説・項目も併せて参照していただきたい。

開発援助や開発実践を対象とした研究や現場からの報告

　[開発援助の現場から]
　1980年代初頭から,開発援助の現場での経験をもとに,開発援助の実情や問題点・可能性についての「現場からの声」が次々と報告,出版されるようになる。アフリカについての著作から代表的なものをいくつか紹介したい。
　『アフリカ研究』誌上では,エチオピアでの干ばつや飢餓に対する援助に関連して,奥村悦之他 (1986) が,日本政府の国際緊急医療チームの一員として,エチオピア・チグレ州にて行ったエチオピア旱魃被災民に対する医療援助活動の状況を報告している。また,原昌子 (1993) によるマラウイでの歯科医療活動と医療現場についての報告があるが,これらは,医療活動の現状を報告するとともに,医療援助に関わる根本的な問題提起も行っている。

斎藤文彦は,『現場から考える国際援助 —— 国際公務員の開発レポート』(1995)で, バングラデシュとウガンダの国連開発計画 (UNDP) での業務を紹介するとともに, 本当の貧しさとは何か, 開発とは何か, そしてそれらに対して援助は何ができるのかと問いかけている。『インド・スラム・レポート』(1987) 以降独自の姿勢で現場に臨む伊勢崎賢治は, 1980年代後半から9年間にわたり国際NGOの職員として, シエラレオネ, ケニア, エチオピアでの実務経験を積み重ね,『NGOとは何か —— 現場からの声』(1997) を通して, 開発援助や援助機関が抱える諸問題を批判的に論じている。野田直人も長年にわたるケニアやタンザニアをはじめとした開発の現場での経験をもとに『開発フィールドワーカー』(2000) を出版し, さまざまな開発の概念や手法に対して, 自己批判も込め批判的に考察している。野田は, ロバート・チェンバースのいくつかの著作の監訳も手がけている。

開発援助に直接携わった経験からではなく, 長年にわたるアフリカでの暮らしのなかから援助への視点を提供しているものとして, 根本利通の『タンザニアに生きる —— 内側から照らす国家と民衆の記録』(2011) がある。根本は, 1984年に留学生としてタンザニアで暮らし始め, 以後26年間にわたりタンザニアで仕事をし, 生活をするなかで, その歴史や遺産, 社会主義の夢と現実, 経済や政治の自由化などタンザニアがたどった数十年の変動の日々を, 内部者の目で描き出している。本書の編集・解説に携わった辻村英之が「内側から照らす援助論」と表しているように, 開発や援助についての内部者ならではの視点が示唆に富んでいる。

[住民参加・住民主体, ボトムアップな開発]
1970年代後半以降, 経済開発を重視したトップダウンなアプローチからボトムアップなアプローチにシフトしていくなかで, 住民参加・住民主体を中心に据えた「代替的な開発 (alternative development)」「住民中心の開発 (people-centered development)」「参加型開発 (participatory development)」などと呼ばれるアプローチが登場してくる。なかでも「参加型開発」は1980年代に広く浸透し, 1990年代以降, 国際機関・政府機関・NGOが共通してこの概念を取り入れ,「参加型開発」を唱っていないプロジェクトの方が稀になるほど主流なアプローチとなっていく。しかし一方で, 広く浸透するがゆえに,「参加」本来の意味が薄れ形骸化したり, 誤解されるというような側面も生じてきている。

そもそも「参加型開発」の柱となる住民主体でボトムアップな開発は, トップダウンな開発への対抗・代替として, アジア, アフリカ, ラテンアメリカ諸国の現場から切実な思いとして出てきたものである。住民参加の火つけ役となるのが, 1983年に出版されたロバート・チェンバースの*Rural Development*であり, 副題の*Putting* *the last first* には，彼の強いメッセージが込められている。チェンバースは，最後におかれている人々，貧しい人々や彼らの知識・価値観・所有物，都市に比べ見えない農村や農民など，これまで軽視されてきたものを優先し，トップダウンな開発政策のなかで力関係を変えていくこと，すなわち既存の価値観や考え方を「逆転」させる必要性を主張している。

数々の「逆転」のなかには，「専門家の知識」と「農民の知識・知恵」の間にある優劣や力関係を「逆転」させていくことも含まれている。日本人研究者では，重田眞義（1998）が早くから在来農業に関心を持ち，当事者であるアフリカの人々によって主体的に営まれている在来農業を見直し，科学者と農民が学びあうための場を創り出していくことの重要性を指摘していた。重田のこの姿勢は，その後のエチオピアでの研究と開発実践を架橋する試みを通して，知の生成とそのポジティブな実践に着目した，金子守恵・重田眞義による研究誌『ZAIRAICHI』（2013）の刊行へとつながっていく。

[参加型開発，WID／GAD，エンパワーメント]
「参加型開発」と並行して，開発のなかで可視化されていない「女性」に焦点を当て，女性が開発の受益者であり担い手であるとし，女性の開発への参加を促す「開発と女性（WID）」というアプローチが現れ，その後，ジェンダー視点をより重視した「ジェンダーと開発（GAD）」へと移行していく。そして，こうした住民参加やWID／GADの議論のなかで，人々が力をつけていく「エンパワーメント」という概念が現れてくる。

荒木美奈子（1992）は，1980年代後半にザンビア南部州にて「参加型開発」や「開発と女性（WID）」を目指した「女性組合」活動に携わった。その後，1990年代半ばにフィールド調査を行い，外部から導入された開発行為を，人々はただ単に受け入れているのではなく，人々の暮らしの文脈において異なる意味づけを行ったり，自分たちの便宜にあうように読み替えており，その過程で，1つの「女性組合」ではなく複数の多様な意味合いを持つ「女性組合」が創出されることを明らかにした。開発行為と人々の営みの間，そして多様なアクター間に派生する相互作用によって新たに創り出される組織やそのプロセスに着眼していくことが重要であると指摘している（Araki 2001, 荒木 2011）。

斎藤文彦は，編著『参加型開発――貧しい人々が主役となる開発へ向けて』（2002）で，住民参加の意義や限界，参加を可能にする政治的・経済的・社会的要因を整理した上で，行政機関・市民団体・国際機関などの役割に焦点を当てつつ，参加型開発の異なる事例を考察している。アフリカを事例としたものには，久保田賢一の「西

アフリカでの開発ワーカーの実践」，ジンバブエを事例とした粟野晴子の「小口金融活動から住民参加による地域開発へ」，久保田真弓の「コミュニケーションの視点からみるガーナにおける女性活動」，斎藤の「ウガンダにおける地方分権化」がある。

浅野史代（2006）は，ブルキナファソで30年もの期間活動を継続しているローカルNGOを取り上げ，「ジェンダーと開発（GAD）」のなかでもエンパワーメントという観点から分析を試み，開発政策におけるローカル女性NGOのエンパワーメントが持つ可能性について議論している。浅野（2008）では，さらに考察を深め，エンパワーメントが内包する諸問題を考察し，グループ活動を通じて，一部の女性にはエンパワーメントの兆しが見えるが，その他の女性にとってはディスエンパワーメントにつながる恐れがあることを指摘している。

こうした参加型開発，WID／GAD，エンパワーメントなどの一連の流れのなかで，1980年代から，モハマド・ユヌス氏が創立したグラミン銀行の名とともにマイクロクレジットの概念が南アジアからアフリカにも浸透し，開発プロジェクトなどを通し広く実施されるようになる。アフリカでのマイクロクレジットの研究としては，鷹木恵子の『マイクロクレジットの文化人類学』（2007）が代表的なものとしてあげられる。鷹木は，マグリブ3国であるチュニジア，アルジェリア，モロッコを事例として，マイクロクレジット（MC）をめぐる現状に着目し，MCに関する法制度，MCプログラムの設計内容や融資プロセス，融資の現場や借り手の経済活動などの実態を明らかにした上で，「金融の民主化」について論じている。

[農業開発・環境保全]

農業分野での開発関連の論文としては，『アフリカ研究』誌に載せられた初期のものとして，吉田昌夫（1977）の「タンザニア・ルフィジ河下流平野の農業調査」がある。吉田は，1970年代初頭の2年間タンザニア政府の水資源審議会に勤務していた期間に，ルフィジ河下流平野において農家経済調査を実施しているが，将来この地域に灌漑農業が導入されることを予想しての調査と記載されている。Ikegami（1994）は，タンザニア・キリマンジャロ州での2つの農業システム，1つは，伝統的な灌漑システムをもとにコーヒーやバナナなどの栽培に牧畜を加えた複合的・多目的な農業システムを，もう1つはJICAの援助による近代的な灌漑稲作プロジェクトを取り上げ，比較考察している。さらに，廣瀬昌平・若月利之らによる『西アフリカ・サバンナの生態環境の修復と農村の再生』（1997）をはじめとした研究や，『アフリカ研究』誌上では，中島邦公・若月利之・モロ・M・ブリの「ガーナの持続的自立的な水田開発に向けて ―― サワ（水田）実証研究プロジェクトに対する農民の反応」（2006），南谷貴史による「西アフリカ内陸小低地の開発可能性 ―― コート

ジボワールの灌漑稲作を事例として」(2004)と「ネリカ普及の現状とその課題——ギニアにおける普及プロジェクトを事例として」(2010)，高橋隆太の「農業開発と農業融資事業をめぐるセイフティーネット——セネガル川下流域における農民組合の活動と稲作振興策」(2009)などの論文が発表されている。

村落開発と環境保全を主題としているものとしては，草野孝久編『村落開発と環境保全——住民の目線で考える』(2008)があげられる。本書は，アジアやアフリカ地域での自然環境と社会変容の実態を把握し，それに対する「住民の目線」の変化とその意味を探り，「住民の目線」とどのように向き合っていけば，自然環境が回復し，持続可能な社会を実現できるかを論じている。古沢紘造は，「森林破壊と人々の暮らし——タンザニアの事例から」のなかで，タンザニア各地における森林破壊の状況と村人による森林保護活動の実態を報告し，森林破壊を防ぐ戦略を提案するとともに，森林破壊の要因が私たちの暮らしのありようにもつながっているという視点を提示している。他にアフリカでの事例を扱ったものとしては，今榮博司「保護区周辺で暮らす人々との協働——ケニア・ナクル湖国立公園の自然を守るための公園外での取り組み」，浅野剛史「自然保護区周辺の村落では何が起きているか——マラウイ湖国立公園の事例より」が収められている。

人類学と「開発」

フィールドに住み込み，地域の人々と暮らしをともにするなかで，望むと望まざるにかかわらず，「開発」という現象や，開発計画・プロジェクトやその関係者に遭遇する機会が近年飛躍的に増している。そうした状況を反映し，民族誌のなかでも「開発」についての記述や提言は少なからず存在するが，ここでは，正面から「開発」を扱っている代表的なものを紹介していきたい。

［開発と文化］
開発と文化の問題を中心に据えたものとして，川田順造他編『岩波講座　開発と文化』全7巻があるが，1997年から1998年にかけて順次刊行されている。第1巻『いま，なぜ「開発と文化」なのか』(1997)の冒頭で，川田は，1960年以降，開発という問題群が急速に重要性を増し，「北」の先進国が「南」の低開発社会に援助の手を差しのべるという初期の構図から，資源・環境問題，人口問題など地球規模の難題へと広がりを見せるなか，開発と文化という視点からこれらの問題群にアプローチしていく意義を述べ，問題提起を行っている。石弘之は，「ヨーロッパの膨張と環境の破壊」で，アフリカ大陸をはじめとし植民地化の過程で起きた環境の変化を

追うことにより，地球環境問題の原点を問い直す作業を行っている。付篇「開発の概念の諸相」には，各地域で蓄積されている開発にあたる概念・言葉が収録されているが，小馬徹は，ケニアのキプシギス社会における開発概念の歴史的変遷を概説している。第3巻『反開発の思想』(1997)には，大塚和夫の「価値の普遍性と個別性 ――『開発の価値』と『価値の開発』」が掲載されている。大塚は，北スーダン村落の事例を通して，「経済的」開発があたかも普遍的価値でもあるかのように肯定的に評価されている一方で，西洋主導の「開発」に対する根強い異議申し立てがあることを，「民主主義」「人権」「女子割礼」の3つの観点から検討している。総括では，開発と価値の問題を考える「価値の政治経済学」という視点を提唱している。他にアフリカを扱ったものとしては，第4巻『開発と民族問題』に，勝俣誠の「グローバル化時代のアフリカ民族国家 ―― セネガル共和国の国家変質」，第5巻『地球の環境と開発』に，青木克巳の「アフリカの開発と公衆衛生」，第7巻『人類の未来と開発』には，鈴村博の「アフリカの音楽とボランティア」，川田順造の「開発と伝統的技術」が収められている。

　宮本正興・松田素二編『現代アフリカの社会変動 ―― ことばと文化の動態観察』(2002)は，現代アフリカ社会に刻まれた植民地支配の遺制を，言語や文化，社会制度を通して，生活者の目線から捉え直そうとするものである。第Ⅲ部「開発と環境の現在」では，松田は「支配の技法としての森林保護 ―― 西ケニア・マラゴリの森における植林拒否の現場から」において，発展を必然とする社会観や「住民参加」や「環境保護」を理想とする援助観を問い直している。と同時に，そこで暮らす人々は一方的な救済対象ではなく，外部からの諸条件と葛藤し選択する主体であり，そうした人々の生活思想や実践こそがアフリカ社会刷新の原動力であると指摘している。赤坂賢は，「民主化時代における農村地域の社会変動」で，マリ南部における識字教育や日本の草の根無償援助協力による教室・診療所の建設がきっかけとなり，村人の生活改善に向けての自助努力が実現してきた事例を報告している。三島禎子は，「セネガルの開発政策への一考察」で，セネガル河上流域を事例とし，「介入」という視点から政府の農業開発政策を批判的に検討し，「発展」のあり方についての問題提起を行っている。

　[開発の人類学]
　人類学者の開発をめぐる研究は，概して，「開発人類学（development anthropology）」と「開発の人類学（anthropology of development）」に分類される。前者は，開発実践に積極的に働きかけ寄与しようとする研究であり，後者は，開発をめぐる事象や開発計画・プロジェクトの社会的影響などを客観的に観察して記述していくことを主眼

としている。先にあげた松田や三島の論文は、「開発の人類学」に分類されよう。2000年に出版された青柳まちこ編『開発の文化人類学』には、主に「開発の人類学」の立場からの論文が収められている。小馬徹は、「キプシギスの女性自助組合運動と女性婚——文化人類学はいかに開発研究に資することができるのか」において、「開発人類学」と「開発の人類学」の質的、抜本的な違いを比較考察した上で、「ジェンダーと開発」と女性婚という具体的な事例を用い、その違いを浮き彫りにしながら、「生活に埋め込まれた」開発現象に着目することの重要性を指摘している。

フィールドワークによる緻密なデータと分析に基づき、人々の暮らしのあり方から開発援助に対して説得力ある提言を行っているものとして、太田至 (1998) と湖中真哉 (2006) があげられる。太田は、牧畜民の複雑な生態系を単純なものと見なしてきたがゆえに開発計画が失敗してきた過程と、マサイ社会を事例として、開発援助の社会的影響と牧畜社会の変容過程を考察している。在来の知識や技術を近代科学と組み合わせることや、人々が外部からの影響を受けながらもさまざまな主体的な選択を行っているという視点が重要であり、このような視点に立脚した開発援助計画が求められると提言している。湖中真哉は、『牧畜二重経済の人類学——ケニア・サンブルの民族誌的研究』(2006) において、ケニアのサンブルの人々が否応なしに市場経済に巻き込まれる渦中で、1991年の家畜定期市の開設以降、外部からの開発と近代化の諸政策に対してどのような対応をとってきたのかを詳細に記録・分析し、彼らが家畜と現金をゆるやかに接合して、市場経済と生業経済を複合化する「牧畜二重経済」の仕組みを創出していることを結論として導き出している。総括では、こうしたさまざまな暗黙知的な実践と創意の数々を「内発的発展」の試みとして把握し、尊重した上で、今後の開発計画が策定される必要があると提言している。

「開発の人類学」の立場から、ケニアにおける開発とギクユ人社会の人々との関わりを描いた「開発計画の民族誌」として、石井洋子の『開発フロンティアの民族誌——東アフリカ・灌漑計画のなかに生きる人々』(2007) がある。石井は、国家や企業などによって計画運営される「開発フロンティア」に着目し、ケニア山における約100年の歴史的な葛藤の末に成立したムエア灌漑事業の盛衰を追っていくとともに、そこに暮らす人々の具体的な対応を丹念に観察・分析している。

［開発人類学］

人類学者の開発プロジェクトなど実践への働きかけについては、たとえば福井勝義 (1994) は、「文化人類学からみた地域開発のあり方」において、ある地域に根づく開発援助をしようとするならば、その地域社会が育んできた土着の知識体系の把握が不可欠であり、人類学者の役割はもっと積極的でもよいのではないか、と述べ

ている。開発と人類学の接点を探求してきた松園万亀雄（1999）は，欧米の援助機関では，援助事業の実施において人類学（者）の知見を積極的に活用しているのに対し，日本では人類学者が開発実践に参画する度合いが低かったが，近年，開発人類学に対する関心が高まってきていることを指摘していた。その後，館長となる国立民族学博物館では，機関研究である 4 領域のなかに「文化人類学の社会的活用」という領域を設け，学問的知識を実践の場に生かすべく，開発や国際協力の現場や枠組みにおける人類学の関わり方や有効性の研究を積極的に行った。その成果が『みんぱく　実践人類学シリーズ』として刊行されたが，医療協力，先住民と開発，資源の管理や流通，巨大災害の復興プログラムなどさまざまなテーマが対象とされている。アフリカを対象としているものでは，第 1 巻の松園他編『人類学と国際保健医療協力』（2008）に，「文化人類学と開発援助 —— 西ケニア，グシイ社会における男性避妊をめぐって」（松園），「下痢の民俗病因論と下痢症削減対策をめぐって —— ウガンダの事例からの再考」（杉田映理），第 2 巻の松園・縄田・石田編『アフリカの人間開発 —— 実践と文化人類学』（2008）に，「開発をめぐる研究と実践」（松園），「貧困削減戦略体制下におけるアフリカの地方開発」（花谷厚），「西アフリカにおける水田エコテクノロジーによる緑の革命実現を目指して」（若月利之），「ケニア中央高地ニャンベネ地方における国際開発NGO —— ハビタット・フォー・ヒューマニティによる住宅建設支援とローン返済の現状」（石田慎一郎），「シルック王　クウォンゴとの対話 —— われわれの手で平和をもたらしましょう」（縄田浩志）などが収録されている。

内発的発展・地域開発

　内発的発展の概念は，1970年代に鶴見和子による「内発的発展論」や時を同じくしてハマーショルド財団による「もうひとつの発展」が提唱されて以降，アジアの事例を中心に内発的発展に関する議論が展開，深化してきている。アフリカにおける内発的発展については，坂本慶一（1998）が，アフリカ社会の固有の価値体系に基づく「アフリカ農業の内発的発展」の可能性を探っている。『アフリカ研究』70号（2007）の杉村和彦を代表とする「特集　アフリカ・モラル・エコノミーの現代的視角」において，阪本公美子は，アフリカ・モラル・エコノミーの志向する価値と組織の特徴に焦点を当て，それらに基づく内発的発展のための課題と可能性について検討している。さらに，*Social Development, Culture, and Participation: Toward theorizing endogenous development in Tanzania*（2009）では，文化を重視する内発的発展の観点から社会開発を再検討している。1950年代からの開発理論・政策の変遷や，開発と文化の関係性について丹念に整理した上で，タンザニア東南部リンディ州での調査を通して，生

態系・生計・言語・宗教などから文化とアイデンティティの多様性と多層性について分析し，結論では，内発的な社会開発を推進するために必要な5つの条件を提示している．

　最後に，アフリカ地域研究を基盤とした地域開発の試みを紹介したい．京都大学やタンザニアのソコイネ農業大学をはじめとし多くの研究者や実務者が関与するなかで，タンザニア南西部マテンゴ高地でのJICA研究協力「ミオンボ・ウッドランドにおける農業生態の総合研究」が実施され，その成果のもとにJICAプロジェクト方式技術協力「ソコイネ農業大学・地域開発センター（SCSRD）プロジェクト」（1999〜2004）が実施されていく．20年余りにわたり生態人類学の研究に精力的に携わってきた掛谷誠（2001，2011）は，東西冷戦の終焉後の世界と大きく変貌していくアフリカに心を揺さぶられ，「同時代を生きるアフリカ」を深く多面的に捉えるためにも，ひそかに温めてきた「アフリカ的発展」というテーマの内実を求める方向へと転換していったと回顧している．その帰結の1つであるSCSRDプロジェクトを通して，フィールドワークによる多面的・学際的な実態把握と住民参加に基づき，地域の「在来性のポテンシャル」を踏まえた地域発展計画を構想・実践することで，アフリカ型農村開発の理念と手法の構築を目指したのである．

　その後，科研「地域研究を基盤としたアフリカ型農村開発に関する総合的研究」の下で行われた基礎的な地域研究と農村開発の実践を統合した研究成果が，掛谷誠・伊谷樹一編『アフリカ地域研究と農村開発』（2011）としてまとめられた．

　第1部には，タンザニアの6村とザンビアの1村を対象とした，多様な地域発展の事例が収められている．それらは，樋口浩和・山根裕子・伊谷樹一のウルグル山東斜面の事例，近藤史のタンザニア南部ンジョンベ高原の事例，加藤太のキロンベロ谷の事例，山本佳子・伊谷樹一・下村理恵のボジ県農村の事例，そして，杉山祐子・大山修一のザンビア・ベンバ農村での事例である．各自が農村の暮らしに深くコミットし，それぞれの地域発展の実態を解明することにより，多彩な内発的発展の事例を掘り起こしている．

　第2部では「農村開発の実践」に焦点が当てられている．マテンゴ高地での開発実践については，荒木美奈子が「『ゆるやかな共』の創出と内発的発展」において，内部者と外部者の相互作用のなかで長期的に創出されていく開発実践のプロセスを観察し，さまざまな活動を通して蓄積された力が，その後新たな活動として創発していくプロセスに着目することにより，内発性やキャパシティの発現過程とその特質を明らかにしている．黒崎龍悟は，黒崎（2010）に続き，本書の「住民の連帯性の活性化──開発プロジェクトにおける『副次効果』とその『増幅作用』」において，養魚活動の詳細な分析から，外部者が意図しない形やタイミングで派生する効果を

「副次効果」と捉え，それが住民主体の開発実践へと展開する契機となることを示し，さらに「副次効果の増幅作用」によってその動きが村全体を巻き込む開発実践へと転換していることを明らかにした。田村賢治は，プロジェクト地での活動経験から持続可能な地域開発に向けての考察を試みている。マテンゴ高地での経験は，その後，タンザニア南西部ボジ県での試みへとつながっていく。農耕民ワンダと農牧民スクマが共存するボジ県ウソチェ村にて，神田靖範は住み込み調査による地域の実態把握に力を注いだ。神田に伊谷と掛谷が加わり，「疎林・ウシ・水田稲作の複合」と「民族の共生」を焦点特性とし，村民グループとともに生業システムや環境問題に取り組み，研究と開発実践をつなぐ試みに挑んだ。

掛谷・伊谷は「終章　アフリカ型農村開発の諸相」において，地域の「在来性のポテンシャル」に根差した内発的発展を支援する開発実践を提案している。農民の創造性と主体性，内部者と外部者との相互作用がもたらす内発的発展の事例を積み重ねつつ，アフリカ型農村開発の手法と理念を構築していく試みが続いている。

将来への展望

現在の国際社会に目を向けると，「ミレニアム開発目標（MDGs）」の達成期限である2015年が間近に迫り，「ポストMDGs」の議論が活発化している。「持続可能な開発目標（SDGs）」との統合あるいは相互補完のもとに新たな開発目標が策定されていくという，大きな転換期を迎えている。また，2013年6月に横浜で開催された「第5回アフリカ開発会議（TICAD V）」では，アフリカは「貧しい支援」の対象から「資源大陸としてのパートナー」としての位置づけに大きく様変わりを見せた。アフリカの豊富な資源が持つポジティブな側面とともに，土地や資源をめぐる問題が深刻化し，貧富の格差がさらに拡大していくなかで，大多数のアフリカの人々が直面している諸課題が，「資源大陸アフリカ」の陰に隠されてしまうというネガティブな側面も指摘されている。

このように国際社会の変化が著しく，フィールドにも否応なく開発やグローバル化の波が押し寄せるなかで，マクロな動向や政策枠組みを捉えつつ，「開発」は「南」と「北」の双方の関係性のなかでの課題であるという認識から，「開発」というものを再考していくことが求められているといえよう。そして，このような時代だからこそ，フィールドワークを拠り所とし，人々の視点や対応を丁寧に読み解き研究や実践に反映させていくことがよりいっそう重要となってこよう。そうした研究と実践の地道な積み重ねこそが，アフリカ地域研究と開発研究・実践を架橋する新たな領域を開拓していくことにもつながっていくであろう。

[参考文献]

浅野史代 2006「女性のエンパワーメント ―― ブルキナファソ，ローカル NGO の事例から」『アフリカ研究』68。

浅野史代 2008「『エンパワーメント』の問題点に関する一考察 ―― ブルキナファソ農村における女性グループの活動推移を事例として」『アフリカ研究』73。

荒木美奈子 1992『女たちの大地 ―― ［開発援助］フィールドノート』築地書館。

荒木美奈子 2011「開発実践におけるプロセスの記述 ―― ザンビアとタンザニアのフィールドからの学び」佐藤・藤掛編『開発援助と人類学』明石書店。

石井洋子 2007『開発フロンティアの民族誌 ―― 東アフリカ・灌漑計画のなかに生きる人々』御茶の水書房。

伊勢崎賢治 1987『インド・スラム・レポート』明石書店。

伊勢崎賢治 1997『NGO とは何か ―― 現場からの声』藤原書店。

太田至 1998「アフリカの牧畜民社会における開発援助と社会変容」高村・重田編『アフリカ農業の諸問題』京都大学学術出版会。

奥村悦之・谷荘吉・今川八束 1986「エチオピア旱魃被災民に対する医療援助活動の状況と，医療援助という問題についての考え方」『アフリカ研究』29。

掛谷誠 2001「アフリカ地域研究と国際協力 ―― 在来農業と地域発展」『アジア・アフリカ地域研究』1。

掛谷誠 2011「アフリカ的発展とアフリカ型農村開発への視点とアプローチ」掛谷・伊谷編『アフリカ地域研究と農村開発』京都大学学術出版会。

掛谷誠・伊谷樹一編 2011『アフリカ地域研究と農村開発』京都大学学術出版会。

川田順造他編 1997〜1998『岩波講座 開発と文化』全7巻。

草野孝久編 2008『村落開発と環境保全 ―― 住民の目線で考える』古今書院。

黒崎龍悟 2010「タンザニア南部，マテンゴ高地における農村開発の展開と住民の対応 ―― 参加型開発プロジェクトの『副次効果』分析から」『アフリカ研究』77。

湖中真哉 2006『牧畜二重経済の人類学 ―― ケニア・サンブルの民族誌的研究』世界思想社。

小馬徹 2000「キプシギスの女性自助組合運動と女性婚 ―― 文化人類学はいかに開発研究に資することができるのか」青柳編『開発の文化人類学』古今書院。

斎藤文彦 1995『現場から考える国際援助 ―― 国際公務員の開発レポート』日本評論社。

斎藤文彦編 2002『参加型開発 ―― 貧しい人々が主役となる開発へ向けて』日本評論社。

阪本公美子 2007「アフリカ・モラル・エコノミーに基づく内発的発展の可能性と課題」『アフリカ研究』70。

坂本慶一 1998「アフリカ農業の内発的発展 ―― その可能性を探る」高村・重田編『アフリカ農業の諸問題』京都大学学術出版会。

重田眞義 1998「アフリカ農業研究の視点 ―― アフリカ在来農業科学の解釈を目指して」高村・重田編『アフリカ農業の諸問題』京都大学学術出版会。

重田眞義 2001「アフリカ研究と『開発』 ―― 研究と実践の実りある関係を求めて」『アフリカ研究』59。

鷹木恵子 2007『マイクロクレジットの文化人類学 ―― 中東・北アフリカにおける金融の

民主化に向けて』世界思想社。

高橋隆太 2009「農業開発と農業融資事業をめぐるセイフティーネット ―― セネガル川下流域における農民組合の活動と稲作振興策」『アフリカ研究』74。

鶴見和子 1996『内発的発展の展開』筑摩書房。

中島邦公，若月利之，モロ・M・ブリ 2006「ガーナの持続的自立的な水田開発に向けて ―― サワ（水田）実証研究プロジェクトに対する農民の反応」『アフリカ研究』69。

南谷貴史 2004「西アフリカ内陸小低地の開発可能性 ―― コートジボワールの灌漑稲作を事例として」『アフリカ研究』65。

南谷貴史 2010「ネリカ普及の現状とその課題 ―― ギニアにおける普及プロジェクトを事例として」『アフリカ研究』77。

根本利通 2011『タンザニアに生きる ―― 内側から照らす国家と民衆の記録』昭和堂。

野田直人 2000『開発フィールドワーカー』築地書館。

原昌子 1993「マラウイにおける歯科医療の現状と国際協力」『アフリカ研究』42。

廣瀬昌平・若月利之編 1997『西アフリカ・サバンナの生態環境の修復と農村の再生』農林統計協会。

福井勝義 1994「文化人類学からみた地域開発のあり方」佐藤編『援助の社会的影響』アジア経済研究所。

松園万亀雄 1999「国際協力と人類学の接点を求めて」『国際協力研究』15（2）。

松園万亀雄・門司和彦・白川千尋編 2008『人類学と国際保健医療協力』明石書店。

松園万亀雄・縄田浩志・石田慎一郎編 2008『アフリカの人間開発 ―― 実践と文化人類学』明石書店。

宮本正興・松田素二編 2002『現代アフリカの社会変動 ―― ことばと文化の動態観察』人文書院。

吉田昌夫 1977「タンザニア・ルフィジ河下流平野の農業調査」『アフリカ研究』16。

Araki, M. 2001 Different meanings and interests over women's clubs in rural Zambia: An ethnography of development in practice. *ASM* 22（4）.

Chambers, R. 1983 *Rural Development: Putting the Last First*. Longman.

Ikegami, K. 1994 The traditional agrosilvipastoral complex system in the Kilimanjaro Region, and its implications for the japanese-assisted lower Moshi irrigation project *ASM* 15(4).

Sakamoto, K. 2009 *Social Development, Culture, and Participation: Toward Theorizing Endogenous Development in Tanzania*. Shumpusha Publishing.

2-4-1　国際協力 —— ODAとNGO
International Cooperation: ODA and NGO

舩田クラーセンさやか

キーワード：開発援助, 東西冷戦, 南北問題, 国際連帯, 市民社会

アフリカというと、日本では「ODA（政府開発援助）」をイメージする人が多い。しかし、アフリカに対する援助がどのようなものとして行われてきたのかについて広く知られているわけではない。『大辞林』によると、「政府開発援助」は「途上国へ先進国の政府機関からなされる援助」で、「援助」とは「助けること。救うこと」という。ここでは、①アフリカ地域に対する援助が多様なアクターによってどのように展開されてきたのか、②日本の政府機関やNGOはアフリカにどのように関わってきたのか、③これらに関する最新の議論を紹介する。

大戦後のODAと冷戦, 南北対立の影響

日本でもすでにお馴染みになった「援助」であるが、ある国家による他の独立国家への「政府開発援助」という意味で使われ始めてからの日は浅い。現在当たり前のように行われる「富裕国から貧困国へのODA」は、もとは大戦後に植民地領が独立を達成していく過程において、東西冷戦の文脈のなかで増強されていったものである（大林 2010）。東側諸国による開発援助は世界的な社会主義革命実現や軍事同盟の一環として実施され、西側諸国によるそれは同盟関係や親米政権の樹立や維持を目指して供与された。

大戦後の世界において、植民地保有国の大半は西側諸国の軍事同盟（NATO）国であった。そのため、アフリカを含む世界の植民地解放運動は東側諸国からの支援を受け、独立後の開発モデルとして社会主義や共産主義を志向する傾向にあった。雪崩を打って独立を果たすアジア・アフリカ諸国やラテンアメリカ諸国による、不公平な世界構造（「富める北の国々」による搾取が「南の国々の貧困」を再生する構造）への不満は、東西対立に加え「南北対立」を生み出し、西側諸国は東と南の国々との2つの対立に直面した。これに対抗するため、米国政府は積極的に開発援助を活用したが、とくに1960年代初頭のケネディ政権による各種の提案は、その後の世界の開発援助のあり方に多大な影響を及ぼすものとなった（舩田クラーセン 2007）。とくに同政権が腐心したのは、東と南の国々との関係に楔を打ち込むことであり、そのための手法として世界中に「資本主義下での豊かさの実現」を広めることを企図した。そして、1961年、「先進国」のGDP1%の移転と「途上国」での年率5%の経済成長を達成目標とする「国連開発の10年」を提唱するとともに、アメリカ文化を広めながら世界各地の「途上国」でボランティアを行う「平和部隊（Peace Corps）」を結成する。同じ時期に、現在も世界の開発援助界において重要な役割を果たすOECEの開発委員会（DAC）やUNDP（国連開発計画）が設立されている点は注目に値する。

冷戦下アフリカにおける多様なODA

この時期のアフリカ地域に目を向けると、依然として植民地支配あるいはアパルトヘイト体制からの解放運動が闘われる一方、1957

年より独立する国が現れ始める。独立後のアフリカには、①旧宗主国との関係を重視する国、②旧宗主国と決別し東側諸国との同盟を結ぶ国、③ODAを通じて旧宗主国以外の西側諸国との関係を強める国があった。そして、東西対立による「援助合戦」を巧みに操ることによって、漁夫の利を得たアフリカ諸国も多かった。

①については、「開発援助」と称して供与されたが、実際には旧宗主国の利権を守るためになされたものも多い。そもそもこれを「援助」と呼んでよいのかを考える上で、永原陽子（2009）らの「植民地責任」論は、さまざまなヒントを与えてくれる。②については、革命や独立直後に共産主義の道を選んだエチオピアやモザンビークに向けた支援などがあげられるが、西側諸国の支援などを柔軟に採り入れたタンザニアやザンビアなどの存在も指摘できる。③については、共産主義や東側諸国の浸透を阻むため、地政学上の要地に位置する国々に対し、米国やNATO加盟国が行った軍事・開発援助であり、②と同様に独裁政権の継続や腐敗につながった。代表例として、ザイール（現在のコンゴ民主共和国）のモブツ政権やケニアのモイ政権があげられる。

冷戦末期からポスト冷戦期の対アフリカ援助

以上の説明は、「援助＝救うこと」という冒頭の定義や、「援助＝貧しい者を助ける」という一般認識から大きく外れるものであろう。確かに、1980年代のエチオピア飢饉以来、善意やチャリティ精神に基づいた緊急人道援助が市民社会からだけでなく国際機関や政府によって実施される傾向が増え、「冷戦戦略としての開発援助」とは異なる側面を顕著にした。1990年に冷戦が終焉すると、「救う、助ける」を前面に出した大規模事業（国連の平和維持活動や緊急人道援助など）がアフリカ各地で行われ、その傾向は現在でも続いている。

ここで注意したいのは、冷戦後にアフリカでこのような危機が発生した背景自体に開発援助が関わっていた点である。東側諸国の自壊と西側諸国の実質上の「冷戦の勝利」は、東西陣営双方の開発援助の引き揚げや、経済自由化や民主化を援助の条件（コンディショナリティ）とする動きを加速させた。これは具体的には、複数政党制選挙や世銀やIMFによる構造調整計画の導入圧力となって表れた（大林2010）。重債務や貧困に喘ぐアフリカ諸国にこれを拒否する余裕はなく、これらの変化を受け入れたものの、アフリカ各国で社会不安や政変が生じた点については、武内（2009）がくわしい。

より積極的に「正義」の観点から、「北から南へ」の開発援助を促す市民社会組織も多い。これが最も顕著に表されたのが、世紀の変わり目を祝う節目（ジュビリー）に、市民社会を中心として展開された「最貧国の債務帳消し運動（Jubilee 2000）」である。この動きは結果として、2000年の国連ミレニアム・サミットにつながり、世界の貧困者を半減させることを目標とした「ミレニアム開発目標（MDGs）」が発表され、アフリカ支援は国際公約となった。その結果、世界中からアフリカに援助が流入していった。

以上からいえることは、「アフリカへの援助」と一口にいっても、その主体や背景については多様性や歴史を十分にふまえる必要があるということである。アフリカへの援助については次の5つに整理できる。つまり、①旧宗主国による旧植民地領への援助、②「北／先進国」による「南／途上国」への援助、③国際機関による援助、④市民社会による援助、⑤新興諸国による援助である。

新興諸国のアフリカ進出と援助不要論

現在アフリカ・ブームともいうべき国際投

資の流入と経済成長がアフリカ各地で観察されるが、「アフリカ＝援助」が想起される現状のままでよいのだろうか。これについて、ザンビア出身のエコノミスト・モヨは2009年にDead Aidを発表し、「アフリカが貧しいのは援助のせい」と述べ、当事者以外がアフリカの未来を描く現状を批判した（モヨ2010）。

モヨの議論で好意的に扱われるのが、新興諸国（とくに中国）による「経済互恵」の概念に基づく経済進出と援助（⑤）である。アフリカ援助熱が高まったMDGs開始から7年、リーマンショックによって欧米各国が経済危機に見舞われ、DAC加盟諸国による①②③が減るなか、非加盟・新興諸国による⑤が盛り上がり、現在でもこの「援助不要・投資必要論」は援助関係者の間でも一定程度の支持を得ている。日本でもこれに焦点を当てた研究が出版されている（吉田2007、平野2009）。

対アフリカ援助に関わる研究とTICAD

日本によるアフリカへの援助は1970年代に開始されたが、これを5つの時代区分で紹介した研究に佐藤（2004）がある。アパルトヘイト下の南アフリカへの援助や外交に関しては、一次史料に基づいて検討した森川（1988）がくわしい。また、援助実施のための基礎研究については、アフリカ全体（2000）、各国別（セネガル1995年、タンザニア1997年、ガーナ2002年）と、地域（南部アフリカ2000年）を対象としてJICA内に委員会が立ち上げられ、多くの日本アフリカ学会員が関わり、その成果報告書はJICAサイトにある。また、高橋（2010）は、援助とアフリカ開発の課題の変遷を考察している。

日本の対アフリカ援助・外交・民間交流を考える上で外せないのが、1993年以来、5年ごとに開催されてきたTICAD（アフリカ開発会議）であろう。南アフリカのアパルトヘイト政権に協力してきた日本政府が、国際社会でのプレゼンス拡大のため、国連で票の多くの議席を占めるアフリカ諸国に目を向け、「和解と関係強化」を狙って開催したのがTICADであった（大林・石田2006）。第1回以降、TICADは外交的に成果が少ないといわれ、そのために費やされる莫大な費用がそれに見合うかという疑問は当然であろう。少なくとも5年に一度日本でアフリカを「思い出す」ことには役立った、とはいえる。

市民による連帯、その後のNGO活動

日本の市民社会とアフリカとの関係は、ODAに先行し、1955年にインドネシアのバンドンで開催されたアジア・アフリカ連帯会議に遡る。同会議では、東西ブロックのいずれにも属さない、主体的な国際連帯の意志として「非同盟主義」が提唱され、「国家主体」のみならず「People（人々、人民、民衆）」間の連帯が重視された。1960年代のアフリカにおける植民地解放や反アパルトヘイト運動への日本社会の連帯も、この流れで生み出された。その後、反アパルトヘイト運動は、市民の多様な層に広がりを見せていく。

この流れに加え、1980年代半ば以降には、緊急人道支援を行ういくつかのNGOが結成された。日本を「国際公益を担う先進国の一員」として捉える認識が、政府にも社会にも増した1990年代以降は、アフリカ各地の地域社会で教育や農村開発、保健衛生分野を中心とした支援に従事するNGOが結成され、現在でも活動を継続させている。

そのようなアフリカに関わる市民の間をつなぐ組織として、あるいはTICADに向けた市民社会側の動きとして創設されたのがアフリカ日本協議会（AJF）であり、TICAD IVに向けては、TICAD市民社会フォーラム（TCSF）が時限団体として設置され、その両方に多くの日本アフリカ学会員が関わった。TCSFは、援助を含む日本の対アフリカ政策

を当事者（アフリカ民衆）中心に転換することを目的とし，その観点から日本の政策を検証した成果として『アフリカ政策市民白書』をシリーズ刊行した（大林・石田 2006〜2008, 2008）。

日本とアフリカ，我々の関係

現在，アジアや南米諸国の経済成長に伴う「援助卒業」を受けて，日本による対アフリカ援助は援助総額の3割を占めるが，不況によりODAの全体額が減っているなか，「官民連携」「三角協力」などの手法で不足を補う動きが顕著になりつつある。結果として，日本企業の経済進出を後押しした冷戦期の対アジア援助に似た現象をアフリカでも起こしており，「先祖帰り」の様相を示しつつある。

舩田は，日本の開発援助は，日本社会の「写し鏡」と考えてきた。①右肩上がりの経済成長を求めた冷戦期（米・産官一体の海外進出＋公共事業重視），②バブル崩壊後の長い不況と問い直しのポスト冷戦期（疑問と政権交代），③グローバル化の波に乗り官民が一体になって世界に出ることでこれが可能と考える最近の論調（産官一体の海外進出）が，これに当たる。次の小倉（1982）の示唆は，現在でも重要な意味を持ち続ける。

「先進産業社会の人間による第三世界研究とは，まず自らの社会の発展のあり方と，第三世界との関係についての自覚の上になされなければならず，先進産業社会の人びととの態度の変化を促すものであるべき」（小倉 1982：5）。

アフリカへの援助もまた，本来は，日本とアフリカとの関係についての自覚の上になされなければならず，自らの社会の問い直しのなかで行われていくべきものであろう。ここに，「援助＝助ける，救う」に示された一方向の関係の限界が立ちはだかる。他方，「国際協力」は，双方向性を有しているが，依然当事者性がはっきりしない表現である。「国際連帯」という言葉が使われなくなって久しいが，2011年3月11日に東日本大震災と原発事故が発生した直後に，アフリカ中から届いた「心は君たちのそばにあり，連帯する」とのメッセージから得られるヒントは多い。そのような地平から世界を眺め，生きるとき，我々のこれからのアフリカとの関わりも，「援助」「国際協力」「NGO」に代表されないものとしての深みと広がりを得ていかなくてはならないだろう。

その他，メディアやアーティスト，地域社会，学校などの民間交流については，舩田編『アフリカ学入門』で紹介している。

大林稔 2010「アフリカ学入門概論──現代アフリカへの歩み」舩田クラーセン編『アフリカ学入門』明石書店／大林稔・石田洋子編 2006, 2007, 2008『アフリカ政策市民白書』晃洋書房／小倉充夫 1982『開発と発展の社会学』東京大学出版会／佐藤誠 2004「日本のアフリカ援助外交」北川・高橋編『アフリカ経済論』ミネルヴァ書房／高橋基樹 2010『開発と国家──アフリカ政治経済論序説』勁草書房／武内進一 2009『現代アフリカの紛争と国家──ポストコロニアル家産制国家とルワンダ・ジェノサイド』明石書店／永原陽子編 2009『植民地責任』論』青木書店／平野克己 2009『アフリカ問題 開発と援助の世界史』日本評論社／舩田クラーセンさやか 2007『モザンビーク解放闘争史』御茶の水書房／舩田クラーセンさやか編 2010『アフリカ学入門』明石書店／森川純 1988『南アフリカと日本』同文館出版／モヨ, D 2010『援助じゃアフリカは発展しない』小松祐久訳, 東洋経済新報社／吉田栄一編 2007『アフリカに吹く中国の嵐, アジアの旋風』アジア経済研究所／JICA援助研究会報告書 http://jica-ri.jica.go.jp/IFIC_and_JBICI-Studies/jica-ri/publication/archives/jica/country/index.html（2013年4月29日閲覧）

⇒アフリカ国際関係，経済開発と経済政策

2-4-2 障害者
People with Disabilities

戸田美佳子

キーワード：障害，ケア，慈善，貧困

これまでマスメディアは，貧しさゆえに他者を顧みる余裕がなく，弱者を放置している「ケアしないアフリカ」というイメージを発信してきた。さらに国際機関を通じて，アフリカでは，障害を「呪い」や「罪」と結びつける考えのために，障害者が外部に対して隠蔽され，コミュニティから放置されているという「隠された障害者」像が報告されてきた。それに対してアフリカでフィールドワークを行った研究者たちは，彼ら障害者は物理的な困難を抱えていることは事実だが，だからこそ相互の関係のなかで生きているという姿を提示している。アフリカの人々がどのように障害を経験し，社会のなかで生活を営んでいるのかを実証的に明らかにすることが火急の課題として求められている。

アフリカの障害者のコンテクスト

アフリカ社会においては，「障害」に関する言説は文化の差異や歴史的プロセスによって変化している。この点について，弱者と慈善に関する言説がイスラーム教とキリスト教が広がるにつれて徐々に地場を獲得していった軌跡を把握する必要がある。たとえば，イスラーム国家に属していた地域では喜捨思想が重要視されており，身体障害者は物乞いによって生活を成り立たせることが可能となっている。また，障害者の教育は，財源の乏しい政府ではなく宣教師や慈善組織，篤志家によって担われてきた。キリスト教の普及により，障害はチャリティの対象へと変化してきた。

歴史学者アイリフは，1980年代に「貧困」をキーワードにアフリカ史を再構成した。そのなかでアフリカのような土地が豊富な社会においても，構造的でかつ長期的な貧困が起こりうると指摘し，実際に身体機能を剥奪された人々，すなわち病者や障害者，身寄りのない老人など労働力へのアクセスを持たない人が，構造的に最も貧しい人々になっていたとする。さらに，アフリカでは歴史的に貧者の救済に特化した「公的な制度」がほとんど存在せず，組織的な慈善も行われてこなかったために，アフリカの貧者は，「家族」に依存せざるをえなかったと指摘する（Iliffe 1987）。ただしこういった議論が，障害者の生存のために「貧者の救済」が必要であると説いてきたことによって，医師による専門化した医療行為やミッショナリーによる慈善的施設ケアが無批判に受け入れられる結果を招いてきた可能性がある。

日本人研究者による障害の文化人類学的・生態人類学的研究

日本人によるアフリカ研究のなかで，障害(者)に関する研究が主題となってきたのはごく最近のことである。変容しつつあるとはいえ，依然として「共同性」や「相互扶助」が重要であるアフリカ研究のなかで，障害者をはじめとする扶助の必要な人々は等閑視されてきたことは確かだろう。それに対して，西(2012)は，アジア・アフリカ諸国の地域社会

に展開する対面的なケアの諸実践を，人間の生存を保障する地域社会のレジリエンスとして考察し直している。そのなかで，生態人類学や農業経済学において提示されてきた狩猟採集民社会における「シェアリング」や，焼畑農耕民における「平準化」，そして流動的なアフリカ農民による土地アクセスの「非排他性」と「社会的なネットワーク」を，彼らの生産や消費活動の共同性と同時に，ケアを支える生存維持基盤として再評価している。ただし西の指摘は，伝統的な相互扶助の実践がアフリカ人の生存を無条件に支えているという素朴な共同体論に与するものではない。松田（2000）は，「部族」共同体の相互扶助という言説が実際は成り立たないことを指摘しつつ，ケニアのマラゴリ人が，相互排他的な人間分節を「よそ者」から「身内」へ変換する装置を生み出し，互助を実践していく状況を記述している。

また，亀井（2006）は，アフリカのろう教育から，フランス語圏アフリカ諸国に広がるろう者コミュニティの動態を明らかにしている。落合・金田編（2007）は，当事者や人類学者，医療専門家らによる複眼的な視点から，ナイジェリアの精神医療の諸問題を論じている。とくに，落合は統合失調症と診断されるような当事者のライフヒストリーから，多元的な精神医療を経験する個人の不確実な人生を考察することで，近代西欧医療を相対化している。これらの研究は，障害を研究の中心におくことで，アフリカ地域の新たな側面を描き出すことを可能にしている。

現状と将来の展望

アフリカに暮らす10億人のうち障害者は3～10％とされ，その数は約5000万人と見積もられている（日本特殊教育学会編2013）。現在のアフリカの障害は工業化と交通事故，感染症，紛争なども原因となっており，貧困と相互に関連している。このようなことから，近年，開発分野においても障害者問題が注目を集めつつある。ミレニアム開発目標（MDGs）策定の翌年である2001年に，国連障害者の権利条約（CRPD）が提案され，2012年2月時点でアフリカの24ヵ国が加入している。

1981年の国際障害者年以降，世界的な障害者の完全参加と平等に向けた取り組みによって，多くのアフリカ諸国が，国際機関の後押しのもとで障害者に関する統計調査を実施した。2000年から2009年にかけて「アフリカ障害者の10年」が設定され，現在「第2次アフリカ障害者の10年」（2010～19年）が実施されている。そのようななかで，実践への架け橋となるような当事者の視点に立った実証的な研究が求められている。

障害を持つ人々とは，日常的にさまざまな手助けを必要としており，彼らは周囲より濃く密接な関係性を必要とする存在といえる。そのような形で社会のなかで他者と関係しながら生きる人格，すなわち社会性に支えられた存在としての障害者に注目することで，アフリカ地域研究に新たな地平が見出されるだろう。

落合雄彦・金田知子編2007『アフリカの医療・障害・ジェンダー——ナイジェリア社会への新たな複眼的アプローチ』晃洋書房／亀井伸孝2006『アフリカのろう者と手話の歴史——A・J・フォスターの「王国」を訪ねて』明石書店／西真如2012「熱帯社会におけるケアの実践と生存の質」佐藤他編『講座生存基盤論5　生存基盤指数——人間開発指数を超えて』京都大学学術出版会／日本特殊教育学会編2013『障害百科事典』丸善／松田素二2000「西ケニアの社会福祉——扶助と排除の政治学」仲村・一番ヶ瀬編『世界の社会福祉11　アフリカ・中南米・スペイン』旬報社／Iliffe, J. 1987 *The African Poor*. New York: Cambridge UP

⇒生態人類学，文化人類学，キリスト教，イスラーム，家族と親族

2-4-3　先住民運動
Indigenous Peoples' Movement

丸山淳子

キーワード：先住民, 国民国家, 社会運動, 少数民族, マイノリティ, グローバル化

1990年代以降，グローバルに展開される先住民（Indigenous Peoples）の社会運動に呼応し，アフリカでも「声なき民」であった少数民族や集団が「先住民」として国際的な支援を受けたり，NGO設立やネットワーク形成に力を入れて権利回復運動を進めるようになった。一方で，植民者との境界が明確な地域で育まれてきた「先住民」という概念が，民族間関係や国家成立の歴史的経緯が異なるアフリカにおいて急速に普及し始めたことは，地域社会に複雑な問題を生じさせてもいる。

先住民運動のグローバルな展開

先住民運動は，北米やオーストラリアなどの植民国家において，植民者より先にその土地に住んでいた人々が自主決定権を要求したことによって始まった。やがてこの動きはグローバルな連帯を生み，1980年代に入ると国連や国際労働機関（ILO）などにおいても重要な課題として扱われるようになった。とくに国連が「世界の先住民の国際年」を制定した1993年以降は，国際的議論と法整備が急速に進み，それまで先住民の存在が論じられることのなかったアフリカにも，先住民を支援する国際機関や国際NGOなどが積極的に関与するようになった。アフリカ各地でも先住民関連のNGO設立が相次ぎ，代表者の国際会議参加や，他地域の先住民との密接な連携，アフリカ内のネットワーク形成が進んだ。

こうした運動を通して，先住民は「同化されるべき存在」ではなく「国民として他の人々と同じ権利を享受しながら，主流社会とは異なる文化や社会の独自性を維持し，自主決定することが可能な存在」であるという認識が，国際的に普及してきた。また「先住民」の適用範囲が広がり，その定義も，あらかじめ定めるのではなく，先住民自らが決定すること

が重視されるようになった。とくにアフリカでは，地域の実情に合わせて，かつては先住民の絶対要件とされた「先住性」や「欧系植民者による支配」よりも，「文化的独自性」や「土地との特別なつながり」などが先住民の特徴として強調され始めている（丸山2010）。

アフリカの「先住民」の複雑さ

先住民に関する研究は，北米やオーストラリアを舞台に多様な議論が積み重ねられてきたが，アフリカ研究においては，近年の先住民運動の活発化に伴って関心を集めるようになった新しい領域である。まず多くの研究は，アフリカへの先住民概念の導入が容易ではないことを指摘している（福井他2008）。植民者と先住民の境界が明確な地域とは違って，アフリカでは多様な集団の度重なる移動と，集団間の融合や分離が繰り返されてきたために，民族の輪郭が不定形で柔軟であり，先住性の主張は多方面からなされうるし，支配者層もきわめて多層的である。また植民者との関係ではすべてのアフリカ人が先住民と見なせる一方で，植民地の独立や国家形成の過程で，アフリカ人のなかでも特定の集団の周辺化が進んできたという現実もある。さらにア

フリカの多くの国家は植民者の便宜に合わせてつくられた国境を存続させるため，意識的な国民統合を重要課題としており，先住民の権利を認めることが，特定の民族に特権的権利を付与したり，部族主義や民族紛争を助長するとして消極的な態度をとっているのが現状である。

アフリカの先住民運動の実態

それでもアフリカ各地で，周辺化された人々が「先住民」として国際社会に窮状を訴えることが問題解決に貢献するという認識は強くなっている。とくに国際社会とのつながりを強化することで先住民運動が進んだのが，南部アフリカのコイサン系の人々である。海野（2008）は，南アフリカのアパルトヘイト政策下では「カラード」と見なされてきた人々が，政権交代後「コイサン」という名乗りを得ることでグローバルな先住民運動と連帯し，新政権と対等な関係を構築していることを示した。またボツワナでは，国際的な支援を受けた法廷闘争の結果，狩猟採集民サンの故地からの立ち退きを違憲とする判決が出され，「アフリカの先住民運動のランドマーク」と称えられた。これについて，丸山（2010）は，先住民運動は国際社会からのサポートゆえに少数民族に力をもたらしたが，同時にそのことがサンの日常や地域の現実と齟齬を生み，かえって周辺化や排除が進むというジレンマを生じさせていることを明らかにした。また法学の立場からは，この判決が「土地との特別なつながり」だけを要件として「先住民」を承認するにはいたっておらず，その背景には権利主体の無限界な拡大につながることへの危惧があるとの指摘がなされた（小坂田 2010）。

一方，東アフリカでは，国際的な動向の影響により「先住性」が強く政治化されることへの関心が集まっている。栗本（2009）は，エチオピアにおいて民主化や移民・難民の流入，開発計画などがあいまって，民族間関係において「先住性」が主張される状況が生まれたが，その主張が国家の利害と対立したときには軍による住民殺害が引き起こされたこと，さらにこの殺害も「先住民の虐殺」として国際社会からの関心を集めるなどアフリカにおいて「先住性」や「先住民」の主張がきわめて複雑な展開を生んでいることを論じた。

アフリカの先住民研究の今後

アフリカの先住民運動は，グローバル，ナショナル，ローカルのさまざまなレベルで生じる問題とその解決に向けた交渉が互いに絡まりあいながら展開されている。日本のアフリカ研究は，今日では「先住民」と見なされることが多くなった狩猟採集社会や牧畜社会の人々について，長期的かつ詳細な調査を継続してきた。この豊富な研究蓄積を基盤として，複雑に絡まった「先住民」の主張や運動，支援などをめぐる諸問題を具体的に解明し，それぞれの地域の文脈にそった多元的社会のあり方を構想することが，今後期待される。

海野るみ 2008「コイコイ——変化と多様性を生き抜く」福井・竹沢・宮脇編『ファースト・ピープルの現在05』明石書店／小坂田裕子 2010「アフリカにおける『先住民族の権利に関する国連宣言』の受容と抵抗——先住民族の定義・自決権・土地権をめぐって」『中京法学』45（1・2）／栗本英世 2009「先住性が政治化されるとき——エチオピア西部ガンベラ地方におけるエスニックな紛争」窪田・野林編『「先住民」とはだれか』世界思想社／福井勝義・竹沢尚一郎・宮脇幸生編 2008『ファースト・ピープルの現在05』明石書店／丸山淳子 2010『変化を生きぬくブッシュマン——開発政策と先住民運動のはざまで』世界思想社

⇒民族と国家，紛争と平和構築，地域機構，移動する人々，狩猟採集活動の生態，農耕活動の生態，牧畜活動の生態，漁撈活動の生態

2-5-0 総説 —— 教育学
Education Research

山田肖子

　近年，日本でアフリカの教育研究に関心を持つ人々が急激に増加している。日本では，1970年代にケニアッタ大学で客員教授を務めた豊田俊雄氏によるものをはじめ，以前からアフリカの教育について報告・研究が行われていたが，それらは外国教育の事例報告やアフリカ地域研究者が時折行う教育への言及といった形の散発的なもので，長い間，アフリカの教育を研究主題に据えた，教育学者による研究はきわめて限られていた。しかし，90年代以降，アフリカ教育研究は急速な成長を見せている。その背景として，日本のアフリカに対する援助額が90年代以降急激に増加し，開発や援助の対象としてアフリカへの関心が高まったことは無視できないだろう。

　本章では，まず，アフリカ教育研究がどのように発展してきたかを，日本および海外における研究例を引きつつ紹介することとする。日本ではアフリカ地域研究においても教育学研究においても長年，注目されていなかった分野ではあるが，いくつか残っている散発の研究や欧米の研究史との対比でその特徴をひも解いてみたいと思う。本章の後段では，アフリカ研究，教育学，開発学分野の学会誌掲載論文の傾向から，近年のアフリカ教育研究のありようを示し，今後を展望することとする。

日本におけるアフリカ教育研究の歴史的展開

　日本とアフリカのつながりは，文献上，安土桃山時代まで遡ることができるといわれているが（藤田2005），アフリカにおける教育についての日本語の文献は，19世紀以降まで見当たらない。明治期以降，ヨーロッパ行きの客船がアフリカ南端の喜望峰を回ってヨーロッパへ一般旅行者を運ぶようになり（青木2000），寄航した学者，文人，政治家などがアフリカについて書いた文章のなかに，教育に関する言及も時折見られるようになった。

　青木澄夫氏からの聞き取りによれば，「アフリカ教育研究」のような系統だったも

のはないながら，たとえば，思想家・小島威彦の『喜望峰に立つ——アフリカ紀行』(1940) には教育に関する言及があり，同行した深尾重光が発表した写真集『南海の明暗——印度洋・アフリカ・内南洋・紀行写真』(1941) には，英領西アフリカの女子学校の写真が掲載されている。ほかにも，洋行した研究者，教育者などの見聞記には，学校や教育についての記述もまばらに残っているようである。そのほか，日清・日露戦争後に高まった植民地経営への関心から，外務省刊行の各種報告書に「土人」の教育に触れている箇所がある可能性があるという。これら明治から第二次大戦期までにアフリカについて日本人が残した文章の多くは，ヨーロッパ人が形成した「暗黒大陸アフリカ」のイメージをそのまま当てはめた没個性の「土人の国」としてのアフリカを再現したものが多かった。

戦後，1950年代から60年代には京都大学を中心とする類人猿の生態学・社会学的調査や狩猟採集民の生態人類学的調査，アジア経済研究所の研究者などが行う農村調査，東京外国語大学アジア・アフリカ言語文化研究所を中心とする言語，文化，歴史にかかる人文社会調査，名古屋大学の地質調査などの草分け的アフリカ調査が行われるようになった。その後，研究分野は年とともに拡大していったが，日本におけるアフリカ研究を支えてきたのは，生態・文化人類学，歴史学，言語学，文学，地理学や総合的な手法を用いた農村研究などの研究者が中心で，アフリカ社会を広く分析するなかで，教育に言及することはあっても，教育自体を研究の主題とするものはほとんどなかった（東京外国語大学アジア・アフリカ言語文化研究所は，言語研究の観点から，1967年にアフリカの言語教育に関する資料として「アジア・アフリカ諸国国語教育資料目録」をまとめている）。

国会図書館の図書目録を検索すると，数少ない文献のなかに，「教育科学運動」で知られ，国立教育政策研究所長も務めた城戸幡太郎の「アジア・アフリカの開発と日本の教育」(1957) がある。また，社会教育を専門とする岩井竜也によるアフリカの成人教育についての論考 (1963) および石堂豊によるナイジェリアに関する一連の論考 (1968他) など，国際比較を専門としない教育学者による研究があることが興味深い。また，原田種雄・新井恒易編『現代世界教育史』のなかに，五十嵐良雄によるアフリカ諸国に関する短い章がある (1981)。

戦後アフリカ教育研究の黎明期に関わった研究者として，今日最もよく知られているのは，アジア経済研究所に在籍していた故豊田俊雄ではないか。豊田は，日本のODA草創期に，教育分野の戦略策定のための調査・研究に従事し，1970年代に，ケニアッタ大学で客員教授を務めている。ただし，豊田がアフリカの教育について論考を発表したのは，確認できる限り，1980年代後半以降である (1987)。80年代末から90年代初頭にかけ，丹垈靖子 (1990) がケニア，川床靖子 (1989) がタンザニ

アの教育について教育制度や実態を詳しく伝える著書を発表している。また、90年代も半ばを過ぎると、対アフリカODAの増加に伴い、教育開発政策や援助政策のマクロ分析、理数科の教授法や教員研修といった、教育開発プロジェクトで日本が強みを発揮してきた分野での実践的調査研究などの文献が増加してくる（澤村 2003, 黒田 2004, 武村 2008, 原 2011）。これら、教育開発に関係の深いアフリカ研究については、後段でくわしく述べることとして、アフリカ地域研究全体のなかで、教育がどのように扱われてきたかを概観しておこう。歴史学、人類学、社会学、言語学などのテーマは、教育と重なる部分が多い。たとえば、キリスト教の布教史は、アフリカの学校教育史そのもので、ミッショナリーによる教育に反発して独立学校が設立されたことが民族自決の機運を高めるきっかけになった地域も少なくない（三藤 2005）。言語学や文学の大きな関心事であるアフリカ諸言語での表現は、教育の場で用いられる教育言語とも密接に関わるアイデンティティの問題である（砂野 2007）。また、社会学や人類学で、都市のストリートチルドレン（鈴木 2000）や農村社会の青年グループ（佐々木 2000）、狩猟採集民の子どもの生育（高田 2005, 亀井 2010）などを分析対象とする日本人研究者がいるが、子どもや若者がどのように仲間と関わり、独自の遊びや若者文化を形成していくかは、社会のなかでの学びに深く関わっている。このように、現代の学校教育に限ると見落としがちだが、アフリカ地域研究において、学びに関わる活動は幅広く研究されているのである（山田 2009）。

　このように、日本では1990年代に教育開発という研究分野が出現するまでは、アフリカ社会を作り上げる諸要素の1つとして、教育は副次的な研究テーマとして扱われることが多かった。では、欧米では、アフリカの教育はどのように研究されてきたのであろうか。大航海時代に端を発したアフリカの海岸部における貿易拠点の設置は、必ずといっていいほどキリスト教の布教とヨーロッパ言語の読み書き・計算を教える教育を伴った。アフリカにおける西欧的教育は、ヨーロッパ人の進出と深く関係している。このことは、西欧列強が、より内陸部に進出し、商行為や宗教だけでなく、地域の人民に対して組織的な支配を広げようとしたとき、さらに顕著になった。アフリカの人々をいかに教育するかということは、植民地経営のイデオロギーや手法と密接につながりつつ、学問領域として深化していった。

　一方、植民地時代末期から、多くのアフリカの国が独立し「アフリカの10年」といわれた1960年代ごろまでの期間には、アフリカ諸国のエリート階層による民族自決を謳ったさまざまな論考が発表され、そのなかには「植民地教育が人の心を支配する」と批判するものも少なくなかった。欧米やアフリカにおけるアフリカ教育研究は、こうしたさまざまな動機や背景を持った人々によって蓄積されてきたのである。そこで、次節では、日本以外でのアフリカ教育研究の歴史を簡単に見ていくことにする。

欧米，アフリカでのアフリカ教育研究

　ヨーロッパにおけるアフリカ教育研究は，植民地時代から活発に行われていた。当初は，キリスト教ミッショナリーがアフリカにおいて布教とともに行った教育活動を促進するため，学校教育のモジュールや教授法を伝達することが主目的であったと思われる。19世紀前半から，ドイツのプレスビテリアン派のバーゼル布教団は，学校農園を運営したり，職業技術を教えるなど，技能重視の教育を提供し，対照的に，メソジスト派の布教団は，ヨーロッパ的な教養教育を行ったといわれている。メソジスト派は，女子の教育にも熱心であった（写真参照）。初期には一部のヨーロッパ人が，アフリカの資源を求めて探検したり，キリスト教の布教活動のために内陸部に入り込んだのみだったが，19世紀後半になると，ヨーロッパ列強が国レベルで領土獲得競争をするようになり，それに伴って，統治のために，現地の伝統社会や文化，言語について多くの調査が行われた。教育研究は，そうした流れのなかで，ヨーロッパやアメリカの教育モデルをアフリカに適応させるために，アフリカの社会のありようや教育ニーズを見極めるといった，政策的意図の強いものが多かった。英国植民地省には，1925年に「熱帯アフリカ教育諮問委員会（Advisory Committee on Native Education in Tropical Africa）」が設立され，女子教育，教育言語，職業技術教育，エリート教育，宗教教育など，さまざまな分野の検討会による委託調査や，提言文

ゴールドコースト（現在のガーナ）にメソジスト教会が作った女子小学校の生徒（http://liportal.giz.de/fileadmin/user_upload/oeffentlich/Ghana/Girls_School.jpg より。2014年1月31日）

ゴールドコースト（現在のガーナ）にエリート養成のために植民地政府が作った中等学校（アチモタ学校）の開校式（1925年）(photograph courtesy by Daniel A. Guggisberg - Guggisberg Family Archives ⓒ)

書が作成された。写真は，こうした議論を反映して，アフリカにおける植民地エリート教育機関として設立された学校の開校時の様子である。また，20世紀前半には，英国・国際宣教者評議会（International Missionary Council）の *International Review of Mission* や，アメリカの *Journal of Negro Education* といった学術誌が定期刊行され，アジアでのミッション教育やアメリカの黒人教育とともに，アフリカ教育にかかる論文も多く掲載された。

植民地時代には，政策を推進するための情報整備という側面が強かったアフリカ教育研究であるが，アフリカの多くの国々が植民地支配から独立した1950年代後半から60年代には，植民地時代の教育についての客観的な分析が行われるようになった。イギリスやフランスといった宗主国の植民地教育政策のマクロ的分析（Hillard 1956, Scanlon 1966など），国ごとの教育制度や高等教育，中等教育といった教育段階ごとの歴史的分析（Graham 1971, Ashby 1966など），それに，植民地時代にミッショナリーや植民地政府によって作られた名門校などの教員がまとめた学校史なども，50～60年代に多く出版されている。

60～80年代には，先進国（旧宗主国）とアフリカ新興国の歴史的関係を，抑圧・被抑圧の関係と捉えるマルクス主義的な立場の教育研究が少なくなかった。1つの流れは，アフリカ人研究者によるポスト植民地主義的な思想運動である。アフリカの独立運動の思想的指導者のなかには，植民地時代にヨーロッパ人が行った学校教育が，アフリカ人の心に，ヨーロッパ中心主義的価値観と自らの文化をさげすむよう

な屈折をもたらしているとして，批判する者が少なくなかった。アフリカらしい独自の教育を求める言説は，多様な言語集団による言語空間，文字での表現を求める言語学や文学の世界での運動や，汎アフリカ主義などの政治思想とも深く関連していた。イギリス支配下のケニアで育ったングギ・ワ・ジオンゴは，教育を通して伝えられる植民地言語が支配を実体化しているとの認識から，学校の言葉と生活の言葉の乖離を，戦場の暴力に対置して「教室の暴力」と呼んだ（ングギ 1987）。そして，ングギは70年代以降，植民者の言語でなく，自らの母語であるギクユ語で文学を発表し，アフリカの民族性を表現した。このほか，日本にも研究者がいるセネガルのセンベーヌ・ウスマン，ナイジェリアのウォーレ・ショインカなどによる，ナショナリスト文学には教育に関する言及や示唆も少なくない。また，南北アメリカやカリブに住む黒人も含め，アフリカに起源を持つ人々の連帯を提唱した汎アフリカ主義は，教育思想にも大きな影響を与えたのである。

しかし，アフリカのこうした批判的教育言説の悲哀は，学校教育という制度そのものが，エチオピア正教の教会やイスラム教のモスクなどにおいて，伝道や宗教の担い手の育成を目的として行われていた一部の例外を除き，ヨーロッパがアフリカに制度的支配を行うようになった19世紀以降に外生的にできあがったものだということである。もちろん，社会の規範や集団の歴史・文化を伝える口承の教育は発達していたが，西洋化するなかで伝統社会自体が変質し，口承の教育も社会的根拠を失ってしまう場合も出てくる。さらに現在，政治，経済，学問の中心的な担い手は，ヨーロッパ人の学校に通うことで，もともとあった伝統的首長制におけるヒエラルキーとはまったく異なる規範や制度のなかで形成されたエリート階級の子孫である。独立後に，多くのアフリカの思想家や教育者が夢想した「学校教育のアフリカ化」は，政治思想として，強いメッセージ性を持つ反面，それが学校教育の枠組みのなかで考えられている時点で限界があり，社会サービスを担う政府の意思決定の中枢では，エリートをエリートたらしめてきたヨーロッパ言語による教養教育を是とする態度が根本にある。また，大衆レベルでも，学校は社会的栄達の第一歩と見るために，学校が家で教えられないようなことを教える異質な空間であることを，むしろ望む傾向がある。こうしたことから，現在でも，「教育をアフリカ化すべき」という議論はたびたび起こるが（Tedla 1995など），そのために具体的に何を行うか，という点になると，研究者も実務者も，学校で伝統的な衣装を着て儀式を行う日を決めたり，伝統的な舞踊や音楽を学校の活動に取り入れるといった，形式的な伝統主義に留まった提言や実践が多い（山田 2004）。

もう1つのマルクス主義的な教育研究の流れは，欧米の援助を批判するタイプのもので，この類の研究は，70〜80年代に活発であったが，現代でもしばしば見られ

る。援助機関は，アフリカで学校を建設し，そこで特定の教材や教育モデルを普及しようとしたり，奨学金を提供してアフリカの将来を担うような若者を欧米に留学させることによって，ソフトパワーでアフリカへの影響力を維持しようとしているといった批判的論考である。古くは，フェルプス・ストークス基金やカーネギー，ロックフェラーといった米国の教育援助活動を植民地支配的であると批判したバーマン（Berman 1971 など）や，キング（King 1971）などがその例である。教育援助に対する近年の研究にもマルクス主義の流れを汲む世界システム論や従属論的なものは多い（たとえば，Brock-Utne 2000）。アフリカの教育が，きわめて高い援助依存のなかで，グローバル・スタンダードに集約されていっていることは否定できない事実だからである。しかし，そのような単純な援助押しつけ論では，アフリカ諸国の政府や大衆も積極的に国際標準にあった教育を望んでいる状態を説明しきれず，最近は，それぞれの国の事情や政策プロセスをよりくわしく観察し，国際的言説が国内にどのように取り入れられたかを分析するようになっている。

さて，時代を戻って，80年代までの時代性を反映した研究のもう1つの例として，アフリカの社会主義体制国家における教育の研究をあげたい。キューバやニカラグアなどの南米諸国と並んで，アフリカのタンザニアやギニアなどを事例とし，社会主義国家がどのように教育というチャンネルを用いて政治的イデオロギーを伝達し，社会の構造変化をもたらしたかについて，とくにアメリカ人によって研究が行われた（Carnoy & Samoff 1990 など）。社会主義国家の偽政者が，教育の場を明示的に政治変革のための思想教育の手段と位置づけたことが，民主主義社会の教育研究者の関心を惹いたことは，想像に難くない。

なお，タンザニアは左傾化した国のなかでは珍しく，外部者による教育研究が比較的多いが，それは，初代大統領ニエレレが，アフリカ社会主義の思想に基づいた，識字を中心とする独自の教育モデルである「自立のための教育（Education for Self-Reliance）」を実践したことで注目されていたためであろう。ユネスコは，成人識字教育を積極的に推進したが，そうした動きの背景には，ブラジルのフレイレやタンザニアのニエレレなど，途上国の政治家や教育者が実践した識字教育があることも忘れてはならない。

現代のアフリカ教育研究

［国際的動向］

1980年代半ばから，多くのアフリカの国々は，世界銀行・IMFが推進した構造調整計画を受け入れ，社会主義体制をとっていた国家も，次々と国際機関や西側諸国

の援助を受け始めた。このことにより，アフリカ諸国は，社会主義－民主主義の2つの陣営に色分けされていた時代から，経済発展や識字率，就学率といった指標の高低でランクづけされる時代に入ったといえる。構造調整以降，アフリカの援助依存は高まったが，とくに，1990年代に入って，貧困削減戦略や「万人のための教育」国際開発目標が合意されてから，教育分野に流入する援助額は劇的に増大した。アフリカには，これらの戦略や開発目標で重点を置かれた基礎教育（初等＋前期中等）の普及度が低い国々が集中しており，国際社会は，こうした国々の教育アクセスを拡大するという共通の目標に向かって援助を集中させたからである。

　アフリカ研究の蓄積の厚い欧米では，教育に関する研究も，歴史，社会学，人類学などさまざまな分野で行われており，援助関連の分野に限定されるわけではまったくないが，それらは，「アフリカ教育研究」というまとまった場所で発表されているというよりは，さまざまなディシプリンやテーマ別のジャーナルに散らばっているように思う。*Comparative Education Review, Comparative Education, Compare, International Journal of Educational Development* などの比較教育学関連の主要なジャーナルに掲載される多くのアフリカ地域に関する論文は，現代のアフリカの教育課題や援助をテーマにしている。その要因としては，この地域の教育研究に関する限り，国際社会の関心がそこに集中しており，研究費獲得が日本以上に難しい欧米やアフリカ諸国において，政府や国際機関などの資金が得られる分野で研究力を競う力学が働くということがあげられるだろう。

　このように，援助ときわめて近い関係で行われる研究が増大しているのと同時に，援助による教育の画一化，外部主導に対する批判的論考も多いことは，すでに述べた通りである。ただし，世界システム論的批判は，「援助の押しつけ」とレッテルを貼って，複雑な状況を単純化しすぎるきらいがあり，また，ポストモダニズム的な相対主義は，結論なき事例紹介になりがちであり，きわめて現実的な援助実践のための調査とはかみあわないところがある。このように，情報としての調査と，論説としての研究の格差を埋めていくことは，アフリカ教育研究の1つの課題かもしれない。

［日本におけるアフリカ教育研究の現在の姿］
　さて，日本では，前述のように，歴史学，社会学，文学，言語学などの分野で教育に関わる内容の論考を発表する研究者や，時折アフリカに目を向ける教育学者もあったが，教育を主題とするアフリカ地域研究者も，アフリカに地域的な焦点をおく教育学者も，90年代まではほとんどいなかった。『アフリカ研究』誌上で，1984年の学会設立20周年記念号，2001年の21世紀を迎えての第57号で特集が組まれ，

開発系ジャーナルと『比較教育学研究』で1990年以降に掲載された論文の地域比較

	『比較教育学研究』	開発系学術誌
ジャーナル全体	320	137
アラブ諸国	3 (0.9%)	1 (0.9%)
サブサハラ・アフリカ	9 (2.8%)	48 (45.3%)
ラテンアメリカ・カリビアン	11 (3.4%)	14 (13.2%)
中・東部ヨーロッパ	8 (2.5%)	0 (0.0%)
中央アジア	4 (1.3%)	0 (0.0%)
東アジア・パシフィック	143 (44.7%)	30 (28.3%)
南・西アジア	14 (4.4%)	9 (8.5%)
北アメリカ・西欧	114 (35.6%)	4 (3.8%)
その他，地域特定なし	14 (4.4%)	0 (0%)

出所：Yamada & Liu（2011）をもとに作成。

さまざまな学問分野から「アフリカ研究の回顧と展望」が論じられているが，いずれの特集にも教育学は含まれていない。また，『アフリカ研究』掲載論文で，タイトルに「教育」という単語が入っているのは，2002年（61号）の前田論文「セクターワイドアプローチにおけるオーナーシップ形成――ウガンダの教育セクターを事例として」が最初で，次が2005年（67号）の山田論文『「伝統」と文化創造――植民地ガーナのアチモタ学校における人格教育』，2008年（73号）掲載のオムリによる「チュニジア社会における女性の教育現状と都市－地方格差の要因」と，きわめて限られている。一方，前田論文が，セクターワイドアプローチという当時の開発援助手法の国際的議論の中心の1つであったテーマを取り上げていることは，アフリカ教育研究への関心の高まりの背景に当該地域への援助の増加があったことを示唆している。

90年代以降，アフリカ教育研究に関心を持つ大学院生や若手研究者が非常に増えていることは実感されるが，アフリカ学会の『アフリカ研究』には，上述のように，教育に関する論文はほとんど掲載されていない。では，教育分野の学会で，外国事例を取り上げる研究者が多い比較教育学会の紀要では，アフリカの研究はどの程度取り上げられているだろうか。『比較教育学研究』に最初に掲載されたアフリカに関する論文は1996年，浜野の「世界銀行による構造調整と教育改革過程――ガーナにおける教育部門調整を事例として」である。浜野論文を含め，2011年の第43号までに『比較教育学研究』誌に掲載されたアフリカ地域の論文は9本で，1990年以降に『比較教育学研究』に掲載された論文総数（一般研究論文，特集や課題研究などの依頼論文を含む）320本に対して，アフリカ地域を取り上げたものは3％にも満たない。

『アフリカ研究』にも『比較教育学研究』にもほとんど掲載されていないとすると，アフリカ教育研究者は，どのように研究成果を公表してきたのであろうか。表は，国

際開発に関する論文を多く収蔵していると思われるジャーナル 2 誌（『国際開発研究』および『国際教育協力論集』）と『比較教育学研究』掲載論文で取り上げている地域を比較したものである。

開発系 2 誌では，サブサハラ・アフリカが実に半数近くを占めており，このような国際開発における教育を取り扱うジャーナルが，アフリカ教育研究者に発表の場を与え，新規参入を促進してきたことが窺える。

アフリカ教育研究の今後の展望

　日本においては新興の研究分野であるアフリカ教育研究であるが，一方で，アフリカの伝統社会と近代国家の関係や，アイデンティティ，文化といったアフリカ研究をする上で避けて通れない研究テーマの多くが，学校教育あるいは，社会の規範や価値観を伝達する手段としての教化，社会化と根底でつながっている。そのため，アフリカ研究者の多くが，間接的，断片的であっても教育に関して何らかの研究関心を払ってきているのではないだろうか。

　その半面，日本において「アフリカ教育研究」として認知されてきた分野は，国際開発のコンテクストにおける学校教育普遍化や学校教育の質の向上のための教員訓練，学校運営，指導法といった内容のものが多く，開発プロジェクトの実践への志向性が先にあって，アフリカ研究で重視される社会の歴史や文化的背景，そこでの教育の位置づけなどについて踏み込んだ分析をしないものも少なくなかった。そのため，アフリカ研究における教育への関心とは必ずしも接合しないまま今日にいたっている。一方，アフリカ教育研究は，教育学の分野にも深く根づいているとはいえず，この分野の研究に携わる多くの研究者が所属している比較教育学会の紀要でも，アフリカを扱った論文の掲載数が少ないことは先述の通りである。

　新興の学問分野が既存の学問領域に当初から過不足なく整合するということはないだろうし，うまく整合しない部分に既存の研究にない独自性がある可能性もある。他方，研究分野の草創期には，理論や分析の精緻さはなくても情報的な価値があることで評価される側面もあり，蓄積の多い分野の研究者からは，未熟と思われる場合も少なくない。もちろん，若手研究者が多く参入する当該分野では，質の高い研究を発表する者も少なくなく，また，研究分野全体のレベルもこの数年で目覚ましく向上している。今後も，地域研究としても教育研究としても成熟した学問分野にさらに成長していくために，研鑽を深めていきたい。

[参考文献]

青木澄夫 2000『日本人のアフリカ「発見」』山川出版社。
五十嵐良雄 1981「アフリカ諸国」原田・新井編『現代世界教育史』ぎょうせい。
石堂豊 1968「アフリカ新興国の大学拡張運動 —— ナイゼリヤのイバダン大学の場合」『日本の社会教育』11。
岩井竜也 1963「西欧で注目されたアフリカ成人教育」『月刊社会教育』7（2）。
亀井伸孝 2010『森の小さな〈ハンター〉たち —— 狩猟採集民の子どもの民族誌』京都大学学術出版会。
川床靖子 1989『タンザニアの教育事情 —— アフリカに見るもう1つの日本』ほるぷ教育開発研究所。
城戸幡太郎 1957「アジア・アフリカの開発と日本の教育」『教育』7。
黒田則博編 2004『アフリカにおける内発的な教育開発の可能性に関する総合的研究』文部科学省科学研究費補助金研究成果報告書。
小島威彦 1940『喜望峰に立つ —— アフリカ紀行』ヨーロッパ問題研究所。
佐々木重洋 2000『仮面パフォーマンスの人類学 —— アフリカ，豹の森の仮面文化と近代』世界思想社。
澤村信英編 2003『アフリカの開発と教育 —— 人間の安全保障を目指す国際教育協力』明石書店。
三藤亮介 2005「ケニア独立運動の原点 ——『独立学校』の役割」戸田編『帝国への抵抗 —— 抑圧の導線を切断する』世界思想社。
鈴木裕之 2000『ストリートの歌 —— 現代アフリカの若者文化』世界思想社。
砂野幸稔 2007『ポストコロニアル国家と言語 —— フランス語公用語国セネガルの言語と社会』三元社。
高田明 2005「ブッシュマンは自然を覚えて旅をする」水野編『アフリカ自然学』古今書院。
武村重和 2008『教育革命 —— 理数教育を通して』「今，アフリカに求められる科学教育」編集委員会。
丹埜靖子 1990『ケニアの教育 —— 文献からのアプローチ』アジア経済研究所。
豊田俊雄 1987『第三世界の教育』アジア経済研究所。
原雅裕 2011『西アフリカの教育を変えた日本発の技術協力 —— ニジェールで花開いた「みんなの学校プロジェクト」の歩み』ダイヤモンド・ビッグ社。
深尾重光 1941『南海の明暗 —— 印度洋・アフリカ・内南洋・紀行写真』アルス。
藤田みどり 2005『アフリカ「発見」—— 日本におけるアフリカ像の変遷』岩波書店。
山田肖子 2004『アフリカにおける内発的な教育理念と外生的カリキュラムの適応に関する課題』「国際教育協力論集」7（2）。
山田肖子 2009『国際協力と学校 —— アフリカにおけるまなびの現場』創成社新書。
ングギ・ワ・ジオンゴ 1987『精神の非植民地化 —— アフリカのことばと文学のために』宮本正興・楠瀬桂子訳，第三書館。
Ashby, E. 1966. *Universities: British, Indian, African - A Study in the Ecology of Higher Education*. London: Weidenfeld and Nicolson.

Berman, E. 1971. American Influence on African Education: The Role of the Phelps-Stokes Fund's Education Commission. *Comparative Education Review*. June, 132-145.

Brock-Utne, B. 2000 *Whose Education for All: The Recolonization of African Mind*. New York: Falmer Press.

Carnoy, M. & J. Samoff 1990 *Education and Social Transition in the Third World*. Princeton: Princeton UP.

Graham, C. K. 1971. *The History of Education in Ghana*. London: Frank Cqaqss and Company Ltd.

Hillard, F. H. 1957. *A Short History of Education in British West Africa*. London: Thomas Nelson and Sons Ltd.

King, K. J. 1971. *Pan-Africanism and Education: A Study of Race, Philanthropy and Education in the Southern States of America and East Africa*. Oxford: Clarendon Press.

Scanlon, D. G. ed. 1966 *Church, State, and Education in Africa*. New York: Teachers College Press.

Tedla, E. 1995 *Sankofa: African Thought and Education*. New York: Peter Lang.

Yamada, S. & J. Liu 2011 Between epistemology and research practices: Emerging research paradigms and the tradition of japanese comparative education. In J. Weidman & W. J. Jacobs (eds.), *Beyond the Comparative: Advancing Theory and its Application to Practice a Festschrift in Honor of Rolland Paulston*. Sense Publishing Co.

2-5-1 教育援助
Educational Assistance

澤村信英

キーワード：人権，人的資本理論，構造調整，初等教育普遍化

アフリカに対する教育援助政策やその実践は，経済理論や国際的な開発目標の影響を受けてきた。大きく分けて，1960年代から70年代は，不足する中堅技術者や高等教育人材の養成が教育援助の中心であり，1990年代以降は初等教育が主流になった。この2つの時代の中間にあるのが1980年代，失われた10年ともいわれる構造調整期である。それに続く初等教育普遍化を目指した1990年の「万人のための教育（EFA）世界会議」は，教育援助にとって転換点でもあった。日本もこのような援助政策に則し，1990年代初頭より小学校の教室建設，中等理数科教育の支援など，基礎教育分野への協力を拡充してきた。

教育援助と経済理論

教育と経済発展をめぐる議論において，1950年代から1960年代にかけて優勢であったのがマンパワー理論である。ちょうど多くのアフリカ諸国が独立を達成した時期であり，当時の教育政策，国際援助に影響を与えた。この理論ではハービソン（Frederick Harbison）とマイヤーズ（Charles A. Myers）の研究（1964）が有名であり，著書である *Education, Manpower, and Economic Growth*（邦題『経済成長と人間能力の開発』）は，アフリカの大学でも教科書として広く利用されていた。世界の労働力の職業別，教育歴別の構成，および経済発展との関係を統計的に分析し，中等教育修了レベルの技能労働力と1人当たりGNPに相関が最も高いことを明らかにした。この結果，中堅技術者の養成が工業化に重大な役割を果たすことが認識され，中等職業教育が国際的な支援を得て推進された。

1960年代，シュルツ（Theodore W. Schultz）やベッカー（Gary S. Becker）らの経済学者が中心となり提唱してきた人的資本理論は，アフリカ諸国の教育投資を正当化するものであった。この理論は教育により人間に知識や技能という資本が蓄積され，それによって生産能力が高まり，高賃金や希望の職業に就けるなどの便益を得ることができるというもので，教育投資は経済成長のために不可欠な要素であると考えられた。

1970年代後半からは，教育投資の効率性が注目されるようになった。サカロポロス（George Psacharopoulos）は，発展途上国における種々の教育投資に対する収益率を計算し，中等・高等教育と比較して初等教育に対する社会的収益率の高さを示し，初等教育に優先投資する妥当性を実証した。教育部門における初等教育への投資が理論的に正当化され，現在の教育（援助）政策の礎になっている。

1980年代はアフリカの債務が問題になり，経済理論に依拠した教育普及の議論は少なくなり，基礎教育をベーシック・ヒューマン・ニーズ（BHN）であると捉えることに加え，教育が社会開発に果たす役割（たとえば，女子教育の普及は出生率や乳幼児死亡率の低下に寄与するなど）が重視され始めてきた。1989年に国連総会で採択された子どもの権利条約に

は，初等教育の義務化や無償化が規定され，教育を受けることは基本的な権利，開発の前提になるものであり，近年では教育を受ける経済的便益について議論されることは，ほとんどなくなった。

独立から1980年代までの教育援助

多くのアフリカ諸国は教育を重視した国づくりを行ってきた。とくに当時の経済理論に則った不足する中堅技術者や高等教育人材を養成するという考え方は理解しやすく，中等職業教育や大学教育に優先的に財源が配分された。その一方で，ユネスコは世界で地域別の教育会合を主催し，アフリカ地域会議は1961年にエチオピアで開催され，1980年までに初等教育の完全普及（普遍化）を達成する目標を掲げたアジスアベバ・プランが採択された。

独立当初，国際的な経済環境にも恵まれ，この目標達成は現実的なものと考えられていた。しかし，1970年代の石油危機および一次産品の国際価格の下落を受け，経済的に困窮したアフリカ諸国では，この目標達成どころか，1980年代には就学率が停滞し，教育の質は低下した。このようなことが起きた理由の1つに，構造調整政策（IMFと世界銀行が政府に要請する経済構造改革案）の導入による負の影響があげられる。この間，国民所得は減少し，国家財政の緊縮，教育分野においても受益者による負担を求められた。たとえば，それまで原則無償であった教育（大学生には返還不要の給付金までが支給されていた）に対して，保護者が授業料などの負担をせざるをえなくなり，貧困層にある人々の就学機会を奪ったと評されている。

1990年代以降の教育援助

1980年代は構造調整の時代として知られているが，政府が条件を受け入れれば，国際的な資金も流入し，国際援助も実施された。

東西冷戦の時代であり，アフリカ地域において両陣営の「援助合戦」が行われており，アフリカ諸国にとっては都合のよかった時代かもしれない。日本も好景気に恵まれ，急速にアフリカに対する援助量を増やしてきた。また，アフリカの債務問題が浮上する前でもあり，構造調整支援や道路などのインフラ整備を目的とした円借款（有償資金協力，政府貸付）は急速な伸びを示した。ただし，教育に対する支援は，まだ限定的であり，ガーナ，ケニア，マラウイなどの中等学校に青年海外協力隊員が派遣されていた程度である。

このような時代を経て，1990年にタイのジョムティエンで開催された「万人のための教育（EFA）世界会議」は，教育援助を考える上で，大きな転換点となった。基礎教育に対する支援が増えるかに思われたが，東西冷戦の終結とともに，いわゆる援助疲れと評されるように，アフリカへの支援は減少した。このような国際情勢のなかでの例外は日本であった。とくに1990年代前半には，日本の対アフリカ支援は大きく増加に転じ，日本政府は1993年に初めての「アフリカ開発会議（TICAD）」を主催した。それまでのアジア中心の支援から，アフリカの開発に向けたリーダーシップと日本独自の役割を果たすことを約束し，教育分野への協力は優先課題として取り上げられた。それ以降，このTICADは5年ごとに開催され，2013年に第5回会合が横浜で行われた。このように日本も積極的な貢献を試みているものの，アフリカに対する教育援助で影響力があるのは，国際機関では世界銀行，ユニセフ，二国間では英国，米国などである。

2000年以降の教育援助と中国

1990年代に起こった国際援助削減の歯止めとなったのが，2001年の米国同時多発テロ事件である。これを契機として，世界の貧困

問題に再び目が向けられるようになり、援助国、機関はアフリカに対する支援を強化するようになった。これ以降のG8サミットにおいては、アフリカの開発が主要議題として取り上げられ、北海道洞爺湖サミット（2008）においてもこの流れは引き継がれた。

2000年にセネガルで開催された「世界教育フォーラム」で採択されたダカール行動計画では、初等教育の完全普及を2015年までに達成することを目標とし、さらに国連ミレニアム開発目標に同様の目標が掲げられた。これにより、教育援助において国際機関、援助国が積極的に初等教育分野の支援を展開するようになった。一方で、このような初等教育の就学率改善を優先するあまり、高等教育や職業訓練には十分な支援が向けられないという問題も出てきている。

この間隙を突いてきたのが中国である。非OECD国であり、国際的な援助の枠組みに縛られることもない。第1回「中国・アフリカ協力フォーラム」を2000年に開催し、アフリカ諸国との互恵的な協力関係を深めている。以後、このフォーラムは3年ごとに定期開催されている。教育分野では孔子学院（Confucius Institute）の設置と留学生受入が大きい。孔子学院は海外の大学などと提携し、中国語、中国文化の教育を行う公的機関である。アフリカ地域には、22ヵ国29校（2013年3月現在）が開設されている。留学生については、毎年5500人をアフリカから受け入れることを表明しており、日本の国費留学生数が500人程度であることからすると、その規模は日本の10倍以上になる。

日本による対アフリカ教育協力
──1990年代半ばまで

日本は従来から「援助」に代わって「協力」という用語を好んで使用している。アフリカに対する教育協力の歴史を振り返ると、1960年代にケニアおよびウガンダで職業訓練のプロジェクトを開始している。1966年にはケニアへ化学教育の専門家が、1968年にはタンザニアなどの中等学校へ理数科教師が派遣されるなど、比較的早い時期から人的交流があった。1980年代にはケニアやザンビアなどで高等教育・職業訓練機関の施設建設を含む、大規模プロジェクトが実施された。このような拠点を作る形態のプロジェクトは、貧困層への裨益効果など近年の援助の方法に合わないため、そのほとんどは1990年代に収束している。

日本は、1990年代に欧米諸国が援助総額を減少させるなか、例外的に増加させてきた。国際的な援助思潮に合わせ基礎教育分野の協力を展開するため、1991年にギニアで地方小学校の建設を開始して以降、小学校の施設建設が西アフリカを中心に行われるようになった。この背景には、援助予算が増える一方で、日本の国際協力人材が不足し、潤沢な予算の執行には学校建設は便利なプロジェクトであったという一面もある。しかし、日本による教室建設の単価は高く、国際的な批判を受けた。当時は、金額面で日本は目立った存在であり、資金は出すが人は出さないと揶揄されていた。

日本による対アフリカ教育協力
──1990年代半ばから

日本の教育協力は1990年代後半に入り大きく転換した。アフリカでは基礎教育分野に対する支援が多くなり、JICA技術協力プロジェクトとしては、ケニアで1998年から中等理数科教育の協力が最初に始まった。その後、同様のプロジェクトがガーナ、南アフリカへと広がっていった。2000年以降、理数科教育に限らず、初等教育分野のプロジェクトがエチオピアやニジェールで行われている。JICAの教育協力実績（2009年度）を見れば、39%（99億円）がアフリカ、34%（84億円）がア

ジアに対するものである。基礎教育協力に限れば，その数値（同年度）は45％（62億円）および33％（46億円）になり，アフリカに対する割合が大きくなる。従来のようにアジア重視で協力が行われているわけではなく，アフリカは日本の教育協力の主要な対象地域となっている。

ただし，近年の傾向として，財政支援や教育部門全体に資金を供給するなど援助形態が変容し，プロジェクト中心の協力は国際的に評価されにくくなった。それに加え，日本の絶対的な援助額の減少により，そのプレゼンスは以前に比べ小さくなっている。その一方で，日本のNGOによる教育支援活動は，緊急時や紛争終結後の厳しい環境においても実施されており，その数および活動の範囲は飛躍的に伸びている。

ユニークな例としては，大学の自己財源によるプロジェクトとして，広島大学教育開発国際協力研究センターが事務局になり運営されてきた「アフリカ・アジア大学間ネットワーク」がある。これはアフリカとアジアの大学間で発展途上国の教育開発に役立つ国際的な共同研究を促進する目的で設立されたものである。2005年から開始され，2009年からのフェーズ2では，参加大学間の教員・学生交流も活動に含まれるようになった。本ネットワークは，アフリカ12ヵ国16大学とアジア6ヵ国（日本を含む）より構成されている。

日本人によるアフリカ教育開発・教育協力研究

日本人によるアフリカ教育研究の成果が公表され始めたのは，1980年代半ばころからであり，その中心は豊田俊雄である。その後，1990年代初頭からJICAによる教育プロジェクトの形成に関係する調査報告書は出されているが，学術研究としての成果はほとんどなかった。しかし，このような状況は，文部省

厳しい環境のなかで教育支援を行う日本のNGO（南スーダン）

（当時）の主導で教育開発国際協力研究センターが1997年に広島大学に設置されることで大きく変わった。このセンターでは，それまで国内での支援体制が構築されにくかったアフリカ諸国に対するJICA教育プロジェクトの支援が当初の活動の中心であったが，研究機関としてアフリカにおける教育開発・教育協力研究も本格的に実施されるようになった。この成果は，紀要『国際教育協力論集』に次々と発表されている。個人研究の成果としては，1990年代末以降，内海成治，澤村信英，山田肖子などによる著作がある。

内海成治編 2012『はじめての国際協力——変わる世界とどう向き合うか』昭和堂／澤村信英編 2003『アフリカの開発と教育——人間の安全保障をめざす国際教育協力』明石書店／澤村信英 2007『アフリカの教育開発と国際協力——政策研究とフィールドワークの統合』明石書店／澤村信英・内海成治編 2012『ケニアの教育と開発——アフリカ教育研究のダイナミズム』明石書店／モヨ，ダンビサ 2010『援助じゃアフリカは発展しない』東洋経済新報社／山田肖子 2009『国際協力と学校——アフリカにおけるまなびの現場』創成社新書／UNESCO 2014 *EFA Global Monitoring Report*. UNESCO

⇒初等教育，中等教育，高等教育

2-5-2 初等教育
Primary Education

内海成治

キーワード：EFA，国民統合，無償化政策，教育の質，ケニア

アフリカ（とくにサブサハラアフリカ）において国民教育として初等教育が開始されたのは独立後のことである。独立以前から植民地政府によって学校が作られ，またキリスト教のミッションやイスラムの学校などが設置され運営されてきたが，国が運営する公教育として初等教育は独立後に開始された。それぞれの国で独立後に初等教育の普及が図られたが，それは順調に展開することはなかった。独立後30年を経過した90年代になって初等教育への関心が高まり，とくに今世紀に入って初等教育は急速に普及した。これは国の政策と人々の教育への意識が大きく変わったことが相まって起きた現象である。

本稿では，はじめにアフリカの初等教育の歴史的な展開について検討し，次に具体的な例としてケニアの初等教育を取り上げ，課題と今後の方向性について述べる。なお，アフリカの初等教育段階は6～8年と幅があるが，ここではその区別はしない。また，小学校という言葉も使うが，これは初等教育段階の教育施設を意味している。

初等教育の展開

1960年代に相次いで独立したアフリカ（とくにサブサハラ・アフリカ）諸国は，教育の普及に力を注いだ。その理由としては，旧宗主国による植民地の境界線を国境としたことから，国内が多民族多言語国家になり，国内の統一そして新たな国民の創出が急務だったからである。また法に基づいた国家の運営にとって国民の教育水準を高めることが重要な課題だからである。

初等教育の役割としては，いろいろな考え方があるが，開発と関連したものとしてロックードら（Lockheed & Versper 1991）は，教育は社会経済開発の礎石（cornerstone）であり，初等教育はその基礎である。教育は社会の能力を高め，政治，経済，科学など諸分野の基盤を形成するものとしている。また，その機能としては，①生活や社会での問題解決に資する識字と計算能力を持った人間の育成，②継続した教育のための基礎，の2点をあげている。

しかし，アフリカの初等教育の普及はアジアや中南米と比べると非常に遅れていた。総就学率で見ると，1970年は29.4％，1980年は59.2％であった（ユネスコ資料）。アフリカにおいては初等教育への就学年齢が遅いことや留年が多いことを考えると，純就学率はその半分程度ではないかと思われる。

初等教育が普及しない原因としては，国の教育政策の不備（適切に学校が設立されない，教員の質が悪い，女性教員が少ないなど），経済的要因（学費，ユニフォーム，学用品などの費用が払えない），文化的要因（早婚，生活とかけ離れた教育内容，権威的な教授法など）があげられている。

また，多くのアフリカの小学校の教育課程（カリキュラム）がその内容の習得を前提として進級させる「習得主義」をとっているために，学年末や卒業時のテストによって留年が

繰り返されることも通学を困難にさせている要因である。

初等教育の普及に関して

このような80年代までのアフリカの教育の現状に対して，国家の統合を大きな目的としたにもかかわらず，近代教育への不平等なアクセスによって国内の民族の分断を招き，新たな矛盾を生み出していると指摘されるようになった。

日野舜也は「異なる言語を話し，習慣や考え方を異にし，かつそういう差異を互いに容認し合って共生社会をつくりあげてきた，多くの諸部族集団を内部にかかえつつ，かつ強力に国民的合意を結集させるということはきわめて難事である」（日野1992：248）と述べ，教育の重要性は指摘しつつも多民族国家における国民的合意の困難さを強調している。また，小馬徹は，アフリカ各国の教育は初等教育段階での「大衆の水増し教育」と高等教育まで続く「少数のエリート教育」への二者択一を迫られているという。つまり，学無き大衆と少数のエリートからなる「2つの国民」を作り出している。「アフリカの独立と発展の申し子として，祝福を受けて生を受け，機能主義的教育観という温かな産着にくるまれ，慈しまれて育ってきたアフリカの教育は，今や，はっきりと鬼っ子の相貌を呈し始めた」（小馬1992：186）と厳しく批判した。

独立以来，海外からの支援も含めて強く推し進められた初等教育の普及は1980年代までは，期待通りの成果を上げることができなかった。逆に近代教育は大衆とエリートによる国家の分断さらには不安定化を導くという，近代教育の失敗論を色濃く反映した論調が目立っていた。

こうした近代教育に対する批判的意見は，ドーアの学歴病批判と同様，80年代までのアフリカの教育の現状に対する反応の1つであ

ケニア，マサイの小学校の教室

る。たとえば開発経済学者トダロはその主著である『開発経済学』において教育による平等と平和は期待外れに終わったとし，多大な投資や支援が教育に投入されているにもかかわらず，経済発展，民族融和，民主的政治体制が構築されないと指摘している。これは特にアフリカの教育支援に対する不満あるいは不安の表れだと思われる。

ただし，こうした批判は，アフリカの初等教育の持つ多面的な側面，すなわち公用語による国の統一，質の高い労働者の創出，合理的な見方の普及などの機能のほかに，教育が個人の基本的人権の1つであること，生活水準の向上の条件であることなどを等閑視していることを指摘しておく必要がある。

万人のための教育と政策変化

こうした80年代の状況は90年代に入って大きく変化した。1990年にタイのジョムティエンで「万人のための教育（Education for All: EFA）」世界会議が開催されEFA宣言が採択された。これによって国際的な開発目標として基礎教育の普及が提示されたのである。アフリカの初等教育はEFAを契機として大きく飛躍することとなった。EFAの目的はすべての子どもが基礎教育を受けることができるようにすることであり，目標年として2000年が設定された。しかし，この目標年は2000年のダ

多くの小学校ではWFP（世界食糧計画）などの支援により給食が行われている（ケニア，ナロックで）

カールで開催されたEFA10年の会合で2015年に延期された。また，初等教育の完全普及は国連ミレニアム開発目標（MDGs）の1つとされ，国際協力の最重要課題となった。そのため，国連機関や援助国の教育協力は初等教育分野に集中し，被援助国においても最重要課題として取り組まれるようになった。

初等教育の普及が遅れていたアフリカ諸国へは初等教育分野の協力が集中するとともに政策対話によって重要な教育政策が打ち出されることとなった。とくに重要な政策は初等教育の無償化である。1997年にウガンダ，2003年にケニアなどで導入された初等教育無償化政策は就学者数を激増させ，就学率は一気に高まった。たとえばケニアの初等教育就学者数は2002年の606万人から2003年には716万人に増加している。

ケニアの初等教育の状況

次にケニアを例としてアフリカの初等教育の諸課題を検討したい。ケニアの教育制度は8・4制で，初等教育8年，中等教育4年，そして高等教育へと続いている。先に述べたように2003年に初等教育の無償化政策が始まり，就学率が急速に向上した。2008／9年の初等教育の総就学率は110%，純就学率は78.8%である。

ケニアの教育課題は多いが，基礎教育段階における課題としては，地域格差が非常に大きいことがあげられる。また就学率の低い地域では男女格差もあり，この2つの課題はお互いに関係している。マサイやサンブルなどの牧畜民の居住する地域や乾燥の激しいガリサやトルカナなどは就学率が低く，男女差が大きい地域である。いま1つの課題は受験競争が激しいことである。ケニアの場合，中等学校や高等教育への進学は，卒業試験の結果に左右される。小学校8年の終わりに受けるKCPE（Kenyan Certificate of Primary Education）の成績によってどの中等学校（国立，州立，県立など）に進学できるかが決まる。KCPEは厳格に行われ，結果は個人および学校単位で順位がつけられ発表される。この結果は学校や教師の評価の対象となるため，初等教育の高学年はこの試験に向けての準備の様相を呈するのである。また，成績の悪い児童はこの試験を回避させる意味で落第させられる場合もある。

ケニアの初等教育から見えてくるもの

近年，ケニアは高い経済発展をとげ（2012年の世界銀行の資料によると経済成長率4.6%），社会は急速に変化している。しかし，ケニアの子どもは，幼いときから家族の労働のなかに組み込まれ，伝統的な家父長制のなかで成長する。医療水準も不十分で，平均余命60歳，

初等教育無償化政策により教科書やノートが配布されるようになった（ケニア，ナロックで）

乳児死亡率4.8%（2011年WHO発表）と，アフリカ諸国のなかではよい方であるが，世界の水準からはかけ離れている。このように，ケニアの子どもの生活は厳しく，また子どもを守るシステムすなわちソーシャルネットは依然として脆弱である。

一方，ケニアの初等教育制度は，学期末・学年末テストによる進級，KCPEによる進学制度，権威主義的な教育方法，日常的な体罰，母語と異なる英語による教育など，不寛容で柔軟性を欠いたシステムである。

しかし，小学校は貧困を含めたさまざまな家庭の事情によって十分な安全を保障されていない子どもを最低限保護する場としても機能しているように思える。小学校に通学するということは将来の生活への希望であるだけでなく，問題を抱えた子どもの生活を守る，いわゆるソーシャルネットとして機能しているようである。

学校と教師は複合的な役割を担っているのである。教育の効率という観点からは中途退学や留年の多い学校は非効率な学校である。しかし，開発途上の社会の子どもの生活と未来を切り開く役割は近代教育システムとしての学校しか担えないのである。

アフリカの初等教育の課題

アフリカの初等教育は21世紀に入って急速に発展した。教育への期待はアフリカ社会の隅々まで広がり，各地で学校建設が進み，教室には多くの児童が集まっている。また，シエラレオネ，ルワンダ，南スーダンなど紛争を経験した国々では教育熱がいっそう高まっている。また，社会が子どもを守る機能を十分に持っていない場合には教師が子どものソーシャルネットの担い手にならざるをえないし，現に担っている。

グローバル化の波が押し寄せ，大きく変化しているアフリカにおいて，人々の教育への

野外での授業（ケニア，ラムで）

認識と期待は大きく高まっている。EFAによりアフリカの初等教育の水準は大きく改善した。しかし，これはアクセスの改善であり，教育内容や教授法を含めた教育の質の向上が何よりも急務である。

アフリカの初等教育の質を考える際に，水・トイレや教科書・教材などの学習環境の整備とともに，何よりも子どもに寄り添った教育システムを構築することが重要である。子どもに寄り添うとは，子どもの生活の場としての学校の構築であり，子どもの成長を助ける場としての学校の構想である。これには教員の質の向上と教育政策の大きな転換が必要となろう。さらに，教育の困難な子ども，すなわち障がい児，病児，女児，遠隔地，伝統的な生活様式を守る民族などへのまなざしが必要である。

内海成治2010「アウグスト・クローグの原則はアフリカのフィールドワークに適応可能か」『アフリカ教育研究』1／内海成治編2012『はじめての国際協力——変わる世界とどう向き合うか』昭和堂／小馬徹1992「アフリカの教育」日野編『アフリカの21世紀 第2巻 アフリカの文化と社会』勁草書房／澤村信英・内海成治編2013『ケニアの教育と開発』明石書店／ドーア，R・N 1978『学歴社会，新しい文明病』岩波書店／日野舜也1992「アフリカの伝統的社会と近代化」日野編，前掲書／Lockheed, M. E. & A. M. Versper 1991 *Improving Primary Education in Developing Countries*. Oxford UP
⇒教育援助，中等教育

2-5-3 中等教育
Secondary Education

馬場卓也・木根主税

キーワード：エリート教育，普遍化，労働市場，カリキュラム

多くのアフリカ諸国では1960年代の独立以降，中等教育の拡大を求めた。たとえばケニアでは，白人によって独占されてきた中等教育をアフリカ系ケニア人にも開放・拡大する運動が起きた。つまり中等教育は個人の知的能力向上に加えて，社会全般の能力向上や開発に資するという側面も有している。その後，1990年の「万人のための教育世界宣言」で世界中の耳目はいったん初等教育に集まったが，時間とともに初等教育後の中等教育に再び注目が集まるようになってきた。初等教育のように普遍的ではなく，高等教育のように限定的ではなく，社会の変化に比較的早く対応する中等教育の特徴を念頭に置きながら，アフリカ中等教育に関する国際社会と日本の研究動向を整理し，今後の展望を述べることとする。第2～3節では，主要雑誌を10年分レビューし対象論文を選定した。

アフリカにおける中等教育の概要

中等教育の定義は一律ではない。また開始時期や期間は，学校数や教員数とも関係するので，制度設計上非常に重要である。サブサハラ・アフリカ諸国（45ヵ国）の中等教育に関する表1と表2を見ると，おおよそ12～13歳で始まり，5年から7年間程度の教育期間といえる。なお表1～3は，UNESCO統計局のデータに基づいて作成した。

次に，就学率に注目したい。日本の中等教育において，近代化の初期には少数のエリートのみが就学したが，高度情報化社会の現在ではコホートの95%程度が就学する。就学率は中等教育の位置づけを映す鏡といえる。アフリカ諸国の中等教育を，この視点から見ると，異なる段階が見えてくる（表3）。たとえば，10ヵ国前後の国において，すでに中等教育前期の就学率は60%を超え，初等教育と同様に普遍的，人権的な意味合いを持ち始めている。その一方で初等教育の普及に未だ課題を抱えている国も存在する。それらの中間に位置するのが，初等教育の普遍化は成し遂げたものの，中等教育の拡大を課題としている国々である。

国際的な研究の動向

既存研究の傾向を分類すると，地域的には東南部の南アフリカやケニアなどが多く，テーマは，教育政策と校長リーダーシップ，教育の内容とレリバンス，教授言語と文化性とに大きく分けられた。

最初に，教育政策と校長のリーダーシップについてである。中等教育における普遍化さらに無償化の政策は表面的な大衆迎合に終わる危険性を有しており，政策の実質化を検証することは重要な研究課題である。限られた資源のなかで目的実現の方法，それら政策の潜在的受益者が受益できていない要因を明らかにすることは，実質化に向けた道筋を明らかにする可能性を秘めている。

次に，教育のレリバンスについてである。植民地化を経験した多くの国では，独立後も旧宗主国の影響を受けており，カリキュラムの現地社会への適合が問題になる。プロフ

表1　中等教育の開始年齢

開始年齢	2000年	2005年	2010年
10歳	1	1	0
11歳	2	2	3
12歳	21	21	22
13歳	17	17	16
14歳	4	4	4

表2　中等教育の年数

教育年数	2000年	2005年	2010年
5年間	10	10	10
6年間	17	16	17
7年間	18	19	18

表3　初等中等教育における総就学率

	初等教育			中等教育（前期）			中等教育（後期）		
	2000年	2005年	2010年	2000年	2005年	2010年	2000年	2005年	2010年
30%以下	0	0	0	14	9	3	26	22	15
60%以下	6	2	1	12	12	14	3	6	5
90%以下	14	10	7	6	8	4	2	2	2
それ以上	19	25	26	2	4	3	1	1	1
データなし	6	8	11	11	12	21	13	14	22

ェトとブラーディンガーブロク（Prophet & Vlaardingerbroek 2003）は，ボツワナのカリキュラムにおいて，子どもの発達段階と科学教育の認知的要求度の不適合を指摘した。また，マラウイでの調査（Mtika & Gates 2010）によると，教員養成機関で奨励される進歩的教授概念が，必ずしも教室での変化を生んでいないことを示した。またカリキュラムや教師教育が子どもたちの学習にどの程度結びついているのかを評価する研究では，国際比較調査のデータも活用し，数学的リテラシーや自己概念などについて調査がなされつつある。

第3に，教授言語や文化についてである。未だに旧宗主国の言語を教授する国が多いなか，クイスト（Quist 2001）は，グローバル化のなかで，ガーナ，コートジボワールの都市部エリート校における植民地主義，新植民地主義とローカルな文化とのせめぎあいを描いた。エジプト（Hammad 2010）では，導入された「共有された意思決定」の持つ西洋的共同的文化性と在来の中央集権的文化とのミスマッチについて議論した。

日本における研究の動向

テーマは就学実態や教育政策，教育内容，教師と生徒，社会・文化的文脈，卒業後の進路とに大きく分けられた。

最初に，就学に関して，さまざまな因子との関係に注目した研究がある。小川他（2006）は，レソトの就学について計量分析を行い，性別や結婚・出産，家計，親の教育水準の影響を指摘した。山田他（2007）は，ガーナにおいて家計支出に関する調査を行い，通学生の負担は寮生よりはるかに重いことを明らかにした。大塲（2010）は，ケニアの無償化プログラムと就学の因果関係について，一部の貧困家庭の子どもの進学を促進したが，授業料以外の負担のため進学できない者がいることを明らかにした。

次に，理数科教育や職業教育といった教育内容に関する研究がある。理数科教育に関しては，各国のカリキュラムや教科書を分析した研究は多い（たとえば，小澤他2005，大村他2001など）。職業教育政策が成果を上げない理由を検証したものもある。

ザンビア国ンジャセ女子高校における理科実験の様子(高阪将人提供)

第3に、教師や生徒に関する研究がある。教師の意識や内容理解の低さが、授業の質に影響を与えることを指摘した研究は多い（たとえば、服部 2002、田中 2006）。また、小野他（2007）は、南アフリカでの授業研究の可能性として、日本で研修を受けた生物教師を事例に、授業展開や生徒との交流、授業観に変化が見られたことを指摘した。一方、赤川他（2001）は、TIMSS1995を分析し、南アフリカの生徒の特徴として、理科では求答形式と論述形式を苦手としている点や、数学では全般的に学力は低く、とくに測定分野において低いことを指摘した。池谷（2009）は、ザンビアの数学授業を言語の側面から分析し、授業参加に消極的な生徒は、低い言語能力に伴い不安や緊張も有していることを指摘した。

最後に、卒業後進路に関して、就職や進学の機会、修了試験に焦点を当てた研究が見られた。中村（1998）は、ザンビアにおける就学構造と中等教育の関連を人材需給の観点から分析し、国内の経済状況、カリキュラムや制度上の制約などの影響を指摘した。

今後の展望

以上より、これまでのアフリカ中等教育研究では、教育政策・学校経営、教育内容・教授活動、言語と社会的文脈、試験・進路などに着目してきたといえる。これらの動向をふまえた上で、今後の展望について、教育政策、教育の質とカリキュラム、社会・文化性から俯瞰的に見たい。

最初に教育政策についてである。中等教育の普及度から性格が異なるいくつかのグループが見られた。しかしいずれの場合であれ、今後の人口動態や労働市場、経済活動の急速な変化に伴い、新たなニーズが湧き出すケースもある。いま一度、就学動向を経年的、国際的に分析するなかで、中等教育の位置づけを政府レベル、市民レベルで確認すること、ジェンダー、都鄙などの教育格差の問題や、教育の自由化などの中等教育の普及と質に関わる政策の有効性などの分析が求められる。

次に学校教育の内容、つまりカリキュラムの問題である。中等教育の位置づけや政策と関連して、教育の内容を定め、それを学校にて具体化することが肝要である。とくに産業振興とも密接に関わりを持つ中等教育は国家の人材戦略に関わってくるし、その普及が進むにつれて独自の市民社会の実現がこれからの課題であろう。そのとき、カリキュラムのなかで求められる人物像は、先進国でのコンピテンスの議論なども参考にしながら、検討していく必要がある。またそのカリキュラム実現に向けた校長のリーダーシップや教師による教育活動、さらには子どもが身に着ける能力について、学校レベルでのち密な分析が待たれる。

第3に、上記2つの政策・カリキュラムにおける社会・文化性についてである。中等教育の発達は各社会の成熟度を表す1つの尺度である。ただし多くの国では旧宗主国との関係

に縛られていたり（たとえば旧宗主国が実施する中等教育修了のための国際試験），国際機関・援助機関の影響下にあったりする。流動性の高まる国際社会のなかで，中等教育とそれに続く高等教育において各国が新しい未来を思い描きつつあるが，今後自らの社会・文化性の問い直しとアイデンティティ形成の議論を深めていく必要がある。アフリカ教育研究が，このような議論の深化に一石を投じることができることを期待したい。

ザンビア国における高校生を対象としたJETS（Junior Engineers, Technicians and Scientists）大会の様子

赤川泉・隅田学 2001「南アフリカ共和国の理数科教育に関する問題点（2）」『日本科学教育学会年会論文集』25／池谷拓人 2009「ザンビア後期基礎教育における数学科授業分析の研究——教師・生徒の言語活動を中心に」『国際協力研究誌』15（2）／大塲麻代 2010「中等教育学費撤廃と進学機会増加の諸相——ケニア・マクエニ県での村落調査の事例から」『国際教育協力論集』13（1）／大村嘉人，Nicholas Amino Otieno，池田秀雄 2001「ケニア共和国の中等生物教科書およびシラバスの分析——分類・生態分野を中心として」『国際教育協力論集』4（1）／小川啓一・野村真作 2006「レソト王国における中等教育のアクセス問題に関する分析——教育の需要側の視点から」『国際教育協力論集』9（2）／小澤大成・香西武・村田守・四村宏 2005「南アフリカ共和国における地学教育カリキュラム」『鳴門教育大学研究紀要（自然科学編）』20／小野由美子・近森憲助・小澤大成・喜多雅一 2007「国際教育協力における『授業研究』の有効性——南アフリカ人教師による生物の授業を事例として」『教育実践学論集』8／田中哲也 2006「エジプト現代教育研究序説——無償教育制度とブラック・マーケット」『福岡県立大学人間社会学部紀要』15（1）／中村聡 1998「ザンビアにおける中等教育の現状と課題——人材需給の観点から」『中国四国教育学会 教育学研究紀要』44（1）／服部勝憲 2002「南アフリカ共和国中等数学科教員現職教育の課題——ムプマランガ州におけるベースライン調査から」『国際教育協力論集』5（1）／山田肖子，Joseph Ghartey Ampiah 2007「ガーナの後期中等教育にかかる家計支出と教育機会および質の公平性——セントラル州の事例から」『国際開発研究』16（1）／Hammad, W. 2010 Teachers' perceptions of school culture as a barrier to shared decision making (SDM) in Egypt's secondary schools. *Compare: A Journal of Comparative and International Education* 40（1）／Mtika, P. & P. Gates 2010 Developing learner-centred education among secondary trainee teachers in Malawi: The dilemma of appropriation and application. *International Journal of Educational Development* 30／Prophet, R. B. & B. Vlaardingerbroek 2003 The relevance of secondary school chemistry education in Botswana: A cognitive development status perspective. *International Journal of Educational Development* 23／Quist, H. O. 2001 Cultural issues in secondary education development in West Africa: Away from colonial survivals, towards neocolonial influences? *Comparative Education* 37（3）

⇒教育援助，初等教育，高等教育，国際協力——ODAとNGO，経済開発と経済政策，都市言語

2-5-4 高等教育
Higher Education

谷口利律

キーワード：植民地大学，大学間連携，汎アフリカ大学，教育協力

アフリカの高等教育機関は，植民地期以降に設置された西洋近代的な大学を主流とする。植民地化以前から存続する高等教育機関として，エジプトのアル・アズハル大学やマリのイスラーム高等教育機関などもあるが，旧宗主国による近代教育の導入以前にアフリカに存在した高等教育機関の多くは植民地化とともに廃止された（Teferra & Altbach 2003）。高等教育についての研究も，そのほとんどが西洋近代的な大学を対象としている。また研究対象も一部の国や地域，言語圏に特化したものが多い。植民地期の旧宗主国による教育政策や教授言語の差異などにより，アフリカの高等教育を一般化して論じることが困難なためである。

アフリカの高等教育とその研究

アフリカの高等教育は多様な観点から論じられてきた。生物学者であり大学管理者でもあるE・アシュビー（Ashby 1966）は，イギリス植民地期に移植された大学がアフリカへ与えた影響について論じ，以後のアフリカ高等教育史研究の基盤を築いた。

また，アフリカの高等教育における教育費，財政，市場効果などの経済的側面に関しては，1980年代以降，世界銀行によって数多くの研究分析がなされている。

アフリカの高等教育研究がその数を増加させるのは1990年代以降である。とくに1998年，ユネスコの「21世紀にむけた高等教育に関する世界宣言」を受けて教育援助の視点が高等教育へも拡大し始めると，アフリカの高等教育機関の実態把握が積極的に行われ，人材育成や社会経済開発の観点を取り入れた，より多様な高等教育研究が目立つようになる。

アフリカ各国の高等教育機関を網羅する研究は1999年にアフリカ大学協会（AAU）などによって開始され，2年ごとに情報を更新しつつ現在も版を重ねている。

高度な専門知識や職業技能を有する人材が教育環境や労働条件のよい国外へと移住し国内に人材不足が生じる「頭脳流出」の問題は，1990年代，社会学者であるR・コーエンが南アフリカを対象に論じ，また，経済社会学者であるJ-B・メイヤーらは，1999年のUNESCO世界会議において専門知識・技能を有する人材の移動を可能にする専門家ネットワーク構築の必要性を唱えた。

D・テフェラ，P・G・アルトバックら（Teferra & Altbach 2003）は，大学史，大学自治，財務・経済，私立学校，教育援助，大衆化，ジェンダー問題，遠隔教育，言語問題など，アフリカ高等教育研究の主要な論題を取り上げ，地域横断的に分析している。

日本人による研究と国際教育協力からのアプローチ

日本におけるアフリカの高等教育研究の蓄積は多くない。1960年代には社会教育学者の石堂豊が，新興国における社会教育の一例としてナイジェリアの成人教育と大学拡張運動を扱った。1970年代には教育学者である楠原

彰が，アフリカの教育文化の遺産と無関係に導入された植民地大学について問題点を指摘し，大学自治や学問の自由の観点から植民地大学とヨーロッパの大学との異質性を主張した。

1980年代以降の日本におけるアフリカの高等教育研究は国際協力機構（JICA）の教育協力の影響が大きい。比較的早い時期から日本による高等教育協力が行われてきたケニアでは，1980年代に農学者の青山咸康がジョモ・ケニャッタ農業工業大学の農業教育の実態把握に努めた。米澤（2003）は，教育協力に向けたナイジェリアの高等教育の状況把握や研究能力開発の検討を行った。また横関（2006）は国際教育協力の観点から，アフリカの教員養成における高等教育の重要性についてガーナの事例を交えて論じた。

教育協力と直接的な関連を持たない研究として，アフリカ地域研究者である佐藤章らによるコートジボワールの高等教育研究や，アフリカ諸国の高等教育の概要を網羅的に取り上げた鶴田義男（2010）の研究，高等教育の地域統合について論じた川口純の研究もある。こうした一部の研究を除くと，日本におけるアフリカ高等教育研究は，教育協力に関連した研究や，JICAのプロジェクトベースの実地調査，動向調査などの調査報告が多いことに特徴がある。

現状と将来の展望

高等教育へ進学するアフリカの人々の割合は依然として多くはないが，高等教育機関の設置数は2000年以降，急速に増加している。さらに，アフリカの高等教育は，インターネットによる遠隔教育の実施，欧州の高等教育制度統一化を目指すボローニャ・プロセスに準拠したカリキュラム改革，私立学校の増加，大学間連携の強化など，教育方法，設置形態，制度的枠組みといった多角的方面において発展を遂げつつある。大学間連携に関しては，AAUをはじめ，アフリカ域内の地域別，言語圏別に設置された大学連合を活用し，高等教育の情報共有や教育・研究の促進が目指されている。またアフリカ連合（AU）は，アフリカ5地域の各1大学を拠点大学に指定し，アフリカ域内に高等教育機関のネットワークを構築する「汎アフリカ大学」構想も打ち出しており，今後アフリカ内の大学間連携はさらに強化される見通しである。

一方で，急速な高等教育の拡大と，高等教育としての教育水準の確保が両立しうるのかという問題も生じている。マダガスカル高等教育評議会や南アフリカ高等教育質保証委員会など，一部の国や地域では質の担保に向けた検証機関が設置されているが，多くの地域では対策が不十分であり，AAUによる質保証能力の開発が進められている。大学間の連携においても，インターネット環境の整備や，大学間ネットワークの構築とその活用には長い道のりを要することが予測される。

多くの課題を乗り越えるべく，今後どのような高等教育政策がアフリカ諸国またはアフリカ域内において展開されるのか注目される。

鶴田義男 2010『アフリカの高等教育』近代文藝社／横関祐見子 2006「アフリカ地域の教師教育における高等教育の役割」『国際教育協力論集』9（2）／米澤彰純 2003「ナイジェリア──高等教育の拡大とその帰結」澤村編『アフリカの開発と教育──人間の安全保障をめざす国際教育協力』明石書店／Ashby, E. 1966 *Universities: British, Indian, African: A Study in the Ecology of Higher Education*. Weidenfeld and Nicolson／Teferra, D. & P. G. Altbach 2003 *African Higher Education: An International Reference Handbook*. Indiana UP

⇒初等教育，中等教育，教育援助

2-6-0 総説 ── ジェンダー
Gender

富永智津子

日本におけるジェンダー研究は，1980年代以降，人類学，開発学，政治学，文学，歴史学およびリプロヘルスといったさまざまな領域で展開してきた。ここでは，日本アフリカ学会の動向をふまえながら，日本とアフリカの研究状況を紹介し，そのアプローチの違いや問題点を紹介する。なお，現在，きわめて喫緊の課題であるにもかかわらず，研究が遅れている女性への「性暴力」の領域については，文末にごく簡単な小史を提示した。

日本アフリカ学会と「女性フォーラム」

1998年5月，アフリカの女性をめぐるさまざまな問題への認識を深め，それを通して既存のアフリカ認識や研究の方法を見直すことを目的として，志を同じくする女性会員が「女性フォーラム」を発足させた。2000年度の日本アフリカ学会誌『アフリカ研究』56号には，その設立の主旨について次のように書かれている。

「(前略) 女性の問題は，環境や開発の問題と同じく，国境や文化を超えて存在する。1970年代以降の国連の取り組みによって，この問題は，国際的な舞台にも引き出された。しかし，女性学が市民権を持ち始めたといわれる今日でさえ，こうしたテーマは一般に何となく扱いにくいと思われているのも確かだ。それは，一時期の『過激』と言われたウーマンリブ運動やエリート女性中心に展開されたフェミニズム運動のせいばかりではない。男性中心の学問体系や社会構造を内面化し，問題の所在すら意識してこなかった私たち女性にも責任はある。しかも，この問題は掘り下げれば掘り下げるほど，研究の領域が政治やコミュニティといった公的な場を越えて，さまざまな人間関係を抱えた私的な場へとシフトせざるを得ないという性質を備えている。これも，男性に限らず，女性にも『女性問題』に対して何となく距離をおいておきたい気持ちにさせてしまう要因となっている。別の言い方をすれば，女性も男性も，自分の身近な人間関係を再点検させられることによって，それまでの価値観を直接的に揺さぶら

れるような不安にさらされるからである。しかし，今，われわれに求められているのは，こうした気持ちや不安を乗り越え，問題を直視し，それを研究の対象にきちんと位置づけることなのではないか。(後略)」

　この設立の主旨から見えてくるのは，これまでのアフリカ研究に女性の視点が欠けていた原因は，実は，私たち自身にもあったという反省である。これをきっかけに，女性研究者の増加にもかかわらず本学会の理事や評議員に占める女性の割合の低さ，学術大会の座長はほぼ全員男性といった状況が意識化され，学会の評議員および理事の選挙規定に「ジェンダーを考慮すること」という一文が挿入されたり，座長のジェンダーバランスが是正され託児サービスが導入されたりしたのも，女性フォーラムが発足したことによる学会員の意識の変化が背景にあったといえるだろう。

　1999年の学術大会における第1回女性フォーラムでは，「ナショナリズムと女性」および「法と女性」の2つのテーマが設定された。その後，毎年，さまざまなテーマを通して女性問題への切り口を提示するセッションを持った。たとえば，「女子割礼／FGMと女性」「HIV／エイズと女性」「アフリカの危機：家族からの展望 ── 過去・現在・未来」「ジェンダーとセクシュアリティ ── レイプの政治学」などである。そして，第10回を節目にひとまず幕を下ろすことにした2008年度には，10周年企画として「アフリカ研究とジェンダー：回顧と展望 ── 人権と民主化の視点から」と題するセッションを行った。2008年度の『アフリカ研究』73号の「学会通信」の冒頭には次のような総括がなされている。

　　(この10年という歳月の中で)「研究面では『女性』から『ジェンダー』へという分析視点の展開があり，現在ではそこからさらに『男性史』や『男性性』の研究，『クイア』研究などへの関心も高まっているが，一方，『ジェンダー・バッシング』という巻き返しが生まれていることも看過し得ない事実である。今回のフォーラムが掲げた『人権と民主化』というテーマは，したがって，そのような状況に対して，私たちアフリカ研究者，とりわけ女性であるアフリカ研究者が，どのように立ち向かおうとしているのかという自分たち自身への問いに裏づけられたものである。

　　ここでは，『人権と民主化』を，アフリカ社会の過去から未来を展望する大枠，現代アフリカの直面する課題を示すテーマとして設定し，それを女性／ジェンダーの視点から考えた場合に何が明らかになるかを考えてみようとした。そのために，①健康と医療，②慣習法とコミュニティ，③イスラーム・国家・家族法という3つの切り口からアフリカ研究の回顧と展望を試みた。そこから浮かび上がってきたのは，植民地化以前から植民地時代を経て独立後の現在に至るまでの社会の歴史的変動の中で，女

性の位置と女性たちの主体性に着目することが，アフリカ社会の理解を深めるためにいかに重要かということである。『健康』という一見中立的な価値の中に隠れているジェンダー構造，『慣習』の中に埋め込まれた複雑なジェンダー・カテゴリーの意味とその中での女性の主体性，『イスラーム』や『文化』が女性にとって持つ両義的な意味などを通じて，アフリカ研究の現在を浮き彫りにし，アフリカ研究が今後さらにどのように深められていくべきかを示そうとした。(後略)」

このように，日本のアフリカ研究が，「女性」に焦点を当てた研究から「性差」に分析の軸をシフトしていくのは，およそ1990年代前後だったといってよい。「日本におけるアフリカ研究の回顧と展望」の項目として初めて「ジェンダー」が取り上げられたのが2001年の『アフリカ研究』57号であったことは，その証左であろう。そこでは，これからの「展望」について次のように記されている。

「最後に今後，日本のアフリカジェンダー研究に求められることを記し，この稿を閉じたいと思う。1つは，これからアフリカ研究を志す若い研究者や一般の読者のために女性研究の入門的な概説書が日本語で書かれること，2つめは，アフリカ地域研究者自身が，ジェンダー研究は『女性が担い，女性を対象とし，女のためにする』学問であるという幻想から脱却し，ジェンダーは，女性研究者にとっても男性の研究者にとっても，あらゆる分野の研究に関わる『視点』であることを自覚することである。」

それから13年――その間，「女性フォーラム」の活動があったわけだが――日本のアフリカを対象としたジェンダー研究はどのように展開したのか。

日本におけるアフリカ研究とジェンダー

本章に収められているジェンダー関連項目は，人類学，開発学，政治学，文学，リプロダクティブヘルス，歴史学である。これは，「ジェンダー」に関わって，ある程度まとまった業績があるのはこの6つの領域であったということを意味している。とはいえ，ここに取り上げられていない研究成果（たとえば，教育学，社会学，経済学，法学）に「ジェンダーの視点」がないとは必ずしもいえない。このことは，ジェンダーと研究とをつなぐアプローチに2つの流れがあることを示している。つまり，民族や階級，あるいは開発や民主化といった概念を補完するために，可能な部分については「ジェンダーの視点」を導入するというアプローチと，研究目的自体が「ジェンダー研究」そのものを目指すアプローチである。あらゆる研究領域に求められ

比較対照表

	人類学	開発学	政治学	文学	リプロヘルス	歴史学
①ジェンダー主題化の時期	1980年代	1990年代	1990年代	1990年代	1990年代	2000年代
②主たる研究方法	・フィールドワークによる調査・資料収集とその分析	・フィールドワークによる調査・資料収集とその分析 ・国際機関のジェンダー規定や報告書の分析	・国際機関のジェンダー規定や報告書の分析 ・異なる政体の比較 ・個別事例研究	・女性作家の文学作品の掘り起こし、紹介（翻訳を含む）と批評 ・女性作家論 ・作品が表象するジェンダー意識の分析	・データの収集とその分析	・既存の史料の読み直し ・多様な資・史料の掘り起こし ・聞き書き
③主たる研究目的	・ジェンダー視点による既成概念の再検討 ・新たなパラダイムの構築	・開発における女性たちの主体的な実践の掘り起こし	・男性優位社会における女性の政治参加とその「権力構造」への影響	・新たな女性の語りの構築 ・心象風景としてのジェンダー構造の解読（制度を人がどのように生き、それを内面化し、社会化するかを明らかにする）	・自分の性と生殖の決定主体となることによるアフリカ女性のエンパワーメント	・女性史やフェミニズム理論による歴史の書き替え ・男性中心のナショナリズム史観の克服 ・権威化されたアフリカ史像の脱構築
④分析軸・分析視点・アプローチ	・女性の主体性 ・「伝統」の読み替え	・女性のエンパワーメント ・西欧的アフリカ女性像の批判 ・「開発」批判	・女性の政治参加と他の領域への波及効果	・男性中心主義批判と西洋の覇権への抵抗とのバランス ・声なき声へのよりそい	・男女の身体的差異に基づく医学的分析 ・「女性の社会的文化的脆弱性」という視点	・ナショナリズムとジェンダー ・植民地支配とジェンダー ・イスラームとジェンダーなど
⑤新たな論点	・ジェンダーを契機とする重層的ネットワーク	・女性の役割過多 ・「貧困の女性化」			・「エイズの女性化」	・「男性史」の時期区分は「女性史」の時期区分と不一致
⑥留意点	・男性と女性の対立・格差の単純化	・女性像と男性像の固定化		・知識人階級の女性が草の根の女性を代弁／表象する困難さ	・女性の人権をめぐる「文化相対主義」と「普遍的人権」の相克	・「女性誌」と「女性・ジェンダー史」との違い
⑦期待される今後の展望	・出自、学歴、階層など他の指標との関わりの検討 ・地域開発に結びつく実践としての研究の展開	・男性やセクシュアル・マイノリティを含めたアフリカ人当事者性の分析	・女性の政治参加に対する文化的バイアスへの対処	・研究者の組織的連携 ・男性性、性的少数者の表象研究 ・草の根の女性の語りの掘り起こし	・医学的アプローチと人文・社会科学的アプローチの接続による学際的研究の展開	・「サハラ以南」に限定されないアフリカ史への展望 ・世界史との接合によるアフリカ史の再中心化への貢献

ているのは前者であり，そこではかなり中立的なジェンダーの叙述が可能である。一方，「ジェンダー研究」は両性間の権力構造を明らかにし，弱い立場にある女性に焦点を当てて，その主体性を掘り起こし当該社会のジェンダー秩序に光を当てようとするという意味で，否応なしにフェミニズム的にならざるをえないし，研究テーマも限定されてくる。本章で取り上げられている研究事例や動向は，どちらかといえば，後者の「ジェンダー研究」を対象としている。

前頁の表は，ここで取り上げられている6つの領域を比較検討するために，ジェンダー主題化の時期や主たる研究方法や目的などのいくつかの項目を設定して整理したものである。

設定した比較項目について，少し分析を加えてみよう。

①ジェンダー主題化の時期

日本におけるアフリカ研究のジェンダー主題化の時期は，1980年代から90年代にかけてであり，歴史学はそれより遅れて2000年代になってからであった。いずれも欧米の研究と比べると10年以上は遅れている。

②主たる研究方法

この点に関しては，ジェンダーに特化しない研究領域の方法と基本的に変わらない。人類学はもっぱらフィールドワークによって収集した資料に，政治学や文学や歴史学は公刊された資料や作品や史料の分析に，開発研究は双方に依存している。ただし，ジェンダーの視点さえあれば，ジェンダー研究に適した資料をフィールド調査によって収集・作成できる人類学や開発学の領域，既存の作品のジェンダー視点による分析・解釈を主たる課題とする文学，現実の政治分析を課題とする政治学に比べ，時間軸の長い歴史学は史料的な制約が大きく，従来の男性の活動のみが記録された史料以外のソースを発掘する必要がある。たとえば口頭伝承や個人的なラブレターや絵葉書，さらにはダンスや民話などもフルに活用される。

③主たる研究目的

ここでは，既成概念の再検討や新たなパラダイムの構築，あるいは男性中心の歴史観の克服といった大きな目的から，女性のエンパワーメントや主体的な実践の掘り起こしといった現実的かつミクロな取り組みにいたる多様な目的があげられている。いずれも，従来の男性中心の視点が見逃してきた側面をカバーしつつ，新たな地平を切り開こうとするものである。

④分析軸・分析視点・アプローチ

分析の軸と視点が圧倒的に「女性」に傾斜しているのは，現状の（あるいは歴史のなかの）アフリカ社会における力関係が男性に有利に展開してきたことによる。このジェンダー間の不均衡の原因を究明し，その均衡化への多様な道筋（たとえば男性中

心主義や西洋の覇権への抵抗をどう分析するか，など）を展望できる分析軸・分析視点・アプローチの模索が各研究領域で続いている。

　⑤新たな論点

　女性とジェンダーに注目することによって見えてきた論点として，「貧困の女性化」と「エイズの女性化」がある。同じ現象によって，男女が異なる影響を受けることを明らかにできるジェンダー分析は，アフリカ社会の理解に深みを与え始めており，歴史学の領域における時期区分の問題もその一環に位置づけられる。

　⑥留意点

　女性・ジェンダー研究に伴う留意点としてあげられているのは，男女の社会的役割や格差の単純化である。それに伴う男性像や女性像の固定化への留意も欠かせない。こうした単純化や固定化を避けるためには，エリート層の女性や草の根の女性といった女性間の格差を視野に入れつつ，社会構造や秩序を規定している他の指標を注意深く抽出し，そのなかにジェンダー関係を位置づけるという作業が必要である。

　⑦期待される今後の展望

　それぞれの領域において提示されている今後の展望を抽象化してまとめると，ジェンダーの視点を相対化するような隣接概念との接続性の検討，「男性性」や「性的マイノリティ」の研究を含めたジェンダー研究の展開，ジェンダーの視点を通しての北アフリカや世界史との接続への展望などが期待されている。さらに，領域をまたいだ研究者間の連携もこれからの課題であろう。

　以上が6つの領域から見えてきた日本の「アフリカジェンダー研究」の現状と課題である。同時に，6つの領域のサーベイからは，既成概念の再検討や新たなパラダイムの構築といった大いなる野望を実現するには，あまりにも研究者の層が薄く，研究蓄積も少ないことが明らかになっている。ジェンダー研究の周縁化，孤立化といわれても仕方がない。何が日本におけるアフリカ研究のジェンダー主流化を阻んでいるのか。

日本におけるアフリカ「ジェンダー研究」を阻む壁

　標題への回答の一部は，冒頭の「女性フォーラム」の設立の主旨のなかで紹介している。ここでは，本書『アフリカ学事典』の執筆者陣のジェンダー分析から，日本のジェンダー研究の行く手を阻んでいる背景を探ってみたい。

　全執筆者は128名。そのうち，女性は34名（26.5％）である。次に内訳を見てみる。

まず中項目を見てみる。社会科学の執筆者34名のうち女性は14名（41%），複合領域と自然科学49名のうち女性は3名（ジェンダー分野に女性が1名入っている），人文科学の45名のうち女性は17名（41%）となっている。次に小項目で見ると女性比率が大きいのは，「ジェンダー」と「地域開発・国際協力」。この2つの分野の執筆者11名はすべて女性である。他には「アフリカ文学」（8名のうち女性が6名）と「文化人類学」（11名のうち女性が6名）に女性の執筆者が多い。

以上のことから，日本のアフリカ研究は，分野によって研究者のジェンダー構成に偏りがあることがわかる。人文・社会科学では比率だけ見ればジェンダー・バランスがとれているようだが，実は女性は特定の研究領域に偏在しているのである。本書はそれなりの研究蓄積がある会員が執筆を担当していることを考えると，執筆者の布陣が，性別・研究歴・分野に関する日本のアフリカ研究者のジェンダー構成の一面を反映しているといえるだろう。こうしたアフリカ研究領域の住み分けが，ジェンダー研究の展開を阻んでいると同時に，男性による男性の視点からのアフリカ研究の再生産に寄与しているといってよい。

この壁を乗り越えるためには，まず，ジェンダーという分析概念の精緻化と理論化，そして，すでに指摘しているように，「女性」だけを焦点化せずに男性や性的マイノリティをも対象とした研究領域の拡大が必要だろう。そして2001年の『アフリカ研究』の回顧と展望で述べられていたように，何よりも，男性研究者がジェンダーの視点を共有することが求められている。

次に，目を海外に移し，どのような議論が展開されているかを見てみよう。論点は，ジェンダー間の不平等に絞る。

サハラ以南におけるジェンダー不平等はなぜ続く？

世銀の世界開発報告『世界開発報告2012──ジェンダーの平等と開発』は，サハラ以南アフリカにおいて，ジェンダー不平等の状況が続く主な理由を4つあげている。

①成人女性の高死亡率と健康問題

近年の経済成長とは関係なく成人女性の死亡率を押し上げているのは，妊産婦の死亡率の高さである。また，分娩のせいで長期にわたる健康問題を抱えている女性の割合はさらに高い。多産や女性に罹患率の高いHIV／エイズの問題も女性を苦しめている。

②経済活動におけるジェンダー間の職務分離と所得格差

すべての国において女性は男性より生産性の低い活動に従事する可能性が高い。と

りわけアフリカの農村部では，小さな土地で収益性の低い作物を栽培している。女性の起業家も増えているが，やはり男性に比べると規模の小さな中小企業を経営している。また，所得水準とは無関係に，女性が家事や介護に不釣合いに大きな責任を負っている。

③社会や家庭での意思決定における発言権が小さい

世界中の多くの地域がそうであるが，女性は男性に比べて意思決定に参加する機会が限られている。政治の領域では，ルワンダは女性議員の比率が世界1位ではあるが，それだけに圧倒的多数の貧困層の女性との女性間の格差は大きい。経済面では，家計の主導権は夫が握っている場合が多いし，財産の所有や処分の権限も，法的には平等でも実際には男性が掌握しているケースが多い。家庭内暴力も頻発している。しかし，世帯所得に占める女性のシェアが増えると発言権も増し，夫の暴力件数が減少するというデータもある。

④世代を超えるジェンダー格差の再生産

ジェンダー格差に関して注目すべきは，ジェンダー不平等のパターンが時とともに再生産される仕方である。家庭や職場におけるジェンダー関係が，世代を超えて再生産されるのである。たとえば，女子が教育や人文科学を選好し，男子が工学や科学を好むという傾向も，本人の能力とは関係なく，幾世代にわたって受け継がれている。

以上の4点のほか，多くのアフリカ諸国で実施されている複数の法体系の容認が，女性の自律性とジェンダー平等にマイナスの影響を及ぼしていることを指摘しておきたい。つまり，植民地時代に導入された制定法，イスラーム法，そして慣習法である。アフリカ人法学者は，慣習法が最も女性に差別的であることを認めている。ということは男性にとっては慣習法が好ましいことを意味する。どの法体系を選択するかは各人に委ねられているため，男性優位の社会では慣習法が選択される場合が多い。こうした複数の法制度を，制定法を基本として一本化する試みが行われているが，新たな法制度に実効性を持たせるのは難しく，慣習法が消えてなくなることはない。慣習法は民族の「文化」でもあるからだ。

以上のように，ジェンダー不平等の是正は，あらゆる制度（公式，非公式と問わず）がより大きな権限と影響力を持つ人々の利害を代弁するように作られ運営されてきていることを考えるときわめて難しい。しかし，その可能性を信じて，ジェンダー分析を行い，現状を分析し，展望を示すのが，ジェンダー研究の1つの潮流となっていることは疑いない。国連を中心とした国際機関がそれをバックアップしている。このアプローチに残された問題は，宗教や文化が支えるジェンダー間の不平等をど

のように調整していけるかという課題である。

　さて、最後にアフリカ人研究者が「ジェンダー」という分析カテゴリーをどのように捉えているかを紹介しておこう。そこには、アフリカ固有の文化が、西欧発の「ジェンダー」概念によって歪められ、伝えられ、再構築されていくプロセスが読み取れる。

アフリカ人研究者によるジェンダー研究

　アフリカには800とも1000ともいわれる民族集団が存在し、ジェンダー秩序は同じではない。およそ等分の人口比を示しているイスラーム・キリスト教・土着のアフリカ固有の宗教ごとにも異なるジェンダー観を持っている。しかも、同じ宗教でも地域によって、あるいは民族集団によってジェンダー観が微妙に異なる場合も少なくない。母系か父系かでも異なる。そのことを確認した上で、ナイジェリア人のオイロンケ・オエウミ（Oyeronke Oyewumi）が取り組んでいるジェンダー研究を紹介しよう。

　これまで紹介してきたのは、大雑把な言い方をすれば、欧米の研究者が、生物学的性差と「女らしさ」や「男らしさ」といった文化的性差とを区別し、後者に「ジェンダー」という名をつけたという話だった。つまり、ジェンダーと生物学的な性との区別は、西欧の研究者にとっては新しい発見だった。

　ところが、オエウミらによれば、アフリカではそんなことは発見でもなんでもなく、ごく当たり前のことだったという。それどころか、「夫」や「妻」「息子」や「娘」というカテゴリーも文化的に構築された役割なのである。つまり、「夫」の役割は女性でも担うことが可能であるし、娘が「息子」の役割を担うこともある。しかも母性は女性の特性ですらない。「生むことと、育てることは別」なのである。

　こうした柔軟なジェンダー構造が出現したのは、アフリカの人々が共同体の維持に最大の価値を置いてきた結果である。共同体の維持には子孫を遺すことが何より優先される。そのために編み出されたのが、なるべく多くの子孫を遺すための多様な婚姻制度である。一夫多妻はもとより、寡婦が亡夫の親族との間で子どもをつくり亡夫の子孫を増やし続けるレヴィレート（婚）、不妊の妻や閉経後の女性でも「妻」を娶って子どもを得られる「女性婚」、独身で死んだ男性に子どもを遺すための「亡霊婚」……という具合である。おおむね男性に有利な婚姻制度であるが、そのなかで注目を集めているのは「女性婚」である。西アフリカ、南部アフリカ、東アフリカ、スーダンなど広い地域で行われてきた「女性婚」は女性の自由や経済的自立を

担保する制度として利用されてきた点でユニークだからである。

　たとえば，ナイジェリアのイボという民族集団では，複数の「妻」を持つ女性も珍しくなかった。これらの女性にはれっきとした男性の夫がいた場合もある。「妻」たちが他の男性との間で生んだ子どもはこの女性の家族に組み入れられた。ケニアにも女性婚を選択している女性がいる。こうした「妻」たちへのインタビュー記録から浮かび上がってくる女性婚選択の 1 つの理由は，男性とは結婚したくない，かといって 1 人では寂しい，この寂しさは女性を伴侶としてその「家族」の一員になることによって解消されるというものである。慣習法によってれっきとした婚姻として認知されてきたこの制度も，キリスト教会によって「不道徳」の烙印を押されて禁止され，現在では衰退傾向にあるという。

　こうした外圧によるアフリカ文化の変容に対するオエウミらの批判は手厳しい。彼女たちはいう。西欧の文脈から生まれた善意のフェミニストは，しばしば「第三世界の女性たち」を代弁してきた。その一般的見解は，社会は女性の抑圧からの解放に向けての進化論的段階を経過してきたとする単線論的女性解放論である。その背景には西欧のフェミストは大いなる進歩を遂げ，「第三世界の女性たち」はまだ抑圧のなかにとらわれているという見方がある。その結果，第三世界の女性たちは，「低開発，抑圧的伝統，非識字率の高さ，農村と都市の貧困，狂信的な宗教，人口過剰」といった用語でフェミニストたちによって描かれる。このような単線的な見方は，多くの場合，女性婚のような女性のエンパワーメントの長い歴史や抵抗の歴史を無視している。女性と結婚することによって，たとえばギクユ女性たちは日々の生活を支配している男性の権力を動揺させている。彼女たちの物語は土地や物質的資源をめぐる闘いで始まるのが一般的かもしれないが，実は，愛と子どもと性的自由と脆さとエンパワーの物語でもある。こうしたアフリカの女性たちの物語が，西欧のフェミニズムによって操作されないユニークなフェミニズムの実践を探し求めているフェミニストを惹きつけるのだ，と。オエウミらの西欧発のジェンダー批判は，次のようにまとめることができるだろう。

　　「ジェンダーは，1970 年代初頭にフェミニストが政治的なカテゴリーとして生み出した概念である。多様性と類似性を併せ持ち，通文化的かつ超歴史的である女性の抑圧というジェンダー観は，概念として有効であると考えられている。この概念はただちに，不均等なジェンダーの社会的・歴史的構築をあぶりだし，それによって新しい，より平等な社会秩序を再構築し，同時に時空間を超えていかに女性の従属が普遍的であるかを伝えることに効力を発揮した。こうして，権力格差の悪しき側面に関するすべての要因を排除しようとする女性の闘いが始まった（中略）しかし，アフリカ社会

ではジェンダーより重要なのは年齢であり，必ずしも肉体的な差異ではない。肉体的差異に意味づけする奇妙な西欧的な方法には十分注意を払うべきである」(Cornwall 2005: 5)。

なお，1980年代以降のアフリカにおけるジェンダー研究の展開については，大池真知子『エイズと文学——アフリカの女たちが書く性，愛，死』の第2節「アフリカのジェンダー研究」(25～36頁)に簡潔にまとめられているので，ぜひ参照されたい。

性暴力小史

男性から女性への性暴力(レイプ)は，ジェンダー間の不平等を構造化した男性優位社会に共通に見られる現象である。しかし，そのほとんどは歴史の闇に葬り去られ，記録として残されている事例はきわめて少ない。その数少ない事例が植民地下と近年多発している内戦下での性暴力である。その一部を紹介しよう。

1904～1908(ナミビア)ドイツ領西南アフリカの首都ウィンドフークにドイツ人兵士の慰安所としてヘレロ女性専用の収容所を設置。

1940年代(ポルトガル領モザンビーク)植民地行政官や民間会社のエージェントによる綿花栽培に関連するアフリカ人女性労働者への性暴力。

1950年代(英:ケニア植民地)独立運動に伴う戦闘(「マウマウ戦争」)下でのケニア人女性に対する白人やケニア人(ロイヤリスト)によるレイプ。

1982～(ソマリア内戦)報復としての性暴力の頻発，他方で難民キャンプ(ケニア)での性暴力も多発。

1989～2003(リベリア内戦)性暴力事件多発。国連，レイプされた女性は4万人以上と推定。

1991～2002(シエラレオネ内戦)女性への性暴力多発。国連，レイプされた女性は6万人以上と推定。

1994 (ルワンダ内戦)内戦下で女性へのレイプ事件多発。国連，ジェノサイド勃発から3ヵ月間にレイプされた女性数は10万～25万人と推定。

1994～(ウガンダ内戦)内戦に伴う反政府軍(LRA)による誘拐・殺戮・レイプの横行。反乱軍の慰安婦にされた少女兵も多い。

1998～(コンゴ民主共和国内戦)性暴力多発。国連の推計によると性暴力の被害女性は20万人以上。

2003～10(スーダン:ダルフール紛争)戦術としての女性への性暴力。

2009 （ギニア）クーデタで登場した政権に抗議して5万人の女性がデモ。軍の兵士によるレイプ，虐殺，略奪の横行は，「女性の居場所は家庭」という男性による警告だった。

女性の性や身体が，なぜ暴力の対象になるのか。男性への性暴力や一般的な暴力との違いは何か。近年，なぜアフリカに戦時性暴力が集中しているのかといった問題を含め，ジェンダーの視点から解明すべきことは多い。

ジェンダー研究の意義とその地平

アフリカを研究対象とする意義は研究者によって，そして研究領域によってさまざまである。それを承知の上で，あえて共通項を抽出するとしたら，アフリカ認識の深化と多様化であり，そのための1つの布石として，西欧発の思想や観念や制度を相対化する視点を獲得することにあるとはいえないだろうか。西欧文化の洗礼をたっぷり受けてきた日本も，相対化の対象となることはいうまでもない。アフリカの多様な「ジェンダー」構造を明らかにする意義は，そこにある。オエウミらも認めているように，植民地化以降，アフリカ社会も西欧的なジェンダーの洗礼を受け，西欧発のジェンダー概念を受け入れているアフリカ人研究者が増えつつある。そうした状況にオエウミらは危機感を募らせているのである。

アフリカは今，援助の対象から投資の対象へと変わろうとしている。起こりつつあるのは，日本や西欧諸国に加え中国やインドを巻き込んでの天然資源の争奪戦である。植民地なき「植民地主義」が展開しないために，アフリカサイドの主体的な対応が急務となっている。そういう状況下で，日本のジェンダー研究も新たな地平を切り拓く必要に迫られているといえよう。

[参考文献]

大池真知子 2013『エイズと文学――アフリカの女たちが書く性，愛，死』世界思想社。
世界銀行 2012『世界開発報告2012――ジェンダーの平等と開発』一灯舎。
日本アフリカ学会編 2000『アフリカ研究』56。
日本アフリカ学会編 2001『アフリカ研究』57。
日本アフリカ学会編 2008『アフリカ研究』72，73。
Cornwall, A. ed. 2005 *Gender in Africa*. Indiana UP.
Green, D. 1999 *Gender Violence in Africa: African Women's Responses*. Mcmillan Press.
Oyewumi, Oyeronke ed. 2005 *African Gender Studies: A Reader*. Palgrave Macmillan.
Oyewumi, Oyeronke ed. 2011 *Gender Epistemologies in Africa, Gendering Traditions, Spaces, Social Institutions, and Identities*. Palgrave Macmillan.

2-6-1 文学とジェンダー
African Literature and Gender

大池真知子

キーワード：性(セクシュアリティ)，女性，男性

ジェンダー視点からアフリカ文学を読み解く研究は，世界的には1980年代に本格化し，1990年代に体系化が進んだ。研究の主な関心は，女性作家が描くジェンダー問題にあったが，2000年ごろから性への関心が高まる。さらに2010年ごろには，男性表象や性的少数者の表象研究も行われるようになる。日本では，多くない研究者がそれぞれに奮闘しており，研究の組織化が待たれる。

アフリカ文学とジェンダー

文学とは，歴史と生活の現場に降り立ち，周縁で生きる人々の細やかな情緒を，永遠に続くイメージで語る芸術である。なかでも「アフリカ」の「女」が書く作品は，二重に周縁化された人々の心の風景を映し出す。

問題は，多くの作品が旧宗主国の言語でエリートによって書かれていること，したがって主な読者が学生と知識人であることだ。教育水準が低い大半の女は，書き手としても読み手としても主流の文学から排除されている。

とはいえ，女性作家は草の根の女の経験を語ろうとしてきたし，その作品を研究する者たちも，女たちが直面する困難を読み解いてきた。草の根の女の執筆を支援する運動も行われてきた。このように，周縁に生きる者の視点に立って，男性中心あるいは西洋中心の支配的な語りを突き崩し，新たな語りを構築する —— これがジェンダー視点をもってアフリカ文学を研究し実践する意義である。

日本での研究

日本ではアフリカ文学研究自体が立ち遅れている。そのため，ジェンダー視点からの文学研究も進んでいない。本書の「文学」の項目からわかるように，女性研究者がかなり目立つものの，彼女たちの研究は体系的なジェンダー研究には発展していない。

とはいえ，主要な作家のジェンダー分析はひととおり行われている。たとえば，そのパイオニアの1人である楠瀬は主に南部アフリカの文学を専門とし，その研究はB・ヘッド論（1999）に結実した。元木淳子や村田はるせは仏語圏西アフリカの作品を研究し，福島富士男は南アフリカの女性作家N・ゴーディマを丁寧に読み解く。小林信次郎が70年代後半という早い時期に紹介した英語圏西アフリカの文学は，その後大池が研究を進めた。

以上の研究がいわゆる純文学を対象とする一方で，草の根の文学の研究も注目される。砂野は，村の女による詩をウォロフ語から訳して紹介し（2003〜11），大池はエイズ文学を論じるなかで（2013），村の女による手記も分析した。楠瀬の現地語による文学教育の紹介も重要だ。スワヒリ語圏では，竹村景子らが，村の女たちの聞き取りを進めた。

一方，作品を邦訳して紹介するのも，研究者の仕事の1つである。2002年にジンバブエ・ブックフェアで発表された「20世紀アフリカ文学の100冊」には女性作家による作品が12冊含まれているが，うち5冊が邦訳されている。ゴーディマの『バーガーの娘』，N・E・

サーダウィの『0度の女』，A・ジェバールの『愛，ファンタジア』，M・バーの『かくも長き手紙』，ヘッドの『力の問題』である。

ただし邦訳の状況には偏りがある。ゴーディマとサーダウィにはそれぞれ9冊の訳書があるが，12人中6人には1冊も訳書がない。今後研究者が連携し，学問的な視点から体系的に翻訳紹介を進める必要がある。

一方，男性表象と性的少数者表象の研究は未開拓であり，今後が期待される。

以上のように日本では組織的な研究は行われていないが，主要な研究領域はカバーされており，個性的な研究も行われている。しかし国内外の研究を比べてみればギャップがあり，伸びしろが大きい分野といえる。

海外の研究

世界的な女性運動の高まりを背景に，アフリカ文学におけるジェンダー研究は，1970年代，男性作家が描く女性像の研究から始まった。ただしK・リトルに代表されるように，研究対象は男から見た女にあり，批評的なジェンダー視点は不十分だった。

「国連女性の10年」（1976〜85年）の時期，世界がアフリカの女の声を欲し，多くの女性作家が活躍する。それに伴い，批評的なジェンダー視点を持つ研究が1980年代に本格化する。L・ブラウンは女性文学史を初期の作家からたどった上で，主な作家5人を論じ，アフリカ文学にジェンダーという新たな問題系を定めた。学術誌でも女性作家特集が組まれ，ジェンダー研究が領域として確立された。

一方で独自の分析手法も模索された。1986年の論集でC・B・デイヴィーズとA・A・グレイヴズは，アフリカの男性中心主義を批判すると同時に西洋の覇権に抵抗するという両軸を，アフリカ女性文学研究の主軸に定めた。C・O・オグニェミは後者の軸を優先し，欧米に対抗してアフリカの独自性を主張した。

1990年代に入ると，理論化と細分化が進む。理論化の面では，F・ストラトンがジェンダー視点から男女の作家を再読し，アフリカ文学史を再構築した。M・オグンディペ＝レズリーが唱えた「スティワニズム」，M・コラウォレがA・ウォーカーとオグニェミの議論を受けて唱えた「ウーマニズム」は，母性と共同体を重んじ，男女で共闘して民族の解放を目指す批評理論だった。

その一方で，研究の多様化と細分化も進んだ。たとえば，作家研究，国別の研究，ディアスポラとの通文化的な研究などである。同時に，口承の女性文学特集が主要学術誌で編まれるなど，研究の幅も広がった。

以上の研究の関心は社会的なジェンダーにあったが，2000年代には身体的な性（セクシュアリティ）への関心が高まる。学術誌で性の特集が組まれ，A・U・アゾドとM・N・エケが論集を出した。E・M・ムワンギは口承文学やスワヒリ語文学も含めて性を論じた。

2010年ごろからは男性表象研究も行われ始める。H・N・ムガムビらによる論集やL・ウズガネによる論集が知られる。性的少数者の表象研究は南アフリカを中心に行われている。

大池真知子 2013『エイズと文学――アフリカの女たちが書く性，愛，死』世界思想社／楠瀬佳子 1999『ベッシー・ヘッド――拒絶と受容の文学』第三書館／砂野幸稔 2003〜11『あふれ出る思い』――識字から生まれたセネガル農村女性たちの詩集（1）〜（11）」『MWENGE』31〜41／Allan, T. J., A. Busia & F. Howe, eds. 2003-09 *Women Writing Africa*. 4 vols. Feminist

⇒ポストコロニアル文学，スワヒリ文学，アフリカ人作家と日本，南アフリカと文学，口承文学，フランス語によるアフリカ文学，歴史とジェンダー，人類学とジェンダー，リプロダクティブヘルスとジェンダー，政治とジェンダー，開発とジェンダー

2-6-2 歴史とジェンダー
Gender and African History

永原陽子

キーワード：アフリカ史，女性史，ジェンダー史

　第二次世界大戦後，歴史学のいずれの分野においても，男性の視点から男性中心に描かれてきた旧来の歴史を書き換えるべく，「女性史」が手がけられてきた。1980年代以降，それはさらに女性の社会的位置や女性性・男性性，男女関係の構築過程を問うジェンダー史へと発展した。アフリカ史もその例外ではないが，日本のアフリカ研究においては，女性史・ジェンダー史ともに2000年ごろからようやく本格的な研究が行われるようになり，現在，急速にその重要性が認知されるようになってきている。

「女性誌」から「女性史」へ

　日本アフリカ学会の学会誌『アフリカ研究』のなかから女性史またはジェンダー史に関わる論文を探してみると，少なくとも20世紀の間は該当するものがほぼ皆無であった。1982年の小馬徹「ケニアのキプシギス族における女性自助組合運動の展開」が女性の自助組合活動の活性化によるジェンダー関係の変化を描いているが，「歴史」を論じているわけではない。1986年の土井茂則「ケニヤ独立運動に関する一考察――キリスト教ミッションとキクユ族の『女子割礼』をめぐる対立について」は「女子割礼」を題材とするものの，女性自身の問題やジェンダー関係は考察の対象となっていない。90年代になると，保坂実千代，今村薫，片上英俊，徳永奈緒子ら人類学の研究者がそれぞれの調査地での女性やジェンダー関係に関する観察と分析を報告するようになり，以来今日まで，開発研究分野なども含め，アフリカ社会の女性・ジェンダーを扱う論考が折々に掲載されてきている。しかし，歴史研究として女性史やジェンダー史を正面から扱った論文は相変わらず見当たらない。むろんアフリカ史にかんする研究が同誌上のみに発表されてきたわけではなく，たとえば，評論社の「世界の女性史」シリーズ中の中東・アフリカを扱った巻で，富川盛道が「一まいのスカート」と題して1977年という早い時期に東アフリカの女性のライフヒストリーを描いているし，1997年には和田正平の編になる大著『アフリカ女性の民族誌』が明石書店から刊行されている。

　しかしそれらは，2000年の歴史学界の回顧においてアフリカを担当した吉國恒雄がいみじくも述べているように，「今日までジェンダー，女性に関して『誌』はあっても『史』は無かった」状況を示すものにほかならない。吉國のこの指摘は，同年に国立民族学博物館地域研究企画交流センターの共同研究として富永智津子を代表とする「アフリカ女性史に関する基礎的研究」が発足したことを，「あえて『史』と銘打った立場は画期的である」と評価してのものである。

　富永はすでに1993年の「アフリカ女性研究の現在――地域研究からのアプローチ」で自身のアフリカ研究で女性に焦点を当てていくことを宣言しているが，この段階で「誌」と「史」との区別は必ずしも判然とはしない。し

かしその後，アメリカのケニア史研究者プレスリーによる女性史の視点からのマウマウ研究の翻訳紹介などを経てアフリカ史研究の視点と方法としての「女性史」の重要性がより明確に提示され，上記共同研究の組織にいたった。こうして，日本のアフリカ研究における女性史研究・ジェンダー史研究は，21世紀の幕開けとともに始まった。

助走期

　日本のアフリカ史研究のそのような状況には，内外の歴史学一般の動向とは小さからぬズレがある。それは何よりもまず，日本のアフリカ研究において，「女性史」以前に歴史研究そのものがディシプリンとして確立しておらず（＝大学の講座，授業科目などとして制度的に保障されておらず，研究者養成の体制もない），一握りの歴史研究者の個別の営みに委ねられ，人類学者などが自身の研究対象である地域や集団の歴史に対して抱く関心によってそれが補われてきたことによる。アフリカ諸国および欧米諸国で行われてきたアフリカ研究と比べても，これは日本のアフリカ研究の特異な現象といわなくてはならない。また，細々と行われてきたアフリカ史研究も，他の分野の歴史研究と密接な交渉を持ってきたとは言い難い。

　日本の歴史学界では，少なくとも第二次世界大戦後の早い時期から，歴史のなかの女性の経験を掘り起こし，文書史料のみでなく聞き書きにより歴史を描く努力がなされてきた。それらは世界的に見てもむしろ早い時期からの女性史の試みであったといえる。世界的には1980年代以降，第二波フェミニズムの展開を経て「ジェンダー」概念が提起され，歴史叙述における女性の不在を補う「女性史」とは別の「ジェンダー史」が提起されるようになる。社会のなかでの女性の位置や役割，男女の関係が構築されていく過程や仕組みを問題にし，そのことを通じて従来の歴史学のあり方そのものを問うジェンダー史は，日本の歴史学界でもスコットの『ジェンダーと歴史学』の翻訳・紹介（1992年）をきっかけに，急速に影響を広げた。

　「これまで描かれてこなかったものに光を当てる」という意味での「女性史」を超え，「ジェンダー史」がさらに歴史の捉え方そのものを問い直すものであるとすれば，アフリカ史の場合，それは「植民地化以前・植民地期・独立後」というような時代区分や，集団やそれをめぐる権力関係，地域の枠組みなど，従来の歴史叙述が基本的な前提としていたものを揺るがすことを意味している。

　日本のアフリカ研究における女性史・ジェンダー史の助走期とでもいうべきこの時期，本格的な実証論文が著わされるにはいたっていないが，1999年には女性史のスケッチとして宇佐美久美子「モンバサのムスリム女性組織——その歴史と現状」，2002年にはジェンダー史研究の動向紹介としてモニカ・セハス「南アフリカの歴史記述における女性とジェンダー」が出ている。また，2000年の永原陽子「南アフリカ——真実和解委員会と女性たち」は南アフリカ現代史において女性が「語り始めた」ことの意味を論じた。2001年の富永の著書『ザンジバルの笛——東アフリカ・スワヒリ世界の歴史と文化』は，女性の芸能・儀礼・衣服などについての記述に多くの頁を割き，女性への着目が地域と世界史とのつながりを解く重要な鍵になることを示した。同じく富永が2004年に「サハラ以南アフリカの女性たち」を原題とするバーガーとホワイトの著作をあえて『アフリカ史再考——女性・ジェンダーの視点から』と題して翻訳・紹介したことには，女性史・ジェンダー史の意義についての主張が込められている。これにより日本の読者はようやく，サハラ以南アフリカの全体を対象とする女性史についての通史

を得ることになった。

　また1999年から10年間にわたって日本アフリカ学会の学術大会において「女性フォーラム」が組織され，そのなかで歴史に関する報告も行われた。まとまった成果としては，2004年の『地域研究』誌の特集「アフリカ女子割礼」があり，医学の若杉なおみ，人類学の宮脇幸生と並んで，歴史学の分野から富永と永原が論考を寄せている。

女性史・ジェンダー史の本格的始動

　2000年に始まった前述の共同研究は以上のような時期に進められた。この研究が「女性史に関する基礎研究」と題し，世界各地でのアフリカ女性史研究の現状を把握することから出発点としながら，同時にジェンダー史を対象とすることになったのは，世界の学界動向からすれば当然であった。内外の研究者による研究会が11回にわたって開催され，2002年には大規模な国際シンポジウム「女性／ジェンダーの視点からアフリカ史を再考する――奴隷制，植民地経験，民族主義運動とその後」が開催された。

　共同研究の成果は2006年の富永・永原編『新しいアフリカ史像を求めて――女性・ジェンダー・フェミニズム』に結実した。シンポジウムや研究会のために来日したアフリカ，アメリカの研究者のものを含め15本の論文からなる同書は，スタンダードな女性史の手法による歴史の書き換えからフェミニズム理論に基づく歴史哲学的な問題提起にいたるまでの方法の多様さ，奴隷制から現代までの扱う時間的な広がり，古文書から植民地史料，文学作品，オーラルヒストリーまでの史料の多彩さにおいて，日本におけるアフリカ女性史・ジェンダー史研究を一歩も二歩も前へ進めるものとなった。それらに通底するのは，従来の研究を大きく規定してきたナショナリズム史観を克服しようとする努力であり，駆使されている視角や手法の多様さそのものが，権威化されたアフリカ史像の脱構築における女性・ジェンダーへの注目の有効性を示している。ただし，本書に実証論文を寄せた日本の研究者は富永と吉國，栗田禎子の3人であり，日本においてはアフリカ女性史・ジェンダー史研究者が未だ「層」としては成立していないことも窺わせる。

　とはいえ，新しい世代の研究者による成果は着実に生まれている。2010年の網中昭世「モザンビーク南部の移民送り出しとその社会的影響の地域的多様性――植民地期のアルコール市場をめぐる競合と排除」は，移動した男性にのみ注目してきた従来の移民労働者研究に対し，送り出し社会に光を当て，そこでの女性のエージェンシーを浮き彫りにした。研究余禄的なものではあるが，同「紛争，社会主義，経済成長――非日常の連続のなかで『日常』を保つモザンビーク農村女性たちの営み」や真城百華「女性兵士が歩んだ道――エチオピア内戦と戦後20年」は，地域に深く根差した研究を行う若い世代の歴史研究者がジェンダー視点を持つからこそ発見しえた女性たちの営みを描いており，今後の本格的な研究の展開を予感させる。鈴木英明の2011年の「19世紀東アフリカ沿岸部社会の奴隷制とジェンダー――『スワヒリ人たちの慣習』を手がかりにして」は，東アフリカ沿岸部をインド洋海域世界のなかに位置づけた上で，そこでの女性奴隷たちに求められたジェンダー規範を分析した試みである。

　一方，「帝国史」と「アフリカ史」の相互乗り入れにより，アフリカ史を世界史のなかに積極的に組み入れて考察したのが，2009年の井野瀬久美惠「女たちの脱植民地化――フンミラヨ・ランサム-クティの場合」と2013年の富永「帝国と女性――王女サルメの世界から」である。前者は独立期ナイジェリアで女性の地位の向上のために活動したフェミニス

ト，後者はザンジバル生まれのオマーン王女というまったく異なる種類の女性を取り上げているが，帝国を跨いで移動した特定の女性個人に着目することから切り開かれるアフリカ史の可能性を示している。なお，2007年に富永により訳出されたオティエノ『マウマウの娘——あるケニア人女性の回想』は，女性の自叙伝が現代史の書き替えとなった例である。

今後の展望

本稿の執筆にあたり，「アフリカ」を「サハラ以南アフリカ」に限定する意図はなかったが，これまでに日本で公刊されている北アフリカのジェンダーに関わる著作は，ほぼ例外なく「イスラームと女性」ないし「イスラームとジェンダー」という問題設定となっており，地域としてのアフリカの歴史の理解に直接つながるものは見当たらない。しかし，富永が2011年の「植民地法と家族法——ザンジバル保護領（英領）の事例」で示したように，イスラームの裁判記録は女性の生活や家族の問題をはじめ経済・社会のさまざまな側面を知るための史料の宝庫であり，そのような史料を活用して歴史をサハラ砂漠で分断せずに大きな連関や比較のなかで捉えていくことは今後のアフリカ史研究の課題であろう。

女性への着目，ジェンダー関係を重視した研究は，植民地文書や宣教師文書などだけを用いていたのでは歯が立たないが，それは本来アフリカ史研究そのものが抱える課題であった。その意味で，オーラルヒストリーを含む多様な史料の活用を旨とする女性史・ジェンダー史は，アフリカ史研究全体の大きな推進力となってきたし，今後ますますそうなるだろう。

網中昭世 2010「モザンビーク南部の移民送り出しとその社会的影響の地域的多様性——植民地期のアルコール市場をめぐる競合と排除」『アフリカ研究』76／網中昭世 2011「紛争，社会主義，経済成長——非日常の連続のなかで『日常』を保つモザンビーク農村女性たちの営み」『Field＋』6／井野瀬久美惠 2009「女たちの脱植民地化——フンミラヨ・ランサム-クティの場合」北川編『脱植民地化とイギリス帝国』ミネルヴァ書房／宇佐美久美子 1999「モンバサのムスリム女性組織——その歴史と現状」『アフリカレポート』29／オティエノ，W・W 2007『マウマウの娘——あるケニア人女性の回想』富永智津子訳，未來社／鈴木英明 2011「19世紀東アフリカ沿岸部社会の奴隷制とジェンダー——『スワヒリ人たちの慣習』を手がかりにして」粟屋・松本編『人の移動と文化の交差』ジェンダー史叢書7，明石書店／セハス，M 2002「南アフリカの歴史記述における女性とジェンダー」『アフリカレポート』34／富永智津子 1993「アフリカ女性研究の現在——地域研究からのアプローチ」赤阪・日野・宮本編『アフリカ研究——人・ことば・文化』世界思想社／富永智津子 2001『ザンジバルの笛——東アフリカ・スワヒリ世界の歴史と文化』未來社／富永智津子 2011「植民地法と家族法——ザンジバル保護領（英領）の事例」『ジェンダー史学』7／富永智津子 2013「帝国と女性——王女サルメの世界から」増谷・富永・清水『オルタナティヴの歴史学』有志舎／富永智津子・永原陽子編 2006『新しいアフリカ史像を求めて——女性・ジェンダー・フェミニズム』御茶の水書房／富永智津子・若杉なおみ・宮脇幸生・永原陽子 2004「アフリカ女子割礼」『地域研究』6（1）／永原陽子 2000「南アフリカ——真実和解委員会と女性たち」内海・高橋編『戦犯裁判と性暴力』緑風出版／プレスリー，C・A 1999『アフリカの女性史——ケニア独立闘争とキクユ社会』富永智津子訳，未來社／真城百華 2011「女性兵士が歩んだ道——エチオピア内戦と戦後20年」『Field＋』6／吉國恒雄 2001「アフリカ」『史学雑誌』110（5）（2000年の歴史学界——回顧と展望）

⇒植民地支配，奴隷貿易，前植民地期，人類学とジェンダー，政治とジェンダー

2-6-3 人類学とジェンダー
Gender and Anthropological Studies

杉山祐子

キーワード：女性の周縁化，「伝統」の読み替え，社会性と政治性，ジェンダーを契機とするネットワーク，内発的発展

ジェンダーはアフリカの人類学的研究にとって不可欠の視点である。「内なる周縁化」に伴う構造的問題群を浮きぼりにする契機としても，その現状を主体的に生き抜く実践への足場としても。それは，既存の概念や枠組みに新たな視角を開いてきた。ジェンダー化された技術や知識を，開発の実践に結びつける試みも始まっている。

アフリカ研究とジェンダーの視点

今日の人類学的研究にとって，ジェンダーの視点は欠くことができない。とくにアフリカ諸社会における資源の保有・利用・分配に関する権利や社会関係，ジェンダーの規範と社会的権威や政治的権力のありようは，一般に考えられているより，はるかに多様である。

日本におけるアフリカの人類学的研究で「女性」や「ジェンダー」が主題化されたのは，欧米より10年ほど遅く1980年代以降のことになる。それは日本のアフリカ研究に女性が多く参入した時期でもあった。日本のアフリカ研究は，丹念なフィールドワークに基づいて，対象社会の具体像から積み上げた議論が多いが，ジェンダーに関わる研究は，近代の行きづまりやグローバル化を背景にしたオルタナティブの模索とともに始まったために，既成概念の再検討や新たなパラダイムの構築に向けた知見に結びついた。

まず浮かび上がったのは，社会変動の過程で現れた内なる周縁化である。アフリカはグローバル化のなかで周縁化され続けてきたが，その内部で同時に進む女性の周縁化がさまざまな問題を生み出した。このような構造的問題群としての「貧困の女性化」や「エイズの女性化」に焦点が当てられた。

他方，アフリカ諸社会の女性たちが，「伝統」を読み替え，既存のジェンダー関係や親族関係，民族集団関係などを重層的に利用しながら，現状を主体的に生きぬく実践が活写された。アフリカ女性の経済力や女性の活動が広い社会的な視野と高い政治的配慮を伴って展開していることも明らかにされた。さらに，個別事例の検討から「世帯」や「夫婦」などの基本的な分析単位や，アフリカにおける「母」，ジェンダー関係一般に関する概念の再検討を迫る研究も多い。近年では，ジェンダー化された在来の技術や知識に焦点を当てるなど，持続的な地域開発に結びつく実践を指向する研究も増えている。

ジェンダー研究史概要

アフリカ研究の初期的展開を担ったイギリス社会人類学では，1950年代〜60年代に「女性」を扱う研究があるが，1970年代以降，近代化論に代わる新たなパラダイムの模索やフェミニズム運動の高まり，環境問題への取り組みと内発的発展論などの議論が活発化する

過程で，女性とジェンダーが主題化された。とくにボスラップの著作（Boserup 1970）によって，近代化が女性の地位に悪影響を与えていることが明らかになると，女性の周縁化に注目が集まる。これは1980年代に「開発と女性（Women in Development）」という潮流を作り上げ，さらに1990年代の「ジェンダーと開発（Gender and Development）」へと発展する。1980年代末から1990年代には，構造調整政策を契機とする大きな社会変動が，サハラ以南の多くの国々において生じた。これが女性の経済力や政治力に負の影響を与え，内なる周縁化を生じた過程についての研究がある。

1980年代には，このように構造的な問題を認めつつも，アフリカ女性を受動的な被害者として描くのではなく，その主体性を強調する立場が現れた。それは，女性たちの権力と経済力の確保に向けた動きや，公的な場への政治参加に焦点を当て，公的領域・私的領域の二元論に代わる権力論などを検討したアフリカン・フェミニズムの流れである（Mikell 1997）。この議論は，1970年代までの人類学が，アフリカ社会を「伝統」に彩られた固定的な社会として描きがちだったことを批判し，アフリカ社会像を流動的で変化に満ちたものとして捉えなおす立場とも通底する。植民地化以前のアフリカ社会像を大きく変える歴史学の研究成果が現われたこともあいまって，アフリカ独自のジェンダーの様相が明らかになった。1990年代後半から2000年代にかけて研究テーマは多様化し，ジェンダーとセクシュアリティのほか，「男性」や男性性に関わる問題などが検討されている。多様化するジェンダー関連研究の総括も試みられた（Cornwall 2005, 宇田川・中谷 2007）。

日本のアフリカ研究におけるジェンダー

日本のアフリカ研究におけるジェンダーへの注目は，ケニアのカンバ社会を扱った上田の研究が先がけである（上田 1986）。1980年代に入って女性研究者が増加するにつれて，アフリカ諸社会の女性やジェンダー関係の実態が明らかになり，1990年代以降は地域も研究領域も広がりを見せる（杉山 1987, 今村 2011, 河合 1994, 保坂 1995, 白井 2001, 石井 1999, 椎野 2008）。1980年代末から「本格的なアフリカ女性研究」をめざし共同研究会を立ち上げた和田正平は，『アフリカ女性の民族誌』で，日本のアフリカ研究における「女性」やジェンダーの主題化を宣言した（和田 1996）。セクシュアリティについての研究も松園（2003）らによって進められた。また，女性研究の重要さを指摘していた富永（1993）が，日本アフリカ学会に女性フォーラムを立ち上げたことによって，異なる研究分野間での問題意識の共有化が進んだ。近接分野の成果が相互に参照され，次のような知見が得られた。

社会学者の児玉谷は，ザンビアの都市インフォーマル・セクターの変質とジェンダー関係の変化を検討した（児玉谷 1998）。経済危機によって男性の雇用のインフォーマル化が進むと，インフォーマル・セクターの中でも所得が低く，それらを足場にした事業の拡大などの上昇転化が見られない部門へ女性が追いやられるようになったという。エチオピアの都市インフォーマル・セクターの動向にジェンダー差が現われていることを指摘した児玉（1998）は，階層差に伴う識字率の違いなど，細かな差異が問題になる状況を報告した。確実に進む「貧困の女性化」やその過程と同時に，歴史的・政治的背景やジェンダー以外の差異が複合的に絡みあう構造が実証的に明らかにされた。

「伝統」の読み替えと女性の政治性

国家の政治経済構造のなかで周縁化される女性たちが，「伝統」を読み替え，その苦境を

生き抜く実践を編み出した過程についての人類学的研究の蓄積は厚い。中林 (1991) は，西ケニアのイスハ社会がケニアという国家に包摂される過程を描いた。イスハは父系クラン組織に関わる制度を応用して幅広い関係の人々を巻き込む互助組合などのしくみを創り出したが，女性たちは複数の互助組合に参加し，経済的な自立と女性どうしの結びつきを強めた。このような組合には全権を持つ女性リーダーが存在する点で，女性が独自の権力を持つことを示唆しているという。

小馬 (1996) もキプシギス（ケニア）の女性たちの自助組合活動を論じた。女性たちは組合の共同耕作によって資金を蓄え，学校や教会の事業を援助することによって，「独自の意志と戦術とをもって」相互に連帯し，伝統的な「老人支配」を突き崩す変化を生み出した。キプシギスの女性たちは伝統的な老人支配や複婚家族の家計に一方的に従属しているのではなく，それを応用して着実に社会的地位を高めているという。女性たちが既存の社会関係を応用して連帯することによって経済的苦境を乗り越え，当該社会における新たな地位を築いていることは，ザンビアのベンバについての杉山 (1996) やタンザニアのマテンゴを扱った荒木の報告 (2010) にも共通する。

ジェンダーを契機とした連携

ジェンダーが，民族集団や出自を超えた女性どうしの連帯を形成するだけでなく，親子，夫婦，兄弟姉妹，同僚など幅広い社会関係において重層的なネットワークを生成し，現状を打開する戦略として働くことも注目に値する。小川了はセネガルの都市インフォーマル・セクターで活動する女性たちの生活防衛の方法や，女性商人が親族のネットワークを活用して高い利益を上げている事例を通して，多様な社会的ネットワークの重要性を示した（小川 1996, 2005）。クラークも，出自や血縁関係に関わらない同僚関係やジェンダー関係を駆使した重層的ネットワークが，生計の安定と成功の基盤になることを指摘した (Clark 1994)。

これらの研究は，「世帯」や「夫婦」などの分析単位や女性やジェンダーに関する既存の概念に再考を迫った。女性の日常的な活動が近代的な意味での私的領域にとどまらず，広い社会的脈絡のなかで政治性を帯びながら展開していることは，今村 (2011) が指摘する通りである。

アフリカ諸社会における「母」が，社会的な権威を付与されており，対面的な交渉の場でその力を発揮するだけでなく，コミュニティのなかで大きな政治的役割を果たすことも重要である。

人々は親子・兄弟姉妹・親族・友人・世代など多様な社会的文脈によって異なるジェンダー関係を使いわけると同時に，出自や世代などの差異を超えて，共通の利害を持つ人々を集団化する契機としてもジェンダーを利用している。ジェンダーの具体的な様相を視野に入れると，それが女性と男性の対抗関係としてだけ現れるわけではないことや，それぞれのジェンダー内の差異を含む女性と男性の間の諸関係に目を向け，世帯内部の諸関係，世帯間の違いやコミュニティの構造を明らかにすることができる (Cornwall 2005, 杉山 2007)。

高根はガーナのココア生産農村の分析を通じて，一組の夫婦を核とした「世帯」を単一の経済主体と捉えるのではなく，夫婦それぞれを個別の経済主体と捉え，世帯内の協力や対立関係にも注目すべきだとした。同時に高根が強調したのは，世帯内の具体的な社会経済関係においては，夫と妻の間に不均衡な権力関係があるが，それを「男性農民」と「女性農民」の対立や格差として単純に捉えるべ

きではないこと,「女性農民」のカテゴリーのなかの差異や格差に注目すべきことである(髙根1999)。タンザニア,ベナの在来農業と互助労働システムの展開に新たな共同性の生成過程を見た近藤(2011)の研究も示唆的である。

今後の展望

　近年のアフリカ地域における人類学的研究は,開発と不可分の位相にある。金子(2011)はジェンダー化された技術に着目してエチオピアの女性土器製作職人の民族誌を著し,在来知を基盤とする地域開発の実践を試みている。ケニアにおける住民参加型の開発プロジェクトを取り上げ,国家,援助機関や地域の拮抗のなかで内発的発展の可能性を問う石井(2008),ケニアのルオ社会の寡婦に注目した民族誌を著した椎野(2008),エンパワーメントを主題とした開発プロジェクトをブルキナファソのジェンダー観から再検討した浅野(2008)など,当該社会の内側の論理を組み込む開発実践を模索する傾向が強まっている。

　グローバル化と開発が日常化した現状において,ジェンダーが,出自や学歴,階層など他の差異の標とどのように関わりながら人々を拘束し,人々に利用されているのかを注意深く検討することが必要である。関連する他の研究分野との密接な交流と地道な人類学的フィールドワークの継続によって,開発や啓発に関わる実践への視座を鍛えると同時に,ジェンダー概念一般に関する理論構築が,今後さらに重要になるであろう。

浅野史代 2008「『エンパワーメント』の問題点に関する一考察」『アフリカ研究』73／荒木美奈子 2010「『ゆるやかな共』の創出と内発的発展」掛谷・伊谷編『アフリカ地域研究と農村開発』京都大学学術出版会／石井洋子 2008『開発フロンティアの民族誌』御茶の水書房／今村薫 2011『砂漠に生きる女たち』どうぶつ社／上田冨士子 1986「アフリカ・カンバの家族」原編『家族の文化誌』弘文堂／宇田川妙子・中谷文美編『ジェンダー人類学を読む』世界思想社／小川了 1996「農村から都市に出てきた女性たちはいかにして生活を防衛するか」和田編『アフリカ女性の民族誌』明石書店／小川了 2005「越境する女──市場を仕切る女性商人」田中・中谷編『ジェンダーで学ぶ文化人類学』世界思想社／金子守恵 2011『土器つくりの民族誌』昭和堂／河合香吏 1994「チャムスの民俗生殖理論と性」高畑編『性の人類学』世界思想社／児玉谷史朗 1998「ザンビアにおける経済危機と都市インフォーマル・セクター」池野・武内編『アフリカのインフォーマルセクター再考』アジア経済研究所／児玉由佳 1998「エチオピアにおけるインフォーマル・セクターと小規模企業」池野・武内編,前掲書／近藤史 2011『タンザニア南部高地における在来農業の創造的展開と互助労働システム』松香堂／小馬徹 1996「父系の逆説と『女の知恵』としての私的領域」和田編,前掲書／白井和子 2001「森林の非都市的集落」嶋田・松田・和崎編『アフリカの都市的世界』世界思想社／杉山祐子 1996「離婚したって大丈夫」和田編,前掲書／杉山祐子 2007「アフリカ地域研究における生業とジェンダー」宇田川・中谷編,前掲書／椎野若菜 2008『結婚と死をめぐる女の民族誌』世界思想社／髙根務 1999『ガーナのココア生産農民』アジア経済研究所／中林伸浩 1991『国家を生きる社会──西ケニア・イスハの民俗』世織書房／富永智津子 1993「アフリカ女性研究の現在」赤坂・日野・宮本編『アフリカ研究』世界思想社／保坂実千代 1995「女たちの社会関係の論理」『文化人類学』60(1)／松園万亀雄編 2003『性の文脈』雄山閣／和田正平 1996『アフリカ女性の民族誌』明石書店／Boserup, E. 1970 *Women's Role in Economic Development*. St.Martin's Press ／ Clark, G. 1994 *Onions are My Husband*. Chicago UP ／ Cornwall, A. 2005 *Readings in Gender in Africa*. Indiana UP ／ Mikell, G. ed. 1997 *African Feminism: The Politics of Survival in Sub-Saharan Africa*. Pennsylvania UP

⇒家族と親族,開発とジェンダー,経済開発と経済政策,地域社会学

2-6-4 リプロダクティブヘルスとジェンダー —— エイズとFGM
Reproductive Health and Gender: AIDS, FGM

若杉なおみ

キーワード：人口，リプロダクティブヘルス＆ライツ

世界人口の急激な増加は，持続的地球環境にとっての現実的な脅威となると同時に，強い関心と危機感を世界にもたらした。どのような人口計画が必要なのか，あるいは可能なのかの議論が続くなか，国際人口開発会議（カイロ，1994）や世界女性会議（北京，1995）などで世界の人口政策の基盤に据えられるべきとして提唱されたのが，リプロダクティブヘルス＆ライツ（性と生殖の健康と権利）である。あるときは「産めよ増やせよ」との上からの出生奨励，またあるときは優生思想の色濃い，障害者への断種や北から南への強制的な出生抑制，そのどちらもが人権の侵害であるとして反省され，人々とくに女性が自らの性と生殖を決定することのできる主体になることが，人類の目標として初めて目指されたのである。これは70年代以降フェミニズムが世界的に興隆し，ジェンダーの課題が真剣に取り組まれ始めたことと無縁ではない。戦後の人権概念の高まりと民主化の波は人種差別撤廃運動と60年代のアフリカ独立につながり，さらにこのレイシズムへの自覚と反省は，もう1つの根深い差別——ジェンダー差別——に気づきをもたらした。このような流れは，科学や学問にも影響を与え，女性研究者の増加とともに，アフリカ研究や医学を含むさまざまな学問に「ジェンダー分析」が加えられるようになってきた。

世界のエイズの7割が集中するサブサハラ・アフリカにおいては，「エイズの女性化」もきわめて顕著であり，FGM（Female Genital Mutilation, 女性性器切除）を受けたと推定されている，現在生存する1億2000万人のほとんどはアフリカの女性である。この「アフリカ」と「女性」に刻印されているかのような「エイズ」と「FGM」はリプロダクティブヘルス＆ライツとジェンダーがともに関わる課題として最も重要である。

エイズとジェンダー —— AIDS and Gender

エイズは結核やマラリアとともに地球規模感染症と呼ばれ，世界で毎年約180万人（UNAIDS 2013）の死亡原因となっている。1981年にエイズが発生して以降，これまでに約6000万人がHIVに感染し，そのうちすでに2000〜3000万人がエイズで死亡した。DALYs（Disability-Adjusted Life Years, 障害を調整した生命年数）で表される世界の健康損失の30％は感染症によるもので，そのうち1つの感染症として最大の健康損失をもたらしているのがHIV感染症・エイズ（7450万年分）であり，これは35歳の人間2800万人の死亡に匹敵する。UNAIDSによれば，このように甚大な損失をもたらすエイズの約7割（3400万人中の2350万人）はサブサハラ・アフリカ諸国で発生している。HIVの感染経路は，性感染，血液感染，母子感染の3つであるが，アフリカでは，麻薬静注者の針の回し射ちによる血液感染の比重が高いアジアや，同性間性感染が多めである欧米に較べて，異性間の性感染が早い時期から主たる感染経路であった。異性間性感染は，まず男性・セックスワーカー間で主として男性中心に蔓延し，時間の経過とともに夫婦・カップル間に入り，夫以外とは性交渉がないような女性にも蔓延し

ていく。その場合，HIV感染への脆弱性すなわち「感染しやすさ」は女性の方が男性よりも強いため「エイズの女性化」が進行し，それはまたHIVの母子感染による子どものエイズの増加につながっていく。「女性と子どものエイズ」の多さはアフリカにおいてとくに顕著である（若杉 2002）。2012年11月時点では，アフリカの成人HIV感染者2330万人の58％（1350万人）が女性であり，南ア共和国では290万人，ナイジェリアでは170万人の女性がHIV感染者である（UNAIDS 2013）。

男性から女性へのHIV感染は女性から男性へのそれの8倍近く多いともいわれている（Padian et al. 1997）。このHIV感染に対する女性の脆弱さの背景には，まず生物学的理由がある。女性の方が生殖器の粘膜面が広い，精液中のウイルス濃度は膣分泌液中のウイルス濃度より濃い，無症候で見つからず未治療の性感染症が女性には多い，リスク分娩などでHIV汚染血液を輸血される頻度が女性は多い，などがその内容である。この生物学的理由は世界中の女性に共通のものであるが，重要なのは，ジェンダー不平等を基盤にした，いわば女性にさらに加わる社会的文化的脆弱性の部分である。それはまず，女性がしばしば余儀なくされる，経済的な依存性と貧困，すなわち教育や雇用の機会が女性に非常に少ない結果として，結婚という手段に頼ることなしには容易に貧困におちいりやすく，その結果強要されたセックスや売春に入りやすいこと，そして次に，その社会のセクシュアリティや性的規範に規定される，女性の社会的・性的従属性である。すなわち一夫多妻や，妻以外の複数女性とのセックスが男性には容認または推奨される，安全なセックスを男性に要求できない・しにくい，Purification（夫の死後，喪に服した妻が喪明けのために複数の男性とセックスする），ドライセックス（dry sex ハーブを入れたりなどして膣を乾燥させて行うセックス），性器切除などHIV感染を促進する可能性のある性慣習の存在，等々である。このような，ジェンダー不平等な社会，女性の人生や生活に圧しかぶさる社会的脆弱性要因は，現在のアフリカや開発途上国には非常に多い。このジェンダー状況と符合するリプロダクティブヘルス＆ライツの状況の悪さ（望まないセックスと望まない妊娠の多さ，避妊の実施やコンドーム使用率が低い，すなわちエイズに対して無防備な，安全でないセックスの多さ）が「エイズの女性化」の促進要因となっている（若杉 2005，2007）。

最後に，日本におけるアフリカのエイズに関する研究を振り返ると，エイズが世界に先駆けて1950年代のアフリカで発生していたにもかかわらず，言及している論文は当初皆無であり，1981年アメリカで世界公式第1例の報告があった後でも，『アフリカ研究』に報告されている熱帯感染症研究や霊長類研究ではまだ紹介されていない。アフリカ風土病カポジ肉腫を追跡していた板倉他によって1985年に初めてエイズとカポジ肉腫との病因関連について触れられている（板倉・鳥山 1985）。その後アフリカ研究者に向けたエイズの医学的疫学的状況がいくつか紹介されたが，エイズの感染症としての医学的側面に留まらず，アフリカの社会的文化的背景のなかで，貧困・開発やとくにアフリカの女性の状況やジェンダーとの関連で論じられるようになるのは2000年以降であり，その意味でアフリカ学会が2005年に「HIV／エイズと女性」をテーマに企画した「女性フォーラム」の報告（永原他 2005）はぜひ参照されたい。

FGMとジェンダー —— FGM and Gender

FGM（Female Genital Mutilation, 女性性器切除）は，男子に行われるCircumcision（割礼）が女子に行われるタイプとして，実状がよく知られないまま肯定的に表現されてきた

ことに対して，それとは区別された上で実態が直視されるべきであるとの考えから，70年代後半から使われ始めた。この伝統的慣習をめぐる議論や捉え直し，研究者や医療者における研究や調査の拡大，そして廃絶への動きが一段と高まることにつながった，起爆剤ともなった表現である。最近では，2012年10月にアフリカの国連加盟国全体でFGM廃絶決議草案を国連総会に提出，12月にはそれが採択された。この場合もFGMが用いられており，現在ではWHOやUNICEFなどの国際機関だけではなくアフリカ諸国においても抵抗なく広く定着していることから，本記述ではFGMを用いる。

FGMは「文化的，非治療的理由による，女性外性器の一部または全体の切除や縫合，再切除，再縫合その他の損傷行為」と定義され，現在もアフリカを中心とした28ヵ国で，年間約200万人の少女に実施されていると推定される伝統的慣習である。現在生存する8500万人から1億4000万人の女性がこれをすでに受けたとされる（WHO 1998）。

FGMが行われる年齢は地域によって異なり，歴史的にも変遷してきている。生後数日の乳児期から6〜10歳ぐらいの児童期，初潮期，思春期，また成人になってから結婚前に，ときには妊娠後期（出産前）に行われることもある。

FGMのタイプⅠ（クリトリスの一部または全体の切除。クリトリデクトミー）とタイプⅡ（小陰唇の一部または全体の切除を伴なう，クリトリスの切除。エクシジョン）が80％を占めるが，最も過酷なタイプⅢ（クリトリス，小陰唇，大陰唇の一部または全体を切除した後，縫合し膣口を狭める。インフィビュレーション）は15％を占め，この縫合タイプはジブチ，ソマリア，スーダン北部での施行率が非常に高く，合併症率も高い。成女通過儀礼として集団的，儀礼的に行われてきたが，近年の傾向として，「低年齢化」，「個人化」，医療施設で麻酔下に行う「医療化」が進んでいる。FGMによる健康への影響は数多く報告されており，WHOがこれまでの報告を詳細にまとめている（WHO 2000）。大量出血などによる直後の死亡も珍しくはなく，敗血症や膣血腫，慢性的な障害と苦痛が残る膣ろう孔や尿失禁などのほか，難産や死産などリプロダクティブヘルスへの弊害が明らかである（若杉1999，2004）。

このような女性の健康を害する合併症とともにその実態が近年やっと明らかになると，日本におけるアフリカ研究のなかでも，キクユのナショナリズム運動との関連で女子割礼を検証した土井の論文を皮切りに（土井1986），FGMの起源や歴史，実施理由を問う研究，あるいはこれをどう捉えるべきなのか，という研究や議論が歴史学，文化人類学者によるアフリカ研究，ジェンダー研究のなかでさかんになった（田中1994，戸田1996，大塚1998，宮脇2007）。UNICEFやWHO，廃絶支援NGOによる調査のなかでは，FGM実施との関連が強いのは，教育水準や宗教よりは，むしろ部族へのアイデンティティであるという報告が多い。FGMの起源の研究として若杉は，男女児の割礼の分布マップの分析から，「健康希求」として始まったこの行為がイスラム化過程とともに「ジェンダー化」していったことを示した研究（Caldwell et al. 1997）を紹介し，同時に実施理由として，明らかな健康害の事実に反し，女性の健康に良いという「健康理由」があげられる一方で，結婚前の貞操の維持や女性の欲望を抑え性的乱れを防ぐなど，女性の性と生殖の管理と支配の側面を持つ「ジェンダー理由」が二重化し混在して表現されている，と指摘した（若杉2004）。また富永は，1900年以降の女子割礼をめぐる研究史を四期に分けて詳細に追跡し，国内外の研究を概観しており，日本における，FGMの

廃絶を支持する言説（千田2002，若杉2004）と，廃絶運動を他文化に介入する自文化中心主義であるとして抑制，批判する言説（岡1998）を紹介している（富永2004）。これは文化であり介入すべきでないとする文化相対論の立場と，これは女性の健康と人権への侵害であるとする価値普遍論は今も続く議論である。

　このような研究調査や議論が展開されるに先だって，世界の女性運動のなかでは廃絶を望む声が高まっていた。日本では1995年から立ち上がったWAAF（FGM廃絶を支援する女たちの会）の活動がある。このような動きのなかで，カシンジャ難民認定判決を取り上げ，庇護権のジェンダー問題による変容について論じた長島の研究がある（長島2003）。これら実施国でない国の女性たちの動きは，1980年代初めから立ち上がった，アフリカ現地の助産師など女性を中心としたNGOの精力的な活動に触発されて始まり，当初南北フェミニズムの対立といわれた状況を克服して強い連帯支援が拡がってきている。その結果，アフリカの多くの政府が廃絶の方向へ向かい，娘にはFGMを受けさせないとする親も増えるなど，わずかながらも廃絶への道筋が見え始めているのが現状である。

板倉英世・鳥山寛 1985「アフリカ風土病型カポジ肉腫と米国男性同性愛者における後天性免疫不全症候群（AIDS）型カポジ肉腫の比較病理学——熱帯環境が疾患の病態像に及ぼす影響に関する予備的研究」『アフリカ研究』26／大塚和夫 1998「女子割礼および／または女性性器切除（FGM）——一人類学者の所感」江原編『性・暴力・ネーション』フェミニズムの主張4，勁草書房／岡真理 1998「『同じ女』であるとは何を意味するのか——フェミニズムの脱構築に向けて」江原編，前掲書／田中雅一 1994「割礼考——性器への儀礼的暴力」大渕編『現代のエスプリ』320／千田有紀 2002「フェミニズムと植民地主義——岡真理による女性性器切除批判を手がかりとして」『大航海』43／土井茂則 1986「ケニア独立運動に関する一考察——キリスト教ミッションとキクユ族の〈女性割礼〉をめぐる対立について」『アフリカ研究』28／戸田真紀子 1996「ナワル・エル・サーダウィ——エジプトからの告発」和田編『アフリカ女性の民族誌——伝統と近代のはざまで』明石書店／富永智津子 2004「『女子割礼』をめぐる研究動向」『地域研究』6（1）／長島美紀 2003「FC/FGM問題に見る庇護権の変容——アメリカのカシンジャ判決（1996）を手がかりに」『早稲田政治後方研究』72／永原陽子・若杉なおみ・牧野久美子 2005「HIV/エイズと女性」日本アフリカ学会女性フォーラム報告『アフリカ研究』67／宮脇幸生 2007「グローバル化する世界における女子割礼／女性性器切除——交渉されるジェンダーとセクシュアリティ」宇田川・中谷編『ジェンダー人類学を読む』世界思想社／若杉なおみ 1999「女性性器切除——文化という暴力」吉村編『講座人間と環境5　出産前後の環境』昭和堂／若杉なおみ 2002「総説アフリカにおけるHIV母子感染——ジレンマの克服と今後の展望」『日本エイズ学会雑誌』4（2）／若杉なおみ 2004「FGMの起源と文化——女性の健康とジェンダー・セクシュアリティの視点から」『地域研究』6（1）／若杉なおみ 2005「エイズ」『国際保健医療学改訂版』杏林書院／若杉なおみ 2007「人間の安全保障とアフリカのエイズ」『アフリカ研究』71（12）／Caldwell, J. C. et al. 1997 Male and Female Circumcision in Africa from a Regional to a Specific Nigerian Examination. *Soc. Sci. Med.* 44（8）／Padian, N. S. et al. 1997 Heterosexual transmission of Human Immunodeficiency Virus（HIV）in northern California: Results from a ten-year study. *American Journal of Epidemiology* 146／UNAIDS 2013 *UNAIDS Report on the Global AIDS Epidemic*／WHO 1998 *Female Genital Mutilation: An overview*／WHO 2000 *A Systematic Review of the Health Complications of Female Genital Mutilation*

⇒ジェンダー，文学とジェンダー，人類学とジェンダー，医学・保健医療

2-6-5 政治とジェンダー
Gender in African Politics

戸田真紀子

キーワード：女性，男性優位社会，政治参加

社会的・文化的な性差，すなわち「男らしさ，女らしさ」に基づく社会的区分（「ジェンダー」）は，アフリカの政治に影響を与えているだろうか。与えているとすれば，ジェンダーはどのような影響を「権力構造」に与えているのだろうか。アフリカでは女性大統領が誕生するなど，政治的に女性は「見える存在」になっている一方，圧倒的な男性優位社会において，政治的発言を封じられた女性も多い。女性にどの程度の政治参加を許容するかは，1つの国のなかでも地域や民族や階層によって大きな差が見られるが，ここでは，女性の政治参加という側面からアフリカの政治とジェンダーを考えてみたい。

日本における政治とジェンダー研究の動向

ジェンダーに関心があるアフリカ政治研究者は多いが，論文数はかなり少ない。ザンビアとボツワナにおける女性の政治参加を取り上げたものとして遠藤（1994, 1999），南アフリカ共和国における女性と市民権の問題を扱ったものとしてセハス（2012），アフリカの慣習や貧困や紛争とジェンダーの関わり，女性差別撤廃条約の実施状況などを論じたものとして戸田（2008，改訂版2013）がある。

世界の潮流

女性の政治参加や政治的エンパワーメントの促進はジェンダー主流化の重要課題であり，ミレニアム開発目標（MDGs）のゴール3（ジェンダー平等推進と女性の地位向上）の指標にも「国会における女性議員の割合」が用いられている。アフリカについても，国連開発計画（UNDP）をはじめとする国際機関が多くの報告書を出しており，また，カメルーンを事例としたコンデ（Konde 2005）のような個別研究，南アフリカ共和国とウガンダを事例としたゴエツとハシム（Goetz & Hassim eds. 2003）のような比較研究をはじめとして，African Women in Politics や Gender in African Politics といったタイトルがつく論文や著書は枚挙に暇がない。

現代のアフリカにおける女性の政治参加

2006年にリベリアでアフリカ初の女性大統領が生まれ，大臣を務める女性も増えている。2012年には，初の女性アフリカ連合（AU）委員長が誕生した。女性の国会議員も多い。女性議員が常に女性の利益を代弁しているわけではないが，女性議員が増加することにより，政策や法律に女性や子どもや家族の利益がさらに反映されると期待されている。

列国議会同盟（IPU）が発表した下院における女性議員比率（2013年2月1日現在）を見ると，世界第1位はルワンダの56.3%である。アフリカ勢では，ルワンダ，セーシェル，セネガル，南アフリカ共和国，モザンビーク，タンザニア，ウガンダ，アンゴラ，アルジェリア，ブルンジの10ヵ国で，女性議員が3割以上を占めている（3割以上の国は全体で33ヵ国）。

日本は，190ヵ国中，ボツワナと同列の122位（7.9％）である。日本より比率の高いアフリカ諸国は47ヵ国にのぼるが，日本より少ない比率の国は5ヵ国だけである（ギニアは議会不在でリストに非掲載）。

クオータ制（割当制）の導入

女性議員比率が3割を超える国の多くは，クオータ制など女性の政治参加を保障する制度を採用している（セーシェルは2012年現在これを採用せずに女性議員比率が4割を超えた）。クオータ制には，①議席割当制（議席の一定数を女性に割り当てることを憲法または法律が定めているもの），②候補者クオータ制（議員の候補者名簿の一定割合を女性が占めるようにすることを憲法または法律が定めているもの），③政党による自発的なクオータ制（政党が党の規則などで，議員候補者の一定割合を女性とすることを定めているもの）がある。28位のアルジェリアでは，10年にわたる女性団体の運動の結果，2012年の選挙でクオータ制が導入され，女性議員比率は前年までの7.7％から31.6％へと大きく飛躍した。クオータ制を満たすために政治家の妻や娘が利用されたなどの批判もあるが，家族法の改正など，今後どのような成果が上がるかが注目される。

女性候補者への暴力

女性の政治参加が日本より進んでいる国が多いアフリカであるが，政治に女性が関わるべきではないとする風潮も強く，「ジェンダーに基づく暴力（gender based violence）」の被害に遭う女性候補者も多い。たとえば，前述のIPUのランキング114位のケニア（9.8％）では，2007年の議会選挙に出馬しようとした女性候補者が，立候補を妨害しようとする勢力から酷い暴行を受け，数週間の入院を余儀なくされた結果，十分な選挙活動ができず落選した上，翌年春に1人息子を殺害されている（Terah 2008）。

今後の展望

AUの「ジェンダー政策」（2009）や南部アフリカ開発共同体（SADC）の「ジェンダーおよび開発議定書」（2008）は，2015年までに議員（などの決定権者）の半数を女性にするよう求めている。AUのジェンダー政策において，男女の平等な参加やアクセスが求められているのは，政策決定の場だけではない。経済分野や平和・治安問題，教育，労働，HIV／エイズ，ITなど多岐にわたる。AUの女性ジェンダー開発局は，「アフリカ女性の10年」（2010～20）を立ち上げている。日本の政治研究者もぜひ注目してほしい動向である。

＊IPUのランキング及び数値は執筆当時のものである。新しいランキングは下記を参照のこと。
http://www.ipu.org/wmn-e/classif.htm

遠藤貢 1994「女性と開発，そして政治参加」原他編『ライブラリ相関社会科学2　ジェンダー』新世社／遠藤貢 1999「アフリカにおける民主化と女性の政治参加」『社会科学紀要』48／セハス，モニカ 2012「南アフリカにおける女性と市民権」真嶋麻子訳，小倉編『現代アフリカ社会と国際関係——国際社会学の地平』有信堂／戸田真紀子 2013『アフリカと政治——紛争と貧困とジェンダー』改訂版，御茶の水書房／Goetz, A. M. & S. Hassim eds. 2003 *No Shortcuts to Power: African Women in Politics and Policy Making*. London: Zed Books ／ Konde, E. 2005 *African Women and Politics: Knowledge, Gender, and Power in Male-dominated Cameroon*. Lewiston, NY: Edwin Mellen Press／Terah, F. 2008 *They Never Killed My Spirit, But They Murdered My Only Child*. Nairobi: The Olive Marketing and Publishing Co.

⇒文学とジェンダー，歴史とジェンダー，人類学とジェンダー，リプロダクティブヘルスとジェンダー，開発とジェンダー

2-6-6　開発とジェンダー
Development and Gender

　　　　　　　　　　　　　　　　　　　　　　　　　　　阪本公美子

キーワード：GAD, WID, 男女分業, 経済開発, 女性, 開発と文化, 多様性

開発や近代化の結果，女性が取り残されているということに対する批判から，1970年代に女性に焦点を当てた開発を推奨する「開発と女性（WID: Women in Development）」，1980年代には，女性のエンパワーメントを重視した「ジェンダーと開発（GAD: Gender and Development）」が提唱されるようになった。他方，日本人アフリカ研究からは，綿密なフィールド調査に基づき，実態に基づいた女性たちの主体性・力強さ・多様性なども明らかにされてきた。

「開発と女性（WID）」から「ジェンダーと開発（GAD）」へ

　1975年の国連国際婦人年を機に，発展途上国の開発の分野においても女性にも焦点が当てられるようになった。E・ボザラップは，近代化によって従来の男女分業が歪められ，女性が経済開発の役割から排除されていることを問題視し，女性の教育や雇用によって経済開発に統合することを提起していた。ボザラップの理論的枠組みと国際的な議論のもと，「開発と女性（WID）」に焦点を当てた開発援助の方策として所得向上プロジェクトなども登場するようになった。

　1980年代には，C・モーザが『ジェンダー・開発・NGO』にて，女性の状況は，女性のみならず男女の関係に起因するために，その関係を改善する必要があることを具体的な方策とともに提唱し，WIDから「ジェンダーと開発（GAD）」へと理論的な展開をはかる。具体的には，個人・世帯レベルから政策レベルにおいて女性の力をつけ（エンパワーメント），男女の関係を改善することを提案した。1990年代には，開発援助や市民団体の実践においても，「ジェンダー」や「エンパワーメント」は重要なキーワードとなり，統計において男女格差を把握することや，途上国政府の財政においてもジェンダー主流化，すなわちジェンダーに配慮した予算配分を求める動きも見られた。ただWIDからGADへの理論的な展開が評価される一方，政府官僚などの実践者の意識の上では，「女性」が「ジェンダー」に置き換わった場面も散見された。

　女性に対する教育については，A・センなどが乳幼児死亡率を減少させるための有効な方法として実証分析してきた。こういった研究に基づき，ユニセフ（国連児童基金）などは，女性への教育を，子どもの健康を改善する重要な施策として奨励してきた。ただし，教育を，女性自身のエンパワーメントではなく，子どもを養育する母親としてのエンパワーメントに限定していることに対しては，批判もある。1995年には，国連開発計画が1990年以降発表してきた『人間開発報告書』において，ジェンダーが取り上げられた。以降，世界の国々の女性のエンパワーメント，人間開発の男女格差なども指標化されてきた。

　WIDやGADの理論や実践は，開発のなかでそれまで注目されなかった女性に焦点を当

てた点は評価されるものの，女性像と男性像を固定化してしまっている点において批判があり，後述の日本人によるアフリカ研究に照らし合わせるとその問題性が明らかになる。

近代化と男女分業

そもそも発展途上国の女性たちの状況は，植民地化や近代化と無関係ではない。ボザラップは，植民地政策によって，男性のみが換金作物・貨幣労働にアクセスできたため，女性の地位が低下したことを問題視した。また，I・イリーチも，貨幣によって，男性と女性の仕事が価値づけされるようになったこと自体に問題性があることを示唆した。

そういった流れのなかで，途上国の女性は，三重に支配されるようになったという。第1に，家庭内における父権性による支配。第2に，近代世界システムのなかで，男性が賃労働，女性が家庭内無償労働という男女分業による支配。第3に，男性中心の資本制による南北格差による途上国の支配（西川 2011），である。さらに，支配されるだけでなく，家庭における家事などの再生産の役割，男女分業によって割り当てられた生産の役割，コミュニティにおける役割といった三重の役割を背負っている。開発援助で登場した女性の所得向上プロジェクトは，役割過多という問題点も指摘されるようになった。

また「貧困の女性化」も問題とされるようになった。途上国の女性のエンパワーメントを目的とするユニフェム（国連女性開発基金）は，世界は貧困人口の70％が女性であることを提示し，世界銀行も「貧困は女性の顔をしている」と表現している。しかし，所得貧困に限ると，貧困が必ずしも女性に集中しているとは，統計的に明らかになっているわけではなく，むしろ男女分業などの文化的規範に根本的な原因があることを，S・チャントは指摘する。

アフリカ女性にとっての開発と文化

では，アフリカの女性の生活にとって，どのような文化的規範が根本的な問題となるのであろうか。アフリカのなかでも地域差があり，父系的・母系的社会，宗教，生業，民族などによって状況は異なるが，タンザニアにおいて，教育の男女差，若年結婚・出産，一夫多妻，不平等な男女分業，食べ物の迷信，男性による過度な飲酒，土地相続に関する不平等な権利などの事例がしばしば問題としてあげられる。食べ物の迷信には，「妊婦が卵を食べるとハゲの子どもが生まれる」というものもあったが，近年，女性たちの間でも「昔は……」と笑いながら語られ解決済みのものもある（Sakamoto 2009）。

他方，北アフリカやサヘルの父系的社会，東アフリカの農牧社会などで行われる女性性器切除を伴う女子割礼は，施術において命を落とす女性がいるのみならず，その後の月経をはじめとする日常生活，性活動における苦痛，出産における危険性など女性の健康と生命に多大な悪影響を及ぼすため，大きな問題である。

上記のさまざま文化的慣習の捉え方には，コミュニティ内においても一枚岩で捉えられているわけではなく，性別・世代によっても捉え方が異なっており，女性がその慣習を問題視するなか，男性は肯定する場面もしばしばある。コミュニティ内で肯定しているのが一部の属性であることを考えると，そもそもそれがコミュニティ内での普遍的な「文化」なのか，さらにそれを不変と捉えてよいものなのか，疑問も生じる。他方，歴史的に紐解くと，たとえば過去と比較して若年結婚や出産が増加している例もあり，伝統的な文化ではなく，むしろ近代化の流れのなかで村落コミュニティが崩壊し，若年化した，という例はタンザニアにも（Sakamoto 2009），ケニアにも（小馬徹（和田 1996））ある。

アフリカのフェミニストや日本人アフリカ研究者の視点

他方，西洋的価値によって支配されてきた植民地時代だけでなく，現在の「開発」そのものにも問題性を見出すアフリカのフェミニストの視点もある。U・V・ジェームズは，西洋の女性によって記述・表象されてきたアフリカ人女性像を批判してきた。そしてアフリカの女性たちは生活のなかで「開発」との接合（linking）と切断（delinking）によって日常的に問題解決を図ってきたという。

多くの日本人アフリカ研究者も，女性たちの生活に接近した研究に基づき，既存のジェンダー関係のなかで生きる女性たちを描いてきた。荒木美奈子（1992）は，ザンビアでの開発実践のなかで出会った女性たちから始まり，タンザニアにおいても，女性たちの活力のある創意工夫を描いてきた。また杉山祐子（2007）は，「伝統的」方法の応用による社会的再編とネットワーキングにより，ジェンダーが排除ではなく連帯の倫理として働くことを示してきた。

そもそも，日本人によるアフリカ研究では，貨幣経済の影響はあるものの，必ずしも生活が貨幣経済に淘汰されているわけではなく，生活基盤としての農業などの生業の重要性が繰り返し強調されてきた。そして，具体的な男女分業の実態を捉え，「男性の仕事」や「女性の仕事」との区別はあるものの，女性が食料生産に関わり，コントロールすることによって，生存に関わる重要な役割と権利を担ってきたことも示唆してきた。食料生産が，換金作物の生産や現金獲得のための労働よりも重要視されることは，タンザニア南東部農村の2村においても見てきた（Sakamoto 2007, 2008）。他方，女性の所得へのアクセスについては，開発援助による女性所得プロジェクトを待つまでもなく，たとえば西アフリカの女性商人などに見られるように伝統的に存在していた実態も報告されている（小川了（田中・中谷 2005），浅野 2008）。

このように，日本人アフリカ研究者は，具体的かつ綿密な調査に基づき，アフリカ人フェミニストとともに，西洋的価値観に基づき描かれてきた女性像に対して，実態のある主体的な女性たちを描いてきたといえる。

アフリカ女性の多様性

アフリカの開発とジェンダーに関連する研究と実践において注目されてきた女性だが，女性の間でも，多様性が際立つ。母系・父系，生業，宗教，民族，世帯構成，農村・都市，世代など，さまざまな側面において相違点がある。和田（1996）の編著書では，比較的な自由な婚姻関係の狩猟採集民（寺嶋秀明）と婚資や結婚が重視される遊牧民（佐藤俊），離婚したって「大丈夫」な母系的社会（杉山祐子）と寡婦が亡夫の弟などに継承されるレヴィレート婚が存在する父系的社会（和田），妻同士の協力関係も見られる西アフリカの一夫多妻（赤坂賢・嶋田義仁）とサラリーマン女房に見られる単婚（端信行），父系的王権社会に見られる女性の政治性（和崎春日）や自由恋愛（嶋田）など，多彩なアフリカ女性や，男女の関係が紹介されてきた。

中央アフリカから東アフリカにも移動してきた母系的社会と，北アフリカから南部アフリカまで広がる父系的社会の間では，女性の生きやすさの違いは顕著である。女性性器切除が施されるのは，父系的社会の一部であり，母系的社会には見られない。また，婚姻の拘束力にも違いもあり，未婚出産をしても，離婚しても，未婚女性でも「大丈夫」なのは，母系的社会であり（成澤 2010，阪本・黒田 2013），婚資が重視され婚姻関係の硬直性を補う形で一夫多妻が理想とされ，レヴィレート婚，女性婚（小馬徹（和田 1996））が見られるのは父系的社会である。

生業によって，性別分業の規範の拘束力の強弱も異なる。コンゴ民主共和国の農耕民族テンボ社会やケニアの牧畜民族レンディーレ社会では，性別分業が比較的固定的であるのに対して，ボツワナの狩猟採集民族ブッシュマンの間では，必ずしも固定的ではない（杉山2007）。しかし，ゆるやかな分業によって共同体の「公的領域」において生活を営んできたブッシュマンの間でも，国家による近代化・定住化政策によって女性が「私的領域」に閉じ込められ，男性が女性や家庭の「所有者」になりつつある（今村薫（田中・中谷2005））。

それぞれの社会のなかの女性のなかでも多様な立場があり，夫婦世帯の女性と，女性世帯主世帯の女性（未婚女性，離婚女性，寡婦）の間での違いもある。さらに女性世帯主世帯のなかでもライフサイクルによっても状況や脆弱性が異なり，必ずしも貧困であるとは限らない。

世代間の違いもある。また，農村に暮らす女性たち，都市に暮らす女性たち，大学出のエリート層とインフォーマルな商売をする女性たちなど，多様な女性たちの姿がある。よって，「アフリカ女性」といえど，多様な状況にあることを理解する必要もある。

開発とジェンダーの課題

これまで見てきたように，途上国そしてアフリカの開発とジェンダーに関する研究と実践では，女性に焦点を当てたものが中心であった。他方，アフリカの伝統社会において婚資がなくて結婚できない男性，貨幣経済が浸透するなか稼ぎを期待されるけれど応えられない男性といった状況も報告されてきた。とはいえ，開発のコンテキストのなかでは，必ずしも男性の固定化された役割の弊害については，あまり注目されてこなかった。男女の関係が問題であるのであれば，男性の役割についても再検討が必要であろう。また，WIDでは「女性」，GADでは「女性」と「男性」の関係に焦点が当てられてきたが，セクシャル・マイノリティに関する研究や実践は，必ずしも十分に行われてきたとはいえない。

これまで，開発の過程から排除されてきた女性や，その根本的な原因でもある男女の関係に焦点が当てられ，開発実践に変更がなされ，当事者たちの力強さや多様性も描写されてきた。今後，私たちも日本人アフリカ研究者たちが描いてきたような現実に即した多様性を理解するとともに，アフリカにおいて当事者たちが社会や国家の開発の方向づけをどのくらいできるのかが，重要な課題であろう。さらに「女性」「男性」といったカテゴリーから抜け落ちる人々をも含め，多様な立場の人間が適応できる社会を実現する寛容さが，ジェンダーに配慮した開発ということができるのではないだろうか。

浅野史子2008「『エンパワーメント』の問題点に関する一考察」『アフリカ研究』73／荒木美奈子1992『女たちの大地』築地書館／阪本公美子・黒田真2013「タンザニア中部ゴゴ社会における女性世帯主世帯の多様性と変容」『宇都宮大学国際学部研究論集』35／杉山裕子2007「アフリカ地域研究における生業とジェンダー」宇田川・中谷編『ジェンダー人類学を読む』世界思想社／田中雅一・中谷文美編2005『ジェンダーで学ぶ文化人類学』世界思想社／成澤徳子2010「既婚とシングルの『境界』を行き来する女たち」椎野編『「シングル」で生きる』御茶ノ水書房／西川潤2011『グローバル化を超えて』日本経済新聞出版社／和田正平編1996『アフリカ女性の民族誌』明石書店／Sakamoto, K. 2007, 2008 Mutual assistance and gender under the influence of cash economy in Africa.『宇都宮大学国際学部研究論集』23, 25／Sakamoto, K. 2009 *Social Development, Culture, and Participation.* 春風社

⇒リプロダクティブヘルスとジェンダー，人類学とジェンダー，政治とジェンダー，歴史とジェンダー，農業と農村社会，イスラーム，家族と親族，経済開発と経済政策，都市と農村の人類学

III 自然科学

3-1-0　総説 ── 地質学
Geology

....沢田順弘

　アフリカ大陸は37〜35億年前以降の地球史の大イベントが多数記録された地質学的に魅力あふれる大地である。地球上で最古級の剛塊があり，そこには超高温マグマ由来のコマチアイトや最古級の化石が見られる。アフリカ大陸は原生代末期から古生代にかけて出現したゴンドワナ超大陸の主要な一部であったが，中生代にはその分裂とともに堆積盆地の形成や火成活動があった。地球史には地球が丸ごと凍ってしまった時期があったとされるが，その根拠となった地質体もアフリカ大陸にある。新生代にはマントルプルーム由来のマグマ活動があり，東アフリカ大地溝帯が形成され，大陸の分裂を目の当たりにすることができる。人類の祖先が生まれ，育まれたのもこの大地である。ダイヤモンド，金，白金，クロムなどの鉱物資源や石油・天然ガスを産するが，それらも地質現象と関連して生成されたものである。

アフリカ大陸における地質研究史

　紀元前，古代エジプト王朝時代のギザのピラミッドには周辺の5000万年前ごろに形成された主に石灰岩が使用され，またアブシンベル宮殿には砂岩が使用されている。古代ローマ帝国の政治家・軍人・学者であり，AD79年のベスビオス火山の噴火によってポンペイで殉死したプリニウスはその著「博物誌」のなかで，「エチオピアへ旅したエジプト人は，鉄のような色をし，強くて硬いマーブルの一種の石をbasaltesと呼んで，最上等のものとしている。その石の大きなかたまりで石像を作る」と記している（清水 1996）。地球表面付近に最も多く産する玄武岩の英文名はbasaltであり，名はこれに由来する。ピラミッドや神殿には周辺に分布する加工しやすい石が使用されたが，石像，オベリスク，一部の石棺などは硬い玄武岩やナイル川東方の先カンブリア時代の花崗岩，閃長岩などの深成岩が使用された。ちなみに閃長岩の英文名syeniteはナイル中流域の古都市シエナに由来する。この時代に金・銀鉱床の地図まで作成されていたという（Schluter 2008）。このようにすでにエジ

プト王朝時代に地質学の基礎となる自然物に対する認識が進んでいた。また，古代ローマ帝国時代には鉱産物の交易は北東アフリカ沿岸やスーダン南部にまで及んでいた。

ヴァスコ・ダ・ガマが喜望峰を越えてインドに達したのは1497〜98年のことであるが，1502年に出されたカンティーノ世界地図にはアフリカ大陸の輪郭がすでに描かれている。

エジプト北東部の地質図は1842年ルッセンガーによって作成されている。東アフリカ大地溝帯の構造は19世紀の初頭には認識されていたようである。モール（Mohr 1991）によれば，北部エチオピアにおける地質調査はすでに1830年代から始まっており，その後，19世紀後半には地質学者によってアファールも含めて地質図の作成，層序や地質構造の記載が行われ，報告書が出されている。

リビングストンがアフリカ南部を探検したのは1849年から1864年にかけてであった。1877年，イギリス王立地理学協会はアフリカ探検基金を設立した。その後，欧州列強によるアフリカの植民地支配が進んだ。南アフリカのカープバール剛塊の研究は金鉱床探査と関連してすでに19世紀半ばごろから行われ，南アフリカにおける地質調査は19世紀後半にダイヤモンドが発見されたこともあり，精力的に行われるようになった。

ヴィクトリア湖や東アフリカ大地溝帯の地質調査は先駆的に19世紀半ばにバートンによって行われたが，本格的な調査はトムソンによるものである。彼は1870年代にモンバサからヴィクトリア湖，キリマンジャロ山，ケニア山，バリンゴ湖を調べ，東アフリカ大地溝帯はインド洋とほぼ並行して，ケープからエチオピアへと続くとした。著名な地質学者であったジュース（1891）もアフリカに興味を持ち，ザンビア，アファール，シリアにかけての地質をまとめた。彼の著書に触発されたグレゴリーは1893年にケニア地溝帯を調査し，1894年に本を出版した。その他，1880年代から1890年代にかけて，テレキやフォン・ホーネルはトルカナ湖やケニア地溝帯を調査した。彼らの名はトムソン滝やテレキ火山，グレゴリー・リフト（地溝帯）として残されている。大陸移動説で大きな役割を果たしたホームズも1911年にモザンビークの調査を行っている。

大陸移動説がヴェーゲナーによって発表されたのは1911〜12年であった。彼は1915年に『大陸と海洋の起源』を出版したが，その後，1920年と1928年に新知見を盛り込んだ改定版を出版した。1928年版（都城秋穂・紫藤文子訳・解説）では，ヴェーゲナーは1897年に発表されたイマイルとウーリックの東アフリカ大地溝帯の研究を高く評価し，それを大陸分裂の証拠とした。ヴェーゲナーの大陸移動説の根拠としてアフリカ大陸西縁と南米大陸東縁の地形的合致とともに，重要なのは石炭紀・

二畳紀における両大陸のデボン紀以前の地質，氷河・蒸発岩・砂漠性砂岩・石炭によって示される古気候帯，および生物地理区の合致であった。このようにアフリカ大陸の地質は20世紀の初頭にはかなりの程度知られていた。モアヌ（1913）による南アフリカの地域地質の出版，アルガン（1924）によるゴンドワナ大陸の構造図の公表，ティルフォ（1913）やラクロア（1934）によるチャド，ティベスティ地域の第四紀エミクーシ火山の研究，ブラウエル（1921）の火成岩類の研究や，デュ・トワ（1921，1927）によるアフリカ南部と南米における石炭紀の氷河作用や地質の比較研究が行われている。ゴンドワナ大陸を特徴づけるグロソプテリス植物群についても1921年ごろにはすでに明らかになっている。

　カンプンツとルベラによってアフリカ大陸における顕生代のマグマ活動に関する論文集が1991年に出版され（Kampunzu & Lubala eds. 1991），そのなかでモールは東アフリカ大地溝帯の研究史に触れている（Mohr 1991）。他にシュルターの *Geology of East Africa*，セリー編著の *Sedimentary Basins of the World: African Basin*，すべてのアフリカ諸国の地質図が示されているシュルターによる *Geological Atlas of Africa* など，アフリカの地質や研究史についてまとめた本が出版されている。ウーリイ（2001）はアフリカ大陸における顕生代のアルカリ岩とカーボナタイトについて詳細をまとめている。アフリカ研究の日本人によるまとめは第二次世界大戦後から1970年代までは諏訪兼位・矢入憲二（1979）によって，1990年代までは諏訪（1997, 2003）によって，また，東アフリカ大地溝帯の地球科学的研究については矢入（1979）や沢田他（2001）によって行われている。

　ヴェーゲナーが1930年グリーンランドで遭難したことや第二次世界大戦もあり表舞台から去った大陸移動説は1950年代に古地磁気学の後押しもあって復活し，1960年代に入ると大陸移動説と海洋底拡大説を基礎にプレート・テクトニクスが提案され，確立していく。1980年代以降，地球科学界では広域にわたり地質の知識が深まるとともに，分析機器の発達で多数の新たな知見が得られるようになった。質量分析装置の向上によるRb-Sr, Sm-Nd, U-Pb, K-Ar, $^{40}Ar/^{39}Ar$年代，電子プローブマイクロアナライザー（EPMA）によるCHIME年代，二次イオン質量分析装置によるSHRIMP年代やレーザーアブレーションICP-MSによるジルコン単結晶のU-Pb年代など地球史を明らかにする上で必要不可欠な精密年代が得られるようになった。また固体や気体の同位体組成とともに，蛍光X線分析装置やICP-MSによって火成岩類の化学組成が比較的容易に得られるようになった。地球上のマグマ活動の場は中央海嶺（生成物は海洋底を形成している），沈み込み帯，海洋や大陸におけるマントルプルーム由来の活動場に大きく分けられるが，火成岩類の化学組成や同位体値はそれらの場によって異なっている。このことを利用して地質時代の火成岩類の化学組成

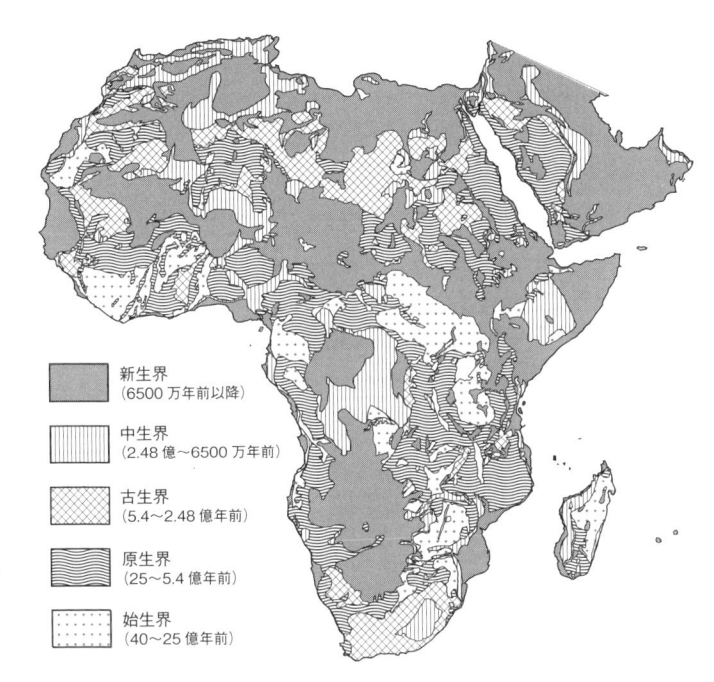

図1 アフリカ大陸の始生代～新生代の地質体の分布を示す地質図
注）Taylor et al.（2009）を元に作成。

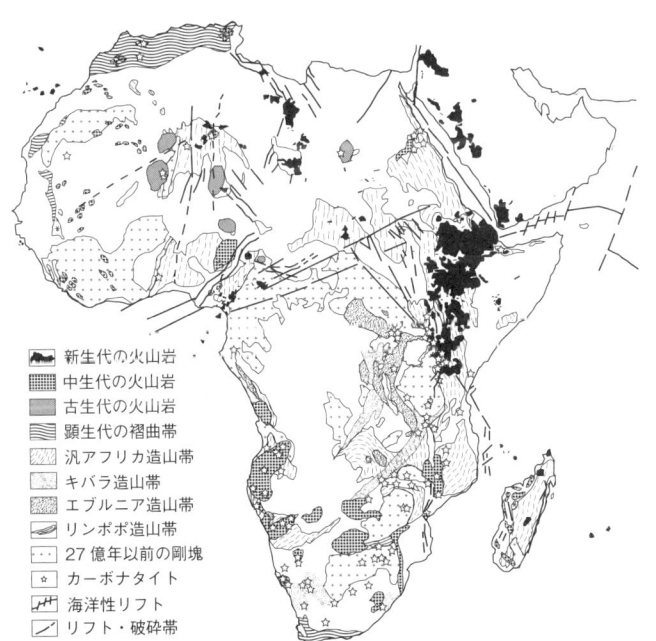

凡例：
- 新生界（6500万年前以降）
- 中生界（2.48億～6500万年前）
- 古生界（5.4～2.48億年前）
- 原生界（25～5.4億年前）
- 始生界（40～25億年前）

図2 アフリカ大陸の剛塊・造山帯・火山岩類およびリフトを示す地質図
注）諏訪・矢入（1979），Kampunzu & Popoff（1991），Woolley（2001），Schluter（2008）を元に作成。

凡例：
- 新生代の火山岩
- 中生代の火山岩
- 古生代の火山岩
- 顕生代の褶曲帯
- 汎アフリカ造山帯
- キバラ造山帯
- エブルニア造山帯
- リンポポ造山帯
- 27億年以前の剛塊
- カーボナタイト
- 海洋性リフト
- リフト・破砕帯

から当時のマグマ活動の場が推定できる。EPMAによる変成岩の鉱物組み合わせや組成から，変成条件が定量的にわかるようになった。地質体の詳細や精密年代が明らかになり，火成岩類の化学組成に基づく活動場の推定，さらに古地磁気学的研究もあわせて，地質体の古環境，古緯度，離合集散の歴史が明らかになってきた。1990年代には大型コンピュータの急速な発展に伴い，地球の内部を通過してきた地震波の精密な速度分布を三次元的に描くことが可能となった（地震波マントル・トモグラフィー）（たとえば，Fukao 1992）。その結果，マントルにおける熱構造が推定され，プレート・テクトニクスとともにプルーム・テクトニクスとしてグローバルな変動を考える上で重要な資料を提供している（たとえば，Maruyama 1994）。アフリカ大陸における地質学の進歩にもこのような機器の発達は大きく貢献している。

アフリカ大陸の地質学的特徴

　アフリカ大陸は地球上の全大陸の22％を占めている。アフリカ大陸の地質図を図1，2に示した。現在，アフリカ大陸プレートは北側でユーラシア大陸下に沈み込むが，アフリカ大陸下に沈み込むプレートはなく，北側以外は大西洋中央海嶺，インド洋海嶺，カールスバーグ海嶺など海嶺によって取り囲まれている。

　40億年前から25億年前を始生代（または太古代），その後5.4億年前までを原生代と呼び，両者を合わせた時代を先カンブリア時代という。始生代から前期原生代の地質体からなる安定した地塊を剛塊（クラトン）というが，アフリカ大陸には，大きく見て3つの剛塊（西アフリカ，コンゴ，カラハリ）がある。それぞれの剛塊の間には原生代の変動帯が存在する。この変動帯にはさまざまな場で生成された火成岩類，堆積岩類がある。

　大陸縁辺域はアンデス山脈のようなプレートの沈み込み帯で，マグマ活動，地震活動，構造運動が活発な地域と，大西洋のような拡大した海洋の両端の安定した大陸縁辺部に大別されるが，前者を活動的縁辺域，後者を非活動的縁辺域と呼ぶ。アフリカ大陸縁辺は北部の一部を除いて非活動的縁辺域である。

　アフリカ大陸の基盤を構成する先カンブリア時代の岩石にはコマチアイトも含めて，すべての場での火成活動の産物がある。堆積盆地も海洋，大陸縁，大陸内沈降域，リフト帯（引張応力によって，断層運動とともに形成される沈降盆地）があり，また堆積物の生成場も海洋，湖沼，氷河，砂漠，河川，扇状地など多様である。それらが剛塊の衝突，プレートの沈み込み，のし上げなどの造山運動や多様な変成作用を受けて複雑な地質体となっている。

　古生代におけるゴンドワナ超大陸の成立以降は，活動的堆積盆地と褶曲帯が南ア

フリカのケープ地域と北西アフリカの西端とアトラス山脈に見られるものの，他地域は圧縮応力場にはなかった。火山活動はマントルプルーム由来のものであるが，カメルーン火山列や東アフリカ大地溝帯のようなリフト帯と，大陸内および火山島としてスポット状に点在する火山に大別される。アフリカ大陸はダイヤモンドをはじめ，金，白金，銅，コバルトなどの金属資源を豊富に産し，また南アフリカ以外では石油・天然ガス資源も豊かである。

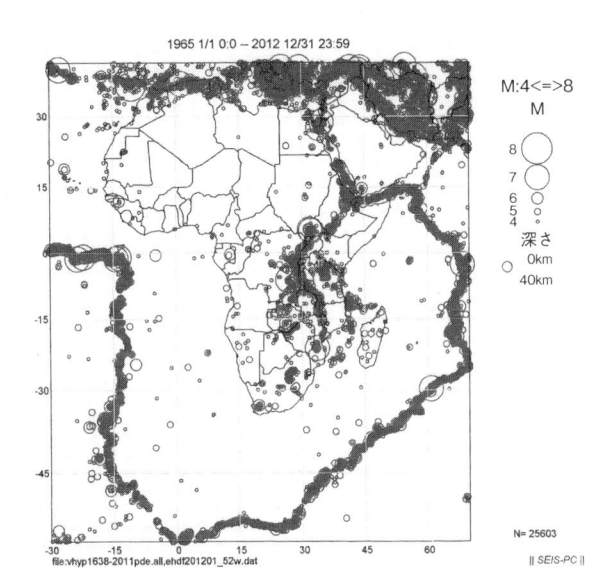

図3 アフリカ大陸およびその周辺地域における1965～2012年間のM4以上の震源分布
注）USGSとPDEによるデータを笠原稔がまとめた。
作図にはSEIS-PCを使用した。

アフリカ大陸とその周辺地域における1965～2012年の間に発生したM4以上の地震の震源分布図を図3に示したが，ほとんどの地震はプレート境界とリフト（地溝）帯で発生していることがわかる（詳細は「地震活動」参照）。

始生代・前期原生代の地質

アフリカ大陸は先カンブリア時代の地質体が広く露出している。先カンブリア時代の地質体は20億年前以前の始生代～前期原生代の剛塊とそれらの間にある原生代の変動帯に大別される。剛塊は南部のカラハリ剛塊，中央部のコンゴ剛塊，北西部の西アフリカ剛塊に区分されるが，それらはさらに細分され，また，小規模な剛塊もある。カラハリ剛塊はリンポポ造山帯を挟んで南側のカープバール剛塊と北側のジンバブエ剛塊に分かれている。コンゴ剛塊の東にはタンザニア剛塊があり，エジプトにはヌビア剛塊がある。剛塊は火山岩類を主体とする緑色片岩相ないし角閃岩相の低変成度の岩石（緑泥石，緑廉石や角閃石を含むため緑色を帯びていることからグリーンストーンと呼ばれている），広範囲に分布する高変成度の片麻岩，ミグマタイトを含む花崗岩類からなる。

剛塊のうち最もくわしく調べられているのはアフリカ大陸最古の地質体を含むカ

ープバール剛塊である。カープバール剛塊における地質体の形成順序を表1にまとめた。ここでは特筆すべき地質についてのみ触れる。剛塊東部にバーバートン・グリーンストーン帯があり，コマチ川を模式地として名づけられたコマチアイトが分布する。コマチアイトは著しくマグネシュームに富む火山岩で，1600℃前後で噴出したと推定される超高温マグマが固結したものである。地球上で最古級の火山活動の産物であるが，このような超高温マグマは原生代以降，地球上ではほとんど（ないしはまったく）活動していない。スワジランド超層群からはアフリカ大陸最古のラン藻，バクテリア，ストロマトライトの化石が発見されている（Barghoon & Schopf 1962, Knoll & Barghoon 1977, Walsh & Lowe 1985, Byorly et al. 1986, Furnes et al. 2004, Banerjee et al. 2006, Grosch et al. 2011など）。ウィットウォーターズランド超層群には世界最大の金鉱床（主に礫岩中に含まれる）とウラン鉱床が見られる。

一般に前期始生代の火山岩類はコマチアイトと玄武岩であるが，タンザニア剛塊のニャンザン層群では75％が安山岩であり，特異である。ジンバブエのグリーンストーン帯は29.5億年前，西アフリカ剛塊中のグリーンストーン帯は28〜26億年前の年代を示す。礫岩，砂岩，頁岩，火山砕屑岩，炭酸塩岩（大理石），縞状鉄鉱層など多様な堆積岩もジンバブエ，西アフリカ，タンザニア，コンゴの剛塊中に見られる。花崗岩も37億年前から24.5億年前までいろいろな時代に活動している。

始生代の末期から原生代初期にかけて，リンポポ-リベリア造山運動が起こった。この痕跡はカープバール剛塊とジンバブエ剛塊の間にある高変成度の片麻岩，トーナル岩，非造山帯高K花崗岩からなる幅200km，長さ690kmに及ぶリンポポ造山帯に見られる。リンポポ帯の年代は源岩のマグマ起源ジルコンが33億年前，高度変成作用は27〜25.5億年前，北縁部の中・低変成度の変成時期は20.8〜19.4億年前である

表1 カープバール剛塊における地質体の形成順序・年代・構成物

ウォーターバーグ超層群（20.5億年前）	砂岩，礫岩，苦鉄質火山岩
ブッシュベルト火成複合岩体（20.6億年前）	（上部）花崗岩，（下部）層状苦鉄質岩
トランスバール超層群（27〜21億年前）	玄武岩，安山岩，陸成層，浅海成層，縞状鉄鉱層，チャート
ベンターズドロップ超層群（27億年前）	陸上の火山岩，河川・デルタ・沿岸・深海の堆積物
ウィットウォーターズランド超層群（30〜28億年前）	珪岩，礫岩，砂・泥互層，火山岩
ドミニオン層群（30億年前）	安山岩溶岩・火砕岩，酸性火山岩，河川堆積物
ポンゴラ超層群（31〜30億年前）	堆積岩，玄武岩〜流紋岩
スワジランド超層群	
ムーディース層群（32億年前）	浅海成砂岩，礫岩，風成層，河川，潮汐堆積物
フィグ・ツリー層群（33〜32億年前）	浅海成砂岩，礫岩，珪質岩，深海成頁岩・砂岩，縞状鉄鉱層，片岩（珪長質火山岩），縞状チャート，玄武岩，安山岩
オンベルパハト層群（37〜33億年前）	グリーンストーン（コマチアイト，玄武岩），礫岩，砂岩
周辺の深成岩類，変成岩類（37〜22億年前）	花崗岩，トーナル岩，片麻岩

（Kramers & Mouri 2011）。

　ジンバブエ剛塊とリンポポ帯を切って，幅3〜12km，長さ530kmに及ぶ25.8億年前のグレート・ダイクと呼ばれる層状苦鉄質〜超苦鉄質岩体が分布し，また多数の岩脈も貫入している（Armstrong & Wilson 2000, Oberthur et al. 2002, Nebel & Mezger 2008）。

　トランスバール超層群中には最大層厚2kmにも及ぶ縞状鉄鉱層が含まれており，類似した縞状鉄鉱層を含む地質体はオーストラリア，ブラジル，カナダ，ウクライナへと続き，パンゲア超大陸分裂前の大陸をつなぎあわせるジグソーパズルを解く鍵となる（諏訪 2003）。

　トランスバール超層群最上部のローイベルグ層群は玄武岩，デイサイト，流紋岩の火山岩類からなり，現在は5万〜6.7万km²の分布であるが，噴火時には20万km²に及んだと推測されている（Lenhart & Datrick 2012）。ローイベルグ層群には東西450km，南北240km，面積6.7万km²に及ぶ世界最大の層状岩体であるブッシュベルト火成複合岩体と呼ばれる超苦鉄質−苦鉄質層状火成複合岩体（最大厚9km）や花崗岩体（厚さ5km）が貫入している。

　始生代の火成岩類は海洋底や海台の玄武岩，コマチアイト，沈み込み帯を特徴づける玄武岩，安山岩や珪長質火山岩と花崗岩があることから，すでにプレートの沈み込みは起こっており，海洋島弧が形成されていた。堆積岩中には砕屑物のほか，深海での堆積を示すチャートがある。また，高度な変成岩を含む造山帯はプレートの沈み込みや陸地の合体を示している。小規模な陸地はやがて合体し大陸へと発展していく。

大陸の離合集散と造山運動

　地球創成期のころは花崗岩などの大陸地殻を特徴づける大陸地殻は存在しなかったであろう。やがて大陸地殻が形成されると，海洋プレートは大陸プレートより重いのでその下に沈み込み，島弧のマグマ活動も活発になり，さらに活動的大陸縁では堆積物が付加され，大陸は成長していった。中期始生代以降，大陸は合体し，あるいは分裂し，離合集散の歴史をたどった。古大陸は年代や地質，古環境，古生物地理区などに基づく大陸間の地質体の連続性，古地磁気による古緯度や移動経路の推定から，分裂してしまった大陸の破片をつなぎあわせて復元する。最後の超大陸ゴンドワナの場合，ヴェーゲナーの時代以降，多くの研究がなされてきた。しかし，古大陸の復元はジグソーパズルのように難しく，古海洋や構造場も含めて復元はしばしば論争となっている。

　清川昌一（1998）は大陸の合体，分裂と造山運動の歴史について以下のようにまと

めた．アフリカが関与したのはウル，アトランティカ，ロディニア，ゴンドワナ，パンゲアの大陸である．ウル大陸（Roger 1975）は38〜30億年前に存在したとされ，南アフリカのカープバール剛塊，北西オーストラリアのピルバラ，南インドがその構成要素とされた．25億年から18億年前にかけて南米と中央・北西アフリカが合体し，アトランティカ大陸が形成された．ウル大陸と西オーストラリアが合体し，第二次ウル大陸ができた．18億年前までに第二次ウル大陸と南アフリカ，北インドが合体し第三次ウル大陸ができ，ニーナ，アトランティカとあわせて3つの大陸が当時あったという．

　22〜20億年前にコンゴ剛塊とタンザニア剛塊の間，および西アフリカ剛塊南で変動があったが，これをエブルニア造山と呼ぶ（諏訪・矢入 1979，Baratoux et al. 2011）．

　18〜15億年前，南アフリカでは赤鉄鉱を含む赤色砂岩，花崗岩起源砂岩，礫岩，酸性火山岩からなるウォーターバーグ層群が堆積したが，これらは地溝帯を埋積した網状河川起源とされる．10億年前までに第三次ウル，ニーナ，アトランティカの3大陸が合体し，ロディニア超大陸ができた（Hoffman 1991）．このときの大規模な変動がグレンビル造山運動（12〜10.6億年前）とされる．アフリカ中央部から西部にかけてのキバラ造山運動はこの時期のものであろう．ただし，マラウイとモザンビークで11〜10億年前とされキバラ造山に帰属された高度変成岩はその後の年代測定の結果，5.7〜5.4億年前となり汎アフリカ造山帯とされた（Kroner et al. 1997, Muhongo et al. 2003）．ロディニア超大陸はホフマンによって提起されたときから，その構成地塊の位置関係，ゴンドワナ大陸や汎アフリカン造山運動との関連，時期などについて論争があった（丸山他 1996，Dalziel 1991，Piper 2000 など）．クローナーとコルダーニ（2003）はアフリカ，南インド，南米の剛塊はロディニア超大陸の一部ではないとした．トルスリク（2003）は地質と古地磁気方位からロディニア超大陸は11〜10億年前に合体，8.5〜8億年前に分裂したと推定した．リノ他（2008）は世界の大河の堆積物中からマグマ起源ジルコンを多数採取して，それらの年代を測定し，次のようなシナリオを描いた．12〜9億年前に北米とアマゾニア（南米と西アフリカ）が合体してロディニア超大陸を形成．7.5億年前にロディニア超大陸でリフティングが始まり，大西洋が拡大．6億年前までにはロディニア超大陸は完全に分離した．なおリー他（2008）はロディニア超大陸の合体が13〜9億年前（コンディー2001も同じ），リフティングが8.25〜7.4億年前，分裂が6億年前とした．

　6億年前にロディニア超大陸はローレンシア，東・西ゴンドワナ大陸の3つに分裂する．南アフリカは東ゴンドワナ大陸に，中央・西アフリカ，ヌビアは西ゴンドワナ大陸となった．その後，東・西ゴンドワナ大陸は再び合体してゴンドワナ大陸となり，この間の造山運動が汎アフリカ造山運動である（清川 1998）．汎アフリカ造

山運動はアフリカ大陸の剛塊の間をうずめ，文字通り全アフリカで起こった大変動で，この変動の終了をもって現在のアフリカの基盤が構築されたといえる。

　アフリカ大陸の汎アフリカン造山運動の構成物は海洋プレートの断面であるオフィオライト，さまざまな火山岩，深成岩，堆積岩を源岩として高変成度のミグマタイト，グラニュライト，片麻岩，低変成度の結晶片岩など種々雑多なものからなる。高変成度の変成岩からは造山運動の最盛時の年代が求められ，後退変成作用の産物や剪断帯からは変動帯の上昇と冷却時期が明らかになる。古い年代としては8.1～7.8億年の値が報告されている（Kroner et al. 1990）。高度変成岩の年代としては7.5～5.7億年の範囲にある。ホフマンは汎アフリカン造山運動は5.3億年前の短期間に起こったとした。変動の終結を示す最も若い年代は5.4～5.1億年前で，この年代はカンブリア紀に入る。汎アフリカ造山帯の構造や不均質性は古生代以降の変動帯，火山活動域やアフリカ大地溝帯を規制した（Matsuzawa 1969）のみならず，ゴンドワナ大陸の分裂と現在のアフリカ大陸の形をも規制したのである（諏訪・矢入 1979）。

　ゴンドワナ大陸の名はインド，ガンジス河以南に広く分布する上部石炭系～下部白亜系のゴンドワナ系に由来するもので，ジュースによって名づけられた。ゴンドワナ大陸の復元はヴェーゲナーのころよりさまざまな研究者によって試みられている（最近では，Cawood 2005, Santosh et al. 2009など）。古生代末のゴンドワナ（グロソプテリス）植物群は大陸移動説の重要な根拠となったことで有名であるが，メールとキーバーマン（2008）は原生代末からカンブリア紀にかけてのゴンドワナ大陸と動物群の放散の関係について論じている。ナミビアには原生代末のエディアカラ動物群が産するが（Pickford 1995），南米のブラジル南部とウルグアイにも産し，当時の地理的連続性を裏づけるものである。アノリカ大陸はゴンドワナ大陸の中枢にあったが，古生代のころは汎アフリカ変動帯で非造山帯花崗岩の貫入や上昇運動が広く見られるものの，マグマ活動は限られた地域でしか起こっておらず，安定した時代であった。造山運動は南部のケープ地方と北西縁のアトラス山脈あたりで起こった。南部アフリカでは後期古生代の海成の砂岩，頁岩，珪岩からなる厚さ 8 kmにも及ぶケープ超層群がある。これらの古生界は古生代後期のバリスカン造山運動を受け著しい褶曲帯をなしている。アトラス山脈では前期古生代以降の砕屑性および炭酸塩堆積物が分布し，一部は褶曲山脈を構成している（アルプス造山帯）。

　ゴンドワナ大陸は中生代の中ごろから分裂を始める。個々の大陸片の分裂の年代や経路はさまざまな研究者によって提案されている。最近ではセトン他（2012）によって 2 億年前以降の変遷について大陸のみでなく海洋底の拡大運動も含めて提案されている。2～1.8億年前にはゴンドワナ大陸にはまだ変化はなく，その北側，テーティス海で拡大が起こっている。1.6～1.4億年前になると西ゴンドワナ大陸とロー

レンシア大陸が分裂し，間に北大西洋ができてくる。またアフリカ大陸とインド大陸，マダガスカルや南極大陸の間にひびが入り，分離していく。1.2億年前には南大西洋も拡大し，アフリカ大陸と南米大陸が分離する。このようにして現在のアフリカ大陸となっていくのである。

スノーボール・アース —— 全球凍結

　カーシュビンク（1992）は南オーストラリアに分布する6億年ほど前の後期原生代エラティナ層中の大陸性氷河堆積物の古地磁気方位が低緯度で形成されたことを示し，また，伴われる縞状鉄鉱層の成因も合理的に説明できることから，地球全体が凍結したとするスノーボール・アース（全球凍結）仮説を提起した。

　アフリカ大陸の原生代には全球凍結という地球史のビッグイベントが記録されている。ナミビアに7.5～5.5億年前に堆積したオタビ層群が分布する。この堆積物はコンゴ剛塊南端にあたるプラットフォーム（台地）と呼ばれる安定した地に堆積したもので，地質的に見て山岳氷河ではなく大陸氷河由来の2時期の氷河堆積物を含む。古地磁気学的方位から推定されるオタビ層群下部の古緯度は南緯12度であった。これら2層の氷河堆積物はいずれも厚い炭酸塩岩によって覆われ，キャップカーボネイトと呼ばれている。ホフマンら（1998）は氷河堆積物を挟む炭酸塩岩の安定炭素同位体比（$^{13}C/^{12}C$）を系統的に測定したところ，同位体値（$\delta^{13}C$）が氷河堆積物に向かって＋10‰からマイナスへと急速に減少し，キャップカーボネイトでは－6‰まで減少することを発見した。この解釈として，海中での生物活動（光合成）が活発であったが，氷河堆積物が覆う時代以降では不活発になった，すなわち地球全体が氷に覆われたことに起因すると考えた。地球が凍結しても火山活動は続いており，そこから排出される二酸化炭素は海水に溶け込むことができず，大気中に蓄積され，やがて著しい温室効果が起こり全球凍結が解除されるとともに，陸地の風化・浸食に伴い海中へカルシュームや鉄分がイオンとなって溶け込んでいった。大気中の高濃度の二酸化炭素も海中に溶け込み，炭酸カルシュームや炭酸マグネシュームとなった。これがキャップカーボネイトであると解釈した。また，オタビ層群には縞状鉄鉱層が伴われるが，この成因も同様に合理的に説明できるとした。西アフリカやヌビア楯状地でも末期原生代に全球凍結があったことを示す証拠が報告されている（Deynoux et al. 2006，Stern et al. 2006）。

　スノーボール・アース仮説を最初に提起したカーシュビンクのグループ（Evans et al. 1997）は，前期原生代にも全球凍結があったことを発表した。その証拠となったのは，カープバール剛塊のトランスバール超層群上部に見られる氷河堆積物，キャ

ップカーボネイト，縞状鉄鉱層やマンガン濃集層である。この氷河堆積物を覆う溶岩の年代は22億年前で，古緯度は11±5度であった。氷河堆積物と溶岩の間には時間間隙がないことから氷河堆積物は低緯度で形成されたと考えた。この層群にも縞状鉄鉱層が伴われることも考えあわせ，全球凍結とその前後の地球環境の大規模な変化を反映しているとした。カナダのヒューロン湖北東方の同時代のヒューロニアン超層群中の氷河堆積物，縞状鉄鉱層，マンガン濃集層，低緯度を示す古地磁気方位もこの時代の全球凍結を示す証拠とされている（田近 2009, Sekine et al. 2011, Williams & Schmidt 1997）。

アフリカ大陸の顕生代の堆積盆地

アフリカ大陸における顕生代の堆積盆地の地質はセリーが1997年に編集した *Sedimentary Basins of the World: African Basins* にまとめられている。

アフリカ大陸における顕生代の堆積盆地は広域的沈降盆地ないしはプラットホーム（台地），非活動的大陸縁域，地溝帯，および大規模河川の河口デルタである。広域的沈降盆地はアフリカ南部とマダガスカルにかけて石炭紀から二畳紀にかけて形成されたカルー盆地に代表される。カルー盆地に堆積したカルー超層群は全層厚が10〜12km，分布面積も70万km²に達する（Johnson 1976, 1997）。カルー超層群の最下部には後期石炭紀〜前期二畳紀の厚さ4.2kmに及ぶ氷河堆積物があり，それらを覆って後期二畳紀〜三畳紀に海成砂岩・頁岩，デルタ性・河川性・湖沼性の砂岩・頁岩および洪水起源の堆積岩，さらに前期ジュラ紀には砂漠性の砂岩やシルト岩が形成された。中期ジュラ紀にはそれらを覆って厚さ1.4kmの玄武岩溶岩が流出し，また，岩脈や岩床も貫入した。同じ時代の類似した地層はインド，南米，オーストラリアにも分布し，ゴンドワナ大陸の重要な根拠となった。東・西ゴンドワナ大陸における分布は150万km²と見積もられている（Visser 1987）。顕生代の広域的沈降盆地はサハラ以北にも広く存在する。

地溝帯の分布はカンプンツとポポフ（1991）によってまとめられている。それによれば古生代の地溝帯は，エジプト南部・スーダンのヌビア剛塊周辺，アルジェリアからモロッコにかけて西アフリカ剛塊北部周辺，およびカラハリ剛塊北東部周辺（カルー地溝帯）にある。中生代の地溝帯はENE-WSW方向とそれと斜交するNW-SE方向の2方向が卓越するが，その多くはゴンドワナ大陸内におけるリフティングに関連したものである（Fairhead & Green 1989）。ENE-WSW方向のリフトとしてはギニア湾からチャド，中央アフリカへ延びる地溝帯（ベヌエ沈降帯）がある。ベヌエ沈降帯の地質は諏訪・矢入（1979）によってまとめられている。NW-SE方向のリフトはニ

ジェールからチャドにかけてと，スーダンからケニアにかけて発達する。新生代の地溝帯は東アフリカ大地溝帯であるが，これは後述する。

非活動的大陸縁はアフリカ大陸周辺およびマダガスカル西部の縁辺に存在する。アフリカ東海岸沿いのものは中生代以降の海成および河川・デルタの堆積物からなる。北アフリカ（モロッコからエジプトにかけて）では後期古生代以降，テーティス海の南縁にあたる地域の地層が厚く堆積しており，一部は石油の源岩や貯留層となっている。

東アフリカ大地溝帯とマントルプルーム

東アフリカ大地溝帯はアファールを三重点として，北は紅海から死海へ約2000km，東はアデン湾へ，南はジブチ，エルトリア，エチオピアから南へモザンビークまで総延長約4000kmに及び，ヴィクトリア湖を中心にして東西のブランチに分けられる。東アフリカ大地溝帯についてはコロウィツ（2005）によってまとめられている。

地溝帯の幅はアファールで約100km，その他では30～60kmである。地表に露出した断層落差は3000mに及ぶところがある。地下の堆積物の厚さは4000～5000mに達する（Morley ed. 1999）。アデン湾と紅海には海洋地殻が形成されている。東アフリカ大地溝帯の地下構造に関しては地震波による探査によってかなり詳しくわかっている（Kenya Rift International Seismic Project: KRISP85, 90, 94やMorley ed. 1999）。地溝帯の盆地は左右対称ではなく，一方が落ち込んだ半地溝で，断層は雁行状である（矢入1974）。東アフリカ大地溝帯の構造や地下の物質を推定する方法として地震波や重力などの物理探査とともに，マグマが上昇する過程で周囲の岩石を取り込んで地表にもたらす火山岩中の捕獲岩の研究がある。諏訪兼位・鈴木和博・青木謙一郎は，ケニア地溝帯の第四紀玄武岩中に含まれる最上部マントル～地殻由来の捕獲岩に着目して，それらの研究から地溝帯地下の構造や物質を推定した（Suwa et al. 1975, Suzuki 1979a, b, Suzuki & Suwa 1981）。

アファールではドーム状隆起があり，31Ma（百万年前）ごろから火山活動が始まっている。ケニア地溝帯では北のトルカナ湖から南のナトロン湖まで6つの湖が存在する。西ブランチでは北のアルバート湖から南のマラウイ湖まで6つの湖が存在する。最も水深が深いのはタンガニーカ湖で1470m，標高は773m，堆積物の厚さはマラウイ湖とともに4000mに及ぶ。

東アフリカ大地溝帯の形成がマントルプルームによって主導される能動的地溝なのか，構造運動によって主導される受動的地溝なのかの論争は未だに続いている。能動説が主流を占めるなかで，松澤勲（Matsuzawa 1969, 松澤1978）やマッコーネル（1972）が先カンブリア時代の構造と側方への張力の重要性を指摘したのは評価すべきであ

る。紅海のテクトニクスを論じたゲブリーブ（1998）はその結論で紅海の構造発達史に関して「おおかたの承認を得ているのは主要な断層は先カンブリア時代の地質構造を反映して，その弱線に沿って発生している点のみである」と述べている。先カンブリア時代の地殻を持つアフリカの厚いリソスフェアは容易には割れない。剛塊と汎アフリカ変動帯の境界部，汎アフリカ変動帯の弱線，プルーム，引っ張り応力や走向移動断層などが密接にリンクして地溝帯が形成，発展したのであろう。そのような意味でツアイエン他（1997）が提起したマントルプルームが厚いリソスフェアを持つタンザニア剛塊の地下にぶつかり，剛塊とリソスフェアの薄い原生代の変動帯の境界で地溝が形成されるというモデルは，合理的であるように思われる。

　新生代の火山活動はすべてプルーム由来のものである。最大のプルームはアフリカ大陸の南西，南大西洋の核－マントル境界に根を持つアフリカン・スーパープルームで，アフリカ大陸のマントルを北東方向に上昇し，東アフリカ大地溝帯下の最上部マントルに達している（Zhang & Tanimoto 1993, Fukao et al. 1994, Ritsema et al. 1999）。アフリカ大陸内部とその東側インド洋および大西洋には多数のホットスポット（Zhao 2007）があり，それらのトラックが追跡されている。このトラックの方向は120MaまではSW-NEであり（Thomson 1999），この方向は上部マントルの流れとアフリカン・スーパープルームの上昇方向と一致している。

　浜口博之はニイラゴンゴやニアムラギラの火山の地球物理学的研究を進めてきたが，これらの火山とともに，南極のエレバス火山，ハワイ島の溶岩湖を伴う火山とアイスランドの火山が地磁気極を含む大円上に載り，しかもほぼ90度の間隔を持つことを指摘した（浜口1993）。

　東アフリカ大地溝帯のケニアからエチオピアにかけては，1000万年前ごろの大型類人猿から最初期人類が生まれ，育まれた地域である。そのミッシング・リンクは900〜800万年前にある。ところがこの人類進化解明にとって最も重要な問題を解く鍵となる950〜760万年前の地層は，ドーミングのため欠如しているのである（Sawada et al. 2006）。エチオピアでも同様にこの時代の地層はほとんど報告されていない。堆積物は地溝帯の底にはあるが，底を掘ることは至難である。900〜800万年前のミッシング・リンクの解明はしばらくは地球史最大の謎として残るであろう。

天然資源の宝庫，アフリカ大陸

　アフリカ大陸は鉱産資源の宝庫である。アフリカ大陸のダイヤモンドや金属資源については諏訪（2003）によって地質学的バックグラウンドも含めて紹介されている。南アフリカの鉱床，鉱物資源については『地質ニュース』特集号（1994）に紹介されている。

南アフリカのオレンジ川の川岸でダイヤモンドが発見されたのは1867年のことである。ダイヤモンドや金，白金，クロム，鉄は剛塊から産し，銅，亜鉛，鉛，コバルトなどは剛塊を取り巻く原生代の変動帯に産する。ダイヤモンドの半数以上はアフリカ大陸に産する。ダイヤモンドはキンバーライト中に産するものとそれらが浸食削剥され堆積した漂砂鉱床から産するものがある。キンバーライトとは，揮発性物質やカリウムに富む超塩基性火山岩（通常の火山岩類はSiO_2量が45重量%以上のものがほとんどだが，キンバーライトは41重量%程度）で，小規模な火山パイプ，岩脈，岩床として産し（Skinner & Clement 1979），地下150kmより深いところから高速で上昇し，地表付近では大型飛行機ほどの速度で噴火する（Sparks et al. 2006）。アフリカ南部に多産し，キンバーライトの名前の由来となったキンバリー付近では90～80Ma（白亜紀）に活動したものである。南アフリカでは他に118～114Ma（白亜紀），150～130Ma（ジュラ紀末期～白亜紀初期），530～500Ma（カンブリア紀）や1200Ma（原生代中期）のものもある（Field et al. 2008）。ナミビアにはダイヤモンド海岸という所があり，海岸砂にダイヤモンドが含まれている。また，中新世の堆積物中にもダイヤモンドを含むものがあり，採掘されていた。これらは漂砂鉱床の例である。

　カラハリ剛塊はダイヤモンドとともに，金，白金，クロム，鉄など金属資源も多産する。とくにウィットウォーターズランド超層群から得られた金はこれまで全世界で産出した金の約40%，未発掘の埋蔵量は全世界のおよそ3分の1を占めるといわれている（Frimmel & Minster 2002）。

　南アフリカの前期原生代のブッシュベルト超塩基性・塩基性火成岩体には世界最大の白金やクロム鉱床が存在する。南アフリカはバナジウム，マンガン産出量でも世界一である（資源問題研究会2008）。銅，コバルトはコンゴ民主共和国南端部，ザンビア北部のカッパーベルトと呼ばれる後期原生代のカタンガ系に莫大に産する。

　石油・天然ガスは北と西アフリカに多産する。アフリカの油田については石油学会が1984年に編集した『ガイドブック世界の大油田』にくわしい。北アフリカの油田は中生代に存在したテーティス海にのぞむゴンドワナ大陸の北縁にあたる堆積盆地を起源とする。アルジェリアやリビアの油田は古生代の地層を根源とするが，熟成は中生代とされる。アルジェリアには世界の主要な油田で最も古いカンブリア紀の地層を源岩とする油田もある。リビア東部とエジプト西部は白亜紀の砂岩，スエズ湾周辺では白亜紀のヌビア砂岩と中新世の砂岩が油層を形成している。ナイジェリアやアンゴラでは大西洋の分裂・拡大に伴う中生代の地溝帯の海成層中に石油が形成されている。内陸部のスーダンでは白亜紀の地溝帯に堆積した頁岩を根源岩とする。2006年，東アフリカ大地溝帯西ブランチのアルバート湖で石油が発見された。ケニア地溝帯でも探査が行われた。ソマリア，ケニア，タンザニアの東海岸とその

沖合，およびマダガスカル西海岸とその沖合の中生界において石油・天然ガス探査が進められている（石田 2006，藤井 2010）。

日本人を中心とした地質研究史

　1960年代にアフリカ研究のパイオニアとなった名古屋大学アフリカ調査隊とその後の研究も含めた1962年から2005年にかけての記録は，星野光雄と諏訪兼位によってまとめられた（Hoshino & Suwa 2006）。名古屋大学の学術調査の対象は先カンブリア時代の種々の火成岩類や変成岩類から新生代の東アフリカ大地溝帯，第四紀火山や捕獲岩まで，また専門分野も火成岩・変成岩岩石学，構造地質学，同位体岩石学，年代学，古地磁気学，古環境学など多岐にわたるものであった。踏査した国はジブチ，エチオピア，スーダン，エジプト，ケニア，タンザニア，ウガンダ，ルワンダ，ブルンジ，南アフリカ，マラウイ，ザンビア，セーシェル諸島に及ぶ。

　アフリカ大陸は日本列島ではほとんど研究することができない先カンブリア時代の岩石が広く分布するところである。石原舜三他（Ishihara et al. 2002）は，南アフリカ，バーバートン地域の花崗岩類の帯磁率を系統的に測り，始生代における大陸地殻の酸化・還元状態の変遷について議論した。中村栄三は留学生とともにタンザニアの始生代・原生代境界付近の花崗岩類についてNdとSrの同位体組成を分析し，年代を出すとともに，同位体初生値からマグマの起源物質であるマントルや地殻の要素を推定した（Maboko & Nakamura 1996）。久田健一郎らはボツワナのリンポポ帯中央部の20億年前の変成条件を推定した（Hisada et al. 2005）。角替敏昭らは南アフリカ北部のリンポポ造山帯の中央部と南縁部の変成条件の解析から，中央部は高温・高圧条件から急速に上昇し，南縁部はもっと低圧・低温で中央部に比べゆっくりと上昇したと推定した（Tsunogae & van Reenen 2011）。有馬眞らは南部マダガスカルの始生代ベトロカ変成帯の超高温変成岩について変成条件を推定した（Rakotonandrasana et al. 2010）。柚原雅樹や加々美寛雄らは南アフリカ，後期原生代のナマクアランド変成複合体のRb-Sr，Sm-Nd年代から形成年代と冷却年代を推定した（Yuhara et al. 2002）。平島崇男（1998）はアフリカ大陸における超高圧変成岩エクロジャイトについてまとめ，大半を占めるのは汎アフリカ変動の際の剛塊同士の衝突によるもので，20億年前の藍晶石エクロジャイトは海洋プレートのマントルへの沈み込みの結果であるとした。吉原新と浜野洋三は，南アフリカとジンバブエの始生代グリーンストーン帯の岩石磁気は初生的磁化なのか二次的なものなのかの検討を行った（Yoshihara & Hamano 2004）。

　ナミビアの後期原生代の氷河期（スノーボール・アース）問題については，2001年から川上紳一が代表となって学術調査隊が結成され，大野照文，能田成，東條文治な

どが参加して，地質，堆積，SrやPb同位体，古地磁気，古生物，地球化学など総合的な研究が行われた（『月刊地球』総特集号2004）。田近英一（2009）による解説「凍った地球」がある。汎アフリカ変動やゴンドワナ超大陸の復元と分裂に関しては丸山茂徳や吉田勝が議論している（丸山他1996，吉田1998）。マボコと中村（Maboko & Nakamura 1995）は，タンザニアの汎アフリカ変動帯モザンビーク帯のグラニュライト中からのガーネットSm-Nd年代を求め，後変成作用の冷却史を推定した。木村純一は留学生とともに，エチオピアの後期原生代の変成火山岩，変成堆積岩，深成岩類の化学組成から，それらの起源や構造場を推定した（Sifeta et al. 2005, Woldemichael & Kimura 2008）。榎並正樹や鈴木和博らはカメルーンにおける汎アフリカン造山運動に伴われる高K，高Sr/Y比花崗岩類の岩石学とCHIME年代を報告した（Tetsopgang et al. 2006, 2008）。

東アフリカ大地溝帯の地質と構造発達史に関しては日本人研究者の貢献も大きい。矢入（1974）は，東アフリカ大地溝帯では主断層に対してそれと斜交する雁行状の断層群があることを指摘した。このような断層群は地溝帯の断層としては一般的に存在するものであることが明らかになった。

折橋祐二と長尾敬介らはイエメンにおける15Ma以降の火山岩のK-Ar年代の地域的な系統的変化からアファール・マントルプルームの拡散速度を見積もった（Orihashi et al. 1998）。有馬眞は西ブランチに産出する高K火山岩についてH_2O/CO_2分圧コントロール下での高温・高圧実験を行い，高Kマグマの成因を論じた（Arima & Edgar 1983）。

1980年から始まった石田英實や中務真人をリーダーとするケニアにおける中新世大型類人猿の進化過程研究は，化石研究のみではなく，進化のバックグランドとしての地質学，年代学研究も含めた学際的なもので，東アフリカ大地溝帯における火山活動史や新生代構造発達史の解明へとつながっていった。地質調査は石田志朗，牧野内猛，沢田順弘，中山勝博，酒井哲弥，実吉玄貴などによって行われた。それを基礎にしてフィッション・トラック年代測定（松田高明），K-Ar年代測定（板谷徹丸），$^{40}Ar/^{39}Ar$年代測定（兵藤博信），古地磁気編年（鳥居雅之，中島正志，兵頭政幸）が行われ，ケニア地溝帯における後期新生代の地史，構造発達史，火山活動，環境変遷史が明らかにされた（*African Study Monographs, Supplementary Issue* 1984, 1987, Sawada et al. 2006, Sakai et al. 2010, Saneyoshi et al. 2006など）。

[参考文献]

（書籍，レビュー，地質図の出典，日本人が著者の論文のみを示した）

石田聖 2006「最後？の処女地——東アフリカの石油・天然ガス」『アナリシス』40。
ヴェーゲナー，A 1928『大陸と海洋の起源』都城秋穂・紫藤文子訳，岩波書店。

川上紳一他 2004「原生代後期氷河時代問題」『月刊地球』297，海洋出版。
清川昌一 1998「大陸の成長・離合集散の歴史」『地球惑星科学13』岩波書店。
沢田順弘他 2001「東アフリカ大地溝帯の地球科学的研究――回顧と展望」『アフリカ研究』58。
資源問題研究会 2008『世界資源マップ』ダイヤモンド社。
清水大吉郎 1996『古典にみる地学の歴史』東海大学出版会。
諏訪兼位 1997『裂ける大地，アフリカ大地溝帯の謎』講談社。
諏訪兼位 2003『アフリカ大陸から地球がわかる』岩波書店。
諏訪兼位・矢入憲二 1979「アフリカ」『地球科学16』岩波書店。
石油学会編 1984『ガイドブック世界の大油田』技報堂出版。
田近瑛一 2009『凍った地球』新潮社。
地質調査所 1994「特集：南アフリカ共和国の地質と鉱床」『地質ニュース』479。
浜口博之 1993「アフリカ大陸のホットスポット火山活動」『学術月報』46。
平島崇男 1998「超高圧変成岩の形成はいつから始まったか」『月刊地球』20，海洋出版。
藤井哲哉 2010「活発化する東アフリカ・リフト堆積盆の探鉱」『アナリシス』44。
松澤勲 1978「アフリカ大地溝帯」『アフリカ研究』17。
丸山茂徳他 1996「世界の地質とゴンドワナ大陸」『月刊地球』18，海洋出版。
矢入憲二 1974「アフリカ大地溝帯にみられる雁行断層系」『アフリカ研究』14。
矢入憲二 1979「東アフリカ地溝帯」『地球科学 9』岩波書店。
吉田勝 1998「超大陸の形成・分裂と地球環境」『月刊地球』18，海洋出版。

African Study Monographs: Supplementary Issue 2（1984），5（1987），The Research Committee for African Area Studies, Kyoto Univ.

Arima, M. & A. D. Edgar 1983 High pressure experimental studies on a Katungaite and their bearing on the genesis of some potassium-rich magamas of the west branch of the African Rift. *Jour. Petrol.* 24.

Chorowicz, J. 2005 The East African rift system. *Jour. African. Earth Sci.* 43.

Fukao, Y. 1992 Seismic tomogram of the earth's mantle geodynamic implications. *Science* 258.

Ghebreab, W. 1998 Tectonics of the Red Sea region reassessed. *Earth-Sci. Rev.* 45.

Hisada, K. et al. 2005 P-T-fluid evolution in the Mahalapye Complex, Limpopo high-grade terrane, eastern Botsuwana. *Jour. Metamor. Geol.* 23.

Hoshino, M. & K. Suwa 2006 Record of the activity of the Nagoya University Geological Research Project, 1962-2005. *JAHIGEO Newsletter* No.8.

Ishihara, S. et al. 2002 Granitoid series in terms of magnetic susceptibility: A case study from the Barberton Region, South Africa. *Gondwana Res.* 3.

Kampunzu, A. B. & R. T. Lubala eds. 1991 *Magmatism in Extensional Structural Settings*. Springer-Verlag.

Kampunzu, A. B. & M. Popoff 1991 Distribution of the main Phanerozoic African rifts and associated magmatism: Introductory notes. In A. B. Kampunzu & R. T. Lubala（eds.）, *Magmatism in Extensional Structural Settings*.

Matsuzawa, I. 1969 Formation of the African great rift system. *Jour. Earth Sci, Nagoya Univ*. 17.

Maboko, M. A. H. & E. Nakamura 1995 Sm-Nd garnet ages from the Uluguru granulite complex of Eastern Tanzania: Further evidence for post-metamorphic slow cooling in the Mozambique belt. *Precam. Res.* 74.

Maboko, M. A. H. & E. Nakamura 1996 Nd and Sr isotope mapping of the Archaen-Proterozoic boundary in southeastern Tanzania using granites as probes for crustal growth. *Precam. Res.* 77.

Maruyama, S. 1994 Plume tectonics. *Jour. Geol. Soc. Japan* 100.

Morley, C. K. ed. 1999 Geoscience of rift systems: Evolution of east Africa. *Am. Assoc. Petrol. Geol.*

Orihashi, Y. et al. 1998 Dispersion of the Afar plume: Implications from the spatiotemporal distribution of the late Miocene to Recent volcanics, southwestern Arabian Peninsula. *Gondwana Res.* 1.

Rakotonandrasana, N. O. T. et al. 2010 Widespread occurrences of Hogbomite- 2 N 2 S in UHT metapelites from the Betroka belt, southern Madagascar: Implications on melt or fluid activity during regional metamorphism. *Jour. Petrol.* 51.

Rino, S. et al. 2008 The Grenvillian and Pan-African orogens: World's largest orogenies through geologic time, and their implications on the origin of superplume. *Gondwana Res.* 14.

Sakai, T. et al. 2010 Climate shift around 10 Ma recorded in the Miocene succession of Samburu Hills, northern Kenya Rift, and its significance. *Geol. Soc. London* 342.

Saneyoshi, M. et al. 2006 Half graben filling processes in the early phase of continental rifting: The Miocene Namurungule Formation of the Kenya Rift. *Sed. Geol.* 186.

Santosh et al. 2009 The making and breaking of supercontinents: Some speculations based on superplumes, super downwelling and the role of tectosphere. *Gondwana Res.* 15.

Sawada et al. 2006 The age and geological background of *Nacholapithecus*, *Samburupithecus* and *Orrorin*, Kenya. In H. Ishida (eds.), *Human Origins and Environmental Backgrounds*. Springer.

Schluter, T. 1997 *Geology of East Africa*. Gebruder Borntraeger.

Schluter, T. 2008 *Geological Atlas of Africa*. Springer.

Sekine, Y. et al. 2011 Manganese enrichment in the Gawganda Formation of the Huronian Supergroup: A highly oxidizing shallow-marine environment after the last Huronian glaciations. *Earth Planet Sci. Lett.* 307.

Selley, R. C. ed. 1997 *Sedimentary Basins of the World: African Basins*. Elsevier.

Sifeta, K. et al. 2005 Geochemistry, provenance, and tectonic setting of Neoproterozoic metavolcanic and metasedimentary units, Werri area, Northern Ethiopia. *Jour. African Earth Sci.* 41.

Suwa, K. et al. 1975 Petrology of peridotite nodules from Ndonyuo Olnchoro, Samburu district, central Kenya. *Phys. Chem. Earth* 9.

Suzuki, K. 1979a Pyroxenite and other crustal inclusions from the Kwa Nthuku cinder cone, eastern Emali, Kenya. *4 th Prelim. Rept. African Studies, Nagoya Univ.*

Suzuki, K. 1979b Hornblendite inclusion from the Ngong Hills in the southern part of the

Gregory rift, Kenya. *4 th Prelim. Rept. African Studies, Nagoya Univ.*

Suzuki. K. & K. Suwa 1981 A layered garnet pyroxenite nodule from the Kwa Nthuku cinder cone, Kenya. *6 th Prelim. Rept. African Studies, Nagoya Univ.*

Taylor, C. D. et al. 2009 Geology and nonfuel mineral deposits of Africa and the Middle East. *U. S. Geol. Surv. Open-File Rep.* 2005-1294-E.

Tetsopgang, S. et al. 2006 Petrology of highly evolved Pan-African two-mica granites from the Nkambe area, West Cameroon. *Jour. African Earth Sci.* 46.

Tetsopgang, S. et al. 2008 Petrology and CHIME geochronology of Pan-African high K and Sr/Y granitoids in the Nkambe area, Cameroon. *Gondwana Res.* 14.

Tsunogae, T. & D. D. van Reenen 2011 High-pressure and ultrahigh-temperature granulite-facies metamorphism of Precambrian high-grade terranes: Case study of the Limpopo Complex. *Geol. Soc. Am. Mem.* 207.

Woldemichael, B. W. & J.-I. Kimura 2008 Geochemistry of the Neoproterozoic Ghimbi-Nedjo mafic to intermediate intrusions: Implications for magma genesis and tectonic setting of Neoproterozoic Western Ethiopia. *Chikyu Kagaku* 62.

Woolley, A. R. 2001 *Alkaline rocks and carbonatites of the world. Part 3 : African Geol. Soc. London.*

Yoshihara, A. & Y. Hamano 2004 Paleomagnetic constraints on the Archean geomagnetic field intensity obtained from kimberlites of the Barberton and Belingwe greenstone belts, South Africa and Zimbabwe. *Precam. Res.* 131.

Yuhara, M. et al. 2002 Rb-Sr and Sm-Nd mineral isochron ages of the metamorphic rocks in the Namagwaland Metamorphic Complex, South Africa. *Gondwana Res.* 5.

3-1-1 地震活動
Seismic Activity in African Continent

....笠原稔

キーワード：東アフリカ大地溝帯，西ブランチ，地震災害，ニイラゴンゴ火山，ニアムラギラ火山

アフリカ大陸の地震活動の特徴は，大陸分裂の証拠として形成されている東アフリカ大地溝帯系に密接に関連した活動が見られることである。さらに，アフリカ大陸のなかで最も活動的な火山であるニイラゴンゴ・ニアムラギラ両火山のある西ブランチの活動度の方が高い。この地域では，1953年以来，中央アフリカ科学研究所（IRSAC，現CRSN：自然科学研究センター）を核にしながら，1971年以降の日本のJICAによる支援もあって，長期間の地震観測を維持するとともに，火山地域で火山活動に関連する地震活動の日本との共同研究がなされてきた。

アフリカ大陸とその周辺の地震活動

まず，アフリカ大陸およびその周辺の地震活動を概観してみよう。アフリカ大陸全体の地震活動が明らかになるには，世界規模の地震観測網の展開が必要であった。1961年から始まるアメリカ合衆国による世界標準地震計観測網（WWSSN：World-Wide Standardized Seismograph Network）の展開は，全地球の地震活動を系統的に議論できる端緒を切り開いた。この観測網が，ほぼ完成された1965年以降2012年までのアフリカ大陸およびその周辺のM（マグニチュード）4以上の震央分布図を，総説の図3に示した。アフリカ大陸を取り巻く，大西洋，インド洋およびアデン湾に見られる細い帯状の地震帯は，マントル上昇流によるプレート生産境界の地震活動であり，地中海およびアラビア半島北部の地震活動は，アフリカプレートとユーラシアプレートの衝突によるものである。大陸内部では，アデン湾から東アフリカ大地溝帯に沿う形で，南北に連なる活発な地震活動帯が見られる。M4以上の地震は大陸のどこで起きても検知可能な大きさであり，大陸全体として見た地震活動度は，現在の構造運動の活動度の反映であるといえる。現在の地震活動は，東アフリカ大地溝帯の東ブランチより西ブランチの方が活発であり，被害を伴うM6以上の大地震も，ほとんどが西ブランチで発生している。

中央アフリカ研究所による西ブランチの地震観測

西ブランチの地震活動に関しては，2つの活火山ニイラゴンゴ，ニアムラギラの活動との関連からも古くから注目されており，1947年7月1日に，当時のベルギー王国チャールズ皇太子は，キブ湖の西に位置するルイロに中央アフリカ科学研究所（IRSAC：イルサック）の設立を決定し，地震学部門が設置された。地震観測は，1953年よりルイロ観測点のほかに，火山地域のルマンガボ，タンガニーカ湖北端のウビラと地溝帯の東側に位置するアストリデ（現ブタレ）の4点で始められた。1960年6月30日のベルギーからの独立以後，1965年11月のモブツ政権誕生までの第一次コンゴ動乱の間，ヨーロッパ人研究者は本国へ送還させられたが，技術者は滞在することが許されており，地震観測だけは続けられた。第一次コンゴ動乱がモブツ政権の誕生で一応の安

定を見た1966年には，大統領府直轄の研究所として，ヨーロッパ人研究者も戻り再開された。しかしながら，モブツ大統領のザイール化政策により，1970年にIRSACからのヨーロッパ人研究者の排斥が決まり，日本政府にIRSACでの地震観測網の再整備についての要請がなされた。当時のOCTA（現JICAの前身）を通じて，東北大学に要請され，1971年から1984年までの13年間にわたり，IRSACの地震観測部門の観測体制支援と研究者の養成に尽力してきた（高木1991）（IRSACは，その後1975年に，IRS（科学研究所）となった。さらに1982年にCRSN（自然科学研究センター）となり，現在にいたっている）。

コンゴ動乱のなかで，IRSACにより，細々ながら継続して積み上げられた地震観測のデータをもとにして，最初のザイール（当時）人研究者，ザナにより，東アフリカ大地溝帯西ブランチの震源分布，被害を伴った1960年9月22日のウビラ地震（M6.5）および1966年3月20日のルウェンゾリ地震（M7.0）の余震活動が明らかにされた。さらに西ブランチの地震メカニズムを解析し，地溝帯では，ほぼその延長方向に直交する張力軸が見られ，現在の地溝帯に作用している応力場は，地溝帯の拡大を示唆するものであることを明らかにした。西ブランチが大陸の分裂を現在進行形として見ることのできる，地球上，稀有な場所であることを意味している。

日本人による地震観測研究史

日本人による最初の地震観測研究は，1959年にベルギー国立火山学センターとIRSACが共同で組織した「ニイラゴンゴ火山地球物理観測国際調査隊」に参加した下鶴大輔（東京大学名誉教授，当時九州大学助教授）によるニイラゴンゴ火口内での観測である。火山性地震観測では世界をリードしていた日本の研究者が招聘されたものである。1959年8月5日から1ヵ月間，ニイラゴンゴ火口内での観測が続けられた。当時，ニイラゴンゴ火山山頂火口内の溶岩湖は，火口縁から400m下がった位置が湖面であった。火口内には，過去の活動で形成された3段のテラスができており，地震観測は，火口縁から約200m下がった第一テラスにベースキャンプが張られ，そこで行われていた。さらに，180m下がった第二テラスまで降りて，溶岩湖内のマグマ対流活動に伴う微動振幅の距離減衰や周波数について調査された（Shimozuru et Berg 1961）。この調査隊に日本人が参加したことが，前述したIRSACの再建に日本へ支援が求められた由縁でもある。

1971年から2年間，前述の支援に参加した東北大学の浜口博之は，1977年以降，文部省（当時）科学研究費国際学術調査によるニイラゴンゴ・ニアムラギラ火山地域の地球物理学的調査研究を推進した。1991年の調査まで，7回のミッションが実施された。

この間，ニアムラギラ火山では7回の側噴火が起こっている。このうち3回の噴火と調査観測の時期が一致し，噴火に伴う諸現象の記録が残されることになった。最初の噴火は，1981年末から1982年1月にかけての噴火である。火山周辺に展開された4点の地震観測点と，噴火地点近傍に展開した地震観測点により，溶岩噴泉に伴う微動振幅の変化と，噴火終了後の活発な地震活動の震源分布が初めて詳細に得られた（図。Hamaguchi ed. 1983）。火山体直下の深部（10～30km）で発生している地震活動は，100km離れたルイロ観測点でも記録されていることが明らかになった。1955年以降，IRSAC地震学部門の技術職員，ベルギー人ヤンセン（Janssen）は，ルイロで記録される地震波形のなかに，P相S相（縦波，横波）が明瞭な構造性の地震とは異なる紡錘形の地震波形を認めており，1960年以降，火山性地震としてメモを残していた。これが，まさしく100km離れたニアムラギラ・ニイラゴ

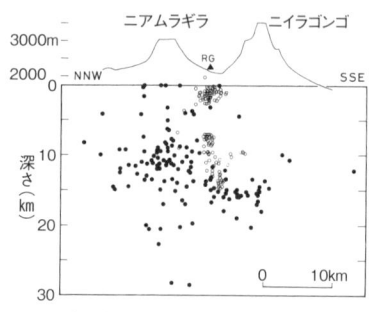

1981～82年の観測で得られたニアムラギラ・ニイラゴンゴ火山地域の震央分布（上）と北北西・南南東断面に投影した地震の深さ分布（下）

ンゴ火山地域で発生している深部地震であることが確かめられたのである。このタイプの地震活動は，深部マグマの移動に伴うものと推定され，その活動度は深部マグマの浅部への供給率の指標になるものと考えられ，重要な情報であることが判明した（Hamaguchi ed. 1983）。

2回目は，1986年7月の噴火である。噴火は調査班の日本出発直前に始まったが，約1ヵ月間続いたので，噴火地点での臨時観測を行うことができ，前回の噴火同様，噴火活動に伴う地震活動の状況と噴火後の深部地震活動を明瞭に記録することができた（田中編 1988）。

3回目は，1991年の噴火である。噴火は，9月18日には始まったが，現地観測班は，9月20日ゴマへ入り，現地観測を22日から始めることができた。しかし，9月23日に首都キンシャサで発生した暴動により，充分な期間の観測はできなかった（Hamaguchi ed. 1992）。

ここまでの14年間，7回の現地調査の結果，ニアムラギラ火山は活動度が増し，山頂火口の膨張が顕著に見られ始めてきていた。こうした活動度の加速は，噴出溶岩の組成にも反映されていることが確かめられた（Hamaguchi ed. 1992）。

この暴動を端緒にして，モブツ政権に対する反政府運動，ルワンダの内乱によるルワンダ難民のゴマ地域への流入，カビラ新政権の誕生後の第二次コンゴ動乱などにより，日本人を含む直接的な現地調査観測をする機会を失ってしまった。しかしながら，ニアムラギラ火山は，その後も，予想通り活動的で，1991年以降，2012年までの20年間に10回の側噴火をしている。日本からの調査観測隊を派遣することは難しくなったが，JICAプロジェクトおよび国際学術調査の共同観測の経験から育成されたコンゴ人研究者によるそれぞれの噴火に伴う地震活動についての研究成果が出され，集大成されている（Wafula 2012）。

一方，山頂火口内に長期継続する溶岩湖を持つことで有名なニイラゴンゴ火山は，1977年1月，溶岩湖レベルが最高位に達した後に，その圧力によって山体に割れ目を生成し，溶岩流出噴火が発生した。その結果，山頂火口内の溶岩湖は消失し，深さ約1000mのすり鉢型火口となった。浜口らは，ルイロ観測点の噴火に伴う長周期地震記録をもとに，30分で終わった噴火プロセスを解析している。それによると，前兆的な地震活動に続き，山麓に幅1～2mの開口割れ目を生成し，6分間で火口内にたまっていた1600万m³の溶岩を流出した。次の8分間で，火口内部に形成されていた固形のテラス部分が大崩壊し，その衝撃力で地震が発生した。これはナイロビでも観

測された。さらに続く8分間は，特異な地震が励起されており，これは火口直下の火道でのマグマの急激な発泡が原因と推定されている（Hamaguchi ed. 1992）。この噴火の5年後，1982年6月に，ニイラゴンゴ火山の山頂火口内では溶岩上昇が続き，再び溶岩湖が出現した。数ヵ月の活動後一時活動は停止したが，さらに12年後，1994年6月から溶岩湖活動は活発になり，山麓からも「火映」が見られるようになった。この2週間後，隣国ルワンダの内戦が激化し，ゴマの町に難民が1日に10万人という単位で流入した。最終的には100万人にも及んだ。これらの難民は，ニイラゴンゴ山麓の空き地に住むしかなく，ニイラゴンゴ火山の1977年同様の噴火が発生すると，その惨事は想像を絶することになる。そのために浜口博之らは，UNHCR（国連難民高等弁務官事務所）と日本外務省の要請を受けて，火山活動監視のための地震観測網を拡張するとともに，ゴマ火山観測所の庁舎を1995年に完成させた。ここを拠点に，CRSNにより維持されてきた4ヵ所の地震観測点のほかに，3点のテレメータ観測点を設置できた。ニイラゴンゴの溶岩湖活動は，時間とともに活発になり，2001年末には，1977年噴火前と同じ位置（高さ）まで上昇してきていた。これを受けて，日本での研修を受けたゴマ火山観測所のワフーラは，噴火の危険性を示唆し，直前（3日前）に，近いうちの噴火発生を公表し，実際の噴火時の人的被害をゼロにすることができた（浜口 2002）。前回同様，溶岩湖の溶岩はほぼすべて流出してしまったが，2006年には，再度溶岩湖活動が始まっており，次の噴火へ向けて準備が進んでいることは間違いなく，相変わらずゴマの町の危険性は残されている。

現状と将来の展望

　東アフリカ大地溝帯の西ブランチ地域は，いま現在も政治的不安定な状態にあり，理想的な地震観測網が構築されていない。しかし西ブランチの地震活動は，1960年代に見られたように，2000年代も活発化している。2002年10月キブ湖北部西岸でM6.2の地震（死者8人），2008年2月キブ湖南部でM6.2の地震（死者49人）が発生している。CRSNの職員は老朽化した地震観測装置を用いるしかなかったが，ルイロ観測点のほかに2点の臨時観測を展開して，余震活動の把握に努め，市民に対する地震情報の提供を行った。同年4月末から1ヵ月間，日本からの観測班を派遣して，臨時観測を支援した。これを機縁に，西部地溝帯に関連する地震活動に大きな関心が集まり，翌年にはブカブにおいて，西ブランチの地震観測網と隣接国間でのデータ交換に関連した国際シンポジウムが開かれた。政情の安定と日本からの観測網近代化への支援に大きな期待が寄せられた。アフリカ大陸内部の地震活動を考えたときには，これまでの経緯からも，火山観測を含む西ブランチの総合的な観測研究体制の構築が最重要課題であろう。

高木章雄 1991「ザイールの地震と火山」『日本アフリカ学会会報別冊』／田中和夫編 1988「ニイラゴンゴ・ニアムラギラ火山の地球物理学的調査」『弘前大学』78／浜口博之 2002「ニイラゴンゴ火山の噴火と火山災害」『月刊アフリカ』42 (8) ／ Hamaguchi, H. ed. 1983 *Volcanoes Nyiragongo and Nyamuragira: Geophysical Aspects*. Tohoku University ／ Hamaguchi, H. ed. 1992 *Geophysical Study on The Hotspot Volcanoes in the African Continent*. Tohoku University ／ Shimozuru, D. et E. Berg 1961 Seismological study of the Nyiragongo volcano, *Bull. De L' Academique Royale des Sciences D'Outre-Mer, Classe des Sciences Techniques*, VII. Bruxelles ／ Wafula, M. 2012 Etude Geophysique de L'Activite Volcano-Seismique de la Region des Virunga, Branche Occidentale du Systeme des Rifts Est-Africans et son Implication dans la Prediction des Eruptions Volcanique. *Doctor Thesis*, Kinshasa University

⇒地質学，火山活動

3-1-2 火山活動
Volcanic Activity

沢田順弘

キーワード：マントルプルーム，アフリカ大地溝帯，洪水的火山活動，火山災害，コマチアイト，カーボナタイト，キンバーライト

　アフリカ大陸では前期始生代以降，さまざまな時代に火山活動が起こっている。超高温マグマ，コマチアイトの活動が前期始生代の剛塊中に記録されている。原生代にはさまざまな場での火山活動が見られたが，沈み込み帯での火山活動はこの時代をもって終わり，その後はマントルプルーム由来の火山活動へと変わる。中生代にはゴンドワナ大陸の分裂に関連した大規模な火山活動が見られる。新生代の火山活動は大陸内にスポット状に点在するものと，カメルーン火山列や東アフリカ大地溝帯のようにリフトに関連したものがあり，それらのなかには活火山も多い。カーボナタイトやキンバーライトもアフリカ大陸の火山活動を特徴づけるものである。

始生代・原生代の火山活動

　アフリカ大陸南部のカープバール剛塊中には始生代の火山岩類が分布する。そのなかにコマチ川に由来するコマチアイトと呼ばれる1600℃前後という超高温で噴火した特異な火山岩がある。噴火が起こったのは35億年前で，地球上で最古級の火山活動の産物である。始生代には海洋底での火山活動が起こる一方で，海洋島弧が形成され，それらはやがて合体し大陸へと発展していく。

　前期原生代の火山活動として大規模なものはカープバール剛塊中の積算層厚10kmに及ぶローイベルグ層群に見られる玄武岩から流紋岩にいたるものである。

　原生代後期の汎アフリカ造山運動では海嶺，海山，沈み込み帯など現在の地球上で起こっている火山活動と同様な活動が見られる。ウーリイ（Woolley）によるとカーボナタイトは半数以上がアフリカ大陸から産し，最古のカーボナタイトは20億年前であるが，活動は現在にいたるまで続いている。

古生代・中生代の火山活動

　古生代における火山活動は，西アフリカ剛塊周辺，北東アフリカ，ヌビア，南アフリカの限られた地域で起こっているに過ぎない。

　中生代に入るとゴンドワナ大陸においてリフティングや分裂が起こるとともに火山活動も活発化する。北西アフリカでは2億年前ごろの三畳紀からジュラ紀にかけて玄武岩の活動があった。アフリカ大陸南半分に広く分布するカルー超層群上部の堆積期にあたるジュラ紀の182～172Ma（Maとは100万年前を表わす）には，洪水的玄武岩の噴出や貫入が起こった（Gall et al. 2002）。後期ジュラ紀から前期白亜紀にかけて起こったアフリカ大陸と南米大陸の分離に関連し，南米のパラナ台地では洪水的な玄武岩の活動が起こったが，その片割れはナミビアからアンゴラにかけて見られるエテンデカ玄武岩である。

　アフリカ大陸における特徴的な火山活動の産物としてキンバーライトがある。アフリカ南部に多産し，中期原生代以降，白亜紀末期まで活動している（Field et al. 2008）。

新生代の火山活動

　新生代の火山活動は大陸内部に点在するスポット的な活動と，東アフリカ大地溝帯やカメルーン火山列のようなリフト帯の活動とに区分される。スポット的な火山活動は西アフリカ，中央サハラ，チャド，ニジェール，スーダン，ナミビアなどに見られる。エチオピアの30Maの洪水的玄武岩とケニア，ナイバシャの玄武岩はアルカリ元素が相対的に少ない非アルカリ岩であるが，他は大陸プレート内プルーム由来の火山活動を特徴づけるアルカリ岩で，とくに西ブランチとケニア地溝帯南部のチュウル丘陵の玄武岩はアルカリ元素に著しく富む。地溝帯の火山岩類は一般に玄武岩とトラカイト，ホノライト，流紋岩からなる。

　カメルーン火山列はギニア湾からカメルーン〜ナイジェリア国境沿いにかけて総延長2000kmに及ぶ火山群である。火山活動は17.6Maから始まったが，活火山もある（Kamgang et al. 2002）。

　東アフリカ大地溝帯ではエチオピア南部で45〜35Maに火山活動が起こっている（George et al. 1998）。アファールでは三重点を中心にして31Maに60万m²に及ぶ洪水的玄武岩の活動が起こり，引き続いて30Maごろに爆発的で大規模な珪長質火山活動があった（Corti 2009）。

　ケニア地溝帯では33Maごろから火山活動が始まり，その後の若干の休止期を挟んで活動は現在まで続いている。タンザニアでは8Maごろから火山活動が始まっているが，6Ma以降，とくに第四紀に入ってから活動が活発化している。ケニア地溝帯ではリフト底に多数の第四紀のカルデラ群や玄武岩スコリア丘が分布する。また，地溝帯の外側にはエルゴン山（噴火は中新世に起こった），ケニア山（噴火年代は5.8〜2.8Maと0.8Ma），キリマンジャロ山（2〜0.18Ma）という巨大な火山が独立峰としてそびえる。ケニア地溝帯の最南部では地溝帯の構造にほぼ直交してンゴロンゴロ〜キリマンジャロ火山帯があり，その東縁は更新世後期から完新世にかけて噴火したチュウルの玄武岩である。

　タンザニアのルングエ地溝帯では9Maごろから火山活動が始まったが，1000年前ごろにも噴火があったことがわかった（Fontijn et al. 2012）。

　東アフリカ大地溝帯西ブランチの火山活動は，東ブランチほど活発ではない。北方のキブ湖周辺のヴィルンガ火山地域では活動は13Maごろから始まったが，ニイラゴンゴやニアムラギラは現在でも活発な活動が続いている。ニイラゴンゴにおいては防災・減災の観点からも地球物理学や地球化学的研究が進められている。

　ケニア南西部，ウガンダ東部，タンザニア北部にかけて漸新世以降のカーボナタイトが点在分布するが，そのなかでもタンザニアのオルドイニョ・レンガイ火山は1960年に噴火が目撃され，報告された（Dawson 1962）。

　アフリカ大陸およびその周辺（アラビア半島，マダガスカル，コモロ諸島，レニュオン島，カナリー諸島）においては完新世（1万1700年前以降）に噴火した多数の火山が存在し，紀元後をとっても，東アフリカで24火山，西ブランチで5火山，アラビア半島で10火山，西アフリカで?火山において噴火記録がある（Siebert et al. 2010）。

日本人を中心とした火山活動研究史

　1962年から始まる名古屋大学のアフリカ大陸における地球科学的研究は，日本人研究者によるアフリカ研究の先駆的なものであった（Association for African Studies, Nagoya Univ. 1969, 1975, 1977, 1979, 1981, 1983, 諏訪1997）。諏訪兼位，星野光雄，柳哮によるタンザニア剛塊中の枕状溶岩，島弧火山活動を特徴づける火山岩類の研究（Hoshino et al.

1983)，伊藤正裕を中心としたケニア西部のキンバーライトの研究（Ito et al. 1985）や，藤田元夫によるヤッタ台地ホノライトの研究（Fujita 1977）がある。オルドイニョ・レンガイ火山を含むカーボナタイトの酸素・炭素同位体の研究が諏訪兼位，和田秀樹らによって行われた（Suwa et al. 1975）。

タデッセ，星野光雄，沢田順弘はアラビア－ヌビア楯状地の汎アフリカン造山帯の低変成度火山岩類の地質と産状を基礎に，化学組成の特徴からそれらの活動場を推定した（Tadesse et al. 1999）。

1980年から始まった石田英實を代表とする東アフリカの中新世霊長類進化の研究に付随して，地質調査や火山岩類の年代測定が行われ，ケニアにおける後期新生代火山活動史が明らかにされた（Itaya & Sawada 1987, Sawada et al. 2006）。カベト，沢田順弘，若月利之は，ケニア北部に広く分布する後期新生代の火山岩類の化学組成から，マグマの成因について議論した（Kabeto et al. 2001a, b）。ケニア中央部に広く分布する中新世洪水的トラカイト－ホノライト溶岩の長石K-Ar年代から，活動は16Ma，15〜14Ma，13〜12Maの3時期に及ぶことが明らかになった（沢田・Kabeto 2005）。巽好幸，木村信一，板谷徹丸，小屋口剛，諏訪兼位は，ケニア地溝帯，サンブル丘陵における火山岩類について，主・微量成分の年代的変化からアセノスフェアが2ステージのプルームとして上昇したことを推定した（Tatsumi & Kimura 1991, Tatsumi et al. 1991）。

1986年8月21日，カメルーンのニオス湖周辺において死者1746名に及ぶ火山災害が起こった。原因は火口湖から漏れ出た二酸化炭素であった。この現象の解明とカメルーン火山列の地球科学的研究に，日下部実を中心とした日本人研究者が大きく貢献している。日下部は多量の二酸化炭素流出の原因について深い火口湖の下部に下方から二酸化炭素が供給され，湖水中に蓄積され，ついには臨界状態に達し，突沸したものと推定した。同じような災害は1984年8月15日に同じカメルーン火山列のマヌーン火口湖においても起こっていた。日下部も中心的な役割を果たす火山防災の国際プロジェクトが始まり，パイプを火口湖に降ろし，ガス抜きが行われている。火山岩類について日下部実，佐藤博明，荒牧重雄，横山哲也，長尾敬介，アカなどによって地球化学研究が行われ，火山の年代や深部断裂帯も考え合わせて，マグマの起源物質と成因，火山列下のマントル組成とセントヘレナ・プルームとの関係が明らかにされた（Sato et al. 1990, Yokoyama et al. 2007, Aka et al. 2008）。これらの内容は日下部実によってまとめられている（日下部 2010）。

東アフリカ大地溝帯西ブランチのニイラゴンゴとニアムラギラは，アフリカ大陸の第四紀火山のなかでも最も活動的な火山である。浜口博之を代表とする研究が1985年以降，継続的に進められてきた。研究は地球物理学的観測とともに火山岩の地球化学的研究も行われている。プロジェクトには笠原稔，西村太志，林信太郎などが参加していた（Hayashi et al. 1992）。1994年，ニイラゴンゴにおいて溶岩湖の活動が活発になったが，この時期，隣国のルワンダで内戦が起こり，100万人ともいわれる難民がニイラゴンゴ火山の裾野に流れ込んできた。ニイラゴンゴの溶岩は流動性に富み，溶岩湖から溶岩があふれ出した場合，大惨事になるため，機器観察や地震観測は防災・減災という意味で重要であった。

日下部実 2010『湖水爆発の謎を解く』岡山大学出版会／沢田順弘・Kabeto, K. 2005「東アフリカ大地溝帯における洪水的火山活動」『月刊地球』314／諏訪兼位 1997『裂ける大地アフリカ大地溝帯の謎』講談社／Aka, F. T. et al. 2008 U-series dating of Lake Nyos maar basalts, Cameroon（West

Africa): Implications for potential hazards on the Lake Nyos dam. *Jour. Volcanol. Geotherm. Res.* 176／Association for African Studies, Nagoya Univ. 1969 Nagoya Univ. African Rift Valley Expedition 1968 Report ／ Association for African Studies, Nagoya Univ. 1975, 1977, 1979, 1981, 1983 First, Second, Fourth, Sixth and Eighth. *Prelim. Rept. African Studies Nagoya Univ.*／Corti 2009 Continental rift evolution: From rift initiation to incipient break-up in the Main Ethiopia Rift, East Africa. *Earth-Sci. Rev.* 96 ／ Dawson 1962 Sodium carbonatite lavas from Oldoinyo Lengai, Tanganyika. *Nature* 389／Field et al. 2008 Kimberlite-hosted diamond deposits of southern Africa: A review. *Ore Geol. Rev.* 34／Fontijn et al. 2012 The Rungwe Volcanic Province, Tanzania. A volcanological review. *Jour. African Earth Sci.* 63／Fujita, M. 1977 Geology of the Yatta plateau, Kenya. *2nd Prelim. Rept. African Studies Nagoya Univ.* ／ Gall et al. 2002 ^{40}Ar/^{39}Ar geochronology and structural data from the giant Okavango and related mafic dyke swarms, Karoo igneous province, northern Botsuwana. *Earth Planet. Sci. Lett.* 202 ／ George et al. 1998 Earliest magmatism in Ethiopia: Evidence for two mantle plumes in one flood basalt province. *Geology* 26 ／ Hayashi, S. et al. 1992 Major element chemistry of recent eruptive products from Nyamuragira volcano, Africa (1976-1989) *Tectonophs.* 209 ／ Hoshino, M. et al. 1983 Geological structure of the Archaean greenstone belt, northwest of Kisumu, Kenya. *8th Prelim. Rept. African Studies, Nagoya Univ.* ／ Itaya, T. & Y. Sawada 1987 K-Ar ages of volcanic rocks in the Samburu Hills area, Northern Kenya. *African Study Monographs. Supple. Issue* 5 ／ Ito, M. et al. 1985 Kimberlites and kimberlite-prospecting in western Kenya. *Geology for The Development of Kenya, Geol. Soc. Kenya* 2／Kabeto, K. et al. 2001a Mantle sources and magma-crust interactions in volcanic rocks from the Northern Kenya Rift: Geochemical evidence. *Lithos* 56 ／ Kabeto. K. et al. 2001b Different evolution trends in alkaline evolved lavas from the northern Kenya Rift. *Jour. African Earth Sci.* 32 ／ Kamgang et al. 2002 Mantle sources and magma evolution beneath the Cameroon Volcanic Line: Geochemistry of mafic rocks from the Bamenda Mountains (NW Cameroon). *Gondwana Res.* 24 ／ Sato, H. et al. 1990 Geochemical difference of basalts between polygenetic and monogenetic volcanoes in the central part of the Cameroon volcanic line. *Geochem. Jour.* 24 ／ Sawada, Y. et al. 2006 The ages and geological background of Miocene hominoids *Nacholapithecus, Samburupithecus* and *Orrorin* from Kenya. In Ishida et al. (eds.), *Human Origins and Environmental Backgrounds.* Springer／Siebert et al. 2010 *Volcanoes of the World*-3rd edition. California UP／Suwa, K. et al. 1975 Isotope geochemistry and petrology of African carbonatite. *Phys. Chem. Earth* 9 ／ Tadesse, T. et al. 1999 Geochemistry of low-grade metavolcanic rocks from the Pan-African of the Axum area, northern Ethiopia. *Precam. Res.* 99 ／Tatsumi, Y. & N. Kimura 1991 Secular variation of basalt chemistry in the Kenya Rift: Evidence for the pulsing of asthenospheric upwelling. *Earth Planet. Sci. Lett.* 104 ／ Tatsumi, Y. et al. 1991 Intermittent upwelling of Asthenosphere beneath the Gregory rift, Kenya. *Geophys. Res. Lett.* 18 ／ Woolley 1989 The special and temporal distribution of carbonatites. In K. Bell (ed.), *Carbonatites*. Unwin Hyman／Yokoyama, T. et al. 2007 Plume-lithosphere interaction beneath Mt. Cameroon volcano, West Africa: Constraints from ^{238}U-^{230}Th-^{226}Ra and Sr-Nd-Pb isotope systematic. *Geochim. Cosmochim. Acta* 71

⇒地震活動

3-1-3 動物化石
Animal Fossils

仲谷英夫

キーワード：脊椎動物，爬虫類，哺乳類，化石，進化

ダーウィン（Darwin 1871）が「人類発祥の地はアフリカをおいてない」と示したときから，多くの古生物学者たちはアフリカ大陸が哺乳類起源の地でもあると考えた（Osborn 1910）。19世紀末から20世紀初頭には，エジプトからゾウの起源に関わる化石が発見され（Andrews 1906），さらにタンザニア（当時ドイツ領東アフリカ）では，巨大な恐竜の化石が発掘され（Fraas 1908），アフリカ大陸が恐竜や哺乳類をはじめとする大型脊椎動物化石の宝庫であることが明らかになった。その間，南アフリカでは，初期人類アウストラロピテクスの発見（Dart 1925）に伴って多くの哺乳類化石が洞窟堆積物などから，恐竜の起源や哺乳類につながる爬虫類化石（Broom 1932）がカルー盆地から発掘された。

古生代〜中生代脊椎動物化石

主にワイシャンペル他（Weishampel et al. 1990），チンサミィ-ツラーン（Chinsamy-Turaan 2008）による。

カルー動物相（石炭紀〜前期ジュラ紀）

南部アフリカのカルー盆地には，後期石炭紀から前期ジュラ紀のカルー超層群が分布しており，多くの脊椎動物化石が知られている。石炭紀〜ペルム紀の南アフリカの初期カルー動物相は，大型化したパレイアサウルス類や水生適応したメソサウルス類，肋骨がカメの甲羅のように広がったエウノトサウルス（Cox 1969）のように杯竜類から進化した原始的な爬虫類と，ディキノドン類，ディノセファリア類，テロセファリア類，ゴルゴノプス類と多様進化を遂げた獣弓類（哺乳類型爬虫類）の2つの大きなグループが知られる（Cluver 1978, Chinsamy-Turaan 2008b）。

三畳紀〜前期ジュラ紀の南アフリカやレソトの後期カルー動物相は，獣弓類のなかでも南米，インドなどゴンドワナ大陸に広く分布するリストロサウルスやカンネメリアなどディキノドン類や，哺乳類に最も近縁なトリナクソドンやトリチロドンなどキノドン類と，最初期の哺乳類であるメガゾストロドン（三錐歯類），さらに初期の恐竜であるマッソスポンディルス（原竜脚類）やヘテロドントサウルス（鳥脚類）などが知られる（Cluver 1978）。

また，カルー盆地と同時代の後期ペルム紀のマダガスカルからはかつてはクビナガリュウなどの鰭竜類の仲間としては最も古いとされた原始的爬虫類クラウディオサウルスが知られ（Carroll 1981），後期三畳紀〜前期ジュラ紀のジンバブエからは原竜脚類が知られる。

東アフリカ・南アフリカの恐竜
——中期ジュラ紀〜前期白亜紀

後期ジュラ紀のタンザニア・テンダグルからは巨大なブラキオサウルス（竜脚類）や背中に棘状の突起を多数持つケントロサウルス（剣竜類）の保存のよい全身骨格など大量の恐竜化石（Fraas 1908, Maier 2003）が発掘され，哺乳類のブランカテルム（真全獣類）など

また，前期白亜紀のマラウイからも世界最古のチタノサウルス類（竜脚類）マラウイサウルスなどの恐竜化石が発見されている（Jacobs et al. 1993）。これ以外にも，断片的ながら，白亜紀のケニアなどから恐竜化石が知られる。

さらに，中期ジュラ紀のマダガスカルからは竜脚類が，後期ジュラ紀の南アフリカからは獣脚類，竜脚類，鳥脚類，剣竜類が，前期白亜紀の南アフリカからは獣脚類，鳥脚類が，後期白亜紀の南アフリカからは竜脚類が，マダガスカルからはラペトサウルス（竜脚類）やマジュンガサウルス（獣脚類）などの恐竜化石が大量に知られる。

北アフリカの恐竜や長頸竜
—— ジュラ紀〜白亜紀

中期ジュラ紀のモロッコやアルジェリアからは獣脚類や鳥脚類が，後期ジュラ紀のモロッコ，ニジェールからは獣脚類，竜脚類，鳥脚類，剣竜類が，前期白亜紀のモロッコ，アルジェリア，チュニジア，リビア，ニジェールなどからは獣脚類，竜脚類，鳥脚類，曲竜類が，後期白亜紀のモロッコ，アルジェリア，エジプト，ニジェールからは獣脚類，竜脚類，鳥脚類など多くの恐竜が知られ，なかでも，スピノサウルス（獣脚類）は背中に帆のような突起を持つという特異な形態を示す。ほかに，ジュラ紀のエチオピア，前期白亜紀の南アフリカ，後期白亜紀のエジプト，モロッコ，コンゴなどから長頸竜化石が知られる（Person 1963）。

新生代脊椎動物化石

主にマグリオとクック（Maglio & Cooke 1978），ターナーとアントン（Turner & Anton 2004），ウェーデリンとサンダース（Werdelin & Sanders 2010）による。

古第三紀の哺乳類

古第三紀の哺乳類化石産地は主に北アフリカにあり，前期始新世のアルジェリアやモロッコからは最古の長鼻類であるヌミディテリウムやフォスファテリウムが知られる。後期始新世〜前期漸新世のエジプト・ファユームからは，左右に一対の角を持つアルシノテリウム（重脚類），メリテリウム（長鼻類），最初の完全な水生のクジラであるバシロサウルスなどが知られる（Andrews 1906）。中期始新世の北アフリカ以外ではセネガルの中期始新世，エチオピアやタンザニアの漸新世に哺乳類化石産地が知られる。

新第三紀中新世の哺乳類

北アフリカ・リビアの前期中新世ゲベルゼルテンからは東アフリカと共通するアフロメリックス（偶蹄類アンソラコテリウム科）が，後期中新世サハビからはユーラシアと共通するアドクロクタ（食肉類ハイエナ科）や北アメリカからユーラシアを通ってアフリカに入ってきた最初期のヒッパリオン（奇蹄類ウマ科）などの哺乳類が知られる。アルジェリアの後期中新世ボウハニフィアからもヒッパリオン（奇蹄類ウマ科）が大量に産出することが知られる。

東アフリカでは，日本の調査隊によってケニアの中期中新世ナチョラから，ナチョラピテクス（霊長類ヒト上科）が，大量に発掘され，同じくケニアの後期中新世サンブルヒルズやナカリ，エチオピアの後期中新世チョロラからもサンブルピテクスなどのヒト上科（類人猿）化石が発見された。これらに伴った哺乳類化石の研究から後期中新世にサハラ以南のアフリカでは哺乳類動物相に大きな変化があったことが明らかになった（Nakaya 1994）。

ナミビアの中期中新世最初期アリスドリフトからは，アフリカでは最後の肉歯類であるヒアイナイロウロスなどが知られる。南アフリ

カの後期中新世ランゲバーンウェグからは、サハラ以南のアフリカでは唯一のクマ科（食肉類）化石のアグリオテリウムなどが知られる（Hendey 1982）。

また，後期中新世末期〜鮮新世にかけて，長鼻類のステゴドン科がアジアからアフリカへ到来し，最古のゾウ科のプリムエレファスがアフリカで出現し，その後，ユーラシアや北アメリカへ拡散した。この時代には，最古級の人類化石がチャドのトロスメナラ，ケニアのツゲンヒルズ，エチオピアのミドルアワッシュなどから知られる。

新第三紀鮮新世〜第四紀の哺乳類

東アフリカや南アフリカ各地から初期人類化石に伴って多くの哺乳類化石が知られ，とくにケニアのトルカナ湖東岸のクービフォーラ，西トルカナ，タンザニアのラエトリ，オルドバイ，エチオピアのハダール，オモ，コンソ，南アフリカのタウング，マカパンスガット，スタークフォンテインなどがこの時代の主要な化石産地である。

この時代には現在のアフリカの脊椎動物相とほぼ同じ動物相ができあがった。そのなかで，特筆すべきものとしては，アフリカ大陸以外ではほとんど絶滅した三趾馬のヒッパリオン（奇蹄類ウマ科）やかぎ爪の発達したアンキロテリウム（奇蹄類カリコテリウム科）が知られる。

動物化石から見た古生物地理

アフリカ大陸は中生代ジュラ紀までは南米大陸，インド亜大陸，南極大陸，オーストラリア大陸などと1つのゴンドワナ大陸を形成しており，陸生脊椎動物はこれらの大陸との共通性が高い。

白亜紀になるとゴンドワナ大陸が分裂を始め，アフリカ大陸は他の大陸（やマダガスカル島）との接続がたたれ，新生代古第三紀にはアフリカ獣類のようなアフリカ独自の陸生脊椎動物が出現した。

その後，新第三紀になると，アフリカ大陸はユーラシア大陸と衝突し，さらにアラビア半島がアフリカ大陸から分離するなど，アフリカ大陸とその他の大陸の間には接続と分断が繰り返され，複雑な動物の拡散や移動が起こった。

さらに，乾燥期におけるサハラ砂漠の存在が，陸生脊椎動物の大きな障壁となった。このような結果，現在のアフリカ大陸の動物相が生まれた。

動物化石の収蔵機関

古生代や中生代の脊椎動物化石の多くが20世紀初頭から半ばまでに発掘され，ヨーロッパなどアフリカ以外の博物館に多く収蔵されているのとは違い，これら新生代哺乳類化石の多くは，ケニア，タンザニア，エチオピア，南アフリカなどの博物館に所蔵されている。この理由としては新生代のサハラ以南のアフリカでの化石発掘は1970年代以降にさかんになり，それらと平行して現地の博物館に収蔵するための法整備が進んだことと関係していると思われる。

コルバート，E・H，M・モラレス，E・C・ミンコフ 2004『コルバート脊椎動物の進化　原著第5版』田隅本生訳，築地書館／ターナー，A & M・アントン 2007『図説アフリカの哺乳類——その進化と古環境の変遷』冨田幸光訳，丸善／Andrews, C. W. 1906 *A Descriptive Catalogue of the Tertiary Vertebrata of the Fayûm, Egypt*. British Museum (Natural History)／Broom, R. 1932 *The Mammal-Like Reptiles of South Africa and the Origin of Mammals*. HF & G. Witherby／Carroll, R. L. 1981 Plesiosaur ancestors from the Upper Permian of Madagascar. *Phil. Trans. Royal Soc. London* ser. B, 293／Chinsamy-Turaan, A. 2008a *Famous Dinosaurs of Africa*. Struik Publishers／Chinsamy-

分類用語

爬虫綱
　無弓亜綱
　　杯竜（カプリトヌス）目
　　メソサウルス目
　単弓亜綱
　　獣弓目
　　　ディキノドン亜目
　　　ディノケファルス亜目
　　獣歯亜目
　　　テロケファルス下目
　　　ゴルゴノプス下目
　　　キノドン下目
　双弓亜綱
　　主竜下綱
　　　竜盤目（恐竜類）
　　　　原竜脚亜目
　　　　竜脚亜目
　　　　獣脚亜目
　　　鳥盤目（恐竜類）
　　　　鳥脚亜目
　　　　剣竜亜目
　　　　曲竜亜目
　　広弓下綱
　　　鰭竜上目
　　　長頚竜目

哺乳綱
　原獣亜綱
　　三錘歯目
　真獣亜綱
　　全獣下綱
　　　真全獣目
　　後獣下綱（有袋類）
　　真獣下綱（有胎盤類）
　　　主獣大目
　　　霊長目
　　　猛獣大目
　　　肉歯目
　　　食肉目
　　　有蹄大目
　　　（ローラシア獣類）
　　　鯨目
　　　偶蹄目
　　　奇蹄目
　　　（アフリカ獣類）
　　　長鼻目
　　　重脚目

注）コルバート他（2004）から，関係するものに限り表示。

Turaan, A. ed. 2008b *Forerunners of Mammals-Radiation Histology Biology-*. Indiana UP ／ Cluver, M. A. 1978 *Fossil Reptiles of the South African Karoo*. South African Museum ／ Cox, C. B. 1969 The problematic Permian reptile. *Eunotosaurus. Bull. British Mus.（Nat. Hist.）* 18 ／ Dart, R. A. 1925 Australopithecus Africanus: The Man-Ape of South Africa. *Nature* 115 ／ Darwin, C. 1871 *The Descent of Man and Selection in Relation to Sex*. 1 & 2, John Murray ／ Fraas, E. 1908 Ostafrikanische Dinosaurier. *Palaeontographica* 55 ／ Hendey, Q. B. 1982 *Langebaanweg: A Record of Past Life*. South African Museum ／ Jacobs, L. et al. 1993 New materials of an early cretaceous titanosaurid sauropod dinosaur from Malawi. *Palaeontology* 36（3）／ Maglio, V. J. & H. B. S. Cooke eds. 1978 *Evolution of African Mammals*. Harvard UP ／ Maier, G. 2003 *African Dinosaurs Unearthed*. Indiana UP ／ Nakaya, H. 1994 Faunal change of Late Miocene Africa and Eurasia: Mammmalian Fauna from the Namurungule Formation, Samburu Hills, Northern Kenya. *Afr. Study Mono. Suppl. Issue* 20／ Osborn, H. F. 1910 *The Age of Mammals*. Macmillan ／ Person, P. O. 1963 A revision of the classfication of the Plesiosauria with a synopsis of the stratigraphical and geographical distribution of the group. *Lunds Unive. Arsskrift* N. F. 2／Weishampel, D. B. et al. 1990 *The Dinosauria*. California UP ／ Werdelin, L. & W. J. Sanders eds. 2010 *Cenozoic Mammals of Africa*. California UP

⇒地質学，自然地理学，霊長類学，古人類学

3-2-0 総説 ── 自然地理学
Physical Geography

……………………………………………………………………………………………………水野一晴

　地理学は大きく自然地理学と人文地理学からなっている。自然地理学とは，地形学，気候学，水文学，生物地理学，土壌学，環境変遷学などからなっていて，アフリカの自然的特徴を知る上で重要な学問分野であるが，アフリカにおいてはこれまで十分研究が行われてきたとはいえない。地球温暖化が叫ばれる昨今，今後のアフリカの環境変動を予測する上でも自然地理学はますます重要な役割を果たすことになると考えられる。

アフリカにおける日本の自然地理学

　アフリカにおける自然地理学的研究は，日本では1960年代より始まった。東京都立大学（現，首都大学東京）の矢沢大二，戸谷洋，門村浩，中村和郎，野上道男，堀信行らによって東アフリカ（ケニア，タンザニア，ウガンダ）の気候地形学的研究や東京大学地理学科の小堀巌や鈴木秀夫らによって地中海沿岸からサハラ地域における水文環境や自然環境の特質についての研究が行われたのである。1970年代に入ると，都立大学地理学科の門村浩，中村和郎，堀信行，田村俊和，菊池隆男らによってカメルーンにおける湿潤熱帯アフリカの地形形成作用の調査が行われ，東大の小堀巌や鈴木郁夫らによって乾燥地域のオアシスの変容の研究が行われた。

　1980年代には，門村浩，堀信行，田村俊和らによって，カメルーンにおいて熱帯雨林，サバンナ地帯の環境変遷の調査が行われた。また，小堀巌，高橋裕，久保幸夫，八木幸二らによって乾燥地域におけるフォガロ涵養オアシスの比較研究の調査が行われた。このように，アフリカの自然地理学的研究は，都立大地理学科と東大地理学科の2グループがその牽引力になったのである。これらの研究は1962年から始まった名古屋大学による地質学的研究とともに，日本人によるアフリカの自然解明に大きな役割を果たした。門村らの研究は，門村他（1991）『環境変動と地球砂漠化』や田村他（1995）『湿潤熱帯環境』にまとめられている。

　1990年代に入ると，門村浩，堀信行，中条広義，篠田雅人らによって，サハラ南

ナミブ砂漠

縁地帯（カメルーン，チャド，ニジェール）において土地荒廃の実体を探ろうとする研究が進められた。これらの研究は，堀信行，知念民雄，篠田雅人，高岡貞夫らによって継続された。堀らの研究は，サハラ周辺の乾燥サバンナにおいて，気候や地表の環境変化が人間の生活にどのように関わっているかを調査するものである。それは，気候－地表生態系と生業空間と社会文化を総合的に考慮した「環境変化に対する人間対応モデル」を検討しようというものであった。

2000年代には，水野一晴を代表とする科研プロジェクトがナミビアで実施された。ナミブ砂漠を中心とした乾燥・半乾燥地域において自然環境の変化と人間活動の関わりを解明しようとするもので，2001年から2008年まで8年間続けられた。地形や環境変遷を山縣耕太郎，宮本真二，門村浩らが調査し，砂漠の霧の発生や気候環境について木村圭司や森島済が解析した。植生分布と環境の関係については沖津進や水野一晴が，土壌については荒木茂が調査した（荒木2005）。吉田浩之はリモート・センシングからナミビアの環境を分析した（吉田2005）。

山縣は，ナミブ砂漠の季節河川沿いの土壌断面調査から，近年季節河川の洪水が減少し，シルトのような細かい粒子が上流から運搬・堆積されることが減り，そのことが森林枯死につながっていることを述べている。また，ナミビア東部に見られる古砂丘を調査し，かつてカラハリ砂漠が広がっていたころの砂丘が2.5〜3万年前に現在の場所に固定化され，現在の古砂丘として成立していることを明らかにしている（山縣2005）。ナミブ砂漠の季節河川沿いには細かいシルトが厚く堆積している場所がある。そのようなシルトが厚く堆積した時代は，湿潤で大規模な洪水が起きた証拠であるが，宮本は現地調査からその時代が2.6〜1.9万年前であることを示している。

木村はナミブ砂漠の霧の発生について調査した。その結果，湿った気塊が西風により，寒流のベンゲラ海流の流れる大西洋岸から約60kmまで流入した後，夜間の放射冷却で地表面付近の空気が冷やされた結果放射霧が発生し，明け方に東風により霧を東から西へ押し戻し，午前中から午後にかけて日射により内陸から気温が上昇し，乾燥した暖かい空気が海岸付近まで到達して霧が消えるというメカニズムを提示した（木村2005）。

森島は，南部アフリカにおける近年の降水量変動の特徴を，年降水量および季節変化傾向から明らかにした。南部アフリカ中央部において，1993年以前には南緯15度付近に存在していた年降水量1000mmの等雨量線は，1994年以降，解析期間の2007年にいたるまで北上し続け，南緯10度以北にまで移動していることが確認された。また，これに関連すると考えられる雨季期間は，1987年以降短期化する傾向を持ち，とくに最盛期の開始時期の遅れを伴っている。とくに1994年前後を境として最盛期期間の短期化と降水量自体の減少が，年降水量の変化に寄与しているものと考えられた。

沖津はナミビアの植生を落葉樹型，常緑微小形葉樹型，常緑中形葉樹型の3つにタイプ分けして，その分布と環境条件を検討した結果，植生分布が降水量と明確な関係が見られず，むしろ土壌の厚さや土壌保水能力と関係が深いことを明らかにした（沖津2005）。

この科研プロジェクトに関わっていた京都大学アジア・アフリカ地域研究研究科の院生らは，ナミビアなどの現地に長期間住み着き，自然環境と人間生活との関係を調査した。ナミビアでは，藤岡悠一郎と宇野大介が北部のオヴァンボランドにおいて現地の農業や社会について検討し（藤岡2005, 2007, 2008, 宇野2005），手代木功基はダマラランドの植生と放牧活動の関係を（手代木2007, 2011），山科千里は北西部と北東部において植生とシロアリ塚の関係を分析した（山科2008, 2011）。また，伊東正顕（伊東2005）や飛山翔子はナミブ砂漠の自然植生であるナラの生態とその動態を現地住民との関係から検討し，吉田美冬は砂漠ゾウの生態と植生，住民生活の三者間の関係を解明した（吉田2007）。他地域では，松本（長倉）美予がレソトの自然環境と人間活動の関係を（長倉2008, 2013），藤田知弘はマラウイの熱帯林とミオンボ林の生態と動態について（藤田2008），平井將公はセネガルでのファイデヘルビア・アルビダの樹木と農民の生業活動との関わりについて（平井2005），原宏輔はルウェンゾリ山やケニア山の氷河の微生物を分析，解明している。

これらのナミビアを中心とした南部アフリカの自然地理学的研究，およびアフリカ全般の自然の概説がまとめられ，本邦初のアフリカの自然に関する概説書である『アフリカ自然学』（水野編2005）が出版された。この本では，アフリカの地形（山縣

耕太郎），気候（木村圭司），土壌（荒木茂），植生（沖津進），環境変動（門村浩），リモート・センシングからのアフリカ（吉田浩之）について概説され，さらにナミビアを中心として個別研究の結果がまとめられている。また，この科研プロジェクトの成果は論文集として，2005年には "Studies on the Environmental Change and Human Activities in Semi-Arid Area of Africa"（Mizuno ed. 2005）が，2010年には "Historical Change and its Problem on the Relationship between Natural Environments and Human Activities in Southern Africa"（Mizuno ed. 2010）が，African Study Monographs の特集号として出版された。

アフリカの自然的特徴

アフリカの自然的特徴とそれに関する研究について，前出の『アフリカ自然学』をもとに以下に述べる。

アフリカの主たる地形的特徴は，アフリカ大陸の地下にあるマントルプルームによるところが大きく，アフリカ大地溝帯の形成もその活動と関係している。大地溝帯では地震火山活動や地殻変動が活発に起き，地溝帯には大小の火山や大断層崖が形成され，湖沼や湿地が点在している。4000万年前からアフリカ大陸内に裂け目が生じ，大量の溶岩が噴出し，エチオピア高原のような玄武岩台地がつくられた。アフリカ大地溝帯の形成や特徴については，長年アフリカ研究に携わっている諏訪兼位によって，諏訪（1997）や諏訪（2003）にまとめられている。アフリカは大陸南部の地下に上昇してきたプルームが，地殻を持ち上げているため，大陸南東部の標高が高く「高いアフリカ」，北西部が「低いアフリカ」をつくっている。とくにゴンドワナ大陸が分裂したときにできた割れ目周辺には，大量のマグマが貫入して高まりをつくったため，現在のアフリカ大陸は周縁部に高地があり，内陸には相対的に低い盆地，すなわちコンゴ盆地，チャド盆地，カラハリ盆地などが形成され，皿状の地形をなしている（山縣 2005）。

地形学において斜面の発達過程は古くから中心的な課題であったが，なかでもディビスは斜面発達過程に関する古典的なモデルを示した。ディビスが示したモデルは，斜面全体が傾斜を緩めていき，同時に斜面頂部も侵食を受けて低下していくというもので，湿潤地域ではよくあてはまる（山縣 2005）。一方，南アフリカを中心に地形の観察を行ってきたキングは，ディビスとは異なる斜面発モデルを提案した。キングのモデルは，斜面は勾配をほとんど変えずに平行に後退していき，斜面下方には，斜面との間に明瞭な傾斜変換点をはさんで緩傾斜の侵食平坦面（ペディメント）が形成されるというもので，乾燥地ではこのモデルがよくあてはまる。斜面が平行

に後退していくと，結果として平坦な平地のなかに，急傾斜に囲まれた，インゼルベルグと呼ばれる孤立峰が取り残される。

アフリカ大陸には赤道付近に熱帯雨林，その周縁がサバンナ（サバナ），ステップ，さらに砂漠が分布している。このような赤道を中心とした帯状の植生帯はITCZ（熱帯収束帯）の南北の移動によっている。このITCZは，南半球の南東貿易風が赤道を越えて北半球に流れ込む暖かく湿った風と，北半球の北東貿易風とが赤道近くでぶつかる帯状の境界のことで，そこは大気が不安定で上昇気流が起こりやすく，降水量が多くなっている。

サヘル周辺の南北方向の大気循環では，「ハドレー循環」（熱帯の子午線方向の循環で，赤道付近で暖かい空気が上昇し，北緯（南緯）30度付近で比較的冷たい空気が下降するために起こる循環）が見られる。サヘルの南方にあるギニア湾の海面水温が高くなると，その上空で上昇気流が強くなり，それに伴ってITCZが南下し，サヘル付近は下降気流が卓越するようになり，サヘル付近で乾燥する（木村2005）。

また，「ウォーカー循環」と呼ばれる東西の大気循環がサヘル付近で見られる。熱帯太平洋の海水面温度の東西差により熱帯太平洋西岸（インドネシア付近）で上昇気流を，熱帯太平洋西岸（ペルー沖）で下降気流を生じさせる循環であり，循環が地球を一周する際に，アフリカ付近では上昇気流を形成することが知られている。しかし，エルニーニョ現象のように熱帯太平洋東部（ペルー沖）の海水面温度が上昇すると，この循環が崩れ，アフリカ付近では上昇気流が弱くなり，サヘルで干ばつがもたらされる要因となるのである。サヘルの中期的干ばつの気候学的メカニズムについては，篠田（1992）や篠田（2002）にくわしい。

過去2万年間において，砂漠が拡大し熱帯林が縮小した最終氷期（最盛期1万8000年前ごろ）やサハラ砂漠が植生に覆われ「緑のサハラ」が広がった9000〜8000年前ごろの湿潤期など，アフリカの環境は大きく変動した（門村他1991）。気候変動に対する脆弱性がもともと高いアフリカでは，温暖化の進行に伴って，気候変動に関連した多様なインパクトの影響を受ける可能性が，今後ますます高まると予想されている。近年では，観測史上最大といわれた1997／98年エルニーニョとそれに続く1999／2000年ラニャーニャに連関して，アフリカ，とくにインド洋に面した東部－南部アフリカを中心に異常気象イベントが生じた（門村2005）。

アフリカ大陸の植生は，赤道付近の年降水量が2000mm以上の乾季を持たない多雨地域に熱帯林が分布し，そこから北に北緯20度付近まで，降水量が700mm以下で4〜8ヵ月の乾季のあるサバンナが広がる。その北はサハラの砂漠植生となる。地中海沿岸には冬雨気候で夏は乾燥，冬は湿潤冷涼な気候下で地中海型植生が成立する。熱帯林から南へは，南緯20度付近まで年降水量700〜1200mmで亜熱帯疎林が分布す

ケニア山とジャイアント・セネシオ（*Senecio keniodendron*）

る。熱帯林の北で亜熱帯疎林が欠けるのは，赤道から北に向けて降水の減少が急激であるためである（沖津2005）。半乾燥・乾燥植生が，地球全体では全植生の33%であるのに対し，アフリカ大陸ははるかに高く，サバンナは地球全体の3倍の45%，砂漠・半砂漠は倍以上の29%にのぼり，アフリカの特徴となっている。アフリカの熱帯林の特徴としては，マメ科が主体で，これは中南米でも同様で，両者の間には30%もの共通属がある。これは，両者がかつてゴンドワナ大陸として1つであったことに由来すると考えられている。アフリカの最南部の喜望峰（ケープ）周辺に広がるケープ植物界は，その狭い範囲に合計8550種の維管束植物が分布し，そのうち73%，6252種が固有種であり，特異な多様性を有している（沖津2005）。

　このような地形，気候，植生的特徴を持つアフリカでは，その他，長期にわたる研究が自然地理学の分野でも見られる。水野一晴は1992年より現在までケニア山やキリマンジャロにおいて氷河変動と植生遷移の調査を継続して行っている。現在，アフリカに氷河を有する高山は，キリマンジャロ，ケニア山，ルウェンゾリ山の3つのみであるが，近年の温暖化により急速に氷河が縮小し，10～20年後にはすべて消滅するといわれている。このような氷河の後退に伴って，氷河斜面下の植生が氷河の後を追うように前進し，山を登っている。また，近年は，氷河の後退にかかわらず，分布を斜面上方に広げている種も現れ，その主な原因は気温上昇であると考えられている（Mizuno & Fujita 2014）。ケニア山の研究は水野（1999, 2001, 2005）などで紹介されている。また，アフリカでは侵食によってガリーやリルといった地表に彫り込まれた溝状の地形が各地に発達し，農地として使えなくなってしまうという現象が見られる。このようなガリーやリルの侵食地形について，ニジェールでは知念

民雄が，ケニアでは桂田祐介が明らかにしている。高岡貞夫はケニア山の固有種と外来種の樹木の住民利用や両種の成長特性などを解明している（Takaoka 2008a, 2008b）。ニジェールのサヘル地域では，田中樹，真常仁志，伊ヶ崎健太らが耕地内に休閑地帯を設けることにより飛砂を捉えて砂漠化防止を検討し，大山修一がゴミを利用した砂漠化防止，桐越仁美が樹木を利用した砂漠化防止，鈴木望が牧畜民の放牧と生業に関する調査を進めている。セネガルのマングローブ林について片桐昂史が，マダガスカルの鳥類の生態について前畑晃也が調査している。

アフリカの自然全般について書かれた本として，『アフリカ自然学』のほかには，水野（2007，2008）や木村（2007）などがある。

アフリカの自然地理学的研究は近年進んでおらず，アフリカ学会での発表も限られている。アフリカについての人文社会学的研究が近年急増していて研究者の数も増えているのに対し，アフリカの自然に関する研究者がきわめて少ないのは残念なことである。アフリカを知る上で，人間と自然の両面から明らかにすることが重要であり，今後の自然地理学的研究の発展が期待される。

[参考文献]

荒木茂 2005「土壌からみたアフリカ」水野編『アフリカ自然学』古今書院。
伊東正顕 2005「ナミブ砂漠の自然植生ナラの大量枯死とトップナールの人々への影響」水野編，前掲書。
宇野大介 2005「短稈と長稈，2つのトウジンビエが併存する理由」水野編，前掲書。
沖津進 2005「植生からみたアフリカ」水野編，前掲書。
門村浩 2005「環境変動からみたアフリカ」水野編，前掲書。
門村浩・武内和彦・大森博雄・田村俊和 1991『環境変動と地球砂漠化』朝倉書店。
木村圭司 2005「気候からみたアフリカ」水野編，前掲書。
木村圭司 2007「アフリカの気候」池谷・武内・大森・田村編『朝倉世界地理講座　大地と人間の物語11　アフリカⅠ』朝倉書店。
篠田雅人 1992「サヘルの長期的干ばつの気候学的メカニズム」門村・勝俣編『サハラのほとり』TOTO出版。
篠田雅人 2002『砂漠と気候』成山堂書店。
諏訪兼位 1997『裂ける大地──アフリカ大地溝帯の謎』講談社。
諏訪兼位 2003『アフリカ大陸から地球がわかる』岩波書店。
田村俊和・島田周平・門村浩・海津正倫 1995『湿潤熱帯環境』古今書院。
手代木功基 2007「『緑の蝶』が舞う村──半乾燥地のモパネサバンナに暮らすダマラの人びと」『地理』52（12）。
手代木功基 2011「ナミビア乾燥地域に分布するモパネ植生帯の植生景観の特徴」『アジア・アフリカ地域研究』10（2）。
長倉美予 2008「レソト山岳地の自然環境とソト人の暮らし」『地理』53（2）。
長倉美予 2013『レソト山岳地の社会変動と土地利用変化』松香堂書店。

平井將公 2005「セネガル中北部における『アルビダ植生』の維持機構」水野編，前掲書。

藤岡悠一郎 2005「ナミビア北部における『ヤシ植生』の形成とオヴァンボの樹木利用の変容」水野編，前掲書。

藤岡悠一郎 2007「水浸しのサバンナ ── ナミビア北中部の網状季節河川と農牧民オヴァンボとの関わり」『地理』52（10）。

藤岡悠一郎 2008「ナミビア北部農村における社会変容と在来果樹マルーラ（*Sclerocarya birrea*）の利用変化 ── 人為植生をめぐるポリティカル・エコロジー」『人文地理』60（3）。

藤田知弘 2008「マラウィ北部の自然環境とトゥンブカ人の暮らし」『地理』53（4）。

水野一晴 1999『高山植物と「お花畑」の科学』古今書院。

水野一晴 2007「自然特性と大地域区分」池谷他編，前掲書。

水野一晴 2008「中南部アフリカの自然特性」池谷・武内・佐藤編『朝倉世界地理講座　大地と人間の物語12　アフリカⅡ』朝倉書店。

水野一晴編 2001『植生環境学 ── 植物の生育環境の謎を解く』古今書院。

水野一晴編 2005『アフリカ自然学』古今書院。

山縣耕太郎 2005「地形からみたアフリカ」水野編，前掲書。

山科千里 2008「ナミビア北西部の自然とゼンバの暮らし」『地理』53（1）。

山科千里 2011「ナミビア北西部，モパネサバンナの植生に与えるシロアリ塚の影響」『アジア・アフリカ地域研究』10（2）。

吉田浩之 2005「リモートセンシングからみたアフリカ」水野編，前掲書。

吉田美冬 2007「ヒンバと砂漠ゾウ」『地理』52（11）。

Mizuno, K. ed. 2005 Studies on the environmental change and human activities in semi-arid area of Africa. *African Study Monographs, Supplementary Issue* 30.

Mizuno, K. ed. 2010 Historical change and its problem on the relationship between natural environments and human activities in southern africa. *African Study Monographs, Supplementary Issue* 40.

Mizuno, K. & T. Fujita 2014 Vegetation succession on Mt. Kenya in relation to glacial fluctuation and global warming. *Journal of Vegetation Science* 25.

Takaoka, S. 2008a Long-term growth performance of *Cordia Africana* and *Grevillea Robusta* trees in the Mount Kenya region. *Agroforest Syst.* 72.

Takaoka, S. 2008b A comparison of the utility and agronomic traits of indigenous and exotic trees in the Mount Kenya region, *Small-Scale Forestry* 7.

3-2-1 熱帯アフリカの気候と環境の変動
Climate and Environment Changes in Tropical Africa

門村浩

キーワード：熱帯雨林，氷期の乾燥化，サバンナ化，表層堆積物，人為インパクト，異常気候イベント

2万年前ごろの最終氷期末最寒冷期の大乾燥期には，アフリカの熱帯雨林は著しく縮小し，代わってサバンナとステップが拡大した。後氷期の温暖・湿潤化に伴って森林は回復・拡大したが，3000～2000年前ごろ以降になると，移動焼き畑耕作など人為インパクトによる森林の退行とサバンナ化が始まった。地球温暖化が進むなか，近年，熱帯アフリカの気候は大きく揺らいでおり，顕著な干ばつとともに，大雨・洪水イベントが頻発・広域化の傾向にある。

古環境変動像の刷新

1970年代中ごろまでは，熱帯アフリカの古環境変動について，次のような学説が流布され，日本でも先史人類学，霊長類学などの研究者がこうした学説に基づいて調査研究を進めていた。

① 熱帯雨林は，地球上で最も安定した生態系であり，長い地質時代を通して不変であった。
② 氷期の熱帯アフリカは，湿潤で大雨が降り，東アフリカ大地溝帯の湖沼群などが拡大したプルビアル期（大雨期）であった。

しかし，放射性炭素年代などの絶対年代測定値に基づく湖水位変動や植生変遷に関する編年が進んできた1970年代中ごろ以降，こうした学説は科学的根拠がないとして廃棄されるようになった（門村1987）。代わって登場したのは，氷期寒冷期＝大乾燥／熱帯雨林縮小・砂漠拡大，間氷期温暖期＝湿潤／熱帯雨林拡大・砂漠縮小という，②とは逆センスの変動モデルである。門村（1980）は，近い過去に熱帯雨林地帯が最も乾燥したとされる最終氷期末最寒冷期（2万年前ごろ，暦年）（表）の古環境像を明確にする目的で，関連研究の広汎なレビューと既存データの整理に基づいて，大陸スケールの古環境図を描いた。サハラ砂漠が数百km南方に拡大し，熱帯雨林が大幅に縮小してサバンナやステップの植生で置き換えられ，森林が存続しえたところは，ギニア湾岸とコンゴ盆地東部の降雨条件に恵まれた「森林避難場所（フォレスト・リフュージ）」だけであったという古環境像の提示である。また，こうした大変動をもたらした気候の仕組みを概観し，今後の研究課題を展望した。

カメルーン熱帯雨林・サバンナ地帯の調査事始め

1975年に初めてカメルーンを訪れ，南部の熱帯雨林地帯で地形と表層堆積物の調査を行

アフリカ熱帯雨林の環境変動略史
（中部アフリカ大西洋岸域を中心に）

	年代	気候・環境変動の様相
氷期｜後氷期	21～18ka	低温大乾燥期：森林縮小・リフュージに分断，サバンナ・ステップ拡大（とくに20kaごろ）
	15～12ka	温暖湿潤化期：森林再生拡大
	9～6ka	最温暖湿潤期：森林最大拡大
	3～2ka	やや冷涼・乾燥化：人間活動のインパクトも加わり，森林退行・サバンナ化始まる

注）kaは千年前(暦年)を表す。門村(1993)を改変。

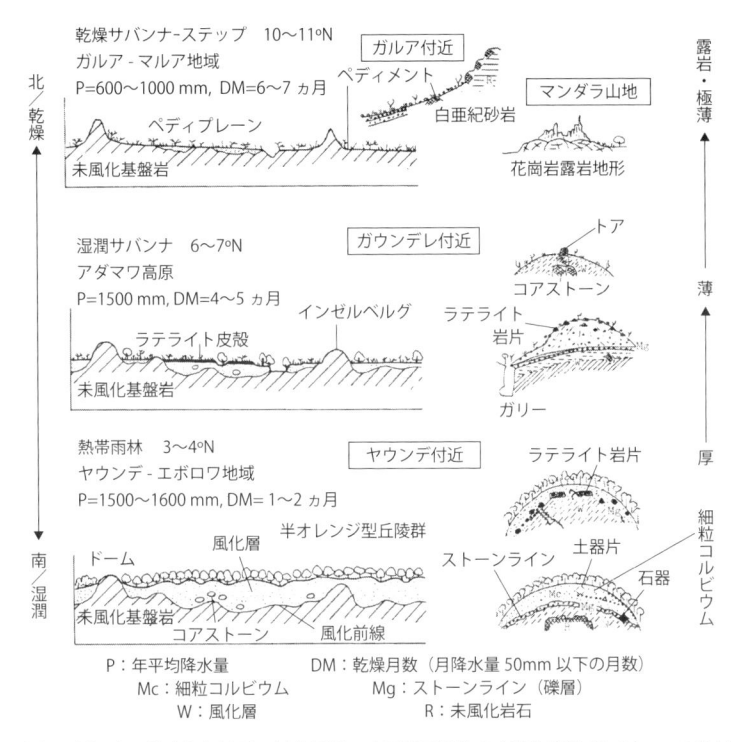

気候の乾湿度に対応した地形・植生景観・表層断面特性の空間的推移（カメルーンの場合）
注）門村編集原図。

った門村と堀（1978）は，閉鎖林下の表層細粒堆積物（コルビウム）の基底に，中期石器時代（ルペンバン期）の石器を含む薄い礫層（ストーンライン）が広く分布する事実を認め（図），現在の赤道森林地帯が近い過去，おそらく最終氷期末の大乾燥期に，礫の移動・堆積を可能にするサバンナ的な開いた環境になったと想定した。このとき彼らは，南部の雨林地帯から北部のサバンナ地帯にいたる縦断調査を行った。現在の気候条件の湿潤から乾燥への傾度に対応した，植生・地形・基盤岩の風化断面・表層堆積物の存在形態・地表面に働きかけている地形営力の間の相互関係の空間的推移を追跡し，低木がまばらな乾燥サバンナ環境下で，地表面に礫がシート状に散布し，雨季にはそれがウオッシュや布状洪水の作用により活発な移動と堆積を繰り返していることを確認した（図）。つまり，過去の環境変動を復元するための手がかりを，環境構造の空間的推移のなかに求めたのである。このことについては，堀（1977）にくわしい。

カメルーン熱帯雨林・サバンナ地帯の本調査

1980～84年の間，門村らは再びカメルーンを訪れ，3次の現地調査を実施した。堀は南部の雨林地帯を広く歩いて露頭を求め，表層堆積物と風化断面を丹念に観察し，石器や土器片などの人類遺物，炭化木片や焼け焦げたアブラヤシの実などの放射性炭素年代測定の対象となる包含物を精力的に採集した。これら採集物の絶対年代測定の結果，上部の赤黄色細粒コルビウムは最近1万年以内の湿潤な時

期の産物，その下位のルペンバン期の石器を含むストーンラインは最終氷期末乾燥期の堆積物である可能性が強くなった。表層部に含まれる炭化木片とアブラヤシの実の年代は，バントゥ語を話す人々が赤道森林地帯に入ってきたとされる3000年前ごろ以降に集中し，1000年前以降その数が増加する。移動焼き畑耕作などによる森林に対する人為インパクトが，時代とともに強まってきたことを物語るデータである。

1980年からカメルーン調査に参加した田村（1988）は，表層断面記載の標準化を提案して地域間比較の基礎をつくり，西カメルーン高地とアダマワ高原の湿潤サバンナ地帯でも南部雨林地帯と同じようなシーケンスの表層堆積物が見られることを明らかにし，サバンナ景観の形成史を編んだ。その上で，前者での農耕と後者での牛牧畜という土地利用の違いが，表層の細粒コルビウムがよく保存されている前者と，それが削剥され下層の礫層と鉄・アルミナ集積硬盤層（ラテライト皮殻）が露出した荒廃地が見られる後者という景観の違いをもたらしたと考察した。門村は，南部高原地帯，とくにサナガ川以北に見られる森林退行跡の"きたない"サバンナ景観と，ヤウンデ付近から南方のエボロワにかけての地域に見られるV字型の森林退行部の存在に注目し，歴史資料を照合して，それらの成因を，300年前ごろ以来繰り返された，農耕民グループの北から南への集団移動の繰り返しと，ヨーロッパの植民地時代に始まったカカオ栽培の普及に求めた。

調査成果の国際化

カメルーンでの調査成果は，国際第四紀学連合（INQUA）とセネガル第四紀学会（ASEQUA）の共催国際会議「第四紀におけるアフリカの地球変動——過去・現在・未来」（ダカール，1986）で，門村がグループを代表して報告し，一定の評価を得た。この参加は，アフリカの環境変動研究に関わる多分野の最前線研究者との交流の輪を広げ，グループ・メンバーが後にいくつかの国際共同研究に参加するきっかけとなった。田村（1988）の『中部アフリカ大西洋岸域の第四紀景観』（ORSTOM 1990）への寄稿，門村の「INQUA地球大陸古水文環境変動研究委員会」への湿潤熱帯担当フルメンバーとしての参加（1991〜95）と，赤道アフリカ，アマゾン盆地，東南アジア島嶼部の世界三大熱帯雨林地域の過去2万年間の環境変動史を比較考察した論文の『地球大陸古水文環境変動』（Wiley 1995）への寄稿がその代表例である。

サバンナの形成過程調査への展開

カメルーンの調査に関わってきたメンバーの関心は，人為インパクトによるサバンナの形成過程の解明，「砂漠化」を含む自然資源管理問題へとシフトしてきた。そこで，門村は田村と相談し，後継プロジェクト「熱帯アフリカにおけるサバンナの形成過程」（1987〜90）を立ち上げた（門村 1992）。手始めに門村（1992, 1993）は，大陸の3分の2を占める広義のサバンナ地帯全域を対象に，サバンナの成因と年代に関する既存データを整理して，熱帯アフリカ各地で移動焼き畑耕作などのインパクトにより森林の退行に伴うサバンナ化が始まったのは，気候の一時的な乾燥化と同期する3000〜2000年前であると概観した（表）。また門村（1992, 1993）は，湿潤熱帯アフリカ不思議景観の1つ，西カメルーン高地グラスフィールド（草原）（写真）の成因を探るため，清永丈太の協力を得て花粉分析による植生変遷史の復元を試みた。その結果，バントゥのホームランドと目されるこの高地（1500〜2200m）では，3300〜3000年前に，彼らのここからの移動開始を刺激したと思われる顕著な乾燥・冷涼イベントがあり，それ

まで存在していた亜高山性熱帯雨林に代わって，高山性樹木を交える樹木サバンナの景観が出現した後，温暖湿潤気候が回復した2600年前ごろに草原が初めて出現したという斬新な成果が得られた。しかし，残念ながら，アブラヤシの栽培化や農耕の開始を示唆するデータは得られなかった。

サヘル干ばつ絶頂期の1983年，湿潤環境下の西カメルーン高地も，顕著な干ばつに襲われ，食料作物が大不作となり飢饉状態に見舞われた。共同研究者J-F・ドングモ（人文地理）らが，この乾燥イベントを契機に，雲霧がかかるオク山（3008m）など高標高火山上部斜面の湿潤な森林帯での火入れと伐倒による大規模農地開発が加速されるようになったという貴重な報告を寄せている（門村他 1991：136，門村 1993：69）ことを明記しておきたい。

南部アフリカの南東部高原地帯に調査地を移した田村は，生態・土壌などの研究者の協力を得て，ミオンボ林成立過程の解明と取り組んだ（門村 1992，田村他 1995）。彼はこのときまでの成果をふまえ，門村らと協力して日本地理学会内に学際的な熱帯環境研究グループを組織し（1987～92），共同研究の成果を世界三大湿潤熱帯における環境とその利用・保全・管理に関する論考を集めた『湿潤熱帯環境』（田村他 1995）として刊行した。

回顧と展望

以上に紹介した成果は，"大海の一滴"にすぎないが，カメルーンに限ってみると，最近集中してきたドイツ・フランス・ベルギーなどの完新世後期環境変遷を対象とするグループ研究でよく引用されているので，ベンチマークとしての役割は果していると思う。表層堆積物の存在形態を鍵とする古環境変動復元手法は，年代の解像度は低いが，地域間対比とスケールアップのための不可欠なツールであると考えている。

西カメルーン高地のグラスフィールド景観。年降水量2000mm以上という湿潤気候条件下にありながら，草原が広がっている（1989年10月14日撮影）

地球温暖化が進むなか，近年，熱帯アフリカの気候は大きく揺らぎ，顕著な干ばつとともに，大雨・洪水イベントが頻発・広域化の傾向にある（門村 2011）。こうした現下の問題に対処するためには，気候変動影響リスク管理への貢献を志向した実践的・学際的プログラムを推進することが急務であろう。

門村浩 1980「アフリカ大陸の森林・サバンナ地帯における最終氷期の環境像について」『西村嘉助先生退官記念地理学論文集』古今書院／門村浩 1987「熱帯アフリカにおける晩氷期－完新世中期の環境変動」『アフリカ研究』30／門村浩 1992「アフリカにおけるサバンナの形成過程」『学術月報』45（8）／門村浩 1993「アフリカ熱帯雨林の環境変遷」『創造の世界』88／門村浩 2011「地球変動の中の乾燥地──アフリカからの報告」『沙漠研究』20（4）／門村浩・堀信行 1978「カメルーン国中・南部森林・サバンナ地帯の地形と表層物質の特性」『地学雑誌』87（6）／門村浩他 1991『環境変動と地球砂漠化』朝倉書店／田村俊和 1988「カメルーン中・西部におけるサバンナ化の歴史」『地理学評論』61A（2）／田村俊和他 1995『湿潤熱帯環境』朝倉書店／堀信行 1977「カメルーンの森林からサバンナへ──地形と風化帯・コルビウムと石器が語ること」『地理』22（3）

⇒自然地理学，地質学，古人類学

3-2-2 アフリカ大地溝帯
East African Rift System

山縣耕太郎

キーワード：プレートテクトニクス，マントルプルーム，環境変化，人類の揺りかご

アフリカ大地溝帯は，東部アフリカを約4000km以上にわたって南北に縦貫する断層陥没帯である。このような大規模な地溝帯は，ほかの大陸では見られない。こうした構造の形成は，地下深部からのマントルプルームの上昇が関係していると考えられている。その影響は現在も続いていて，大地溝帯では，地震・火山活動や地殻変動が活発に起こっている。その結果，地溝帯には，大小の火山や，大断層崖が形成され，そのなかには湖沼や湿地が点在し，アフリカ大陸のなかでも最も変化に富んだ景観をつくりだしている。また，大地溝帯は，大陸が分裂して海洋地殻になっていく過程に伴う，さまざまな興味深い地球科学的現象が見出されるところでもある。

アフリカ大地溝帯の概観

アフリカ大地溝帯は，東部アフリカを南北に縦貫する大規模な断層陥没帯である。陥没帯の側壁をなしている断層は，ひとつながりの大断層ではなく，雁行状に配列する多数の断層からなる複合断層崖である（松澤 1978）。この陥没帯を挟む断層崖と断層崖の間隔は，おおむね40～60kmの間にあり，最も広いところでも70km程度である。断層に挟まれる陥没帯も，断層活動で陥没した多数の構造盆地から構成され，それぞれの間に浅い部分や高まりを挟みながら数千kmにわたって連なっている。

こうしたアフリカ大地溝帯の両側の境をなしている正断層群の地形や，地溝帯の伸びの方向に沿ってほぼ平行に発達する広域的な噴火割れ目などは，大地溝帯が張力テクトニクスの場で形成されたことを示唆している。また，大地溝帯に集中する地震の発生機構は，現在も大地溝帯が東西方向に引っ張られていることを示している（Fairhead & Girdler 1972）。実際にエチオピア高地では，地溝帯の幅が年平均3～6mmの速度で広がっていることが測量結果から確かめられている（矢入 1979）。

アフリカ大地溝帯の北端に位置するアファール低地は，アフリカ大地溝帯と，死海が位置するヨルダン渓谷から紅海へと連なる地溝帯，アデン湾からインド洋中央海嶺につながる地溝帯の3つの地溝帯が接している三重点となっている（図1）。また，アフリカ大地溝帯は，赤道付近で東と西の2列に大きく分かれている。東の列（東部地溝帯）は，アファール低地からエチオピア高地を通り，中央タンザニアの台地にまで伸び，西の列（西部地溝帯）は，ウガンダ西北端のアルバート湖の北に始まり，モザンビークをへて，インド洋にまで伸びる。これら東と西の2つの分岐は，同じプロセスで形成されていると考えられているが，それぞれ異なる性格を持っている。東の分岐は，より顕著な火山活動で特徴づけられ，西部地溝帯は，東部地溝帯に比べてより深く沈降している。そのためタンガニーカ湖やマラウイ湖など東アフリカの大規模な湖沼のほとんどは，西部地溝帯のなかに位置している。また，アフリカ最大の湖であるヴィ

クトリア湖は，東と西の分岐の間に位置する低地に水を湛えている。

　アフリカ大地溝帯は，陥没によってつくられた地形ではあるが，一方でその周辺は広い範囲で隆起している。さらには地溝帯周辺に噴出した火山噴出物が積み重なり高さを増している。そのため大地溝帯を取り巻く東アフリカは，アフリカ大陸のなかでも，最も海抜高度が高い地形的な高まりの場所になっている。キリマンジャロ山やケニア山などアフリカ大陸有数の高峰も，地溝帯の周囲に位置する。隆起によってつくられた高まりは，大きくエチオピアドームとケニアドームという北北西方向に伸びる2つの楕円形ドーム状隆起に分けられる。これらのドームの隆起量は，エチオピアドームが3000m，ケニアドームが1800mと推定されている。

　こうしたアフリカ大地溝帯の主要な構造は，おおよそ数十億年前に衝突した古い大陸塊の構造に支配されている。ヴィクトリア湖が位置する始生代のタンザニアクラトンは，古い変成岩が核になっていて，固くてばらばらになりにくく，周りよりも厚い大陸リソスフェアからなる。アフリカ大地溝帯は，こうしたリソスフェアが厚い部分を取り巻くように，その縁辺部の力学的に弱いところに形成された（沢田他 2001）。そこでは，脆弱な地殻が，断層や沈降活動の影響を受けて陥没し，細長いリフトを形成している。このような狭く伸びたリフトの地下ではリソスフェアが薄くなり，そこへ地下深部からアセノスフェアがリソスフェアへ深く上昇し，隆起や火山活動を引き起こしている（図2）。

アフリカ大地溝帯における構造運動に関する研究

　アフリカ大地溝帯の研究は，19世紀末のグレゴリーの調査から始まる。グレゴリーは，東アフリカに見られる大規模な地溝を正断層

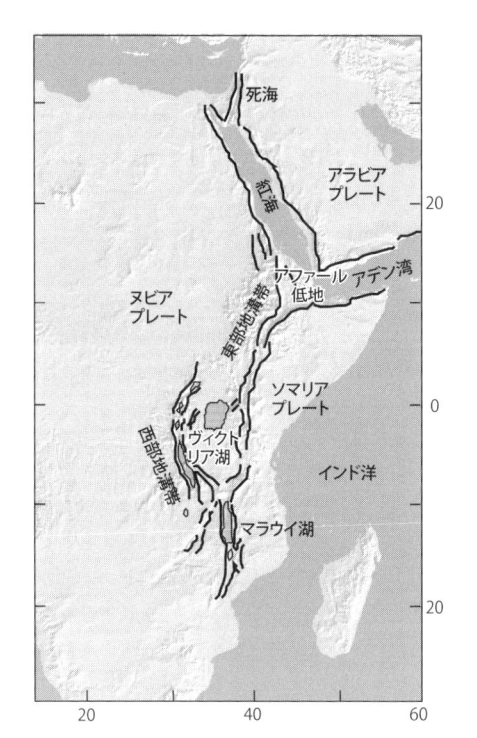

図1　アフリカ大地溝帯

で陥没した構造帯であることを明らかにし，アフリカ大地溝帯（The Great Rift Valley）と呼んだ（諏訪 199/）。その後，1930年代から1960年代にかけては，植民地政府による地質図作成のための詳細な地域地質調査が多く行われた。1960年代から1970年代には，プレートテクトニクスの概念が導入され，海洋底拡大の考え方が，大陸上のリフトと関連づけて考えられるようになる。さらに1980年代には，アフリカ大地溝帯が，典型的な大陸リフトおよび受動的大陸縁の初期の発達段階として注目されるようになった。また，この時期に最初の反射地震探査法による地下構造の検討が行われた。

　日本人研究者によるアフリカ大地溝帯の研究は，1962年から行われた名古屋大学の地質学的調査に始まる。その後も，人類進化史と

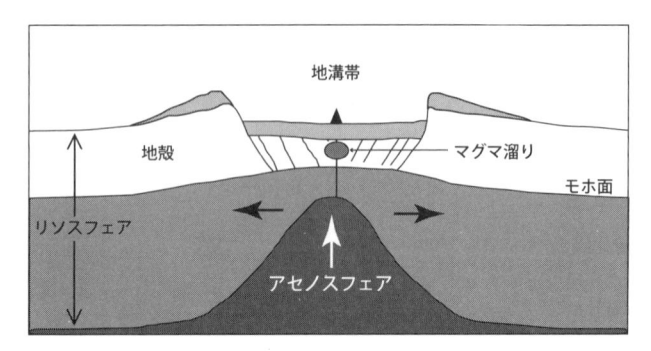

図2 アフリカ大地溝帯の模式的な断面図

関連した環境変遷史や，構造運動，火山活動史に関する数多くの研究が行われてきた（松澤1978，諏訪1997，沢田他2001，2003）。

プレートテクトニクスの見地からすると，アフリカ大地溝帯は，アフリカ大陸の一部が分裂して，新たなプレートが生まれようとしているところである（図1）。地溝帯の西側，アフリカ大陸の大部分を占めるのがヌビアプレート，地溝帯の東側がソマリアプレートである。両プレートの間に複数のマイクロプレートが想定されている場合もある。

1990年代に入ると地球内部の地震波速度分布の研究（地震波トモグラフィー）から，地球内部の熱構造が明らかになり，アフリカ大地溝帯のエチオピアおよびケニアのドーム状隆起の地下にマントルプルームが存在することが推定された（沢田他2001）。アフリカ大地溝帯の形成も，アフリカ大陸の地下にあるマントルプルームの活動と関係していると考えられている。しかし，マントルプルームの活動とアフリカ大地溝帯における隆起運動，リフティング，断層運動の時期や様式の関係については未だに不明な点も多い。たとえば，マントルの上昇，ドームの隆起と亀裂の発達の間には密接な関係がある。しかし，その関係については2つの可能性が考えられている（Cholowicz 2005）。1つは，まず，地下深部からマントルの上昇が起こり，その影響で地表面が引張され，リフトが発達したとする能動的リフト形成，もう1つは，リソスフェアに働いた引張応力によってリフトが形成され，その結果その割れ目にマントルの上昇が起こり，熱的な隆起が生じたとする受動的リフト形成である。

アフリカ大地溝帯の形成時期

アフリカ大地溝帯の形成時期については，地層に残された浸食平坦面からドーム隆起の時期や規模を推定した古典的な研究や，フィッション・トラック熱史法を用いて上昇に伴う急速な削剥と冷却史を推定した研究がある。また，さまざまな方法でアフリカ大地溝帯の発達に伴って噴出した火山岩の年代が測定されている。

アフリカ大地溝帯は，全体が同一時期に形成されたのではなく，大局的に見ると，北部ほど早期に形成され，南部ほど遅れて形成された。ゴンドワナ大陸分裂後，約3000万年前には，まず現在のアファール低地およびエチオピア高地付近において，プルームの活動によってアフリカ大陸内に裂け目が生じ始めた。このときに大量の溶岩が噴出し，エチオピア高地のような玄武岩台地がつくられた。紅海やアデン湾のリフトもこの時期に活動を開始したようである。それに次いで，ケニア付近では約2000万年前に，マラウイ湖付近で

は800〜900万年前に地溝帯の活動が開始したと考えられている（Cholowicz 2005）。このように南北で形成開始時期が異なるアフリカ大地溝帯は，大陸的な地溝帯から海嶺への発展過程における，大陸分裂の諸段階を示している。アフリカ大地溝帯の南部ほど，大陸分裂のより萌芽的な段階を示していると考えられる（矢入1979）。今後，さらに地溝帯の拡大が進行していくと，数千万年後には，アフリカ大地溝帯に海が侵入し，アフリカ大陸は再び分裂するであろう。

また，エチオピアドームのリフトでは，新しい玄武岩火山活動や亀裂の形成が確認されている。これは，海洋底が陸上で形成されている様子を直接確認することを可能としている。他地域のリフトは，現在海底にあったり，すでに堆積物に埋積されていたりする場合が多いため，直接リフトの形成過程を研究することは難しい。したがってアフリカ大地溝帯は，現在形成されつつあるリフトシステムを研究することができる貴重なフィールドとなっている。

人類進化への影響

アフリカ大地溝帯は，人類進化初期の舞台でもある。人類の進化を理解する上でも重要な地域であり，人類の揺りかごとも呼ばれる。多くの人類化石が地溝帯のなかから発見されている。また，リフトの発達が人類の発達に対して重要な役割を果たした可能性も指摘されている。コパン（Coppen 1994）は，ヒト科とチンパンジー科の分岐には，地溝帯の形成が大きな役割を演じたという「イーストサイド物語」と呼ぶ仮説を提唱した。この仮説では，地溝帯周辺の隆起や陥没構造の発達が，地溝帯内部を孤立させ，環境を変化させたとしている。また，地溝帯の成長によって東アフリカは気候変化に対してより敏感になり，乾燥期と湿潤期の違いが大きくなったと考えられている（Maslin & Christensen 2007）。

このような環境変化の影響によって人類の祖先は二足歩行をするようになり，気候の変化に適応しようとするなかで知能を発達させたという主張が行われている。また，構造運動のようなゆっくりした変化のほかに，大規模な火山噴火の直接的な影響や，噴出されたエアロゾルによる気候への影響も，人類に大きな影響を及ぼした可能性がある。しかし，地溝帯の発達や活動と，人類進化との関係については，議論も多い。今後さらに地溝帯の構造運動や火山運動の年代やその環境への影響について，より定量的に検討を進めていく必要があるだろう。

沢田順弘, K. Kurkura, 中山勝博 2001「東アフリカ大地溝帯の地球科学的研究 ── 回顧と展望」『アフリカ研究』58／沢田順弘・酒井哲弥・三瓶良和 2003「ケニア地溝帯におけるヒト誕生前後の環境変遷史を如何にして解読するのか？」『島根大学地球資源環境学研究報告』22／諏訪兼位 1997『裂ける大地アフリカ大地溝帯の謎』講談社／浜口博之 1984「東アフリカ地溝帯の地球物理学研究」『アフリカ研究』25／松澤勲 1978「アフリカ大地溝帯」『アフリカ研究』3／矢入憲二 1974「アフリカ大地溝帯にみられる雁行断層系」『アフリカ研究』14／矢入憲二 1979「東アフリカ地溝帯」『岩波講座 地球科学 第9巻 地質構造の形成』岩波書店／Chorowicz, J. 2005 The great african rift system. *Journal of African Earth Science* 43／Coppens, Y. 1994 East side story: The origin of humankind. *Scientific American* 270／Fairhead, J. D. & R. W. Girdler 1972 The seismicity of the East African rift system. *Tectonophysics* 15（12）／Gregory, J. W. 1896 *The Great Rift Valley*. John Murray／Maslin, A. M. & B. Christensen 2007 Tectonics, orbital forcing, global climate change, and human evolution in Africa: Introduction to the African paleoclimate special volume. *Journal of Human Evolution* 53（6）

⇒地震活動，火山活動

# 3-2-3 サバンナ
Savanna(h)

....平井將公

キーワード：環境要因，草本と木本の共存，人為植生

サバンナの生成や動態をめぐっては自然地理学，生態学，地域研究などが独自の観点から研究を進めてきた。自然地理学はサバンナの分布パターンを環境要因と照らし合わせて説明している。生態学は降雨の不規則性，野火，動物による攪乱が，サバンナを特徴づける草本と木本の共存に寄与することを示している。地域研究は人為的に形成された植生の存在に着目し，生業を介した人と自然の関係を検証している。

サバンナの分布と環境要因

サバンナとは草本層に木本が疎生する植生を指す。乾季と雨季が明瞭に分かれ，かつ乾季が雨季に卓越する南米，アフリカ，インド亜，オーストラリアの各大陸の熱帯域に分布する。サバンナの約半分はアフリカに分布し，同大陸での被覆率は約45％に達する。

アフリカにおいてサバンナはコンゴ盆地周辺の熱帯雨林を取り巻くように広がり，北はサハラ砂漠南縁，東はソマリア半島，南はナミブ砂漠北縁まで連続的に分布する。この範囲の年降水量は200～1500mmと幅があるが，一般には熱帯雨林から離れるほど乾燥し，それに応じて木本の比率が低下する。各地の植生は20世紀前半から調査され，1950年代以降は類型化も進んだ。日本でよく知られるのはサバンナを有刺低木林，乾性サバンナ，乾燥林，湿性サバンナの4タイプに分けたR・ナップの分類であろう。この分類は主として雨量分布に沿っているが，その後植物の背丈や木本の密度，優占種，森林との混交率を指標としたものも提唱されている。

植生タイプの分布は地域ごとに一定のパターンを持つ。この点について自然地理学は環境要因とりわけ降水システムの観点から説明している。それによると，西アフリカで異なるタイプの植生が南北に帯状に連なるのは，この地域の降水が熱帯収束帯の南北移動によって支配されるためである。1年サイクルで雨をもたらす熱帯収束帯は北部ほど滞留時間が短く，植生は乾燥性を増す。他方，標高差に富む東アフリカでは湿風が大地溝帯に沿う山脈に遮られるなどして雨量分布は複雑に入り組み，モザイク状の植生分布となる。南部アフリカでは海からの湿風や寒潮流の影響を受けて東側で雨量が増え，植生も湿潤性の高いものとなる。サバンナはこのように，全球レベルでの大気・海流循環や地域の地形といった環境要因に強い影響を受けて生成される。

サバンナ・クエスチョン

サバンナでは草本と木本が長期にわたって同所的に共存している。これはサバンナの基本的な特徴であると同時に，生態学者がサバンナ・クエスチョンと呼んで強い関心を払ってきた謎でもある。生活形のまったく異なる草本と木本（群系）が共存する機構をめぐって生態学者は1970年代以降数々の説を提唱してきた。それらは平衡理論と非平衡理論に大別しうる。初期に支持された平衡理論は資源

（水と養分）をめぐる競争が群系間で回避されるというニッチ分割に基礎をおき，群系間の共存が安定的だとした。しかし資源吸収に資する根系の同居や資源分布の著しい偏りが確認されて限界が指摘された。80年代以降は降雨の不規則性，野火，草食動物による植生の攪乱が共存に大きく寄与するという非平衡理論が優勢となった（Gillson 2004）。この説にはさまざまなタイプが含まれるが，いずれもサバンナを草原もしくはウッドランドや森林へ収斂する中途状態の植生と想定している。攪乱要因に対する反応は群系ごとに異なる。そうした攪乱がさまざまな規模で絶え間なく起こることで群系間の比率は常に変化しつつも，一方の群系がもう一方を淘汰する収斂が抑えられる結果，草本と木本の長期にわたる共存が可能になるとされる。

ファームド・パークランド

　サバンナはアフリカのなかで最も広範に分布する植生であり，人間活動の基盤としても重要な位置を占めている。古くから人間は農業や牧畜を営み，さまざまに植生を改変してきた。このような人為植生は，自然植生から生態学的に隔っているため，破壊されたものとして否定的に捉えられる傾向がある。放牧などにより繰り返し草本が除去され，低木のみが繁茂してしまうエンクローチメント現象などは，その解釈をさらに促すものであろう。他方，農村地域には特定の樹木が農地に点在する特異な景観がかなり広範に見られる。ファームド・パークランド（農地林と邦訳されることもある）と呼ばれるこの植生は，生業資源となる樹木を人間が選択的に残したり増やしたりすることで形成されたものであり，17世紀にはすでに探検家がその存在を記している。1970年代以降農地の樹木は人々の生計に大きな役割を果たすことが明らかにされ，その生態学的・経済学的効用を追求しようとす

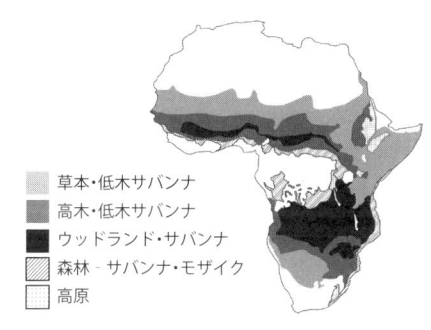

アフリカにおけるサバンナの分布
注）Shorrocks 2007.

草本・低木サバンナ
高木・低木サバンナ
ウッドランド・サバンナ
森林・サバンナ・モザイク
高原

る農学的研究も展開した。近年では樹木の利用にまつわる制度（Tomomatsu in press）や在来技術，またそれらの社会変容に伴う変化に関する地域研究からのアプローチを通して，これまで見逃されてきた樹木に対する人々の価値づけのあり方に考察がおよぶようになった（平井 2012）。

　サバンナは砂漠化に侵される地域として懸念されている。だが，人々による資源利用の実態やその過程に生じる社会的文化的事象，またサバンナ植生の生態学的特性はいまだ十分に解明されていない。サバンナが長年にわたって存続してきた背景を総合的に理解することが肝要である。

平井將公 2012「セネガルのセレール社会における生業変容と人為植生――樹木資源をめぐる技術と制度の変化」柳澤・河野・甲山・神崎編『地球圏・生命圏の潜在力――熱帯地域社会の生存基盤』京都大学学術出版会／Gillson, L. 2004 Testing non-equilibrium theories in savannas: 1400 years of vegetation change in Tsavo National Park, Kenya. *Ecological Complexity* 1（4）／Shorrocks, B. 2007 *The Biology of African Savannas*. Oxford UP／Tomomatsu, Y. in press *Parkia Biglobosa*-dominated cultural landscape: An ethnohistory of the dagomba political institution in farmed parkland of northern Ghana. *Journal of Ethnobiology*

⇒地域研究

3-2-4 熱帯林
Tropical Forests

藤田知弘

キーワード：気候変動，レフュジア，種多様性，種子散布

熱帯林には地球上の生物の半数以上が生息するともいわれ，生物多様性の観点から「種の宝庫」と呼ばれると同時に，炭素貯蔵源としても重要な役割を果たしている．アフリカ大陸の熱帯林は，コンゴ盆地を中心とした中央アフリカにそのおよそ80％が分布し，残りはアフリカ東部に見られるサバンナ植生のなかに離れ島のように分布している．20世紀半ば過ぎから本格的な調査研究が始まり，アフリカの熱帯林は過去から現在にいたるまで，拡大・縮小を繰り返してきたことが明らかになってきている．また，近年では，他地域の熱帯林と同様に，人為的な活動が熱帯林の減少や更新などに深刻な影響を与えていることも指摘されている．

アフリカの熱帯林

アフリカに分布する熱帯林には，大きく分けて熱帯雨林と熱帯山地雨林がある．熱帯雨林はアフリカ中央部コンゴ盆地のなかで，年間降水量1600㎜以上の地域に分布している．コンゴ盆地の熱帯雨林には約8000種の植物が生育し，うち8割が固有種とされている．この熱帯雨林では，マメ科，クリソバラヌス科，オトギリソウ科，アーヴィンギア科，センダン科などの樹木が代表的な高木層を構成する．樹高60mを超える高木も生育し，樹冠が何層にも重なり合う複雑な垂直構造が見られる．

熱帯山地雨林は，主にアフリカ東部の標高2000m以上かつ年間降水量1000㎜以上の地域に分布している（海洋性の気候下では標高1200mまで分布）．年間1000㎜という降水量は，熱帯雨林の分布する地域の降水量に比べると少ないが，熱帯山地雨林では，乾季にひんぱんに発生する霧がその不足分を補っている．ここには約4000種の植物が生育し，うち7割が固有種である．代表的な樹木として *Chrysophyllum gorungosanum*（アカテツ科），*Cola greenwayi*（アオギリ科），*Parinari excelsa*（クリソバラヌス科）などがあげられる．

コンゴ盆地の熱帯雨林とアフリカ東部の熱帯山地雨林は1000km以上も離れており，その間には乾燥した大地が広がる．にもかかわらず，両者の植物相の類似性は高く，これは始新世（約5500〜3500万年前）に両者が連続した一塊の森林であったことから説明されている．

熱帯林はアフリカ大陸の他に中南米，東南アジアに大きなまとまりとして分布してい

熱帯雨林（關野伸之撮影）

る。アフリカの熱帯林は他地域に比べて，植物相の科数・属数・種数が低い。また，湿潤熱帯林の代表的な分類群であるクスノキ科・フトモモ科・ニクズク科・ヤシ科などが非常に貧弱である。このような他地域と異なる熱帯林が生まれた背景には，過去の気候変動が関係すると考えられている。アフリカ大陸では，漸新世後期（約3000万年前）以降，厳しい乾燥化が起こり，多くの植物が絶滅したという。興味深い例として，フタバガキ科の樹木を見てみよう。フタバガキ科の樹木は東南アジア熱帯雨林の主要な構成種であるが，現在のアフリカにはほとんど生育していない。しかし，アフリカにおいても，第四紀（約258万年〜）より前の地層からはフタバガキ科の化石が見つかっており，過去には生育していたことを示している。

日本人による熱帯林研究

自然地理学分野における日本人による熱帯林研究は，都立大学地理学科の門村浩を中心としたメンバーにより行われてきた。門村らは1975年からカメルーンの熱帯林において，最終氷期の気候変動や過去数千年間の人間活動が熱帯林に与えた影響について調査してきた。メンバーの1人である堀信行は，カメルーン南部の土層中から木炭片の集中した層準を見つけ，年代測定から1000年B.P.以降，人為の影響が高まったことを示唆した（Hori 1982）。彼らは，1983年からケニアでも同様の調査を行っている。

上記の研究を通じて門村らは，サバンナ植生の形成・維持プロセスの解明という新たな問いを立て，これまで調査してきたカメルーン・ケニアに加え，ザンビアにおいても1987年から調査を開始した。ザンビアでの調査は，田村俊和が中心となり，熱帯疎林であるミオンボ林の成立・維持メカニズムを調査した。このなかで田村らは，ミオンボ林の植生

熱帯山地雨林

構造・立地環境などを詳細に分析し，バンツー系農耕民による伐採・火入れがミオンボ林の成立要因になっていることを示唆した（田村他 1991）。

以上のような日本人によるアフリカの熱帯林研究は門村（Kadomura 1982）などが報告し，*Atlas of Tropical Forest in Africa* など多くの文献に引用されている。

アフリカ熱帯林の分布の変遷

1970年代から行われてきた古環境変遷に関する研究から，アフリカの熱帯林は気候変動の影響を受け，過去，劇的な変遷を遂げてきたことがわかっている。第四紀に入ると，地球全体で寒冷で乾燥した気候（氷期）と温暖で湿潤な気候（間氷期）が数万年サイクルで繰り返し訪れるようになる。最近の氷期（最終氷期）は，約7万年前から1万年前まで続き，とくに終盤の約2.5万年前から1.8万年前はそのなかでも最も寒い時期にあたり，最終氷期最盛期と呼ばれている。最終氷期最盛期には，アフリカ大陸も厳しい乾燥に襲われた。サハラ砂漠の南端は現在よりも500km南下していた。また，多くの湖で水位が低下し，カメルーン北部のチャド湖はこの時期完全に干上がっていた。気温は，コンゴ盆地の熱帯林では現在よりも4〜5℃，東アフリカの高山では6

〜9℃低かった。厳しい乾燥気候を反映して，熱帯林の多くはサバンナや疎林などにおきかわり，熱帯林はその内部に点在するまでに縮小した。氷期にも残存した熱帯林は動植物の避難地という意味でレフュジアと呼ばれる。レフュジアについては後に詳細に述べる。

　最終氷期が終わると，地球規模で温暖化が進んだ。アフリカの赤道地域では，約1.4万年前から湿潤化の兆しが現れ始め，約1万年前以降，本格的な湿潤化を経験する。この湿潤化に伴って，縮小していた熱帯林が拡大したことが明らかになっている。ガーナのボスムトゥイ湖周辺では，約9000年前までにそれまで存在していたサバンナにかわり熱帯林が成立した。また，1.4万年前以前は疎林が分布していたウガンダのエルゴン山では，約1.1万年前までに熱帯林が成立した。その後，約7500年前に地球規模で一時的に起きた寒冷化に伴い，熱帯アフリカも厳しい乾燥に晒されるが，7000〜5000年前には地球全体が再び湿潤化した。

　約5000年前まで続いた湿潤化の後，4500年前ごろには，再び地球規模の冷涼化が起こり，熱帯アフリカは乾燥化した。この時期には，中央アフリカの多くの湖で水位の低下が見られた。乾燥した気候はその後，1300年前ごろまで続き，熱帯林は退行した。

　近年，高い精度での花粉・湖底堆積物の分析が可能となり，熱帯林の変遷が数百年単位で明らかになってきている。たとえば，コンゴ盆地南部に位置するシンダ湖では，1300年前以降，湖の水位の上昇が報告されており，同地域が再び湿潤化に転じたことを示している。この時期以降の熱帯林の拡大は，熱帯アフリカの広い地域で見られている（Vincens et al. 1999）。一方で，過去千年間は人為的影響が加速的に増加した時期でもあり，とりわけ人間活動がさかんな地域では熱帯林の減少やサバンナ化が報告されている。

レフュジア

　熱帯林のレフュジアに関する議論は，もともと，南米アマゾンで提唱されたものだが，現在，アマゾンにおけるレフュジアの存在には疑問が持たれている。乾燥が厳しかった氷期にもアマゾンでは大面積の森林が分断化されることなく維持されていたことが明らかになってきているのだ。一方，アフリカでは，花粉分析の結果などから，氷期には熱帯林が分断化したことが確認されている。現在は，アフリカの熱帯林レフュジアが存在した位置や範囲について議論が行われている。レフュジアの位置はこれまで，植物の種多様性あるいは固有種の分布，遺伝的多様性の分布に基づいて推定されてきた。現在，熱帯林レフュジアは，カメルーン・ガボン・コンゴ共和国・コンゴ民主共和国・アンゴラの高地や河川沿いといった水分条件のよい場所に点在したと推定されている。これらレフュジアのいくつかとゴリラやマンドリルの生息地域が一致することは注目に値する。

　熱帯林のレフュジアは，近年，生物の種多様性形成・維持機構という面からも注目を集めている。これに関しては，2つの仮説が提唱されている。1つ目は，更新世（約258万年〜1万年前）氷期の厳しい気候条件下で分断化した個々のレフュジアで，異所的種分化が導かれ，レフュジアが新たな種の誕生の場となったとするものだ。これはレフュジア種分化仮説（Refugial speciation model）と呼ばれている。この考えに従うと，アフリカの熱帯林構成種の起源は比較的新しいことになる。実際，シュウカイドウ科の*Begonia*属で種分化が更新世後期に生じたことが確かめられている。2つ目は，更新世氷期にレフュジアが文字通り避難場所として機能し，レフュジア内部に徐々に種が蓄積した結果，高い種多様性が形成されたとする考えである。これは熱帯林レフュジアを種の保存場所，博物館にたと

え，ミュージアム仮説（Museum model）と呼ばれている。この考えに従うと，熱帯林構成種は更新世以前の生き残りであり，その起源は古いことになる。以上2つの仮説を支持する結果がこれまでの研究でそれぞれ示されていることから，熱帯林レフジアは種の保存場所であると同時に新たな種を生み出すという2つの機能を持ち合わせた存在なのであろう。

現状と将来の展望

すでに述べてきたように，現在，アフリカでは湿潤化に伴う熱帯林の拡大が報告されている。しかし，熱帯林の拡大は，多くの場合，人為的な活動によって妨げられていると考えられる。現在，サバンナの景観を呈している場所の多くが，火の影響を排除すると森林に移行することが，コンピュータ・シュミレーションによって示されている（Bond et al. 2005）。実際，サバンナにおける火の排除が熱帯林樹種の侵入・定着を可能にすることは，西アフリカや南部アフリカにおいて行われた実験からも証明されている。藤田（Fujita 2013）は，ミオンボ林において火の侵入が抑制された場所では，熱帯林樹種が多数定着することを報告している。

他方で，世界的に熱帯林の減少は懸念されて久しく，アフリカもその例外ではない。たとえば，コートジボワールでは1966年から1990年の24年間に熱帯林の85％が消失し，その原因として，人口増加や農地開拓が指摘されている。

また，森林自体は維持されているが，狩猟によって大型動物が絶滅してしまった「空洞化した森林」では，動物による種子散布機能の崩壊，それに伴う更新の阻害が懸念される。ナイジェリアの熱帯林では，ゴリラなどの大型霊長類が激減したため，霊長類に種子の散布を頼る優占樹種の更新が阻害されているという報告がある。興味深いことに，ここでは霊長類散布以外の樹種の実生（風散布種や他の動物散布種）は，むしろその個体数が増えている。これは強力な競争者である霊長類散布種の実生が減少したことにより競争排除が生じたことが一因と考えられている。霊長類に限らず，大型の果実食動物は種子散布過程で重要な役割を有し，かれらの不在は森林生態系に大きな影響をもたらす。狩猟圧が高まった背景には，人口増加による肉の需要の高まりやインフラ整備の結果，森林から都市部への肉の輸送が容易になったことなどがあるといわれている。

以上のように，アフリカの熱帯林は現在，人為的な影響により危機に瀕している。アフリカの熱帯林を保存するためには，現在の生態環境や地域を取り巻く社会経済的な環境を加味した適切な対策が急務である。

田村俊和 1991「カラハリ砂層分布域東縁部におけるウッドランド環境の成立」『アフリカ研究』38／Bond, W. J. et al. 2005 The global distribution of ecosystems in a world without fire. *The New Phytologist* 165 ／ Fujita, T. 2013 *Brachystegia boehmii* and *Brachystegia floribunda* facilitate the establishment of montane forest trees in miombo woodland in northern Malawi. *Tropics* 22（2）／ Hori, N. 1982 Formation and chronology of superficial deposits in the forested South Cameroon. In H. Kadomura（ed.）, *Geomorphology and Environmental Changes in The Forest and Savanna of Cameroon*. Hokkaido UP／Kadomura, H. 1982 Summary and conclusions. In H. Kadomura（ed.）, *Geomorphology and Environmental Changes in The Forest and Savanna of Cameroon*. Hokkaido University／Vincens, A. et al. 1999 Forest response to climate changes in Atlantic Equatorial African during the last 4000 years BP and inheritance on the modern landscapes. *Journal of Biogeography* 26（4）

⇒サバンナ，動物による種子散布

3-2-5 砂漠と砂漠化
Desert and Desertification

……手代木功基

キーワード：干ばつ, サヘル, 砂漠化対処条約, 地球環境問題, 開発援助

アフリカ大陸は約7割が乾燥地域に区分され，水の利用可能性の乏しい地域が広範囲に分布している。乾燥地のなかでも最も乾燥しているのが砂漠であり，アフリカには世界最大の砂漠であるサハラ砂漠とナミブ砂漠がある。砂漠の縁辺，とくにサハラ砂漠南縁のサヘルを中心とした地域では，1960年代後半から砂漠化が問題となってきた。現在，砂漠化は地球環境問題として捉えられ，日本をはじめとした国際社会全体で砂漠化の対処に取り組むことが求められている。

砂漠の特徴

アフリカ大陸の約7割は乾燥地に区分される。乾燥地は，降水が蒸発散によって失われ，植物に乏しい景観を呈する場所である。乾燥地は，一般的に乾燥度指数を用いて定義される。乾燥度指数とは年間の降水量を可能蒸発散量で割った比の値であり，ミレニアム生態系評価では乾燥度指数が0〜0.65未満の地域を乾燥地としている。すなわち，乾燥地は降水量だけで一概に決まるものではなく，水の利用可能性が少ない地域を指している。また，乾燥地の降水は一般的に不規則であることに特徴づけられ空間的・時間的な変動が大きい。時には長期間にわたり降水量が減少した結果として干ばつが発生する。

乾燥地は，その気候景観から，砂漠，ステップ，サバンナ，ウッドランドに分けられる。このなかで砂漠は，最も乾燥した地域に分布する，水分が少なく，動植物の生存に好ましい条件を持っていない土地である。砂漠はさらに地形や表層地質の特徴に基づいて，露出した基盤岩石や取り残された巨礫からなる「岩石砂漠」，礫原からなる「礫砂漠」，砂丘や砂原が広がる「砂砂漠」に分類される。日本では「砂漠」の文字は砂砂漠を連想させることから，日本沙漠学会をはじめとして「沙漠」と表記する場合も多い。

人間の居住に適さない砂漠のなかでも，古くから人々が暮らしてきたのがオアシスである。オアシスは，砂漠の周辺から流れる河川沿いや地下からの湧水地帯などに立地し，砂漠においても水利用が可能な場所となっている。アフリカでは小堀巌らによって，1960年代からサハラ砂漠のオアシスにおける灌漑水路に関する研究が行われてきた。

アフリカの砂漠

アフリカ大陸にはサハラ砂漠とナミブ砂漠の2つの砂漠が存在する。サハラ砂漠は，11の国と地域にまたがる世界最大の面積を持つ砂漠である。サハラ上空に亜熱帯高気圧が年間を通して滞在することにより乾燥が維持される内陸型の砂漠であり，その中心部にはほとんど降水がない。サハラとはアラビア語で「砂漠」「荒野」を指す語である。またサハラの南縁は「サヘル」と呼ばれ，後述する砂漠化問題が顕著に現れている場所である。

サハラ砂漠では最終氷期に乾燥化して砂の移動が活発化し，砂丘が広範囲に分布していたことが明らかになっている。しかしその後，

約1万年前からサハラ砂漠は急速に温暖で湿潤な時代へと移り変わっていった。今から約9000〜8000年前と7000〜5000年前には，緑のサハラと呼ばれる湿潤な期間があったことが確認されている。この期間には，サハラの奥深くまで大量の雨が降り，サバンナやステップの景観に変化した。面積が縮小していることで注目されたチャド湖の湖水面は現在よりも40m以上拡大し，アルジェリア南部のタッシリ・ナジェールなどの壁画には大型の哺乳動物が描かれていた（門村1992）。ただし，全域で湿潤化が進行したわけではなく，北西岸地域は乾燥化が進行していたし，時代によっては急激な乾燥化が進展した期間も存在する。

ナミブ砂漠は，南部アフリカのナミビアを中心に，南アフリカからアンゴラ南部にかけて広がる砂漠である。ナミブという語は，ナマ語において「広大な土地」を意味している。ナミブ砂漠の沖合には，冷水を湧昇させる寒流であるベンゲラ海流が流れている。この海流が大気を安定させることにより，雨が降りにくい条件をつくりだし，沿岸部に砂漠を形成する。ナミブ砂漠は8000万年以上前に遡る古い起源を持ち，ウェルウィッチア（奇想天外）をはじめとする希少な植物種が分布している。

また，南部アフリカのボツワナ・ナミビア国境地域のカラハリ盆地には「カラハリ砂漠」が存在する。しかしカラハリ砂漠は厳密には砂漠とはいえない。現在のカラハリ砂漠はインド洋からの湿潤気流が流入するため降水量が比較的多く，大部分がサバンナやステップの景観を呈し，北部にはウッドランドも見られる。カラハリ砂漠もサハラ砂漠と同様に，過去には砂丘が広範囲に拡大していたため，現在でも砂丘砂に由来するカラハリサンドが南部アフリカを中心として広く分布している。

砂漠化とその定義をめぐって

砂漠化という言葉が使われ始めたのは1940

ナミビアの礫砂漠（2013年9月撮影）

年代である。フランスの植物生態・植物地理学者オーブレヴィーユは，熱帯アフリカ・サバンナ地帯における調査から，森林の荒廃などの問題を研究してきた。彼は，熱帯アフリカの湿潤－半湿潤地域の森林が焼畑耕作や無差別な伐採のため退行してサバンナに変わっていく過程を「サバンナ化」と呼び，その極端なケースを「砂漠化（Desertification）」という言葉を用いて表現した。オーブレヴィーユはまた，砂漠化の要因に人間活動の役割が大きいことを強調し，砂漠化研究の第一人者とされている。

その後，1968年から1974年の間にサヘル地帯を襲った干ばつは，砂漠化研究の大きな転機となった。この干ばつは，深刻な食糧危機，人と家畜の大量死，難民問題などを広い地域で発生させ，国際世論も高い関心を示した。この干ばつをきっかけに国連砂漠化会議が1977年に開催され，砂漠化防止行動計画が採択された。当初の砂漠化の定義は，「主として人間活動に起因する土地の持つ生物生産性の劣化または破壊の現象で，最終的には砂漠のような状態をもたらす」とされ，砂漠化の要因としての人間活動の影響が強調されていた。

この会議以降，砂漠化は地球環境問題の1つとして注目をあびるようになり，砂漠化の原因，結果，防止をめぐる研究も活発化した。その後1980年代前半に再度サヘルで20世紀最悪の干ばつの発生が深刻な食糧危機を引き起こ

ナミブ砂漠に生育するウェルウィッチア
(2012年8月撮影)

し，再び砂漠化の問題が大きく取り上げられた。門村浩を中心とした日本人研究者も，サヘル地域の環境変遷を明らかにすることを通して砂漠化問題に取り組んできた（門村他 1991，門村 1992，2003）。そして，国際的な砂漠化対処を早急に行う必要性が認識され，1992年にリオデジャネイロで開催された地球サミット（国連環境開発会議）において採択された「アジェンダ21」を経て，1994年に「深刻な干ばつまたは砂漠化に直面する国（とくにアフリカの国）において砂漠化に対処するための国際連合条約」（通称「砂漠化対処条約」）が採択され，1996年に発効した。現在の締結国は190ヵ国を超えている。日本も1998年に正式な条約締約国となり，砂漠化問題に積極的に取り組むことが求められている。砂漠化防止条約において採用された砂漠化の定義は「乾燥・半乾燥・乾燥亜湿潤地域における，気候変動と人間活動を含む多様な要因による土地の劣化」というものである。すなわち，砂漠化を干ばつの影響も含めた乾燥地域の土地荒廃である，としているのが先の定義とは異なる。このように砂漠化の定義は時代を経るごとに変化し，さらにそれぞれが多義に解釈される曖昧さを残している。そのため砂漠化に関する研究が活発化する一方で，「砂漠化」という用語は研究者によって異なる定義が用いられてきたため，現在においても混乱が見られるのが実情である。

砂漠化の原因とその影響

砂漠化は気候の乾燥化や干ばつの到来によって顕在化したり加速されることがあるものの，その主たる要因は人間活動にある（門村他 1991）。砂漠化の原因は，土地に直接働きかける誘因と，誘因に圧力を加える素因に分けられる。土地に直接働きかける誘因としては，農耕に不適な土地へ耕地を拡大すること，降水に依存する農地において休閑期間を短縮すること，燃料材や建材として樹木を過剰に伐採すること，食用などのために植物を過剰に採取すること，家畜の急増に伴って放牧圧が増加することなどがあげられる。そしてこれらの動態に影響を与える素因には，貧困，人口過剰，政治・経済政策の失敗などの社会的な要因から，干ばつなどの自然環境の要因が含まれる。

砂漠化は，表土の侵食や土壌の塩性化などといった形で，環境と自然資源に対して影響を与える。また，砂漠化の進行による裸地の拡大に伴って砂嵐が頻発し，空中ダストの量が増加するので，広域の気候変動への影響が考えられる。さらには，砂漠化に伴う植生の変化がアルベドの変化を引き起こし，吸収される熱射量が変化することによって降雨量がさらに減少するというフィードバック機構が存在する可能性も指摘されている（篠田 2002）。

このように自然環境と資源の劣悪化が進行することによって，食糧生産の基盤そのものが破壊されることが，砂漠化による人間活動への最も直接的で大きな影響である。これによって栄養失調と飢餓をもたらす深刻な食糧不足が発生し，さらには貧困や政情不安，土地や水資源をめぐる争いの勃発，難民の発生といったさまざまな社会問題を引き起こす可能性がある。

砂漠化への対処

1970年代のサヘルにおける干ばつ以降，国

際社会は砂漠化の防止を目指してさまざまなプロジェクトを実施してきた。しかし、ダムや灌漑水路の建設を伴うような多額の資金を投入した大規模なプロジェクトは、その多くが望ましい効果を発揮してこなかった。これらの経験をふまえ、砂漠化防止対策は、大規模なインフラ開発に偏重した計画から、住民を取り込んだ植林事業などの、地域レベル、村落レベルの計画が重視されるようになった（門村 2003）。

文化人類学者である嶋田義仁は、砂漠化対処をめぐる動向について、砂漠を森で覆うといった砂漠緑化思想がもたらす危険性を危惧している（嶋田 2003）。嶋田は、砂漠化の問題は自然環境の変動だけでなく、伝統的に行われてきた危機管理システムが、植民地化による「近代化」の過程のなかで破壊されたり、うまく作用しなくなったりしている点を指摘し、複合的なアプローチの重要性をとなえた。すなわち、砂漠化への対処は、環境対策としての砂漠化防止活動だけでなく、住民の生活や資源利用をふまえたものである必要がある。

在来のシステムに目を向けてきた日本人アフリカ研究者たちの研究は、現在砂漠化対処の実践の場にも活かされている。たとえば生態人類学者の大山修一は、都市部で大量に排出されるゴミを農村の耕作地に散布するという方法によって、都市・農村間の物質循環の改善も含めた砂漠化対策を実践している（大山 2007）。また、砂漠化を人々の生活の問題として捉える田中樹らによる一連の研究では、在来の技術の有効活用や、耕地内に休閑バンドを設置し、飛砂を捉えるという現地の人の労働負担の少ない方法で土地の劣化を防止する方法を提案し、広域的に展開している（Tanaka et al. 2012）。

現在は、サハラ・サヘル大緑壁イニシアティブ（Great Green Wall for the Sahara and the Sahel Initiative）という大規模な緑化プロジェ

サヘル地帯の集落
（ニジェール共和国，2009年6月，佐々木夕子撮影）

クトが、サヘル諸国の政府レベルで計画されている一方で、草の根レベルの対処も重要視され、さまざまなレベルでの試みが続いている段階といえる。今後、砂漠化対処にむけた実効性のある技術を普及させていく上では、砂漠化地域の多様な地域特性をふまえながら、対処技術の適応性を適切に評価し、絶え間なく実践を進めていくことが肝要である。

大山修一 2007「ニジェール共和国における都市の生ゴミを利用した砂漠化防止対策と人間の安全保障——現地調査にもとづく地域貢献への模索」『アフリカ研究』71／門村浩 1992「サヘル——変動するエコトーン」門村・勝俣編『サハラのほとり——サヘルの自然と人びと』TOTO出版／門村浩 2003「乾燥地域の"社会的病"としての『砂漠化』問題」池谷編『地球環境問題の人類学——自然資源へのヒューマンインパクト』世界思想社／門村浩・武内和彦・人蔘博雄 田村俊和 1991『環境変動と地球砂漠化』朝倉書店／篠田雅人 2002『砂漠と気候』成山堂書店／嶋田義仁 2003「砂漠と文明——『砂漠化』問題に即して」池谷編、前掲書／Tanaka, U. & Y. Sasaki, T. Shimizu, K. Ikazaki 2012 Practical technique and extension method for desertification control in the Sahel, West Africa. Proceeding of International Symposium on Sustainability/ Survivability Science for a Resilient Society Adaptable to Extreme Weather Conditions

⇒熱帯アフリカの気候と環境の変動、地球環境問題と生態人類学

3-2-6 シロアリ塚
Termite Mound

山科千里

キーワード：シロアリ, サバンナ, 生態系エンジニア

シロアリは，シロアリ属に属する昆虫の総称で，現在までに約3000種が確認されている。アリと名がついているが，アリよりもゴキブリに近い仲間である。熱帯・亜熱帯地域を主な生息地とし，日本は分布の北限にあたる。シロアリは種によって材の中・地中・樹上などさまざまな場所に巣を造る。塚もその巣の形態の1つで，アジアとアフリカに生息するキノコシロアリは，地表に大きな塚を形成する。サバンナにおいてシロアリは，人と並んで最も大きなバイオマスを占める生物ともいわれ，塚を形成することで自らの生活環境を整える一方で，地形や土壌，動植物の分布や生存など周辺の環境にも大きな影響を与えている。

アフリカのシロアリ塚に関する研究

アフリカのシロアリ塚に関する研究には，土壌の性質，特性に関するもの，塚や巣穴の分布や構造に関するもの，動植物への影響に関するもの，人や動物による利用に関するものなどがある。生態学的な視点からのアプローチが多く，とくにシロアリ塚の土壌特性や植生への影響について多くの研究が行われている。シロアリの活動が土壌に与える影響については，1950年代から多くの研究が行われ，シロアリ塚の土壌構造や土壌成分の特徴が明らかにされてきた。K・リーとT・ウッドは熱帯・亜熱帯地域におけるシロアリと土壌との関係について，シロアリの活動が土壌の物理性・化学性に与える影響，シロアリ（塚）が植物の分布や生育に与える影響，農地におけるシロアリ塚の利用などに関してまとめている (Lee & Wood 1971)。シロアリ塚と植物については，1930年代にサバンナにおいてシロアリ塚上にパッチ状の植生が形成されることが記され，その特徴的な景観は「シロアリサバンナ」と呼ばれた。1990年代からは群集生態学的な視点から多くの研究が行われ，アフリカ各地でシロアリ塚が植物の分布や生育，植生構造や種組成，動物の生存に与える影響などが調査されてきた。さらに，荒廃農地のリハビリテーションの議論において，シロアリの活動による土壌の肥沃化が注目され，農業生態の分野でも研究が行われている。また，シロアリやその塚，塚上に生育する植物は，それらを食糧や営巣地，採食源（地）として利用する動植物の生存や多様性に寄与するため，生物多様性の保全という視点からも注目されている。

日本人によるアフリカのシロアリ塚に関する研究はあまり多くないが，1980年代に文化人類学や民族誌のなかでシロアリやその塚の文化的な側面が記述されている。たとえば，西アフリカにはシロアリ塚が世界の創造主として語られる神話があることや，東アフリカにはシロアリ塚を邪悪な存在と見なす迷信があることなどが記されている。1980年代後半には，地形学の分野で植物や動物のつくる地形が注目され，そのなかで微地形としてのシ

ロアリ塚に関して，地形学や水文学の視点からいくつかの研究が行われた。1991年には，雑誌『地形』で「地形形成における生物の役割」という特集が組まれ，シロアリによる大量の表層物質の移動が微地形を形成すること（田村1991），シロアリ塚周辺部から地下水が涵養されることが指摘された（松本他1991）。

シロアリ塚の構造と形態

　アフリカの熱帯地域に生息するキノコシロアリ（Isoptera, Macrotermitinae）は，半乾燥地に位置するサバンナで地上数メートルにも達する巨大な塚を形成する。キノコシロアリは，食糧として利用するシロアリタケ属のキノコを塚基部の巣内で栽培する農業を行うシロアリである。灼熱の乾燥したサバンナで，数百万匹からなるコロニーが1つの塚のなかで暮らすためには，巣内の温度や湿度，二酸化炭素濃度を一定に保つ必要がある。キノコシロアリは，塚を形成することでキノコ栽培と自らの生息環境を整え，サバンナという厳しい環境に進出した。塚の内部には通気孔となるトンネルがつくられ，このトンネルを通じて巣内で栽培されるキノコやシロアリ自身から発生する二酸化炭素を塚外へ排出し，新鮮な空気を取り込む。また，この通気孔の構造と塚の壁の厚さを調整することで，巣内の熱を日中は塚外に放出し，夜間は放出せず保温する。この仕組みによって巣内の温度や湿度は常に一定に保たれる。このようにキノコシロアリの塚はガスや熱の交換を行う機能を持っているため，その大きさや形態は塚の置かれている環境に左右される。たとえば，同種のシロアリの塚であっても，コロニーの成長に伴って塚も成長することや，サバンナと森林では塚の形態

キノコシロアリの塚（2010年12月撮影）

や内部の構造が異なることが知られている。この高度な空調システムは，建築学においても応用され，ジンバブエやドバイではシロアリ塚の空調システムを利用したビルが建設されている。

　上記のような煙突状の塚以外にもシロアリの作用やシロアリ塚を起源とする微地形がある。たとえば，南アフリカに見られるミマ・マウンド（Mima-mound）と呼ばれる幾何学的な微地形は，シロアリとデバネズミの作用によって形成されたものであるといわれている。また，アフリカのサバンナでは，しばしば直径が10～30mほどのマウンド状の微地形が見られるが，これはキノコシロアリの煙突状の塚を起源とするものであるという。ボツワナの氾濫原地域において，この地形を調査した地質学者のT・S・マッカーシーは，煙突

マウンド状のシロアリ塚(2009年11月撮影)

シロアリ塚上のパッチ状植生(2010年6月撮影)

状の塚に生育する樹木の蒸散を通じて地下水がシロアリ塚の下に集められ，そこに含まれるミネラルが集積することで，長い年月をかけて煙突状のシロアリ塚の形態が変化し，マウンド状の地形が形成されることを示している。

シロアリ塚の生態系における機能

　上記のようなシロアリによる塚の形成は微地形を生み出し，またシロアリが巣内に有機物を貯蔵することは，土壌の物理性や化学性の改変につながる。まず，シロアリは塚や巣穴を形成する際，地下深くから大量の土を運搬する。たとえば，ウガンダでは一年に1㎥，ナミビアでは一日に3.1kgの土壌がシロアリによって動かされたことが報告されている。また，塚を形成する際，唾液や排泄物によって土を固定することや地中に多くの巣穴を形成することで，土壌中にクラストや間隙が形成され，塚や周辺部の水分条件にも影響を与える。さらに，巣内に貯蔵される植物体やリター，シロアリの排出物・死骸によって，シロアリ塚周辺の土壌は有機物を多く含む肥沃な土壌になることも知られている。

　このようなシロアリによる地形や土壌への作用は，植物の生存や生育にも大きく影響する。たとえば，シロアリ塚は周囲より一段高いため，シロアリ塚上に生育する植物は野火や洪水の影響を受けにくい。そのため，シロアリ塚は耐火性の低い植物や多湿に弱い植物の生育適地または避難所になる。加えて，シロアリ塚の土壌は肥沃であるため，実生の生育にも適した場であり，植物の更新の場としての機能も指摘されている。このようなシロアリ塚の形態的な特徴や土壌特性によって，シロアリ塚には周囲に比べて密度が高く，種多様性の高い植生パッチが形成されることが知られている。植生の疎らなサバンナにおいて，シロアリ塚上の多様な植生は重要な意味を持つ。たとえば，ジンバブエやコートジボワールなどのサバンナでは，ゾウやサイ，アンテロープなどの草食動物が好んでシロアリ塚上の植物を利用しており，シロアリ塚は採食地（foraging hotspot）として動物の生存や個体数に寄与していると指摘されている。もちろん，アフリカにおいては，ツチブタに代表されるシロアリを主な食物とするシロアリ食者にとっても，シロアリ塚は重要な採食地である。また，シロアリ塚や塚上に生育する樹木は，マングースや鳥類など，動物の営巣地としても利用される。一方で，シロアリ塚の表面は，シロアリによって運ばれた細粒質が排出物によって固定されているため，非常に堅い。そのため，とくに新しい塚では，

植物の定着が阻害されるという一面もある（Yamashina 2013）。

このようにシロアリは塚の形成を通じて，地形や土壌成分を改変し，植物や動物の分布や生育，生存にも影響を及ぼすため，サバンナ生態系において生態系エンジニア（ecosystem engineer）として非常に重要な役割を果たしている。さらに，シロアリ塚は空間，資源，植生の不均一性（heterogeneity）を生み出すものであることから，サバンナ生態系における生物多様性の生成・維持の要因としても，近年非常に注目されている。

人によるシロアリ（塚）の利用

アフリカにおいて，シロアリは作物や住居に害を及ぼす害虫として認識される一方で，とくに農業生態系においては作物の増産につながる肥沃な土をもたらす存在でもある。農地におけるシロアリ塚利用については多くの研究が行われ，アフリカの広い地域でシロアリ塚に適した作物を塚に植えたり，シロアリ塚の土を農地に撒いたりといった積極的な利用が見られる。さらに，作物や家畜への洪水などの被害を避けるため，シロアリ塚上に家屋が作られること（田村 1991）や家畜囲いの設置場として利用される（山科 2013）ことも指摘されている。

シロアリ塚利用のもう1つの側面に土食がある。シロアリ塚の土はミネラルを多く含み，解毒にも効果があるとされており，妊婦をはじめ，ゾウやチンパンジー，家畜などにも利用される。また，シロアリ塚の土は粒が細かく揃っているため，住居の塗装やレンガづくりにも利用される（山科 2013）。

アフリカ各地で広く見られるシロアリの食用利用に加え，塚に生えるキノコも食用にされる。キノコシロアリの塚には雨季のはじめに白くて大きなキノコが生え，ナミビアの北部では一年に一度のご馳走である。

田村俊和 1991「熱帯の地形・表層物質形成におけるシロアリの役割」『地形』12（3）／松本栄次・池田宏・新藤静夫 1991「タンザニア中部におけるシロアリの水文地形学的役割」『地形』12（3）／山科千里 2013「ナミビア北東部，氾濫原に暮らす人びとのシロアリ塚利用」『ZAIRAICHI』1／Lee, K. E. & T. G. Wood 1971 *Termites and Soils.* Academic Press／Yamashina, C. 2013 Variation in savanna vegetation on termite mounds in northeastern Namibia. *Journal of Tropical Ecology* 29

⇒サバンナ，生物学・生態学，昆虫

シロアリ塚の土を食べるヤギ（2010年7月撮影）

今晩のおかず「炒めシロアリ」（2006年12月，藤田知弘撮影）

3-3-0　総説 ── 生物学・生態学
Biology and Ecology

　　　　　　　　　　　　　　　　　　　　　　　　　　　　　　　　佐藤哲

　近代科学としてのアフリカにおける生物学・生態学の研究は，欧米列強による大探検時代の博物学にその起源を求めることができる。これとは一線を画する形で20世紀後半に始まった日本人による研究は，進化理論における種分化と適応放散，および近縁多種の共存機構の研究で大きな成果を上げてきた。また，社会生態系システムに関する領域融合的な総合研究の萌芽を早くから含み，アフリカが直面する環境保全と持続可能な資源管理という課題に直結する成果を上げてきた。日本人によるアフリカ生物学・生態学の軌跡を，好奇心駆動型の科学から社会が直面する課題に駆動される問題解決指向の科学への展開という観点から，整理していくことにしよう。

アフリカの生物学の始まり

　サハラ以南のアフリカ大陸は，世界屈指の生物多様性を誇る熱帯雨林とサンゴ礁，固有種を数多く育む大湖沼，独自の哺乳類群集を有するサバンナ生態系など，きわめて多様な自然環境に恵まれている。これらの世界的に貴重な自然は，それ自体が多くの生物学・生態学研究者を引きつけ，多くの研究が蓄積されてきた。また，その過程では日本人研究者による研究が大きな成果を上げてきた。一方で豊かな生態系は，食糧，木材，水，医薬品，観光資源，研究教育資源など，多様なサービスを人間生活に提供しており，人々はこれらの生態系サービスの利活用を通じて，自然と濃密に関わる生活文化，在来知，民俗技術を育んできた。この人間社会と自然環境の相互作用が織りなす複合的なシステム（社会生態系システム）を理解するためには，生物学・生態学の側面からの研究に加えて，資源利用に関わる社会文化的多様性の観点を加えた統合的な研究を推進することが不可欠である。

　しかしながら，アフリカにおける生物学・生態学研究がこのような総合的な視点を獲得していくのは，さまざまな環境問題が顕在化し，自然資源の枯渇が現実のものとなった1990年代以降のことである。その過程でも，日本のアフリカ生物学・生

態学研究者，とくに魚類生態学の研究グループが重要な役割を果たしてきた。そこで，まず初期のアフリカ生物学・生態学の研究を，その起源である博物学の流れから簡単に振り返り，それとの比較を通じて日本人によるアフリカ生物学・生態学の特徴を明らかにしていく。

　近代科学としての生物学・生態学は，大航海時代に続く博物学の時代にその起源を求めることができる。それ以前にも，アフリカの豊かな自然は，世界各地の人々の好奇心を刺激してきた。たとえば，キリンが初めてヨーロッパに運ばれたのは，1261年にエジプトのサルタンから両シチリア王国のフレデリック2世に贈られたものだという。1486年にはメディチ家の動物コレクションにキリンが登場し，多くの人々の目に触れるようことになった（Ringmer 2006）。ルネッサンス期には，アフリカのエキゾティックな動物を所有することは富と権勢の象徴だったのである。しかし，キリンが科学的な分析の対象となるのは，カール・フォン・リンネによって1758年に壮大な生物分類学の体系に位置づけられ，学名を与えられて正式に記載されるのを待たねばならなかった。

　大航海時代以降の博物学の発展は，アフリカのとくに内陸部に向けた多くの探検によって支えられていた。アフリカ内陸部は，当時の探検家たちにとっても別格の秘境であった。デビッド・リビングストーンやヘンリー・スタンリーなどによる，驚くほど高い死亡率とさまざまな困難に立ち向かった多くの探検は，さまざまな新しい知見と生物標本を欧米各国にもたらし，その知見を整理統合し新たな世界観を構築する博物学を駆動していった（レイビー 1996：71-118，ユゴン 1991）。18世紀の博物学者カール・フォン・リンネは，次々ともたらされる新たな生物標本によって生じる混沌を秩序ある形に整理するために，科学的な分類の基本体系を確立した（西村 1997）。未知の地域の探検には，新種発見という新しい明瞭な意義が加わり，18世紀から19世紀にかけて欧米列強による国策としてさかんに行われたアフリカ探検には，必ずといっていいほど博物学者が同行し，新たな知見をもたらし続けた。このような探検と新種発見，とくにアフリカの大型哺乳類の発見は，欧米の人々の間に興奮と熱狂を巻き起こすと同時に，当時の人々の世界観を根底から揺るがした。たとえば，ゴリラは1847年に伝道者トーマス・S・サヴェージとハーバード大学の解剖学者ジェフリーズ・ワイマンによって記載され，外部世界に知られるようになった（コニフ 2011：283-285）。ダーウィンの「種の起源」の出版は1859年，ネアンデルタール人が化石から正式に記載されたのは1857年である。進化論，とくに人類の起源に関わる進化的視点の提唱とほぼ同時期にヨーロッパの人々の目に触れることになったゴリラは，衝撃をもって迎えられ，生物進化の連続性と人類の起源，ダーウィン進化論の妥当性に関する論争を激化させることになった。人間とよく似た外見と行動

を持つ類人猿の発見は，人種差別と奴隷制度，さらには植民地主義を正当化したいという暗黙の願望を刺激し，キリスト教的世界観における人類の卓越性をめぐる議論を加熱させたのである。

　未開の地の探検は，欧米列強による帝国主義とキリスト教伝道の先兵であり，植民地の拡大と徹底的な搾取を強力に後押しするものであった。博物学から近代生物学にいたる流れもまた，その影響を色濃く受けたものだったことは疑いない。アフリカの生物に関わる研究の拠点は欧米の国々にあり，その主役は欧米の研究者であった。博物学者たちは大量の標本を欧米の各都市に持ち帰って分類し，その成果は欧米のアカデミズムのなかで流通し，各地の博物館での未知の生物の展示は人々を熱狂させた。植民者の被植民者に対する優越を前提とした帝国主義を背景に，アフリカの大地で生活する人々が自然との関わりのなかで培ってきた多様な文化や生態系サービスの活用に関わる在来知や民俗技術に目を向ける動きは，ごく一部の例外，たとえば西アフリカの沿岸を探検した女流探検家として知られるメアリー・キングズリーなどを除けば，きわめて希薄であった（レイビー 1996：305-330）。アフリカの生物学・生態学の初期は，欧米のアカデミズムが主役となり，すべての情報が欧米に集約され，欧米の人々がその観客として新たな発見に熱狂するという，徹底した知的侵略と搾取の構造を基本としていた。この傾向はその後も色濃く残り，現代にまでいたっている。

日本人によるアフリカ生物研究の始まりと展開

　欧米による知的侵略と搾取的研究の歴史を背景にしたアフリカの生物学・生態学研究に，地理的に遠く離れた日本人研究者が参入したのは，1958年の今西錦司らによる「第一次アフリカ類人猿（ゴリラ）学術調査隊」が最初である。この時代の霊長類研究は，大規模な資機材を投入して調査基地を建設するという探検的な色彩が色濃いものであった（五百部 2013）。研究の主体が日本人であり，成果は主に日本のアカデミズムのなかで流通するという点では，博物学に始まる欧米のアフリカ生物学の流れと通底する構造を持っていたと見ていいだろう。しかし，日本人による霊長類学の主たる関心は，人類に特有と考えられてきた家族や文化などの形質の進化的起源を探ることにあり，必然的に狩猟採集民の生態人類学などを含む人類進化研究につながって，大きな成果を上げてきた。当初から人間と自然の関わりを包含し，社会生態系システムに関わる総合的な視点の萌芽を含んでいたことが，日本人によるアフリカ生物学・生態学の1つの特徴と考えることができる。霊長類学を中心とした人類進化への関心は，生物学の領域を超えて人文社会科学の諸領域と融合した総

合科学として急速に進展し，日本における海外学術調査としては南極観測に次ぐ規模に発展していった（椎野 2008,「霊長類学」の総説も参照）。

霊長類学者のグループがこのようにして拡充してきた調査基盤を活かす形で，1977年に川那部浩哉を中心としたタンガニーカ湖の魚類生態調査が旧ザイール共和国（現コンゴ民主共和国）東部のウビラで開始された（川那部・堀 1993, 佐藤 2001）。急速な種分化を遂げた東アフリカ大湖群のシクリッド（カワスズメ科魚類）を対象に，適応放散と近縁多種の共存メカニズムを探索するこの研究は，堀道雄，幸田正典などによって引き継がれ，現在にいたるまで基礎科学の分野で大きな成果を上げてきた（堀・幸田 2012）。それに加えて，アフリカ内陸部の後発開発途上国における重要なタンパク源である湖の魚類が研究対象であったことから，アフリカの現地研究者が主体となった持続可能な資源管理と環境保全に関わる総合的研究へとダイナミックに展開していった。

タンガニーカ湖の魚類研究に参加していた鳥類学者の山岸哲を中心に，この流れを引き継いで，1989年から多様な生物が独自の進化を遂げているマダガスカル島において，鳥類を中心とした脊椎動物の適応放散と社会構造の研究が行われてきた。マダガスカル島は1億6000万年ほど前にゴンドワナ大陸から分離し，その後アフリカ大陸から完全に隔離されたため，多くの動植物が地理的隔離のもとで適応放散を遂げている。とくにオオハシモズ類はマダガスカルの鳥類のなかで最も多様に分化している。山岸らによるアフリカ大陸から分離した直後のオオハシモズ類の急速な適応放散のプロセスの解明は，国際的にたいへん高い評価を受けている（中村 2012）。この研究はその後，森哲，中村雅彦らによって20年以上にわたって継続され，タンガニーカ湖の研究と同様にマダガスカル島における環境保全と生態系管理に関わる総合研究へと展開している（川又 1999）。

これらの流れと並行して，アフリカにおける日本人研究者による昆虫学の研究が進展した。世界の著名な科学者が集まって1957年にカナダのパグウォッシュでその第1回が開催された「科学と世界の諸問題に関するパグウォッシュ会議」は，核兵器の廃絶と平和を掲げる科学者による運動としてよく知られているが，それだけでなく科学の社会的使命に関するさまざまな議論を重ねてきた。このパグウォッシュ会議による「科学研究を通して開発途上国の発展へ寄与するための研究機関の設立」の提案を受けて，1970年にケニアのナイロビに「国際昆虫生理生態学センター（ICIPE）」が設立された。ICIPEは世界銀行，UNEP，UNDPなどの国連機関，各国のアカデミー，民間団体などからの資金を得て，傑出したケニア人昆虫学者，トーマス・R・オディアンボのリーダーシップのもとに，食糧の安定供給と貧困からの解放，ヒトおよび家畜の健康管理，自然環境の保全と自然資源の有効利用，アフリ

カの若手研究者の育成という喫緊の課題に関連する昆虫学研究に取り組むことをミッションとして設立された。まさにアフリカ社会が直面する課題の解決にアフリカの研究者とともに取り組んでいくという社会的な使命を帯びた研究機関が，国際社会の主導によって構築されたわけで，博物学の時代の搾取的な研究とは隔世の感がある。日本も国際学術交流の観点からICIPEの運営に関わり，1973年から2005年まで昆虫学の若手研究者を毎年一名派遣する事業を継続し，多くの成果を上げてきた（日高 2007：3-10，「アフリカの昆虫」も参照のこと）。ICIPEはその設立の目的からも明らかなように，昆虫学の基礎研究だけでなく，アフリカ諸国の持続可能な発展に資する昆虫学研究をその設立の目的としていた。知的好奇心に駆動されたタンガニーカ湖やマダガスカルの研究とは異なり，当初から社会の課題に駆動される問題解決指向の科学が推進されてきたことが，ICIPEの重要な特徴である。

アフリカにおける日本人による生物学・生態学研究のなかで，とくに組織的に長期間継続してきた霊長類，タンガニーカ湖，マダガスカル，ICIPEの研究に共通していたのは，それぞれ程度の違いこそあれ，長期的な関わりのなかでアフリカの社会生態系システムについての総合的な研究が模索されてきたこと，そのなかでアフリカ社会が直面する課題に生物学・生態学のアプローチを通じて貢献しようとする指向があったことであった。また，それに加えて，アフリカの学術研究がアフリカの研究者の手によって継続されることを重視し，アフリカ人研究者の育成に尽力してきたことも，重要な共通点である。たとえばタンガニーカ湖研究は，その後に開始されたマラウイ湖の研究を合わせると，これまでに7名の研究者（故人を含む）が日本で博士号を取得している。このような努力によって育成された研究者のなかには，フィールドとなった地域社会で研究の現場にとどまってアクティブに活躍する人が現れている。川那部や山岸に代表される，アフリカの生物学・生態学の研究の主体はアフリカの人々であるべき，とする思想（川那部 1993）は，欧米のアフリカ生物学・生態学研究には希薄であり，日本人によるアフリカ生物学・生態学の重要な特徴と考えられる。欧米のアフリカ研究にこのような姿勢が希薄であることの原因は，おそらく，過去の搾取的研究の傾向が色濃く残っていることに求められるものと考えられる。

基礎研究の進展 —— 進化生態学を中心に

アフリカの豊かな生物多様性は，進化生態学の分野で多くの画期的な研究成果を生み出してきた。そのなかでとくに日本人研究者は，霊長類学，魚類生態学，鳥類学の分野において，独自の視点から生物進化のプロセスとメカニズムに関する研究

を推進してきた。脊椎動物において他に類例のない爆発的種分化と適応放散を遂げている東アフリカ大湖群のシクリッド類（カワスズメ科魚類）に関する日本人による研究は，新しい種が形成されるメカニズム（種分化と適応放散），および急速に進化した近縁多種が共存できる仕組み（共存機構）に関して，世界をリードする研究成果を積み重ねている。

　東アフリカ大地溝帯には，大小あわせて20以上の湖が点在する。そのなかで，ヴィクトリア湖，タンガニーカ湖，マラウイ湖を東アフリカ大湖群と呼ぶ。これらの湖に生息するシクリッドはとくに急速な種分化と適応放散を遂げており，数百万年という進化史的にはきわめて短い時間で，1種から数種の祖先種から数百種にまで分化してきたことでよく知られている。タンガニーカ湖に250種，マラウイ湖に700～1000種，ヴィクトリア湖に500種以上のシクリッドが現存しており，3湖のシクリッド群集はあわせて1500種ほどから構成されているものと考えられている（Turner 1997）。川那部を中心とした日本のタンガニーカ湖研究チームは，このような近縁種が高密度で共存する生態系の成立メカニズムを，とくに生物種どうしの関係（種間関係）から解明することを試みてきた。

　これらの湖のシクリッド群集は，多数の近縁固有種が高密度で共存していること，それぞれの種がさまざまな餌品目に特殊化していること，すべての種が卵や稚魚の保護を行うこと，採餌と子の保護をめぐってきわめて濃密な種間関係が構築されていることを特徴としている。堀道雄らはタンガニーカ湖における食物網と餌をめぐるきわめて複雑な種間関係に着目し，近縁多種の共存のメカニズムの解明に取り組

タンガニーカ湖北西部の水中景観。タンガニーカ湖の水中は，多様なシクリッドが群れ踊る水族館のような光景が広がっている。このシクリッドの驚くべき進化のしくみと興味深い生態が，日本人をはじめとする多くの研究者の関心を引き付けてきた

み，シクリッド群集内部での捕食・被捕食関係について，さまざまな角度から研究を蓄積してきた。その結果，生息場所の棲み分けや餌品目の食べ分けだけでなく，同じ餌を利用する競合種の採餌行動が少しずつ異なることによって，個々の種の摂餌効率が高まるという協同的な関係が生じており，それが多種共存に重要な役割を果たしていることが明らかになった。このような協同的な関係は，小魚を襲う捕食者や，他の魚のウロコを専門にはぎ取って食べるウロコ食，藻類食，底生動物食の魚類についてくわしく研究されてきた（川那部・堀 1993，佐藤 2001a，堀・幸田 2012）。ウロコ食魚類では，口の構造に左右性（右利きと左利き）が発見され，それが頻度依存性選択によって個体群内で変動しつつも安定する，という成果が発表され，大きな話題を呼んだ（Hori 1993）。また，多くの種で個体群内での右利きと左利きの頻度が周期的に振動しており，その振動は主に捕食・被捕食関係によって生じていることも示されている（堀 2007）。よく似た形質を持つ近縁種が，わずかな行動上の差異から生まれる協同的関係を通じて同所的に共存できるという知見は，同じ生態的地位を持つ種は共存できないとする従来の競争排除の原則に基づく生態系進化の捉え方を大きく揺るがすものであった。

　子の保護をめぐる繁殖生態と種内社会の驚くべき多様性についての知見も，急速に蓄積されていった。タンガニーカ湖のシクリッド類の子の保護は，親が卵や稚魚を保護する口内保護と，卵や稚魚の群れを見張って保護する見張り型保護に大別できる。このなかで，口のなかに稚魚をくわえて保護している親が，子どもに餌をついばんで与える口腔内給餌が，世界で初めて確認された（Yanagisawa et al. 1997）。また，魚類ではきわめて稀な一妻多夫の婚姻システム（Yamagishi & Khoda 1996），極端な一夫多妻とオスの体重がメスの平均14倍という脊椎動物最大の性的二型（佐藤 1993）など，興味深い現象が次々に発見された。種内の多様性をもたらすオスの代替繁殖戦術も多くの種で発達しており，特異な繁殖行動を示す超小型成熟オスが，おそらく頻度依存性選択によって大型の縄張りオスと共存する事例が見つかっている（Sato et al. 2004）。また，繁殖場所の細かな使い分けが近縁多種の共存に重要な役割を果たしていることがコンゴ人共同研究者によって明らかにされ（Gashagaza 1991），さらには子どもを保護している同種または他種個体を繁殖のための資源として利用する現象も数多く記録された。たとえば，保護している子の一部をほかの親が保護している子の群れに紛れ込ませる子預けなどである（柳沢 1993）。また，まったく寄生的な関係も発見されている。タンガニーカ湖に固有のモコクス科に属するナマズの一種は，シクリッドの口内保育種の親の口内に卵を紛れ込ませる。卵化した托卵ナマズの子どもは宿主の稚魚を宿主の口内で食べて育ち，宿主の子どもはたいてい全滅する（Sato 1986）。この魚類では初めてとなるカッコウ型托卵寄生の発見は，*Nature*誌の表紙を飾った。

このような特定の種の繁殖行動に伴う生息環境の改変は，ニッチ構築と呼ばれている（オドリン－スミー他 2003）。魚が子どもを保護している場所は，親による防御行動の結果，他種の子どもに対しても，捕食される危険が少ない新たな生息場所になる。シクリッド類によるニッチ構築が，他の近縁種に新たな生息場所を提供するメカニズムは，急速な種分化と近縁種の稠密な共存を促している重要な要因であるものと考えられる（佐藤 2009）。これらの研究によって，競争から協同にいたる幅広いスペクトラムの種間関係が，急速な種分化と近縁種の共存に重要な役割を果たしていることが，採餌，繁殖の両面から解明されてきたことは，進化研究の国際的な動向に大きなインパクトを与えている。

　急速な種分化と適応放散のメカニズムの研究は，分子進化学の発展によって新たな展開を遂げることになった。東アフリカの湖のなかで最も歴史が新しいヴィクトリア湖は，40万年ほど前に成立したといわれているが，その後も大きな水位変動を繰り返し，およそ1万4000年前には完全に干上がった時期があった。したがって，そこに生息する500種以上にのぼるシクリッド類は，タンガニーカ湖，マラウイ湖と比べてもきわめて短い時間で種分化したものであり，そのゲノム構造はほとんど同一とされている。分子生物学者の岡田典弘のグループは，2002年からタンガニーカ湖やマラウイ湖でシクリッド類を研究してきた生態学者と共同して，ヴィクトリア湖沿岸のムワンザに調査拠点を構築し，配偶前隔離に重要と考えられる婚姻色や視覚系を中心とした遺伝的研究を開始した。ゲノム構造が同一である近縁種間で，形態，色彩，生態的特徴などに関して種内に固定している遺伝的変異を探索することによって，種分化を促した遺伝的要因を解明しようとするアプローチは国際的に見ても独創的なものであった（岡田 2005）。現地調査によってシクリッド類の婚姻色や生息環境に関する知見を収集すると同時に，4000個体を超えるサンプルを収集して遺伝的な解析を実施してきた。

　その結果，色彩感覚をつかさどる視物質であるオプシン遺伝子の種間比較によって，オプシンの吸収波長の変異をもたらす突然変異が種特異的に固定しており，これによって見えやすい色が種によって異なる状態が進化していることが明らかになった（Terai et al. 2006）。また，このようなオプシンの変異による吸収波長の変化が，それぞれの種が生息する光環境や婚姻色とよく対応することを実証する知見が，岡田らの研究グループによってもたらされている（Seehausen et al. 2008）。これは，オプシンの吸収波長を変化させる突然変異が性選択および自然選択によって急速に種内に固定されることによって，配偶前隔離を通じた同所的種分化が促進されたことを示すものであり，感覚系に駆動された進化のメカニズムを実証するものとして国際的にたいへん高い評価を受けている。

社会生態系システムの総合研究

　アフリカ諸国の持続可能な発展に資する昆虫学研究を目的として展開されたICIPEの研究や，重要なタンパク源である湖の魚類に関するアフリカの現地研究者が主体となった研究を指向したタンガニーカ湖研究は，必然的に持続可能な資源管理と環境保全という喫緊の課題に駆動された問題解決指向の総合研究へと発展していくことになった。とくに東アフリカ大湖沼群は貧困，気候変動への適応の困難，政治的不安定にあえぐ8ヵ国に囲まれている。貴重なタンパク源である魚類資源は大きな漁獲圧にさらされており，貧困からの脱出と持続可能な資源管理を両立させるという困難な課題に対して，人間生活と生態系の相互作用のなかでダイナミックに変動する社会生態系システムに関わる総合研究が最も必要とされている地域である。

　川那部らによるタンガニーカ湖研究は，この課題を正面から取り上げ，現地研究者との密な連携を通じた水産資源管理の研究を先駆的に取り入れてきた（Mulimbwa & Shirakihara 1994, Phiri & Shirakihara 1999）。そして，日本人研究者にとって興味深い学術的課題だけを探求するのではなく，現地社会が直面する課題の解決に駆動された研究に現地研究者とともに取り組むアプローチは，タンガニーカ湖研究グループの一部がスピンアウトして始まったマラウイ湖生態系の研究に引き継がれていった。

マラウイ湖沿岸の漁村。マラウイ湖南部にあるマラウイ湖国立公園内の漁村には，人々の貴重なタンパク源であるさまざまな魚類が水揚げされる。このような水産資源の持続可能な管理のために，湖の生態系に関わる領域融合的な総合学が求められている

1998年から3年間にわたって，遊磨正秀を中心に国際協力事業団（現国際協力機構）の研究協力プロジェクトとして「マラウィ湖生態総合研究」が実施された。これは生物学的に貴重なマラウイ湖魚類が，同時に地域の人々の生活を支える重要な資源であるという認識をベースに，マラウイ湖の魚類資源の持続可能な管理に資する総合的研究を推進できる学際的研究組織を，マラウイ大学を中心として構築しようとするものであった。日本とマラウイから生態学，環境社会学，分子遺伝学，保護区管理学などの多様な分野の研究者が参加し，資源の減少が著しいマラウイ湖魚類の資源管理のための，社会生態系システムに関する総合的な知見を蓄積することを試みた。また，地域のステークホルダーとともに調査し，その成果を人々と共有して問題解決を指向することを目指した。このような科学者とステークホルダーの協働を重視する研究を，トランスディシプリナリティ（領域融合）という。領域融合研究をマラウイの研究者が推進していくための基盤整備も，プロジェクトの中心的な課題であった（佐藤2001b，遊磨2002）。

　自然科学と人文社会科学の双方にまたがる魚類資源の持続的利用に関する生態学的総合研究に向けて，マラウイ湖国立公園のなかの漁村において，貴重なタンパク源，換金資源であるギギ科の大型ナマズ・カンパンゴ（*Bagrus meridionalis*）の繁殖生態研究を中心に研究が行われた。生態研究に加えて，漁獲物の加工流通に関わる社会関係，燃料木の利用と森林状態，魚類の繁殖と漁獲，魚類の集団遺伝学と個体群動態，漁業活動と水中保護区，人々の自然認識などのきわめて多様な周辺領域を融合した総合研究が展開された。カンパンゴを漁獲する漁民の操業パターンの解析と，カンパンゴの繁殖生態に関する知見を統合的に理解することを通じて，漁民が貧困のなかにあっても独自の漁獲調整の仕組みを発達させていることが明らかになった（Sato et al. 2008）。また，国立公園内の森林はよく維持されているが，このカンパンゴの燻製に適した樹種だけが急速に減少し，二次林に置き換わっていることが解明された（遊磨・鎌田2001）。このような社会生態系システムに関する領域融合的な知見の集積によって，地域コミュニティのなかで稼働している資源管理システムの潜在力と弱点が明らかになり，地域の人々による持続可能な社会構築のための意思決定とアクションのための知識基盤を提供することが可能になった。

　生物学・生態学は，自然環境と生物に関する理解を深めるだけでなく，アフリカの後発開発途上国が直面する多くの課題の解決のための領域融合研究の中核として機能する。日本人によるアフリカ生物学・生態学研究，とくに東アフリカ大湖沼の魚類研究は，好奇心駆動型の科学から，社会が直面する課題に駆動される問題解決指向の領域融合科学へと展開してきた。また，その過程で多くのアフリカの現地研究者が育ち，地域社会の課題に密着した研究を自ら推進する土壌が培われてきた。欧

米の搾取的な研究の流れとは一線を画した，日本人によるアフリカの人々と社会に寄り添った生物学・生態学研究が，これからもアフリカの国々が抱える多くの課題の解決に貢献していくことを期待したい。

[参考文献]

五百部裕 2013「日本人研究者によるアフリカにおける野生霊長類研究の過去，現在，そして未来」『生物科学』64（2）。

岡田典弘 2005「研究の軌跡ノート —— ビクトリア湖に『進化』を見た」『GSJコミュニケーションズ』80（1）。

オドリン-スミー，J・F，K・N・レイランド，M・W・フェルドマン 2003『ニッチ構築 —— 忘れられていた進化過程』佐倉統他訳，共立出版。

川那部浩哉 1993「タンガニイカ湖に種間関係を尋ねる」川那部・堀編『タンガニイカ湖の魚たち —— 多様性の謎を探る』平凡社。

川那部浩哉・堀道雄編 1993『タンガニイカ湖の魚たち —— 多様性の謎を探る』平凡社。

川又由之 1999「マダガスカルの自然保護と環境保全」山岸編『マダガスカルの動物 —— その華麗なる適応放散』裳華房。

コニフ，R 2011『新種発見に挑んだ冒険者たち』長野敬・赤松眞紀訳，青土社。

佐藤哲 1993「巻貝の殻で子育てする魚」川那部・堀編，前掲書。

佐藤哲 2001a「東アフリカ大湖群の魚類学」『アフリカ研究』59。

佐藤哲 2001b「湖の魚と人々 —— 東アフリカ・マラウィ湖における学際共同研究の試み」『ヒトと動物の関係学会誌』9。

佐藤哲 2009「生物進化の時間を加速するしくみ —— 東アフリカ大湖群のシクリッド類に見られる急速な進化」『時間学研究』3。

椎野若菜 2008「日本におけるアフリカ研究の始まりとその展開 —— 国際学術研究調査関係研究者データベースを使って」『Journal of Asian and African Studies』75。

中村雅彦 2012「マダガスカル海外調査」『日本鳥学会誌』61。

西村三郎 1997『リンネとその使徒たち —— 探検博物学の夜明け』朝日新聞社。

日高敏隆 2007『アフリカ昆虫学への招待』京都大学学術出版会。

堀道雄 2007「タンガニイカ湖の魚類群集と左右性の動態」松本・長谷川編『シリーズ21世紀の動物科学11 生態と環境』培風館。

堀道雄・幸田正典 2012「タンガニイカ湖の魚類生態研究サイト（ザンビア共和国）」『日本生態学会誌』62。

柳沢康信 1993「シクリッドの繁殖と場所利用」川那部・堀編，前掲書。

遊磨正秀 2002「マラウィ（ニアサ）湖畔における学際的共同研究の概要 —— 森・人・湖の連関研究」『地球環境』7。

遊磨正秀・鎌田磨人 2001「マラウィ湖畔における『森と人と湖』のつながり —— 『マラウィ湖生態総合研究』における学際的プロジェクト研究の試み」『国際景観生態学会日本支部会報』6。

ユゴン，A 1991『アフリカ大陸探検史』堀信行訳，創元社。

レイビー，P 1996『大探検時代の博物学者たち』高田朔訳，河出書房新社。

Gashagaza, M. M. 1991 Diversity of breeding habits in Lamprologine cichlids in Lake Tanganyika. *Physiology and Ecology, Japan* 28.

Hori, M. 1993 Frequency-dependent natural selection in the handedness of scale-eating cichlid fishes. *Science* 260.

Mulimbwa, N. & K. Shirakihara 1994 Growth, recruitment and reproduction of sardines (*Stolothrissa Tanganicae* and *Limnothrissa Miodon*) in northwestern Lake Tanganyika. *Tropics* 4（1）.

Phiri, H. & K. Shirakihara 1999 Distribution and seasonal movement of pelagic fishes in southern Lake Tanganyika. *Fisheries Research* 41.

Ringmer, E. 2006 Audience for a giraffe: European expansionism and the quest for the exotic. *Journal of World History* 17（4）.

Sato, T. 1986 A brood parasitic catfish of mouthbrooding cichlid fishes in Lake Tanganyika. *Nature* 323.

Sato, T., M. Hirose, M. Taborsky & S. Kimura 2004 Size-dependent male alternative reproductive tactics in the shell-brooding cichlid fish *Lamprologus Callipterus* in Lake Tanganyika. *Ethology* 109.

Sato, T., N. Makimoto, D. Mwafulirwa & S. Mizoiri 2008 Unforced control of fishing activities as a result of coexistence with underwater protected areas in Lake Malawi National Park, East Africa. *Tropics* 17（4）.

Seehausen O., Y. Terai, I. S. Magalhaes, K. L. Carleton, H. D. Mrosso, R. Miyagi, I. van der Sluijs, M. V. Schneider, M. E. Maan, H. Tachida, H. Imai & N. Okada 2008 Speciation through sensory drive in cichlid fish. *Nature* 455.

Terai Y., O. Seehausen, T. Sasaki, K. Takahashi, S. Mizoiri, T. Sugawara, T. Sato, M. Watanabe, N. Konijnendijk, H. D. Mrosso, H. Tachida, H. Imai, Y. Shichida & N. Okada 2006 Divergent selection on opsins drives incipient speciation in Lake Victoria cichlids. *PLoS Biology* 4（12）.

Turner, G. F. 1997 Small fry go big time. *New Scientists*, August, 1997.

Yamagishi, S. & M. Khoda 1996. Is the cichlid fish *Julidochromis marlieri* polyandrous? *Ichthyological Research* 43.

Yanagisawa, Y., H. Ochi & M. M. Gashagaza 1997 Habitat use in cichlid fishes for breeding. In H. Kawanabe, M. Hori & M. Nagoshi（eds.）, *Fish Communities in Lake Tanganyika*. Kyoto UP.

3-3-1 昆虫
Insects

....佐藤宏明

キーワード：感染症媒介昆虫，進化，生態，多様性，農業害虫

アフリカは，熱帯林からサバンナ，砂漠まで，多様な環境が広がり，地史的要因とあいまって，昆虫の多様性と固有性が比較的高い。アフリカの昆虫は分類学，生態学，進化学の観点から興味が尽きないが，現地の人々にとっては農作物に被害をもたらす害虫であったり，感染症を媒介する危険な昆虫であったりする。そのためアフリカでは社会・経済的要求から，農業害虫や感染症媒介昆虫の研究が重視されてきた。近年では，有望な地場産業として養蜂と養蚕が注目され，ハナバチと野蚕の研究に関心が集まっている。今後は，応用的研究のさらなる発展とともに，これまで軽視されがちだった基礎的研究の振興が望まれる。

動物地理区とアフリカの昆虫

アフリカ大陸のサハラ砂漠以南とマダガスカル島は動物地理学的に独自の地理区を形成し，アフリカ熱帯区と呼ばれる。一方，大陸北部の地中海沿岸域は，ヒマラヤ山脈以北のユーラシア大陸を主体とする旧北区に属し，アフリカ熱帯区と様相がかなり異なる。アフリカ熱帯区は中南米の新熱帯区とともに昆虫の多様性が非常に高い。その理由として，地史的要因のほかに，湿潤熱帯，乾燥熱帯，乾燥，半乾燥など複数の気候地形帯があり，熱帯林，亜熱帯疎林，サバンナ，砂漠，山岳植生など，さまざまな植生型が広がっていることが考えられる。

日本人による昆虫研究の歩み

アフリカの昆虫の日本人による本格的研究は，国際昆虫生理生態学センター（International Centre of Insect Physiology and Ecology: ICIPE）が日本を含む各国の科学アカデミーの協力によってケニアに設立された1970年に始まる。日本学術振興会は1974年から毎年1名の研究者をICIPEに派遣し，2005年の制度廃止まで24名が派遣された。派遣者の多くは，帰国後も共同研究を組織するなどして，生態・進化に関する基礎的研究や，農業害虫や感染症媒介昆虫に関する応用的研究をアフリカで展開した（日髙 2007）。これとは別に，阪口浩平（1982）は海外の文献と主に私蔵する昆虫標本をもとに，美麗種や希少種，珍しい形態や生態を豊富なカラー写真と図で紹介し，人々の興味を喚起した（図1）。また，野中健一（2005）は民族学的観点から，とくに昆虫食の調査を行った。近年になり，ICIPE派遣者以外の研究者も応用分

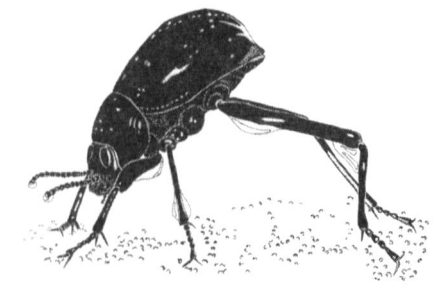

図1 ゴミムシダマシの一種 *Onymacris unguicularis*. ナミブ砂漠に生息し，霧が発生すると，逆立ちし，水分を体表に凝結させ，口に降りてきた水滴を摂取する

野を中心に共同研究を展開しつつある（前野 2012）。

基礎的研究

アフリカの昆虫に関する基礎的研究は，主に旧宗主国出身の研究者によって行われてきた（Skaife 1979, Schabel 2006）。日本人による研究は少ないながらも，高い評価を受けた研究がいくつかある。

フンコロガシとも称されるタマオシコガネは，糞塊から糞玉を作って転がし，地中に埋めて餌とする糞虫であり，その特異な行動からつとに有名である。佐藤宏明は，アフリカゾウの糞塊からソフトボール大の糞玉を作るタマオシコガネ（図2）をケニアで調査し，この種は，雌が産卵後も巣にとどまり，糞玉の世話をする亜社会性であることを明らかにした（佐藤・今森 1987）。これは旧世界のタマオシコガネで初めての発見であった。

2002年，88年ぶりに昆虫綱に新しい目（もく）が加わった。記載は，主に，50年以上前にナミブ砂漠とタンザニアで採集され，博物館に収蔵されていた標本をもとに行われた。カマキリ（*Mantis*）とナナフシ（*Phasma*）に似ていることから，新目はMantophasmatodeaと名付けられた（図3）。まもなく，系統学，形態学，生態学，発生学などの観点からこの新目を総合的に研究する国際プロジェクトが組織され，日本からは比較発生学担当として町田龍一郎と東城幸治が参加した（東城・町田 2003）。野外調査によって多種多数の生きた個体が見つかり，大きな爪先（正確には第5跗節と前跗節）を持ち上げ，踵（かかと）（第1〜4跗節）で歩いているように見えるというユニークな特徴から，新目の英名はheel walker，和名は踵行目（しょうこうもく），簡略名はカカトアルキ目となった。

ネムリユスリカの幼虫は，半乾燥地帯の岩盤にできた水たまりに生息する。乾季に水たまりが干上がると，この幼虫も干からびるが，8

図2 タマオシコガネの一種 *Scarabaeus platynotus*. ゾウの糞からつくった糞玉を転がす雄と，上に乗ったまま転がされていく雌

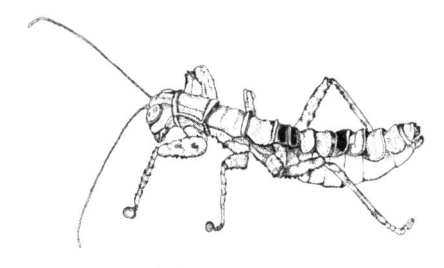

図3 ナミビアに生息するカカトアルキの一種

ヵ月後に雨季が来て再び水たまりができると，幼虫は水を吸って生き返る。この現象はすでに1960年に報告されていたが，その生理的機構は不明であった。奥田隆は，この現象にトレハロースとLEA蛋白質が関与していることを明らかにし，現在，その生合成と分子機構の解明に取り組んでいる（黄川田・奥田 2007）。

チョウには，雌のみが擬態する種，雌雄ともに擬態する種，雌雄ともに擬態しない種がいる。ダーウィンも含め，何人もの研究者が，チョウのこうした擬態の進化を説明する仮説を提唱したが，いずれの仮説も3つの擬態の様式を統一的に説明できないという難点があった。大崎直太はケニアの熱帯林での調査から，擬態に伴う生理的コスト，鳥による捕食圧の雌雄間での違い，雌における体サイズに応じた高い捕食圧の3つの要因によって擬態の進化を説明できるとする，現在最も有力な仮説を提唱した（大崎 2009）。

農業害虫と感染症媒介昆虫に関する研究

　農業害虫の防除や昆虫媒介性感染症の制圧はアフリカの緊切の課題であり，国連機関や先進各国が現地の研究機関と協力して，研究に取り組んでいる。この課題にいどむ日本の研究者も少なからずいる。

　ズイムシと総称されるガの幼虫は，主要穀物であるメイズやソルガムに深刻な害をもたらしている。なかでも，20世紀半ばにアジアから侵入した *Chilo parthellus* による被害が東・南アフリカでとくに顕著である。ICIPEでは土着農法を生かした防除法の開発が精力的に行われており，この研究には小路晋作が参加している（日高2007: 217-231）。

　マメノメイガはササゲの害虫であり，幼虫がササゲの花や莢に食入する。ササゲはアフリカでは豆だけでなく葉も食されるので，広く栽培されている。足達太郎は，ICIPEと国際熱帯農業研究所（ナイジェリア）と協力し，フェロモントラップなどを活用したマメノメイガの発生消長・長距離移動・繁殖活動の調査をもとに，有効な防除技術の開発を目指している（Adati et al. 2007）。

　サバクトビバッタは西アフリカから中東，東南アジアの乾燥地帯にかけて広く分布する。通常は生息密度が低く，農作物に甚大な被害を及ぼすことはない（孤独相）。しかし，不定期に大発生をし，農作物を食い尽くしては，次の場所に移動する（群生相）。直近では2003〜05年に大発生している。孤独相から群生相に変化する生理的・生態的メカニズムの解明に，田中誠二と前野ウルド浩太郎が取り組んでいる（前野 2012）。

　サシチョウバエはリーシュマニア原虫を媒介し，カラ・アザールとしても知られるリーシュマニア症をヒトに引き起こす。サシチョウバエの野外での行動については，夜行性であること，日中はシロアリの塚や小型哺乳類の巣穴などで休息していること以外，ほとんど知られていなかった。菅栄子は，野外にてサシチョウバエの雌雄の夜間飛翔活動性を生理的状態（吸血・成熟卵・経産の有無）の違いに着目して調査し，サシチョウバエの生態の一環を明らかにした（日高 2007: 131-145）。

　ツェツェバエはトリパノソーマ原虫を媒介することによってヒトには眠り病を，ウシなどの家畜にはナガナを引き起こす。針山孝彦は，ツェツェバエが特定の色と獣の臭いに誘引されることを利用したトラップの改良に取り組み，ツェツェバエの効果的防除法の開発に寄与した（Hariyama & Saini 2001）。

　ハマダラカはマラリア原虫を媒介することによってマラリアを引き起こす。皆川昇は，ケニアのヴィクトリア湖畔の村でハマダラカ幼虫の繁殖場所を調査し，道路脇や伐採地の水たまり，水田，トイレ用の穴，岸辺の植林地，牛やカバの足跡などが繁殖場所として重要であり，人間活動による直接・間接的な繁殖場所の増加がハマダラカの防除を困難にしていることを示した（Minakawa et al. 2004）。彼はその後，長崎大学が2005年にケニアに立ち上げたマラリアの感染防止技術の開発と普及を目的とした大規模プロジェクトに参画し，研究を継続している。

図4　食用に採集される *Acanthocampa belina* の幼虫。食樹であるモパニにちなみ，モパニワームと呼ばれる

民族学的研究

野中健一（2005）は民族学的観点からとくに昆虫食を研究した。アフリカで最もよく食される昆虫はヤママユガ科の幼虫（図4）と有翅シロアリである。ほかに、木の幹にもぐる甲虫の幼虫、ハチの幼虫・蛹、バッタなどが食されている。しかし、食の近代化に伴い、昆虫食は衰退しつつある。

野中はさらに、昆虫が体内に持つ毒を人々が利用する事例も報告している。ブッシュマンは鏃の付け根の矢柄に、毒を持つハムシの幼虫や蛹10匹ほどの体液を塗りつけ、毒矢を作る。うまく命中すると、この矢1本でキリンの成獣1頭を殺せるという（Skaife 1979）。

昆虫の産業利用

地場産業として養蜂と野蚕飼養が各地で導入されつつある。養蜂はミツバチのほか、ハリナシバチでも行われている。巣箱には加工した丸太が主に使われ、動物やアリに襲われないよう、木のなるべく高いところにぶら下げられる（図5）。野蚕飼養は、ヤママユガ科やカレハガ科の20種ほどで行われている。野蚕が作る絹糸はカイコよりも丈夫で、黄金色をしており、商品価値が高い。日本には養蜂と野蚕飼養についての経験的・学術的蓄積があるが、アフリカへの技術移転は進んでいない。

今後の課題

アフリカでは害虫被害の軽減や感染症の拡大阻止が緊切の課題であり、養蜂や養蚕は現金収入を現地にもたらす歓迎すべき経済振興策である。これらの領域において、ICIPEや国際熱帯農業研究所、国際食糧農業機関といった日本も協力してきた研究機関の寄与は大きく、なおいっそうの研究の進展が望まれる。こうした応用的研究と比較すると、昆虫の生態、進化、分類などの基礎的研究は立ち後れている。アフリカには植民地時代に設立された博物館が多くの国々で存続しており、また、独立後は各国に大学が創設され、基礎的研究の基盤はある。今後は、基礎的研究の振興と、その成果をふまえた応用的研究のさらなる発展が望まれる。

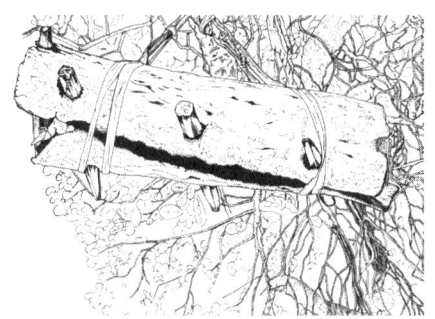

図5　木にぶら下げられたミツバチが営巣する丸太。Schabel（2006: xlvii）を参考に描く

大崎直太 2009『擬態の進化』海游舎／黄川田隆洋・奥田隆 2007「ネムリユスリカ――驚異的な乾燥耐性とその分子メカニズム」『遺伝』61／阪口浩平 1982『図説世界の昆虫6　アフリカ編』保育社／佐藤宏明・今森光彦 1987「ケニアに生息する大型タマオシコガネ *Kheper platynotus* と *Kheper aegyptiorum* の繁殖行動」『アフリカ研究』32／東城幸治・町田龍一郎 2003「南アフリカの砂漠にマントファスマを求めて」『日経サイエンス』33／野中健一 2005『民族昆虫学』東京大学出版会／日高敏隆監修 2007『アフリカ昆虫学への招待』京都大学学術出版会／前野ウルド浩太郎 2012『孤独なバッタが群れるとき』東海大学出版会／Adati, T. et al. 2007 Integrated pest management for cowpea-cereal cropping systems in the West African savannah. *Int. J. Trop. Ins. Sci.* 27／Hariyama, T. & R. K. Saini 2001 Odor bait changes the attractiveness of color for the tsetse fly. *Tropics* 10／Minakawa, N. 2004 Habitat characteristics of *Anopheles gambiae* s. s. larvae in a Kenyan highland. *Med. Vet. Ent.* 18／Schabel, H. G. 2006 *Forest Entomology in East Africa*. Springer／Skaife, S. H. 1979 *African Insect Life. New Revised and Illustrated Edition*. C. Struik Pub.

⇒医学・保健医療，自然地理学，生態人類学

3-3-2 動物による種子散布
Seed Dispersal by Animals

....佐藤宏樹

キーワード：熱帯林，相利共生，果実食動物，森林更新，絶滅

　高い生物多様性を有するアフリカ熱帯林は植物の種子散布と動物の果実食をめぐる共生関係によって維持されてきた。1980年代より動植物の多面的な生態調査が行われ，種子をまく動物の重要性が解明されつつある。とくにアフリカ大陸では，大型の果実食動物がさまざまな大きさの種子を大量かつ広範囲に散布する重要な役割を担っている。しかし，そうした大型動物は森林縮小や過剰な狩猟によって数を減らしやすく，種子散布者がいない森では次世代を担う実生や若木の更新が進んでいない。動物による種子散布効果の解明と同時に，健全な動植物の関係を維持する森林の保全管理が急務である。

アフリカにおける研究の始まり

　種子が母植物から離れて空間的に広がる現象を種子散布といい，固着性の植物にとっては，新しい土地への移入，母植物近くの死亡率が高い環境からの逃避，実生の生存や成長に適した環境への定着などの利点によって適応度を高める機会である。種子散布の様式は重力や風，水などによる運搬があげられるが，熱帯林では植物種の50〜90％が動物に種子ごと果実を摂取してもらい，動物の移動に伴って種子を分散させている。動物による種子散布パターンを解明することは，植物個体の繁殖成功のみならず，植物個体群の更新過程や植物群集の種多様性維持機構，生態系における動物の役割などを理解する上できわめて重要である。

　熱帯林における動物種子散布の研究は，スマイスやジャンツェン，ホウらによる中南米での調査を皮切りに1960〜70年代からさかんになり始めた。アフリカではゴーティエ・イオンらがガボンで，リバーマンらがガーナで調査を開始し，1980年代にその成果を発表している。日本人によるアフリカでの種子散布研究は，霊長類学者による大型類人猿を対象とした生態調査の過程で行われた事例が多い。タンザニアのマハレ国立公園では髙崎浩幸がチンパンジーを対象に，コンゴ民主共和国（旧ザイール）のワンバでは伊谷原一がボノボを対象に，糞に含まれた種子の発芽実験を行っている。いずれの報告も多くの種子を無傷で排泄することや，数種は高い率で発芽することなどを確認しており，類人猿が潜在的に重要な種子散布者であることを示した初期の研究といえる（Idani 1986, Takasaki 1983）。それ以降，今日にいたるまでの30年近くは，霊長類研究のフィールドを中心に動物種子散布の研究成果が報告されている。

果実シンドローム

　動物種子散布は，果肉を得る動物側の利益と種子を広げることができる植物側の利益によって成り立つ相利的な共生関係であるため，相互の利益を最大化させる方向に両者の形質が共進化する可能性がある。1980〜90年代は種子散布を介した動植物間の共進化の証拠を探る研究が興隆した。動物を惹きつける

ような色や大きさ，味や匂いなどの果実の特徴は散布者を共有する植物種間で似ていることが多く，この現象を「果実シンドローム」という。ゴーティエ・イオンら（Gautier-Hion et al. 1985）はガボンの熱帯林で見られる果実と散布動物の対応関係を整理し，果実形態の特徴が「鳥類－霊長類散布」と「反芻動物－げっ歯類－ゾウ散布」のグループに分かれると主張した。前者のグループは，果汁が豊富な果肉と鮮やかな色の果皮が小型種子を覆い，色覚の発達した鳥類や霊長類の選好性と一致している。一方，硬化した果皮や種皮が大型種子を覆って保護し，地味な色のまま熟す後者のグループは，散布動物の種子破壊能力や，未発達な色覚，大きな体サイズに一致した果実形態になっている。

丸橋珠樹はコンゴ共和国のヌアバレ・ンドキ国立公園に生息するホホジロマンガベイが採食する果実の特徴を調べた（丸橋 2000）。マンガベイを含むオナガザル類は独自に進化させた頬袋に果実を大量に詰め込み，少しずつ口内で処理して種子を吐き出す。マンガベイが好むマメの一種 *Erythrophloeum suaveolens* の種子の表面には水を吸うとゼリー状になる可食部がある。マンガベイは頬袋内の唾液で種子を湿らせてから可食部だけを食べ，種子を吐き出して散布する。このような果肉特性は珍しく，他にこのマメを食べる動物が見られないことから，頬袋型霊長類による種子散布に適応した果実形質であると示唆された。

また三谷雅純はカメルーンのカンポ動物保護区で見られる果実をゴーティエ・イオンら（Gautier-Hion et al. 1985）が提唱した果実シンドロームに基づいて分類し，結実する時期や期間の長さに注目して各グループの特徴を分析している。鳥類と霊長類に散布される小型果実の多くは，雨季に短期間だけ結実する。この現象に対する説明として，発芽成長に好適な雨季に散布を集中させることによって，

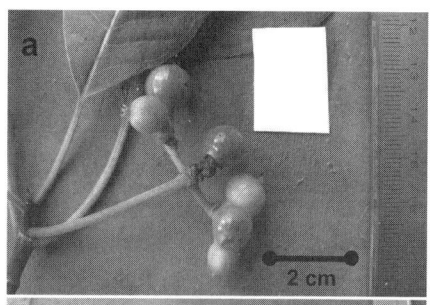

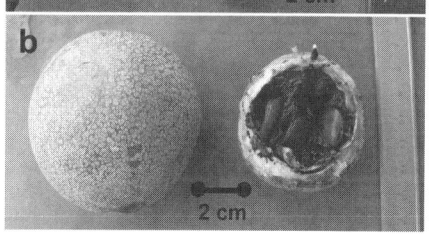

多様な果実形態の例。(a) アカネ科ボチョウジ属の小型果実。小さな種子を含み，熟すと赤くなる。(b) アカネ科 *Vangueria* 属の大型果実。殻状の固い外果皮が大きな種子を含む内部を保護し，茶色のまま熟す。いずれもマダガスカル西部に自生し，チャイロキツネザルによって種子が散布されている

資源の少ない小型種子の生存率が高まる利点があげられる。一方，ゾウに散布を頼る大型果実は長い結実期間を示すことから，個体数の少ないゾウによる稀な訪問に備えるための結実戦略であると考えた（Mitani 1999）。

しかし一方で，果実シンドロームが特定動物に適応した進化的な産物であるという解釈を疑問視する主張も出てきた。たとえば，個体の寿命や種の存続期間が長い植物が，進化速度の速い動物の特性に合わせて適応することは難しいと考えられ，むしろ植物の系統発生的な制限によって多くの果実形態に関する形質が決定していることが示された。また，複数種の動物が単一の植物種の種子散布に関わることや散布後の種子の生存があらゆる環境要因の影響を受けることを考慮すると，特定の動物による種子散布の効果が植物の形質を進化させるほどの選択圧になっているとは考えにくい。こうした論争を背景に，種子散

布研究は動植物の共進化に注目した研究から動物による種子散布の効果を定量的に評価する生態学的な研究へとシフトしていった。

大型果実食動物の役割

　熱帯林の果実食者相はいずれの地域においても主に鳥類および哺乳類の一部から構成されるが、アフリカ大陸における果実食者相の特徴は巨大な体サイズを誇るメガファウナを含むことである。1990年代以降は動物の行動解析技術も大きく進歩しているため、大型果実食動物の種子散布機能を評価する研究がさかんに行われている。

　アフリカ大陸最大の種子散布者はゾウである。湯本貴和らはコンゴ民主共和国のカフジ・ビエガ国立公園で多様な動物の採食内容および糞や胃の内容物を調べ、ゾウだけに種子散布を頼る大型種子植物を特定した（Yumoto et al. 1995）。ゴリラでさえ飲み込めない直径48mm、長さ65mmを超える種子の *Mammea africana* はゾウ散布型植物となる。また、ゾウがひんぱんに移動することによってできる森林内のゾウ道は植生が開けている場合が多いため、ゾウ道への散布は発芽成長に光が必要な植物に好適な環境を提供することになる。

　果実がなる林冠にアクセスできる大型散布者の代表格がゴリラ、チンパンジー、ボノボといった大型類人猿である。頬袋が発達していない類人猿は大小さまざまな大きさの種子を大量に飲み込み、無傷のまま糞として排泄する。チンパンジーやボノボは種子を飲み込んでから排泄するまでに24時間程度を要する。辻大和らはコンゴ民主共和国のワンバで人づけされたボノボを対象に、種子の飲み込みから排泄にいたるまでを長時間の追跡観察で把握し、母植物から散布種子までの直線距離を平均780mと算出した（Tsuji et al. 2010）。広い行動圏と長い消化管通過時間を持つ類人猿やゾウなどのメガファウナは、種子散布の量だけでなく距離の面でも大規模な種子の空間分散を担っていると考えられる。

　アフリカ大陸ではメガファウナが重要な役割を果たす一方、白亜紀からインド洋沖に隔離されてきたマダガスカル島では、大陸に見られる類人猿や有蹄類、サイチョウなどの大型果実食者を欠いており、現生では体重2〜3kgほどの果実食原猿であるキツネザル科が最大の種子散布者となる。佐藤が調査を行っているマダガスカル西部のアンカラファンツィカ国立公園では、直径10mm以上の大型種子を飲み込む果実食者はチャイロキツネザルに限られる。*Strychnos madagascariensis* の大型種子は硬い殻（外果皮）に覆われており、果皮を除かない限り種子は発芽しない。そのため、この植物は種子の散布および発芽抑制の解除をチャイロキツネザルに強く依存していると考えられる。こうした大型種子植物は森林の主要構成樹種でもあるため、キツネザル科の存在はマダガスカルの森林更新に不可欠である（Sato 2012）。しかし、チャイロキツネザルの移動と種子の消化管通過時間から推定される平均種子散布距離は150mにとどまり、アフリカ大陸や他の熱帯域の大型動物に比べ極端に短い。このことからマダガスカルの大型種子植物は個体群の拡大速度が遅く、遺伝子流動の範囲も狭いと考えられ、森林の分断化によって個体群が孤立しやすい脆弱な分類群であると示唆される。

研究の展望とアフリカ熱帯林の将来

　植物個体に対する動物による種子散布の効果を評価するには、植物個体が生産する種子のうちどのくらいが散布され、繁殖年齢まで生存するかを求める必要がある。つまり、動物による持ち去りから発芽成長にいたるまでの種子の運命を追わなければならない。ウガンダのキバレ国立公園に自生する大型果実植

の *Monodora myristica* は生産する種子の 95 % が霊長類に持ち去られる。母樹下に落ちた種子はほぼすべてが食害や病気によって死亡するが, 散布種子はより高い確率で生き残る。それでもゾウムシやげっ歯類の種子食による死亡率は高く, 発芽できた実生も乾燥や葉の食害によって数を減らす。動物がつくりだした種子の空間分布パターンは散布後のさまざまな要因によって相当に変わることが示された。さらに, その死因は場所や時期によって大きく異なるため, 散布動物による働きから新規加入個体の空間分布パターンを予測することは難しいと結論づけられた (Balcomb & Chapman 2003)。散布後種子の運命を長期間評価した研究は大規模な継続調査を行ってきた欧米の研究チームを中心に進められているが, 今後より多くの調査地でのデータを蓄積する必要がある。

上記の報告のように, 散布後の高い死亡率によって果実食者による種子散布の効果は次第に薄れていくという報告が相次いでいるが, 果実食者がいなくなっても種子散布や森林の更新に支障は出ないのだろうか。アフリカ熱帯林では植生構造が健全に保たれたまま動物が消失する「森林の空洞化」が各地で進んでいる。たとえば, タンザニアのウサンバラ山では森林の人為的な縮小によって果実食性鳥類の個体数密度が減り, ナイジェリアの低地林では過剰な狩猟によって霊長類が姿を消している。空洞化した森林では動物による果実の持ち去りが減り, 動物散布型植物の実生や若木の密度も低いことが確認された (Effiom et al. 2013 など)。とくに大型動物はもともと出生率や生息密度が低く, 狩猟の対象にもなるため, 局所的な絶滅が起こりやすい分類群である。種子散布者を失った森林では大型種子植物の更新が途絶えており, 動物から植物への絶滅の連鎖「絶滅カスケード」の兆候が出始めている。豊かなアフリカの熱帯林を次世代に残していくには, 動物による種子散布効果の解明と同時に, 動植物の種子散布をめぐる複雑な関係を維持する森林の保全管理が求められている。

丸橋珠樹 2000「ホホジロマンガベイの採食行動と果実食ギルドにおける地位」杉山編『霊長類生態学——環境と行動のダイナミズム』京都大学学術出版会／Balcomb, S. R. & C. A. Chapman 2003 Bridging the gap: Influence of seed deposition on seedling recruitment in a primate-tree interaction. *Ecological Monographs* 73 ／ Effiom, E. O. et al. 2013 Bushmeat hunting changes regeneration of African rainforests. *Proceedings of The Royal Society B-Biological Sciences* 280 ／ Gautier-Hion, A. et al. 1985 Fruit characters as a basis of fruit choice and seed dispersal in a tropical forest vertebrate community. *Oecologia* 65 ／ Idani, G. 1986 Seed dispersal by pygmy chimpanzees (*Pan paniscus*): A preliminary report. *Primates* 27 ／ Mitani, M. 1999 Does fruiting phenology vary with fruit syndrome? An investigation on animal-dispersed tree species in an evergreen forest in south-western Cameroon. *Ecological Research* 14 ／ Sato, H. 2012 Frugivory and seed dispersal by brown lemurs in a Malagasy tropical dry forest. *Biotropica* 44 ／ Takasaki, H. 1983 Seed dispersal by chimpanzees: A preliminary note. *African Study Monographs* 3 ／ Tsuji, Y. et al. 2010 Estimation of seed dispersal distance by the bonobo, Pan paniscus, in a tropical forest in Democratic Republic of Congo. *Journal of Tropical Ecology* 26 ／ Yumoto, T. et al. 1995 Seed-dispersal by elephants in a tropical rain forest in Kahuzi-Biega National Park, Zaire. *Biotropica* 27

⇒熱帯林, 生物多様性ホットスポット, チンパンジーの文化的行動, ボノボ, ゴリラ, オナガザル属と混群

3-3-3　生物多様性ホットスポット
Biodiversity Hotspots

前畑晃也

キーワード：生物多様性，森林破壊，絶滅危惧，自然保護

近年，自然環境の悪化に伴う生物多様性の喪失が懸念されるなか，世界中で34地域が生態系保全にとって重要なエリアである「生物多様性ホットスポット」として指定されている。サハラ以南アフリカでは8地域が対象となっており，保護政策の実施体制が未整備な同地域では，他地域に優先して研究保護活動を行う必要がある。

生物多様性ホットスポットとは？

18〜19世紀ごろに始まった工業化に伴い，人間の生活はそれまでとは比べものにならないほど便利になった。一方，人間を取り巻く自然環境が顧みられることは少なく，豊かな生活の代償として野生動植物の生育・生息地が劣化し，そこに暮らす多くの生物種が失われていった。

そのような状況のなか，1988年にイギリスの生態学者N・マイヤーズが野生生物の生息地保護を目的として提唱した概念が「生物多様性ホットスポット（以下，ホットスポット）」である。ホットスポットとは，その地域に生育する維管束植物種の0.5％以上もしくは1500種以上が固有種であり，かつ原植生の70％以上が喪失しているという2つの条件を同時に満たし，それゆえに早急な生態系保全が要求される地域のことを指す。現在では国際環境NGOであるコンサベーション・インターナショナル（CI）が中心となってその指定を行っており，2013年時点で世界に34地域のホットスポットが存在している。

アフリカの生物多様性ホットスポット

現在，サハラ以南アフリカ地域においては，①ケープ植物相地域，②東アフリカ沿岸林地域，③東アフリカ山岳地帯，④西アフリカ・ギニア森林，⑤アフリカの角，⑥マダガスカル・インド洋諸島，⑦マピュタランド・ポンドランド・オーバニー，⑧カルー多肉植物地域の8地域がホットスポットに指定されており（図），これらの総面積は464万km²にのぼる。これはアフリカ大陸の陸地総面積3037万km²の15.4％，全世界のホットスポットの総面積4922万km²の9.4％に相当する。このように，一見自然の豊かそうに思えるアフリカ大陸においても自然環境の悪化は深刻であり，その保全が急務となっている。

マダガスカルの鳥類群集研究の事例

世界中がその動向を注目するホットスポットにおいては，多くの国・地域の研究者による多種多様な調査活動が行われてきた。ここでは，日本人研究者によって行われたマダガスカルの森林性鳥類に関する研究事例を紹介する。

インド洋に浮かぶマダガスカル島はその特異な生態系で知られており，とくにオオハシモズ類やジカッコウ類などの鳥類は適応放散により幅広いニッチへの進出を果たしている

ことで有名である。しかし同時に，これら鳥類の主な生息地である森林は減少を続けており，多くの種が絶滅の危機に瀕している。そのため，マダガスカルは世界のホットスポットの代表例としてあげられることが多く，世界各国の研究者が動植物の生態や行動に関する研究を行ってきた。

　日本人研究者では，まず1989年に山岸哲や永田尚志，江口和洋らによって鳥類の適応放散と社会構造に関する先駆的な研究（Eguchi et al. 1993）が行われた。この研究では，東部降雨林と西部落葉乾燥林に生息する鳥類群集間において森林構造の違いによる混群の種構成や採餌高の差異が存在することが明らかにされた。また，1999年ごろから中村雅彦らによってオオハシモズ類の適応放散と社会進化についての研究（Nakamura et al. 2009）が継続して行われており，これらの繁殖生態が明らかになりつつある。ほかにも，鳥類には珍しく雄の色彩二型が維持されているマダガスカルサンコウチョウに関して，水田拓が繁殖生態についての研究（Mizuta 2000）を行っている。しかし，こうした基礎的な調査が行われている一方で，これら鳥類の保全に関する研究はあまり行われてこなかった。

生物多様性保全における今後の課題

　冒頭で述べたように，ホットスポットは危機的状況の度合いの高いエリアを重点的に保全しようという目的で指定されている。しかし，指定されるための条件が維管束植物の固有種数と原植生の面積の2つに限定されていることから，維管束植物以外の分類群については十分に言及できているとはいえない。そのため，コンゴ盆地の大森林のように多くの脊椎動物を抱え，それらの保全が望まれる地域であっても，定義上ホットスポットに含まれないという問題が起こりうる。また，ホットスポットとして指定されたからといってそ

サハラ以南アフリカのホットスポット
注：CI（http://www.conservation.org/Pages/default.aspx）より作図。

の地域の生態系が守られるとは必ずしもいえず，とくに規模が小さいホットスポットに対しては緻密な配慮がなされていないという問題もある。

　ホットスポットにおける保全生物学的な研究には，量や質，スピードが求められている。しかし，まだまだ十分な研究がなされているとはいえない。こうした状況のなか，ホットスポットにおける長期的かつ大規模な調査が日本人研究者の手によって行われてきたことは称賛に値する。今後，この分野におけるさらなる進展が望まれる。

Eguchi, K. et al. 1993 The mixed-species flocks of birds in a deciduous dry forest of Madagascar. *Jap. J. Ornithol.* 42 ／ Mizuta, T. 2000 Intrusion into neighboring home range by male Madagascar paradise flycatchers, Terpsiphone mutate: A circumstantial evidence for extra-pair copulation. *Journal of Ethology* 18（2）／ Myers, N. 1988 Threatened biotas:"Hot spots"in tropical forests. *Environmentalist* 8（3）／ Nakamura, M. et al. 2009 Cooperative Breeding in the Endemic Madagascar Chabert's Vanga Leptopterus chabert. *Ornithological Science* 8（1）

⇒自然地理学，霊長類学，自然保護

3-4-0 総説 —— 霊長類学
Primatology

.... 古市剛史

　霊長類学は，アフリカと日本を結ぶ最も強いつながりのひとつである。毎年多くの研究者がアフリカを訪れて霊長類の生態や行動の調査を行い，形質人類学，生態人類学と協力して人類の進化を探る研究も進んでいる。アフリカがなぜ霊長類学の中心となっているのか，日本人研究者がなぜここまでアフリカに引きつけられるのか，霊長類の進化とその研究の歴史，霊長類学研究の現状を概観する。

霊長類の進化・分布とアフリカの霊長類学

　これまでに知られている最古の霊長類化石は，北アメリカの白亜紀末期（約6500万年前）の地層から見つかっているプルガトリウスである。ただし近年ではアジアや北アフリカなど，テチス海周辺地域で初期霊長類化石が見つかっており，霊長類の起源地に関しては異論が多い。暁新世（6500～5300万年前）の末期には真霊長類と呼ばれるグループが出現する。北アメリカからヨーロッパにかけて分布していたアダピス類とオモミス類がそれである。その後，北アメリカの霊長類は絶滅し，霊長類の進化の主な舞台はユーラシアからアフリカにかけての地域になっていった。アダピス類からは曲鼻猿類のキツネザル類とロリス類が進化して現在アジア・アフリカ（マダガスカルを含む）に広く分布するようになった。オモミス類からはメガネザル類と真猿類（旧大陸の狭鼻猿類と中南米の広鼻猿類）が進化した。狭鼻猿類はオナガザル上科とヒト上科に分かれて進化して現在ではアジア・アフリカを中心に分布している。また，現在中南米に分布している同じく広鼻猿類は，約2500万年前にアフリカから当時まだ狭かった大西洋を越えて南米に渡り，そこで独自の進化を遂げたと考えられている（http://www.pri.kyoto-u.ac.jp/shinka/keitou/jyu/jyu.htmlを参照）。

　現在アフリカには，原猿類ではキツネザル類に属するすべての種と，ロリス類に属するガラゴ科のすべての種とロリス科の一部の種が生息している。また真猿類では，オナガザル上科の多くの種と，ヒト上科のゴリラ，チンパンジー，ボノボ，ヒトが生息している（杉山1996）。このように霊長類の重要な生息地となっているアフ

リカでは，古く植民地時代からヨーロッパの研究者によって主として形態学的な研究が進められ，また1900年代には生態学的な研究も行われるようになった。

アフリカはまた，人類の発祥の地ともなっている。人類は，古くはヨーロッパやアジアが発祥の地であると考えられていたが，アウストラロピテクス類など200万年以上前の人類化石がアフリカからのみ発掘されること，ヒトに最も近縁である*Pan*属のチンパンジーとボノボ，*Gorilla*属のローランドゴリラとマウンテンゴリラがいずれもアフリカだけにしか生息していないことから，人類がアフリカで誕生したとする考えが固まった。加えて，近年の1987年には，現生の各地のヒトのミトコンドリアDNAの塩基配列の比較から，*Homo sapiens*の最初の女性がアフリカで誕生したとするミトコンドリア・イブ仮説が提唱され，人類のアフリカ起源説を強く支持するものとなった。このようなことから，第二次世界大戦後のアフリカの霊長類学の中心は，霊長類の生態や行動の研究を通して人類の進化を解明しようというものになった。

1959年にジョージ・シャラーが東アフリカのヴィルンガ火山群でマウンテンゴリラの研究に着手し（Schaller 1963），1960年にはアドリアン・コルトラントが旧ベルギー領コンゴ（現コンゴ民主共和国）でチンパンジーの研究に着手した（Kortlandt 1962）。また，1963年にはバーノン・レイノルズがウガンダのブドンゴ森林でチンパンジーの研究に着手した（Reynolds 2005）。さらに人類学的関心からアフリカの霊長類学を大きく推し進めたのは，当時東アフリカで化石人類の研究を進めていたルイス・リーキーだった。多くの初期人類の化石を発掘する一方で，その後背地であるアフリカ中西部の森林地帯に住む類人猿に関心を持ったリーキーは，1960年にジェーン・グドールをタンザニアのゴンベ地区のチンパンジーの研究にあたらせ，また1966年にはダイアン・フォッシーをコンゴ民主共和国カバラ地区のマウンテンゴリラの研究にあたらせた。ダイアン・フォッシーはその後研究地をルワンダに移してカリソケ研究所を中心として研究を続けたが，1985年に何者かによって殺害された。一方ジェーン・グドールは，今も動物学のシンボル的な存在になっており，世界各地でチンパンジーの保護を訴える講演活動を展開している。これら初期の研究者たちが開いた調査地の多くは，現在もアフリカの類人猿研究のメッカとなっている。

日本の霊長類学，アフリカへ

ほぼ同じころ，日本の研究者もアフリカを目指すことになる。

動物の社会構造，とくにヒトの社会構造の進化に関心の強かった今西錦司は，1948年に宮崎県の都井岬で野生のウマの社会構造の研究を開始していたが，同じ年の11月，彼の学生であった川村俊蔵と伊谷純一郎がウマの観察をしていたところ，そこ

をたまたまニホンザルの群れが通りかかった。ニホンザルのまとまりのよい集団の姿に魅せられた彼らは，翌月からニホンザルの調査に着手し，これが日本の霊長類学の始まりになったとされる。この研究が進むなかでますますヒトの社会構造の進化への関心を強めた今西は，1958年に日本モンキーセンターゴリラ調査隊を組織して赤道アフリカで3年にわたる調査を開始した。

　当時すでに，何人かのヨーロッパの研究者の予備的研究によってもたらされていた情報から，今西はゴリラがヒトの家族に似た集団で生活していると考えていた。ヒトの家族は，近親交配の忌避が認められること，外婚のシステムが確立されていること，男女間の労働の分化が見られること，さらに家族の上にコミュニティともいうべき上位の社会集団が存在することが特徴となっていると考えており，こういった特徴の進化の道筋をゴリラの研究によって探ろうとしたのである。しかしやがて勃発したコンゴ動乱によって同国での調査は難しくなり，一方ではシャラーが隣国のルワンダでいち早くゴリラの調査を軌道に乗せていたこともあって，今西は調査の対象をゴリラと同様の社会を持つと考えていたチンパンジーに移すことになった。

　1961年，今西は第一次京都大学アフリカ類人猿学術調査隊を組織した。この調査隊の当初の目的は，リーキーの勧めによって，グドールが行っていたゴンベ地区のチンパンジーの予備調査を引き継ぐことであった。しかし以後にも例のない大規模な調査隊がプレハブやセメントまで含んだ20tもの調査物資を輸送したあとで，グドールがゴンベ地区での調査を継続することになったことを告げられ，新たな調査地探しに苦心することになる。その結果，ゴンベの南，タンガニーカ湖東岸にあるカボゴ岬に調査基地を建設することになった。

　人類進化の舞台だと考えられていたサバンナと森があるカボゴ岬の調査地は，当初有力な調査地と見込まれていた。しかしその後チンパンジーの餌づけや人づけ（長期にわたる観察によって人に慣らすこと）が思うように進まず，やがてこの調査地は放棄されることになった。1965年に組織された第二次京都大学アフリカ霊長類調査隊では，タンザニア内陸部のカサカティ盆地，フィラバンガ，カボコ岬さらに南にあるタンガニーカ湖岸のマハレが候補地となって研究者が派遣されるが，このうちチンパンジーの餌づけに成功したのは西田利貞が手がけたマハレだけであった。以来マハレは，ゴンベと並ぶチンパンジーの研究のメッカとして，今日にいたっている（伊谷1961，今西1968，西田1999，Nishida 2012）。

コミュニティか単位集団か

　ゴンベとマハレ，2ヵ所の調査地で進められた野生チンパンジーの調査はさまざ

まな発見をもたらしたが、ひとつ大きな違いとして立ちはだかったのが、チンパンジーは固定的なメンバーからなる社会集団を持つのかどうかということだった。

チンパンジーは、頻繁に構成を変えるパーティと呼ばれる集団で遊動する。複数の雌雄と子どもたちが集まるパーティもあれば、オスだけ、メスだけのパーティもあり、1頭のメスとその子どもだけといったパーティもある。こういったパーティがくっついたり離れたりするたびにその構成も変わり、離合集散と呼ばれるチンパンジーに特徴的な遊動形態を見せる。一足先んじてチンパンジーの観察を開始し、こういった様子を見続けたグドールは、チンパンジーには固定的なメンバーを持つ社会集団は存在しないと考え、その地域に住むチンパンジーのセミオープンな集まりをコミュニティと呼んだ（van Lawick-Goodall 1968）。

一方、チンパンジーがヒトの社会に結びつく社会構造をもつものと信じていた西田ら日本人研究者の考えは違っていた。西田は初期の調査で、チンパンジーには今西や伊谷が期待していたようなオス1頭とメス、子どもからなる家族的なまとまりはないことを確認した。しかし一方、カサカティでサバンナを移動するチンパンジーの大集団が目撃されたこともあり、ニホンザルがそうであるようにチンパンジーも固定的なメンバーを持つ単位集団（ユニットグループ）をもつに違いないと考えていた。そしてこの考えは、西田がつくった調査キャンプや餌場が2つの集団の遊動域の重複域にあったという僥倖もあり、意外に簡単に証明されることになる。

当初西田はキャンプのまわりで見かけるチンパンジーの識別を進めたが、その数は21頭に達したところで増えなくなり、西田はこれをKグループと名づけた。ところがその後、このチンパンジーたちが食べ物を求めて北方の森に去ってしまうと、今度はこれまでほとんど見かけたことのないチンパンジーたちがキャンプ周辺と餌場を訪れるようになった。西田はこれが別の集団であることに気づき、Mグループと名づける。その後も一方が去ると一方が現れるということが繰り返され、チンパンジーが小さなパーティで離合集散する生活を送りながらも、はっきりとしたメンバーシップを持つ単位集団を形成しているということが明らかになった。さらにその後、以前Kグループのメンバーとして動いていた3頭のメスがMグループに加わって動いているのを観察し、チンパンジーの集団が、オスが集団間を移籍するニホンザルの群れとは異なり、メスが移籍する父系集団をつくるということを明らかにした（Nishida 2012）。

西田のこの研究成果は1968年に論文として発表されたが（Nishida 1968）、欧米の研究者にはなかなか受け入れられなかった。1973年になってようやくグドールがチンパンジーにも固定的なメンバーからなる社会集団があることを認めたが、当初地域集団という意味で用いていたコミュニティという言葉はその後も使い続けた。現

在にいたってもなお、日本人研究者の論文ではチンパンジーの集団のことをユニットグループあるいは単にグループとよび、欧米の研究者の論文ではコミュニティとよぶという状況が続いている。

一見つまらないことのようにも見えるこの違いは、欧米の研究者と日本の研究者のチンパンジーに対する見方の違いを象徴していておもしろい。1950年代後半以降、野生チンパンジーの研究を始めたときには、いずれの研究者もそこにヒトに似たものを見、ヒトのルーツを探るのをひとつの目的として研究に着手したはずだ。しかし欧米の研究者たちが主として着目したのは、チンパンジーが見せる行動や生態のヒトとの類似性、相違性といった点であり、社会構造には大きな関心を示さなかった。一方、日本人研究者は、ヒトの社会構造の進化を探るという目的でチンパンジーの研究に着手しており、ニホンザルでもあれほど高度に組織された社会構造を持っているのに、さらにヒトに近いチンパンジーがメンバーシップの固定された単位集団を持っていないはずがないと考えていた。現在は欧米の研究者たちもチンパンジーの社会構造に関心を示し、日本の研究者たちも行動や生態に関心を示してその溝は埋まってきているが、基本的スタンスの違いは今も伏線として存在しているように思う。

類人猿の長期調査地

ヒトを知るために類人猿を見る。そういった日本人研究者の当初のスタンスがよく現れているのが、類人猿の長期調査地の数である。図に示したのは、2013年の段階で個体識別に基づく研究が10年以上続いている類人猿の長期調査地である。アフリカとの関わりが欧米諸国ほど強くないにもかかわらず、類人猿の長期調査地だけは、ずば抜けて多くもっているということから、文化的にヒトとサルを近いものと感じ、ヒトのルーツをサルに求めようとする日本人の類人猿に対する関心の強さが見てとれる。

日本人研究者が運営する調査地で最も古いのは、南東の端にある上述のタンザニア、マハレ山塊国立公園である。この調査地は西田によって設立され、その後中村美知夫らによって引き続き調査が行われている。現在は餌づけは行われていないが、人づけの進んだ東チンパンジー（*Pan troglodytes schweinfurthii*）の行動の長期にわたる詳細な研究により、道具使用や文化的行動など、主として行動学的な研究成果が多く上がっている (Nishida 1990, Nakamura & Nishida 2012)。

その北に位置するウガンダのカリンズ森林保護区では、1992年から橋本千絵らによる研究が進んでいる（橋本1993）。同じ東チンパンジーでありながら、ウガンダの

[図: アフリカ地図 — 類人猿の長期調査地]

アシリク（西チンパンジー）
バイ・ホク（ニシローランドゴリラ）
グアロゴ・トライアングル（中央チンパンジー）
セムリキ（東チンパンジー）
ボッソー・ニンバ（西チンパンジー）
ビルンガ（マウンテンゴリラ）
キバレ（東チンパンジー）
タイ（西チンパンジー）
ロマコ（ボノボ）
ブドンゴ（東チンパンジー）
ワンバ（ボノボ）
カリンズ（東チンパンジー）
ムカラバ・ドゥドゥ（ニシローランドゴリラ）
ルイコタレ（ボノボ）
ゴンベ（東チンパンジー）
マハレ（東チンパンジー）
カフジ・ビエガ（東チンパンジー，ヒガシローランドゴリラ）
ブウィンディ（マウンテンゴリラ，東チンパンジー）

類人猿の長期調査地
注）個体識別に基づく調査が10年以上行われている主な調査地とその対象種を示す。
　　黒い丸は日本人研究者が運営する調査地。

　東チンパンジーはゴンベやマハレと違って20頭前後の多数のオトナオスを含んだ集団をつくることが多い。カリンズのM集団もそのうちのひとつで，オスが17頭，集団の全頭数は100頭に達する。こういったところでは，1頭の強力なオスによる発情メスの独占が難しく，数頭のオスによるメスの囲い込みや1日に60回にも及ぶ多数のオスとの交尾など，興味深い傾向が見られている。この調査地は，後述のワンバでの調査がコンゴ民主共和国の内戦で中断された際に，加納隆至の提案で橋本が設立したものである。後述のムカラバ・ドゥドゥ国立公園なども同様で，アフリカの政治的混乱が類人猿の調査地を増やすという皮肉な役割を果たしている。また，これら比較的新しい調査地では，システマティックな果実量センサスなども行われ，生態学的な研究が多く行われている。
　コンゴ民主共和国の東端に位置するカフジ・ビエガ国立公園には，ヒガシローランドゴリラ（*Gorilla beringei graueri*）と東チンパンジーが同所的に生息する。古くから国立公園として管理されていたところだが，1978年に山極寿一らが中心となって本格的な行動学・生態学的調査を開始した（Yamagiwa 1983, Yamagiwa et al. 2012）。チンパンジーが比較的排他的な遊動域を保っているのに対して，ゴリラの集団が遊動域を

大きくオーバーラップさせて生活していることや，同属のマウンテンゴリラ（*G. b. beringei*）との間で子殺しの有無など数々の興味深い違いがあることなどを明らかにしてきた。現在は治安の悪化から外国人研究者が入るのは難しいが，カウンターパートのコンゴ人研究者などが調査を続けている。

コンゴ民主共和国中央部のルオー学術保護区のワンバでは，1973年から黒田末寿，加納隆至らがボノボ（*Pan paniscus*）の調査を続けている。世界に先駆けて開かれたこの調査地では，ボノボの行動，生態，社会構造などあらゆる面での研究成果が積み重ねられてきた。1996年から内戦によって研究が中断されたが，古市剛史らによって2002年に再開され，以後現在まで継続的な研究が行われている。現在は2つの集団が個体識別されて終日追跡されており，それ以外にも3つの隣接集団が観察対象となっている。2013年には隣接する地域にイヨンジ・コミュニティ・ボノボ保護区という新しい保護区も設立され，調査対象集団の数はさらに増えている。これら複数の集団を対象として，集団間関係や地域社会の構造，集団による文化的行動の違いなども研究されている（加納1986, Furuichi et al. 2012）。

ガボン共和国のムカラバ・ドゥドゥ国立公園は，山極，竹ノ下祐二らによって2000年に開かれた調査地である。ここにはニシローランドゴリラ（*Gorilla gorilla gorilla*）と中央チンパンジー（*Pan troglodytes troglodytes*）が同所的に生息しており，カフジ・ビエガ国立公園と同様に種間関係の研究成果も期待される。ニシローランドゴリラについては人づけも進んで詳細な行動の観察が可能となっている。人づけの進んだニシローランドゴリラを森林内で追跡できる調査地は数少なく，今後多くの成果が期待される。一方，中央チンパンジーは一般的に人づけが難しいとされ，ここでもまだ人づけは進んでいない。チンパンジーの亜種分化の鍵を握る種だけに，今後の進展が待たれる。

ギニアのボッソウでは，杉山幸丸が中心となって1975年に長期調査が開始され，その後，松沢哲郎，山越言らによって調査が継続されている（Sugiyama 1979, Matsuzawa et al. 2011）。石のアンビルとハンマーを用いてアブラヤシの実を割って食べる道具使用が有名で，野外の一角に石とアブラヤシの実を置いておいて，それを使いにくるチンパンジーの行動を詳細に映像記録して分析する研究が行われている。ボッソウではこれ以外にもきわめて多彩な道具使用行動が見られており，その発生，伝播の過程も研究されている。チンパンジーはボッソウ村に残る，他の森林とはサバンナで隔離された森に住んでおり，個体数が少ないことから消滅の可能性も危惧されている。近くにあり世界遺産にも登録されているニンバ山でもチンパンジーの観察を行っており，この2つを植林でつないでチンパンジーの行き来を助ける「緑の回廊計画」なども進められている。

詳細は省くが，これら日本人が運営する調査地以外では，東チンパンジーではタンザニアのゴンベのほかウガンダのキバレ国立公園，ブドンゴ森林保護区，セムリキ・トロ野生動物保護区，ブウィンディ国立公園，中央チンパンジーではガボンのグアロゴ・トライアングル，西チンパンジーではコートジボワールのタイ森林とセネガルのアシリク山，ボノボではコンゴ民主共和国のロマコ自然保護区とサロンガ国立公園に隣接するルイコタレ地区，マウンテンゴリラではルワンダのヴィルンガ火山群とウガンダのブウィンディ国立公園，ニシローランドゴリラでは中央アフリカのバイ・ホクなどで，個体識別に基づく長期調査が行われている (Kappeler & Watts 2012)。

類人猿以外の霊長類の研究

ヒト科に属するチンパンジー，ボノボ，ゴリラが生息するということで，とかくこれらの種を対象にした研究が目立つが，豊富な種数を有するアフリカでは，類人猿以外のサル類を対象とした研究も古くから行われている。

なかでも最も早い時期から本格的な研究が行われてきたのは，多彩な社会構造をもつヒヒ類である。とくに一頭の雄を中心としたワン・メール・ユニット，複数のワン・メール・ユニットと単独オスからなるクラン，複数のクランからなるバンドという複雑な重層的社会構造を持つマントヒヒ (*Papio hamadryas*) は，核家族と複数の核家族からなるバンドという重層構造をもつヒトの社会のモデルとも考えられて早くから注目を集め，類人猿の本格的な研究に先立つ1958年にはシャーウッド・ウォッシュバーンとその学生のアーヴィン・デヴォアが本格的な行動と生態の研究を開始している (DeVore & Washburn 1963)。このほかゲラダヒヒ (*Theropithecus gelada*) も，ハレム型のワン・メール・グループと，複数のワン・メール・グループとメスを持たないオスが集まったハードと呼ばれる集団の重層的社会構造をもつとされ，同じく重層的社会構造をもつとされるアジアのコロブス亜科のキンシコウ (*Rhinopithecus roxellana*) やテングザル (*Nasalis larvatus*) などとの比較研究もさかんになっている。このほか，オナガザル科に一般的な母系社会をもつ他のヒヒ類の生態学的研究も，アフリカ各地で行われている (Alberts & Altmann 2012)。

互いにきわめて近縁な多数の種と亜種に分かれ，大きく異なる顔や体毛の特徴を持つグエノン類（オナガザル亜科の*Cercopitecus*属）の生態の研究も，さかんに行われている。とくにケニアのカカメガでは，マリナ・コーズらが中心となってブルーモンキー (*Cercopithecus mitis*) の個体識別に基づく研究が30年以上の長期にわたって継続されており，社会構造やその動態についての興味深い研究成果が上がっている (Cords

2012)。また，別項にあるようにブルーモンキーとレッドテイルモンキー（*C. ascanius*）の混群をはじめとして，グエノン類のさまざまな組み合わせの異種が行動をともにする現象が見られ，重要な研究対象となっている。なぜこれほど多くの種，亜種に分かれるのか，ときにはハイブリッドもできるのに，なぜ別種，別亜種として存在できているのか，別種でありながらなぜ混群を形成するのかなど，グエノン類に関する未解決の疑問は多い。

アフリカ大陸の東に位置するマダガスカル島には，原猿類の4分の3の種が固有種として生息しているといわれ，キツネザル類（キツネザル上科）に属する種はすべてマダガスカルの固有種である。アジアやアフリカの大陸部では，他の真猿類との競合もあって原猿類は基本的に小型の夜行生活者であるが，真猿類が進入しなかったマダガスカル島では，原猿類が独自の適応放散を遂げ，真猿類と同様の生態をもつものもいる。とくに黒白の縞模様の尾が有名なワオキツネザル（*Lemur catta*），最大の原猿類であるインドリ（*Indri indri*）や，地上移動時の二足での独特の横飛びが有名なベローシファカはニホンザル程度のサイズの中型の霊長類であり，昼行性で植物性食物を主とする食性を持つ。ワオキツネザルは30頭にも達する大きな集団で生活し，メスがオスよりも優位な珍しい種である。ベローシファカやインドリはペア型の集団で生活するが，十数頭程度の大きな集団をつくる場合もある。

観察のしやすさもあって，これらの種は行動学的研究や観光の主な対象となっている。標本の収集と記載を中心としたキツネザル類の分類学的な研究は1700年代から行われているが，生態学的な野外研究が着手されたのは1950年代になってからである。さらに1963年にアリソン・ジョリーがベローシファカの研究に着手し，1966年にデュークキツネザルセンターが設立されてからは，野外研究がさかんに行われるようになった（Jolly 1966）。政情不安などで一時中断した時期もあったが，1980年台には研究が再開され，以来行動生態，個体群動態，保全などの分野できわめて活発な研究が行われるようになっている。日本人研究者では，小山直樹が1989年にワオキツネザルの研究に着手し，現在も若手研究者によって引き継がれている（Koyama et al. 2001）。

[参考文献]
伊谷純一郎 1961 『ゴリラとピグミーの森』岩波新書。
今西錦司編 1968 『人類の誕生』河出書房。
加納隆至 1986 『最後の類人猿——ピグミーチンパンジーの行動と生態』どうぶつ社。
杉山幸丸 1996 『サルの百科』データハウス。
西田利貞 1999 「霊長類学の歴史と展望」西田・上原編『霊長類学を学ぶ人のために』世界思想社。

橋本千絵 1993「ウガンダ共和国カリンズ森林のチンパンジー」『霊長類研究』9（2）。
Alberts, S. C. & J. Altmann 2012 The Amboseli baboon research project: 40 years of continuity and change. In P. W. Kappeler & D. P. Watts（eds.）, *Long-Term Field Studies of Primates*. Springer.
Cords, M. 2012 The 30-year blues: What we know and don't know about life history, group size, and group fission of blue monkeys in the Kakamega Forest, Kenya. In P. W. Kappeler & D. P. Watts（eds.）, *Long-Term Field Studies of Primates*. Springer.
DeVore, I. & S. L. Washburn 1963 Baboon Ecology and Human Evolution. In F. C. Howell (ed.), *African Ecology and Human Evolution*. Viking Fund Publications in Anthropology.
Furuichi, T., G. Idani, H. Ihobe, C. Hashimoto, Y. Tashiro, T. Sakamaki, M. N. Mulavwa, K. Yangozene & S. Kuroda 2012 Long-term studies on wild bonobos at Wamba, Luo Scientific Reserve, D. R. Congo: Towards the understanding of female life history in a male-philopatric species. In P. W. Kappeler & D. P. Watts（eds.）, *Long-Term Field Studies of Primates*. Springer.
Jolly, A. 1966 *Lemur Behavior: A Madagascar Field Study*. Chicago UP.
Kappeler, P. M. & D. P. Watts 2012 *Long-Term Field Studies of Primates*. Springer.
Kortlandt, A. 1962 Chimpanzees in the wild. *Sci. Amer*. 206（5）.
Koyama, N., M. Nakamichi, R. Oda, N. Miyamoto, S. Ichino & Y. Takahata 2001 A ten-year summary of reproductive parameters for ring-tailed lemurs at Berenty, Madagascar. *Primates* 42（1）.
Matsuzawa, T., T. Humle & Y. Sugiyama（eds.）2011 *The Chimpanzees of Bossou and Nimba*. Springer.
Nishida, T. 1968 The social group of wild chimpanzees in the mahali mountains. *Primates* 9（3）.
Nishida, T. 2012 *The Chimpanzees of The Lakeshore*. Cambridge UP.
Nishida, T. ed. 1990 *The Chimpanzees of The Mahale Mountains: Sexual and Life History Strategies*. Tokyo UP.
Reynolds, V. 2005 *The Chimpanzees of The Budongo Forest: Ecology, Behaviour, and Conservation*. Oxford UP.
Schaller, G. B. 1963 *The Mountain Gorilla: Ecology and Behavior*. Chicago UP.
Sugiyama, Y. 1979 Social structure and dynamics of wild chimpanzees at Bossou, Guinea. *Primates* 20（3）.
Van Lawick-Goodall, J. 1968 The behaviour of free-living chimpanzees in the Gombe Stream Reserve. *Anim. Behav. Monogr*. 1.
Yamagiwa, J. 1983 Diachronic changes in two eastern lowland gorilla groups（*gorilla gorilla graueri*）in the Mt. Kahuzi region, zaire. *Primates* 24（2）.
Yamagiwa, J. et al. 2012 Long-term research on grauer's gorillas in Kahuzi-Biega National Park, DRC: Life history, foraging strategies, and ecological differentiation from sympatric chimpanzees. In P. W. Kappeler & D. P. Watts（eds.）, *Long-Term Field Studies of Primates*. Springer.

3-4-1 チンパンジーの文化的行動
Cultural Behavior in Chimpanzees

....大橋岳

キーワード：地域差，道具使用，世代間伝播，父系社会

文化は言語や文字などを含んだ高尚なもので，ヒトに特有なものと考えられることが多い。しかし「生まれたあと，同種他個体から何らかの社会的な影響を受けて獲得し，世代から世代へと引き継がれるもの」というように定義をすると，ヒト以外の動物にも文化と呼べるものがある。半世紀にわたってチンパンジーの研究が各地で行われ，チンパンジーの社会にもさまざまな文化があることが明らかになってきた。

野生チンパンジーの研究

チンパンジーは西のセネガルから東のタンザニアまで，アフリカの低緯度諸国に広く分布する。野生チンパンジーの報告は1840年代のケープパルマス（現在のリベリア海岸部）や1930年代のギニアにおける研究などがあるが，いずれも短期間の調査であり，現在広く知られるチンパンジーの社会や生態の本格的研究は1960年代より行われてきた。

日本人のアフリカへの学術調査隊は，1958年より日本モンキーセンターによって開始された。日本モンキーセンターの学術調査隊は3度派遣されたが，その対象は主にゴリラだった。そのようななか，1960年に派遣された第三次調査隊の伊谷純一郎はチンパンジーの予察を行った。ジェーン・グドールがタンザニアのゴンベで野生チンパンジーの研究を始めたのと同年にあたる。その後，日本人によるチンパンジーの調査は，京都大学アフリカ類人猿学術調査隊によって継承された。そのなかで，西田利貞はタンザニアのタンガニーカ湖畔のマハレ山塊で1965年より調査を開始し，チンパンジーの餌づけに成功した。ここでの調査は，その後，餌づけに頼らない観察に切り替えられ，現在にいたるまで継続している。日本人による調査地はマハレのみにとどまらない。1976年からは杉山幸丸らによるギニアのボッソウ，1992年からは橋本千絵らによるウガンダのカリンズでチンパンジーの調査が開始され，詳細な行動観察が可能な調査地として現在にいたっている。さらにはタンザニアのウガラ，ガボンのムカラバ，リベリアのニンバなど，各地においてチンパンジーの研究が日本人によって展開されている。

野生チンパンジーの文化

日本では，霊長類学の研究の初期から霊長類社会における「カルチュア」について論考されてきた。霊長類学を扱う英文学術雑誌 Primates 誌上でニホンザルの「sub-culture」の伝播などが報告され，日本での研究が初期の野生チンパンジーの文化についての研究に対して影響を与えた。ファン・ラビック-グドール (van Lawick-Goodall 1968) は日本における研究を引用しつつ，採食品目における集団間の違いを「"traditional"」なものではないかと指摘している。ただ，当時は上記のように，別の単語を用いたり引用符で囲ったりするなど，文化やcultureという単語は慎重に扱われていた。

やがてアフリカ各地でチンパンジー研究が長期にわたって継続され，彼らの行動記録が蓄積されるにつれて，調査地間でチンパンジーの行動に違いが見られることがより明らかになってきた。たとえば，ゴンベでは棒を使ってシロアリを釣ることが知られているが，150kmほどしか離れていないマハレでは行われない。ボッソウではアブラヤシの種子を石の上に置き，別の石をハンマーにして叩き割る行動が見られる。ゴンベやマハレでもアブラヤシの種子や石は入手できるが，長期に及ぶ観察によってもこの行動は確認されていない。生態学的環境の違いでは説明のできない行動の地域差が，文化に関連するものとして広く検討されるようになってきた。

文化的行動については，地理的に近い集団で同様の行動が見られる傾向も指摘されてきた。たとえば，西アフリカではアブラヤシなどの種子に対し石などを用いて叩き割る行動が広く見られ，中央アフリカではシロアリの塚へ棒を用いて穴をあける行動が広く見られる。チンパンジーは父系社会で，性成熟したメスが他の集団へと移籍するため，こういったメスたちが文化的行動の運び手となり，「文化圏」を形成するのに貢献しているのだろうと考えられている（杉山 2008）。

1999年にホワイトゥンらによって，*Nature*に「野生チンパンジーの文化」という論文が発表された。マハレやボッソウなどを含む7つの長期調査地で65種類の行動の有無やその頻度などを比較したところ，39種類の行動が文化的行動と呼べるものであることが示された。

これまで，研究者は1つの地域で長期的に調査を継続することが多く，文化的行動は他の研究者のデータとの比較から発見されることが多かった。そのため，注目されにくい行動などは検出されにくいという問題がある。この問題に対処するため，西田はボノボとの比較も念頭に置きつつ，文章と映像によるエソグラムを作成した。一方，中村美知夫は実際に複数の調査地を訪れることで，求愛行動などの違いを明らかにしている（中村 2009）。

どのように文化的行動は伝わるのか

文化的行動は，集団内でどのように伝播しているのか。松沢哲郎はボッソウにおいてアブラヤシの種子割り行動を定期的に記録し，その獲得過程に注目してきた。まだこの行動を身につけていない若齢個体は，母親など熟練者に接近して間近から行動を見つめる。観察される側は，彼らが近くから観察することを許容するが，積極的な教示行動は行わない。また，若齢時に獲得できないと，そのあと学習するのは難しいようだ（松沢 2011）。

ただ，道具使用以外での文化的行動において，積極的な教示行動がある可能性を中村は指摘している。マハレでは，チンパンジーが片手を上に伸ばし，お互いが手を組んだ状態で毛づくろいする「対角毛づくろい」という行動がある。中村は，親子で毛づくろいを行う際，母親が子どもの手を持ち上げて開始した事例を観察した。教示する意図は不明だが，熟練者が行動する際に結果としてモールディングを行う形になり，それが技術伝播に貢献しているかもしれない（中村 2009）。

ある個体が始めた行動が集団内に広がる流行現象も報告されている（西田 2008）。このような現象がどれほど新たな文化的行動として集団内に世代を超えて定着するのか，今後の継続的な研究で明らかになってくるだろう。

杉山幸丸 2008『文化の誕生』京都大学学術出版会／中村美知夫 2009『チンパンジー』中央公論新社／西田利貞 2008『チンパンジーの社会』東方出版／松沢哲郎 2011『想像するちから』岩波書店／Van Lawick-Goodall, J. 1968 The behaviour of free-living chimpanzees in the Gombe Stream Reserve. *Animal Behaviour Monographs* 1（3）

⇒自然保護，生物学・生態学

3-4-2 ボノボ
Bonobo

坂巻哲也

キーワード：最後の類人猿，性器接触行動，人類進化，保護活動

ボノボはチンパンジーとともにヒトに最も近縁な種であり，20世紀に入り独立した種として認められた「最後の類人猿」である。荒々しいチンパンジーに比べ温和なボノボは，性器接触などの多彩な宥和行動を発達させている。野生ボノボの研究は1970年代に始まり，メス間の親密な結びつきや集団間の非敵対的な交渉など，チンパンジーと異なる社会性が人類進化研究の上で注目されている。1990年代には政情不安のため多くの調査が中断されたが，戦後NGO等による保護活動が活発化し，ボノボ生息地の環境の多様さが明らかになってきた。ボノボ社会の多様性や行動の地域変異はこれからの研究課題である一方，人間活動による森林の減少や密猟がボノボ存亡の危急の問題である。

「最後の類人猿」，争いを性行動で解決

ヒトに最も近縁な現生生物は，チンパンジー（*Pan*）属の2種，チンパンジー（*P. troglodytes*）とボノボ（*P. paniscus*）である。ボノボは20世紀に入り独立した種としての地位が与えられた「最後の類人猿」である。ヒトとチンパンジー属の系統が分岐したのが700～500万年前，チンパンジーとボノボの系統が分岐したのが180～90万年前と考えられている。ボノボはコンゴ川の南側に分布し，チンパンジーとは地理的に隔離している。ボノボはかつてピグミーチンパンジーと呼ばれることが多かったが，現在ではボノボという呼び名が定着した。ボノボという名前もアフリカ由来ではなく，この種の動物が荷積みされたコンゴ川沿いの町，ボロボの誤記が由来だともいわれている。

ボノボの体格はチンパンジーと比べ細くきゃしゃであるが，体長はあまり変わらない。チンパンジーは激しやすく荒々しいディスプレイを見せるが，ボノボは陽気でめったに毛を逆立てず執拗な攻撃はまれである。ボノボの典型的なディスプレイは折り取った枝を引きずる「枝引きずり」であるが，周囲の個体がこのディスプレイに怖れを見せることはあまりない。食物をめぐる葛藤場面などでは，メス同士が対面して性皮をこすりあう「ホカホカ」や，オス同士が尻をくっつけあう「尻つけ」などが見られ，緊張を緩和し互いの許容を促す機能を果たす。社会的遊びでは性器とその周辺部分への接触行動がよく見られ，対面位での交尾も見られる。ボノボはこのように性器がらみの多彩な行動レパートリーを持つため，争いを性行動で解決する動物ともいわれる。

野生ボノボの研究

野生ボノボの調査が本格的に始まるのは，コンゴ動乱が治まった1970年代である。先鞭をつけたのは西田利貞で，1972年にトゥンバ湖西岸で調査を行った。1973年には加納隆至が自転車で広域調査を実施し，集中調査に適当な場所としてワンバとヤロシディが選定された。偶然にも同じ年，アイルランド人のバドリアン夫妻も広域調査を行い，後述のロマコを見出している。同じころ，米国から，1

つはヤーキース霊長類研究所を中心にボノボ捕獲隊が組織され，もう1つはA・ホーンがトゥンバ湖西岸で調査を行っている。

　加納の調査隊は1974年にワンバとヤロシディで集中調査を開始し，1977年以降は餌づけが軌道に乗ったワンバでのみ調査を継続した。とくに餌づけの影響が出にくい社会関係の研究が多く行われ，父系的な社会構造，性行動の社会的側面，メスの生活史，オスの順位と繁殖戦略などが明らかにされた。メス間の親密な結びつきや必ずしも敵対的でない集団間関係など，チンパンジーと異なる社会性は人類進化研究の上で注目されている。

　ワンバの西北西180kmのロマコでは，米国の研究者が餌づけ法を用いずに調査を行い，とくに生態的な要因に着目した研究が多く行われた。1990年にはドイツの調査隊がロマコで調査を始め，その後ベルギーの調査隊も調査を始めた。ワンバの東南160kmのリルングでは，1988年にスペインの調査隊が調査を始めている。

　ワンバではボノボの密猟が増えた1980年代，日本人研究者が保護区設立に向けた活動を始め，1992年にルオー学術保護区の設立が政府に認可された。これはボノボと住民の共存を目指す保護区であり，自給のための畑作，森での植物採集，霊長類以外の伝統的狩猟が許されている。

ボノボ生息地の多様性と保護活動

　1991年，首都キンシャサで暴動が起こると各地の調査は中断を余儀なくされた。そのような政情不安のなか，1992年にオックスフォード大学のJ・トンプソンは単身，ボノボ生息地の南限に近いルクルで調査を始めた。NGO等による保護活動も各地で活発に展開された。

　1996年の内戦に端を発する2度の戦争は

ボノボの調査地

2002年の和平合意で終結し，日本隊のワンバの調査は2003年に再開された。環境NGOによる活動は，トゥンバ湖周辺，ロマコ，ルクル，サロンガ国立公園，ツアパ－ロマニルアラバ（TL2）保護区域，ココロポリなどで行われた。サロンガ国立公園の南のルイコタルでは，ドイツの調査隊が2002年から調査を継続している。より乾燥した地域のボノボの生態をはじめ，社会の多様性や行動の地域変異はこれからの研究課題である。

　現在ボノボへの脅威は，密猟，森林伐採や人口増に伴う生息地の減少などである。ルオー学術保護区に隣接する地域では，国際NGOと地域住民，日本人研究者の共同プロジェクトにより，2012年に新しい保護区が設立された。ボノボ生息域の保全は危急の問題であり，今後，地域住民主体の活動，国際NGOと国内外の研究者の協力体制がどう実現されるかが重要な課題である。

加納隆至 1986『最後の類人猿ピグミーチンパンジーの行動と生態』どうぶつ社／ドゥ・ヴァール，F 2000『ヒトに最も近い類人猿ボノボ』藤井留美訳，加納隆至監修，TBSブリタニカ／Furuichi, T. & J. Thompson eds. 2008 *The Bonobos: Behavior, Ecology, and Conservation*. Springer

⇒霊長類学，生態人類学，チンパンジーの文化的行動

3-4-3 ゴリラ
Gorilla

山極寿一

キーワード：マウンテンゴリラ, ニシローランドゴリラ, 日本の霊長類学, 個体識別法

ゴリラは19世紀に欧米に紹介され，暴力的という誤解を長い間受けてきた類人猿である。動物社会の進化を研究していた日本の霊長類学者は早くからゴリラの重要性に着目し，人間社会の由来を探るためにアフリカのヴィルンガ火山群で調査を始めた。最近は低地にすむゴリラの調査も開始され，ゴリラがまったく異なる生態環境で似たような社会生活を営み，環境条件によって集まり方を変えるチンパンジーとは対照的な特徴をもつことがわかってきた。

ゴリラは19世紀半ばに初めて欧米に紹介されて以来，暴力的で好戦的な動物という誤解を受けてきた。そこには，暗黒大陸の暗いジャングルの奥に潜む，邪悪な心を持つ怪物という，当時の欧米人が抱いたアフリカのイメージが投影されていた。キングコングのモデルにもなって人々の恐怖心をあおり，ハンターたちのトロフィーとして多くのゴリラが殺された。

ゴリラの野外研究が本格的に始まったのは，1950年代になってからである。アフリカ中央部のヴィルンガ火山群に生息するマウンテンゴリラが対象で，期せずして3つの異なる学問分野から調査隊が訪れた。最初は東アフリカで古い人類化石を発掘していたルイス・リーキーによるもので，化石ではわからない人類の祖先の生活を，形態的に似ているゴリラで調べようとした。当時ヴィルンガ火山群の麓でゴリラの観光化を企てていた，ドイツ人のワルター・バウムガルテルの協力を得て，3人の女性を次々に送り込んでゴリラの観察を試みたのである。

一方，日本の霊長類学者たちは人間家族の原型を求めてゴリラの調査にやってきた。今西錦司の発想により人間以外の動物にも社会や文化が存在すると予測した彼らは，1950年代初めにニホンザルを餌づけし，個々のサルたちに名前をつけて社会交渉を記録した。イモ洗い行動などの前文化的な行動や，優劣順位や血縁をもとにする見事な社会構造をニホンザルに発見していた。また，餌づけによってニホンザルが間近で観察できるようになり，日本各地で観光を目的とした野猿公園がつくられた。その噂を聞きつけたバウムガルテルに招かれて，類人猿を調査しようと考えていた今西は，伊谷純一郎を伴ってヴィルンガを訪ねた。翌年には河合雅雄と水原洋城，翌々年には伊谷が単独でゴリラの調査を行った。

しかし，ゴリラは人間のまいた餌に手を出さず，観察は思うように進展しなかった。餌づけをせずに観察に成功したのはシカゴ大学のジョージ・シャラーである。未知の動物の生態を解明したいと思っていたシャラーは，姿が見やすい草地でゴリラを追跡し，初めてゴリラの野生生活を世に紹介した。

その後，ヴィルンガ火山群はコンゴ独立紛争の嵐が吹き荒れ，調査は中断された。7年後にリーキーが送り込んだ3人目の女性ダイ

アン・フォッシーは、ビソケ山にカリソケ研究所を設立し、日本の個体識別法を学んでゴリラたちに名前をつけ、長期にわたる観察を開始した。不幸なことにフォッシーは1985年に何者かに殺害されてしまうが、カリソケ研究所は若い世代に引き継がれて現代にいたっている。私もここで2年余り、フォッシーの指導を受けてゴリラの調査をした。

このヴィルンガにおけるマウンテンゴリラの研究成果が数多く世に出たおかげで、野生のゴリラの特徴はマウンテンゴリラに代表されることになった。地上性で草や葉を主食とし、まとまりのいい10頭前後の群れを、背中の白いシルバーバックと呼ばれる大きなオスが率いている。オスもメスも思春期になると生まれ育った群れを離れるが、メスはすぐに別の群れに加入し、オスは自分でメスを獲得するまで単独生活を送る。リーダーオスが老齢期を迎えると息子が残って後を継ぐことがあり、群れは複数の成熟したオスを含むようになる。人間の家族を連想させるような社会特徴を持つことが明らかになってきた。

しかし、世界の動物園に飼育されているゴリラのほとんどはこのマウンテンゴリラではなく、ヴィルンガから1000km以上離れた低地の熱帯雨林に暮らすニシローランドゴリラだった。そのため、ニシローランドゴリラの生態が不明なまま、マウンテンゴリラの特徴を当てはめて飼育法が考案された。地上で暮らす環境が用意され、草や葉などの堅い植物繊維ばかりが食物として与えられた。最近ゴリラの全ゲノムが解読され、約175万年前にニシゴリラとヒガシゴリラの2種に分かれ、ニシゴリラがその後クロスリバーゴリラとニシローランドゴリラの2亜種に、ヒガシゴリラがヒガシローランドゴリラとマウンテンゴリラの2亜種に分かれたと考えられるようになった。マウンテンゴリラとヒガシローランドゴリラの一部だけが、標高2000mを超える高地に暮らしている。ゴリラの故郷は低地熱帯雨林なのである。

1980年代に入って低地熱帯雨林に暮らすゴリラの生態が調査され始めると、意外なことがわかってきた。彼らはチンパンジーに負けず劣らず樹上の生活を好み、多様な果実を日常的に食べていたのである。しかも、にもかかわらず低地のゴリラもマウンテンゴリラのようにまとまりのいい群れをつくり、同じような広さの行動域を持ち、なわばりを持たずに暮らしていた。ここで大きな疑問が生じた。果実は草や葉より食べられる量も場所も時期も限られている。だから果実食の霊長類は葉食の霊長類より個体間の競合が強く、行動域を広げたり、群れのまとまりを弱めて分散する傾向がある。なぜ、果実食のニシローランドゴリラは葉食のマウンテンゴリラのような社会の特徴を示すのだろう。

さらに、果実食のニシローランドゴリラやヒガシローランドゴリラは同じような果実を好むチンパンジーと同じ場所で共存している。これは「近縁な種どうしは同一のニッチに共存できない」という原則に反する。現在これらの疑問を解こうとして各国の研究者がアフリカ各地で調査をしている。私もその1人だが、ゴリラは環境の違いを超えて均一な社会を維持するために、幅広い食物を摂取できる消化器系を進化させたのではないかと考えている。逆にチンパンジーは食物に応じて集まり方を変える。その正反対の適応戦略が共存を支えてきたのではないだろうか。

ゴリラの長い進化史には人類の祖先との共存も含まれていたはずだ。近年次々に明らかになってきたゴリラの特徴は、人類の進化史を考え直す鍵となるに違いない。そこに日本の霊長類学者の夢も託されているのである。

⇒熱帯林，生物多様性ホットスポット，野生動物観光，自然保護区と世界自然遺産

3-4-4　オナガザル属と混群
Mixed Species Association of *Cercopithecus* Monkeys

足立薫

キーワード：種間関係，採食生態学，ニッチ，非構造，進化

オナガザル科のオナガザル属は，多くの種が熱帯森林の樹上に生息し，アフリカ各地で広く見られる霊長類である。近縁な数種類が同所的に生息する地域では，異種の群れどうしが1つにまとまる混群を形成することが知られている。オナガザル研究は混群を対象として，その生態学的な意義に注目するものが多かったが，種間の相互作用やコミュニケーションなど動物社会学的な側面にも焦点が当て始められている。オナガザルの混群は人類への進化を射程におく霊長類の社会進化論研究のなかで，重要な役割を占める対象となっている。

アフリカのオナガザル属研究

オナガザル科に属するアフリカのオナガザル属（*Cercopithecus*）は，アフリカの熱帯雨林から乾燥地域まで多様な環境に生息する霊長類である。霊長類の進化の過程で比較的最近の約500万年前ごろになってアフリカの各地域で適応放散し，現在のように多様な種分化を果たしたと考えられている。

オナガザル属のくわしい研究は1970年代になって始められ，その多くは森林性のオナガザル属が形成する混群現象に注目している。東アフリカではウガンダやケニアで，アカオザルとブルーモンキーの混群がくわしく調査され，ウガンダのカリンズ森林では，郷もえがこの2種の混群調査を行っている。アフリカ中央部では，オオハナジログエノン，クチヒゲグエノン，カンムリグエノンなどの混群研究がある。

西アフリカ，コートジボワールのタイ国立公園では，チンパンジーがオナガザル類を獲物として肉食をすることが知られている。そこで狩猟対象としてのオナガザルの生態と行動を解明する目的で，R・ノエらが1989年からオナガザル属とコロブス属の調査を開始した。ノエの研究はヨーロッパ，アメリカなど各国の研究者が参加するタイ・モンキー・プロジェクトに発展し，足立（2013）はプロジェクトの一員として，ダイアナモンキー，キャンベルモンキー，ショウハナジログエノンの混群形成と採食食物の重複について調査した。

混群の生態学的研究

混群では異種の群れが集まって，遊動や採食をともにする。オナガザル属は系統的に近縁な異種が同所的に複数種生息するが，彼らは採食食物などのニッチが類似していて，資源をめぐる強い競合が起こり共存は破綻すると予想される。しかしオナガザルは，比較的長期間にわたって安定した混群を形成する。そこで初期の研究では主に群集生態学的な興味から，この競合のコスト問題を混群がどのようにクリアしているのか，混群内ではニッチシフトが起こっているのかを問う研究が多数行われた。

混群では，競合コストを上回る適応的な利益が存在するとされ，2つのタイプの仮説が検討された。1つは混群をつくることによっ

て，捕食される確率を下げることができるという対捕食者仮説である。ノエはダイアナモンキーとアカコロブスの混群にチンパンジーの音声のプレイバック実験を行い，捕食者であるチンパンジーの声を聴くとアカコロブスがダイアナモンキーに近づいて混群を形成することから，警戒行動の得意なダイアナモンキーとの混群が捕食者回避の機能があることを示した。

もう1つの仮説は，混群をつくることによって，より効率的に採食ができるという採食効率化仮説である。食物の場所をよく知っている種と混群をするというガイド仮説や，他種が利用しつくした後に採食場所を訪れることを避けるリニューアル仮説などがある。

メカニズムから非構造へ

混群研究は80年代に群集生態学の研究がさかんになるとともに，注目を集めるようになった。南米でも同様に樹上性霊長類の混群研究が行われ，地域間での比較は多くの成果をもたらした。一方で生態系の平衡状態を前提とした伝統的な研究手法が疑問視されるようになり，アフリカの混群研究もその焦点を変化させつつある。

新しい動きとしてあげられるのは，異種共存により詳細な行動のレベルから注目する研究である。郷（2013）はアカオザルとブルーモンキーの混群でGPSを用いて，それぞれの群れの同時追跡を行い，ブルーモンキーが混群の先頭に，アカオザルがそれに追随する様子を観察している。移動の様相をよりくわしく観察することで，リーダー，フォロワーといった混群形成の役割と動態を明らかにすることに成功している。また，混群ではないが田代（Tashiro 2006）はロエストモンキーやブルーモンキーを対象にして，樹上性の強いオナガザルの研究では従来困難だった個体識別や近距離での長期の観察に基づいて，詳細な採食行動の研究を行っている。また足立（2009）は混群の形成動態に注目し，種構成の変動を社会学的に分析する可能性を探っている。

日本の霊長類学は，人類社会の起源とその進化を探ることを目的の1つとして発展した分野である。そのパイオニアの1人である伊谷純一郎は，国内でのニホンザル研究に続いて，アフリカでチンパンジーやゴリラなどの類人猿を研究し，人類の進化を俯瞰的，構造的に明らかにしようとした。

伊谷は，混群を「似て非なるものへのそこはかとない関心」（伊谷1991）と表現している。同種群の順位序列や血縁による親和関係などを基礎として，社会構造を考察してきた日本の霊長類学にとって，異種群が同所的に共存しながらゆるやかにまとまりを保ち，混血さえも起こる混群は新鮮なものだった。伊谷は霊長類の社会構造進化を系統的に俯瞰する独自の進化論に対置して，「非構造」の概念を提起し，その具体例となる現象として混群をあげている。オナガザル属混群の社会学的な解明は，人類につながる霊長類の社会進化研究にも新しい光を与えるものとなるだろう。

足立薫 2009「非構造の社会学――集団の極相へ」河合編『集団――人類社会の進化』京都大学学術出版会／足立薫 2013「役割を生きる制度――生態的ニッチと動物の社会」河合編『制度――人類社会の進化』京都大学学術出版会／伊谷純一郎 1991「社会の構造と非構造――サル・トリ・ヒト」『Illume』3（2）／郷もえ 2013「ウガンダの森に『混群』を見に行こう」中川・友永・山極編『日本のサル学のあした――霊長類研究という「人間学」の可能性』京都通信社／Tashiro, Y. 2006 Frequent insectivory by two guenons (*Cercopithecus lhoesti* and *Cercopithecus mitis*) in the Kalinzu Forest, Uganda. *Primates* 47（2）

⇒熱帯林，生物多様性ホットスポット，自然保護区と世界自然遺産

3-5-0 総説 ── 古人類学
Paleoanthropology

中務真人

　われわれ現生人類にいたる進化の歴史を明らかにする新しい鍵の大部分は，分子生物学的研究方法が飛躍的発展を示す21世紀にあっても，フィールドに眠っている。埋もれている化石や考古遺物は，われわれの祖先の姿，暮らしぶりを描き出す直接的な手がかりである。ヒトを含め，ヒト上科（＝人類と類人猿）はすべてアフリカに起源がある。人類が誕生したのは，およそ800〜700万年前と推定されている。人類の生息域がアフリカの外に広がり始めたのは，古い見積もりでもたかだか180万年前である。したがって，古人類であれ，人類誕生以前の化石類人猿であれ，人類進化を研究する上で，アフリカはフィールドとして特別の位置を占めている。

半世紀前

　半世紀前は，古人類学研究の激動期であった。19世紀後半から，ヨーロッパではドリオピテクス，オレオピテクスなどの化石類人猿が発見されていた。20世紀に入ると，発掘調査の手はアジア，アフリカにも広がり，新しく発見された類人猿化石が次々に新種記載された。たとえば，インド・パキスタンに広がるシワリク丘陵のシバピテクス属やラマピテクス属，ケニアを中心とした東アフリカのプロコンスル属，ケニアピテクス属，中国雲南のギガントピテクス属などである。その後，乱立した類人猿の属・種をサイモンズとピルビームが再分類し，テナガザルの祖先と考えたプリオピテクス属とあまりに奇妙なオレオピテクス属を除いて，当時知られていた大型の化石「類人猿」をわずか3属（ドリオピテクス属，ラマピテクス属，ギガントピテクス属）にまとめた（Simons & Pilbeam 1965）。ドリオピテクス属はプロコンスル属，シバピテクス属を包含し，現生大型類人猿の祖先系統，ラマピテクス属はパンジャビクス1種のみ数え初期人類，ギガントピテクス属は絶滅した巨大類人猿，と考えたのである。ラマピテクス・パンジャビクスとは，そもそもシワリクで発見された類人猿上顎骨片に与えられた種名だが，小さな切歯と犬歯，放物線状の歯列など人

類的特徴を持つと見なされたため，彼らは人類と考えたのである（この主張をしたのは彼らが最初ではないが，詳細な経緯については，Frayer（1997）を参照）。彼らはラマピテクス属に，ケニアのフォート・ターナン（当時，1400万年前と推定されていた）から知られていたケニアピテクス属，雲南で発見された"ドリオピテクス属"（現在ではルーフォンピテクス属）も含めた。つまり，1400万年前までに人類が誕生し，アフリカから東アジアにいたる地域に，ただ1種として分布していたと考えたのである。

　この仮説は大論争を引き起こした。サリッチとウィルソン（Sarich & Wilson 1967）に始まる分子時計研究は，ヒトとアフリカ類人猿の分岐はたかだか400〜500万年前までしか遡らないと主張した。70年代に入ると，化石人類学者からも，ラマピテクス属の形質評価について批判の声があがった。その後，ラマピテクス属とシバピテクス属を区別することは不可能であるという見解が一般的になり（"ラマピテクス属"はシバピテクス属の雌であることが明らかになった），1981年にシバピテクス属の顔面頭蓋が発見され，そのオランウータン的特徴が明らかになるにいたり，この論争は決着した。人類の誕生時期は400〜500万年前という意見が主流となった。

　化石資料の乏しさにかかわらず，大雑把な形質評価に基づいて新属新種が乱立した状況を見て，分類を保守的に行うという原則に立ち返った点では，サイモンズとピルビーム（Simons & Pilbeam 1965）は評価できる。しかしながら，ラマピテクス属の位置づけは脇に置いても，彼らの分類は過度に包括的であった。おそらく，化石ヒト上科の多様性は現生ヒト上科同様に低いであろうという思い込みがあったためだろう。その後，包括的分類は見直され，廃止された属・種が復活するとともに，新たに多くが追加された。中新世類人猿は，実際，多様だったのである。

　ラマピテクス論争が白熱した当時，それに続く人類と認知されていたのが，アウストラロピテクス（Au）・アフリカヌスであった。R・ダートにより1924年に（命名は1925年）南アフリカ，タウングで発見されたアウストラロピテクス属は，紆余曲折を経ながらも，1950年代末までに，大半の人類学者には人類として認知されるようになっていた。また，猿人には2つの進化系列（顎・頬歯など咀嚼器官の発達程度の違いから，華奢型と呼ばれるAu.アフリカヌス，頑丈型と呼ばれるAu.ロブスタス）があったことも知られていた。ラマピテクス属が人類の座から滑り落ちた結果，アウストラロピテクス属が最も初期の人類となった。一方で，アウストラロピテクス属よりも新しい時代の人類として知られていたのは，ジャワ原人，北京原人などで知られたホモ（H）・エレクタスであった。しかし，アウストラロピテクス属とH.エレクタスとの間をつなぐ進化過程は明らかではなかった。

　アフリカの古人類学史上，最大の貢献者はリーキー夫妻（L・S・B・リーキー，M・D・リーキー）であろう。彼らは1931年に，現タンザニア，オルドバイ峡谷で調査を

始め，1959年に頑丈型猿人，ジンジャントロプス・ボイセイ（現在はAu.ボイセイ）を発見した。オルドバイの化石産地は，南アの石灰岩洞窟遺跡と異なり，湖に溜まった堆積層の露頭であり，正確な化石産出層準の決定が可能であった。堆積層の火山灰から，化石人類の年代が初めて175万年前と推定された（1961年）。その後，L・S・B・リーキーはAu.ボイセイと同じ地層から華奢型の人類化石を発見し，1964年，これをH.ハビリスと命名し，H.ハビリスが最初の石器製作者だったと主張した。しかし，その推定頭蓋容量が600cc程度と，ホモ属の最低線と見なされていた700〜800ccを下まわることから，多くの学者は懐疑的であった。このような状況の下，日本人研究者がアフリカに足を踏み入れ始めた。

1960年代末〜1970年代

　1967年，京都大学アフリカ学術調査の一部として，理学部の池田次郎，亀井節夫，葉山杉夫らがタンザニア，エヤシ湖付近で，狩猟採集民ハッザの形質人類学的調査，ギシマンゲダ洞窟（600BP），セチクエンチョ古墓（18〜19C）の発掘調査などを行った。このとき，湖の対岸にある化石産地ガルシを訪れている。ガルシは，L・コール・ラーセンが1939年に"メガントロプス・アフリカヌス"（現在では，Au.アファレンシス）の上顎片などを発見した場所である（ただし，この地域を最初に調査したのはリーキーらだった。1935年）。化石が産出した地層（ラエトリ層，380〜350万年前）は近隣のラエトリに広がる。1974年から始まったM・D・リーキーのラエトリ調査によってアウストラロピテクス属の下顎と遊離歯化石が発見され，1978年には，世紀の大発見となる人類の足跡列化石が見つかったのだが，そうしたことは当時，知るよしもない。

　同年（1967年），アメリカのF・C・ハウエル，フランスのC・アランブール，Y・コパン，ケニアのR・リーキー（L・S・B・リーキーとM・D・リーキーの息子）らによるオモ川調査が始まった。トゥルカナ湖に流れ込むオモ川に削られた鮮更新世の堆積層は，ケニア，エチオピアに広がり，400〜100万年前にわたる多くの火山灰や溶岩層を含むため，動物の系統進化を連続的に明らかにし，東アフリカ各地の化石産出層の関連づけをする上で重要な鍵となった。この国際調査隊は，人類学者，古生物学者，地質学者，先史考古学者が学際的に協力したもので，その後の発掘調査のひな形となったのだが，国際協力については難しかったようで，ケニアチームは早々に離脱した。しかし，R・リーキーは，この機会に，トゥルカナ湖の東岸コービ・フォラに有望な露頭を見つけ，1969年からアメリカの先史考古学者G・アイザックとともに本格的調査を始めた。コービ・フォラでは，200〜130万年前の堆積層からAu.ボイセイ化石が発見されたが，H.ハビリスも多数発見された。この追加資料に

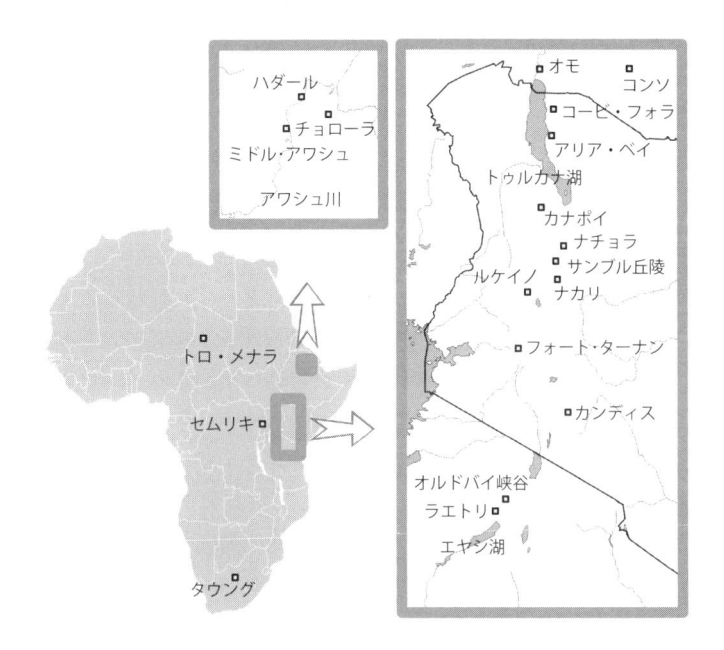

本稿でふれた主なアフリカの化石産地

より，アウストラロピテクス属とH.エレクタスをつなぐ段階として，H.ハビリスが広く認知され始めた。後に，湖の西岸でも鮮更新世の化石産地が発見され，トゥルカナ盆地の重要性が強く認識されるようになった。

　ケニアの北，エチオピアでは1960年代後半から，フランスのM・タイーブ，アメリカのJ・カルブが，アワシュ川に沿ったアファール盆地の地質学的調査を精力的に行い，その可能性の高さを明らかにした。それを受け，1972年，北部のハダールでM・タイーブ，J・カルブ，Y・コパン，D・ジョハンソンらによる古人類学的調査が始まった。この調査では，300万年前を超える猿人の全身骨格「ルーシー」と，「最初の家族」と呼ばれる13個体の猿人化石群が発見された。これらの資料に対して，D・ジョハンソンらは，ラエトリで発見された下顎を模式標本としてAu.アファレンシスという学名を与えた。最古の人類が350万年前を遡り，推定されていたヒト・チンパンジー分岐年代に迫る一方で，アフリカ類人猿の化石記録は，1400万年前で途切れ，それらの間を埋めるものは皆無であった。

1980〜90年代

　1980年，大阪大学（当時）の石田英實が，東アフリカでの類人猿化石発掘調査に

乗り出した。その後四半世紀を超えることになった長期調査の幕開けであった。石田英實は，当時ケニア国立博物館（NMK）の館長であったR・リーキーに共同調査を申し込み，調査地をケニア北部のキリムン（前期中新世）とサンブル丘陵（後期中新世）に絞った。ケニア，タンザニアのめぼしい露頭はL・S・B・リーキーによって調査しつくされていたため，必要な情報はナイロビで手に入ったのである。地質学の責任者として，京都大学の石田志朗（当時）も加わった。1980年のキリムン調査では，目的とした類人猿は発見できず，目標をサンブル丘陵に絞ることになった。1982年のサンブル丘陵調査で，石田英實と一緒に露頭を歩いていたNMK職員キップテラム・チェボイが，大型類人猿の上顎片を発見した。これは，世界初の後期中新世アフリカ類人猿化石（960万年前）であり，ヒト・アフリカ類人猿共通祖先に迫る世界的大発見であった。この類人猿は後に，サンブルピテクス・キップタラミと命名された。また，サンブル丘陵調査の基地としていたナチョラ村でも，1500万年前の堆積層から類人猿化石が発見された。この時期の調査では，沢田順弘，仲谷英夫，中野良彦ら，後のケニア古人類学調査を担う主要メンバーが，フィールド経験を積んでいる。サンブル丘陵での発掘はその後も続けられたが，未だ追加の霊長類化石は発見されていない。一方，ナチョラでは，霊長類化石が継続的に集められた。石田は1989年に京都大学に転任し，中務真人，國松豊，辻川寛，清水大輔，高野智，菊池康弘などの研究者を育成しフィールドに送り出した。とくに1996年以降は，類人猿化石集密度が著しく高いサイトの発掘に成功し，大量の化石資料が収集された。ナチョラの類人猿は，当初，ケニアピテクス属と考えられていたが，資料の充実に伴い独特な特徴が明らかになり，新属新種ナチョラピテクス・ケリオイと命名された。輝かしい発見ばかりではなく，島根大学の中山勝博が，調査からの帰路，車両

後期中新世類人猿が発見されているケニアの化石産地，サンブル丘陵。左下はサンブルピテクス（960万年前）

事故のため物故するという悲しい事件もあった（2001年）。ナチョラ・サンブル丘陵調査は，NMKでも，最も長期の国際共同調査として現在も継続している。また，1989〜90年，石田英實は，現在も大型類人猿が棲息している西リフトの発掘に関心を持ち，ザイール（現コンゴ民主共和国）東部，セムリキ川に，ケニア発掘チームの一部を向けた。しかし，社会状況の悪化により中断，ルワンダ紛争が始まり，撤退を余儀なくされた。

　ハダールからアワシュ川を遡ったミドル・アワシュでは，1981年に，カリフォルニア大学バークレイ校のT・ホワイト，J・D・クラークらによる本格的調査が始まった。70年代にはハダールが注目を集めていたが，ミドル・アワシュは，580万〜16万年前までの多くの化石サイトを含む，アフリカ屈指の人類化石産地であることが，この調査により明らかになった。ミドル・アワシュから発見された化石人類には，アルディピテクス（Ar）・カダバ，Ar.ラミダス，Au.アナメンシス，Au.アファレンシス，Au.ガルヒ，H.サピエンスがある。1980年代末からは，ともにバークレイで学んだ諏訪元（現東京大学），B・アスファウ（エチオピア国立博物館）が，プロジェクトを支える主要メンバーに加わり，数々の大発見に関わってきた。たとえば，1990年には，マカ（340万年前）でAu.アファレンシス化石を大量に発見した。これにより，当時，二種説も唱えられていたAu.アファレンシスが，単一種であることが示された。そうそうたるミドル・アワシュでの発見史中，最大の成果は，Ar.ラミダスの発見である。1992年，諏訪元が，アラミス（440万年前）でラミダスの第一号標本を発見し，このシーズンに得られた資料によって，新属新種の猿人Ar.ラミダスが記載された。1994〜95年の調査では，女性の全身骨格を含む大量のラミダス化石が発見された。長い時間をかけた修復と詳細な研究の末，これらの化石と関連資料の分析結果は2009年のサイエンス誌上に，11本の論文として同時公開された。Ar.ラミダスはアウストラロピテクス属とは桁違いに原始的な特徴を持つ人類であることが明らかになるとともに，未だ発見されていないヒト・チンパンジー最後の共通祖先像を推定する手がかりを提供した。90年代の主要な発見には，250万年前の華奢型猿人，Au.ガルヒもある。この猿人は，ホモ属の祖先となった可能性があるばかりでなく，石器によるカットマークが残る獣骨が付近で発見されたこと，これまで知られている最古の石器が260万年前であることから，最初の石器製作者である可能性が考えられている。

　時期が前後するが，M・D・リーキーの引退後，1986年に，カリフォルニア大学バークレイ校のチーム（D・ジョハンソン，T・ホワイトら）が，オルドバイ峡谷の調査を行った。この調査には，当時バークレイの学生であった諏訪元も加わっている。彼らは，ホモ・ハビリスの部分骨格を発見し，予想以上に類人猿的な四肢のプロポー

ションを明らかにしている。

　諏訪元は，ミドル・アワシュの調査に参加するかたわら，1991年に，エチオピア・リフトバレーの南端に190〜130万年前にまたがるコンソを発見し，Y・ベイネと2003年まで調査を行った。コンソからはAu.ボイセイの保存のよい頭蓋骨のほか，H.エレクタスの化石，最古（175万年前）のアシューリアン石器などが発見されている。

　1990年代後半には，日本人考古学者による先史考古学的研究も行われている。当時，ウィスコンシン大学マディソン校に留学していた木村有紀が，オルドバイ峡谷ベッド1，2（180〜120万年前）からM・D・リーキーらが収集した打製石器の素材と加工様式の関連を分析し，初期人類の道具製作に関する選択性の地域差，時代変化を明らかにした。また，筑波大学にいた西田正規は，タンザニアのセレンゲティ国立公園で，後期石器時代石器の分布調査を行い，石器の周密度から，後期石器時代人の土地利用，活動様式の復元を行う研究を行った。

2000年〜現在

　2000年代以降の特筆すべき出来事は，分子生物学者の予想を超える時代から「最古の」人類がぞくぞくと発見されたこと，サンブルピテクスの発見以来，四半世紀途絶えていた，後期中新世アフリカ類人猿の発見である。

　2000年に，フランスのM・ピックフォード，B・セニューらがケニア，トゥゲン丘陵のルケイノ（約600万年前）から大腿骨を含む人類化石を発見したと発表した。600万年という年代は，それまで最古であったAr.ラミダスの年代をはるかに上回るばかりでなく，大方の分子生物学者が予想していたヒト・チンパンジー分岐年代をも超える数字であり，この発見は世界を驚かせた。この人類は後に，オロリン・トゥゲネンシスと命名された。発表当初，疑問の声が大きかったが，現在では，人類としての位置づけは広く受け入れられている。産出年代については，後に，沢田順弘（島根大学名誉教授）が，詳細な地質調査を行い，K-Ar年代と古地磁気層序を組み合わせ，600〜570万年前に収まることを明らかにした。続く2001年には，ミドル・アワシュからAr.カダバ（580〜520万年前）が，Y・ハイレ・セラシエによって報告された。さらに，2002年にはチャドのジュラブ砂漠にあるトロ・メナラで調査を行っていたM・ブルネらが，ヒト上科の頭蓋骨を発見し，サヘラントロプス・チャデンシスと命名した。年代は生層序から600万年前を超え，知られている最古の人類であると報告されている。ただし，立て続けに発見された後期中新世（1160〜530万年前）「人類」のなかで，サヘラントロプスについては，その人類としての位置づけに疑問を呈する声も根強い。これらの複数の初期人類の発見により，人類の初期進化は，チ

ンパンジー系統と二分したような単純なものではなく，さまざまな（絶滅）系統が誕生した，さながら「実験室」的状態だったとする主張も現れた。一方で，これらを属レベルで区別することは過度に細分主義的で，同種ではないとしても，同属別種程度の違いではないかとする意見もある。

　2006年には，ミドル・アワシュからT・ホワイト，諏訪元らによりAu.アナメンシスが報告されている。Au.アナメンシスは，M・G・リーキー（R・リーキーの妻），A・ウォーカーらによって，ケニアのトゥルカナ盆地（アリア・ベイ，カナポイ）から発見され，1995年に報告された420～390万年前のアウストラロピテクス属で，時代とともにAu.アファレンシスに移行したと考えられている。ミドル・アワシュでのAu.アナメンシスの発見により，アルディピテクス属からアウストラロピテクス属につながる進化系列がはっきりするとともに，ミドル・アワシュでは440万年前から420万年前の短期間に両属の入れ替わり（あるいは移行）が起きたことが明らかになった。

　初期人類の年代がますます遡る一方，化石類人猿側でも重大な発見が続いた。京都大学の中務真人，國松豊らは，2002年，ケニア中部ナカリでの調査を開始した。ナカリは，ケニア国内で知られていた数少ない後期中新世化石産地の1つである。1970年代には，E・アギレとP・リーキー（R・リーキーの弟），M・G・リーキーとA・ウォーカーらにより，2度にわたり調査されたものの，見込みが低いとして，80年代以降は調査されていなかった。中務らは，NMKのE・ムブアと調査隊を組織し，2005年に大型類人猿を発見し，2007年にはそれをナカリピテクス・ナカヤマイとして記載した。年代は980万年前である。

　東京大学の諏訪元も，コンソ調査の後，後期中新世類人猿調査に乗り出し，2004年エチオピアのチョローラ調査を計画した。チョローラは，アファールリフトの南端

後期中新世類人猿が発見されているケニアの化石産地，ナカリ。右上はナカリピテクス(980万年前)

に位置する後期中新世の化石産地で，1971年に国際地球内部開発計画の一環としてアファール盆地の地質調査を行っていたM・シェーンフェルド，H・シェーファーによって発見された。奇しくもM・タイーブとJ・カルブがアファール盆地の調査旅行を行っていた時期であり，この2つのチームはお互いの存在を知らぬまま，フィールドで出くわしている。その後，1970年代と90年代にフランス・エチオピアチームによって古生物学調査がなされ，1100～1000万年前という年代が出されていた。諏訪らは2005年に現地調査を開始し，調査後まもなく，2006年と2007年に大型類人猿の遊離歯を発見し，それらをチョローラピテクス・アビシニクスとして記載した。

中務，國松らは，ナカリピテクスがほぼ同時代のギリシアから知られているウーラノピテクスの祖先系統である可能性が高いと主張している。ウーラノピテクスの頭蓋骨の形質は現生アフリカ類人猿的であることが知られており，この系統化説が正しければ，ナカリピテクスがヒト・現生アフリカ類人猿の最後の共通祖先と密接なつながりを持つ可能性が考えられる。一方，諏訪らは，大臼歯の特徴から，チョローラピテクスがゴリラ属の根幹系統だと主張している。このように後期中新世アフリカ類人猿の発見が続いた結果，混沌としていた現生アフリカ類人猿と人類の起源解明が少しずつ進み始めている。

2009年には，ナイロビ市郊外で鮮新世化石産地カンディスが発見され，E・ムブ

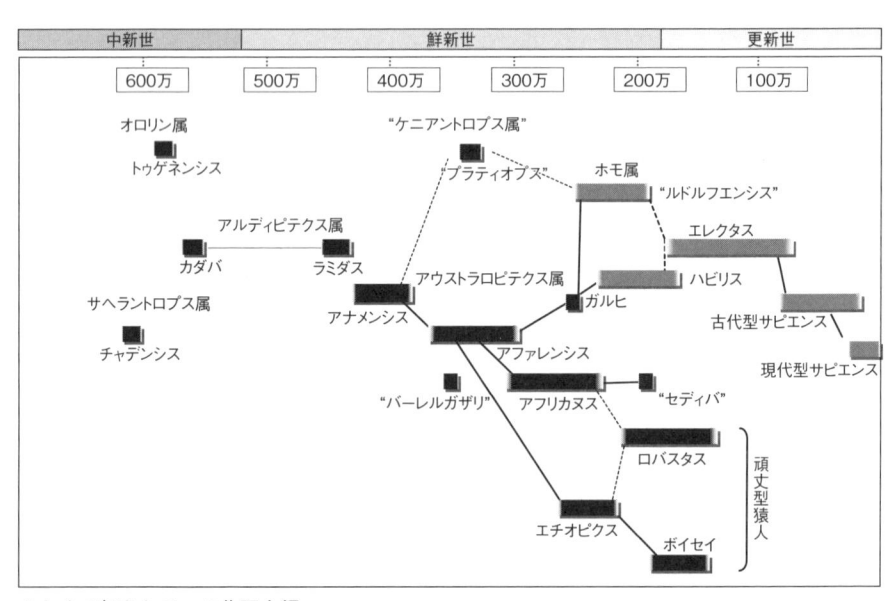

これまで知られている化石人類
注）細分主義ではさらに多くの種が唱えられている。分類群として異論の強いものについては" "付きで示してある。頑丈型猿人はパラントロプス属とする意見もある。

アと中務真人が共同調査を始めている。カンディスは，大地溝帯断層崖よりも上に位置するという点で，他の東アフリカ鮮新世化石産地と異なる。年代は生層序から予備的に350万年前と推定されており，人類を含む多くの哺乳類化石が発見されている。市街地のすぐ脇にあるという異色の立地条件のため，学術研究ばかりでなく，社会教育，観光資源としても期待される。

将来の展望

　90年にわたるアフリカの古人類学研究史において，盤石と考えられた学説や「最古の」発見は，新しい資料により，絶えず更新されてきた。程度の差はあれ，これが今後も続くことは間違いない。アフリカ大陸のなかで，調査が比較的密に行われた地域の面積は，大陸全体の2％に満たない。まだ調査の手が及んでいない地域に何が眠っているかは，知るよしもない。ケニア，タンザニアの露頭の可能性を調べつくしたと考えられていたL・S・B・リーキーですら，足下にカンディスのような人類化石産地があることを見落としていた。地域，時代を網羅し，この大陸のなかで起こった人類進化の筋道を解き明かす作業は，人間の能力の程度を考えれば，実質的に終わりのない営みである。

　この総説では，半世紀におけるアフリカ古人類学の進展を，日本人研究者の関わりを軸に振り返った。したがって，通常の研究史のように，重要な発見をもれなく目配りして取り上げたわけではない。東アフリカと並び，重要な化石産地が集中する南アフリカに関する出来事，中期更新世（78万年前〜）以降の発見については，日本人研究者との関わりが薄いため，ほとんど言及していないことを付記しておく。

[参考文献]

Simons, E. L. & D. R. Pilbeam 1965 Preliminary revision of the Dryopithecinae（Pongidae, Anthropoidea）. *Folia Primatologica* 3（2）.

Frayer, D. W. 1997 Ramapithecus. In F. Spencer（ed.）, *History of Physical Anthropology* Volume 2. Garland Publishing, Inc.

Sarich, V. M. & A. C. Wilson 1967 Immunological time scale for hominid evolution. *Science* 158（3805）.

ギボンズ，A 2007『最古のヒト』河合信和訳，新書館。

ジョハンソン，C・D，M・A・エディ 1986『ルーシー』渡辺毅訳，どうぶつ社。

諏訪元 2006「化石から見た人類の進化」石川他編『ヒトの進化』岩波書店。

タッターソル，I 1998『化石から知るヒトの進化』河合信和訳，出版文化社。

中務真人・國松豊 2009「ナカリピテクスと後期中新世の類人猿進化」『霊長類研究』24（特集号）。

3-5-1 猿人
Australopithecus and Allies

............辻川寛

キーワード：古人類，化石，形態，進化，直立二足歩行

近年，アウストラロピテクス属より古い「初期猿人」化石が次々と発見され，人類の起源は約700万年前まで遡ることとなった。これらの発見に伴い，類人猿から分岐した直後の人類に何が起こったのかを推論する材料も増えてきた。化石からわかるこの時期の重要な身体特徴の変化として，「歯の形態変化」と「直立二足適応の獲得」について化石資料を概観し，今後を展望する。

猿人化石

猿人とは，学術用語ではなく，化石人類の最も古い進化段階の日本語の通称として，頑丈型猿人を含むアウストラロピテクス属（現在の資料では420〜140万年前）に用いられてきた（馬場編2005）。1990年代以降，より古いアルディピテクス属（570〜430万年前），オロリン属（600〜570万年前），サヘラントロプス属（700〜600万年前）が相次いで発見され，猿人の歴史は当時の常識よりも大幅に遡ることになった。

日本人研究者が関わった成果には，カリフォルニア大学のT・ホワイトと東京大学の諏訪元らによるエチオピアのアファール地溝帯における発見がある。とくに重要な新種発見として，450〜430万年前のアルディピテクス（Ar.）・ラミダス（1992年発見）と570〜530万年前のAr.カダッバ（2001年発見）の2つがあげられる。新種以外でも，ここからは420〜390万年前のアウストラロピテクス（Au）・アナメンシスが2006年に報告されている。また，諏訪はY・ベイネらとエチオピア南部コンソ遺跡群において140万年前の頑丈型猿人Au.ボイセイの頭蓋骨を採集した（1997年報告）。

化石証拠に基づく人類と類人猿の違い，つまり類人猿から我々の祖先が猿人として分岐した直後に身体に起こったと思われる変化について，さまざまな形質が提案されてきた（石田2009）。現在多くの研究者が重要と考えるのは，歯の形態変化と直立二足歩行の獲得である。脳の大型化や石器製作はずっと後の，260〜240万年前の原人が出現したころに始まったとされる。

歯の形態変化

歯は硬く，化石として残りやすい。そのためさまざまな歯の形質（臼歯の大型化やエナメル質の厚さの増加，U字型から放物線型歯列弓への変化など）がヒトと類人猿の違いとしてあげられてきた。そのなかで分岐直後に起こった変化とされているのは犬歯の縮小である。

大型類人猿の雄は大きな犬歯と上顎犬歯を下顎小臼歯が尖らせる「犬歯小臼歯複合体」という仕組みを持ち，これにより犬歯を武器として雄同士の繁殖競争に用いる。Ar.ラミダス以後では犬歯が縮小し，この構造は見られ

なくなる。Ar.カダッバ，オロリン，サヘラントロプスでは資料が断片的で評価が難しいが，3種の犬歯はすべて小さく，類人猿の雌に形が似ている。Ar.カダッバは下顎小臼歯断片を含み，この標本の歯冠は犬歯を尖らせる形態，つまり，より類人猿的段階にいた可能性を示唆している（諏訪 2006, 2012）。

ホモ属にはつながらないが，280万年前以降に出現した頑丈型アウストラロピテクスでは，より硬い食物をすり潰せるように咀嚼器が独自の進化を遂げた。臼歯は巨大に，エナメル質はより厚くなり，発達した咀嚼筋を付着させるため頭頂部に強大な稜ができた。

直立二足適応の獲得

アウストラロピテクス属は地上での直立二足歩行をしていた。タンザニアのラエトリで1978年に発見された360万年前のAu.アファレンシスの足跡化石は二足歩行の明白な証拠であるが，420〜390万年前のアナメンシスについても二足歩行を示す大腿骨や脛骨が知られる。

2009年にホワイトや諏訪らにより全身骨格が報告されたAr.ラミダスは，直立二足歩行と樹上四肢運動の双方を示す特徴が入り混じっていた。足の親指が大きく開いて把握性があり土踏まずを持たないという祖先的樹上性の特徴は，アウストラロピテクスでは見られない。骨盤でもヒト的・類人猿的双方の特徴が認められた（諏訪 2012）。

ラミダス以前の二足歩行適応については，資料が断片的でさまざまな議論がある。オロリンの大腿骨頚部は長く，股関節を外旋させる筋による圧痕を示すことはヒト的とされる。サヘラントロプスの保存状態の良い頭骨では脊髄の通る大後頭孔が比較的前方に位置し，直立姿勢を示すとされているが，類人猿の範囲内だという批判もある。Ar.カダッバでは足の指骨の関節面が二足歩行をするヒト的であると分析されている。初期の直立二足歩行は樹上性の特徴を減らしながら徐々に完成されていったのかもしれない。

今後の展望

人類を出現させた環境要因として，これまで広く流布していたY・コパンの「イーストサイド物語」では，800万年前以後のリフト活動の活発化により大地溝帯の東側で乾燥化が進みサバンナが広がり，人類の祖先が森を出て直立二足歩行を始めた，というものであったが（Coppens 1994），地溝帯よりも西のチャドで初期人類の化石が発見されたことや，初期人類の周りの動物化石が森林性を示したことなど，否定的な材料が近年相次いで提出された。直立二足歩行がどのような要因と過程で得られたのかということも未だに決定的な証拠は示されていない。今後も地道で粘り強いフィールド調査とそれによって得られた資料に基づく仮説構築，そして多方面からの検証が求められる。

石田英実 2009「人類揺籃の地アフリカ」川田編『アフリカ史』山川出版社／諏訪元 2006「化石からみた人類の進化」石川他編『ヒトの進化』岩波書店／諏訪元 2012「ヒトの進化」日本進化学会編『進化学事典』共立出版／馬場悠男編 2005「人間性の進化」『別冊日経サイエンス』151／Coppens, Y. 1994 East Side Story: The origin of humankind. *Scientific American* 270

⇒動物化石，アフリカ大地溝帯，霊長類学

3-5-2 化石と同位体分析
Fossils and Isotope Analysis

............日下宗一郎

キーワード：古環境, 適応, 食性, 哺乳類, 古人類

東アフリカや南アフリカから発掘される人類化石や他の哺乳類化石によって，人類の進化史が明らかとなりつつある。それらの化石に記録された安定同位体比から，人類の古食性や，人類が進化してきた古環境が明らかにされてきた。東アフリカでは，900～700万年前に，より乾燥した気候への変化があり，C_3植物に代わって急速にC_4植物が広がった。それに伴って，草食動物はC_3植物からC_4植物に依存する食性へと変化してきた。古人類も純粋なC_3植物食からC_3・C_4植物の混合摂取に変化し，その程度は化石種ごとに異なっていたようである。微量のサンプルでも分析が可能な測定手法の開発とともに，同位体分析はアフリカの古人類化石や他の哺乳類化石にますます応用されていくだろう。

化石骨の同位体分析

安定同位体分析は，化石哺乳類の食性と行動復元をする上で重要な手法である。1978年にM・デニーロとS・エプスタインは，骨のハイドロキシアパタイトやコラーゲンなどの炭素同位体比を測定し，哺乳類の体組織に食性の情報が記録されていることを明らかにした (DeNiro & Epstein 1978)。歯のエナメル質の同位体比は，地質学的な年月を経ても元のシグナルを保存していることが明らかにされ，1990年代より化石エナメル質を対象とした研究が行われるようになった。

炭素には，^{12}Cと^{13}Cの2つの安定同位体があり，^{12}Cが約98.89％，^{13}Cが約1.11％存在している。酸素には，^{16}O, ^{17}O, ^{18}Oの3つの安定同位体があり，それぞれ99.759％，0.037％，0.204％存在している。炭素安定同位体比は，次の式で表される。

$$\delta^{13}C = (R_{sample} / R_{standard} - 1)$$

ここで，Rは，スタンダードとサンプルにおける軽い同位体に対する重い同位体の割合（$R = {}^{13}C / {}^{12}C$，$\delta^{18}O$では，$R = {}^{18}O / {}^{16}O$）であり，パーミル（‰：千分率）の単位で表記する。生物のアパタイトを100％の無水リン酸と反応させることでCO_2ガスを取り出し，その炭素・酸素同位体比を質量分析装置で測定する。

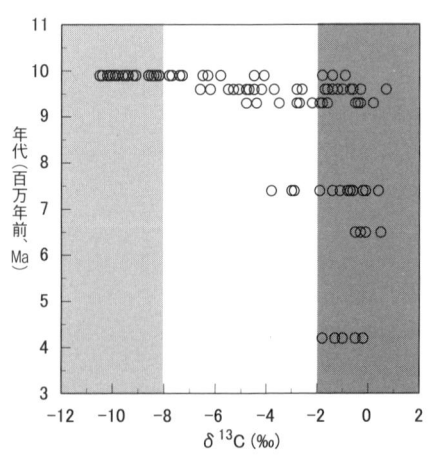

ケニアにおけるウマ科化石の炭素同位体比の時代変化
注) Uno et al. (2011) より。

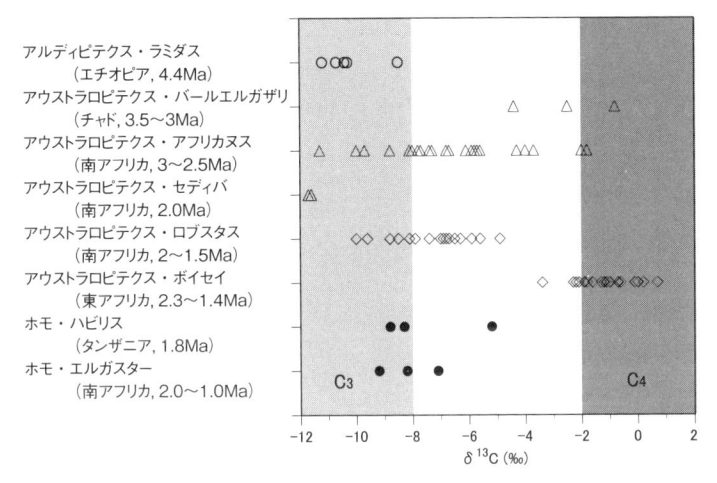

アフリカから出土するヒト亜科化石の炭素同位体比

哺乳類の炭素同位体比

植物は，光合成に用いる反応系の種類に応じた炭素同位体比を示す。多くの双子葉類が含まれるC_3光合成（カルビン・ベンソン回路）をする植物は，-27.5‰の平均値を示し，熱帯の草本やスゲ類の多くは，C_4光合成（ハッチ・スラック回路）であり，-12.5‰の値を示す。アフリカでは草本やスゲ類のみがC_4植物であるので，哺乳類の食性をC_3植物の木の葉食（browsing）とC_4植物の草食（grazing）へと区分することが可能となる。古土壌（堆積物中の炭酸塩）や哺乳類の歯の分析から，後期中新世にC_4植物が世界的に広がったことが明らかとなっている。また，古土壌の同位体比から，後期中新世以降の東アフリカの古人類遺跡では森林の被覆率が40％以下だったと推定されている。

ケニアには，中期中新世以降の化石産地が比較的多くある。石田英實や中務真人ら日本人研究者が発掘したナムルングレやナカリの哺乳類化石について，M・G・リーキー，ケニア国立博物館のE・ムブアや，米ユタ大学のT・E・サーリン，K・T・ウノらとの共同研究として分析が行われた（Uno et al. 2011）。ナカリ（10Ma）のウマ科に最も早くC_4植物を利用する個体が現れ始め，ナムルングレ（9.6Ma）にはサイ科にもC_4食性の個体が現れる。7.4Maまでには，ウシ科やカバ科もC_4食性を示し始める。イノシシ科は，6.5〜4.2MaにC_4食性に変化していく。長鼻目のゴンフォテリウム科やゾウ科は卓越したC_3食性だったが，6.5MaにはC_4植物に適応していく。一方で，ディノテリウム科（長鼻目）やキリン科は，C_3食性を維持している。このように後期中新世から鮮新世にかけて，東アフリカの草食哺乳類は，純粋なC_3食性から，$C_3 \cdot C_4$植物の混合食やC_4食性へと変化していった。

古人類の炭素同位体比

1990年代より，東アフリカや南アフリカの初期人類の化石も分析されてきた。カリフォルニア大学バークレイ校のT・ホワイトや東京大学の諏訪元らが発掘したエチオピアのアルディピテクス（Ar）・ラミダス（4.4Ma）も分析され，初期人類のなかでは最もC_4植物の利用が少ない傾向にあり，90％程度のC_3食

性であることが明らかとなった（White et al. 2009）。Ar. ラミダスは，生息環境にC_4植物が存在していたのにもかかわらず，果実や葉っぱといったC_3植物資源を好んで食べていたようである。また，中央アフリカのチャドのコロ・トロ遺跡から出土したアウストラロピテクス（Au）・バールエルガザリ（3.5〜3Ma）は，60〜80％のC_4食性であり，C_4植物が卓越する開けたサバンナ環境を利用したと考えられる。人類のなかで，最も早くC_4食性に移行した点で注目される。南アフリカのAu. アフリカヌス（3〜2.5Ma）は，C_4植物が40％の$C_3 \cdot C_4$混合食である。森林に生息する現代の類人猿はC_3食性なので，アウストラロピテクスと当時の類人猿は異なるニッチ（生態的地位）を利用し始めていたと推測される。しかし，2010年に発表された南アフリカのAu. セディバ（2Ma）は，純粋なC_3食性であり，古人類の食性はそう単純に割り切れるものではなかったようである。南アフリカのAu. ロブスタス（2〜1.5Ma）は，頑丈な顎の形態を持っており，C_4植物が40％の混合食である。Au. アフリカヌスからAu. ロブスタスの時代にかけて森林環境から草原環境利用へと変化したと考えられているが，Au. アフリカヌスとAu. ロブスタスの食性にはほとんど違いがない。東アフリカから出土するAu. ボイセイ（2.3〜1.4Ma）は，70％のC_4食性である。これに貢献したC_4植物として，資源量が季節変動する草本よりも，カヤツリグサ科（パピルスなど）の茎や根茎の摂取が提唱されている。

ホモ属の化石も少数ながら分析されている。タンザニアのオルドバイ峡谷から出土したホモ・ハビリス（1.8Ma）は，20〜50％のC_4食性の値を示す。これは同所的であったAu. ボイセイの強いC_4植物への依存とは明瞭に異なる傾向である。また，南アフリカのスワルトクランス遺跡から出土した初期ホモ属（2.0〜1.0Ma，ホモ・エルガスター）は，20〜35％のC_4食性である。この傾向を説明する上では，C_4植物を直接摂取しただけでなく，C_4食性の草食動物を摂取した可能性も考えなければならない。

少なくとも東アフリカでは，4.4Maから1.0Maにかけて初期人類の食性がC_4植物依存へ変化してきたといえる。最も初期のアウストラロピテクスからC_4植物に依存し始め，Au. バールエルガザリとAu. ロブスタスがC_4食性に強く傾く一方で，初期ホモ属は$C_3 \cdot C_4$混合食というように，同時代の人類の間でニッチを分けていたようである。

酸素同位体比による乾燥度の推定

大気と地表の水循環が，陸水の酸素同位体比を決定する。アフリカの降水は，エチオピアの高地で0‰，山間部で−6‰ほどを示す。水が蒸発するときに酸素同位体比は5‰くらい高くなる。葉の水分の酸素同位体比は高く，それを食べた動物の組織の値も高くなる。よって哺乳類の酸素同位体比は，その飲み水と食物の起源によって異なる値を示すことになる。現生の哺乳類の分析によって，樹木の葉を主に食べる種の歯のエナメル質の酸素同位体比は，乾燥が進んだ地域でより高くなることが明らかとなっている。一方，陸水を飲む種では，地域ごとの乾燥度と歯の酸素同位体比に相関関係がない。こうして哺乳類を歯の酸素同位体比が，乾燥気候に反応する種（たとえば，キリン，ディクディク，オリックス）と，反応しない種（カバ，イボイノシシ，ゾウ，サイ，シマウマ）とに分類できる。乾燥気候に反応する種と反応しない種の酸素同位体比を差し引いた値を用いることで，過去の乾燥度も復元できる可能性がある。たとえば，タンザニアのラエトリ層（4.3〜3.5Ma）の哺乳類化石では，現代の哺乳類よりも酸素同位体比が低く，当時のラエトリはより湿潤な環境だったと推定されている。しかし，計算に用

いる化石種によって乾燥度の変動は大きく，現段階では哺乳類の酸素同位体比による乾燥度の解釈には限界がある。

　初期人類の化石の酸素同位体比も測定されている。Ar. ラミダスの酸素同位体比は，ヒヒ類のプリオパピオやコロブス類のクセラコロブスの値よりもやや低く，果実や球根をより多く，もしくは陸水を利用していたのではないかと解釈されている。また，Au. ボイセイの酸素同位体比は，キリン科やウマ科より低く，より陸水に依存していたと推定されている。

ストロンチウム同位体比による移動と遊動域の推定

　古人類や他の哺乳類の移動や遊動域を調べるために，歯のエナメル質のなかに含まれているストロンチウムの同位体比（$^{87}Sr/^{86}Sr$）が測定されている。ストロンチウムはカルシウムと化学的な挙動が似ており，水や食物を通じて摂取され，哺乳類の骨や歯ではカルシウムを置換して存在している。環境中では，地質によってSr同位体比が異なるため，食物を摂取した場所を推定し，さらには移動した個体を検出できる可能性がある。南アフリカのステルクフォンテン遺跡やスワルトクランス遺跡から出土したAu. アフリカヌスやAu. ロブスタスの歯が分析された。遺跡周辺の植物の値を在地の値と考えると，いくつかの個体が移入してきたことが推定された。その頻度がメスに偏っており，チンパンジーやボノボのような，メスが集団間を移動する社会だったのではないかと解釈されている。さらに，Au. アフリカヌス，Au. ロブスタス，ホモ属の化石のSr同位体比が比較され，Sr同位体比の変動は種間で違いがないため，同程度の遊動域を持っていたと考察されている。

今後の展望

　哺乳類の歯のエナメル質の炭素同位体分析からC_3植物やC_4植物への依存度について推定することができる。化石人類の歯の炭素同位体比も分析され，C_3食性から，C_3植物とC_4植物の混合食へと変化してきたことが明らかとなってきた。その一方，哺乳類化石の歯の酸素同位体比によって，過去の乾燥度を調べることができる可能性があり，今後研究が進展していくと考えられる。また，Sr同位体比も測定され，移動の判別や遊動域の推定がなされている。レーザーによるサンプリング技術や測定技術の発展によって，破壊的検査が難しかった初期人類の歯の分析も可能となってきた。日本人研究者を中心に，人類史を紐解く上で重要な化石の発見が続いており，古人類や他の哺乳類化石は蓄積しつつある。最近では，日下宗一郎が，ケニアの鮮新世化石産地カンディスから発掘された哺乳類化石の同位体分析を行っている。化石の発掘の進展と同位体分析技術の発展によって，さらに古人類の食性と当時の古環境が明らかとなっていくだろう。

DeNiro, M. J. & S. Epstein 1978 Influence of diet on the distribution of carbon isotopes in animals. *Geochimica et Cosmochimica Acta* 42／ Uno, K. T., T. E. Cerling, J. M. Harris, Y. Kunimatsu, M. G. Leakey, M. Nakatsukasa, & H. Nakaya 2011 Late Miocene to Pliocene carbon isotope record of differential diet change among East African herbivores. *Proceedings of The National Academy of Sciences* 108 (16) ／ White, T. D., S. H. Ambrose, G. Suwa, D. F. Su, D. DeGusta, R. L. Bernor, J.-R. Boisserie, M. Brunet, E. Delson, S. Frost, N. Garcia, I. X. Giaourtsakis, Y. Haile-Selassie, F. C. Howell, T. Lehmann, A. Likius, C. Pehlevan, H. Saegusa, G. Semprebon, M. Teaford & E. Vrba 2009 Macrovertebrate paleontology and the Pliocene habitat of Ardipithecus ramidus. *Science* 326（5949）

⇒古人類学，猿人，霊長類学，動物化石

IV 複合領域

4-1-0 総説 —— 医学・保健医療
Health and Medical Study

………………………………………………………………… 板倉英吉

　本稿はアフリカの医学・保健医療領域における過去数十年間の日本人研究者の活躍の実態と将来展望について記したものである。歯学，薬学領域は記載範囲が広範になるため割愛した。もともとアフリカを対象とした研究課題ではないもの，単なる研究資料や情報の収集活動などの記録は原則として除外した。医学・保健医療の領域ではいわゆる社会活動的なものも入る。それらは，本来の意味での研究活動とは必ずしも一致しないこともある。

　アフリカにおける日本人のこれまでの研究活動を調べてみると，参加者数や専門方面においても，今や医学・保健医療領域だけでも厖大である。その広汎な活動には今さらながら刮目せざるをえない。学問，芸術，スポーツなどの文化的領域での日本人の世界的レベルでの活躍は，とくに経済活動の低迷や，他国との領土問題など政治面で日本の外交が行き詰まっているような昨今ではとくに大きな意義があるであろう。
　本編は研究，教育行政，外交，経済実業の各方面の参考に資することを目的とするが，単なる現地活動の記録書ではない。したがって現代のいわゆる「情報検索システム」との競合を前提とするものではない。業績の記録収集は入手可能であったものに限定した。採録不備もあるかもしれないが，この種の記録には，遺憾ながら収集漏れはつきものであることを前もってお断りしておきたい。

アフリカにおける日本人による医学研究調査の黎明期

　現在にいたるまでの医学・保健医療の軌跡を知る上で重要な論文として『アフリカ研究』に掲載された以下の4編を取り上げ，その概要をあげておきたい。一部は現時点に合わせて改変した。これらの論文の文献欄には多くの先人の実績が記載されているのでぜひ参照されたい。

⑴「アフリカに於ける医学研究の必要性について」日本アフリカ学会初代会長・長谷川秀治（『アフリカ研究』1972）

　本編は，長崎大学熱帯医学研究所における第8回日本アフリカ学会学術大会において開催された「アフリカにおける原始医療と近代医学」と題するシンポジウム（座長・片峰大助，寄生虫学教授）で発表された貴重な論文を中心に編集された医学特輯号である。アフリカにおける最も困難であった研究の1つに黄熱がある。1928年アフリカのガーナにおいて黄熱病研究をしていた野口英世博士が罹患し，殉職されたことは有名である。その後，野口博士の高弟であったロックフェラー財団研究所のタイラー博士により，黄熱に対する予防ワクチンが作られ，黄熱病は今やアフリカから姿を消さんとしている。本稿では，アフリカにおける医学研究の黎明の燈火を初めてつけたのは日本人であったことが述べられている。

⑵「アフリカの医学・医療状況概略」日本熱帯医学協会・三井源蔵（『アフリカ研究』1972）

　執筆者の三井は外務省の依頼を受けて，ガーナ，ナイジェリア，ザイール，ケニア，タンザニア，エチオピアなど各国を対象に在留邦人の保健調査を実施した。かつて長谷川秀治博士は外務省の依嘱を受けてガーナ，ナイジェリアをはじめ各地を歴訪し，成果の一部を『アフリカ衛生読本』に著した。戦後の日本で初めて出版されたアフリカに関する医学的書物であろう。

　1967年以来ガーナ大学と野口英世博士の郷里福島の県立医大との間で医学研究協力が続けられている。海外技術協力事業団の報告書によると，ガーナ大学やその他のガーナ人研究者によって行われたウィルス学的研究，小児栄養障害を指すクワシオコール研究などが注目されている。

　長谷川秀治博士の訪問に続いて，ナイジェリアのイバダン大学との医学研究協力プロジェクトが発足し，東京医科歯科大学解剖学教室から新島迫夫教授が赴任し，続いて久保田金太郎教授が仕事を受け継いだ。東京大学医学部と東京医科歯科大学から調査のために複数の教授が現地に赴いた。宮崎亮・安子両博士夫妻は，日本キリスト教海外医療協力会派遣医として1971年1月から72年2月まで，旧ビアフラ地区で医療活動を行った。夫妻は1963年に第1回，1969～70年に第2回目の現地活動をしている。

　1972年7月，（財）国際開発センターによるザイール・シャバ州南部開発に関する調査が行われた。三井は医療と公衆衛生を担当し，報告書は1972年10月に発表された。鉱山では日本人医師2名，ベルギー人医師2名が，日本人関係者のみならずザイール人労働者の診療も行っていた。その他，日本人看護婦1名，現地人の

助産婦とその助手，医療助手，看護婦が勤務していた。

　タンザニアの首府ダレスサラームの総合病院は，タンザニア国立大学医学部の病院でもある。海外技術協力事業団の援助もあり，九州大学医学部解剖学教室山元教授が活動した（「タンザニア医療協力実施調査団調査報告」1971年8月，海外技術協力事業団）。タンザニアには日本青年協力隊員が多数派遣されていた。大使館では渋谷博士が検診活動を行った。

　ケニアではケニアッタ病院のICUの設置についての医療協力がある。海外技術協力事業団の「ケニア医療協力実施調査団調査報告書」（1969年4月）によると，同病院は白人とインド人でかためられ，英国医学（タンザニアとウガンダの大学とも関連）を基調とした病院である。診療に対する協力としてはエンブ病院，ナクル病院がある。両者ともに診療態勢の補強と診療スタッフの補充といった内容で始められた。

　エチオピアでは現地事情に精通していた大瀬貴光博士が，WHOに長年勤務していた経験から，国際性が高い活動をしていた。

(3)「わが国のアフリカにおける医学研究の回顧と展望」福島医科大学細菌学教室・大立目信六，福島県衛生公害研究所・南一守（『アフリカ研究』1984）

　戦後のアフリカにおける日本人による医学研究は日本アフリカ学会の初代会長である故長谷川秀治博士によって切り拓かれた。『アフリカ衛生読本』はおそらくアフリカの医療について書かれた最初の著作であるが，現在でも立派に通用する。その後，1963年新島迫夫教授（東京医科歯科大）がナイジェリアへ初めて招聘され，続いて多くの医学研究者がアフリカの土を踏んだ。当時，日本のアフリカにおける医学研究の資金は，自己資金以外ではほぼ次の4つであった。①外務省：JICA（旧OTCA），②文部省（後に日本学術振興会）：科学研究費（海外学術調査），③国連関係：WHO，④その他：宗教団体，企業関係。

　1966年，海外技術協力事業団OTCA（現国際協力事業団，JICA）は初めてアフリカに医療協力のプロジェクトを組み，専門家4名を派遣した。長崎大学からケニアのナクル病院へ派遣されたのが嚆矢となった。初期の事情については『アフリカ研究』の林（1969，1972）や窪田（1972）にくわしい。1966年から1981年まで16年間に計303名の専門家がアフリカに派遣され，それぞれの業務に従事した。同じ期間に，調査のために短期間派遣された人が129名，講義や公開手術のために派遣された人も20名おり，供与された機材は相当な額にのぼった。

　専門家が派遣された国はアルジェリア，エジプト，エチオピア，ガーナ，ケニア，リベリア，リビア，モロッコ，ナイジェリア，ニジェール，ルワンダ，シェラレオーネ，タンザニア，チュニジア，オートボルタ，ザンビアなどである。長崎大，大

阪大，東京医歯大，国立予研，東大，名大，鹿児島大，徳島大，岩手医大，順天堂大，日本医大，公衆衛生院，福島医大などが専門家を派遣していた。これらの初期のプロジェクトの協力内容は一般診療，特殊診療，特殊研究，電子顕微鏡，医学部の新設や再建などであったが，その後研究所の設立，病院整備，伝染病対策などの複合的なプロジェクトなども増えている。

文部省科学研究費・海外学術調査によるアフリカでの研究活動は，医学関係では1971年の熊本大体質医研の沢田らによるアフリカ人の体質の調査が最初である。(なお『アフリカ研究』14号の学会通信によれば，医学領域で最初の文部省科研費による研究は，1966年に長崎大学熱帯病研究所の福見教授らが行った「アフリカにおける熱帯病の研究」ということである。)その後，甲野らのAHCウィルスの研究，板倉らのウィルス肝炎の研究，堀らのロア糸状虫症の研究，窪田らによる歯科疾患の研究などが相次ぎ，それぞれ秀れた業績を残した。国際機関，各種財団，宗教団体，企業，事業所，政府機関などからの派遣もある。これらの組織団体による研究者の派遣については全容を知ることは難しい。

各種の調査研究，とくに寄生虫疾患などの調査にも多数の研究者が協力した。WHOはウガンダのエンテベにある東アフリカウィルス研究所にウィルス研究班を設け，そこに日本人研究者が多数参加して多くの成果を上げており，執筆者の一人，南一守も1974年から1975年にかけて研究を行った。各種の学術活動援助財団，JICAや科研費の協力によってアフリカに渡り，研究を行った人々も多数にのぼった。宗教団体では天理教やキリスト教団体による診療活動が注目された。

ケニアには1981年までに106名の専門家が派遣されており，ナイジェリアには46名，ガーナには85名にのぼっている。ケニアへの派遣は長崎大学と大阪大学がそれぞれプロジェクトを組み，中核的病院に対する一般診療として1966～67年ごろから始まったが，その後，長崎大学が中心となって伝染病対策プロジェクトが進められて非常に発展している。ナイジェリアは一部を除いてほとんど大学に対する協力であり，ラゴス大学，イバダン大学，イフェ大学，ナイジェリア大学，ジョス大学など全国各地の大学に対し，電子顕微鏡の供与や大学建設や再建などの協力をした。協力機関は主に東京医歯大と阪大微研(眠り病対策)であった。

福島医大は1969年以来，一貫してガーナ大学に協力してきた。初め10年間は医学部，その後はわが国の援助で設立された野口記念研究所にも並行して協力を実施している。研究対象はウィルス学と電子顕微鏡，栄養と感染症，病態生理と免疫学，下痢症と栄養など，3～5年ごとに微調整しながら，1981年までのべ85名の専門家が派遣された。専攻分野も微生物学，公衆衛生学，生物学，眼科学，衛生学，産婦人科学，小児科学，整形外科学，外科学など多岐にわたった。この医療協力の結

果，両国研究者の連名で多数の研究論文が発表され，機器類や多量の消耗資材がガーナ側に贈られた。野口博士終焉の地に，十数年間の日本の医療協力の結晶として，野口記念研究所が建設された意義は大きい。

　JICAベースによる医療協力は純粋な医学研究を目的としたものではないかもしれないが，一部を除いて現実は研究を主体にしている場合が多い。これらの専門家のなかには熱帯医学に対して，あるいはアフリカに対して目を覚した人も少なくないし，関連の学会関係者の意識を変えたこともあったと思われる。それまでの欧米一辺倒の医学に新しい波を起こしたと考えられる。

　研究協力のあり方について，もっと基本的な医療従事者を育成するための協力に重点を置くべきとの主張もあった。医療協力は単なる援助ではないから，本来当事国が実施すべき大学建設までわが国が負担することには疑問が生じる。協力である以上，両者が国民の健康の増進という目標に向かって力を合わせ，双方が進歩することが望ましい，などの意見があった。

　分野別に見れば微生物感染症および寄生虫症の領域において最も成果が上がった。エジプトのリフトバレー熱対策，エチオピアの天然痘対策，ケニアのウィルス学や伝染病対策，ナイジェリアの眠り病対策，タンザニアの結核対策など，さらに執筆者の大立目や南らが参画したガーナのウィルス学と電子顕微鏡，免疫学，下痢症などのプロジェクトはこれまで信頼のおけるデータの少なかったアフリカの伝染病（学）や寄生虫病（学）に光を当てたといっても過言ではない。WHOはアフリカにおいて数ヵ国にまたがるような大規模プロジェクトをいくつか組織したが，そのなかで最も華々しい成果を上げたものの1つが天然痘撲滅計画である。この計画に日本人研究者が多数活躍したことは周知の事実である。

　医学領域の外側からのアフリカ医学の研究もある。富川らによる民族医学・伝統医術の研究である。現在の医学はあまりにも実験的科学に依存してしまい，現代医学の方から医学と民族学の重複領域に立ち入っていくのは難しい。民族学領域の人々はきわめて容易に新しい分野に入り込み，多くの示唆に富んだ業績を上げていることは特筆されるべきである。現代医学の研究者ももっと民族学や文化人類学の素養を積むことが期待される。

　医学領域では単なる研究能力あるいは問題解決能力を要求されるだけではなく，社会問題，たとえば上下水道や国民の栄養状態の改善などきわめて複雑な問題が絡んでくることがある。一見医学とは無関係な社会の安定的進歩が，対策確立の条件になる。発展途上国は工業開発のために公害対策なしに施設を作り，公害を放置することがある。アフリカ諸国では公害規制や検査体制も不備である。これらの諸問題について研究と協力を向けていくのが良策である。

(4)「特集21世紀のアフリカ研究　アフリカの保健・医療 —— 残された課題と21世紀における展望」長崎大学熱帯医学研究所・鳥山寛（『アフリカ研究』2001）

　ソマリアでの患者を最後とした天然痘の撲滅宣言は，地球上の多くの住民を永年苦しめてきた20世紀における感染症制圧の輝かしい1頁であった．しかしアフリカに関連したいくつかの新興あるいは再興感染症やその他の疾病が残されている．20世紀末時点におけるアフリカの保健・医療の課題をいくつかの重要疾患（HIV／AIDS，マラリア，コレラ，結核，住血吸虫症，悪性腫瘍など）を例としてあげながら分析し，21世紀の保健・医療の展望を行った．

　熱帯地域とくに熱帯アフリカにおいて頻度の高い悪性腫瘍の多くは腫瘍ウィルス（発癌ウィルス）との関連性が強く示唆されている．サハラ以南アフリカでは子宮頸癌，外陰部癌の80％以上にヒトパピローマウィルス，小児バーキットリンパ腫の100％近くにエプスタイン・バーウィルス，肝細胞癌の80％以上にB型およびC型肝炎ウィルス，リンパ球性悪性腫瘍の1つであるホジキン病の80％にエプスタイン・バーウィルスの感染が見られ，熱帯アフリカの自然環境や住民の社会・衛生環境，栄養状態がウィルスの再活性化を招き，ウィルス由来癌遺伝子の発現を来していると考えられる．ビルハルツ住血吸虫感染による膀胱癌なども多い．HIV／AIDSによる免疫不全状態は子宮頸癌患者の増加および患者年齢の若年化などの新たな現象を引き起こしている．

　成人病（生活習慣病）としての高血圧，心臓疾患，糖尿病などの増加も見られる．21世紀における保健・医療の成功のためには新治療薬の発見，ワクチン開発などが急務である．これらとともに，とくにサハラ以南アフリカにおいては衛生環境の整備・改善，疾患の理解のための教育環境の充実や住民の啓蒙が必要である．伝統医療の掘り起こしや再評価など，一般住民の疾患制圧への自助努力を喚起することが重要である．新興・再興感染症の背景要因の多くが，死亡者数では圧倒的な割合を示す下痢性疾患，幼児期感染症，呼吸器感染症などにも多大な影響を与え，それにより社会全体の活動力の低下をもたらしている．これらの難題に取り組み，多くの負の要因を改善・解決していくことが，保健・医療の面だけでなく，21世紀のアフリカのすべてを決定することとなろう．

　　＊板倉注：熱帯病といえば従来感染症のみが取り上げられるが，本編では将来展望として悪性腫瘍にも言及している点は貴重である．

アフリカにおける研究活動の記録 —— 歴史と推移

　「アフリカにおける研究活動の軌跡」の大まかな記録として，活動の年代，組織，

活動形態，課題などを表1〜表4に分けて収録した。いずれも収録可能であったものに限ってある。各表の内容は以下の通りである。

　表1　アフリカにおける医学・保健医療関連活動記録（1972〜2012）（年代別）
　表2　アフリカにおける医学・保健医療領域OTCA-JICA関連プロジェクト（国別等）
　表3　アフリカにおける医学・保健医療関連活動一覧表（年代別）
　表4　アフリカにおける医学・保健医療関連研究活動一覧表（文科省 – JSPS事業）（年度順）

　医学・保健医療は，基礎医学研究，臨床医学研究，政治，行政，社会事業，慈善事業など多岐にわたる領域に関与するが，本編においては日本アフリカ学会創立50周年記念事業の一環という趣旨に基づいて，学術的活動の記録を大原則とした。

　年代・文献ともに検索可能な範囲で収集を行った。ここでは敢えて「文献」とはせず「記録」とした。収集した資料の範囲は主として以下のものである。

　①学会誌：日本アフリカ学会誌，日本熱帯医学会誌，国際保健医療学会誌等
　②文科省，日本学術振興会，外務省，厚労省などの行政機関関連研究費によるもの
　③国際協力事業団（海外技術協力事業団）関連記録

　主に発表文献から検索を行った。原著論文，著書のほか，会議録とされているものも多い。タイトルだけのチェックであるので見落とし（収録漏れ）もありうる。日本国内誌の文献でも研究者名（著者名）が外国人だけの場合は，日本人研究者，日本の研究機関や研究費などの関与が推察されるものの，確証がない場合は必ずしも収録していない。完全な記録の作成には，莫大な作業量と時間を要し，分量も優に数冊の書物となろう。

　以下，収録に際して考慮した諸点をあげておく。

①収録原則：収録出典と問題点

　歴史的回顧では「年代」が重要であるが，医学領域ではむしろ「地域」の方が重要である。表では便宜上年代順に記載したが，多くの研究活動は年代には関係なく継続して行われているので，年代区分は研究活動としてはとくに明確な意義はない。活動実施の時期がタイトルにより明白な場合はタイトルにより，その他は論文（報告文）出版年度を参照した。したがって，実際の活動は出版年度より数年前であったことが推定される。

　年代と地域は可能な範囲で記載した。年代による活動の推移やその傾向を見ることができる。

②研究組織，活動形態，活動様式

　実施機関名，研究活動グループ名，研究者個人名などは，紙数の制限をはじめ，収録齟齬などのトラブル防止のため，原則として省いた。

③以下のような活動記録，論文もできるかぎり収録した。
　日本人と外国人（アフリカ人研究者など）との共同研究
　アフリカ人研究者や留学生などが日本で行った研究活動
　日本の研究機関に所属している外国人・アフリカ人の研究活動
　外国人著者のみであっても日本の機関や研究者との共同研究が明らかなもの
　著者に日本人を含むものや，日本国内刊行の雑誌掲載論文で，日本人研究者あるいは研究機関などの関与が考えられるもの
④研究課題・内容
　アフリカそのものを研究対象とする研究活動，医学研究と医療活動，とくにアフリカの現地環境に合った研究内容のものを求めた。資料収集活動については，アフリカそのものを研究対象としていないものは除外した。現地での実験室，研究室などにおける基礎的研究および日本に持ち帰った材料の研究については，適宜取捨選択した。農産物，灌漑工事，土地，人類生態，コミュニティなどを対象とした学際領域的活動については，直接医学・保健医療に関連すると考えられる活動のみを収録した。歯学，薬学領域は収録可能であったものだけを対象とした。在日中のアフリカ出身研究者（留学生）による研究発表，医学・保健医療とその周辺活動も可能な範囲で収録した。

研究活動に関連した日本の研究機関・団体・学会等

　これらについては，今や数多くあると考えられるが，収録しえた以下3つの研究機関・学会についての事例のみをあげておく。

①長崎大学熱帯医学研究所（熱研）Institute of Tropical Medicine, Nagasaki University
　1942年3月東アジア，主として中国大陸における風土病の研究を目的として旧制長崎医科大学に附設された東亜風土病研究所を起源とする。1987年には全国共同利用研究所へ改組され，1995年からはCOE研究所に指定され現在にいたる。熱帯地域における活動のうち，アフリカに関しては建築物だけではなく人的組織の結成，定員の設置など，定着した活動を行っている。わが国で唯一の熱帯医学研究拠点としての役割を担っている。文科省，学術振興会などの研究費による学術調査活動のほか，以下のようなさまざまな活動をしてきた。
　1965：長崎大学の研究者が初めてケニアを訪問する。
　1966〜1975：熱研および同学医学部が海外技術協力事業団（OTCA）の事業として，ケニアリフトバレー州総合病院で医療協力（内科，外科，病理学など）に

従事する。

1979〜2006：国際協力事業団(JICA)，ケニア中央医学研究所(Kenya Medical Research Institute: KEMRI)，熱研による「伝染病対策プロジェクト」を，5年5期通算25年間にわたり実施する（KEMRIには「長崎大学ケニアプロジェクト拠点」という熱研の海外研究拠点があり，文部科学省「特別教育研究費・連携融合事業」により，「新興・再興感染症研究ネットワークの構築」を目的として2005年よりJICAとの連携融合事業を実施している）。

1981：ケニア東部のクワレ地区において熱研およびKEMRIが寄生虫病共同研究を開始する。

2005：熱研ケニア拠点をナイロビに置き，そこを中心に活動を開始する。

2009〜2011：ケニアにおけるアルボウィルス感染症のための新たな診断法の開発をケニア保健省およびKEMRIと共同で行う。

2010：熱研ケニア拠点から大学全体で運営する「長崎大学アフリカ拠点」へ改組する。

2011：ナイロビ本部棟が完成する。

2011〜2013：マラウイ大学理学部生物学研究科(University of Malawi Faculty of Science)と共同でマラウイ国再興感染症ウィルスおよび媒介蚊の調査方法開発を行う。

②日本熱帯医学会（事務局：長崎大学熱帯医学研究所）

　年次総会の開催および学術誌『Tropical Medicine and Health』を発行する。同誌は熱帯地を中心とした医療，研究，教育活動のオピニオン誌として，熱帯病・熱帯医学に関するあらゆる情報を発信している。

③第14回国際熱帯医学・マラリア学会（1996年11月17日〜22日，長崎市）(The 14th International Congress for Tropical Medicine and Malaria：New Goals for the 21st Century)

　標記の国際学会が日本学術会議および日本熱帯医学会の共同主催（会長松本慶蔵・長崎大学名誉教授）により開催された。国内約1300名，国外から約1000名が参加した。先進諸国および発展途上国における熱帯医学の代表的研究者が参加し，医学を中心に自然科学，人文科学，社会科学などに立脚して熱帯地における諸問題を学際的に討議した。今日熱帯医学は人類共通の問題となりつつあり，疾病のみならず，経済，社会，文化，環境などの諸問題とも密接に関連するものであることが明らかにされた（『アフリカ研究』研究情報・予告 1995）。

総括

[概説]

　医学・保健医療の領域での日本人研究者の活躍は幅広く，多大の実績がある。一般図書，報告書，研究論文などは彪大できりがない。論文タイトルだけでは，単なる症例報告，会議録，解説，講演などと現地活動による調査報告や原著論文との区別が困難な場合がある。内容が把握できない論文・報告は収録しなかった。本編では個々の詳細な研究テーマは省略した。文献，著者などについてくわしい情報が必要な場合は，急速に進歩している「情報検索システム」を利用されたい。

　本稿の記載において，情報収集については，収集可能なデータベースをもとにした。情報の収集や検索に完璧を期すのは困難であり，収録漏れもあると考えられる。今後補足，改訂されていくべきものである。将来，各方面からの要望に応えるために特定の機関，研究組織などによる活動を中心に記録することも意義があろう。なお，本記載の引用文献は主として，日本アフリカ学会の学会誌である『アフリカ研究』によった。

　医学・保健医療の領域では，医学研究，保健医療，技術協力など境界が不明瞭な活動が多い。実際問題としてこれらを区別することは意味がない。医学・保健医療の領域では，国際協力としての活動など，必ずしも「アフリカ研究」と呼びがたいものもある。しかし，現地活動を通して結果的にアフリカ調査研究となることもありうる。

[研究者への提言]
①研究活動のあり方について

　理念を持った真のアフリカ研究としての学術的活動の流れをつかむことが必要である。活動を始める前に，また研究課題の設定や研究費を申請する前に，現地の様子，他の研究チームの動向などをよく調べておくことが研究者としての道義であろう。ときたま別々のグループによる同様地域での同様な研究活動が見受けられる。また，たまたま申請した研究費が認められたので現地に赴いたという様子が窺える活動もある。地理的，旅行的に比較的容易なあるいは一般化されているルートや地域，ときには観光地などでの調査が多く，交通や生活が不便な地域は敬遠されるようである。アフリカに根づいた研究，長期的展望を持った研究が望ましい。

　今後はいっそうアフリカそのものの研究，日本人にとって前人未踏地域での活動記録，研究データの集積が期待される。単発的な活動はその方式がふさわしい場合

にのみ行動すべきであろう。他の類似課題の研究がどのように進められているかをよく把握しておくことは肝要である。

　道義的観点からアフリカ現地のために役立つような活動であるべきである。故渡辺豊輔博士（長崎大熱研病理学初代教授）の言のように研究者は「サイエンティフィック・アニマル」であってはならない。

②研究課題（Subject）について

　調査国名，調査地域，研究活動の内容を一目でわかるように明確にしておく必要がある。キーワードも大切である。外国人研究者を入れる場合は研究組織等で役割分担がわかるようにしておくことが肝心である。

　研究課題の適切でない例として，たとえば「アフリカで感染した○○病」など，アフリカとのみ記載し，国名や地域名を明示していない研究がある。研究活動の記録は旅行記ではないので，学術的色彩が必要である。課題の語句として奇異な用語，不自然な表現，当世風に無理に合わせた表現なども目立つ。とくに「医療開発システム」「開発調査」「保健活動展開」「小児の発育促進展開」「保健システム開発強化」「疾患制御」「ウイルス循環」「介助ケア」「保健戦略計画」「死亡低減支援」「保健開発援助」などマスコミ受けするような表現が少なからず見られる。

③報告書の重要性

　研究，活動などの記録は報告書，学術論文として発表しておくことが鉄則である。情報化時代にあって業績記録，出版物，報告書などがないのは致命的である。活動証拠として明確に記録されていないものは考察のしようがない。

［政府関係機関への提言］

　全般的傾向として個々の研究課題から見ると，戦略的，行政・政策的方面への活動へと移りつつあるようである。医学・保健医療の領域だけでも，アフリカを対象とした活動は広汎になってきている。

　今後の日本の活動動向は，世界の動向に合わせつつも広汎により深く活動を進め，世界人類の安寧と福祉に貢献していくことになるであろう。経済的新興強大国が種々の思惑からアフリカへ進出し，その政略的影響が危惧されるようになってきたが，日本としては高度の学術に立脚した道義的貢献を行うことこそ，世界から認められる道となるであろう。

［将来計画］

　アフリカでの学術研究活動の記録を見ると，「医学・保健医療」の領域では，医療技術協力や衛生教育に伴う活動が現地に大きな影響を与えている。アフリカに進出

して地に着いた研究活動を行うことは，現地への貢献はもとより学術発展にも多大の意義がある。定住的，永続的な研究活動は国際関係上の信用性，研究成果，後進の育成上もきわめて貴重であろう。アフリカ現地の研究者やアフリカからの研究者や留学生との共同研究もいっそう進める必要があろう。

謝辞

　本稿の執筆に当たり下記の方々から多大のご協力とご指導を賜った。ここにお名前と協力いただいた内容を記して深甚の謝意を表したい。なお紙面および他稿との調整で，遺憾ながら所属・敬称等を省略させていただいたことをお断り申し上げる。(アイウエオ順)

- 青木克己（大学・公的研究機関などの活動，国際協力事業団JICAの活動）
- 加藤誠治（海外技術協力事業団OTCA，国際協力事業団JICAの技術協力概要）
- 須田清美（長崎大学ケニア拠点資料）
- 千馬正敬（日本アフリカ学会，日本熱帯医学会，日本国際保健医療学会，日本病理学会など，関連学会関連活動）
- 波佐間逸博（アフリカにおける全般的長期医学研究学術情報）
- 溝田勉（長崎大熱研社会環境医学研究集会記録，厚労省科学研究費報告書）

表1　アフリカにおける医学・保健医療関連活動概観（1972～2012）(年代別)

1972
- アフリカ全般：アフリカ民族医学のおぼえがき／日本国内で遭遇した熱帯病／アフリカに於ける医学研究の必要性／部族社会における世界観と医療：カッセーナ族
- 西アフリカ：部族民のMEDICINE-MEN
- エチオピア：エチオピアにおける寄生虫病とその背景
- ケニア：結核の実態とその問題点／ケニアに於ける部族と疾病
- コンゴ：コンゴ・ブラザビル診療所からみたアフリカ／コンゴ・ブラザビルの寄生虫学的考察

1973
- エチオピア：オンコセルカ症と象皮病調査

1974
- ケニア：熱帯熱マラリア調査

1975
- ガーナ，ケニア，モロッコ：住民の背面形状
- ケニア：消化管X線検査

1976
- ケニア：各種疾病と臨床外科材料／乳腺軟部腫瘍

1977
- アフリカ全般：持ちかえり熱帯病：とくにマラリアの予防と治療
- ケニア：B型肝炎ウィルスと肝硬変／検査物からの菌の薬剤感受性

1978
・ケニア：ヒト住血吸虫野生動物rodents齧歯類保菌者調査／ヒト住血吸虫野生貝類保菌者調査／住血吸虫症調査

1979
・ケニア：ビルハルツ住血吸虫卵／コレラ薬剤感受性

1980
・ケニア：ブルリ潰瘍の病理学
・タンザニア：栄養とそれに影響を及ぼす諸要因

1981
・西アフリカおよびガーナ：出血性結膜炎ウイルスの血清疫学
・ケニア：B型肝炎の病理学／コレラ菌（1981～82）／西ケニア：カポシ肉腫（1981～2000／2011）

1982
・アフリカ全般：保健と衛生：感染症と低栄養
・エチオピア：エチオピア産 *Lymnaea natalensis* に見られた無咽頭，岐尾セルカリア／狂犬病の現状
・ケニア：ケニア南部海岸地区における細菌性下痢症／海外赴任者のための医療情報：ケニアの有毒動物類とその病害に対する治療法／下痢症／日本脳炎ウイルス／ロタウイルス感染症（1982～84／1987）

1983
・ケニア：サルモネラ菌症／コレラ菌（1983／1985／1986）／チクングニアウイルス／腸管プロトツォア感染調査／腸管寄生原虫感染状況／ケニア人血清のチクングニアウイルス抗体価／エルトールコレラ菌の型別／テソ社会における病い，占いから見た症状と病因／サルモネラ属菌の血清型と薬剤感受性

1984
・ケニア：病原性大腸菌／B型肝炎ウイルス抗原，肝硬変，肝癌の統計学的研究／ケニアで分離された *Shigella flexneri* 4型の特性／毒素原生大腸菌／ケニア在住日本人およびその家庭で働くケニア人の腸管寄生虫検査

1985
・エチオピア：住血吸虫の保虫宿主としての齧歯動物の役割／エチオピア干ばつ飢餓被災民に対する日本の医療対策：国際救急医療チーム／干ばつ地帯での医療・看護活動／ルポタージュ医療：エチオピア飢餓キャンプ：日本人医師の見たエチオピアの実情
・ケニア：アフリカ風土病型カポシ肉腫，エイズ型カポシ肉腫の比較病態学：熱帯環境が疾患の病態像に及ぼす影響／ケニア西部のリノスポリディオシス／ビルハルツ住血吸虫症の疫学／ビクトリア湖周辺におけるコレラの疫学／ロタウイルス，エンテロウイルス感染の疫学／コレラの疫学／コースト州・ビルハルツ住血吸虫幼虫／コレラ菌／鉄沈着症とB型肝炎ウイルス／西ケニア・リノスポリディオーシス報告
・タンザニア：*Toxoplasma gondii* の血清疫学／医療体制／熱帯熱マラリアの3症例（症例）／獣医衛生事情
・タンザニア，スーダン：寄生虫全般

1986
・アフリカ全般：三日熱マラリア／アフリカ大陸で感染した三日熱マラリア／アフリカ産霊長類におけるヒトT細胞白血病ウイルスの血清疫学的検索
・エチオピア：旱魃被災民への医療援助活動／エチオピア産マンソン住血吸虫に対する3種のネズミ類の実験感染／干ばつ飢餓被災民キャンプでの医療活動
・ガーナ：マラリア感染状況の調査
・ケニア：病原性大腸菌感染／ビルハルツ住血吸虫セルカリア遊出／rhinoscleromaと鼻腔内腫瘍／ビルハ

ルツ住血吸虫症患者の検尿方法：虫卵排泄／*Campylobacter*およびenterotoxigenic *Escherichia coli*の調査／尿中ビルハルツ住血吸虫卵数の表現法／尿中ビルハルツ住血吸虫卵：小学生調査／ビルハルツ住血吸虫症調査／カポシ肉腫の病理学と疫学／ビルハルツ住血吸虫幼虫／西ケニア・鼻硬化症
- ケニア，日本：ヘルペスウイルスHerpes simplex virus
- タンザニア：遺伝性鎌状赤血球症の2家系（症例）／10年間のマラリア動向
- ナイジェリア：寄生虫調査／回旋糸状虫調査

1987
- アフリカ全般：バーキットリンパ腫，EBウイルス増殖促進植物
- ガーナ，ケニア：沖縄，ガーナ，ケニアのヒトの体型・身体的作業の住民との比較
- ケニア：リンパ節型カポシ肉腫／地方病型カポシ肉腫の地理病理学／ビルハルツ住血吸虫症のコントロール対策／海岸地方における住血吸虫症の疫学／カポシ肉腫の病理と疫学
- タンザニア：青年海外協力隊活動
- 日本，スウェーデン，ケニア：Herpes simplex virus

1988
- アフリカ全般：アフリカを含む熱帯現地活動の反省と展望／線虫／医療協力／*Saqlmorella kiambu*の線毛／地方病型カポシ肉腫とバーキットリンパ腫の部族一致性と地理的分布／ビルハルツ住血吸虫症：流行地住民の好酸球による殺虫作用／鉄分沈着と肝細胞障害／アフリカ眠り病：ヒトおよび家畜／高地ビルハルツ住血吸虫治療／コースト州・ビルハルツ住血吸虫治療と灌漑施設／西ケニア・地方病型カポシ肉腫とアフリカ型バーキットリンパ腫の部族および地理的分布の一致性
- ケニア，ガボン，ガーナ：ヒト血清中のHIV，SIV
- ナイジェリア：吸血性ブユ

1989
- アフリカ全般：メジナ虫症
- ケニア：主な感染症／ビルハルツ住血吸虫症の疫学：罹患率など／膵臓リンパ節内のB型肝炎ウイルス抗原／ケニアにおける医学共同研究／国際動物病研究所：アフリカトリパノソーマ症

1990
- アフリカ全般：エイズ情報／EBウイルス，バーキットリンパ腫，アフリカの腫瘍プロモーター
- エチオピア：干ばつ被災者に対する緊急医療協力／
- ケニア：小児の急性胃腸炎／小児の下痢症／土中のボツリヌス菌／中央医学研究所／Medical Resources
- タンザニア：保健の現状／肝細胞癌合併および非合併の肝硬変の病理学および食道静脈瘤／マラリア／Africa-Occurrence of Sulfur Compounds in Cassipourea of *Rhizophoraceae*／ケニア中央医学研究所

1991
- アフリカ全般：野生チンパンジーの薬用的植物と生理活性成分／皮膚リーシュマニア症の治療／各種肝障害の病理組織学：妊娠中毒，肝炎ウイルス，黄熱，アフラトキシン中毒症／リーシュマニア症の診断
- エチオピア：予防接種を受けない理由―エチオピアと日本
- ガーナ：乳幼児の急性呼吸器感染症
- ケニア：人類の生態と疾患の発現様式－風土病の地理病理学／小児風土病型リンパ節型カポシ肉腫／上気道における血管増生性病変／バンツー族肝鉄沈着症の病理学／住血吸虫症の現状と問題点／B型肝炎ウイルスの疫学調査：HBV水平感染と母子垂直感染
- ナイジェリア：オンコセルカ症の疫学／ギニアワーム症の調査

1992
- ガーナ：乳幼児の栄養状態と寄生虫感染率
- ケニア：感染症の国際化：住血吸虫症／抜歯風習／風土病型カポシ肉腫の病理組織学とDNA分析／住血吸

虫症とメンタルテスト
・タンザニア：熱帯熱マラリアのクロロキン抵抗性／エイズの流行／イエカ対策：マラリアコントロールプロジェクト

1993
・アフリカ全般：Simian Immunodeficiency Virus／アフリカの小児の感染症／熱帯医学の現状と将来展望
・ウガンダ：AIDSの現状
・ケニア：風土病型カポシ肉腫／アフリカ睡眠病の現況／睡眠病の診断／比較文化精神医学－ケニア・カンパにおける呪医の文化精神医学的研究／ロタウイルス／コースト州・寄生虫による下痢症
・タンザニア：マラリア患者とマラリア原虫／農村における乳幼児の栄養改善
・マラウイ：歯科医療の現状と国際協力

1994
・ガーナ：乳幼児下痢症
・ケニア：諸部族の食生活と歯科疾患／諸部族における歯科咬合／諸部族における歯周疾患／諸部族における齲歯罹患状況／諸部族における咀嚼機能／現代ケニアにおける風習による乳歯の抜歯／コースト州・住血吸虫症の地理的分布／南西ケニア・ツェツェバエ：吸血源動物
・コンゴ：大型類人猿の臨床病理学と比較解剖学
・タンザニア：*Plasmodium falciparum* 熱帯熱マラリア原虫の免疫／熱帯熱マラリア原虫：免疫血清による増殖阻害／糖尿病／マラリアの疫学

1995
・アフリカ全般：マラリア予防実践学：アフリカの医療現場から
・西アフリカ：メジナ虫症の現状と対策
・ウガンダ：HIV感染と肺結核症／AIDS／患者のクリプトコッカス髄膜炎
・ガーナ：下痢症乳児の疫学
・ケニア：ビルハルツ住血吸虫症の流行地／歯肉炎の地域比較：疫学／現代と近世のケニア人の前歯の儀式切除／クワレ地区のビルハルツ住血吸虫症／土地の呪術医と西洋の伝承民間療法師に関する史的考察／西ケニア・カポシ肉腫の疫学
・ザイール：ザイールで流行したエボラ出血熱（1995～96）／ルワンダ難民の救援活動における下痢症
・ザンビア：HIV感染と小児の麻疹感染／小児の急性気道感染とインフルエンザウイルス感染症
・モザンビーク：性行為感染症
・日本：海外渡航者の為の医療情報サービス

1996
・アフリカ全般：野生チンパンジーの薬用的植物利用
・ガーナ：human polyomavirus の地理的分布
・ケニア：小児における腸管アデノウイルス胃腸炎と genogroup III カリシウイルス胃腸炎／住血吸虫症とバンクロフト糸状虫症／西ケニア・小児腫瘍の分布と病理学

1997
・ケニア：バンクロフトフィラリア症患者の治療／東海岸地区における小児下痢症の疫学／感染症：小児下痢起因菌調査／伝統医学－疾病を即物的に分析：チャムスの人びと／ビルハルツ住血吸虫症／小児の薬剤抵抗性腸炎性大腸菌症／バンクロフト糸状虫媒介蚊／コースト州・ビルハルツ住血吸虫症地域における給水設備／コースト州・ビルハルツ住血吸虫症／コースト州・小学生の腸内寄生虫感染／コースト州・小児の感染性下痢症／バンクロフト糸状虫症の薬剤効果

1998
・ウガンダ：市中肺炎：HIV感染の影響

- ケニア：野の医療—牧畜民チャムスの身体世界／ナイロビ：小児急性呼吸器感染症の現状／住血吸虫症対策（解説）／沿岸地方におけるビルハルツ住血吸虫感染の分布／ウイルス肝炎とHIVの混合感染／胃腸炎ウイルス疫学／マラリア媒介蚊の薬剤感受性
- ケニア，長崎／ホジキン病：疫学，病理学，ウイルス学
- タンザニア：乳幼児栄養改善活動（解説）／法医学（解説）

1999
- ウガンダ：睡眠病プロジェクト：国際医療協力，国境なき医師団
- ケニア：ナイロビ・スラム地域における小児急性呼吸器感染症とマイコプラズマ／伝統的医師として迫害されたヨーロッパの伝統的薬治療者／ロタウイルス

2000
- ケニア：防蚊網使用方法とマラリア／バンクロフト糸状虫／農村地域の水の確保と住民の衛生／カポシ肉腫／西ケニア農村：HIV感染の乳児死亡率への影響：Zidovudine（ZDV）短期療法によるHIV母子感染対策／西ケニアHIV感染と産科方面
- タンザニア：高血圧の危険因子／健康づくり，安全なお産（解説）／カポシ肉腫（症例）／高血圧ラット，高血圧者における生体内酸化的ストレス

2001
- アフリカ全般：マラリア研究の趨勢（特集）／アフリカの保健・医療：残された課題と21世紀における展望／性の進化，ヒトの進化：類人猿ボノボ／西ナイルウイルス：わが国への波及と予防／発展途上国におけるHIV/AIDSの現状
- ウガンダ：エボラ病棟日誌−ウガンダでのアウトブレーク（症例報告）／HIV/AIDS関連髄膜炎
- エチオピア：衛生動物−ハエ類，イエバエ類
- ケニア：細菌性下痢症の予防：飲料水の低温殺菌／日本およびケニアで分離されたヒトロタウイルス血清型と遺伝子の性状／細菌性下痢予防／HIV感染／洗剤と水銀中毒
- ケニア，日本：ロタウイルス比較研究
- スーダン：内戦救援活動（解説）
- タンザニア：学生におけるコンドーム使用の諸因子／出産行動，若年出産／上腕周囲長によるGrowth Monitoring

2002
- ウガンダ：発育障害児療育の現状と援助
- ケニア：マラリア媒介蚊と気候／合同臨地訓練−スラム街における下痢出現率と危険因子／急性呼吸器感染症の罹患率と危険因子／住宅と衛生，胃腸疾患，呼吸器疾患：ナイロビのスラム街におけるケーススタディ／生徒および教師におけるHIV/AIDSに対する知識，態度，実践（特集）／地方住民におけるマラリアの認識（特集）／栄養失調の罹患率と危険因子（特集）／ケニアのKMTCチームによる地域に基づく研究（特集）／医療事情：医療技術教育強化プロジェクト（特集）
- サンビア：結核菌の薬剤感受性
- ジンバブエ：マラリア
- タンザニア：中年男女の肥満および異常脂肪症の出現率／健康づくり：小学校の環境整備（解説）

2003
- 西・東アフリカ：家畜の病原体原虫耐性
- ウガンダ：HIV感染者から日本で単離されたヒストプラズマ症例／ナイル川流域の風土病：住血吸虫症
- ケニア：地方病院における重篤貧血の管理と輸血／小児急性呼吸器感染症／ビルハルツ住血吸虫症：患者の疾病認識／HIV，カリニ肺炎／西ケニアHIV
- タンザニア：ビクトリア湖周辺の金採掘現場における環境問題（解説）

2004
- アフリカ全般：Voluntary Counseling Testing（VCT）サービスの現状：日本のODA協力（会議録）／アフリカのエイズ（解説）／コミュニティ動態学と国際保健協力：草の根国際協力の展望（会議録）／HIV感染者のケア・ARV治療の現状分析（会議録）／人口動向推計（会議録）
- アルジェリア：保健サービス（会議録）
- エジプト：ナイル川の風土病：医療・検査事情／ビルハルツ住血吸虫感染と膀胱がん発生機序
- エチオピア：大学病院におけるHIV/AIDSおよびHIV血清陰性者の腸内細菌感染／高齢者のHIVおよび梅毒感染
- カメルーン：異所性妊娠：母性医療システム（会議録）
- ガーナ：医療従事者訓練システム開発（会議録）／国際保健：青年海外協力隊（会議録）
- ケニア：住血吸虫症流行地域（会議録）／Burkittリンパ腫：疫学，病理学（会議録）／医療研究施設：国際保健協力（会議録）／保健情報機器の事例（会議録）／Kisii病院における妊産婦死亡低減支援（会議録）／看護教育制度の変遷と現状（解説）／HIV/AIDS対策VCT（voluntary counseling and testing）の展開（解説）／Machakos／Phlebotomine sandfly飛翔生態／高原マラリア媒介蚊生態／HIV／小規模農場での労働年齢成人男子の死亡率
- ケニア，タンザニア：健康および熱帯医療の国際協力ワークショップ（会議録）
- ザンビア：HIV/AIDS予防プログラム（会議録）／スラム街における医療プロジェクト（会議録）／国家保健戦略計画（会議録）／保健管理チームの体制整備（会議録）／都市型プライマリーヘルスケア・地域保健ボランティアによる乳幼児成長促進プログラム（会議録）／コレラ流行の地図情報：疫学（会議録）
- セネガル：地域保健従事者の現状（会議録）／看護師，助産師の実施訓練（会議録）／出産と人口学：伝統的助産師の協力のもとに（会議録）
- タンザニア：ヘリコバクターピロリ感染および慢性萎縮性胃炎／小児保健医療：国際保健医療協力（解説）／ヒメダニ保有ボレリアは新世界回帰熱ボレリアに類似／住血吸虫症：水域接触：疫学（会議録）／保健管理情報システムの現状（会議録）／プロジェクト型医療協力：母子保健サービス（会議録）／保健SWApの現状（会議録）／HIV／エイズ（会議録）／国際保健：青年海外協力隊：子どもたちの行動変容（会議録）
- 中央アフリカ：エイズ支援活動10年（会議録）／抗寄生虫病伝承薬用植物：調査研究
- ブルキナファソ：HIV／女性生殖器の切断：分娩部からの症例報告（会議録）
- マラウイ：保健医療協力分野の開発調査（会議録）／HIV/AIDSの臨床経験と医療人類学（会議録）／保健部門開発研究（会議録）／国立病院内科病棟の現状（会議録）／国際保健：薬剤師分科会（会議録）
- マリ：プライマリーヘルスセンターにおけるVoluntary Counseling Testingサービス：HIV母子感染の予防（会議録）／Female Genital Mutilationの実態調査（会議録）：国立国際医療センター
- 南アフリカ：在宅ケア活動の現状（会議録）

2005
- アフリカ全般：糸状虫症撲滅計画：基礎的研究とその応用／女性と子どものエイズの予防と治療／エイズと女性・子ども／アフリカ諸国のエイズ政策／母子保健：女性と子どもの人権とエイズ（会議録）／アフリカ難民キャンプにおける女性外陰部切除（FGM）とHIV/AIDS感染のリスクおよびリプロダクティブヘルスに与える影響／エイズ対策・子宮内HIV母子感染（会議録）：国立国際医療センター
- 東アフリカ：地域医療から学ぶこと（解説）
- ウガンダ：HIV/AIDS，栄養支援（会議録）
- ガーナ：小児保健医療
- ガーナ，エチオピア，タンザニア：糖尿病のケア（会議録）
- ケニア：医療におけるコンピュータ化：ケニアの医療機関2ヵ所（2005〜06）／現代寄生虫事情：文化と疾病の狭間：ケニアの風土病／住民の乳製品からの乳酸菌／下痢原性大腸菌／日本人旅行者の地中海性発疹熱／西ケニア・マラリア原虫／西ケニア・マラリア媒介蚊／西ケニア高原・貧血とマラリア／北部ケニアHIV感染と結核，真菌症など
- ケニア，エジプト：青少年の心身疲労の考察：日本・ケニア・エジプト
- コンゴ民主共和国：ブルリ潰瘍と他の潰瘍性疾患

- コートジボワール：カウンターフェイトドラッグの検出（会議録）
- スーダン：難民救援（会議録）
- ザンビア：途上国の小児保健医療改善策（会議録）／コレラ予防・制御対策（会議録）／水と環境衛生：下痢症予防活動（会議録）／保健管理チームの体制整備（会議録）／結核対策（会議録）
- セイシェルズおよびフェロー諸島：胎児性メチル水銀暴露の小児発達影響（解説）
- セネガル：地域保健員養成システム（会議録）／基礎保健員を支える住民側の要因（会議録）／保健人材開発（会議録）／開業助産婦技術の応用（会議録）
- タンザニア：マンソン住血吸虫感染患児－薬物療法／検視解剖症例－血液および組織中の抗マラリア剤クロロキンの分析／Shistosoma mansoniマンソン住血吸虫症／地方保健行政（会議録）／HIV-AIDS（会議録）／HIV母子感染予防（会議録）／保健セクター援助協調（会議録）／国際医療協力：母子保健プロジェクト
- 中央アフリカ：HIVの分子疫学：エイズウイルス生成の源流と未来
- ニジェール：小学校での保健衛生教育：青年海外協力隊（会議録）
- ブルキナファソ：青年海外協力隊員による歯科治療（会議録）
- 南アフリカ：エイズ政策：南アフリカにおけるエイズ治療薬供給問題

2006
- アフリカ全般：アフリカ人青年男子におけるアンジオテンシン変換酵素多型／マラリア媒介蚊の吸血宿主選好性決定機構／HBV母子感染対策：臨床治験／エイズ危機と家族問題／開発と保健医療
- アフリカ東部・南部：炭疽の常在化と制御（畜産の研究・解説）
- ケニア：コミュニティ支援活動Community Advocacy：スラム生活の例：看護学科（総説）／HIV/AIDSと親密なパートナーに対する暴力防止：自発的カウンセリング（解説）／薬用植物の抗マラリア活性とクロロキンとの相互作用／文化と疾病：風土病を学ぶ（解説）／海外における医療・検査事情：腸管感染症対策（解説）／高原マラリア媒介蚊繁殖／sandfly／西ケニアマラリア媒介昆虫
- タンザニア：伝統治療の慣習と治療師／小児急性期医療強化：国際協力機構／国際保健活動：青年海外協力隊／伝統医療／日本の国際保健医療協力：保健セクター援助の現状（解説）／国際保健の開拓者：青年海外協力隊（特集）
- マダガスカル，ケニア：薬用植物分布調査：医薬資源開発
- マラウイ：薬剤師会を通して見た医療事情（特集）

2007
- アフリカ全般：熱帯アフリカ長期滞在日本人のマラリア予防／特集－アフリカにおける人間の安全保障と国家：アフリカのエイズ／アフリカのろう者と手話の歴史／アフリカトリパノソーマ原虫（会議録）／結核・エイズ；フィールド研究活動と人材育成（会議録）
- 東アフリカ：現地在住中国人労働者のHIV/AIDSに関する意識（会議録）
- ウガンダ．HIV－ト痢の民族医学的病因と下痢症対策：文化人類学の医療協力（会議録）／HIV感染小児に対する社会保障制度（会議録）／HIV感染成人への肺炎球菌関連ワクチンの効果（会議録）
- エチオピア：アフリカの栄養問題　エチオピアの栄養状況（解説）
- ケニア：ケニア産植物抽出物pristimerinによる抗サイトメガロウイルス作用／ケニア西部のマラリアコントロールのための細菌由来殺虫撲滅薬／人口動態調査系Demographic Surveillance System（解説）／研究拠点における生物医学研究室の設立と下痢性疾患研究プロジェクト（解説）／長崎大学ケニア研究拠点と活動プロフィール／非中間宿主貝のミラシジウム誘引力を利用した新しい住血吸虫制御戦術：囮貝の研究／下痢病原菌の病因論と疫学的研究／Demographic-Surveillance System／Kenya Research Stationにおける Bio-medical Laboratoriesの設置と下痢症研究プロジェクト／長崎大学Kenya Research Stationと活動／HIV/AIDS都市生活／HIV感染に対する治療の試み／抗マラリア植物抽出物／AIDSに対する住民の認識／HIV・ビルハルツ住血吸虫症の現状（会議録）／西ケニア高原マラリア媒介蚊／マラリアコントロール／文化人類学と国際協力：家族計画（会議録）
- ケニア，タンザニア：中国人移民のHIV/AIDSの認識
- コートジボワール：抗マラリア薬の偽造・規格外医薬品（会議録）

- ザンビア：地理情報システムを用いた保健投資計画：保健施設（会議録）／結核菌塗沫検査（原著）
- タンザニア：HIV母子感染予防
- 中央アフリカ：新生児の意識レベルと授乳（会議録）
- ナイジェリア：アフリカの医療・障害・ジェンダー
- マラウイ：医療技術者養成（会議録）／エイズと共に生きる人々（会議録）
- 南アフリカ：コミュニティケアの現状分析（会議録）
- モロッコ：母子保健対策と現地の習慣：文化人類学は医療協力の役に立つか（会議録）
- リベリア：病院患者における感染症と血液ドナーにおけるSTD（会議録）

2008
- 西アフリカ，中央アフリカ：マラリア原虫
- タンザニア：保健医療システム／小児における感染性疾患（会議録）／保健行政（会議録）
- ガーナ：結核治療中断率に関与する因子（会議録）
- ケニア：地域医療看護における修士課程に関するstakeholder's perceptionの認識／公立病院における医療廃棄物（会議録）／地域支援運動：スラム街の生活の1例（会議録）／ケニア西部保健サービスの改善（会議録）／ヒトパピローマウイルス感染とHIV感染／HIVとAIDS／病原性大腸菌と旅行者下痢／マラリアネット防蚊網の扱い方／マラリア蚊
- ザンビア：緊急医療輸送システムの開発（会議録）／コレラ流行（会議録）
- スーダン：農村部保健センターにおける医療援助（会議録）
- 中央アフリカ：乳幼児の栄養状態（会議録）
- ブルキナファソ：若者の性行動（会議録）
- ボツワナ：HIVとAIDSに対する多分野反応（会議録）
- 南アフリカ：健康促進学校概念（会議録）
- ルワンダ：HIV検査が妊娠女性に与える影響（会議録）

2009
- アフリカ全般：近代医療と伝統医療（会議録）／グローバルファンド，保健システム強化と国際資金（会議録）／土地利用環境と病原体媒介動物／マラリア原虫
- ウガンダ：無症候性HIV-1感染と帝王切開の予後／下顎臼歯の形態／ウシのアフリカトリパノソーマ／保健医療分野への日本の支援
- エジプト：衛生サービス利用，女性のエンパワーメント（会議録）
- エリトリア：国際保健活動：高等教育支援（会議録）
- ガーナ：マラリア予防対策健康教育（会議録）
- ケニア：エジプト住血吸虫症に対する公共配管用水供給の効果／HIV／法看護学を活用した性に関する健康課題．性暴力に対する医療ケア／保健システム：現状と問題点（解説）／安全な血液確保：JICA（解説）／大腸菌／HIV-1／パピローマウイルスと陰茎癌／肝炎ウイルスB／ビルハルツ住血吸虫症と水路（給水）施設／西ケニア健康サービス向上プロジェクト（会議録）／西ケニアのマラリア
- ケニア，ザンビア：HIV／エイズとSTD（解説）
- コンゴ共和国：HIVの分子疫学（会議録）／西部HIV遺伝子解析（会議録）
- ザンビア：HIV/AIDSの知識（会議録）／結核撲滅プロジェクト（会議録）／TB-DOTSプログラムとARTとの統合（会議録）／TB-DOTSプログラムのもとで治療されたTB／HIV症例（会議録）／HIV-AIDS対策（会議録）／母親の教育が小児の死亡に与える影響
- ジンバブエ：HIVの母子感染予防（会議録）
- セネガル：日本のODAプログラム（会議録）／子宮底圧迫の診療（会議録）
- タンザニア：母子保健支援（解説）／保健システム強化と国際資金（会議録）
- 中央アフリカ：子どもの栄養状態
- ニジェール：農村部女性の出産（会議録）／女性の家族計画行動（会議録）／産科医療受診実態（会議録）
- マラウイ：薬事労働力（会議録）
- 南アフリカ：企業主導のエイズ対策（会議録）／アルマ・アタ30周年にちなんで日本人NGOによるヘルス・

プロジェクト経験（会議録）
- リベリア：助産婦の役割（会議録）
- その他：欧米人・ヒスパニック人・日本人・アフリカ人の軟部組織比較研究（歯列矯正）

2010
- アフリカ全般：遺伝子組み換え作物普及の現状と問題点－アフリカ学会公開シンポジウム／健康・医療とジェンダー「女性フォーラム」2008アフリカ学会／マラリア感染／日本人旅行者のマラリア治療
- 仏語圏アフリカ諸国：母子保健集団研修
- 東アフリカ：痴呆症
- ウガンダ：農薬使用による急性・慢性中毒（会議録）／農薬の安全使用に関する指導：日本の援助（会議録）／農薬使用による急性中毒（会議録）／アンボロソリ医師記念病院外科支援事業／腸住血吸虫症
- エジプト：地域基盤リハビリテーション（会議録）／学校保健サービス（会議録）
- エチオピア：教育病院における妊娠中の梅毒とHIVの血清陽性率
- ケニア：医療従事者の手の衛生習慣／子宮頸部のHPV16，18型感染とHIV感染相互の影響／ヘルスプロモーションの実践活動／乳幼児・小児の肺炎／マラリア媒介蚊／睡眠施設
- コートジボワール：HIV陽性者におけるHBV共感染（会議録）
- コンゴ民主共和国：HIV循環の遺伝学的解析（会議録）
- コンゴ共和国：HIVの分子疫学的調査（会議録）
- ザンビア：HIV／食事・栄養・保健ワークショップ／HIV/AIDSの共同システム（会議録）／自然環境下でのコレラ菌の生存／抗レトロウイルス療法
- セネガル：プライマリー・ヘルスケア（会議録）／保健マップ（会議録）／日本海外協力隊によるマラリア有病率の低下（会議録）／重症産科合併症
- ジンバブエ：コレラ流行緊急救済活動（会議録）
- スーダン：母子保健強化プロジェクト（会議録）
- タンザニア：コンゴ・ブルンジ人のタンザニア難民キャンプにおける保健サービス／健康管理システム（会議録）／保健システム強化，HIV/AIDSプログラム（会議録）／ヒト糞線虫症病原体の分子同定／国際助産活動／妊産婦死亡率低下，ヘルス啓蒙／邦人医療支援ネットワーク：ジャムネット：日本大使館
- タンザニア，シエラレオネ：保健システムの強化に向けた技術協力
- 中央アフリカ：中央アフリカと日本のデータより，身体的特徴に関する年齢指標
- ベナン：産科救急医療トレーニング（会議録）／周産期保健サービス（会議録）
- ボツワナ：女性の栄養状態（会議録）
- マラウイ：熱帯熱マラリア（会議録）
- モロッコ：新生児の低体温症
- アジアからアフリカへ：保健システム強化（会議録）／保健医療政策（会議録）／小児保健サービス（会議録）／疾患制御プログラム（会議録）／保健の世界的傾向と日本のアプローチ（会議録）
- 日本在住のアフリカ人：HIV/AIDS予防，ケア，サポート（会議録）

2011
- アフリカ全般：サハラ以南の8つの国HIV/AIDSプログラムの効果（総説）／HIV母子垂直感染（会議録）／医療協力の概要（会議録）
- アフリカ東部：アフリカ東部から帰国した日本人学生におけるスナノミ症1輸入例
- ウガンダ：人畜共通感染症
- エジプト：在住日本人における*Heterophyidae*感染／保健医療セクター改革／北部農村部の女性保健行動（会議録）
- ガーナ：保健教育／マラリア予防対策健康教育（会議録）
- ケニア：母乳育児と新生児ケア／母子健康手帳導入による妊産婦および乳幼児の影響（会議録）／母子健康手帳（会議録）／JICAによる保健プログラム（会議録）／小児のマイコプラズマ肺炎／婦人科におけるパピローマウイルスとHIV／小児のHIV-1／ロタウイルス／ビルハルツ住血吸虫症／糸状虫／地方のAIDS孤児／西ケニア・マラリア媒介蚊／西ケニア，南ケニアのハマダラ蚊

- コンゴ：人材開発システム（会議録）／保健医療従事者人材開発－日本の援助（会議録）
- ザンビア：保健センター，地域サービス，HIV感染／HIV治療（会議録）／ハンセン病（会議録）
- スーダン：保健分野／トリパノソーマ
- セネガル：看護教育／住民の主観的重症度とヘルスケア
- ソマリア：栄養調査から見える食料支援の課題（特集）
- タンザニア：国際看護研究／分娩介助ケア／持続的な国際共同研究（解説）／HIV/AIDS感染（会議録）
- 中央アフリカ：HIV教育（会議録）／健康観と保健対処（会議録）
- ブルキナファソ：保健報告の質改善（会議録）
- ブルンジ：妊産婦ケア，育児プロジェクト
- ベナン：助産婦のモチベーション
- マダガスカル：帝王切開と新生児ケアのための自己負担（会議録）
- モロッコ：妊婦健診／女性の出産前相談の影響因子（会議録）

2012
- アフリカ全般：保健開発援助
- ウガンダ：リケッチア
- エチオピア：Unilocular hydatid cyst; Molecular identification
- エリトリア：アフリカの角における保健医療（解説）
- ケニア：国際保健協力の現場，母乳育児推進／地方病院の出産状況／HIV／西ケニア地方病院の出産状況／西ケニアマラリア媒介昆虫
- ザンビア：抗HIV治療

表2　アフリカにおける医学・保健医療領域OTCA-JICA関連プロジェクト（国別）

国名	プロジェクト	期間
アルジェリア	オラン科学技術大学医療センター	1978. 4.～1984. 3.
エジプト	看護教育研究	1978. 4.～1983. 3.
	カイロ大学小児病院	1983. 7.～1989. 6.
	カイロ大学小児病院フェーズ2	1989. 7.～1996. 6.
	家族計画・母子保健	1989. 9.～1994. 9.
	カイロ大学看護学部	1994. 4.～1999. 3.
	小児救急医療	1999. 4.～2002. 3.
エチオピア	帝国中央衛生研究所	1968. 7.～1974. 6.
	天然痘対策	1971. 12.～1975. 11.
	ポリオ対策	2001. 4.～2004. 4.
ガーナ	ガーナ大学医学部	1968. 7.～1985. 3.
	野口記念医学研究所	1986. 10.～1991. 9.
	野口記念医学研究所フェーズ2	1991. 10.～1997. 9.
	母子保健医療サービス向上計画	1997. 6.～2002. 5.
	野口記念医学研究所感染症対策	1999. 1.～2003. 12.
ケニア	ナクール病院	1966. 3.～1975. 3.
	エンブ病院	1968. 6.～1973. 6.
	ケニヤッタ病院	1970. 1.～1978. 3.
	伝染病研究対策	1979. 3.～1984. 3.
	中央医学研究所	1985. 5.～1990. 4.
	人口教育促進	1988. 12.～1993. 12.
	人口教育促進フェーズ2	1993. 12.～1998. 12.

	感染症研究対策	1990. 5.～1996. 4.
	感染症研究対策フェーズ2	1996. 5.～2001. 4.
	医療技術教育強化	1998. 3.～2003. 2.
	感染症および寄生虫症研究対策	2001. 5.～2006. 4.
ザンビア	ザンビア大学医学部	1980. 2.～1989. 2.
	感染症	1989. 4.～1995. 3.
	感染症対策	1995. 4.～2000. 3.
	ルサカ市プライマリヘルスケア	1997. 3.～2002. 3.
	エイズおよび結核対策	2001. 3.～2006. 3.
ジンバブエ	感染症対策	1996. 7.～2001. 6.
スーダン	ハルツーム教育研究	1985. 4.～1992. 3.
タンザニア	ダレスサラーム大学医学部	1971. 1.～1974. 3.
	結核対策	1974. 1.～1980. 3.
	母子保健	1994. 12.～2001. 11.
	モロゴロ州保健行政強化	2001. 4.～2006. 3.
チュニジア	薬品品質管理	1978. 4.～1983. 9.
	人口教育促進	1993. 3.～1999. 3.
	リプロダクティブ・ヘルス教育強化	1999. 9.～2004. 9.
ナイジェリア	イフェ大学医学部	1972. 12.～1979. 3.
	ナイジェリア大学医学部	1972. 12.～1979. 3.
	ジョス大学医学部	1982. 7.～1987. 7.
マラウイ	公衆衛生	1994. 9.～2000. 8.

表3　アフリカにおける医学・保健医療関連活動文献一覧表（年代別）（部分）

(～1969)
・佐々　学：熱帯病学，東京大学出版会
・倉知康：カラハリ砂漠のブッシュマンの身体検査，アフリカ研究
・末永斂：タンザニアの衛生害虫調査ノート：昭和40年度と41年度（1965，1966），アフリカ研究
・石毛直道編：（研究情報）特異な人間と生物の結びつきの調査他，アフリカ研究
(1970～79)
・原耕平：熱帯
・倉知康：ボツワナ共和国の医療事情，アフリカ研究
・山本利雄他：コンゴブラザビル診療所から見たアフリカ，アフリカ研究
・金子満雄：ケニアの疾病について，アフリカ研究
・原耕平他：ケニアの疾病について，アフリカ研究
・林薫：東アフリカにおける節足動物媒介ウィルス（アルボウィルス）の疫学
・村上文也：ケニアにおける結核の実態とその問題点，アフリカ研究
・多田功：エチオピアにおける寄生虫病とその背景，アフリカ研究
・石崎驤他：ケニアに於ける部族と疾病，アフリカ研究
・富川盛道：ダトーガ牧畜民の民族医学について —— アフリカ民族医学のおぼえがき，アフリカ研究
・大立目信六：最近のガーナの感染症の傾向，熱帯
・山本利雄他：「持ちかえり」熱帯病に関する諸問題 —— 特にマラリアの予防と治療を中心として，アフリカ研究
・大立目信六他：アフリカの麻疹，熱帯
(1980～89)
・杉山隆彦：タンザニアの栄養とそれに影響を及ぼす諸要因の考察，アフリカ研究
・猪木正三：アフリカ原虫疾患，アフリカ現地研究機関，日本熱帯医学雑誌

- 今井義量他：Ghana海岸地区青少年における体格・体力・運動能力因子，アフリカ研究
- 大立目信六：アフリカの保健と衛生 —— 感染症と低栄養を中心にして，アフリカ研究
- 板倉英世他：（研究情報）肝炎多発地帯における肝疾患発症病態の地域特異性に関する免疫・病理学的研究 —— 東アフリカのウイルス性肝炎，住血吸虫症の調査研究，アフリカ研究
- 大立目信六：アフリカにおける人獣共通伝染病，アフリカ研究
- 板倉英世他：アフリカ風土病型カポシ肉腫（Kaposi's sarcoma）と米国男子同性愛者における後天性免疫不全病候群（AIDS）型カポシ肉腫の比較病理学 —— 熱帯環境が疾患の病態像に及ぼす影響に関する予備的研究，アフリカ研究
- 国際協力事業団，医療協力部：JMTDR，エチオピア旱魃被災民医療対策報告書
- 緒方貞子監修：飢饉，それは人災か，世界の動き社
- 奥村悦之他：エチオピア旱魃被災民に対する医療援助活動の状況と医療援助という問題についての考え方，アフリカ研究
- 所澤朗子他：アフリカにおけるメジナ虫症，アフリカ研究

（1990〜99）
- 板倉英世他：人類の生態と疾患の発現様式 —— 東アフリカ・ケニアにおける風土病の地理病理学を中心として，アフリカ研究
- 原昌子他：マラウイにおける歯科医療の現状と国際協力，アフリカ研究
- 佐々木均：南西ケニア・グルマン地方の乾季におけるツェツェバエ2種の吸血源動物について，アフリカ研究
- 姫路獨協大学・情報科学センター：（研究情報）海外渡航者の為の医療情報サーヴィス —— マラリア情報ネットワーク事務局，アフリカ研究
- 久保利夫：今日の悪性マラリア予防実践学 —— アフリカの医療現場から，アフリカ研究
- 大立目信六：（研究ノート）1995年，ザイール，エボラ出血熱，アフリカ研究

（2000〜）
- 若杉なおみ：総説・アフリカにおけるHIV母子感染 —— ジレンマの克服と今後の展望，日本エイズ学会雑誌
- 若杉なおみ：特集アフリカにおける人間の安全保障と国家 —— アフリカのエイズ，アフリカ研究
- 若杉なおみ：母子感染をめぐる諸問題 —— アフリカにおける状況と取り組み，日本エイズ学会雑誌

表4　アフリカにおける医学・保健医療関連研究活動一覧表（文科省－JSPS事業）（年度順）

- 熊本大学アフリカ現地人体質学術調査　1971年度
- 肝炎多発地帯におけるB型肝炎ウィルスの伝播様式とウィルス肝炎の発症病態の地域特異性に関する研究（東アフリカ，ケニア国における調査）　1979年度
- アフリカにおけるRNAファージ新種の探索および分布状態の調査　1980年度
- 肝炎多発地帯における肝疾患発症病態の地域特異性に関する免疫病理学的研究（東アフリカのウィルス肝炎，住血吸虫症の調査研究）　1981年度
- 熱帯環境下における疾患の病態像の特異性 —— 東アフリカ（ケニア）中央アフリカ（ザイール）における肝疾患とカポシ肉腫の疫学と病理学調査研究　1983年度
- Kaposi肉腫の発症病態に関する病理形態学的および免疫病理学的研究　1984年度〜1986年度
- 東アフリカ地域の医薬用植物等の発癌促進（プロモーター）因子としての役割について　1984年度
- 南アフリカバンツー族に多発する肝細胞癌の発癌機構に関する研究　1984年度
- ブルセイトリパノソーマの生活史と代謝　1990年度〜1991年度
- EBウイルス発がんのリスク因子としてのEBV活性化体内因子の検討　1992年度
- アフリカのヒトとサルからのHIV・HTLV関連ウイルスの分離・解析　1996年度〜1997年度
- エイズ流行がアフリカ地方病型カポシ肉腫に与える影響　1997年度
- 南部アフリカにおけるHIV/AIDSとその関連疾患の分子疫学的調査・研究　1998年度〜2000年度
- 霊長類レトロウィルスの起源と分子進化 —— アフリカのHIV/HTLVの遺伝子解析　1998年度〜1999年度

- 循環器疾患予防のためライフスタイルと健康に関する日・英・仏国際共同研究　1998年度〜1999年度
- 熱帯アフリカにおける悪性腫瘍への発癌ウィルスの関与　1999年度〜2000年度
- トリパノソーマ原虫におけるシアル酸関連蛋白質の発現調節と機能解析　1999年度〜2001年度
- アフリカのHIV/SIV・HTLV/STLVの遺伝子解析 ── その起源と進化の解明　2000年度〜2003年度
- エイズと住血吸虫感染の予防行動に対する健康教育の有効性に関する研究　2000年度〜2003年度
- アフリカにおける女性と子どものエイズの予防と治療に関する医療社会学的研究　2000年度〜2003年度
- DNA arrayによるアフリカのHIV感染者における免疫病態に関する研究　2000年度〜2001年度
- アフリカにおける住血吸虫症流行地住民の行動研究　2001年度〜2003年度
- 南部アフリカのエイズ対策に必要なHIV-1の生物学的および社会医学的研究　2002年度〜2004年度
- アフリカにおける子どもの「病いの疫学」と統合ケア（IMCI）　2002年度〜2003年度
- トリパノソーマにおけるプロスタグランジン生合成系の分子生物学的解析　2002年度〜2003年度
- 中央アフリカにおける抗マラリア伝承薬用植物の調査研究　2002年度〜2003年度
- RSとGISを利用した地球観測システムに基づく熱帯感染症の流行予想モデルの検討　2003年度〜2005年度
- 中央アフリカにおける抗寄生虫病伝承薬用植物の調査研究　2004年度〜2006年度
- ナイジェリア北西部に分布する薬用植物の殺寄生虫成分に関する探索研究　2005年度〜2007年度
- アフリカにおける三日熱マラリア原虫の分布と抗原多型の集団遺伝学的解析　2005年度〜2007年度
- シアン耐性呼吸酵素阻害剤（アスコフラノン）を用いた抗トリパノソーマ薬の開発　2005年度〜2007年度
- 難治性原虫感染症に対する細胞性免疫誘導型ワクチンシステムの評価　2005年度〜2006年度
- 中央アフリカにおけるHIVの分子疫学 ── エイズウイルス生成の源流と未来を探る　2005年度〜2008年度
- エイズ遺児のケアに関するソーシャルネットワークと公的セクターの役割に関する研究　2005年度〜2008年度
- マラリア流行地域におけるG6PD変異の分子生物学的分析　2005年度〜2007年度
- アフリカの熱帯熱マラリア流行国シエラレオネにおける原虫遺伝子の進化に関する考察　2006年度〜2008年度
- 腸管感染症菌の南アジアとアフリカでの流行状況と分子疫学的比較解析　2007年度〜2008年度
- アフリカとアジアにおいてデング出血熱の重症化を規定するウイルス遺伝子多型性の研究　2009年度〜2011年度
- アフリカトリパノソーマ原虫の「動き」に着目した形態形成とアポトシス解析　2010年〜2013年（予定）
- トリパノソーマ原虫に発現する複合糖鎖の生合成機構および機能　2010年〜2013年（予定）
- ワクチン導入がアフリカでのロタウイルス下痢症および流行株変異に与える影響　2010年〜2014年（予定）
- エイズパンデミック発生の謎を解き明かすコンゴ盆地最奥部への探訪　2010年〜2014年（予定）

注）表1〜4は関係学会誌，OTCA／JICA記録，KAKENデータベース等による。1970年以前のデータは「海外学術調査に関する総合調査研究班昭和55年3月『海外学術調査関係研究者名簿（昭和38〜53年度）改訂・増補版』，昭和54年度科学研究費補助金（海外学術調査＝調査総括）」に掲載されている。
　ここにあげた活動記録は収録可能であった範囲内のもので，必ずしも網羅的ではない。複数年度にわたるものは初年度に記した。活動の表記が同一であっても内容が異なる場合もある。

4-2-0 総説 ── 生態人類学
Ecological Anthropology

.... 木村大治

　生態人類学 (Ecological Anthropology) とは，辞書的にいうならば文字通り「人類を生態学的に研究する学問領域」である。生態学とは「環境との関わりにおいてものごとを考えていくやり方」であるが，ここでいう「環境」とは通常は自然環境のことであり，アフリカにおける日本の生態人類学は，狩猟採集民，農耕民，牧畜民など，自然に強く依存した人々を対象に展開されてきた。その過程で中心となってきたのが，モノにこだわり，量ることを重視するという方法論であった。一方，「環境」を「ある境界に囲われた事物の外側のこと」と広く解するなら，それは自然環境にとどまらず，社会や文化，そして眼前の他者の行為といった対象も含まれることになる。そのような対象をあくまでも具体的に捉えていこうとする態度もまた，日本の生態人類学の特徴である。

人類学における生態人類学の位置

　人類学が人間という存在を総合的に研究する学問であるならば，人間と環境との関係をテーマにした一分野 ── すなわち生態人類学 ── が開かれるのは自然なことだといえるだろう。人類学の歴史において生態人類学の先駆とされるのは，古くはモースによる北方狩猟民の研究，エヴァンズ＝プリチャード (1978) によるスーダンの牧畜民ヌエル (ヌアー) の研究，スチュワード (1979) の「文化生態学 (cultural ecology)」と，それに引き続くサーヴィス (1972)，ラパポート (Rappaport 1968)，サーリンズ (1984) らの仕事などがあげられる。また霊長類学においても，古くはカーペンターのホエザルの研究，ドゥヴォアによるヒヒの研究なども，人類の進化史という視点において，生態人類学の発展に強い影響を与えた研究である。ドゥヴォアの研究は，狩猟採集民研究の画期とされる「Man the Hunter シンポジウム」(Lee & DeVore eds. 1968) につながっている。

日本の生態人類学の系譜

　日本の生態人類学にはいくつかのルーツがある。1つは，東京大学理学部人類学教室で，ここは戦前から，自然人類学も文化人類学も併せた意味での「人類学」の研究の場であった。渡辺仁によるアイヌの生態系復元の研究は，先に触れた「Man the Hunter シンポジウム」(Lee & DeVore eds. 1968) でその内容が発表されたことでもわかるように，名実ともに生態人類学の元祖的な業績であるといえる。渡辺の弟子たちは，日本各地で生態人類学的研究を遂行してきた。また東京大学医学部保健学科では「人類生態学 (human ecology)」の名のもとに，医学・保健学の見地から人類と環境との関係を考えていく研究が進んだ。調査は主に日本の南西諸島や，パプアニューギニアなど東南アジアで行われたが，この研究室出身の研究者の一部はアフリカをフィールドとし，調査を進めている（その詳細は「ヒューマンエコロジー」の項目をお読みいただきたい）。

　一方，京都大学では1940年代から，今西錦司を中心とするポナペ島，大興安嶺などにおける探検が行われていた。これらは，当時はその名はなかったものの，生態人類学と呼びうる内容を持っていたといえる。また，戦後開始された霊長類研究の進展とともに，人類進化の問題を考えるという志向性のもとで，アフリカにおける生態人類学が発展してきた。その対象は，初期には狩猟採集民であったが，その後，牧畜民，農耕民と拡大するにつれて，進化の問題だけではなく，「自然に強く依存した人々」（このフレーズは，京都大学の生態人類学研究のリーダーであった伊谷純一郎が好んで使ったものである）の生活を解明しようという広がりを持ってきた。

　このように，日本の生態人類学的研究は，その旗頭を「生態人類学 (ecological

バナナの品種の聞き取り（カメルーン）

anthropology)」とするもの，「人類生態学 (human ecology)」とするものの 2 つの流れがある。語の順番を入れ替えたというだけではなく，両者にはそれぞれの歴史的背景があるのだが，あえていうならば，前者は理学に基盤をおいており，進化を考えることを重視するが，後者は医学に基盤をおいており，適応を考えることを重視する，とまとめることができよう。しかしその関心は大きく重なり合っており，両グループは1973年以来，毎年「生態人類学研究会」という会合を持ってきた。この研究会は1996年に「生態人類学会」に改組し，現在も活発な活動を続けている。

アフリカにおける日本の生態人類学

　ここからアフリカにおける日本の生態人類学の展開について記していくが，これまで，日本アフリカ学会の学会誌『アフリカ研究』誌上で，2 度にわたって生態人類学についての総説論文が書かれている（田中 1984b，河合 2001）。両者ともに，書かれた当時までに出版された生態人類学関連の詳細な文献リストが付されているので，この分野に関心のある人は必読である。また2005年の日本アフリカ学会第42回学術大会において，記念シンポジウム「変貌するアフリカ・変貌する諸学との対話へむけて ―― 21世紀のアフリカ研究と生態人類学」が開催され，そのまとめの特集が『アフリカ研究』69号（2006）に掲載されている（河合・真島 2006など）。これらの論文は日本アフリカ学会のホームページ上で閲覧が可能なので，ぜひ本稿とあわせて読まれることをお勧めしたい。また，以下にあげる論文・論文集には，生態人類学の成果がまとめられているので参考にされたい。大塚他編 (1974)，人類学講座編纂委員会編 (1977)，伊谷・原子編 (1977)，大塚編 (1983)，伊谷・米山編 (1984)，田中 (1984a)，伊谷・田中編 (1986)，田中・掛谷編 (1991)，秋道他編 (1995)，田中他編 (1996)。

　さて，日本の生態人類学と霊長類学はその誕生時においてすでに深い関係にあったのだが，アフリカ研究においても，生態人類学に先立って霊長類学の展開があった。戦後まもなく，ニホンザルの研究から出発した日本の霊長類学だが，1950年代の終わりには類人猿研究を目指した「アフリカ類人猿学術調査隊」が派遣された（今西・梅棹編 1966）。当初はゴリラの調査が目的とされたものの，折から始まったコンゴ動乱の影響を受け，対象をチンパンジーに変更して調査が進められた（伊谷 1961）。この研究がその後，華々しい成果を収めたことはよく知られているが，そもそも類人猿がターゲットとされたのは，そこから人類進化のプロセスが明らかにできるだろうという見通しからであった。一方，人類の側からも，その始原の生活形態を明らかにする必要があり，そのために狩猟採集民の調査が計画された。ただし，現生

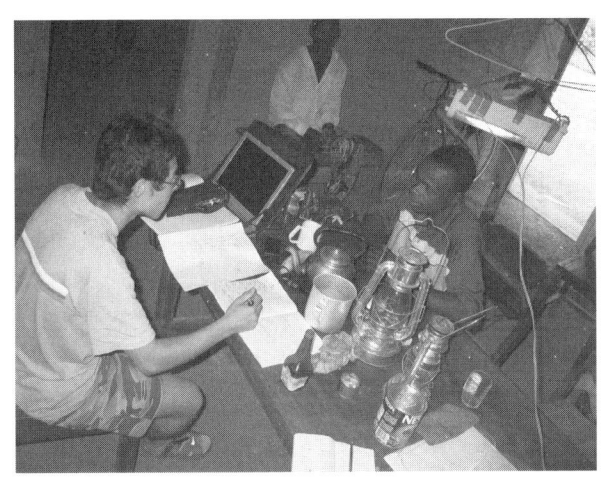

民俗語彙の聞き取り（カメルーン）

の狩猟採集民が，はたして初期人類の生活形態を留めているのかどうかという問題については，1980年代から「カラハリ・ディベート」をはじめとして多くの議論がなされている（丸山 2010）。この問題については「狩猟採集活動の生態」の項目にくわしい。

　日本の狩猟採集民研究の端緒となったのが，1966年に始まる，田中二郎による南部アフリカ・カラハリ砂漠のブッシュマンの調査であった（田中 1971）。田中は単身カラハリに赴き，彼らの生業活動，集団の離合集散と遊動の状況などを詳細に記述した。この研究は，リチャード・リーらのブッシュマン研究と並ぶ，狩猟採集民の生態人類学の古典とされている。ブッシュマンの調査は，その後多くの研究者によって引き継がれ，彼らが再定住生活を余儀なくされた今日においても活発に行われている（菅原 1998a, 1998b, 田中編 2001, 丸山 2010）。ブッシュマンの調査に引き続いて，1970年代に入り，アフリカ熱帯林に住む狩猟採集民ピグミーの調査が開始された。最初の対象は，ザイール（現コンゴ民主共和国）北東部のイトゥリの森に住むムブティ・ピグミーであった（市川 1982）。ムブティはそれまで，シェベスタ，ターンブルといった欧米の研究者によって調査がなされていたが，それらは理学的，生態学的な視点に乏しいものであった。生態学的な背景を持った日本人研究者による調査は，ピグミー研究に新鮮な衝撃を与えた。ピグミー系狩猟採集民の調査はその後，西方へと展開を見せ，コンゴ共和国のアカ，ガボンおよびカメルーンに住むバカ（市川・佐藤編 2001, 木村・北西編 2010a, 2010b），ガボンのバボンゴ（松浦 2012）などの調査が継続されている。こういった研究の進展については「狩猟採集活動の生態」の項目

を参照されたい。また，ブッシュマン，ピグミーという二大狩猟採集民集団の他にも，旧ザイール（現コンゴ民主共和国）東部のバンボテ，ケニアのドロボー，タンザニアのハッザなどの調査が行われている。

　一方，狩猟採集以外の生業についても，すでに「アフリカ類人猿学術調査隊」の時期から生態人類学的調査が行われていた（今西・梅棹編 1966）。掛谷誠は1970年代初頭に，チンパンジーの調査地であるタンガニーカ湖東岸で焼畑農耕民トングウェの調査を開始したが，これが農耕民の生態人類学的研究の端緒といってよい。その後，農耕民研究は旧ザイール（現コンゴ民主共和国），ケニア，ザンビア，エチオピア，タンザニア，コンゴ共和国，カメルーン，西アフリカ諸国などにおいて進展を見せ，今日にいたっている（掛谷編 2002）。こういった経緯は「農耕活動の生態」の項目にくわしい。

　農耕民は多くの場合，タンパク質獲得のために狩猟・漁撈・採集活動も同時に行っていることが多い。そのため，彼らを「複合生業民（multi subsistence people）」と呼ぶ方が的確だという議論もある。一方，「漁撈活動の生態」の項目に書かれているように，漁撈に特化した人々の生態人類学的研究は，他の生業に関するものほど多くはないのだが，安渓遊地によるコンゴ川流域の調査，市川光雄と今井一郎によるザンビアのバングウェル・スワンプの調査，飯田卓によるマダガスカルの調査，大石高典によるカメルーンの調査などをあげることができる。過剰な狩猟活動による陸上の野生動物の減少という状況を受けて，アフリカにおける漁労活動は今後ますます重要性を増すと考えられ，その生態人類学的調査は急務だといえる。

　「牧畜活動の生態」の項目に述べられているように，日本人によるアフリカ牧畜民研究は農耕民と同様，すでに初期の霊長類調査と同時期に，タンザニアにおいて富川盛道，梅棹忠夫によってその先鞭がつけられていた（今西・梅棹編 1966）。1970年代前半より，北ケニアにおいて田中二郎，佐藤俊により，またエチオピアにおいて福井勝義によって牧畜民の生態人類学的調査が開始された。その後多くの研究者によって，ケニア，エチオピア，ウガンダ，タンザニアなどにおいて研究が継続され，東アフリカ牧畜民研究の厚い層が形成されている（佐藤編 2002，田中他編 2004）。

　ここまで述べてきた人々は，自然と強いつながりを持って生活している。狩猟採集は，栽培植物や家畜を介さず，自然から直接食物や物質文化の材料を得る生業形態であるし，農耕，牧畜もまた自然に関する深い知識なしには行えない生業形態なのである。そしてまたそれらの知識は，人々の社会や文化と深くつながっている。こういった自然認識のやり方は，これまで生態人類学のなかで，民族植物学，民族動物学といった形で詳細に調査されてきた。これらの研究の発展については，「エスノサイエンス」の項目を参照されたい。

「生態」と「生きざま」

　ここまでは,「人間と自然環境との関わりの研究」に焦点を当ててきたのだが, 日本における生態人類学はそういった定義的描像を越えた独自の特徴を持っている。人類学という言葉に「生態」を冠したのが生態人類学であるが, ここでこの「生態」という言葉の持つニュアンスについて, もう少し深く考えてみたい。このことは, 日本の生態人類学のユニークな発展過程を考える上で, 重要な意味を持つのである（以下の記述は一部, 木村（2006）からの抜粋である）。

　まず「生態学」の辞書的意味を見てみよう。

【生態学】
生物とそれを取り巻く環境の相互関係を研究し, 生態系の構造と機能を明らかにする学問。エコロジー。（大辞林）

　しかし,「生態学」という語は, 実はさまざまな分野において, この定義にあるような生物学的なニュアンスを超えて使われている。たとえば, グレゴリー・ベイトソンの主著は『精神の生態学』（原題 *Steps to an Ecology of Mind*）と題されているが, そこでは生物学的な意味での「生態」のみが主題になっているわけではない。彼は「精神（mind）」のあり方を, 世界との関わりという形で捉えようとしたのである。また「アフォーダンス」の概念を提唱したJ・J・ギブソンは, みずからの方法を「生態心

バカ・ピグミーの住居で, 昨日何を食べたか聞き取る（カメルーン）

理学（Ecological Psychology）」と呼んだが，彼が「生態」の名を冠したのは，その主張の根幹が，意味や価値といったものを「体の外に見出す」ことだからである。

よく知られているように，「生態学（ecology）」という用語は，ドイツの生物学者ヘッケルの造語で，ギリシャ語の「オイコス oικος」すなわち「家」という語に由来する。つまり eco-logy とは，「あるものの住み家（オイコス oικος）とその外側，つまり環境との関わり方を考える学問（ロゴス λόγος）という意味を持つのである。これもよく知られていることだが，経済学 economy とは，「家＝オイコス oικος」の「規則・法＝ノモス νόμος」という意味を持つ。すなわち語源上，生態学と経済学は兄弟関係にあるといえる。さて，ここでいう環境とは本来，生物学的環境に限定されるわけではなく，したがって ecology という概念も，生物学にのみ適用されるものではない。ベイトソンやギブソンにおける ecology の用法は，転用ではなく，むしろその原義に沿ったものなのである。

一方，ecology の日本語訳である「生態学」についてはどうだろうか。この語は，日本語において一種独特の含みを持つように思われる。再び辞書（大辞林）を引いてみると，

【生態】
1．生物が自然環境のもとで生活しているありさま。
   「野鳥の ──」
2．社会生活をしているもののありのままの姿。
   「若者の ──」

となっている。はたして英語の日常表現において，ecology という語に 2 のような用法があるのかどうかはわからないが，少なくとも日本語では，生＝「生きる」態＝「すがた」という漢字から，このような意味も自然に出てくると感じられる。

そもそも日本で「生態学」を ecology の訳語にあてたのは誰なのだろうか。「生態学」という語が最初に用いられたのは，1895年，東京大学の三好学が Pflanzenbiologie を「植物生態学」と訳した例だといわれている（ただしこれは ecology そのものの訳語ではない）。一方，南方熊楠は，日本におけるエコロジー運動の源となったと評されることもある「神社合祀反対意見」のなかで，ecology に「棲態学」の訳をあてている（南方1984）。この漢字の方が，棲まうことの学という意味での ecology の訳としてはふさわしいかもしれない。

さて，日本の生態人類学者が使う「生態」とは，ここまで述べてきたような意味のふくらみを持っているように思われるのである。つまりそこには，生物学的な意

味を離れた，「ありのままの姿」「具体的なふれあい」「生きざま」といったニュアンスが多分に含まれているのである。伊谷純一郎の次の発言に，このことはよく表現されているだろう。

> 「何人かの人がおっしゃいましたように，より多くの方々が捉えていらっしゃる生態という概念が，やはり狭いと思います。生態人類学をやってきましたが，それは，結局は社会も生活をも含めた生きざまの研究なんです。ですからそろそろ，その生態人類学の生態という文字をとり払ってもいいんじゃないかと思うことがしばしばあるのです」（1987年10月10日，日本人類学会・民族学会連合大会シンポジウム）。

「生きざま」を活写することが生態人類学の目標の 1 つだとするなら，それは一般の（文化）人類学とどう差別化されるのか，ということが問題になってくる。実際，生態人類学者たちは，人々のやっていることを「はかる（計る，量る，測る）」という，一般にそのイメージとされている調査と同時に，人々の社会構造や相互行為の研究に深く沈潜したり，「歌と踊り」「会話」「夢」「身ぶり」といった対象にも旺盛な関心を示しているのである（木村・北西編 2010b，木村他編 2010）。こういった動きについては，「インタラクション研究」の項目を参照されたい。

バカ・ピグミーと森を歩く（カメルーン）

将来への展望

　以上述べてきた一連の生態人類学的研究は，当初は人類の進化，適応，そして人々の「生きざま」について考えるという学問的動機づけを持ったものであった。しかし昨今の地球温暖化，砂漠化，生物多様性の減少といったいわゆる「地球環境問題」に対し，何らかの有効な提言をしうるのも，また生態人類学なのである（池谷編 2003）。本書でも，「地球環境問題と生態人類学」の項にその具体的な取り組みの例，すなわち熱帯林保護と地域住民の生活の両立に関する研究，サヘル地域における砂漠化問題と環境修復の試みが紹介されている。

　地球環境問題は，「地球」という語が示すように，しばしば大所高所からの議論になりがちである。一方，日本の生態人類学の特徴は，地を這うように現地に入り込み，人々の顔の見える記述をしていく，という点にある。そういった視点に立つとき，現地を知らない人々の意見が空疎に響くことは非常にしばしばある。地球環境問題への貢献においても，日本の生態人類学の持つ特徴的な視点を生かしていくことが課題であるといえるだろう。

[参考文献]

秋道智彌・市川光雄・大塚柳太郎編 1995『生態人類学を学ぶ人のために』世界思想社。

池谷和信編 2003『地球環境問題の人類学 —— 自然資源へのヒューマンインパクト』世界思想社。

伊谷純一郎 1961『ゴリラとピグミーの森』岩波書店。

伊谷純一郎 1988「〈シンポジウム〉コミュニケーションの進化 —— サルから人への連続性と非連続性について　コメント 2　新しいコミュニケーション論にむけて」『季刊人類学』19（1）。

伊谷純一郎・原子令三編 1977『人類の自然誌』雄山閣。

伊谷純一郎・米山俊直編 1984『アフリカ文化の研究』アカデミア出版会。

伊谷純一郎・田中二郎編 1986『自然社会の人類学 —— アフリカに生きる』アカデミア出版会。

市川光雄 1982『森の狩猟民』人文書院。

市川光雄・佐藤弘明編 2001『講座生態人類学 2　森と人の共存世界』京都大学学術出版会。

今西錦司・梅棹忠夫編 1966『アフリカ社会の研究 —— 京都大学アフリカ学術調査隊報告』西村書店。

エヴァンズ＝プリチャード，E・E 1978『ヌアー族 —— ナイル系一民族の生業形態と政治制度の調査記録』向井元子訳，岩波書店。

大塚柳太郎編 1983『現代の人類学 1　生態人類学』現代のエスプリ別冊，至文堂。

大塚柳太郎・田中二郎・西田利貞編 1974『生態学講座25　人類の生態』共立出版。

掛谷誠編 2002『講座生態人類学 3　アフリカ農耕民の世界――その在来性と変容』京都大学学術出版会.
河合香吏 2001「アフリカのヒトと自然にむけて――生態人類学」『アフリカ研究』58.
河合香吏・真島一郎 2006「変貌するアフリカ・変貌する諸学との対話へむけて――21世紀のアフリカ研究と生態人類学」『アフリカ研究』69.
木村大治 2006「生態人類学・体力・探検的態度」『アフリカ研究』69.
木村大治 2010「農耕民と狩猟採集民における相互行為研究」木村・北西編『森棲みの社会誌――アフリカ熱帯林の人・自然・歴史Ⅱ』京都大学学術出版会.
木村大治・北西功一編 2010a『森棲みの生態誌――アフリカ熱帯林の人・自然・歴史Ⅰ』京都大学学術出版会.
木村大治・北西功一編 2010b『森棲みの社会誌――アフリカ熱帯林の人・自然・歴史Ⅱ』京都大学学術出版会.
木村大治・中村美知夫・高梨克也編 2010『インタラクションの境界と接続――サル・人・会話研究から』昭和堂.
サーヴィス, E・R 1972『現代文化人類学 2　狩猟民』蒲生正男訳, 鹿島研究所出版会.
サーリンズ, M 1984『石器時代の経済学』山内昶訳, 法政大学出版局.
佐藤俊編 2002『講座生態人類学 4　遊牧民の世界』京都大学学術出版会.
人類学講座編纂委員会編 1977『人類学講座 12　生態』雄山閣出版.
菅原和孝 1998a『語る身体の民族誌』京都大学学術出版会.
菅原和孝 1998b『会話の人類学』京都大学学術出版会.
スチュワード, J・H 1979『文化変化の理論――多系進化の方法論』米山俊直・石田紝子訳, 弘文堂.
田中二郎 1971『ブッシュマン――生態人類学的研究』思索社.
田中二郎 1984a「生態人類学」綾部編『文化人類学 15 の理論』中央公論社.
田中二郎 1984b「アフリカにおける日本の生態人類学的研究」『アフリカ研究』25.
田中二郎編 2001『講座生態人類学 1　カラハリ狩猟採集民――過去と現在』京都大学学術出版会.
田中二郎・掛谷誠編 1991『ヒトの自然誌』平凡社.
田中二郎・掛谷誠・市川光雄・太田至編 1996『続・自然社会の人類学――変貌するアフリカ』アカデミア出版会.
田中二郎・佐藤俊・菅原和孝・太田至編 2004『遊動民（ノマッド）――アフリカの原野に生きる』昭和堂.
松浦直毅 2012『現代の〈森の民〉――中部アフリカ, バボンゴ・ピグミーの民族誌』昭和堂.
丸山淳子 2010『変化を生き抜くブッシュマン――開発政策と先住民運動のはざまで』世界思想社.
南方熊楠 1984『南方熊楠全集 8　書簡 2』平凡社.
Lee, R. B. & I. DeVore eds. 1968 *Man the Hunter*. Aldine Publishing Company.
Rappaport, R. A. 1968 *Pigs for the Ancestors: Ritual in The Ecology of New Guinea People*. New Haven: Yale UP.

4-2-1 狩猟採集活動の生態
Ecology of Hunting and Gathering

安岡宏和

キーワード：ブッシュマン，ピグミー，狩猟採集社会の真正性，3つの生態学，人類進化史

1970年代までの狩猟採集社会研究は，その生態・社会の特徴を進化史的時間軸の上に位置づけて読み解き，人類進化史の解明を目指すものであった。しかし1980年代の狩猟採集社会の真正性をめぐる論争を経て，この目論見には問題があることが了解され，彼らの生態・社会の特徴を，世界史的時間軸のなかで読み解くことが重視されるようになった。このパラダイムシフトと並行して，生態人類学の草創期におけるキーワードであった「進化」や「生態」にとらわれない幅広いテーマの研究が展開した。そうしたなか2000年代になって，ますます多様化する生態人類学の対象を，「3つの生態学」という構想のもとで再統合しようと試みる動きがある。

アフリカの狩猟採集社会

1万数千年前の農耕開始以前，すでに人類は世界に拡散し，狩猟採集生活を営んでいた。以来，それほど遠くない過去にいたるまで，世界各地に狩猟採集社会が存在してきた。しかし，農耕・牧畜文明の拡大や，ヨーロッパ列強の世界進出，それに続く植民地化，近代化の過程で，狩猟採集社会の人口は大きく減少した。現在，「狩猟採集民」と呼ばれる人々の多くは農耕や賃労働などに従事しており，恒常的に狩猟採集生活を営む集団は，ごく小規模な例外を除いて存在しない。とはいえ，そういった社会の多くが狩猟採集社会的といえる諸々の特徴を保持しており，今日でも狩猟採集社会と呼ばれるか，あるいはポスト狩猟採集社会と呼ばれている。

現代アフリカにおける狩猟採集社会の二大グループは，南部アフリカ，カラハリ砂漠に分布するブッシュマン（サン）と，中部アフリカ，コンゴ盆地の熱帯雨林に分布するピグミーである（Lee & Daly 2004）。「ブッシュマン」や「ピグミー」という名称は，かなり広い範囲に分散する諸集団の総称であり，共通する身体的・文化的特徴を有しながらも，それぞれの内部に相当の多様性がある。

海外の研究者には，東アフリカに分布する比較的人口規模の小さいハッザやオキエク（ドロボー）を対象とする人も多いが，日本人による研究のほとんどは，ブッシュマンとピグミーに関するものである。なお，日本人研究者の主要な成果は京都大学アフリカ地域研究資料センターの発行する*African Study Monographs*や，狩猟採集社会国際会議（CHaGS）などを通して世界に発信されており，それもあって日本はアフリカ狩猟採集社会研究における一大勢力として認知されている。

ブッシュマン研究

ブッシュマン研究は，1930年代に言語学者や解剖学者によるものがあるが，人類学的フィールドワークに基づく本格的な研究は，1950年代にL・マーシャルやG・シルバーバウアーによって開始され，1960年代にR・リーや田中二郎らが生態学的な研究に着手した。

田中は，ボツワナ共和国中央部の中央カラハリ動物保護区内に住んでいたグイ／ガナ（セ

ントラル・カラハリ・ブッシュマン）を対象として，生業生態と社会構造を定量的なデータに基づいて記述し，人類進化史の再構成を意図した考察を展開した。田中の著した『ブッシュマン』は生態人類学の範型となる文献であり，その英訳版はブッシュマンの伝統的な生態・生活様式に関する民族誌として世界的に高く評価されている。以来，10人を超える研究者が田中の率いる調査隊に参加し，40年を超える長期研究が継続してきた。

しかし，田中の先駆的業績の後，ブッシュマン研究を牽引してきたのは，必ずしも「進化」と「生態」という生態人類学の2つのキーワードではなかった。それらが後景に退いた要因としては，以下の2点をあげることができる。

第1に，1980～90年代にさかんになされた，狩猟採集社会の真正性に関する論争である。E・ウィルムスンら「修正主義者」は，シルバーバウアー，リー，田中ら「伝統主義者」たちが，現代のブッシュマンの生態・社会を通して旧石器時代の人類の生態・社会を知ることができると考えた点を批判した。なぜなら伝統主義者の観察したブッシュマンは，ヨーロッパ人とバントゥー系農耕民を中心にしてアフリカ南部に形成された政治経済システムの底辺に位置づけられていた人々であり，旧石器時代から自律的な生活を継続してきた真正な狩猟採集民ではないからだ，というわけである。当然，この主張に対する反論がなされ，「カラハリ・ディベート」と呼ばれる激しい論争が巻き起こった（詳細は池谷和信『国家のなかの狩猟採集民』を参照）。

明快な決着はなかったものの，この論争を通して，研究者の間には以下のことが了解された。すなわち，現代のブッシュマンに関する知見をもって人類進化史を論じることが可能だとしても，その前に，諸特徴のどの部分が進化史的時間軸のなかで維持されてきたもので，どの部分が農耕社会や国家，世界システムといった外部との関係のもとで変化したもの，つまり世界史的時間軸のなかで形成されたものであるかについて慎重な検討を要する，ということである。カラハリ・ディベートは「進化史的時間軸の重視から世界史的時間軸の重視へ」というパラダイムシフトを，狩猟採集社会研究にもたらしたのであった。

研究テーマが多様化した第2の要因は，田中の調査隊がフィールドワークを行ってきたグイ／ガナの社会が，国家の主導する定住化・再定住化政策のために大きく変容し始めたことである。それを目のあたりにした田中は，グイ／ガナの社会・経済の変容そのものを理解することを課題として，新たな研究者を引き込んで共同研究に着手し，結果として多様な研究が展開した。菅原（2004）による「研究小史」には，生業の変化・多様化（大崎雅一，今村薫，池谷，菅原），相互行為，身体経験と日常会話（菅原），言語学，言語人類学（中川裕，大野仁美），動物の認知と実践（野中健一，田中，菅原），婚外性関係（田中，菅原，今村），儀礼（今村），カラハリ現代史（池谷，大崎，菅原），子どもの対人関係と近代化（秋山裕之），社会的相互行為の発達（高田明），再定住と社会関係の再編（丸山淳子）といったテーマがあげられている。

田中隊の特徴として，1960年代に田中が調査した集団を，その後の定住化，再定住化を経ても追い続けてきたことがある。このような「定点観測」的な長期研究が実現している点は，次に述べるピグミー研究において，各研究者が異なる民族・居住集団を対象としてきたのとは対照的である。

ピグミー研究

ピグミーに関する先駆的な研究としては1920～30年代にP・シェベスタ神父らによるものがあるが，本格的な人類学的研究は，

1950年代にC・ターンブルによって端緒が開かれた。彼の著した『森の民』はベストセラーになり、ムブティ・ピグミーの生活や文化は広く世に知られた。1970年代には、原子令三、丹野正、市川光雄、寺嶋秀明らが、コンゴ盆地東部のムブティやエフェ・ピグミーを対象として生態人類学的な研究を開始した。並行してR・ベイリー（アメリカ）の調査隊がエフェの研究を始め、コンゴ盆地西部では、S・バユシェ（フランス）やB・ヒューレット（アメリカ）の率いる調査隊が、それぞれ別個にアカ・ピグミーの研究を開始した。

初期の日本人によるピグミー研究は、ブッシュマンと同様に、人類進化史の解明を主たる目的とし、生業生態や社会構造に関心が向けられた。また当初から、自然環境と生業の相互関係、交換経済、植物利用、食物規制、宗教、遊びといった幅広いテーマについても研究が進められた。1980年代には、澤田昌人がエフェの宗教世界について、北西功一と竹内潔がアカの生態や、農耕民とアカの関係などについて研究を開始した。

1990年代になると、現コンゴ民主共和国や現コンゴ共和国の政情が悪化したために、それまで焼畑農耕民の研究をしてきた佐藤弘明と木村大治がカメルーン東南部のフィールドを開拓し、バカ・ピグミーを対象として、森林食物資源の利用（佐藤）や、日常生活や発話における相互行為（木村）に関する研究を始めた。以降、フィールドの選択肢が限られるなか、ピグミー研究に新規参入した大学院生の多くは、バカのもとへ向かった。バカ研究のテーマは多岐にわたっており、歌と踊りのパフォーマンス（都留泰作、分藤大翼）、子どもの日常活動と社会化過程（亀井伸孝）、ゾウ狩猟（林耕次）、狩猟採集生活の生態基盤（安岡宏和）、自然保護とバカの生活の両立（服部志帆）、障害者の生業とケア（戸田美佳子）といったテーマで博士論文が執筆されている。

その他、大学院生や、農耕民を対象とする研究者も加えると、カメルーン東南部をフィールドとする研究者は、総勢20名以上に及ぶ。またガボンでは、バボンゴ・ピグミーについて、松浦直毅が農耕民との関係や儀礼に関する研究を進めている。

ピグミー研究のテーマは、ブッシュマン研究と比べて、「生態」への関心が依然として強く維持されている点が特徴的である。その要因の1つは、狩猟採集社会の真正性に関する一連の論争のなかでの、ブッシュマンとピグミーにおける論点の違いにある。ブッシュマンの場合、現代のブッシュマンに旧石器時代の痕跡を見出すことができるかが論点となり、外部要因の影響を同定するための歴史資料や考古学資料の解釈の仕方について論争が続いてきた。一方、ピグミー（および熱帯雨林の狩猟採集社会全般）に関する「ワイルドヤム・クエスチョン」と呼ばれる論争では、熱帯雨林で純粋な狩猟採集生活が可能か、という生態学的な論点が中心にあった（詳細は安岡宏和『バカ・ピグミーの生態人類学』を参照）。すなわち、狩猟採集社会研究のパラダイム・シフトに際して、ピグミー研究においては、生態への関心がむしろ強められたのである。

3つの生態学

研究テーマがますます多様化するなかで、かつて狩猟採集社会研究の中核を担っていた生態人類学は、その役割を保ち続けることが困難になっているように見える。その大きな理由は、上述した潮流の変化を通して、「進化」と「生態」という生態人類学に独自の関心が薄れ、またそれに代わる求心力のあるテーマが見出されていないからだろう。そして生態人類学のアイデンティティは、方法への執着、すなわち「地を這うような調査」に基づいて、人々の生活世界を「ありのままに記述する」という意志に求められるようになっ

ていった。

そうしたなか，「3つの生態学」という構想のもとで「人と自然の関係」を研究の軸に据えて，生態人類学のあり方を再構築する試みがある（市川 2001）。3つの生態学とは，人々の生活と文化が地域の生態系にどれだけ依存し，自然とどう関わっているかを詳細に記載する「文化生態学」，生態景観に刻まれた人間と自然の相互作用を解読し，地域の生態史を解明する「歴史生態学」，ミクロなレベルでの人々の生業生態と，マクロな政治経済システムとの関係を明らかにする「政治生態学」である。これら3つのアプローチを通して人々の生活を地域の自然と歴史のなかに位置づけるとともに，世界の動きとの関係を明らかにすることが，生態人類学の目的とされる。

人類進化史への野心

ただ，市川の構想のなかでも，「進化」は対象化されていない。また，霊長類学，生態人類学，文化・社会人類学の研究者が集って，人類社会の進化について議論した野心的な共同研究の成果（河合香吏編『集団』，同編『制度』）においても，狩猟採集社会研究者による貢献は意外なほど小さい。

それはなぜだろうか。たしかにカラハリ・ディベートを経た今日では，現代の狩猟採集社会に関する知見と，人類進化史に関する考察とを安易に結びつけることはできないし，研究者自身がそのことを痛切に感じているがゆえに，「進化」という問題を敬遠しがちなのかもしれない。あるいは，狩猟採集社会を素材として「進化」について語ることで，19世紀の単系社会進化論者と混同されてしまうという懸念があるのかもしれない。

むろん，（19世紀の単系社会進化論ではなく，生物学の正統な）進化論的に考えれば明らかなように，無条件に，現代の狩猟採集社会が人類の過去の姿を色濃く反映していると考えるのは誤っている。人類進化史の大部分においてヒトが狩猟採集生活を営んできたのは事実であるが，狩猟採集生活をしているというだけの理由で，人類の太古の姿を維持していると考えることはできない。彼らも私たちも共通祖先から同じだけの進化史的時間，世界史的時間を経てきたのだから。

したがって，まず私たちがすべきなのは，同時代における人類の多様性の一端として，現代の狩猟採集社会の生態（生きざま）を理解することである。そうして明らかにされた彼らの生態と私たち自身の生態との間には，進化史的時間のなかで堆積し，世界史的時間のなかで侵食された峡谷が横たわっている。人類進化史を再構成することは，峡谷の2つの壁面に露出した地層を1つ1つ検分し，比較することに似ている。

それは気の遠くなるような作業である。しかし，峡谷の深さや層序の錯綜にもかかわらず，狩猟採集社会でのフィールドワークを通して，私たちは彼らの生きざまを理解できそうな気がすることも，また事実である。生態人類学的想像力の源泉は，第1に，彼らの生きざまの理解を目指し，峡谷の対岸へ向かって跳躍すること，第2に，世界史的侵食を綿密に選り分けながら，進化史的地層をはるか下方に霞む谷底まで踏査すること，この2つの営みを両立しようとする野心のなかにこそあると，私は考えている。

市川光雄 2001「森の民へのアプローチ」市川・佐藤編『森と人の共存世界』京都大学学術出版会／菅原和孝 2004「セントラル・カラハリ・ブッシュマン研究小史」田中他編『遊動民——アフリカの原野に生きる』昭和堂／Lee, R. & R. Daly 2004 *The Cambridge Encyclopedia of Hunters and Gatherers*. Cambridge UP

⇒生態人類学，霊長類学，古人類学，アフリカ史，文化人類学，先住民運動

4-2-2 農耕活動の生態
Ecology of Agriculture

···小松かおり

キーワード：集約／非集約，エキステンシブネス，土地利用，作物，労働

アフリカの農業は，穀物栽培を中心としたサバンナ型農業と，根栽作物を中心とした熱帯林型の農業，エチオピアから大湖地帯にかけての高地で発達した農業などに大別される。個々の農の姿は，降水量や気温，高度などの自然環境，歴史的な技法と作物の伝播，人口密度，都市や海外へのアクセスなどによって，土地利用，作物の選択，労働の体系，畑に付与した価値，自給作物と商品作物の割合などが変化し，非常に多様である。農耕活動の生態に関わる研究は，人と自然の関係論として，また，農を生業とする人々の生きざまの研究として行われ，農村社会の文化人類学的研究，農業経済，農耕史，エスノサイエンス，地理学といった多くの隣接分野と重複しながら進んできた。

生態人類学的農耕研究の始まり

日本人によるアフリカの農村・農耕に関する研究は，1960年代，京都大学の研究者らによって始められた。和崎洋一，福井勝義，米山俊直らが始めた東アフリカの農耕・農耕社会の研究と，中尾佐助らによるスーダン・サバンナ帯の農耕史研究である。

農耕民の生態人類学的研究を本格的に開始したのは，1971年に，タンザニア西部の疎開林で焼畑農耕を営むトングウェの調査を開始した掛谷誠である。掛谷が1974年に『季刊人類学』に発表した「トングウェ族の生計維持機構——生活環境・生業・食生活」が，日本人によるアフリカ農耕民の生態人類学的研究の最初の論考であろう。トングウェに関する一連の論考のなかで，掛谷は，「最小生計努力」という拡大再生産を目指さない生業に対する姿勢が，「食物の平均化」といった社会関係と連動していること，それが，「呪い」という精神世界を背景としていることを指摘した。掛谷の当初の研究は，「自然の一員としてのヒト」（掛谷1986：247）の研究であり，伊谷純一郎が自然埋没者と表現した，「生態系の一員として暮らしを立ててきた焼畑農耕民」（掛谷1986：218）の生活構造を明らかにするという目的で行われた。それは，霊長類学と生態人類学を結んで，人類進化の道筋を明らかにするという学問的志向性に支えられ，「平等性」や「集約性」をめぐる議論が展開された。掛谷はまた，トングウェの精神世界を象徴する呪医の研究，移動性と社会関係についての考察など，焼畑農耕民の社会と精神文化にも目を向けた。

数年遅れて，中部ザイール（現在のコンゴ民主共和国）の熱帯雨林では，武田淳によるンガンドゥ，佐藤弘明によるボイエラという，焼畑農耕民の研究が行われた。東京大学理学系研究科の出身である彼らは，世界のさまざまな自然環境のなかでの人類の生態的適応の解明の一環として，アフリカの森林環境への適応の解明を目的とした。その後東ザイール（当時）では，安渓遊地が森林地帯で農耕と漁撈を営むソンゴーラの研究に従事した。これら初期の研究は，動植物相の把握と生業の詳細，食生活とエネルギー収支といった項目を総体的に記述することに重点がおかれ，人口

ザンビアのベンバが疎開林で拓くチテメネの畑。耕地の広さの6倍以上の面積で樹木の枝を切り落とし，耕地に運んで焼く（大山修一提供）

密度が低く，非集約的な農耕と自給経済を基本とする人々が対象集団として選ばれた。これらの社会は，農に限らないさまざまな方法を組み合わせて複合的な生業を成り立たせており，農耕のスペシャリストであるよりも，むしろ，ジェネラリストである実態が明らかになった。

在来の集約性とエキステンシブネス

1980年代には，掛谷はザンビアの乾燥疎開林で，チテメネと呼ばれるより労働集約的な焼畑農耕を営むベンバの調査を始めた。ベンバの調査に加わった杉山祐子は，母系社会であるベンバの社会構造と女性の生計戦略の関係，生業技術とその背景にある価値の関係についてなど，農耕活動の背景にある文化社会的要素に関する多彩な研究を進めた（杉山1988）。

掛谷はその後，欧米の農学が理想とする「集約性＝インテンシブネス」に対抗して，否定的な意味を払拭した粗放性を「エキステンシブネス」と表現し，アフリカの農耕社会の基層を探ろうとした。その研究は，アフリカ在来の集約性という課題につながり，重田眞義によるエチオピアのアリを対象とした在来知と在来の集約性の研究，同じくエチオピアの高人口密度下で暮らすコンソを対象とした篠原徹による集約農業の報告など多くの研究が続いた（掛谷編2002）。

1990年代には，集約性と非集約性に関する研究が各地で蓄積された。コンゴ共和国北部，カメルーン東南部といった中部アフリカの熱帯雨林では，掛谷の提起したエキステンシブネスの実態を明らかにする研究が進んだ。塙狼星は，半栽培をキーワードとして，熱帯雨林に居住する農耕民の自然環境との相互作用と彼らの地域史について研究を進め（塙2002），小松かおりは，畑地や食卓といった小さな領域で展開される多様性について報告した（小松2010）。熱帯雨林における焼畑移動耕作は，人間による自然の管理という農耕のイメージとは異なり，自然と人為が空間的にも認識的にも連続的であり，社会集団もより流動的である。そこでは，「農」の概念自体

カメルーン東南部の混作畑。野生植物の生育が激しく、人為と自然は連続的である

が揺らぎ，総体的なヒト‐自然関係のなかに位置づけ直すことが必要となる。

一方，東アフリカとエチオピアでは，集約性に関する研究が進んだ。ザンビアの疎開林では，ベンバの研究に加わった大山修一が，在来の焼畑農耕であるチテメネ耕作と，構造調整政策によってもたらされたファームと呼ばれるトウモロコシ畑が併存する状況について報告し，アフリカにおける農業の近代化について考察を深めた。また，加藤正彦がタンザニア西部の湖岸地域のマテンゴ，丸尾聡が同じくタンザニア北西部の高地帯のハヤを対象に，土地集約性の高い在来農法について調査した。このように，東アフリカでは，在来的な，または近代的な集約的農業の事例が蓄積され，これらの研究をまとめた論文集が編集された（掛谷編 2002）。独自の集権制度を発達させたエチオピアでは，南西部を対象とした集団の調査が進み，山地民のマロを対象とした藤本武，森林の焼畑農耕民マジャンを対象とした佐藤廉也によって，国家政策と社会の変容のなかで変化してきた農と農耕社会の姿が描かれた（福井編 2005）。

1990年代には，リモートセンシングを利用した畑地のインパクトの測定など，農の生態に新たな方法論が取り入れられ，従来の，秤と巻き尺を基本的装備とする研究方法に新たな道具と鳥瞰的な視点が加わった。フィールドワークを基本とする研究者が画像解析などを併用するようになったことで，より複合的な方法で当該地域を把握することが可能になった（大山 1998）。

地域研究と実践的研究

2000年代には，京都大学大学院アジア・アフリカ地域研究研究科の研究者を中心に，地域研究としての農耕活動・農耕社会研究が進んだ。現代社会のなかで変容を続ける農耕社会を，生業・地域経済・社会構造の多方面にわたって総合的に把握しようという試みである。そのなかには，ザンビアの疎開林におけるアンゴラ難民の生計戦略に関する村尾るみこの研究（村尾 2012），ブルキナファソの乾燥地で乾燥と虫害に対応する農民についての石本雄大の研究など，紛争や気候変動といったグローバルな問題に対する農民の対処に注目する研究が含まれる。

また，同研究科では，1999年から，タンザニアのソコイネ農業大学と国際協力事業団（JICA）と協力した農村開発プロジェクトが始

タンザニアの高地，ハヤの屋敷畑。手の込んだ管理によって，化学肥料なしで数十年間バナナを栽培し続ける（丸尾聡提供）

まり，以降，タンザニアとザンビアで，地域研究を基盤としたアフリカ型農村開発を目指すいくつかのプロジェクトが実施された。このなかでは，研究者自身が実践に関わり，研究と実践をつなぐことが目指された（掛谷・伊谷編 2011）。

一方，より生態学的視点に特化した研究として，セネガルのサバンナにおける平井將公のセレールの資源利用の生態史研究，カメルーンの熱帯雨林における四方篝のバナナ農耕の生態研究（四方 2013）などの研究が生まれている。

研究の動向

今後の農耕活動の生態人類学的研究としては，①急激な社会・経済状況の変化のなかでの農耕活動の地域研究と，応用としての実践的研究，②人類の生態史としての歴史生態学的研究，③地球的環境問題への貢献を目指す研究，④農，作物といった概念自体を問い直す研究，といった方向がありうるだろう。これらの方向はますます，農業経済，農村研究，エスノサイエンス，地域研究といった隣接分野との融合を必要とすることになる。

大山修一 1998「ザンビア北部・ミオンボ林帯におけるベンバの環境利用とその変容──リモートセンシングを用いた焼畑農耕地域の環境モニタリング」『Tropics』7 (3/4) ／掛谷誠 1986「伝統的耕民の生活構造──トングウェを中心として」伊谷・田中編『自然社会の人類学──アフリカに生きる』アカデミア出版会／掛谷誠編 2002『講座・生態人類学3　アフリカ農耕民の世界──その在来性と変容』京都大学学術出版会／掛谷誠・伊谷樹一編 2011『アフリカ地域研究と農村開発』京都大学学術出版会／小松かおり 2010「森と人が生み出す生物多様性　カメルーン熱帯雨林の焼畑・混作畑」木村・北西編『森棲みの生態誌──アフリカ熱帯林の人・自然・歴史Ⅰ』／四方篝 2013『焼畑の潜在力』昭和堂／杉山祐子 1988「生計維持機構としての社会関係──ベンバ女性の生活ストラテジー」『民族学研究』53 (1) ／塙狼星 2002「半栽培と共創──中部アフリカ，焼畑農耕民の森林文化に関する一考察」寺嶋・篠原編『講座生態人類学7　エスノ・サイエンス』京都大学学術出版会／福井勝義編 2005『社会化される生態資源──エチオピア　絶え間なき再生』京都大学学術出版会／村尾るみこ 2012『創造するアフリカ農民──紛争国周辺農村を生きる生計戦略』昭和堂

⇒栽培植物，農業経済学，農業と農村社会，エスノサイエンス，ヒューマンエコロジー，地域研究

4-2-3 牧畜活動の生態
Ecology of Pastoralism

孫曉剛

キーワード：乾燥・半乾燥地域，家畜，移動性，適応戦略，社会変容

牧畜はヒト・家畜・自然の三要素からなる生業といわれる。人類はこの生活様式を獲得することによって，農耕に適しない地域に生活の場を広げた。今日，アフリカ大陸には約2億7000万人がウシ・ラクダ・ヤギ・ヒツジなどの家畜とともに生活している。人々はグローバルな気候変動による自然災害の増加や，国家政治や市場経済の拡大による影響に対処しながら牧畜活動を維持している。牧畜民を対象とした生態人類学の研究は，厳しい自然環境に対する適応戦略をはじめ，家畜をめぐる社会関係や価値観，開発援助に伴う社会変容など多岐にわたる。

アフリカの牧畜民

アフリカ大陸の総面積の約8割を占める乾燥・半乾燥地域では，天水農耕による農作物の生産性が低く，収穫も不安定であるため，家畜に依存する牧畜民が多く暮らしている。降雨量が500～1000mmの半乾燥地域では，牧畜と季節的な農耕が行われ，500mm以下の乾燥地域では牧畜に大きく依存せざるをえないことになる。半乾燥地域ではウシと小家畜（ヤギとヒツジ）を組み合わせて飼養しているのに対して，乾燥地域ではラクダと小家畜の組み合わせが中心となる。今日，大陸全体で約2億7000万人が家畜と関わる生活をしており，各国の国内総生産（GDP）の10～40％を創出している（African Union 2010）。

牧畜民の生態人類学的研究

牧畜民が住む代表的な地域の1つは，東アフリカ乾燥地域である。ここには，専業牧畜をはじめ，半農半牧や商業牧畜などの形で約500万人の牧畜民が暮らしている。アフリカにおける牧畜民研究の多くはこの東アフリカ乾燥地域で行われてきた。

牧畜民の生業と自然環境との関わりに注目した人類学的な研究は1930年代に遡ることができる。エヴァンズ＝プリチャードは代表作『ヌアー族』のなかで，畜産物の利用方法，季節・降水量の変動と川の氾濫に伴う居住地の移動，そしてさまざまな環境条件を利用した牧畜・農耕・漁労からなる生業複合について詳細に記述した（Evans-Pritchard 1940）。1960年代に入ると，文化生態学，生態人類学の発展とともに，牧畜活動と自然環境との関係を生態学的に解明しようとする研究が現れた。ダイソン＝ハドソンをはじめとする研究者によって，牧畜民が持つ家畜についての知識や放牧管理の技術，植物の生産量の変動と牧草地の利用方法との関係，そして家畜の増殖と畜産物の供給を中心とする生産体制についての研究が行われた（Irons & Dyson-Hudson 1972）。

日本では1960年代初頭に「京都大学アフリカ学術調査隊」が組織され，富川盛道と梅棹忠夫によるタンザニアの牧畜民ダトーガの調査が始まった。1970年代に入ると，エチオピアでは福井勝義によるボディの調査，ケニアでは佐藤俊によるレンディーレの調査，伊谷純一郎と太田至によるトゥルカナの調査，田

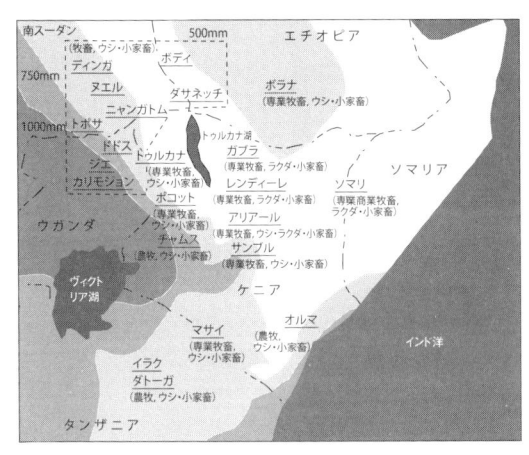

東アフリカ乾燥・半乾燥地域の牧畜社会

中二郎と丹野正によるポコットの調査がそれぞれ行われた。さらに1980年代に入ると，鹿野一厚がサンブルを，北村光二がトゥルカナを，河合香吏がチャムスを対象とした研究に着手した。こうして，人類進化のなかの一生業様式としての牧畜生活に対する理解からスタートした牧畜民研究は，過酷な自然環境への社会生態学的な適応メカニズムや，人間と家畜との相互作用や，牧畜民の思考・行動パターンや医療・儀礼活動など多方面に展開されるようになった（田中他編2004）。

一方，1970年代にサヘル広域に起こった大干ばつと，1984〜85年に東アフリカに起こった大干ばつを契機に，国際機関や各国政府が乾燥地域を対象に大規模な開発援助プロジェクトを開始した。これをきっかけとして牧畜社会の変容が注目されるようになり，1980年代後半から，牧草地の私有化問題や，定住化・経済格差の拡大問題などの研究が行われるようになった。日本人によるものでは，近代国家の内部に取り込まれていくラクダ牧畜民ガブラの変容についての曽我亨の研究や，家畜市場を利用して生業牧畜と市場経済との接合を図るウシ牧畜民サンブルを対象とした湖中真哉の研究が注目される（佐藤編2002）。

2000年代以降，さまざまな社会変化を経験し政治的・経済的に周辺化されながらも家畜放牧を維持する牧畜民の持続性，外的な社会環境の変化に対する柔軟性，そして発展の潜在力が注目されるようになった。波佐間逸博がカラモジャ，中村香子がサンブル，孫暁剛がレンディーレ，内藤直樹がアリアール，佐川徹がダサネッチを対象に調査を行った。またこのグループを中心に，「ユーラシアとアフリカ遊牧社会における移動性・柔軟性・潜在力」や「アフリカ牧畜社会における学術研究と開発援助の接合による持続可能な発展」といった国際ワークショップが開催され，日本で発展してきた牧畜民の生態人類学と海外の牧畜民研究との交流がさかんになった。

牧畜社会の適応戦略

牧畜活動は，人間が直接には利用できない植物資源を，家畜となる草食動物に食べさせ，人間が家畜からミルクや血，肉などの畜産物を得ることによって成立する生業様式である。牧畜民にとって家畜群を維持し安定的に畜産物を得ることは最優先課題である。アフリカの牧畜民を対象とした生態人類学的な研究によって，人々が自然と社会環境の変動に対す

放牧地に向かう家畜の群れ

るさまざまな適応戦略が明らかになった。

　牧畜民が暮らす乾燥・半乾燥地域は，降水量が少なく，かつ降雨の季節的・地域的な変動が大きく，干ばつなどの自然災害がひんぱんに発生する地域である。ダールとジョールは，複数の家畜種の生物学的な特徴と乾燥地の季節変動との関係性を分析し，人間が利用できるミルク量の季節的な減少に伴う一時的な食糧不足が，妊娠期間や泌乳期間が異なる多種類の家畜を飼養することによって補われていることを明らかにした（Dahl & Hjort 1976）。佐藤は，牧畜民が生理生態的に乾燥につよいラクダを社会的・文化的にも高く評価していること，そして家畜に依存する生業経済に対応できるような人口・世帯構成や集団形成，そして出自組織や年齢体系があることを報告した（Sato 1980）。

　このようなアフリカ牧畜民が持つ生態学的な適応戦略に共通する特性として，土地を私有せず高い移動性を保持すること，複数の家畜を組み合わせること，家畜を分散させること，そして家畜群の個体数を最大に保つことがあげられる（太田1998）。一方，近年の定住化や市場経済化といった社会環境の変化への対応を調査した結果，人々が生業としての牧畜を持続させるためには，定住集落と高い移動性を持つ放牧キャンプのセットとなる居住形態をつくり，定住と遊牧の両立を図っていること，家畜の市場価値を考慮して多種類の家畜を組み合わせて飼養し現金経済の拡大に対応していること，そして限られた自然資源を巧みに利用し柔軟性をもってさまざまな技術や戦略を実践していることが明らかになった（孫2012）。

牧畜活動における「環境収容力」と「ニュー・エコロジー」

　牧畜生活を維持する上でのもう1つの重要課題は，いかに牧草や水といった自然資源を持続的に利用するかということである。

　1970年代後半から，アフリカの乾燥・半乾燥地域で展開された牧畜活動は，過放牧による砂漠化の原因として，植物生態学における「環境収容力」や経済学における「共有地の悲劇」の視点から批判対象となった。それによると，牧草地の自然資源を持続的に利用するためには，牧草の再生産能力の維持が前提条件であり，植物生産量（環境収容力を規定する）と家畜による消費量の平衡を保つ必要がある。しかし個々の牧畜民が共用の資源を最大限に利用して各自の家畜を増やそうとした結果，牧草の再生産能力を超えた過放牧をもたらし，砂漠化が進行するというのである。このきわめて単純化されたシナリオが，牧草地の保全と開発の理論的背景として，アフリカ諸国の土地分割・私有化政策や，牧畜民の定住化・市場経済化政策に使われてきた。

家畜の放牧管理の担い手である青年たち

一方，1990年代に，「環境収容力」の概念はアフリカの変動の激しい乾燥地には適用できないという見解が現れた。エリスやベネクなどによって提示された「非平衡系 (disequilibrium) の生態系モデル」によると，年間降水量が300mm以下のような乾燥地域では，植物のバイオマスと草食動物の個体数はともに気候変動（とくに降水量の変動）に大きく左右される。そのため，「環境収容力」の基準となる植物の生産量と草食動物の消費量の平衡は成立しない。したがって，植物の再生産能力を指標として家畜の個体数を推定し，それを過放牧の判断基準に設定することができないというのである。従来の生態学における「自然の平衡」に基づく「主流な見方」に対して，こうした「変動・撹乱」に注目した新しい見解は「ニュー・エコロジー」と呼ばれた（Behnke & Scoones 1993）。
　ニュー・エコロジーは牧畜民が実践している高い移動性や家畜の個体数を温存する適応戦略を理解し再評価する新たなパラダイムとして注目されている。しかし，牧草地の持続的な利用における評価基準の設定が難しいため，牧畜経営において，環境収容力に基づいて家畜の個体数を抑制すべきか，それとも環境の変動に応じて家畜の個体数を上下させるべきかの議論が今も続いている。

現状と将来の展望

　アフリカの牧畜民の多くは現在，家畜に依存する生計を維持しながら，開発援助によってもたらされた新しい機会を利用して生業の多角化を試みている。彼らは外部から孤立し伝統を固持する人々でもなければ，政治的・経済的なグローバル化の波に翻弄される人々でもなく，牧畜生活という「生き方」に自信を持つ人々である。一方，地球規模の気候変動に伴う異常気象や自然災害の増加が，乾燥・半乾燥地に暮らす牧畜民にとって大きな

家畜はさまざまな儀礼に登場し，牧畜民の生活文化に密接に関わる

脅威となっていることも確かである。そのため，在来の技術と適応戦略を十分に活かした形で，科学技術や開発援助との融合による情報発信と総合的な対策の研究が期待される。

太田至 1998「アフリカの牧畜民社会における開発援助と社会変容」高村・重田編『アフリカ農業の諸問題』京都大学学術出版会／佐藤俊編 2002『遊牧民の世界』京都大学学術出版会／孫暁剛 2012『遊牧と定住の人類学——ケニア・レンディーレ社会の持続と変容』昭和堂／田中二郎・佐藤俊・菅原和孝・太田至編 2004『流動民——アフリカの原野に生きる』昭和堂／African Union 2010 *Policy Framework for Pastoralism in Africa*. Addis Ababa ／ Behnke, R. H. et al. eds. 1993 *Range Ecology at Desequilibrium: New Models of Natural Variability and Pastoral Adaptation in African Savannas*. London: Overseas Development Institute ／ Dahl, G. & A. Hjort 1976 *Having Herds: Pastoral Herd Growth and Household Economy*. Stockholm Studies in Social Anthropology, 2. University of Stockholm ／ Evans-Pritchard, E. 1940 *The Nuer*. Oxford UP ／ Irons W. & N. Dyson-Hudson eds. 1972 *Perspectives on Nomadism*. E. J. Brill, Leiden, The Netherlands ／ Sato, S. 1980 Pastoral movements and the subsistence unit of the Rendille of northern Kenya: With special reference to camel ecology. *Senri Ethnological Studies* 6

⇒熱帯アフリカの気候と環境の変動，東アフリカ——牧畜と社会変容

4-2-4 漁撈活動の生態
Ecology of Fishing

大石高典

キーワード：動物性たんぱく質，生業複合，漁法選択，すみわけ，交換・交易

　アフリカでは漁労のみに特化した専業漁民は少なく，他の生業と組み合わせて漁撈を行う多重生業複合的な漁民が多く見られる。漁撈が行われる水域は，水上交易，気候変動，紛争などにより異なる民族集団の出会いの場ともなっており，それらの人々が同じ水域を利用することは珍しくない。そのような場合には，漁法選択によって，漁場や漁獲対象をずらすことによってすみわけがなされる。より専業的な漁民は，物々交換を含む交易の相手である農耕集団や，市場へと魚を卸す仲買人としばしば共生的ともいえる深いつながりを築いている。近年，人口増加や都市化により需要が増大している動物性たんぱく質の供給の上で，漁撈活動の重要性はますます高まっている。

漁撈生態の多様性

　アフリカの漁撈活動を対象とした生態人類学的研究は，狩猟採集，牧畜や農耕を対象とした研究に比べると大変少なく，これまで漁撈民研究といったような独立したジャンルを形成してこなかった。そこで，ここではまず，これまで行われてきた漁撈活動に関する研究を，水域環境ごとに見てゆくことにする。

　海域での漁撈活動は，ほぼ沿岸部に限られる。沿岸漁業の生態に関わる研究として，マダガスカル西部のヴェズ人を対象とした飯田卓による研究と，東アフリカ・スワヒリ海岸の海村を対象とした中村亮による研究があるほか，縄田浩志によるスーダン東部の牧畜民ベジャ人の漁撈活動についての報告がある。

　マダガスカル西岸では，中国などアジア向け輸出のためにフカヒレ採取のためのサメ漁とナマコ漁が盛んになっている。ヴェズ漁民はこれらの採捕のため，定住村から遠く離れた地域に長期滞在して漁を行う。現金収入をフカヒレとナマコに依存する一方で，定住村の地先での漁撈活動も続けられている。商業漁撈の浸透は，むしろ地先での漁撈活動の自給的な性格を強めている（飯田 2008）。

　タンザニア南部沿岸のキルワ島は，10世紀ごろからインド洋交易の港市として栄えた。大陸から1kmほどに立地し，大陸側にマングローブ，インド洋側にサンゴ礁の2つの海に囲まれている。バンツー系とアラブ系に大別される多様なエスニシティの住民が漁撈活動を主たる現金収入源としている。バンツー系漁師は，波風の穏やかなマングローブに囲まれた内海で採集漁中心の漁撈を行う。一方，アラブ系漁師は波風の荒い外海で竜骨構造船を用いて刺網を中心とした漁撈を行う。豊かな海環境を背景に，両者は生業空間と資源利用のすみわけに成功している（Nakamura 2011）。

　スーダン東部紅海沿岸部のベジャ人は，牧畜のかたわら，ヒトコブラクダの移動能力を活用して隆起サンゴ礁島へとアクセスし，巻貝や魚類を採捕して食糧としたり，現金収入源にしたりしている（縄田 2000）。

　内陸部に目を向けると，湖沼，河川，氾濫原から雨季にできる水たまりにいたるまで，多様性に富んだ水環境で漁撈活動が行われている。いずれの地域でも，漁撈活動にはっき

りした季節性が見られる。すなわち乾季に活発になり、雨季には活動頻度が低下する。魚類は雨季後半の増水期に水とともに、浸水した氾濫原や森林のなかに移動して産卵に向かい、増水期が終わると孵化した稚魚とともに河川に戻る。アフリカの内水面漁業では、このような魚の季節移動を利用した漁法が一般的であり、植物性材料で作られた簗（やな）、筌（うけ）などの定置漁具が多用されるほか、植物性の魚毒を用いる漁や、一次的な水域を利用した搔い出し漁のような類似した漁法が広範囲に分布している。このようにアフリカ各地に共通した要素がある一方で、生態学的な条件ごとに特色ある漁撈活動の生態が明らかにされてきた。

東アフリカ大地溝帯の湖沼域では、ザンビアのバングウェウル湿原をフィールドとして、1980年代に今井一郎と市川光雄による兼業漁民を対象とした研究が行われた。湿原の漁民は農耕を基盤としつつ、季節的にキャンプに滞在して漁撈を営む。今井は、漁師たちが出身村における親族関係や人間関係をもとに漁撈ユニットを作ること、民族集団ごとに営利漁法の選好性に明瞭な違いがあることを明らかにし、場所、時間、漁獲対象などをずらすことによって漁師たちが湿潤スワンプ環境を使い分けていることを見出した（Imai 1985）。市川は、漁撈ユニットの漁法選択と漁獲を観察し、漁師たちの採用する漁撈戦略に1つの漁法に特化したスペシャリスト型と多くの漁法を柔軟に組み合わせるゼネラリスト型があることを示した（市川 1994）。湿原で獲れる魚は、燻製ないし日干しにより乾燥させて、仲買人に売られてゆく。市場では、消費者の嗜好により魚種ごとに値段に大きな相違があるが、湿原での魚の買い付けに市場価格は反映されない。なぜならば漁師たちは漁師組合を組織して魚種に関係ない重量単位の販売価格を定めているからである。魚価を一定に保つことは、市場経済の圧力に対して、漁師たちの共存の基盤となっている漁撈活動の多様性を保持し、特定魚種への漁獲努力の集中を防ぐ上でのバッファーとなっている（市川 1994, 今井 2000）。

1990年代後半からは中山節子がマラウイ湖の出稼ぎ漁民を対象とした研究を行った。マラウイ湖では、都市からUターンした出稼ぎ漁民が多数漁撈活動に参入している。先行研究では、出稼ぎ漁民が新しい漁撈技術だけでなく、都市の労働慣行を漁村に持ち込むことにより、伝統的な漁撈活動を崩壊させたとされていたが、中山は実際の漁撈技術や漁撈集団編成の観察から、都市からの出稼ぎ漁民が、都市の生活文化と在地の漁撈慣行の折衷を試みているという創造的な側面を見出した（Nakayama 2008）。

西アフリカのサバンナに広がる氾濫原では、20世紀初頭にはすでに商業漁撈が発達していた。竹沢尚一郎は、1980年代にマリのニジェール川の内陸三角州で行った調査をもとに、専業漁民ボゾ人を対象とした民族誌を著している。内陸三角州で行われる漁撈には、数十kmにもわたって簗（す）と筌を設置するような大規模な漁もあれば、魚の心音を頼りに両手で抱えた手網1つで行う潜水漁のようなごく小規模な漁もある。近年、干ばつによる魚の減少と相まって漁獲は減少傾向にあるが、ボゾ人たちは卓越した漁撈技術を携えて魚の獲れる場所へと移動範囲を拡大することにより対応してきた。ボゾ人は、魚を求めて西アフリカ全体を数百kmから数千kmの単位で移動する（竹沢 2008）。

熱帯雨林にその多くを覆われた中部アフリカのコンゴ川流域では、安渓遊地が、1980年代にコンゴ川上流のルアラバ川沿いに居住するソンゴーラ漁民を対象に先駆的な研究を行った。ソンゴーラ人には農耕活動を専らとする集団と、河川沿いに居住し漁撈活動を専

らとする集団（エニャ支族）があり，魚と農作物を物々交換することによって互いの生計を補い合っている。エニャ支族の漁民は，漁獲の多くを農耕民との交易にとっておく。安渓は，現金経済の浸透にもかかわらず，なぜ物々交換市が持続しているのかを追究した。物々交換市では，魚だけではなく農作物や獣肉，酒などさまざまな産物が交換される。安渓は物々交換の交換レートを実測し，これらの商品のなかで魚だけが魚種にかかわらず重さを基準に他の商品の価値を表すことが可能な交換単位として機能していることを明らかにした。漁民と農民の双方にとって，安定して食物を確保するために，旧ザイールの政変下でひんぱんに価値が変わる貨幣を基盤とした商品取引を行うよりも，魚を基盤とした交換の方がはるかに信頼できるものだったのである。かくして，魚は「原始貨幣」の性格を持っていた（安渓1984）。

この研究に顕著なように，日本の生態人類学は人々の生業活動を摂取カロリーや現金収入といった要素に還元して把握するために定量化の努力を払っていたというよりも，むしろ眼前のモノを「はかる」ことを武器として，日常生活から社会や経済へと切り込む視点を持っていた。

2000年代に入ると，コンゴ盆地北西部の支流ジャー＝ンゴコ川流域をフィールドに，大石高典が地元のバントゥー系住民であるバクウェレ人による漁撈活動の研究を行い，稲井啓之がカメルーン北部や西アフリカ諸国からの出稼ぎ漁民と地元漁民の漁撈活動の比較を行った。

バクウェレ人の漁撈活動の特徴は，多様な魚種や水棲動物を対象とした漁法の多様性にある。バクウェレ人は，乾季になると家族単位でキャンプに移動し，漁撈活動をベースにした生活を行う。河川本流で行う成人男性中心の漁だけではなく，森林内を流れる小河川や水たまりをかいぼりして中の魚をつかみ取る掻い出し漁など，女性や子どもの得意とするものが含まれており，参加者の多くはなんらかの漁で活躍できる。大石が注目したのは，定住村落と漁撈キャンプでは生業活動や食生活が変わるだけでなく，社会的なモードが大きく変わることである。漁撈活動実践は，長期間の移動生活を通じて，個人や集団の間の社会的緊張の解消や社会関係の組み換えに役割を果たしている（大石2010）。稲井は，地元漁民と出稼ぎ専業漁民がいかに共存しているかを漁撈戦略の相違から描き出した。出稼ぎ漁民は大量の釣り針やナイロン製の魚網を用いた大規模漁を展開するが，地元漁民は零細だが多様な漁を展開する。出稼ぎ漁民は，漁獲のほとんどを仲買人への販売に回すが，地元漁民は自家消費する。両者の漁撈活動は正反対の戦略によるすみわけができているため，深刻な対立を起こすことがない（稲井2010）。

複合的生業システムのなかでの漁撈活動

ここまで述べてきたような漁撈活動の生態学的多様性と生業システム全体における位置づけの変異は，漁撈に関わる人々の多様性とおおいに関わっている。冒頭で述べたように，漁撈活動を対象とした生態人類学的研究は，他の生業を対象とした研究に比べて少ないが，それはアフリカにおける漁撈活動の生業としての比重が少ないからとは必ずしもいえない。狩猟採集民や牧畜民のように輪郭のはっきりした，漁撈活動のみに特化した専業漁民が少なく，他の生業と組み合わせて漁撈を行う多重生業複合的な漁民が多いからである。その1つの理由として，魚は主食にならず，魚だけを食べて生きてゆくことは不可能であり，つねに農耕活動や，農耕民あるいは市場との関係で漁撈活動の性格が変わることがあげられる。上記のいずれの研究をとってみても，漁撈活動そのものに閉じたものでは

なく，民族集団関係やより大きなシステムとの社会経済的関係のなかで生態が語られているのである。

漁撈活動を行う者が必ずしも常に漁撈のみを行い続けるわけでない一方で，漁撈をまったく行わない人々もまた少ない。こういった理由から，漁撈活動に関わる記載や分析は断片的に多くの民族誌のなかに分散しがちである。しかし，農地の少ない，あるいは農地を失った農耕民が漁撈活動を行う事例，家畜を失った牧畜民が漁撈活動を行う事例，商業民が漁撈活動を行って元手を得る事例，紛争難民が漁撈活動により食いつなぐ事例などは，漁撈活動がアフリカのさまざまな人々にとって，とくに生計維持上の危機に瀕した際の重要な生存基盤となっていることをよく表している。

今後の課題 ── 自然保護と資源管理の間で
中部アフリカから西アフリカにかけて，都市化と開発の影響から野生獣肉から魚へとたんぱく源のシフトが起こっている。従来漁獲のほとんどが地域内消費されていた中部アフリカでも，1980年代から都市へと流通する魚の商品化が進んだ。都市市場への流通は，漁獲の自家消費と売却のバランスに大きな影響を与えている。燻製と日干しだけだった魚の保存技術に塩蔵や冷蔵・冷凍など技術革新がもたらされたことも広域流通を促進している。商業漁撈が魚類相の質的低下を招いているという指摘もあり，自然保護とたんぱく源供給の両立を果たすために，水産資源の持続的利用の実現は大きな課題となっている。そこで採捕漁業を補うべく注目されているのが養殖漁業である。元手が要らない小規模な漁撈活動は，寡婦など社会的に弱い立場の人々の現金収入源として貧困削減の観点からも期待されており，都市や先進国への流通を視野に入れた養殖漁業導入がアフリカ各地でさかんに進められている。しかし，養殖漁業ではしばしば外部から導入された特定魚種が無秩序に自然水系に放流される事態を招いており，外来種問題を懸念する声もある。養殖事業の浸透が漁撈活動に与える影響や養殖漁業と採捕漁業の共存についての研究は今後の課題の1つになるだろう。

安渓遊地 1984「『原始貨幣』としての魚 ── 中央アフリカ・ソンゴーラ族の物々交換市」伊谷・米山編『アフリカ文化の研究』アカデミア出版会／飯田卓 2008『海を生きる技術と知識の民族誌 ── マダガスカル漁労社会の生態人類学』世界思想社／市川光雄 1994「漁撈活動の持続を支える社会機構」大塚編『資源への文化適応』雄山閣出版／今井一郎 2000『パピルスの賦』近代文芸社／稲井啓之 2010「出稼ぎ漁民と地元漁民の共存 ── カメルーン東南部における漁労実践の比較から」木村・北西編『森棲みの生態誌 ── アフリカ熱帯林の人・自然・歴史Ⅰ』京都大学学術出版会／大石高典 2010「森の『バカンス』── カメルーン東南部熱帯雨林の農耕民バクウェレによる漁労実践を事例に」木村・北西編『森棲みの社会誌 ── アフリカ熱帯林の人・自然・歴史Ⅱ』京都大学学術出版会／竹沢尚一郎 2008『サバンナの河の民 ── 記憶と語りのエスノグラフィ』世界思想社／縄田浩志 2000「ラクダ牧畜民による海岸部の資源利用 ── スーダン東部ベジャ族の採集・漁労活動の事例分析から」『エコソフィア』5／Imai, I. 1985 Fishing life in the Bangweulu Swamps: A socio-ecological study of the swamp fishermen in Zambia. *African Study Monographs, Suppl.* 4／Nakamura, R. 2011 Multi-ethnic coexistence in Kilwa island, Tanzania: The basic ecology and fishing cultures of a Swahili maritime society. *Shima* 5 (1)／Nakayama, S. 2008 City lights Emblaze Village fishing grounds: The re-imaginings of waterscape by Lake Malawi fishers. *Journal of Southern African Studies* 34 (4)

⇒漁業と漁村社会

4-2-5 地球環境問題と生態人類学
Global Environment Issue and Ecological Anthropology

……………………………………………………………………………………………………大山修一

キーワード：熱帯雨林の破壊，生物多様性，砂漠化，在来知識，環境修復

　これまで，アフリカの環境問題においては，人口増加や現地に居住する人々の不適切な環境利用に原因があると指摘されてきた。たとえば，熱帯雨林の減少や種の多様性の問題では焼畑農耕や狩猟採集民の活動，サヘル地域における砂漠化問題では粗放的な農耕や不適切な牧畜がその原因としてあげられている。しかし，現地社会に住み込み，社会の内側から調査するという生態人類学の研究によって，熱帯雨林における焼畑農耕，耕作地と居住地の移動は，熱帯雨林においてさまざまな自然環境を創り出しており，植物種の多様性を増加させていることが明らかとなっている。また，サヘル地域においては，人々が，みずからの屋敷地で出る家畜の糞や作物残渣，生活ゴミを積極的に耕作地に投入することによって，劣化した土地を修復していることが明らかとなった。人々の営みのなかに，熱帯雨林の保護やサヘル地域における砂漠化の防止・修復の糸口があるように思える。人口増加や経済活動の活発化によって，環境保全のあり方や荒廃地の修復は，喫緊の課題である。今後，研究活動を基本としながらも，国際援助機関や研究機関，当該国の政府・地方行政と連携し，環境の保全・修復活動を進めていく必要があるだろう。

　近年，アフリカでは人口が急速に増加するとともに，各地で経済活動が活発になった結果，土地の囲い込みや資源の搾取が進み，環境の劣化が問題となっている。生態人類学の研究は，アフリカに暮らす人々の自然に対する認識，利用，そして世帯を主な単位として，血縁やクラン，民族など社会関係にも焦点を当てて，食糧や生活財の生産と消費を検証してきた。人々のミクロな生計活動を調査するとき，その焦点の当て方，テーマやデータのすくいとり方には，決まった方法やマニュアルがあるわけではなく，その社会のあり方や調査する時代というファクターとともに，研究者個人の学術的な興味や関心によって大きく異なり，そこに研究者のユニークさが出てくるのが大きな特徴である。

　生態人類学による地球環境問題へのアプローチは，環境問題が存在しているということを前提に社会の外側から接近するのではなく，人の顔が見えるミクロな生計活動や環境利用にフォーカスを当てながら，社会の内側から地域社会の抱える「人間と環境」の問題を分析し，そこからグローバルな地球環境問題へと昇華させるという形をとってきたといえる。

　本稿では，アフリカ熱帯雨林における森林保護と地域住民の問題，および西アフリカのサヘル地域における砂漠化問題を例にとって，生態人類学による環境問題に対するアプローチとそのフロンティアを示していきたい。

熱帯雨林における森林保護と地域住民の問題

　まず，市川光雄を中心とした熱帯雨林における研究から，コンゴ盆地の熱帯雨林の豊かさと森の民――焼畑農耕民と狩猟採集民による熱帯雨林の生態系に対する介在に関する研究成果とそのフロンティアを紹介したい。熱

帯雨林は現在，種の多様性の高さや遺伝子資源のプール，二酸化炭素の吸着を促す存在として，その保全の重要性が強調されている。その主張のなかで，森林に住む人々は熱帯雨林を破壊する存在として一方的に見られてきたが，彼らがどのように森を認識・利用し，また生態系を維持してきたのかということについては問題にされることはなかった。

カメルーン東南部の熱帯雨林における焼畑農耕（2003年9月）

　市川（2010）は，森林のなかにキャンプや焼畑の跡地といった人間活動の痕跡を見出し，そこには有用植物が多く生育することに着目している。そのプロセスとして，人々がキャンプを設営して，森のなかに居住することによって，周囲から集めた薪や食糧などの生活物資が灰や排泄物となって蓄積し，周辺の土壌が肥沃化され，現在の消費が将来の再生産につながっている可能性を指摘している。安岡宏和の研究（Yasuoka 2006）によって，カメルーンの熱帯雨林では，農耕民の生活によって攪乱された集落の跡地に一年型ヤムの群生地が形成され，居住するバカの人々が食糧に利用し，食生活のなかで重要な位置を占めていることが明らかとなっている。また，四方篝（2013）は，カメルーンで現在，開墾されている焼畑では，放棄後の休閑期間の経過とともに，森林が再生し，さまざまな生態条件を持つ森林がモザイク状に分布するようになった結果，多様な生態景観が創り出されていることを示している。熱帯雨林における人為的なインパクトが決して生態系の破壊を引き起こしているわけではなく，熱帯雨林のなかに多様な景観を生み出し，将来の生産や生活の場となる可能性をもたらしているのである。

　熱帯雨林の恵みに依存しながら，種の多様性や将来の再生産の場を作り上げているという，自然環境に対する人間活動のプラスのインパクトが解明され，現在の森林保全にうまく導入することができれば，住民を一方的に排除することのない熱帯雨林の保全のあり方を提示していくことができるであろう。市川らの研究グループは現在，JST／JICA地球規模課題対応国際科学技術協力事業（SATREPS）のプロジェクトの一環で，森林と住民の関係性を明らかにしようとしている。企業活動による大規模伐採と熱帯雨林の破壊が行われる現状のなかで，森林を伐らずに利用できる非木材林産資源（NTFPs: Non-Timber Forest Products）の持つ社会的な価値や経済的な便益を調査し，地域住民が主体的に森林資源にアクセスしながら，持続的に管理できるような仕組みづくりに取り組んでいる。

サヘル地域における砂漠化問題と環境修復

　サハラ砂漠の南縁であるサヘル地域では，砂漠化──土地の荒廃とそれに伴う貧困や食糧不足，エネルギー危機など──が緊急の

ニジェールにおける荒廃地の都市ゴミ散布と緑化活動
(2012年3月7日)

問題と認識されて久しい。砂漠化の原因は，一般に人口増加と不適切な農耕・牧畜が強く関与し，現地住民の環境利用の仕方にその原因があるとされてきた。熱帯雨林の場合と同じように，サヘル地域に居住する住民の農耕や牧畜，薪の採取などの環境利用は，一方的に，砂漠化の元凶と見なされてきたが，人々の砂漠化に対する環境の認識や対処方法が調査されることはなかった。

サヘルの土壌は石英を主体とし，砂質もしくは礫質であり，もとより保肥力が低く，アフリカの劣悪土壌の1つにあげられている。乾燥地ではあるが，1時間に20mm以上の強い雨が降ることもある。雨の降る前には，必ずといってよいほど，風速10m/s以上の強風が気団として吹きつけ，砂塵を巻き上げる。乾季にも，北や北東からの強い風が吹きつける。風雨によって表面の土壌が侵食を受け，堆積岩が露出すると，荒廃地が出現する。この荒廃地は作物の栽培には適さず，家畜の飼養に必要な草本が生育することもない。

大山（大山2007，Oyama 2012）は，ニジェールの農村に居住するハウサの人々が日常生活のなかで，屋敷地にたまった生活ゴミや家畜の糞，飼料の食べ残しなどを運搬し，荒廃地の肥沃度と植物生産力の改善を図っていることに着目し，気象観測や土壌・草本の化学分析などを実施するとともに，圃場実験を繰り返すことによって，ゴミの投入によって，荒廃地の環境修復が可能であることを実証した。ゴミ投入による荒廃地の緑化には，風で飛ばされてくる砂や有機物のキャッチ，ゴミに集まるシロアリの生物活動による土壌の団粒構造の形成，シロアリの作るトンネルを通じた雨水の浸透，強酸性土壌のpHの矯正，窒素やリン，カリウムといった栄養分の添加といった効果が組み合わさっていることが明らかとなった。

大山は圃場実験の結果から，サヘル地域において荒廃地が拡大する要因として，農村に居住する人々が積極的に農畜産物を都市にむけて販売することによって，農村から都市への有機物と栄養分の移動があり，農村部では養分の減少による土地荒廃が生じる一方で，都市部では排泄物やゴミが集積し，栄養分の過剰に伴う衛生問題が発生するというアンバランスな状況が生まれていることを論じた。このような図式の問題は世界各地で存在しており，世界の有名な穀倉地帯――北米大陸，オーストラリア，中央アジアの半乾燥地――は先進国の都市部にむけた作物生産によって砂漠化の危機に瀕している。

大山は都市部のゴミの重金属を計測し，荒廃地に対するゴミ投入と緑化の安全性を検証した上で，これらの研究成果に基づいて，都市の有機物ゴミを農村域の荒廃地に投入し，荒廃地の緑化を進めるという計画を推進して

いる。ゴミの収集と運搬は，地元の地方自治体との協定を結び，軍事政権のもとで疲弊した地域行政の住民サービスを支援するという側面を持つと同時に，荒廃地をゴミで緑化し，牧草地を造成するという環境修復と生計支援の取り組みでもある。また，この取り組みは，現地の人々の自然に対する認識や利用，在来の技術や慣習的な土地利用に基づいており，農耕地が拡大するなかで牧畜民が家畜を放牧できる草地を提供し，農耕民と牧畜民の紛争予防につながることが期待されている。

都市ゴミによる緑化と家畜囲いの造成(先の写真と同じ地点)
(2012年9月6日)

環境問題の解決にむけた生態人類学の可能性

　社会の外側から見ていると，現地の人々は熱帯雨林の破壊や砂漠化を進める元凶のように語られ記述されることが多い。生態人類学によるアフリカ研究では，われわれは長期間にわたって現地に住み込み，参与観察を通じて人々の生活の営みをつぶさに調査してきた。その結果，自然に対する人々の細やかな知恵と，人々と自然との豊かな関係性を見出すことも多い。そして，人々は自然環境を利用し，破壊するだけではなく，劣化した環境を修復し，豊かな環境を創り出す存在であることもわかってきた。

　われわれの調査は，集落というミクロ・コスモスを対象に調査を進めており，面的な広がりは持たないのかもしれないが，限られた学問領域にとじこもることなく，人々の生活実態をつぶさに調査し，生活感覚に根ざしていることに強みがある。調査対象の社会に問題を見出した場合には，ローカルな生活感覚に基づいて，住民とともに問題の解決に努力し，現地の研究者や行政機関，援助機関や国際機関との連携を通じて，グローバルな課題である地球環境問題に対して社会の変革につなげていくことは十分に可能であろうと思っている。

市川光雄 2010「アフリカ熱帯雨林の歴史生態学に向けて」木村・北西編『森棲みの生態誌——アフリカ熱帯林の人・自然・歴史Ⅰ』京都大学学術出版会／大山修一 2007「ニジェール共和国における都市の生ゴミを利用した砂漠化防止対策と人間の安全保障——現地調査に基づく地域貢献への模索」『アフリカ研究』71／四方篝 2013『焼畑の潜在力——アフリカ熱帯雨林の農業生態誌』昭和堂／Oyama, S. 2012. Land rehabilitation methods based on the refuse input: Local practices of Hausa farmers and application of indigenous knowledge in the Sahelian Niger. *Pedologist* 55(3)／Yasuoka, H. 2006. Long-term foraging expedition (*Molongo*) among the Baka hunter-gatherers in the northwestern Congo Basin, with special reference to the "wild yam questions". *Human Ecology* 34(2)

⇒熱帯林，砂漠と砂漠化，農耕活動の生態，野生動物の違法取引とサンクチュアリ

4-2-6 エスノサイエンス
Ethno-science

....服部志帆

キーワード：民族科学，近代科学，民俗知識，認識人類学，民族動物学，民族植物学

人間はどのような文化に属していようとも，身の回りで起こる出来事を観察し，理解しようとする生き物である。アフリカの人々もまた日常生活のなかで自然や社会環境を観察し，独自の理解体系を発達させてきた。これがエスノサイエンス（民族科学）である。エスノサイエンスは近代科学と優劣を比較されやすいが，両者は本来異なる文化的背景を持っており，いわば「比べようのないもの」である。これまで日本人研究者によって，異なる自然環境に暮らす諸民族を対象にエスノサイエンスの研究が行われ，社会的・文化的な意味や環境とのインタラクションが論じられてきた。

エスノサイエンスと近代科学

19世紀から20世紀初頭にかけて英国を中心に活躍した人類学者たちは，自然に強く依存して暮らす非西洋人を「未開民族」と考え，呪術など彼らの民俗知識（folk knowledge）全般を不完全な偽（擬）科学であると考えた。20世紀の半ば，前近代的で劣った科学として見なされてきた民俗知識に，米国のH・コンクリンが新たな知見をもたらした。フィリピンの焼畑農耕民ハヌノーが植物を多彩に利用し，近代科学をしのぐほどの精緻な植物知識を持っていることを明らかにしたのである。さらにフランスのC・レヴィ＝ストロースは，数多くの報告例から，西洋から見て文明とは縁のない辺境の地に暮らす人々のなかに，西洋の科学者たちと変わらない知的態度や好奇心を見出し，それを著書『野生の思考』で鮮やかに描き出した。

コンクリンやレヴィ＝ストロースが，非西洋人の民俗知識に対して当時の人類学者が抱いていた偏見に異を唱えた功績は大きいが，彼らがしばしば著書のなかで引き合いに出した近代科学はエスノサイエンスと同様のものであるのだろうか。答えはノーである。エスノサイエンスが射程にしている現象は，動物，植物，生業，病，呪術などを含む生活世界の全般であり，それらには豊かな文化的意味が付随している。これに対し，近代科学は文化的な意味を担うというよりは，文化を超えた普遍性の追求を目指したものである。エスノサイエンスと近代科学は，同じ土俵の上にのせて優劣をはかれるものではないのである。むしろ優劣をはかるという発想そのものが，西洋近代的で進化論的な物の見方にとらわれたものだといえるだろう。

認識人類学におけるエスノサイエンス

米国において，E・サピアらの構造言語学から影響を受けたコンクリンやW・グッドイナフらは，認識人類学という新しい分野を開拓し，エスノサイエンスという方法論を発展させた。これは，ともすれば主観的といわれてしまう人類学を，より客観性に富んだ信頼に足るものにしようとする目的を持ったものであった。そこで用いられた方法論には，客観的な結果を導くために細心の注意が払われた。質問表やカードを用いた聞取調査，実験的手法，明確化された分析手順が採用され

た。分析の対象となったのは，主として「分類」である。色彩，病気，動物，植物，親族用語などの分析が進められ，人類文化の普遍性が論じられた。

認識人類学は米国を中心に隆盛を極めるが，日本では松井健によって紹介された後も，この分野を目指す者は限られていた。その理由は，まず認識人類学が文化を理解する手段として「分類」に傾斜していたことが考えられる。それぞれの民族が「いかに世界を見ているか」という問いが人類学上重要であることはいうまでもない。しかし，この問いの答えを分類におきかえて考える認識人類学者たちの姿勢は，文化を理解する上で不十分であるといわざるをえない。松井自身もまた認識人類学について，「あまりにも単純で機械的な，分類体系の抽出を至上目的とする研究を量産することになり」(松井 1989：11)，「認識人類学の理論的射程を狭隘なものとする」(松井 1989：11) と述べている。習得が容易ではない方法論も，新たに認識人類学を始めようとする研究者たちにとって小さからぬ足かせとなったのではないだろうか。人類学を近代科学と同様に客観性に裏づけされたものとしようという大義を持って発展した方法論は，認識や言語を扱うための特別な技能が求められ，習得に時間を要したのである。

アフリカ研究者とエスノサイエンス

アフリカニストでありエスノサイエンス研究者である寺嶋は，「エスノ・サイエンスは，日々，自然と密接に接触しながら観察と思考を繰り返し，相互に情報交換をおこない，よりよき実践と価値を求めて生きる人びとの暮らしの中にある。文化の中に埋め込まれた，そういった経験の束そのものがエスノ・サイエンスなのである」(寺嶋 2002：10) と述べる。エスノサイエンスは生活や文化と切り離して理解できるものではなく，日々の実践のなかで繰り広げられるものなのである。おそらくこのようなエスノサイエンスに対する学問的姿勢は，アフリカにおいてエスノサイエンスの研究を行う日本人研究者に少なからず共有されているのではないだろうか。日本人研究者は認識人類学が分析の対象とした分類に限らず，利用や実践の現場，環境とのインタラクションなどより広い領域を対象にしながら研究を行ってきた。以下では，エスノサイエンスのなかでも，アフリカの諸民族がどのように動物や植物と関係しているのかを扱った民族動物学（ethno-zoology）と民族植物学（ethno-botany）の研究を紹介したい。

民族動物学

アフリカにおける民族動物学のパイオニアは，霊長類学者であり生態人類学者でもあった伊谷純一郎である。1961年タンザニアのタンガニーカ湖東岸で類人猿の調査を開始し，この地域で暮らす焼畑農耕民トングウェを調査助手として雇った。伊谷は調査の過程で，トングウェが動物について実に豊富な知識を持っていることを知ることになる。300を超える方名種を聞き取り，分類，習性，信念，物語，漁労法，狩猟法，利用法といった多岐にわたる情報を十数年にわたって収集し，「トングウェ動物誌」としてまとめた。伊谷が「ほぼこれが彼らの動物的世界の全体だと納得できた」(伊谷 1977：533) と語る動物誌は，その詳細さと全体像において突出したものとなっている。トングウェが動物学者であった伊谷を尊敬し，意気揚々と自らの知識を披露したことが想像できる。

人と動物の関係には，経済的な依存から象徴的な意味づけにいたるまで，いくつもの階層が見られるが，1970年代以降，コンゴ民主共和国北東部イトゥリの森において市川光雄や寺嶋秀明が，コンゴ共和国北東部において竹内潔が，ピグミー系狩猟採集民と動物の

関わりについて明らかにした。彼らは狩猟活動について報告する一方で，食物規制についても詳細に論じた。食物規制とは，動物を食べると病になると考え，みずからが置かれているライフステージや経験ごとに特定の動物を食するのを避けるという慣習である。このような規制は，自然と人間との関係性，社会的・文化的な意味，規制の存在要因，個人差といった観点から検討されている。

福井勝義は，エチオピア西南部に暮らす牧畜民ボディと家畜のウシについて研究を行った。福井は日本において認識人類学の方法論を用いた数少ない研究者でもある。福井(1991)は，どのようにボディが色と模様に着目してウシを認識しているのかを明らかにした。ボディは，200色以上の色彩カードを8つの色彩基本語で捉え，それに複合語や具象語を加えて命名することによって，福井の提示した82枚の幾何模様カードをすみやかに命名した。このような認識能力は，ボディが社会的精神的に強く依存しているウシの毛並みをもとに成り立っており，ウシ管理に貢献しているのである。また彼らは，ウシが持つ特定の形質の遺伝のしやすさ・しにくさについて経験と観察から知っている。このようなボディの遺伝観が近代科学でいうメンデルの法則と対応していることや，ウシと深く関わったコスモロジーが明らかとなった。

民族植物学

1970年代以降，アフリカ熱帯雨林において数々の民族植物学的調査が行われてきた。コンゴ民主共和国（旧ザイール）北東部イトゥリの森でピグミー系狩猟採集民のムブティやエフェを対象に市川や寺嶋などが調査を行った。同じくコンゴ民主共和国で暮らす農耕民についても，寺嶋や木村大治などが調査を進めた。市川と寺嶋はムブティやエフェについての資料を用い，同地域に居住するピグミー系狩猟採集民4集団間で知識の比較を行い，知識の可塑性を論じた。その後，ピグミー系狩猟採集民の植物知識の比較は同一集団内の個人差の分析へと進み，後に述べる後続の研究者によって植物知識のなかでも薬の知識は共有されにくいことが報告されている（写真）。

熱帯アフリカの住人たちの豊富な植物知識は，1988年に*African Study Monographs*（京都大学アフリカ地域研究資料センター）の特集号（Terashima et al. 1988）に掲載されたのをはじめとして，2003年までに合計で*African Study Monographs*の特集号4巻と通常号1巻に掲載されている。これらのなかには，ピグミー系狩猟採集民や農耕民16集団の植物知識について，種ごとにそれぞれの集団の方名と利用法を記載した利用カタログもある（Terashima et al. 1991）。また蓄積された情報は，熱帯アフリカにおける植物利用に関するデータベース"AFlora"としてWeb上で公開されている。

また民族植物学のパイオニアとして忘れてはならないのは，1970年代後半よりコンゴ民主共和国東部に居住する農耕民ソンゴーラのもとで調査に励んだ安渓貴子である。植物学者であり生態学者である安渓は，その労作(2009)において標本や植物利用の豊富なイラストとともに，民俗分類と植物学における分類の比較や男女別利用法をていねいに記載した。そこでは，ソンゴーラの自然観と生態学的な理解を対立するものと見るのではなく，対話によって相互理解が可能なものとして捉えるという研究姿勢がとられている。

重田眞義は1970年代の終わりに南部スーダンのアチョリ地域において調査を行った。この地域の人々が植物をどのように認知・利用しているのかを詳細に明らかにするとともに，植物の持つ「雑草性」という性質を取り上げ，ドメスティケーション論を展開している。その後，エチオピア西南部に暮らす農耕民アリによるエンセーテの栽培と利用，品種

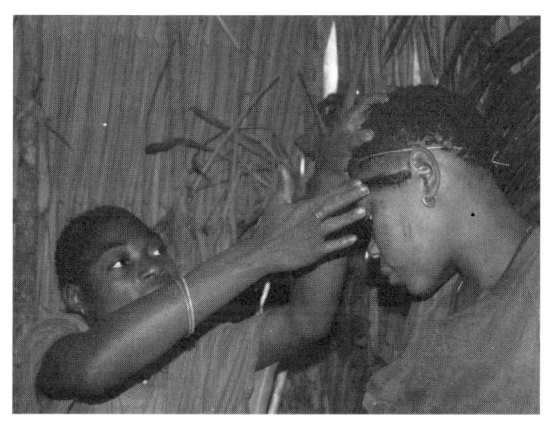

頭痛の薬を妹に塗るバカの女性（カメルーン東南部）

の多様性が創出され維持されていく仕組みについて検討を重ねている（重田 1988）。また科学者と農民の論理の相違について論じ，自らが提唱する「アフリカ在来農業科学」という概念を深めるなど理論的な貢献を行っている。

1990年代以降から現在にいたるまで，民族植物学は新たにアフリカ各地で若手研究者を巻き込んで展開している。コンゴ共和国北部熱帯林の農耕民ボバンダによるヤシの半栽培と多様な景観の形成について論じた塙狼星，エチオピア西南部山岳地でマロによる植物資源の多様な利用と維持についての研究を行っている藤本武，カメルーン東南部熱帯林においてピグミー系狩猟採集民バカの植物知識の個人差と知識の習得について分析を進めている服部志帆，ウガンダ中央部ヴィクトリア湖北西岸の丘陵地でガンダとバナナの多層的な関係や品種の維持を取り上げた佐藤靖明（2011），サハラ砂漠南縁に位置するセナガル中西部のサバンナで樹木の切り枝方法に着目してセレールの環境利用と植生を検討している平井將公，ナミビア北部の乾燥地で農牧民オヴァンボの在来果樹利用など自然利用と植生を扱っている藤岡悠一郎などがいる。近年の研究の多くは，アフリカで見られる政治や経済構造の急速な変化に呼応して，人々がどのように社会や環境利用，植生を変化させているのかを捉えようとしたものである。

安渓貴子 2009『森の人との対話 ── 熱帯アフリカ・ソンゴーラ人の暮らしの植物誌』東京外国語大学アジア・アフリカ言語文化研究所／伊谷純一郎 1977「トングウェ動物誌」伊谷・原子編『人類の自然誌』雄山閣出版／佐藤靖明 2011『ウガンダ・バナナの民の生活世界 ── エスノサイエンスの視座から』松香堂書店／重田眞義 1988「ヒト - 植物関係の実相 ── エチオピア西南部オモ系農耕民アリのエンセーテ栽培と利用」『季刊人類学』19（1）／寺嶋秀明 2002「フィールド科学としてのエスノ・サイエンス ── 序にかえて」寺嶋・篠原編『講座生態人類学 7 エスノ・サイエンス』京都大学学術出版会／福井勝義 1991『認識と文化 ── 色と模様の民族誌』東京大学出版会／松井健 1989『琉球のニュー・エスノグラフィー』人文書院／Terashima, H., M. Ichikawa & M. Sawada 1988. Wild plant utilization of the Balese and the Efe of the Ituri Forest, the Republic of Zaire. *African Study Monographs* 8 ／ Terashima, H., M. Ichikawa & I. Ohta 1991. A flora catalog of useful plants of tropical africa part 1: Forest areas. *African Study Monographs* 16

⇒狩猟採集活動の生態，農耕活動の生態，牧畜活動の生態，栽培植物

4-2-7 ヒューマンエコロジー
Human Ecology

山内太郎

キーワード：人類生態学，環境適応，人間-環境系，国際保健

ヒューマンエコロジー＝人類生態学は，人が環境にどのように適応しているか，人間と環境の相互作用の解明を目指す学問分野である。日本では1965年に東京大学医学部に保健学科の設立と同時に人類生態学教室が開設された。京都大学および東京大学の霊長類学や生態人類学の伝統を継承しているが，医学・生物学的色彩が強い。日本人研究者によるアフリカにおける人類生態学研究は1990年代からさかんになった。人間集団の環境適応を包括的に捉える人類生態学は，地域から地球規模の環境問題，国際保健の問題の解決に重要な視点を提供することができる。これらの問題が山積するアフリカにおいて人類生態学研究のさらなる発展が期待される。

ヒューマンエコロジー，Human Ecology，人類生態学

ヒューマンエコロジー（Human Ecology）は「人間の生態」という意味で用いられることもあるが，人間と環境の相互作用，すなわち人々がどのように暮らしているか，生存しているかといった，人の生きざまに関する学問分野の名称である。Human Ecologyは日本語では「人類生態学」と訳される場合が多いが，「人間生態学」あるいは「ヒューマン・エコロジー」とも称される。本稿では「人類生態学」という学問分野について解説する。

人類生態学の系譜 ── 生態人類学と保健学

生態人類学は字義の通り人類学の一分野（生態学的・人類学）である。対して人類生態学は生態学の一分野（人類の生態学）といえる。人間の生きざまを観察する学問という点においては両者に違いはなく，人類進化に主眼を置くのが生態人類学，環境適応に重きを置くのが人類生態学であり，相互補完的であるともいえる。

歴史をひも解けば，生態人類学には京都大学と東京大学の2つの潮流があり，戦前の海外調査にその発祥を見ることができる。しかしながら，生態人類学として明確な輪郭が現れたのは1960年代に入ってからである。京都大学理学部に自然人類学講座が新設され，東京大学理学部人類学教室においては渡辺仁によって生態人類学の講義が開講された。時を同じくして，1965年に東京大学医学部に保健学科が新設され，そのなかに人類生態学教室が開設された。

東京大学の人類生態学教室が医学部保健学科の一講座として設置されたのは，アメリカの社会医学（とくに公衆衛生学）において生態学的視点を重視する潮流のなかで，集団の健康事象を扱う学科において，総合的・包括的なアプローチの必要性が認識されたからであろう。実際に，人類生態学は医学・生物学の色合いが強く，栄養や人口の問題が重視されている。東大・人類生態学教室の第3代教授の鈴木継美は「人間の健康は，その人間が生きていくための生態学的条件が保全されることによって初めて成立する」（鈴木1982）という「生態学的健康観」を提唱した。同様に，群馬大学の鈴木庄亮は「エコヘルス」という概念を打ち出し，人間が生態系のなかで生き

ている存在であること，生態学的文脈のなかで人間の健康を捉えることの重要性を指摘した。長崎大学の門司和彦は，生態学的な立場に立って人々の健康を研究し，改善に貢献することを「国際保健における人類生態学アプローチ」と定義し，短期的・直截的な医学的アプローチと対比するものと位置づけている。

アフリカにおける人類生態学研究

「Human Ecology」を冠した国際学術誌（出版社Springer）が1970年代より刊行されているが，人文社会系の色彩が濃い。海外における人類生態学の研究はHuman EcologyよりもむしろBiological Anthropology（生物人類学），Human Biology（人間生物学）というような研究分野において，あるいは栄養学，人口学，環境保健学のなかに見ることができる。

日本人によるアフリカを舞台とした人類生態学調査研究は，生態人類学の流れとオーバーラップする。京都大学を中心とした生態人類学研究の層の厚さに比して，アフリカにおける人類生態学研究の数は多くはない。東大・人類生態学教室は，第4代教授，大塚柳太郎を中心として人文社会科学，自然科学，医学・保健学にまたがる数多くの海外プロジェクトを展開してきたが，フィールド調査の舞台は主としてアジア，太平洋，南米であった。1990年代に入ると東大・人類生態学の流れをくむアフリカ地域研究が現れた。門司和彦ら長崎大学熱帯医学研究所のチームによって，ケニアの農村で住血吸虫の感染と対策に関する調査が行われた。また，1994年より，浜松医大の佐藤弘明らによってカメルーン熱帯雨林に暮らすピグミー系狩猟採集民の定住集落および森林キャンプにおける狩猟採集生活の調査が開始された。

現在の研究動向としては，1996年より佐藤弘明と共同研究を行っている北海道大学の山内太郎らによってピグミー系狩猟採集民の子どもの成長パターン，栄養，行動そして人口に関する調査が継続されている。また，北大・人類生態学研究室は2006年よりザンビアの伝統的農村地域で住民の身体計測と食物摂取の縦断調査を展開している。

人類生態学の可能性と挑戦

近年，地球規模の環境問題が国際社会問題として取りざたされている。環境問題は人間の活動が環境へ過大な負荷を与えることが原因である。よって環境問題の解決には，人間と環境の相互作用，「人間－環境系」として人間活動を理解することが不可欠である。人間集団の環境への適応を包括的に捉える人類生態学は，地域の環境問題から地球環境問題にいたるまで，重要な視点を提供する。

一方，人間の健康や疾病，死亡は人間と環境の相互作用の結果であるといえる。世界の人々の疾病対策，健康改善・増進は国際保健学の主題であるが，人類生態学はトップダウン型の医療協力ではなく，地域住民の目線に立ったボトムアップ型のフィールド調査によってローカルな健康問題の解決に貢献する。

環境問題，健康問題が山積するアフリカにおいて，人類生態学研究は社会的ニーズと期待が大きい。人類生態学の視座と方法論は地球規模の問題にも応用できる。さらに，一般の人々が宇宙で生活する時代の到来を前に，人類生態学は人間集団の宇宙環境への適応といった未知なる課題にも挑戦するだろう。

秋道智彌・市川光雄・大塚柳太郎編 1995『生態人類学を学ぶ人のために』世界思想社／大塚柳太郎・河辺俊雄・高坂宏一・渡辺知保・阿部卓 2002『人類生態学』東京大学出版会／鈴木継美 1982『生態学的健康観』篠原出版／渡辺知保他 2011『人間の生態学』朝倉書店

⇒生態人類学，地球環境問題と生態人類学，医学・保健医療

4-2-8 インタラクション研究
Social Interaction Study

都留泰作

キーワード：インタラクション・スクール，人類進化，霊長類学，会話分析，狩猟採集民研究

アフリカの人々を対象としたインタラクション研究は，1980年代，伊谷純一郎によって「インタラクション・スクール」と名づけられた京都大学の霊長類学研究者が，ヒトを対象とする領域へと乗り出していくことで成立してきた。1990年代以降，ブッシュマンやピグミーといった狩猟採集民を対象とする会話分析を経て，彼らと隣接して居住する農耕民の会話分析，狩猟採集民の歌や踊り，子どもの養育活動や遊び行動など多様な領域に広がっている。霊長類を対象とした研究も，ヒトを対象としたインタラクション研究を意識しながら新たに展開しつつある。

京都大学の人類進化論研究室と「インタラクション・スクール」

会話，あいさつ，声調や身ぶりによるコミュニケーション，遊びなど，社会的インタラクション（相互行為）そのものは，あらゆる人類文化に普遍的に観察される現象である。日本人によるアフリカの人類学・霊長類学の研究において，「インタラクション」が研究領域として成立しえた背景には，独自の経緯がある。

1960年代から1970年代にかけてアフリカでフィールドワーク研究を組織した京都大学の今西錦司や伊谷純一郎のグループは，日本人による初期のアフリカ研究をリードする存在であったといえる。そこでは，「人類発祥」の大陸であるアフリカをフィールドとして，「サルからヒト」への人類進化のプロセスを明らかにするという大目的が掲げられた。まず霊長類学のフィールド研究が着手され，それに人類学研究が続くという，独自の経過をたどったのである。京都大学理学部の人類進化論研究室では，人類学研究者が「ヒト屋」と呼ばれ，霊長類学研究者（「サル屋」）と討論をともにするという環境が自然に存在していた。そのなかで，1980年代に入って，伊谷純一郎が「インタラクション・スクール」と名づけた研究の流れが醸成されてきたのである（木村・北西 2010, 木村・中村・高梨 2010）。

これら初期のインタラクション研究者として，森明雄，北村光二，菅原和孝，早木仁成などをあげることができる。彼ら「インタラクション・スクール」第一世代に共通するのは，極端なまでに「目に見える行動」にこだわろうとする態度である。この態度は，霊長類学の伝統から引き継がれたものといえる。とりわけ，京都大学を中心とした「サル学」は，サルが「やっていること」，とくに個体間で展開するインタラクションの観察を蓄積することによって，彼らの社会構造を明らかにしようとしてきた。この態度が，国際的に著名な「サル学」の成功をもたらしたことは言を待たないが，「インタラクション・スクール」は，ヒトの研究も意識しつつ，インタラクション観察の手法そのものに徹底的にこだわろうとしたのである。

一方で，「インタラクション・スクール」の立場は，厳密なエソロジストや行動主義心理学とは異なる，独自の「美学」に基づくものでもあった。それは，フィールドにおける「生

の観察」を，そのままのものとして尊重し，人工的な概念や枠組みに還元することを拒否する態度といえる。いうまでもなく，このような研究姿勢の底には，今西や伊谷による「フィールド学」の精神がある。その上に，E・ホールやG・ベイトソンなど，ある種の思想性を持った研究者たちからの影響が加わっているのである（木村・中村・高梨 2010）。それは，「ライブ感覚」の行動主義であり，フィールドで研究者が出会う現象の「みずみずしさ」への愛着を伴っている。

「インタラクション・スクール」の視点とは，サルのなかにヒトを見，ヒトのなかにサルを見ることによって，霊長類とヒトの社会とを，1つの連続した視野のなかで論じようとするものであった。それは単に，サルからヒトへの進化的道筋を再現するということにとどまらず，生態学・社会生物学・人文学の伝統からとりこぼされた要素をすくいあげ，新しい人間観・社会観・生物観を打ち立てることを企図していたとさえいえる。

彼らの視点が霊長類研究に適用されると，あたかもサルをヒトと見なしているかのような像が浮かび上がってくる。たとえば早木のニホンザルとチンパンジーの「遊び」分析は，遺伝子に規定された単なる行動パターンには還元されえない，いわば「サルの心」を，厳密な行動観察のなかに読み取ろうとするもの

地上で取っ組み合い遊びをするニホンザルの子ども（島田将喜撮影）

会話するブッシュマンの人々。会話の内容は谷編（1997:236-243）に収録されている（1992年，菅原和孝撮影）

といえる。

同様の視点を人類社会の分析にあてはめると，インタビューや文献に依拠した「人文学的」な社会観とはまったく異なる像が浮かび上がってくる。菅原和孝によるブッシュマンの会話分析は，言語を伴う「会話」というインタラクションを，言語システムのみへと還元するのではなく，無意識の身体的反応や感情をも含み込むような，より広範で重層的なシステムのなかに再発見しようとする企てであるといえる（菅原 1993）。

菅原の会話分析研究は，以後のヒトのインタラクション研究に大きな影響力を及ぼしている。菅原はニホンザル，エチオピアのヒヒ研究からブッシュマンの研究へと転身した経歴を持っており，霊長類学の手法をヒトのインタラクションに適用しようとする試行錯誤のなかから会話という対象が見出されてきた。その源流は，H・ガーフィンケルらによるエスノメソドロジー，とりわけその主要な研究分野であるH・サックスらの会話分析にも求めることができる。E・ゴフマンの社会観や理論的な影響も大きい。

狩猟採集民研究と会話分析

アフリカをフィールドとする京都大学のイ

会話するバカ・ピグミーの人々と、同席する日本人調査者（木村大治撮影）

ンタラクション研究は，霊長類学・人類学を車の両輪として進んできた。1990年代から，狩猟採集民研究を中心に，ヒトのインタラクション研究が展開してきた。これは，人類進化のプロセスを明らかにするという目的から，京都大学の調査において最初期に「ヒト側」の対象となったのが，南部アフリカのブッシュマン，そして熱帯アフリカのピグミーであったという事情に負うところも大きい。

アフリカ狩猟採集民におけるインタラクション研究では，上でもあげた菅原によるブッシュマンの会話分析を第一に代表的なものとしてあげるべきであろう（菅原1998）。文化人類学における会話分析的研究には，モアマン（Moerman 1988）などの試みがあるが，それは既存の会話分析の枠組みから大きく逸脱するものではなかった。一方，初期における狩猟採集民のインタラクション研究では，特異な発話行動の発見がトピックとなる傾向があった。とりわけ，菅原による，グイ・ブッシュマンにおける「同時発話」の分析が重要な成果である。これは，会話のなかで，複数の参与者が，別の話題を同時に声高に発話するという行動であり，会話分析における主要概念の1つである「順番取得システム」から明瞭に逸脱しているように見える現象である。しかし見方を変えれば，参与者が身体として共存し，「協同して，1つの声で何かを語る」行動とも解釈することができる。これを，特定人物に会話のターンを独占させない行動様式と見なせば，生態人類学的な立場から指摘される，狩猟採集民の「平等主義」と関連して論じうる可能性がある。

しかし，このような事象は，むしろ，人類が行っている会話という行動の見落とされがちな側面の表れと見なすべきことなのかもしれない。このような観点を，農耕民に拡張して適用したのが木村大治によるコンゴ民主共和国のボンガンドに見られる「投擲的発話」の分析である。ここでは，話し手は大声で，聞き手の存在を顧慮しないかのような態度で長々とした発話を行い，聞き手はこれを無視するような態度を示す。木村は，ゴフマンの概念を援用しつつ，この「投擲的発話」を軋轢なく「共在」を達成する方法として解釈している。これらの事例は，いずれも「焦点の定まらない相互行為」（ゴフマン）の一例であり，人類社会の普遍的特質を示すものであるとともに，共同体を維持しようとする，アフリカの伝統社会の知恵を表すものでもあるのだ。木村は，ボンガンドにおける分析結果を，カメルーン共和国のバカ・ピグミーに敷衍しつつ展開している（木村2003）。

2000年代以降，ヒトを対象とするインタラクション研究は，木村を中心として，霊長類学・社会学・情報科学・認知科学の研究者を巻き込む形で，アフリカというフィールドを越えた，普遍的なインタラクション学の成立へ向けても進展しつつある。

インタラクション研究のこれから

今西・伊谷らによる「アフリカ学」の伝統をふまえた「インタラクション・スクール」は，2000年代から2010年代にかけて，新たな文脈のもとに展開しつつある。そこでは，霊長類学に影響を受けた菅原らの会話分析などの研究視点が，逆に霊長類学に適用される

という構図も見られる。

タンザニアのマハレ山塊国立公園で，チンパンジーの毛づくろい行動を分析した中村美知夫は，霊長類学におけるインタラクション研究を，社会生物学を代表とする還元主義的な物の見方に対するアンチテーゼとなりうると位置づけている（木村・中村・高梨 2010）。そもそも，サルのインタラクションは，動物園におけるサル山を思い浮かべれば容易に理解できるように，端的な「面白さ」を持っている。インタラクションに目を向けることで，動物の行動に対する広範な知的関心を喚起していくことができるはずだという主張である。

同じくマハレをフィールドとする研究者たちを中心として，霊長類学におけるインタラクション研究はさまざまな方向に展開しつつある（木村・中村・高梨 2010）。アフリカのチンパンジーを対象としたものに限れば，坂巻哲也によるあいさつ行動の分析，西江仁徳による「冗長なやりとり」の分析，花村俊吉による長距離音声の分析をあげることができる。これらの研究は，伊藤詞子や島田将喜らによるニホンザルのデータと比較討論されながら進展している。

狩猟採集民を中心とした人類学的研究においては，会話を越えた領域に関心が広がりつつある。菅原は，ブッシュマンの同時発話を，歌のような，身体的共振に近いイメージで理解できるのではないかと述べている（菅原 1998）。都留泰作と分藤大翼は，バカ・ピグミーの歌と踊りをインタラクション的な分析の対象としている（木村・北西 2010, 木村・中村・高梨 2010）。アフリカ文化における音楽，とりわけ身体的共振をもたらすリズム音楽の重要性は無視しがたく，その社会的意味を理解する上で，インタラクション的な観点からの分析は有効となるであろう。これに連なる見方として，佐々木重洋は，西部カメル

チンパンジーの子どもたちの遊び（中村美知夫撮影）

ーンの熱帯森林の諸民族集団において音声というメディアが持つ意味を，相互行為論的な観点も加味しながら論じている（木村・北西 2010）。

アフリカ社会において，身体的な共在を支える仕組みがいかにして学習されるのかも重要な問題である。高田明は，サン（ブッシュマン）の子どもの養育活動に際して見られる模倣活動の連鎖について分析している（木村・中村・高梨 2010）。子どもの遊び行動は，未開拓かつ有望な領域であり，バカ・ピグミーを対象として亀井伸孝が着手している（木村・北西 2010）。

木村大治 2003『共在感覚——アフリカの2つの社会における言語的相互行為から』京都大学学術出版会／木村大治・北西功一編 2010『森棲みの社会誌——アフリカ熱帯林の人・自然・歴史Ⅱ』京都大学学術出版会／木村大治・中村美知夫・高梨克也編 2010『インタラクションの境界と接続——サル・人・会話研究から』昭和堂／菅原和孝 1993『身体の人類学』河出書房新社／菅原和孝 1998『語る身体の民族誌——ブッシュマンの生活世界〈1〉』京都大学学術出版会／谷泰編 1997『コミュニケーションの自然誌』新曜社／Moerman, M. 1988 *Talking Culture: Ethnography and Conversation Analysis*. Pennsylvania UP

⇒霊長類学，生態人類学，文化人類学

4-3-0 総説 —— 農学
Agriculture

....伊谷樹一

　農業は人と自然をつなぐ営みであり，農学は農業にまつわるすべての事象を探究する総合的な学問分野である。農学には生態環境・作物や家畜の生物学的特性・農業技術といった自然科学的な側面と，農業と社会・文化との関係を探る社会科学的な側面がある。アフリカ人の7～8割が農業に従事し，すべての人が農産物を主食としている現状を見れば，あらゆる研究分野で農業や農産物が扱われても不思議はない。ある作物の文化的な意味を説明しようとすれば，その植物学的特性や生育環境，伝播経路などと関連づけられるであろうし，その作物が選択されてきた社会的な価値にも言及されるであろう。日本人によるアフリカ農業の研究も，特定の分野に特化した研究はむしろ少なく，農業を地域社会のなかに位置づけながら，総合的に捉えようとしたものが多い。それゆえ，農学の領域を限定するのは難しいが，ここでは食や生産に強く関連した研究について概説し，社会経済や文化については別の章で詳述する。また，紙面の関係から大学や研究所などでの試験研究は省略する。一方，既存農業の実態を探る研究とは別に，農学には，農産物の効率的・持続的な生産と消費を目的として農業を改良しようとする実学的な応用研究や，農業を核とする生活様式を改善する農村開発なども含まれる。その動向については本稿の最後に最近の事例を紹介するとして，まずは日本人によるアフリカ農業の研究がたどってきた道のりを見ていく。

日本人によるアフリカ農村研究のはじまり

　アフリカ農業に関わる研究者の多くは，それぞれの研究課題に取り組みつつ，各地で営まれている農業を総合的に理解しようとしてきた。こうした傾向は，アフリカの農業研究がたどってきた道のりとも関係しているように思う。
　フィールドワーカーのなかで現地の食事に関心を抱かない者はいないだろう。1958年と60年にウガンダとタンザニアでゴリラとチンパンジーの棲息域を調査した伊谷純一郎は，その紀行を綴った著作『ゴリラとピグミーの森』（伊谷1961）のなかで採

集狩猟民や農耕民の食事にも触れていて，これがアフリカの食物を紹介した最初の邦語書物であろう。その後，今西錦司が率いる「京都大学アフリカ類人猿学術調査隊（1961～62年）」ならびに「京都大学アフリカ学術調査隊（1963～68年）」は，タンザニアの西部と北部における牧畜民・農耕民・半農半牧民・採集狩猟民の人類学的な現地調査を実施し，アフリカのウッドランドとサバンナに暮らす人びとの生活様式・食文化を記録していった。同調査の成果を収めた「アフリカ社会の研究」（今西・梅棹 1968）のなかには，随所にアフリカの食と農業に関する記載が見られる。

　同調査隊は主として類人猿班と人類班で構成され，類人猿班はタンザニア西部のタンガニーカ湖畔に，人類班は北部のエヤシ湖畔にそれぞれ調査基地をおいていた。類人猿班が本拠としていたタンガニーカ湖畔では，チンパンジー生態調査の道案内役をつとめていた地元の農耕民トングウェの生活を端信行が描写し，また都市近郊住民の暮らしを日野舜也が紹介している。京都大学アフリカ学術調査隊類人猿班が手がけたトングウェ社会の研究は，のちに掛谷誠によって深められ，それはアフリカ農耕民社会における生態人類学的研究の礎となった。一方，エヤシ湖畔に本拠をおく人類班では，梅棹忠夫・富川盛道がナイロート系の牧畜民ダトーガの社会，和崎洋一・石毛直道がバントゥー語系農耕民の社会，米山俊直・和田正平・福井勝義がクシ系の半農半牧民イラクの社会を調査している。とくに福井によるイラクの農耕や牧畜に関する詳細な描写と生活様式の変容に関する記述は，日本人研究者がアフリカの農業実践に焦点をあてた最初の研究といってよいだろう。人類班の業績は「京都大学大サハラ学術探検」のなかで，阪本寧男・福井らによる栽培植物起源の研究や，中尾佐助らによるアフリカ農耕起源，川田順造による農耕文化，谷泰・石毛の乾燥地における農牧社会の研究に引き継がれていった（山下 1969）。

アフリカ起源栽培植物の研究

　20世紀はじめに世界の栽培植起源地を調査していたロシアの農学者バビロフは，テフ・シコクビエ・ヌグ・ヒマ・コーヒーノキ・モロコシ・エンセーテなどの作物を生み出したエチオピア高原を世界の栽培植物起源中心地の 1 つとして紹介した。テフやエンセーテなどはエチオピア以外の地域では栽培されておらず，日本人にとってはまったく未知の作物であった。京都大学大サハラ学術探検隊に植物班のメンバーとして参加した阪本・福井らは，1967～68年にエチオピアからスーダン・ウガンダのサバンナ帯を歩き，アフリカ起源穀物の特性，栽培や利用方法について詳細に調査し，エチオピアに独自の農耕文化が展開していることを確かめた（阪本1988）。
　1968年には，同隊の農耕文化班を率いた中尾佐助が西アフリカのニジェール川に

シコクビエの収穫(タンザニア)

沿ってマリからナイジェリアまで走破し，栽培植物各種の特性と農耕文化について調査した。そして，バビロフもが見落とした西アフリカ奥地のサバンナ帯にアフリカの栽培植物中心地が形作られていたことを確信し，それを「スーダン農耕文化複合」と名付けた（中尾1966, 1969）。チャド湖から大西洋に至る東西4,500km，南北1,000kmにおよぶ広大なサバンナ地帯は古くから「スーダン」と呼ばれていた。スーダン地帯では数々の栽培植物が生み出され，そのなかには世界中で栽培されているモロコシ・ササゲ・オクラ・スイカ・ヒョウタン・ゴマ・タマリンド・ワタ・パルミラヤシなどをはじめ，アフリカ内で広く栽培されているトウジンビエやバンバラマメ，今もほとんど西アフリカでしか栽培されていないグラベリマイネやフォニオなどが含まれていた。中尾はそれらの起源や種の変異に言及しながら，西アフリカにおける栽培と利用について丹念に記載している。

さらに中尾は，サバンナ地帯からギニア湾を目指して南下し，西アフリカ森林帯の農業も調査している。そこにはマードックがヤム・ベルトと呼んだヤムイモの一大栽培地域があり，数種のヤムイモはもちろん，アブラヤシ・種子食用のウリ類・コーラなど，独自の栽培植物を生み出している。中尾は，それを「ギニア農耕文化複合」と名付け，根栽農耕文化の1つとして東南アジアや南太平洋の島々の根栽農耕と対比している。ギニア農耕文化の特徴は，そこに起源した植物のなかにアブラヤシという優れた油料作物を含んでいたにもかかわらず，そのほとんどがヨーロッパ人と接触するまでアフリカの外に伝播することがなかったという点にある。それは，スーダン農耕文化の栽培植物が古い時代にアジアにまで伝播したのとは対照的である。ギニア農耕文化の栽培植物だけでは安定的な食糧供給は難しく，おそらく紀元前後に東南アジアからバナナ・タロ・アジア起源のヤムイモなどを受け入れたことで，ようやく自給体制が完成したのであろうと中尾は推察している。世界の農耕文化図のなかにアフリカ農耕文化を位置づけ，その特徴を浮き彫りにした中尾の功績はきわめて大きい。

稲作文化圏に暮らす日本人の農学者にとって，アフリカ起源の栽培植物のなかでとくに気になるのは，やはりグラベリマイネの存在であった。グラベリマイネ栽培の実態を最初に詳しく調査したのは，国立遺伝学研究所の岡彦一であった。岡は，中

尾がアフリカを踏査する5年も前の1963年に西アフリカ一帯を見てまわり，グラベリマイネの栽培方法や雑草種・野生種について調査し，アジアイネとの混植や水環境の違いによる品種の使い分けの実情を明らかにした。岡の調査は交通事故によって中断されたが，その後の中尾の調査，そして1980年代には片山忠夫がアフリカ各地を歩きまわり，グラベリマイネの分布，品種の変異と特性，野生種との交雑親和性，栽培方法，雑草種の利用実態などを詳しく調査した。片山は，当時からグラベリマイネが持つ耐乾性，耐病虫性，光合成産物の再転流機構などの優れた特性とその可能性に着目していたが，のちにそれはアジアイネとの交雑種ネリカの育成というかたちで具現化した。

人類学と農学の接合

1971年に掛谷はタンガニーカ湖東岸のミオンボ林のなかに散居する農耕民トングウェの生活・社会・文化に関する本格的な調査を開始した。トングウェたちは，川に沿って連なる鬱蒼とした川辺林に畑を開き，世帯単位で食糧を生産・自給していた。肥沃な森林土壌は豊かな恵みをもたらしたが，その生産量は消費を大きく上回るものではなかった。また彼らは頻繁な訪問を通して食物を分け合いながら消費し，世帯間・集落間にある食物の過不足は平均化されていた。掛谷はこの傾向性を「食物の平均化」（のちに，「平準化機構」）と呼び，祖霊や精霊への信仰に根ざしたトングウェの精神世界がそれを裏側から支えていることを明らかにした。人々は呪いの源泉となる妬みや恨みを回避するために，必要以上の食物生産を自制し，それによって川辺林の無秩序な開墾が抑えられていたのである。この研究は，一見粗放に映るアフリカの在来農業のなかにも資源を維持する機構がしっかりと内包されていることを示し，その後の農業・農村研究に大きな影響を与えることになる。

一方，大サハラ学術探検隊のメンバーとしてアフリカ農村の社会・文化について調査した文化人類学者の米山は，農業経済学者の末原達郎らとともに，現在のコンゴ民主共和国の山岳地帯で農耕民テンボの社会を調査し，狩猟採集民や都市住民との相互関係に注目しながら，農村の生活や行動原理，農村と都市との経済的な結びつきを解き明かしていった。赤道直下の山岳地帯に端を発した農村経済の研究は各地に展開して多くの業績を積み上げていった。農村経済の研究成果については別稿で紹介されるので本稿では省略するが，1986～87年に実施された初期の農村経済の調査には，作物や農業生態の視点から農村を捉えようとする農学者も参加していた。

その1人である重田眞義は，エチオピア南部高地に住むアリの農耕体系に焦点を当て，エチオピア起源のエンセーテの多様な遺伝子源を維持しつつ，優良な形質を

保持・増殖するメカニズムを在来農業のなかに見出した。アリが畏敬の念を抱きながら大切に守ってきた森には野生のエンセーテが自生していた。それはエンセーテのジーンバンクであり，コウモリがその森から運んでくる野生種の花粉は多様な品種を生み出し，人々は優良品種の選抜とその固定を繰り返してきたのである。こうした在来の技術や知識に関する研究は，中尾や阪本が手がけたアフリカ起源の栽培植物に関する研究を生態人類学や栽培学の観点から深化させたものであり，定住型の農業と社会・文化との密接な関係を明らかにし，在来農業に集約性という新たな視座を付け加えることになった。

農業と環境保全

1977年にケニアのナイロビで世界砂漠化防止会議が開かれ，サヘル地域における急速な砂漠化の実態を主要な議題として取り上げ，その原因と対策が議論された。会議では，気候変動がその主要因であるとしながらも，焼畑や過放牧などの人間活動が砂漠化の拡大に拍車をかけていると指摘し，アフリカ諸国は環境面からも農業の近代化を推し進めるように求められていった。1980年代に入ると，相つぐ内紛や干ばつによるアフリカの飢餓の実態が頻繁に報じられるようになり，アフリカ農業のあり方が地球規模の環境・食糧問題と深く関連しているとして世界の注目を集めるようになった。食糧援助や農業開発が盛んに実施されるようになるなか，アフリカの農村研究においても，人類学的な研究に加えて，農耕技術や農村経済の発展を見据えた農学的な研究が進められるようになり，環境問題はその当初から農業研究の重大なテーマの1つとなっていた。

アフリカ農村の実態を農業生態学の視点から捉えようとしたのは廣瀬昌平が率いる農学者の調査チームであった。彼らは1984年から5年間にわたりケニアと旧ザイール，現在のコンゴ民主共和国を精査し，土壌調査の結果などをもとにしながら，アフリカ大地溝帯で営まれる農業の実情を明らかにしていった。廣瀬らは，調査地域の耕地を類型化してその多様な伝統農業や技術を評価しつつ，伝統的な生産体系だけでは急増する人口を支えきれないことを指摘している。久馬一剛や小崎隆による土壌分析は，アフリカ農業の生産ポテンシャルを知る上で貴重な資料を提供するとともに，その研究は今日まで続くアフリカ土壌学の起点となった（久馬2001）。また彼らはこの研究のなかで低湿地の生産ポテンシャルにも言及しており，それは西アフリカにおける内陸小低地集水域やザンビアの低湿地ダンボの研究のなかで深められていくことになる。

一方ミオンボ林帯では，掛谷らが，ザンビア北部で農耕を営むベンバを対象とし

チテメネ(ザンビア)

て，焼畑農耕社会の持続性と変容に関して学際的な研究を進めていた。タンガニーカ湖畔のトングウェが川辺林だけを焼畑にするのとは対照的に，ベンバはミオンボの疎開林そのものを農地として利用していた。ベンバの焼畑農耕はチテメネと呼ばれ，木の伐採と火入れの方法に特徴がある。彼らは焼畑を開くとき，まず，男たちが木にのぼって枝を伐採し，女たちが切り落とされた枝を伐採地の中央に積み上げて火をつけ，その焼け跡でシコクビエを栽培する。このユニークな焼畑が栽培上どのような意味があり，樹上での伐採が生態環境やチテメネの持続性にどのような影響を与えるのかについて，高村泰雄らが農学的な分析を試みている（高村・重田 1998）。

火入れの効果について詳細に調査した荒木茂は，枝の燃焼によって畑に添加される灰の量とシコクビエの収量には高い相関があることを示したが，それは単に灰に含まれる塩基性養分の施用効果だけではなく，土壌を強い火力で焼くことによる焼土効果も作用していることを見出した。焼土効果とは，土壌を高温で熱することにより土壌中の有機物の分解が促されて可吸態窒素が増加する現象であり，有機物に乏しいミオンボ林の焼畑では枝を高く積み上げて表土を強く熱することの意味が示された。そのためには大量の枝が必要であり，ミオンボ林での焼畑を継続するにはバイオマスの確保が欠かせない。チテメネ農耕に見られる樹上での枝の伐採は，枝の迅速な萌芽と伸長を促し，林を維持しながら短期間でバイオマスを再生・利用する手法であった。在来技術の農学的な意味が解明されていくなかで，在来農業が有する環境保全の側面が強く意識されるようになっていった。

チテメネ農耕の持続性が語られる一方で，農村地域を取り巻く社会環境は大きく変わろうとしていた。ザンビア政府は1985年に構造調整計画と農産物流通の改革に着手し，化学肥料の施用を前提としたトウモロコシ栽培の普及を推進していった。掛

谷と杉山祐子は，近代農業がベンバの農村社会に浸透していくプロセスをたどるなかで，一般に変化を阻む要因と考えられていた平準化機構には，変化に対する村民の暗黙の合意と外部の社会情勢が同調したときに，逆に変化を推し進めるように作用することを見出した（田中ら 1996）。この新しい知見は，外部からのインパクトを契機として地域農業が急に変化する現象を理解する上で，また農村開発を進めようとする際の指針としても重大な意味を持っていた。

掛谷が率いる生態人類学と農学の学際研究チームは，ベンバでの調査の後，マラウイ湖東岸の山岳地帯において，土壌侵食を抑える在来農法の研究に着手した。現地の農耕民マテンゴがンゴロと呼ぶこの農法は，直径1メートルほどの凹地を急斜面の畑全面に設け，そこに雨水を一時的にためることで土壌浸食を抑えていた。伊谷樹一は，凹地からの連続的な排水や土壌養分を維持する機構を解明し，ンゴロ農法の環境保全機能と持続性を示した（Itani 1993）。その後，アフリカ各地で実施された調査によって，環境保全の機能を内包した在来農業の内発的な発展事例が次々と明らかになっていった。たとえば，タンザニア東部・ウルグル山地の急峻な斜面に暮らす農耕民ルグルの農業を調査した樋口浩之・山根裕子らは，彼らが穀物の無耕起栽培とバナナ・香辛料樹木を中心とする多年生植物の栽培によって土壌侵食を最小限に抑えていることを示し（掛谷・伊谷 2011），また草地化の進んだ南部高原では，農耕民ベナが外来の早生樹を育て，その林を循環的に利用する造林焼畑によって天然林への負荷が抑えられていることを，近藤史が明らかにしている（近藤 2011）。

西アフリカのセネガルでは，農耕民セレールが古くから実践してきた*Faidherbida arbida*林内でのトウジンビエとラッカセイの輪作体系を，平井將公が詳細に調査した（木村・北西 2010）。アフリカ原産の同樹種は，乾季に葉を着け雨季に葉を落とすという特殊な生理特性を持っていて，アグロフォレストリーに適した樹木として注目されている。平井は，セレールが飼料・薪としての枝葉の利用を最大化しつつ木の再生力を維持する巧みな管理技術と利用方法を豊富なデータをもとに紹介している。

熱帯雨林帯でも，多くの生態人類学者らがプランテイン・キャッサバ・ココヤムを主要作物とする焼畑農耕体系と森林利用の実態を長年にわたって調査している。そうした研究の蓄積を基礎としながら，四方篝（2013）はカメルーン南部の半落葉性熱帯雨林における農耕民バンガンドゥの焼畑の実態を明らかにしている。バンガンドゥの焼畑は，焼畑跡地を占有するパイオニア植物ムセンガ*Musanga cecropioides*の二次林を10年ほどのインターバルで循環的に利用するものである。休閑地を覆う林を開くと，林床でひっそりと更新していた前作のプランテインが陽光を受けて生長を開始し，食糧生産がただちに再開されていた。

これらの事例はいずれも，環境の劣化が進んだアフリカ農村において，さらなる

劣化の防止やその修復を図りながら持続的に農地を使い続けようとする農民の主体的な農業改変の事例であり，アフリカ農村の内発的・持続的発展を構想する際の貴重な資料となろう。

湿地耕作の研究

　日本人が手がけたアフリカ農業の研究のなかで，昔から今日まで絶えず注目されてきたのは湿地での農業である。稲作の盛んな日本に暮らす私たちにはなじみ深い環境だったのかもしれないが，過去数十年の間に利用形態が大きく変化したのも湿地であり，研究者たちはアフリカ農村社会に起こっているさまざまな変化を，湿地利用の変遷から読み取ろうとしていたのかもしれない。

　やせた土壌や不規則な降雨，頻発する干ばつや洪水といった厳しい自然環境がアフリカ農業を停滞させていた。そして，1980〜90年代における政治経済体制の混乱は農業の不安定性をさらに増大させていった。1990年代にアフリカ各国で見られた低湿地や河岸湿地での急速な耕地拡大は，農業の近代化政策の停滞や市場経済の広がりに対処しようとするアフリカ農民の自然な動きだったのである。ザンビアもその例外ではなく，この頃にダンボと呼ばれる広大な低湿地帯がまたたく間に開墾されていった。この湿地開発の動きにいち早く注目したのが島田周平らの研究グループであった。島田らは，急速なダンボ耕地化の現象を通して，政治経済の変動がザンビアの人口動態や農村社会の構造に与える影響を映し出すとともに，ダンボの利用形態の変化や周辺環境への影響など，農業生態学的な観点からも詳細に調査している（Shimada 1994）。水に恵まれた場所への関心が高まるなか，島田らの低湿地における農業利用の研究もジンバブエ・タンザニア・ナイジェリア・ガーナへと拡大し，多様な環境下に展開する湿地農業と水資源をめぐる政策や農村社会の動向，そして環境保全という視角からも議論が深められていった。

　上でも触れたように，廣瀬らの研究グループも早くから低湿地の生産ポテンシャルに注目し，そこに農業開発の可能性を見出していた。研究グループの1人である若月利之は，1986〜90年にギニア湾岸諸国からマリ・ニジェール・カメルーン・旧ザイール（現コンゴ民主共和国）までの西・中央アフリカのほぼ全域で低地稲作の実態と土壌肥沃度に関する調査を実施している。その後，若月らは実態調査の成果をもとに，さまざまな農業開発実践に着手していった。それらについては後で述べるが，その研究主眼は単に食糧の増産だけではなく，環境の保全や修復にも向けられていた。

　2本の地溝帯が南北に縦貫するタンザニアは，地形の変化に富み，各地に大小さまざまな湿地が形成されている。そこには多彩な在来農業を見ることができるが，そ

田植え（タンザニア）

れらの農耕形態や規模も1980〜90年代の政治経済の混乱期に大きく変化した。南部高地に暮らすベナは，河川源頭部の小さな谷地湿原で草地休閑型の焼畑によって自給用の副食材を生産していたが，農業の近代化政策や流通網の整備などの影響を受けるなかで，主食生産の基本形態は維持しつつ，湿地では化学肥料を用いた換金作物の連作に切り替えていった（近藤2011）。タンザニアの南部高原に暮らす農耕民ニイハは，肥沃な火山灰土壌を利用してタンザニア最大のコーヒー産地を形成していたが，1990年代後半における世界的なコーヒー価格の下落により地域経済は低迷していった。ニイハは収入を維持するために主食のトウモロコシ畑をコーヒー園に変え，それまで主に放牧地として利用してきた季節湿地にトウモロコシ畑を拡大していった。山本佳奈（2013）は，湿地利用形態の変遷を農学的な見地から捉えるとともに，変化によって引き起こされた農村社会の混乱を生態人類学的に分析している。また，各地に見られる大河川の河畔湿原では稲作面積が急速に拡大していった（掛谷・伊谷2011）。タンザニアにおける米食の歴史は古く，東・南部アフリカのなかではマダガスカルに次いで消費量が多い。タンザニアで稲作面積が急速に広がった背景には，都市化に伴って外食産業が盛んになりコメ市場が拡大したこともあるが，農村での現金収入源が強く求められるようになったことが最大の要因といってよい。

　湿地での耕作技術が確立され，その有益性が再評価されるなか，土地や現金収入源を持たない農民が先を争って湿地を開拓していった。湿地は現代に残された最後の優良農地であり，コンゴ民主共和国・ザンビア・タンザニアの多くの地域において，その利用形態や土地をめぐる農民の対立事例が報告されている。これまで湿地は主として放牧地や野生動物の保護区とされてきただけに，そのような場所での耕地化は対立の構図をさらに複雑にしている。山本は，湿地をめぐる農耕と牧畜の競

合に土着信仰が絡んだ複雑な事例を取り上げ，対立から和解に至るまでのプロセスを追っている。農地をめぐる対立については農学でも取り扱うべき重要な課題の1つであり，住民自身が和解の道を模索した山本の研究は今後の土地利用のあり方に1つの可能性を提示している。

農村開発と今後の展望

　人口が急速に増加し，市場経済が農村社会に広がりを見せる一方で，アフリカの農業生産は依然として低い水準にとどまり，それも要因となって生態環境の劣化は続いている。もともと農学は，農業が直面する諸課題の解決や消費者のニーズに応えるための改良を前提とした実践的な応用科学であり，それを目的として基礎研究が深められていった学問である。それゆえ，アフリカの農業問題に対しても，何らかの対策を講じることが期待されてきた。

　アジアにおける「緑の革命」を期して，過去にアフリカにもIR系高収量稲品種が導入されたことがあったが，環境との不適合性や農業投入材の不足，灌漑施設の未整備などにより期待された成果は得られなかった。1990年代初頭になって，西アフリカ稲開発協会（WARDA: West Africa Rice Development Association，現在のアフリカ稲センター：Africa Rice Center）は，アフリカの食糧事情を改善するために，アジアイネとグラベリマイネを交雑したネリカ（NERICA: New Rice for Africa）という種間雑種をつくりだした。高収性・耐乾性・耐病虫性に優れた品種が得られるとして，現在までに多数の品種が育種・選抜され，一部は普及段階に入っている。2008年に開催された第4回アフリカ開発会議（TICAD IV）において日本政府は，ネリカの開発を受けて「今後10年間でアフリカのコメ生産の倍増を目指し作物管理手法などを開発する」と宣言し，アフリカにおける「緑の革命」を実現しようとしている。

　ネリカの開発と普及に関わる農学研究者・技術者の尽力は多大なものであろうと想像するが，こうした画一的な近代農業政策を実施するにあたり，アフリカの厳しい環境下での実施可能性や，既存の農耕体系・社会・文化との適合性について多角的かつ慎重な議論は必要なかったのだろうか。現代アフリカ農業への農学の貢献は，必ずしも技術的な協力だけではない。これまで見てきたように，アフリカにおける農学研究は，人類学をはじめとするさまざまな研究分野と相互に関係しながら，総合的な研究の1つとして深められてきた。農業開発に携わる者が最初に知るべきことは，その地域農業に潜む多彩な知恵・環境，そして農業と社会・文化との関係であろう。農業（Agriculture）は生きるための営みであると同時に「畑の文化」でもあり，その開発には地域の深い理解と住民の主体的な参加が欠かせない。以下では，ア

フリカを長年にわたって調査してきた農学者や生態人類学者が手がけた2つの農村開発を簡単に紹介しておく。

アフリカの農業改善と環境問題に早くから取り組んだのは，廣瀬と若月を中心とする研究グループであった。廣瀬らは，西アフリカ・サバンナ帯における生態環境や伝統的な環境利用・土地制度などを総合的に調べた上で，内陸小低地集水域に水田農業を展開することが，アップランドにおける林業・アグロフォレストリー・有畜複合農業の振興などとともに，農林生態系の修復と再生に有効であるという結論を導き出した。そして，小低地における水田稲作や養魚の農民参加型オンファーム実証試験を実施し，それに対する住民の評価を積極的に取り入れながら，廣瀬らの構想する「アフリカ型水田農業」が展開する可能性を見出した。総合的な農林水産業に関する実践的な研究を進めてきた若月は，生態環境の改良を行うエコテクノロジー（アフリカの生態環境と社会経済に適合する生態工学技術）によってアフリカの「緑の革命」を実現しようとして，ナイジェリアとガーナにおいて農民の自助努力によるアフリカ適応型の低地水田の開発技術と水田稲作技術に関する試験を始めている（廣瀬・若月 1997）。そのなかで彼らは，総合的なシステムの組み立てはアフリカの伝統農業との調和によって初めて可能になることを強調している。

一方，掛谷らの研究グループも農村開発の理念と手法の構築に向けた実践的な地域研究の必要性を感じ，1994年以降，地域の実態把握と実践的な活動を通して開発理念・手法を練り上げていった。若月らが伝統的な農耕体系や土地制度などとの調和をはかりつつ，主として新たな農業技術や農耕システムの定着に焦点を当てているのに対し，掛谷らは新たな農業技術や農耕システムがつくりだされるまでの技術的・社会的プロセスを重視している。先に示したベンバの研究でも触れたように，アフリカの農村には今も個人の富を平準化しようとする傾向性が見られ，それは外部の技術や制度から既存の社会を守ろうとする安全弁として作用し，ときにそれは農村の変化や「発展」を阻む要因ともなってきた。農村開発を進める上では，こうした安全弁の機能は保ちつつ，平準化機構を新たな技術や制度が農村社会に浸透・定着するための推進力として機能させる必要があろう。掛谷らは，アフリカ各地の農村に見られる内発的な発展の事例を収集し，そのプロセスを分析してきた。そこから見えてきた1つの傾向性は，外部の技術や制度はまず農村内で創造的に模倣され，有益性が実証されていく過程で，それを受け入れる社会体制が創発されるというものであった。掛谷らは，こうした農村社会の歴史・社会・文化的累積体を在来性のポテンシャルと呼び，それを基盤とした内発的発展を開発理念の中核に据えながら，住民主導の開発をすすめている。

現代アフリカのどの農村でも食糧の安定供給・環境保全・生計の向上は共通した

課題であり，それらはどれも農業とは密接に関連している。上にあげた2つの農村開発は，表現の仕方こそ異なっているが，いずれも地域農業への深い理解のもとで，相互に関連する課題を総合的なアプローチによって解決しながら，アフリカ独自の発展の道を模索しようとする目標に大きな違いはない。

　わが国では，江戸前期に総合的な農書「農業全書」が発刊されたのち，各地の農業を紹介した農書が多数発刊され，多様な農業の実態が記録されることになった。明治以降，西欧の農業を取り入れ，農学・工業・経済の発展と歩調を合わせながら農業の近代化を進めてきたが，その裏側ではしっかりと多様性が維持されて，それぞれの食文化を支えてきたのである。日本人研究者が過去半世紀の間に取り組んできたアフリカ在来農業の研究は，農書の編纂にも似た，無形文化財の記録でもある。それは，アフリカの農村を理解する上での貴重な資料になるであろうし，アフリカ的発展の道を構想する上での礎としていかなければならない。

[参考文献]
伊谷純一郎 1961『ゴリラとピグミーの森』岩波書店．
今西錦司・梅棹忠夫編 1968『アフリカ社会の研究』西村書店．
掛谷誠・伊谷樹一編 2011『アフリカ地域研究と農村開発』京都大学学術出版会．
木村大治・北西功一編 2010『森棲みの生態誌――アフリカ熱帯林の人・自然・歴史I』京都大学学術出版会．
久馬一剛編 2001『熱帯土壌学』名古屋大学出版会．
近藤史 2011『タンザニア南部高地における在来農業の創造的展開と互助労働システム』松香堂．
阪本寧男 1988『雑穀のきた道――ユーラシア民族植物誌から』NHK出版．
四方篝 2013『焼畑の潜在力――アフリカ熱帯雨林の農業生態誌』昭和堂．
髙村泰男・重田眞義編 1998『アフリカ農業の諸問題』京都大学学術出版会．
田中二郎・掛谷誠・市川光雄・太田至編 1996『続・自然社会の人類学――変貌するアフリカ』アカデミア出版．
中尾佐助 1966『栽培植物と農耕の起源』岩波書店．
中尾佐助 1969『ニジェールからナイルへ』講談社．
廣瀬昌平・若月利之編 1997『西アフリカ・サバンナの生態環境の修復と農村の再生』農林統計協会．
山下孝介編 1969『大サハラ』講談社．
山本佳奈 2013『残された森』昭和堂．
Itani, J. 1993 Evaluation of indigenous farming system in the Matengo Highlands, Tanzania. *African Study Monographs* 19（2）．
Shimada, S. 1994 Change in Land Use of dambo at Chineno Village of Central Zambia. *Sci. Rep. Tohoku Univ.* 7th Ser. 4-2.

4-3-1 土壌
Soils

……阿部進・若月利之

キーワード：伝統農法，土壌劣化，貧栄養，老朽化土壌，焼畑・休閑農法

　アフリカ大陸は旧ゴンドワナ陸塊に由来する古い地質材料から生成した土壌に広く覆われている。そのため，東アフリカの大地溝帯周辺など一部地域を除いて，肥沃度の低い老朽化土壌が卓越しており，概して農業生産性は低い。また，アフリカ大陸のおよそ3分の1は乾燥気候下にある砂漠であり，水資源の枯渇した不毛の大地となっている。砂漠の縁辺部にある限界地では，不適切な放牧や農耕利用によって世界で最も砂漠化が進行している地域の1つとなっている。その他の比較的湿潤な地域でも，伝統的な焼畑・休閑農耕システムの常畑化や過放牧によって深刻な環境問題を引き起こしている。したがって，アフリカでは，農業生産性の改善とともに環境保護および劣化生態系の修復が喫緊の課題となっている。この課題解決のカギは広大な未利用低地の持続可能な利用にあると考えられる。

自然環境と土壌

　土壌はある環境条件のなかで土壌の材料（母材）となる岩石や堆積物が風化してできる。したがって，アフリカの土壌について理解するには，まずアフリカの自然条件について知る必要がある。とりわけ，土壌生成因子と呼ばれ，土壌の成り立ちを決定する5つの要因（気候，生物〔植生〕，母材〔地質〕，地形，時間）に着目することは，土壌の特質について理解する手助けとなるだろう。アフリカの自然条件については，自然地理の章を参照してほしい。

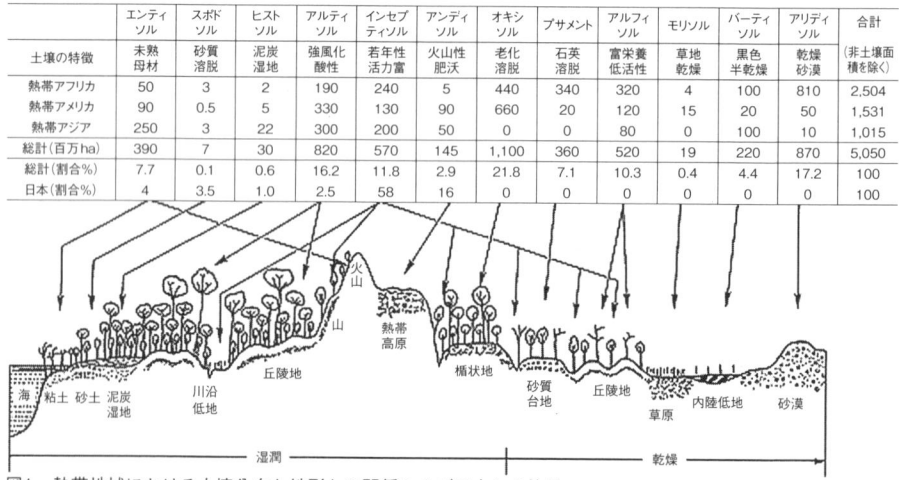

土壌の特徴	エンティソル 未熟母材	スポドソル 砂質溶脱	ヒストソル 泥炭湿地	アルティソル 強風化酸性	インセプティソル 若年性活力富	アンディソル 火山性肥沃	オキシソル 老化溶脱	プサメント 石英溶脱	アルフィソル 富栄養低活性	モリソル 草地乾燥	バーティソル 黒色半乾燥	アリディソル 乾燥砂漠	合計 (非土壌面積を除く)
熱帯アフリカ	50	3	2	190	240	5	440	340	320	4	100	810	2,504
熱帯アメリカ	90	0.5	5	330	130	90	660	20	120	15	20	50	1,531
熱帯アジア	250	3	22	300	200	50	0	0	80	0	100	10	1,015
総計(百万ha)	390	7	30	820	570	145	1,100	360	520	19	220	870	5,050
総計(割合%)	7.7	0.1	0.6	16.2	11.8	2.9	21.8	7.1	10.3	0.4	4.4	17.2	100
日本(割合%)	4	3.5	1.0	2.5	58	16	0	0	0	0	0	0	100

図1　熱帯地域における土壌分布と地形との関係および日本との比較
注) Hirose & Wakatsuki (2002) を一部改変。

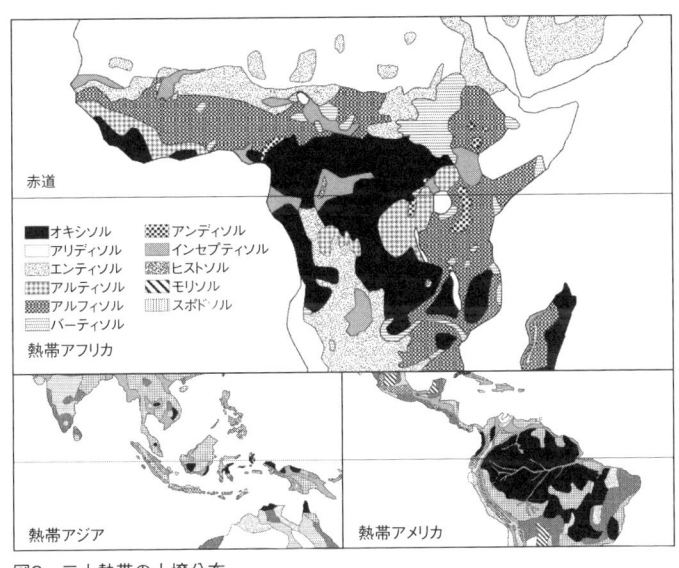

図2 三大熱帯の土壌分布
注）Hirose & Wakatsuki（2002）を一部改変。

　図1は，地形・地質と水分環境の影響を受けて生成する土壌の種類を示し，その分布面積および占有率を三大熱帯圏で比較している。ここで特筆すべきはプサメントである。通常，プサメントは土壌断面の発達が未熟ということでエンティソルに分類されるが，土壌母材は強度に風化溶脱した老朽化土壌であるため，エンティソルから抜き出して示している。熱帯アフリカではこのプサメントと有効水分がほとんど存在しない乾燥地土壌のアリディソルの割合が他の熱帯地域よりも突出して多い。また，アフリカでは鉄やアルミニウムの酸化物を主体とする老朽化土壌であるオキシソル，強風化土壌で溶脱の激しいアルティソルなど，土壌改良や灌漑なしには農耕に適さない土壌が全体の70％以上を占有している。一方，熱帯アジアにはこの種の農耕に適さない土壌はほとんど分布しない。熱帯アメリカでも，オキシソルやアルティソルの分布が大きいが，このうちブラジルのセラードのようなオキシソル地帯は土壌改良によって現在では農業生産性の高い穀倉地帯となっており，将来的に土壌改良が可能になるほど経済発展できれば，アフリカのオキシソル地帯においても農業生産性の向上が期待できるかもしれない。

　次に，図2を参照しながら，熱帯アフリカにおける地理的な土壌の分布を見ていこう。ここでは参考のため，熱帯アジアと熱帯アメリカにおける土壌の分布もあわせて示す。コンゴ盆地周辺にはかつてラテライト土壌と呼ばれていたオキシソルが広く分布している。オキシソルは高温多湿な熱帯の低標高地帯に広く見られ，鉄やアルミニウムの酸化物・加水酸化物，カオリナイトが卓越する粘土を有する老朽化土壌である。ギニア湾沿岸部などに分布するアルティソルもカオリナイトが卓越する粘土を有する強風化土壌であるが，下層土における粘土の集積が観察される点でオキシソルとは異なり，肥沃度はやや高い。どちらも貧栄養土壌であり，酸性で養分保持能が低く，リンの固定やアルミニウム過剰が問

題となる。内陸に位置するサバンナ気候下では，雨季と乾季が交代する地域であり，粘土や養分の溶脱が進みにくいため，比較的肥沃なアルフィソルが生成・分布している。ただし，アジアのアルフィソルに比べ粘土の活性度は低く，生産性は劣る。さらに内陸側へ進むとサハラ砂漠やサヘルと呼ばれるその縁辺部となり，きわめて砂質なエンティソルやアリディソルが分布している。これら土壌では土壌表面の塩類集積やクラストと呼ばれる硬盤薄層が認められることもあり，農業生産を阻害している。また，限られた降水量の下で脆弱な生態系を支持しているため，農耕や放牧によって風食（風による土壌侵食）が促進され，砂漠化が進行している（伊ヶ崎 2011）。一方，風食によって飛散した土壌粒子は風成塵となって遠方に運ばれ，風下の地域に養分に富む土壌母材を供給している。たとえば，西アフリカでは乾季に吹く貿易風（ハルマッタン）によって風成塵が発生し，最終的には南部のサバンナ地帯などに堆積することで土壌肥沃度に貢献している（Hirose & Wakatsuki 2002）。

ここまでにあげた土壌はいずれもそのままでは農業利用に適さない問題土壌であるが，いくつかの地域では農業生産に適した土壌も認められる。その代表としてあげられるのが，東アフリカの地溝帯周辺に分布するアルフィソル，バーティソル，アンディソルやインセプティソルである。これら土壌の肥沃度は高く，その分布は人口密度の高い地域と一致している（荒木 2012）。また，氾濫原や内陸小低地の多くは雨季に氾濫・湛水されるため，還元的な特徴を持つバーティソル，エンティソルやインセプティソルが分布している。エジプトにあるナイル川の河口デルタやニジェール川中流域の内陸デルタなどの氾濫原には肥沃な土壌が分布し，灌漑によって一大農業生産地となっている。一方，アフリカ大陸全域に点在している内陸小低地は氾濫原と同様に水資源には恵まれているが，概して土壌肥沃度はそれほど高くない（Hirose & Wakatsuki 2002, 阿部 2012）。また，スーダンのゲジラ地方（白ナイルと青ナイルに挟まれた地域）などには，重粘土質のバーティソルが広範囲に分布している。乾湿によって収縮膨潤を繰り返し物理的には扱い難い土壌であるが，世界最大規模の灌漑排水設備により一大綿花生産地帯となっている（真常・荒木 2011）。

伝統農業の崩壊と土壌劣化

アフリカには自給を生計の基盤とする農家が今も多く存在し，生産性の低さが低収入の要因となっている。実際に，アフリカにおける肥料投入量は他の熱帯地域と比較してもきわめて低水準であり，作物収量も過去50年間にわたって世界で最も低い値を示している。その代表的な農法が伝統的な焼畑・休閑農法である。焼畑によって森林や草原を切り開き，およそ1〜3年ほど主食作物を中心に作付した後，10〜20年以上休閑をする。休閑期に地上部植生や土壌肥沃度が回復するのを待ってから再度の焼畑と作付をする。このサイクルは，自然が本来持つ養分循環システムを活用し，その余剰分を農業に利用するため，適切な休閑期間さえ確保できれば，持続性の高い農耕システムだと考えられている（広瀬・若月 1997, 真常・荒木 2011）。一方，変動する気象条件や貧栄養土壌など厳しい環境条件の下で生活を維持していかなければならない農民は，自給を優先しつつ，低収量・低収入の農業を続けざるをえないのが現状である（真常・荒木 2011, 阿部 2012）。このような伝統農法によって増加する人口に見合う食糧生産を確保するためには，耕地を外延的に拡大させるしかないわけであるが，植生の劣化にともなう自然再生力の低下と人口増加にともなう耕地面積の狭小化が，多くの地域で伝統的な移動耕作の衰退を招いている。実際に，このよう

な低投入型の農耕活動によって，1970～2000年の30年間にアフリカ37ヵ国で毎年haあたり窒素22kg，リン2.5kg，カリウム15kgが失われたという試算すらある（Sanchez 2002）。元来持続的であった伝統的な農耕システムが，人口増加のために作付期間の延長と休閑期間の短縮による常畑化が進行し，すでにシステムの崩壊が始まっていることがわかる。もともと肥沃度の低い土壌が優占するアフリカにおいて，このような収奪的な農法が環境破壊へ直結するのは道理である。また，土地不足になれば農地としては不適な限界地へ耕地を拡大させるようになるため，それによりさらに環境破壊が加速し，食糧生産や住環境を危険に晒すような悪循環に陥っている地域も少なくない。一方，森林や草原に比べて水資源に富む低湿地は，雨季に湛水し還元状態となるため，あまり利用されず，せいぜい乾季に利用される程度であった。土地や水の不足，天候不順などの理由により，最近では低湿地の農業開発が積極的に試みられており，乱開発による湿地生態系の劣化が懸念されている（Hirose & Wakatsuki 2002, 阿部 2012）。

将来の展望

　以上で述べたように，サブサハラ・アフリカにおける食物生産量の増加はこれまで，収量増加よりも耕地面積の拡大によって成し遂げられてきた。その背景には，世界最低水準の肥料投入量や作物収量に表徴される，アフリカにおける地域経済の停滞と農民による非集約的な農業への指向性がある。その一方で，各地固有の生態環境や社会経済条件のもとで発達してきた伝統農法には，天候リスクなどの環境リスクを避けるための多彩な知識や技術が内包されている（Hirose & Wakatsuki 2002, 荒木 2012）。しかし，大局的に見れば，サブサハラ・アフリカにおける慢性的な食糧不足を解決するには，少ない資源を有効活用しつつ収量増加を目指すのが現実的なアプローチとなる。さまざまな技術が発明され，その普及が試みられてきたが，これまでに明らかに成功といえるような技術移転はまだ為されていない（荒木 2012）。

　近年，アフリカの農業発展に対する日本の姿勢も積極的になってきており，サヘル地域における耕地内休閑システム（伊ヶ崎 2011）や土壌微生物を活用した養分溶脱の抑制手法（杉原 2012）など日本人研究者によって新しい農法が提案されている。また，内陸小低地などの季節性湿地において急速に広まりつつある稲作についても（阿部 2012），農民参加と小型耕耘機の利用による低コスト水田造成手法が提案されている（Hirose & Wakatsuki 2002）。これら新しい農法や技術の定着が今後どこまで進むか予想するのは難しいが，現在もアフリカにおける食糧不足と環境問題の解決のため，多くの研究者や技術者が日々努力している。日本のアフリカ支援が本格化したのが最近であることを鑑みれば，今後のさらなる発展も十分期待できるように思う。

阿部進 2012「なぜアフリカに水田が必要なのか——アフリカの稲作における土壌肥料学研究入門」『日本土壌肥料学雑誌』83（2）／荒木茂 2012「アフリカ在来農業の潜在力」『日本土壌肥料学雑誌』83（4）／伊ヶ崎健大 2011「西アフリカ・サヘル地域での砂漠化とその対処技術」『日本土壌肥料学雑誌』82（6）／杉原創 2012「半乾燥熱帯アフリカの畑作地において土壌微生物バイオマスが土壌－作物間の窒素動態に果たす役割」『日本土壌肥料学雑誌』83（1）／真常仁志・荒木茂 2011「講座のねらい，サブサハラ・アフリカの生態環境条件と農業の現状」『日本土壌肥料学雑誌』82（5）／Hirose, S. & T. Wakatsuki eds. 2002 *Restoration of Inland Valley Ecosystems in West Africa*. 農林統計協会／Sanchez, P. A. 2002 Soil fertility and hunger in Africa. *Science* 295

⇒自然地理

4-3-2 栽培植物
Cultivated Plants

重田眞義

キーワード：作物，起源，有用植物，民族植物学

我が国のアフリカ研究のなかで農業を対象にした研究は後発の分野である。そのなかでも，アフリカの作物（栽培植物）を主題にしたものは非常に少ない。過去50年間の『アフリカ研究』誌に掲載された論考のなかで分野を問わず作物に言及したものは散見されるが，多少とも主題に関連づけて個別の作物を論じているものは26件しかなかった。しかし，アフリカの人々の生業や生活を対象にした研究のなかで作物は頻繁に登場してきた。アフリカの作物は，いわゆる作物学的な研究に限定せずともアフリカ研究において重要な要素であるといえよう。ここでは，作物の起源，文化，有用性，自然・社会環境に関する研究を概観した上でこれからのアフリカ在来作物の研究視点にふれる。

アフリカ農業の起源と作物

アフリカ大陸のエチオピア高原において独自の作物が栽培化されたという歴史的な事実に初めて注目したのは，世界の8大栽培植物起源中心地を提唱したロシアの植物遺伝学者バビロフであった。日本人として最初にアフリカ農業と作物の起源を現地調査に基づいて論じたのは1969年に『ニジェールからナイルへ』（のちに『農業起源をたずねる旅』（1993）と改題）を著した中尾佐助である。中尾はフランスの農学者ポルテールの研究をふまえて，西アフリカから東西に広がるサバンナ植生帯で栽培されている植物に注目した。アフリカイネ，フォニオ，ブラックフォニオなどの西アフリカに局在するイネ科穀類や，東アフリカの高地に起源したモロコシ，トウジンビエ，シコクビエなどの穀類だけでなく，マメ類（ササゲ，バンバラマメ，ボアンズーマメ），油料作物類（ゴマ，ヌグ），根栽類（ヤム，エンセーテ，イモジソ），果樹類（シアバターノキ，コーヒーノキ），果菜類（スイカ，アフリカニガウス）などアフリカ起源の作物とその特性について中尾は詳説している。

山下孝介が隊長をつとめた京都大学大サハラ学術探検隊（1967～68）のメンバーとしてスーダンから西アフリカに向かった中尾とは別に，阪本寧男と福井勝義がエチオピアにおいて作物の分布と多様性に関する現地調査と遺伝資源の収集を行った。当時大学院生であった福井は，種子サンプルの収集とあわせて作物の呼称を記録してその言語学的な分析および分布と伝播経路の推定から起源を論じた。おそらくこの研究はアフリカの作物を扱ったという意味では日本最初の学位論文であろう。

『大サハラ』（1969）にその成果がまとめられた上記の学術探検隊に先立つこと6年，日本人によるアフリカ起源の作物研究として，国立遺伝学研究所の岡彦一が開始したアフリカイネおよび野生近縁種の探索と収集は特筆すべきであろう。その後の研究は，岡の弟子である森島啓子に引き継がれていった（2001年に『野生イネへの旅』を出版）。また，1988年からは片山忠夫がアフリカに分布するイネ属植物の分布と感光性に着目した研究を行っている。

文化財としての栽培植物

アフリカの作物については，農学分野の研究者よりもはるかに多くのフィールド研究者（主に民族学，文化人類学）が，主に食文化への関心からふれている。今西錦司，伊谷純一郎，梅棹忠夫ら草創期のアフリカ研究者たちはアフリカの食べものについて細やかに語っている。砂漠研究の小堀（1965）や大サハラ学術探検隊のメンバーであった石毛直道と谷泰が1960年代にサハラのオアシス農業を実見し，ナツメヤシなどの作物についてふれている。西アフリカのサバンナに栽培される多くの植物について，川田順造がその文化的背景も含めて述べた『サバンナの博物誌』（1979）はアフリカの作物について知りたい読者にとって，中尾の本とともに必読書であろう。アフリカ農村と農業を主題にした細見（1968），嘉田（1973），和田（1976）らの研究成果にも共通した特徴として指摘できることは，アフリカの作物を，アフリカにおいてアフリカの人々が創造した貴重な「文化財」として敬意をもって取り扱っていることであろう。

草創期から1980年代以降の日本のアフリカ研究者（とくに社会科学分野）によるアフリカの作物への言及は，おおむね科学的な理解を適切に反映したものであるといえるが，一部にはアフリカ起源の穀類であるトウジンビエやシコクビエをアワやヒエの類と呼ぶような，ともすれば偏見を招きかねない誤解も見られる。トウモロコシという標準和名がある Zea mays をカタカナで「メイズ」と表記する奇妙な習慣が南部アフリカ研究者の間に見られることも指摘しておきたい。

有用植物の探索と導入

1960年代以降，アフリカ大陸において植民地旧宗主国や米国の研究者によってさかんに有用植物（遺伝資源）の探索と導入が行われたのに比較して，日本人研究者による探索は，先述した岡による西アフリカのイネ属植物，阪本らによるエチオピア高原の作物を除けば，それほど熱心に行われてきたわけではない。

1980年代以降では，トウガラシ（矢澤進），モロコシ，ウリ類（廣瀬昌平），牧草およびシコクビエとその近縁種（国立草地試験場）などが探索収集されている。このほかにも農業生物資源研究所が発行している『植物遺伝資源探索導入報告書』の各号には，試験場関係者によるアフリカからの作物資源探索の報告が散見されるが，その数はアジア諸国をはじめ他の世界各地に比べると非常に少ない。

1990年代以降，今世紀に入って，再びアフリカの有用植物が注目されている。その多くは厳密にいえば作物（栽培される植物）ではなく，野生ないし半栽培的な状態にある。小清水弘一と大東肇らが進めたアフリカ在来野菜やチンパンジーの食する野草の成分分析は，抗発がんプロモーターや霊長類の薬用植物利用の発見につながっていった。

自然・社会環境と作物

アフリカ農業において，大陸の多様な自然環境と変貌する社会環境は，作物との関係において常に重要な研究課題であった。1980年代には農学研究者を中心とした科学研究費による現地調査研究プロジェクトが2件行われた。廣瀬昌平らはケニアと当時のザイール（現在のコンゴ民主共和国）東部において1984年から5年間にわたる農地生態学的研究を実施した。そのなかで，調査地域における土壌と作物に注目して農業の類型化を行い，それぞれの農耕型態が属している自然環境および社会経済要因を明らかにした上で，生存のための生業的農業の範疇にある自然適応型の農業と結論づけている。坂本慶一，津野幸人，末原達郎らの研究グループは，1986年からザイール（当時），タンザニア，エチオピアにおいて伝統農業の技術・経済・社会の構造を主題

とする農業経済学的な研究プロジェクトを実施した。このプロジェクトに学生として参加した伊谷樹一は，タンザニアのトングウェが栽培する植物とその特性を詳細に記述した。また，重田はエチオピア起源の作物エンセーテについて民族植物学的な研究を開始した。同じく1986年に開始された民族学的な研究プロジェクトにおいて，松田凡はエチオピア南部を流れるオモ川の季節的な氾濫を利用して河岸の畑でモロコシが栽培される環境条件について報告している。

1990年代に入って，アジアの水田農業をアフリカの生態環境に適合的な形で開発・発展させようという意図のもとに農業生態学的な研究プロジェクトが開始された（廣瀬・若月1997）。アフリカにおける作物としてのイネへの関心は，初期の遺伝学的な多様性と起源に関するものから，収量と生産性の向上を目指すものまで幅広い。両者は，今世紀におけるネリカ米の開発と利用にいたる知見の基礎を提供していると見ることができるだろう。

アフリカ研究のなかで扱われた作物

アフリカ研究において，とくに農業とそれを営む人々に関する研究には分野をとわず多様な作物が登場してきた。しかし，近年では，研究材料としてアフリカの作物を使用する場合を別にすれば，アフリカへ赴いたアフリカ研究者が現場の作物そのものを直接扱うような農学分野の研究は非常に限られている。たとえば，ケニアにおけるダイズの導入を食品学の観点から論じた大井他（1996），アフリカ起源のササゲ栽培種と野生種の耐乾性に関する作物生理学的研究をタンザニアの資料を用いて行った伊谷（1998）などは希な例であろう。アフリカの作物はむしろ，人類学や地理学などの社会科学分野や，地域研究などの複合分野においてよく取り上げられてきた。

歴史民族学の観点からアフリカイネを取り上げた竹澤（1984），農耕民の生態人類学的研究のなかで西アフリカのサバンナに見られる雑穀を取り上げた武田淳，熱帯雨林の有用栽培植物を記載した安渓遊地らの研究は初期のものである。1990年以降の『アフリカ研究』誌には，社会・経済分野の論文ではコートジボワールのアブラヤシプランテーション労働を取り上げた茨木（1993），ガーナのココア生産を扱った高根（1996），タンザニアの商業的トマト栽培を論じた黒田（2001）などがある。ほかにも歴史学の分野からエチオピア起源の作物エンセーテの伝播を検討した石川（2012），作物品種の多様性を民族植物学の視点から論じた藤本（1997）などがある。

植物を利用する人間と，作物をはじめとする多種多様な有用植物との関係は人類学の下位分野である民族植物学の守備範囲であるが，近年日本の研究者による成果があいついで発表されている。ケニアのヒョウタンの変異と利用の多様性を示した森元（2004），キャッサバの利用法については安渓貴子（2003）と稲泉（2007）の論攷がある。小松，北西，丸尾らの研究グループはアフリカ大陸におけるバナナの多様性と利用，伝播などについての研究を進め，アジアとの比較も行っている。そのグループのメンバーでもある佐藤（2011）は，ウガンダに特異的に見られる調理用バナナとその利用に関するモノグラフをまとめている。伊藤（2012）はエチオピア起源のコーヒーを対象に，森林に自生するコーヒーとそれを採集利用する人々との関係を描き出している。タンザニアの狩猟採集民が利用する半栽培型作物のニセゴマを研究した八塚（2012）は，その保存と分配に着目した。ナミビアにおいて自然地理学の研究を進める水野らは，植生地理学と地形学の観点から河床周辺に自生するナラ・メロンの利用にふれている。

アフリカ在来作物の未来

　ネリカ米の例をあげるまでもなく，現代アフリカに求められているのは，自給を上回る高い生産性と，経済活動に資する換金性に優れた作物ということができる。ラッカセイや綿などの一次産品を輸出していた時代から，近年の石油作物ジャトロファや砂糖の原料としてのサトウキビが大規模プランテーションで栽培され，加工をほどこした輸出志向の工業的農業の時代へと変貌をとげつつあるとはいえ，アフリカの作物は常に収量と効率性への評価にさらされてきた。アジア型の水田稲作を大規模に導入してコメを生産し，アフリカにあまねく「緑の革命」をもたらすという論調も見られるが，地域の生態・社会環境条件が適合した場所では成功するという，当然の結果をこれまでの研究成果は示している。「改良品種」と「化学肥料」の導入と「機械化」の推進がアフリカ農業の発展にとって必要条件と見なされ続けるかぎり，最小投入による高い持続性と，本来的に有機的農業の性質をそなえていたアフリカ在来農業の要素である在来作物は早晩消えてゆく運命にあるのかもしれない。貴重な文化財としてのアフリカ在来作物の多様性が保持されるためには，生産性至上主義に対抗するような在来性の評価と意味づけが必要になってくるだろう。これからのアフリカ在来作物の研究は，すでにそこにあるものに対する敬意を前提にして，過去の経験を伝えるだけではなく，それを最終的に選ぶのはアフリカの農民であるということをふまえつつ，よりよい生活のために人々の選択肢を増やすことを目指していくべきであろう。

　安渓貴子 2003「キャッサバの来た道——毒抜き法の比較によるアフリカ文化史の試み」吉田・堀田・印東編『イモとヒト』平凡社／石川博樹 2012「17, 18世紀北部エチオピアにおけるエンセーテの食用栽培に関する再検討」『アフリカ研究』80／伊谷樹一 1998「ササゲの耐乾性の生理機構に関する研究」『熱帯農業』42 (3)／伊藤義将 2012『コーヒーの森の民族生態誌——エチオピア南西部高地森林域における人と自然の関係』松香堂／稲泉博己 2007「ナイジェリアにおけるキャッサバ加工業の現状と課題」『国際農林業協力』30 (1)／茨木透 1993「ヤシの実採集から小農園主へ——コートジボアール，アジュクル族における油ヤシプランテーションの開発と労働の変化」『アフリカ研究』43／大井嘉子, Gordon Cyrus Mwangi 1996「ケニアにおける大豆導入の可能性——キリニャガの事例」『アフリカ研究』48／嘉田由紀子 1973「東アフリカ，マンゴーラ村の農民の生活と経済——アリ・オマリ家の事例」『アフリカ研究』13／川田順造 1991『サバンナの博物誌』ちくま文庫 (1979, 新潮選書)／黒田真 2001「タンザニア，イリンガ州高地農村における商業的トマト栽培の拡大過程」『アフリカ研究』59／小堀巌 1965「サハラのオアシスと農業——Tidikeltの場合」『アフリカ研究』2／佐藤靖明 2011『ウガンダ・バナナの民の生活世界——エスノサイエンスの視座から』松香堂／高根務 1996「輸出作物生産と階層——ガーナのココア生産農村の事例から」『アフリカ研究』49／竹沢尚一郎 1984「アフリカの米」『季刊人類学』15 (1)／中尾佐助 1993『農業起源をたずねる旅——ニジェールからナイルへ』岩波書店 (原題『ニジェールからナイルへ——農業起源の旅』1969, 講談社)／廣瀬昌平・若月利之編 1997『西アフリカ・サバンナの生態環境の修復と農村の再生』農林統計協会／藤本武 1997「品種分類に映し出される人びとと植物との関わり——エチオピア西南部の農耕民マロの事例から」『アフリカ研究』51／細見真也 1968「アフリカ農業の近代化に関する試論——ゴールド・コーストのアクワピン農村における近代化研究」『アフリカ研究』6／森元泰行 2004「人とヒョウタンのかかわりあい」『遺伝』58 (5)／八塚春名 2012『タンザニアのサンダウェ社会における環境利用と社会関係の変化——狩猟採集民社会の変容に関する考察』松香堂／山下孝介編 1969『大サハラ』講談社／和田正平 1976「ザイールにおけるバニャルワンダ移住民の農牧生活——マシシ村落調査の中間報告」『アフリカ研究』15

⇒土壌，エスノサイエンス，農耕活動の生態

4-4-0　総説 —— 地域研究
Area Studies

重田眞義

日本におけるアフリカ地域研究は，他の地域を扱う地域研究と比較して，その成立や発展の過程においてやや異なる道筋を歩んできた。とくに，高い学際性と自然科学を含む多分野融合的アプローチは，アフリカ以外の地域を対象とした地域研究との違いを示すものといえる。日本のアフリカ研究者による地域研究は，それぞれの持つ専門分野（ディシプリン）によって，対象とした地域との組み合わせや，参入の歴史的経緯が異なることを背景にして，すぐれて多様性の高いものとなっている。その結果，アフリカ内の特定の地域を対象に特色ある地域研究の成果が蓄積されてきた。これからの地域研究は，アフリカ大陸の生態，社会，文化の特性を総合的に理解する研究分野として，関連の専門分野と協力して相互補完的に発展していくだけでなく，アフリカの地域社会に対する実践的な貢献を視野に入れた成果を上げていくことが，これまで以上に期待される。

地域研究の成立とアフリカ地域研究

地域研究（Area Studies）は，第二次世界大戦を契機に，他国あるいは異文化の理解を主な目的として米国に発したといわれる比較的新しい学問分野である。『菊と刀』などの例でもわかるように，初期のArea Studiesは国民国家を研究対象の単位として言語や慣習に関心を寄せていた。一方，それより下位の地域単位について政治・経済などの情報を，戦略的な情報として政策的な関心のもとに研究する場合も，地域研究（Regional Studies）という呼び名があてられてきた。両者の起源は，ほぼ共通していて，発祥の地である米国でも厳密な意味での区別は難しい。

日本の教育機関への正式な導入は，1970年代に東京外国語大学と筑波大学に地域研究の名を冠する大学院が設置されたのが始まりであるが，学界ではそれ以前から途上国を対象にした研究として地域研究の名前が用いられていた。すでに1950年代半ばには，東京大学の国際関係論のカリキュラムのなかで取り上げられていたという。研究機関としては，東京外国語大学アジア・アフリカ言語文化研究所（1964年

設立）とアジア経済研究所（1958年設立）のなかのアフリカ地域研究グループが，それぞれ人文科学，社会科学の分野を基盤にアフリカにおける地域研究を推進していた。しかし，アフリカ地域研究を標榜する独立の研究機関は，1986年の京都大学アフリカ地域研究センター（初代センター長・伊谷純一郎）の発足までなく，アフリカ地域研究を称する大学院は1996年の京都大学大学院人間・環境学研究科アフリカ地域研究専攻を経て，1998年に設立された京都大学大学院アジア・アフリカ地域研究研究科のアフリカ地域研究専攻が最初のものであった。

地域研究とはどのように定義されるべきだろうか。

1987年に開催された国際シンポジウム「地域研究と社会諸科学」（東京外国語大学主催）において，人類学者の中村光男は，地域研究を「人間の集団を含む地域の諸特徴を，一定の時間と空間の枠組みの中で全体として総合的に把握すること」（中村1989：150）と緩やかな定義を与えている。

このシンポジウムの成果出版（中島・ジョンソン1989）では小田英郎，川田順造，米山俊直の3人のアフリカ研究者の発言が記録されているが，とくにアフリカ地域研究に限定した特色や定義につながるような言及はない。小田と川田は，それぞれ政治学と文化人類学の立場から地域研究における地域間比較の視点の重要さを強調している。それに対して米山は，地域に対する理解を深めようとすることが必然的に複数の専門分野（ディシプリン）への接近をもたらし，両者の役割は相互補完的であることを指摘している。また米山は，地域研究の空間的な単位を論じる際に，国民国家が前提となる政治学や政策学からの議論に対して，地域のなかに民族の多様性が存在することに注目すべきだという主張を展開している。これは，アフリカ地域研究において，とくに有効な視点と考えられる。

ディシプリンをめぐって

第二次世界大戦後の発展途上国が経験した急激な政治・社会変化について，社会科学を総動員して理解しようとするところから欧米の地域研究は出発した。そこには，外交や国際関係に役立てようとする政策科学的な面と，言語や慣習の理解を文化相対主義的な立場で進めようとする文化人類学的な関心が共存あるいは両立していた。それと比較して，日本のアフリカ地域研究は，アフリカに対する多様な学術的関心を主たる動機として進められたディシプリン研究の発展形として登場したということができる。

アフリカ地域研究と個別のディシプリンとの分かちがたい関係は，日本におけるアフリカ研究のこれまでをふりかえって見たときに，「地域研究」という項目をたて

て概説を行うことが容易ではないことにも現れている。おそらく、ここで地域研究の項目のもとに紹介されるほとんどすべての研究は、それ以外のディシプリンの項目でも扱われている可能性がある。戦略的にどちらともとれるような立場をとる研究者もあると思われる。

その理由の1つには、地域研究という分野が独自の専門分野として未だに広く認知されておらず、教育研究職のポストも少ないという実利的な要因があるだろう。あるいはまた、「アフリカ地域研究」という名称が一般には、「アフリカ地域」という地理的な区分において行われる「研究」全般を指し示すととられてしまうことにも起因している。地域研究研究科という大学院の名称が、「研究」という文字が重複していて誤植ではないかという指摘を受けることも稀ではない。しかし、その最も大きな理由は、「地域研究」以前の日本人研究者が推進してきた多様な専門分野による研究の蓄積の上に、アフリカ大陸の生態、社会、文化の多様性を総合的に理解する研究分野としての地域研究が成立してきたという歴史的な背景に求められるだろう。

上記のような経緯と背景をふまえて、本章があえて「地域」別の小項目分けを行っていることはある程度便宜的といわざるをえない。それにもかかわらず、それぞれの地域において紹介される研究に、関連する専門分野群の一定の傾向性が見られるとすれば、それは地域研究という分野における研究関心が、すぐれて地域の特性に依存したものであることを映し出した結果と捉えることもできよう。あるいは、アフリカのそれぞれの地域をよりよく理解するために、なかば必然的に求められてきたディシプリンの束が地域研究を補完的に構成していると見ることもできるだろう。

ここにおいて、新たな疑問がわきあがってくる。地域をよりよく理解する地域研究はディシプリンを融合することに成功したといえるのだろうか。あるいは、地域研究は新たなディシプリンとなりえたのだろうか。

「個性記述的 vs. 法則発見的」の二元論を越えて

学際的かつ異分野融合的な手法を用いて地域の特性をより深く理解するということが地域研究の本願ならば、地域が先か、ディシプリンが先かという鶏と卵的な問答は不毛ではないだろうか。それと同じように、地域研究がディシプリンか否かという議論も何も生み出さないといえば言い過ぎであろうか。居直って、あらゆる学的なアプローチを駆使して地域のことがわかればよいという「地域理解本位主義」ともいえる立場を主張することも可能であろう。

しかし、そのような立場表明はしばしば、地域研究を個別ディシプリン研究の単なるケーススタディにしか過ぎないとする批判や、実証的な証拠事例として（は）貴

重であるという皮肉めいた評価に晒されてきた。そこには，近代西欧の学問体系が法則発見的な分野を形而上学的なものと捉え，個性記述的な分野をより下位に位置づけてきたという歴史があることはいうまでもない。その上に，やっかいなことに，現地に赴き言葉をよく使いフィールドワークを行う多くの地域研究者にとって，いかにして地域の個性記述は可能かというオリエンタリズム批判の影響が覆い被さってくる。

たしかに，1980年代ごろまでのアフリカ地域研究においては，語弊があるかもしれないことを恐れずにいえば，素朴実証主義と揶揄されても仕方がないような現地報告が地域研究の成果として扱われてきたこともあった。しかし，事実をして語らしめるという，その「事実」そのものが，解釈論的な転回のもとで疑いの眼を向けられたことは地域研究者にとっても同じ経験であったはずである。地域研究だけが，ポストモダンの思潮に取り残されてきたとみなす根拠はないだろう。むしろ，省察的な人類学において調査者が，現場で得た資料の解釈やそれが持つ政治性をめぐって一種の判断停止に陥っていた時期に，地域研究は，実証的な資料を積み重ね，その基盤の上で行う内発的な発展の試みや地域の人々との実践的協働に活路を見出し始めていた。

現在，京都大学大学院アジア・アフリカ地域研究研究科で行われているアフリカ地域研究は，霊長類学，生態人類学，農学，自然地理学などの自然科学系分野の研究を基盤にしている研究者が，それ以外の社会科学系分野出身の研究者とともに従事しているという点で特色がある。そこでは，出来事に臨んで自ら数を数え，量や長さを測り，時を記すことを基本として，観察による徹底した記述が現地調査の手法として用いられている。その一方で，初めてアフリカに出かけた学生諸氏が，地域研究の調査者としてフィールドで得た「印象」は何かと演習で問われる場面も珍しくない。

ここでいう「印象」とは，研究者が一方的に抱くものというよりは，長期間のフィールドワークを通じて私たちがつかみ取り，人々と共有できたと感じるものとして，地域の特性を反映したものということができる。それは，松田素二がいう研究者が生活者として抱く「実感」（松田1999）にも通じるものがある。

地域研究においては，執拗ともいえるほどの個性記述の作業は，それによって法則発見という全面展開につなげるための一点突破を目指す上で，不可避の研究過程だと捉えることができる。個性記述が法則発見の営みに従属するという意味では決してなく，両者の相乗的な効果，あるいは相互浸透的ともいえる作用が，さらによく鍛えられた地域の理解を導くのである。

「地域」とは何か —— 地域研究が扱う地域

　新しい研究分野としての地域研究にとって，もう1つの避けられない課題は，「地域」とは何かという問いにどのように答えるかである。

　この問いについては，京都大学東南アジア研究センター（現在の東南アジア研究所）が主管して1993年から5年間にわたって実施された文部省（当時）の重点領域研究プロジェクト「総合的地域研究の手法確立 —— 世界と地域の共存のパラダイムを求めて」のなかで繰り返し議論されている（坪内 1999，高谷 1999）。地域間の比較という主題の設定のもとで，地域概念の中身が問われたわけであるが，プロジェクトの中心であった東南アジア研究者の多くが，国家と地勢的な区分を重視しようとするのに対して，部分的に参加したアフリカ研究者が，生態とエスニシティを強調するといった差異が認められた。

　地域研究において，既定の行政区分や国を地域の単位として扱う場合は別として，地域が，地面に線を引くようにして物理的に分けられる土地空間を指すものとしては捉えられないという点では大方の賛同が得られるだろう。しかし，地域を，研究者の関心に対応して操作的に設定される概念と見る立場から，何らかの意味や条件を内在させた所与のまとまりであるとする立場まで，「地域を括る基準は地域によって異なる」という禅問答のような説明が妥当と思われるほど多様な意見が表明されている。

　本章の小項目において紹介される研究は，東アフリカ，北東アフリカ，西アフリカ，中部アフリカ，南部アフリカ，北アフリカという地理的に近接する複数の国家をまとめた「地域」に分類されている。これを便宜的と前述したが，上記の議論からすれば植民地時代以降の歴史的な経緯と生態地理的な区分を反映した折衷的なものが慣例的に用いられてきたということもできる。

　これまで文化人類学や生態人類学，あるいは生業研究をベースにしたアフリカ地域研究では，地域の等価物として，民族集団（エスニック・グループ）を考察の単位とする傾向が強くあった。しかし最近では，『アフリカ研究』誌に掲載される論文の表題に民族名を冠したものは少なくなってきているようだ。都市やそこに住む移動性の高い人々，あるいは他律的に居場所から追われた人々など，土地と人々の集団の関係は流動的になってきている。

　そのような事態は近年に限ったことではない。多民族が混淆する状況の描写に，地域ないし地域社会という表現を用いることは古くから行われてきた。1961年から今西錦司らが組織した京都大学アフリカ学術調査隊のメンバーとしてタンザニアのマンゴーラ村に滞在した和崎洋一は，地域社会という言葉で複数の民族が集まる場を

表現していた（和崎 1966）。草創期のアフリカ研究から歳月を経て，アフリカが直面する気候変動や自然資源の保全，紛争，難民，疾病など，従来の地理区分や民族という表象では意を尽くせないトランスナショナルな出来事が次第にアフリカ地域研究の対象となってきた。1986年に設置された京都大学アフリカ地域研究センターで，乾燥生態系部門と湿潤生態系部門という生態環境を重視した区分が採用されたのも，そのような時代の移り変わりを映し出したものといえる。

近年のアフリカ地域研究の論攷では，地理空間的な地域区分にはこだわりなく自明のものとして扱う一方で，地域という概念では括れないような人間集団の多様性を主題にしているものも多い。交易商人の社会関係を扱った小川（2011）や，地域と切り離されることによって新たな生存の技法を編み出す移動民の姿を描く村尾（2012）などの研究はそのよい例であろう。

問題は，地域の物理的な輪郭であれ，民族集団の範囲であれ，それを一義的に判断する基準をたてて研究を行うことが現状の理解にとってそれほど利点ではないということにある。冒頭に紹介した1987年のシンポジウムのなかで，象徴的に繰り返し用いられた「実りある曖昧さ（fruitful ambiguity）」という表現は，ディシプリン間の境界をあえて曖昧にしておくのと同様に，地域を定義する場合にも当てはめることができるだろう。

問題解決型研究としての地域研究と「開発」

地域研究の役割を考えるとき，その成果が地域の直面する問題の解決に役立つという側面をどのように評価するか，意見がわかれるところである。ただただ未知のアフリカを知るということに関心が注がれていた時代を過ぎて，異文化理解に解釈論的な転回がもたらされて以降，アフリカに赴く研究者が「開発」と形容される社会の変化に関与することへのためらいを感じる度合いは以前にも増して大きくなったのではないか。研究が開発の役に立つという考え方を忌避してきたきらいのあるこれまでの（一部の）人類学や地域研究の研究者の立場を，重田（2001）は批判的に検討した。

日本のアフリカ地域研究を開発研究との関連で広範にレビューした国際政治学者の武内進一（2007）は，1980年代のアフリカの「危機」がその後の地域研究者に開発問題に対する意識を喚起するきっかけとなったと述べている。武内も指摘するように，この時代にウガンダとタンザニアの農村でそれぞれフィールドワークを行ったアジア経済研究所の吉田昌夫（1987）と京都大学の掛谷誠（2001）が，それぞれの所属機関で，地域との深い関わりのなかから地域の発展を意図した総合的アプロー

チをとる研究プロジェクトを立案実行していった。2人は開発に対してポジティブな地域研究の役割を推進していった草分けといえるだろう。

アジアの稲作に代表される農業技術をアフリカの農村に積極的に導入しようとした若月（1997）らの研究も，比較の視点をとりいれた地域研究的アプローチをとっていた。外来の技術を持ち込もうとする点は，中間技術に注目した吉田や，在来（そこにあるもの）の価値を最大限引き出そうとするアプローチを進めた掛谷らとは異なるが，地域の生態環境条件に適合的な手法を現場で試行錯誤しながら生み出そうとするやりかたは，従来の科学技術先行型の開発営為とは質的に異なった新しい試みであった。

今世紀に入って開始されたJSTとJICAの連携による地球規模課題対応国際科学技術協力（SATREPS）は，アフリカの11ヵ国で実施されている。なかでも，アフリカ研究者がリーダーをつとめるガボン（山極寿一），カメルーン（荒木茂）や，ナミビア，スーダンでのプロジェクトに地域の専門家として地域研究者が参画している点は注目に値する。

アフリカにおける「開発」が，先進国の価値観やシステムを一方的に押しつけるものであった時代は次第に終りを迎えようとしている，という観測が許されるのなら，今後，地域と人間の営みの諸関係を扱う地域研究という研究分野は活躍の場をさらに広げていくことができるだろう。

アフリカ地域研究の多様性 ── 地域による関心の違いと特徴

あらためて，地域研究とは何かを問うことは，それぞれの研究成果を追うことなしには果たせない課題だということに気がつく。これまで，じつに多様な研究成果が地域研究のものであるとされてきた。ここでは，米山が相互補完的と呼んだディシプリンと地域研究の関係に留意しながら，本章小項目の地域分けにそって，とりあげられた研究関心を補いつつ特徴と背景をのべることにする。具体的な研究内容の紹介については各小項目を参照されたい。

［北アフリカ］

北アフリカにおける地域研究は，他のアフリカ諸地域を対象にした地域研究に比べて極だった特色を持つといえる。その理由として，大宗教イスラームとリンガフランカとしてのアラビア語の存在があげられる。また，ヨーロッパ・地中海世界との地理的な近接性も地域研究の問題群を特色づけている。このような言語，宗教，歴史，政治，地理的な特色を反映して，従来から北アフリカを対象にした研究はサハ

ラ以南のアフリカ諸地域とは切り離して扱われることが多かった。学会レベルでも，とくに歴史，宗教，政治などの分野では中東地域を含めた「中東北アフリカ」という括りで北アフリカが扱われてきた。日本アフリカ学会のなかに占める北アフリカ地域の研究者は非常に少なくなってきているのが現状である。

　日本アフリカ学会の会員でもあり，同時に日本中東学会（1985年設立）創立メンバーでもあった歴史学者の宮治一雄は，北アフリカとくにマグレブ地域における敗戦後以降の日本の研究関心の変遷を，①民族運動，②社会主義，③経済状態，④社会と文化の4期に分けて論じている（『日本中東学会年報』1988：3-1）。現在，この地域に対する地域研究的関心は，いわゆる「アラブの春」と呼ばれる民主化運動と政変など，政治経済的分野に集まっているように見える。

　この地域における自然科学関連分野からの地域研究へのアプローチは砂漠研究を例外とすれば，比較的低調であったといえる。組織的な関心表明は，2004年に設置された筑波大学北アフリカ研究センターが最初ということになるだろう。

［北東アフリカ］
　「アフリカの角」地域とも呼ばれるこの地理的な広がりは，エチオピア，ソマリア，ジブチ，エリトリアの諸国とスーダンとケニアの一部までを含むものとして捉えられてきた。その中心に，エチオピアという歴史的にも政治的にも強烈個性を備えた王国・国家が存続してきた。北東アフリカは，山岳と河川，高地と低地，湿潤と乾燥，農業と牧畜，市場と交易，イスラームとキリスト教（エチオピア正教）等々，自然，生業，生態から経済，宗教にいたるまで極だったコントラストと高い多様性を備えており，これまで多数の研究者の関心を惹きつけ続けてきた。

　この地域における地域研究は，1960年代にハイレ・セラシエ1世大学（現在のアジスアベバ大学）で教鞭をとった地理学者の鈴木孝夫によって開始された。その後，1967年に栽培植物起源学者の阪本寧男とともにフィールド調査を行った京都大学の福井勝義が，80年代から長期にわたって文化人類学と地域研究にまたがる領域での研究グループを率いて多数の若手研究者に機会を与えた。北アフリカと類似して，この地域で研究や実践を行う人々が，独自の地域学会として日本ナイル・エチオピア学会（1992設立。初代会長は霊長類学者の河合雅雄）を組織している。英文学会誌 *Nilo-Ethiopian Studies* は，地域研究関連の論文も多く掲載している。

［東アフリカ］
　東アフリカには，慣例的にはケニア，タンザニア，ウガンダとその周辺諸国ルワンダ，ブルンジ，最も新しい国である南スーダンを含める場合がある。ケニアの首

都ナイロビには，1965年から日本学術振興会が海外研究連絡センターを置いている。アフリカ各地へ向かう研究者にとって，このセンターは長年にわたって現地情報や調査の便宜のための情報を得る場として機能してきた。日本のアフリカ研究において東アフリカは，研究が組織的に実施されたという意味では発祥の地である。研究に従事するアフリカ学会員の数も多く，そのディシプリンも多岐にわたっている。

地域研究と親和性が高いディシプリンとしてこの地域で最もさかんであったのは，牧畜社会の生態人類学的研究と，農村社会の社会経済学的および文化人類学的研究であった。それを反映して，本章の下位項目では，東アフリカにおける地域研究を「牧畜と社会変容」「農村と開発」の2つの項目に分けて紹介している。

最近では，このようなカテゴリー分けに収まらない優れた地域研究の業績が出始めている。たとえば，先に紹介した小川（2011）のほか，ケニアのマーケットマミーの経済活動を扱った坂井（2012），ウガンダのカリオキ・バーでダンスパフォーマンスを行う若者に焦点を当てた大門（2011）など，若手研究者による研究がある。このほかにも，地域住民による野生動物保護や観光開発に関する研究があるのは，この地域ならではといえるだろう。

［西アフリカ］

分野を問わず，西アフリカは，地理的な距離や仏語圏であることも作用して，日本の研究者の層が近年まで薄かった地域といえる。小項目で文化人類学，歴史学，農学，開発学を中心に紹介されている研究のほかにも，地域研究と呼べそうな研究をいくつかあげることができる。当人たちは地域研究といわれることに違和感を持つかもしれないが，セネガルをベースにフルベの民族誌から国家論まで展開した小川了（1998），ガーナのココア農業を開発経済学の視点で描いた高根務（2003）などの研究は，地域の重層的な理解を主眼とするという点で，これまで行われてきた地域研究の流れのなかに位置づけることができる。

このほかにも，ギニアのボッソウで開始されたチンパンジー研究の系譜をつなぐ山越言の人－動物－植物関係をめぐる研究や，ニジェールの農牧民関係の研究を都市ゴミの活用による植生回復につなげようとする大山修一の取り組みなど，地域研究の多様性は広がりを見せている。最近の若手研究者による成果では，西アフリカ特有の布パーニュの利用文化を論じた遠藤聡子（2013），ガーナ女性の髪型をめぐる社会を描いた織田雪世（2011）などがある。

［中部アフリカ］

国家としての名称と紛らわしいこともあり，大陸の中央と南に位置する地域には，

それぞれ中部アフリカ，南部アフリカという呼び方が採用されてきた。

　大陸の中央部に位置するコンゴ民主共和国（旧ザイール）とその周辺諸国は，東アフリカと同じく，豊かな森林と動物相を擁しており，霊長類と狩猟採集民研究のフィールドとして，日本の人類学分野におけるアフリカ研究の出発点となった場所の1つである。1990年代の前半は，不幸な紛争状態が継続したこともあって，多岐にわたる分野の大多数のフィールド研究者はこの地域を離れなければならなかった。地域研究との関わりでいえば，霊長類学，生態人類学，野生生物保全，農学，農業経済学，開発学，言語学，そして紛争などの研究が進展してきた。これらの研究蓄積を受けて，地域住民を当事者として，自然・文化資源の保全と開発や，紛争解決と平和構築を考究する地域研究的アプローチが生み出されていった。

　近年の研究成果としては，熱帯雨林における焼畑の潜在力に注目した四方篝（2013），自然資源保護と利用の関係のあり方を問うた服部志帆（2012）などをあげることができる。

［南部アフリカ］

　日本人による南部アフリカ研究は，カラハリ砂漠のサン（ブッシュマン）を研究した生態人類学者の田中二郎によって始められた。狩猟採集を生業とした人々の生態人類学的研究から歴史，言語，自然地理，政治，経済，開発，農業，文学，政治など，南部アフリカを舞台としたディシプリン研究は他のアフリカ諸地域と比べて際だって多様であり，自然科学分野まで含めて研究者の層も厚い。

　多分野融合的な地域研究アプローチの成果としては，ブッシュマン研究の視座を先住民と国家の関係やグローバルな枠組みにまで広げて考察した丸山淳子（2010）の論攷がある。自然地理学者の水野一晴が率いる研究グループでは，環境と人間活動の諸関係の変遷に焦点を当てた特色ある研究が若手研究者によって行われている（たとえば藤岡悠一郎 2008）。小国レソトの土地利用を社会変化と関連させて論じた松本美予（2013）の研究もある。

［その他の地域］

　本章の小項目では，インド洋周辺の島嶼部，ザンジバル，マダガスカル，セイシェル，レユニオンならびに大西洋周辺島嶼部のサントメ・プリンシペ，カーボベルデの国および領域を扱うことができなかった。ザンジバルとマダガスカルを例外として，これらの地域は日本の研究者による地域研究の観点からはほぼ空白地帯といってよいだろう。

　地域固有の原猿類を対象とした日本の霊長類研究では聖地ともいえるマダガスカ

ルでは、文化人類学、言語学、動物学、農学などの分野のフィールド研究がさかんに行われてきた。アジアとアフリカの接点としての位置づけから、さまざまな分野で比較研究の対象ともなっている。地域研究の成果としては、漁民と海（資源）との関係とその変遷を、知識や技術からだけでなくグローバルな文脈で捉えようとした飯田卓（2008）の研究をあげておきたい。

　これまで述べてきた地域別の地域研究の成果紹介は当然網羅的ではない。また、地域研究という範疇で扱われることを好まない研究者もあるかもしれない。冒頭にも述べたように、よりよく地域のことをわかるために、地域の実相を多元的に理解するという研究の営みは、必然的に多数のディシプリンを必要とする。その現れが、このレビューの「実りある曖昧さ」を招いているともいえる。

　日本アフリカ学会が発行する『アフリカ研究』誌だけでなく、明石書店の地域研究シリーズをはじめ、アフリカの実情を研究者が多面的に伝える機会は増している。アジア経済研究所のアフリカ研究関連の出版物は地域研究を学ぶものにとって必読文献をそろえている。京都大学アフリカ地域研究資料センターも2011年から地域研究の学位論文をベースにしたアフリカ研究シリーズを発行している。これからもアフリカ地域研究に特化した成果発表の媒体が少しずつでも増えていくことを期待したい。

地域研究の未来

　これから、アフリカ地域研究を志そうとしているあなたに、ディシプリンを越えて新たな挑戦に臨もうとしている研究者に、あるいは、すでにこの研究分野を極めたと考えておられる地域研究者に、それぞれどのような地域研究の未来が語れるだろうか。

　これまで紹介してきたように、地域研究の特性はその柔軟性（許容範囲の広さ）にある。

　地域研究における地域とそこにいる人間の集団のサイズは、小さなものから大きなものまで、さまざまな組み合わせが可能である。援用されるディシプリンは自然科学、人文科学、社会科学の多岐にわたり、学際的かつ文理融合的である場合も多い。フィールドワークを中心的な研究手法とするものの、歴史記録や文献などの二次資料も重要な位置を占める。問題発見・問題解決型の指向はあるが、個性記述的であることにも価値が見出せる。おもむくまま既存のディシプリンを出て、別のディシプリンに向かう研究者もあれば、複数のディシプリンを駆使して新たな地平を

開こうとする地域研究者もあるだろう。

　このように，新規参入する人にとって，地域研究は，あらゆる対象について，ありとあらゆる手法を用いることが可能な研究の舞台を提供してくれる。これまで修めたディシプリンの如何にかかわらず，門は開かれているのである。

　しかし，不安がないわけではない。これからディシプリンの越境を志そうとする研究者にとって，「地域」の特性理解を目指すという目的を置く以外は，いわば「ナンデモアリ」になってしまった地域研究は，いったいどこへ行くと伝えることができるのだろうか？

　これまでの日本人地域研究者がアフリカで扱ってきた対象としては，多くのフィールド研究者が人類学と経済学の流れを汲むなかで，地域の生業と経済に最も大きな関心が寄せられていた。しかし，この四半世紀ほどの間に，新しい研究の流れとして，ジェンダー，女性，開発，資源保全，保健，教育などの範疇において地域の抱える問題が，既存のディシプリン1つだけでは解明できない個別の研究課題として浮かび上がってきた。とくに，病者，障がい者，高齢者など社会のなかで弱者とされてきた人々を当事者とする際に，地域研究が得意とする複眼的なアプローチが有効に作用するのではないだろうか。そして，研究の方向は自ら決することができる最大限の自由度がある。

　最後に，地域研究の目指す高みはどこにあるのか？

　本章で論じてきた，諸ディシプリンとの関係性，個別 vs. 普遍論，「地域」の範疇，地域的多様性のいずれをとってみても，地域研究の行き先を決定する要素は見当たらない。1つの可能性として，国際協力や開発営為に対して地域研究者が積極的に参画する試みは，実践的地域研究という新しい領域を示しているがすべてではないだろう。地域研究の全体論的な性格を捉えようとして用いられてきた「総合的地域研究」という表現も，地域研究とは何かを考えれば，同義反復ともとれる拙い表現にも思える。

　学問はすべて役に立たなければいけないということを卑近な視点から主張するつもりはないが，総合的にせよ実践的にせよ，私たちが何のために地域を理解することを必要としているのか，という本源的な問いには答えられていない。

　アフリカの地においても，グローバルな規模で展開していく出来事が地域という単位に生きる人々にさほど時をおかずに到達し，少なからぬ影響をおよぼす。それは，逆にいえば，今が，地域に生きる人々の関心や行動が地球規模の出来事として世界に影響を与える可能性を持っている時代ということができる。

　今ここで営まれている人々の生への関心を，いかに学的関心事として高めていくのか，文化相対主義を越え，解釈学的転回を経験した地域研究は，核心となるべき

要素が見つけられないまま，存在論的な転回を求められているといえよう。ここでは暫定的にではあるが，地域研究の究極の目標として，「よりよく生きる人々の生」への関心をあげておくことにしよう。

[参考文献]
飯田卓 2008『海を生きる技術と知識の民族誌 —— マダガスカル漁撈社会の生態人類学』世界思想社。
遠藤聡子 2013『パーニュの文化誌 —— 現代西アフリカ女性のファッションが語る独自性』昭和堂。
小川さやか 2011『都市を生きぬくための狡知 —— タンザニアの零細商人マチンガの民族誌』世界思想社。
小川了 1998『可能性としての国家誌 —— 現代アフリカ国家の人と宗教』世界思想社。
織田雪世 2011『髪を装う女性たち —— ガーナ都市部におけるジェンダーと女性の経済活動』松香堂。
掛谷誠 2001「アフリカ地域研究と国際協力 —— 在来農業と地域発展」『アジア・アフリカ地域研究』1。
掛谷誠・伊谷樹一編 2011『アフリカ地域研究と農村開発』京都大学学術出版会。
坂井紀久子 2012『マーケットに生きる女性たち —— ケニアのマチャコス市における都市化と野菜商人の営業実践に関する研究』松香堂。
四方篝 2013『焼畑の潜在力 —— アフリカ熱帯雨林の農業生態誌』昭和堂。
重田眞義 2001「アフリカ研究と『開発』—— 研究と実践の実りある関係を求めて」『アフリカ研究』59。
大門碧 2011「ウガンダの首都カンパラにおける若者たちの社会関係 —— 現代アフリカのサブカルチャー〈カリオキ〉を事例にして」『アジア・アフリカ地域研究』10（2）。
高根務編 2003『アフリカとアジアの農産物流通』アジア経済研究所。
高谷好一編 1999『地域間研究の試み —— 世界の中で地域をとらえる』上下，京都大学学術出版会。
武内進一 2007「日本におけるアフリカ開発研究 —— 日本アフリカ学会を中心に」機動研究成果報告，アジア経済研究所。
坪内良博編 1999『総合的地域研究を求めて —— 東南アジア像を手がかりに』京都大学学術出版会。
中島嶺雄・チャルマーズ＝ジョンソン編 1989『地球研究の現在 —— 既成の学問への挑戦』大修館書店。
中村光男 1989「地域研究と文化人類学」中島・チャルマーズ＝ジョンソン編『地域研究の現在 —— 既成の学問への挑戦』大修館書店。
服部志帆 2012『森と人の共存への挑戦 —— カメルーンの熱帯雨林保護と狩猟採集民の生活・文化の両立に関する研究』松香堂。
藤岡悠一郎 2008「ナミビア北部農村における社会変容と在来果樹マルーラ（*Sclerocarya birrea*）の利用変化 —— 人為植生をめぐるポリティカル・エコロジー」『人文地理』60（3）。

松田素二 1999『抵抗する都市 —— ナイロビ 移民の世界から』岩波書店。
松本美予 2013『レソト山岳部の社会変動と土地利用変化』松香堂。
丸山淳子 2010『変化を生きぬくブッシュマン —— 開発政策と先住民運動のはざまで』世界思想社。
村尾るみこ 2012『創造するアフリカ農民 —— 紛争国周辺農村を生き抜く生計戦略』昭和堂。
吉田昌夫 1987『80年代アフリカ諸国の経済危機と開発政策』アジア経済研究所。
若月利之 1997「地域間比較研究から地域間交流をめざして —— 西アフリカのサバンナ帯への東北タイ農耕の応用」『JCAS Review』 1（1）。
和崎洋一 1966「東アフリカの地域社会における部族の問題 —— タンザニアのマンゴーラ村の場合」『アフリカ研究』 3。

4-4-1 東アフリカ——牧畜と社会変容
East Africa: Pastoral Community and Social Change

......佐川徹

キーワード：牧畜民，人−家畜関係，地域社会，個人主義

東アフリカの乾燥地域に広がる牧畜社会では世界的に活発な研究が進められてきた。日本で展開した研究の特徴として，家畜と人間の関係性に着目する点，地域的枠組みのなかで牧畜社会を捉える点，牧畜民に特徴的な人間像を抽出する点があげられる。近年では社会変容に直面した牧畜民の対処能力を強調した研究が増加しているが，いっそうの周縁化が進む牧畜社会にいかなる未来像を描くことができるのかを考察していく必要もある。

東アフリカは日本のアフリカ研究草創期から活発な調査が行われてきた地域であり，とくに乾燥地域に暮らす牧畜民を対象とした研究には蓄積がある。欧米の主な研究と対比しながら日本の研究者の業績をまとめよう。

家畜と人間の関係性

M・ハースコヴィッツが1926年の論文で「ウシ文化複合」と呼んだように，牧畜民が家畜に高い文化的価値を付与していることは早くから知られていた。日本の研究者は，牧畜が人と家畜のいかなる相互作用のもとに成立する生業なのかを解明する作業を進めた。

牧畜を支える技術的基盤は家畜群の効率的な管理である。太田至や鹿野一厚はケニア北部のトゥルカナとサンブルにおける家畜群の行動観察を通して，群れのまとまりが維持される論理を家畜側の視点から解明した。人側の視点からすれば群れ管理は家畜の個体識別に依拠して可能になる営みであり，太田など多くの研究者が牧畜民による家畜の分類体系に焦点を当てた。人から家畜への「呼びかけ」に着目して両者の親密な関係を論じたのは田川玄である。佐藤俊は牧畜の生産性をケニア北部のレンディーレを対象に検討し，縄田浩志はスーダン東部のベジャによるラクダを通した資源利用を詳述した。ケニア東部に暮らすソマリの移牧ルートは池谷和信が分析した。梅棹忠夫は家畜群の親族関係に着目することで，小馬徹や曽我亨は牧畜民による家畜の貸借を検討することで，家畜に刻印された人間関係の実相を照射した。

地域社会のなかの牧畜集団

英国の社会人類学者は，1940年に出版されたE・エヴァンズ＝プリチャードのヌエル研究を嚆矢として，単一集団の社会構造を共時的に解明する研究を重ねてきた。この研究枠組みが支配的であった1960年代に，富川盛道はタンザニア北部のダトーガが近隣集団との間に「多部族共生社会」を形成していることを指摘し，個々の部族をより大きな地域社会を構成する一単位として捉える必要性を先駆的に説いた。

福井勝義はエチオピア西南部での調査から，各民族は文化的装置を通して「われわれ」と「彼ら」との境界を保持するが，個々の文化的装置は他民族との相互作用から生み出さ

れていることを指摘し、この民族間の有機的連関を「エスノシステム」と呼んだ。同地域の集団間関係は松田凡、宮脇幸生、増田研らによりその詳細が明らかにされた。栗本英世は、スーダン南部（現・南スーダン）で社会組織の名前や構造が単一集団を越えて共有され、メタ・エスニックなコードとして作用していることを示すとともに、この現象を「共鳴」という語で表現することで、「エスノシステム」という語につきまとう機能論的な色彩を取り払った。

牧畜民の人間像

W・ゴールドシュミットによる1971年の論文に代表されるように、東アフリカ牧畜民の「個人主義的」な性向は多くの研究者が指摘してきた。一部の日本人研究者は、この性向を人類進化の枠組みに位置づけながら独自の思索を展開した。

伊谷純一郎は1970年代に訪問したトゥルカナの対人関係に強烈な印象を受けたことを記しているが、同じくトゥルカナで調査を行った北村光二は「牧畜民の認識論的特異性」を主題とした論考で、牧畜民に特徴的な行為選択のあり方として、自らの便宜を最優先しつつ他者と可能な限り協調する点を抽出した。河合香吏によるケニアのチャムスの身体観を解明した研究や、作道信介によるトゥルカナのねだりをめぐる省察、ウガンダ北部における人−家畜関係の分析から「シンプルな個」という個体観を導出した波佐間逸博の探究は、北村の論旨に響きあうところが多い。北村らは対面的相互行為の現場に焦点を当てることで、富川らとは異なる形で、東アフリカ牧畜民に集団境界を越えた連続性を見出した。

牧畜民の対処能力と未来像

1980年代以降、国家の辺境部に位置する牧畜社会も近代国家や市場経済への包摂が進んだ。欧米では牧畜社会が近代化に適合できず消滅していくという悲観的な論調が支配的となったが、日本の研究者は社会変容に伴う人々の創造的な対処能力に重点を置いた分析を続けてきた。

湖中真哉はサンブルが市場化の波を積極的に利用しながら、逆に孫暁剛はレンディーレが市場への関与を限定的なものにとどめることで、家畜を中心とした社会生活を維持していることを示した。中村香子は外部世界から流入したモノを利用して花開いたサンブルの流麗な物質文化を描いた。内藤直樹はケニア北部のアリアールで国政選挙時に悪化した社会関係を融和する動きが内発的に生じたことに、佐川徹はエチオピア南部のダサネッチらが紛争後に集団境界を越えた個人的関係を通して平和を回復してきたことに、牧畜民の紛争解決能力を見出した。目黒紀夫は多様なアクターが関与し錯綜した状況にあるケニアの自然公園におけるマサイと野生動物の共存の可能性を探った。

各国政府は反・牧畜的な施策を繰り返してきたが、21世紀に入り外部資本による大規模な資源開発と農場整備が進むなかで、牧畜社会はさらなる周縁化の危機に直面している。近年、欧米の研究者は灌漑農業の導入を積極的に評価する議論も展開し始めている。苦境にさらされても家畜とともに堂々と生を営む牧畜民の姿をポジティヴに描き続けてきた日本の研究者は、どのような牧畜社会の未来像を提示することができるだろうか。

湖中真哉 2005『牧畜二重経済の人類学』世界思想社／佐川徹 2011『暴力と歓待の民族誌』昭和堂／佐藤俊embedded 2002『遊牧民の世界』京都大学学術出版会／孫暁剛 2012『遊牧と定住の人類学』昭和堂／富川盛道 2005『ダトーガ民族誌』弘文堂／福井勝義 1991『認識と文化』東京大学出版会

⇒牧畜活動の生態、サバンナ、東アフリカ——農村と開発

4-4-2 東アフリカ──農村と開発
East Africa: Agricultural Community and Development

....佐藤靖明

キーワード：農村，開発，学際，マクロ，ミクロ，アフリカ的発展

東アフリカの農村では，他のアフリカ地域と同様にミクロなスケールでのフィールドワークに基づく地域研究が展開されてきた。その大きな流れとして，①日本のアフリカ研究創成期における学際的特徴を引き継ぎ，人類学・農学を軸として地域発展に関与していく実践的研究，②国家レベルのマクロなインパクトと村・世帯レベルのミクロな変容の間にある関係をていねいに扱い，農村変容の実態を明らかにする社会科学的研究がある。

人類学・農学から地域研究へ

東アフリカにおける地域研究の源流は，京都大学霊長類研究グループが中心となって1958年に開始したアフリカ類人猿学術調査にたどることができる。数次にわたるこの調査隊は人類社会の起源の究明を目的とし，霊長類学のみならず，社会人類学的研究をも含む学際的な調査を通して今日の生態人類学の素地をつくるとともに，タンザニアをはじめ調査フィールドとの関係を深めていった。

のちにタンザニアでは，農耕民を対象とする生態人類学的研究から，地域を総体的に捉える研究，すなわち地域研究への可能性が切り開かれていった。1970年代から80年代にかけて焼畑農耕民の生態人類学的研究を主導した掛谷誠は，1992年にJICAの専門家として荒木茂とともにタンザニアに派遣され，ユニークな「マテンゴ農法」との出会いを経て，地域の在来性に根ざした農業の集約化についての文理融合型の地域研究を始めることとなる。彼らの所属する京都大学とタンザニア・ソコイネ農業大学の共同事業として，まず1994年から3年間，JICAの研究協力事業「ミオンボ・ウッドランドにおける農業生態の総合研究」が行われ，ついで1999年から5年間の「ソコイネ農業大学・地域開発センター（SCSRD）・プロジェクト」，2004年度から5年間の科研費基盤研究「地域研究を基盤としたアフリカ型農村開発に関する総合的研究」へと展開していった。これらの研究の特徴は，調査対象をより深く捉えるために，これまで生態人類学が調査の「バイアス」として避ける傾向にあった開発の問題に自らが関わり，現地での実践を通して理解する方法がとられたことである。この試みを通して，地域の在来性のポテンシャルを明らかにし，住民を巻き込みながら開発の計画，実践を行うプロセスを重視する実践的地域研究の方法論がつくられていった（掛谷2001，掛谷・伊谷編2011）。

この研究が大きく発展した背景には，京都大学で1986年に設立されたアフリカ地域研究センター（1996年よりアフリカ地域研究資料センター），および1998年に設立された大学院アジア・アフリカ地域研究研究科アフリカ地域研究専攻に所属するスタッフ，大学院生をはじめとする研究者が，「アフリカ的特質」ないし「アフリカ的発展」なるものが存在す

る，という作業仮説を共有しながら研究活動を進めており，在来性に対する考え方において，上記の地域研究と融和的であったことがあげられる。また，現地国の大学，JICAといった諸機関との間で長年にわたる信頼関係が醸成されてきたことも重要であった。

なお，開発実践と研究の両輪でフィールドと関わる営みには，他にタンザニア西部・マハレ山塊国立公園やウガンダ西部・カリンズ森林での自然保護活動と霊長類の調査活動，ウガンダにおけるネリカ米の振興プロジェクトなどがある。これらも，地域の自然・社会・文化を深く理解しながら発展の道を探る，という意味で実践的な地域研究アプローチといえる。

社会科学分野からの地域研究

上記の流れと並行して，1970年代以降のアジア経済研究所を中心とするグループも，東アフリカ各地でのフィールドワークに基づく実証的な地域研究を積み重ねてきた。これらの研究では，部族とナショナリズムの関係，土地保有制度の特質，小農的生産構造と市場経済といった問題群が従来より扱われ（吉田編 1991），1980年代以降は，食糧・経済危機，経済自由化，農村開発といった影響下での農村社会の対応や開発の問題に焦点が当てられるようになった。成果としては，ケニアでは池野（1989），タンザニアでは吉田（1997），池野（2010），上田（2011）などがある。これらは社会科学的なアプローチによる緻密な農村調査を行うことに共通点があり，スケール・ギャップの問題，つまり広範な政治経済的枠組みでの分析と，村や世帯といったミクロ・スケールでの分析の不整合をどのように理解し，両者を関係づけて農村社会を理解していくか，といった地域研究を一般化する際の重大な問題に関わる知見を提供し続けている。

地域研究の未来

日本では近年，東アフリカを対象とする研究者や実務家が増加し，また専門領域も多岐にわたり，さまざまな地域情報の入手が容易になってきた（たとえば，吉田・白石編 2012，栗田・根本 2006，松田・津田編 2012）。長い年月にわたって当該社会を見つめてきた地域研究は，その理解を深化させるとともに，多様な分野それぞれの長所をいかに統合させて，社会変容という複雑な現代的問題に相対していくかを考える段階にきていると思われる。

池野旬 1989『ウカンバニ――東部ケニアの小農経営』アジア経済研究所／池野旬 2010『アフリカ農村と貧困削減――タンザニア　開発と遭遇する地域』京都大学学術出版会／上田元 2011『山の民の地域システム――タンザニア農村の場所・世帯・共同性』東北大学出版会／掛谷誠 2001「アフリカ地域研究と国際協力――在来農業と地域発展」『アジア・アフリカ地域研究』1／掛谷誠・伊谷樹一編 2011『アフリカ地域研究と農村開発』京都大学学術出版会／栗田和明・根本利通 2006『タンザニアを知るための60章』明石書店／松田素二・津田みわ編 2012『ケニアを知るための55章』明石書店／吉田昌夫 1997『東アフリカ社会経済論――タンザニアを中心として』古今書院／吉田昌夫編 1991『アフリカ I』地域研究シリーズ11，アジア経済研究所／吉田昌夫・白石壮一郎編 2012『ウガンダを知るための53章』明石書店

⇒農業経済学，農耕活動の生態，農学，東アフリカ――牧畜と社会変容，人文地理学

4-4-3 北東アフリカ
Northeast Africa

西真如

キーワード：地域覇権，民族紛争，国家と周縁，公共性

アフリカの北東部に位置する「アフリカの角」地域では，古くからキリスト教やイスラーム信仰と結びついた諸王国が覇権を競ってきた歴史がある。現代の「アフリカの角」地域および隣接する南スーダンでは，地域覇権をめぐる国家間の対立と，生存の資源をめぐる民族間の対立とが複雑に絡み合いながら，人々の生活を理不尽な紛争に巻き込むことがある。また近年ではエチオピアの急速な経済成長が，国家の周縁で生活する人々の生計を大きく揺るがしつつある。

キリスト教王国とイスラーム諸国

「アフリカの角」地域は，紅海とアラビア海に面した半島状の地域であり，沿岸部の乾燥した地域と，その背後に位置するより湿潤なエチオピア高原からなる。エチオピア高原では非常に古い時代から農耕が行われ，紀元後にはキリスト教信仰と結びついた諸王朝によって統治されるようになった。他方で紅海沿岸と「アフリカの角」内陸部を結ぶ交易ルート上では，8世紀ごろからイスラーム諸国が繁栄するようになった。

13世紀に成立したソロモン朝エチオピア王国は，地域の主導権をイスラーム勢力と争ったが，16世紀にイスラーム軍の大規模な攻勢を受け，また南方からオロモ牧畜民が活発に進出したことで，王国の統治は混乱状態に陥った。16世紀から18世紀までの，いわゆる後期ソロモン朝時代における王国の統治体制，およびオロモ進出がそこに与えた影響については，石川（2009）の研究を参照することができる。この時期のエチオピア王国は，世界から隔絶した「陸の孤島」と見なされがちであるが，実際にはオロモをはじめとする周辺の集団およびイスラーム諸国と活発に交渉していたのである。

地域覇権と民族紛争

19世紀半ばになると，エチオピアの支配階級のなかに，混迷する王国を近代的な中央集権国家として復興しようとする動きが現れた。20世紀前半にかけて「アフリカの角」沿岸部が列強の植民地とされるなかで，エチオピアはファシスト・イタリアによる短い占領期（1936～41年）を除いて独立を維持した。

第二次大戦を経た冷戦期のエチオピアは，アメリカ合衆国からの軍事的・経済的な支援に依拠して地域の覇権国家としての地位を確保しようとした。しかしハイレ・セラシエ1世皇帝（在位1930～74年）を頂点とする貴族支配への国内の不満は，1973年の大規模な飢饉をきっかけに革命へと移行し，社会主義を標榜する軍事政権の成立につながった（Bahru 2001）。1977年には，革命で混乱するエチオピアに対して，隣国ソマリアが軍事侵攻を行った（オガデン戦争）。その背景には，1960年代に植民地支配からの独立を達成したソマリアの指導者が，エチオピアの地域覇権に挑戦する「大ソマリア主義」を提唱して国内の支

持を得ようとしたことがある。オガデン戦争はソマリアの社会経済の疲弊を招いた。同国ではシアド・バーレ大統領の政権（1969～90年）が崩壊したのち今日にいたるまで、全土を実効的に支配する政権は現れていない。

覇権への意思が絡んだ紛争の経験は、国家の周縁に生きる人々にとって、とりわけ過酷なものとなる場合がある。エチオピア高地の西側に位置するスーダン南部の人々は、1983年にスーダン人民解放軍（SPLA）を組織して、北部人が実質的に支配するスーダン政府への武装闘争を開始した。エチオピアの軍事政権は、スーダン政府に対抗する意図から、SPLAの活動に対して種々の支援と便宜を提供してきた。ところがSPLAの武装活動の標的は、スーダン政府ばかりではなく近隣の対立する民族集団の成員にも向けられた。スーダン国境に近いエチオピア領内で、SPLAがアニュワの人々を虐殺したとき、エチオピアの軍事政権はこれを黙認してSPLAへの支援を続けた。栗本は、両国の国境地域で生きる若者たちが生きざるをえなかった理不尽な状況を克明に描いている（栗本1996）。スーダン南部は2011年に南スーダン共和国として独立したが、内戦の経験によって深く分断された社会に持続的な平和を構築する道のりは容易ではない。

エチオピアの民族自治と経済成長

エチオピアの軍事政権は、民族自治を要求する国内の武装勢力に対しては凄惨な攻撃を加え続けた。この政権が1991年に崩壊すると、代わって政権を得たエチオピア人民革命民主戦線（EPRDF）は、国内の諸民族に対して政治的な自治権を保障することで、同国の対立と貧困とを一挙に解決できると訴えた。これに対して2005年の国政選挙では、EPRDFを批判する勢力が「統一と民主主義のための連合」（CUD）を結成し、民族の違いを超えた「市民的統合」のもとでエチオピアに民主主義と経済成長とをもたらすと主張して政権を争った。しかし選挙後の騒乱をきっかけに、政府がCUD支持者を弾圧して政権を維持する結果となった。西は、エチオピアが抱える対立と格差を「民族自治か市民的統合か」の二者択一を通して乗り越えることはできないと論じ、住民組織運動などに見られる公共性構築への試みに目を向けるよう促している（西2009）。

2005年の国政選挙のあと、メレス・ゼナウィ首相は経済成長を重視する開発主義へと傾斜し、公共事業や政府雇用を拡大させた。ところがエチオピアの「辺境」地域に暮らす人々の生計は、大規模農場や巨大ダムなどの開発事業に伴って重大な岐路に立たされている。福井らや宮脇の研究が明らかにしてきたように、これらの人々は20世紀を通して、国家の干渉や収奪を受けながらも、地域の生態資源を巧みに利用して自律的な社会を維持してきた（福井2005、宮脇2006）。しかし近年のエチオピアの開発主義は、これらの人々に対して国家へのより完全な包摂を迫っているのである。

石川博樹 2009『ソロモン朝エチオピア王国の興亡――オロモ進出後の王国史の再検討』山川出版社／栗本英世 1996『民族紛争を生きる人びと――現代アフリカの国家とマイノリティ』世界思想社／西真如 2009『現代アフリカの公共性――エチオピア社会にみるコミュニティ・開発・政治実践』昭和堂／福井勝義編 2005『社会化される生態資源――エチオピア　絶え間なき再生』京都大学学術出版会／宮脇幸生 2006『辺境の想像力――エチオピア国家支配に抗する少数民族ホール』世界思想社／Bahru Zewde 2001 *A History of Modern Ethiopia, 1855-1991*. 2nd edition. James Currey

⇒エチオピアのキリスト教、戦争と和解の人類学、紛争と平和構築、民族と国家

4-4-4 南部アフリカ
Southern Africa

藤岡悠一郎

キーワード：地域機構，民主化，アパルトヘイト，狩猟採集民

南部アフリカという地域には，アフリカ大陸の南側という無機質な区分けにとどまらない，何かこの地域独自の色が塗られてきた。その背景には，「アフリカの白い巨人」，南アフリカの歴史的な歩みが同地域の研究に強く影響を及ぼしてきた経緯がある。しかし，同地域の研究が蓄積され，地域社会を織りなす多様なアクターや自然環境の多様性，複層的な流動性などが明らかになるにつれ，南部アフリカの虹色以上に多彩な色が見えるようになりつつある。さらに，グローバリゼーションのもとで国家の融解が進み，地域機構のもとで地域統合が進められるなかで，南部アフリカという地域枠組みが実社会や研究に対して持つ意味も変わりつつある。

南部アフリカという地域枠組み

南部アフリカは，アフリカ大陸の南部に位置する地域であるが，研究史のなかでその範囲が明確に固定されてきたわけではない。狭義には，リンポポ川以南の地域に限定されて適用され，マダガスカルを含める場合や南アフリカを中心にジンバブエやボツワナ，モザンビーク，レソト，スワジランドなどの周辺諸国を含めた地域として使用される場合などが見られる。本稿では，上記の国々がさらに北側に隣接する国々との歴史的な結びつきが強い点を鑑み，上記の国々にアンゴラ，ザンビア，マラウイを含めた地域を緩やかに南部アフリカと措定する。また，後述するが，南部アフリカ開発共同体のような地域機構のなかには，政治や歴史的な経緯もあり，さらに北部の国々が含まれることもある。

多数の国家から構成される南部アフリカを対象とした研究を網羅するとなると，同地域を構成する各国，各コミュニティで行われた研究がすべて含まれることとなり，日本人研究者による研究だけでも膨大な数に上る。しかし，南部アフリカという地域枠組みを意識した研究に限定した場合，その数は限られてくる。もっとも，そうした研究は南部アフリカの全地域を網羅的に覆い尽くす共通性を追求する指向性を持つのではなく，地形や地質，植生などの自然環境，エスニシティ，国家，文化，他国との関係，人々の移動など，多様な要素の絡み合いを解きほぐし，ある切り口に沿った部分集合としての地域の姿，異なる空間スケールでの多様な事象の積み重ねとしての地域像として，南部アフリカを表現してきた。

自然環境

南部アフリカの骨格をなす自然環境とその変遷に関する研究は，初期のころはイギリスやドイツなど旧宗主国の研究者，植民地行政官が中心となって展開されてきた。とくに，豊富な鉱物資源の探索に重点を置いた地質・地形調査，ナミブ砂漠やカラハリ砂漠の形成過程や気候変動の復元，オカバンゴやエトーシャ，クルーガーなどの現国立公園における野生動物や植生，環境変遷に関する研究が重厚である。しかし，日本人研究者による研究

は，人文社会科学の諸分野に比べるとはるかに数が少なく，サブサハラ・アフリカにおける自然環境を対象とした研究を見渡しても，門村浩らを中心に環境変遷の研究が進められた西アフリカや中部アフリカ，人類進化の研究と併せ，諏訪兼位らによって大地溝帯の地形・地質学研究が進められた東アフリカに比べ，同地域の自然環境に関する研究は少ない。南部アフリカにおいては，自然地理学者の田村俊和らによって進められたミオンボ林の立地環境に関する研究があり，また2000年から水野一晴らの調査グループがナミビアを中心に南部アフリカの地形，気候，植生，環境変遷に関する研究を展開し，成果をまとめている（e.g., Mizuno 2010）。

南アフリカ・ケープタウンの街並みとテーブルマウンテン

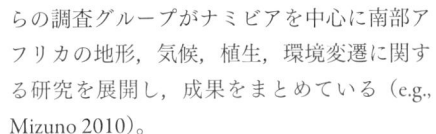

ブッシュマン研究と生態人類学研究

南部アフリカを舞台に展開された研究のなかでも研究史が古く，現在まで連綿と続く狩猟採集民研究は南部アフリカ研究としても注目すべき成果である。1650年代にオランダ人入植者のヤン・ファン・リーベックの一団が喜望峰でコイサン人と出会い，ヨーロッパに彼らの存在が広く知られて以降，南部アフリカの狩猟採集民に関する記述は，植民地支配側の記録や探検記などに現れてきたが，その多くは歪曲されたものであった。リチャード・リーや田中二郎らによる生態人類学からのアプローチが本格化するなかで，バンドを単位とし，平等主義の卓越する豊かな社会の実像が明らかにされる一方，狩猟採集民は国家の定住化政策などに絡んだ政治的な表象がされるようになり，先住民と国民の間での揺れ動きが顕著になる。そうしたなかで，歴史の見直しに関する研究が増加し，カラハリの自然環境や他民族との交渉史のなかにブッシュマンを位置づけて地域史を描く研究が，池谷和信や田中二郎，峯陽一，高田明などによって行われている（e.g., 田中2000）。また，丸山淳子らにより，民族間関係や国家政策との関係を南部アフリカの複数の国家，地域の比較のなかで明らかにする研究も行われつつある。

南部アフリカの歴史研究

南部アフリカの歴史に関する研究は，歴史学者による本格的な歴史書の執筆から歴史的な事象の記載までを含め，その数は多い。南部アフリカの通史を扱った日本人による初期の研究としては，星昭と林晃史による著作がある（星・林1978）。当時，南部アフリカを構成する各国の歴史研究は厚く，たとえば南アフリカを対象としたイギリス系の自由主義歴史学派のウィルソンらの研究やローデシア・ニヤサランド連邦の形成にいたる通史を著したハンナやウィルスらの研究が見られるが，本書は旧英領や旧ポルトガル領を含む南部アフリカを一括して扱い，かつ，国際関係のなかで南部アフリカを捉える視点を意識的に導入した点で注目すべき研究であった。

ヨーロッパ列強による帝国主義時代が始ま

る以前の数世紀において，南アフリカの地域枠組みを変える大きな動きをあげるとするならば，現ジンバブエ周辺における王国群の台頭と現南アフリカ周辺におけるボーア人，イギリス人，アフリカ人の衝突と協調の連鎖がある。ジンバブエ周辺の王国群については，現在世界遺産にも認定されているグレートジンバブエをめぐる研究があり，考古学者のケイトン＝トンプソンやガーレイク，歴史学者の吉國恒雄などにより，モノモタパ王国をはじめ，同地域に勃興した複数の王国の展開過程や当時の生活様式の復元が行われている（吉國1999）。同遺跡をめぐっては，きわめて高度な技術を持った建築者がアフリカ人であるとする説をめぐり，ローデシア政府や白人保守派から学説に対する批判が巻き起こるなど，同地域の政治とも結びついてきた。

現南アフリカへの白人入植，オランダ東インド会社の設立など，歴史が大きく旋回した17世紀から19世紀において，南部アフリカを広域に巻き込み，同地域の民族地図を大幅に塗り替えた出来事として，ズールー王国のシャカ王による戦争が発端となって勃発した民族大移動がある。ムフェカネと呼ばれる歴史的な大壊乱である。同時期，ボーア人が自分たちの栄光を讃えて「グレートトレック」と呼ぶ，ナミビアやアンゴラにまで達するボーア人の長大な移動が行われた。南アフリカを震源として南部アフリカに広く影響が波及したこれらの事変を含め，当時の南アフリカの史的復元に関する研究については，先に紹介した南アフリカの歴史学者や井上一明，峯陽一らによる研究が見られる。

南部アフリカ諸国の独立や民主化への移行期に焦点を当てた研究に関しては，林晃史をはじめとするアジア経済研究所の研究グループの成果が重厚である。また，アパルトヘイト体制崩壊後の南部アフリカ諸国の政治・経済変動を分析し，当時南部アフリカが直面していた問題に対して将来的な展望を述べた川端正久らの研究（川端・佐々木編1992）や，民主化後の南アフリカの動向をグローバライゼーションの進む南部アフリカ地域やアフリカ全体との関連のなかに位置づけて論じた佐藤誠らの研究（佐藤編1998）などが見られる。

南部アフリカの歴史を社会経済の側面から掘り下げた研究では，経済史家の北川勝彦によって著された『南部アフリカ社会経済史』がある。本書では，白人移民の重層的な内部構造やエージェントの関係性，労働移動を通じた広域的な地域間関係やインフォーマルなネットワークについて提示され，南部アフリカという地域を歴史の流れのなかで読み解く上で重要な視点が提示されている（北川2001）。

調査対象国あるいは調査対象地域の歴史的な動向を，国の枠組みを超えた広域的な地域あるいは情勢のなかに位置づけた研究も多く，こうした研究も南部アフリカという地域枠組みを捉える上で重要な研究である。小倉（1995）は，ザンビア東部州の一地域をフィールドとし，労働移動という視点を軸に，移動の背景となる経済改革や社会変動を分析し，地域間の関係性や南部アフリカという地域枠組みのなかに調査地を位置づける試みを行った。また，モザンビークの解放闘争を扱った舩田の研究（舩田2007）も特筆すべきである。旧ポルトガル植民地という，南アフリカやローデシアなどの旧英領植民地とは異なる歴史的，社会的背景を持つ地域を対象としているという点で南部アフリカの複層的な動向が浮き彫りになり，また，解放闘争を農民側の視点を中心に紐解く本書の手法や解放戦線を組織するフレリモが必ずしも国内の農民に歓迎されていなかったという指摘からは，南アフリカやジンバブエ研究などで構築されてきた植民地経験に対する認識とは異なった視点が提示されている。

南部アフリカの地域機構とその研究

　南部アフリカという地域枠組みは，国家を超えた地域機構の存在により，現実の政治や経済に影響を及ぼしている。同地域では，南アフリカのアパルトヘイトに対抗するため，1974年にタンザニア，ザンビア，ボツワナ，マラウイによってフロントラインと呼ばれる連合が築かれ，それを母体として1980年にジンバブエ，マラウイ，レソト，スワジランドが加わり，南部アフリカ開発調整会議（Southern African Development Coordination Conference: SADCC）が発足した。同会議は，アパルトヘイト国家である南アフリカ共和国への経済的従属からの脱却を目的に設立されたが，南アフリカの民主化の流れを受け，1992年に同国の加盟を見据え，統一市場の創設や加盟国間での金融・貿易・工業・外交・環境・政治・安全保障などの分野での協力推進を促すことを目的とした南部アフリカ開発共同体（Southern African Development Community: SADC）に移行した。現在では，南部アフリカ諸国を中心に15ヵ国が加盟している。また並列的に，南アフリカ，ボツワナ，スワジランド，ナミビアなどの国々が加盟する南部アフリカ関税同盟／共通通貨圏（Southern African Customs Union/Common Monetary Area: SACU/CMA）が設立されている。これらの地域機構に関する研究は政治学や法学，経済学を中心に進められ，先にあげた歴史研究のなかにおいても，林晃史氏らの研究（林1997）などに章を割いて論じられている。また，アフリカの国家論においては，国家を超えた地域統合の可能性に関する議論のなかで地域機構が持つ可能性や問題点について検討が進められている。

村落研究と今後の展望

　人類学や地理学などの分野においては，南部アフリカに位置するコミュニティに滞在し，ある特定地域のミクロスケールでの詳細な調査を実施する研究成果が増加している。そうした研究の多くは，調査地の動向を広範な地域における変動のなかに位置づけるため，広範な比較を伴う場合が多く，南部アフリカの地域性に関する知見が蓄積されつつある。南部アフリカを冠した研究会やシンポジウムなども開催され，グローバルスケールでのマクロな動向とミクロスケールでの事象を架橋する空間スケールとして，南部アフリカという地域枠組みに目が向けられている。地域の歴史や自然環境を基盤とし，複層的に進行するグローバル化の奔流のなかで，副次的に派生する渦の流れをいかに捉えていくのか，ミクロとマクロをいかに架橋し，多様化する南部アフリカの新しい色を抽出していくのかという点は，南部アフリカ研究の古くて新しい課題であろう。

小倉充夫 1995『労働移動と社会変動――ザンビアの人々の営みから』有信堂／川端正久・佐々木建編 1992『南部アフリカ――ポスト・アパルトヘイトと日本』勁草書房／北川勝彦 2001『南部アフリカ社会経済史研究』関西大学出版部／佐藤誠編 1998『南アフリカの政治経済――ポスト・マンデラとグローバライゼーション』明石書店／田中二郎 2000「カラハリ砂漠の自然と人間」川田編『生態の地域史』山川出版社／林晃史 1997「南部アフリカ地域機構の再編――SADCを中心に」林編『南部アフリカ民主化後の課題』アジア経済研究所／舩田クラーセンさやか 2007『モザンビーク解放闘争史――「統一」と「分裂」の起源を求めて』御茶ノ水書房／星昭・林晃史 1978『アフリカ現代史I　総説・南部アフリカ』山川出版社／吉國恒雄 1999『グレートジンバブウェ――東南アフリカの歴史世界』講談社現代新書／Mizuno, K. ed. 2010 Historical change and its problem on the relationship between natural environments and human activities in southern Africa. *African Study Monographs, Supplementary Issue* 40

⇒アフリカ史，地域機構，移動する人々，アパルトヘイト

4-4-5 中部アフリカ
Central Africa

＿＿＿＿＿＿＿＿＿＿＿＿＿＿＿＿＿＿＿＿＿＿＿＿＿＿＿＿＿＿＿＿北西功一

キーワード：複眼的視点，地域住民への貢献，自然保護

現在，中部アフリカには国や地域によってさまざまな問題が存在する。そのなかには，たとえば，この地域に暮らす人たちの貧困と熱帯雨林およびそこに生息する稀少な動植物の保護の問題がある。これらの問題は，数多くの利害関係者が複雑に絡み合ったなかで生じており，その解決は特定の学問分野に基づいた方法では難しい。これには，複眼的な視点を持つ地域研究的な取り組みが有効である。中部アフリカにおいてもそのような取り組みが日本人研究者によって始まりつつある。

中部アフリカにおける研究動向の変化

中部アフリカにおける日本人研究者の本格的な調査は1958年の今西錦司・伊谷純一郎によるアフリカ類人猿学術調査から始まった。それから現在まで，人類学，生物学，言語学，農学などさまざまな分野の研究者が調査を行ってきた。研究者たちは主としてそれぞれの学問分野における成果を目指して研究してきたが，近年，その研究が現地の抱える問題もしくは地球規模の問題にどのような意味を持つのかということが問われるようになっている。たとえば，生物学のフィールド調査を行う場合でも，現地住民との関係や自然保護との関係を考慮することが当然となっている。

このような流れのなかで，現地における問題の発見と分析，その解決のための方策の立案，ときにはその実行も研究者に求められるようになった。国によっては内戦や難民などが深刻な問題となっているところもあるが，ここでは熱帯雨林地帯における地域住民の生活，とくに貧困の問題と，熱帯雨林およびそこに生息する稀少な動植物の保護の問題について取り上げ，それに対して地域研究がどのような貢献ができるのかを考えたい。

熱帯雨林およびそこに生息する動植物の保護と地域住民の生活の問題

コンゴ盆地を中心に広がるアフリカ熱帯雨林は，総面積が1億7000万haで，アマゾン川流域に次ぐ世界第2位の広さを持つ熱帯雨林である。また，霊長目や有蹄目などの哺乳動物層が豊富で，ゴリラやチンパンジーなどの絶滅危惧種をはじめ，多くの固有種が生息する。環境に関する問題もこの2点，つまり，炭素の貯蔵庫としての熱帯雨林の破壊による気候変動への影響と生物多様性の破壊である。

近年，この豊かな森は急速に破壊が進んでいる。その原因の1つとされてきたのが輸出のための木材伐採であった。一方で現地住民による過度の狩猟，とくに都市の住民に肉を売るための狩猟，もしくは象牙のためのゾウの狩猟の結果として，野生動物が減少しているともいわれている。また，木材伐採会社の進出は，交通の便がよくなることで，より奥の森での狩猟と都市への獣肉の流通を容易にし，過剰な狩猟を助長することになった。

一方で，地域住民は豊かな生活を送っているとはいえず，近年ではカカオの価格の高騰である程度の現金収入を得るものも存在するが，貧富の差は大きく，とくにピグミー系狩

猟採集民は近隣の農耕民に比べて現金収入が極端に少ない人が多い。

最近ではさらに利害関係者が増えている。たとえばカメルーンでは，観光狩猟会社が設立される一方で，森や動物を保護しようとする自然保護団体や地域住民の生活改善を目指す人権保護団体も進出し，さかんに活動している。また，地域住民も多様であり，農耕民とピグミー系狩猟採集民，移住者との間，男女の間，年長者と年少者の間などで，経済的な格差や政治的な力の違いが存在している。

このアフリカ熱帯雨林地域で現在求められていることは，世界有数の価値を持つ生態系を守りつつ，そこに住む人々の生活を改善することである。しかし，上記のように当事者である地域住民が多様である上に，外部の多数の利害関係者が存在するなかで，すべての関係者が納得するような結論を見出すのは難しいだろう。このような複雑な状況下で，具体的にどのような方策を行うかを考えるには，地域研究の複眼的な視点が重要となる（木村・北西編 2010a，2010b）。

「カメルーン森林－サバンナ持続性プロジェクト」

現在，JST／JICA地球規模課題対応国際科学技術協力事業「カメルーン熱帯雨林とその周辺地域における持続的生業戦略の確立と自然資源管理——地球規模課題と地域住民のニーズとの結合」が，京都大学を中心とした日本人研究者と当事国の研究者の協力のもとで展開されている。このプロジェクトは，森林－サバンナ境界領域におけるキャッサバ栽培の集約化および加工・販売ルートの開発と，森林地域における非木材森林資源（NTFPs）の地域住民による持続的利用のための管理体制の確立を目指している。ここでは，後者のNTFPsの利用に関するものを述べたい。

NTFPsとは，樹木を伐採しなくても得られる産物のことである。アフリカ熱帯雨林では野生のナッツや食用のイモムシなどがその代表例である。このプロジェクトの最終的な目的は，森林そのものにダメージを与えることなく，NTFPsによって地域住民の経済に貢献することである。プロジェクトでは，その資源量と分布および地域住民による伝統的な利用を，地域住民とともに調査する。また，NTFPsが世帯・村レベルでどのように利用されているか，どの程度市場に流通しているかについても定量的に調べ，NTFPsが持つ価値を明らかにする。

一方で，NTFPsの地域住民を無視した利用は地域住民の経済に貢献せず，また無秩序な利用は資源の枯渇をもたらす可能性がある。上記のように多くの利害関係者と多様な住民が存在するなかで，長期的に持続可能な形で資源を利用できる体制を作らなければいけない。これには外部的には資源利用における地域住民の慣習的な権利を確立し，内部的には地域住民間における関係調整が必要となる。これらに関しては，NTFPsの利用に関する慣習法や地域住民の社会関係に関する調査を行っている。

このように，複数の研究分野にまたがった複眼的な視点に基づいた取り組みがこのプロジェクトに必要なことは明らかである。事業は始まったばかりであるが，今後のアフリカでの調査のあり方を考える上でも，その動向に注目したい。

木村大治・北西功一編 2010a『森棲みの生態誌——アフリカ熱帯林の人・自然・歴史Ⅰ』京都大学学術出版会／木村大治・北西功一編 2010b『森棲みの社会誌——アフリカ熱帯林の人・自然・歴史Ⅱ』京都大学学術出版会

⇒先住民運動，地球環境問題と生態人類学，狩猟採集活動の生態

4-4-6 西アフリカ
West Africa

石山俊

キーワード：サハラ，ニジェール川，多文化共生，イスラーム文明，紛争

北から南に向かって湿潤度が増す気候学的特徴を有する西アフリカを地図で俯瞰すると，北部を占める広大なサハラがまず目に入ってくる。次に目にとまるのは，ギニアの山岳地帯から北東に向かった後に南東に転じ，最終的にギニア湾に注ぐニジェール川である。西アフリカ地域を理解するためにはこの地理的条件をまず念頭におく必要がある。実際，西アフリカを対象とした地域研究はこれらの自然構造を軸に展開してきた。

西アフリカ地域研究の端緒

未知の地域への旅行記も地域研究の一端であると考えた場合，西アフリカ地域研究の端緒は，14世紀に現在のモロッコ，タンジェからトゥンブクトゥを踏査した，イブン・バットゥータによる旅行記にある。そして18世紀末以降には，植民地主義を背景としてヨーロッパ人が西アフリカへの関心を高め始める。イギリス人のホートン，マンゴパーク，レイング，ランダー，ドイツ人のバルト，フランス人のカイエらがニジェール川の経路を解くため，あるいは黄金都市トゥンブクトゥを訪れるために次々西アフリカ探検を企てた。

19世紀末，西アフリカ地域の大部分が「仏領西アフリカ」としてフランス植民地となった後は，フランス人研究者を中心に西アフリカ研究が蓄積された。なかでもジャン・ガレは，植民地期末期の1956年よりマリのニジェール沿岸都市であるモプチに拠点をおいて現地調査を開始し，その成果は600頁にも及ぶ詳細なモノグラフとしてまとめられた（Gallais 1968）。ただし，調査対象範囲が限定されたガレの地理学的研究は，サハラ，ニジェール川を通じて外部世界と動態的につながっていた西アフリカ地域を十分に描き出すには限界があった。

日本人による西アフリカ地域研究

日本人研究者による西アフリカ地域研究の先がけは，1962年から63年にかけて組織された京都大学サハラ学術探検隊であった。この探検隊にマリ班とオートボルタ（現在のブルキナファソ）班が組織され，バンバラ，ソンガイ，モシなどの西アフリカの民族社会が調査された。しかし以降，西アフリカを対象とした日本人による研究は，個人ベースのものが中心であり，しかも研究者が少数であったゆえ，まとまった地域研究としての提示が困難な状況にあったといえよう。

西アフリカ地域を対象とした組織的研究が本格的に開始されたのは，1986年から始まった川田順造率いる研究チームによるものである。この研究にはアフリカ人研究者を含む西アフリカを研究対象とするさまざまな分野の第一線の研究者が参画し，「異質な多文化の共生」という地域の特性が実証的に明らかにされている。その成果は『ニジェール川大湾曲部の自然と文化』として出版された（川田編1997）。

1970年代より広範にアフリカ乾燥地での現地調査をしてきた嶋田義仁は，西アフリカの地域的特色であるサハラとニジェール川といった自然条件と，これらと連関して形成された豊かな歴史にも言及しながら，西アフリカ乾燥地域のイスラーム文明に関する研究を継続させてきた（嶋田2012）。この研究の1つの軸として，西アフリカの乾燥地に広く分布するウシ牧畜民フルベを置いたことも，地域の特徴を捉えるための特徴的な枠組みであろう。また西アフリカに歴史上興った内陸諸王国の成立と存続は，サハラを介した北アフリカとの物資面，文化面での交流，すなわちトランス・サハラ交渉によるところが大きかった。しかし，大西洋やギニア湾などの海岸地域より進出したヨーロッパ諸国による西アフリカの植民地化が，トランス・サハラ交渉を衰退させたばかりでなく，現代の西アフリカが抱える諸問題の根源的原因ともなっていることを指摘している。

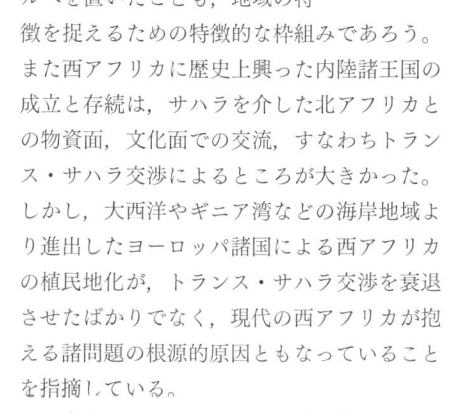

日本人による西アフリカ地域研究においては人類学者が重要な役割を担ってきたが，農学分野の研究者が中心となって行われたユニークな西アフリカ研究もある（廣瀬・若月編1997）。この研究では，西アフリカの自然を広域的に把握し，農業を中心とした在来知を詳細にふまえた上で，稲作オンファーム実証試験の可能性と問題点を現場レベルから提起した，農業開発プロジェクトの貴重な記録でもある。

西アフリカ研究の展望

西アフリカ地域研究の中心となってきた，ニジェール川中流域からとサハラにかけての一帯では，1990年代には紛争が頻出するようになった。2012年に起きた武装勢力によるマリ共和国北部地域の制圧，2013年にアルジェリア民主人民共和国東部で起こった武装勢力による天然ガス施設襲撃事件は，サハラを介して結びついてきた西アフリカと北アフリカ世界が直面する現代的矛盾の1つの表れであろう。

近年，西アフリカを研究対象とする研究者の数は着実に増え，「アフリカ研究」においてもそれぞれの個別研究の成果が多数発表されている。西アフリカを対象とした諸分野の研究蓄積に基礎づけられた統合的かつ広域的な地域研究が，現代西アフリカ地域が抱える諸問題の解決に研究面から資するためにも重要となろう。

川田順造編 1997『ニジェール川大湾曲部の自然と文化』東京大学出版会／嶋田義仁 2012『黒アフリカ・イスラーム文明論』創成社／バットゥータ，I 2002『大旅行記8』家島彦一訳，平凡社／廣瀬昌平・若月利之編 1997『西アフリカ・サバンナの生態環境の修復と農村の再生』農林統計協会／Gallais, J. 1968 *Le Delta Intérieur du Niger*. Thèse principal pour le doctorat d'Etat

⇒イスラーム，熱帯アフリカの気候と環境の変動，砂漠と砂漠化

ニジェール川西岸（ニジェール共和国ナマロにて，田中樹撮影）

4-4-7 北アフリカ
North Africa

鷹木恵子

キーワード：歴史学研究，人類学研究，イスラーム地域研究，沙漠・農村・都市，民主化の動向

日本における北アフリカ地域研究の歴史や研究状況は，この地域を植民地として支配した過去を持つ西欧諸国のそれとの比較はできないが，少なくとも日本でも1950年代末ごろから，この地域についての研究業績が公刊され始めている。それらは歴史学分野の研究が中心であったが，80年代からは文化人類学や社会学の研究も現れ始め，90年代後半からはイスラーム地域研究の大型研究プロジェクトの開始もあり，ディシプリンの多様化や学際化，若手研究者の育成も進んできている。

北アフリカの範囲と呼称

「北アフリカ」という語の指示範囲については，統一した見解があるわけではない。国連諸機関の刊行物でも，エジプトからモロッコまでを示す場合とスーダンからモーリタニアまでを含む場合などがある。北アフリカは，「アラブ」「イスラーム」という歴史文化的宗教的特徴から，中東北アフリカ（MENA: The Middle East and North Africa）という地理的まとまりの一部として捉えられることも多い。アラビア語ではまた，エジプト以東を「マシュリク」（東アラブ地域），リビア以西を「マグリブ」（西アラブ地域）という。植民地支配の歴史を持つフランスでは，北アフリカをサハラ以南の「黒人アフリカ」との対比で「白アフリカ」と呼ぶこともある。

歴史学的研究

北アフリカは，7世紀後半のイスラーム化以降，多数のアラビア語文書や文献が残る地域で，また18世紀末のナポレオン軍のエジプト占領後，そして19世紀以降の英仏による帝国主義支配下ではその政策との関わりから研究機関が設置され，この地域の研究成果が蓄積されてきた。

日本と北アフリカ諸国との関係をこうした西欧諸国のそれとは比較できないが，ここ半世紀ほどの日本人による北アフリカ地域研究で，最も多くの成果が見られるのは歴史学の分野である。北アフリカの通史の古典的代表作にはフランスの学者ジュリアンの著作などがあるが，日本でもすでに1950年代末には中岡三益・板垣雄三（1959）がアラブ民族の視点から『アラブの現代史』を著わしている。北アフリカ諸国のなかでもエジプトは地域大国であることから研究者が最も多く，1960年設立のアジア経済研究所にも当初から中東研究者がおり，中岡の他に林武が，続いて伊能武次，木村善博などがエジプト研究に携わっている。また70年代には森本公誠が初期イスラーム時代のエジプト税制史を，石田進が帝国主義下のエジプト経済状況の研究を公刊している。また80年代以降では，佐藤次高が中世イスラーム国家のイクター制（1986）やまたマムルークの研究を行っている。また加藤博はエジプト社会の私的土地所有権についての研究（1993）を公刊後，村落での歴史的事件を裁判文書と現地調査から研究した著作や

イスラーム経済論や文明論の著書を出版している。長沢栄治は日本人の目から捉えたエジプト社会論の英文論文集（Nagasawa 2009）やエジプトの自画像をナイルの思想と地域研究とを結びつけて論じた著作，またエジプト革命をテーマとした著書も発表している。また大稔哲也はエジプトについて主に宗教社会史的研究を，長谷部史彦はオスマン朝期の民衆蜂起の研究やナイル・デルタの環境と文明に関する共同研究などを進めている。

マグリブ地域の歴史研究では，近現代史の通史的研究の代表作として宮治一雄（1978）があげられる。また私市正年はマグリブ中世社会と聖者崇拝の研究からマグリブ三国のイスラーム主義運動を社会運動として捉えた歴史学的研究（2005）まで幅広く研究調査を進めている。マグリブとアンダルス地域については，佐藤健太郎が中世のイスラーム祭礼を扱った社会史的研究を行っている。アルジェリアに関しては福田邦夫が独立後の政治経済的変容をテーマとした研究書（2006）を刊行しているほか，植民地期のアルジェリアについては小山田紀子が主に土地法と行政区分などの研究を，渡辺祥子は教育政策やウラマー協会についての研究を，また工藤晶人は19世紀のフランス領アルジェリアを対象に一地域のなかに複数性を読み取る研究を著書（2013）にまとめている。医土秀行はまたチュニジアを含むイスラーム化初期の研究を行っているほか，チュニジアのフランス保護領化前後の立憲主義については渡辺司の研究がある。

文化人類学的研究

植民地期の北アフリカでは，植民地行政官やキリスト教宣教師らも人類学・民族学的研究に携わり多数の研究文献を残している。それらの文献目録としてはLouis編のものが参考になる。第二次世界大戦後の人類学研究では，英国人類学者エヴァンズ＝プリチャードが著したリビアのサヌーシー教団の対イタリア抵抗運動の歴史民族誌があるほか，1960年代からは米国の人類学者も増え，ギアツのインドネシアとモロッコのイスラームの比較研究や弟子のアイケルマンによるモロッコのイスラーム研究などが注目される。またムスリム社会の動態をイブン＝ハルドゥーンの王朝循環論とヒュームの革命理論から一神教的極と多神教的極との間で揺れ動く「振り子理論」として理論化したゲルナーの研究の学術的意義は大きい。

日本人による文化人類学の研究では，1970年代に宮治美江子（Miyaji 1978）がアルジェリアのカビリー地方におけるフランス出稼ぎ移民についての研究成果を仏語で刊行したのが，ほぼ最初といえる。80年代以降は，大塚和夫，奥野克巳，赤堀雅幸がエジプトで，堀内正樹がモロッコで，鷹木恵子がチュニジアでそれぞれ人類学的調査研究を実施している。大塚は主にエジプト調査をもとに異文化としてのイスラーム理解を提唱した研究書（1989）を発表後，スーダンでマフディズムの調査研究を行っている。奥野はエジプトの定期市の研究のほか，食文化の研究を実施している。赤堀は，遊牧民の調査の後，民衆イスラームの研究としてスーフィー・聖者・精霊に注目した研究成果を編集出版している。また堀内はモロッコの聖者崇敬の研究に続いて，アラブの音文化について水野信男，西尾哲男らと共同研究を実施し共著書を出版している。鷹木はチュニジアでの村落調査からイスラーム聖者信仰の歴史民族誌（2000）を刊行後，マイクロクレジット融資に関するマグリブ三国の比較研究を行っている。

また先住民アマジグ（ベルベル）の研究としては，宮治美江子によるカビリーの出稼ぎ移民や社会構造や女性の研究のほかに，茨木透がトゥアレグ社会を対象に「奴隷」の社会文化的位置づけについて人類学的調査研究を

行っている。90年代以降では齋藤剛がモロッコにおいて主に宗教人類学的研究を，井家晴子がモロッコ・アトラス山中のベルベル村落で出産に関する調査研究を手がけている。

沙漠・村落・都市の研究

北アフリカの生態環境で重要な部分を占める沙漠の研究に関しては，1950年代から小堀巌がサハラ沙漠で人文地理学調査を実施し，西アジアから北アフリカの乾燥地帯のとくに地下水路（カナートやフォガラ）や灌漑水利体系に関する研究を公刊している。門村浩は自然地理学的な観点からサハラ沙漠の生態系やとくにその環境変動について研究を行っている。またサハラの長距離交易については南里障二や私市による歴史研究がある。遊牧民については，茨木のトゥアレグ研究のほかに，赤堀がエジプトとリビアの遊牧民の生活様式の変容や信仰面の人類学的研究を行っている。また縄田浩志はラクダの生態人類学研究をはじめとし，総合地球環境学研究所で「アラブのなりわい生態系」の共同研究を統括している。オアシス研究としては，小堀の水利研究の他に鷹木のナツメヤシ・オアシス民族誌や石山俊らの研究がある。

都市研究としては，80年代から店田広文がエジプトの都市の社会学調査に従事し，都市化と人口移動や都市の社会集団についての研究書（1999）を刊行しているほか，宮治美江子がチュニスのメディナ（旧市街）の調査を行っている。2000年代には岩崎えり奈がエジプトを対象に統計資料を用いた都鄙間の労働移動の分析研究を行っている。また衛星放送やインターネットのグローバル化の影響をエジプトを対象にして論じた八木久美子の研究などもある。

最近の民主化動向の研究

北アフリカ地域の現状を捉える上では，2011年以降の民主化の動向は無視しえないものである。中東北アフリカ諸国を網羅して，各国の動向をまとめた手引書に松本弘編の『民主化ハンドブック』がある。また，とくに北アフリカ諸国の政治崩壊と民主化を比較考察し，そのゆくえを展望した著作に福留満久（2011）があるほか，アジア経済研究所からも土屋一樹らによる中東北アフリカ諸国の「アラブの春」以降の動向を分析考察した研究書やレポートが刊行されている。

またとくにエジプトのムスリム同胞団に焦点を当てたイスラームと大衆運動の動向を研究した著作には横田貴之（2006）があるほか，エジプト革命については長沢が既述の著書のほかにアラブ革命を思想面から検討した研究書がある。鈴木恵美もエジプトの政治動向を議会の系譜から分析考察した論文やエジプト革命を軍・ムスリム同胞団・若者に焦点を当てて論じた著書を刊行している。リビアの政治に関しては研究書が少ないが，カッダーフィー著『緑の書』の藤田進による邦訳があるほか，塩尻宏がリビアを中心にした中東情勢を研究している。なお，モロッコについては中川恵による研究のほかに，酒井啓子編や水谷周編のアラブ民衆革命を扱った論文集のなかにも北アフリカ諸国の情勢について分析考察した研究論文がみられる。

今後の展望

日本における北アフリカ地域研究は，1997年から5年間にわたる文部省の新プロジェクト方式の地域研究「現代イスラーム世界の動態的研究」（研究代表：佐藤次高）や，またそれを引継ぎ，現在も続行中の人間文化研究機構（NIHU）との共同での5拠点（早稲田大学，東京大学，上智大学，京都大学，東洋文庫）を結ぶネットワーク型の大型イスラーム地域研究プロジェクトの下で，活発な研究活動が展開されている。こうした研究プロジェクトに

よって，ディシプリンの多様化や学際化，また学術交流や若手研究者の育成なども図られている。北アフリカ地域研究は，こうしたイスラーム地域研究の下では，アフリカ地域研究の一部としてよりは，アラブ・イスラーム地域研究やMENA地域研究の一環としての位置づけがより強くなっていることは否めないだろう。また研究の蓄積もこうした研究プロジェクトの下で若手のそれも含め増えてきているが，今後の課題としては世界への発信力をより高め，研究交流を推進していくためにも，英語仏語や当該国の言語であるアラビア語などの国連公用語での研究成果の発表が求められよう。

その一方，北アフリカ地域研究の成果を社会の一般読者向け図書として刊行する動きも見られる。北アフリカ諸国のうち，すで現代エジプト，リビア，チュニジア，アルジェリア，モロッコの地域研究の一般図書が明石書店エリア・スタディーズのシリーズから刊行されている。研究成果を社会に還元し，情報を発信していく意味では，こうした一般書の出版も重要である。

さらにグローバル化が急速に進む現在，地域研究はそのあり方自体が問われてきてもいる。「地域」として固定的な把握をするのではなく，研究テーマによっては扱う「地域」が柔軟に伸縮しうるものであるという認識は重要であり，北アフリカ地域研究についてもそれは例外ではない。2008年にサルコジ元フランス大統領の提唱で設立された地中海連合などは，まさにその一例である。欧州連合と地中海沿岸諸国から成る地中海連合は，平等の原則に基づく政治的経済的文化的な新しい連合共同体で，安全保障，貿易，エネルギー，移民などの諸問題にともに取り組むことを目的とする。北アフリカ地域も，こうした新しい政治経済的枠組みの下では，従来とは異なる「地域」の捉え方が必要となる。また北アフリカ地域のなかでも，1989年に創設されたアラブ・マグリブ連合はリビアからモーリタニアまでの5ヵ国から成る経済的協力機構であり，民主化政変以降も断続と紆余曲折を経つつ機能している。2011年のチュニジア革命以降，中東・北アフリカ諸国のいくつかは政治的変革の激動の最中にもあり，またその影響はこの地域内にとどまらず，時には中国やロシアなどの民主化運動やまたその政治外交政策までをも視野に収めた検討が必要となる場合もあろう。このようにグローバル化が進む現在，「地域」自体を柔軟に設定する必要性や，また特定の「地域」の問題をローカル，ナショナル，リージョナル，グローバルといった重層的なレベルとの関連性で捉え検討していくことが，今後はますます重要かつ必要になっていくものと考えられる。

大塚和夫 1989『異文化としてのイスラーム』同文館／加藤博 1993『私的土地所有権とエジプト社会』創文社／私市正年 2005『北アフリカ・イスラーム主義運動の歴史』白水社／工藤晶人 2013『地中海帝国の片影』東京大学出版会／佐藤次高 1986『中世イスラム国家とアラブ社会』山川出版社／鷹木恵子 2000『北アフリカのイスラーム聖者信仰』刀水書房／店田廣文 1999『エジプトの都市社会』早稲田大学出版部／中岡三益・板垣雄三 1959『アラブの現代史』東洋経済新報社／福冨満久 2011『中東・北アフリカの体制崩壊と民主化』岩波書店／宮治一雄 1978（1994）『アフリカ現代史Ⅴ　北アフリカ』山川出版社／横田貴之 2006『現代エジプトにおけるイスラームと大衆運動』ナカニシヤ出版／Nagasawa, E. 2009 *Modern Egypt Through Japanese Eyes*. Cairo: Merit Publishing House／Miyaji, M. 1978 *L'Emigration et Changement Structural d'un Village Kabyle*. Algérie. Tokyo: ILCAA

⇒イスラーム

4-5-0 総説 ── 人文地理学
Human Geography

……………………………………………………………………………… 佐藤廉也

　人文地理学は，人間・環境系を総合的に記述・説明する学問分野として生まれ，さまざまな方法論的な葛藤をへて，人間による自然の改変プロセスの研究や，環境への文化的適応としての生業システム研究，社会・経済の空間的編成研究などの並行する研究テーマを発展させてきた。研究視角は多岐にわたるものの，地域，環境，場所などの空間軸を鍵概念としつつ人間活動や文化・社会を分析するのが人文地理学に共通する特徴であるといえる。近年は空間分析ツールとしてのGISの普及による新たな展開も注目される。1960年代に始まる日本の地理学者によるアフリカ研究も，これらのテーマのそれぞれに特色ある研究を重ねてきた。ここでは，自然地理学者による人間・環境系研究も含め，日本の地理学者によるアフリカ研究を振り返る。

人文地理学と人間・環境系研究

　人文地理学が学問として成立した19世紀は，ダーウィンが『種の起源』を刊行し，生物進化における環境の役割が強調されるようになっていた時代である。ダーウィンと同時代に生きた初期の地理学者フンボルト（Alexander von Humboldt）やリッター（Carl Ritter）は，人間・環境系を総合的に研究するための学術用語として「景観」「環境」という概念を定着させた。19世紀後半から20世紀初頭にかけての人文地理学は，移住集団の新しい環境への適応過程の研究で知られるラッツェル（Friedrich Ratzel）に代表されるように，地域における人間集団の発展を環境の制約のもとに説明する視角が主流を占めていた。やがて環境の制約への過大な評価が環境決定論として批判されると，ヴィダル=ドゥ=ラ=ブラーシュ（Paul Vidal de la Blache）やサウアー（Carl O. Sauer）のように，人間集団が技術や生活様式，すなわち文化を介して自然を改変するプロセスに研究の焦点が当てられるようになった。

　生業社会の環境適応，環境改変プロセスや農耕の起源に関する研究などで知られるサウアーに見るように，20世紀の人文地理学における人間・環境系研究は，人類

学における生業社会や環境適応の研究と密接に結びつきながら展開してきた。1950年代から1970年代におけるアメリカの文化地理学と人類学の展開をふりかえると，サウアーとスチュワード（Julian Steward）との密接な関係に見るように，その相互影響の様子をはっきりと見てとることができる。1980年代から1990年代にかけては，人文地理学における人間・環境系研究は政治生態学（ポリティカル・エコロジー）を含めより社会批判的な傾向への傾斜を示すようになったが，一方で進化生物学・生物地理学からUCLAの地理学教授に転身したダイアモンド（Jared Diamond）のように，人類史の展開を大陸の位置・形状・サイズに着目して説明を試みるような，新しい視点も現れている。

以上のような人間・環境系に焦点を当てた人文地理学と並行して，立地や空間分布など，計量的・幾何学的な手法を用いた空間分析を扱う研究が人文地理学において発展した。先駆的研究とされるのは，19世紀に地代によって農業的土地利用の最適立地を論じたチューネン（Johann Heinrich von Thünen）の『孤立国』である。これらの流れは立地論，経済地理学，都市地理学など，人文地理学における系統研究としてもう1つの主流を占めるにいたっているが，以下に述べるように日本人の地理学者によるアフリカ研究においては，ほとんど見られないのが現状である。

日本の地理学者によるアフリカ研究

日本の地理学者によるアフリカ地域研究は1960年代に始まった。パイオニアとして小堀巌，鈴木秀夫らの名をあげることができる。日本アフリカ学会創設にも尽力した小堀は，1961年のサハラ砂漠オアシス調査を皮切りに，サハラ周辺におけるフォガラ水利システムの研究を長期にわたって継続した。小堀の研究はフォガラ水利システムの自然地理学的な特徴とともに，その歴史的形成や灌漑技術の特色，水資源管理など，人間・環境系の多様な側面に展開した。小堀は生涯サハラにおける自然・社会の研究を続け，そのエッセンスは小堀（1996）などに見ることができる。一方，気候学を専門とする鈴木はエチオピアに滞在し，ハイレセラシエ一世大学（現アジスアベバ大学）で教鞭をとるかたわら国内の調査にあたり，自然・人間の両面から多様なエチオピアの全体像を描いた（鈴木1969）。一方1960年代には，京都大学の地理学教室に所属し，大学院生として1963年の京都大学アフリカ学術調査隊に参加した端信行（端1981），1967年に学部学生として京都大学大サハラ学術調査隊に参加した赤阪賢の動きもあった。

1970年代からは，いくつかのプロジェクト研究が，科研費補助金によるものを中心に推進された。その後1980年代後半ごろまでにはアフリカ研究を志す地理学者の

数も急増し，多くの成果が産出されるようになった。

　この期間に発表された論文・著作は数多く，限られた紙幅からすべてを紹介するのは不可能である。以下では，複数の研究者に共通して見られる関心やプロジェクト研究に着目し，①自然地理学者を中心に行われてきた人間・環境系研究，②人文地理学者が生態人類学者・文化人類学者・農学者らと関心を共有しつつ行ってきた生業研究や，その関心の延長上にある歴史生態学的研究，③政治経済変動とそれに対する都市・農村の人々の対応に関する，農村経済・地域システム・政治生態学的研究，の3点にしぼって振り返りたい。

　なお，以下のレビューは，2008年の佐藤廉也による論考（Sato 2008）に依拠しつつ，その後の研究を加えたものである。その記述には，自然地理学者による研究も含まれているが，それらは自然地理学者による研究のうち，人間・環境系に関わる研究を取り上げたものである。厳密に自然地理学と人文地理学の境界を引くことが難しいばかりではなく，本来の人文地理学的研究の中心テーマである人間・環境系研究の多くは自然地理学者によって手がけられている。日本の多くの大学で自然地理学と人文地理学は同じ教室で研究・教育が行われており，このことは複合分野としての地理学を特徴づけるものである。記述には重複をなるべく避けるように努めたが，自然地理学の項をあわせて参照していただきたい。また，紙幅の都合からごく一部の文献のみを，また原著論文よりも著書・編著書を優先的に取り上げざるをえなかった。本稿で引用した著書・編著書を手に取ると，そのなかに多くの原著論文が引用されているので，それらをぜひ参照していただきたい。

［自然地理学者を中心とする人間・環境系研究］

　1960年代から1970年代にかけてアフリカで自然地理学的調査を開始した門村浩，堀信行，田村俊和らは，地形学・気候学的なアプローチによる研究を行うなかで，第四紀，とくに最終氷期以降における熱帯アフリカの森林・サバンナの環境変遷の研究を手がけている。彼らはサバンナ化（サバニゼーション）の定義として，森林のサバンナ植生への変化だけでなく，森林が人為的な要因によって劣化していくプロセスを広くサバンナ化と位置づけ，サバンナ植生の成立に対する人為の影響に注目した。これらの成果のエッセンスは門村他（1991），田村他編（1995）において参照することができる。

　たとえばカメルーンの事例研究において，田村は，ともに人為的な介入が現植生に大きく影響していることが指摘されているカメルーン西部高地とアダマワ高原の，数千年間の環境変遷史を土壌解析や花粉分析によって明らかにし，両地域の最近200年間の土地利用の歴史の違いが現植生の違いに反映していることを指摘している。ま

エチオピア南西部，マジャンギルの焼畑

　た，ザンビアの事例研究においても，田村らは，地形学的な分析とともに，ミオンボ・ウッドランド景観の変異に注目しつつ，その土地固有の地形・土壌・水文条件と，人為，とくにチテメネ耕作のような持続的な焼畑耕作の両面が植生の変異に大きな影響を与えていることを指摘する。一方，中条廣義（1997）は，自身の植生調査に基づいてカメルーンやコンゴ盆地の熱帯林の類型化を進めるとともに，焼畑によって撹乱された二次植生の遷移過程を調査し，中央アフリカの湿潤熱帯域における植生と人間活動の一端を明らかにした。

　門村，堀，篠田雅人らはこうしたプロジェクトと併行しつつ，サハラ・サヘル地域とその周辺におけるマルチ・タイムスケールの環境変遷史の解明を進め，同時に「砂漠化」研究としての関連づけを行ってきた。門村は，サヘルにおける 2 万年オーダー，数百年オーダー，20世紀以降といった，さまざまなタイムスケールにおける環境変遷の復元を行い，最終氷期以降，湿潤と乾燥を繰り返すサヘルの変遷を明らかにしてきた。同時に門村は，最近の気象学的イベントや，干ばつの社会現象としての側面にも大きな関心を持ち，サヘルと周辺諸国における直接観察をあわせ，20世紀以降の乾燥化と人間活動に伴う土地荒廃の実態の解明を追究している（Kadomura 2005）。

　門村によって進められてきたプロジェクトは，堀らによって受け継がれ，ニジェール，スーダン，カメルーン，ケニアなどの地域を対象に，1990年代後半以降も引き続きサヘルの乾燥化へのヒューマン・レスポンスに関する研究成果が多く生まれた（Hori ed. 2002, 堀編 2007）。堀によるプロジェクトは，いっそう人間の生業と生態・文化・社会に強い関心を寄せたものである。

　このプロジェクトのなかで，知念民雄は地形学的アプローチからニジェール南西

部のニジェール川支流排水盆地のガリー侵食の調査を進め，近年の侵食の進行を明らかにするとともに，人々の農耕システムの変化（耕地の集約化と周辺への農耕地の拡大）を引き起こしている様子を明らかにしている。また植生地理学者の高岡貞夫は，ケニア中央部の有用樹木を調査し，社会変化に際して人々の樹木に対する認識が変化していることを示唆する。一方，生態人類学者の鹿野一厚は，ケニアの牧畜民サンブルのライフヒストリーデータから，干ばつに対する牧畜民の対応を読み取り，吉田未穂は，ケニア海岸部のサンブル移民労働者コミュニティが，ホームランドの干ばつと彼らが依存するツーリズムの変容の影響を受けて変わっていくさまを描いた。また，大山修一は，穀物栽培限界のニジェール南部に暮らす農牧民ハウサの生業を詳細に調査し，遊牧民フラニとハウサの生業をめぐる経済的な協力関係と，干ばつや人口集中によってそれが変容するさまを明らかにする。大山と近藤史はまた，ハウサの人々が家畜の糞や家庭ゴミを巧みに利用して畑に還元し，土壌の状態を保持していることを報告している（大山・近藤 2005, Oyama 2012）。堀のプロジェクト以降も大山らによってニジェールの研究は継続しており，桐越仁美によるハウサの樹木利用・樹木管理の研究などが見られる。

　一方，水野一晴らは，それまで日本人地理学者による研究が行われていなかったナミビアにフィールドをかまえ，環境変動と人間活動の関係に関する研究を多くの若手自然地理学者とともに進めている。その成果の一部は *African Study Monographs* の 30 号に 15 の論文として掲載されている。そのアプローチを見ると，植物分布の変化と人間生活との関わりを研究する伊東正顕や藤岡悠一郎，人口変化と土地利用の集約化の関係を明らかにする荒木茂，トウジンビエの品種選択を自然条件とローカルノレッジから明らかにした宇野大介など，自然史的な関心のみならず，人間活動に焦点を当てたものが少なくない（Mizuno ed. 2005）。この特集号ではナミビア研究だけでなく，セネガルの樹木利用に関する平井將公による研究も見られる。水野らによる研究成果の一部は『アフリカ自然学』（水野編 2005）にもまとめられている。水野らはその後もナミビアを中心とする研究を進め，2010 年に刊行された *African Study Monographs* の 40 号には，ヤギ放牧と植生の関係に関する手代木功基の研究，アリ塚と植生および人間による利用の諸関係に関する山科千里の研究，またレソトの農牧民と自然環境の関係を扱う長倉美予などの若手研究者による研究も加わっている（Mizuno ed. 2010）。

[生業研究と歴史生態学]
　日本の人文地理学者によるアフリカ地域研究も，1980 年代後半ごろから研究者の数が増すとともに，多くの研究成果が現れた。ミクロな地域・社会集団に的を絞っ

て長期の観察データに基づく狩猟採集民，焼畑民，牧畜民，定住農耕民などの生業研究の多くは，生態人類学者や文化人類学者，農学者との共同研究，もしくは彼らとの問題関心を共有した個人研究であるという特徴を持っている。以下にあげるように，これらには昆虫食のようなエスノサイエンス的な研究も含まれ，サブシステンスへの共通する関心が見られる。

狩猟採集民の生業研究としては，池谷和信による一連のサン研究があげられる。カラハリの狩猟採集民研究についてはすでに田中二郎をはじめとする生態人類学者らによる研究成果の蓄積があったが，池谷の研究の特徴は，サンにおける主要な生業だけでなく，従来純粋な狩猟採集民と見なされがちであった20世紀のサンにおける家畜飼養や農耕，あるいは現金獲得活動など，サンの生計活動のなかで従来見逃されてきた生業に注目し，固定的に捉えられてきたサンの生業構造が歴史的に変化していく動態に注目したことにある。後述のように，こうした池谷の関心は，サン研究をめぐって1980年代以降，大きな論争となっていた「伝統主義と修正主義」の論争へのコミットメントにつながる。

狩猟や農耕などのコア・サブシステンスに対するマイナー・サブシステンスへの注目としては，野中健一（1997）によるサンの昆虫食に関する研究がある。このなかで野中は，サンの昆虫食の詳細を明らかにするとともに，昆虫食が栄養摂取として重要であるというよりも食生活をより豊かなものにする嗜好品としての役割があることを強調する。野中のこうしたマイナー・サブシステンスへの関心は，小規模社会の人々の空間認知の問題に展開していく。小規模社会の人々が自然（森，サバンナ，平原，海など）をいかに空間的に認知しているかについて，ブッシュマンのほか，イヌイット，オランアスリ，カロリン諸島の海洋民などの事例をもとに考察した研究（野中編 2004）は，異なる自然・文化環境における人間の空間認知形式に関する比較研究として興味深い。

熱帯アフリカにおいて今でも広く行われている焼畑農耕の生業戦略に関しては，佐藤廉也（1995）のエチオピア熱帯湿潤林における焼畑農耕研究があり，作物選択と労働の季節配分のデータに基づいて分析し，マルチシステムを含むマジャンギルの焼畑農耕が労働生産性とリスク分散の点において優れたシステムであることを指摘する。また大山修一（2003）は，ザンビアの焼畑民ベンバやカオンデによって行われている「チテメネ・システム」の農法の合理性を，環境知識や食糧生産の安定性の観点から明らかにする。また，大山（1998）では，リモートセンシング解析をあわせ，新品種の導入や半定住化によって変わりゆくベンバの農耕についても分析している。

牧畜民研究については，牧畜経済システムの研究とともに，農耕民との資源利用の相違による葛藤に着目した研究が見られる。池谷（1993）は，ナイジェリアのフル

地図・空中写真を使った焼畑集落史の聞き取り調査

ベの牧畜経済の特徴を，移牧の形態や牧畜市場をめぐるフルベの行動に着目しながら簡潔にまとめている。その後池谷は，牧畜民どうし，あるいは牧畜民と農耕民の資源利用の重複をめぐって発生する紛争に関心を向け，前者については北東アフリカのラクダ牧畜民ソマリの放牧地の競合をめぐる紛争，後者については農耕地の拡大に伴って頻発するフルベと周辺農耕民の紛争について，その要因を分析している。池谷はさらに，シベリアのトナカイ牧畜民やインドのラクダ牧畜民などの自身の調査を下地に，牧畜民の大陸間比較研究を進めている（池谷 2006, Ikeya et al. eds. 2005）。

以上のような，小規模な社会集団の詳細なデータに基づく生業システム研究の一方で，応地利明（1997）は，マリ農村の広域調査に基づいて，マリの雑穀農耕技術の類型化を行った。アジア地域の雑穀農耕の現地調査を長年行ってきた応地は，アジア雑穀農耕と西アフリカ雑穀農耕の比較を行い，技術移転の可能性に言及している点が興味深い。技術の移転に関しては，技術そのものの他にさまざまな社会的な要素に対する評価が必要であるとはいえ，近代的な技術を単純に当てはめる方法に対して，長年の歴史を経て磨かれてきた在来の農耕技術の移転可能性に関する議論は独特である。

生業技術や生業経済に焦点を当てる研究が多く創出されてきた一方で，民族間の葛藤，民族と国家の関係など，より社会的な側面に注目する研究も，1990年代後半以降に目立つ。先述の池谷の牧畜民の集団間コンフリクトをテーマとする研究もその1つである。また，人口千人〜数万人の異なる言語・資源利用形態を持つ少数民族集団が狭い範囲に割拠し相互作用をくりかえしてきたエチオピア南部では，佐藤（2005）が，森林のなかで小さな集落を形成してきた焼畑移動農耕民の生業とそのルースな社会構造が，度重なる氏族間・民族間紛争や奴隷狩りなどの社会不安の影響を受けたものであり，近年の集住化の受容による変容はそうした民族間関係，国家

と民族の関係の変容を背景にしたものであることを示した。

　池谷がサン研究で着目してきたような，生業民の資源利用の歴史的な変容は，環境史あるいは歴史生態学的な流れにつながるものである。池谷のこうした関心は，サン研究において早くから活発に行われてきた伝統主義者と修正主義者の論争に関わるなかで育まれてきた。池谷はこの論争のなかで，リーや田中らによっていったん確立されたサンの狩猟採集民像が，歴史の一断面のなかでのサン像である点に関心を寄せ，サンの生業を通時的に追っていくと，自然環境の変動，サンと周辺牧畜民との関係，サンと国家の相互関係，さらには国際的な毛皮ネットワークの影響によって，大きく変わっていることを実証している（池谷 2002）。類似の関心から，佐藤（2005）はフィールドデータとGISを組み合わせることによってエチオピアの焼畑民マジャンギルの20世紀の集落動態を復元し，国家と民族間関係のなかで生業と集落動態の変化を説明した。また，佐藤（2009）では，20世紀初頭から現在までのマジャンギルの出生と死亡の動態を復元し，出生率が集住化受容後に有意に増加していることを示した。こうした生業や資源利用の研究における長期の歴史的動態への注目は，近年の人文地理学者によるアフリカ研究の1つの動向であるといえる。

[政治経済変動への人々の対応と地域システム]
　生業やその歴史動態に着目する研究の一方で，日本の人文地理学者は国家規模あるいは地球規模の政治経済変動に対するアフリカの都市や農村に生きる人々の対応に関心を払ってきた。生業システム研究や歴史生態学的研究の多くは文化生態学や生態人類学により関連が深いのに対して，島田周平らがナイジェリア，ザンビア，ブルキナファソなどで行ってきた一連の研究は，農業経済学により親和的であるとともに，農村から国家，国際的な政治経済変動にいたるマルチスケールの諸関係を，とりわけ農民の日常生活の側から浮き彫りにしようとする点に特徴がある。

　たとえば，安食和宏と島田（1990）は，1970年代のオイルブームに伴って農村から都市へ大規模な人口流出が起こり，その結果農業土地利用が粗放化し農業労働雇用が増加し，その影響はオイルドゥームと呼ばれる不況に突入する80年代まで続いていたことを，農村経済の事例研究から明らかにしている。さらに島田は，1980年代後半から始まる構造調整プログラムにも分析の焦点を当て，ナイジェリアの食糧生産が増産に転じる一方で，伝統的な混作システムの衰退や短期休閑化など土地利用の変化が起こり，環境劣化のリスクが農村部に生じた可能性が高いことを指摘している。また島田は，ナイジェリアの地域問題を地域間対立を軸としてまとめている（島田 1992）。

　島田の一連の研究の1つの特徴は，農村においても利害を異にするさまざまなア

クターの存在が対立と緊張を生み，その結果が土地利用に刻印され，農村部における環境劣化や脆弱性の増大の結果を生むという，ポリティカル・エコロジーの枠組みを強く意識するものであり，今1つは，その上で，村落におけるデータ収集を重視し，農村の長期的な変化を読み取る方法論である。ナイジェリアとザンビアにおける長期にわたる研究は，島田（2007a，2007b）にまとめられている。

　ポリティカル・エコロジーの枠組みを意識した研究は，地理学における文化生態学の伝統をラディカルなものも含むさまざまな社会理論に融合させたものという側面を持つが，その主な関心はマクロな政治経済学の枠組みからミクロな現象を説明する傾向が強い。ここから，ややもするとミクロな生態への着目が軽視される傾向が生じることになる。そのような傾向のなかで，人為的に形成される植生景観を社会変化との関係において分析した藤岡悠一郎（2008）は，ミクロな生業活動と環境動態との関係に踏み込む研究として，注目に値する。

　日本人によるアフリカ地域研究において，企業研究は近年までほとんど見られなかったが，1990年代半ば以降，ケニア，タンザニアを対象とする上田元による一連の研究成果が現れている。ケニアの都市零細企業に関連して上田（1998）は，自動車修理工の職層移動や転廃業に焦点を当てつつ，国家政策との関連や農村経済とのつながりを明らかにする。上田はさらに経済自由化に伴ってタンザニアのメル人社会に展開した農村零細企業の研究にも着手し，親族ネットワークや世帯内の性分業を中心に詳細な検討を行っている。さらには，農村部における作物流通自由化に伴う農業経営変化と灌漑システムの発展について，灌漑栽培による商品作物栽培へのいっそうの傾斜によって大土地所有層と自給生産層の階層分化やジェンダーバランスの変化が今後強まっていく可能性について議論した（上田 2003）。また経済自由化に伴ってコーヒー生産からの撤退を余儀なくされる農家の生計戦略の変容について，変容は一様なものではなく，灌漑の使用可能性や輸送の有利不利などをはじめとする空間的な位置や地域環境に依存して分化する様相を，繊細な分析によって示している。こうした一連の研究は，山腹・山麓から低地平原へといたる山地社会経済の地域システムとしてまとめられ，異なる場所・アクターと商品の流れを綿密なデータ分析のもとに描いている（上田 2011）。

　最後に，都市の構造や都市における人々の行動研究についても触れておく。地理学者による都市システムの研究としては，ケニアの諸都市の分析を行った寺谷亮司（2002）のようなわずかな成果があるのみである。都市の性格や都市における人間・社会の研究は，日本においてはむしろ文化人類学者が精力的に行ってきたが，池谷（2001）によるケープタウンのスクウォッター（不法居住者）研究のような，実態調査に基づく例外的な研究も存在する。インフォーマル・セクターに関連する研究とし

ては遠城明雄（1999）が，ガーナの都市インフォーマル・セクターと小規模企業研究の動向に関するレビューを行い，産業研究の事例については，寺谷（2004）による酒類産業研究がある。新しいものとしては，農村における生業の補完手段としての地方都市への出稼ぎ労働に関する伊藤千尋（Ito 2010）の研究も現れ，21世紀以降急激な変化を遂げつつあるアフリカ農村と都市の動態に関心が注がれつつある。

将来への展望

　以上のレビューは，便宜上研究者の出自や研究者のプロジェクトの歴史的な系譜を考慮して3つの項目に分けて行ったが，一見異なる系譜による研究が並行して展開したものでありながら，その関心・視角には共通性が見られることが確認できるであろう。いずれの系譜においても，その根幹には人間・環境系への主要な関心が見られ，マルチスケールの分析が重視され，そのアプローチにおいては空間軸のみならず歴史・時間軸が重視される。自然地理学者による人間・環境系研究においても社会変容への関心が払われ，人文地理学者による研究においても自然の改変・コントロールや破壊が主要な研究テーマの1つとなっている。

　日本の地理学会においては，自然地理学と人文地理学がともに1つの学会で活動を続けてきたが，憂慮すべきことに近年両者の活動の分離傾向はますます強まっている。そのようななかでアフリカ研究においては，両者は関心を共有する余地が多分にある。アフリカにおける地理学研究は，このことを認識し，両者による総合的なアプローチを模索していく必要があるだろう。また，地理学者のみならず，関連分野の研究者との協力によってアフリカの全体像を描いていくことも望まれる（池谷他編 2007, 2008）。

　21世紀に入ってグローバル化の進展がその速度を早め，アフリカの都市・農村においても目を見張るような変化が起こっている。これらの社会経済変化を記述分析する研究は今後も増えていくと思われる。同時に，環境史的な関心に基づく長期的な変化の研究も進められていくはずである。このように，空間のみならず時間軸においてもマルチスケールに関心を払うのが地理学の伝統であり，それは今後も維持されるであろう。

[参考文献]

安食和宏・島田周平 1990「70年以降のナイジェリア農村における農業経営の変化——エビヤ村の事例通して」『アフリカ研究』37。

池谷和信 1993「ナイジェリアにおけるフルベ族の移牧と牧畜経済」『地理学評論』66（8）。

池谷和信 2001「ポストアパルトヘイト時代における都市のコーサ社会——ケープタウン

のスクウォッター・キャンプから」嶋田・松田・和崎編『アフリカの都市的世界』世界思想社.
池谷和信 2002『国家のなかでの狩猟採集民 —— カラハリ・サンにおける生業活動の歴史民族誌』国立民族学博物館.
池谷和信 2006『現代の牧畜民 —— 乾燥地域の暮らし』古今書院.
池谷和信・佐藤廉也・武内進一編 2007『朝倉世界地理講座　大地と人間の物語11　アフリカⅠ』朝倉書店.
池谷和信・武内進一・佐藤廉也編 2008『朝倉世界地理講座　大地と人間の物語12　アフリカⅡ』朝倉書店.
上田元 1998「零細企業群の経営論理とポピュリズム —— ケニア・ニェリ市におけるジュア・カリ組織化」池野・武内編『アフリカのインフォーマル・セクター再考』アジア経済研究所.
上田元 2003「タンザニア・メル山麓の半乾燥平原における食糧作物流通の広域化と商業的灌漑運用の進展」高根編『アフリカとアジアの農産物流通』アジア経済研究所.
上田元 2011『山の民の地域システム』東北大学出版会.
遠城明雄 1999「ガーナにおける『都市インフォーマルセクター』および『小規模企業』研究について」『人間科学』5.
応地利明 1997「マリ国におけるミレット農耕形態の諸類型と分布」川田編『ニジェール川大湾曲部の自然と文化』東京大学出版会.
大山修一 1998「ザンビア北部・ミオンボ林帯におけるベンバの環境利用とその変容 —— リモートセンシングを用いた焼畑農耕地域の環境モニタリング」『熱帯生態学会誌』7 (3-4).
大山修一 2003「ザンビアの焼畑農耕ブジミにおける農耕空間の多様性」『エコソフィア』12.
大山修一・近藤史 2005「サヘルの乾燥地農耕における家庭ゴミの投入とシロアリの分解活動」『地球環境』10 (1).
門村浩・武内和彦・大森博雄・田村俊和 1991『環境変動と地球砂漠化』朝倉書店.
小堀巌 1996『乾燥地域の水利体系』大明堂.
佐藤廉也 1995「焼畑農耕システムにおける労働の季節配分と多様化戦略 —— エチオピア西南部のマジャンギルを事例として」『人文地理』47 (6).
佐藤廉也 2005「森棲みの戦術 —— 20世紀マジャンの歴史にみる変化と持続」福井編『社会化される生態資源 —— エチオピア　絶え間なき再生』京都大学学術出版会.
佐藤廉也 2009「ヒトの生業は生と死にどう関わってきたか —— 森林焼畑民のライフコースと人口史」池谷編『地球環境史からの問い —— ヒトと自然の共生とは何か』岩波書店.
島田周平 1992『地域間対立の地域構造 —— ナイジェリアの地域問題』大明堂.
島田周平 2007a『アフリカ　可能性を生きる農民』京都大学学術出版会.
島田周平 2007b『現代アフリカ農村 —— 変化を読む地域研究の試み』古今書院.
鈴木秀夫 1969『高地民族の国エチオピア』古今書院.
田村俊和・島田周平・門村浩・海津正倫編 1995『湿潤熱帯環境』朝倉書店.

中条廣義 1997「中部アフリカ・コンゴ北部における熱帯雨林の生態と土地利用」『アフリカ研究』50。

寺谷亮司 2002『都市の形成と階層分化 —— 新開地北海道・アフリカの都市システム』古今書院。

寺谷亮司 2004「モーリシャス共和国の酒類産業と飲食文化」『日本醸造学会日本醸造協会誌』88（2）。

野中健一 1997「中央カラハリ砂漠のグイ・ガナ＝ブッシュマンの食生活における昆虫食の役割」『アフリカ研究』50。

野中健一編 2004『野生のナヴィゲーション —— 民族誌から空間認知の科学へ』古今書院。

端信行 1981『サバンナの農民 —— アフリカ文化史への序章』中央公論社。

藤岡悠一郎 2008「ナミビア北部農村における社会変容と在来果樹マルーラ（*Sclerocarya birrea*）の利用変化 —— 人為植生をめぐるポリティカル・エコロジー」『人文地理』60（3）。

堀信行編 2007『アフリカ・サバンナ帯の民族知と変化する環境との相克』首都大学東京（科学研究費補助金研究成果報告書）。

水野一晴編 2005『アフリカ自然学』古今書院。

Hori, N. ed. 2002 *Human Response to Drastic Change of Environments in Africa*. Tokyo Metropolitan University.

Ikeya, K. & E. Fratkin eds. 2005 *Pastoralists and Their Neighbors in Asia and Africa. Senri Ethnological Studies* 69. National Museum of Ethnology.

Ito, C. 2010 The Role of Labor Migration to Neighbouring Small Towns in Rural Livelihoods: A Case Study in Southern Province, Zambia. *African Studies Quarterly* 12（1）.

Kadomura, H. 2005 Climate anomalies and extreme events in Africa in 2003, including heavy rains and floods that occurred during northern hemisphere summer. *African Study Monographs Supplementary Issue* 30.

Mizuno, K. ed. 2005 Studies on the environmental change and human activities in Semi-Arid Area of Africa. *African Study Monographs Supplementary Issue* 30.

Mizuno, K. ed. 2010 Historical change and its problem on the relationship between natural environments and human activities in Southern Africa. *African Study Monographs Supplementary Issue* 40.

Oyama, S. 2012. Land rehabilitation methods based on the refuse input: Local practices of Hausa farmers and application of indigenous knowledge in the Sahelian Niger. *Pedologist* 55（3）.

Sato, R. 2008. African area studies by Japanese geographers, 1987-2007. *Geographical Review of Japan* 81（5）.

4-6-0 総説 ── 自然保護
Nature Conservation

.... 山越言

　日本にとってアフリカは遠く,「報道されるのは貧困と野生動物ばかり」と皮肉られることも多い。逆にいえば,アフリカの野生動物やその生息地のありようには,比較的高い関心が寄せられてきたともいえる。私たちはなぜ遠いアフリカの野生動物にかくも魅せられ,それらの保全状況や絶滅の危機に思い悩むのだろうか。たしかにアフリカにはゾウやライオンに代表される魅力的な大型獣が生息し,自然を対象とした観光活動がさかんである。しかし,現在それらの動物が絶滅を免れ,私たちが彼らの「自然」な姿を観察できるのは,植民地期に開始された自然保護区の設立・運営という大規模なインフラ整備のおかげである。サハラ以南アフリカにおける自然保護区の整備は,歴史的に欧米由来の理念に基づき,欧米由来の権力により,欧米の消費者のために整備されてきた。一方,保護区周辺に住む人々の多くは,保護区設立に伴う立ち退きや生業狩猟の禁止などにより,外部者主導の自然保護活動から排除されてきた。このことは,こんにち見られる自然資源をめぐるさまざまな対立の根本原因となっている。アフリカの植民地支配には直接関与してこなかった日本人研究者は,アフリカ諸国の独立後,アフリカの野生動植物を対象にした基礎研究を精力的に行うようになったが,研究資源である野生動植物の保全という必然性から,国立公園の設立や整備といった活動にも積極的に関わるようになった。近年では,アフリカに対する日本政府による開発援助活動の活発化や,住民参加型自然保護活動の普及といった動きに対応し,地域の人々の生活と自然保護の両立を目指す社会科学的な研究アプローチを積極的に取り入れた研究活動がさかんになっている。

アフリカの自然保護活動の特徴

　自然保護,環境保全は,人口やエネルギー消費の飛躍的増加に伴う副産物として,現在世界各地で進行している自然の劣化や破壊を回避するための実践的な研究・活動領域であり,その意味では決してアフリカに特有の問題ではない。広大なアフリ

カ大陸は世界の陸地面積の約20％を占め，多様性に富んだ地理的条件のもと，無数の動植物に生息地を提供している。一方，生息地の劣化・面積減少，狩猟，外来種問題，感染症などさまざまな原因により，サハラ以南に限っても，国際自然保護連合（IUCN）がレッドリストに指定する絶滅危惧種が哺乳類だけで250種におよび，豊かな生態系の持続性が強く危惧されている（IUCN 2013）。このような危機に対し，アフリカ各地で人間の経済活動を制限・排除する自然保護区が設立されてきた。1990年時点でサハラ以南アフリカの全陸地面積の11.0％だった保護区面積は，2012年現在15.4％を占めている（IUCN & UNEP-WCMC 2014）。サハラ以南アフリカの生物多様性のそもそもの豊かさと危機の深刻さを反映して，植物の固有性と生息地の消失度を基準に選定される生物多様性ホットスポットについては，全世界34ヵ所の指定地のうち，サハラ以南アフリカが8ヵ所を占めている（CI 2014）。

　ここでアフリカの自然や自然保護に見られる特徴とは何なのかを考えてみよう。世界最大のサハラ砂漠，大地溝帯，アマゾン・東南アジアのそれと並び称される熱帯雨林塊など，アフリカに特徴的な自然環境を列挙することはたやすい（水野 2005）。しかし，これらの特徴は広大かつ豊かなアフリカ大陸の自然を構成する諸要素の1つ1つであり，自然科学的に「アフリカの自然」と括れる単一の対象は存在しない。

　しかしながら，我々がアフリカ，とくにサハラ以南のアフリカの自然保護について考える際，特定の共通した文脈を暗黙のうちに想定しているように思える。たとえば，冒頭の「貧困か野生動物か」のもう片方である，アフリカに特有とされる貧困問題，遅れた社会基盤整備，腐敗し問題解決能力に乏しい政府，植民地化の歴史などの諸要因が，環境問題の解決を妨げている，というような認識である。つまり，生態学的な多様性にもかかわらず，今日のアフリカの自然保護に共通して見られる問題群を形作っているのは，社会科学的な諸条件であるようだ。

アフリカの自然保護制度史

　現代の自然保護活動は，保護地域とそうでない地域を地理的に区画して管理する自然保護区という制度を骨格としている。現在，自然保護区に指定されている地域の生物多様性は，人間の経済活動を禁止・制限することによってかろうじて維持されているのが現実であり，自然保護区制度の有効性は疑いえない。しかし，一般に保護区に指定できる地域の面積は限られており，保護区の外に生息している野生生物の保全に対して無力な点や，農業などによって形成された人為的自然景観が保つ生物多様性を等閑視する点など，多くの批判もある。ここに「自然」と「文化」を明確に峻別する西欧のキリスト教文化の影響を指摘する論者も数多い。以下，アフ

リカの自然保護を特徴づける社会科学的要因を理解するため，アフリカにおける自然保護史を，自然保護区制度に注目して概観してみる。

近代史のなかで，自然保護区誕生の舞台となったのは，西部フロンティアの開拓が終焉を迎えつつあった19世紀後半のアメリカ合衆国であった。ヨーロッパからの移民は，祖国の田園的風景とは大きく異なるアメリカの自然を，雄大な「手つかずの原生自然（ウィルダネス）」と認識し，彼ら独自の「原風景」としてそれらを位置づけた。西部フロンティアの消滅とともに，彼らの「ウィルダネス」をさらなる開拓・開発から保護する必要性が生まれ，そこに成立したのが自然保護区であった（Nash 1967）。また，このような北米に特有な歴史的経験の前史として，風景画の発達に見られる美観の商品化，美学における崇高概念の発達，科学的な山岳観への転換およびアルプス観光や英国におけるピクチャレスク観光の発達，産業革命が生み出した都市労働者のためのレクリエーションの必要性など，西欧の近代化に伴うさまざまな歴史的，思想的，社会経済的諸要因の影響により成立した新たな自然観の影響が指摘されている（Neumann 1998）。つまり，「自然」は境界で区切られることで，近代的欲望にさらされる商品となり，審美・征服・保護の対象として消費されるようになったのである。自然保護区の成立は，そのような動きの帰結の1つとして理解することができる。

アフリカにおける自然保護の制度化は，20世紀初頭より，西欧諸国の植民地政府が主導して，北米由来の自然保護区という制度を応用する形で開始された。当時の西欧人にとってのアフリカの自然は，初期の探検家が造り上げた，未開で野蛮な暗黒大陸というイメージ，狩猟サファリ・スポーツハンティングの隆盛による，征服すべき屈強な野生動物の狩猟地という，崇高的かつウィルダネス的な概念に彩られていた。また，同時代である1910年代に欧米で，またのちには日本でも大流行した「ターザン」に代表される一連の小説・映画群による「猛獣が吼え食人種が潜む魔のジャングル」「原始的で戦闘的なアフリカ人」といったイメージが，一般社会に向けて広範に流布された影響も計り知れない（藤田2005）。その一方で，実際に造成されていった保護区は，そのような「野蛮」な自然をそのまま保護するというよりは，むしろ野蛮に囲まれながら人（この場合は西洋人）に対して温和な動物が平和裏に暮らす「エデンの園」のイメージに基づいているようだ。アフリカを代表する景観イメージも，崇高的な「魔のジャングル」から，しだいにサバンナに群れる野生動物に代表される，人に馴致された動物に満ちた楽園のイメージへと変わっていった（Adams & McShane 1992）。たしかに，観光客を怖れない動物たちに近づいて写真を撮ることを目的にした「フォトサファリ」が主流となった現代の東アフリカの自然保護区に，エデンの園の原風景を見てとることは容易である。

平面的な草原に群れる，人を怖れない草食獣インパラ（ケニア・ナイロビ国立公園）

　まとめると，サハラ以南アフリカの自然保護区制度は，絶対権力であった植民地政府の強権が，現実のアフリカの大地を思うがままに区画し切り刻むことで，西欧近代史のなかで育まれた自然観を現実化したものであるといえる。このような制度史において，長い間アフリカの自然とともに生き，さまざまな物質的・精神的関係を育んできたアフリカ人の自然観や資源管理能力は等閑視され，むしろ「自然」を脅かすものとして自然保護区から排除されてきたことは指摘しておかねばならない（安田 2013）。サハラ以南アフリカの自然保護区は，欧米由来の理念に基づき，欧米由来の権力により，欧米の消費者のために整備されてきた。つまり，アフリカの人々にとっては，徹底的に外発的なものであったといえる（山越 2012）。

アフリカ自然保護の新しい潮流

　自然保護区のために立ち退かされ，狩猟規制などで生業を制限された地域住民は，そのような「強面の」権力に対して，直接的な抵抗・不服従・面従腹背など，さまざまなやり方で対抗した。地域住民を敵や犯罪者と見なす「要塞型保全」と呼ばれるアプローチは，象牙の密猟に代表される報復的な抵抗行動により，大きな問題を抱えることになった（西﨑 2009）。このような硬直化した対立構造の超克のため，1990年代に浸透した国際開発理念のパラダイムシフトを反映する形で，地域住民を敵視せず，協力者として保護活動への参加を促す「住民参加型」保全アプローチが提唱・実行されるようになった。地域住民を保護区の職員やガイドとして雇用すること，保

護区の諸問題に関する意志決定への住民代表の参加，観光収入など保護区からの利益の還元などの取り組みにより，アフリカの自然保護活動の相貌は近年大きく変化しつつある（岩井 2001）。

　保全の実施による利益を地域住民も共有することで，保全実施機関と地域住民がウィン・ウィン関係となるいくつかの成功例が報告され，住民参加型アプローチの有用性が示されるようになった。一方で，「強面の」権力が「善人の顔」に変わったことでむしろ不可視化され，「Noと言えない」住民参加が進むことで，外部アクターの支配の網の目が狭まったという批判もある。現在行われている住民参加型プロジェクトの多くは，既存の保護区の枠組みに住民が周辺的に参加する程度のものが多く，参加動機についても，保護区からの収入の分配など経済的なものが中心である。少し意地悪くいえば，自然保護を主導する行政および自然保護団体が，厄介者であった地域住民を，経済的利益というアメでもって「協力者」として取り込んでいく試みにとどまっている。そのような動きのなかでは，以前は単純であった対立構造は細分化され，むしろ地域内のさまざまな利害関係が全面に出るようになっている（關野 2014）。

　さらに最近では，地域への収益還元を重視する「住民参加型」アプローチの発展型として，収益の配分と保全効率をドライに数値化し，市場メカニズムを導入して，自然保護をナショナルな活動からむしろ民間アクターの手にゆだねる「新自由主義」的動きも見られるようになり，アフリカの自然保護をめぐる状況はさらに複雑化が進んでいる（Meguro & Inoue 2011）。

　これまでのアフリカの自然保護史の流れでは，現在見られる自然環境や景観を歴史的にはぐくみ，いまも生活をそこに依存するアフリカの人々が，自然環境や動植物についてどのように考え，どのような環境を保護・保全したいと思っているのか，そのような地域の人々の自然観に基づいた自然保護活動が欠落してきた。アフリカの地域住民に自然資源管理を任せることはできない，という植民地時代に押しつけられた悲観主義を乗り越え，地域の自然保護を地域の人々の主体性のもとにどのように再構築していくのかが今後の大きな課題であろう。

日本人研究者と自然保護区の新設

　日本人の研究者によるアフリカ調査の歴史は浅く，アフリカ諸国の独立と軌を一にするように，1950年代後半になってようやく本格化した。当初は霊長類を対象にした人類進化研究や，自然に依存して生きる人々の生業研究といった基礎研究が中心であり，自然保護への関心は主題化されていなかった。

日本の霊長類学者は，1950年代にニホンザル研究で培った個体識別に基づいた長期継続研究という独特の研究戦略を用い，アフリカでも類人猿を中心に各地で野生霊長類個体群を餌づけ・人づけにより観察可能な形に馴致することに成功していった。

　タンザニア・マハレ山塊では，1966年に京都大学の西田利貞が野生チンパンジーの餌づけに成功し，こんにちまで続く長期研究の礎を築いた。長期的な調査地運営の視点から，西田らは1975年にチンパンジー調査群の生息域を含むタンガニーカ湖岸の1613km²の地域を国立公園化することを提案した。マハレ山塊国立公園は，日本の国際協力事業団（JICA，現在の国際協力機構）の支援も得て，1985年にタンザニア11番目の国立公園として設立された（伊谷1983）。タンザニアとの植民地時代の行政的なつながりもなく，研究の蓄積も浅かった時期にいちはやく国立公園化に協力し，成功裏に実現したことは，アフリカの自然保護への日本人研究者の貢献の事例として特筆に値する。

　同様に，1973年より加納隆至と黒田末寿がコンゴ民主共和国ワンバでボノボの研究を開始したが，その後，日本人研究者の提案により，同地を含む481km²のルオー学術保護区が1990年に設立された（Idani et al. 2008）。このほか，日本の霊長類研究者による長期調査は，80年代までに開始され現在まで継続されているものに限っても，1976年より杉山幸丸により開始されたギニア・ボッソウでのチンパンジーの研究，1978年より山極寿一によるコンゴ民主共和国カフジ・ビエガでのゴリラの研究，1989年より小山直樹によるマダガスカル・ベレンティでのワオキツネザルの研究があり，それぞれの地域の状況に応じた保全活動を行っている。

　日本人主導の霊長類の長期研究地の特徴として興味深いのは，欧米の研究者がウィルダネス的な人為的影響の少ない地域を研究対象として好むのに対し，ワンバと

チンパンジーの生息地となっているギニア・ボッソウ村の精霊の森。このユニークな村を舞台に，人と動物の共存をテーマにした日本人による長期継続研究が1976年より継続している

ボッソウのように，住民の在来宗教により保護されてきた神聖な動物であるため初めから人をさほど怖れなかった個体群や，ベレンティのようにサイザル農園のかたわらに残された私設保護区内の個体群で研究が行われている点である。このことは，餌づけという人為によって「野生」が損なわれる，と考える欧米の自然観とは異なり，特定の地域環境に継続的に生息することで育まれる「土着性」に重きを置いた，日本の霊長類学の黎明期のパイオニアたちが共有していた自然観の現れであるとも考えられる（瀬戸口 2013）。このような人為的攪乱を厭わない調査地選択の副産物として，人々と動物との関係が濃厚なワンバ，ボッソウ，ベレンティを舞台に，野生動物保全と地域社会との共存を問う研究が最近になって進展していることは注目に値する（市野 2007, Lingomo & Kimura 2009, 山越 2006）。

また，カフジ・ビエガにおける「ポレポレ基金」，ボッソウにおける「緑の回廊プロジェクト」，ワンバにおける「ビーリア（ボノボ）保護支援会」，ベレンティにおける「ボランティアサザンクロスジャパン協会」など，研究プロジェクトとNGO，NPOとが現地で緊密に協力し，研究と保全実践の相乗効果を得る事例も増えている。

日本人による自然保護研究

上述の霊長類学者による諸活動は，基礎研究と保護区の整備支援をそれぞれ別の活動として取り組む事例であるが，日本の研究者の間にもしだいに自然保護活動自体を研究対象として，とくに実用性を意識した応用研究として捉える視点が生まれてきた。その嚆矢となったのは，北海道大学（当時）の小林聡史によるケニアの自然保護史研究であろう（小林 1986）。

前述した自然保護活動のパラダイムシフト，住民参加型保全の登場を反映し，1990年代後半より，野生動物の基礎研究ではなく，自然保護区とその周辺住民の活動に注目したフィールドワークが行われるようになった。それらは，村落調査を基盤にした社会科学的な立場から，人々の暮らしと野生動物の保全との両立を目指し，しばしば政策提言を伴った応用的な実証研究という性格を持つ。京都大学（当時）の岩井雪乃は，青年海外協力隊としての経験に基づき，タンザニアのセレンゲッティ国立公園に隣接して住む半農半牧のイコマの人々が，野生動物保全活動とどのように対立・協調しているのかを長期のフィールド調査に基づいて記述した（岩井 2001）。また，福島大学の西﨑伸子は，野生動物観光の後進国であるエチオピアで，強権的な保護区運営に翻弄されながら，あの手この手で自らの自然資源管理の決定権を維持しようとする住民たちの，さまざまな生存戦略を描き出した（西﨑 2009）。水産資源に関しては，長野大学（当時）の佐藤哲らが，マラウイ湖国立公園内で操業する漁民

狩猟採集民ピグミーが暮らす奥地まで伐採が進むカメルーンの熱帯林
(市川光雄撮影)

が，自然保護区の規制と漁業活動の両立を図るため，主体的に違法操業を調整している興味深い自然資源管理の事例を詳述した（Sato et al. 2008）。

複合科学としての自然保護研究

　上述のような自然科学者と社会科学者双方による興味深い研究史の交差点として，最近になってJST-JICAの地球規模課題対応国際科学技術協力（SATREPS）を用い，自然保護を含むローカルな問題解決のための大規模な実践的総合研究プロジェクトが開始されている。京都大学の山極寿一をリーダーとする「野生生物と人間の共生を通じた熱帯林の生物多様性保全」プロジェクトでは，ガボンのムカラバ地域を舞台に，ゴリラやチンパンジーの保護・観光・研究を総合し，地域の自然保護と経済発展とに貢献することを目的としている。また，京都大学の荒木茂をリーダーとする「カメルーン熱帯雨林とその周辺地域における持続的生業戦略の確立と自然資源管理——地球規模課題と地域住民ニーズとの結合」プロジェクトでは，カメルーンの熱帯林地域を対象に，科学的知識を生かしながら，住民による森林利用の持続的利用の現代的なあり方を検討している。両プロジェクトとも，自然科学者と社会科学者が1つのプロジェクトに参画し，協力しながら実践的な問題に取り組む点が斬新である。

　このように，現在のアフリカ研究のなかで，自然保護という実践的テーマは，さまざまな研究背景を持つ研究者を動員する求心力となり，文理融合的な総合科学として発展している。このような総合研究は，野生動物の生存と地域の人々の貧困解消問題のどちらを重視するのか，というジレンマを内包しており，自然科学者と社

会科学者が，野生動物と地域の人々それぞれの利益代表として代理論争に明け暮れる現実の実践の場では，妥協点を見出すことが難しいと考えられてきた。日本のアフリカ研究者は，研究の黎明期から，生態学者と人類学者が比較的未分化のまま総合研究を行ってきた伝統を持つ。専門化よりは総合化を，「自然」と「文化」の峻別よりは統合を目指す傾向が強く，「原生自然」への撞着が強くなく，むしろ里山に代表される二次的自然への関心が高い日本の研究者は，今後もアフリカ各地で自然保護研究の進展に独自の貢献をしていくことが期待できる。

[参考文献]

伊谷純一郎 1983「自然保護と国立公園」松本監修，米山・伊谷編『アフリカハンドブック』講談社。

市野進一郎 2007「マダガスカル，ベレンティ保護区におけるキツネザル類の保全状況とその課題」『アジア・アフリカ地域研究』6（2）。

岩井雪乃 2001「住民の狩猟と自然保護政策の乖離——セレンゲティにおけるイコマと野生動物のかかわり」『環境社会学研究』7。

小林聡史 1986「ケニアにおける自然保護及び野生動物保護の歴史と現状」『アフリカ研究』28。

關野伸之 2014『だれのための海洋保護区か——西アフリカの水産資源保護の現場から』新泉社。

瀬戸口明久 2013「『野猿』をめぐる動物観」石田・濱野・花園・瀬戸口編『日本の動物観——人と動物の関係史』東京大学出版会。

西崎伸子 2009『抵抗と協働の野生動物保護——アフリカのワイルドライフ・マネージメントの現場から』昭和堂。

藤田みどり 2005『アフリカ「発見」——日本におけるアフリカ像の変遷』岩波書店。

水野一晴編 2005『アフリカ自然学』古今書院。

安田章人 2013『護るために殺す？——アフリカにおけるスポーツハンティングの「持続可能性」と地域社会』勁草書房。

山越言 2006「野生チンパンジーとの共存を支える在来知に基づいた保全モデル——ギニア・ボッソウ村における住民運動の事例から」『環境社会学研究』12。

山越言 2012「在来知と科学知とが遭遇する場——西アフリカの農村における里の動物としてのチンパンジー保全」速水・西・木村編『人間圏の再構築——熱帯社会の潜在力』京都大学学術出版会。

Adams, J. S. & T. O. McShane 1992 *The Myth of Wild Africa: Conservation without Illusion*. California UP.

CI 2014 The Biodiversity Hotspot. <http://www.conservation.org/where/priority_areas/hotspots/Pages/hotspots_main.aspx>. accessed on 5 February 2014.

Idani, G., N. Mwanza, H. Ihobe, C. Hashimoto, Y. Tashiro, & T. Furuichi 2008 Changes in the status of bonobos, their habitat, and the situation of humans at Wamba in the Luo Scientific Reserve, Democratic Republic of Congo. In T. Furuichi & J. Thompson（eds.），

The Bonobos: Behavior, Ecology, and Conservation. Springer.
IUCN 2013 The IUCN Red List of Threatened Species. Version 2013.2. <http://www.iucnredlist.org>. Accessed on 5 February 2014.
IUCN & UNEP-WCMC 2014 The World Database on Protected Areas (WDPA). UNEP-WCMC, Cambridge, UK. <http://www.wdpa.org/Default.aspx>. accessed on 5 February 2014.
Lingomo, B. & D. Kimura 2009 Taboo of eating bonobo among the Bongando people in the Wamba region, Democratic Republic of Congo. *African Study Monographs* 30 (4).
Meguro, T. & M. Inoue 2011 Conservation goals betrayed by the uses of wildlife benefits in community-based conservation: The Case of Kimana Sanctuary in southern Kenya. *Human Dimensions of Wildlife* 16.
Nash, R. F. 1967 *Wilderness and American Mind*. Yale UP.
Neumann, R. P. 1998 *Imposing Wilderness: Struggles over Livelihood and Nature Preservation in Africa*. California UP.
Sato, T., N. Makimoto, D. Mwafulirwa & S. Mizoiri 2008 Unforced control of fishing activities as a result of coexistence with underwater protected areas in Lake Malawi National Park, East Africa. *Tropics* 17.

4-6-1 野生動物観光
Wildlife Tourism

安田章人

キーワード：サファリ観光，スポーツハンティング，野生動物保全，保護区

サファリ観光とスポーツハンティングは，ともに植民地支配を端緒とする歴史的な観光活動である。また同時に，これらの観光活動は，現代の国立公園などの保護区における自然環境や野生生物の保護政策を経済的に支える活動である。近年，こうした観光活動に対して，社会科学的手法を用いた総合的研究が注目され始めている。

アフリカにおける野生動物観光の歴史

サファリ観光とは，国立公園や保護区などで，大型ほ乳類（とくにbig fiveと呼ばれるアフリカゾウ，ライオン，アフリカスイギュウ，ヒョウ，サイ）を観察し，写真撮影する形態の観光を指す。しかし，「サファリ（safari）」とは，もともと「狩猟目的の旅行」を指し，「娯楽のための狩猟」，いわゆるスポーツハンティングを意味していた。

サファリ観光とスポーツハンティングのどちらも，ヨーロッパ列強による植民地支配と深い関係がある。アフリカにおいて，19世紀ごろからヨーロッパ列強によるアフリカ進出が本格化すると，探検家や入植者は，異国の支配を象徴するかのようにエキゾチックな野生動物を大量に殺し，母国に連れて帰り見せ物にした。

野生動物保全政策と観光

やがて，ヨーロッパからの遊猟客や入植者による狩猟は，アフリカの野生動物を激減あるいは絶滅させる一因となった。20世紀に入り，植民地政府は保護区や狩猟規則を設定し，野生動物保全政策を展開させる。初期の保全政策は，「要塞型保全」と呼ばれ，当局側に「野生動物を絶滅に追いやる犯人」と見なされていた地域住民は，人為的活動から自然環境や動植物を保護する「要塞」と位置づけられた保護区からの強制移住や意思決定過程からの除外によって，地理的かつ政治的に排除された。しかし，「排除」された地域住民による「抵抗」，地域住民による生業活動への再評価，非効率的な保全管理と失敗などの要因により，1990年代には，「住民参加」を謳った「地域住民が関与する保全アプローチ」（community conservationなど）（西崎2009）へとパラダイムシフトする。この転換によって，地域住民は，資源利用などの政策決定に参加し，野生動物を利用した観光活動によって創出される経済的便益（雇用機会など）を受益することによって，保全活動へ積極的に参加する主体として位置づけられた。そのな

西洋人ハンターと現地の住民（Eastman 1927）

かで，サファリ観光は，いわゆるエコツーリズムとして，住民参加型保全を支える理想的な観光活動とされた。しかし，現実には，雄大な景観と多様かつ豊富な野生動物，道路や宿泊施設などのインフラが必要とされるサファリ観光が，野生動物保全政策の原動力として機能している地域は，ケニアなどの数少ない国に限られている。その一方で，倫理的批判は受けつつも，十分なインフラを必要とせず，経済性が高いとされるスポーツハンティングが，住民参加型の保全政策の主柱となると注目されている。しかしながら，スポーツハンティングを行う上で，地域住民に対して経済的な便益を付与しつつも，かつての「要塞型保全」のように生業活動の禁止や意思決定機関からの排除を依然として強いている地域もある（安田2013）。

アフリカの野生動物観光に対する研究の動向と展望

アフリカにおける野生動物観光に関する研究は，1987年に「持続可能な開発」が提唱されたのち，数多く見られるようになった。とくに，「地域住民が関与する保全アプローチ」とエコツーリズムが台頭した90年代以降，政治経済的な観点から分析する研究が登場した。一方で，たとえば，過剰な観光客によってもたらされる生態系の破壊など，生態学的観点からのアプローチも見られる。

こうした研究の多くは，欧米諸国の研究者によってなされてきた。また，研究対象地は，観光の規模や歴史的な経緯から，東南アフリカ諸国に集中している。日本において，「アフリカといえば，野生動物」と想像されやすいこととは裏腹に，アフリカにおける野生動物観光に関する研究に取り組む日本人研究者は少ない。しかし，近年，人類学や環境社会学に出自を持つ研究者による研究の蓄積が進んでいる（山極2008，岩井2009，西崎2009，目黒2010）。こうした日本人による研究の特徴の1つは，それまでの生態学的あるいは経済的観点から保護活動や経済活動を重視した研究とは異なり，アフリカの多様な地域社会からボトムアップ的に立ち上がるような，野生動物保全と観光，そして地域住民の生活の両立を目指した将来像を現場から描こうとしている点にある。今後はますます，こうした研究が増えるとともに，野生動物観光に関する研究における国際的な学術的交流が期待される。

現代のサファリ観光（マサイマラ国立公園にて撮影）

岩井雪乃 2009『早稲田大学モノグラフ7　参加型自然保護で住民は変わるのか──タンザニア・セレンゲティ国立公園におけるイコマの抵抗と受容』早稲田大学出版部／西崎伸子 2009『抵抗と協働の野生動物保護──アフリカのワイルドライフ・マネージメントの現場から』昭和堂／目黒紀夫 2010「地元住民が野生動物保全を担う可能性──ケニア南部・マサイランドにおける事例から」『環境社会学研究』16／安田章人 2013『護るために殺す──アフリカにおけるスポーツハンティングの「持続可能性」と地域社会』勁草書房／山極寿一 2008「野生動物とヒトとの関わりの現代史──霊長類学が変えた動物観と人間観」林他編『ヒトと動物の関係学　第4巻　野生と環境』岩波書店／Eastman, G. 1927 *Chronicle of an African Trip*. John P. Smith Company

⇒自然保護区と世界自然遺産，野生動物の違法取引とサンクチュアリ

4-6-2 自然保護区と世界自然遺産
Protected Areas and World Natural Heritage

關野伸之

キーワード：要塞型保全，コミュニティ主体型保全，エコツーリズム，世界遺産

アフリカにおける自然保護区は欧米諸国の自然保護思想に大きく影響され，植民地時代に誕生した。独立後のアフリカ諸国にもその思想は受け継がれ，地域住民を資源管理上の障害と見なし，自然資源から排除する国家主体のトップダウン型アプローチがとられてきた。1990年代以後，地域住民による意思決定や管理を重視するボトムアップ型アプローチが普及した。さらに，排除されてきた地域住民に利益を還元する方策としてエコツーリズムの導入や世界自然遺産の登録申請が進められてきた。しかしながら，依然，外部者が描く保全の枠組み内にとどまっており，地域社会が主体となったアプローチが求められている。

アフリカにおける自然保護区の誕生

国際自然保護連合（IUCN）によれば，自然保護区とは「生物の多様性ならびにそれに関連する天然資源，文化遺産を維持するために特別に設けられ，有効な手法，法的手段あるいは他の方法で管理された陸域または海域」のことである。国によって呼称は異なるが，国立公園（national park），狩猟保護区（game reserve），自然保護区（nature reserve）などがこれにあたる。

19世紀後半，ヨーロッパ諸国の植民地であったアフリカ諸国に国立公園制度が導入され，狩猟保護区や森林保護区（forest reserve）の名称で，政府高官や植民地統治者のスポーツハンティングや保養の場として利用された（西崎2009）。1916年には南アフリカに王室ナタール国立公園が設立され，アフリカで最初に「国立公園」の名称が用いられた。さらに，1933年にはロンドンでアフリカの動植物の保存に関する国際会議（International Conference for the Protection of the Fauna and Flora of Africa）が開催され，動植物相を「自然状態で」保護する条約が調印された。こうして原生的な自然（wilderness）が重視され，欧米諸国にとって理想的な自然保護の理念をアフリカで実現させる試みが始まったのである（伊谷1983）。

要塞型からコミュニティ主体型資源管理へ

アフリカ諸国独立後，国家が自然資源を排他的に管理するアプローチが進められていく。国家は地域住民による自然資源の利用を厳しく制限し，ときには保護区内からの強制移住を実施した。野生動物管理の資金捻出のためには，保護区の入場料やハンティング許可書の販売収益をもたらす観光産業の促進が不可欠であり，野生動物が経済発展に欠かせない「資源」として認識され，地域住民は保護区管理上の障害となったのである（西崎2009）。このようなトップダウン型の管理体制は要塞型保全（fortress conservation）と呼ばれている。

しかしながら，要塞型保全では密猟や違法伐採などは止められなかった。また，対外債務に苦しむアフリカ諸国では自然保護区管理のための人材や資金が調達できないため，

実際には管理がなされてない「書類上の公園（paper park）」も数多く存在した。こうしたトップダウン型管理の反省から、1990年代以後、地域住民が意思決定や管理に参画するボトムアップ型の「コミュニティ主体型自然資源管理（community-based natural resource management）」がさかんに取り入れられるようになった（小林2001、西崎2009）。生態学の分野において、還元主義から世界を1つのシステムとして捉える見方へのシフト、生態系に人間を包括するシフト、専門家によるアプローチから参加型アプローチへのシフトという3つの概念的シフトが起こり、コミュニティ主体型自然資源管理の推進を後押しした（Berkes 2004）。さらに、制度的にも地方分権化がアフリカ諸国に普及し、自然保護区を地方自治体レベルで制定できるように法的整備が進められた。かくして、コミュニティ主体型資源管理は、資源を持続的かつ公平に利用し、環境保全と地域開発が同時に達成される万能薬として捉えられるようになった。

コミュニティ主体型資源管理への批判

しかしながら、1990年代後半から、コミュニティ主体型資源管理の弊害も多く報告されるようになった。アフリカにおけるコミュニティ主体型資源管理は国際機関や環境NGOの想定する「保全」の枠組み内にとどまっており、彼ら外部者に大きく左右されている（目黒2010、關野2013）。さらに、Blaikie（2006）は、コミュニティの資産が地方の起業家や政府職員を通じ国家エリート層に流れることになる状況を指摘し、コミュニティ主体型資源管理は、住民による自治を標榜するものの、内実はエリート層に地域の資源が収奪される「トロイの木馬」であると厳しく批判した。

国境を越えた保護区──国際保護区

環境NGOなどの支援を受け、1990年代からアフリカ大陸では、国境を越えた保護区（transfrontier park、以下、国際保護区）の設置が議論されてきた。野生動物の移動を容易なものとして生息環境の保護を図るだけでなく、観光振興にもつながるものと期待されている。2000年に南アフリカとボツワナの国立公園を接合させたカラハリ国際保護区が設立された。2012年には、世界最大面積となるカバンゴ・ザンベジ国際保護区の設立が発表されている。この保護区は、南部アフリカ5ヵ国の36の保護区からなり、その面積は約28万7000km²とほぼイタリアと同じである。しかし、アフリカの政治組織の現実を考慮しない外部者の壮大な計画の押しつけとの批判もある。

海洋保護区という新たな動き

近年、水産資源の枯渇に対する危惧やそれに伴う自然保護資金の流入から、海洋域への保護区の設置がアフリカで急速に進められている。海洋保護区は魚種の多様性を高め、結果的に漁業者やスポーツフィッシング愛好家の利益につながると考えられている。2002年に開催された「持続可能な開発に関する世界首脳会議」においても、海洋保護区の設置面積を拡大する議論がなされ、国際法に則り、科学的情報に基づいた海洋保護区ネットワークを2012年までに構築することが提唱された。また、2012年には、モザンビークのプリメイラス・セグンダ諸島にアフリカ最大規模の海洋保護区が設置された。陸上と同様、海洋域においても、各海洋保護区を接続させるネットワーク化と保護区の大型化という2つの潮流が生じている。

海洋保護区においても、あらゆる採集活動を禁止する「禁漁区域（no-take zone）」を設定することがさかんである。科学的不確実性の高い水産資源については、環境に重大な影響を及ぼすおそれがある場合、規制措置を実施

する予防原則が有効と見られている。しかしながら、漁業者の強制的な排除は大きな反発を招くことにもなる。たとえば、漁業が基幹産業であるセネガルでは、2010年にマドレーヌ諸島国立公園で起きた国立公園職員による密漁者射殺事件が大規模な暴動につながり、社会不安を招いた（關野 2013）。

エコツーリズムの隆盛と問題点

アフリカでは、自然保護区設置により不利益を被るコミュニティや地域住民に対する救済措置として、環境に配慮し地域住民に利益を還元する試みであるエコツーリズムが導入されている。観光に対する期待は大きく、1965年にアフリカを訪れる国際ツーリストの割合は世界全体の0.5％にすぎなかったが、2011年には5.1％に成長している。2002年8月にはガボン大統領オマール・ボンゴが「国家資源を享受するが搾取しない」エコツーリズムの振興を打ち出して13の国立公園を指定し、2003年にマダガスカル大統領ラヴァルマナナがアフリカ地域のエコツーリズムのリーダーとなることを宣言するなど、エコツーリズムは環境保全と地域開発を両立させる万能薬と見なされた。しかしながら、インフラ設備が整っておらず、政情不安から安定した観光客数が見込めないアフリカにおいては、エコツーリズムが生み出す経済的利益は想定よりも小規模で、その利益の大部分は外部に流出し、残されたわずかな利益の分配をめぐってコミュニティ内で争いが生じている（關野 2013）。

世界自然遺産の現状と問題点

エコツーリズム振興策の1つとして世界遺産の登録がある。アフリカ大陸には2012年末現在で129の世界遺産（うち自然遺産41件、文化遺産83件、複合遺産5件、ヨーロッパの海外領を含む）が登録されており、世界全体の約13％を占める。自然遺産についてはその4分の1が100万haを超えており、規模の大きさが特徴的である。「世界の文化遺産および自然遺産の保護に関する条約（世界遺産条約）」の批准・署名国の増加に伴い、過去20年で世界遺産の登録件数はほぼ倍増しているが、2000年以後に登録されたものの大半は文化遺産である。また、51のアフリカ諸国が世界遺産条約に署名しているものの、12の国について世界遺産が登録されていない状況にある。このため、2006年にアフリカ地域の世界遺産登録を進めるアフリカ世界遺産基金が設立され、世界遺産登録申請や管理のための人材育成が実施されている。

しかし、アフリカの自然遺産の多くは人的脅威にさらされている。2002年に開催された「持続可能な開発に関する世界首脳会議」（いわゆるヨハネスブルグ・サミット）では紛争や貧困に起因する環境破壊、不適切な管理が脅威の要因と見なされた。とりわけコンゴ民主共和国においては密猟や難民の流入などの影響を受け、世界遺産5件すべてが「危機にさらされている世界遺産リスト（危機遺産リスト）」に掲載されている。

観光客の増加による経済的効果が期待されているものの、世界遺産の登録は必ずしも観光客の増加にはつながっていない。たとえば、タンザニアのセレンゲティ国立公園では年間30万人を超える観光客（2011年）が訪れているものの、カメルーンのジャー動物保護区では年間120人程度（2003年）にすぎない。くわえて、セレンゲティ国立公園においても、隣接する北西部25村のうち観光による恩恵を受けているのは2村にすぎないとの指摘もある（岩井 2011）。また、観光客の増加は生態系への悪影響を及ぼすことにもつながる。たとえば、コンゴ民主共和国のカフジ＝ビエガ国立公園では観光客の増加により、人間起源の病気や寄生虫に罹患し死亡するゴリラが確

認されている。世界遺産委員会は2001年に「世界遺産を守る持続可能な観光計画」を策定し，世界遺産の保護と観光の両立を図っており，ニジェールのアイールとテネレの自然保護区群のように一部をサンクチュアリとし入域に特別許可を要求する試みも実施されている。

自然保護区研究の展望

アフリカにおける近代的自然保護制度は欧米諸国の概念であり，先進国の「消費者」のために存在している（山越 2006）。さらに，植民地時代から続くヨーロッパ，アフリカ，そしてコミュニティ内の歴史的権力支配構造から容易に抜け出せない状況にある（安田 2013）。アフリカの自然保護制度を考える上で，潜在的な在来知を活かし，地域に根ざした資源管理アプローチが模索されている（山越 2006，西﨑 2009，目黒 2010）。

近年では，日本の研究機関がアフリカの自然保護区のエコツーリズム振興に関与し，人と自然の共生を図る産官学連携プロジェクトが注目されている。2008年から開始された京都大学などの「野生生物と人間の共生を通じた熱帯林の生物多様性保全」研究プロジェクトでは，ガボンのムカラバ・ドゥドゥ国立公園において，人とゴリラの人獣共通感染症の防止を図りつつ，環境保全型観光事業の創出が進められている。また，北海道大学は，エチオピアの世界遺産シミエン国立公園において，観光組織と地域コミュニティ間の連携を強化するコミュニティ・ツーリズム開発プロジェクトを実施している。

セネガル・バンブーン海洋保護区の監視塔

伊谷純一郎 1983「自然保護と国立公園」松本監修，米山・伊谷編『アフリカハンドブック』講談社／岩井雪乃 2011「野生動物と日常的に関わるアフリカの地元住民の視点から（コメント）」『哺乳類科学』51（1）／小林聡史 2001「アフリカの自然保護──保護区設定から住民参加型資源管理」『アフリカ研究』59／關野伸之 2013『セネガル・バンブーン共同体海洋保護区の水産資源管理に関する環境社会学的研究──錯綜するレジティマシーのゆくえ』京都大学博士学位論文／西﨑伸子 2009『抵抗と協働の野生動物保護──アフリカのワイルドライフ・マネージメントの現場から』昭和堂／目黒紀夫 2010「地元住民が野生動物保全を担う可能性──ケニア南部・マサイランドにおける事例から」『環境社会学研究』16／安田章人 2013『護るために殺す？──アフリカにおけるスポーツハンティングの「持続可能性」と地域社会』勁草書房／山越言 2006「野生チンパンジー野生チンパンジーとの共存を支える在来知に基づいた保全モデル──ギニア・ボッソウ村における住民運動の事例から」『環境社会学研究』12／Berkes, F. 2004 Rethinking community-based conservation. *Conservation Biology* 18（3） ／ Blaikie, P. 2006 Is small really beautiful? Community-based natural resource management in Malawi and Botswana. *World Development* 34（11）

⇒生物多様性ホットスポット，ゴリラ，野生動物観光

4-6-3 野生動物の違法取引とサンクチュアリ
Wildlife Trafficking and Sanctuaries

············樺沢麻美

キーワード：野生動物保全，国際取引，違法取引，チンパンジー，サンクチュアリ

国際貿易と輸送手段の発展に伴い，野生動物取引は経済的価値のある特定の種の乱獲を招き，絶滅させる可能性を持つ。またその種が属する生態系全体へも悪影響を与える。ワシントン条約は国際取引による乱獲を防ぎ，種を保護することを目的に1975年に発効された。しかしながら，象牙やチンパンジーのように，取引を規制しただけでは，一概に保全の状況が向上するとはいえない場合もある。国際取引の規制を生息国での種の保全にどのようにつなげていくかが今後の課題である。

野生動物国際取引とワシントン条約

野生動物国際取引の歴史は，ヨーロッパのアフリカ大陸の発見やその後の奴隷貿易や植民地化と並行しており，珍しい動物，毛皮や象牙のような装飾品は王侯や貴族といった富裕層に蒐集された。その後，さらに国際貿易が拡大し輸送手段が発展することで，輸入国の文化や社会的な潮流，経済的発展や需要に応じて，たとえば，動物園やペット，あるいは象牙や皮革などの形で，一般市民の間でもそれらを鑑賞，所有する機会が増え，経済価値のある特定の種が輸出目的に捕獲，狩猟されるようになった。

1975年に発効されたワシントン条約（正式名称は「絶滅の恐れのある野生動植物の種の国際取引に関する条約」）は，野生動植物が国際取引により過度に利用されるのを防ぎ，国際協力によって種を保護する条約である。日本は1980年に加盟，2013年1月現在で177ヵ国が加盟している。

象牙取引

1980年代，日本は最大の未加工象牙輸入国で，この取引はアフリカゾウの生息数の減少に影響を与えた（石井 2011）。アフリカゾウを保全するため，象牙の国際取引は1989年に全面的に禁止された。一部の生息数が安定している国では条件つきでの取引の再開を求める動きがあり，限定的な取引も行われたが，継続した取引は認められていない。しかし，岩井（2011）はタンザニアではゾウの狩猟の徹底的な禁止により，生息数が増え，農作物被害といった獣害問題が深刻化し，生息地の地元住民が取引禁止により生じた「損失」を負担させられていると報告している。石井（2011）もタンザニアやザンビアでは取引の禁止により，その収益をゾウの保全に充てることや，前記のような被害を受けている地元住民に還元することができなくなり，結果，密猟や密輸が増加し保全に悪影響を及ぼす可能性があると懸念している。ゾウ生息国では，取引の収益が野生生物管理の費用に充てられてきたという実例から，むしろ合法的取引がもたらす保全上の利益確保と生息国の自主的資源管理を維持しつつ，密猟，密輸といった違法行為による損失を許容レベル以下に抑制できる仕組みをつくりだすことが課題だとしている。

違法チンパンジーのペット取引とサンクチュアリ

1950年代以降，欧米諸国や日本において医

療実験動物としてのチンパンジーの利用が始まり、その取引数が急増する。輸出されるのは主に幼いチンパンジーであるため、捕獲にはその母親や群れの他のチンパンジーを殺す必要がある。また輸送段階で死亡する個体も多いため、輸出先に届く個体数の背後には、犠牲となったその何倍もの個体数を想定する必要がある。B型肝炎ワクチン開発にチンパンジーを利用していた日本は、ワシントン条約加盟前に、いわゆる「駆け込み輸入」で多くの個体を輸入した。1980年代には捕獲の実態を知る霊長類研究者が、輸出のための個体の乱獲による野生生息数への影響を懸念し（杉山 1985）、また欧米の研究者の間でもチンパンジー保全の動きが活発化した。以前の輸入国がワシントン条約に加盟したことで、チンパンジーの国際取引の需要は減少した。1996年には国際自然保護連合（IUCN）の「絶滅のおそれのある生物種のレッドリスト」で絶滅危惧種となり（IUCN 2013）、生息国でチンパンジー研究者たちにより、さまざまな保全活動が展開されている。

一方、生息国ではブッシュミートとして食用に消費されるだけでなく、扱いやすい幼いチンパンジーをペットとして売ることを目的とした捕獲が続いている。「買い手」は現地の富裕層や外国人（とくに欧米人）が多く、後者は売られているチンパンジーを不憫に思い、救助のつもりで、「情け買い（pity buying）」するケースが多い（樺沢 2008）。違法ペット取引の取締りの際に、没収されたチンパンジー孤児を保護するサンクチュアリと呼ばれる施設がある。これらの多くは1990年代以降に設立され、年々施設で飼育されている個体数は増え続けている。一部の施設では保護した個体を野生に還す運動（リイントロダクション）が行われている。サンクチュアリ自体は「飼育施設」であり直接的には野生個体群やそれらの生息地を守るものではないが、施設があることでペット取引の問題を可視化し、また施設を一般に公開することなどで、環境教育活動や生息数調査といった保全活動の拠点としての役割を担っている。施設の運営には長期間にわたって多大な費用と飼育管理の技術や経験を持つ人材の確保が必要である。

過去にチンパンジーを輸入していた欧米諸国や日本では、近年、大型類人猿の保全や福祉、権利に対する関心が高まっており、侵襲的な実験のための利用は禁止あるいは厳しく規制される傾向にある。現時点では、アフリカにおける野生動物保全やサンクチュアリ活動の運営や資金源も欧米が主体であり、今後どのように生息地国内で活動を持続させていくかが課題となっている。

国際取引の規制と野生生物保全

ワシントン条約の目的である、取引を規制することによる種の保護を達成するためには、生息国でそれぞれの種やそれらの生息地と生態系、その種と関わる地元住民の社会経済および歴史的背景にある問題を理解し、それに沿った対応を探すことが重要である。また、その責任や負担を生息国側だけではなく、輸入国側も担い、生息国内の野生動物管理の問題をどのように持続的に解決していくかを検討すべきである。

石井信夫 2011「ワシントン条約における野生生物利活用の考え方」『哺乳類科学』51（1）／岩井雪乃 2011「野生動物と日常的に関わるアフリカの地元住民の視点から（コメント）」『哺乳類科学』51（1）／樺沢麻美 2008「シエラレオネにおけるヒトとチンパンジーの関わり——先進国が与えた影響」『ヒトと動物の関係学会』21／杉山幸丸 1985「チンパンジーの輸入と動物実験研究」『科学』55（2）

⇒西アフリカ、日本とアフリカの関係史

索引

(＊は言語名・民族名を意味する)

あ

アートワールド　50, 51, 53
アール・ネーグル　31, 33
アウストラロピテクス　394, 451, 469-71, 473, 475, 478, 479, 482
アカ＊　513, 522
赤崎傳三郎　154
アカン＊　13, 97, 179
アクスム　126, 136-8
アグロフォレストリー　556, 560
アザンデ＊　6, 7, 10, 14, 183
アジア・アフリカ関係　255
アジア・アフリカ作家会議　63, 67, 68, 80, 81, 83
アジア経済研究所　150, 163, 180, 181, 206, 208, 209, 225, 228, 234-6, 251, 258, 263, 277, 307, 571, 575, 580, 592, 598, 600
アジア的生産様式　235
アセノスフェア　392, 411
アセモグル　239, 250
アソシエーション　158
アダマワ　98, 262, 408, 604
アチェベ，C.　60, 61, 63, 65, 69, 73, 80, 81
アチック・ミューゼアム　55, 56
アチモタ学校　310, 314
アチョリ＊　100, 542
アッシュクロフト，B.　72, 73, 75
アディチエ（アディーチェ），C.N.　75
アナツイ，E　50, 53
亜熱帯疎林　402, 403, 440
アパルトヘイト（ポストアパルトヘイト）　26, 28, 29, 62, 84-7, 116, 118, 127, 150, 206, 217, **222**, 266, 298, 300, 305, 590, 592, 593, 611
アファール　367, 378, 382, 391, 410, 412, 471, 475-8
アフォンソ1世　54
アブドゥラ，M.S.　77
アブラヤシ　407-9, 456, 461, 552, 568
アフリカ・オセアニア美術館　35

アフリカ化（アフリカナイゼーション）　16, 17, 150, 236, 248, 250, 259, 311
アフリカ開発会議（TICAD）　157, 207, 225, 226, 243, 295, 300, 319, 559
アフリカ開発のための新パートナーシップ（NEPAD）　254, 265
アフリカ協会　26, 156, 205, 211
アフリカ経済共同体（AEC）　228, 253
アフリカ言語研究会（AFLANG）　102
アフリカ原産（アフリカ大陸原産）　133, 198, 199, 556
アフリカ国際関係　129, 210, 211, 223, **224**, 229, 255, 285, 301
アフリカ史と世界史　**120**, 126-8
アフリカ社会主義　206, 219, 312
アフリカ人作家　60-2, 64-7, 69, 74, 79, **80**, 87, 93, 94, 345
アフリカ人貿易商　160
アフリカ大地溝帯（ケニア地溝帯，東アフリカ地溝帯，リフト帯）　366-71, 375, 378-83, 386-92, 401, 404, 406, 410-3, 433, 533, 554, 562
アフリカ的社会主義　26, 27
アフリカ的人間類型　235, 236
アフリカ的発展　267, 294, 296, 561, 586
アフリカ統一機構（OAU）　225, 228, 253
アフリカニスト　75, 99, 122, 124, 127, 128, 149, 156, 168, 169, 223, 541
アフリカ農村の価値観　282, 284
アフリカの個性　27, 212
アフリカの角　229, 448, 506, 577, 588
アフリカの年　32, 35, 57, 62, 148, 180, 205, 224
アフリカ文学　29, **60**, 74, 75, 78-86, 88, 91-3, 95, 344, 345
アフリカ文学研究会　67-9, 78, 81, 82
アフリカ文学研究会会報→ *Mwenge*
『アフリカ文学通信 *Chem Chemi*』　67
アフリカ民族語　84
アフリカ連合（AU）　153, 205, 228, 253, 331, 358, 359
アフリカン・アート　31, 53

あ

アフリカン・スーパープルーム　379
アフロアジア語族　96, 99, 100
アフロペシミズム　224
アマジグ（ベルベル）*　100, 125, 599
アミン，I.　181
アミン，S.　234, 252
アムハラ語　21, 100
アラドゥラ派教会　2, 4
アラビア語　22, 23, 25, 89, 100, 102, 109, 125, 129, 140, 141, 143, 420, 576, 598, 601
アラブ　23, 24, 40, 76, 83, 119, 135, 140-2, 169, 179, 314, 532, 577, 598-601
アラブ革命　600
アリ*　39, 100, 163, 195, 525, 542, 543, 553, 554
アルゴン—アルゴン年代（$^{40}Ar/^{39}Ar$ 年代）　368, 382
アルジェリア社会主義　260
アルジェリア民族解放戦線　27, 65
アルディピテクス　473, 475, 478, 481

い

医学・保健医療関連活動　492, 497, 507
医学・保健医療関連活動文献　507
医学・保健医療関連研究活動（文科省－JSPS事業）　492, 508
医学・保健医療領域 OTCA-JICA 関連プロジェクト　492, 506
畏敬関係（忌避関係）　174
移行期正義　209, 214-6, 227
移住者植民地　73
異種混淆性　12, 13
衣装（衣裳，衣服）　23, 41, 173, **190**, 311, 347
異常気候　406
イスハ*　17-9, 163, 169, 173, 184, 262, 352, 353
イスラーム（イスラム）　2, 3, 12, 13, **22**, 77, 123, 125, 126, 139, 140-3, 159, 168, 186, 187, 190, 191, 302, 333, 335, 349, 576, 577, 588, 597-601
イスラーム化　25, 109, 125, 143, 190, 598, 599
イスラームの拡大　25, 125, 140
イスラーム文明　171, 173, 596, 597
イスラーム法　23, 339
イスラム教　19, 53, 311
伊谷純一郎　35, 164, 165, 259-61, 277, 451, 460, 464, 467, 511, 517, 524, 528, 541, 546, 550, 567, 571, 585, 594
一次産品特化　283
一神教　12-4, 20, 599
イデオロギー　12, 17, 26, 29, 92, 94, 136, 176, 180, 211, 218, 219, 221, 308, 312
移動する人々　153, 217, 221, 227-9, 305, 593
移動性　174, 524, 528-31, 574
イブン＝ハルドゥーン　599
イボ*　58, 98, 158, 341
違法取引　539, 625, 630
今西錦司　35, 164-6, 257-9, 276, 277, 430, 451, 452, 464, 511, 546-8, 551, 567, 574, 594
イラク*　89, 100, 165, 258, 259, 277, 551
イリーチ（イリイチ），I.　361
インターネット　53, 115, 145, 147, 157, 220, 331, 600
インタラクション（相互行為）　517, 519, 521, 522, 540, 541, **546**, 585
インタラクション・スクール　546-8
インドとアフリカ　255
インフォーマルセクター　187, 236, 244, 246, 247, 264, 351-3, 610, 611

う

ヴィクトリア湖　100, 179, 180, 367, 378, 410, 411, 433-5, 442, 543
ウィットウォーターズランド超層群　372, 380
ウィリアムズ，E.　145-7, 252
ヴィルンガ火山地域　391
ウーマンリブ運動　332
飢え（飢餓）　7, 177, 199, 229, 236-8, 260, 265, 277, 286, 422, 498, 554
ヴェーゲナー，A.L.　367, 368, 373-5, 382
ウォーカー循環　402
ウォーターバーグ超層群　372
ウォーラースタイン，I.　234
ウォライタ*　88, 100
ウォロフ*　97, 344
ウガンダ内戦　342
ウガンダ博物館　57
ウジャマー（ウジャマー社会主義）　27
ウスマン，S.　64, 68, 80, 256, 311

索引

内なる周縁化　350, 351
ウッドランド　200, 294, 415, 419-21, 551, 586, 605
ウビラ地震　387
梅棹忠夫　35, 56, 165, 168, 257-9, 276, 514, 528, 551, 567, 584
ウラン‐鉛年代（U-Pb 年代）　368
ウルグル山　294, 556

え

英語文学　73, 74, 84
エイズ　19, 333, 335, 337, 338, 342-5, 350, **354**, 359, 498-500, 502-4, 507-9（HIV, HIV 母子感染も参照）
エイズの女性化　335, 337, 350, 354, 355
栄養学　196, 545
エヴァンズ＝プリチャード, E.E.　5, 6, 10, 14, 180-2, 214, 510, 518, 528, 584, 599
エヴェ（エウェ）*　37, 97
エキステンシブネス　524, 525
エコツーリズム　625, 626, 628, 629
エジプト考古学博物館　57
エスニシティ　152, 178, 274, 532, 574, 590
エスノサイエンス→民族科学
エスノナショナリズム　171, 220
エチオピア　**20**, 58, 59, 100, 101, 136-9, 140, 148, 156, 176, 177, 286, 299, 410-3, 478, 498, 499, 525, 526, 542, 543, 551, 566-9, 577, 588, 589, 603
エチオピア高地　126, 140, 410, 412, 589
エチオピア人民革命民主戦線（EPRDF）　589
エチオピアドーム　411, 413
エディアカラ動物群　375
エテンデカ玄武岩　390
エナメル質　478-80, 482, 483
エヤシ湖　165, 470, 551
エリート　4, 72, 74, 92, 153, 158, 162, 204, 216, 254, 308-11, 323, 326, 327, 332, 337, 344, 363, 627
エリート教育　309, 310, 323, 326
エルゴン山　391, 418
エルブニア造山　374
沿岸漁業　280, 281, 532
エンクルマ, K. →ンクルマ, K.
エンクローチメント　415
円形聖堂　138

援助協調　250, 251, 503
援助の氾濫　250
猿人　469-73, 476-8, 483
エンセーテ　196, 198, 199, 201, 267, 542, 543, 551, 553, 554, 566, 568
エンタイトルメント　238
エンパワーメント　172, 267, 288, 289, 296, 335, 336, 341, 353, 358, 360, 361, 363, 504

お

オアシス　257, 398, 420, 567, 600, 603
王国（王制）　42, 45, 123, 140-2, 160, **178**, 187, 190, 577, 588, 592
黄金海岸　148
王都　187
王立中央アフリカ博物館　40, 55
オエウミ, O.　340, 341, 343
大型類人猿　379, 382, 444, 446, 468, 472-8, 500, 631
大阪外国語大学　78, 79, 81, 95, 102
大阪商船　155, 156
オートボルタ　36, 163, 488, 596
大橋申廣　154, 155
岡彦一　552, 566
オクラ　552
オクリ, B.　61, 73
オタビ層群　376
音文化　37, 42, 45, 46, 167, 171, 599
オナガザル属　447, 466, 467
オフィオライト　375
オモ*　100, 176, 261, 396, 450, 470, 543, 568
オモ川　176, 470, 568
オリファント　54
オルドイニョ・レンガイ火山　391, 392
オルドバイ　396, 469, 470, 473, 474, 482
オロモ*　13, 100, 129, 141, 143, 588, 589
オロリン　474, 478, 479
音楽　21, 23, 28, 30-2, 35-7, 42-9, 58, 59, 89, 109, 114, 115, 147, 161, 167, 193, 291, 311, 549
音楽産業　46, 47

か

ガーヴィー, M.　26

ガーナ王国　133, 262
ガーナ国立博物館　57
カープバール剛塊　367, 371-6, 390
カーボナタイト　368, 390-2
カールスバーグ海嶺　370
階級　27, 76, 84, 142, 152, 167, 204, 218, 233, 249, 278, 311, 334, 335, 588
改宗　16-8, 22, 24, 54, 84, 124, 125, 152
掻い出し漁　533, 534
開発援助　117-9, 153, 237, 240, 241, 248, 250, 266, 286, 287, 292, 293, 296, 298, 299, 301, 314, 360-2, 420, 496, 506, 528, 529, 531, 614
開発実践　267, 286, 288, 291, 293-6, 353, 362, 363, 557, 587
開発主義　589
開発と女性（WID）　288, 289, 351, 360, 363
開発と文化　290, 293, 296, 360, 361
解放闘争　27, 64, 150, 216, 217, 219, 301, 592, 593
海洋底拡大説　368
海洋保護区　622, 627, 629
会話分析　546-8
カカオ　4, 197, 267, 271, 276, 282, 284, 408, 594
価格形成　282-4
カカトアルキ　441
河岸堤防　261
『革命の社会学』　27
学歴病　323
家計調査　244, 270, 271
掛谷誠　165, 170, 259, 266, 267, 275, 277, 294, 295, 514, 524, 525, 551, 553, 554, 556, 560, 575, 576, 586
火山活動　371-9, 382, 383, 386, 389-92, 401, 410-3, 562
火山災害　389, 390, 392
火山性地震　387
火山灰　470, 558
果実形態　445
果実食動物　419, 444-6
果実シンドローム　444, 445
化石　126, 366, 372, 382, 394-6, 413, 417, 429, 450, 451, 464, 468-83
家族誌　174, 175
片岡幸彦　67, 68
カッコウ　434, 448

学校教育　92, 94, 127, 175, 245, 272, 308-11, 315, 328
学校教育のアフリカ化　311
活動的大陸縁　373, 377, 378
割礼　44, 291, 333, 346, 348, 349, 355-7, 361
ガナ＊　101, 520, 521, 613
カヌリ＊　100
カネ・クウェイ　51, 52
ガバナンス　239, 249, 250, 275
寡婦　9, 188, 340, 353, 362, 363, 535
カブラル，A.　27-9, 233, 234
過放牧　530, 531, 554, 562
髪（髪型）　52, 173, **188**, 191, 578, 582
カメルーン火山列　371, 390-2
ガラス絵　34, 50-3
カラハリ剛塊　371, 377, 380
カラハリ砂漠　142, 165, 174, 200, 268, 399, 421, 507, 513, 520, 562, 579, 590, 593, 613
カラハリサンド　421
カラハリ論争（カラハリ・ディベート）　513, 521, 523
カリウムーアルゴン年代（K-Ar年代）　382, 392, 474
カリキュラム→教育課程
カリスマ派キリスト教　18
カリブ海　26, 27, 92, 93, 144, 145, 147, 153, 234
カルー超層群　377, 390, 394
カルー盆地　377, 394
カレンジン語群　100
川辺林　553, 555
カンガ　190, 191
環境決定論　602
環境構造　407
環境社会学　437, 622, 625, 629
環境修復　518, 536-9
環境収容力　530, 531
環境適応　544, 602, 603
環境変化　170, 399, 410, 413
環境変遷　382, 398, 399, 409, 412, 413, 417, 422, 590, 591, 604, 605
環境変動　398, 401, 404, 406-9, 423, 600, 606, 612
環境保全　170, 289, 290, 296, 428, 431, 436, 438, 536, 554-7, 560, 565, 614, 627-9

環境要因　414, 445, 479
岩窟聖堂　136, 137
観光　53, 281, 428, 458, 464, 465, 477, 495, 578, 595, 614, 616, 618, 620, 621, 624-9
慣習法　175, 181, 264, 333, 339, 341, 595
乾燥（半乾燥）地域　398, 399, 404, 420-3, 466, 528-31, 562, 584, 597, 612
カンディス　476, 477, 483
カンバ　8, 10, 15, 111, 163, 174, 175, 351, 353, 500
干ばつ（旱魃）　177, 198, 199, 201, 229, 286, 296, 402, 404, 406, 409, 420-2, 498, 499, 508, 529, 530, 533, 554, 557, 605, 606
看板　50-2
カンパンゴ　437

き

飢餓→飢え
『季刊 aala』　68
危機遺産リスト　628
企業研究　**246**, 251, 610, 611
『帰郷ノート』　29, 95
ギキュユ*　67, 74, 82, 111, 112, 292, 311, 341
気候地形帯　440
気候変動　141, 402, 409, 416, 417, 422, 436, 526, 528, 531, 532, 554, 575, 590, 594
岸本五兵衛　55
記述研究　96, 97, 99, 102, 103, 105, 106
技術人類学　193
技術的行為　182, 185
基層言語　108
基礎教育　313, 318-21, 323, 324, 329
北アフリカ　2 22,42, 99, 100, 124, 125, 134, 140, 141, 227, 252, 258, 260, 263, 267, 337, 361, 362, 378, 380, 395, 450, 574, 576, 577, 597, **598**
ギニア・カボベルデ独立アフリカ人党　28
ギニア農耕文化　552
ギニア湾　47, 111, 179, 198, 377, 391, 402, 406, 552, 557, 562, 563, 596, 597
キノコシロアリ　424-7
キバラ造山　374
忌避関係→畏敬関係
希望の大陸　210, 226

基本的人権　323
キャッサバ　196-201, 261, 264, 556, 568, 595
キャップカーボネイト　376
休閑体系　260
旧宗主国語　74
キュビスム　33, 34
教育　23, 24, 44, 45, 84, 92, 94, 102, 117, 118, 283, **306**, **318**, **322**, **326**, **330**, 355, 360, 361, 631
教育援助　119, 312, **318**, 325, 329-31
教育開発政策　308
教育学　286, 303, **306**, 329, 330, 334
教育課程（カリキュラム）　316, 322, 326-9, 331, 570
教育協力　315, 316, 320, 321, 324, 329-31
教育の質　315, 319, 322, 325, 328
驚異の部屋　54
共進化　444, 446
共通語　98, 103, 105, 108-10, 117
協同組合　265, 266, 284, 285
共同体主義　27
京都大学アフリカ学術調査隊　35, 36, 39, 191, 257, 258, 269, 518, 528, 551, 574, 603
京都大学アフリカ類人猿学術調査隊　35, 452, 460, 551
京都大学大サハラ学術探検隊　36, 39, 551, 566
共犯関係　72, 74
恐竜　394, 395, 397
漁業（漁撈・漁労）　141, 155, 159, 258, 262, 276, 277, **280**, 305, 437, 514, 524, 528, 532-5, 541, 582, 621, 627, 628
漁村社会　**280**, 535
漁法　532-4
ギリアマ*　9, 11, 185
キリスト教（キリスト教化）　12, 13, **16**, **20**, 24, 72, 124-6, 140-3, 182, 302, 308, 309, 430, 588
キリスト教化の歴史　124
キリスト教ミッション　16, 17, 116, 117, 346, 357
キリマンジャロ　106, 266, 283-5, 289, 367, 391, 403, 411
ギルロイ, P.　28, 29, 127, 129, 152, 153
儀礼　5, 8-13, 15, 23, 39, 40-6, 59, 160, 161, 169, 174, 175, 188, 189, 201, 347, 356, 357, 521, 522, 529, 531
近代化　14, 46, 149, 175, 181, 184, 198, 201, 235, 252,

260, 276, 279, 281, 292, 326, 351, 360, 361, 363, 389, 423, 443, 520, 526, 554, 561, 585, 616
近代科学　183, 185, 292, 428, 429, 540-2
近代教育　323, 325, 330
近代国家　3, 14, 187, 220, 221, 276, 315, 529, 585
近代農業　556, 559
近代美術館（MoMA）　33, 34, 38, 40, 51, 55
キンバーライト　380, 390, 392

く

グイ*　101, 520, 521, 548, 613
クオータ制　359
グシイ*　163, 169, 173, 262, 293
クッツェー，J.M.　69, 70, 74, 75, 80, 86
クティ，F.A.　48, 49
クネーネ，M.　64, 65, 80, 82-4
クネーネ・ショック　80, 82
クバ*　8, 37, 190
クプサビニィ*　100
クペレ*　97
クマム*　100
クム*　261, 271
グラベリマイネ　552, 553, 559
クラン　174, 175, 352, 457, 536
グリーンストーン帯　372, 381
『グリオ』　68
グリオ　45, 48, 49, 125, 161
グリオール，M.　13, 33, 55
クリック子音　101
クリフォード，J.　38
クルマ，A.　69, 93-5
グレートジンバブエ　56, 133, 134, 142, 592
『黒いオルフェ』　66, 71, 93
『黒い皮膚・白い仮面』　27, 29, 75
グローバリゼーション（グローバル化）　24, 25, 46, 47, 127, 169-71, 189, 295, 304, 305, 600, 611
グローバル経済　49, 182, 184, 229, 251, 252, 254, 255, 271
グローバルヒストリー　255
グロス　88, 90, 91
グロソプテリス植物群　368
群集生態学　424, 466, 467

け

ケア　229, 302, 303, 496, 502, 504-7, 509, 522
経済開発　228, 239, 245, 246, 248, 255, 256, 271, 281, 282, 285, 287, 301, 322, 329, 330, 353, 360, 363
経済学　230, 244, 248, 249, 256, 268, 270, 278, 516
経済史　146, 147, 150, 234, 235, 237, 243, 246, 247, 251, 277, 592, 593
経済自由化　268, 270-2, 274, 299, 587, 610
経済政策　234, 236, 237, 240, 245, 248, 255, 271, 281, 285, 301, 329, 353, 363, 422
経済成長　134, 164, 236, 239, 242, 249-51, 254, 279, 283, 298, 300, 301, 318, 324, 338, 348, 349, 588, 589
芸術（芸術学）　30, 41, 42, 56, 144, 168, 188, 194, 195, 344, 486
芸能　42-5, 158, 160, 161, 347
ケイパビリティ　282-4
計量経済学　238, 247, 270, 271
ケインズ経済学　236, 248, 249
ゲエズ語　20, 21, 99, 100, 140
ケジラハビ，E.　77
ケステロート，L.　61, 66, 93, 94
ケニア国立博物館　57, 472, 481
ケニア山　292, 367, 391, 400-4, 411
ケニア初等教育認定試験（KCPE）　324, 325
ケニア地溝帯→アフリカ大地溝帯
ケニアドーム　411
ケ・ブランリー美術館　35, 55
ケレウェ*　99, 105
権威　22, 75, 180, 273, 322, 325, 335, 348, 350, 352
言語学　78, 79, 87, 91, 96, 108, 111, 113, 114, 118, 119, 128, 167, 168, 199, 307, 308, 311, 313, 520, 521, 540, 566, 579, 580, 594
言語政策　109, 116, 119, 168, 220
言語接触　104, 108, 110
原語テキスト　88-90
言語取り替え　104
言語変化　114, 115
原始貨幣　261, 534, 535
原始宗教　12, 13
犬歯小白歯複合体　478
原初的な国家　178, 180

索　引　639

原生的な自然　626
憲法　116, 118, 211, 212, 359
権利　57, 95, 148, 170, 174, 222, 250, 282, 303-5, 318, 319, 350, 354, 361, 362, 595, 631

こ

コイサン*（コイサン諸語）　96, 101, 305, 591
広域共通語→地域共通語
交易　22-5, 33, 108, 110, 123, 125, 126, 132-5, 139-43, 147, 152, 174, 177-9, 200, 252, 255, 281, 282, 367, 532, 534, 575, 577, 588, 600
剛塊　366, 367, 369-77, 379-81, 390, 391
交換　144, 172, 197, 200, 201, 229, 261, 284, 389, 425, 522, 532, 534, 535, 541
公共圏　268, 272, 274, 275, 278
公共性　272, 274, 275, 588, 589
考古学　30, 41, 56, 57, 122, 128, **132**, 136, 139, 143, 146, 179, 199, 470, 474, 522, 592
公社　246
口承文学　45, 71, 76-9, **88**, 345
洪水的火山活動　390, 392
構造調整　4, 94, 207, 236, 237, 239-41, 243, 246, 248, 249, 251, 264-6, 270, 299, 312-4, 318, 319, 351, 526, 555, 609
高等教育　23, 76, 118, 234, 310, 318-24, 326, 329, **330**, 504
行動経済学　245
口頭伝承　36, 37, 42, 45, 91, 125, 163, 336
行動モデル　244
口内俘護　434
公用語　87, 92, 93, 95, 103, 106, 110, 117, 118, 252, 316, 323, 601
効用最大化　244
合理主義　182, 184, 185
コエコエ語　101
ゴーディマ, N.　65, 68-70, 74, 80, 86, 344, 345
コートジボワール　24, 47-9, 93-5, 111, 117, 118, 161, 209, 220, 221, 247, 264, 289, 297, 327, 331, 419, 426, 457, 466, 503, 505
コーヒー　139, 266, 271, 276, 282-5, 289, 558, 568, 610
コーヒーノキ　551, 566
古環境（古環境学）　370, 373, 381, 396, 406, 409, 417, 480, 483
故郷　152, 186, 189, 274, 275, 465
国営企業　246, 247
国際関係　129, 149, **204**, 210-2, 216, 223-9, 243, 255, 257, 285, 301, 359, 497, 570, 571, 591
国際協力　19, 279, **286**, **298**, 320, 321, 324, 329, 338, 470, 495, 500, 502, 503, 508, 581, 619
国際協力機構（JICA）　119, 289, 294, 300, 320, 321, 331, 387, 388, 437, 488-90, 492, 494, 497, 504, 506, 508, 526, 537, 576, 586, 595, 619, 621
国際昆虫生理生態学センター（ICIPE）　431, 432, 436, 440-3
国際市場　195
国際食糧農業機関（FAO）　443
国際宣教者評議会（IMC）　310
国際通貨基金（IMF）　94, 249, 264, 299, 312, 319
国際熱帯農業研究所（IITA）　442, 443
国際保健　293, 297, 357, 492, 497, 502-4, 506, 544, 545
国際保護区　627
国際連帯　81, 298, 300, 301
黒人意識　26, 28, 29, 85, 223
黒人研究の会　63-9
『黒人のたましい』　26, 29
国民国家　86, 92, 119, 173, 176, 219, 252, 304, 570, 571
国民統合　24, 108, 220, 221, 223, 305, 322
国立近代美術館　40（京都）, 55（東京）
国立公園　275, 290, 436, 437, 444-6, 454-7, 463, 466, 474, 549, 587, 590, 614, 617, 619, 621, 622, 624-9
国立民族学博物館　11, 19, 37, 39, 41, 56, 57, 81, 168, 181, 191, 193, 262, 281, 293, 346, 612
国連（国際連合）　209, 227, 229, 250, 298-300, 304, 342, 360
国連女性の10年　345
国連・反人種主義世界会議（ダーバン会議）　151
ココア（ココア経済）　243, 246, 257, 258, 264, 352, 353, 568, 578
ココヤム　556
コサ*　101
古砂丘　399
コジモ1世　54
互助組合　352
個人支配　208, 212

個人主義　18, 584, 585
古人類（古人類学）　397, 409, 468-72, 477-83, 523
古生代　366, 370, 375, 377, 378, 380, 390, 394, 396
古代エジプト語　99
古第三紀　395, 396
個体識別　454-7, 464, 465, 467, 584, 619
古地磁気（古地磁気学）　368, 370, 373, 374, 376, 377, 381, 382, 474
国家語　114
国家と農村　270
国家なき社会　178, 180
国家の起源　132, 133
国家の破綻　214
古典詩　77, 78
言葉遊び　89
ことわざ　77, 89, 91
個票データ　238, 244
ゴマ（植物名）　552, 566
ゴマ（地名）　388, 389
ゴマ火山観測所　389
コマチアイト　366, 370, 372, 373, 390
小宮山量平　156
コミュニティ主体型保全　626
固有種　403, 404, 416, 418, 428, 433, 448, 449, 458, 594
ゴリラ（ニシローランドゴリラ，ヒガシローランドゴリラ，マウンテンゴリラ）　164, 418, 419, 429, 430, 446, 450-2, 455-7, 460, **464**, 467, 476, 512, 550, 594, 619, 621, 628, 629
コルビウム　407-9
混群　447, 449, 458, 466, 467
コンゴ剛塊　371, 374, 376
コンゴ民主共和国　40, 51, 218, 260, 299, 554
根栽　198-201, 524, 552
根栽農耕文化　552
混作　261, 279, 526, 527, 609
混成音楽　46, 47
混成言語　108, 110, 112, 113
コンソ＊　396, 471, 474, 475, 478, 525
ゴンダール　21, 138, 139, 143
昆虫　48, 101, 424, 427, 431, 432, 436, 438, 440-3, 503, 506, 607, 613
昆虫食　440, 443, 607, 613

ゴンドワナ大陸　368, 374-7, 380, 383, 390, 394, 396, 401, 403, 412, 431
混沌　6, 7, 8, 10, 85, 229, 429, 476

さ

財　190
サイード，E.　24, 73-5
災因論　8, 11, 14, 15, 169, 185
最終氷期末最寒冷期　406
最小生計努力　524
最初期人類　379
採食生態学　466
再秩序化　6, 10
在日アソシエーション　158
在日アフリカ人協会　159
在日カメルーン人協会　159, 160
在日・滞日アフリカ人　158
栽培植物起源　551, 566, 577
採捕漁業　535
債務　236, 249-51, 299, 318, 319, 626
在来性　266, 269, 294, 295, 519, 527, 560, 569, 586, 587
在来知（在来知識）　170, 353, 428, 430, 525, 536, 597, 622, 629
在来農業（在来農法）　259, 267, 277, 279, 288, 296, 353, 526, 543, 553-7, 561, 565, 569, 582, 587
在留邦人　154, 155, 487
酒造り　173, **196**
ササゲ　442, 552, 566, 568
サシチョウバエ　442
雑穀　198, 200, 259, 561, 568, 608
雑種性（ハイブリッド性）　72, 73
砂漠（沙漠）　22, 178, 198, 200, 399-404, **420**, 536-9, 562, 600
砂漠化　398, 404, 408, 409, 415, 420-3, 518, 530, 536-9, 554, 562, 563, 565, 597, 605, 612
砂漠化対処条約　420, 422
サバクトビバッタ　442
サハラ（サハラ砂漠，サハラ沙漠）　100, 125, 132, 133, 178, 179, 198, 349, 396, 406, 417, **420**, 564, 603, 615
サハラ交易　134, 178
サハラ・サヘル大緑壁イニシアティブ　423

サバンナ　125, 178, 179, 198, 259, 398, 399, 402, 403, 406-9, **414**, 417-9, 420, 421, 424-7, 440, 479, 551, 552, 566-8, 595, 604
サバンナ化　406, 408, 409, 418, 421, 604
サバンナ・クエスチョン　414
サファリ観光　624, 625
サヘラントロプス　474, 478, 479
サヘル　22-5, 97, 100, 198, 201, 227, 229, 361, 402, 404, 409, 420-3, 518, 529, 536-8, 554, 563, 565, 605, 612
左右性　434, 438
サラ*　100
サル学→霊長類学
サルトル, J.-P.　65, 66, 71, 93
サン*　13, 43, 44, 167, 305, 520, 549, 579, 607, 609, 612
参加型開発　266, 267, 275, 287-9, 296
産官学連携　629
産業化　252, 280
サンクチュアリ　539, 625, 629-31
サンゴ（サンゴ礁）　428, 532
サンゴール, L.S.　13, 27, 53, 66, 71, 92, 93
三畳紀　377, 390, 394
サンダウェ*　101, 569
サンバ, C.　50, 51
サンブルピテクス　395, 472, 474
サンブルヒルズ（サンブル丘陵）　392, 395, 472, 473

し

恣意性（恣意的）　6, 9, 10, 148, 200
ジェネラリスト　277, 525
ジェノサイド　94, 212, 217, 301, 342
シエラレオネ内戦　342
シェン語　110-4
ジェンダー　70, 122, 149, 188, 208, 288, **332, 344, 346**, **350, 354, 358, 360**
ジェンダー史　335, 346-9
ジェンダーと開発（GAD）　228, 229, 288, 289, 292, 351, **360**, 363
ジェンダーバランス　333, 610
ジェンダー分析　337, 339, 344, 354
ジオンゴ, N.W.　63, 65, 67, 71, 74, 75, 80-2, 311, 316
識字教育　291, 312

シクリッド類　433-5, 438
資源管理　268, 275, 280, 408, 428, 431, 436, 437, 535, 595, 603, 617, 618, 621, 626, 627, 629, 630
資源利用　415, 423, 428, 527, 532, 535, 584, 595, 607-9, 624
シコクビエ　133, 196-8, 551, 552, 555, 566, 567
自己合理性　231, 232, 235, 242
自己同一化　8-10
自己表象　54, 75
自己利益追求　231, 236
市場経済　169, 233, 237, 254, 264, 265, 268, 272, 275, 276, 292, 528-30, 533, 557, 559, 585, 587
自助組合　292, 296, 346, 352
地震活動　370, 371, 386-9, 393, 413
地震災害　386
慈善　302, 492
自然災害　528, 530, 531
自然資源　275, 408, 422, 423, 428, 431, 518, 530, 575, 579, 595, 614, 618, 621, 626, 627
自然選択　435
自然地理学　**398**, 414, 417, 443, 449, 568, 573, 579, 591, 600-6, 611
自然保護（自然保護区）　275, 286, 290, 438, 448, 449, 457, 461, 465, 467, 522, 535, 587, 594, 595, **614**, **626**, 631
シダーマ*　100
実験経済学　241, 242
実証ミクロ経済研究　**244**
ジハード　22, 24, 25, 143
資本主義　3-5, 10, 14, 24, 82, 141, 146, 147, 182, 184, 222, 255, 257, 298
縞状鉄鉱層　372, 373, 376, 377
市民社会　207, 211, 223, 241, 243, 274, 298, 299, 300, 328
シャーマニズム　15, 44, 45
社会運動　25, 29, 304, 599
社会開発　284, 293, 294, 318
社会言語学　96, 103, 104, 108, 111
社会構造　35, 123, 163, 223, 235, 256, 277, 332, 337, 431, 449, 451-4, 456, 457, 463, 464, 467, 517, 521, 522, 525, 526, 546, 584, 599, 608
社会構造進化　467

社会主義　20, 21, 26, 27, 136, 206, 219, 234, 237, 248, 260, 287, 298, 312, 313, 348, 349, 577, 588
社会進化論　32, 182, 185, 466, 523
社会生態系　428, 430, 432, 436, 437
社会統制　182, 183
社会変容　16, 146, 196, 197, 265, 266, 268, 290, 296, 405, 415, 528, 531, 578, 582, 584, 585, 587, 611, 613
邪術　8, 11, 173, 182, 183
呪医　8, 174, 175, 184, 185, 500, 524
周縁　30, 33, 38, 62, 145, 178, 187, 233, 238, 337, 344, 350, 351, 401, 402, 584, 585, 588, 589
周縁化（周辺化）　127, 170, 176, 177, 304, 305, 337, 344, 350, 351, 529, 584, 585
宗教的NGO　19
重層的ネットワーク　335, 352
従属理論　233, 252
従属論　230, 234-7, 248, 249, 254, 312
自由貿易　252, 253, 255, 283
住民参加　266, 272, 274, 275, 287-9, 291, 294, 353, 614, 617, 618, 621, 624, 625, 629
住民参加型保全　621, 625
集約性　524-6, 554
種間関係　433, 435, 438, 456, 466
ジュクン＊　98, 163, 181
主権　72, 148, 210, 218
種子散布　416, 419, 444-7
ジュジュ　47
呪術→呪い
主体性　26-8, 83, 121, 149, 210, 222, 250, 295, 334-6, 351, 360, 618
主知主義　182, 184, 185
受動的大陸縁　411
ジュバ・アラビア語　108, 109
樹皮布　40, 41
ジュラ＊　97
ジュラ紀　377, 380, 390, 394, 395, 396
主流派経済学　230-2, 234, 236-8, 240
狩猟採集　166, 167, 170, 174, 200, 276, 510, 514, **520**, 541-3, 545, 547-9, 591, 607
狩猟採集社会の真正性　520-2
シュルレアリスム　33
手話　96, 105, **116**, 172, 303, 503

ショインカ, W.　73, 80, 82, 311
障害（障害者）　119, 188, 252, **302**, 354, 356, 487, 499, 501, 504, 522, 626
小規模生産　280
商業的農業　264, 271
少数民族　170, 177, 304, 305, 589, 608
醸造酒　196
冗談関係　174
小農（小農民）　244-6, 263, 264, 266, 271-3, 282, 284, 285, 587
情の経済　236, 239, 273, 278
消費の共同体　268, 273, 278
消費文化　4
商品化　197, 279, 535, 616
商品としての「もの」　192, 194, 195
商品の悪魔化　4
商品のフェティッシュ化　4
情報の非対称　238, 249, 254
蒸留酒　196, 197
職業教育　318, 319, 327
植生　399-408, 414-7, 422, 424-7, 440, 446-9, 543, 562, 564, 566, 568, 578, 582, 590, 591, 604-6, 610, 613
食性　447, 458, 480-3
食文化　161, 173, 175, 192, 195, **198**, 551, 561, 567, 599, 613
植民地化　24, 72, 73, 123, 148
植民地近代化論　149
植民地経営（植民地政策）　12, 16, 32, 54, 56, 178, 180, 219, 307, 308, 361
植民地主義　12, 13, 16, 17, 26, 27, 29, 72, 82, 95, 108, 109, 145, 149, 181, 218, 233-6, 248, 310, 327, 343, 357, 430, 596
植民地大学　330, 331
植民地分割　232, 239
食物規制　522, 542
食糧生産　169, 260, 261, 263, 265, 269, 279, 422, 556, 564, 607, 609
食糧問題　260, 264, 554
女性性器切除（女子割礼，FGM）　291, 333, 346, 348, 349, **354**, 361, 502
女性議員比率　358, 359
女性婚　292, 296, 340, 341, 362

女性作家　68, 86, 87, 95, 223, 335, 344, 345
女性史　335, 346-9
女性世帯主世帯　363
女性の周縁化　350, 351
女性フォーラム　332-4, 337, 348, 351, 355, 357, 505
初等教育　318, 322, 326
書類上の公園　627
自立化　237, 242, 248, 250, 251, 258
自立のための教育　312
シルヴェスター=ウィリアムズ, H.　26
シロアリ（シロアリ塚）　400, 405, 424, 442, 443, 461, 538, 612
シロアリタケ属　425
人為インパクト　406, 408
人為植生　405, 414, 415, 582, 613
進化（進化論）　32, 164, 182, 259, 379, 382, 394, 413, 429-35, 440, 444, 445, 450-2, 466-9, 478, 510-2, 521-3, 546-8
進化生態学　432
人口学　502, 545
新古典派経済学　236, 237, 249
真実和解委員会　19, 130, 209, 211, 215, 217, 223, 227, 347, 349
新自由主義　5, 249, 618
人種差別　26, 45, 60, 86, 92, 93, 152, 189, 222, 354, 430
侵食平坦面→ペディメント
新植民地主義（ネオ・コロニアリズム）　72, 73, 82, 233-6, 248, 327
新生代　366, 369, 378, 379, 381, 382, 390-2, 395, 396
親族　13, 78, 145, 173, 174, 232, 274, 278, 303, 340, 350, 352, 353, 363, 533, 541, 584, 610
身体技法　192-4
身体計測　545
新第三紀　395, 396
身体認識　188, 189
人道主義　27
人道的介入　209, 227
ジンバブエ剛塊　371-3
神秘的力　5, 6, 8, 10
人文科学　1, 38, 152, 165, 185, 255, 338, 339, 494, 571, 580
人文地理学　273, 398, 587, 600, 602-4, 606, 609, 611

森林更新　444, 446
森林の空洞化　447
森林破壊　290, 448
森林避難場所（フォレスト・リフュージ）　406
森林保護　275, 290, 291, 454, 457, 536, 626
人類社会の起源　467, 586
人類進化（人類進化史）　164, 167, 259, 277, 379, 411, 413, 430, 452, 462, 463, 468, 477, 511, 512, 520-4, 529, 544, 546, 548, 585, 591, 618
人類生態学　511, 512, 544, 545
人類博物館　55
神話　6, 7, 10, 11, 13, 15, 64, 82, 124, 126, 128, 163, 181, 210, 424

す

スイカ　552, 566
水利システム　603
スーヴェニア・アート　50-3
スーダン　100, 109, 140, 176, 177, 377, 380, 381, 524, 552, 589
スーダン人民解放軍（SPLA）　589
スーダン農耕文化　552
スーフィズム　22, 23
ズールー＊　64, 101, 154, 592
ズールー王国　592
スス＊　97
ストーンライン　407, 408
頭脳流出　153, 330
スノーボール・アース　376, 381
スピヴァック, G.C.　73, 75
スピノサウルス　395
スポーツハンティング　616, 622, 624-6, 629
棲み分け　22, 53, 215, 434
スローン, H.　54
スワジランド超層群　372
スワヒリ＊　23-5, 44, 67, 76, 89, 99, 102, 110-2, 114, 115, 141, 142, 191
スワヒリ都市　130, 141, 143
スワヒリ文化　67, 78, 141, 191
スワヒリ文学　68, 71, 76, 89, 91, 95, 113, 345

せ

生活用具　52, 55, 192
性器接触　462
生業研究　262, 574, 604, 606, 607, 618
生業複合　267, 276, 278, 279, 528, 532, 534
生計戦略　201, 271, 275, 525-7, 583, 610
政策評価　244, 245
政治学　180, 183, **204**, 216, 226, 274, 336, 571
政治参加　335, 351, 358, 359
政治性　75, 126, 350-2, 362, 573
政治的役割　352
脆弱国家　214, 215
聖者信仰　599, 601
性選択　434, 435
生態学　414, 415, **428**, 466, 510-3, 515, 516, 520, 522, 523, 528, 530, 531, **544**, 625, 627
生態学的健康観　544, 545
生態系エンジニア　424, 427
生態系管理（生態系保全）　431, 448
生態系サービス　428, 430
生態史　201, 523, 527
生態人類学　38, 167, 259, 260, 276, 277, 294, 302, **510**, 521-4, 528, 529, 536, 539, 544, 545, 586, 591
成長しない農業　276, 279
制定法　339
性的少数者　335, 344, 345
性と生殖の管理　356
青年海外協力隊　319, 499, 502, 503, 621
政府間開発機構（IGAD）　228, 229
生物学　128, 196, 199, 330, 340, 355, **428**, 449, 461, 470, 474, 489, 494, 509, 515, 516, 523, 530, 544-7, 594
生物多様性　416, 424, 427, 428, 432, 444, 447-9, 465, 467, 518, 527, 536, 594, 615, 621, 629
生物多様性ホットスポット　447, 448, 465, 467, 615, 629
セイフティーネット　267, 290, 297
性暴力　332, 342, 343, 349, 504
精霊　9, 11-5, 23, 44, 45, 281, 553, 599, 619
セーファーフラン（CFAフラン）　253
世界アフリカ言語学会議（WOCAL）　118, 119
世界遺産　38, 53, 136, 139, 456, 592, 626, 628, 629
世界銀行（世銀）　94, 153, 215, 237, 238, 244, 247, 249, 250, 264, 282, 283, 299, 312, 314, 319, 324, 330, 338, 343, 361, 431
世界砂漠化防止会議　554
世界システム　141, 182, 184, 234, 248, 252, 312, 313, 361, 521
世界自然遺産　465, 467, 625, 626, 628
世界女性会議　354
世界民族資料収集団（EEM）　56
世界無形文化遺産　38
石炭紀　367, 368, 377, 394
脊椎動物　394-6, 431-4, 449
セクシャル・マイノリティ（セクシュアル・マイノリティ）　335, 363
セクシュアリティ　333, 344, 345, 351, 355, 357
セクターワイドアプローチ　314
セゼール，A.　27, 29, 92, 95
世代間伝播　460
絶滅カスケード　447
絶滅危惧　448, 594, 615, 631
セレール*　415, 527, 543, 556
セン，A.　238, 250, 283, 360
宣教活動（宣教師）　12, 13, 16, 17, 20, 77, 84, 117, 125, 142, 182, 188, 302, 349, 599
先史学　57, 122, **132**, 139
先住民（先住民運動）　87, 170, 221, 293, 304, 305, 519, 523, 579, 582, 591, 595, 599
染織　31, 32, 37, **40**, 191-3, 195
前植民地期　21, 25, 41, 72, 122, 135, **140**, 191, 349
鮮新世　396, 476, 477, 481, 483
戦争　27, 62, 65, 81, 141, 147, 154, 166, 172, 173, **176**, 212, 214, 216, 217, 219, 221, 227, 307, 342, 463, 588, 589, 592
千年紀資本主義　14, 184
戦略的本質主義　72, 73

そ

ゾウ　54, 394, 396, 400, 426, 427, 441, 445-7, 481, 482, 522, 594, 614, 624, 630
ソウェト蜂起　85
象牙　54, 139, 142, 143, 594, 617, 630
相互行為→インタラクション

索引 | 645

相互扶助　159, 161, 174, 186, 285, 302, 303
宗主国（宗首国）　27, 40, 72, 74, 75, 110, 121, 148, 149, 151, 157, 162, 225, 226, 230, 234, 252, 253, 299, 310, 322, 326-30, 344, 441, 567, 590
装飾棺桶　51
草本と木本の共存　414
疎外　3-5, 18, 67
組積造　136, 137, 139
祖先崇拝　83, 160
ソニンケ＊　97
ソマリ＊　100, 529, 584, 608
ソマリア　76, 89, 100, 163, 214, 220, 342, 356, 380, 412, 414, 491, 506, 529, 577, 588, 589
ソマリア内戦　342
ソマリアプレート　412
祖霊　13-5, 44, 45, 553
ソンガイ＊　22, 98, 100, 126, 596
ソンゴーラ＊　197, 260, 261, 524, 533, 535, 542, 543

た

ダーバン会議→国連・反人種主義世界会議
ターンブル，C.　513, 522
大英博物館　33, 35, 40, 54-6
大エジプト博物館　57
大学間連携　330, 331
大航海時代　12, 138, 252, 308, 429
タイ国立公園　466
大湖地帯（大湖地方）　123, 170, 199, 200, 264, 524
大衆音楽→ポピュラー音楽
大西洋　26, 29, 97, 126, 127, 135, 141, 144-7, 152, 179, 252, 370, 374, 376, 379, 380, 386, 400, 408, 450, 552, 579, 597
代替不可能　6, 8, 9
台所用品　192
代弁　72, 74, 85, 335, 339, 341, 358
対面的相互行為　585
ダイヤモンド　154, 260, 316, 366, 367, 371, 379, 380, 383
第四紀　368, 378, 381, 391, 392, 396, 408, 417, 604
大陸移動説　367, 368, 375
大陸分裂　367, 373, 386, 412, 413
ダガー　258

ダカール・ジブチ調査隊　55
ダカール・ビエンナーレ　53
托卵　434
竹内泰宏　64, 67, 82, 83
多言語国家　103, 109, 322
多言語状況　103-6, 109, 110, 112, 113, 119
多中心性　58
脱植民地化　62, 72, 127, 130, 148, 151, 217, 219, 221, 263, 348, 349
ダトーガ＊　35, 100, 165, 507, 528, 529, 551, 584, 585
タマオシコガネ　441, 443
ダマラ＊　101, 404
タマリンド　552
ダルエスサラーム　57, 78, 111, 114, 115, 187
ダルフール紛争　342
タンガニーカ湖　191, 277, 378, 386, 410, 431-6, 452, 460, 514, 541, 551-5, 619
タンザニア国立博物館　57
男女分業　360-2
男性史　333, 335
男性性　333, 335, 337, 346, 351
男性優位社会　335, 342, 358
炭素　132, 376, 392, 406, 407, 416, 425, 480-3, 537, 594
たんぱく質（タンパク質）　514, 532
タンベルマ＊　37, 262
ダンボ　554, 557

ち

地域開発　253, 272, 275, 279, 285, **286**, 335, 338, 350, 353, 586, 627, 628
地域機構　153, 217, 221, 227, **228**, 305, 590, 593
地域共通語（広域共通語，リンガフランカ）　103, 108-10, 576
地域差　23, 361, 460, 461, 474
地域社会　170, 177, 186, 187, **272**, 303, 574, 584
地域住民が関与する保全アプローチ　624, 625
地域人類学　186
地域統合（地域経済統合）　219, 224, 225, 248, 250, 252, 253, 331, 590, 593
地域覇権　588
地域紛争　178, 228, 229
チガ＊　163, 259

地下水路　600
地球温暖化　398, 406, 409, 518
地球環境問題　291, 420, 421, 423, 518, 536, 539, 545, 595
地球規模感染症　354
畜産物　528, 529, 538
知識人　3, 13, 60, 62, 65, 67, 74, 82, 92, 156, 204, 335, 344
地質学　**366**, 389, 397, 398, 411, 425, 470-2, 480, 591
地中海　125, 126, 133, 137, 140, 142, 144, 178, 198, 281, 386, 398, 402, 440, 502, 562, 576, 601
地中海連合　601
知的侵略　430
チテメネ　525, 526, 555, 605, 607
『地に呪われたる者』　27, 66
地方分権　209-11, 220, 272, 289, 627
チムレンガ　48, 82
チャリティ　299, 302
中央アフリカ科学研究所（IRSAC）　386, 387
中央海嶺　368, 370, 410
中間航路　145
中国　53, 55, 76, 83, 133, 134, 189, 207, 224-6, 247, 250, 253-5, 300, 301, 319, 320, 329, 343, 468, 493, 503, 532, 601
中国とアフリカ　254
中古自動車業　158, 160, 161
中新世　380, 382, 391, 392, 395, 396, 469, 472-7, 481
中生代　366, 375, 377, 378, 380, 390, 394, 396, 562
中等教育　310, 318, 321, 324, 325, **326**, 331
中部アフリカ　97, 117-9, 180, 228, 264, 265, 406, 408, 520, 525, 533, 535, 574, 578, 579, 591, **594**
チュツオーラ（トゥトゥオラ），A.　64, 65, 69, 70, 73, 82
チョウ　441
長距離交易　123, 132-5, 143, 600
鳥類　404, 426, 431, 432, 445-9
直接投資　246, 254
直立二足歩行　478, 479
チョローラピテクス　476
地理的隔離　431
治療儀礼　8, 15
チンパンジー　413, 427, 444, 446-7, 450-67, 471, 473, 474, 483, 499, 500, 512, 514, 547, 549-51, 567, 578, 594, 619, 621, 622, 629-31
チンパンジーの文化　447, 460, 461, 463
珍品陳列室　54

つ

通過儀礼　44, 45, 188, 356
通貨統合　252, 253
ツーリスト絵画　53
ツェツェバエ　442, 500, 508
土食　427
土屋哲　64, 66, 67, 71, 84, 85, 87

て

ディアスポラ　26, 28, 29, 49, 72, 73, 109, 122, 126, 127, 135, 143, 144, 146, 147, **152**, 221, 226, 227, 229, 254, 345
ティグリニア＊　100
帝国　72, 73, 83, 125, 140, 141, 178, 348, 349
帝国主義　72, 73, 81, 82, 120, 130, 145, 151, 252, 254, 430, 591, 598
定住化　175, 197, 200, 276, 363, 521, 529, 530, 591, 607
低所得者層向けビジネス→BoPビジネス
定置漁具　533
ディンカ＊　6, 14, 100, 183
デヴィッドソン，B.　120, 121, 129
データベース　116, 146, 147, 173, 438, 495, 509, 542
テーティス海（テチス海）　375, 378, 380, 450
出稼ぎ　159, 187, 222, 533-5, 599, 611
出稼ぎ漁民　533-5
適応戦略　465, 528-31
適応放散　428-38, 448, 449, 458, 466
デジタル記録　58, 59
テソ＊　11, 100, 163, 169, 173, 184, 185, 498
鉄・アルミナ集積硬盤層（ラテライト皮殻）　408
テフ　271, 551
デュボイス，W.E.B.　26, 28, 29
伝道　4, 12, 16, 19, 123, 151, 311, 429, 430
伝統宗教　2, 3, **12**, 19, 45, 185
「伝統」の読み替え　335, 350, 351
テンボ　89, 99, 105, 260, 363, 553

天理参考館　55

と

トゥアレグ*　15, 133, 599, 600
同位体分析　480, 483
トゥーレ, S.　27, 205, 212
同化　92, 169, 304
登記　263
東京外国語大学　36, 41, 79, 97, 101, 106, 115, 119, 120, 165, 168, 181, 262, 307, 570, 571
東京外国語大学アフリカ大サバンナ学術調査隊　259
東京国立博物館　55
東京帝国大学人類学教室　55, 56
道具使用　454, 456, 460, 461
統計的推定　244
東西冷戦　294, 298, 319
同時代美術　39, 50, 53
同所的種分化　435
トウジンビエ　196, 198, 404, 552, 556, 566, 567, 606
道徳観念　182, 183
トゥトゥオラ, A. →チュツオーラ, A.
動物性たんぱく質　532
動物地理区　440
トウモロコシ　196-8, 201, 526, 555, 558, 567
ドゥル*　197, 259
トゥルカナ*　165, 470, 471, 475, 528, 529, 584, 585
トゥルカナ盆地　471, 475
土器　37, 39, 132, 133, 192-5, 353, 407
毒抜き　199-201
独立運動　148, 234, 310, 316, 342, 346, 357
独立教会　16-9
ドゴン*　7, 13, 36, 55
都市化　18, 59, 110, 135, 143, 168, 181, 186, 532, 535, 558, 582, 600
都市言語　49, 96, 105, 110, 119, 329
都市社会学　113, 262, 272, 274
土壌　77, 265, 398-401, 404, 409, 422, 424, 426, 427, 437, 481, 553-8, 561-5, 567, 604-6
都市若者言語　110, 111
土地荒廃　399, 422, 538, 605
土地所有（土地保有）　211, 263, 265, 272, 273, 587, 598, 601, 610

土地制度　264, 270, 560
土地利用　260, 262, 271, 404, 408, 474, 504, 524, 539, 559, 579, 582, 603, 604, 606, 610, 612
富川盛道　35, 36, 121, 165, 168, 181, 186, 257, 259, 262, 277, 346, 490, 507, 514, 528, 551, 584
ドミニオン層群　372
富の蓄積　5, 143
ドライセックス　355
トライバリズム→部族主義
トラカイト　391, 392
トランスディシプリナリティ　437
トランスバール超層群　372, 373, 376
トリックスター　7, 8, 13, 181
トリパノソーマ原虫　442, 503, 509
取引コスト　238, 249
奴隷（奴隷制）　18, 24, 61, 108, 109, 123, 127, 135, 139-47, 151-3, 189, 199, 200, 234, 248, 250, 252, 255, 348, 349, 430, 599, 608, 630
奴隷貿易　61, 109, 123, 127, 140-3, **144**, 151-3, 189, 199, 234, 248, 250, 255, 349, 630
トロカデロ民族誌博物館　55
トングウェ*　258, 259, 277, 514, 524, 527, 541, 543, 551, 553, 555, 568

な

内戦　109, 153, 170, 176, 177, 208, 214, 216, 219-21, 342, 348, 349, 389, 392, 455, 456, 463, 501, 589, 594
内発性　294
内発的発展　261, 278, 279, 286, 292-7, 350, 353, 560
内陸三角州　533
内陸小低地集水域　554, 560
ナイル・サハラ語族　96, 100, 101
中尾佐助　133, 135, 165, 259, 524, 551-4, 561, 566, 567, 569
中村直吉　154
中山正善　55
ナカリ　395, 471, 475, 481
ナカリピテクス　475-7
ナショナリズム　26, 27, 29, 48, 93, 94, 119, 120, 148-50, 171, 206, 218-20, 222, 224, 333, 335, 348, 356, 587
なぞなぞ　43, 77, 89, 91

ナチョラ　395, 471-3
ナミビア　101, 116, 148, 211, 219, 221, 342, 375, 376, 380, 381, 390, 391, 395, 399-401, 404, 405, 421, 426, 427, 441, 543, 568, 576, 582, 591-3, 606, 613
ナミブ砂漠　399, 400, 404, 414, 420-2, 440, 441, 562, 590
ナロ *　101
南部アフリカ　68, 150, 206, 216, 225, 265, 266, 273, 400, 421, 579, **590**
南部アフリカ開発共同体（SADC）　228, 229, 359, 590, 593
南部アフリカ開発調整会議　593
南北問題　266, 282, 298
難民　29, 109, 153, 170, 221, 226, 228, 229, 305, 342, 357, 388, 389, 392, 421, 422, 500, 502, 503, 505, 526, 535, 575, 594, 628

に

ニアムラギラ　379, 386-9, 391, 392
ニイラゴンゴ　379, 386-9, 391, 392
ニエレレ，J.K.　27, 312
ニオス湖　392
西アフリカ剛塊　371, 372, 374, 377, 390
西アフリカ諸国経済共同体（ECOWAS）　228, 229
ニジェール　36, 96-8, 259, 320, 377, 391, 395, 399, 403, 404, 488, 503, 504, 557, 566, 578, 605, 606, 629
ニジェール川　41, 51, 100, 126, 134, 141, 167, 178, 193, 195, 200, 201, 280, 533, 551, 562, 563, 596, 597, 606
ニジェール・コンゴ語族　96-8
西野照太郎　27, 29, 120, 121, 129, 130, 150, 157, 205, 212, 219, 221
西ブランチ　378, 380, 382, 386, 387, 389, 391, 392
ニシローランドゴリラ→ゴリラ
ニッチ（ニッチ構築）　415, 435, 438, 448, 465-7, 482
日本アジア・アフリカ作家会議　68, 80, 83
日本アフリカ学会　66, 74, 78, 81, 101, 156, 157, 194, 206, 221, 256, 300, 332, 346, 348, 351, 357, 389, 487, 488, 492, 495, 497, 512, 577, 580, 603
日本－アフリカ交流　157, 161
日本国際問題研究所　242, 251, 258
日本商品　154-6

日本人による医学研究調査の黎明期　486
日本とアフリカの関係史　151, **154**, 255, 631
日本モンキーセンターアフリカ類人猿調査隊　35
ニャンコレ語　99
ニュー・エコロジー　530, 531
乳幼児死亡率　318, 360
ニランバ *　99
人間開発　172, 238, 250, 293, 297, 303, 360
人間－環境系（人間・環境系）　544, 545, 602-4, 611
人間の安全保障　209, 213, 227, 229, 241, 243, 250, 251, 278, 316, 321, 331, 357, 423, 503, 508, 539
認識人類学　540-2

ぬ

ヌアー（ヌエル）*　13, 100, 214, 510, 518, 528, 529, 584
貫名美隆　63, 67, 85, 129
ヌビア　98, 100, 140, 371, 374, 376, 377, 380, 390, 392, 411, 412
ヌビア剛塊　371, 377
ヌビアプレート　411, 412

ね

ネイション・ビルディング　27, 206, 219
ネオ・コロニアリズム→新植民地主義
ネグリチュード　13, 27, 64, 66, 71, 92-5
熱帯アフリカ　23, 37, 132, 133, 135, 143, 170, 309, 398, 406, 408, 409, 418, 421, 423, 491, 503, 509, 531, 542, 543, 548, 563, 565, 597, 604, 608
熱帯アフリカ教育諮問委員会　309
熱帯収束帯　402, 414
熱帯林（熱帯雨林）　167, 196, 198, 200, 400, 402, 403, 406-9, 414, **416**, 444-7, 524, 525, 536-9, 542, 543, 556, 579, 594, 595, 605
ネムリユスリカ　441, 443
ネリカ　267, 290, 297, 553, 559, 568, 569, 587
年代記　23, 77, 125, 126, 140

の

農業害虫　440, 442
農業技術（農耕技術）　245, 260, 276, 550, 554, 560, 576, 608

農業経済　197, 245, **256**, **270**, 275, 286, 303, 524, 527, 553, 568, 579, 587, 609
農業融資　267, 290, 297
農具　133, 193
農耕の起源　132, 561, 602
農耕文化　36, 198, 201, 259, 276, 551, 552
農村開発　170, 266, 267, 269, 275, 277, 279, 294-6, 300, 353, 526, 527, 550, 556, 559-61, 582, 586, 587
農村経済　244, 270, 271, 273, 553, 554, 604, 609, 610
農村社会学　197, **256**, 272, 273, 286
農牧民　176, 177, 198, 277-9, 295, 405, 543, 578, 606
野間アフリカ出版賞　70
呪い（呪術）　5, 8, 10, 12, 14, 15, 19, 23, 59, 173, 175, **182**, 188, 189, 239, 250, 302, 500, 524, 540, 553

は

バー, M.　70, 81, 94, 95, 345
バーゼル布教団　309
パーニュ　190, 191, 578, 582
バーバ, H.K.　73, 75
パームワイン音楽　47
排除　53, 74, 178, 274, 275, 282, 303, 305, 341, 344, 348, 349, 360, 362, 363, 419, 434, 537, 614, 615, 617, 624-6, 628
ハイネマン・アフリカ人作家シリーズ　60
ハイブリッド性→雑種性
ハイライフ　47, 49
ハイレ・セラシエ　21, 136, 139, 474, 577, 588, 503
ハウサ*　15, 37, 40, 89, 100, 101, 106, 110, 116, 158, 538, 606
ハウスホールド・モデル　238, 244
バカ　39, 43, 197, 513, 515, 517, 522, 537, 543, 548, 549
白亜紀　380, 390, 394-6, 446, 450
バクエリ*　99
白人の責務　148, 149
パクス・アフリカーナ　224, 225
博物学　12, 36, 54, 57, 259, 428-30, 432, 438
博物館　32-5, 37-41, 50, 52, **54**, 59, 81, 145, 168, 396, 418, 430, 441, 443, 472, 473, 481
橋本福夫　64, 65, 67
バスケット*　100

爬虫類　394
バツァ*　99, 105
発酵　196, 198-200
ハッザ*　101, 165, 470, 514, 520
ハドレー循環　402
バナナ　196, 198-201, 282, 283, 285, 289, 511, 527, 543, 552, 556, 568, 569
バビロフ, N.I.　551, 552, 566
ハマダラカ　442
バメンダ　41, 160
ハヤ*　99, 526, 527
ハラール　23, 139
パルミラヤシ　552
パレ*　99, 264
反アパルトヘイト運動　62, 222, 223, 300
パン・アフリカ会議　26
汎アフリカ大学　330, 331
パン・アフリカニズム　13, 26, 27, 148, 150-2, 206, 218, 219, 224, 225
汎アフリカン造山運動　374, 375, 382
万国博覧会　37, 54, 55
半乾燥地域→乾燥地域
半栽培　525, 527, 543, 567, 568
繁殖生態　434, 437, 449
半地溝　378
バンツー（バントゥ，バントゥー）　23, 111, 124, 180, 197, 257, 408, 417, 499, 508, 521, 532, 534, 551
バントゥ諸語　96-9, 101-3, 109, 114, 115
バントゥのホームランド　408
万人のための教育（EFA）　313, 318, 319, 321-6
バンバラ*　97, 596
バンバラマメ　552, 566

ひ

東アフリカ　22-5, 114, 141, 159, 176, 348, 367, 368, 378-82, 383, 386, 387, 391, 394-6, 410, 411, 433, 448, 477, 481, 514, 526, 577, 578, **584**, 586
東アフリカ地溝帯→アフリカ大地溝帯
非活動的大陸縁　377, 378
ピグミー*　39, 43, 165-7, 170, 173, 192, 200, 201, 458, 462, 463, 513-5, 517-22, 541-3, 545, 546, 548-50, 561, 594, 595

ビコ，S.　27-9, 85, 223
非構造　466, 467
非集約的生活様式　277
ピジン・クレオール　**108**, 111, 113, 119
ヒッパリオン　395, 396
非同盟　224, 225, 300
人－家畜関係　584, 585
ひと流れ　58, 59
ヒドモ　136, 139
非平衡系　531
非平衡理論　414, 415
非木材森林資源（非木材林産資源）　537, 595
非文字資料　147
ヒューマンエコロジー　511, 527, 544
憑依　9, 11, 12, 15, 23, 44, 45
氷河堆積物　376, 377
標準スワヒリ語　76, 112, 114, 115
表象　14, 24, 36, 38, 54, 72-5, 137, 335, 344, 345, 362, 575, 591
表層堆積物　406-9
ヒョウタン　193, 552, 568
平等（平等性・平等主義）200, 239, 261, 276, 303, 338, 339, 341, 358, 359, 361, 524, 548, 591, 601
廣瀬昌平　289, 297, 554, 561, 567-9
貧困削減　242, 250, 265, 269, 279, 282-5, 293, 313, 535, 587
貧困削減戦略　250, 293, 313
貧困の女性化　335, 337, 350, 351, 361
品種の多様性　542, 568
品種分類　261
頻度依存性選択　434

ふ

ファームド・パークランド　415
ファッション　158, 189-191, 582
ファノン，F.　26-9, 66, 73, 75, 233, 234, 248
ファフシャン，M.　238, 245
ファユーム　395
ファン*　267
フィールドワーク　10, 15, 58, 88, 89, 104, 162-6, 174, 187, 292, 294, 295, 336, 546, 573, 580, 587, 620
フィッション・トラック年代　382
フードシステム　266, 282
夫婦　174, 175, 350, 352, 354, 363
ブーブー　190
フェアトレード　265, 266, 271, 275, **282**
フェミニスト　341, 348, 362
フェミニズム　86, 130, 332, 335, 336, 341, 347-51, 354, 357
フェミニズム文学　86
フェルプス・ストークス基金　312
フォスター，A.　116, 117, 119, 303
フォニオ　552, 566
フォレスト・リフュージ→森林避難場所
不確実性（不確定性）　6, 9, 10, 238, 249, 627
不可知性　6, 8, 10
不均一性　427
福井勝義　121, 165, 166, 170, 176, 215, 216, 258, 261, 277, 292, 514, 524, 526-8, 542, 551, 566, 577, 584
複数の近代　182, 184
父系（父系社会）　8, 174, 278, 340, 352, 353, 361, 362, 453, 460, 461, 463
不思議景観　408
不条理　7
フセイン，E.　77-9
部族　17, 31, 37, 129, 165, 168, 180, 181, 187, 191, 219-21, 257-9, 303, 305, 323, 356, 497, 499, 500, 507, 583, 584, 587
部族主義（トライバリズム）　218, 219, 305
物質文化　32, 33, 35-41, 56, 57, 173, **192**, 514, 585
ブッシュベルト火成複合岩体　372, 373
ブッシュマン*　101, 165, 167, 170, 200, 220, 363, 443, 507, 513, 514, 520-3, 546-9, 579, 591, 607
物々交換　201, 532-5
舞踊　30-2, 36, 37, 43, 45, 49, **58**, 311
不平等　3, 81, 82, 172, 261, 323, 338, 339, 342, 355, 361
普遍化　315, 318, 319, 326
ブラ*　100, 116, 529
『ブラック・アトランティック』　28, 127
プラトー　239
フランコフォニー文学（フランス語圏文学）　70, 94
プランテイン（プランテン）　199, 556
プランテーション　146, 152, 284, 568, 569

索引 | 651

武力紛争　176, 177, 208-10, 214-6, 220
プリント更紗　190, 191
ブルータス，D.　67, 80, 81, 83
プルーム・テクトニクス　370
フルフルデ＊　97
古谷駒平　154
フレイレ，P.　312
プレートテクトニクス　370, 410-2
プレザンス・アフリケーヌ社　60
プレビッシュ，R.　248
フロントライン　212, 222, 593
噴火　366, 373, 380, 387-91, 410, 413
分子進化学　435
文明化　16, 19, 143, 149
分類　96, 429, 430, 440, 446, 458, 468, 469, 541, 542, 584

へ

平衡理論　414, 415
平準化機構　553, 556, 560
ベイツ，R.H.　234, 239, 240, 249, 251, 270
平面形式　137
平和構築　170, 176, 177, 209, 211, **214**, 221, 223, 227, 229, 305, 579, 589
ベジャ＊　100, 532, 535, 584
ヘッド，B.　68, 69, 86, 87, 223, 344, 345
ペット取引　630, 631
ペディメント（侵食平坦面）　401
ベニン王国　32
ベヌエ沈降帯　377
ベルベル＊→アマジグ
ベルベル語群　100
ペルム紀　394
ヘロドトス　126
ベンゲラ海流　400, 421
ベンターズドロップ超層群　372
ベンデ＊　99, 105
ペンテコステ主義　16, 18, 19
ペンテコステ派教会　2, 4, 5, 18
ベンバ＊　197, 201, 277, 294, 352, 525-7, 554-6, 560, 607, 612
変容仮説　144-6

ほ

ボイエラ（ボイエラ）＊　260, 524
貿易　61, 109, 123, 127, 140-7, 151-4, 156, 160, 189, 199, 236, 252, 253, 255, 257, 258, 271, 282, 283, 308, 402, 563, 593, 601, 630
放牧管理　528, 530
暴力　26, 27, 70, 86, 95, 109, 127, 170, 172, 176, 177, 197, 214, 311, 339, 343, 359, 464, 503
ホーヴェ（ホーベ），C.　68-70
ホール，S.　73, 75
ボーン・アゲイン　18
牧畜民　176, 177, 215, 510-4, 528-31, 539, 584, 585, 607
北東アフリカ　124, 126, 140, 166, 170, 176, 216, 217, 367, 390, 577, 588, 608
母系（母系社会）　8, 174, 340, 361, 362, 457, 525
保健医療　286, 293, 297, 357, 443, **486**, 492, 493, 495-7, 502-8, 545
保健学　511, 544, 545
母語　74, 76, 79, 93, 103, 105, 108, 114, 176, 311, 325
保護活動　290, 448, 462, 463, 587, 614, 615, 617, 618, 620, 621, 625
保護区　275, 290, 437, 445, 454, 456, 457, 463, 465, 467, 520, 558, 614-22, 624-9
保護政策　448, 622, 624
ボザラップ，E.　360, 361
保守性　235
捕食　434, 435, 441, 467
ポストアパルトヘイト→アパルトヘイト
ポストコロニアル　70-5, 83, 153, 266
ポストコロニアル文学　**72**
小さな社会　138, 139, 161
保全生物学　449
捕捉されない農民　270, 276
ホットスポット　379, 383, 447-9, 465, 467, 615, 629
哺乳類　394-6, 428, 429, 442, 446, 477, 480-3, 615, 629, 631
ボノボ　444, 446, 447, 450, 451, 455-7, 461-3, 483, 501, 619
ホノライト　391, 392
ポピュラー音楽（ポップス，大衆音楽）　45, **46**, 89, 109, 114, 115, 161

ホモ属　470, 473, 479, 482, 483
ポリティカル・エコロジー　263, 264, 273, 274, 405, 582, 603, 610, 613
ポルトガル領モザンビーク　342
ボンゴ・フレーバ　113, **114**
ポンゴラ超層群　372

ま

マーケット・フレンドリー・アプローチ　249
マーケティング・ボード　246
マードック, J.P.　552
マイクロクレジット　245, 267, 289, 296, 599
マイノリティ　160, 177, 217, 221, 281, 304, 335, 337, 338, 363, 589
マウマウの反乱　214
マウロ, P.　239
マウンテンゴリラ→ゴリラ
前田久吉　55
マグレブ（マグリブ）　125, 164, 260, 263, 267, 289, 577, 598, 599, 601
マクロ経済学　232
マサイ*　15, 100, 292, 323, 324, 529, 585
「マジシャン・ドゥ・ラ・テール」展　50, 51
マジマジ闘争　150
マシュリク　598
マスメディア　46, 48, 114, 115, 184, 302
マダガスカル　96, 172, 281, 376-8, 381, 431, 432, 446, 448, 449, 458, 532
マテンゴ　99, 103, 106, 267, 277, 294-6, 352, 526, 556, 586
マヌーン火口湖　392
マハレ山塊国立公園　454, 549, 587, 619
マメノメイガ　442
マラウイ（マラウィ）湖　142, 378, 410, 412, 432-7, 533, 556
マラウイ（マラウィ）湖国立公園　290, 436, 437, 620
マラリア　354, 442, 491, 494, 497-509
マリ帝国　125, 161, 178, 262
マリラ*　99, 105
マルクス経済学　233, 235
マルクス主義　5, 204, 230, 235, 310-2
マロ　261, 526, 543

マング　6, 14, 183
マングローブ　404, 532
マンゴーラ　165, 187, 258, 259, 574, 583
マンデラ, N.　87, 212, 223, 266, 593
マントルプルーム　366, 368, 371, 378, 379, 382, 390, 401, 410, 412

み

ミオンボ　294, 400, 409, 417, 419, 527, 553-5, 586, 591, 605, 612
ミクロ経済学　230, 232, 251, 265
未婚女性　362, 363
ミッシング・リンク　379
緑の革命　265, 279, 293, 559, 560, 569
緑のサハラ　402, 421
ミドル・アワシュ　473-5
南アフリカ　28, 48, 56, 62-4, **84**, 116, 118, 142, 148, 150, 154-7, 206, 207, 222, 223, 246, 247, 300, 347, 358, 367, 368, 374, 379-81, 394-6, 482, 483, 592, 593
南アフリカ国立美術館　56
南アフリカ博物館　56, 57
南スーダン　6, 81, 100, 109, 148, 177, 207, 321, 325, 577, 585, 588, 589
見張り型保護　434
土産物　52, 195
ミレニアム開発目標（MDGs）　224, 250, 295, 299, 300, 303, 320, 324, 358
民衆造形　50, 51
民主化　85, 206, 207, 209, 211, 215, 218, 220, 222, 223, 250, 270, 272-5, 289, 291, 299, 305, 333, 334, 354, 359, 577, 590, 592, 593, 598, 600, 601
民族衣装　191
民族音楽　32, 35, **42**, 49, 58, 59, 161, 193
民族科学（エスノサイエンス）　165, 514, 524, 527, 540, 541, 543, 569, 607
民族間関係（民族関係）　166, 168, 176, 220, 259, 304, 305, 591, 608, 609
民族間紛争（民族紛争）　177, 217, 221, 305, 588, 589, 608
民俗技術　428, 430
民族藝術学会　36, 37
民族語　74-6, 78, 79, 82, 84, 103, 105, 110, 111

索　引　653

民族植物学　201, 514, 540-3, 568
民俗知識　540
民族動物学　514, 540, 541
民話　67, 78, 79, 88-90, 97, 101, 336

む

ムーア, G.　61, 185
ムェニ*　99
無償化政策　322, 324
無頭制　135, 173, 178, 180
ムファーレレ（ムパシェーレ）, E.　63, 81, 85
ムフェカネ　592
ムブティ*　167, 173, 192, 201, 513, 522, 542
ムムイェ*　98
無文字社会　42, 99, 123, 129, 132, 163, 167, 173, 181
ムリッド教団　159

め

名詞クラス　99
メガファウナ　446
メケレ　136, 138, 139
メソジスト派　18, 309
メディチ家　54, 429
メトロポリタン美術館　34
メンデ*　97
綿（棉）→ワタ
綿布（木綿, 木棉布）　40, 41, 53, 255

も

黙示録的パースペクティブ　128
モシ*　36, 42, 89, 97, 129, 141, 163, 173, 179, 181, 187, 596
文字　23, 36, 42, 46, 52, 58, 77, 85, 88-90, 99, 115, 121-4, 129, 132, 134, 135, 147, 163, 167, 172, 173, 181, 311, 375, 420, 460
文字資料　147
モダニティ　3, 5, 10, 14, 15, 19, 185
モパニワーム（モパネワーム）　442
モハメド, S.A.　67, 76, 77, 79, 81
木綿（木棉布）→綿布
モラル・エコノミー　170, 171, 266, 268, 273, 275, 276, 278, 279, 293, 296

モロコシ　196-8, 201, 526, 551, 552, 555, 558, 566-8
問題解決指向　428, 432, 436, 437

や

野外民族学博物館リトルワールド　56
焼畑　197, 198, 259-61, 267, 268, 276-8, 303, 421, 514, 522, 524-6, 536, 537, 540, 541, 554-6, 558, 562, 564, 579, 586, 605-9
冶金　132, 133
野蚕　440, 443
野生植物　198, 200, 526
野生生物保全　579, 631
野生動物観光　465, 621, 624, 625, 629
野生動物保全　620, 621, 624, 625, 629-31
山口昌男　7, 11, 15, 120, 121, 123, 130, 131, 163, 181
ヤム・ベルト　552

ゆ

唯物史観　235, 237
有機物　426, 538, 555
遊動域　453, 455, 483
遊牧民　166, 200, 362, 519, 531, 585, 599, 600, 606
ユーラシア　144, 171, 370, 386, 395, 396, 440, 450, 529, 561
輸出作物　271
輸入代替工業化　248, 249, 282
ユネスコ（UNESCO）　38, 76, 121, 128-31, 136, 149-51, 312, 319, 321, 322, 326, 330

よ

溶岩湖　379, 387-9, 392
溶岩流出噴火　388
要塞型保全　617, 624-6
妖術（妖術師）　5, 6, 8, 9, 11, 12, 14, 15, 182-5, 188, 189
養殖漁業　535
良きアフリカ　128
吉國恒雄　120, 131, 143, 151, 346, 349, 592, 593
米山俊直　89, 162, 165, 169, 187, 258, 260, 261, 277, 278, 524, 551, 571
ヨハンネス4世　138
予防外交　208, 213, 229

ヨルバ＊　7, 13, 40, 48, 82, 98, 106, 110, 149, 158, 179, 181

ら

ラーソン，C.R.　61
『ライティング・カルチャー』　38
ライト，R.　28
来日作家　80
ラグーマ，A.　67
ラゴス行動計画　248
裸族文化　190, 191
ラップ（ラップ音楽）　46-9, 114, 115
ラテライト皮殻→鉄・アルミナ集積硬盤層
ラフィア織布　40
ラマピテクス　468, 469
ラリベラ　137, 138
ランダム化比較試験（RCT）　242, 245

り

リー，R.B.　513, 520, 521, 591, 609
リーシュマニア　442, 499
リーベック，J.van　591
リーンハート，G.　5, 6, 14, 183
リヴィングストン（リビングストン），D.　57, 154, 274, 367
リヴィングストン博物館　57
離婚女性　363
利潤最大化　244
理数科教育　318, 320, 327, 329
リスク　238, 241, 243-5, 249, 253, 355, 409, 502, 508, 565, 607, 609
リスク管理　409
リソスフェア　379, 411, 412
リニィジ（リネージ）　174
リフト帯　→アフリカ大地溝帯
リフュージ→レフュジア
リプロダクティブヘルス　334, 345, **354**, 359, 363, 502
リベラル－ネオ・マルクス派論争　222
リベリア内戦　221, 342
両義性（両義的）　7, 163, 274, 334
旅行記　40, 154, 188, 496, 596, 597

リンガフランカ→地域共通語
リンガラ（リンガラ音楽）　48, 49, 110, 111, 113
リンポポ川　590
リンポポ造山帯　371, 372, 381

る

ルウェンゾリ地震　387
ルオ＊　100, 112, 163, 184, 353
ルバ＊　99, 199, 200
ルフィジ　263, 289, 297
ルペンバン期　407, 408
ルムンバ，P.　29, 156
ルロア＝グーラン，A.　36
ルワンダ　94, 153, 159, 208, 214, 226, 301, 325, 339, 342, 358, 381, 388, 389, 392, 451, 452, 457, 473, 488, 500, 504, 577
ルワンダ内戦　342
ルング＊　99
ルングエ地溝帯　391

れ

零細企業　268, 610, 612
冷戦　81, 83, 153, 206, 213, 214, 220, 224, 225, 227, 240, 249, 275, 294, 298, 299, 301, 319, 588
霊長類学（サル学）　430, 431, **450**, 460, 464, 467, 512, 546-9, 619, 620
レイプ　333, 342, 343
レヴィーン，R.　250
レオン＝ゴントラン，D.　92
歴史遺産　21, **136**
歴史学研究　21, 120, 130, 598
レゲエ　46, 48, 49
列国議会同盟（IPU）　358, 359
レフュジア（リフュージ）　406, 416, 418, 419
レリス，M.　33
連合アフリカ会社（UAC）　150
レンジェ＊　99

ろ

ろう教育　116-8, 303
ろう者　116-9, 172, 303, 503
労働移動（労働力移動）　186, 222, 228, 229, 234, 243,

258, 272-5, 592, 593, 600
労働市場　223, 326, 328
ローデシア・ニヤサランド連邦　591
ロディニア超大陸　374
ロドネー，W.　234, 235, 248
ロバート，S.B.　77, 78

わ

ワールドミュージック　46, 48, 49
和解　19, 122, 127, 130, 147, 173, **176**, 209, 211, 214, 215, 217, 221, 223, 227, 229, 300, 347, 349, 559, 589
若者ことば　105, 110, 111, 113, 114
和崎洋一　25, 79, 99, 165, 186, 257-9, 524, 551, 574, 583
ワシントン条約　630, 631
ワタ（綿，棉）　271, 282, 552, 569

ん

ンクルマ（エンクルマ），K.　27, 82, 156, 205, 211, 234
ンゴマ　44, 45
ンコヤ*　99
ンゴロ　556
ンデベレ，J.　69, 70, 80, 85, 87
ンブム*　98

A～Z

AEC →アフリカ経済共同体
AFLANG →アフリカ言語研究会
AU →アフリカ連合
BoP ビジネス（低所得者層向けビジネス）　188, 189
CFA フラン→セーファーフラン
ECOWAS →西アフリカ諸国経済共同体
EEM →世界民族資料収集団
EFA →万人のための教育
EPRDF →エチオピア人民革命民主戦線
FAO →国際食糧農業機関
FGM →女性性器切除
GAD →ジェンダーと開発
GIS　509, 602, 609
GPS　467
HIV　333, 338, 354, 355, 359, 491, 498, 499-506, 508, 509
HIV 母子感染　354, 355, 501-4, 508
ICIPE →国際昆虫生理生態学センター
IGAD →政府間開発機構
IITA →国際熱帯農業研究所
IMC →国際宣教者評議会
IMF →国際通貨基金
IPU →列国議会同盟
IRSAC →中央アフリカ科学研究所
IT 技術　254
JICA →国際協力機構
K-Ar 年代→カリウム－アルゴン年代
KCPE →ケニア初等教育認定試験
Kyoto University African Studies　165, 258
Man the Hunter　510, 511, 519
MDGs →ミレニアム開発目標
MoMA →近代美術館
Mwenge →アフリカ文学研究会会報
NEPAD →アフリカ開発のための新パートナーシップ
NGO　19, 25, 161, 166, 170, 172, 287, 289, 293, **298**, 304, 321, 356, 357, 360, 448, 462, 463, 504, 620, 627
OAU →アフリカ統一機構
ODA　**298**, 307, 308, 329, 502, 504
RCT →ランダム化比較試験
SADC →南部アフリカ開発共同体
SPLA →スーダン人民解放軍
TICAD →アフリカ開発会議
UAC →連合アフリカ会社
UNESCO →ユネスコ
U-Pb 年代→ウラン－鉛年代
WID →開発と女性
WOCAL →世界アフリカ言語学会議
WTO →世界銀行

数字

$^{40}Ar/^{39}Ar$ 年代→アルゴン－アルゴン年代

執筆者

青木澄夫	北西功一	鈴木裕之	藤田知弘
阿久津昌三	北川勝彦	砂野幸稔	舩田クラーセンさやか
足立 薫	木根主税	關野伸之	古市剛史
阿部 進	木村大治	孫 暁剛	前畑晃也
阿部優子	日下宗一郎	鷹木恵子	牧野久美子
荒木圭子	楠瀬佳子	高根 務	正木 響
荒木美奈子	栗本英世	高橋基樹	松田素二
安渓貴子	小泉真理	武内進一	松平勇二
飯田 卓	児玉谷史朗	竹沢尚一郎	丸山淳子
石川博樹	小松かおり	竹村景子	水野一晴
石山 俊	小森淳子	谷口利律	溝辺泰雄
井関和代	近藤英俊	辻川 寛	三宅理一
板倉英吉	坂井信三	辻村英之	宮本正興
伊谷樹一	坂梨健太	都留泰作	村田はるせ
上田冨士子	坂巻哲也	鶴田 格	望月克哉
内海成治	阪本公美子	手代木功基	安岡宏和
遠藤聡子	佐川 徹	戸田真紀子	安田章人
遠藤 貢	佐々木重洋	戸田美佳子	山内太郎
遠藤保子	佐藤 章	富永智津子	山縣耕太郎
大池真知子	佐藤 哲	仲尾周一郎	山極寿一
大石高典	佐藤宏明	中務真人	山越 言
大橋 岳	佐藤宏樹	永原陽子	山科千里
大山修一	佐藤靖明	仲谷英夫	山田肖子
織田雪世	佐藤廉也	西 真如	吉田憲司
落合雄彦	沢田順弘	西浦昭雄	米田信子
笠原 稔	澤村信英	服部志帆	若狭基道
門村 浩	重田眞義	花渕馨也	若杉なおみ
金子守恵	品川大輔	馬場卓也	若月利之
樺沢麻美	末原達郎	平井將公	和崎春日
亀井伸孝	杉村和彦	平野（野元）美佐	
川口幸也	杉山祐子	福西隆弘	
神田麻衣子	鈴木英明	藤岡悠一郎	

編集委員代表

寺嶋秀明　（神戸学院大学人文学部教授）

編集委員

荒木美奈子（お茶の水女子大学大学院人間文化創成科学研究科准教授）
板倉英市　（長崎大学名誉教授，元熱帯医学研究所所長）
伊谷樹一　（京都大学大学院アジア・アフリカ地域研究研究科准教授）
遠藤　貢　（東京大学大学院総合文化研究科教授）
北川勝彦　（関西大学経済学部教授）
木村大治　（京都大学大学院アジア・アフリカ地域研究研究科教授）
重田眞義　（京都大学大学院アジア・アフリカ地域研究研究科教授）
末原達郎　（龍谷大学経済学部教授）
髙橋基樹　（神戸大学大学院国際協力研究科教授）
竹村景子　（大阪大学大学院言語文化研究科准教授）
水野一晴　（京都大学大学院アジア・アフリカ地域研究研究科准教授）
山越　言　（京都大学大学院アジア・アフリカ地域研究研究科准教授）

アフリカ学事典

2014 年 6 月 30 日　初版第 1 刷発行

編　者　日本アフリカ学会

発行者　齊藤万壽子

〒 606-8224　京都市左京区北白川京大農学部前
発行所　株式会社昭和堂
振込口座　01060-5-9347
TEL(075)706-8818 ／ FAX(075)706-8878
ホームページ　http://showado-kyoto.jp

© 寺嶋秀明ほか　2014　　　　　　　　　　　印刷　モリモト印刷

ISBN 978-4-8122-1415-2

＊落丁本・乱丁本はお取り替え致します。
Printed in Japan

本書のコピー，スキャン，デジタル化等の無断複製は著作権法上での例外を除き禁じられています。本書を代行業者等の第三者に依頼してスキャンやデジタル化することは，たとえ個人や家庭内での利用でも著作権法違反です。

関連書

新生アフリカの内発的発展　住民自立と支援
大林稔・西川潤・阪本公美子編　　　　　　　　　　　　　　3,200円

アフリカ熱帯農業と環境保全　カメルーンカカオ農民の生活とジレンマ
坂梨健太著　　　　　　　　　　　　　　　　　　　　　　5,300円

焼畑の潜在力　アフリカ熱帯雨林の農業生態誌
四方篝著　　　　　　　　　　　　　　　　　　　　　　　5,400円

パーニュの文化誌　現代西アフリカ女性のファッションが語る独自性
遠藤聡子著　　　　　　　　　　　　　　　　　　　　　　4,800円

残された小さな森　タンザニア　季節湿地をめぐる住民の対立
山本佳奈著　　　　　　　　　　　　　　　　　　　　　　4,800円

遊牧と定住の人類学　ケニア・レンディーレ社会の持続と変容
孫　暁剛著　　　　　　　　　　　　　　　　　　　　　　6,000円

現代の〈森の民〉　中部アフリカ，バボンゴ・ピグミーの民族誌
松浦直毅著　　　　　　　　　　　　　　　　　　　　　　5,400円

創造するアフリカ農民　紛争国周辺農村を生きる生計戦略
村尾るみこ著　　　　　　　　　　　　　　　　　　　　　5,500円

土器つくりの民族誌　エチオピア女性職人の地縁技術
金子守恵著　　　　　　　　　　　　　　　　　　　　　　5,300円

暴力と歓待の民族誌　東アフリカ牧畜社会の戦争と平和
佐川　徹著　　　　　　　　　　　　　　　　　　　　　　6,500円

アフリカの紛争解決と平和構築　シエラレオネの経験
落合雄彦編　　　　　　　　　　　　　　　　　　　　　　3,800円

アジアで出会ったアフリカ人　タンザニア人交易人の移動とコミュニティ
栗田和明著　　　　　　　　　　　　　　　　　　　　　　2,400円

タンザニアに生きる　内側から照らす国家と民衆の記録
根本利通著　辻村英之編集・解説　　　　　　　　　　　　2,500円

抵抗と協働の野生動物保護　アフリカのワイルドライフ・マネージメントの現場から
西崎伸子著　　　　　　　　　　　　　　　　　　　　　　4,200円

現代アフリカの公共性　エチオピア社会にみるコミュニティ・開発・政治実践
西　真如著　　　　　　　　　　　　　　　　　　　　　　4,700円

ブッシュマン，永遠に。　変容を迫られるアフリカの狩猟採集民
田中二郎著　　　　　　　　　　　　　　　　　　　　　　2,300円

遊動民　アフリカの原野に生きる
田中二郎・佐藤俊・菅原和孝・太田至編　　　　　　　　　10,000円

昭和堂（表示はすべて本体価格）